ESTUDOS EM HOMENAGEM
AO PROFESSOR **SYLVIO**
CAPANEMA DE SOUZA

EDIÇÃO COMEMORATIVA
DOS **30 ANOS**
DA LEI DE LOCAÇÃO

COORDENADORES
HELOISA HELENA BARBOZA
GUILHERME CALMON NOGUEIRA DA GAMA
THIAGO FERREIRA CARDOSO NEVES

LEI DO INQUILINATO

EXAME DOS 30 ANOS DA LEI DE LOCAÇÃO URBANA

2021 © Editora Foco

Coordenadores: Heloisa Helena Barboza, Guilherme Calmon Nogueira da Gama e Thiago Ferreira Cardoso Neves
Autores: Alexandre Ferreira de Assumpção Alves, Álvaro Villaça Azevedo, Beatriz Capanema Young, Carlos Nelson Konder, Cristiano Chaves de Farias, Daniel Assumpção Neves, Eduardo Augusto Madruga de Figueiredo Filho, Fábio de Oliveira Azevedo, Frederico Price Grechi, Guilherme Calmon Nogueira da Gama, Gustavo Tepedino , Heloisa Helena Barboza, João Quinelato de Queiroz, Joel Dias Figueira Júnior, José Acir Lessa Giordani, Lucas Caminha, Luiz Edson Fachin, Luiz Fux, Luiza Azambuja Rodrigues, Márcio Souza Guimarães, Marco Aurélio Bezerra de Melo, Marcos Alcino de Azevedo Torres, Mariane Mendes de Souza, Mário Luiz Delgado, Mauricio Moreira Menezes, Melhim Chalhub, Nelson Nery Junior, Pablo Stolze Gagliano, Patricia Ribeiro Serra Vieira, Ricardo Pereira Lira, Roger Silva Aguiar, Rosana Amara Girardi Fachin, Rosângela Maria de Azevedo Gomes, Rose Melo Vencelau Meireles, Sílvio de Salvo Venosa, Thiago Ferreira Cardoso Neves, Vitor Almeida e Vitor Gabriel de Moura Gonçalves

Diretor Acadêmico: Leonardo Pereira
Editor: Roberta Densa
Assistente Editorial: Paula Morishita
Revisora Sênior: Georgia Renata Dias
Capa Criação: Leonardo Hermano
Imagem de capa: Paulo Oliveira Matos Júnior
Diagramação: Ladislau Lima e Aparecida Lima
Impressão miolo e capa: FORMA CERTA,

Dados Internacionais de Catalogação na Publicação (CIP) (Câmara Brasileira do Livro, SP, Brasil)

L525   Lei do inquilinato: exame dos 30 anos da lei de locação urbana. Estudos em homenagem ao prof. Sylvio Capanema de Souza / Alexandre Ferreira de Assumpção Alves...[et al.]. - Indaiatuba, SP : Editora Foco, 2021.

     520 p. : 17cm x 24cm.

     Inclui bibliografia e índice.

     ISBN: 978-65-5515-298-2

     1. Direito. 2. Direito imobiliário. 3. Locação de imóvel. I. Alves, Alexandre Ferreira de Assumpção. II. Azevedo, Álvaro Villaça. III. Young, Beatriz Capanema. IV. Konder, Carlos Nelson. V. Farias, Cristiano Chaves de. VI. Neves, Daniel Assumpção. VII. Figueiredo Filho, Eduardo Augusto Madruga de. VIII. Azevedo, Fábio de Oliveira. IX. Grechi, Frederico Price. X. Gama, Guilherme Calmon Nogueira da. XI. Tepedino, Gustavo. XII. Barboza, Heloisa Helena. XIII. Queiroz, João Quinelato de. XIV. Figueira Júnior, Joel Dias. XV. Giordani, José Acir Lessa. XVI. Caminha, Lucas. XVII. Fachin, Luiz Edson. XVIII. Fux, Luiz. XIX. Rodrigues, Luiza Azambuja. XX. Guimarães, Márcio Souza. XXI. Melo, Marco Aurélio Bezerra de. XXII. Torres, Marcos Alcino de Azevedo. XXIII. Souza, Mariane Mendes de. XXIV. Delgado, Mário Luiz. XXV. Menezes, Mauricio Moreira. XXVI. Chalhub, Melhim. XXVII. Nery Junior, Nelson. XXVIII. Gagliano, Pablo Stolze. XXIX. Vieira, Patricia Ribeiro Serra. XXX. Lira, Ricardo Pereira. XXXI. Aguiar, Roger Silva. XXXII. Fachin, Rosana Amara Girardi. XXXIII. Gomes, Rosângela Maria de Azevedo. XXXIV. Meireles, Rose Melo Vencelau. XXXV. Venosa, Sílvio de Salvo. XXXVI. Neves, Thiago Ferreira Cardoso. XXXVII. Almeida, Vitor. XXXVIII. Gonçalves, Vitor Gabriel de Moura. XXXIX. Título.

2021-1567   CDD 341.2739   CDU 347.23

Elaborado por Odilio Hilario Moreira Junior - CRB-8/9949

Índices para Catálogo Sistemático:

1. Direito imobiliário 341.2739   2. Direito imobiliário 347.23

DIREITOS AUTORAIS: É proibida a reprodução parcial ou total desta publicação, por qualquer forma ou meio, sem a prévia autorização da Editora FOCO, com exceção do teor das questões de concursos públicos que, por serem atos oficiais, não são protegidas como Direitos Autorais, na forma do Artigo 8º, IV, da Lei 9.610/1998. Referida vedação se estende às características gráficas da obra e sua editoração. A punição para a violação dos Direitos Autorais é crime previsto no Artigo 184 do Código Penal e as sanções civis às violações dos Direitos Autorais estão previstas nos Artigos 101 a 110 da Lei 9.610/1998. Os comentários das questões são de responsabilidade dos autores.

NOTAS DA EDITORA:

Atualizações e erratas: A presente obra é vendida como está, atualizada até a data do seu fechamento, informação que consta na página II do livro. Havendo a publicação de legislação de suma relevância, a editora, de forma discricionária, se empenhará em disponibilizar atualização futura.

Erratas: A Editora se compromete a disponibilizar no site www.editorafoco.com.br, na seção Atualizações, eventuais erratas por razões de erros técnicos ou de conteúdo. Solicitamos, outrossim, que o leitor faça a gentileza de colaborar com a perfeição da obra, comunicando eventual erro encontrado por meio de mensagem para contato@editorafoco.com.br. O acesso será disponibilizado durante a vigência da edição da obra.

Impresso no Brasil (04.2021) – Data de Fechamento (04.2021)

2021

Todos os direitos reservados à
Editora Foco Jurídico Ltda.

Avenida Itororó, 348 – Sala 05 – Cidade Nova
CEP 13334-050 – Indaiatuba – SP

E-mail: contato@editorafoco.com.br
www.editorafoco.com.br

APRESENTAÇÃO
A LEI DA LOCAÇÃO PREDIAL URBANA
E SYLVIO CAPANEMA DE SOUZA

NOTA INTRODUTÓRIA

O Brasil perdeu um dos maiores expoentes e oradores do Direito Privado nos últimos cinquenta anos: **Sylvio Capanema de Souza**. Desembargador do Tribunal de Justiça do Estado do Rio de Janeiro no período 1994-2008, advogado e Professor de algumas instituições acadêmicas no Rio de Janeiro e em outros estados da Federação, Sylvio Capanema transmitiu e continuará transmitindo vários ensinamentos à comunidade jurídica nacional (e internacional). Ele lecionou na Universidade Cândido Mendes, na Universidade do Estado do Rio de Janeiro, na Escola da Magistratura do Estado do Rio de Janeiro (EMERJ), em cursos preparatórios para concorridos concursos na área jurídica, além de haver sido conferencista e palestrante em temas de direito privado no Brasil e no exterior. Sylvio Capanema formou várias gerações de estudantes e de profissionais, sendo presença marcante em praticamente todos os principais eventos jurídicos de escol na área do Direito Privado.

Juntamente com alguns professores, foi pioneiro em manifestações doutrinárias a respeito de temas de Direito Imobiliário e de Direito do Consumidor. Algumas obras marcaram sua trajetória como doutrinador, podendo ser citadas, entre outras, "A Lei do Inquilinato comentada" e "Direito do Consumidor". Além disso, foi coautor intelectual do anteprojeto de lei que se transformou na Lei n° 8.245/91.

Após uma longa trajetória profissional na advocacia, Sylvio Capanema foi alçado a Desembargador do Tribunal de Justiça do Rio de Janeiro pelo "quinto constitucional" em 1994 e ali atuou como integrante de Câmaras Cíveis, alcançando as funções de 1° Vice-Presidente e 2° Vice-Presidente da Corte estadual até sua aposentadoria. Na EMERJ foi escolhido como Professor Emérito, título que honrou toda sua dedicação ao magistério. Além de doutrinador e professor, Sylvio Capanema era um exímio orador, conquistando a plateia em todas suas intervenções com sua simpatia, generosidade e cultura jurídica inigualáveis. As ideias e toda a obra do Professor Capanema não se findam com o seu passamento. Muitas gerações terão oportunidade de seguir os ensinamentos e o exemplo de seu Mestre.

Tais considerações justificam a edição de obra coletiva que terá como foco central a locação predial urbana, tanto sob o prisma do direito material, quanto do direito processual, como forma de homenagear a grande referência sobre o tema no Direito brasileiro: Professor Sylvio Capanema de Souza.

A LEI DA LOCAÇÃO PREDIAL URBANA

A Lei n° 8.245, de 18 de outubro de 1991, foi editada pouco depois da entrada em vigor da Constituição Federal no ordenamento jurídico brasileiro, tendo revogado, entre outras, a Lei n° 6.649, de 16 de maio de 1979, e o Decreto n° 24.150, de 20 de abril de 1934, que até então regulavam as locações de imóveis urbanos para fins residenciais e para fins não residenciais, respectivamente. Entre outras diretrizes, a revogada Lei do Inquilinato estatuía a proibição da denúncia vazia, restringia significativamente os poderes do locador na relação contratual, reduzia de modo intenso a autonomia privada quanto às estipulações negociais, o que gerou efeitos sociais e econômicos indesejados. Daí a criação de ambiente propício para a busca do reequilíbrio das relações negociais entre os contratantes na locação de imóveis urbanos, o que se concretizou com a edição da Lei n° 8.245/91.

A relevância do tratamento do tema da locação predial urbana fora do texto codificado se revelou importante, inclusive, com a edição do segundo Código Civil brasileiro (Lei 10.406, de 10 de janeiro de 2002), a ponto de expressamente o texto normativo haver mencionado que a matéria locatícia urbana continuaria a ser tratada em lei especial. Trata-se da regra do art. 2.036, do Código Civil[1]. Considerando que o Código Civil em vigor não teve – nem tem – a pretensão da completude do sistema jurídico em matéria de Direito Privado – até em razão dos fatores históricos, sociais, políticos e econômicos serem bem distintos daqueles outrora presentes quando da edição do Código Civil de 1916 –, as questões relativas à locação predial urbana continuaram reguladas pela legislação especial, devidamente elaborada com objetivo de remodelar o sistema normativo em matéria de locação.

É certo que, próxima de completar seu trigésimo aniversário, a Lei n° 8.245/91 necessitou – e ainda precisa – sofrer algumas alterações para possibilitar que as normas acompanhassem a complexidade e a rapidez do mercado locatício, com o surgimento de novas figuras e institutos. O crescimento populacional, a maior concentração da população brasileira nos centros urbanos, o desenvolvimento tecnológico com utilização de equipamentos de informática e plataformas virtuais para permitir as contratações em matéria de locação, as novas configurações das atividades econômicas no meio empresarial, a reconfiguração do estilo de vida de várias unidades de vivência em comum entre os familiares, enfim, várias mudanças identificadas na sociedade civil e no mercado fizeram com que algumas das normas editadas em 1991 necessitassem de atualização/reformulação/revogação.

Mire-se no exemplo dos espaços dos lojistas no empreendimento do *shopping center* e as várias peculiaridades a respeito do vínculo jurídico entre eles e o empreendedor do *shopping*. Caso não houvesse sido editada a Lei n° 8.245/91, com regras específicas para tratar do tipo de contrato de locação e com maior valor e importância às cláusulas inseridas em razão da autonomia privada, muito provavelmente o Direito seria um grande empecilho para o desenvolvimento do setor com claros reflexos negativos na economia nacional.

---

1. Art. 2.036. A locação de prédio urbano, que esteja sujeita à lei especial, por esta continua a ser regida.

JUNÇÃO DOS TRINTA ANOS DA LEI DE LOCAÇÃO PREDIAL URBANA E DA HOMENAGEM A SYLVIO CAPANEMA

Desse modo, esta obra coletiva tem como razão de ser traçar um quadro crítico e reflexivo a respeito das questões locatícias urbanas após três décadas da edição da Lei n° 8.245/91 e, simultaneamente, render homenagem ao maior expoente no Direito brasileiro sobre a locação predial urbana: o eterno Sylvio Capanema.

Baseada nessas premissas, os objetivos do livro são: a) aprofundar o estudo teórico e a análise das questões práticas da Locação Predial Urbana, não apenas sob o prisma do referencial normativo da Lei n° 8.245/91, mas também sob a qualificação jurídica de novas figuras que têm se destacado na atualidade, tais como os contratos realizados no âmbito de estruturas empresariais, como ser verifica no regime dos *shopping centers*, ou ainda do modelo *built to suit* (contrato que prevê a construção do imóvel para atender aos interesses do locatário), por exemplo, ou ainda a utilização da tecnologia e dos instrumentos da potencialização da utilização econômica e social de determinados bens, tais como se verifica no exemplo do "*Airbnb*" (na categoria de hospedagem e turismo colaborativo); b) analisar criticamente as principais e mais recentes questões polêmicas que envolvem os vários temas da Locação Predial Urbana.

A obra coletiva se justifica por uma série de razões, mas algumas merecem ser destacadas. Os centros urbanos no Brasil reúnem milhares de pessoas físicas e jurídicas que se qualificam como locadores e locatários em inúmeras situações, não apenas na dualidade das locações prediais urbanas residenciais e locações prediais urbanas não residenciais. Ademais, em razão de inúmeras circunstâncias relacionadas à realidade de exclusão social e econômica, há um "regime paralelo" envolvendo a autorização do uso de certos imóveis em comunidades existentes nos grandes centros urbanos, em desacordo com as previsões legais. Ainda, a tecnologia e a criatividade humana vêm permitindo a expansão do instituto jurídico da locação predial para hipóteses que anteriormente não eram previstas no Direito Positivo, tais como ocorre nos casos de imóveis oferecidos em regime de economia compartilhada, ou mesmo nos casos de *time sharing*. Todos esses aspectos envolvem questões de direito material referentes à locação predial urbana.

Mas há, ainda, importantes aspectos também de ordem processual no contexto da situação jurídica que envolve o locador e o locatário, nas suas várias modalidades. O regime das ações que envolvem as várias espécies de locação, o peculiar tratamento dado pela Lei 8.245/91 quanto aos atos processuais e os procedimentos aplicáveis, a previsão de tratamento especialíssimo em matéria de tutela de urgência nos casos locatícios, por exemplo, revelam a preocupação de que o texto normativo seja um autêntico Estatuto da Locação Predial urbana.

Desse modo, o livro oferecido ao público leitor foi concebido para não ser uma compilação de textos esparsos, mas sim uma obra pioneira, sistêmica e harmônica sobre os avanços e retrocessos da Lei de Locação Predial Urbana. Em tema tão sensível para a sociedade civil e para o mercado – e, logicamente, para o Estado –, a Lei 8.245/91 revelou inúmeras qualidades e permitiu a maior estabilização e previsibilidade do segmento das locações urbanas. Em razão de ser produto do espírito humano, por óbvio ela contém imperfeições como toda obra humana, mas foi concebida com a melhor das intenções, sendo que um dos protagonistas dessa estória foi o Professor Sylvio Capanema de Souza, pessoa dotada de sensibilidade e erudição ímpares, altamente conhecedor dos meandros do segmento que, assim, deixou sua marca no texto legal.

Sob inspiração do homenageado nesta obra, espera-se que o Direito positivo continue fiel ao pensamento que propiciou a edição da Lei 8.245/91, sob os ventos da redemocratização do país, da valorização do desenvolvimento nacional (e não com o mero crescimento do PIB), da inclusão e do reconhecimento da dignidade de cada pessoa humana, do estímulo à livre iniciativa e à livre e saudável concorrência no ambiente corporativo e econômico. Desse modo, o Direito continuará cumprindo um dos seus mais importantes papeis na civilização humana, não apenas pacificando a sociedade, mas também permitindo o aperfeiçoamento dos vínculos e institutos de modo a proporcionar maior e melhor qualidade de vida para as pessoas e, simultaneamente, permitir o desenvolvimento nacional com estímulo à iniciativa privada e às atividades econômicas em geral.

Heloisa Helena Barboza

Guilherme Calmon Nogueira da Gama

Thiago Ferreira Cardoso Neves

Coordenadores

SUMÁRIO

APRESENTAÇÃO III

1. A LEI DO INQUILINATO COMO INSTRUMENTO DE PROTEÇÃO DA PESSOA HUMANA
    Heloisa Helena Barboza e Vitor Almeida.. 1

2. ESPÉCIES DE LOCAÇÃO DE IMÓVEL URBANO
    Luiz Edson Fachin e Rosana Amara Girardi Fachin 15

3. REGULARIZAÇÃO FUNDIÁRIA URBANA E O ALUGUEL SOCIAL
    Rosângela Maria de Azevedo Gomes 37

4. LOCAÇÃO DO IMÓVEL EM USUFRUTO
    Pablo Stolze Gagliano 47

5. CLÁUSULA PENAL E RESILIÇÃO DO CONTRATO DE LOCAÇÃO DE IMÓVEL URBANO
    Carlos Nelson Konder.. 55

6. VÊNIA CONJUGAL E CONTRATO DE LOCAÇÃO DE IMÓVEL URBANO
    Guilherme Calmon Nogueira da Gama 67

7. SUCESSÃO DO CÔNJUGE E DO COMPANHEIRO NA LOCAÇÃO DE IMÓVEL RESIDENCIAL
    Rose Melo Vencelau Meireles.. 83

8. ALIENAÇÃO DE BEM LOCADO E CLÁUSULA DE VIGÊNCIA (OU DE RESPEITO): ORIGENS, VICISSITUDES E RELEITURA COM BASE NOS PRINCÍPIOS DA BOA-FÉ E DA FUNÇÃO SOCIAL DA PROPRIEDADE
    Marcos Alcino de Azevedo Torres e Vitor Gabriel de Moura Gonçalves............. 93

9. CESSÃO DO CONTRATO DE LOCAÇÃO DE IMÓVEL
    Gustavo Tepedino 121

10. ASPECTOS DO CONTRATO DE SUBLOCAÇÃO DE IMÓVEL URBANO: FUNÇÃO SOCIAL E ECONÔMICA
    Frederico Price Grechi.. 133

LEI DO INQUILINATO: EXAME DOS 30 ANOS DA LEI DE LOCAÇÃO URBANA

11. DIREITOS E OBRIGAÇÕES DO LOCATÁRIO NA LOCAÇÃO DE IMÓVEL EM CONDOMÍNIO EDILÍCIO

Sílvio de Salvo Venosa 185

12. CRITÉRIOS DE COBRANÇA DO RATEIO DE DESPESAS CONDOMINIAIS: O PENSAMENTO DE SYLVIO CAPANEMA DE SOUZA

Joel Dias Figueira Júnior 191

13. RESPONSABILIDADE DO LOCATÁRIO POR DANOS AO IMÓVEL E PELA PERDA OU DETERIORAÇÃO PELO DECURSO DO TEMPO

Roger Silva Aguiar e Mariane Mendes de Souza 207

14. DIREITO À REVISÃO DO CONTRATO DE LOCAÇÃO DE IMÓVEL: SEGURANÇA JURÍDICA, VULNERABILIDADE E SOCIABILIDADE

João Quinelato de Queiroz e Luiza Azambuja Rodrigues 217

15. O DIREITO DE PREFERÊNCIA NA RELAÇÃO LOCATÍCIA

Patricia Ribeiro Serra Vieira 243

16. UMA COMPREENSÃO CRÍTICA DAS BENFEITORIAS NA LOCAÇÃO DE IMÓVEIS URBANOS

Cristiano Chaves de Farias e Eduardo Augusto Madruga de Figueiredo Filho 253

17. GARANTIAS LOCATÍCIAS

Beatriz Capanema Young 271

18. FIANÇA NA LOCAÇÃO DE IMÓVEL URBANO

Marco Aurélio Bezerra de Melo 285

19. TÍTULO DE CAPITALIZAÇÃO E AS NOVAS MODALIDADES DE GARANTIA LOCATÍCIA

Fábio de Oliveira Azevedo 307

20. LOCAÇÃO DE IMÓVEL OBJETO DE ALIENAÇÃO FIDUCIÁRIA

Melhim Chalhub 315

21. LOCAÇÃO E A QUESTÃO URBANO-AMBIENTAL

Ricardo Pereira Lira 325

22. LOCAÇÃO POR TEMPORADA E AS MODERNAS FORMAS DE OCUPAÇÃO DO IMÓVEL URBANO

José Acir Lessa Giordani 347

SUMÁRIO IX

23. LUVAS NA LOCAÇÃO DE IMÓVEL URBANO NÃO RESIDENCIAL

Mauricio Moreira Menezes 371

24. DIREITO POTESTATIVO À RENOVAÇÃO DO CONTRATO DE LOCAÇÃO DE IMÓVEL PARA FINS EMPRESARIAIS

Thiago Ferreira Cardoso Neves 385

25. CONTRATO DE USO DE LOJA EM *SHOPPING CENTERS*

Álvaro Villaça Azevedo 407

26. LOCAÇÃO *BUILT-TO-SUIT* E SUA INTERPRETAÇÃO PELA JURISPRUDÊNCIA

Alexandre Ferreira de Assumpção Alves e Lucas Caminha............... 427

27. CONTRATO DE LOCAÇÃO EMPRESARIAL NA ALIENAÇÃO DO ESTABE-LECIMENTO

Márcio Souza Guimarães 445

28. LOCAÇÃO DE ESPAÇO EM TERRAÇO DE EDIFÍCIOS PARA INSTALAÇÃO DE ANTENAS DE TELEFONIA MÓVEL

Mário Luiz Delgado 459

29. PROCEDIMENTOS ESPECIAIS DA LEI DO INQUILINATO E O CÓDIGO DE PROCESSO CIVIL DE 2015

Luiz Fux 473

30. AÇÃO DE DESPEJO E TUTELA PROVISÓRIA

Daniel Assumpção Neves.. 489

31. DENÚNCIA VAZIA, MORA E AÇÃO DE DESPEJO

Nelson Nery Junior.. 497

1
A LEI DO INQUILINATO COMO INSTRUMENTO DE PROTEÇÃO DA PESSOA HUMANA

Heloisa Helena Barboza

Doutora em Direito pela UERJ e em Ciências pela ENSP/FIOCRUZ. Especialista em Ética e Bioética pelo IFF/FIOCRUZ. Professora Titular de Direito Civil da Faculdade de Direito da Universidade do Estado do Rio de Janeiro (UERJ). Diretora da Faculdade de Direito da Universidade do Estado do Rio de Janeiro (UERJ). Advogada.

Vitor Almeida

Doutor e Mestre em Direito Civil pela Universidade do Estado do Rio de Janeiro (UERJ). Discente do Estágio Pós-Doutoral do Programa de Pós-Graduação em Direito da Universidade do Estado do Rio de Janeiro (PPGD-UERJ). Professor Adjunto de Direito Civil da Universidade Federal Rural do Rio de Janeiro (ITR/UFRRJ). Professor do Departamento de Direito da PUC- Rio. Advogado.

"O direito à moradia integra o direito a um padrão de vida adequado. Não se resume a apenas um teto e quatro paredes, mas ao direito de toda pessoa ter acesso a um lar e a uma comunidade seguros para viver em paz, dignidade e saúde física e mental."[1]

Sumário: 1. Considerações iniciais: "a mesma lei, para um novo tempo" de supremacia constitucional. 2. Moradia como direito social e a crise habitacional no Brasil. 3. Tutela concedida aos locatários pela lei do inquilinato: uma visão constitucionalizada. 4. Dilemas da locação residencial urbana: regulamentação específica e penhorabilidade do bem de família do fiador. 5. Considerações finais.

1. CONSIDERAÇÕES INICIAIS: "A MESMA LEI, PARA UM NOVO TEMPO"[2] DE SUPREMACIA CONSTITUCIONAL

Nos termos da Constituição da República de 1988, a moradia é um direito social, como a saúde, a alimentação, o trabalho, o transporte, o lazer, a segurança, a previdência social, a proteção à maternidade e à infância e a assistência aos desamparados. Trata-se de matéria de importância inquestionável para a consecução do princípio da dignidade da pessoa humana, que integra o elenco dos fundamentos da República Federativa do Brasil. Na linha da Declaração Universal dos Direitos do Homem de 1948, o direito à moradia foi reconhecido por vários países no Pacto Internacional sobre Direitos Econômicos, Socais e Culturais, celebrado em Nova York em 16 de dezembro de 1966, datando de 24 de janeiro de 1992 a adesão do Brasil[3]. A inserção desse direito no rol dos direitos sociais por força

---

1. Disponível em: <http://www.direitoamoradia.fau.usp.br/?page_id=46&lang=pt>. Acesso em: 30 jan. 2021.
2. Frase retirada da introdução da edição atualizada da obra do homenageado SOUZA, Sylvio Capanema de. *A lei do inquilinato comentada.* 9. ed., rev., atual. e ampl. Rio de Janeiro: Forense, 2014, p. 5.
3. Disponível em: <https://treaties.un.org/pages/viewdetails.aspx?chapter=4&lang=en&mtdsg_no=iv-3&src=treaty>. Acesso em: 30 jan. 2021.

da emenda constitucional n. 26/2000 não apenas ratifica seu reconhecimento no âmbito interno, mas principalmente assegura a exigibilidade de seu atendimento.

Em 05 de outubro de 2020, Dia Mundial da Habitação, divulgou-se que cerca de um bilhão de pessoas vivem em assentamentos superlotados com alojamentos inadequados, isto é, sem acesso à água potável e ao saneamento básico. Em tais circunstâncias, não há como se cogitar de condições de "moradia adequada", vale dizer, de um padrão de vida minimamente adequado para tais pessoas. Segundo projeção da ONU feita em 2005, caso não se tomassem as providências necessárias, esse número saltaria para três bilhões até 2030[4], isto é, daqui a nove anos. A solução do problema exigiria a construção de noventa e seis mil cento e cinquenta habitações por dia (quatro mil por hora).

O Brasil, infelizmente, se inscreve no rol dos países que compõem esse quadro desalentador, como adiante será demonstrado. O déficit habitacional apresenta números alarmantes, embora por vezes sejam constatadas atenuações. Todavia, dúvidas e críticas circundam as estatísticas. A própria definição do conceito de "déficit habitacional" é questionada e, principalmente, o método e os fatores que são considerados na sua apuração. Certo é, porém, que existe carência de habitações, especialmente para as populações economicamente desfavorecidas, que sequer têm lugar no denominado "mercado imobiliário", salvo quando há programas e iniciativas governamentais, que estão a depender, muitas vezes, se não sempre, dos sabores políticos/eleitorais.

Nesse passo, encontra-se um exemplo das incertezas existentes na matéria: trata-se de habitação ou moradia? São os termos sinônimos? A locação deve integrar esse debate? Por quê? O problema é complexo e um quadro de questões diversificados se apresenta, a partir da imprecisão dos conceitos fundamentais implicados, dentre eles o de moradia como apontado. Os Tratados Internacionais sobre o tema, por sua falta de clareza, geram questionamentos que acabam retardando o desenvolvimento das soluções possíveis. No âmbito interno, a noção de moradia (e de habitação) se encontra, ainda, atrelada à propriedade, à "casa própria", que é efetivamente um sonho, visto que inalcançável, para boa parte da população brasileira. Essa vinculação, por um lado reduz a busca de soluções para além do imóvel próprio e por outro afasta outros institutos jurídicos da abrangência do direito à moradia, furtando-lhes a tutela constitucional que pode alcançá-los. Este é particularmente o caso da locação residencial urbana.

É certo que muito se avançou desde a disciplina da locação de prédios pelo Código Civil de 1916, segundo o qual, sob franco espírito liberal, o tempo da locação de prédio urbano se regularia pelos usos locais, salvo estipulação em contrário[5]. Embora condizentes com seu tempo, tais regras não raro deixavam ao desamparo as pessoas não proprietárias, mais carentes economicamente, os locatários ou "inquilinos", termo que também ser refere ao organismo que habita o corpo ou o refúgio de outro sem prejudicá-lo[6]. Os locadores eram os "senhorios", os donos do imóvel, literalmente os "senhores", aqueles que têm o domínio, a propriedade sobre a coisa. Tais denominações se mantêm até o século XXI,

---

4. Disponível em: <https://www1.folha.uol.com.br/fsp/mundo/ft1309200521.htm#:~:text=Paulo%20%2D%20Estudo%3A%20ONU%20projeta%20d%C3%A9ficit,2030%20%2D%2013%2F09%2F2005&text=Aproximadamente%2040%25%20da%20popula%C3%A7%C3%A3o%20mundial,servi%C3%A7os%20de%20infra%2Destrutura%20b%C3%A1sica.&text=Em%202030%2C%20ser%C3%A3o%202%20bilh%C3%B5es>. Acesso em: 30 jan. 2021.

5. Lei 3.071/1916 (Código Civil), art. 1.210.

6. HOUAISS, Antonio; VILLAR, Mauro de Salles. *Dicionário Houaiss da Língua Portuguesa*. Rio de Janeiro: Objetiva, 2001, p. 1622.

incrustradas que estão na cultura brasileira e ainda guardando em inúmeros casos suas denotações originais.

A realidade econômica e social, contudo, pouco a pouco se impôs, e através de sucessivas "Leis do Inquilinato", impregnadas pelo dirigismo estatal, buscou-se o equilíbrio contratual que se perdera. Diante dos reclamos dos diferentes grupos sociais e das crises do mercado de imóveis, as oscilações legais se sucediam, ora favorecendo os inquilinos, ora os senhorios. A Lei 8.245, de 18 de outubro de 1991, não obstante algumas alterações, apresenta razoável estabilidade nos seus trinta anos de vigência, fato que merece destaque.

Indispensável, porém, que se examine a Lei do Inquilinato não mais como um contrato de locação regido por uma lei especial e sob a ótica da teoria contratual tradicional, na busca do equilíbrio entre as partes, que talvez seja inalcançável, tamanho o abismo econômico e social não raro existente entre elas. Impõe-se que sua análise e aplicação se dê sob a regência dos princípios constitucionais, de modo atento à *função social da locação de imóveis urbanos*, notadamente quanto ao papel que pode representar para diminuição do déficit habitacional e, principalmente, para a efetividade, vale dizer, para a eficácia social do direito à moradia.

De acordo com Sylvio Capanema de Souza, a Lei 8.245/91 trouxe alento e estabilidade ao setor imobiliário, eis que as regras que disciplinavam "alteravam-se em vertiginosa velocidade, tornando a locação uma área de alto risco, para eventuais investimentos". Tal normativa inaugurou uma "nova fase da história do inquilinato urbano", com a sensível redução do dirigismo estatal e maior prestígio à economia de mercado.[7]

O presente artigo busca uma reflexão sobre as locações residenciais urbanas, regidas pela Lei 8.245/1991, escapando de seus estreitos limites as "locações" (e sublocações) informais, na maioria feitas de modo verbal e à margem da lei, realizadas em comunidades carentes, as quais exigem considerações de natureza diversificada, como a sociológica e a econômica. A partir de pesquisa bibliográfica[8], procura-se aqui por em destaque e trazer ao debate aspectos da Lei do Inquilinato que permitam examinar seu papel em face do direito à moradia, e ainda que de modo modesto contribuir para a construção de soluções para o problema da moradia digna.

Indispensável destacar que o direito fundamental à moradia decorre do princípio da dignidade humana. Nestes termos, a falta de efetividade equivale a seu descumprimento, configurando um impedimento, se não uma ruptura, da indeclinável transição do *ter* para o ser para boa parte da população brasileira.

2. MORADIA COMO DIREITO SOCIAL E A CRISE HABITACIONAL NO BRASIL

Longos e substanciosos debates têm envolvido a distinção (ou não) entre direitos humanos e direitos fundamentais, que buscam ultrapassar sua dimensão meramente semântica. A questão escapa dos limites deste trabalho, no qual será adotado o entendimento de Ingo Wolfgang Sarlet, no sentido de que a diferença pode se constatar nos "diversos

---

7. SOUZA, Sylvio Capanema de. *A lei do inquilinato comentada*, cit., p. 2.
8. Adota-se como base de reflexão, especialmente por sua importância no tema, o artigo de SARLET, Ingo Wolfgang. O Direito Fundamental à Moradia na Constituição: Algumas Anotações a Respeito de seu Contexto, Conteúdo e Possível Eficácia. *Revista Eletrônica sobre a Reforma do Estado* (RERE), Salvador, n. 20, dez./fev., 2009/2010. Disponível em: <https://egov.ufsc.br/portal/sites/default/files/rere-11-setembro-2007-ingo_sarlet_1.pdf>. Acesso em: 20 dez. 2020.

planos ou esferas de positivação": os direitos fundamentais são "reconhecidos e positivados na esfera do direito constitucional de determinado Estado", enquanto os direitos humanos são previstos em documentos de direito internacional, e se referem a posições jurídicas atribuídas ao ser humano como tal, "independentemente de sua vinculação com determinada ordem constitucional", por conseguinte almejando a validade universal e revelando caráter supranacional.[9]

Destaca o citado autor que a opção pela expressão direitos fundamentais pelo constituinte põe em relevo posições jurídicas adotadas na ordem constitucional e internacional, que são fundamentos essenciais para a proteção da pessoa humana na ordem jurídica internacional e/ou interna. Paralelamente, evidencia a "dupla fundamentalidade material e formal" dos direitos constitucionalmente reconhecidos e protegidos. Na Constituição brasileira, a fundamentalidade formal desdobra-se em três elementos, "já largamente reconhecidos"[10]:

> a) como parte integrante da Constituição escrita, os direitos fundamentais (e, portanto, também o direito à moradia) situam-se no ápice do ordenamento jurídico, cuidando-se, pois, de normas de superior hierarquia; b) ainda na condição de normas fundamentais insculpidas no corpo da Constituição, encontram-se submetidas aos limites formais [...] e materiais [...] da reforma constitucional; c) [...] as normas definidoras de direitos e garantias fundamentais são imediatamente aplicáveis e vinculam diretamente as entidades estatais e os particulares.[11]

Ingo Wolfgang Sarlet deixa expresso, ainda, que os direitos e garantias fundamentais, constantes do Título II, da Constituição da República, têm fundamento direto no princípio da dignidade da pessoa humana. Ainda que diversa seja a intensidade do vínculo entre os direitos e o princípio citados, em razão da proteção de cada direito em espécie, a dignidade da pessoa humana é o "fundamento primeiro e principal e, de modo particular, o alicerce de um conceito material dos direitos fundamentais". Os direitos sociais, econômicos e culturais, quer na condição de direitos de defesa (negativos), quer na dimensão prestacional (direitos positivos)[12], constituem inquestionavelmente, "pelo menos em boa parte – exigência e concretização da dignidade da pessoa humana".[13]

Neste passo e na perspectiva proposta, impõem-se breves considerações sobre o que se deve entender por "moradia". Como de início apontado, imprecisa é a conceituação, se não a distinção, entre moradia, morada e habitação, termos não raro utilizados como sinônimos. Parece mais adequado buscar-se, ainda que de modo breve, a compreensão do conteúdo do direito fundamental à moradia. Alguns aspectos desse exame merecem destaque. Segundo Ingo Wolfgang Sarlet, a moradia para ser minimamente "compatível com as exigências da dignidade da pessoa humana, à evidência, sempre deverá ser adequada e decente" e ao se definir o conteúdo do direito à moradia impõe-se, ainda, "distingui-lo do direito de propriedade (e do direito à propriedade) [...] o direito à moradia – convém frisá-lo – é direito fundamental autônomo, com âmbito de proteção e objeto próprios"[14]. Além disso, há parâmetros mínimos indispensáveis para uma vida saudável, como os postos pela Organização Mundial de Saúde, que desde 1946 definiu

---

9. Id. Ibid., p. 2.
10. Id. Ibid., p. 3.
11. Id. Ibid., p. 3.
12. Segundo Ingo Wolfgang Sarlet, o direito à moradia apresenta-se sobre a dupla perspectiva (defensiva e prestacional). Id. Ibid., p. 24-28.
13. Id. Ibid., p. 13-14.
14. Id. Ibid., p. 17.

saúde como um estado de completo bem-estar físico, mental e social, e não apenas como a ausência de doença ou enfermidade[15]. Neste conceito ampliado de saúde tem grande importância o meio de vida, a qualidade da habitação é considerada fator determinante de uma vida saudável, como demonstram diferentes estudos, especialmente na área da saúde.[16]

Ingo Wolfgang Sarlet esclarece, ainda, que o direito à moradia abrange um complexo de "posições jurídicas, isto é, de direitos e de deveres", nos quais estão simultaneamente presentes a "função de direito de defesa e de direito a prestações, incluindo tanto presta-ções de cunho normativo, quanto material (fático) e, nesta dupla perspectiva, vincula as entidades estatais e, em princípio, também os particulares, na condição de destinatários deste direito"[17]. Ao analisar a dimensão prestacional (positiva) do direito de moradia, sob a perspectiva de sua eficácia e efetividade, admite o autor a possibilidade de qualquer pes-soa, como titular desse direito fundamental e em atenção ao princípio da universalidade própria a esse tipo de direito, "exigir do poder público (e eventualmente até mesmo de um particular) alguma prestação material que venha a lhe assegurar uma moradia compatível com as exigências de uma vida digna."[18]

Diante da complexa questão posta pela dimensão prestacional do direito à moradia, constata-se que o "direito à moradia abrange um leque multifacetado de opções e possibi-lidades, inclusive no que diz com a viabilidade de sua efetivação". Nesse quadro assumem relevo as prestações normativas, em particular as voltadas para a proteção do particular, que consistem na edição das medidas legislativas necessárias à implementação desse direito fundamental. [19] De acordo com Ingo Wolfgang Sarlet:

> Assim, por exemplo, registra-se (inclusive no âmbito do direito internacional) a necessidade de uma legis-lação versando sobre o regime das locações residenciais que, sem desguarnecer os direitos do proprietário, impeça, de outra parte, abusos praticados em relação ao locatário, especialmente em situação de necessidade e manifesta hipossuficiência, seja pela previsão da impossibilidade de um retomada imotivada, seja pelo controle dos preços dos alugueres e de seus reajustes, ou mesmo pela imposição de prazos razoáveis para a desocupação [...].[20]

O direito à moradia, como se constata, encontra-se constitucionalmente assegurado e diversas soluções jurídicas são possíveis para sua implementação. Contudo, o problema se revela e se agrava em razão do denominado "déficit habitacional", expressão que estaria a indicar pelo senso comum "falta de habitações". Numerosas são, porém, as discussões que em torno do seu significado, principalmente em decorrência dos questionamentos relativos à metodologia utilizada para seu cálculo. Algumas pinceladas sobre o tema, que de todo transborda do objeto do presente, são necessárias por integrarem de modo signi-ficativo o cenário das locações residenciais.

---

15. Disponível em: <https://saudebrasil.saude.gov.br/eu-quero-me-exercitar-mais/o-que-significa-ter-saude>. Acesso em: 05 jan. 2021.
16. Ver nesse sentido: PASTERNAK, Suzana. Habitação e saúde. *Estud. av.*, São Paulo, v. 30, n. 86, p. 51-66, abr., 2016. Dispo-nível em: <http://www.scielo.br/scielo.php?script=sci_arttext&pid=S0103-40142016000100051&lng=pt&nrm=iso>. Acesso em: 05 jan. 2021; MAGALHÃES, Kelly Alves et al. A Habitação como Determinante Social da Saúde: percepções e condições de vida de famílias cadastradas no Programa Bolsa Família. *Saúde Soc.*, São Paulo, v. 22, n. 1, p.57-72, 2013. Disponível em: <https://www.scielo.br/pdf/sausoc/v22n1/07.pdf>. Acesso em: 05 jan. 2021.
17. SARLET, Ingo Wolfgang. Op. cit., p. 20-21.
18. Id. Ibid., p. 35-36.
19. Id. Ibid., p. 37.
20. Id. Ibid., p. 37.

Como esclarece a Caixa Econômica Federal, maior executor das políticas habitacionais do Governo Federal, "a definição mais comum de déficit habitacional é a que exprime a falta de moradias para as pessoas ou famílias que necessitam de habitação".

As necessidades habitacionais podem ser estudadas pela ótica do déficit ou da demanda. Mais do que uma questão semântica, a escolha de uma ou outra denominação remete a utilização de variáveis distintas que ocasionarão resultados diferentes.[21]

Como se verifica na definição de déficit habitacional dada pela Caixa há referência à falta de "moradias" e à necessidade de "habitação". Os termos utilizados não são, porém, sinônimos e uma adequada distinção entre eles, sem dúvida, contribui para a melhor percepção das graves questões sociais envolvidas no que aparentemente é uma questão terminológica, mas em verdade são de todo influentes para fins metodológicos do cálculo do déficit. Peter José Schweizer e Wilson Pizza Junior, em trabalho realizado a cerca de duas décadas e que revela há quanto tempo se debate o tema, apresentam interessantes definições:

> A palavra casa nos leva a uma ideia de estrutura física, de uma construção material, à visão de paredes e teto. A moradia, no entanto, indica a realização de uma função humana, o ato de morar. Finalmente, a palavra habitação conduz a uma visão mais dinâmica no uso da casa ou da moradia; indica a ação de habitar. Os três conceitos são complementares e se referem à necessidade fundamental do ser humano de possuir um abrigo para nele realizar um conjunto de atividades que variam em função de cada cultura e do contexto social e ambiental nas quais se inserem.[22]

Muitos são os dados apresentados sobre o déficit habitacional[23], e muitas são as discussões sobre os aspectos considerados no seu cálculo. Os números oscilam entre 6 milhões de habitações em 2015 [24] e 7,79 milhões em 2019, havendo constante referência ao ônus excessivo com aluguel urbano, que aparece com grande peso no déficit habitacional, sobretudo nas regiões metropolitanas e nas regiões Sudeste, Sul e Centro-Oeste.[25]

Denise Morado Nascimento e Raquel Carvalho de Queiroz Braga, em crítica à metodologia baseada nos aspectos quantitativo do déficit habitacional (dimensionamento do estoque de habitações) e a inadequação de moradias (especificidades internas desse estoque), afirmam que "a noção de déficit habitacional como número a ser quantitativamente superado cai por terra na medida em que há no país em estoque de seis milhões de domicílios vagos". Para as autoras, tais dados revelam não apenas "a má distribuição das moradias, em razão da atuação dos agentes do mercado privado, mas também o baixo poder aquisitivo dos pobres no acesso ao estoque habitacional adequado".[26]

---

21. Demanda habitacional no Brasil / Caixa Econômica Federal. Brasília: CAIXA, 2011, p. 21. Disponível em: <https://www.caixa.gov.br/Downloads/habitacao-documentos-gerais/demanda_habitacional.pdf>. Acesso em: 05 jan. 2021.
22. SCHWEIZER, Peter José; PIZZA JUNIOR, Wilson. Casa, Moradia, Habitação. *Revista de Administração Pública-RAP*, Rio de Janeiro, n. 31, v. 5, pp. 54-69, set./out, 1997, p. 54. Disponível em: <http://bibliotecadigital.fgv.br/ojs/index.php/rap/article/view/7839/6490>. Acesso em: 05 jan. 2021.
23. Não há dados recentes (2019-2020) do IBGE sobre o déficit habitacional.
24. Déficit habitacional no Brasil 2015/ Fundação João Pinheiro, Diretoria de Estatística e Informações. Belo Horizonte: FJP, 2018, p. 31 e 39. Disponível em: <https://antigo.mdr.gov.br/images/stories/ArquivosSNH/ArquivosPDF/Publicacoes/capacitacao/publicacoes/deficit-habitacionalBrasil_2015.pdf>. Acesso em: 30 jan. 2021.
25. Disponível em: <https://valorinveste.globo.com/produtos/imoveis/noticia/2020/09/29/dficit-habitacional-tem-leve-queda-em-2019-mas-peso-do-aluguel-para-as-famlias-aumentou.ghtml>. Acesso em: 30 jan. 2021.
26. NASCIMENTO, Denise Morado; BRAGA, Raquel Carvalho de Queiroz. Déficit habitacional: um problema a ser resolvido ou uma lição a ser aprendida? *Risco Revista de Pesquisa em Arquitetura e Urbanismo (Online)*, n. 9, 98-109, 2009. Disponível em: https://doi.org/10.11606/issn.1984-4506.v0i9p98-109. Acesso em: 20 dez. 2020.

O déficit habitacional, como se constata, é questão tormentosa e de grande importância para a implementação do direito à moradia, cuja amplitude ultrapassa os estreitos limites aqui traçados. Resta evidenciado, contudo, o reconhecimento do aluguel como fator de relevância na configuração do déficit, fato que exige profunda reflexão sobre a questão da locação residencial urbana, à luz dos ditames constitucionais atinentes ao direito à moradia.

3. TUTELA CONCEDIDA AOS LOCATÁRIOS PELA LEI DO INQUILINATO: UMA VISÃO CONSTITUCIONALIZADA

A Lei 8.245/91, na visão de Sylvio Capanema de Souza, esvaziou a postura maniqueísta das malogradas leis anteriores que sucediam desde 1922 "que transformava os locadores em perversos especuladores e os locatários em vítimas indefesas", "convertendo locadores e locatários em exércitos inimigos"[27]. Fato é que, "em verdadeiro milagre de longevidade legislativa, no terreno antes movediço do inquilinato urbano"[28], a referida lei mantém seus fundamentos ainda intactos e busca equilibrar os interesses antagônicos de forma a permitir o desenvolvimento justo do mercado imobiliário. Indispensável, contudo, que, sob o manto da supremacia constitucional, se verifique a compatibilidade da vigente lei do inquilinato com a legalidade constitucional, de modo a examinar se a tutela concedida aos locatários atende aos ditames constitucionais, em especial o direito fundamental social à moradia, atrelado ao princípio da dignidade da pessoa humana.

Como se sabe, a mudança paradigmática operada pela Constituição da República de 1988 elevou a pessoa humana à categoria central do ordenamento jurídico brasileiro. Assim, as situações existenciais são prevalentes, *a priori*, em relação às situações patrimoniais[29]. Passou-se a privilegiar, assim, não mais os sujeitos virtuais, mas as pessoas concretamente consideradas[30], possibilitando o deslocamento axiológico do *ter* para o *ser*, fundamentado, sobretudo, no princípio da dignidade da pessoa humana, vetor axiológico central e princípio fundante da República federativa brasileira.

Nessa esteira, a centralidade da pessoa humana se impõe à medida que o princípio da dignidade confere unidade axiológica a todo o sistema normativo brasileiro, exigindo uma releitura incessante de todas as normas infraconstitucionais à luz dos valores maiores albergados na Constituição da República de 1988. Além do reconhecimento da supremacia e normatividade das normas constitucionais, igualmente se afirma que a prevalência das situações subjetivas jurídicas existenciais sobre as patrimoniais determina que se supere a tradicional primazia da proteção conferida pelo ordenamento às figuras do *ter* (como o contratante, proprietário e testador) para tutelar e promover as esferas mais íntimas do *ser*. Assim, a primazia da tutela da personalidade no ordenamento civil-constitucional brasileiro, compreendida como a proteção dos atributos essenciais de sua individualidade, inerentes à sua integridade e dignidade, determina a tutela

---

27. SOUZA, Sylvio Capanema de. *A lei do inquilinato comentada*, cit., p. 5.
28. Id Ibid., p. 5.
29. Um exemplo emblemático da inversão axiológica operada pela força da normativa constitucional – da centralidade da proteção da dignidade da pessoa em detrimento do patrimônio – se revela através da Lei 8.009, de 29 de março de 1990, que dispõe sobre a impenhorabilidade do chamado bem de família, o qual operacionaliza a tutela dos direitos ao mínimo existencial e à moradia, concretizando a promoção da dignidade da pessoa humana.
30. TEPEDINO, Gustavo. Do Sujeito de Direito à Pessoa Humana. *Temas de Direito Civil*, tomo II, Rio de Janeiro: Renovar, 2006, p. 340-342.

prioritária dos aspectos existenciais da pessoa humana, de modo a também assegurar as condições materiais essenciais para a promoção de uma vida digna, como a moradia e manutenção da própria subsistência.

Nessa senda, diz-se que o direito civil enfrenta um processo de despatrimonialização, na medida em que o patrimônio passa a ser funcionalizado ao livre desenvolvimento da pessoa humana, não merecendo tutela de *per se*, e encarado como "mero instrumento de realização do ser"[31]. Alerta a doutrina que o chamado "direito civil-constitucional *não* propõe uma segregação absoluta entre situações existenciais e patrimoniais"[32], mas a funcionalização do *ter* ao *ser*. Nesta medida, observa Anderson Schreiber que, "como aspecto da vida social, o patrimônio está direta ou indiretamente envolvido na imensa maioria das relações privadas".[33]

O crédito funciona, portanto, como importante instrumento de acesso aos bens materiais que, por sua vez, possibilitam à pessoa satisfazer necessidades como moradia, educação e saúde, desfrutando de uma vida digna. Nesse ponto, por força da proeminência das situações existenciais sobre as patrimoniais, o legislador cioso de seu renovado papel tem blindado alguns bens componentes do patrimônio, tornando-os impenhoráveis, de modo a preservar o mínimo existencial das pessoas[34]. Excepciona-se, desse modo, a função precípua do acervo patrimonial que é a de servir como garantia dos credores.

Depreende-se, assim, que a transformação vivenciada pelo direito civil é profunda. Destaca Maria Celina Bodin de Moraes que, "ao invés da lógica proprietária, da lógica produtivista e empresarial (numa palavra, patrimonial), são os valores existenciais que, privilegiados pela Constituição, se tornam [...] prioritários"[35]. A partir dessa ótica que a lei do inquilinato vigente deve ser apreciada, eis que uma normativa que descure da necessária instrumentalização das situações patrimoniais às existenciais, na medida em que concretiza a proteção à dignidade da pessoa humana por meio da preservação do direito à moradia, se revela incompatível com a legalidade constitucional.

A função social, a efetividade e a boa-fé, como afirma a doutrina, foram "ingredientes que fermentaram a receita de um novo modelo para o inquilinato urbano"[36]. Por isso, ao lado da necessidade de uma menor intervenção estatal no setor de modo a permitir a oxigenação na economia de mercado e, por conseguinte, maiores investimentos para fins de diminuição no "déficit habitacional", desafia proteção do locatário, eis que em jogo seu direito à moradia, o que, por consequência, atrai a prevalência dos seus interesses existenciais como corolário da dignidade da pessoa humana.

Nessa linha, a Lei 8.245/91 cuida de importantes aspectos ligados à proteção do locatário e de sua família, em prestígio ao direito à moradia. Em atenção aos objetivos sociais que inspiram a lei, os arts. 10 e 11 tratam, respectivamente, da impessoalidade do contrato de locação e da sucessão na locação residencial. Desse modo, o contrato de locação de imóvel urbano não se extingue com a morte do locador e seus herdeiros

---

31. SCHREIBER, Anderson. Direito civil e Constituição. *Direito civil e Constituição*. São Paulo: Atlas, 2013, p. 21.
32. Id. Ibid., p. 21.
33. Id. Ibid., p. 20.
34. Cf. FACHIN, Luiz Edson. *Estatuto jurídico do patrimônio mínimo*. Rio de Janeiro: Renovar, 2001.
35. BODIN DE MORAES, Maria Celina. A caminho de um direito civil-constitucional. *Na medida da pessoa humana*. Rio de Janeiro: Renovar, 2010, p. 15.
36. SOUZA, Sylvio Capanema de. *A lei do inquilinato comentada*, cit., p. 5.

sub-rogam-se nos direitos e deveres, observando os termos contratuais (art. 10). Por sua vez, o falecimento do locatário igualmente não extingue o contrato, uma vez que ficará sub-rogados nos seus direitos e obrigações o cônjuge sobrevivente ou o companheiro, e, sucessivamente, os herdeiros necessários e as pessoas que viviam na dependência econômica do falecido, desde que residentes no imóvel. Segundo Sylvio Capanema de Souza, "seria iníquo que a família do locatário morto ficasse sujeita ao desalijo, quando mais precisa de proteção, e ainda não refeita do trauma provocado pela sua perda. Na locação residencial, a sub-rogação decorre, inclusive, do seu caráter *intuitu familiae*"[37]. Cabe destacar que a lei não permite o despejo até o trigésimo dia seguinte ao do falecimento do cônjuge, ascendente, descendente ou irmão de qualquer das pessoas que habitem o imóvel, nos termos do § 2º do art. 65.

Em reforço ao caráter *intuitu familiae*, o art. 12, com redação dada pela Lei 12.112/2009, estabelece que nos casos de separação de fato, separação judicial, divórcio ou dissolução da união estável, a locação residencial prossegue automaticamente com o cônjuge ou companheiro que permanecer no imóvel. Cuida-se, portanto, de outras hipóteses de sucessão da locação, não decorrentes da morte do locador ou locatário. Insta acentuar que as regras previstas nos arts. 11 e 12 devem igualmente ser estendidas às famílias homoafetivas.

Cabe, ainda trazer à baila as hipóteses de desocupação que independem da vontade do locatário, não lhe sendo imputáveis. Desse modo, o par. único do art. 4º da Lei de Locações trata da dispensa da multa cominada para a hipótese de devolução antecipada do imóvel nos casos em que o locatário for transferido pelo seu empregador, privado ou público, para prestar serviços em localidade diversa daquela do início do contrato. Como ressalta Sylvio Capanema de Souza, "mais uma vez demonstrou o legislador a preocupação de proteger o locatário", sendo "elogiável o cuidado da norma"[38]. Uma vez que a multa configura a imposição de uma pena, somente tem lugar em havendo culpa. Por isso, a doutrina aponta que, a rigor, seria dispensável o dispositivo[39]. No entanto, ainda assim tal disposição revela a preocupação do legislador na proteção do locatário em tais situações e impede eventuais discussões a respeito do tema. Sublinha-se que o ônus da prova da transferência cabe ao locatário e deve ser feita de maneira inequívoca.

Como se vê, a vigente lei do inquilinato protege o locatário em situações que revelam a preocupação do legislador com questões de caráter existencial, a exemplo da sucessão da locação para fins residenciais em casos de falecimento do locador e do locatário, bem como de separação, divórcio e dissolução da união estável. Nítido, portanto, a preservação da finalidade social das locações residenciais de servirem como moradia para comunidades familiares. Além disso, preocupou-se o legislador, ainda, com as transferências do locatário feitas pelo empregador para localidade diversa do imóvel alugado de modo a dispensá-lo da multa por devolução antecipada. Tais disposições revelam uma lei que protege os interesses dos locatários residenciais e atendem os desígnios constitucionais de tutela da pessoa humana.

---

37. Id. Ibid., p. 72.
38. Id. Ibid., p. 38.
39. Id. Ibid., p. 38.

4. DILEMAS DA LOCAÇÃO RESIDENCIAL URBANA: REGULAMENTAÇÃO ESPECÍFICA E PENHORABILIDADE DO BEM DE FAMÍLIA DO FIADOR

A trajetória da legislação sobre locação de imóveis é longa, visto que se desenrola desde o início do século XX. Como esclarece Sylvio Capanema de Souza, pouco tempo depois da entrada em vigor do Código Civil anterior em 1º de janeiro de 1917, a realidade socioeconômica se impôs e as regras genéricas da codificação se revelaram insuficientes para manter o equilíbrio contratual de um mercado tão sensível e em crescente turbulência, "em razão do desordenado crescimento das cidades, e da forte pressão da demanda por novas unidades habitacionais"[40]. A partir da década de 1920, portanto, sucederam-se as denominadas leis do inquilinato, "sempre impregnadas pelo dirigismo estatal, muitas vezes exagerado, o que provocou grave retração nos investimentos, com o surgimento de insuportável déficit habitacional"[41]. De acordo com mesmo autor, "a política oficial, em matéria de inquilinato, oscilou pendularmente, ora amparando os locatários, procurando compensar sua fragilidade econômica, ora soltando as amarras do controle estatal, nos períodos e maior estabilidade política e econômica".[42]

Observa Sylvio Capanema de Souza que a Lei 8.245, de 18 de outubro de 1991, hoje vigente, não é uma lei geral sobre locações, visto ter sua área de incidência delimitada, conforme expressam sua ementa e art. 1º. A lei se destina restritamente às locações dos imóveis urbanos, restando as demais locações regidas pelo Código Civil ou lei especial[43]. Entende Capanema que[44]:

> A atual lei, pressentido os ventos que já começavam a soprar, no sentido de um gradual afastamento do Estado, liberando a atividade econômica particular, abrandou a intervenção oficial, fortalecendo o princípio da autonomia da vontade, atraindo novos investimentos para o setor, com a promessa de maior estabilidade legislativa e preservação da comutatividade inaugural do contrato.
>
> Abandonou-se, assim, e em boa hora, o ambicioso projeto de elaborar um Código das Locações, como se chegou a pensar, na época, reduzindo-se a proposta ao campo minado da locação urbana, onde se concentrava a preocupação social do Estado.[45]

As oscilações na legislação do inquilinato apontadas por Sylvio Capanema de Souza demonstram os fortes interesses socioeconômicos que estão em jogo, quando se trata de locação urbana. Paralelamente, à medida em que se constata estar a solução de questões tão sensíveis submetida aos sabores político-econômicos, a complexidade das situações envolvidas é potencializada, fazendo emergir outros importantes fatores determinantes da problemática habitacional.

Não obstante a vigente lei sobre locação urbana contenha avanços significativos para a tutela dos locatários, há uma permanente tensão nesse tipo de locação, em virtude de estarem envolvidos direitos constitucionalmente garantidos, que se contrapõem no

---

40. SOUZA, Sylvio Capanema de. *Da locação do imóvel urbano*: direito e processo. Rio de Janeiro: Forense, 2000, p. 15.
41. Id. Ibid., p. 16.
42. Id. Ibid., p. 16.
43. Id. Ibid., 15.
44. As regras gerais sobre locação de coisas móveis e imóveis se encontram no Código Civil, Lei 10.406/2002, art. 565-578; leis especiais regulam os diferentes tipos de locação, de que são exemplo a Lei 4.504/1964 (imóveis rústicos) e o Decreto 24.150/1934 (locação comercial e industrial).
45. SOUZA, Sylvio Capanema de. *Da locação do imóvel urbano*, cit., p. 16.

momento em que é exigido o cumprimento de sua função social, a exemplo do direito de propriedade e à livre iniciativa. A indispensável ponderação dos interesses é indispensável, mas, sem dúvida, tormentosa.

Questão que se impõe como de significativa importância no cenário das locações urbanas são as garantias locatícias que, se de um lado, visam reduzir o risco de eventual inadimplemento das obrigações do locatário, por outro, dificultam o acesso à moradia por parte dos locatários. O art. 37 da Lei 8.245/91 elenca as modalidades de garantia, que são a caução, a fiança, o seguro de fiança locatícia e a cessão fiduciária de quotas de fundos de investimento, cabendo ao locador o direito de escolher. De maneira a evitar que o pretenso locatário fosse extremamente onerado, a lei vedou a adoção de mais de uma modalidade de garantia num mesmo contrato de locação (art. 37, par. único). O art. 82 da Lei de Locações acresceu o inciso VII ao art. 3º da Lei 8.009/90 – a chamada Lei do Bem de Família, que excepcionou a regra da impenhorabilidade o único imóvel do devedor nos casos em que a obrigação é decorrente de fiança concedida em contrato de locação, o que despertou delicada e tormentosa distinção na proteção entre o locatário-devedor e o fiador. É de se indagar até que ponto tal regra não afeta, por via obliqua, os próprios locatários, eis que torna a fiança um instituto iníquo e inverte a primazia das situações existenciais sobre as patrimoniais, afastando dos imperativos da eticidade e da solidariedade que marcam as relações contratuais contemporâneas. Para tal análise, indispensável compreender em perspectiva histórico-evolutiva o papel do bem de família no direito brasileiro e os fundamentos dos tribunais superiores para concluírem pela constitucionalidade do dispositivo.

A preocupação com a proteção dos interesses da família no tocante à salvaguarda da moradia surge ainda no século XIX, especificamente, com o *Homestead Exemption Act*, de 26 de outubro de 1839, editado pela República do Texas, antes mesmo de sua incorporação aos Estados Unidos da América, concebido inicialmente como instrumento de proteção da pequena propriedade rural, de natureza agrícola ou residencial. Em perspectiva histórica, a lei se justificava em razão da grave crise econômica entre os anos de 1837 e 1839[46]. Posteriormente, tal benefício em prol da família se estendeu para toda federação americana com a edição do *Homestead Act*, de 26 de maio de 1862, que assegurava a todo "cidadão norte-americano um estabelecimento familiar com 80 acres de terra, a preço módico, com o privilégio de não haver execução por dívidas anteriores ao título definitivo pelo prazo dos primeiros cinco anos a contar do início da residência"[47].

Ainda sob perspectiva histórica, registra-se que no Brasil o chamado bem de família voluntário foi assegurado no Código Civil pretérito, tendo sido incluído por ocasião dos debates do Projeto no Congresso Nacional[48]. Assim, o Código Civil de 1916 dispôs sobre a matéria nos artigos 70 a 73, facultando ao chefe de família a possibilidade de destinar um prédio para fins de moradia, com cláusula de isenção de execução por dívi-

---

46. GAMA, Guilherme Calmon Nogueira da; MARÇAL, Thaís Boia. Penhorabilidade do bem de família "luxuoso" na perspectiva civil-constitucional. *Revista de Direito Imobiliário*, v. 77, jul., 2014, p. 282.
47. Id. Ibid., p. 282.
48. Id. Ibid., p. 283.

das, salvo as provenientes de impostos relativos ao mesmo prédio e as dívidas contraídas anteriormente.[49-50]

Confrontado com a realidade nacional, o instrumento se revelou de pouca utilidade, tendo em vista que privilegiava a família tradicional, fundada no casamento, e dotada de riqueza imobiliária, além de que sua instituição dependia de formalidades, como o instrumento público inscrito no registro de imóveis e publicação na imprensa. Com efeito, o bem de família previsto no Código Beviláqua assumiu os traços característicos da então codificação privatística – patrimonialismo e individualismo, tornando-se uma forma de proteger o patrimônio de famílias mais abastadas e excluindo os arranjos familiares mais desprotegidos e outros sequer reconhecidos pelo Direito.

Após a promulgação da Constituição de 1988, e, consequentemente, a primazia do princípio da dignidade humana no ordenamento pátrio, adveio a Lei 8.009/90, que disciplinou o chamado bem de família legal e involuntário, tendo definido e tutelado, em seu art. 1º, que:

> O imóvel residencial próprio do casal, ou da entidade familiar, é impenhorável e não responderá por qualquer tipo de dívida civil, comercial, fiscal, previdenciária ou de outra natureza, contraída pelos cônjuges ou pelos pais ou filhos que sejam seus proprietários e nele residam, salvo nas hipóteses previstas nesta lei.

Na esteira das transformações vivenciadas no direito das famílias, o dispositivo amplia a proteção legal, antes restrita às famílias fundadas no casamento, para abranger as demais entidades familiares constitucionalmente reconhecidas, tais como as monoparentais (art. 226, § 4º) e as uniões estáveis (art. 226, § 3º), além de outros arranjos familiares que não foram expressamente contemplados pelo legislador constitucional, mas que igualmente merecem proteção jurídica. Em que pese o avanço da lei em comento, uma nota destoante residia na exclusão do devedor solteiro, que não tardou a angariar vozes doutrinárias[51] para a extensão da proteção, tendo sido, posteriormente, a posição acolhida em nossos tribunais, inclusive com a edição de súmula a respeito do tema.[52]

Com a edição da Lei n. 8.009/90, passou-se a conviver com uma dualidade de regimes do bem de família, eis que a disciplina em lei especial (bem de família involuntário) não revogou a disposição contida no Código Civil de 1916 (bem de família voluntário). Ainda hoje, mesmo com a promulgação de uma nova codificação civilística, o ordenamento con-

---

49. Código Civil de 1916: "Art. 70. É permitido aos chefes de família destinar um prédio para domicilio desta, com a clausula de ficar isento de execução por dividas, salvo as que provierem de impostos relativos ao mesmo prédio. Parágrafo único. Essa isenção durará enquanto viverem os cônjuges e até que os filhos completem sua maioridade. Art. 71. Para o exercício desse direito é necessário que os instituidores no ato da instituição não tenham dívidas, cujo pagamento possa por ele ser prejudicado. Parágrafo único. A isenção se refere a dividas posteriores ao ato, e não ás anteriores, se verificar que a solução destas se tornou inexequível em virtude de ato da instituição".

50. Conforme relatam Guilherme Calmon Nogueira da Gama e Thaís Boia Marçal: "Nenhum limite de valor estabeleceu a Lei Civil para o bem escolhido para residência da família. Todavia, o art. 19 do Dec.-lei 3.200/1941 estipulou, inicialmente, o valor de 100 contos de réis para o imóvel, quantia progressivamente adaptada até a Lei 6.742/1979, que deu redação definitiva ao art. 19, que deixou de estipular um limite de valor para o bem de família, desde que o imóvel seja residência dos interessados por mais de dois anos". GAMA, Guilherme Calmon Nogueira da; MARÇAL, Thaís Boia. Op. cit., p. 283.

51. Cf., por todos, SCHREIBER, Anderson. Direito à moradia como fundamento para impenhorabilidade do imóvel residencial do devedor solteiro. In: RAMOS, Carmem Lucia Silveira et all. *Diálogos sobre direito civil*. Rio de Janeiro: Renovar, 2002. Nessa linha, o autor defendia uma nova interpretação da disciplina do bem de família, "tradicionalmente voltada à tutela da residência da entidade familiar, mas cada vez mais direcionada à proteção da pessoa, independentemente de laço familiares pretéritos ou futuros" (p. 85).

52. Em 15 de outubro de 2008 foi editado o verbete da súmula n. 364 pelo STJ: "O conceito de impenhorabilidade de bem de família abrange também o imóvel pertencente a pessoas solteiras, separadas e viúvas".

vive com um regime dual, tendo em vista que além do bem de família obrigatório previsto em lei especial, o Código Civil vigente tratou do bem de família convencional nos arts. 1.711 a 1.722. Assim, a lei civil permite que os cônjuges ou a entidade familiar, por meio de escritura pública ou testamento, destinem parcela não superior a um terço do patrimônio líquido ao tempo da instituição, respeitando as regras do bem de família legal.[53]

A proteção do bem de família legal não foi absoluta, tendo o próprio legislador restringido o alcance da impenhorabilidade nos artigos 2º e 3º da Lei n. 8.009/90. A primeira restrição foi de ordem objetiva, pois além do único imóvel residencial, a impenhorabilidade também compreende as benfeitorias, os equipamentos, inclusive os de uso profissional, e os móveis quitados que guarnecem a casa, nos termos do parágrafo único do art. 1º; no entanto, exclui da proteção os veículos de transporte, os adornos suntuosos e as obras de arte (art. 2º, *caput*).

Por outro lado, o legislador também excepcionou a oponibilidade da impenhorabilidade às obrigações previstas nos incisos do art. 3º, eis que a natureza dos créditos, como o trabalhista e o alimentar, são de alta relevância para os credores, destinados à subsistência destes. Assim, mostrou-se equilibrada a ponderação legislativa, vez que em alguns casos proteger o devedor significa onerar demasiadamente o credor, que pode inclusive ter seu mínimo existencial atingido. Embora as exceções à impenhorabilidade se encontrem em sintonia com os mandamentos constitucionais e, por conseguinte, correspondam à finalidade do instituto, ainda causa perplexidade à comunidade jurídica a decisão do Supremo Tribunal Federal em reconhecer a constitucionalidade do art. 3º, inciso VII, da Lei n. 8.009/90, por ocasião do julgamento do Recurso Extraordinário n. 407.688, no qual se discutia que o dispositivo infraconstitucional ofendia o art. 6º da Constituição, que incluiu a moradia no rol dos direitos sociais fundamentais[54]. O tema já é objeto de debate na doutrina não é de hoje[55]. A decisão, que parece ter se prendido às consequências socio-econômicas no mercado imobiliário, infelizmente descurou do fundamento da proteção do bem de família, assentado no direito à moradia como expressão da dignidade da pessoa humana, não devendo se diferenciar o devedor do fiador para fins de impenhorabilidade do único imóvel residencial.

O tema voltou à apreciação do Supremo Tribunal Federal em sede de Repercussão Geral no RE 612.360, oportunidade na qual se manteve a prevalência da tese da penhorabilidade de bem de família de fiador de contrato de locação[56]. A mesma posição foi adotada pela Segunda Seção do STJ[57]. Dessa decisão decorreu o enunciado sumular n. 549: "É válida a penhora de bem de família pertencente a fiador de contrato de locação". Sobre o tema, Maria Celina Bodin de Moraes e Gabriel Schulman defendem que "trata-se de situação incompatível com a leitura funcionalizada do direito civil, atentatória contra a igualdade,

---

53. "Art. 1.711. Podem os cônjuges, ou a entidade familiar, mediante escritura pública ou testamento, destinar parte de seu patrimônio para instituir bem de família, desde que não ultrapasse um terço do patrimônio líquido existente ao tempo da instituição, mantidas as regras sobre a impenhorabilidade do imóvel residencial estabelecida em lei especial".
54. STF, RExt. 407.688/AC, Rel. Min. Cezar Peluso, Tribunal Pleno, julg. 08.02.2006.
55. Ver, por todos, PINHEIRO, Rosalice Fidalgo; ISAGUIRRE, Katya. O direito à moradia e o STF: um estudo de caso acerca da impenhorabilidade do bem de família do fiador. In: TEPEDINO, Gustavo; FACHIN, Luiz Edson (Org.). *Diálogos sobre direito civil*. v. 2, Rio de Janeiro: Renovar, 2008, p. 131-164; SILVA, Sérgio André Rocha Gomes da. Da inconstitucionalidade da penhorabilidade do bem de família por obrigação decorrente de fiança concedida em contrato de locação. *Revista de Direito Privado*, v. 2, São Paulo: Revista dos Tribunais, abr./jun., 2000, p. 50-56.
56. STF. Tribunal Pleno, RE 612.360, Rel. Min. Ellen Gracie, julg. 02 set. 2010.
57. STJ. 4ª T., REsp 1.363.368, Rel. Min. Luís Felipe Salomão, julg. 21 nov. 2014.

e proporcionalidade e razoabilidade, princípios que, conjuntamente, são indispensáveis no direito contratual contemporâneo".[58]

A efetivação do direito à moradia e de seus instrumentos de garantia, a exemplo da proteção do locatário e do bem de família involuntário, são extremamente sensíveis, sobretudo em razão da realidade brasileira. Na perspectiva civil-constitucional, portanto, a locação residencial e o bem de família servem para realização do direito fundamental social à moradia e resguardo do mínimo existencial do devedor-locatário e de sua família, assegurando a proteção da dignidade humana mesmo em seara tipicamente patrimonial, o que demonstra exemplo de funcionalização do patrimônio aos interesses existenciais prevalentes.

5. CONSIDERAÇÕES FINAIS

Após a forte expansão do dirigismo contratual, especialmente na seara locatícia, a vigente Lei do Inquilinato buscou equilibrar a proteção do locatário, parte mais vulnerável, mas, em contrapartida, reconheceu uma maior liberdade dos agentes para fomentar o mercado imobiliário e, por conseguinte, atrair investimento para aplacar o déficit habitacional brasileiro. O fenômeno do dirigismo contratual consiste em política legislativa que se associa à edição de "diplomas legais preocupados em dispensar maior proteção aos contratantes tidos por mais fracos em determinados setores ou relações"[59]. A busca por uma menor intervenção legislativa no campo do inquilinato não pode se afastar dos imperativos constitucionais, em especial do direito fundamental social à moradia digna e da prevalência das situações existenciais sobre as patrimoniais. Nesse ponto, um regramento protetivo de sujeitos presumidamente vulneráveis – como é o caso do locatário face ao locador, especialmente nas populações de menor renda – encontra justificativa na Lei Maior, eis que a redução das desigualdades sociais constitui tanto objetivo da República (art. 3º, III) quanto princípio da ordem econômica (art. 170, VII).[60]

Sem dúvida, a regulamentação da locação residencial urbana é fundamental para a proteção dos locatários e promove, a partir de uma lei do inquilinato que efetivamente realize o equilíbrio entre os interesses antagônicos e à luz dos desígnios constitucionais, o direito fundamental à moradia digna. Desse modo, a vigente lei do inquilinato há quase trinta anos promulgada assegura estabilidade ao mercado imobiliário e fornece instrumentos de proteção à pessoa do locatário, apesar da contradição e da iniquidade que permanece em virtude do entendimento dos tribunais superiores da constitucionalidade de penhorabilidade do bem de família do fiador nos contratos de locação.

O ensinamento do jurista Sylvio Capanema de Souza de que a Lei 8.245/91 é "a mesma lei, para um novo tempo" depende da incessante releitura dos seus dispositivos à luz da legalidade constitucional, de modo a observar os novos paradigmas contratuais de solidariedade, eticidade e proteção dos vulneráveis, bem como concretizar o direito fundamental à moradia digna.

---

58. BODIN DE MORAES, Maria Celina; SCHULMAN, Gabriel. Ensaio sobre as iniquidades da fiança locatícia gratuita. *Revista Interdisciplinar De Direito*, v. 16, p. 239-269, 2018, p. 247.

59. SILVA, Rodrigo da Guia. Equilíbrio e vulnerabilidade nos contratos: marchas e contramarchas do dirigismo contratual. *Civilistica.com – Revista Eletrônica de Direito Civil*, v. 9, p. 1-35, 2020, p. 5.

60. Id. Ibid., p. 5-6.

2
ESPÉCIES DE LOCAÇÃO DE IMÓVEL URBANO

Luiz Edson Fachin

Doutor e Mestre em Direito pela PUC-SP. Ministro do STF.

Rosana Amara Girardi Fachin

Doutora e Mestre em Direito pela UFPR. Desembargadora do TJPR.

Sumário: 1. Tempo e transformações na lei do inquilinato. 2. Âmbito de abrangência da Lei 8.245/1991. 3. As tecnologias disruptivas e o contrato de locação de curto e curtíssimo prazo. 4. Contratos *built to suit*. 5. Contratos de locação de imóvel urbano e concessão de serviço público. 6. *Sale and lease back*. 7. *Coworking* e *coliving*. 8. RJET: a locação de imóvel urbano e os impactos da Covid-19. 9. Perspectivas.

1. TEMPO E TRANSFORMAÇÕES NA LEI DO INQUILINATO

Quase trinta anos transcorreram desde a publicação da Lei 8.245 de 1991. Esse considerável lapso temporal poderia suscitar a crença de que o regime jurídico do contrato de locação de imóvel urbano teria permanecido estático e de que as situações nas quais aplica a Lei do Inquilinato já estariam, afinal, bem definidas. Doutrina, legislação e jurisprudência patenteiam, nesse percurso, um dinamismo próprio da complexa ventura[1] da qual a matéria se reveste.

A superveniência do Código Civil de 2002 e do Código de Processo Civil de 2015, as alterações legislativas que regulamentaram os contratos *built to suit* (Lei 12.744/2012), o direito real de laje (Lei 13.465/2017) e a multipropriedade (Lei 13.777/2018), exigiram adaptações e atraíram novas questões e debates que, se não interferem diretamente na base do contrato, perpassam aspectos relevantes da estrutura e da função da locação de imóveis urbanos. Fatos, eventos e efeitos materiais da vida concreta produzida pelas relações sociais e econômicas eclodiram nesse período. Mais recentemente, a Lei 14.010 de 10 de junho de 2010 dispôs sobre o tema no Regime Jurídico Emergencial e Transitório das relações jurídicas de direito privado (RJET) no período da pandemia do coronavírus (Covid-19).

Três décadas à luz de uma fundamentada principiologia axiológica de índole constitucional foram desafiadas constantemente pela alteração paradigmática no modo de produção da experiência material e no campo da tecnologia. No plano dos fatos, nota-se a ascensão hipertrofiada da urbanização, com novos modelos contratuais; o desenvolvimento tecnológico com a propagação das plataformas digitais e inovações disruptivas; a diversificação e mundialização do mercado, a ampliação das telecomunicações; e os modelos de economia

---

1. Os coautores agradecem o auxílio na pesquisa da Doutora Manuela Pereira Galvão da Silva.

compartilhada (*peer-to-peer, time sharing* e mercados de redistribuição), voltada à ampliação do acesso e da fruição aos bens e serviços em processos colaborativos. Esses processos inovadores do maior refinamento das sociedades de mercado e Estados abertos rompem com os modelos tradicionais de negócios jurídicos e dão ensejo a operações econômicas de ampla complexidade e sofisticação, lançando suscitações ao intérprete do direito para a definição dos estatutos jurídicos que são aplicáveis a cada uma dessas situações.

Some-se a essas mutações contínuas, que também incidem sobre o mercado imobiliário, a funesta emergência mundial pandêmica de 2020 que já ceifou quase um milhão de vidas e impactou fortemente em todos os aspectos da existência humana, provocando sequelas assimétricas na nervura das relações interpessoais, da liberdade e da autodeterminação, dos negócios jurídicos e das formas de ser e de estar dos pertencentes a essa *vita activa* contemporânea dominante.

As alterações no contexto histórico-social tornam oportuno refletir criticamente a respeito das espécies de contrato de locação de imóvel urbano, por meio de uma revisitação dos modelos de locação urbana tradicionalmente abrangidas pela Lei 8.245/1991 – locação comercial, residencial e por temporada –, conjuntamente com a abordagem dos contratos *built to suit* (art. 54-A da Lei 8.245/1991) e modalidades contratuais correlatas à locação, que, em razão de sua atipicidade, suscitam dúvida quanto à aplicabilidade ou não da Lei do Inquilinato.

2. ÂMBITO DE ABRANGÊNCIA DA LEI 8.245/1991

A locação de imóvel urbano tem como principal referencial normativo a Lei 8.245/1991, que abrange as locações residenciais e empresariais de imóvel urbano, assim compreendido, na concepção de CAPANEMA, como *"o solo, com sua superfície, os seus acessórios e as suas adjacências naturais, bem como tudo o que o homem incorporar permanentemente ao solo, como os edifícios e construções"*[2]. A possível confusão terminológica convida ao esclarecimento de que a expressão *"urbano"* não está relacionada à inserção do imóvel no perímetro urbano, mas à destinação da locação[3]. Nesse viés, se o imóvel se destinar ao uso comercial ou residencial, aplica-se a Lei do Inquilinato; se a destinação for a exploração da terra, para produção agrícola ou criação pecuária, a locação é disciplinada pelo Estatuto da Terra (Lei 4.504/1964).

Tradicionalmente, sujeitam-se às normas da Lei 8.245/1991 as relações locatícias destinadas ao uso residencial (arts. 46 e 47), temporada (arts. 48 a 50) e uso comercial (arts. 51 a 57). A incidência da lei especial de locações afasta a aplicabilidade do Código de Defesa do Consumidor, consoante entendimento sedimentado do Superior Tribunal de Justiça[4].

Os contratos de locação de espaço em *shopping center* estão expressamente abrangidos no art. 54 da Lei do Inquilinato, com a previsão de maior liberdade contratual entre

---

2. CAPANEMA DE SOUZA, 2020, p. 12.
3. CAPANEMA DE SOUZA, 2020, p. 12-13.
4. STJ, AgRg no AREsp n. 101.712/RS, Relator o Ministro Marco Buzzi, Quarta Turma, julgado em 03.11.2015, DJe 06.11.2015; STJ, AgInt no AREsp 1147805/RS, Rel. Ministro Marco Aurélio Bellizze, Terceira Turma, julgado em 05.12.2017, DJe 19.12.2017.

as partes e restrição à intervenção jurisdicional[5]. São admissíveis cláusulas atípicas nessa modalidade contratual, como o aluguel percentual, o 13° aluguel, a cláusula de raio[6] e o respeito ao *tenant mix*.

Por sua vez, os contratos de locação de imóveis para hospitais, unidades sanitárias oficiais, asilos, estabelecimentos de saúde e de ensino, há maior restrição à rescisão do contrato de locação, conforme disciplina o art. 53 da Lei 8.245/1991.

Por expressa disposição da Lei do Inquilinato (art. 1°, parágrafo único) são excluídas de sua incidência as locações: de imóveis públicos (subordinadas, no caso de imóveis da União, ao Decreto-Lei 9.760/1946); de vagas de garagem e espaços para estacionamento de veículos (desde que autônomos); de espaços destinados à publicidade; de apart-hotéis, hotéis-residência e semelhantes; e de contratos de arrendamento mercantil.

As hipóteses não abrangidas pela Lei do Inquilinato e a leis específicas, continuam subordinadas ao Código Civil (arts. 565 e seguintes). Todavia, em caso de omissão normativa, admite-se influxos recíprocos entre a legislação civil e a inquilinária, conforme disposição do art. 79 da Lei de Locações e do art. 2.036 do estatuto normativo civil.

Segundo o grande mestre Capanema, a exclusão da incidência da Lei inquilinária decorre da menor *"densidade social"* desses contratos e do menor desequilíbrio entre os contratantes, o que dispensa uma forte regulação estatal – a exemplo do direito de renovação compulsória – e recomenda maior liberdade contratual[7].

No mesmo sentido, Rosenvald e Farias entendem que "todo contrato em que se verifique a assimetria entre as partes deve ser enfrentado pela legislação especial", ao passo que o Código Civil deve ser utilizado como referência nos "contratos em que existe um certo nível de correspondência entre os entabulantes"[8], nos quais deve preponderar a autonomia privada.

A aparente clareza das hipóteses legalmente previstas não afasta, no plano da qualificação jurídica, importantes discussões a respeito da incidência da Lei do Inquilinato sobre determinadas espécies de locação.

Embora a Lei 8.245/1991 não se aplique às locações de vagas de garagem e espaços de estacionamento autônomos – ou seja, não vinculados a outro imóvel –, ela incide sobre imóveis urbanos destinados à exploração comercial de serviço de estacionamento, ainda que se trate de edifício garagem, porque a exploração de atividade comercial permite o enquadramento no conceito de locação de imóvel urbano, como já decidiu o Superior Tribunal de Justiça[9].

A locação de imóvel pertencente à empresa pública e sociedade de economia mista se insere na zona de abrangência da Lei de Locações, com o reconhecimento do direito de renovação pelo locatário de imóvel comercial[10].

---

5. STJ, EDcl no AgInt no AREsp 1149602/DF, Rel. Ministro Luis Felipe Salomão, Quarta Turma, julgado em 27.11.2018, DJe 13.02.2019.
6. STJ, REsp 1.535.727-RS, Rel. Min. Marco Buzzi, julgado em 10.05.2016, DJe 20.06.2016.
7. CAPANEMA DE SOUZA, 2020, p. 21.
8. ROSENVALD; FARIAS. 2018, p. 1.055.
9. STJ, AgRg no REsp 1288067/RJ, Rel. Ministro Sidnei Beneti, Terceira Turma, julgado em 26.02.2013, DJe 20.03.2013; STJ AgRg no REsp 1230012/SP, Rel. Ministro Massami Uyeda, Terceira Turma, julgado em 02.10.2012, DJe 15.10.2012; REsp 769.170/RS, Rel. Ministro Arnaldo Esteves Lima, Quinta Turma, julgado em 15.03.2007, DJ 23.04.2007, p. 297.
10. STJ, REsp 1224007/RJ, Rel. Ministro Luis Felipe Salomão, Quarta Turma, julgado em 24.04.2014, DJe 08.05.2014.

A ressalva legal à locação de imóveis públicos (art. 1º, p.u., alínea 'a', item 1, da Lei 8.245/1991) também não alcança a locação de imóvel privado à pessoa jurídica de direito público, hipótese em que se aplicam as normas da Lei do Inquilinato.

Para Sylvio Capanema, a Lei do Inquilinato também incide sobre a locação do direito real de laje disciplinado pela Lei 13.465/17, em razão de sua *densidade social*, haja vista sua extrema relevância para a efetivação do direito constitucional à moradia e, consequentemente, à garantia do mínimo existencial[11].

Da mesma maneira, no condomínio em multipropriedade, regulado pelos artigos 1.358-B a 1.358-U do Código Civil (incluídos pela Lei 13.777/2018), admite-se que os condôminos aluguem a fração de tempo de que são titulares a terceiros (art. 1.358-I, do Código Civil). Esse tipo de contratação tende a facilitar o acesso da população aos locais turísticos, pela redução de custos, além de viabilizar um melhor aproveitamento dos imóveis durante todo o período. No entender de CAPANEMA, a locação da fração de tempo, pelo condômino em multipropriedade, submete-se, no que couber, à Lei do Inquilinato[12].

Outras situações que ainda se encontram em uma zona de indeterminação quanto à aplicabilidade da Lei 8.245/1991 são os contratos de locação que envolvem concessionárias de serviço público, contratos de locação por temporada de curto e curtíssimo prazo firmados por meio de plataformas digitais, *coworking* e *coliving* e dos contratos *built to suit*, os quais merecem análise em tópicos específicos.

Ainda em relação às espécies de locação tradicionalmente abarcadas pela Lei 8.245/199, há algumas questões que ganham relevância no panorama atual e merecem destaque.

Um dos aspectos mais polêmicos da locação residencial é a penhorabilidade o bem de família do fiador de contrato de locação, conforme entendimentos já proferidos pelo STF e STJ em precedentes obrigatórios[13].

Quanto às hipóteses de impenhorabilidade relacionadas a contratos de locação de imóveis urbanos, o Enunciado 486 da Súmula do Superior Tribunal de Justiça prevê que "É impenhorável o único imóvel residencial do devedor que esteja locado a terceiros, desde que a renda obtida com a locação seja revertida para a subsistência ou a moradia da sua família"[14]. Na linha desse enunciado, também se reconheceu a impenhorabilidade do "único imóvel comercial do devedor, quando o aluguel daquele está destinado unicamente ao pagamento de locação residencial por sua entidade familiar"[15].

Em relação aos contratos de locação de imóvel comercial, há precedentes recentes do Supremo Tribunal Federal afastando a possibilidade de penhora do bem de família do fiador:

"Recurso extraordinário manejado contra acórdão publicado em 31.8.2005. Insubmissão à sistemática da repercussão geral. Premissas distintas das verificadas em precedentes desta suprema corte, que abordaram garantia fidejussória em *locação* residencial. Caso concreto que envolve dívida decorrente de contrato de *locação* de imóvel comercial. Penhora de bem de família do fiador. Incompatibilidade com o direito à mo-

---

11. CAPANEMA DE SOUZA, 2020, p. 26.
12. CAPANEMA DE SOUZA, 2020, p. 27.
13. STF. RE 407688, Relator (a): Cezar Peluso, Tribunal Pleno, julgado em 08.02.2006, DJ 06.10.2006 PP-00033 Ement v-02250-05 PP-00880 RTJ voL-00200-01 PP-00166 RJSP v. 55, n. 360, 2007, p. 129-147; STF RE 612360 RG, Relator (a): Ellen Gracie, Tribunal Pleno, julgado em 13.08.2010, repercussão geral – mérito DJe-164 Divulg 02.09.2010 Public 03.09.2010 Ement V-02413-05 PP-00981 LEXSTF v. 32, n. 381, 2010, p. 294-300; STJ, Súmula 549, segunda seção, julgado em 14.10.2015, DJe 19.10.2015.
14. STJ Súmula 486, Corte Especial, julgado em 28.06.2012, DJe 01.08.2012.
15. STJ. REsp 1.616.475-PE, Rel. Min. Herman Benjamin, julgado em 15.09.2016, DJe 11.10.2016.

radia e com o princípio da isonomia. 1. A dignidade da pessoa humana e a proteção à família exigem que se ponham ao abrigo da constrição e da alienação forçada determinados bens. É o que ocorre com o bem de família do fiador, destinado à sua moradia, cujo sacrifício não pode ser exigido a pretexto de satisfazer o crédito de locador de imóvel comercial ou de estimular a livre iniciativa. Interpretação do art. 3º, VII, da Lei 8.009/1990 não recepcionada pela EC 26/2000. 2. A restrição do direito à moradia do fiador em contrato de *locação* comercial tampouco se justifica à luz do princípio da isonomia. Eventual bem de família de propriedade do locatário não se sujeitará à constrição e alienação forçada, para o fim de satisfazer valores devidos ao locador. Não se vislumbra justificativa para que o devedor principal, afiançado, goze de situação mais benéfica do que a conferida ao fiador, sobretudo porque tal disparidade de tratamento, ao contrário do que se verifica na *locação* de imóvel residencial, não se presta à promoção do próprio direito à moradia. 3. Premissas fáticas distintivas impedem a submissão do caso concreto, que envolve contrato de *locação* comercial, às mesmas balizas que orientaram a decisão proferida, por esta Suprema Corte, ao exame do tema 295 da repercussão geral, restrita aquela à análise da constitucionalidade da penhora do bem de família do fiador em contrato de *locação* residencial. 4. Recurso extraordinário conhecido e provido". (RE 605.709, Rel. Min. DIAS TOFFOLI, Redatora para acórdão Min. ROSA WEBER, Primeira Turma, DJe 18.02.2019) "Agravo regimental no recurso extraordinário. Constitucional. Contrato de locação de imóvel comercial. Impenhorabilidade do bem de família do fiador. Precedente. Agravo regimental ao qual se nega provimento". (RE 1.228.652 AgR, Rel. Min. Cármen Lúcia, Segunda Turma, DJe 10.12.2019)

3. AS TECNOLOGIAS DISRUPTIVAS E O CONTRATO DE LOCAÇÃO DE CURTO E CURTÍSSIMO PRAZO

O desenvolvimento tecnológico possibilitou a criação de novas plataformas digitais e inovações disruptivas das antigas modalidades de locação, a exemplo do *Airbnb* e *Booking. com*, que simplificam a contratação da locação de imóveis por curto ou curtíssimo prazo, ao facilitar a aproximação entre os interessados e dar agilidade ao processo de negociação, que se torna quase instantâneo.

No entanto, questiona-se o seu enquadramento jurídico na categoria de locação para temporada – disciplinada pela Lei 8.245/1991 – e o caráter residencial ou comercial da locação, em razão de suas peculiaridades, a exemplo da intermediação por uma plataforma digital, dos prazos extremamente curtos da locação (que pode ser de apenas um dia em alguns casos) e da prestação de alguns serviços, a exemplo da disponibilização de amenidades, fornecimento de roupas de cama e toalhas, oferta de café da manhã e lavanderia.

A dúvida decorre do fato de que os *apart*-hotéis, *flats*, *flat-services* e hotéis-residência – expressamente excluídos da incidência da Lei do Inquilinato – envolvem, concomitantemente à locação, a prestação de serviços de hotelaria (lavanderia, limpeza e arrumação dos quartos, serviço de quarto etc.), submetendo-se, por essa razão, ao Regulamento Geral dos Meios de Hospedagem, que exige a exploração ou administração por empresa hoteleira e registro na Agência Brasileira de Promoção Internacional do Turismo (EMBRATUR).

Sylvio Capanema defende que, se esses contratos apenas englobam a cessão da posse direta de imóvel, sem alcançar a prestação de serviços de hotelaria, devem se submeter à lei inquilinária[16].

A questão ainda não foi definitivamente deliberada pelo STJ, todavia, em 10.10.2019, iniciou-se o julgamento do Recurso Especial 1819075/RS[17], que discute a respeito da pos-

---

16. CAPANEMA DE SOUZA, 2020, p. 19.
17. Informações extraídas da notícia divulgada no *site* do STJ. Disponível em: <http://www.stj.jus.br/sites/portalp/Paginas/Comunicacao/Noticias/Relator-vota-pela-impossibilidade-de-que-condominios-proibam-locacoes-de-curta-temporada-via-Airbnb.aspx>. Acesso em: 10 set. 2020.

sibilidade de o condomínio residencial proibir a locação de unidades autônomas por meio de plataformas digitais. O acórdão objeto do recurso, proferido pelo Tribunal de Justiça do Rio Grande do Sul, entendeu que o aluguel por meio da plataforma digital, associado ao fornecimento de serviços de lavanderia e limpeza, corresponde a um contrato atípico de hospedagem, atividade de natureza comercial que não se sujeita à Lei do Inquilinato e, portanto, é vedada pelo condomínio. Em seu voto, o Relator Min. Luis Felipe Salomão entendeu que as locações de curta temporada intermediadas por plataforma digital se assemelham à locação residencial por curta temporada e, portanto, não se enquadram no conceito de hospedagem para turismo – regulada pela Lei 11.771/2008 – ou de atividade comercial passível de proibição pelo condomínio. Segundo o Relator, a utilização de uma plataforma digital intermediadora e a possibilidade de locação por curto ou curtíssimo prazo está inserida em uma economia de compartilhamento e a prestação de eventuais serviços não descaracteriza o contrato de locação para temporada. Ainda, o Ministro Relator apontou que a proibição de locação temporária, pelo condômino, corresponde a uma violação de seu direito de propriedade já que impossibilitaria o exercício do direito de fruir livremente de sua unidade autônoma.

Dentre as Cortes de Justiça estaduais, a questão é amplamente debatida e nota-se a tendência de vinculação desse tipo de locação com a hospedagem e prática de atividade comercial, a qual pode ser vedada pela convenção de condomínio, desde que haja aprovação por quórum suficiente, nos termos do art. 1.351 do Código Civil. A título de exemplo, há julgados do Tribunal de Justiça do Rio Grande do Sul[18] e do Tribunal de Justiça do Estado de São Paulo[19] que sugerem não se tratar de simples relação locatícia para temporada, mas exploração comercial de hospedagem, admitindo-se a restrição à locação por temporada em Convenção Condominial, desde que observado o quórum exigido para sua alteração. O Tribunal de Justiça do Estado do Paraná, por sua vez, possui entendimento em ambos os sentidos[20].

---

18. TJRS, Recurso Cível 71009221946, Terceira Turma Recursal Cível, Turmas Recursais, Relator: Luís Francisco Franco, Julgado em: 25.06.2020; TJRS, Apelação Cível 70082965377, Nona Câmara Cível, Tribunal de Justiça do RS, Relator: Eduardo Kraemer, Julgado em: 18.12.2019; Recurso Cível 71009270174, Quarta Turma Recursal Cível, Turmas Recursais, Relator: Gisele Anne Vieira de. Azambuja, Julgado em: 23.04.2020. Em sentido contrário: Recurso Cível 71007347503, Primeira Turma Recursal Cível, Turmas Recursais, Relator: Roberto Carvalho Fraga, Julgado em 12.12.2017.

19. TJSP; Apelação Cível 1004594-06.2019.8.26.0477; Relator (a): Paulo Ayrosa; Órgão Julgador: 31ª Câmara de Direito Privado; Foro de Praia Grande – 3ª Vara Cível; Data do Julgamento: 13.08.2020; Data de Registro: 13.08.2020; TJSP; Apelação Cível 1012800-49.2019.8.26.0011; Relator (a): Carlos Nunes; Órgão Julgador: 31ª Câmara de Direito Privado; Foro Regional XI – Pinheiros – 1ª Vara Cível; Data do Julgamento: 04.09.2020; Data de Registro: 04.09.2020; TJSP; Apelação / Remessa Necessária 1001196-84.2020.8.26.0099; Relator (a): Aliende Ribeiro; Órgão Julgador: 1ª Câmara de Direito Público; Foro de Bragança Paulista – 4ª Vara Cível; Data do Julgamento: 21.07.2020; Data de Registro: 21.07.2020; TJSP; Apelação Cível 1023949-80.2017.8.26.0506; Relator (a): Lino Machado; Órgão Julgador: 30ª Câmara de Direito Privado; Foro de Ribeirão Preto – 5ª Vara Cível; Data do Julgamento: 08.06.2020; Data de Registro: 08.06.2020; TJSP; Apelação Cível 1125050-83.2018.8.26.0100; Relator (a): Cesar Luiz de Almeida; Órgão Julgador: 28ª Câmara de Direito Privado; Foro Central Cível – 11ª Vara Cível; Data do Julgamento: 08.04.2020; Data de Registro: 08.04.2020; TJSP; Apelação Cível 1003653-42.2019.8.26.0223; Relator (a): Artur Marques; Órgão Julgador: 35ª Câmara de Direito Privado; Foro de Guarujá – 4ª Vara Cível; Data do Julgamento: 28.02.2020; Data de Registro: 28.02.2020.

20. Reconhecendo a natureza de locação para temporada e a impossibilidade de sua proibição: TJPR – 10ª C.Cível – 0007263-72.2017.8.16.0194 – Curitiba – Rel.: Desembargador Domingos Ribeiro da Fonseca – J. 16.03.2020; TJPR – 10ª C.Cível – 0014529-42.2019.8.16.0000 – Foz do Iguaçu – Rel.: Desembargador Guilherme Freire de Barros Teixeira – J. 13.06.2019; TJPR – 9ª C.Cível – AC – 1602433-0 – Curitiba – Rel.: José Augusto Gomes Aniceto – Unânime – J. 23.02.2017. Pela caracterização da exploração comercial de hospedagem, que pode ser vedada pela convenção de condomínio: TJPR – 9ª C.Cível – 0075000-50.2017.8.16.0014 – Londrina – Rel.: Desembargadora Vilma Régia Ramos de Rezende – J. 12.09.2019; TJPR – 10ª C.Cível – 0017974-68.2019.8.16.0000 – Foz do Iguaçu – Rel.: Desembargador Albino Jacomel Guérios – J. 05.09.2019; TJPR – 9ª Cível – 0007302-35.2018.8.16.0194 – Curitiba – Rel.: Desembargador Domingos José Perfetto – J. 01.08.2019.

O TJRJ já adotou entendimento no sentido de que esses contratos se assemelham à locação por temporada, afastando a possibilidade de vedação pela convenção de condomínio:

> Apelação cível. Direito civil. Contrato firmado por meio da plataforma digital "AIRBNB". Natureza jurídica que se assemelha a locação por temporada. Pretensão autoral de impedir que um dos condôminos promova locações em sua unidade que não se sustenta. Ação ordinária na qual o Condomínio Autor pretende que o Réu, proprietário do apartamento 501 cesse as locações por meio da plataforma airbnb, argumentando que a mesma tem finalidade comercial, em descumprimento ao previsto na Convenção do Condomínio. Defende que o Demandado vem fazendo uso indevido da propriedade, desvirtuando a sua natureza. Sentença de procedência. Reforma que se impõe. Contrato firmado pelos usuários do airbnb tem natureza de locação por temporada e não de hotelaria/hospedagem. Não há qualquer ilegalidade no fato de um condômino promover a locação do seu apartamento a pessoas estranhas ao condomínio por curto período de tempo, como ocorre no caso dos autos. Restringir ou delimitar o direito do proprietário de alugar seu imóvel por breves períodos de tempo é ir além do previsto no ordenamento jurídico, desvirtuando a sistemática vigente nas relações privadas. Alegação de violação a direitos de vizinhança que devem ser comprovadas à luz do caso concreto. Na hipótese em comento, em que pese a alegação de que os condôminos sofrem desde 2015 com as locações realizadas pelo Réu, a prova produzida limitou-se a dois depoimentos de moradores do prédio. Ausência de vedação na Convenção de condomínio. Pretensão autoral que, caso deferida, implicaria em violação a isonomia, proibindo tão somente um dos proprietários a utilizar a plataforma. Recurso provido. (TJRJ – 0127606-47.2016.8.19.0001 – Apelação – Des(a). Denise Nicoll Simões – Julgamento: 03.09.2019 – Data de Publicação: 17.10.2019).

Por fim, há julgados do TJSP que reconheceram a legitimidade vedação, pelo condomínio, da utilização de áreas comuns (piscinas) por locatários temporários:

> Condomínio – Pretensão anulatória do regimento interno, no que toca à proibição do uso da piscina por inquilinos temporários julgada improcedente e parcialmente procedente a pretensão condenatória ao cumprimento de obrigação de fazer – Alegação de que as restrições ao uso das áreas comuns, sobretudo a piscina, pelos locatários temporários, implicam na vedação ao uso pleno do direito de propriedade desacolhida – Convenção e regulamento interno que visam à convivência harmônica entre os condôminos e moradores do edifício – Decisão tomada em assembleia, lastreada em normas da convenção e regimento interno – Apelação provida para julgar improcedente a pretensão deduzida na inicial (TJSP; Apelação Cível 1008357-15.2019.8.26.0477; Relator (a): Sá Duarte; Órgão Julgador: 33ª Câmara de Direito Privado; Foro de Praia Grande – 3ª Vara Cível; Data do Julgamento: 07.08.2020; Data de Registro: 07.08.2020)

> Apelação. Condomínio. Regimento interno que proíbe a utilização da piscina pelos locatários de temporada. Possibilidade. Precedentes deste E. Tribunal. Interesse coletivo regularmente aprovado em assembleia que visa preservar a segurança, sossego e saúde dos condôminos, considerando a alta rotatividade de pessoas características desse tipo de locação. Sentença mantida. Recurso improvido. (TJSP; Apelação Cível 1000631-07.2020.8.26.0266; Relator (a): Walter Exner; Órgão Julgador: 36ª Câmara de Direito Privado; Foro de Itanhaém – 2ª Vara; Data do Julgamento: 12.07.2012; Data de Registro: 02.09.2020)

4. CONTRATOS *BUILT TO SUIT*

No ano de 2012, a Lei 12.744/2012 incluiu à Lei do Inquilinato o art. 54-A, regulamentando os denominados contratos *built to suit*, definidos pela disposição legal como contratos de locação não residencial de imóvel urbano, em que *"o locador procede à prévia aquisição, construção ou substancial reforma, por si mesmo ou por terceiros, do imóvel então especificado pelo pretendente à locação, a fim de que seja a este locado por prazo determinado"*.

Essa modalidade contratual originou-se nos Estados Unidos e se disseminou para outros países, inclusive o Brasil, que apenas o regulamentou normativamente por meio da Lei 12.744/2012.

Mesmo com a inserção dos contratos *built to suit* na Lei do Inquilinato, há aberta controvérsia a respeito de sua natureza jurídica, pois a finalidade econômica do negócio excede a de um contrato de locação e envolve uma complexa operação financeiro-imobiliária, que busca reduzir os gastos com a construção e captação de recursos, por meio de uma *construção para servir* ou, na terminologia legal, uma *construção ajustada*. Assim, essa modalidade contratual se caracteriza pela contratação de construção ou reforma de um imóvel para ajustá-lo e customizá-lo aos interesses do futuro locatário, estabelecendo-se previamente o valor do aluguel e o prazo, em lapso temporal suficiente para cobrir o investimento na construção.

É uma modalidade contratual que reforça o valor de uso do imóvel, privilegiando-o frente ao domínio estrito.

Parte da literatura jurídica prefere enquadrar os contratos *built to suit* dentre os contratos atípicos e mistos. Nesse sentido:

> No caso, a cessão onerosa de uso do bem imóvel, que é própria à locação, é insuficiente para, em busca do regime jurídico aplicável, estabelecer o confronto entre o contrato *built to suit* e os tipos contratuais que lhe são próximos.
>
> Antes do advento da Lei 12.744/2012, considerável parcela do esforço doutrinário foi dedicada à demonstração de que o *built to suit* não poderia ser adequadamente qualificado por meio do tipo contratual da locação imobiliária, tal como descrito na Lei 8.245/1991.
>
> Com efeito, as circunstâncias pré-contratuais, as particularidades do contrato e da operação econômica do *built to suit* são sensivelmente diversas daquelas verificadas na locação imobiliária.
>
> Basta lembrar que na locação imobiliária ordinariamente existe uma grande assimetria que desprivilegia o locatário em relação ao locador. Esta, aliás, é a fonte da intervenção legislativa no mercado de locações, destinada a assegurar uma posição jurídica ao locatário que equilibre a assimetria provocada pelas práticas em mercado. O dirigismo contratual nas locações de imóveis urbanos (Lei 8.245/1991), portanto, é o resultado de uma política legislativa para diminuir a assimetria nesses contratos.
>
> No *built to suit* as contingências negociais e a posição, jurídica e econômica, de cada um dos contratantes, é substancialmente diferente.
>
> Em geral, o contratante usuário dirige a negociação do *built to suit*, ao escolher o imóvel, ao definir o projeto de construção e de reforma e ao planejar o tempo necessário que o uso do imóvel servirá à sua específica atividade.
>
> Inexiste, portanto, assimetria. É possível até mesmo que o poder contratual seja mais acentuado na posição contratual do usuário, pela desproporcionalidade entre o tempo do investimento, pelo empreendedor, e o tempo da restituição e remuneração, que usualmente é feito parceladamente pelo usuário, além do poder de direção, não raras vezes, o usuário ostenta na etapa da realização da obra.
>
> Daí a evidente inadequação na adoção de uma legislação protecionista ao usuário para reger as relações jurídicas contratuais built to suit.
>
> (...)
>
> Por todo o exposto, em um juízo de qualificação, conclui-se que o built to suit é um contrato atípico e misto. Nesses contratos, deve-se afastar o regime jurídico de direito material da Lei de Locações de Imóveis Urbanos nos assuntos expressamente previstos pelo legislador (art. 54 da Lei 8.245/1991) e, também, nos setores em que houver incompatibilidade com a operação built to suit. (...)"[21]

Na mesma linha:

> (...) os contratos built to suit, por sua destinação para agentes econômicos privilegiados, não deveriam ter incluídos em uma norma com as características da Lei do Inquilinato. Problemas relativos à interpretação desse novo tipo contratual, nomeadamente os conectados com a conciliação dos princípios de proteção ao inquilino, evidenciar-se-ão nos pontos mais sensíveis para os interessados nessa forma de contratar.[22]

---

21. CARVALHOSA, 2016, Capítulo IX.
22. RODRIGUES JR., 2014, p. 5.

Segundo Cristiano Chaves de Farias e Nelson Rosenvald:

O built to suit contém elementos de diversos contratos típicos – como o contrato de empreitada e o de locação –, mas não se resume a nenhum deles. Trata-se de um contrato atípico cuja celebração é autorizada pelo art. 425 do Código Civil no âmbito da autonomia privada dos particulares. Daí que não se pode interpretá-lo, a princípio, de acordo com a Lei de Locações, cuja índole protetiva não se coaduna com uma operação que ordinariamente é utilizada por duas empresas que formalmente encontram-se em pé de igualdade na contratação[23].

Por outro lado, há literatura jurídica no sentido de que os contratos *built to suit* se submetem às normas de ordem pública da Lei do Inquilinato:

"Em consonância com o catado, delineado o pacto 'built-to-suit', é frequente ouvir de seus adeptos que novas modalidades contratuais são necessárias em razão das transformações sociais e econômicas, fato inegável.

Com base nessa premissa, costumava-se sustentar a inaplicabilidade da Lei 8.245/1991 (Lei do Inquilinato) ao contrato 'built-to-suit'.

Todavia, mister se faz observar que a liberdade de contratar e a autonomia da vontade estão bitoladas pelas normas de ordem pública.

Normas cogentes ou de ordem pública são aquelas que não podem ser derrogadas pela vontade das partes.

(...)

Nessa medida, esclarece o art. 45 da Lei 8.245/1991: 'São nulas de pleno direito as cláusulas do contrato de locação que visem a elidir os objetivos da presente lei, notadamente as que proíbam a prorrogação prevista no art. 47, ou que afastem o direito à renovação, na hipótese do art. 51, ou que imponham obrigações pecuniárias para tanto.'

Conclui-se, portanto, com meridiana clareza, que algumas normas que decorrem da Lei 8.245/1991 são cogentes, de tal sorte que não podem ser afastadas pela vontade das partes "[24].

Sylvio Capanema aponta que os contratos *built to suit* correspondem a *"uma nova modalidade de contrato de locação urbana, cuja disciplina também se subsume ao regime jurídico da Lei 8.245/91, ainda que com algumas peculiaridades"*.[25] Ressalva, porém, que a autonomia privada deve ser ampliada, possibilitando às partes o ajuste de seus interesses com maior liberdade, *"desde que não se ultrapasse o limite da função social e da boa-fé objetiva"*[26].

Ainda não há posicionamento específico definitivo do Superior Tribunal de Justiça a respeito da natureza e qualificação jurídica dos contratos *built to suit*; nada obstante, há controverso precedente do STJ, no sentido de que não se aplicam aos contratos atípicos apenas as normas dos contratos afins, entendimento que poderá nortear a futura deliberação sobre a questão:

Direito privado. Concessão de revenda com exclusividade. Resolução unilateral. Responsabilidade indenizatória. Contratos atípicos. Princípios gerais do direito obrigacional e contratual. Recurso não conhecido.

I – Consoante a doutrina, os contratos atípicos devem ser apreciados não apenas pela disciplina legal dos contratos afins, mas: primeiro, pela analogia; segundo, de acordo com os princípios gerais do direito obrigacional e contratual; terceiro, pela livre apreciação do juiz.

II – O recurso especial não e via adequada ao reexame de matéria fática, do quadro probatório, destinando-se a guarda do direito federal, a sua inteireza, autoridade e uniformidade de interpretação[27].

---

23. CHAVES; FARIAS. 2018, p. 1.050-1.051, nota 2.
24. SCAVONE JUNIOR, Luiz Antonio. *Direito Imobiliário*. 15. ed. Rio de Janeiro: Forense, 2020. p. 1.299-1300.
25. CAPANEMA DE SOUZA, 2020, p. 281.
26. CAPANEMA DE SOUZA, 2020, p. 283.
27. REsp 5.680/SC, Rel. Ministro SÁLVIO DE Figueiredo Teixeira, Quarta Turma, julgado em 13.11.1990, DJ 10.12.1990, p. 14812.

(REsp 5.680/SC, Rel. Ministro Sálvio De Figueiredo Teixeira, Quarta Turma, julgado em 13.11.1990, DJ 10.12.1990, p. 14812)

Se aplicado esse raciocínio, o *built to suit* não seria submetido às normas de ordem pública da Lei do Inquilinato, entendimento que parece mais consentâneo com a racionalidade de menor intervenção nas relações econômicas, a exemplo das normas inseridas pela denominada Lei da Liberdade Econômica (Lei 13.784/2019).

Registra-se que a Corte Superior já se pronunciou no sentido de que a locação comercial apenas obriga o locador em relação à higidez e compatibilidade do imóvel ao uso comercial e a fornecer a documentação e informação necessária para a obtenção das formalidades necessárias ao desempenho da atividade, mas não o obriga a adaptar o bem às suas peculiaridades ou tomar diligências para alvarás e licença[28].

No âmbito dos tribunais estaduais, há arestos do TJSP que reconhecem a atipicidade do contrato, restringindo a possibilidade de revisão contratual, no entanto, tem-se admitido a redução da cláusula penal, a depender das circunstâncias do caso concreto.

Locação. Pedido de tutela antecipada antecedente. Contratação "built to suit". Locadora que realizou a construção em seu imóvel, segundo as especificações da locatária. Pleito de fixação de aluguel provisório, visando determinar o valor de mercado. Inadmissibilidade. Providência não compatível com a peculiaridade da contratação. Contraprestação que não leva em conta apenas a remuneração pelo uso da coisa, mas deve compreender o retorno do investimento realizado, enquanto não se esgotar o prazo destinado à amortização do capital investido. Agravo improvido. 1. As partes realizaram a contratação da locação, tendo a locadora promovido a construção no imóvel, segundo as especificações da parte locatária. 2. A fixação do aluguel, segundo a livre estipulação das partes, levou em conta, não apenas a finalidade de servir de contraprestação pelo uso do bem, mas, sobretudo, o retorno do investimento realizado no local. 3. Embora se trate de contrato estabelecido antes da entrada em vigor da Lei 12.744/2012, que inseriu o artigo 54-A na Lei 8.245/1991, a matéria não comporta tratamento diferenciado, pois incompatível a aplicação pura e simples da Lei 8.245/1991, em sua primitiva redação a essa modalidade contratual. 4. Não há como cogitar, ao menos neste momento, da existência de direito à revisão contratual, pois não se trata de simples adequação de valor à realidade de mercado, diante da constatação de que ainda não se esgotou o prazo previsto para que se complete a amortização do investimento, segundo a contratação das partes. 5. Não se deparando, em princípio, com a identificação da probabilidade do direito afirmado, não há fundamento para deferir a tutela antecipada para fixar novo valor locatício. (TJSP; Agravo de Instrumento 2096814-79.2019.8.26.0000; Relator (a): Antonio Rigolin; Órgão Julgador: 31ª Câmara de Direito Privado; Foro Central Cível – 2ª Vara empresarial e conflitos de arbitragem; Data do Julgamento: 18.06.2019; Data de Registro: 18.06.2019).[29]

---

28. REsp 1317731/SP, Rel. Ministro Ricardo Villas Bôas Cueva, Terceira Turma, julgado em 26.04.2016, DJe 11.05.2016.

29. No mesmo sentido: Locação de imóvel. Ação de despejo por falta de pagamento c/c cobrança de aluguéis. Preliminar de nulidade da sentença por cerceamento de defesa afastada. Prova exclusivamente documental. Julgamento antecipado da lide. Possibilidade. Inaplicabilidade do CDC. Previsão contratual de renúncia ao direito de revisão dos locativos. Possibilidade. Não configurada onerosidade excessiva decorrente da superveniência de um evento imprevisível, alterador da base econômica objetiva do contrato. Multa contratual compensatória. Réus que apontam abusividade em cláusula contratual que impõe indenização com base na remuneração mensal vigente ao tempo da rescisão até a data do termo final do pacto firmado pelo período de dez anos. Contrato de locação não residencial atípico, com contornos da modalidade built to suit. Construção do prédio para atender às necessidades dos locatários. Redução da cláusula penal. Possibilidade. Valor que se mostra excessivo. Autora que continua proprietária do imóvel e que firmou contrato locação com outra empresa logo após a desocupação do imóvel pelos locatários. Cláusula penal que deve ser reduzida equitativamente pelo juiz se o montante da penalidade for manifestamente excessivo, tendo em vista a natureza e a finalidade do negócio. Inteligência do art. 413 do Código Civil. RECURSO PROVIDO EM PARTE. (TJSP; Apelação Cível 1002019-57.2016.8.26.0274; Relator (a): Alfredo Attié; Órgão Julgador: 27ª Câmara de Direito Privado; Foro de Itápolis – 1ª Vara; Data do Julgamento: 24.09.2019; Data de Registro: 27.09.2019). No mesmo sentido: (TJSP; Apelação Cível 1031395-54.2014.8.26.0114; Relator (a): Azuma Nishi; Órgão Julgador: 37ª Câmara Extraordinária de Direito Privado; Foro de Campinas– 1ª Vara Cível; Data do Julgamento: 24.05.2018; Data de Registro: 29.05.2018).

Sylvio Capanema já houvera arrostado a possibilidade de aproveitamento do direito de superfície de áreas extensas, em que o superficiário poderia investir na construção de unidades habitacionais e locá-los a terceiros por prazo suficiente para que se recupere o investimento, pois, ao final, as acessões ficariam com o proprietário do terreno, sem direito de indenização ao superficiário[30].

Essa hipótese, porém, não é uma modalidade distinta dos contratos *built to suit,* mas uma conjugação entre estes e a locação de imóvel urbano típica. A corroborar essa compreensão:

> A operação do built to suit pode ser acolhida pelo contrato que constitui o direito de superfície ou, pelo menos, a etapa final de cessão onerosa do uso pode se dar mediante o contrato de superfície.
>
> Essa possibilidade soma um novo argumento para afastar o built to suit do tipo contratual da locação.
>
> Em direito brasileiro é possível realizar uma operação de built to suit cujo componente da cessão onerosa do uso, por tempo determinado, se dê por intermédio de uma figura distinta do contrato de locação. A utilização do direito real de superfície também pode apresentar a virtude de garantir ao usuário o direito de uso sob o manto da eficácia real.
>
> O direito real de superfície também permite que o pagamento, a contraprestação, se dê instantaneamente ou mediante prestações diferidas. Neste caso, pelo fato de o direito real de superfície corresponder a um instituto com contornos próprios, os riscos da aproximação com o contrato típico de locação serão diminuídos[31].

5. CONTRATOS DE LOCAÇÃO DE IMÓVEL URBANO E CONCESSÃO DE SERVIÇO PÚBLICO

Dentre os contratos de locação que se situam em zonas de polêmica em relação a seu estatuto normativo estão aqueles que têm por objeto imóveis públicos, mas envolvem concessionário do serviço público. A natureza pública do imóvel, em princípio, afasta a aplicabilidade da Lei do Inquilinato, em razão da disposição de seu art. 1º, parágrafo único, o que faz incidir as normas do Código Civil. No entanto, para garantir o direito do locatário à ação renovatória e o direito à indenização em caso de denúncia vazia de contrato por prazo indeterminado, há quem defenda a abrangência dessa situação pela Lei do Inquilinato[32].

Por outro lado, a aplicabilidade da Lei do Inquilinato também vem sendo reconhecida em favor dos concessionários de serviço público, quando estes figuram como locatários. Nesse sentido, parece se orientar o entendimento do Superior Tribunal de Justiça, que, em contratos para instalação de estação de rádio-base de concessionária de serviço de telefonia, recentemente reconheceu o enquadramento da "estação de rádio-base" no conceito de fundo de comércio, para viabilizar o ajuizamento de ação renovatória[33]:

> Recurso especial. Ação renovatória. Extinção do processo sem resolução do mérito por falta de interesse processual. Imóvel locado para instalação de estação de rádio base. Concessionária de serviço de telefonia celular. Estrutura essencial ao exercício da atividade. Fundo de comércio. Caracterização. Interesse processual. Existência. Julgamento: CPC/15.

---

30. CAPANEMA DE SOUZA, 2020, p. 24.
31. CARVALHOSA, 2016, Cap. IX, item 6.
32. CAPANEMA DE SOUZA, 2020, p. 15-16.
33. No mesmo sentido: REsp 1790074/SP, Rel. Ministra Nancy Andrighi, Terceira Turma, julgado em 25.06.2019, DJe 28.06.2019.

1. Ação renovatória de locação de imóvel ajuizada em 29.06.2015, da qual foi extraído o presente recurso especial, interposto em 14.03.2018 e concluso ao gabinete em 26.10.2018.

2. O propósito recursal é dizer se a "estação rádio base" (ERB) instalada em imóvel locado caracteriza fundo de comércio de empresa de telefonia móvel celular, a conferir-lhe o interesse processual no manejo de ação renovatória fundada no art. 51 da Lei 8.245/91.

3. Por sua relevância econômica e social para o desenvolvimento da atividade empresarial, e, em consequência, para a expansão do mercado interno, o fundo de comércio mereceu especial proteção do legislador, ao instituir, para os contratos de locação não residencial por prazo determinado, a ação renovatória, como medida tendente a preservar a empresa da retomada injustificada pelo locador do imóvel onde está instalada (art. 51 da lei 8.245/91).

4. Se, de um lado, a ação renovatória constitui o mais poderoso instrumento de proteção do fundo empresarial; de outro lado, também concretiza a intenção do legislador de evitar o locupletamento do locador, inibindo o intento de se aproveitar da valorização do imóvel resultante dos esforços empreendidos pelo locatário no exercício da atividade empresarial.

5. As estações de rádio base (ERBs), popularmente reconhecidas como "antenas", emitem sinais que viabilizam as ligações por meio dos telefones celulares que se encontram em sua área de cobertura (célula). E a formação de uma rede de várias células – vinculadas às várias ERBs instaladas – permite a fluidez da comunicação, mesmo quando os interlocutores estão em deslocamento, bem como possibilita a realização de várias ligações simultâneas, por meio de aparelhos situados em diferentes pontos do território nacional e também do exterior.

6. As ERBs se apresentam como verdadeiros centros de comunicação espalhados por todo o território nacional, cuja estrutura, além de servir à própria operadora, responsável por sua instalação, pode ser compartilhada com outras concessionárias do setor de telecomunicações, segundo prevê o art. 73 da Lei 9.472/97, o que, dentre outras vantagens, evita a instalação de diversas estruturas semelhantes no mesmo local e propicia a redução dos custos do serviço.

7. As ERBs são, portanto, estruturas essenciais ao exercício da atividade de prestação de serviço de telefonia celular, que demandam investimento da operadora, e, como tal, integram o fundo de comércio e se incorporam ao seu patrimônio.

8. O cabimento da ação renovatória não está adstrito ao imóvel para onde converge a clientela, mas se irradia para todos os imóveis locados com o fim de promover o pleno desenvolvimento da atividade empresarial, porque, ao fim e ao cabo, contribuem para a manutenção ou crescimento da clientela.

9. A locação de imóvel por empresa prestadora de serviço de telefonia celular para a instalação das ERBs está sujeita à ação renovatória.

10. Recurso especial conhecido e provido.

(REsp 1790074/SP, Rel. Ministra Nancy Andrighi, Terceira Turma, julgado em 25.06.2019, DJe 28.06.2019).

CAPANEMA refutou a aplicabilidade da Lei do Inquilinato e entendeu que, nas locações para a instalação de antenas de comunicações, aplica-se o Código Civil, por se destinarem *"direta e exclusivamente à consecução dos objetivos econômicos da empresa"*[34].

No entanto, tratando-se de concessão de serviço público e diante da imprescindibilidade, em um mundo globalizado e altamente tecnológico, de uma rede de telecomunicações dotada de eficácia e amplitude, é possível reconhecer que os contratos que se destinam a viabilizar o serviço de telecomunicações, inclusive de telefonia, também são dotados de elevada densidade social. Se a importância das telecomunicações já era crescente em razão do desenvolvimento tecnológico, o contexto de pandemia acelerou esse processo a ponto de lhes atribuir um caráter de essencialidade, pois as mais diversas atividades públicas e privadas passaram a ser realizadas remotamente e por videoconferência e outros meios telemáticos.

---

34. CAPANEMA DE SOUZA, 2020, p. 22.

A respeito do tema, controvertem as Cortes Estaduais, mostram-se favoráveis à aplicabilidade de Lei de Locações e reconhecem o direito de renovação: TJPR – 18ª C. Cível – 0026975-79.2016.8.16.0001 – Curitiba – Rel.: Desembargador Péricles Bellusci de Batista Pereira – J. 13.07.2020; TJPR – 11ª C.Cível – 0007248-71.2015.8.16.0001 – Curitiba – Rel.: Desembargadora Lenice Bodstein – J. 11.10.2018; TJSP; Embargos de Declaração Cível 1011625-38.2018.8.26.0566; Relator (a): Ana Catarina Strauch; Órgão Julgador: 27ª Câmara de Direito Privado; Foro de São Carlos – 3ª Vara Cível; Data do Julgamento: 04.02.2020; Data de Registro: 05.02.2020. Em sentido contrário: TJPR – 11ª C.Cível – 0065772-51.2017.8.16.0014 – Londrina – Rel.: Desembargador Fábio Haick Dalla Vecchia – J. 13.06.2018; TJPR – 12ª C.Cível – 0006395-96.2013.8.16.0174 – União da Vitória – Rel.: Juiz Alexandre Gomes Gonçalves – J. 04.10.2018; TJSP; Apelação Cível 1058989-46.2018.8.26.0100; Relator (a): Felipe Ferreira; Órgão Julgador: 26ª Câmara de Direito Privado; Foro Central Cível – 28ª Vara Cível; Data do Julgamento: 18.12.2019; Data de Registro: 18.12.2019.

Ainda em relação às concessionárias de serviço público que locam imóvel para a instalação de estações de telefonia celular, o Superior Tribunal de Justiça afastou o enquadramento, como contrato de sublocação, do compartilhamento da infraestrutura da estação de rádio-base com outras concessionárias. Nesse sentido, entendeu-se que a Resolução 274/2001 da ANATEL regulamenta a obrigatoriedade – salvo em hipóteses excepcionais – do compartilhamento da infraestrutura entre as prestadoras de serviço de telecomunicações e, portanto, não haveria o consentimento essencial à configuração do contrato de sublocação[35].

6. *SALE AND LEASE BACK*

Segundo essa modalidade contratual, também de origem estadunidense, contrata-se a venda de determinado imóvel sob a condição de futura locação ao vendedor, com prévia estipulação do valor do aluguel e do prazo da locação.

Para Sylvio Capanema, essa modalidade é interessante porque permite ao proprietário angariar recursos com a venda e se manter na posse direta do imóvel, o que reflete as alterações no plano econômico, em que a posse direta pode ser mais vantajosa do que a propriedade[36].

Assim como o *built to suit* essa modalidade contratual faz preponderar o valor do uso do imóvel em face do valor do domínio.

Há precedente do TJSP reconhecendo essa modalidade contratual como contrato de locação imobiliária atípica:

> Ação sob o rito comum. Contrato de locação imobiliária não residencial atípica (Sale lease back). R. despacho que indeferiu a tutela de urgência. Agravo instrumental só dos autores. Tutela pretendida que objetiva a consignação de metade da diferença atualmente verificada entre o valor de mercado de aluguel e a importância atual do locativo paga à primeira ré. Alegada diminuição do valor de mercado locatício em razão da pandemia pelo Coronavírus (Covid-19). Mantida a r. decisão agravada diante das peculiaridades do caso, havendo poucos elementos, ao menos por enquanto, de convicção a corroborar as considerações dos agravantes. Feito que necessita de maior produção probatória, com formação do contraditório. Não vislumbrado o periculum in mora. Ausência dos requisitos objetivos do art. 300 do CPC/15. Agravo das demandantes desprovido, tudo nos estreitos limites desse recurso. (TJSP; Agravo de Instrumento 2186686-71.2020.8.26.0000; Relator

---

35. REsp 1309158/RJ, Rel. Ministro Luis Felipe Salomão, Quarta Turma, julgado em 26.09.2017, DJe 20.10.2017.
36. CAPANEMA DE SOUZA, 2020, p. 23.

(a): Campos Petroni; Órgão Julgador: 27ª Câmara de Direito Privado; Foro Central Cível – 16ªVara Cível; Data do Julgamento: 20.08.2020; Data de Registro: 20.08.2020).

Precedentes do TJSP inadmitiram a redução do valor dos alugueres em contrato de locação na modalidade *sale and lease back* em razão da pandemia, fazendo prevalecer a autonomia privada, haja vista a cláusula proibitiva da revisão judicial do valor locatício:

> Agravo de Instrumento – Locação – Autor alega que celebrado contrato de locação na modalidade "sale and lease back" e que a quarentena imposta pela pandemia do "coronavírus" afetou o faturamento das instituições financeiras, com o pedido de concessão da tutela provisória, para a redução em 50% do valor do locatício mensal e o depósito judicial da parcela reduzida (ou seja, adimplemento mensal direto para o Requerido de metade do locatício mensal e depósito judicial mensal da outra metade) ou, subsidiariamente, para determinar ao Requerido o provisionamento de 50% do valor locatício mensal pago (sem repasse da quantia aos cotistas do fundo) – Decisão agravada indeferiu a tutela provisória de urgência – Em cognição sumária, inexistem elementos que demonstrem a probabilidade do direito, pois, a princípio, o contrato celebrado prevê a renúncia ao direito de revisão judicial do valor locatício – Não apresentada prova inequívoca apta a viabilizar, em análise não exauriente, a superação daquela previsão contratual (que permanece vigente) – Não demonstrado o perigo de dano ou o risco ao resultado útil do processo, porque manifesta a capacidade econômica do Autor de arcar com o custo locatício mensal – Recurso do autor improvido (TJSP; Agravo de Instrumento 2184366-48.2020.8.26.0000; Relator (a): Flavio Abramovici; Órgão Julgador: 35ª Câmara de Direito Privado; Foro Central Cível – 8ªVara Cível; Data do Julgamento: 31.08.2020; Data de Registro: 01.09.2020).

7.   *COWORKING E COLIVING*

A coexistência vivencial ou profissional produzida até esta era pelos modos de geração da vida material se traduziu no direito. O conviver e o trabalhar foram recapturados pelas lentes da *lex mercatoria*. Aí se alçam modalidades de locação sob a *lógica* da economia colaborativa, em que se utiliza um imóvel amplo é compartilhado entre diversas pessoas, para fins residenciais ou comerciais.

No *coworking* utiliza-se um espaço físico corporativo de edificação de fins congruentes com o mercado ou os afazeres de índole comercial, como a prestação de serviços, em que os espaços são divididos e distribuídos a diversos ocupantes, para que possam realizar as mais diversas atividades profissionais e estudantis com apoio de serviços de escritório, normalmente com computadores, *wif-fi*, iluminação, serviço de limpeza e copa, fornecido pelo próprio titular do bem.

O *coliving* diz respeito à divisão de um prédio destinado a fins residenciais, em que cada ocupante aluga uma unidade habitacional diminuta, com o compartilhamento de cozinhas, refeitórios, lavanderias e espaços de lazer.

Para Sylvio Capanema, trata-se de um contrato atípico, que deveria se submeter ao Código Civil, dada a sua semelhança com os *apart hotéis*[37].

No entanto, já se reconheceu a aplicabilidade da Lei 8.245/1991 a essa modalidade contratual:

> Apelação – Ação de rescisão contratual cumulada com declaratória de inexistência de débito – Preliminar – Nulidade por falta de fundamentação – Inocorrência – Fundamentação suficiente – Não se deve confundir julgamento desfavorável ao interesse da parte com negativa ou ausência de prestação jurisdicional – Preliminar afastada – MÉRITO – Contrato atípico de locação, denominado "coworking", em que se aluga um espaço e se obtêm prestação de serviços – Multa por rescisão contratual – Valor da multa equivalente ao valor remanescente

---

37. CAPANEMA DE SOUZA, 2020, p. 25.

2 • ESPÉCIES DE LOCAÇÃO DE IMÓVEL URBANO

do contrato de locação, mostra-se excessiva – Aplicável à espécie o disposto nos arts. 4º da Lei 8.245/91 e 413 do Código Civil – Necessidade de redução da multa compensatória a um valor que atenda melhor ao princípio da equidade e da razoabilidade e que seja proporcional ao período de cumprimento do contrato – Redução bem fixada pelo i. juízo "a quo" e deve ser mantida – Honorários advocatícios – Valor da condenação irrisório – Fixação por equidade – Imposição do artigo 85, parágrafo 8º do CPC – Necessidade de renumeração digna ao advogado – Recurso provido em parte. (TJSP; Apelação Cível 1007679-56.2019.8.26.0038; Relator (a): Luis Fernando Nishi; Órgão Julgador: 32ª Câmara de Direito Privado; Foro de Araras – 2ª Vara Cível; Data do Julgamento: 03.09.2020; Data de Registro: 03.09.2020).

Locação não residencial – *Coworking* – "Ação de conhecimento para restituição de caução locatícia" – Sentença de parcial procedência – Responsabilidade da locatária pelas obrigações decorrentes da locação que persiste até a data da entrega das chaves – Itens perdidos ou avariados (chaves e gaveteiros) – Descontos devidos – Pintura do imóvel a ser suportada pela locatária, no caso, pois a necessidade não decorre do uso normal – Multa contratual por rescisão antecipada – Descabimento, na hipótese – Sentença reformada, quanto a este ponto – Recurso provido, em parte. (TJSP; Apelação Cível 1111331-68.2017.8.26.0100; Relator (a): Caio Marcelo Mendes de Oliveira; Órgão Julgador: 32ª Câmara de Direito Privado; Foro Central Cível – 27ª Vara Cível; Data do Julgamento: 28.06.2019; Data de Registro: 28.06.2019).

Apelação – Rescisão contratual – Contrato atípico de locação de equipamentos customizados e espaço – Sistema de *coworking* – Não incidência do Código de Defesa do Consumidor – Resilição antecipada da avença pela contratante – Alegação de descumprimento da cláusula contratual prevendo aviso prévio de 60 dias – Hipótese, porém, em que a parte autora decidiu resilir a avença um mês após sua formalização – Divergência das partes quanto ao valor da multa contratual pela resilição antecipada – Alegação da ré no sentido de que se deve considerar o valor de três mensalidades, mas sem o desconto concedido, que era condicionado ao compromisso de permanência, o qual não foi atendido pela contratante – Cálculo equitativo da multa proporcional aos meses faltantes, com abatimento do valor da mensalidade de maio de 2017 que foi pago antecipadamente – Critério da sentença que deve ser adotado por se revelar mais justo – Reforma da verba honorária para que seja calculada sobre o valor da condenação – Apelação da ré provida em parte. Recurso adesivo – Insurgência da parte autora quanto à fixação da multa contratual – Pretensão à aplicação da multa de 10% sobre o valor correspondente a 3 mensalidades, totalizando R$ 960,00 – Recurso adesivo da autora desprovido. (TJSP; Apelação Cível 1061778-52.2017.8.26.0100; Relator (a): Claudio Hamilton; Órgão Julgador: 25ª Câmara de Direito Privado; Foro Central Cível – 45ª Vara Cível; Data do Julgamento: 19.04.2018; Data de Registro: 20.04.2018).

Outro julgado, por sua vez, afastou a incidência da Lei do Inquilinato, para admitir a incidência do Código de Defesa do Consumidor:

Competência – Contrato de locação de equipamento customizado e espaço – "Coworking" – Ação de reparação de danos materiais proposta pelo locatário – Ajuizamento no foro do domicílio do autor – Decisão de primeiro grau que reconhece que o contrato é regido pela Lei 8.245/91 e que o Código de Defesa do Consumidor não se aplica ao caso concreto e acolhe alegação de incompetência fundada em cláusula de eleição de foro – Agravo interposto pelo autor – Relação de consumo caracterizada e não sujeita às regras da Lei 8.245/91 – Opção pelo foro mais conveniente ao autor – Abusividade da cláusula contratual de eleição de foro – Decisão reformada – Recurso provido (TJSP; Agravo de Instrumento 2145603-75.2020.8.26.0000; Relator (a): Carlos Henrique Miguel Trevisan; Órgão Julgador: 29ª Câmara de Direito Privado; Foro de Guarulhos – 10ª. Vara Cível; Data do Julgamento: 14.07.2020; Data de Registro: 14.07.2020).

8. RJET: A LOCAÇÃO DE IMÓVEL URBANO E OS IMPACTOS DA COVID-19

As locações de imóvel urbano foram altamente afetadas pela pandemia do COVID-19, a ponto de serem abarcadas pela Lei 14.010 de 10 de junho de 2010[38], que dispôs sobre o

---

38. Sancionada em 10.06.2020, a Lei 14.010/2020 cria um Regime Jurídico Emergencial e Transitório das relações jurídicas de Direito Privado no período da pandemia do coronavírus. A nova norma tem origem no PL 1.179/2020, proposto originalmente pelo Senador Antonio Anastasia, após iniciativa dos Ministros Dias Toffoli, do STF, e Antonio Carlos Ferreira, do STJ. Uma comissão de juristas auxiliou os trabalhos, capitaneada pelos Professores Otavio Luiz Rodrigues Jr. (USP) e Rodrigo Xavier Leonardo (UFPR), contando, também, com a participação dos Professores Flavio Tartuce (EPD), José

Regime Jurídico Emergencial e Transitório das relações jurídicas de direito privado (RJET) no período da pandemia do coronavírus (Covid-19).

O Projeto de Lei 1.179/2020, aprovado pelo Legislativo, trouxe, em seu art. 9º, a vedação temporária do despejo em locações de imóvel urbano, nos seguintes termos:

> Art. 9º. Não se concederá liminar para desocupação de imóvel urbano nas ações de despejo a que se refere o art. 59, § 1º, incisos I, II, V, VII, VIII, e IX da Lei 8.245 de outubro de 1991, até outubro de 2020.
>
> Parágrafo único. O disposto no caput deste artigo aplica-se apenas às ações ajuizadas a partir de 20 de março de 2020.

Referido artigo, entretanto, foi vetado pelo Presidente da República, sob as seguintes razões:

> "A propositura legislativa, ao vedar a concessão de liminar nas ações de despejo, contraria o interesse público por suspender um dos instrumentos de coerção ao pagamento das obrigações pactuadas na avença de locação (o despejo), por um prazo substancialmente longo, dando-se, portanto, proteção excessiva ao devedor em detrimento do credor, além de promover o incentivo ao inadimplemento e em desconsideração da realidade de diversos locadores que dependem do recebimento de alugueis como forma complementar ou, até mesmo, exclusiva de renda para o sustento próprio."

Esse veto, porém, foi derrubado pelo Congresso Nacional em Sessão realizada no dia 19.08.2020, de modo que houve o restabelecimento do art. 9º da Lei 14.010.

Emerge incipiente, por ora, o tripé fundado na *pandemia, locação e decisões judiciais*, sem embargo de alguns pronunciamentos relevantes a serem *quantum satis* colacionados.

Quanto à repercussão da pandemia sobre os contratos de locação no âmbito dos tribunais, a maior parte das decisões versa sobre a possibilidade de despejo, suspensão temporária do pagamento ou redução do valor dos alugueres durante o período em que perdurar a pandemia.

No Supremo Tribunal Federal, a respeito de locações de imóvel urbano, há duas decisões do Min. Gilmar Mendes, em que determinou a suspensão dos atos expropriatórios na execução ajuizada em face dos fiadores de contrato de locação comercial, em razão dos precedentes do STJ mantendo a impenhorabilidade do bem de família no caso de locação de imóvel comercial e dos riscos relativos à pandemia[39].

O Min. Presidente, Dias Toffoli, na Suspensão de Liminar 1.334/RS – ajuizada pelo Município de Gramado em face da decisão que conferiu efeito suspensivo a Agravo de Instrumento em trâmite perante o TJRS – deferiu o pedido para restabelecer a eficácia de cautelar inicialmente deferida em primeiro grau para determinar que a plataforma digital Airbnb suspendesse o anúncio, reserva e locação de espaços localizados no Município, durante a vigência do Decreto municipal 73/2020, bem como cancelasse as reservas para datas compreendidas nesse tempo. O Ministro Dias Toffoli entendeu que "a decisão atacada representa grave risco de violação à ordem público-administrativa, no

---

Fernando Simão (USP) e Maurício Bunazar (Ibmec). Os artigos 1º e 2º dispõem sobre aplicação da lei, em caráter transitório e emergencial, a partir de 20.03.2020, data da publicação do Decreto Legislativo 6, que reconhece estado de calamidade pública em razão da pandemia do coronavírus – Covid-19.

39. STF. Rcl. 41830 MC/SP. Rel. Min. Gilmar Mendes. Julgamento: 25.06.2020, Pulic. 01.07.2020. STF. Rcl 39821 MC/SP. Rel. Min. Celso de Mello. Decisão proferida pelo Min. Gilmar Mendes. Julgamento 03.04.2020, Public. 07.04.2020.

âmbito do requerente, bem como à saúde pública, dada a real possibilidade que venha a desestruturar as medidas por ele adotadas como forma de fazer frente a essa epidemia, em seu território"[40].

Em situação semelhante, o Min. Alexandre de Moraes, nos autos de Medida Cautelar na Reclamação 40161/RJ, restabeleceu a liminar deferida pelo Juízo da Vara Única de Paraty, nos autos da ação civil pública 0077491-80.2020.8.19.0001, para "as plataformas digitais Booking e Airbnb bloqueassem a possibilidade de reserva durante o período abarcado pelos Decretos Municipais de Paraty 33/2020, e 36/2020"[41].

Nos tribunais estaduais, nota-se a existência de precedentes direcionados a evitar temporariamente o despejo[42], tanto em contratos de locação residencial como comercial[43]. Há casos diversos, *exempli gratia:* cumprimento da ordem obstado pelo enquadramento do locatário em grupo de risco, ou mesmo para resguardar todos os envolvidos, inclusive o oficial de justiça[44]; há casos em que se autorizou o despejo porque o inadimplemento

---

40. Cautelar na suspensão de liminar. Agravo de instrumento em ação civil pública. Serviço de reserva e locação de acomodações no âmbito do município requerente. Predominância do interesse local. Jurisprudência do plenário do supremo tribunal federal. Medida cautelar deferida. STF, SL 1334/RS, Rel. Min. Presidente Dias Toffoli, Julg. 26.05.2020, Public. 28.05.2020.

41. STF, Rcl. 40161 MC/RJ, Rel. Min. Alexandre de Moraes, Julg. 04.05.2020, Public. 05.05.2020.

42. Cumprimento de sentença – pleito do arrematante para imissão na posse do imóvel adquirido em leilão judicial – Em razão da pandemia atrelada à covid-19 e suas consequências no que tange à limitação de circulação de pessoas, a recorrida, desalojada, não poderá diligenciar prontamente a locação de nova moradia – Decisão prudente, relegando ao fim do isolamento social a apreciação do pedido de imissão – Pretensão de suspensão do pagamento das parcelas da arrematação ou fixação de alugueres até a desocupação do bem que devem ser deduzidas em demanda própria – Arrematante não é parte no processo – Aplicação analógica dos §§ 4º e 5º do art. 895 do CPC– Decisão mantida – Agravo de instrumento desprovido. (TJSP; Agravo de Instrumento 2138431-82.2020.8.26.0000; Relator (a): Theodureto Camargo; Órgão Julgador: 8ª Câmara de Direito Privado; Foro Regional III – Jabaquara – 1ª Vara Cível; Data do Julgamento: 09.09.2020; Data de Registro: 09.09.2020); "Agravo de instrumento. Despejo por falta de pagamento c.c. cobrança. Fase de cumprimento de sentença. Decisão que determinou a expedição de mandado de despejo para desocupação do imóvel no prazo de quinze (15) dias. Inconformismo do demandado deduzido no Recurso. EXAME: Imóvel de propriedade de ambas as partes. Previsão constante de acordo para a alienação do bem no prazo de oito (8) meses, sob pena de desocupação coercitiva do demandado. Acordo não cumprido pelo demandado, que ensejou o cumprimento de sentença. Prazo corretamente fixado para a desocupação, que é de quinze (15) dias, "ex vi" do artigo 63, § 1º, alínea "a", da Lei 8.245/1991, mas que comporta determinação da contagem a partir do encerramento da quarentena para o combate à Pandemia da Covid-19 no Estado de São Paulo. Decisão reformada. Recurso parcialmente provido. (TJSP; Agravo de Instrumento 2156169-83.2020.8.26.0000; Relator (a): Daise Fajardo Nogueira Jacot; Órgão Julgador: 27ª Câmara de Direito Privado; Foro de Pirapozinho – 2ª Vara Judicial; Data do Julgamento: 31.08.2020; Data de Registro: 31.08.2020); (TJSP; Agravo de Instrumento 2058175-55.2020.8.26.0000; Relator (a): Silvia Rocha; Órgão Julgador: 29ª Câmara de Direito Privado; Foro de Ribeirão Pires – 1ª Vara Cível; Data do Julgamento: 23.04.2020; Data de Registro: 23.04.2020; TJRJ – 0028885-24.2020.8.19.0000 – Requerimento de efeito suspensivo em apelação – Des(a). Murilo André Kieling Cardona Pereira – Julgamento: 12.05.2020

43. TJSP; Agravo de Instrumento 2185409-20.2020.8.26.0000; Relator (a): Lino Machado; Órgão Julgador: 30ª Câmara de Direito Privado; Foro Regional IV – Lapa – 2ª Vara Cível; Data do Julgamento: 04.09.2020; Data de Registro: 04.09.2020; TJSP; Agravo de Instrumento 2194228-43.2020.8.26.0000; Relator (a): Mario A. Silveira; Órgão Julgador: 33ª Câmara de Direito Privado; Foro de Mogi Guaçu – 3ª V.Cível; Data do Julgamento: 28.08.2020; Data de Registro: 28.08.2020; (TJSP; Agravo de Instrumento 2065063-40.2020.8.26.0000; Relator (a): Francisco Occhiuto Júnior; Órgão Julgador: 32ª Câmara de Direito Privado; Foro Regional II – Santo Amaro – 1ª Vara Cível; Data do Julgamento: 27.04.2020; Data de Registro: 27.04.2020.

44. Agravo de instrumento. Locação de imóvel. Despejo por falta de pagamento c.c. cobrança. Confirmado pelo Juízo a quo que a expedição do mandado de despejo não possui urgência, frente à pandemia de Covid-19, de rigor a manutenção da r. decisão agravada, que condicionou o cumprimento da medida a ulterior deliberação. Decisão mantida. Recurso desprovido, com observação. (TJSP; Agravo de Instrumento 2181445-19.2020.8.26.0000; Relator (a): Felipe Ferreira; Órgão Julgador: 26ª Câmara de Direito Privado; Foro de Guarulhos – 2ª Vara Cível; Data do Julgamento: 31.08.2020; Data de Registro: 31.08.2020).

era anterior à pandemia[45] e por ausência de previsão legal da proibição do despejo (em decorrência do veto recentemente derrubado)[46].

Em locações residenciais, têm-se exigido a comprovação da redução da capacidade financeira do locatário para a redução do encargo locatício[47].

Quanto às locações comerciais, há precedentes que autorizaram a redução do valor do aluguel comercial por tempo determinado, com base na teoria da imprevisão ou na onerosidade excessiva, em razão de dificuldades financeiras de ambas as partes[48] e para

---

45. Locação de imóveis – Ação de despejo por falta de pagamento c.c. cobrança de aluguéis e encargos – Fase de cumprimento de sentença – Descumprimento de acordo homologado – Determinação de despejo coercitivo – Decisão mantida – Recurso não provido. Considerando-se ter sido demonstrado pela exequente que o agravante não cumpriu com o pagamento de quatro parcelas do acordo homologado em 26.05.2020, relativo a locativos vencidos anteriormente ao início da pandemia (fl.16, do incidente), tampouco honrou com o pagamento dos aluguéres relativos aos meses de janeiro, fevereiro e março, período esse também anterior à pandemia, acertada a decisão que determinou a expedição do mandado de despejo para integral cumprimento, nos exatos termos do acordo celebrado entre as partes. (TJSP; Agravo de Instrumento 2184839-34.2020.8.26.0000; Relator (a): Paulo Ayrosa; Órgão Julgador: 31ª Câmara de Direito Privado; Foro Regional I – Santana – 5ª Vara Cível; Data do Julgamento: 10.09.2020; Data de Registro: 10.09.2020). No mesmo sentido: (TJSP; Agravo de Instrumento 2174129-52.2020.8.26.0000; Relator (a): Morais Pucci; Órgão Julgador: 35ª Câmara de Direito Privado; Foro de Vinhedo – 2ª Vara; Data do Julgamento: 31.08.2020; Data de Registro: 31.08.2020); TJRJ – 0041868-55.2020.8.19.0000 – Agravo de instrumento – Des (a). Norma Suely Fonseca Quintes – Julgamento: 30.07.2020 – Publicação: 05.08.2020).

46. Agravo de Instrumento – Ação de despejo por falta de pagamento c/com pedido de cobrança. Deferimento da liminar. Insurgência. Requerimento de revogação da liminar ante os efeitos da pandemia do coronavírus (Covid-19). Réu que não pleiteou a revisão dos aluguéis e indicou que teria como pagá-los. Projeto de lei para obstar o despejo que, nesse aspecto, não vingou. Ausência de impedimentos fáticos e legais à concessão da liminar. Agravo não provido. (TJSP; Agravo de Instrumento 2189306-56.2020.8.26.0000; Relator (a): Morais Pucci; Órgão Julgador: 35ª Câmara de Direito Privado; Foro de Araçatuba – 2ª Vara Cível; Data do Julgamento: 03.09.2020; Data de Registro: 03.09.2020).

47. Agravo de instrumento. Ação de revisão de contrato de locação residencial em razão dos efeitos da pandemia da Covid-19. Decisão que indeferiu a tutela provisória de urgência pleiteada para reduzir o valor do aluguel mensal em 50%. A obrigação assumida pela ora agravante é de pagar o aluguel pelo uso do imóvel objeto do contrato de locação residencial, aparentemente não atingido diretamente pelos efeitos da pandemia e das medidas governamentais tomadas para conter a propagação do novo Coronavírus, vez que permanece no bem locado, até mesmo por força das medidas de distanciamento social. Ademais, em sendo a ora agravante aposentada e os seus proventos de aposentadoria a sua única fonte de renda, não teve ela qualquer redução em seus ganhos mensais em razão da crise econômica decorrente da pandemia de Covid-19, não sendo plausível que eventual redução de jornada de trabalho de seus filhos maiores seja utilizada como fundamento para redução do valor devido ao locador a título de aluguel, visto que estes não constam como locatários no instrumento firmado e não fazem parte da relação processual. Concessão do provimento antecipado poderia produzir perigo de dano reverso, tendo em vista que a parte agravada pode ter sofrido impacto financeiro com a pandemia, suscetível de agravamento com a redução pretendida, pois o aluguel é renda esperada pelo locador, previsto no contrato firmado entre as partes, devendo ser mantido, por ora, o que foi entre elas acordado. Decisão mantida. Recurso Desprovido (TJRJ – 0045364-92.2020.8.19.0000 – Agravo de Instrumento – Des (a). Maria Luiza De Freitas Carvalho – Julgamento: 26.08.2020 – Pub. 28.08.2020). No mesmo sentido: TJRJ – 0053837-67.2020.8.19.0000 – Agravo De Instrumento – Des (a). Valéria Dacheux Nascimento – Julgamento: 24.08.2020 – Data de Publicação: 01.09.2020.

48. Agravo De Instrumento – Medida Cautelar em Caráter Antecedente convertida em revisão contratual – Tutela de urgência – Decisão que suspendeu o pagamento dos aluguéis ajustados no contrato de locação comercial em face da pandemia mundial (COVID-19) – Dificuldades financeiras de ambas as partes – Necessidade de avaliação prévia das condições de ambas as partes para manutenção de equilíbrio razoável entre o benefício pretendido por uma parte e eventuais prejuízos a serem suportados pela outra – Inteligência do Artigo 317, do Código Civil – Proposta oferecida de pagamento de 50% do valor do contrato – Admissibilidade – Fixação de 50% do valor pactuado no contrato a título de aluguel – Cláusulas contratuais mantidas – Decisão reformada – Recurso provido. (TJSP; Agravo de Instrumento 2085843-98.2020.8.26.0000; Relator (a): Francisco Carlos Inouye Shintate; Órgão Julgador: 29ª Câmara de Direito Privado; Foro Central Cível – 17ª Vara Cível; Data do Julgamento: 09.09.2020; Data de Registro: 10.09.2020). No mesmo sentido: TJSP; Agravo de Instrumento 2119914-29.2020.8.26.0000; Relator (a): Tercio Pires; Órgão Julgador: 34ª Câmara de Direito Privado; Foro de Guarulhos – 1ª Vara Cível; Data do Julgamento: 10.09.2020; Data de Registro: 10.09.2020; TJSP; Agravo de Instrumento 2158616-44.2020.8.26.0000; Relator (a): Marcondes D'Angelo; Órgão Julgador: 25ª Câmara de Direito Privado; Foro de São Caetano do Sul – 1ª. Vara Cível; Data do Julgamento: 10.09.2020; Data de Registro: 10.09.2020; TJSP; Agravo de Instrumento 2095698-04.2020.8.26.0000; Relator (a): Jonize Sacchi

reequilibrar contratos de locação de *shopping center*, com a alteração na forma de pagamento dos alugueres[49] e até mesmo sua suspensão[50]. De modo geral, esses precedentes denotam que a intervenção do Poder Judiciário sobre os contratos locatícios, para readequação temporária do valor ou da forma de pagamento, exige a comprovação do impacto da pandemia sobre a atividade empresarial desempenhada pelo locatário[51], havendo casos em que se determinou o pagamento da diferença de forma parcelada, após determinado

---

de Oliveira; Órgão Julgador: 24ª Câmara de Direito Privado; Foro Central Cível – 20ª Vara Cível; Data do Julgamento: 03.09.2020; Data de Registro: 08.09.2020; TJSP; Agravo de Instrumento 2177772-18.2020.8.26.0000; Relator (a): Tavares de Almeida; Órgão Julgador: 27ª Câmara de Direito Privado; Foro Central Cível – 33ª Vara Cível; Data do Julgamento: 08.09.2020; Data de Registro: 08.09.2020; TJSP; Agravo de Instrumento 2106149-88.2020.8.26.0000; Relator (a): Carlos Henrique Miguel Trevisan; Órgão Julgador: 29ª Câmara de Direito Privado; Foro Regional I – Santana – 6ª Vara Cível; Data do Julgamento: 08.09.2020; Data de Registro: 08.09.2020; (TJSP; Agravo de Instrumento 2092435-61.2020.8.26.0000; Relator (a): Jayme Queiroz Lopes; Órgão Julgador: 36ª Câmara de Direito Privado; Foro de Osasco – 2ª. Vara Cível; Data do Julgamento: 18.05.2020; Data de Registro: 18.05.2020).

49. Agravo de instrumento – Locação comercial em shopping center – Tutela provisória de urgência em caráter antecedente – Pretensão que visa a suspensão da exigibilidade dos alugueis ou a redução do valor, fundada nos efeitos da pandemia ocasionada pelo Covid-19 – Medida antecipatória concedida em primeiro grau – Contrato de locação em shopping center que guarda peculiaridades – Pandemia que atinge de modo diverso as partes em relação de locação residencial, comercial comum e comercial em shopping center – Fechamento do comércio em shopping center, ou mesmo funcionamento restrito, que não pode se refletir em apenas um das pontas da relação comercial – Necessidade de equilíbrio – Reconhecimento, pela agravante da gravidade da situação ao conceder redução parcial – Necessidade de redução que, porém, não implica declaração de inexigibilidade, porquanto o valor, período e saldo remanescentes serão objeto de decisão na origem – Recurso provido, em parte, para determinar a redução do aluguel mínimo em 50%, devendo o locatário pagar ou o aluguel mínimo reduzido ou o aluguel variável, se for maior, porque incidente sobre percentual do faturamento bruto, bem como reduzir em 50% o encargos comuns e o condomínio, bem como reduzir em 100% o fundo promocional, desde o mês de abril e enquanto perdurar o funcionamento restrito do shopping center – Precedente desta C. Câmara – Recurso provido, em parte. (TJSP; Agravo de Instrumento 2092420-92.2020.8.26.0000; Relator (a): Jayme de Oliveira; Órgão Julgador: 29ª Câmara de Direito Privado; Foro de Jundiaí – 4ª. Vara Cível; Data do Julgamento: 09.09.2020; Data de Registro: 10.09.2020). Confira-se também: TJSP; Agravo de Instrumento 2149726-19.2020.8.26.0000; Relator (a): Silvia Rocha; Órgão Julgador: 29ª Câmara de Direito Privado; Foro de Taboão da Serra – 2ª V.Cível; Data do Julgamento: 09.09.2020; Data de Registro: 10.09.2020.

50. Agravo de instrumento – Locação de bem imóvel – Tutela de urgência – Loja em Shopping Center – Indeferimento do pedido de tutela de urgência – Afastamento – Pandemia do Covid-19 – Evento imprevisível e extraordinário – Art. 317 do Código Civil – Presença dos requisitos do art. 300, do Código de Processo Civil – Probabilidade do direito – Risco de dano irreparável ou de difícil reparação – Suspensão da exigibilidade do pagamento dos locativos ajustados até a reabertura dos shoppings centers e das lojas, com o retorno das atividades comerciais da empresa agravante – Recurso provido. (TJSP; Agravo de Instrumento 2080390-25.2020.8.26.0000; Relator (a): Claudio Hamilton; Órgão Julgador: 25ª Câmara de Direito Privado; Foro Regional IV – Lapa – 3ª Vara Cível; Data do Julgamento: 03.09.2020; Data de Registro: 08.09.2020). No mesmo sentido: TJSP; Agravo de Instrumento 2089303-93.2020.8.26.0000; Relator (a): Adilson de Araujo; Órgão Julgador: 31ª Câmara de Direito Privado; Foro de Jundiaí – 6ª Vara Cível; Data do Julgamento: 27.05.2020; Data de Registro: 27.05.2020.

51. Cumprimento de sentença. Impugnação. Rejeição. Execução de acordo firmado entre as partes para pagamento de valores a título de indenização (devolução de valor pago por força de desfazimento de negócio para aquisição de imóvel). Agravantes que pretendem a revisão da transação em razão da pandemia do Covid 19. Crise sanitária não pode ser utilizada genericamente, em abstrato, como eximente de responsabilidade por motivo de força maior para todo e qualquer contrato. Impugnação calcada em alegações genéricas de necessidade de renegociação dos valores vencidos e não pagos, desacompanhadas de provas seguras de que a crise econômica atingiu os recorrentes. Decisão agravada mantida. Recurso não provido. (TJSP; Agravo de Instrumento 2178960-46.2020.8.26.0000; Relator (a): Francisco Loureiro; Órgão Julgador: 1ª Câmara de Direito Privado; Foro de Sorocaba – 3ª. Vara Cível; Data do Julgamento: 02.09.2020; Data de Registro: 02.09.2020). No mesmo sentido TJSP; Agravo de Instrumento 2186675-42.2020.8.26.0000; Relator (a): Ana Lucia Romanhole Martucci; Órgão Julgador: 33ª Câmara de Direito Privado; Foro Central Cível – 20ª Vara Cível; Data do Julgamento: 31.08.2020; Data de Registro: 01.09.2020; TJSP; Agravo de Instrumento 2172284-82.2020.8.26.0000; Relator (a): Hugo Crepaldi; Órgão Julgador: 25ª Câmara de Direito Privado; Foro de Campinas – 6ª. Vara Cível; Data do Julgamento: 18.10.2017; Data de Registro: 31.08.2020.

período[52]. Em regra, decidiu-se que a pandemia não justificava a imposição compulsória de uma *"moratória"* ao credor[53].

Nesse sentido, é elucidativo o seguinte julgado do TJRJ, de Relatoria do Des. Alexandre Freitas Câmara:

> Direito civil. Revisão judicial do aluguel de locação empresarial. Efeitos da pandemia de Covid-19 sobre o contrato de locação. Não configuração de caso fortuito ou força maior. Modificação da base do negócio. Impossibilidade de fixação, por ora, de aluguel provisório abaixo do limite de 80% do aluguel vigente por ocasião do ajuizamento da demanda. Revisão do aluguel que depende de quatro fatores: (1) análise do lucro decorrente do contrato de acordo com a atividade ali desenvolvida pelo locatário, devendo-se diferir para pagamento em momento posterior ao fim da paralisação das atividades a parcela do aluguel que corresponde aos lucros do locatário; (2) análise da capacidade econômico-financeira das partes contratantes; (3) análise do ramo de atividade e de seu potencial de crescimento nos momentos imediatamente posteriores à pandemia; (4) evitar-se, a todo custo, a moratória completa, que transformaria a locação em comodato. Impossibilidade de exame desses elementos por ora, já que dependem de dilação probatória. Provimento do recurso. (TJRJ – AI 0029917-64.2020.8.19.0000 – Des(a). Alexandre Antonio Franco Freitas Câmara – Julg. 31.08.2020 – Public. 02.09.2020).

De outra parte, porém, situações há em que se entendeu que *"a queda do faturamento por certo período não caracteriza caso fortuito ou força maior hábil a autorizar a intervenção do judiciário no negócio jurídico firmado pelas partes"*, para reduzir o valor do aluguel em locação não residencial[54].

Por fim, notam-se diversos precedentes voltados a impedir temporariamente a locação de imóveis por temporada por meio de plataformas digitais, para reduzir a circulação

---

52. Agravo de instrumento – Ação declaratória – Tutela de urgência de natureza antecipada – Pedido de redução do valor do aluguel vigente – Impacto econômico causado pela pandemia Covid-19 e os efeitos dela decorrentes – Suspensão do atendimento presencial ao público em estabelecimentos comerciais e prestadores de serviços – Impacto no faturamento – Vencimento de aluguéis – Em tese, possível o reequilíbrio da obrigação pelo julgador – Peculiaridades do caso concreto – Possibilidade de desconto de 40% – Autorização a redução ao patamar de 60% do valor aluguel vigente a partir de 20 de abril 2020, e por três meses, devendo o pagamento da diferença ser parcelado em cinco vezes, a partir de novembro de 2020, sem juros ou acréscimo de multa. Agravo parcialmente provido. (TJSP; Agravo de Instrumento 2123890-44.2020.8.26.0000; Relator (a): Sá Moreira de Oliveira; Órgão Julgador: 33ª Câmara de Direito Privado; Foro Regional I – Santana – 7ª Vara Cível; Data do Julgamento: 02.09.2020; Data de Registro: 02.09.2020).

53. Locação de imóvel comercial. Tutela de urgência destinada a suspender a exigibilidade dos aluguéis em face da quarentena decorrente da pandemia por COVID-19. Descabimento. Moratória que pelo regime legal não pode ser imposta ao credor pelo Juiz, devendo decorrer de ato negocial entre as partes ou por força de especial disposição legal. Evocação do caso fortuito e força maior que tampouco autoriza aquela medida. Cabimento, porém, da vedação à extração de protesto de título representativo do crédito por aluguéis. Recurso parcialmente provido. (TJSP; Agravo de Instrumento 2063701-03.2020.8.26.0000; Relator (a): Arantes Theodoro; Órgão Julgador: 36ª Câmara de Direito Privado; Foro Regional II – Santo Amaro – 9ª Vara Cível; Data do Julgamento: 06.04.2020; Data de Registro: 06.04.2020).

54. Agravo de instrumento – Locação de imóvel não residencial – Shopping center – Hipótese em que a locatária almeja a suspensão ou redução dos aluguéis – Descabimento – A queda do faturamento por certo período não caracteriza caso fortuito ou força maior hábil a autorizar a intervenção do judiciário no negócio jurídico firmado pelas partes – Decisão mantida – Recurso desprovido. (TJSP; Agravo de Instrumento 2200789-83.2020.8.26.0000; Relator (a): Cesar Luiz de Almeida; Órgão Julgador: 28ª Câmara de Direito Privado; Foro Central Cível – 18ª Vara Cível; Data do Julgamento: 04.09.2020; Data de Registro: 04.09.2020). No mesmo sentido: Agravo de instrumento – locação de imóvel não residencial – Hipótese em que a locatária almeja a redução dos aluguéis – Descabimento – A queda do faturamento por certo período não caracteriza caso fortuito ou força maior hábil a autorizar a intervenção do judiciário no negócio jurídico firmado pelas partes – Decisão mantida – Recurso desprovido. (TJSP; Agravo de Instrumento 2079436-76.2020.8.26.0000; Relator (a): Cesar Luiz de Almeida; Órgão Julgador: 28ª Câmara de Direito Privado; Foro de Ubatuba – 2ª Vara; Data do Julgamento: 06.05.2020; Data de Registro: 07.05.2020).

de pessoas em condomínios[55] ou mesmo em determinadas localidades turísticas em que o sistema de saúde é limitado[56].

O Tribunal de Justiça do Rio de Janeiro decidiu em sentido contrário à proibição, pela síndica, de locações temporárias em razão do COVID:

> Agravo de instrumento. Direito processual civil e civil. Ação de conhecimento com pedido de obrigação de não fazer. Deferimento do pleito liminar para afastar a proibição de locação por temporada de unidade autônoma imposta pela síndica do condomínio réu como medida necessária à preservação da saúde dos demais condôminos, diante da pandemia causada pelo novo coronavírus. Insurgência do réu. Não obstante a situação extrema vivenciada neste momento em todo o país, em especial no estado do rio de janeiro, inexiste lei proibindo locação por temporada de unidades autônomas privadas. Impossibilidade de a síndica fazê-lo por ato unilateral. Direito do condômino de usar e fruir livremente de sua unidade, observada a sua destinação. Artigos 1.314 e 1335, inc. I do cc. Aluguel por temporada que é expressamente permitido pelo artigo 48 da Lei 8.245/1991. Observância ao direito de propriedade. Manutenção da interlocutória vergastada que se impõe. Recurso a que se nega provimento. (TJRJ – 0027409-48.2020.8.19.0000 – Agravo de instrumento – Des(a). Luiz Roldao de Freitas Gomes Filho – Julgamento: 20.07.2020 – Data de Publicação: 22.07.2020).

9. PERSPECTIVAS

As transformações objetivas (no dever de prestação e no próprio objeto prestacional) e as mudanças subjetivas (em relação aos sujeitos, parte e esferas jurídicas afetadas, direta ou indiretamente) trouxeram o regime jurídico dos contratos em geral, e da locação de imóvel urbano especificamente, ao campo da resiliência que faz comungar epistemologicamente, na teoria e na prática, modernidade e tradição. É um instrumento dinâmico a serviço dos fins jurídico-políticos da normatividade contratual.

Moldado pelo campo jurídico de feixes de direitos e deveres perdura no tempo, modernizando-se, quer pelo avanço legislativo, quer pela contribuição da literatura jurídica, quer pela contribuição derivada da prestação jurisdicional. Impende realçar que

---

55. Agravo de instrumento. Ação de declaração de nulidade cumulada com indenização por danos materiais e morais. Determinação feita pela administração do condômino para que fossem suspensas as locações de unidades autônomas para temporada, por meio de plataformas digitais como Airbnb, pelo período em que perdurar a pandemia de Covid-19. Decisão que indefere tutela de urgência que tinha por objeto restabelecer a possibilidade de locação de apartamento para temporada. Requisitos exigidos para a concessão da medida não vislumbrados. Restrição imposta pelo condomínio que, nesta sede de cognição sumária, atende às recomendações para evitar a propagação do coronavírus e visa preservar a saúde dos condôminos. Situação excepcional que legitima a restrição a direitos dos condôminos. Recurso desprovido. (TJSP; Agravo de Instrumento 2077840-57.2020.8.26.0000; Relator (a): Milton Carvalho; Órgão Julgador: 36ª Câmara de Direito Privado; Foro Central Cível – 28ª Vara Cível; Data do Julgamento: 15.05.2020; Data de Registro: 15.05.2020). No mesmo sentido: TJSP; Agravo de Instrumento 2077840-57.2020.8.26.0000; Relator (a): Milton Carvalho; Órgão Julgador: 36ª Câmara de Direito Privado; Foro Central Cível – 28ª Vara Cível; Data do Julgamento: 15.05.2020; Data de Registro: 15.05.2020; TJSP; Agravo de Instrumento 2077840-57.2020.8.26.0000; Relator (a): Milton Carvalho; Órgão Julgador: 36ª Câmara de Direito Privado; Foro Central Cível – 28ª Vara Cível; Data do Julgamento: 15.05.2020; Data de Registro: 15.05.2020.

56. Agravo de instrumento – Ação civil pública – Pandemia de Covid-19 – Pretensão inicial de que sejam as corrés compelidas a excluírem de seus sistemas de pesquisa, no prazo de 24 horas, toda e qualquer oferta de hospedagem em residências, chalés, pousadas, barcos, hotéis e quaisquer outros imóveis ou meios de hospedagem na cidade de Ilhabela, até a cessação da situação de risco e emergência – Possibilidade – Serviço que não se mostra essencial – Situação emergencial e excepcional capaz de gerar o dever geral de cuidado para se evitar a transmissão do vírus – Município que não se encontra equipado para atender pacientes com quadro respiratório grave – Prazo fixado que se mostra condizente com a situação de emergência vivida pelo país – Manutenção do valor fixado a título de multa diária – Efeito suspensivo revogado – Manutenção da r. decisão – Recurso desprovido. (TJSP; Agravo de Instrumento 2070941-43.2020.8.26.0000; Relator (a): Silvia Meirelles; Órgão Julgador: 6ª Câmara de Direito Público; Foro de Ilhabela – Vara Única; Data do Julgamento: 27.05.2020; Data de Registro: 27.05.2020). No mesmo sentido: TJSP; Agravo de Instrumento 2104498-21.2020.8.26.0000; Relator (a): Eduardo Gouvêa; Órgão Julgador: 7ª Câmara de Direito Público; Foro de Cananéia – Vara Única; Data do Julgamento: 10.09.2020; Data de Registro: 10.09.2020.

seu regime não está imune à centralidade axiológica da Constituição, também residindo na "sede de realização de direitos fundamentais a quem restam funcionalizadas todas as situações jurídicas de cunho patrimonial"[57]. Nenhum contrato, pois, seja permitido afirmar, é uma *ilha* que se aparta do Direito dos Contratos que não se neutraliza numa sociedade injusta e desigual.

Três décadas atestam norma longeva no Brasil, num equilíbrio elogiável entre as alterações no contexto histórico-social e as espécies de contrato de locação de imóvel urbano, um arco temporal que une o pretérito ao desafiador presente.

---

57. SCHREIBER, 2018, p. 346.

3
REGULARIZAÇÃO FUNDIÁRIA URBANA E O ALUGUEL SOCIAL

Rosângela Maria de Azevedo Gomes

Doutora em Direito Civil e Mestre em Direito da Cidade, títulos obtidos no Programa de Pós-graduação em Direito da Universidade do Estado do Rio de Janeiro (UERJ); Professora Titular de Direito Civil da Universidade Federal do Estado do Rio de Janeiro (UNIRIO); Professora Titular do IBMEC; Professora Associada de Direito Civil da Universidade do Estado do Rio de Janeiro (UERJ); Professora do curso de Direito Imobiliário da Universidade Veiga de Almeida (UVA) e dos cursos do ENOREG. Advogada.

Sumário: 1. Introdução. 2. Regularização fundiária. 3. Aluguel social (benefício de prestação continuada). 4. Conclusão.

1. INTRODUÇÃO

A Lei 8.245 de 1991, também conhecida como Lei de Locações Prediais Urbanas ou, simplesmente, Lei do Inquilinato, teve, em seu texto, a coautoria do Advogado, Professor e Desembargador do Tribunal de Justiça do Estado do Rio de Janeiro, Sylvio Capanema de Souza[1].

O escopo da lei, nas palavras de Sylvio Capanema de Souza[2], foi gerar medidas, no campo procedimental, capazes de acelerar a entrega da prestação jurisdicional, diante das recorrentes demandas envolvendo o cumprimento de contratos de locação de bens imóveis.

O cenário da época da promulgação da lei era o mais desfavorável, sob o aspecto econômico:

"Quando de seu advento, em outubro de 1991, a economia brasileira se contorcia sob a ameaça constante de uma inflação avassaladora, que corroía o conteúdo econômico do aluguel, rompendo, rapidamente, a comutatividade inaugural do contrato."

A Lei do Inquilinato foi uma das primeiras a tornar a relação locador/locatário mais equilibrada, anunciando, pioneiramente, a necessidade de tornar mais factível a relação jurídica contratual locatícia.

Quase trinta anos após sua entrada em vigor, tornou-se um marco jurídico para as relações econômicas envolvendo bens imóveis. É certo que a procura por equilíbrio na relação locatícia é um ideal a ser alcançado. Entretanto, a lei apresenta soluções para os conflitos recorrentes. Conduções jurídicas que se tornaram consolidadas no mercado imobiliário, sobretudo nas locações com a finalidade de moradia.

---

1. A autora teve a honra de ser aluna de Sylvio Capanema, como ficou conhecido no meio jurídico, na graduação da Universidade do Estado do Rio de Janeiro (UERJ).
2. SOUZA, Sylvio Capanema. *Da locação do imóvel urbano: direito e processo*, Rio de Janeiro: forense, 1999, p. 1.

Outro ponto interessante a ser sinalizado é a abrangência da lei. Ela tratou da locação urbana. Decisão acertada do legislador. Na área urbana, sem dúvida, diante da diversidade social e com o adensamento da cidade pela via da incorporação imobiliária, tornou-se premente a busca de soluções que blindassem a crise no investimento imobiliário. Entretanto, a Lei do Inquilinato poderá ser aplicada em área rural, diante da destinação indicada como escopo do contrato de locação. Assim é que, se o imóvel é utilizado para fins comerciais, não existe obstáculo para que a lei possa ser aplicada, posto ser uma característica de núcleo urbano a prestação de serviços, em geral. Portanto, há prevalência da utilização do bem[3] em relação à sua localização.

Diante da amplitude de espectro que a Lei do Inquilinato alcançou, confirmando sua efetividade, é adequada a sua análise à luz de soluções jurídicas para o desalojamento compulsório em áreas urbanas e, até mesmo, em cidades inseridas no meio rural.

O texto a seguir, busca a reflexão da questão do aluguel social, a aplicação da Lei 8.245 de 1991 às locações prediais com pagamento dos aluguéis com numerário proveniente do aluguel social e suas consequências no universo imobiliário.

2. REGULARIZAÇÃO FUNDIÁRIA

A regularização fundiária urbana tem por objetivo inserir na formalidade as áreas irregulares da cidade. O seu conceito, trazido pela Lei 13.465 de 2017, art. 9º, *caput,* diz que são as "medidas jurídicas, urbanísticas, ambientais e sociais destinadas à incorporação dos núcleos urbanos informais ao ordenamento territorial urbano e à titulação de seus ocupantes."

Núcleos urbanos informais são os clandestinos, irregulares ou nos quais não foi possível realizar, por qualquer modo, a titulação de seus ocupantes, ainda que atendida a legislação vigente à época de sua implantação ou regularização (art. 11, II, Lei 13.465/2017), inclusive, pode estar consolidada a forma de ocupação desordenada e irregular, sendo de difícil reversão, considerando-se, o tempo da ocupação, a natureza das edificações, a localização das vias de circulação e a presença de equipamentos públicos, entre outras circunstâncias a serem avaliadas pelo Município, no momento da proposta de regularização fundiária (art. 11, III, Lei 13.465/2017). Um desafio ao profissional que abraça a causa da inclusão social, posto ser esta (a irregularidade fundiária e urbanística) uma das formas de apartação ou exclusão institucional[4].

Observe-se que o termo exclusão ganhou uma nova concepção a partir da década de 80 do século passado. A noção de pobreza não é mais o fator determinante da inserção ou não do indivíduo ou de um grupo nos padrões sociais. Hoje define-se como exclusão a impossibilidade de poder ser inserido, mesmo que a longo prazo, no modelo social domi-

---

3. TJMG – Apelação Cível 1.0702.07.388042-0/002 *Ementa: Apelação cível – Ação de despejo por falta de pagamento c/c cobrança – Pedido de efeito suspensivo* – Indeferimento – Certidão de inventariante – Pressuposto processual – Vício sanável – Cerceamento de defesa – Inocorrência – Imóvel rural com fins comerciais – Aplicação da Lei do Inquilinato – Litigância de má-fé – Ausência – Pedido de ofício à OAB – Indeferimento. Disponível em: <https://www5.tjmg.jus.br/jurisprudencia>. Acesso em: 15 nov. 2020 (grifo nosso).

4. "Devemos relacionar o comportamento social, de acordo com a geografia e a forma espacial que a cidade assume. Devemos reconhecer que, uma vez criada uma forma espacial particular, ela tende a institucionalizar e, em alguns aspectos, a determinar o futuro desenvolvimento do processo social." HARVEY, David. *A justiça social e a cidade.* São Paulo: Hucitec, 1980. p. 17.

nante. Esta impossibilidade decorre de fatores diversos, tais como: instrução deficiente, ausência de recursos próprios para atingir metas pessoais, dificuldades impostas pelo mercado formal de trabalho, dentre outras[5].

Questões ambientais devem ser relevadas no momento da efetivação do direito à moradia digna, diante do cenário urbano de exclusão social consolidada e demanda por regularização fundiária, pois, caso contrário o risco de danos ambientais irreversíveis é grande, agravando a condição do excluído como apartado de acesso aos serviços e direitos inerentes ao pleno exercício da cidadania[6].

Diante da premissa que, só haverá regularização fundiária quando o meio ambiente esteja protegido, haverá a necessidade de intervenções do Poder Público, no sentido de gerar a tutela à moradia digna coadunada com o princípio da sustentabilidade (art. 225, *caput*, CRFB).

Portanto, a regularização fundiária requer não apenas a titulação, mas também, a adequação aos padrões urbanos regulares e, para tanto, a realização de obras que facultem a definitiva implementação dos serviços públicos básicos, tais como; saneamento; abastecimento público de água, gás, luz e transporte público; calçamento de vias públicas; escoamento e drenagem de águas dos rios, inclusive os subterrâneos; escoamento pluvial; prestação adequada de serviço de educação e saúde, apenas para mencionar os critérios referentes ao mínimo existencial[7].

Conclui-se, facilmente, que haverá a necessidade de realocar famílias para que o Poder Público possa coadunar a ocupação com as normas urbanísticas vigentes. Importante frisar que a remoção é vedada constitucionalmente, a partir da modelagem hermenêutica dos princípios constitucionais da propriedade funcionalizada e do direito à moradia como garantia de direito fundamental à vida digna.

Assim sendo, a necessidade de realocar no mesmo grupo social as pessoas ou famílias que foram retiradas compulsoriamente de seus imóveis é um dever constitucional do gestor público. Para tanto, o aluguel social e a locação social são instrumentos assistenciais relevantes.

3. ALUGUEL SOCIAL (BENEFÍCIO DE PRESTAÇÃO CONTINUADA)

Instituído pela Lei 8.742 de 1993 (organização da Assistência Social), o aluguel social – uma das formas de benefício de prestação continuada – é aplicado em conjunto com o Decreto 6.307 de 2007(Programa de Aceleração do Crescimento – PAC) que trata dos serviços prestados aos cidadãos e famílias em caso de vulnerabilidade temporária e

---

5. LAMARQUE, Gilles. *L'exclusion. Coleção Que sai-je?* Paris: Presses Universitaires de France, 1995.

6. No momento atual, diante do cenário trazido pela COVID19, torna-se evidente a premente demanda por regularização fundiária, sobretudo, para os grandes centros urbanos. "Em um cenário de isolamento social, onde as pessoas devem ficar em suas casas, em ambientes arejados e ter atenção com sua higiene e com a lavagem de suas mãos, emerge uma questão fundamental: nem todos têm moradias com condições mínimas de salubridade e tampouco fornecimento de água para se prevenirem de possíveis contágios. Nesse contexto, trazemos à luz a discussão sobre a justiça social e a função social da propriedade." CARDEMAN, Rogério Goldfeld, em BORGES, Andrea *et* MARQUES, Leila (Org.). *Coronavírus e as cidades no Brasil*: reflexões durante a pandemia, Rio de Janeiro: Outras Letras, 2020, p.168.

7. A definição de "mínimo existencial" surgiu na Alemanha, em 1954, por meio de uma decisão do Tribunal Federal Administrativo. Tal decisão possuía um caráter pragmático, ou seja, determinava que *o Estado deveria dar auxílio material ao indivíduo carente e que isso seria um direito subjetivo*. Em suma, uniu a dignidade da pessoa humana, a liberdade material e o estado social. Disponível em: <https://www.aurum.com.br/blog/minimo-existencial>. Acesso em: 15 nov. 2020.

calamidade pública (art. 20 da Lei 8.742/1993), sendo regulado também por leis municipais de diversos estados como São Paulo, Santa Catarina, Rio de Janeiro, Minas Gerais, Rio Grande do Sul tendo como finalidade fundamental o fornecimento de ajuda financeira para o pagamento de aluguel de imóvel residencial às famílias, que necessitem de recursos em caráter emergencial e temporário para garantir a moradia.

Por mais que o aluguel social e a locação social possuam certa singularidade entre as palavras, a função e formas de aplicação de cada um dos instrumentos é diferente no âmbito social da Federação (União, Estados, Municípios ou Distrito Federal), porém, visam a mesma finalidade, consistindo em uma ajuda financeira para o pagamento da habitação digna àqueles que dela necessitem, ainda que momentaneamente, como é o caso das áreas de risco para contenção de encostas.

Trata-se, sem dúvida, de formas de intervenção estatal visando dar à propriedade privada sua função social (art. 5°, XXIII e art. 170, III, CRFB e art. 1.228, §1°, CC), coadunada com as diretrizes do Estatuto da Cidade (Lei 10.257/2001), que no art. 1° informa o escopo da lei, ou seja, estabelecer normas de ordem pública e interesse social que regulem o uso da propriedade urbana em prol do bem coletivo, da segurança e do bem-estar dos cidadãos, bem como do equilíbrio ambiental, uma vez que visa regulamentar o art. 182 da Constituição Federal.

Assim sendo, na linha adotada pelo Estatuto da Cidade, a função social da propriedade privada ganha contornos, conforme indicado no art. 2° e, aqui, selecionados os pontos que embasam o aluguel social e a locação social, a saber:

> Art. 2° A política urbana tem por objetivo ordenar o pleno desenvolvimento das funções sociais da cidade e da propriedade urbana, mediante as seguintes diretrizes gerais:
>
> I – garantia do direito a cidades sustentáveis, entendido como o direito à terra urbana, à moradia, ao saneamento ambiental, à infraestrutura urbana, ao transporte e aos serviços públicos, ao trabalho e ao lazer, para as presentes e futuras gerações;
>
> (...)
>
> VI – ordenação e controle do uso do solo, de forma a evitar:
>
> a) a utilização inadequada dos imóveis urbanos;
>
> (...)
>
> f) a deterioração das áreas urbanizadas;
>
> g) a poluição e a degradação ambiental;
>
> h) a exposição da população a riscos de desastres.
>
> (...)
>
> XII – proteção, preservação e recuperação do meio ambiente natural e construído, do patrimônio cultural, histórico, artístico, paisagístico e arqueológico;
>
> (...)
>
> XIV – regularização fundiária e urbanização de áreas ocupadas por população de baixa renda mediante o estabelecimento de normas especiais de urbanização, uso e ocupação do solo e edificação, consideradas a situação socioeconômica da população e as normas ambientais.

Portanto, a atuação do Poder Público local para direcionar a ocupação adequada dos espaços urbanos traduz a essência da atividade estatal na condução do planejamento da cidade. Sem dúvida que a União ou o Estado poderão estar provendo o aluguel social ou a locação social, no caso de uma política pública assistencial, visando atender situações de vulnerabilidade absoluta diante de situações de risco coletivo ou calamidade pública.

Entretanto, a legitimidade mais adequada para regulamentar e prover o aluguel social ou a locação social é do Poder Público local (Município).

Assim é que, a Lei 13.465 de 2017, visando tratar da regularização fundiária urbana (REURB), no art. 9°, §1° determina que:

> Os poderes públicos formularão e desenvolverão no espaço urbano as políticas de suas competências de acordo com os princípios de sustentabilidade econômica, social e ambiental e ordenação territorial, buscando a ocupação do solo de maneira eficiente, combinando seu uso de forma funcional.

Não resta dúvida quanto a dimensão social de medidas que visem atender a qualidade da moradia digna, diante de riscos ambientais, provocados por calamidade pública (aluguel social) e, também, a destinação de imóveis desabitados, restaurados pela administração local[8], para locação de baixo custo (locação social), atendendo a demanda por moradia de interesse social.

Aluguel social distingue-se da locação social ou moradia social (art. 13 da Lei 8.742/1993) que é uma proposta de programa instituído pelo governo federal e que será aplicado também por prefeituras locais, que tem como finalidade principal, a utilização de imóveis urbanos desabitados e antigos, onde o governo promoveria restauração e reforma, disponibilizando estes imóveis para pessoas de baixa renda, sobretudo as desalojadas diante da necessidade de desapropriação por interesse público, como, por exemplo, a construção de uma autovia.

Na locação social o aluguel é menor que os valores normais de mercado, mas não é vil, apenas é mais acessível à população de baixa renda, em áreas de interesse social.

Com a locação social, há o incentivo para que as famílias possam realizar o sonho da casa própria, pois o pagamento de aluguel de baixo custo, favorece a poupança familiar. Há ainda a possibilidade de propriedades particulares serem captadas para a locação social, onde, o Poder Público e proprietário celebrem um contrato, de longo prazo, tendo um executor ou gestor (União, Estado ou Município), concedendo benefícios a estes proprietários para que possam fazer o uso destes imóveis a título de habitação social, sem gerar para o Poder Público o ônus de aquisição de imóveis com a finalidade de moradia social.

O sentido da norma é poder alocar famílias para que possam estar seguras e bem instaladas em imóveis que, de outra forma, estariam depreciados ou abandonados, posto que, em áreas degradadas ou de risco[9]. Com isso, a revitalização dessas áreas urbanas é a consequência imediata. O capital imobiliário responde rapidamente ao investimento público.

Ermínia Maricato, em texto recente sobre a pandemia, mas que se adequa a qualquer situação de demanda por moradia, ressalta:

> O problema da moradia digna está ganhando destaque finalmente. Utilização compulsória de imóveis ociosos (imóveis vazios passam de seis milhões de unidades segundo o IBGE) visando desadensamento familiar, abrigos para moradores de rua, ampliação de leitos para internações com baixa complexidade etc. Quem

---

8. Nesse aspecto a Parceria Público-Privada (Lei 11.079/2004) seria uma boa alternativa para recuperação de imóveis antigos e degradados, objeto da locação social.

9. Embora seja do conhecimento geral que o "poder paralelo" (narcotráfico e milícia) atua em áreas de exclusão social, portanto, atrai a violência na forma mais elementar, não é o escopo do presente texto tratar da irregularidade fundiária e sua conexão com a violência urbana. Muito embora, a autora defenda a tese que, a regularização fundiária atrai, como consequência reflexa, o fim do "poder paralelo".

sabe, finalmente, conseguiremos aplicar a função social da propriedade prevista em lei (CF88, Estatuto da Cidade e Planos Diretores) com a comoção provocada pela coronacrise. Muitos hotéis também poderiam cumprir essa função.[10]

Em relação à locação social, conclui-se que é uma via factível de adequar o mercado imobiliário voltado para a locação e a necessidade de compatibilizar a cidade ao seu planejamento sustentável.

Importante verificar que os imóveis comerciais também podem estar no escopo da locação social ou do aluguel social, uma vez que a atividade econômica viabiliza a moradia digna e a empresa deve cumprir com sua função social[11]. Ou seja, quando desalojada a loja ou comércio situado em área de risco, diante de situação de calamidade pública (aluguel social), quando houver a necessidade de deslocamento da atividade econômica para a realização de obras para instalação urbana de interesse público (locação social), pode o empresário/comerciante requerer junto ao Poder Público o direito ao aluguel social ou locação social, visando restabelecer seu negócio em imóvel da vizinhança, mantendo assim, o fundo de comércio. Medida saudável ao Poder Público, que em regra, desapropria imóveis. No caso da desapropriação o fundo de comércio deveria estar no cálculo indenizatório. Portanto, sendo ele resguardado pelo aluguel social ou locação social, mitiga o valor da indenização devida.

No aluguel social o Poder Público disponibiliza um valor, ao morador desalojado, para que alugue um imóvel, enquanto aguarda a recolocação em uma moradia definitiva, que poderá ser modo de aquisição da propriedade, no futuro (o contrato podendo prever que os aluguéis serão parte do pagamento do preço do imóvel, em caso de compra e venda), ou não. Mas, o fato é que, houve a necessidade de deslocamento de famílias e estas recebem o aluguel social como ajuda de custo.[12]

O aluguel social é utilizado por famílias de baixa renda, que em casos de calamidade pública perdem suas casas ou há a interdição de suas moradias por conta de situação de risco. Portanto, são condições de vulnerabilidade familiar. Trata-se de uma ajuda financeira paga pelo Poder Público, atualmente no valor de um salário-mínimo, que, decorrente de estado emergencial devido à Covid-19, poderá ser ampliado até meio salário-mínimo.

---

10. MARICATO, Ermínia. O coronavírus e um plano de emergência para as cidades, em *Coronavírus e as cidades no Brasil*: reflexões durante a pandemia, Rio de Janeiro: Outras Letras, 2020, p. 87.

11. A função social da empresa é importante princípio e vetor para o exercício da atividade econômica, tendo em vista que o seu sentido advém da articulação entre os diversos princípios da ordem econômica constitucional. Longe de ser mera norma interpretativa e integrativa, traduz-se igualmente em abstenções e mesmo em deveres positivos que orientam a atividade empresarial, de maneira a contemplar, além dos interesses dos sócios, os interesses dos diversos sujeitos envolvidos e afetados pelas empresas, como é o caso dos trabalhadores, dos consumidores, dos concorrentes, do poder público e da comunidade como um todo. Dessa maneira, a função social da empresa contém também uma essencial função sistematizadora do ordenamento jurídico, sendo adensada por intermédio de normas jurídicas que têm por objetivo compatibilizar os diversos interesses envolvidos na atividade econômica ao mesmo tempo em que se busca a preservação da empresa e da atividade lucrativa que assim a qualifica. Disponível em: <https://enciclopediajuridica.pucsp.br/verbete/222/edicao-1:>. Acesso em: 15 nov. 2020.

12. Apelação 0203128-12.2018.8.19.0001 – Rel. Desembargadora Mônica Feldman de Mattos, julgamento:09.07.2020- 21ª Câmara Cível/TJRJ. *Apelação cível. Aluguel social. Pleito formulado em face do município do rio de janeiro objetivando o pagamento do referido benefício, outro similar ou assentamento preferencial em programa estatal de habitação. Sentença de improcedência. Apelo autoral. Autor retirado da localidade conhecida como "bairro 13" em razão de reintegração de posse promovida pela companhia docas. O denominado aluguel social somente é concedido por força de necessidades advindas de destruição total ou parcial de imóvel residencial em razão de calamidade pública ou de remoções de áreas de risco. Decreto estadual 44.052. Se não houve calamidade pública, desastre ou o imóvel não está localizado em área de risco, a parte autora não faz jus ao benefício.* (...) – grifo nosso. Disponível em: <http://www4.tjrj.jus.br/EJURIS/ProcessarConsJuris.aspx?>. Acesso em: 15 nov. 2020.

Este benefício é transitório e tem critérios probatórios da hipossuficiência, estado emergencial de calamidade pública ou necessidade de proteção para famílias que vivem em área de risco ou aquelas que devam deixar suas casas diante de projetos do Programa de Aceleração do Crescimento (PAC). A triagem leva em consideração a maior vulnerabilidade e a situação sócio econômica de cada entidade familiar.

Nesse sentido, segue a decisão proferida, 02.09.2020, na apelação 0038571-78.2013.8.19.0002, do Tribunal de Justiça do Estado do Rio de Janeiro, sendo relator o Desembargador Henrique Carlos de Andrade Figueira, no qual a autora, alegando ser moradora de área atingida por calamidade pública (chuvas fortes em 2013, em Niterói/RJ) requer do governo do Estado do Rio de Janeiro aluguel social e indenização por danos morais, a saber[13]:

> Administrativo. Obrigação de fazer. Aluguel social. Dano moral. Ação de obrigação de fazer proposta por vítima da catástrofe ambiental em Niterói no intuito de condenar os Réus ao pagamento de aluguel social. A Autora fez prova de residir em local atingido pelas chuvas de abril de 2010 e sua casa foi interditada por ordem do poder público, condições que justificam a participação no projeto de aluguel social por 12 (doze) meses, com possibilidade de prorrogação, a fim de assegurar o direito constitucional de moradia. Os autos carecem de prova quanto a eventual dificuldade do 1º Réu em suportar a obrigação, mormente considerando que a previsão de pagamento decorre de lei, e houve participação do governo federal no socorro aos flagelados. A determinação judicial para pagar a referida verba não consubstancia invasão de competência do Poder Judiciário na esfera de atuação do Poder Executivo, pois em sede judicial somente se reconhece o direito pela aplicação das normas ao caso concreto. Inviável o pleito de reparação do dano moral tendo em vista a inexistência de ato ilícito cometido pelo Réu. Recursos desprovidos.

Diante da decisão proferida, em sede recursal, observa-se que: a) a competência do Poder Público local é questionável, embora seja mais adequada, caberá a obrigação também ao Estado ou a União, conforme a titularidade da área atingida. Entretanto, não há obstáculo para a ocorrência de litisconsórcio passivo, inclusive em demanda coletiva; b) a competência do Poder Judiciário para apreciar o feito, decorre do descumprimento por parte do Poder Executivo da obrigação de fazer (prover a moradia – realojar os desabrigados de forma digna) ou obrigação de dar (pagamento do aluguel social). Trata-se de dever jurídico estatal, posto ser decorrente de preceito legal.

Corroborando com o entendimento da legitimidade do Poder Público local, segue a decisão proferida em sede de recurso. No feito o Município de Niterói/RJ, arguiu ilegitimidade passiva, que foi rejeitada. Ressalta-se ser o aluguel social, necessariamente, por tempo determinado, conforme demanda sua natureza de solução paliativa para uma situação emergencial. Voto do relator, Desembargador André Emílio Ribeiro von Melentovytch, em 05.11.2020, Tribunal de Justiça do Estado do Rio de Janeiro, conforme segue[14]:

> Apelações cíveis. Direito administrativo e constitucional. Ação de obrigação de fazer com pedido de antecipação de tutela. Imóvel em área de risco. Pretensão de recebimento do benefício denominado aluguel social e de inclusão em programa habitacional para concessão de moradia definitiva. Sentença de parcial procedência. Irresignação da parte ré. Preliminar de Ilegitimidade passiva ad causam. Rejeição. Obrigação solidaria. Atendimento ao princípio da dignidade da pessoa humana – Artigo 1º, III, da CRFB). Direito à moradia que possui proteção constitucional – Art. 6º, da Constituição. Residência da autora localizada em área de risco de desmoronamento, restando interditada pela Defesa Civil Municipal. Alegação de falta de recursos financeiros que se rechaça, não havendo que se falar em aplicação do princípio da reserva do possível, uma vez que o ente estatal não logrou demonstrar a impossibilidade efetiva de cumprimento da determinação judicial. Súmula 241

---

13. Disponível em: <http://www4.tjrj.jus.br/EJURIS/ProcessarConsJuris.aspx?>. Acesso em 15 nov. 2020.
14. Disponível em: <http://www4.tjrj.jus.br/EJURIS/ProcessarConsJuris.aspx?>. Acesso em: 15 nov. 2020.

deste Tribunal. Nos casos em que ficar constatada a urgência da medida jurisdicional, o argumento da reserva do possível e separação de poderes deverá ceder para que a saúde e a integridade dos apelados sejam preservadas, na busca de melhoria das condições habitacionais e de saneamento básico, conforme jurisprudência do C. STJ. Impossibilidade de concessão do aluguel social por período indeterminado. Benefício assistencial que não é definitivo. Decreto Estadual 44.052/2013: "Aluguel social poderá ser concedido à família afetada por um período de 12 (doze) meses, podendo ser prorrogado, desde que haja comprovação da real necessidade do seu pagamento". Aplicação de multa cominatória que não se mostra a medida de coerção mais adequada em face da Fazenda Pública. Art. 77, § 2º, do CPC. Sanções criminais, civis e processuais, além do eventual bloqueio de verba pública e medidas de arresto/sequestro em caso de descumprimento. Reforma do julgado com relação à aplicação de multa. Julgado que se mantém em seus demais termos.

Portanto, sendo aluguel social ou locação social, há competência concorrente e solidária do Poder Público local, com incidência da Lei do Inquilinato[15].

Na hipótese da locação social, a regra geral da locação para fins residenciais ou comerciais de imóveis urbanos será aplicada, uma vez que, a locação será realizada no modelo regular, apenas o valor do aluguel será diferenciado para cumprir com a finalidade social, conforme foi tratado anteriormente. Já em se tratando de aluguel social, tendo em vista o tempo determinado para o exercício da relação jurídica, caberá a regra da locação por temporada, conforme estabelece o art. 48, da Lei 8.742/1991:

> Art. 48. Considera-se locação para temporada aquela destinada à *residência temporária do locatário*, para prática de lazer, realização de cursos, tratamento de saúde, *feitura de obras em seu imóvel, e outros fatos que decorrem tão somente de determinado tempo,* e contratada por prazo não superior a noventa dias, esteja ou não mobiliado o imóvel (grifo nosso).

Portanto, sendo aluguel social, o locador poderá receber em uma única vez, antecipadamente, o valor integral dos aluguéis (art. 49, Lei do Inquilinato) e findo o prazo ajustado de 12 meses, sem retomada do imóvel ou rescisão contratual, permanecendo o locatário na posse regular do bem imóvel, entende-se prorrogada a locação por tempo indeterminado, sem que possa ser exigido os valores dos aluguéis vincendos em uma única via (art. 50, Lei do Inquilinato), sendo devidos mensalmente. Nesta hipótese, prorrogado o contrato por tempo indeterminado, restará ao locador somente as hipóteses do art. 47 da Lei do Inquilinato, para a retomada no imóvel.

Questão que não passa desapercebida é a majoração do valor dos aluguéis na região quando há notícia de pagamento de aluguel social para os moradores das cercanias. Tal prática por parte do mercado imobiliário, configura, sem dúvida, o abuso do exercício do direito de propriedade por parte dos locadores, caracterizando o ato ilícito, conforme o art. 187, CC.

4. CONCLUSÃO

Diante do crescimento e adensamento desordenado das cidades brasileiras, gerando a desigualdade de acesso à moradia e aos principais serviços urbanos, a ocupação das en-

---

15. Interessante decisão do TJRJ, em demanda promovida pelo Ministério Público estadual, representando menor púbere, em estado de vulnerabilidade, com histórico familiar de abandono, sendo criado em abrigos para menores. O *Parquet* requer aluguel social, embora não esteja configurada nenhuma das hipóteses legais para tanto, mas em atenção ao princípio da solidariedade social foi deferido o pleito em favor do jovem. VER, Ação Civil Pública, 4ª Vara Regional da Infância, da Juventude e do Idoso, processo 0025952-18.2015.8.19.0206. Disponível em: <http://www4.tjrj.jus.br/EJURIS/ProcessarConsJuris.aspx?>. Acesso em: 15 nov. 2020.

costas e de áreas de risco ambiental foi a solução viável para o grupo de pessoas que estão na linha da pobreza[16].

Constata-se a vulnerabilidade da qualidade de vida de significativo número de habitantes das metrópoles brasileiras.

A Constituição Federal de 1988, no capítulo da Política Urbana, trouxe o eixo de condução para o ordenamento infraconstitucional, que, regulamentando o art. 182, possibilitou a concretização do primado da função social da propriedade urbana e da função social da cidade.

Assim sendo, o direito à moradia digna, conjunção dos artigos 1°, inciso III e art. 6° da Constituição Federal, encontra efetividade no Estatuto da Cidade (Lei 10.257/2001) e na Lei 13.465 de 2017, que tratam da urbanização voltada para o cumprimento dos princípios constitucionais.

A regularização fundiária é o meio para que o preceito constitucional alcance eficácia plena. Entretanto, diante de situação de risco ambiental, a retirada forçada de famílias para garantia de vidas, por vezes, é a única medida adequada. Para tanto, visando resguardar a moradia digna, foi criado o aluguel social, como uma das formas de benefício de prestação continuada da Lei 8.742 de 1993. Trata-se, portanto, de relação jurídica abrigada pela Lei do Inquilinato e de cunho social.

Definir uma política pública para as relações locatícias é essencial diante da diversidade e desigualdade da sociedade brasileira, sobretudo a urbana, que congrega um contingente migratório significativo.

A importante missão que a Lei do Inquilinato contém, de ajustar as relações contratuais imobiliárias à realidade social, será alcançada com uma visão macro das demandas causadas pelo crescimento desordenado da cidade.

A regularização fundiária encontra na posse precária do inquilino o obstáculo a sua aquisição, sob título de propriedade (art. 1.208, CC). Entretanto, diante de obras implementadas pelo Poder Público para melhoria da qualidade de vida da população envolvida ou por necessidade de alojamento provisório, em caso de calamidade pública, é na locação predial, de cunho social (aluguel social ou locação social) que a solução mais adequada se apresenta.

Situações de risco e violação à proteção ambiental são recorrentes na cidade informal. Porém, não são questões de pouca importância, diante da necessidade de se ponderar os direitos fundamentais envolvidos (moradia X meio ambiente).

A utilização dos diferentes instrumentos jurídicos, visando a solução mais saudável para a proteção da vida humana digna é o desafio do gestor público ou do Poder Judiciário. Importante afirmar que não existe um único caminho a ser seguido, devendo aquele que pretende atuar na defesa das populações de áreas de exclusão social pautar a condução da regularização fundiária embasada em todos os mecanismos técnicos, jurídicos e científicos que a diversidade do caso concreto demande.

---

16. Segundo o IBGE, 13,5 milhões de brasileiros estão na linha da extrema pobreza. Disponível em: <https://agenciadenoticias.ibge.gov.br/agencia-noticias/2012-agencia-de-noticias/noticias/25882-extrema-pobreza-atinge-13-5-milhoes-de-pessoas-e-chega-ao-maior-nivel-em-7-anos>. Acesso em: 15 nov. 2020.

4
LOCAÇÃO DO IMÓVEL EM USUFRUTO

Pablo Stolze Gagliano

Mestre em Direito Civil pela PUC-SP. Professor da Universidade Federal da Bahia. Juiz de Direito. Membro da Academia Brasileira de Direito Civil, do Instituto Brasileiro de Direito Contratual e da Academia de Letras Jurídicas da Bahia. Coautor do Manual de Direito Civil e do Novo Curso de Direito Civil (Ed. Saraiva).

Sumário: 1. Introdução. 2. Um breve olhar sobre a locação. 3. Passando em revista o direito real de usufruto. 4. Locação do imóvel em usufruto.

1. INTRODUÇÃO

Este texto é ditado pela mente, pela voz da razão.

Mas é guiado pelo coração, pela bússola do sentimento.

Sentimento de afeto e respeito pelo Professor Sylvio Capanema de Souza, homenageado nesta obra coletiva, um grande luminar do Direito Brasileiro, reputado um dos maiores especialistas no âmbito do complexo estudo da relação locatícia.

Para além dos seus ensinamentos, serei sempre muito grato ao inesquecível professor fluminense, orador contagiante, que, dotado de um coração magnânimo, abriu-me as portas do Rio de Janeiro, no início dos anos 2000, quando eu dava os meus primeiros passos na docência.

Dedico este modesto trabalho a ele, que, do Alto, por certo, continua a derramar amor por sobre todos nós, seus eternos alunos.

2. UM BREVE OLHAR SOBRE A LOCAÇÃO

Reputo recomendável tecer breves considerações acerca da locação, e, também, em seguida, passar em revista a estrutura do direito real de usufruto, a fim de que seja possível apresentar, com precisão e clareza, os contornos e a própria dinâmica da locação que tenha por objeto imóvel gravado pelo direito real do usufrutuário[1].

A locação de coisas é o *negócio jurídico por meio do qual uma das partes (locador) se obriga a ceder à outra (locatário), por tempo determinado ou não, o uso e gozo de coisa infungível, mediante certa remuneração.*

---

1. Para a elaboração dos tópicos 2 (*Um breve olhar sobre a locação*) e 3 (*Passando em revista o direito real de usufruto*) deste texto, servi-me, como fundamento, o que escrevi, em coautoria com o querido amigo Rodolfo Pamplona Filho, nos volumes 4 e 5 (Contratos e Direitos Reais), integrantes do Novo Curso de Direito Civil, publicados pela Ed. Saraiva, para os quais remeto o leitor.

Tal conceito, extraído inteiramente da previsão legal contida no art. 565 do Código Civil, é abrangente o suficiente para ser a base normativa fundamental para a compreensão do instituto.

É importante registrar, desde já, que certas modalidades de locação podem ter regras particulares, caracterizando verdadeiro microssistema jurídico.

É o caso das locações imobiliárias, regidas por lei própria, a saber, a Lei n. 8.245, de 18 de outubro de 1991.

Tradicionalmente prevista no sistema brasileiro, a locação sempre foi um contrato *típico* e *nominado*.

Trata-se de um contrato *bilateral* e *individual*, uma vez que implica direitos e obrigações para ambos os contratantes (locador e locatário), individualmente considerados.

É um contrato essencialmente *oneroso*, haja vista que ao benefício recebido corresponde um sacrifício patrimonial (entrega da coisa/ pagamento do preço).

Como tais obrigações se equivalem, conhecendo, pois, os contratantes, *ab initio*, as suas respectivas prestações, consiste em um contrato *comutativo*, enquadrando-se também no conceito de *contrato evolutivo*[2].

Pode ser pactuado tanto na forma *paritária* como *por adesão*.

É contrato de ampla utilização nas relações *civis*, *comerciais* e *consumeristas*.

Quanto à forma, trata-se de um contrato *consensual* e *não solene*, uma vez que se concretiza com a simples declaração de vontade; não exige forma especial, podendo ser convencionado por escrito ou verbalmente.

Registre-se, porém, que se por acaso for exigida uma fiança, a lógica impõe, em meu sentir, que o contrato principal de locação seja escrito uma vez que ficaria extremamente estranho haver um acessório formal de um contrato não solene.

Não pode ser considerado personalíssimo, especialmente em virtude da previsão do art. 577 do CC/2002, que admite a transferência da avença contratual, no caso de falecimento do locador ou do locatário, aos seus herdeiros.

Ademais, a possibilidade jurídica de ser cedido ou sublocado também é um elemento que reforça o caráter não personalíssimo deste contrato.

Nada impede, porém, que se estabeleça expressamente a impossibilidade de cessão e sublocação, emprestando-lhe efeito *intuito personae*.

O tempo, vale lembrar, é um elemento essencial no contrato de locação, consistindo em um típico contrato *de duração*. Tal duração pode ser *determinada* ou *indeterminada*, na medida em que haja ou não previsão expressa de termo final ou condição resolutiva a limitar a eficácia do contrato. O que não se admite, em meu sentir, é a locação vitalícia.

Como a maciça maioria das figuras contratuais codificadas, trata-se de um *contrato causal*, cuja invalidade pode ser declarada no caso de a sua finalidade ser ilícita.

Por fim, trata-se de um contrato *principal* e *definitivo*, já que não depende de qualquer outra avença, bem como não é preparatório de nenhum outro negócio jurídico.

---

2. "Contrato evolutivo" é caracterizado pela fixação de uma *equação* financeira que deve ser observada ao longo da sua execução (para aprofundamento sobre o tema, cf. Arnoldo Wald, *Direito Civil — Direito das Obrigações e Teoria Geral dos Contratos*, 22. ed. São Paulo: Ed. RT, 2015, v. 2, p. 237).

A locação pode ter por objeto bem móvel ou imóvel.

Em se tratando de locação imobiliária urbana, o diploma legal regente da matéria é, como dito, a Lei n. 8.245, de 18 de outubro de 1991.

Feitas tais considerações, passemos em revista a estrutura do direito real de usufruto.

3. PASSANDO EM REVISTA O DIREITO REAL DE USUFRUTO

Ao estudar este instituto, CLÓVIS BEVILÁQUA faz um interessante enquadramento, ao afirmar que, ao lado do uso e da habitação, o usufruto traduz uma "servidão pessoal":

> O usufruto, o uso e a habitação são as servidões pessoais, que o Código Civil regula. Dizem-se servidões pessoais porque são direitos de uso e gozo, estabelecidos em benefício de determinada pessoa. Ligadas a alguém, as servidões pessoais não se alienam, como não se transmitem hereditariamente.

E avança, conceituando:

> Usufruto é o direito real, conferido a uma pessoa, durante certo tempo, que a autoriza a retirar da coisa alheia os frutos e utilidades que ela produz[3].

Com efeito, o direito real de usufruto pode recair em um ou mais bens, móveis ou imóveis[4], em um patrimônio inteiro, ou em parte deste, abrangendo-lhe, no todo ou em parte, os frutos e utilidades (art. 1.390).

De um lado, temos o titular do bem, que se despoja das faculdades reais de uso e gozo, tornando a sua propriedade limitada (nu-proprietário); de outro, o beneficiário (usufrutuário), que poderá exercer a defesa do seu direito inclusive em face de quem o constituiu:

> Recurso especial. Ação petitória. Ação reivindicatória. Usufruto. Direito real limitado. Usufrutuário. Legitimidade e interesse.
>
> 1. Cuida-se que ação denominada "petitória-reivindicatória" proposta por usufrutuário, na qual busca garantir o seu direito de usufruto vitalício sobre o imóvel.
>
> 2. Cinge-se a controvérsia a definir se o usufrutuário tem legitimidade/interesse para propor ação petitória/reivindicatória para fazer prevalecer o seu direito de usufruto sobre o bem.
>
> 3. O usufrutuário – na condição de possuidor direto do bem – pode valer-se das ações possessórias contra o possuidor indireto (nu-proprietário) e – na condição de titular de um direito real limitado (usufruto) – também tem legitimidade/interesse para a propositura de ações de caráter petitório, tal como a reivindicatória, contra o nu-proprietário ou contra terceiros.
>
> 4. Recurso especial provido.
>
> (STJ – Resp 1.202.843/PR, rel. Ministro Ricardo Villas Bôas Cueva, Terceira Turma, julgado em 21.10.2014, *DJe* 28.10.2014).

Segundo a doutrina de Guilherme Calmon Nogueira de Gama,

---

3. BEVILÁQUA, Clóvis. *Código Civil dos Estados Unidos do Brasil Comentado*. Rio de Janeiro: Francisco Alves, 1933. v. 3. p. 278.

4. Art. 1.392, CC. Salvo disposição em contrário, o usufruto estende-se aos acessórios da coisa e seus acrescidos.

   § 1º Se, entre os acessórios e os acrescidos, houver coisas consumíveis, terá o usufrutuário o dever de restituir, findo o usufruto, as que ainda houver e, das outras, o equivalente em gênero, qualidade e quantidade, ou, não sendo possível, o seu valor, estimado ao tempo da restituição.

   § 2º Se há no prédio em que recai o usufruto florestas ou os recursos minerais a que se refere o art. 1.230, devem o dono e o usufrutuário prefixar-lhe a extensão do gozo e a maneira de exploração.

   § 3º Se o usufruto recai sobre universalidade ou quota-parte de bens, o usufrutuário tem direito à parte do tesouro achado por outrem, e ao preço pago pelo vizinho do prédio usufruído, para obter meação em parede, cerca, muro, vala ou valado.

A noção central, referente ao usufruto, é a da transferência de parcelas dos podres dominiais (referentes à propriedade) ao usufrutuário para que ele possa explorar economicamente o bem objeto do usufruto[5].

Na obra *Comentários ao Código Civil*, discorri sobre o instituto:

O direito real de usufruto poderá se constituir das seguintes formas: a) por negócio jurídico gratuito ou oneroso; b) por testamento; c) por usucapião; d) por força de lei. Na primeira hipótese, temos um contrato, firmado entre duas partes, visando à constituição do usufruto. Em tal hipótese, qual seria a forma a ser adotada pelos contraentes? Tratando-se de constituição de usufruto sobre bem imóvel, caso o valor do mesmo exceda trinta vezes o maior salário mínimo vigente no país, a escritura pública é essencial para a validade do ato (...) Se o usufruto incidir sobre bem móvel, entretanto, tal solenidade é dispensável. Este modo de constituição, sem dúvida, é o mais comum, e tanto pode se operar a título gratuito como também em caráter oneroso. No primeiro caso, o nu-proprietário beneficia o usufrutuário, conferindo-lhe a faculdade real de desfrutar de algo que lhe pertence, independentemente de contraprestação. É o caso do filho que institui o usufruto em prol de seu velho pai, até o fim de seus dias. Neste caso, o seu genitor gozará gratuitamente do direito concedido. Em outra hipótese, poderia um sujeito conferir o usufruto, por contrato, em benefício de outrem, mediante o pagamento de um preço. Aqui, estaríamos diante de uma forma onerosa de constituição. Também por testamento se constitui o usufruto (...) Nada impede, outrossim, que se constitua o usufruto por meio do usucapião (...) Finalmente, o usufruto pode derivar da própria lei, a exemplo do usufruto resultante do direito de família. Nesse sentido, o art. 1.689 do Código Civil dispõe que: "Art. 1.689. O pai e a mãe, enquanto no exercício do poder familiar: I – são usufrutuários dos bens dos filhos"[6].

Vale lembrar que o usufruto de imóveis, quando não resulte de usucapião, constituir--se-á mediante registro no Cartório de Registro de Imóveis (art. 1.391), o que se coaduna com a regra geral dos direitos reais.

Quanto ao seu objeto, o usufruto poderá ser *próprio* ou *impróprio*.

Por *usufruto próprio*, entenda-se aquele que tem por objeto bens infungíveis e inconsumíveis, a exemplo do usufruto de uma casa de praia.

Já o *usufruto impróprio* tem por objeto bens consumíveis, a exemplo do usufruto de um capital aplicado ou de títulos de crédito, sendo conhecido, também, por meio da expressão "quase usufruto".

Nesse ponto, CAIO MÁRIO DA SILVA PEREIRA ensina, a respeito do usufruto impróprio:

Recaindo o usufruto em coisas que se consomem pelo uso – *primo uso consummuntur* – pode desde logo delas dispor o usufrutuário, obrigado, entretanto, findo o usufruto, a restituir em gênero, qualidade e quantidade. (...) no usufruto regular ou próprio, ocorre a utilização e fruição de coisa alheia, e no impróprio, o usufrutuário adquire a sua propriedade, sem o que não poderia consumi-la ou aliená-la devolvendo coisa da mesma espécie. Isto leva à sustentação de não ser verdadeiro usufruto, sendo aquisição da coisa, com o encargo de realizar a sua restituição. Devido, entretanto, à proximidade de situação fática, a analogia de normação jurídica justifica haver o legislador incluído a sua disciplina na dogmática do usufruto, que é então qualificado em doutrina como *impróprio ou quase-usufruto*[7].

Um importante ponto deve, por fim, ser salientado.

Merece atenção a disposição constante no art. 1.393, segundo a qual "não se pode transferir o usufruto por alienação; mas o seu exercício pode ceder-se por título gratuito ou oneroso".

---

5. GAMA, Guilherme Calmon Nogueira da. *Direito Civil – Obrigações*. São Paulo: Atlas, 2008, p. 453.
6. GAGLIANO, Pablo Stolze. *Código Civil Comentado*: arts. 1.369 a 1.418. São Paulo: Ed. Atlas, 2004. v. 13. p. 122-125.
7. PEREIRA, Caio Mário da Silva. *Instituições de Direito Civil*: Direitos Reais. 20. ed. Rio de Janeiro: Forense, 2009. v. 4. p. 255.

A alienação opera a transferência voluntária de um determinado bem da vida, como se dá na venda ou doação.

Com precisão o legislador estabelece não ser viável a "alienação" do direito de usufruto em si, mas, apenas, "a cessão do seu exercício".

Interessante exemplo apontei, em obra aqui já citada:

Ou seja, não pode o usufrutuário, em caráter gratuito ou oneroso, pretender transferir o seu direito a um terceiro, que passaria a figurar como novo usufrutuário. Tal não é possível, pois atenta contra a própria essência deste direito, que detém nítido caráter alimentar e matiz personalíssimo. Nada impede, todavia, que o usufrutuário, sem despojar-se do seu direito, possa ceder, a título gratuito ou oneroso, o seu exercício. Figure-se o seguinte exemplo. Bomfim constituiu em benefício do seu sobrinho Geraldo o usufruto de uma fazenda, para que perceba seus frutos, até que conclua os seus estudos na Faculdade de Artes Plásticas. Nada impede, pois, desde que não haja proibição no título constitutivo do direito, que Geraldo, demonstrando pouca aptidão no trato com a atividade rural, arrende o bem a um terceiro, que lhe pagará uma renda mensal, suficiente para o custeio dos seus estudos. Com isso, Geraldo permanece como usufrutuário, desfrutando das utilidades da fazenda, sem desvirtuar a finalidade para que fora o direito constituído[8].

Se, por um lado, como dito, não se admite a "alienação" do direito real de usufruto, por outro, afigura-se possível a "cessão do seu exercício", o que se dá, em especial, mediante cessão onerosa, por meio da *locação do imóvel gravado*, o que será objeto da nossa especial atenção no próximo tópico.

4. LOCAÇÃO DO IMÓVEL EM USUFRUTO

Como dito acima, poderá o usufrutuário ceder o exercício do usufruto, sem que isso caracterize a (vedada) transferência do próprio direito real.

Nesse diapasão, para além da cessão gratuita (empréstimo, por ex.), a *locação do imóvel em usufruto* traduz uma modalidade possível de cessão onerosa (permitida) do exercício do direito.

Conforme ensina SYLVIO CAPANEMA DE SOUZA,

Para que se alugue uma coisa não é necessário ser seu proprietário. Como já se disse, anteriormente, basta que se tenha a posse e a sua disponibilidade.

Por isto, o usufrutuário, que não é o titular do domínio, é parte legítima para alugar o imóvel, figurando como locador, e, para tanto, não precisa, sequer, da prévia autorização do nu-proprietário[9].

Note-se que a locação realizada pelo usufrutuário, nos termos expostos, resguarda o próprio caráter alimentar do direito real de usufruto, porquanto a renda obtida pelo usufrutuário, em muitos casos, servirá para a sua manutenção e a da sua família.

Um aspecto, aqui, deve ser salientado.

Se, por um lado, admite-se a penhora do exercício do usufruto, por outro, caso esse exercício se traduza em uma locação da qual derive renda essencial para a subsistência do usufrutuário, a impenhorabilidade se impõe, pelo mesmo fundamento que justificou o enunciado da súmula 486 do STJ, editada em favor do proprietário/devedor:

É impenhorável o único imóvel residencial do devedor que esteja locado a terceiros, desde que a renda obtida com a locação seja revertida para a subsistência ou a moradia da sua família.

---

8. GAGLIANO, Pablo Stolze. *Código Civil Comentado*: arts. 1.369 a 1.418. São Paulo: Atlas, 2004. v. 13. p. 134.
9. SOUZA, Sylvio Capanema de. *A lei do inquilinato comentada* (p. 58). Forense. Edição do Kindle.

52 PABLO STOLZE GAGLIANO

Essa alegação de impenhorabilidade, por seu turno, dependerá das circunstâncias do caso.

Merece, pois, referência, o seguinte julgado do Supremo Tribunal Federal:

> Civil. Penhora do direito real de usufruto e seu exercício. Ausência de prequestionamento. Incidência das súmulas 282 e 356 do STF. Agravo interposto sob a égide do código de processo civil de 2015. Ausência de condenação em honorários advocatícios no juízo recorrido. Impossibilidade de majoração nesta sede recursal. Artigo 85, § 11, do CPC/2015. Agravo desprovido. Decisão: Trata-se de agravo nos próprios autos objetivando a reforma de decisão que inadmitiu recurso extraordinário, manejado com arrimo na alínea a do permissivo constitucional, contra acórdão que assentou, *in verbis*: "Agravo de instrumento. – Penhora do direito real de usufruto e seu exercício. – Direito real impenhorável, a teor do disposto no art. 1.393 do Código Civil que trata de sua inalienabilidade. *Penhora do exercício do usufruto. Possibilidade. Recurso parcialmente provido para cassar a penhora do usufruto e facultar ao credor requerer a penhora do exercício do usufruto até a satisfação da dívida. Bem de família. Não reconhecimento. Agravante que é proprietário de outro imóvel destinado à sua moradia, o que afasta a alegação de bem de família do exercício do usufruto* (grifei).[10]

E um detalhe: logicamente, o locatário não se tornará usufrutuário, nem se pode afirmar que o nu-proprietário figura como locador[11].

O locador é o usufrutuário, que cede onerosamente o exercício do seu direito, em favor de um terceiro (locatário).

Com a palavra, mais uma vez, o Prof. Capanema:

> Aliás, se não fosse autorizado o usufrutuário a alugar o imóvel, para dele retirar seus frutos civis, representados pelos aluguéis, perderia o usufruto grande parte de sua utilidade, que é a de permitir ao seu titular prover as necessidades próprias e da família. Daí também se infere que o nu-proprietário é parte ilegítima para figurar como locador, no contrato de locação referente ao imóvel que é objeto de usufruto, já que ele não é o titular da posse direta, não podendo dela dispor, para transferi-la ao locatário. O contrato de locação que assim estabelecesse seria nulo, não produzindo qualquer efeito em relação ao usufrutuário[12].

Com a extinção do usufruto[13], inclusive por morte do usufrutuário, a locação poderá ser denunciada, nos ternos do art. 7º da Lei do Inquilinato:

> Art. 7º Nos casos de extinção de usufruto ou de fideicomisso, a locação celebrada pelo usufrutuário ou fiduciário poderá ser denunciada, com o prazo de trinta dias para a desocupação, salvo se tiver havido aquiescência escrita do nuproprietário ou do fideicomissário, ou se a propriedade estiver consolidada em mãos do usufrutuário ou do fiduciário.
>
> Parágrafo único. A denúncia deverá ser exercitada no prazo de noventa dias contados da extinção do fideicomisso ou da averbação da extinção do usufruto, presumindo-se, após esse prazo, a concordância na manutenção da locação.

Flavio Tartuce observa, a respeito desse dispositivo, que, embora não haja uniformidade doutrinária, em sua visão, a denúncia seria cheia, na medida em que poderá ou não

---

10. ARE 1130797. Relator Ministro Luiz Fux. Tribunal Plenos. Julgamento: 30.05.2018. Publicação: 05.06.2018.
11. SOUZA, Sylvio Capanema de. *A lei do inquilinato comentada* (p. 59). Forense. Edição do Kindle.
12. Idem.
13. Art. 1.410, CC. O usufruto extingue-se, cancelando-se o registro no Cartório de Registro de Imóveis: I – pela renúncia ou morte do usufrutuário; II – pelo termo de sua duração; III – pela extinção da pessoa jurídica, em favor de quem o usufruto foi constituído, ou, se ela perdurar, pelo decurso de trinta anos da data em que se começou a exercer; IV – pela cessação do motivo de que se origina; V – pela destruição da coisa, guardadas as disposições dos arts. 1.407, 1.408, 2ª parte, e 1.409; VI – pela consolidação; VII – por culpa do usufrutuário, quando aliena, deteriora, ou deixa arruinar os bens, não lhes acudindo com os reparos de conservação, ou quando, no usufruto de títulos de crédito, não dá às importâncias recebidas a aplicação prevista no parágrafo único do art. 1.395; VIII – Pelo não uso, ou não fruição, da coisa em que o usufruto recai (arts. 1.390 e 1.399).

ser exercida, e, ademais, haveria um prazo decadencial para o exercício do despejo, o que reforçaria a ideia no sentido de que a denúncia não seria vazia[14].

Outras questões podem, ainda, surgir em torno do tema.

Segundo Adriano Ferriani,

> Com o término do usufruto, o proprietário (chamado de nu-proprietário) tem o direito de retomar o bem. Se o usufrutuário não o devolve espontaneamente, passa a exercer posse injusta, na modalidade precária. Para reaver o imóvel, o proprietário deve se valer de ação possessória (reintegração de posse).
>
> Porém, como é permitido ao usufrutuário alugar o imóvel, independentemente da anuência do proprietário, não é incomum que, ao término do usufruto, a sua posse esteja com o locatário. Nesse caso, mesmo o nu-proprietário não tendo participado do contrato de locação, a ação para retomada do bem será a de despejo, conforme determina o art. 7º da a Lei 8.245/91, e não a possessória.
>
> Ainda que a locação esteja vigendo por prazo determinado, o proprietário que não participou do contrato como anuente tem o direito de denunciá-la, desde que o faça dentro de 90 dias do término do usufruto, concedendo ao locatário o prazo de 30 dias para desocupação. Se anuiu ao contrato ou se não observou o prazo de 90 dias, o proprietário deve respeitar a locação firmada entre usufrutuário e locatário até o seu término.
>
> Questão tormentosa advém da situação em que o proprietário não sabe a que título o terceiro ocupa o imóvel. Com a extinção do usufruto, fica em posição desconfortável porque deve eleger uma medida judicial sem conhecer a situação jurídica do terceiro. Se o terceiro estiver de má-fé, e em conluio com o usufrutuário, pode, na contestação, apresentar contrato não condizente com a ação, apenas para forçar a sua extinção e, com isso, ganhar tempo.
>
> Há algum tempo, examinando um processo que tramitou em São Paulo, deparei um cenário como esse. Antes de ajuizar a ação, o proprietário, para conhecer a situação jurídica do terceiro que ocupava o imóvel, apresentou notificação formal inquirindo-o sobre isso. O terceiro, de má-fé, silenciou.
>
> O proprietário escolheu e ajuizou a possessória e, na contestação, o réu juntou contrato de locação firmado com o usufrutuário. O autor pediu a conversão da possessória em despejo. O juiz indeferiu o pedido por falta de previsão legal, extinguiu a ação possessória sem julgamento do mérito, por causa do art. 7º da lei 8.245/91, e deixou de condenar o autor (vencido) nas verbas de sucumbência, por causa do princípio da causalidade[15].

Aspecto interessante é mencionado por Silvio Venosa, em sua excelente obra dedicada ao estudo da Lei do Inquilinato: se o terceiro (locatário) *desconhece* que celebra o contrato de locação com o usufrutuário, com a morte deste, a locação cessará?

> Há decisões que protegem o locatário na hipótese de este desconhecer que contratava com usufrutuário: "Desconhecendo o locatário que contratara liame locatício com usufrutuário, sua morte não extingue automaticamente o contrato, não favorecendo ao nu-proprietário a incidência do art. 7º da Lei do Inquilinato, que prevê a cessação do contrato de locação, em decorrência da extinção de usufruto" (JTACSP 115/279). Não parece ser essa, entretanto, a interpretação que se afina com o comando da lei, sendo majoritária a jurisprudência em contrário (JTACSP 84/252, 77/185, 78/251, 98/244, 107/401, 105/307, 111/264). A questão deve ser examinada, a nosso ver, sob o aspecto de fraude à lei. As circunstâncias hão de dizer se a omissão da qualidade de usufrutuário do locador é de modo a não permitir a retomada pelo nu-proprietário, em caso de morte daquele.
>
> Nos casos de extinção do usufruto e, portanto, de possibilidade de denúncia da locação, há sempre que levar em conta, conforme diz o artigo, que a resilição da relação locatícia ocorrerá quando o nu-proprietário não concordou por escrito com a locação[16].

---

14. TARTUCE, Flávio. *Direito Civil* – Teoria Geral dos Contratos e Contratos em Espécie. 15. ed. São Paulo: Gen-Forense, 2020, p. 465-466.
15. FERRIANI, Adriano. *Qual é a ação para a retomada de imóvel após a extinção do usufruto?* Portal Migalhas. Disponível em: <https://migalhas.uol.com.br/coluna/civilizalhas/158372/qual-e-a-acao-para-a-retomada-de-imovel-apos-a-extincao-do-usufruto>. Acesso em: 25 dez. 2020.
16. VENOSA, Sílvio de Salvo. Lei do *Inquilinato Comentada* (p. 88). Atlas. Edição do Kindle.

Trata-se, de fato, de uma situação delicada, pois *dialoga* com a própria cláusula geral de boa-fé, e, inclusive, exigiria a investigação do móvel subjetivo das partes.

Figure-se, por exemplo, que o *terceiro de boa-fé* firmou a locação com o usufrutuário, que lhe omitiu essa qualidade, de maneira que imaginou, ingenuamente, estar a tratar com o proprietário. Celebrado o contrato, o terceiro/locatário se instalou no imóvel com a sua família, cumprindo, zelosamente, o pagamento dos aluguéis devidos, até ser surpreendido com a notícia da morte do locador (usufrutuário). Ora, com a morte do usufrutuário, o direito real extingue-se. Nesse contexto, como ficaria a locação?

De fato, a resposta parece estar na dicção do referido art. 7º, da Lei do Inquilinato.

Mas o Direito não é uma ciência exata.

A comprovada boa-fé do locatário não seria levada em conta, ao menos, para se obter um prazo maior para a desocupação?

Não se trata, como visto, de uma solução simples, especialmente na perspectiva do *princípio da eticidade* e da própria *teoria da aparência*.

Com efeito, penso que, especialmente nessa última delicada situação, devem, as partes, ser incentivadas a construírem uma solução consensual.

Fica a reflexão.

5
CLÁUSULA PENAL E RESILIÇÃO DO CONTRATO DE LOCAÇÃO DE IMÓVEL URBANO

Carlos Nelson Konder

Doutor e mestre em Direito Civil pela UERJ. Especialista em Direito Civil pela Universidade de Camerino (Itália). Professor do Departamento de Direito Civil da Universidade do Estado do Rio de Janeiro (UERJ) e do Departamento de Direito da Pontifícia Universidade Católica do Rio de Janeiro (PUC-Rio). Advogado.

Sumário: 1. Considerações introdutórias. 2. A natureza da denúncia pelo locatário antes do término do prazo. 3. A multa penitencial e sua distinção frente à cláusula penal. 4. A multa fixada judicialmente: natureza e disponibilidade. 5. Cláusula penal compensatória locatícia: abrangência e controle. 6. Apontamentos conclusivos.

1. CONSIDERAÇÕES INTRODUTÓRIAS

Os contratos de locação de imóveis urbanos vem sendo objeto de atenção especial do legislador por conta de sua relevante função social. Seja viabilizando o direito à moradia, seja permitindo o exercício da atividade empresarial, essa categoria de relação locatícia demanda atenção especial para permitir a composição dos interesses envolvidos. Nesse sentido, a vigente Lei do Inquilinato (L. 8.245/91 – LI) foi extremamente bem-sucedida, permanecendo em vigor por quase trinta anos com pequenas reformas, em contraponto à "ciranda enlouquecedora de leis, decretos e regulamentos, que, ao invés de servirem para equilibrar o setor, só causavam insegurança, afastando, ainda mais, os investidores".[1]

Entre os pontos decisivos para esse sucesso foi a ponderada intervenção na dinâmica da extinção do contrato de locação, especialmente por causa anterior ao termo final, e seus efeitos, como a imposição de multa pecuniária. A sistemática das categorias jurídicas referentes à extinção dos contratos é objeto de considerável controvérsia terminológica, e no âmbito das multas pecuniárias, a figura da cláusula penal não fica muito atrás em termos de divergências doutrinárias e jurisprudenciais. Naturalmente, esses pontos polêmicos figuraram entre as reformas operadas sobre a LI e continuam a merecer atenção e cuidado pelos intérpretes.

2. A NATUREZA DA DENÚNCIA PELO LOCATÁRIO ANTES DO TÉRMINO DO PRAZO

Entre as transformações trazidas pela Lei do Inquilinato em 1991, voltadas para assegurar maior estabilidade ao ambiente imobiliário e maior segurança e proteção aos inquilinos, encontra-se um sistema dual relativamente à extinção unilateral do contrato. Enquanto o locador fica adstrito ao prazo de vigência do contrato, ao locatário é atribuída

---

1. SOUZA, Sylvio Capanema de. *A lei do inquilinato comentada*, 5. ed. Rio de Janeiro: GZ, 2009, p. 2.

a prerrogativa de pôr fim à relação locatícia antes do advento do seu termo final, pagando proporcionalmente a multa. Afirma-se que a lei leva em conta, para isso, "interesses não especulativos, em tutela de valores extrapatrimoniais, atinentes à moradia e ao trabalho".[2]

Abre-se exceção, somente, às hipóteses de locação *built-to-suit*, em que, tendo em vista a personalização do bem para o inquilino, facultar-lhe essa prerrogativa geraria prejuízo significativo ao locador, ante os gastos com a adaptação do bem e a dificuldade de encontrar outro locatário para o bem personalizado.[3] Com efeito, antes mesmo da reforma da Lei do Inquilinato já se reconhecia que figuras como a locação *built-to-suit* e a "venda-locação" (*sale and lease back*) destoavam da estrutura típica da relação locatícia tomada por base pela legislação e mereciam tratamento normativo diferenciado.[4]

Esse sistema dual pode gerar certa dificuldade de sistematização tendo em vista in-serir-se na chave classificatória dos modos de extinção dos contratos, cuja terminologia gera alguma controvérsia.[5] Esclarece-se, portanto, que a prerrogativa garantida ao locatário de extinguir o contrato antes do término de sua vigência configura hipótese de resilição unilateral antecipada, já que caracterizado direito potestativo de extinguir o vínculo por simples manifestação de vontade.[6]

O termo "denúncia" é comumente usado no âmbito do diploma legislativo para abranger não somente esta situação, mas também outras hipóteses em que a manifestação de vontade extintiva tem por base fato específico, muitas vezes infração cometida pela outra parte. Nesses casos, em que se costuma referir a denúncia "cheia" ou "motivada", parece ocorrer na realidade verdadeira resolução fundada em inadimplemento de contra-prestação, hipótese bastante distinta da extinção por simples manifestação de vontade.[7]

A generalização do uso do termo, todavia, contrapõe-se a histórica controvérsia doutrinária que se esforça por estabelecer maior precisão no seu uso. Com efeito, parte da doutrina busca mesmo estabelecer distinção rigorosa entre a resilição unilateral e a denúncia.[8] Entretanto, o Código Civil de 2002 parece ter adotado a linha que aproxima as figuras identificando a resilição unilateral no gênero, do qual a denúncia seria espécie, mais precisamente seria a comunicação do exercício do direito extintivo.[9] Determina o artigo 473 do referido diploma que "resilição unilateral, nos casos em que a lei expressa ou implicitamente o permita, opera mediante denúncia notificada à outra parte". Defende-se, inclusive, que seria mais adequado então, como espécie, reservar o termo denúncia para

---

2. TEPEDINO, Gustavo. Anotações à Lei do Inquilinato (arts. 1º a 26). *Temas de direito civil*, 4. ed. Rio de Janeiro: Renovar, 2008, p. 176.

3. L. 8.245/91, art. 4º: "Durante o prazo estipulado para a duração do contrato, não poderá o locador reaver o imóvel aluga-do. Com exceção ao que estipula o § 2º do art. 54-A, o locatário, todavia, poderá devolvê-lo, pagando a multa pactuada, proporcional ao período de cumprimento do contrato, ou, na sua falta, a que for judicialmente estipulada".

4. SOUZA, Sylvio Capanema de. *A lei do inquilinato comentada*, 5. ed. Rio de Janeiro: GZ, 2009, p. 36.

5. Para uma sistematização das diferentes correntes sobre o tema, v. VIÉGAS, Francisco de Assis. *Denúncia contratual e dever de pré-aviso*. Belo Horizonte: Fórum, 2019, p. 38.

6. Leciona Orlando Gomes que "A *natureza do poder de resilir* unilateralmente o contrato não sofre contestação: trata-se de um *direito potestativo*" (*Contratos*, 26. ed. Rio de Janeiro: Forense, 2009, p. 224).

7. TEPEDINO, Gustavo; KONDER, Carlos Nelson; BANDEIRA, Paula Greco. *Fundamentos do direito civil*, v. 3, *Contratos*. Rio de Janeiro: Forense, 2020, p. 148.

8. LEONARDO, Rodrigo Xavier. A denúncia e a resilição: críticas e propostas hermenêuticas ao art. 473 do CC/2002 bra-sileiro. *Revista de direito civil contemporâneo*, v. 7/2016, p. 95-117, abr.-jun./2016, p. 99-100; TOMASETTI JR., Alcides. *Comentários à lei de locação de imóveis urbanos* (coord. Juarez de Oliveira). São Paulo: Saraiva, 1992, p. 60 e ss.; MIRANDA, Francisco Cavalcanti Pontes de. *Tratado de direito privado*, tomo XXV. Rio de Janeiro: Borsoi, 1959, p. 375 e ss.

9. VIÉGAS, Francisco de Assis. *Denúncia contratual e dever de pré-aviso*. Belo Horizonte: Fórum, 2019, p. 50.

a resilição dos contratos por tempo indeterminado, em que a lei implicitamente faculta a extinção unilateral do vínculo, mas deve-se reconhecer que o legislador por vezes se socorre desse termo também em outras hipóteses.[10]

A partir disso, conclui-se que o poder atribuído ao locatário de pôr fim ao contrato de locação antes do seu termo final, referido comumente como denúncia, não deixa de configurar hipótese de resilição unilateral antecipada, uma vez que se opera por simples manifestação de vontade, autorizada por lei, independentemente de infração contratual do locador ou outro requisito específico. Reconheça-se que o legislador, no parágrafo único do artigo 4º da LI, previu situação específica, que atua como fundamento para a denúncia, consistente em transferência do locatário pelo seu empregador para prestar serviços em localidades diversas daquela do início do contrato. Entretanto, a ausência desse suporte fático não torna ilícita a denúncia pelo locatário, apenas impõe o pagamento de multa proporcional ao tempo que faltava até o término do contrato.

Com efeito, a multa em questão não parece configurar sanção por ato ilícito consistente em inadimplemento contratual, mas preço a ser pago para o exercício de direito amparado por lei. Dessa forma, a qualificação da posição jurídica do locatário no caso da extinção unilateral antecipada não desempenha papel puramente teórico, uma vez que serve a determinar a natureza e o regime da multa que segue o seu exercício, como se passa a examinar.

3. A MULTA PENITENCIAL E SUA DISTINÇÃO FRENTE À CLÁUSULA PENAL

A regulação prévia dos cenários em que o contrato de locação pode não chegar ao termo previsto, que tem por objetivo assegurar maior segurança e previsibilidade aos contratantes, envolve não somente delimitar as hipóteses em que isso ocorre, como a já citada resilição unilateral pelo locatário, mas especialmente as suas consequências. Nesse âmbito, despontam as cláusulas contratuais pelas quais as partes, no exercício da autonomia negocial, regulam esse risco de inexecução contratual, em especial a cláusula penal, pela qual se comina obrigação acessória a ser cumprida diante de inadimplemento.

Em razão da tendência histórica a que ela sirva de instrumento de abuso do credor sobre o devedor inadimplente, a legislação civil tradicional prevê diversos mecanismos de controle sobre o valor da obrigação, normalmente pecuniária, que a cláusula penal impõe (a "multa"). Os mecanismos mais tradicionais são limites fixos sobre o quanto ela pode alcançar, sejam, de forma geral, o valor da obrigação principal (CC, art. 412)[11], ou, de forma especial, uma porcentagem desse valor: por exemplo, o limite de 2% nas relações de consumo[12] e condominiais[13], e de 10% nas cédulas de crédito hipotecário[14] e na Lei da

---

10. TEPEDINO, Gustavo; KONDER, Carlos Nelson; BANDEIRA, Paula Greco. *Fundamentos do direito civil*, v. 3, *Contratos*. Rio de Janeiro: Forense, 2020, p. 149.
11. CC, art. 412. "O valor da cominação imposta na cláusula penal não pode exceder o da obrigação principal".
12. Código de Defesa do Consumidor (L. 8.078/90), art. 52, § 1º: "As multas de mora decorrentes do inadimplemento de obrigações no seu termo não poderão ser superiores a dois por cento do valor da prestação".
13. Código Civil, art. 1336, § 1º: "O condômino que não pagar a sua contribuição ficará sujeito aos juros moratórios convencionados ou, não sendo previstos, os de um por cento ao mês e multa de até dois por cento sobre o débito".
14. Decreto-lei n. 70/66, art. 34, I: "se a purgação se efetuar conforme o parágrafo primeiro do artigo 31, o débito será acrescido das penalidades previstas no contrato de hipoteca, até 10% (dez por cento) do valor do mesmo débito, e da remuneração do agente fiduciário".

Usura[15]. A Lei do Inquilinato não recorreu especificamente a esse tipo de limite, mas adotou o outro mecanismo de controle, que consiste em permitir ao intérprete a prerrogativa de reduzir o valor da multa quando reputá-lo excessivo ou desproporcional, com base em alguns critérios previamente indicados pelo legislador, como ocorre no seu já citado artigo 4º e, no âmbito do Código Civil, no artigo 413[16].

A adequada compreensão e aplicação das normas que viabilizam esse controle, todavia, é prejudicada por significativa controvérsia acerca da função da cláusula penal. Com efeito, o entendimento tradicional é que a cláusula penal acabaria por conjugar duas funções: a liquidação antecipada dos efeitos do inadimplemento (função indenizatória) com a pressão para que o devedor cumpra com a sua obrigação (função coercitiva ou punitiva).[17] Entretanto, eventual ambiguidade funcional parece dificultar o processo hermenêutico, na medida em que as distintas funções invocariam regimes normativos igualmente distintos.[18]

Nessa toada, a doutrina contemporânea tem buscado solucionar esse dilema abordando-o em conformidade com os diferentes tipos de cláusula penal: moratória e compensatória. Aqui, distingue-se com base no cenário do qual o credor visava precaver-se quando estipulou a cláusula: inadimplemento ou mora. A cláusula penal de tipo compensatória prevê uma prestação que pode ser exigida do devedor em lugar da prestação principal.[19] Já a cláusula penal de tipo moratória prevê uma prestação que pode ser exigida do devedor cumulativamente com a prestação principal: se o devedor não cumprir pontualmente sua obrigação, deverá pagá-la junto com a prestação adicional prevista.[20] A partir dessa distinção, seria possível inferir que, em regra, enquanto a cláusula penal compensatória desempenha função indenizatória, quantificando antecipadamente a indenização a ser paga em substituição à prestação principal, a cláusula penal moratória desempenharia função coercitiva, pressionando o devedor impontual a realizar a prestação devida, tendo em vista persistir sua utilidade e interesse para o credor.[21]

---

15. Decreto n. 22.626/1933, art. 9º. "Não é válida a cláusula penal superior a importância de 10% do valor da dívida".
16. CC, art. 413. "A penalidade deve ser reduzida equitativamente pelo juiz se a obrigação principal tiver sido cumprida em parte, ou se o montante da penalidade for manifestamente excessivo, tendo-se em vista a natureza e a finalidade do negócio".
17. Nesse sentido: WALD, Arnoldo. *Direito civil*, v. 2, 18. ed. São Paulo: Saraiva, 2009, p. 173; GAMA, Guilherme Calmon Nogueira da. *Direito civil*: obrigações. São Paulo: Atlas, 2008, p. 395; GONÇALVES, Carlos Roberto. *Direito civil brasileiro*, v. 2, 9. ed. São Paulo: Saraiva, 2012, p. 416; VENOSA, Sílvio de Salvo. *Direito civil*, v. 2, 8. ed. São Paulo: Atlas, 2008, p. 329-330; DINIZ, Maria Helena. *Curso de direito civil brasileiro*, v. 2, 23. ed. São Paulo: Saraiva, 2008, p. 418; MONTEIRO, Washington de Barros. *Curso de direito civil*, v. 4, 32. ed. atualizada por Carlos Alberto Dabus Maluf. São Paulo: Saraiva, 2008, p. 336-337; CASSETARI, Christiano. *Multa contratual*. São Paulo: Ed. RT, 2009, p. 55.
18. ROSENVALD, Nelson. *Cláusula penal*. Rio de Janeiro: Lumen Juris, 2007, p. 82; e SILVA, Jorge Cesa Ferreira da. *Inadimplemento das obrigações*. São Paulo: Ed. RT, 2007, p. 241. Também contra a possibilidade de conciliação das duas funções, LÔBO, Paulo Luiz Netto. *Teoria geral das obrigações*. São Paulo: Saraiva, 2005, p. 306; SILVA, Jorge Cesa Ferreira da. *Inadimplemento das obrigações*. São Paulo: Ed. RT, 2007, p. 237 e ss. Defendem a função apenas indenizatória GOMES, Orlando. *Obrigações*, 17. ed., atualizada por Edvaldo Brito. Rio de Janeiro: Forense, 2009, p. 190; NADER, Paulo. *Curso de direito civil*, v. 2, 6. ed. Rio de Janeiro: Forense, 2012, p. 479. Um esforço pioneiro de distinção entre duas espécies de cláusula penal com base na função pode ser encontrado no ensaio histórico de MATTIA, Fábio Maria de. Cláusula penal pura e cláusula penal não pura, republicado em *Doutrinas Essenciais Obrigações e Contratos*, v. 2. São Paulo: Ed. RT, 2011; p. 1117.
19. CC, art. 410 "Quando se estipular a cláusula penal para o caso de total inadimplemento da obrigação, esta converter-se-á em alternativa a benefício do credor".
20. Código Civil, art. 411: "Quando se estipular a cláusula penal para o caso de mora, ou em segurança especial de outra cláusula determinada, terá o credor o arbítrio de exigir a satisfação da pena cominada, juntamente com o desempenho da obrigação principal".
21. ABÍLIO, Vivianne da Silveira. *Cláusulas penais moratória e compensatória: critérios de distinção*. Belo Horizonte: Forum, 2019, p. 76; TEPEDINO, Gustavo. Notas sobre a cláusula penal compensatória. *Temas de direito civil*, t. II. Rio de Janeiro: Renovar, 2006, p. 48.

Entretanto, paralelamente a esse debate, desponta outro tipo de cláusula que prevê obrigação pecuniária a ser cumprida pelo devedor caso não leve o contrato ao seu termo: a multa penitencial. Trata-se de obrigação a ser cumprida pelo devedor pelo exercício do direito à resilição unilateral. Ao contrário da cláusula penal, que prevê obrigação como sanção ao devedor pelo ato ilícito de ter descumprido o prometido, na multa penitencial esse pagamento decorre da prática de ato lícito pelo devedor, eis que lhe fora franqueado o direito potestativo de pôr fim ao negócio unilateralmente. A multa penitencial não atua como sanção, mas somente como preço a ser pago em razão do exercício daquele direito. Nesta categoria se insere a multa a ser paga pelo lícito exercício da resilição unilateral antecipada pelo locatário, como leciona Marco Aurélio Bezerra de Melo:

> "ao locatário assiste o direito de resilir unilateralmente o contrato, pagando ao locador a multa pactuada em proporção ao período de tempo do contrato, ou a que for arbitrada pelo juiz em caso de ausência de previsão expressa de multa no contrato. A multa prevista se assemelha com uma cláusula penal compensatória, mas com ela não se confunde, uma vez que o inquilino que desiste do contrato não descumpre obrigação, apenas exercita direito de arrependimento do contrato, submetendo-se a uma multa prefixada contratualmente. Trata-se, portanto, de multa penitencial, que consiste em cláusula acessória, em razão da qual o devedor tem a faculdade de não cumprir, pagando a quantia estipulada".[22]

Com efeito, nas relações de inquilinato, é possível que essas três cláusulas convivam. Assim, as partes, no exercício de sua autonomia negocial, podem prever uma multa ser paga caso haja atraso no adimplemento dos alugueis, outra multa a ser paga caso haja infração de outro dever contratual (por exemplo, uso do imóvel para outro fim, deterioração do bem) e ainda terceira multa para a resilição antecipada pelo locador.[23] Entretanto, não é incomum que os instrumentos contratuais reúnam essas duas últimas possibilidades em uma só, de modo a apartar somente a cláusula moratória referente ao atraso nos alugueis de multa que sirva tanto para a infração de outros deveres como também para a extinção antes do prazo.[24]

Nesses casos, constrói-se situação inusitada do ponto de vista dogmático: a cláusula contratual desempenha dupla função e enseja, consequentemente, dupla qualificação, conforme o cenário que se concretize. Havendo infração contratual, ela atua como cláusula penal compensatória, prefixando o valor da indenização a ser paga pelos danos causados ao locador. Entretanto, havendo resilição unilateral antecipada pelo locatário, a cláusula atua como base de cálculo da multa penitencial, que será reduzida proporcionalmente ao tempo que havia restante até o termo final previsto originalmente para a vigência do contrato.

Essa requalificação levanta questões relativas à incidência das regras previstas no Código Civil para a cláusula penal sobre a multa penitencial. Com efeito, para além da redução proporcional ao tempo restante, já prevista na própria Lei do Inquilinato, seria possível, não obstante sua função penitencial, sua redução equitativa, quando seu montante for manifestamente excessivo, tendo em vista a natureza e a finalidade do negócio, nos termos do artigo 413 do CC?

Por ocasião da reforma da Lei do Inquilinato, em 2009, destacou-se que a modificação operada na redação do seu art. 4º, suprimindo a menção ao dispositivo do Código Civil,

---

22. In: SCHREIBER, Anderson, *et al. Código Civil comentado: doutrina e jurisprudência*. Rio de Janeiro: Forense, 2019, p. 343.
23. Para uma sistematização das diversas multas, cf. COSTA, Dilvanir José da. O sistema da locação predial no brasil. *Revista da Faculdade de Direito da Universidade Federal de Minas Gerais*, p. 163-164.
24. VENOSA, Silvio de Salvo. *Lei do inquilinato comentada: doutrina e prática*, 15. ed. São Paulo: Atlas, 2020, p. 38.

importava afastamento do critério de redução por equidade, restringindo-se as relações locatícias à redução da multa por estrita proporção ao prazo restante.[25] Essa mudança realmente foi significativa, pois a jurisprudência já vinha enfatizando o papel da equidade na redução, como no caso em que se decidiu por não se pautar pela proporcionalidade estrita levando em conta o impacto causado por lojas desocupadas sobre a clientela geral do *shopping center*.[26] Entretanto, em que pese reconhecer-se que o dispositivo da lei do inquilinato, com sua redação atual, parece derrogar o dispositivo codificado no que tange à hipótese de "a obrigação principal ter sido cumprida em parte", não afasta a aplicabilidade do dispositivo codificado quanto à hipótese de o montante da multa ser "manifestamente excessivo, tendo-se em vista a natureza e a finalidade do negócio".

Parece que, presentes os requisitos previstos pela legislação geral, a analogia seria pertinente, tendo em vista que a norma veicula mecanismo de controle de abusos e de incidência direta do princípio do equilíbrio contratual[27], pertinentes também quanto ao exercício da resilição pelo locatário. Imagine-se que, em lugar da usual multa de três alugueis, figure no contrato multa de trinta alugueis: a redução meramente proporcional seria inócua, pois levaria o locatário a ter que pagar todos os alugueis restantes, esvaziando a garantia que a lei lhe reserva de resilir unilateralmente o contrato antes do seu término.[28] Dessa forma, justifica-se a aplicação da redução equitativa, tendo sempre em vista a natureza e a finalidade da locação em concreto.[29]

Por outro lado, a função penitencial da multa parece afastar completamente a aplicabilidade daquele entendimento doutrinário de que ao credor seria facultado renunciar à multa e pleitear indenização por perdas e danos[30], a ser liquidada judicialmente, posição que se funda na compreensão da cláusula penal compensatória como faculdade alternativa a benefício do credor. Se essa qualificação já é controversa no âmbito da cláusula penal compensatória, como se analisará adiante, não parece se justificar quanto a multa que desempenha função puramente rescisória, como preço previamente estipulado a ser pago para exercício de direito resguardado por lei e que, portanto, não dá ensejo a dever de indenizar.

Cogita-se também em doutrina acerca da aplicabilidade do disposto no parágrafo único do artigo 416 do Código Civil, que permite que as partes prevejam que a multa prefixa somente o mínimo da indenização, possibilitando ao credor exigir indenização suplementar mediante prova de prejuízo superior.[31] Entretanto, parece que essa possibilidade somente seria possível se a multa em questão não tivesse função penitencial e sim

---

25. SIMÃO, José Fernando. Alteração de Lei de Locação – Primeiras Reflexões – Parte 1. *Carta forense*, 1º abr. 2010.
26. STJ, 4ª T., REsp 1353927, rel. min. Luis Felipe Salomão, julg. 17 mai. 2018.
27. SCHREIBER, Anderson. O princípio do equilíbrio das prestações e o instituto da lesão. *Direito civil e Constituição*. São Paulo: Atlas, 2013, p. 134.
28. CASSETARI, Christiano. *Multa contratual: teoria e prática da cláusula penal*, 5. ed. São Paulo: Saraiva, 2017, p. 193.
29. SOUZA, Sylvio Capanema de. *A lei do inquilinato comentada*, 5. ed. Rio de Janeiro: GZ, 2009, p. 34.
30. VENOSA, Silvio de Salvo. *Lei do inquilinato comentada: doutrina e prática*, 15. ed. São Paulo: Atlas, 2020, p. 41.
31. SOUZA, Sylvio Capanema de. *A lei do inquilinato comentada*, 5. ed. Rio de Janeiro: GZ, 2009, p. 33-34. Nesse sentido, também TJRS, 16ª C.C., apelação cível 70083356600, rel. Jucelana Lurdes Pereira dos Santos, julg. 30 jan. 2020: "Apelação cível. Locação. Cobrança de alugueis e encargos. Redução da cláusula penal. Possibilidade. Particularidades do caso. Considerando que a multa contratual foi fixada sobre o valor total do aluguel devido até o término do contrato e que a locatária permaneceu poucos meses no imóvel, é possível a redução do valor da multa contratual, com base no art. 413 do CPC. Recurso desprovido".

indenizatória, o que somente seria possível se a resilição unilateral pelo locatário não fosse ato lícito, mas sim inexecução do contrato de locação.

4. A MULTA FIXADA JUDICIALMENTE: NATUREZA E DISPONIBILIDADE

O disposto no *caput* do artigo 4º da Lei do Inquilinato, que veda a resilição antecipada pelo locador, mas a faculta para o locatário, mediante pagamento da multa penitencial, determina que mesmo no silêncio das partes quanto à multa, ela deverá ser paga, em valor que, diante da omissão, será fixado pelo juiz. Essa multa fixada judicialmente gera certo estranhamento na doutrina, que discute sua natureza e as normas que lhe seriam aplicáveis, em especial a possibilidade de as partes renunciarem à sua aplicação.

Levanta-se, inicialmente, questão sobre quando se configura, efetivamente, a omissão. Por exemplo, nos casos em que há expressa previsão de cláusula penal efetivamente compensatória, isto é, multa estipulada para a infração de dever contratual, é possível utilizar esse valor também como base de cálculo para, reduzido proporcionalmente ao prazo restante, determinar a multa penitencial pela resilição unilateral? Impõe-se aqui cuidadoso esforço hermenêutico para aferir o grau de abrangência da cláusula existente, de modo a sopesar, de um lado, a já referida praxe comum de incluir as duas multas na mesma cláusula, com, de outro lado, a constatação de que as multas desempenham funções distintas, já que a resilição unilateral do contrato pelo locatário é ato lícito e, portanto, não configura infração contratual.[32]

Se a extensão da cláusula que fixe multa penal compensatória, para atuar também como multa penitencial, pode ser possível quando a interpretação do negócio e suas circunstâncias permitir entrever essa dupla possibilidade, descartando o cenário de omissão previsto no final do *caput* do art. 8º da LI, o mesmo não pode ser dito da caução oferecida pelo locatário. Com efeito, o simples fato de as partes terem estipulado a garantia por meio de caução em dinheiro, prevista nos arts. 37, I, e 38, §2º, da LI, não permite inferir que o valor da garantia atua também como multa penitencial, sem que haja algum elemento adicional nesse sentido.[33] Embora o limite legal ao valor da caução, fixado em três aluguéis, tenha contribuído para a generalização desse valor também na estipulação das multas contratuais, como praxe social, a distinção funcional entre a caução e a multa penitencial não justificam, *a priori*, a extensão de uma à outra.

---

32. Em sentido contrário, TJRJ, 26ª C.C., apelação n. 0291647-60.2018.8.19.0001, rel. Wilson do Nascimento Reis, julg. 09 jul. 2020: "Apelação. Direito civil. Ação anulatória de multa. Locação de imóvel não residencial por prazo determinado. Devolução do imóvel durante o período estipulado para duração do contrato de locação. Contrato firmado em 22.10.2018. Entrega das chaves aos 06/11/2018. Alegação de cobrança de multa indevida, eis que ausente previsão contratual. Sentença de improcedência. Irresignação do autor. [...] Como bem delineado pelo magistrado de primeiro grau, a denúncia antecipada nada mais é do que o descumprimento integral daquilo outrora firmado, razão pela qual, não há como se acolher o pedido de declaração de inaplicabilidade ou inexigibilidade da multa. [...] Recurso a que se nega provimento".
33. TJRS, 16ª C.C., apelação cível n. 70083442939, rel. Vivian Cristina Angonese Spengler, julg. 25 jun. 2020: "Apelações. Contrato de locação. Devolução do imóvel locado antes do término do prazo contratual. Pedido de restituição da verba caucionada. Retenção da verba pela locadora. Distinção entre multa e caução. Inexistência de cláusula estipulando o valor da multa. Licitude da cláusula de renúncia ao direito de ressarcimento das despesas com benfeitorias necessárias. Não se nega a possibilidade de a caução servir para satisfação da cláusula penal. No entanto, as partes não fixaram um valor a título de multa pelo rompimento prematuro do contrato, motivo pelo qual a retenção da caução com fins punitivos não se justifica. Na falta da multa, deve prevalecer a que for judicialmente estipulada, por força do art. 4º, parte final, da Lei do Inquilinato. [...] Recursos parcialmente providos".

Estabelecida a omissão, coloca-se então a questão da natureza e disponibilidade da multa judicial. Afirma-se que essa "cláusula penal judicial" não é cláusula penal[34] e, para alguns, sequer seria multa, mas sim uma "'compensação' pela resolução antecipada e injustificada do contrato".[35] No tocante ao regime, parece haver diversos entendimentos, tais como (i) as partes poderem dispensar a multa judicial expressamente, se o contrato não for por adesão;[36] (ii) o locador poder demandar indenização, se não preferir o arbitramento judicial da multa;[37] (iii) a impossibilidade de renúncia prévia à multa, que somente seria possível depois de o fato consumado.[38]

Novamente, a controvérsia deve ser abordada a partir da qualificação inicial da prerrogativa de o locatário pôr fim ao contrato antecipadamente. Reconhecendo-se que se trata de resilição unilateral assegurada pelo ordenamento, portanto ato lícito, não parece cabível, no silêncio das partes, a imposição de dever de indenizar pelo seu exercício. Entretanto, tampouco reputou o legislador que o silêncio das partes possa ser interpretado como a liberação para que o locatário exerça a resilição unilateral sem qualquer ônus ou custo.

De modo geral, a interpretação dos negócios jurídicos, abrangida aí a integração de eventuais omissões, deve-se pautar pelos usos e costumes, conforme disposição expressa do artigo 113 do Código Civil. Reconhece a doutrina esse relevante papel das práticas reiteradas na construção de um horizonte comum de expectativas, que deve nortear a atividade hermenêutica.[39]

Na hipótese em exame, consolidou-se de fato praxe no âmbito do inquilinato relativo à multa de três aluguéis, de tal forma generalizada que se pode reputar existente legítima expectativa entre locatários e locadores, mesmo que no instrumento eventualmente falte essa previsão expressa. Diante disso, para eliminar eventual insegurança jurídica que essa colmatação por ato judicial poderia gerar, o próprio legislador determinou que, no silêncio do contrato, deve o juiz fixar a multa, que servirá de base de cálculo para a verba a ser paga em caso de resilição unilateral antecipada, proporcionalmente ao tempo faltante.

A praxe reiterada, todavia, continua a desempenhar relevante papel hermenêutico, pois o legislador previu a estipulação judicial da multa penitencial, mas não os critérios para a sua quantificação. Dessa forma, parece que o costumeiro uso de fixar a multa em três aluguéis deve ser observado pelo juiz no momento de quantificação da multa penitencial, sem prejuízo, todavia, da prerrogativa de estabelecer valor superior ou inferior, fundamentadamente, quando a finalidade e as características do contrato de locação assim justificarem.

A partir dessa qualificação, não parece ser facultado ao credor a prerrogativa de renunciar à fixação judicial da multa para pretender perdas e danos, pois isso somente seria possível se, antes disso, tivesse sido afastada a prerrogativa legal do locatário de poder resilir unilateralmente o contrato de forma antecipada, pois só assim o ato do locatário poderia ensejar eventual dever de indenizar. A eventual renúncia do locador à multa, optando por

---

34. CASSETARI, Christiano. *Multa contratual*. São Paulo: Ed. RT, 2009, p. 151.
35. VENOSA, Silvio de Salvo. *Lei do inquilinato comentada: doutrina e prática*, 15. ed. São Paulo: Atlas, 2020, p. 40.
36. CASSETARI, Christiano. *Multa contratual: teoria e prática da cláusula penal*, 5. ed. São Paulo: Saraiva, 2017, p. 194.
37. SLAIBI FILHO, Nagib; SÁ, Navarro de. *Comentários à Lei do Inquilinato*, 10. ed. Rio de Janeiro: Forense, 2010, p. 75.
38. VENOSA, Silvio de Salvo. *Lei do inquilinato comentada: doutrina e prática*, 15. ed. São Paulo: Atlas, 2020, p. 43.
39. Sobre o tema, v. LUDWIG, Marcos de Campos. Usos e costumes no processo obrigacional. São Paulo: Ed. RT, 2005; e COMIRAN, Giovana Cunha. *Os usos comerciais: da formação do tipo à interpretação e integração dos contratos*. São Paulo: Quartier Latin. 2019.

pretender perdas e danos a serem liquidados judicialmente, coloca-se em outros termos, todavia, quando se está diante efetivamente de cláusula penal compensatória, como se passa a analisar.

5. CLÁUSULA PENAL COMPENSATÓRIA LOCATÍCIA: ABRANGÊNCIA E CONTROLE

Paralelamente à multa penitencial – e, como observado, por vezes na mesma disposição contratual – encontra-se a cláusula penal, "estipulação negocial pela qual uma das partes (ou ambas) se obriga antecipadamente perante a outra a realizar uma prestação (normalmente pecuniária) em caso de inadimplemento culposo ou mora de determinada obrigação".[40] Mais especificamente, a cláusula penal compensatória prevê obrigação que deve ser cumprida em substituição à obrigação à qual ela acede, contrapondo-se à moratória, que prevê prestação exigível junto com aquela inadimplida.

Nas relações de inquilinato, isso costuma ocorrer quando, da parte do locador, não há a manutenção e garantia da posse útil do imóvel para o locatário, como na hipótese comum de não realização de reparos necessários à fruição do bem. Da parte do locatário, são exemplos o uso do bem para finalidade distinta da prevista no contrato ou causando deterioração ou risco à sua integridade, bem como o descumprimento, no uso do bem, de regras condominiais de convivência ou de normas legais de vizinhança. No caso de despejo por inadimplemento de alugueis, contudo, pacificou-se a jurisprudência no sentido da inaplicabilidade da cláusula penal compensatória.[41] Com efeito, na medida em que a multa é exigida nesses casos junto com a prestação inadimplida (os alugueis atrasados), resta aplicável somente a cláusula penal moratória eventualmente prevista também no contrato.

Prevista cláusula penal somente em favor do locador, para o caso de inadimplemento do locatário, questiona-se sobre a possibilidade de ser invocada pelo locatário quando o inadimplemento for do locador, e vice-versa. Em que pese o entendimento jurisprudencial de que essa inversão da cláusula penal é possível em sede de contrato de compra e venda de imóvel na planta[42], o raciocínio não parece estender-se à relação locatícia, na qual não se pode generalizar presunção de vulnerabilidade do inquilino a justificar essa medida. Estipulada a cláusula em favor de apenas uma das partes, deve tê-lo sido em virtude de negociação específica, envolvendo a atribuição de outras vantagens à contraparte, ou mesmo a perspectiva de que os prejuízos decorrentes do inadimplemento seriam diversos, razão pela qual não se justifica a chamada inversão.[43]

A cláusula penal compensatória em contratos de locação, todavia, costuma ser estipulada em termos bastante abrangentes, alcançando tanto locatário como locador, e também se referindo comumente à infração de quaisquer deveres do contrato. Mais do que isso, é praxe estar associada também ao direito à resolução do contrato por inadimplemento,

---

40. MONTEIRO, Antonio Joaquim de Matos Pinto. *Cláusula penal e indemnização*. Coimbra: Almedina, 1999, p. 44. A abrangência da definição é ilustrada por Nelson NERY JUNIOR, que entende ser exemplo de cláusula penal a que impõe fornecer veículo substituto (cláusula de veículo reserva) (Ação Rescisória – Cláusula Penal. *Soluções Práticas*, v. 4. São Paulo: Ed. RT, 2010, p. 487).

41. Por exemplo, TJSP, 29ª C.D.P., apelação cível n. 1003528-79.2018.8.26.0168, rel. Des. Airton Pinheiro de Castro, julg. 21 out. 2020; TJSP, 34ª C.D.P., apelação cível 1058278-44.2018.8.26.0002, rel. Des. Gomes Varjão, julg. 05 out. 2020.

42. STJ, 2ª S., REsp 1631485, rel. Min. Luis Felipe Salomão, julg. 22 maio 2019.

43. Nesse sentido, TJRS, 16ª C.C., apelação n. 70084389089, rel. Des. Jucelana Lurdes Pereira dos Santos, julg. 03 set. 2020.

conjugando cláusula penal com cláusula resolutiva expressa. Tamanha generalidade exige controle da autonomia negocial pelo intérprete, de modo a evitar abusos.

Deve ser lida com cautela a dita "alternativa" ao credor oferecida pelo artigo 409 do Código Civil, qual seja, optar entre a manutenção do contrato com a execução específica da prestação, com perdas e danos pelo atraso, ou, se não lhe interessar mais a prestação principal atrasada (inadimplemento absoluto), a opção de exigir a prestação prevista pela cláusula penal, em substituição à obrigação principal, com eventual resolução do negócio se findo o interesse no vínculo. A caracterização do inadimplemento absoluto e, especialmente, a resolução do vínculo não deve ficar ao mero arbítrio do credor, impondo-se rigoroso controle de compatibilidade com a boa-fé e com a função negocial.[44]

Mesmo nos casos em que seja cabível a cobrança da multa compensatória, seu valor ainda pode se submeter a controle judicial. Embora a LI não preveja um limite específico para o valor das cláusulas penais compensatórias, pode-se aplicar o artigo 413 do Código Civil, que determina a redução equitativa pelo juiz "se a obrigação principal tiver sido cumprida em parte, ou se o montante da penalidade for manifestamente excessivo, tendo-se em vista a natureza e a finalidade do negócio". Se a incidência desse dispositivo sobre a multa rescisória gera certa controvérsia, como analisado, no âmbito da cláusula penal compensatória não parece existir razão para negar-lhe vigência.

Assim, tanto no caso de infração parcial da cláusula contratual como também na hipótese de excesso manifesto, diante da natureza e finalidade da obrigação descumprida, justifica-se a redução equitativa. A referência à finalidade deve ser interpretada de forma ampla, para abarcar tanto a finalidade da obrigação inadimplida, mas também para compreendê-la no âmbito mais amplo da função econômico-individual do contrato como um todo, que lhe dá significado sistemático.[45] A aferição, naturalmente, somente pode ser feita em concreto, pois demanda exame dos fatos e circunstâncias que ensejaram a contratação.[46]

Deve-se atentar, todavia, que não se encontra entre os critérios para a redução equitativa a extensão do dano sofrido pelo credor. Diante da controvérsia sobre a função da cláusula penal, o legislador brasileiro restringiu os critérios de redução à natureza e finalidade do negócio. Para aqueles que sustentam a função coercitiva, permitir a redução da multa com base na extensão do dano privaria a cláusula de sua finalidade primordial, que seria justamente servir de meio a compelir o devedor a reputar o cenário de adimplemento de suas obrigações mais convidativo do que o inadimplemento seguido da responsabilidade por perdas e danos.[47] Já para aqueles que sustentam a função exclusivamente indenizatória da cláusula penal, sua convenção destina-se justamente a afastar o tempo, o custo, o trabalho e os riscos de arbitrariedade judicial próprios do processo de liquidação dos danos, razão pela qual permitir o controle do valor da multa com base na extensão do dano daria

---

44. Sobre o tema, v. SCHREIBER, Anderson. A tríplice transformação do adimplemento – Adimplemento substancial, inadimplemento antecipado e outras figuras. *Revista trimestral de direito civil*, v. 32. Rio de Janeiro, out.-dez./2007, p. 3-27.

45. KONDER, Carlos Nelson. Arras e cláusula penal nos contratos imobiliários. *Revista dos Tribunais Rio de Janeiro*, v. 4-5, p. 83-104, 2014.

46. Reflete a necessidade de exame dos fatos a orientação da jurisprudência superior no sentido de que o controle da redução equitativa exime reexame da interpretação dos fatos (STJ, 4ª T., AgInt no REsp 1753079, rel. Min. Antonio Carlos Ferreira, julg. em 30 mar. 2020; STJ, 3ª T., AgInt no AREsp 1471006, rel. Min. Marco Aurélio Bellizze, julg. 26/08/2019).

47. SILVA, Jorge Cesa Ferreira da. *Inadimplemento das obrigações*. São Paulo: Ed. RT, 2007, p. 286: "[...] *muito mais do que afirmar que o credor não precisa alegar prejuízo, o texto está a dizer que o prejuízo é irrelevante para que a cláusula penal se faça aplicável. Mesmo se inexistir dano, nasce o direito à pena, na medida em que ela se constitui para evitar que o inadimplemento ocorra*".

5 • CLÁUSULA PENAL E RESILIÇÃO DO CONTRATO DE LOCAÇÃO DE IMÓVEL URBANO

ensejo ao longo e custoso debate que a cláusula justamente visava evitar.[48] Nesse sentido, leciona Pontes de Miranda:

> "As decisões judiciais que procuram ligar a cláusula penal a algum prejuízo desgarram do conhecimento científico do instituto e, aberta ou sub-repticiamente, violam o art. 927, alínea 1ª, do Código Civil [de 1916, idêntico ao *caput* do art. 416 do CC2002] [...]. A cláusula penal incide ainda que nenhum prejuízo haja existido [...]. Não é preciso, sequer, que, ao conceber-se a cláusula penal, se pense em prejuízo ou dano que possa ocorrer [...]".[49]

O Código Civil de 2002 facultou ainda aos contratantes a possibilidade de a cláusula penal fixar somente o mínimo da indenização, permitindo ao credor exigir suplementação mediante prova de danos superiores.[50] Parte da doutrina, todavia, sustenta que, mesmo no caso da cláusula penal comum, poderia o credor, de forma mais radical, abrir mão da indenização prefixada na cláusula penal e recorrer ao procedimento padrão de liquidação das perdas e danos pelo Judiciário, assumindo o risco, nesse caso, de a indenização ficar aquém do quantificado na cláusula, mas também com a possibilidade dela ser superior.[51] Entretanto, parece que uma vez avençada a cláusula penal, não poderia o credor preteri-la pela indenização livre sem convenção nesse sentido, eis que fixado o valor como parte do equilíbrio contratual estabelecido entre as partes, passa a vincular a ambas.[52]

6. APONTAMENTOS CONCLUSIVOS

As reflexões traçadas partiram da premissa de que a faculdade atribuída ao locatário pelo art. 4º da LI configura resilição unilateral antecipada, caracterizando, portanto, ato lícito, consistente no exercício de direito potestativo. Diante disso, defendeu-se que a multa a ser paga proporcionalmente ao prazo restante para o termo final do contrato não deve ser qualificada como cláusula penal compensatória, mas como multa penitencial, consistente em preço a ser pago pela extinção prematura do vínculo. Diante disso, não pode ser substituída por indenização nem parece compatível com a previsão de indenização suplementar, assegurada pelo parágrafo único do art. 416 do CC, mas pode-se aplicar a ela a redução equitativa judicial prevista no art. 413 do mesmo diploma legal. Pela mesma razão, a multa a ser fixada judicialmente em caso de omissão do contrato não

---

48. RODRIGUES, Silvio. *Direito civil aplicado*. São Paulo: Saraiva, 1987, v. IV, p. 228: "Seu escopo é justamente o de evitar debate sobre a existência ou o montante do prejuízo experimentado por um dos contratantes e resultantes do descumprimento da obrigação por parte do outro. Houve mora, ou inadimplemento, multa convencional, moratória ou compensatória, é devida, independente de prova do prejuízo".

49. MIRANDA, Francisco Cavalcanti Pontes de. *Tratado de direito privado*, v. 26. Atualizado por Ruy Rosado de Aguiar Júnior e Nelson Nery Jr. São Paulo: Ed. RT, 2012, p. 148. Em sentido contrário: TJSP, 30ª C.D.P., apelação cível n. 1089417-74.2019.8.26.0100, rel. Des. Andrade Neto, julg. 23 out. 2020.

50. CC, art. 416. "Para exigir a pena convencional, não é necessário que o credor alegue prejuízo. Parágrafo único. Ainda que o prejuízo exceda ao previsto na cláusula penal, não pode o credor exigir indenização suplementar se assim não foi convencionado. Se o tiver sido, a pena vale como mínimo da indenização, competindo ao credor provar o prejuízo excedente".

51. GONÇALVES, Carlos Roberto. *Direito civil brasileiro*, v. 2, 9. ed. São Paulo: Saraiva, 2012, p. 423; RODRIGUES, Silvio. *Direito civil*, v. II, 7. ed. São Paulo: Saraiva, 1977, p. 88; MARTINS-COSTA, Judith. *Comentários ao novo Código Civil*, v. V, t. II: do inadimplemento das obrigações (Coordenação: Sálvio de Figueiredo Teixeira). Rio de Janeiro: Forense, 2003, p. 415-416.

52. NADER, Paulo. *Curso de direito civil*, v. 2, 6. ed. Rio de Janeiro: Forense, 2012, p. 486; NEVES, José Roberto de Castro. *Direito das obrigações*. Rio de Janeiro: GZ, 2009, p. 427; FLORENCE, Tatiana Magalhães. Aspectos pontuais da cláusula penal. In: Gustavo Tepedino (Coord.). *Obrigações*: estudos na perspectiva civil-constitucional. Rio de Janeiro: Renovar, 2005, p. 522; CASSETARI, Christiano. *Multa contratual*. São Paulo: Ed. RT, 2009, p. 124; KONDER, Carlos Nelson. Arras e cláusula penal nos contratos imobiliários. *Revista dos Tribunais Rio de Janeiro*, v. 4-5, p. 83-104, 2014.

poderia ser substituída pelo desejo do credor de exigir, em seu lugar, liquidação judicial de perdas e danos.

Já a efetiva cláusula penal compensatória, embora por vezes fixada junto com a multa penitencial em cláusula que abranja as duas hipóteses, distingue-se por estipular multa a ser paga em caso de infração de dever contratual. Desempenha, portanto, função efetivamente indenizatória, voltada a liquidar antecipadamente os prejuízos gerados ao credor pelo descumprimento do acordado. Pode ser fixada em benefício do locatário (como para o caso de falta de manutenção e garantia da posse útil do imóvel), do locador (como para a hipótese de uso do bem para finalidade distinta da prevista no contrato ou causando deterioração ou risco à sua integridade). Entretanto, parece que se prevista apenas para uma das partes, não se justifica a chamada "inversão" difundida no âmbito da compra e venda de imóveis na planta. Destacou-se, ainda, que a sua redução equitativa por controle judicial deve guiar-se somente pelo critério funcional, e não pela extensão do dano, eis que a discussão sobre a extensão do prejuízo deve ser indiferente à aplicação da cláusula penal.

6
VÊNIA CONJUGAL E CONTRATO DE LOCAÇÃO DE IMÓVEL URBANO

Guilherme Calmon Nogueira da Gama

Doutor em Direito Civil pela Universidade do Estado do Rio de Janeiro (UERJ). Professor Titular de Direito Civil da UERJ e do IBMEC/RJ. Professor do PPGD da UNESA/RJ. Mestre e Desembargador do Tribunal Regional Federal da 2ª Região (TRF2). Ex-Conselheiro do Conselho Nacional de Justiça (CNJ).

Sumário: 1. Introdução. 2. Conexões entre o direito contratual e o direito de família. 3. Locação de imóvel urbano e proteção à família. 4. Exigência da vênia conjugal em alguns tipos de locação de imóvel urbano. 5. Questões controvertidas. 5.1 Regime de bens no casamento. 5.2 Plano da eficácia. 5.3 Desnecessidade de autorização do companheiro. 5.4. Casamento homoafetivo, união estável homoafetiva e outros arranjos sociofamiliares. 6. Nota conclusiva.

1. INTRODUÇÃO

A Lei 8.245 completará seu 30° aniversário no dia 18 de outubro de 2021, ainda que sua entrada em vigor tenha se operado apenas no início de 1992 (ou seja, sessenta dias após sua publicação: art. 89). Trata-se da lei que passou a dispor sobre as locações dos imóveis urbanos e os procedimentos a elas pertinentes, na busca de proporcionar maior estabilidade das normas jurídicas e, simultaneamente, preservar a comutatividade da relação contratual locatícia.

Sylvio Capanema de Souza foi um dos principais artífices da Lei 8.245/91 diante de suas preocupações com um dos setores da vida econômica e social do país que é o segmento da locação de imóveis urbanos. Não por acaso esta obra coletiva tem também o propósito de render justas e merecidas homenagens ao Professor Sylvio Capanema – mestre de gerações de profissionais e professores de Direito –, cuja obra permanecerá eterna devido à altíssima qualidade intelectual e inigualável devoção ao aperfeiçoamento do sistema jurídico nacional, além de oratória ímpar. Entre outras, pode ser citada a obra doutrinária intitulada "A Lei do Inquilinato Comentada – artigo por artigo"[1] que, na sua 12ª edição, é o principal estudo teórico e prático no Direito brasileiro a respeito do conjunto das normas contidas na referida Lei. Trata-se de estudo que permite encontrar interpretação detalhada e acurada das normas legais, além de colmatar as lacunas e imperfeições que o texto da Lei 8.245/91 apresenta.

É certo que a noção do livre acordo de vontades celebrado para coordenar interesses preponderantemente de natureza patrimonial entre duas ou mais pessoas, supostamente num plano de igualdade para designar o contrato[2] ainda subsiste, mas especialmente para retratar

---

1. SOUZA, Sylvio Capanema de. *A Lei do Inquilinato comentada:* artigo por artigo. 12. ed. Rio de Janeiro: Forense, 2020.
2. DIEZ-PICAZO, Luis. *Fundamentos del Derecho Civil Patrimonial*: I. Introducion. Teoria del Contrato. 5. ed. Madrid: Civitas, 1996, p. 130.

o paradigma de contrato por negociação que resulta de negociações preliminares, conversas, debates, discussões. Contudo, com o maior desenvolvimento do capitalismo, buscando reduzir custos, otimizar benefícios de uma economia de produção massiva de bens e serviços, surgiram os contratos em massa, com a estandartização da matéria contratual, gerando a figura dos contratos de adesão. Mais recentemente, em razão dos avanços tecnocientíficos com a disseminação dos meios de comunicação e de informação na rede mundial de computadores – além da inserção das questões de inteligência artificial em vários setores da vida em sociedade –, há a condutas sociais típicas que também revolucionam o mundo dos contratos.

Certo é que o "regime jurídico da locação imobiliária urbana, tema de enorme densidade social e econômica"[3], é de fundamental importância em qualquer país, tal como ocorre no Brasil, pois seja no segmento da moradia – com o enorme contingente de locatários residenciais –, seja no ramo da empresa e do exercício de atividades pelos profissionais liberais (autônomos) – em razão dos inúmeros casos de locatários não residenciais –, o contrato de locação representa o instrumento jurídico utilizado para proporcionar a satisfação dos interesses em questão. A locação, na atualidade, é o termo utilizado para designar "o contrato cuja causa é proporcionar a alguém o uso e gozo *temporários* de uma coisa restituível, em troca de retribuição pecuniária"[4].

No curso do século XX, no caso brasileiro, a questão social e econômica das locações urbanas residenciais passou a ser objeto de preocupação pelo Estado a partir da 1ª Grande Guerra Mundial que acarretou o primeiro movimento de industrialização em algumas cidades, gerando êxodo rural. Não à toa que a primeira legislação do inquilinato data de 1922[5], quando a matéria deixou de ser considerada regulada pelo Código Civil de 1916, para o fim de permitir maior controle do valor dos aluguéis e restringir os casos de retomada dos imóveis pelos locadores.

Outro enorme impacto sofrido no segmento da locação urbana foi o que decorreu da 2ª Grande Guerra Mundial no século XX, eis que o Brasil precisou investir na maior industrialização interna, gerando consequentemente maior crescimento das cidades sem que houvesse preocupação com ordenação de tal "inchaço" dos grandes centros urbanos. Várias leis se sucederam em matéria de locação – Leis 1.300/50, 4.494/64, 5.334/67 e 6.649/79 – no Direito brasileiro e, atrelados às questões da macroeconomia – com altíssimos índices de inflação, recessão na economia nacional –, houve uma das maiores crises no mercado de locações de imóveis urbanos, eis que "ninguém se animava a investir na construção de imóveis para alugar"[6].

Em momentos de crise no setor habitacional, há consenso a respeito da maior probabilidade do abuso, como já registrou a doutrina: "... a liberdade será de um só dos contratantes e facilmente se transformará em tirania; para o outro, no expressivo dizer de Menger, será colocado ao lado da guilhotina"[7]. Em relação à locação de imóvel residencial, o Estado considera que "deve criar uma série de regras cogentes para regulamentar esse contrato, pelo valor social que ele ampara: o abrigo das famílias"[8].

---

3. SOUZA, Sylvio Capanema de. Locação de imóveis urbanos. In: AZEVEDO, Fábio de Oliveira; MELO, Marco Aurélio Bezerra de (Coord.) *Direito Imobiliário*. São Paulo: Editora Atlas, 2015, p. 187.
4. GOMES, Orlando. *Contratos*. 26. ed. Rio de Janeiro: Forense, 2008, p. 329-330.
5. SOUZA, Sylvio Capanema de. Locação de imóveis urbanos, op. cit., p. 189.
6. SOUZA, Sylvio Capanema de. Locação de imóveis urbanos, op. cit., p. 191.
7. BESSONE, Darcy. *Do contrato*: teoria geral. Rio de Janeiro: Forense, 1987, p. 42-43.
8. NEVES, José Roberto de Castro. *Contratos I*. Rio de Janeiro: GZ Editora, 2016, p. 168.

De sua parte, a intervenção do Estado legislador nos contratos de locação não residencial também se justifica devido ao estímulo das atividades desenvolvidas pelos locatários, o que gera a repercussão de tais atividades para muito além do mero ambiente contratual, com a geração de empregos, desenvolvimento da economia, arrecadação de tributos, entre outros aspectos.

Nos anos oitenta do século passado, o ambiente no segmento da locação era tão hostil e negativo que se mostrou necessária a construção de um novo regime jurídico em matéria de locação de imóveis urbanos de modo a proporcionar a recuperação do mercado locatício imobiliário urbano, tentando equilibrar a equação econômica do contrato de locação e, simultaneamente, aliviar a pressão social então existente.

A Lei n° 8.245/91 foi elaborada com base em algumas premissas: a) tornar mais flexíveis as regras anteriores, de modo a afastar um pouco o contrato do dirigismo contratual que notabilizou a legislação do inquilinato no período anterior, tentando preservar o valor dos aluguéis e resgatar a "denúncia vazia" – ainda que de modo mais restrito – para haver interesse dos locadores na contratação; b) unificar o regime da locação de imóveis urbanos para acabar com os tratamentos normativos distintos entre locação residencial e locação não residencial; c) dar maior segurança ao mercado em termos de previsibilidade com uma indicação de certa estabilidade legislativa na justa medida do equilíbrio de interesses entre locadores e locatários; d) propiciar uma prestação jurisdicional mais ágil e efetiva nas ações envolvendo matéria locatícia urbana[9]. E, entre as novidades introduzidas pela Lei 8.245/91 se insere a previsão quanto à necessidade da vênia conjugal, nos exatos termos do seu art. 3°:

> Art. 3°. O contrato de locação pode ser ajustado por qualquer prazo, dependendo de vênia conjugal, se igual ou superior a dez anos.
>
> Parágrafo único. Ausente a vênia conjugal, o cônjuge não estará obrigado a observar o prazo excedente.

Cuida-se do tema referente à temporariedade de duração da locação de imóvel urbano, mas que, em se tratando de contrato celebrado com prazo razoável sobre a locação imóvel titularizado na propriedade por um dos cônjuges (ou algum outro direito real que permita a cessão do uso do bem), dependerá de autorização do cônjuge do locador para poder ser eficaz, caso seja celebrado por 10 (dez) anos ou mais. A locação não pode ser perpétua para não mascarar hipótese de alienação de fato da coisa ao locatário, daí a temporariedade ser da sua essência[10].

Sabe-se que o tema da autorização do cônjuge para que o outro possa praticar determinados atos jurídicos, tal como previsto no art. 1.647, do Código Civil de 2002, foi desenvolvido como modo de proteção da família sob o viés patrimonial. Então, algumas polêmicas devem ser solucionadas, tais como se tal restrição também se aplica ao companheiro que não deu sua autorização para locação, se a autorização conjugal deve ser exigida em todos os regimes de bens (ou pode ser ressalvado algum regime), em que plano do negócio jurídico atua a ausência da vênia conjugal.

Para se encontrar as bases científicas para o encaminhamento de solução das controvérsias, algumas ponderações serão feitas a respeito das conexões entre o Direito Contra-

---

9. SOUZA, Sylvio Capanema de. Locação de imóveis urbanos, op. cit., p. 191-192.
10. LÔBO, Paulo. *Direito civil*: contratos. São Paulo: Saraiva, 2011, p. 332.

tual e o Direito de Família, da inserção da proteção à família através da locação de imóvel e da exigência da autorização do cônjuge para o outro poder praticar determinados atos no mundo civil.

2. CONEXÕES ENTRE O DIREITO CONTRATUAL E O DIREITO DE FAMÍLIA

Há claras distinções entre o conteúdo do Direito das Obrigações em matéria contratual e o conteúdo do Direito de Família, mas tal circunstância não retira a identificação de determinados aspectos que envolvem ambas as partes do Direito Civil – como ramo autônomo do Direito – e que se conectam. Aliás, há vários ramos do Direito que acabam se interconectando para regular determinados assuntos, tal como ocorre entre o Direito de Família e o Direito Previdenciário, por exemplo[11].

A título exemplificativo, à luz de disposições contidas no Código Civil, no Título VI do Livro I, da Parte Especial – "Das Várias Espécies de Contrato" –, há os arts. 496, 499, 533, II, 544, 550, 558, 577, 588, entre outros que, direta ou indiretamente, se valem de algum vínculo de Direito de Família para estabelecer preceitos normativos em matéria contratual. Também no Livro IV, da Parte Especial, o Código Civil apresenta regras a respeito das relações familiares que se vinculam ao tema dos contratos, e nesse particular deve ser destacada a regra contida no art. 1.647, que trata do preceito normativo central sobre a necessidade da autorização do cônjuge para o outro poder realizar certos atos e/ou negócios jurídicos, tais como a alienação ou instituição de gravame sobre bens imóveis, ajuizamento de demandas reais imobiliárias ou apresentação de resposta nessas ações judiciais, prestação de fiança ou de aval, realização de doações de bens comuns (ou dos que possam integrar futura meação), não sendo remuneratórias.

No mesmo sentido, há significativa parcela da doutrina que considera o casamento como um contrato "sui generis", conforme resulta de um acordo de vontades para realização de certos fins. Confira-se, por todos, a definição apresentada por Silvio Rodrigues: "casamento é o contrato de direito de família que tem por fim promover a união do homem e da mulher, de conformidade com a lei, a fim de regularem suas relações sexuais, cuidarem da prole comum e se prestarem mútua assistência"[12].

Tal concepção se mostrou deveras reforçada com a atual redação do art. 226, § 6°, da Constituição Federal (dada pela Emenda Constitucional n° 66/10) que autoriza a obtenção do divórcio a qualquer tempo, ou seja, uma espécie de distrato em matéria de casamento, sem a necessidade de qualquer outro pressuposto senão a vontade de um ou de ambos os cônjuges de não mais permanecerem casados.

Essa questão remete às duas acepções do termo "casamento" para fins de qualificação de sua natureza jurídica: a) casamento-celebração, ou seja, o casamento como negócio jurídico complexo que se baseia no exercício da autonomia privada dos noivos conjugada com a atuação do Estado para verificar a regularidade e possibilidade de tal exercício pelos noivos; b) casamento-relação jurídica, ou seja, o estado proveniente do negócio praticado, em conformidade com a lei, ao qual correspondem várias situações jurídicas de ordem

---

11. GAMA, Guilherme Calmon Nogueira da. Direito de Família e Direito Previdenciário: possíveis diálogos. In: SOUZA, Fábio; SAADI, Jean (Coord.). *Previdência e Família*. Curitiba: Juruá Editora, 2012, p. 82.
12. RODRIGUES, Silvio. *Direito Civil: Direito de Família*. v. 6, 28. Ed. São Paulo: Saraiva, 2004, p. 19.

existencial e patrimonial[13]. Há, no entanto, quem sustente que o casamento não pode ser qualificado como contrato eis que tal noção seria reservada apenas para negócios essencialmente patrimoniais regidos pelo Direito das Obrigações[14].

Certo é que, independentemente de o casamento ser considerado (ou não) contrato, ainda que de natureza especialíssima, há vários aspectos do Direito Contratual que se preocupam com as relações familiares, e vice-versa, a demonstrar a relevância de se proceder à análise de tais conexões para poder bem encaminhar as soluções adequadas e coerentes com o sistema jurídico. É assim que deve ser analisada a temática da autorização do cônjuge para que o locador casado possa celebrar contrato de locação de imóvel urbano com prazo igual ou superior a 10 (dez) anos.

A visão contemporânea do fenômeno contratual deve levar em consideração aspectos relacionados ao bem comum, à justiça distributiva, ao crescimento econômico e social do país em nível geral – desenvolvimento nacional –, à satisfação das necessidades básicas e fundamentais da população[15]. Neste sentido, alguns aspectos relacionados ao desenvolvimento da personalidade dos integrantes das famílias também merecem consideração no programa contratual em alguns tipos contratuais, como ocorre no caso das locações de imóveis urbanos, como será analisado no item seguinte.

3. LOCAÇÃO DE IMÓVEL URBANO E PROTEÇÃO À FAMÍLIA

À luz da regra constante do art. 226, *caput*, da Constituição Federal, "a família, base da sociedade, tem especial proteção do Estado". A qualificação de determinada relação jurídica como de natureza familiar atrai a incidência da norma constitucional, conforme a doutrina tem demonstrado há algum tempo. Trata-se de norma constitucional de eficácia plena, operando os seus efeitos imediatamente: "Isto porque a Constituição expressa e objetivamente quis e consignou a proteção do Estado, nada mais sendo necessário à efetivação desse abrigo, em igualdade de condições com o casamento"[16].

Sabe-se, por exemplo, que o casamento acarreta uma série de efeitos em relação a outras pessoas além dos cônjuges, inclusive no segmento das situações jurídicas patrimoniais, e o mesmo pode ocorrer nas questões relativas à união estável fundada no companheirismo. A formação de nova família produz vários efeitos sociais e jurídicos, sendo que desde 1988, em matéria de conjugalidade, há outras espécies de família que não apenas a constituída pelo casamento[17].

O tema da locação de imóvel urbano residencial, que envolve o segmento da moradia, sempre esteve muito vinculado à família que residia no imóvel locado, como se observa no histórico das legislações que foram editadas a respeito do tema. Sob a égide do Decreto-Lei 9.669/46 (art. 18, II), o locador poderia rescindir o contrato de locação

---

13. GAMA, Guilherme Calmon Nogueira da. Comentários aos arts. 1.511 e 1.514. In: NANNI, Giovanni Ettore (Coord.). *Comentários ao Código Civil*: Direito Privado Contemporâneo. São Paulo: Saraiva, 2019, p. 1.885, 1889-1890.
14. OLIVEIRA, José Lamartine Corrêa de; MUNIZ, Francisco José Ferreira. *Curso de Direito de Família*. 4. ed. Curitiba: Juruá Editora, 2002, p. 130.
15. SALERNO, Marcelo Urbano. La buena fe contractual y los câmbios imprevisibles de la política monetaria. In: CÓRDOBA, Marcos M. (Dir.). *Tratado de la buena fe en el Derecho*. t. I. Buenos Aires: La Ley, 2004, p. 387.
16. CAHALI, Francisco José. *União estável e alimentos entre companheiros*. São Paulo: Saraiva, 1996, p. 27.
17. Por todos, seja consentido remeter a GAMA, Guilherme Calmon Nogueira da. *O companheirismo*: uma espécie de família. 2. ed. São Paulo: Ed. RT, 2001, passim.

se necessitasse do imóvel para pessoa que vivia às suas expensas, adotando o critério da dependência econômica para o exercício do direito de retomada do imóvel. Tal regra foi reproduzida na Lei n° 1.300/50, o que gerou o seguinte comentário doutrinário: "Figura, assim a concubina como pessoa ativa na locação, em proveito de quem pode o companheiro, que custeia sua vida, reclamar o prédio para alojá-la, porque com ela vive em coabitação"[18].

Do mesmo modo, mesmo antes da Constituição Federal de 1988, já era reconhecido à companheira a prerrogativa de prosseguir na locação ainda que em razão da morte do locatário (seu ex-companheiro) ou em virtude da dissolução da união devido à saída do lar de seu então companheiro, à luz da interpretação dada à Lei n° 6.649/79 (art. 12, I) a respeito da expressão "dependência econômica do locatário". A doutrina da época assim se pronunciava: "Note-se, aí, à semelhança das leis previdenciárias, a expressão 'dependência econômica', deixando espaço para entendimento diverso e amplo, podendo entender-se como dependente econômico, qualquer pessoa além do cônjuge e herdeiros necessários, inclusive a concubina"[19].

A Lei n° 8.245/91, no art. 11, equiparou o companheiro ao cônjuge como primeiro na ordem da sub-rogação da locação em caso de morte do locatário, excluindo a referência da lei anterior à dependência econômica do falecido, ao passo que o art. 12, *caput*, expressamente se refere à dissolução em vida da sociedade companheiril para o fim de reconhecer o direito do companheiro que permanecer ocupando o imóvel locado à continuidade da locação. Sob o ângulo do locador, o art. 47, III, da referida lei, prevê seu direito à retomada do imóvel para uso de seu cônjuge ou de seu companheiro. "Trata-se de inequívoco avanço na legislação predial urbana, em perfeita harmonia com os novos rumos do Direito de Família, e de forma coerente com a preocupação constitucional com o tema"[20].

Sob o ângulo dos contratantes da locação predial urbana – locador e locatário –, o tratamento normativo a respeito da continuidade ou mesmo da extinção da relação locatícia, tal como apresentado na Lei n° 8.245/91, foi o da equiparação entre o casamento e a união estável fundada no companheirismo. A solução se deveu especialmente em razão da necessidade de proteção da família e, portanto, sob a perspectiva de que, relativamente aos terceiros (estranhos à relação familiar), é importante haver regras que permitam tutelar as consequências dos vínculos familiares no campo da moradia – no caso de locações residenciais – e, mesmo, da continuidade da atividade econômica ou como profissional liberal – nas hipóteses de locações não residenciais.

A proteção à família fundada na conjugalidade – seja pelo casamento, ou pela união estável – se revelou uma preocupação do Estado legislador ao editar a Lei n° 8.245/91, mas será que houve absoluta equiparação, inclusive no que tange ao momento de início do contrato de locação? Em termos mais específicos, é possível identificar a regra do art. 3°, da Lei n° 8.245/91, como a de exigir a outorga do companheiro do locador quando se tratar de contrato de locação com prazo igual ou superior a 10 (dez) anos? Essa será uma das questões a serem respondidas no momento oportuno neste trabalho.

---

18. DIAS, Adahyl Lourenço. *A concubina no direito brasileiro*. 3. ed. São Paulo: Saraiva, 1984, p. 140.

19. PEREIRA, Rodrigo da Cunha. *Concubinato e união estável*. 2. ed. Belo Horizonte: Del Rey, 1995, p. 105.

20. GAMA, Guilherme Calmon Nogueira da. *O companheirismo*, op. cit., p. 279.

4. EXIGÊNCIA DA VÊNIA CONJUGAL EM ALGUNS TIPOS DE LOCAÇÃO DE IMÓVEL URBANO

No tema das restrições à liberdade negocial surge a questão referente à necessidade da autorização do cônjuge para o outro poder realizar os atos e negócios jurídicos previstos na legislação, sob pena de haver algum vício sob o ângulo dos requisitos subjetivos.

No Código Civil de 1916, as restrições negociais ocasionadas pelo casamento eram disciplinadas separadamente e, por isso, havia clara diferenciação entre a outorga marital e a outorga uxória (arts. 235 e 242), o que não foi recepcionado pela Constituição Federal devido à incidência direta do princípio constitucional da igualdade material entre os cônjuges (art. 226, § 5°). É preciso destacar, ainda, que sob a égide da codificação revogada, as restrições à liberdade negocial impostas à pessoa casada independiam do tipo de regime de bens existente no casamento, o que significava dizer que todos os casamentos, independentemente do regime de bens, geravam as restrições negociais previstas na lei. Tal é a explicação para a Lei n° 8.245/91 ter instituído a necessidade de autorização do cônjuge do locador em se tratando de contrato com prazo igual ou superior a 10 (dez) anos (art. 3°, *caput*), sem fazer qualquer ressalva ao tipo ou espécie de regime de bens adotado no casamento do locador.

Com o início de vigência do Código Civil de 2002, na dicção do seu art. 1.647, houve novidades introduzidas a respeito das restrições subjetivas à liberdade negocial, na "diretriz de maior liberdade aos cônjuges e, consequentemente, estímulo à escolha de determinados regimes de bens de acordo com o projeto de vida em comum que os nubentes tenham"[21].

Assim, nos casos de escolha do regime de separação de bens pelos noivos, sobrevindo a celebração do casamento entre eles, não haverá restrições de ordem subjetiva à liberdade negocial do contratante, por exemplo, pois não se exige a autorização do seu cônjuge para a contratação que envolva alienação ou oneração de bens imóveis, ajuizamento ou resposta às ações reais imobiliárias, prestação de fiança ou de aval, realização de doação de bens que possam integrar a futura meação.

Nos demais regimes de bens – que não o da separação – é exigida a autorização do cônjuge para realização de tais atos ou negócios jurídicos, ressalvada a possibilidade de, no regime de participação final nos aquestos, haver estipulação de cláusula especial de livre disposição ou oneração de imóveis particulares no pacto antenupcial (CC, art. 1.656), ou seja, somente admitindo a relativização da regra do inciso I, do art. 1.647, para tal tipo de regime de bens.

A autorização do cônjuge é reputada um ato de colaboração necessária de um cônjuge nos negócios realizados pelo outro, sob o prisma da vida em comum na perspectiva patrimonial que o casamento gera (CC, art. 1.566, II). A autorização pode ser prévia ou dada no próprio ato ou negócio jurídico realizado (o que é mais frequente), sendo que na eventualidade de a autorização vier a ser manifestada posteriormente ao ato ou negócio jurídico, considera-se uma confirmação (ou ratificação) do ato, fazendo desaparecer possível vício até então existente e, por isso, não podendo mais o ato ou negócio ser invalidado.

---

21. GAMA, Guilherme Calmon Nogueira da. Comentários ao art. 1.647. In: NANNI, Giovanni Ettore (Coord.). *Comentários ao Código Civil*: Direito Privado Contemporâneo. São Paulo: Saraiva, 2019, p. 2.036.

Nas hipóteses em que se exige a autorização do cônjuge, se ela não for denegada sem justificativa ou motivação, ou quando for impossível sua concessão (casos de incapacidade superveniente do cônjuge, ausência judicialmente declarada ou outra razão plausível), poderá ocorrer o suprimento judicial da autorização (CC, art. 1.648).

Caso não haja a autorização do cônjuge para os atos e negócios jurídicos nos quais ela é exigida, bem como não tendo ocorrido o suprimento judicial da autorização, a sanção prevista na lei é a anulação do ato praticado, desde que o pedido de invalidação seja deduzido em juízo no prazo de até 2 (dois) anos depois de dissolvida a sociedade conjugal (CC, art. 1.649).

Ao ser editada a Lei n° 8.245/91, ainda estava em vigor o Código Civil de 1916 que, como visto, não distinguia o regime de bens de pessoas casadas para o fim de exigir a autorização do cônjuge para o outro realizar alguns tipos de atos e negócios jurídicos. Desse modo, a previsão de exigência da outorga do cônjuge do locador para a realização do contrato de locação de imóvel urbano se baseou no sistema jurídico quanto às restrições subjetivas à liberdade negocial existentes à época da edição da lei. E tal previsão – a respeito da outorga – se deu em que tipo de contrato de locação?

Tal como referido no início deste trabalho, a Lei 8.245/91 seguiu a diretriz de unificar o tratamento normativo sobre as locações de imóveis urbanos, revogando várias leis, entre as quais o Decreto 24.150/34 e a Lei n° 6.649/79 que regulavam, respectivamente, as locações de imóveis urbanos comerciais e as locações de imóveis urbanos residenciais.

Logo, a introdução da exigência da autorização do cônjuge do locador para a celebração do contrato de locação abrangeu qualquer tipo de contrato de locação de imóvel urbano, tanto assim o é que o art. 3°, foi alocado na Seção I – "Da Locação em Geral" – do Capítulo I – "Disposições Gerais" – do Título I – "Da Locação" – da Lei 8.245/91. Em outras palavras: qualquer tipo de locação de imóvel urbano – de natureza residencial ou não – se sujeita à exigência da autorização do cônjuge.

Mas tal exigência é feita para todo e qualquer tipo de contrato de locação? Não, apenas para os casos de locação com prazo determinado igual ou superior a 10 (dez) anos, tal como prevê o *caput*, do art. 3°. A previsão do prazo longo de duração do contrato de locação, a exigir a autorização do cônjuge do locador, se deve à aproximação de tal hipótese à "uma restrição ao direito de propriedade": "a exemplo do que ocorre para a disposição do direito real, a outorga uxória ou marital será igualmente necessária à locação, para evitar que um cônjuge onere indevidamente o patrimônio comum"[22].

É preciso que o prazo original do contrato de locação de imóvel urbano seja de, pelo menos, 10 (dez) anos para o fim de haver a incidência da regra restritiva do art. 3°, da Lei n° 8.245/91, e não que haja sucessivas prorrogações ou renovações para se atingir o prazo decenal. Assim, o contrato de locação de um espaço de loja, por exemplo, celebrado inicialmente pelo prazo de 5 (cinco) anos e, que, posteriormente, seja objeto de renovação consensual (ou mesmo via ação renovatória), atingindo o período contratual de 10 (dez) anos, não estará sujeito à exigência da outorga do cônjuge do locador.

---

22. TEPEDINO, Gustavo; KONDER, Carlos Nelson; BANDEIRA, Paula Greco. *Fundamentos de direito civil*. v. 3. Rio de Janeiro: GEN Forense, 2020, p. 241.

5. QUESTÕES CONTROVERTIDAS

Em razão da proximidade da regra legal (art. 3°) completar seu trigésimo aniversário, é preciso analisar algumas controvérsias para poder encaminhar possíveis soluções. Algumas das controvérsias dizem respeito à correta interpretação da regra legal diante do contexto social, econômico, cultural e familiar no qual o Direito brasileiro se encontra atualmente, bem como da incidência das normas constitucionais e da harmonização do texto da Lei n° 8.245/91 com outras leis que sobrevieram após o início da sua vigência.

5.1 Regime de bens no casamento

A primeira questão que surge envolve a atual interpretação do art. 3°, *caput*, da Lei n° 8.245/91, quanto à exigência da autorização do cônjuge do locador para celebração de contrato de locação de imóvel urbano pelo prazo mínimo de 10 (dez) anos. Caso seja interpretado de modo isolado, o preceito normativo contido na lei impõe a obrigatoriedade da autorização em todos os casos em que o locador seja casado, independentemente do regime de bens – seja nos regimes comunitários (comunhão universal ou comunhão parcial) ou não comunitários (separação ou participação final nos aquestos).

Tal regra se baseava, por óbvio, no sistema jurídico existente à época da vigência do Código Civil de 1916 que não limitava à necessidade da outorga do cônjuge para certos regimes de bens no casamento. Ou seja: como o sistema normativo exigia a autorização do cônjuge para os atos indicados na lei (CC/16, arts. 235 e 242), também em matéria de celebração do contrato de locação por prazo de 10 (dez) ou mais anos, a Lei 8.245/91 passou a exigir a autorização do cônjuge do locador, independentemente do regime de bens.

No entanto, com o início de vigência do Código Civil de 2002 e, consequentemente, as alterações realizadas no tratamento normativo sobre a autorização do cônjuge também tiveram que ser consideradas em relação ao preceito normativo sobre locação de imóveis urbanos para fins de outorga do cônjuge do locador nos contratos de longa duração (dez anos ou mais). Tal circunstância impôs uma releitura do art. 3°, *caput*, da Lei 8.245/91, para o fim de considerar que a exigência da outorga não existe para o locador casado sob o regime de separação de bens com seu cônjuge, eis que se faz necessário proceder à interpretação do preceito normativo da Lei 8.245/91 em conformidade com a redação do art. 1.647, do Código Civil em vigor.

Maior polêmica, nesse tema, diz respeito à possibilidade de os noivos poderem clausular, no pacto antenupcial de escolha do regime de participação final nos aquestos, a dispensa da autorização para o cônjuge poder celebrar contrato de locação de imóvel urbano por prazo decenal ou superior, em se tratando de bem particular do locador. A controvérsia diz respeito à correta exegese e extensão da regra contida no art. 1.656, do Código Civil, que autoriza a dispensa da autorização para disposição de bens imóveis particulares através de cláusula no pacto antenupcial, no qual se optou pelo regime da participação final nos aquestos.

A esse respeito, saliente-se que o preceito normativo somente se refere à "livre disposição dos bens imóveis" e, assim, na sua literalidade não trata da possibilidade de não ser caso de autorização caso seja hipótese de ato instituidor de gravame de ônus real sobre bens imóveis particulares (CC, art. 1.647, I, segunda parte). Ora, a alienação do imóvel é mais abrangente do que a instituição de gravame de ônus real e, por isso, o art. 1.656, do Código Civil, deve ser interpretado para também permitir a dispensa da autorização quando de se tratar de possível oneração do bem imóvel particular, desde que expressamente prevista tal dispensa no pacto antenupcial em que foi escolhido o regime da participação final nos aquestos.

Aliás, "quem pode o mais, pode o menos", tradicional brocardo utilizado na hermenêutica das normas jurídicas em geral. Esse também deve ser o mesmo raciocínio quanto à dispensa da autorização para que o cônjuge, casado sob o regime da participação final nos aquestos, possa celebrar contrato de locação sobre o imóvel urbano com prazo de 10 (dez) anos ou mais.

A justificativa é bastante simples: a locação de imóvel urbano por prazo longo pode servir de grave restrição aos demais poderes dominiais (diversos da fruição) inerentes à propriedade, mas com certeza é um *minus* no que tange à alienação do imóvel para o adquirente. Ora, se houver cláusula no pacto antenupcial que dispensa a autorização para a alienação do imóvel particular de um dos cônjuges, tal cláusula é abrangente dos atos de oneração e de contratação da locação por prazo igual ou superior a 10 (dez) anos, em se tratando de imóvel particular do locador no regime da participação final nos aquestos.

5.2 Plano da eficácia

Outra questão controvertida a respeito da previsão contida no art. 3°, da Lei n° 8.245/91, diz respeito à sanção para o descumprimento da regra da exigência da autorização do cônjuge do locador nos casos de locação de imóvel urbano com prazo igual ou superior a 10 (dez) anos. De acordo com o parágrafo único, do referido art. 3°, não sendo dada autorização do cônjuge do locador, este não fica vinculado a observar o prazo excedente a 10 (dez) anos.

A doutrina observa que a regra da ineficácia relativa do prazo contratual igual ou superior a 10 (dez) anos ao cônjuge que não deu sua autorização homenageia o princípio da conservação dos contratos[23], não contaminando sua higidez. Assim, diversamente do que preceitua o Código Civil de 2002 (art. 1.649), que prevê a anulabilidade dos atos ou negócios jurídicos praticados sem a autorização do cônjuge, cujo pronunciamento deve ser requerido no prazo decadencial de 2 (dois) anos a contar da dissolução da sociedade conjugal, nos casos de contrato de locação de imóvel urbano por prazo decenal ou maior não haverá invalidade do contrato, mas sim ineficácia relativa ao cônjuge que não autorizou e, ainda assim, apenas quanto ao prazo excedente a 10 (dez) anos.

Em termos práticos, o cônjuge que não autorizou a celebração do negócio locatício não poderá propor ação anulatória durante o prazo de 10 (dez) anos, a contar do início do contrato de locação firmado pelo locador – com quem ele é casado –, mas uma vez completado o decênio será possível ajuizamento de ação declaratória de ineficácia da relação jurídica de locação por prazo superior aos 10 (dez) anos, tendo como único legitimado para tal ação o cônjuge que não manifestou sua autorização. Não se trata de ação de despejo, mas que, em termos práticos, produzirá consequências assemelhadas ao despejo, eis que, reconhecida a ausência de possibilidade de prosseguimento do contrato por mais do que 10 (dez) anos, o locatário será obrigado a desocupar o imóvel, de modo a restitui-lo ao locador.

---

23. TEPEDINO, Gustavo; KONDER, Carlos Nelson; BANDEIRA, Paula Greco. *Fundamentos de direito civil*. v. 3, op. cit., p. 241.

5.3 Desnecessidade de autorização do companheiro

Outra polêmica à luz do art. 3°, da Lei 8.245/91, diz respeito à sua abrangência também às uniões estáveis fundadas no companheirismo, e à não limitação aos casamentos. Deve-se interpretar que o preceito normativo deve ser estendido às uniões estáveis, de modo que o locador precise contar com a autorização do seu companheiro para celebrar contrato de locação de imóvel urbano pelo prazo igual ou superior a 10 (dez) anos?

Na literalidade do preceito normativo contido no art. 3°, não há referência à necessidade de outorga do companheiro do locador para celebração do contrato de longo prazo (dez anos ou mais) envolvendo a locação de imóvel urbano. Mas, em razão do tratamento constitucional da união estável fundada no companheirismo como espécie de família, não haveria equiparação para tais fins?

A resposta ao questionamento se vincula à característica do informalismo – ou ausência de formalidades – no companheirismo[24], eis que não se exige qualquer ato solene para a constituição da relação jurídica fundada na união estável entre os companheiros. Assim, como poderia o locatário, por exemplo, saber que o locador (com estado civil de solteiro, separado formalmente ou divorciado de seu ex-cônjuge, viúvo, ou mesmo casado mas separado de fato do cônjuge) vivia numa relação de união estável fundada no companheirismo se não há registro de qualquer ato para fins de constituição de tal vínculo de Direito de Família? A informalidade da relação entre os companheiros é a justificativa para que realmente não se exija a autorização do companheiro do locador para a celebração do contrato de locação predial urbana mais longo em termos de duração do período contratual.

É certo que há julgados do Superior Tribunal de Justiça que consideram aplicáveis às uniões estáveis as regras contidas no art. 1.647, do Código Civil (a respeito da obrigatoriedade da outorga), sob o fundamento da proteção do patrimônio da entidade familiar, devido à possibilidade de o bem imóvel que se pretende alienar ter sido adquirido durante a constância da união estável[25]. Contudo, há de se questionar se, realmente em se tratando de união estável, há a incidência da regra da exigência da autorização do companheiro, à luz do art. 1.647, do Código Civil.

A resposta é, sem dúvida, negativa, diante da informalidade da relação existente e, concomitantemente, da ausência de registro de qualquer ato de constituição do vínculo familiar entre os companheiros, sendo que o imóvel locado encontra-se registrado no Cartório imobiliário apenas em nome do locador que, por acaso, mantém um relacionamento de companheirismo. Outro fundamento para alcançar tal conclusão diz respeito à cláusula geral da boa-fé objetiva, eis que não se revela razoável exigir do locatário que promova atos de apuração a respeito da existência (ou não) de união estável entre o locador e seu companheiro.

---

24. GAMA, Guilherme Calmon Nogueira da. Comentários ao art. 1.723. In: NANNI, Giovanni Ettore (Coord.). *Comentários ao Código Civil:* Direito Privado Contemporâneo. São Paulo: Saraiva, 2019, p. 2.128.

25. Confira-se o seguinte trecho de julgado do STJ: "Revela-se indispensável a autorização de ambos os conviventes para alienação de bens imóveis adquiridos durante a constância da união estável, considerando o que preceitua o art. 5°, da Lei 9.278/1996, que estabelece que os referidos bens pertencem a ambos, em condomínio e em partes iguais, bem como em razão da aplicação das regras do regime da comunhão parcial de bens, dentre as quais se insere a da outorga conjugal, a teor do que dispõem os arts. 1.647, I, e 1.725, ambos do Código Civil, garantindo-se, assim, a proteção do patrimônio da respectiva entidade familiar" (BRASIL, STJ, 3ª Turma, Rel. Min. Marco Bellizze, DJe 18.12.2017).

A legítima expectativa gerada pela celebração do contrato de locação com prazo longo, sem informação a respeito da existência da união estável do locador, no momento da celebração do contrato, não poderá tornar o vínculo contratual ineficaz pelo prazo excedente a 10 (dez) anos quanto ao companheiro que não anuiu na celebração do contrato.

Logo, devido à informalidade do vínculo da família constituída entre os companheiros, a resposta à questão controvertida é no sentido de que não se deve considerar aplicável aos companheiros a regra contida no art. 3°, da Lei n° 8.245/91. Contudo, caso se entenda que seria exigível a autorização do companheiro, ainda assim não será caso de aplicação da previsão contida no dispositivo legal se não foi possível ao locatário ter obtido a informação a respeito da situação de fato que envolvia o locador no momento da celebração da locação do imóvel urbano, devido à legítima expectativa despertada no momento inicial do contrato no qual ele sequer teve condições de saber que o locador mantinha uma união estável fundada no companheirismo.

De *lege ferenda*, poderá ser dada nova redação ao dispositivo legal, tal como a equipe da UERJ apresentou em competição realizada sobre o Direito Civil, envolvendo uma proposta sobre o nome regime de locação após a pandemia:

> Art. 4°. O contrato de locação pode ser ajustado por qualquer prazo, dependendo de autorização do cônjuge do locador, se igual ou superior a dez anos, exceto no regime da separação absoluta. Ausente a autorização naqueles casos, o cônjuge não estará obrigado a observar o prazo excedente. Parágrafo único. *A autorização de que trata o caput será dispensada no caso das uniões estáveis heteroafetivas e homoafetivas, exceto se o pacto de convivência for registrado ou se a união for declarada judicialmente.* (grifo nosso)

Conclui-se, assim, que não é exigida a outorga do companheiro para o outro poder celebrar contrato de locação de imóvel urbano com prazo longo, mas sem dúvida seria oportuna a edição da regra acima para somente impor a autorização quando houver pacto de convivência registrado ou se a união estável for declarada judicialmente e, por isso, haver publicidade a respeito de tais circunstâncias.

5.4. Casamento homoafetivo, união estável homoafetiva e outros arranjos sociofamiliares

Ao analisar a Ação Direta de Inconstitucionalidade 4.277 e a Arguição de Descumprimento de Preceito Fundamental 132, em maio de 2011, o Supremo Tribunal Federal assentou entendimento vinculante que, na interpretação do art. 1.723, do Código Civil, não se pode excluir a abrangência das uniões entre pessoas do mesmo sexo – uniões estáveis homoafetivas – que, portanto, foram reconhecidas como entidades familiares. A fundamentação do julgado foi bastante diversificada[26], mas é importante destacar trecho do voto do Ministro Celso de Mello que reconheceu o afeto como valor jurídico, considerando que o reconhecimento das uniões entre pessoas do mesmo sexo se fundamenta nos vínculos de solidariedade, de amor e de projeto de vida em comum: "O novo paradigma, no plano das relações familiares, após o advento da Constituição Federal de 1988, para efeito de estabelecimento de direitos/deveres decorrentes do vínculo familiar, consolidou-se na existência e no reconhecimento do afeto".

---

26. Para uma análise mais detalhada a respeito dos vários fundamentos invocados no julgado, seja consentido remeter a GAMA, Guilherme Calmon Nogueira da. Uniões de pessoas do mesmo sexo e requisitos para sua configuração. In: DIAS, Maria Berenice (Coord.). *Diversidade sexual e direito homoafetivo*. 3. ed. São Paulo: Ed. RT, 2017, p. 172-178.

Dois anos depois do julgamento do STF, em maio de 2013 o Conselho Nacional de Justiça editou a Resolução n° 175 de modo a estabelecer a proibição de criação de óbice aos noivos do mesmo sexo – homens ou mulheres – para poderem obter a habilitação matrimonial e, em seguida, realizarem a cerimônia de celebração do casamento civil. Cuida-se de ato normativo dirigido aos Oficiais dos Cartórios do Registro Civil das Pessoas Naturais e aos Juízes de Paz no sentido de reconhecer a viabilidade da constituição do vínculo familiar entre pessoas do mesmo sexo através do casamento. Em resumo: reconheceu-se a legitimidade e validade do casamento homoafetivo.

Tais aspectos se revelam importantes para se proceder à correta exegese do art. 3°, da Lei 8.245/91, a respeito dos destinatários da norma quanto à exigência da autorização do cônjuge para o locador celebrar contrato de locação de imóvel urbano de longa duração (dez ou mais anos). Não havendo qualquer obstáculo ao casamento entre dois homens ou entre duas mulheres – devido à admissibilidade do casamento homoafetivo –, por óbvio que houve a necessidade de realização de nova interpretação da regra da lei especial quanto à autorização do cônjuge em certos tipos de contratos de locação de imóvel urbano para abranger também as hipóteses de casamento entre pessoas do mesmo sexo.

Contudo, tal como ocorre na união estável heteroafetiva, nos casos em que houver a constituição de união estável homoafetiva não será exigida a autorização do companheiro do locador, exatamente em razão dos mesmos fundamentos já expostos no item 5.3. Ou seja: a informalidade da relação entre os companheiros do mesmo sexo não permite considerar que haja a incidência da regra legal e, por isso, não se exige a autorização do companheiro do locador nos contratos de longa duração em matéria locatícia.

Último aspecto ainda a ser abordado diz respeito aos novos arranjos sociofamiliares, tais como as "famílias simultâneas" e as "uniões poliafetivas" e, se for o caso, sua inserção também na regra legal que exige a autorização do cônjuge para celebração das locações de longo prazo.

Há uma questão antecedente à consideração sobre a incidência (ou não) do art. 3°, da Lei 8.245/91, ao locador nesses casos, que consiste em se verificar se tais relações (arranjos sociofamiliares) correspondem às famílias jurídicas e, por isso, se devem receber a tutela especial do Estado, à luz do art. 226, *caput*, da Constituição Federal.

No que tange às denominadas famílias simultâneas – aquelas nas quais uma mesma pessoa tem simultaneamente dois vínculos distintos em matéria de conjugalidade, como no exemplo de um homem casado que, paralelamente, mantém um relacionamento permanente e estável com outra pessoa fora do seu casamento –, devido à proibição da bigamia no Direito brasileiro, somente um dos relacionamentos se basearia no vínculo do casamento. Ou seja: ainda que se possa admitir a existência de uma segunda família simultaneamente integrada por alguém que já mantém um vínculo de casamento, o certo é que aquela seria fundada na união estável (companheirismo). Tal circunstância, ao menos por ora, afastaria a incidência do art. 3°, da Lei 8.245/91, eis que, como antes foi analisado, somente o casamento atrai a incidência da referida regra legal.

Ainda assim, na doutrina do Direito de Família há bastante controvérsia sobre se o segundo relacionamento corresponde (ou não) à uma família integrada por aquele que já mantém vínculo anterior com seu cônjuge (ou, eventualmente, companheiro).

GUILHERME CALMON NOGUEIRA DA GAMA

A outra configuração acima retratada – a das uniões poliafetivas – ainda gera maior polêmica no Direito de Família, sendo que o Conselho Nacional de Justiça apreciou a questão na apreciação de pedido de providências formulado por entidade associativa[27]. E sobre tal configuração, é válido destacar o seguinte trecho da ementa deste julgado:

> "Pedido de providências. União estável poliafetiva. Entidade familiar. Reconhecimento. Impossibildade. Família. Categoria sociocultural. Imaturidade social da união poliafetiva como família. Declaração de vontade. Inaptidão para criar ente social. Monogamia. Elemento estrutural da sociedade. Escritura pública declaratória de união poliafetiva. Lavratura. Vedação. (...) 4. A relação "poliamorosa" configura-se pelo relacionamento múltiplo e simultâneo de três ou mais pessoas e é tema praticamente ausente da vida social, pouco debatido na comunidade jurídica e com dificuldades de definição clara em razão do grande número de experiências possíveis para os relacionamentos. (...) 7. A diversidade de experiências e a falta de amadurecimento do debate inabilita o "poliafeto" como instituidor de entidade familiar no atual estágio da sociedade e da compreensão jurisprudencial. Uniões formadas por mais de dois cônjuges sofrem forte repulsa social e os poucos casos existentes no país não refletem a posição da sociedade acerca do tema; consequentemente, a situação não representa alteração social hábil a modificar o mundo jurídico. 8. A sociedade brasileira não incorporou a "união poliafetiva" como forma de constituição de família, o que dificulta a concessão de status tão importante a essa modalidade de relacionamento, que ainda carece de maturação. Situações pontuais e casuísticas que ainda não foram submetidas ao necessário amadurecimento no seio da sociedade não possuem aptidão para ser reconhecidas como entidade familiar. (...) 11. A sociedade brasileira tem a monogamia como elemento estrutural e os tribunais repelem relacionamentos que apresentam paralelismo afetivo, o que limita a autonomia da vontade das partes e veda a lavratura de escritura pública que tenha por objeto a união "poliafetiva".

Com base nesse julgamento, ainda que em sede administrativa a respeito da proibição da lavratura de escritura pública declaratória de "união poliafetiva" pelos Oficiais dos Cartórios de Notas, não se revela possível reconhecer-se tal espécie de arranjo sociofamiliar como família jurídica e, consequentemente, não há incidência do art. 3°, da Lei 8.245/91, caso o locador resolva celebrar contrato de longa duração e integre uma "união poliafetiva". Ou seja, ele não precisa contar com a autorização de qualquer dos outros dois integrantes do arranjo familiar.

6. NOTA CONCLUSIVA

O regime jurídico instituído pela Lei 8.245/91 para as locações de imóveis urbanos, após trinta anos da promulgação da lei, revela a importância de, em temas tão sensíveis e fundamentais na realidade social e econômica de um país, haver um marco normativo baseado na busca do atingimento de determinados objetivos e finalidades, tais como a recuperação do mercado de locações de imóveis, a garantia de manter o equilíbrio econômico-financeiro, a boa fé e a comutatividade no programa contratual, a estipulação de riscos previsíveis e razoáveis no momento da contratação e que podem se concretizar no curso do vínculo contratual.

Ademais, o Direito é dinâmico e, como Ciência, deve estar constantemente sendo acompanhado para atuar em conformidade com a rapidez e profundidade das transformações econômicas, sociais, políticas e familiares que ocorrem em determinado território e em razão do avanço dos tempos. Como já teve oportunidade de se manifestar a respeito do tema, Sylvio Capanema identificou a necessidade de "assegurar ao contrato uma base econômica estável e razoavelmente equilibrada, capaz de estimular os investimentos,

---

27. BRASIL, CNJ. Pedido de Providências 0001459-08.2016.2.00.0000, julgado em 26.06.2018.

mas sem desamparar aqueles que, de fato, em razão de sua vulnerabilidade, precisem de proteção, que não se confunda com o paternalismo demagógico dos tempos passados"[28].

Com efeito, o setor das locações de imóveis urbanos se caracteriza por aspectos bastantes peculiares e, por isso, seu tratamento normativo por uma lei especial – talvez especialíssima – deve ser fundado em lógica e princípios próprios que não se confundam com outros tipos contratuais. A inovação da Lei 8.245/91, agora balzaquiana, ao introduzir a necessidade da autorização do cônjuge do locador para celebração do contrato de locação de imóvel urbano com prazo igual ou superior a 10 (dez) anos, se revelou em consonância com os novos tempos, mas precisa merecer o constante processo hermenêutico de uma leitura interpretativa atualizada à luz da realidade dos fatos e das transformações operadas na economia, na sociologia e nas famílias.

O presente trabalho pretende finalizar com a contribuição no sentido da importância da realização de trabalhos legislativos bem planejados à luz das questões reais e práticas que se relacionem ao tema objeto do processo legislativo e, obviamente, seguindo os referenciais constitucionais. Que venham mais 30 (trinta) anos da Lei de locações de imóveis urbanos, sempre acompanhada do fundamental trabalho da doutrina e da jurisprudência na constante ressistematização das suas normas jurídicas!

---

28. SOUZA, Sylvio Capanema. Locação de imóveis urbanos, op. cit., p. 196.

7
SUCESSÃO DO CÔNJUGE E DO COMPANHEIRO NA LOCAÇÃO DE IMÓVEL RESIDENCIAL

Rose Melo Vencelau Meireles

Doutora e Mestre em Direito Civil pela UERJ. Professora de Direito Civil da UERJ.
Procuradora da UERJ. Advogada e Mediadora.

> "No último andar é mais bonito: do último andar se vê o mar.
> É lá que eu quero morar".
>
> Cecília Meireles

Sumário: 1. Introdução. 2. A transmissibilidade do contrato de locação residencial. 3. A tutela da moradia do cônjuge e do companheiro do locatário. 4. Efeitos da sub-rogação do locatário no contrato de locação residencial. 5. Notas finais.

1. INTRODUÇÃO

O contrato é regido pela Lei 8.245/1991 a depender do bem objeto da locação. A locação dos imóveis urbanos, incluindo-se os estabelecimentos comerciais e shopping-centers, rege-se pela Lei 8.245/1991. O Código Civil ainda regula a locação de bens móveis, de espaços destinados à publicidade, de bens localizados em apart-hotéis, hotéis-residência ou equiparados[1]. Locações no âmbito do mercado de consumo, a exemplo de automóveis, regulam-se pelo Código de Defesa do Consumidor. São disciplinados por lei especial o arrendamento mercantil (Lei 6.099/1974), a locação de bens públicos (Decreto 9.760/1946) e a locação de imóvel rural (Lei 4504/1964), por exemplo. Com efeito, o contrato de locação tem se submetido a intervenções legislativas ao longo do tempo com o fim de preservar tanto valores constitucionais, como a moradia, quanto a autonomia[2].

A locação imobiliária residencial tem sua função vinculada ao direito fundamental à moradia, o que repercute diretamente nas consequências contratuais quando ocorre a

---

1. No caso de apart-hotéis e hotéis-residência, o legislador especial exclui apenas a modalidade em que a sua administração oferece serviços: Art. 1º A locação de imóvel urbano regula-se pelo disposto nesta lei:
   Parágrafo único. Continuam regulados pelo Código Civil e pelas leis especiais:
   a) as locações:
   1. de imóveis de propriedade da União, dos Estados e dos Municípios, de suas autarquias e fundações públicas;
   2. de vagas autônomas de garagem ou de espaços para estacionamento de veículos;
   3. de espaços destinados à publicidade;
   4. em apart-hotéis, hotéis-residência ou equiparados, assim considerados aqueles que prestam serviços regulares a seus usuários e como tais sejam autorizados a funcionar;
   b) o arrendamento mercantil, em qualquer de suas modalidades.
2. TEPEDINO, Gustavo. Novas formas de entidades familiares: a família como instrumento para promoção da dignidade humana. In: TEPEDINO, Gustavo. *Temas de direito civil*. Rio de Janeiro: Renovar, 1999, p. 156.

morte, separação de fato, separação judicial, divórcio ou dissolução da união estável do locatário. A família do locatário pode dar continuidade ao contrato nessas hipóteses? São valores existenciais relevantes que tocam a matéria e, por isso, justifica-se o seu estudo. O objetivo consiste em sistematizar o tema da sucessão do cônjuge e do companheiro na locação de imóvel residencial.

Para tanto, organizou-se a exposição em três itens. Primeiramente, importa tratar das características do contrato de locação, em especial sua transmissibilidade. No item seguinte, tratou-se da tutela da moradia do cônjuge e do companheiro do locatário, dada a qualificação da locação residencial como *intuitu familiae*. Uma vez verificada a possibilidade de sub-rogação contratual, finalizou-se a exposição com os seus principais efeitos.

2. A TRANSMISSIBILIDADE DO CONTRATO DE LOCAÇÃO RESIDENCIAL

O contrato de locação residencial urbana pode ser definido como o negócio jurídico pelo qual uma das partes (locador) transfere para a outra (locatário) o uso e o gozo de bem imóvel localizado em área urbana para o fim de moradia, mediante certa retribuição.

Caracteriza-se, além de outros atributos, por ser de execução sucessiva e periódica. Desse modo, o contrato se prolonga no tempo, por prazo determinado ou indeterminado. Sua execução ocorre com a oferta fracionada da prestação, repetida a cada intervalo de tempo, por força da própria natureza do contrato[3]. O tempo na execução contratual propicia que fatos supervenientes ocorram, a exemplo da morte dos contratantes ou do divórcio do locatário, que possam impactar a estrutura subjetiva da relação jurídica estabelecida.

Interessa nesse ponto outra característica do contrato, sua pessoalidade ou impessoalidade. Nos negócios impessoais, a pessoa do outro contratante é determinante, enquanto que nos impessoais, não releva a pessoa titular de cada posição contratual. A distinção é relevante para definir a possibilidade de transmissão ou não dos direitos e deveres contratuais.

Na locação imobiliária residencial urbana, a sucessão *inter vivos* do locatário depende de consentimento do locador[4]; bem como a alienação do imóvel não obriga a continuidade do contrato[5]. Nesse sentir, apresenta-se como contrato pessoal, na medida em que o contratante não é obrigado a aceitar o outro contratante. De outro modo, a locação residencial prosseguirá automaticamente com o ex-cônjuge ou ex-companheiro que permanecer no

---

3. TEPEDINO, Gustavo; KONDER, Carlos Nelson; BANDEIRA, Paula Greco. *Fundamentos do direito civil*, v. 3. Contratos. Rio de Janeiro: Forense, 2019, p. 80.
4. Art. 13. A cessão da locação, a sublocação e o empréstimo do imóvel, total ou parcialmente, dependem do consentimento prévio e escrito do locador.

    § 1º Não se presume o consentimento pela simples demora do locador em manifestar formalmente a sua oposição.

    § 2º Desde que notificado por escrito pelo locatário, de ocorrência de uma das hipóteses deste artigo, o locador terá o prazo de trinta dias para manifestar formalmente a sua oposição.
5. Art. 8º Se o imóvel for alienado durante a locação, o adquirente poderá denunciar o contrato, com o prazo de noventa dias para a desocupação, salvo se a locação for por tempo determinado e o contrato contiver cláusula de vigência em caso de alienação e estiver averbado junto à matrícula do imóvel.

    § 1º Idêntico direito terá o promissário comprador e o promissário cessionário, em caráter irrevogável, com imissão na posse do imóvel e título registrado junto à matrícula do mesmo.

    § 2º A denúncia deverá ser exercitada no prazo de noventa dias contados do registro da venda ou do compromisso, presumindo-se, após esse prazo, a concordância na manutenção da locação.

imóvel após separação de fato, separação judicial, divórcio ou dissolução da união estável (Lei 8.245/1991, art. 12), a indicar impessoalidade nessas hipóteses.

O cenário muda na sucessão *mortis causa*. Morrendo o locador, a locação transmite-se aos herdeiros (Lei 8.245/1991, art. 10), não há pessoalidade. Morrendo o locatário, a locação transmite-se ao o cônjuge sobrevivente ou o companheiro e, sucessivamente, os herdeiros necessários e as pessoas que viviam na dependência econômica do *de cujus*, desde que residentes no imóvel (Lei 8.245/1991, art. 11, I). A regra, portanto, é a transmissibilidade.

Cabe ressaltar, que a morte do locatário pode extinguir o contrato de locação, a permitir o despejo motivado daquele que ocupa irregularmente o imóvel, conforme dispõe o art. 59, IV, da Lei 8.245/1991:

> Art. 59. Com as modificações constantes deste capítulo, as ações de despejo terão o rito ordinário.
>
> § 1º Conceder – se – á liminar para desocupação em quinze dias, independentemente da audiência da parte contrária e desde que prestada a caução no valor equivalente a três meses de aluguel, nas ações que tiverem por fundamento exclusivo:
>
> IV – a morte do locatário sem deixar sucessor legítimo na locação, de acordo com o referido no inciso I do art. 11, permanecendo no imóvel pessoas não autorizadas por lei;

Como se verifica, a extinção da locação a causa da morte do locatário ocorrerá apenas na falta de sucessor legítimo. O sucessor legítimo mencionado na lei não se confunde com o herdeiro legítimo. Trata-se de sucessor legal (por força de lei) do contrato de locação que pode ser herdeiro ou não do locatário. A sucessão é legal e *mortis causa*, mas não hereditária.

O legislador trata de modo diferente a sucessão *inter vivos* da *mortis causa*, com repercussão na qualificação do contrato de locação residencial. Vale dizer, entre vivos prevalece a autonomia das partes. A lei, por seu conteúdo social, excepciona apenas a sucessão para o ex-cônjuge ou ex-companheiro que permaneça no imóvel quando o locatário deixa de residir no imóvel alugado em razão do rompimento da vida em comum. Após a morte, quando não há espaço para o exercício da autonomia, a tutela da moradia daqueles que ocupam o imóvel locado insurge-se como imperativa. A rigor, prevalece nesse tema o caráter *intuitu familiae* da locação residencial[6]. Não se trata de tutela da pessoa do locatário, mas, também de sua família, estendendo-se aos seus dependentes[7]. De modo geral, a função do contrato de locação residencial de proteção da moradia do locatário, seus familiares e dependentes que nele habitam, é determinante para sua transmissibilidade no caso concreto[8].

---

6. Nas palavras de Sylvio Capanema de Souza: "Seria iníquo que a família do locatário morto ficasse sujeita ao desalijo, quando mais precisa de proteção, e ainda não refeita do trauma provocado pela sua perda. Na locação residencial, a sub-rogação decorre, inclusive, do seu caráter *intuitu familiae*. A sub-rogação, como na hipótese anterior, da morte do locador, se dará tanto na morte natural, quanto presumida, decorrente da declaração judicial de ausência" (*A lei do inquilinato comentada artigo por artigo*. 11. ed. Forense, p. 89).

7. Vale o registro: "Os dependentes a que alude a norma são aquelas pessoas, parentes ou não, que têm as suas necessidades de subsistência providas pelo locatário, se não integralmente, pelo menos de maneira preponderante. Tal ajuda deve ser permanente, estável, continuada, a criar um vínculo de natureza econômica, que tornasse impossível, ou muito difícil, a sobrevivência da pessoa, sem o amparo da outra, que o assiste. Justamente por isto se preserva a locação para estes dependentes, que não teriam condições de alugar outro imóvel" (SOUZA, Sylvio Capanema de. *A lei do inquilinato*, cit., p. 91).

8. Sobre o ponto da qualificação do contrato a partir de sua estrutura e função, registre-se que "o que se torna mais fundamental na determinação da normativa aplicável ao contrato não é sua estrutura, mas sua função" (KONDER, Carlos Nelson. *Contratos conexos*. Rio de Janeiro: Renovar, 2006, p. 85).

3. A TUTELA DA MORADIA DO CÔNJUGE E DO COMPANHEIRO DO LOCATÁRIO

A Constituição de 1988 rompeu com a centralidade do matrimônio no direito de família. A família (em qualquer modalidade), não apenas aquela constituída com o casamento, tem proteção do Estado. De modo expresso, o constituinte refere-se à união estável, na mesma ordem protetiva que o casamento (CR, art. 226, § 3º). A diferença de sexo não constitui requisito para constituição e tutela das formações sociais como família formal ou informal[9]. Além disso, o Supremo Tribunal Federal declarou inconstitucional o artigo 1.790 do Código Civil, que estabelece diferenças entre a participação do companheiro e do cônjuge na sucessão dos bens, estabelecendo a seguinte tese baseada na igual proteção das entidades familiares: "No sistema constitucional vigente é inconstitucional a diferenciação de regime sucessório entre cônjuges e companheiros devendo ser aplicado em ambos os casos o regime estabelecido no artigo 1.829 do Código Civil".

Assim, as formações familiares caminham para a igual proteção jurídica, na medida em que sua função é a mesma. Nesse sentir, vale a distinção entre os efeitos que decorrem da formalidade do casamento e aqueles que se relacionam à família enquanto formação social, sociedade intermédia na qual seus membros se desenvolvem plenamente[10]. Nesse viés protetivo, a lei do inquilinato traz a sucessão da locação em caso de morte do locatário.

A Lei 8.245/1991 foi o primeiro diploma legislativo a equiparar, para efeitos de proteção do Estado, casamento e união estável[11]. A locação residencial tem a finalidade de servir à moradia do locatário, sua família e dependentes. A relação entre a moradia e a família encontra-se em várias normas do ordenamento jurídico. A proteção do domicílio familiar está presente em institutos como o bem de família[12], a usucapião familiar[13] e o direito real de habitação[14], por exemplo. A rigor, cuida-se de tutela da moradia como

---

9. Os ministros do Supremo Tribunal Federal (STF), ao julgarem a Ação Direta de Inconstitucionalidade (ADI) 4277 e a Arguição de Descumprimento de Preceito Fundamental (ADPF) 132, reconheceram a união estável para casais do mesmo sexo. No julgamento, o Relator Ministro Ayres Britto argumentou que o artigo 3º, inciso IV, da CF veda qualquer discriminação em virtude de sexo, raça, cor e que, nesse sentido, ninguém pode ser diminuído ou discriminado em função de sua preferência sexual. "O sexo das pessoas, salvo disposição contrária, não se presta para desigualação jurídica", observou o ministro, para concluir que qualquer depreciação da união estável homoafetiva colide, portanto, com o inciso IV do artigo 3º da CF.

10. Em apurada síntese: "Trata-se de identificar a *ratio* das normas que se pretende interpretar. Quando informadas por princípios relativos à solenidade do casamento, não há que se estendê-las às entidades familiares extramatrimoniais. Quando informadas por princípios próprios da convivência familiar, vinculada à solidariedade dos seus componentes, aí, sim, indubitavelmente, a não aplicação dessas regras contraria os ditames constitucionais" (TEPEDINO, Gustavo. Novas formas de entidades familiares: a família como instrumento para promoção da dignidade humana. In: TEPEDINO, Gustavo. *Temas de direito civil*. Rio de Janeiro: Renovar, 1999, p. 339).

11. A Lei 8.971/1994 veio posteriormente para regular o direito dos companheiros a alimento e sucessão, seguida da 9.278/1996, regulamentando o dispositivo constitucional.

12. CC, "Art. 1.711. Podem os cônjuges, ou a entidade familiar, mediante escritura pública ou testamento, destinar parte de seu patrimônio para instituir bem de família, desde que não ultrapasse um terço do patrimônio líquido existente ao tempo da instituição, mantidas as regras sobre a impenhorabilidade do imóvel residencial estabelecida em lei especial. Parágrafo único. O terceiro poderá igualmente instituir bem de família por testamento ou doação, dependendo a eficácia do ato da aceitação expressa de ambos os cônjuges beneficiados ou da entidade familiar beneficiada".

13. CC, "Art. 1.240-A. Aquele que exercer, por 2 (dois) anos ininterruptamente e sem oposição, posse direta, com exclusividade, sobre imóvel urbano de até 250m² (duzentos e cinquenta metros quadrados) cuja propriedade divida com ex-cônjuge ou ex-companheiro que abandonou o lar, utilizando-o para sua moradia ou de sua família, adquirir-lhe-á o domínio integral, desde que não seja proprietário de outro imóvel urbano ou rural. (Incluído pela Lei 12.424, de 2011) § 1º O direito previsto no caput não será reconhecido ao mesmo possuidor mais de uma vez".

14. CC, "Art. 1.831. Ao cônjuge sobrevivente, qualquer que seja o regime de bens, será assegurado, sem prejuízo da participação que lhe caiba na herança, o direito real de habitação relativamente ao imóvel destinado à residência da família, desde que seja o único daquela natureza a inventariar."

direito fundamental da pessoa humana. O enunciado da Súmula do Superior Tribunal de Justiça 364 bem demonstra o titular da tutela: "o conceito de impenhorabilidade de bem de família abrange também o imóvel pertencente a pessoas solteiras, separadas e viúvas". São titulares as pessoas, independentemente do seu estado civil, porque o objeto a ser protegido é a moradia e o titular é a pessoa.

No bem de família, protege-se a moradia entre vivos, das dívidas dada sua impenhorabilidade. No direito real de habitação, o cônjuge ou companheiro[15] mantém o direito de habitar o imóvel residencial da família, mesmo que não seja meeiro ou herdeiro do mesmo. Na usucapião familiar, adquire-se a propriedade integral do imóvel que divida com ex-cônjuge ou ex-companheiro que abandonou o lar, também para preservar a moradia. Muito embora distintos em sua estrutura e natureza, tais institutos têm em comum a proteção da moradia no âmbito familiar em confronto com outros interesses, também relevantes, que cedem espaço diante da essencialidade da habitação.

Na locação residencial, o direito de moradia é assegurado pela sucessão contratual na hipótese de morte do locador e do locatário. Nessa direção, a morte do locador não extingue a locação, que se transmite aos herdeiros (Lei 8.245/1991, arts. 2º e 10), mantendo-se íntegra a habitação dos ocupantes do imóvel. Da mesma forma, a morte do locatário não extingue *tout court* a locação. Morrendo o locatário, nas locações com finalidade residencial, ficam sub-rogados nos seus direitos e obrigações o cônjuge sobrevivente ou o companheiro e, sucessivamente, os herdeiros necessários e as pessoas que viviam na dependência econômica do *de cujus*, desde que residentes no imóvel (Lei 8.245/1991, art. 11, I)[16].

O cônjuge ou companheiro residente no imóvel alugado, portanto, possui direito à sub-rogação legal do contrato de locação. Trata-se da chamada sub-rogação subjetiva, na qual há substituição da titularidade. O dispositivo legal institui uma ordem de preferência para a sub-rogação: 1) cônjuge ou companheiro; 2) herdeiros necessários; 3) dependentes do locatário. São herdeiros necessários o cônjuge, descendentes, ascendente (CC, art. 1.845). Entende-se o companheiro também como herdeiro necessário embora o art. 1.845 do Código Civil não o mencione[17]. De qualquer modo, a ordem legal na sucessão do contato de locação não é a mesma ordem da vocação hereditária (CC, art. 1.829). Entre os demais herdeiros necessários não há preferência legal, de modo que a todos é faculta-

---

15. Embora o art. 1.831 do Código Civil não mencione expressamente o direito real de habitação ao companheiro, a jurisprudência se firmou no sentido de atribuir ao companheiro sobrevivente o direito real de habitação (STJ, 4ª T, REsp 1329993, Rel. Min. Luis Felipe Salomão, julg. 17.12.2013).

16. Se o ocupante não é sucessor da locação, a desocupação do imóvel deve ser obtida por meio de ação possessória, não de despejo: "Apelação cível. Ação de despejo ajuizada contra ocupante do imóvel. Morte da locatária. Sentença de procedência. 1.No caso de morte do locatário, o artigo 11, inciso I, da Lei do Inquilinato somente autoriza a permanecerem no imóvel locado, com fins residenciais, o cônjuge sobrevivente ou o companheiro, os herdeiros necessários e as pessoas que eventualmente viviam na dependência do de cujus e que já residissem no imóvel. 2.Todavia, não há como se reconhecer a legitimidade passiva ad causam da apelante, uma vez que, como se sabe, o réu na demanda de despejo é o locatário, sublocatário, ou cessionário da locação, sendo eventual ocupante pessoa estranha à relação jurídica deduzida em juízo. 3.Nesse contexto, imperiosa a extinção do processo sem resolução do mérito, que permite à parte ajuizar a competente ação possessória apta a postular seu direito. Recurso conhecido e provido para extinguir o processo sem resolução do mérito, na forma do art. 485, VI, do CPC/15" (TJRJ, 11ª CC, Ap. Cív. 0424025-53.2013.8.19.0001, Des. Rel. Fernando Cerqueira Chagas, julg. 28.02.2018).

17. Ao declarar a inconstitucionalidade do art. 1790 do Código Civil, o Supremo Tribunal Federal não enfrentou a qualificação do companheiro como herdeiro necessário, por entender que não houve discussão a respeito do tema. No Superior Tribunal de Justiça, de forma lateral – porque esse não era o tema do recurso afirmou-se que na ausência de descendentes e ascendentes, o companheiro herda na integralidade, salvo disposição testamentária da parte disponível, a indicar que seria herdeiro necessário (STJ, 3ª T., REsp 1357117/MG, Rel. Min. Ricardo Villas Bôas Cueva, julg. 13.03.2018).

do a exercer a sub-rogação sozinhos ou conjunta e solidariamente. Na falta de herdeiros necessários, pessoas dependentes do locatários que residiam no imóvel locado também poderão sub-rogar-se. A ordem legal não pode ser modificada voluntariamente, por ser preceito imperativo[18].

A sub-rogação do contrato nessa hipótese opera em favor do cônjuge ou companheiro que vivia com o falecido no imóvel locado na data da morte, dando continuidade à sua residência naquele imóvel. "O objetivo é preservar suas presenças no imóvel, onde já se encontravam, evitando-lhes agravar o trauma, com a ameaça do despejo"[19]. Cabe observar que a coabitação não é obrigatória aos casados ou companheiros[20]. Com efeito, se inexiste coabitação, não há sub-rogação da locação por morte do locatário, eis que se esvazia a função protetiva da moradia do sobrevivente.

Se houve separação de fato, separação judicial, divórcio ou dissolução da união estável, a locação residencial prosseguirá automaticamente com o cônjuge ou companheiro que permanecer no imóvel (Lei 8.245/1991, art. 12). Dito diversamente, a sucessão contratual ocorrerá como consequência da situação fática de permanência no imóvel. A *ratio* é a mesma: proteção da moradia do ex-cônjuge ou ex-companheiro, que não poderia sofrer a perda do local de residência com a saída do parceiro do domicílio familiar. Observe-se que se o locatário deixa o imóvel, casa-se ou constitui nova união estável, não haverá para o cônjuge ou companheiro sobrevivente aplicação da sub-rogação por sua morte, eis que caberia a continuidade àquele que lá permaneceu após o rompimento.

4. EFEITOS DA SUB-ROGAÇÃO DO LOCATÁRIO NO CONTRATO DE LOCAÇÃO RESIDENCIAL

A sub-rogação do contrato de locação importa em substituição do locatário pelo sucessor em todos os direitos e deveres contratuais. O art. 12, § 1º da Lei 8.245/1991, incluído pela Lei 12.112/2009, estabelece que a sub-rogação será comunicada por escrito ao locador e ao fiador, se esta for a modalidade de garantia locatícia. A previsão normativa indica que a sub-rogação é legal, mas não é obrigatória[21].

O interessado na manutenção da locação, poderá exercer a faculdade de se sub-rogar mediante notificação ao locador. Não se trata de novo contrato, mas continuação do vigente. Desse modo, mantém-se todas as cláusulas, inclusive prazos contratuais. Se os indicados na lei como sub-rogados não notificam o locador, mas permanecem no imóvel, a locação residencial prosseguirá automaticamente. A permanência no imóvel após o óbito, portanto, tem o efeito de promover a sub-rogação de modo tácito. A notificação, portanto, teria o condão de exteriorizar a vontade de prosseguir com a locação, como modo expresso de exercício da faculdade de sub-rogar-se. Isto porque a sub-rogação nesse caso é legal e opera mesmo contra a vontade do locador; o locatário que não quiser deverá desocupar

---

18. Nesse sentido, vide DINIZ, Maria Helena. *Lei de locações de imóveis urbanos comentada*. 13. ed. rev. e atual. São Paulo: Saraiva, 2014, p. 108.

19. SOUZA, Sylvio Capanema de. *A lei do inquilinato*, cit., p. 90.

20. Cf. o enunciado da súmula 382 do STF: "A vida em comum sob o mesmo teto, more uxório, não é indispensável à caracterização do concubinato".

21. "Ao contrário do que muitos imaginam, a sub-rogação não é automática e obrigatória. Se não convier ao cônjuge ou companheiro sobrevivente, ou aos herdeiros necessários, ou às demais pessoas referidas na lei, manter o vínculo, nele sub-rogando-se, poderão desocupar o imóvel, devolvendo-o ao locador, independentemente de multa, já que se trata de hipótese de resolução não culposa" (SOUZA, Sylvio Capanema de. *A lei do inquilinato*, cit., p. 92).

7 • SUCESSÃO DO CÔNJUGE E DO COMPANHEIRO NA LOCAÇÃO DE IMÓVEL RESIDENCIAL

o imóvel e entregar as chaves. Nada impede que, de outro modo, o locador notifique o familiar ou dependente do locatário falecido ou que deixou o domicílio familiar para que se manifeste em certo prazo acerca do interesse ou não de continuar o contrato.

Eventuais dívidas locatícias, existentes ao tempo da sucessão, são dívidas da herança e por elas responde o espólio[22]. Contudo, se há sub-rogação o sub-rogado também responde pessoalmente pela dívida[23]. Nesse caso, haverá solidariedade entre o sucessor e o espólio do locatário, segundo o art. 2º da Lei 8.245/1991[24]. Uma vez que a dívida interessa exclusivamente ao espólio, se o sub-rogado pagar os débitos anteriores, poderá se ressarcir integralmente[25]. Desse modo, se com a morte do locatário o locador promove ação de despejo cumulada com cobrança de aluguéis, o sucessor poderá impedir o despejo, comprovando-se a hipótese de sub-rogação legal, mas não poderá se eximir do pagamento ao assumir a posição de locatário.

Em regra, na sub-rogação também as garantias permanecem, na medida em que não há um novo contrato, e sim sua continuidade. Entretanto, sendo a fiança baseada na pessoa do afiançado, pois alicerçada na confiança, poderá ocorrer a exoneração do fiador. O fiador poderá exonerar-se das suas responsabilidades no prazo de 30 (trinta) dias contado do recebimento da comunicação oferecida pelo sub-rogado, ficando responsável pelos efeitos da fiança durante 120 (cento e vinte) dias após a notificação ao locador (Lei 8.245/1991, art. 12, § 2º). Se não providenciar sua exoneração, permanecerá obrigado até a entrega das chaves, salvo disposição contratual em contrário (Lei 8.245/1991, art. 39).

---

22. Nesse sentido, vide TJRJ, 15ª CC, Ap.Cív. 0011451-78.2004.8.19.0001, Des. Rel. Horácio dos Santos Ribeiro Neto, julg. 20/10/2015.

23. Note-se que no despejo por falta de pagamento a cobrança da dívida pode ocorrer em ação autônoma: "Agravo de instrumento. Ação de despejo por falta de pagamento sem pretensão de cobrança de aluguéis e encargos da locação. 1. Pretende o Recorrente, o provimento do recurso para que seja mantido na posse do imóvel e a suspensão de eventual decisão liminar de despejo, determinando-se, ainda, que a parte Autora promova a regularização do polo passivo da demanda, mantendo-se os demais litisconsortes passivos da ação, sob pena de extinção do feito sem julgamento do mérito. 2. Trata-se o feito de origem de Ação de Despejo Por Falta de Pagamento sem cobrança de aluguéis e encargos da locação, em que alega a Autora, ora Agravada, ter celebrado contrato de locação para fins residenciais com os Réus, ora Agravante e Interessadas, acima informados, do imóvel à Rua Rio Grande do Sul, n. 70, Casa 05, Méier, Rio de Janeiro, pelo prazo de 30 (trinta) meses, com aluguel no valor de R$1.250,00 (mil e duzentos e cinquenta reais), estando os Réus/Agravante e Interessadas, em débito com os alugueres e demais encargos desde 05.04.2017. 3. Magistrado a quo que reconsiderou, parcialmente, a decisão recorrida, para determinar a reinserção da terceira Ré Shirley Schiling Pan no polo passivo da ação e manter a exclusão do Espólio de Isabel Brandão de Faria Santos. 4. Contrato de locação firmado pelas partes em 28/11/2013 e falecimento da Locatária – 1ª Interessada em 20/04/2016. 5. Art. 11, Inciso I, da Lei 8.245/91, que dispõe que em caso de morte do Locatário, ficarão sub-rogados nos seus direitos e obrigações, nas locações para fins residenciais, o cônjuge sobrevivente ou o companheiro e, sucessivamente, os herdeiros necessários e as pessoas que viviam na dependência econômica do de cujus, desde que residentes no imóvel. 6. Recorrente que é filho da Locatária já falecida, como faz certo o documento de identidade constante dos autos de origem – (Index 000054, fls. 54 e 59). 7. Ação de origem, em que se pretende, tão somente, o despejo dos Locatários, sem pretensão de cobrança de valores referentes aos alugueres em atraso. 8. Agravante que poderá, em momento oportuno, em sendo julgado procedente a ação de despejo, ajuizar, ação própria contra quem de direito, para fins de ressarcimento de eventuais valores que entender lhe serem devidos. 9. Recurso prejudicado, em razão da perda superveniente do objeto, na forma do artigo 932, Inciso III, do Código de Processo Civil, no que tange a manutenção no polo passivo da Ré Shirley Schiling Pan e, negado provimento, quanto a pretensão de reinserção no polo passivo do espólio de Isabel Brandão de Faria Santos" (TJRJ, 25ª CC, Ag. Inst. 0032037-80.2020.8.19.0000, Des. Rel. JDS Isabela Pessanha Chagas, julg. 04.11.2020).

24. Lei 8.245/1991, "Art. 2º Havendo mais de um locador ou mais de um locatário, entende-se que são solidários se o contrário não se estipulou.

Parágrafo único. Os ocupantes de habitações coletivas multifamiliares presumem-se locatários ou sublocatários".

25. CC, "Art. 285. Se a dívida solidária interessar exclusivamente a um dos devedores, responderá este por toda ela para com aquele que pagar".

Com a exoneração do fiador, deverá o locador notificar o locatário para oferecer nova garantia. Se o locatário não assim proceder, caberá ação de despejo com liminar para desocupar o imóvel em 15 dias (Lei 8.245/1991, art. 59, §1º, II) [26]. Entende-se que "o locatário não está obrigado a oferecer a mesma modalidade de garantia, ou seja, um novo fiador, podendo se valer das demais previstas em lei, desde que consideradas idôneas pelo locador"[27]. A recusa, entretanto, há de ser justificada, ou poderá configurar abuso de direito consubstanciado no art. 187 do Código Civil a impedir o despejo e a declaração, por sentença, da eficácia da garantia oferecia em substituição ao fiador que se exonerou[28].

5. NOTAS FINAIS

A teoria contratual não encontra fundamento apenas na autonomia privada. O contrato tem uma função social e, certas vezes, existencial. É o caso da locação residencial. A função protetiva da moradia do locatário, da sua família e dos dependentes que residam no imóvel alugado bem demonstra os valores tutelados, condizentes com os preceitos constitucionais.

O imóvel residencial não é um bem qualquer, mas um bem a serviço do local de moradia do locatário e do núcleo social que com ele habite. A neutralidade dos bens resta assim superada por sua função, que dever ser observada para a qualificação da relação jurídica, e seus correlatos efeitos.

Nessa perspectiva, o estudo da sucessão do cônjuge e do companheiro na locação de imóvel residencial observa o seu caráter *intuitu familie*, a garantir a continuidade contratual na falta do locatário. Trata-se da saída do locatário do imóvel por morte, separação de fato, separação judicial, dissolução de união estável e permanência do seu cônjuge, companheiro, herdeiros necessários ou dependentes que viviam no imóvel.

A Lei 8.245/1991 contém normas de ordem pública, cogentes, inafastáveis por disposição voluntária. E com esse peso, seus artigos 11, I e 12 impõem a sub-rogação do contrato de locação residencial por morte do locatário, assim como nas hipóteses de rompimento da vida em comum. Tais normas vão ao encontro do viés social e existencial da locação de imóvel residencial. Se além do locatário, viviam no imóvel certas pessoas – que a lei define – o contrato pode continuar a fim de garantir o atendimento da função do contrato. Ressalte-se que é no caso concreto que a função específica se revela, porque há sub-rogação para o cônjuge ou companheiro que residia naquele imóvel, do herdeiro necessário que residia no imóvel, do dependente que residia no imóvel. Ao cônjuge, companheiro e herdeiro necessário ocorre a sub-rogação em razão do vínculo familiar com o locatário e sua necessidade de moradia. Para outros que residam no imóvel apenas se houver relação de dependência com o locatário.

A continuidade do contrato de locação não é obrigatória. Contudo, ao ocorrer haverá a sub-rogação legal, nos direitos e deveres contratuais. Entre os principais efeitos decorrentes, destaca-se: i) responsabilidade solidária pelos débitos presentes e futuros; ii) transmissão dos direitos de uso e gozo decorrentes da locação; iii) manutenção do

---

26. Esse o entendimento do homenageado, SOUZA, Sylvio Capanema de. *A lei do inquilinato*, cit., p. 94.
27. SOUZA, Sylvio Capanema de. *A lei do inquilinato*, cit., p. 94.
28. SOUZA, Sylvio Capanema de. *A lei do inquilinato*, cit., p. 94.

prazo de vigência; iv) possibilidade de exoneração do fiador e dever do novo locatário de oferecer garantia equivalente.

Assim, o morar fica garantido. E, ao mesmo tempo, o locador tem a segurança da manutenção das mesmas condições contratuais avençadas com o locatário anterior.

8
ALIENAÇÃO DE BEM LOCADO E CLÁUSULA DE VIGÊNCIA (OU DE RESPEITO): ORIGENS, VICISSITUDES E RELEITURA COM BASE NOS PRINCÍPIOS DA BOA-FÉ E DA FUNÇÃO SOCIAL DA PROPRIEDADE

Marcos Alcino de Azevedo Torres

Mestre e Doutor em Direito Civil pela UERJ. Prof. Adjunto do Departamento de Direito Civil da UERJ. Professor da graduação e da pós-gradução da UERJ. Desembargador no Tribunal de Justiça do Estado do Rio de Janeiro.

Vitor Gabriel de Moura Gonçalves

Mestre em Direito de Empresa e Atividades Econômicas pela UERJ. Advogado.

Sumário: 1. Introdução. 2. Notícia histórica do princípio "venda rompe locação". 3. Tratamento da questão nos principais sistemas codificados. 4. O estado atual da arte no direito brasileiro. 4.1 Visão geral da questão. 4.2 O sentido da expressão "alienação". 4.3 Da locação para fins comerciais. 4.4 Natureza jurídica da cláusula de vigência da locação na hipótese de alienação. 4.5 Oposição do locatário à denúncia do adquirente. 4.6 Registro do título aquisitivo como requisito para a denúncia. 4.7 Averbação do contrato de locação. 4.8 Prazo para denúncia da locação. 4.9 Prazo para desocupação. 4.10 Aspectos registrais. 5. Releitura do tema e conclusão.

1. INTRODUÇÃO

Tendo sido agraciados com o honroso convite dos organizadores para participar de uma obra em homenagem ao advogado, desembargador e após sua aposentadoria no Tribunal de Justiça do Rio de Janeiro, novamente advogado Sylvio Capanema de Souza, professor ilustre de uma geração de juristas notáveis, conferencista de renome e exemplo de atuação moral e profissional, que nos deixou nesse ano de 2020, após brava luta contra a Covid-19, pandemia que assolou e ainda assola o mundo desde o ano de 2020, trazendo incertezas e inseguranças a todos nós, provocando uma mudança estrutural na vida em sociedade e nas pessoas em particular, criando um ambiente de medo e pavor, em especial agora com a chamada segunda onda de contaminação (final de 2020 e início de 2021). Apenas para registro, no Brasil de março de 2020 até janeiro de 2021 teriam sido contaminadas cerca de 8.413.105 pessoas e levadas a óbito cerca de 209.868 pessoas conforme noticiam os órgãos de imprensa.

O tema objeto deste ensaio ainda não tinha despertado atenção especial dos autores deste texto considerando que tem lugar comum na tradição de nosso direito civil pelo menos desde o código civil de 1916 a aplicação do princípio "venda rompe a locação" (*emptio tollit locatum*)[1] até que instigados pelos coordenadores desta obra, empreendeu-se pesquisa investigativa visando apontar aos leitores qual teria sido a inspiração de nosso sistema para adotar referido princípio, em especial porque alguns dos principais sistemas também de inspiração romano-germânica como o nosso adotaram solução diversa da que adotamos.

Pretende-se então neste texto analisar a questão relativa a subsistência ou não da locação na hipótese de alienação de imóvel que é objeto de contrato de locação em vigor em seus diversos aspectos a começar pela origem histórica do princípio, a verificação da fonte de inspiração do art. 1.197 do CC/16 que cuidou do assunto de modo específico, o exame do pensamento dos autores a respeito tema bem como julgados que analisaram sua aplicação.

Registre-se que concordamos com Pontes de Miranda quando afirma que a aplicação do princípio de que a venda rompe a locação decorre do absolutismo do direito de propriedade vigente no direito romano, considerando que em tese, cada proprietário aluga para seu tempo e que "cada dômino tinha (e exercia) o seu direito e as suas pretensões, como se, a respeito daquela coisa, *só ele*, no mundo, fosse interessado"[2], o que reforça a ideia, nos dias atuais, que devemos confrontar a aplicação do princípio com as modificações ocorridas no direito de propriedade e das obrigações por força do princípio da função social e da boa-fé.

2. NOTÍCIA HISTÓRICA DO PRINCÍPIO "VENDA ROMPE LOCAÇÃO"

Embora se reconheça a influência do direito romano sobre o direito das nações,[3] talvez por ter sido, como afirma Marcelo Caetanos, "a mais profunda das colonizações" que "persistiu por oito séculos" fazendo de bisonhas tribos primitivas gente "integrada à sua maneira na grande civilização"[4] que espalhou na Europa atingindo a Portugal e por consequência da colonização, influenciou também na formação de nosso ordenamento, não se pode ignorar que o direito dos colonizadores vai se amoldando gradativamente às peculiaridades do povo e da terra colonizada.[5]

Por consequência tem-se que reconhecer a influência gerada pelo direito romano no direito português que vigeu por aqui ao tempo das Ordenações Afonsinas, Manuelinas e Filipinas, até que surgisse regras jurídicas próprias e como era natural, sob a influência do país colonizador.

No direito romano a questão relativa aos impactos da venda do imóvel locado na vigência do contrato de locação gerou solução diferentes conforme a época. Quando se admitia o rompimento da locação, por ser o adquirente do bem pessoa estranha ao contrato firmado pelo alienante, concedia-se ao locatário o direito de buscar perdas e danos perante

---

1. Neste texto os autores adotaram tanto a expressão arrendamento quanto locação considerando que entre nós, em princípio não há diferença nesta modalidade contratual, salvo pela regulação diversa decorrente da natureza do bem objeto do contrato: móveis, imóveis, urbanos, rústicos.
2. MIRANDA. Pontes de. *Tratado de Direito Privado*. Parte Especial, 2. ed. Editor Borsoi, 1962, t. XL, p. 218.
3. IHERING, Rudolf Von. *O Espírito do Direito Romano*, Alba Editora, vol. I, RJ, 1943 (Trad. Rafael Benaion), p. 14-15.
4. CAETANO, Marcelo. *As Sesmarias no Direito Luso-Brasileiro*. Estudos de Direito Brasileiro e Português, Ed. RT, SP, 1980, p. 10-11.
5. Interessante registro histórico sobre o Direito Português e sua influência na formação do Direito Civil Brasileiro, traz Moreira Alves no artigo: "A Contribuição do Antigo Direito Português no Código Civil Brasileiro, *Estudos de Direito Brasileiro e Português*, SP: Ed. RT, 1980, p. 29 e ss.

o locador-alienante pelo rompimento do contrato, salvo se o alienante tivesse reservado o direito de alienar a coisa durante a vigência da locação. Apesar da venda da coisa o contrato de locação existia, era válido, mas perdia a eficácia para forçar o adquirente a respeitá-lo.[6]

Num primeiro momento, que aplicava a regra da venda rompe locação sem ressalvas, justificava-se porque o locatário não era considerado possuidor mas sim detentor, portanto a posse ficava adstrita ao proprietário "(L. 25, § 1, D., de *adquirenda vel amittenda possessione*, 42, 2) : per colonos et inquilinos aut servos nostros possidemus"[7], da leitura dos textos chegava-se a conclusão "que se concebia cessão ipso iure do contrato de locação, – o locatário não tinha posse. Era a pomposa e despótica propriedade romana, indiferente às relações jurídicas obrigacionais."[8]

No direito romano clássico e no Justinianeu conforme salienta Pontes de Miranda pela regra L.15 §1, D, locati conducti, 19, 2; L. 9, C., de locato et conducto, 4.65: " O comprador do fundo certamente não está obrigado a conservar o colono a quem o dono anterior o deu em locação, se não comprou com essa cláusula. Mas, se provar que, por algum pacto, consentiu em que permaneceria na mesma locação, ainda que tenha sido sem escrita, está constrangido a cumpri-lo por ação de boa fé", admitindo a cláusula de respeito pelo adquirente, ainda que sem escrito, em decorrência de pacto entre o locador-alienante e o adquirente.[9]

Moreira Alves assinala que não se extinguia a *locatio conductio rei* com a morte dos contratantes e "nem quando a coisa locada é vendida, pois embora o novo proprietário (uma vez que o locatário não tem direito real) exija a entrega da coisa locada, o locatário continua a dispor, contra o locador, da *actio conducti* para ser ressarcido do dano decorrente da privação do uso da coisa – por isso mesmo, era comum o locador, ao vender a coisa locada, convencionar com o comprador que este respeitaria a locação".[10]

Dando um salto histórico para o século XV e mais próximo da formação de nosso sistema jurídico e antes da era das codificações, nas Ordenações Afonsinas ou Código Afonsino uma das primeiras coletâneas de leis da era moderna criada pelo Rei de Portugal Dom Afonso V vindo a lume no ano de 1446 a qual estabeleceu regras para interpretar o direito canônico e o direito romano no Reino de Portugal, no Livro IV, Título 43 cuidou da questão da venda da coisa objeto de contrato de locação com prazo inferior a 10 anos, assinalando que não estaria o "dito comprador theudo de manter o dito contrauto d´aluguer, ou arrendamento, ao dito rendeiro, ou alugueiro, mas pode-lo-á com Direito demandar a constranger, que lhe deixe a dita cousa sem embargo do alugamento, ou arrendamento que lhe foi feito: salvo se no dito contrauto de compra e venda foi acordo entre as partes, a saber, o comprador, e o vendedor, que o dito comprador mantenha ao alugador, ou arrendador, o contrauto de renda, ou aluguer, que lhe assy foi feito pelo dito vendedor: ou se o dito vendedor no dito contrauto d´arrendamento, ou aluguer obrigou geralmente, ou especialmente a dita cousa arrendada, ou alugada" para garantia de cumprimento do contrato, estará também o comprador obrigado a respeitar o contrato de locação.[11]

---

6. MIRANDA. Pontes de. *Tratado de Direito Privado. Parte Especial*, 2. ed. Editor Borsoi, 1962, t. XL, p. 224.

7. Idem, p. 218.

8. Idem, p. 220.

9. Idem, idem, p. 222.

10. MOREIRA ALVES, Jose Carlos. *Direito Romano*, Forense, RJ., v. II, 3. ed., 1980, p. 216.

11. MIRANDA. Pontes de. *Tratado de Direito Privado*. Parte Especial, 2. ed. Editor Borsoi, 1962, t. XL, p. 227. Transcrito como no original.

As ordenações Manuelinas compilaram em 1512 (primeiro livro) toda legislação portuguesa que vigorou até 1603 tendo sido o primeiro livro impresso em Portugal e ao tempo que o reino se lançava a descobertas e posse de novas terras de que modo que as regras constantes das ordenações aplicavam-se também às colônias como ocorreu no Brasil, tendo regulado a questão do mesmo modo que as ordenações Afonsinas.

As ordenações Filipinas estabelecidas pelo rei Filipe II da Espanha durante o domínio castelhano sobre Portugal, mas que, ao fim da União Ibérica, por determinação de D. João IV continuaram vigentes em Portugal (o que perdurou até o primeiro código civil português de 1867, Código Seabra), manteve no Livro IV, Título 9, a sistemática das ordenações anteriores, acrescentando no entanto, na parte que hoje chamaríamos de caput de um artigo de lei, uma regra no sentido de que se o comprador consentira de alguma maneira, depois da compra "que fosse cumprido ao rendeiro, ou alugador o seu contrato, que lhe foi feito pelo vendedor" a alienação não rompia o contrato de arrendamento e incluiu-se um parágrafo primeiro no sentido de que em qualquer caso que não fosse respeitado o contrato o locatário, arrendador teria direito a receber perdas e danos.[12]

Já na era das codificações essas regras foram compiladas por Teixeira de Freitas no art. 655 da Consolidação das Leis Civis fixando que o comprador não estaria obrigado a respeitar a locação, salvo as exceções previstas no art. 656:

> Art. 656. Nega-se este direito ao comprador da cousa alugada, ou arrendada:
>
> § 1º Se no contracto da compra e venda obrigou-se a respeitar a locação;
>
> § 2º Se depois do contracto consentio na conservação do locatário por qualquer modo.
>
> § 3º Se a cousa arrendada foi geralmente, ou especialmente, hypothecda ao cumprimento da locação; ....[13]

No Esboço do Código Civil, Teixeira de Freitas cuidou do assunto de modo semelhante mas com diversas hipóteses no seu art. 2481 que contém 11 hipóteses, dentre elas as acima indicadas (§§ 1º, 3º) e até o art. 2487, fixando contudo a premissa de que a alienação total da coisa feita pelo locador resolve a locação por prazo determinado (art. 2478).[14]

Seguiu-se com a edição no nosso código civil de 1916, onde seu art. 1.197 estabeleceu que a alienação da coisa durante a locação rompia o pacto locatício, salvo cláusula existente no referido contrato e ainda que esse contrato constasse do registro público, no caso de imóveis, o registro de imóveis que hoje conhecemos e no caso de móveis, em cartório de títulos e documentos. Com exceção da exigência de registro (algo também mais moderno) adotou a regra romana de respeito do contrato de locação desde que preenchidos alguns requisitos.

João Luiz Alves em seu Código Civil Anotado lançado em 1917 trouxe críticas ao texto aprovado ao refletir sobre o art. 1.197 do CC/16, salientado que os "projectos contém preceito diverso do adopatado pelo Cod.: para elles, o adquirente só é obrigado pela locação anterior á acquisição, se, ao realizal-a, a isso se comprometer;... É incontestável que a modificação feita pelo Cod., fundada no fim a que se destina o registro publico – que é fazer valer erga omnes – as declarações delle constantes, pela presumpção de direito de que são todas conhecidas, garante, com justiça, os direitos do locatário contra as suprezas

---

12. Idem, idem, p. 228.
13. Consolidação das Lei Civis, 3. ed., Rio de Janeiro, H. Garnier, Livreiro-Editor, 1896, p. 438.
14. Código Civil. Esboço por A. Teixeira de Freitas. *Ministério da Justiça e Negócios Interiores*. Serviço de Documentação. 1952, p. 786-790.

8 • ALIENAÇÃO DE BEM LOCADO E CLÁUSULA DE VIGÊNCIA (OU DE RESPEITO)

97

de que póde ser victima, pela alienação da coisa locada. Essa providencia não impede que, em sua falta, o adquirente se commetta a respeitar a locação, isto é, não impede o uso do preceito dos projectos." Arremata referido autor:

> "Pensamos que nada impede que o arrendamento possa ser garantido, na hypothese do artigo, além do modo por elle estabelecido: 1° pelo compromisso do adquirente, no instrumento da acquisição... Corrêa Telles (Dig. Port. III, 385), desejava a revogação do dispositivo das Ordenações "por lhe parecer contrário ás regras da boa razão, o princípio de que o arrendamento se extingue com a venda da coisa arrematada."[15]

Não se pode olvidar de que depois do nosso código que ditou regras gerais de direito privado passaram a surgir regras especiais de modo separado do código civil, num movimento que se chamou de fuga dos códigos, uma vez que não ocorreu somente no direito brasileiro. Nesse ponto vale referência as leis emergências para a locações prediais urbanas, até se estabilizar na Lei 4494/64, sucedida pela Lei 6649/79 e por último na Lei 8.245/91. Refiro-me em especial ao Dec. Lei 9669 de 1946 que nos seu art. 16 dizia que ressalvada a hipótese do art. 1.197 do CC/16 o adquirente estava obrigado a respeitar a locação, só admitindo a denúncia cheia (motivada) prevista no art. 18 da mesma lei e ao art. 14 da Lei 1.300 de 1950, que de modo direto estabeleceu que o novo proprietário é obrigado a respeitar a locação, salvo as exceções do art. 15 (hipóteses autorizativas de despejo) e, no parágrafo único referido art. 14 adotou regra semelhante ao 1.197 do CC/16, para estabelecer que nestas hipóteses o adquirente só poderá despejar o locatário em algumas hipóteses do art. 15, como v.g. falta de pagamento (inc. I); se o locatário praticar infração legal ou grave infração contratual (inc. X) e se infringir o art. 2° da Lei, que proibiu a sublocação ou empréstimo do bem sem autorização expressa do locador.

Conforme o registro de Eduardo Espínola analisando a questão da alienação do imóvel durante a vigência da locação, assinala que os atos normativos que cuidaram da locação até o advento do Dec. Lei 9669 de 1946 silenciaram sobre a questão e por conta deste silencio a orientação dos julgados era admitir o princípio do rompimento da locação se alienado o prédio locado, salvo se constasse cláusula que determinasse o respeito ao contrato de locação mesmo em caso de venda, tendo sido o contrato levado ao registro de imóveis e negava-se também a imissão de posse, se, na escritura de compra e venda, se "houvesse obrigado a respeitar o contrato de locação; quando após a aquisição, houvesse admitido a continuação da locação, estabelecendo relação *ex locato*, como, por exemplo, se recebia aluguer, ou atendia a reclamação para fazer consertos."[16]

Percebe-se então que, com as leis especiais de locação, o locatário, a despeito de ter ou não contrato com cláusula de vigência, havendo ou não registro do contrato, passa a ter uma proteção especial, consoante o interesse do estado neste tipo de relação jurídica de grande reflexo social, admitindo o rompimento do vínculo só por causas especificas, isto é, sem a possibilidade de denuncia imotivada, eis que fundada apenas na vontade do locador em declarar extinto o vínculo sem indicação de qualquer motivo.

O assunto foi regulado entre nós pelas leis que cuidaram da locação predial urbana e pelo novo código civil como se verá.

---

15. ALVES. João Luiz. *Código Civil anotado*, Rio de Janeiro, F. Briguiet e Cia, Editores-Livreiros, 1917, p. 821.
16. ESPINOLA FILHO, Eduardo. *Manuel do Inquilinato no Direito Civil Vigente*. 3. ed., Editor Borsoi, RJ, 1961, p. 385.

3. TRATAMENTO DA QUESTÃO NOS PRINCIPAIS SISTEMAS CODIFICADOS[17]

Os sistemas que aprovaram códigos civis variariam no tratamento da questão relativa a influência da alienação do imóvel que é objeto de contrato de locação em vigor. Alguns como o nosso aplicaram a parêmia "venda rompe a locação" com ressalvas e outros, inclusive alguns que serviram de fonte de inspiração de nosso primeiro código, seguiram na direção oposta, de que a locação vigente deve ser respeitada pelo adquirente do imóvel.

Tomando como ponto de partida um dos códigos mais antigos e representativo da era da codificação oitocentista, o Código Civil Francês que na redação originária do art. 1.743 estabeleceu que se a coisa fosse vendida durante a locação que tenha prazo certo de vigência, o comprador não poderá despejar o arrendatário ou o locatário, salvo se tiver reservado esse direito no contrato de locação. Numa alteração posterior, inclui-se a figura do colono parceiro, permitindo apenas o despejo para locação de prédio não rustico, desde que contenha cláusula autorizando, fixando, contudo, no art. 1.744 que no caso de despejo deverá ser o locatário indenizado, na forma do contrato se nele tiver previsão para tal e se não tiver no modo previsto no código nos art. 1.745 a 1.747, assegurando o art. 1.749 uma espécie de retenção da coisa objeto do contrato até que recebesse o locatário a indenização do locador ou do adquirente.[18]

O Código Civil Chileno de 1855 estabeleceu no art. 1.961 que extinguindo-se o direito do arrendador por fato ou culpa sua como quando vende a coisa arrendada de que é dono, dentre outras hipóteses, será obrigado a indenizar ao arrendatário em todos os casos que a pessoa que lhe sucede no direito não está obrigada a respeitar o arrendamento.[19]

No art. 1.962 caput estabelece que estão obrigados a respeitar o arrendamento: I – todo aquele a quem se transfere o direito do arrendador por um título lucrativo; II – todo aquele a quem se transfere o direito do arrendador, a título oneroso, se o arrendamento foi contratado por escritura pública, excepcionando os credores hipotecários; III – os credores hipotecários se o arrendamento foi outorgado por escritura pública inscrita no registro de conservação antes da inscrição da hipoteca.[20]

O art. 1.965 interpretado estabelece que na hipótese de desrespeito a cláusula de não alienar, terá o arrendatário somente o direito de permanecer com o arrendamento até seu termino natural e, no art. 1.965 se a coisa for adjudicada a credor ou credores em razão de execução, estes substituirão o arrendador nos direitos e obrigações sendo aplicável as disposições do art. 1.962 acima referido.[21]

O Código Civil Italiano de 1865 estabeleceu no seu artigo 1.597 que se a coisa fosse vendida o adquirente deveria respeitar a locação, salvo se o alienante não reservou no contrato de locação a faculdade de rescindir o contrato no caso de venda conforme art. 1.599 autorizava, tendo o locatário despedido direito a cobrar indenização pelos danos sofridos ao locador conforme art. 1.601. Nesse ponto salienta Ruggiero "que não é causa

---

17. Por rigor acadêmico deve ser informado ao leitor que este ensaio não se preocupou com a verificação se as regras abaixo referidas continuam todas em vigor, embora muitas ainda estejam, mas se fiou na vigência dos textos por ocasião da edição dos livros dos quais foram retirados, todos identificados nas notas de rodapé com autoria e data.
18. *Código Civil dos Franceses*, trad. Souza Diniz, Distribuidora Record, RJ, 1962, p. 240-241.
19. Código Civil. Edición Oficial de 31.08.1976 aprobada por Dec. 1.937 de 29.11.1976, del Min. de Justicia, p. 466. Tradução livre e interpretada no texto acima.
20. Idem.
21. Idem, p. 467.

8 • ALIENAÇÃO DE BEM LOCADO E CLÁUSULA DE VIGÊNCIA (OU DE RESPEITO)

de rescisão, no nosso direito, a venda da coisa locada e, em geral, a alienação que dela faça o locador" afastando-se do direito romano.[22]

Com razoável semelhança o Código Italiano de 1942 regulou o assunto nos artigos 1.599 ao 1.605. No art. 1.599 estabeleceu que o contrato de locação é oponível ao terceiro adquirente se tiver data certa anterior a alienação da coisa e nas locações de imóveis não transcritas não são oponíveis ao adquirente, salvo num espaço de tempo de nove anos a contar do início da locação. Estará, contudo, obrigado a respeitar a locação se assumiu essa obrigação perante o alienante e nessa hipótese, nos termos do art. 1.602 fica o adquirente sub-rogado nos direitos e obrigações derivadas do contrato desde o dia da aquisição.[23]

O primeiro Código Civil Português código Seabra, do ano de 1867 regulou de modo diametralmente oposto daquele constante das Ordenações Filipinas acima referidas e que vigiam em Portugal ao tempo de sua edição. No art. 1.619 do código ficou estabelecido que o adquirente do direito com base no qual fora celebrado o contrato sucede nos direitos e obrigações do locador, regra que inspirou o art. 1.057 do Código Civil Português de 1966, e, conforme lição de Pires de Lima e Antunes Varela a "translação desse vinculo é um efeito da lei, sem necessidade de alienante e adquirente a clausularem, nem possibilidade de a excluírem"[24], situação que concede ao locatário um proteção especial.

O Código Civil Argentino redigido por Velez Sarsfield de 1869 com vigência a partir de 1871, no seu artigo 1.498 estabeleceu que alienado o imóvel arrendado por qualquer ato jurídico que seja, a locação subsiste durante o tempo convencionado.[25]

O Código Civil Espanhol de 1888 cuidou do assunto no art. 1.571 assegurando ao comprador o direito de terminar com o arrendamento vigente, salvo pacto em contrário e as disposições da lei hipotecaria e, na segunda parte, fixou que se o comprador utilizar-se desse direito o arrendatário poderá exigir que lhe deixe colher os frutos que corresponde ao ano agrícola corrente e que o vendedor lhe indenize nos danos e prejuízos que lhe causou.[26]

No direito suíço, o Código Federal das Obrigações de 1888 incorporado em 1911 como livro V ao Código civil suíço de 1907, estabeleceu regra semelhante ao nosso direito pré-codificado, fixando no art. 281 que na hipótese de alienação o adquirente só está obrigado a respeitar o contrato de locação se tiver assumido essa responsabilidade, ficando, contudo, o arrendador obrigado a cumprir o contrato ou a indenizar o dano causado ao arrendatário. Contudo, na hipótese de prédio rustico, o art. 282 estabeleceu que o adquirente se sub-roga ao arrendador nos direitos e obrigações decorrentes do arrendamento,-[27]tratando de modo diverso a locação de prédio urbano e rustico, situação justificável até pelo mesmo pela importância de manter o homem no campo.

O Código Civil Alemão de 1896, outra fonte de parte de nosso código ou sua principal inspiração no dizer de Espínola Filho[28], não aplicou a regra de que a venda da coisa

---

22. RUGGIERO, Roberto. Instituições de Direito Civil. v. III, *Direito das Obrigações, Direito Hereditário*, trad. da 6. ed. italiana por Dr. Ary dos Santos. Edição Saraiva, SP, 1958, p. 338 e 340.
23. Código Civil Italiano. Trad. Souza Diniz. Distribuidora Record Editora. RJ, 1961, p. 245-246.
24. PIRES DE LIMA, Fernando A., ANTUNES VARELA, João de Matos. *Código Civil anotado*, 3. ed. rev. e actual., Coimbra Editora Ltda, 1986, v. II, p. 424.
25. *Código Civil da la República Argentina*, LexisNexis, Abeledo-Perrot, Buenos Aires, Edición de 2004, p. 279.
26. *Código Civil*, edição preparada por Jose Carlos E. Lopez, 19. ed., Tecnos, ano 2000, p. 445.
27. *Código Civil Suíço e Código Federal suíço das Obrigações*. Trad. Souza Diniz. Distribuidora Record Editóra, RJ, 1961, 196-197.
28. Repertório Enciclopédico do Direito Brasileiro, verbete "Codificação", v. IX, p. 104.

locada rompe o contrato, estabelecendo no § 571 que o adquirente se sub-roga no lugar do locador nos direitos e obrigações que decorrerem da locação, fixando ainda na segunda parte do artigo que se o comprador não respeitar a regra, o locador responde pelos danos que o adquirente tiver que indenizar, como um fiador, regra semelhante ao direito francês, desde que a coisa já esteja na posse do locatário quando a alienação.[29]

O nosso Código Civil, cujo o projeto fora elaborado final do século XIX, portanto, muito antes de entrar em vigor no século XX em 1917 estabeleceu no art. 1.197 já referenciado, que se durante a locação, for alienada a coisa, não ficará o adquirente obrigado a respeitar o contrato, se nele não for consignada a clausula da sua vigência no caso de alienação, e constar de registro público, regra que segundo Clóvis Bevilaqua teria inspiração no direito romano e que teria sido repudiada por muitos sistemas jurídicos (como acima se viu) mas que "encontrava em nossa lei civil, muitos abrandamentos, que tornavam mais tolerável o seu rigor", tais como se "no contracto de venda, o comprador se obrigou a respeitar a locação; se depois de entrar na posse da coisa comprada, consentiu na conservação do locatário; se a coisa arrendada foi hypothecada ao cumprimento da obrigação"[30], hipóteses que constaram da Consolidação das Leis Civis e no Esboço de Código Civil ambas por atuação de Teixeira de Freitas e já referidas.

4. O ESTADO ATUAL DA ARTE NO DIREITO BRASILEIRO

4.1 Visão geral da questão

Como regra, o contrato de locação estabelece relação jurídica estritamente pessoal entre locador e locatário, não aderindo ao direito real subjacente,[31] tampouco alcançando terceiros, salvo a proteção mais recentemente admitida em nosso direito, por aplicação do princípio da boa-fé e da função social do contrato. Com isso, a locação não interfere no direito de disposição do bem, o qual pode ser livremente onerado ou transmitido (onerosa ou gratuitamente), por seu titular enquanto exercício regular de seu próprio direito. Não há, por isso, em regra, que se falar em ato ilícito pela transmissão ou oneração de bem locado. Haverá ilicitude em havendo cláusula de não alienação, que não impedirá a sua alienação, mas gerará direito a indenização pelo locatário em razão da quebra de uma obrigação negativa assumida contratualmente.

Prevalece o princípio da relatividade dos contratos, de modo que a continuidade da relação locatícia dependerá da concordância, expressa ou tácita, do novo titular do domínio. A locação não é circunstância que adere ao bem, assim como sua transferência não importa em sub-rogação imediata nos direitos e obrigações do locador.[32] Nesse passo vale registrar as ponderações de Orlando Gomes a respeito:

> O direito que concede ao locatário não anula o *poder de disposição* compreendido no de propriedade. Mas, realizada a alienação da coisa locada, o adquirente depara-se com uma situação jurídica, constituída sem a

---

29. *Código Civil Alemão*. Trad. Souza Diniz. Dist Record Editora, 1960, p. 101.
30. BEVILAQUA, Clóvis. *Direito das Obrigações*. 5. ed., Livraria Editora Freitas Bastos, 1940, p. 330.
31. Pontes de Miranda registra que umas das alternativas dos juristas ao longo dos séculos para sustentar a subsistência da locação na hipótese de alienação do imóvel, foi tentar desenvolver o raciocino de que a locação gerava direito real. Tratado de Direito Privado, ob. cit. p. 223-226, passim.
32. Súmula 158 do STF: salvo estipulação contratual averbada no registro imobiliário, não responde o adquirente pelas benfeitorias do locatário.

sua participação, da qual resultam obrigações. Por ser, evidentemente, terceiro em relação ao contrato celebrado entre o alienante e o locatário, o normal seria que não fosse obrigado a cumpri-las, por ser o contrato *res inter alios acta*. Mas a aplicação do *princípio da relatividade* dos efeitos do contrato criaria, para o locatário, situação embaraçosa, pois, com a alienação da coisa, ver-se-ia frustrado na sua legítima expectativa de usá-la durante todo o prazo da locação.[33]

No mesmo sentido Sylvio Capanema como se pode ver na seguinte passagem:

A propriedade remanesce em mãos do locador, se também ele é o seu titular, o que nem sempre acontece e nem é exigido. Assim sendo, nada impede que o locador, mesmo no prazo determinado do contrato de locação, venha a alienar a coisa locada, já que a *disponibilidade é um dos poderes inerentes ao domínio*. A alienação da coisa locada, seja a título *oneroso ou gratuito*, não representa violação de obrigação do locador, e sim o regular exercício de um direito legítimo. [...]

Alienada a coisa, ainda que no curso do prazo do contrato, e sendo denunciada a locação, pelo adquirente, nenhuma indenização pode ser reclamada ao locador, mesmo que tenha o locatário, em decorrência, perdido o seu fundo de comércio. *Nenhum ato ilícito teria praticado o locador, ao alienar a coisa, a gerar, por via de consequência, o dever de indenizar*. Muito ao contrário, a alienação representa o *exercício regular de direito legítimo*, contra o qual poderia o locatário proteger-se, bastando fazer constar do contrato a cláusula de vigência.[34]

Nessa toada, a doutrina costuma utilizar-se do brocardo *emptio tollit locatum* ou *venda rompe a locação*, mas este não deve prevalecer a nosso sentir. Isso, porque, apesar de seu impacto no plano da eficácia, a relatividade do contrato de locação não é fundamento suficiente para presumir a extinção da relação jurídica pessoal com a simples transmissão. Ao contrário, o que rompe a locação é a denúncia do adquirente, o qual tem direito potestativo para decidir sobre a continuidade ou não da locação, presumindo seu silêncio como anuência, conforme assinala Sylvio Capanema em comentários ao art. 8º da Lei 8245/91:

Costuma-se dizer, sem muito apreço à técnica, que a venda rompe a locação.

Na verdade, o que rompe a locação é a denúncia, que a alienação propicia ao adquirente. Tanto assim, que nada impede que o adquirente mantenha o vínculo, aceitando a locação, caso isto lhe interesse. O que ocorre é que, não sendo o adquirente parte do contrato de locação, não está obrigado a respeitá-lo.[35]

Em sentido semelhante manifesta-se Nelson Rosenvald:

Assim, o brocardo *"venda rompe a locação"* tem a sua eficácia condicionada ao exercício da interpelação pelo novo proprietário, sob pena de prosseguimento da relação locatícia. O Código Civil não trata da matéria, mas é imperativo que o locatário não fique eternamente à mercê do exercício da denúncia pelo novo proprietário.[36]

A depender da espécie do bem locado, aplicar-se-á determinado regramento jurídico. Nesse sentido, identificam-se os seguintes: (i) bem imóvel urbano; (ii) bem imóvel rural; (iii) bem imóvel de propriedade da União Federal; (iv) bens móveis e disposição geral sobre bens imóveis; (v) bem objeto de locação comercial.

Em primeiro lugar, a *locação de bem imóvel urbano* é regulamentada pela Lei 8.245/91. Havendo alienação durante a locação, o locatário tem garantido seu direito de preferência na aquisição do imóvel na forma do art. 27, assim como o *adquirente terá direito potestativo de extinguir o contrato por denúncia vazia e tomar para si a posse direta do bem* das mãos

---

33. GOMES, Orlando. *Contratos*. Rio de Janeiro: Forense, 2009, p. 353.
34. SOUZA, Sylvio Capanema de. In: TEIXEIRA, Salvio de Figueiredo (Coord.). *Comentários ao Código Civil*. Rio de Janeiro: Forense, 2004, v. 8, p. 494 e 498.
35. SOUZA. Sylvio Capanema. *A nova lei do inquilinato comentada*. 4. ed., Forense, RJ, 1994, p. 45.
36. ROSENVALD, Nelson. In: PELUSO, Celso (Coord.). *Código Civil Comentado*. 4. ed. Barueri: Manole, 2010, p. 614.

do locatário, salvo se o contrato contiver cláusula de vigência e estiver averbado junto à matrícula do imóvel e for pactuado por prazo determinado, conforme dispõe o art. 8º da referida lei.

Contudo o art. 53 da mesma lei, impede a denúncia vazia prevista no art. 8º para o caso de locação cujos os imóveis sejam utilizados por hospitais, unidades sanitárias oficiais, asilos, estabelecimentos de saúde e de ensino autorizados e fiscalizados pelo Poder Público, bem como por entidades religiosas devidamente registradas, exceção extremamente importante em razão da natureza dos serviços públicos que são prestados nestas unidades.

Por outro lado, para os bens imóveis rurais que são locados-arrendados via contrato de arrendamento ou parceria previstos na Lei 4.504/64 denominada de Estatuto da Terra e, também no código civil, tanto velho quanto novo editou-se regra peculiar a natureza e objetivos do contrato. Ao contrário da locação urbana, o art. 92, §5º do Estatuto da Terra estabelece que a alienação ou oneração do imóvel não interrompe a vigência do contrato, ficando o adquirente desde já sub-rogado nos direitos e obrigações do alienante, regra que de um modo geral, como se viu, foi adotada por diversos sistemas para proteção da locação chamada de rústica.

Caso a locação recaia sobre bem imóvel de propriedade da União Federal aplica-se o disposto no art. 86 e ss. do Dec. Lei 9.760/46, tanto para imóveis rurais ou quanto para urbanos, não havendo regra a respeito da alienação do imóvel, que como bem público segue a rígidos padrões para sua alienação, dentre eles autorização legislativa, ressalvando que como regra o poder público quanto concede o uso de um bem de sua titularidade a alguém mesmo numa relação de direito privado, sem tem prerrogativas próprias do exercício do poder, de modo que seria totalmente incomum a União estabelecer num contrato de locação, concessão ou outro qualquer que na hipótese de alienação do bem o adquirente deveria respeitar o contrato, mas não seria impossível de imaginar por ex., quando "aliena" o próprio serviço prestado em bem de sua propriedade a terceiros, existindo no bem outros ocupantes, como ocorreu nas chamadas privatizações.

Por fim, o Código Civil de 2002 trouxe normas gerais sobre a locação de bens móveis e imóveis, ressalvando no art. 2036 a aplicação da lei que rege a locação de prédios urbanos, ressalva talvez desnecessária pelo princípio de que regra especial derroga regra geral sobre o mesmo assunto previsto na Lei de Introdução as Normas do Direito Brasileiro.

No art. 576 do CC/02 dispõe de forma semelhante ao antigo art. 1.197 do CC/16 e ao art. 8º da Lei 8.245/91 sobre a alienação do bem locado, prevalecendo a denúncia vazia como regra e sua oposição por meio de cláusula de vigência como exceção, ressalvando, de modo diverso ao velho código, atendendo a melhor técnica, a necessidade do exercício da denúncia por parte do adquirente concedendo prazo mínimo de 90 dias para despejo do inquilino.

Por sua vez há no Dec. 24.150/34, conhecido como Lei de Luvas, e que regula o direito a renovação compulsória do contrato de locação para fins empresarias preenchidos os requisitos nele previsto, uma referência à clausula de vigência, mas quando fala a respeito de contrato que tenha havido prorrogação (art. 19 § 2º), surgindo, após a edição do Decreto, controvérsia a respeito da incidência ou não do artigo 1.197 do CC/16 para as locações pelo decreto regidas, situação que será tratada em local especifico deste ensaio.

4.2 O sentido da expressão "alienação"[37]

O art. 8º da Lei 8.245/91 e o art. 576 do CC/02 permitem ao adquirente do imóvel locado realizar denúncia imotivada para rescindir o contrato de locação, se assim desejar, no prazo de 90 dias contados do registro da venda ou do compromisso.

Ao fazerem referência a expressão "alienação" do imóvel, sugerindo numa interpretação apressada que seria hipótese apenas de contrato de compra e venda e seus desdobramentos (promessa, cessão etc.). Contudo, como se verá, tal expressão comporta, quaisquer outras hipóteses em que a posse ou propriedade do imóvel é transferida seja de modo gratuito ou oneroso, como por meio de permuta, doação, dação em pagamento, legado, usufruto, ainda que o locador não tenha a propriedade plena do imóvel ou seja enfiteuta, como a doutrina desde o CC/16 já reconhecia.[38] Ressalta-se que a transmissão deverá ser a título singular uma vez que, a transmissão a título universal, mesmo que a lei assim não dispusesse pelas regras gerais do direto de sucessão, haveria substituição do finado por seu Espolio (art. 1784 do CC/02 e art. 1572 do CC/16).

Na forma do art. 577 do CC/02 (art. 1.198 do CC/16) e do 10 da Lei 8.245/91, importa na sucessão dos herdeiros na posição ocupada pelo finado no contrato de locação. Nesse sentido colhe-se em Sylvio Capanema:

> A expressão "adquirente", utilizada no artigo 8o, ao contrário do que imaginam os leigos, não se refere, exclusivamente, ao comprador, e sim, genericamente, ao que se torna titular da propriedade. E mais do que sabido que a aquisição da propriedade pode se dar a título oneroso, como no caso da compra e venda, da permuta ou da dação em pagamento, ou a título gratuito, como na hipótese da doação.
>
> (...)
>
> E que, como já dissemos, a faculdade de denunciar a locação é do adquirente do imóvel, seja a título oneroso ou gratuito, estendendo-se, portanto, ao donatário, não havendo razão para que, no § 2º, só se tenha feito referência expressa ao "registro da venda ou do compromisso", o que poderia levar o leitor desavisado a supor que só o adquirente a título oneroso poderia resilir o contrato. Andaria melhor o texto se tivesse feito referência genérica ao registro do título aquisitivo do domínio ou do compromisso, o que englobaria tanto a aquisição onerosa, quanto a gratuita.[39]

Noutra passassem o mesmo autor assinala:

> É irrelevante que a alienação se realize de forma onerosa, como acontece na compra e venda, permuta ou dação em pagamento, ou gratuita, como se dá na doação. O que importa é que a propriedade da coisa locada se transfira a terceiro, que não o locatário. Ressalte-se, entretanto, que não se equivalem a adquirentes, para o fim de denunciar o contrato, os herdeiros do locador que venha a falecer no curso da locação. Daí se infere que o adquirente, a que se refere o artigo 576, é aquele a quem se transfere o domínio por ato inter vivos, e não causa mortis.[40]

Outros autores seguem na mesma linha, como se observa em sequência Paulo Lobo e Silvio Venosa:

---

37. Neste tópico dar-se-á preferência ao exame da locação predial urbana, tema ao qual o homenageado se dedicou por longos anos de sua carreira jurídica.
38. Ver por todos SANTOS, J. M. de. Código Civil Brasileiro Interpretado. Direito das Obrigações, v. XVII, Livraria Freitas Bastos, 8ª ed., 1964, p. 115: "Realmente, com alienação, para os efeitos visados no artigo supra, não se entende somente a venda, mas, sim todas as formas pelas quais aquela se pode operar, como a permuta, a doação, o legado, o estabelecimento de usufruto etc."
39. SOUZA, Sylvio Capanema de. Lei do inquilinato comentada. 8. ed. São Paulo: Forense, 2013, p. 55 e 63, grifos nossos.
40. SOUZA, Sylvio Capanema de. In: TEIXEIRA, Salvio de Figueiredo (Coord.). Comentários ao Código Civil. Rio de Janeiro: Forense, 2004, v. 8, p. 495, grifos nossos.

O Código Civil refere explicitamente à alienação da coisa, para fazer nascer o direito do adquirente ou, quando houver cláusula de vigência do contrato, do locatário. Todavia, entende Pontes de Miranda (1972, v. 40, p. 95) que o locador pode não ser o dono, ser *enfiteuta, usufrutuário, ou mesmo locador que sublocou*, ou o locador-proprietário pode não alienar, mas sim gravar de direito real limitado (usufruto), devendo a regra legal incidir nesses casos. [41]

Como a lei fala em alienação, não há que distinguir entre negócio jurídico gratuito ou oneroso. Entende-se como participante do alcance da lei todo ato inter vivos de transferência, como a doação, a permuta, a dação em pagamento. Há, porém, necessidade de que o ato seja passível de registro imobiliário.[42]

Em relação à transmissão da posse do bem através de usufruto, a questão não é pacífica. Nesse ponto há um enunciado do TJSP de 25 de sua Seção de Direito Privado assim redigido: "O usufrutuário não se equipara ao adquirente para o fim de aplicação do art. 8° da Lei 8.245/91". Contudo, há julgados em sentido contrário, permitindo ao usufrutuário a denúncia da locação tanto do STJ quanto do próprio TJSP:

Civil – Locação residencial – Ação de despejo – Denúncia vazia – Proprietários e usufrutuários – Legitimidade ativa. 1. O dispositivo que faculta ao adquirente denunciar o contrato com o prazo de 90 dias quando a locação for por prazo indeterminado (art. 8°, da Lei 8.245/91), *não exige que o mesmo tenha adquirido a propriedade plena do imóvel, não cabendo ao intérprete criar tal exigência.* 2. Recurso conhecido e provido.[43]

Locação de imóveis – Despejo para uso próprio – Legitimidade ativa do usufrutuário – Validade da notificação. *Verificando-se hipótese na qual o usufruto em favor da autora foi instituído concomitantemente à aquisição da nua-propriedade, o usufrutuário se equipara ao adquirente para os fins do art. 8° da Lei 8.245/91,* não se aplicando o disposto na Súmula 23 do Extinto 2TAC. Embora mencionado na notificação o prazo de 30 dias para desocupação voluntária, sendo alcançado o benefício previsto pelo legislador, ante o ajuizamento da ação de despejo somente após o decurso do prazo de 90 dias, fica afastada a pretendida carência. Preliminar rejeitada, recurso improvido.[44]

A favor da aplicação do art. 8° da Lei 8.245/91 aos direitos reais de gozo, confira-se lição de Gabriel Seijo Leal Figueiredo:

A solução não é tão clara, porém, quando se criam direitos reais limitados de gozo. Se alguém não adquire a propriedade plena do bem de raiz, mas sim o direito de superfície, usufruto, uso ou habitação, terá a possibilidade de extinguir a locação? Há controvérsias sobre o tema. Entretanto, não adotamos esse entendimento. O art. 8° não menciona a transmissão do domínio como pressuposto do rompimento da locação. O caput do dispositivo emprega o vocábulo "alienado", e *o conceito de alienação não se restringe à transferência da propriedade – ao contrário, também inclui a constituição de direitos reais de gozo.* É certo que o § 2° do art. 8°, ao regular o tempo do exercício do direito de denúncia, menciona o "registro da venda ou do compromisso". Porém, parece-nos que a norma não tem a finalidade de atribuir a faculdade de resilição apenas ao adquirente da propriedade. A título de exemplo, sua exegese literal conduziria ao absurdo de impedir que adquirentes da propriedade por doação ou permuta denunciassem a locação, permitindo-o apenas a compradores e compromissários. Aliás, a redação legal é tão falha que sequer menciona o registro da cessão do compromisso, referida expressamente no parágrafo anterior. Portanto, por qualquer ângulo que se o examine, o § 2° é um caso típico de *lex minus dixit quam voluit*.[45]

Com relação à transmissão da propriedade através de legado, há divergência entre os autores quanto a possibilidade de denúncia do contrato pelo legatário adquirente. Para

---

41. LÔBO, Paulo. *Direito Civil: contratos.* 6. ed. São Paulo: Saraiva, 2020, v. III, p. 390, grifos nossos.
42. VENOSA, Sílvio de Salvo. *Lei do Inquilinato Comentada: doutrina e prática.* 15. ed. São Paulo: Atlas, 2020, p. 85, grifos nossos.
43. STJ. Resp 37.220/SP. 6ª Turma. Relator: Min. Alselmo Santiago. Julgamento em 15.10.1998. Publicação em 12.04.1999, grifos nossos.
44. TJSP. AC 9211736-10.2002.8.26.0000. 27ª Câmara do Quarto Grupo. Relator: Des. Carlos Giarusso Santos. Julgamento em 24.05.2005. Publicação em 07.06.2005, grifos nossos.
45. FIGUEIREDO, Gabriel Seijo Leal de. In: SCAVONE JUNIOR, Luiz Antonio; PERES, Tatiana Bonatti (Org.). *Lei do Inquilinato comentada artigo por artigo.* 2. ed. Rio de Janeiro: Forense, 2017, p. 33, grifos nossos.

Gustavo Tepedino, a transferência do imóvel por legado é hipótese de alienação abarcada pelo art. 8º:

> A alienação poderá se referir não apenas à compra e venda, mas também às hipóteses de permuta, doação, legado, estabelecimento de usufruto, dentre outras. [46]

Em sentido contrário posiciona-se Sylvio Capanema:

> Há, entretanto, uma exceção importante: o herdeiro e o *legatário* também são adquirentes, a título gratuito, *mas estão inibidos de denunciar a locação*, a eles não se aplicando a regra do artigo 8º. Isto porque, no caso da herança, existe regra especial inserida no artigo 10, adiante comentado, que obriga o herdeiro, *e por extensão, o legatário*, a respeitar a locação. [47]

Sylvio Capanema aponta que o art. 8º também pode ser aplicado na hipótese de constar do contrato de compra e venda de pacto de retrovenda:

> Uma hipótese bastante interessante pode surgir, quando se incluir, em um contrato de compra e venda, uma cláusula especial de retrovenda. Imaginemos que no curso do prazo do exercício do retrato, o adquirente do imóvel venha a locá-lo, do que não estará inibido, já que é ele titular da propriedade, ainda que resolúvel. Se, ao final do prazo concedido ao vendedor, decidir ele exercer o retrato, recuperando a propriedade do imóvel, o que é direito potestativo seu, poderá denunciar a locação, ao abrigo do artigo 8º? A resposta é afirmativa. *Estará o alienante original equiparado ao adquirente para efeito de denúncia, já que no momento em que exerce o direito que lhe advém da cláusula de retrovenda, recupera a propriedade.* E como não foi ele que celebrou a locação, poderá denunciá-la, se não lhe convier manter o vínculo, em decorrência do mesmo princípio da relatividade dos contratos. Por igual entendemos que tal faculdade lhe será negada se ele anuiu, expressamente, quando o adquirente celebrou o contrato de locação com o terceiro. [48]

Em relação aos compromissos de compra e venda, a denúncia imotivada somente será possível quando for celebrada em caráter irrevogável, com imissão na posse (indireta) do imóvel e título registrado junto à matrícula do mesmo. Nesse sentido, confira-se Sylvio Capanema sobre o referido dispositivo, diferenciando o compromisso rescindível daquele irrevogável:

> A irrevogabilidade impede a resolução unilateral do contrato preliminar. Ficam, então, as partes obrigadas a celebrar o contrato definitivo de compra e venda. Não se admite, em outras palavras, o arrependimento. *Não há como se confundir a cláusula de irrevogabilidade com a de rescindibilidade.* Nesta última se estabelece que o não pagamento de uma, ou de algumas, das parcelas do preço, importará na rescisão, de pleno direito, da promessa, geralmente com a perda das importâncias já pagas. Como se vê, a rescisão decorre do inadimplemento da obrigação pecuniária, assumida pelo promissário-comprador. Aliás, a cláusula de rescisão decorre da própria natureza sinalagmática do contrato. *Já a cláusula de irrevogabilidade diz respeito à resilição do contrato, ou seja, a sua dissolução pela vontade de um dos contratantes,* mesmo que adimplentes as partes. O caráter irrevogável da promessa impede, assim, a resilição unilateral, mas não a sua rescisão, já que esta decorrerá, sempre, do inadimplemento culposo. *Firmou-se a doutrina moderna no sentido de que a irrevogabilidade se presume.* No silêncio da promessa de compra e venda, considerar-se-á ser ela irrevogável. O direito de arrependimento tem de ser, assim, expresso. Para que seja possível denunciar a locação, exige-se que a promessa seja irrevogável, *para se evitar uma fraude*, já que bastaria ao locador simular uma promessa de compra e venda a um amigo, para que este denunciasse a locação, imotivadamente, para, logo depois de obtida a retomada do imóvel, se manifestar o arrependimento.

> Também é preciso que tenha havido a *imissão do promissário-comprador* ou cessionário na posse do imóvel. É evidente que não se trata da posse direta, já que o imóvel se encontra locado, pelo que o possuidor direto é

---

46. TEPEDINO, Gustavo; KONDER, Carlos Nelson; Bandeira, Paulo Greco. *Fundamentos do Direito Civil*: Contratos. Rio de Janeiro: Forense, 2020, v. 3, p. 296, grifos nossos.
47. SOUZA, Sylvio Capanema de. *Lei do inquilinato comentada*. 8. ed. São Paulo: Forense, 2013, p. 55, grifos nossos.
48. Idem, idem, p. 63, grifos nossos.

o locatário. Trata-se, aqui, da *posse indireta*. O que quer a lei é que o promitente-vendedor tenha transferido, desde logo, ao promissário-comprador, todos os *direitos decorrentes da posse, inclusive o de defendê-la*.

Finalmente, a última condição é o *registro do título junto à matrícula do imóvel*, gerando para o promissário-comprador direito real de aquisição. Neste caso, se o promitente vendedor vier a inadimplir a obrigação de celebrar o contrato de compra e venda, disporá o promissário comprador de ação de *adjudicação compulsória*, para obter o domínio.[49]

Mesmo diante de omissão legal, Sylvio Capanema também defende a aplicação do art. 8º à rescisão da promessa de compra e venda, na hipótese de locação celebrada pelo promissário comprador.

Outra questão prática instigante versa sobre o contrato de locação celebrado entre o promissário-comprador, imitido na posse do imóvel, e um terceiro, o que é perfeitamente possível. O que ocorrerá ser no curso da locação vier a ser a promessa rescindida, em razão do inadimplemento do promissário-comprador, quanto ao pagamento das parcelas do preço avençado, reintegrando-se o promitente vendedor na posse do imóvel? A lei é omissa quanto à esta hipótese, mas entendemos que se ela vier a ocorrer, *equipara-se o promitente vendedor ao adquirente, podendo ele denunciar o contrato com apoio no já tão falado princípio da relatividade.*[50]

Gabriel Figueiredo sustenta que é possível a denúncia da locação na hipótese também de compromissos de permuta, desde que pactuado com cláusula de irrevogabilidade:

Embora não haja menção no texto da Lei 8.245/1991, entendemos que a faculdade de resilição abrange os *compromissos de permuta irrevogáveis, registrados na matrícula e que prevejam a imissão de posse*. A situação é corriqueira no mercado imobiliário, com o proprietário de um imóvel se obrigando a trocá-lo com o incorporador por unidades de um prédio a ser erigido. Esse modelo de negócios – legítimo e disseminado – restaria frustrado se a locação não pudesse ser rompida. O fundamento para estender o direito de denúncia ao compromissário permutante está no *art. 533 do Código Civil, que submete a permuta ao regime jurídico da compra e venda.*[51]

Uma hipótese interessante que merece referência é aquela que resulta da aquisição de cota parte da propriedade por alguém. Nesse ponto pode-se indicar um julgado do TJSP, no qual se afirma que o *adquirente de parte ideal de condomínio* não tem direito à denúncia imotivada do contrato de locação na forma do art. 8º, se os outros condôminos ainda tiverem interesse na continuidade da locação:

Civil e processual. Ação de despejo cumulada com cobrança de aluguéis julgada improcedente. Pretensão do autor à reforma integral. *O adquirente de apenas 25% (vinte e cinco por cento) não pode denunciar o contrato de locação, com base no artigo 8º da Lei do Inquilinato, se os outros condôminos ainda têm interesse na continuidade da avença.* Incidência dos artigos 1.323 e 1.325 do Código Civil. Impossibilidade de decretação do despejo por falta de pagamento dos aluguéis, uma vez que comprovado o pagamento válido aos locadores originais. Recurso desprovido.

[Trecho do voto]: Em sendo assim, *deve prevalecer a deliberação da maioria dos condôminos*, definida pelo valor dos quinhões, nos termos dos artigos 1.323 e 1.325 do Código Civil. Assim, se os locadores originais remanescentes, detentores de 75% (setenta e cinco por cento) do valor do imóvel, têm interesse na continuidade da locação, a vontade deles deve prevalecer.[52]

Pode-se sugerir que na hipótese de aquisição de maior porção da propriedade, deve ser reconhecida a possibilidade de denuncia pelo adquirente de tal porção.

---

49. Idem, p. 60, grifos nossos.
50. Idem, p. 63, grifos nossos.
51. FIGUEIREDO, Gabriel Seijo Leal de. In: SCAVONE JUNIOR, Luiz Antonio; PERES, Tatiana Bonatti (Org.). *Lei do Inquilinato comentada artigo por artigo*. 2. ed. Rio de Janeiro: Forense, 2017, p. 31, grifos nossos.
52. TJSP. AC 0001877-06.2013.8.26.0103. 27ª Câmara de Direito Privado. Relator: Des. Mourão Neto. Julgamento em 22.11.2016. Publicação em 28.11.2016, grifos nossos.

4.3 Da locação para fins comerciais

Outra questão interessante nessa temática diz respeito à prevalência ou não na hipótese de locação de imóvel destinado à atividade empresarial, do direito à renovação compulsória do contrato, como direito básico do locatário como de regra acontece, na hipótese de alienação do imóvel locado.

Por certo que o exercício do direito de ação, como garantia constitucional é inquestionável, mas não é esse o ponto, mas sim a possibilidade de sucesso com o exercício de tal direito em face do adquirente do imóvel locado e mesmo a subsistência do vínculo em tendo resultado este de sentença proferida em ação renovatória com trânsito em julgado.

De modo veemente Buzaid destacou o caráter especial da locação para fins comerciais tanto é que se editou uma norma específica para este tipo de locação com objetivo de proteção do fundo de comércio, salientando este autor:

> Embora o Decreto 24.150 não contenha preceito especial sobre a matéria, a verdade é que do conjunto de suas disposições resulta o princípio, segundo o qual a venda não opera a rescisão da locação. Foi objetivo do legislador proteger o fundo de comércio e a atividade o comerciante estabelecido no imóvel; para esse fim atribuiu ao contrato de locação caráter continuativo e conferiu ao direito de renovação força compulsória, de modo que ele não pode desfazer-se ao arbítrio de uma das partes.[53]

No entanto, para Silvio Venosa o direito à ação renovatória não seria oponível ao adquirente, tampouco poderá, por regra de direito processual, este substituir o locador em ação renovatória em curso:

> Observe-se que tanto aqui como no artigo anterior as disposições se aplicam tanto aos *imóveis residenciais quanto aos não residenciais, e o fato de o locatário ter direito à ação renovatória ou ter obtido a renovação de contrato por essa ação não tolhe a aplicabilidade da denúncia sob exame.* Assim também ocorria sob a legislação anterior (JTACSP 100/289, 105/288). Os dispositivos encontram-se nas disposições gerais da lei. Se, no entanto, tendo o locatário direito à ação renovatória e à renovação, estiver o contrato devidamente registrado, cai por terra a aplicação deste artigo. *Também não poderá o adquirente ingressar na ação renovatória já proposta, se a aquisição ocorreu no seu curso,* de acordo com o Código de Processo Civil, art. 109 e parágrafos, salvo se o locatário consentir. Pode, no entanto, fazê-lo em processo autônomo.[54]

Saliente-se que Buzaid chamou a atenção para circunstancia que ao tempo de aprovação do código civil de 1916, razoável seria a regra do art. 1.197 eis que "dominavam os princípios da liberdade contratual e do respeito absoluto ao direito de propriedade"[55], situação indicada por Pontes de Miranda como razão de existência da parêmia romana: *emptio tollitum locatum*, referido na introdução deste ensaio.

4.4 Natureza jurídica da cláusula de vigência da locação na hipótese de alienação

A identificação da natureza jurídica da chamada "cláusula de vigência", também chamada de cláusula de respeito, não é pacífica na doutrina. Para uma primeira corrente, capitaneada por Orlando Gomes, trata-se de direito pessoal com eficácia real, pois excepciona a relatividade do contrato de locação para incorporar um direito de sequela resultante do direito de propriedade:

---

53. BUZAID. Alfredo. *Da Ação Renovatória de Contrato de Locação de Imóveis destinados a fins comerciais.* Editora Saraiva. SP, 1958, p.165.
54. VENOSA, Sílvio de Salvo. *Lei do Inquilinato Comentada:* doutrina e prática. 15. ed. São Paulo: Atlas, 2020, p. 84.
55. BUZAID, Alfredo, op. cit., p.168.

Surge, em consequência, dúvida sobre sua natureza. Um direito pessoal só se exerce contra determinada pessoa. Direito oponível a qualquer pessoa, que se exerce contra quem não se obrigou contratualmente, tem o feitio de um direito real. Da oponibilidade do direito do locatário ao adquirente da coisa alugada inferiram alguns escritores que tem natureza real, explicando-a como efeitos de registro. Mas, inadmitida a cláusula de vigência, a explicação rui. Diz-se que o direito do locatário pode, entretanto, ser exercido independentemente da estipulação dessa cláusula, e até do seu registro, mas a característica decisiva do direito real é seu exercício sem intermediário, e o locatário, para exercer o seu direito, precisa que o locador lhe proporcione o uso da coisa. *Esse direito não é in re, mas ad rem.* Trata-se pois, de um *direito de natureza pessoal.* A regra *emptio non tollit locatum* disciplina uma hipótese de sucessão *ex lege* do novo proprietário da coisa na posição do locador, da qual não pode libertar-se porque o dever pessoal do alienante de manter o contrato se transmite, de direito, ao adquirente. *Tanto assim que esse dever é exclusivamente do adquirente da coisa locada, não existindo para outras pessoas, como deveria existir se o locatário tivesse direito real.*[56]

No mesmo sentido tem-se Nelson Rosenvald, Silvio Venosa e Gabriel Figueiredo como abaixo se pode ver:

Todavia, se o locatário cuidou de ajustar cláusula de vigência do contrato para o caso de alienação do bem, sendo esta registrada no Cartório de Títulos e Documentos (bem móvel) ou no RGI (bem imóvel), o *contrato de locação adquire eficácia real* perante eventuais adquirentes, submetendo-se estes ao aguardo do término do prazo estipulado para o negócio jurídico. *Não se cuida de uma conversão em direito real, apenas do acréscimo a um direito obrigacional de oponibilidade coletiva* em razão da publicidade do registro e inserção de cláusula contratual. [57]

Nesse caso, temos um instituto jurídico que denominamos obrigação com eficácia real. [58]

Note-se que, mesmo sendo oponível ao adquirente do imóvel, o direito do locatário perde sua natureza obrigacional. A permanência da locação em vigor reflete uma obrigação com eficácia real, categoria que ontologicamente não se confunde com os direitos reais propriamente ditos. [59]

Contudo, doutrina não menos abalizada entende tratar-se de um direito real, como salienta Tepedino:

Há de se observar, entretanto, que, embora a reserva legal para a predisposição de uma nova figura real seja inderrogável, por traduzir princípio de ordem pública, encontram-se presentes na vida contemporânea inúmeros negócios atribuídos à autonomia privada que permitem moldar o interesse dos titulares à situação jurídica real pretendida. Assim, mostra-se fértil, no âmbito do *conteúdo de cada tipo real*, a atuação da autonomia privada, a regular servidões, mútuos garantidos por cédulas rurais, pactos antenupciais, locações com *cláusula de vigência em caso de alienação*, vendas condicionais, empreendimentos de shopping centers, multipropriedade imobiliária, utilização de espaços em cemitérios, os chamados condomínios de fato etc.[60]

Schereiber chama a atenção para aplicação da oponibilidade erga omnes para diversas situações especificas do direito das obrigações:

Mesmo no campo dos direitos patrimoniais, há um número cada vez maior de direitos obrigacionais aos quais o legislador reconhece oponibilidade erga omnes, como ocorre, entre nós, por exemplo, na retrovenda, disciplinada no art. 507 do próprio Código Civil. A legislação especial tem ampliado ainda mais essas hipóteses, *assegurando a diversos direitos de crédito eficácia perante terceiros*, como ocorre no exemplo do acordo de acionistas, que, não obstante seu caráter puramente obrigacional, vincula a companhia uma vez arquivado em sua sede (Lei n. 6.404/1976, art. 118), ou no exemplo do contrato de locação de imóvel

---

56. GOMES, Orlando. *Contratos*. Rio de Janeiro: Forense, 2009, p. 354, grifos nossos.
57. ROSENVALD, Nelson. In: PELUSO, Celso (Coord.). *Código Civil Comentado*. 4. ed. Barueri: Manole, 2010, p. 613, grifos nossos.
58. VENOSA, Sílvio de Salvo. *Lei do Inquilinato Comentada: doutrina e prática*. 15. ed. São Paulo: Atlas, 2020, p. 86
59. FIGUEIREDO, Gabriel Seijo Leal de. In: SCAVONE JUNIOR, Luiz Antonio; PERES, Tatiana Bonatti (Org.). Lei do Inquilinato comentada artigo por artigo. 2. ed. Rio de Janeiro: Forense, 2017, p. 31.
60. TEPEDINO, Gustavo; BARBOZA, Heloisa Helena; MORAES, Maria Celina Bodin de (Coord.). *Código Civil interpretado conforme à Constituição da República*. 2. ed. Rio de Janeiro: Renovar, 2014, v. III, p. 498, grifos nossos.

8 • ALIENAÇÃO DE BEM LOCADO E CLÁUSULA DE VIGÊNCIA (OU DE RESPEITO) **109**

urbano por prazo determinado com cláusula de vigência em caso de alienação levado à averbação junto à matrícula do imóvel (Lei n. 8.245/91, art. 8º), ou, ainda, nos contratos de arrendamento rural e parceria rural, cuja vigência não se interrompe pela alienação do imóvel, nos expressos termos do art. 92, § 5º, do Estatuto da Terra (Lei n. 4.504/64).[61]

Orlando Gomes ressalta que há, na verdade, hipótese de cessão de contrato por força da lei, assim como de limitação convencional à propriedade:

Há, no fundo, uma *cessão de contrato ex lege*, que dispensa a intervenção do locatário – situação semelhante à mudança da propriedade de uma empresa em relação aos direitos dos empregados. *O adquirente passa a ter os direitos e obrigações derivados de contratos, mas o direito do locatário não perde a natureza pessoal por lhe ser oponível.*

[...]

Entende-se a cláusula de vigência como uma limitação convencional à propriedade, assumida voluntariamente, como é, a obrigação do dono do prédio.[62]

4.5 Oposição do locatário à denúncia do adquirente

São três os requisitos para que o locatário possa resistir ao desfazimento do vínculo locatício em decorrente da alienação e da denúncia, a saber: (i) contrato de locação por prazo determinado; (ii) cláusula de vigência expressa; (iii) averbação (ou registro) do contrato no registro de imóveis (tratando-se de bem imóvel).

Prevalece o entendimento de que a cláusula de vigência somente possui eficácia nos contratos de prazo determinado, mesmo porque nos contratos de prazo indeterminado, não importa sua natureza são denunciáveis a qualquer tempo e por qualquer das partes como regra. Neste sentido colhe-se em Orlando Gomes:

Aplica-se exclusivamente aos contratos por tempo determinado. *Nos contratos sem prazo estipulado seria inútil, por isso que são rescindíveis a todo tempo*; mas, naqueles que só admitem denúncia por motivo previsto na lei, a cláusula é eficaz. [63]

Na mesma linha de pensamento tem-se Tepedino, Heloisa Helena e Maria Celina:

Da mesma forma, embora o recodificador não se refira ao prazo determinado do contrato, considera-se que este é também um requisito, pois que o adquirente tem plena ciência do prazo dentro do qual deve respeitar o contrato, não podendo denunciá-lo, *o que será certamente possível caso o contrato esteja vigendo por prazo indeterminado*. [64]

Destaque-se, porém, que Sylvio Capanema admite sua eficácia nos contratos de prazo indeterminado diante da omissão do Código Civil:

No Código Civil não se faz referência ao prazo, pelo que se depreende que a cláusula de vigência, desde que atendidos os requisitos formais, inibe a denúncia, *mesmo que seja ele indeterminado*. [65]

Há divergência sobre se o contrato de locação com cláusula de vigência deverá ser averbado ou registrado no cartório respectivo, uma vez que a própria Lei 8.245/91 faz

---

61. SCHREIBER, Anderson. *Manual de direito civil: contemporâneo*. 3. ed. São Paulo: Saraiva, p. 969, grifos nossos.
62. GOMES, Orlando. *Contratos*. Rio de Janeiro: Forense, 2009, p. 354-355, grifos nossos.
63. Idem, p. 355, grifos nossos.
64. TEPEDINO, Gustavo; BARBOZA, Heloisa Helena; MORAES, Maria Celina Bodin de (Coord.). *Código Civil interpretado conforme à Constituição da República*. 2. ed. Rio de Janeiro: Renovar, 2014, v. III, p. 283, grifos nossos.
65. SOUZA, Sylvio Capanema de. In: TEIXEIRA, Salvio de Figueiredo (Coord.). *Comentários ao Código Civil*. Rio de Janeiro: Forense, 2004. v. 8, p. 498, grifos nossos.

referência a ambos os atos jurídicos. Por todos, confira-se lição de Gabriel Seijo Leal de Figueiredo sintetizando a discussão:

> O art. 8º da Lei 8.245/1991 se refere expressamente à realização de averbação. Diante do texto legal, há doutrina apontando para esse ato. Na jurisprudência, também se encontram decisões que admitem a averbação sem questionamento.
>
> Contudo, o art. 167, I, n. 3, da Lei 6.015, de 31 de dezembro de 1973, preceitua que serão registrados "os contratos de locação de prédios, nos quais tenha sido consignada cláusula de vigência no caso de alienação da coisa locada". A norma mereceu a atenção do art. 81 da Lei 8.245/1991, que a manteve intacta e incluiu o inciso III no art. 169 da Lei 6.015/1973 para preceituar que "o registro previsto no n. 3 do inciso I do art. 167, e a averbação prevista no n. 16 do inciso II do art. 167 serão efetuados no cartório onde o imóvel esteja matriculado mediante apresentação de qualquer das vias do contrato, assinado pelas partes e subscrito por duas testemunhas, bastando a coincidência entre o nome de um dos proprietários e o locador".
>
> Dessa maneira, a própria Lei 8.245/1991 se refere tanto à averbação (art. 8º) quanto ao registro (art. 81) da locação. A fim de dirimir o aparente conflito entre as normas, cumpre identificar a natureza do ato registral a ser praticado.
>
> O registro tem por objeto títulos geradores de direitos e ônus, ou seja, atos de natureza precipuamente constitutiva ou translativa. A averbação, por sua vez, atende à necessidade de "exarar fatos ou atos que, não sendo constitutivos de domínio ou de ônus, sejam atinentes a alterações dos caracteres do imóvel e do titular do direito real, ocorridas após a matrícula e o registro, com o objetivo de assegurar a publicidade daquelas mutações objetivas e subjetivas".
>
> O ato em estudo visa atribuir a eficácia real à relação locatícia. Não se cuida exatamente de uma constituição de direito real. Mas não se trata, muito menos, de um ato destinado tão somente a consignar modificações das características do imóvel ou do titular do direito real. Por conseguinte, para preservação da coesão da Lei 6.015/1973, está-se diante de um registro, e não de uma averbação.
>
> Em passagem frequentemente citada, Theotonio Negrão anota que "registro [para fins de vigência em caso de alienação] e averbação [para fins de preferência] poderão coexistir simultaneamente. E, como visam a efeitos diferentes, a existência de um não supre a falta do outro".
>
> Contudo, diante da predominância da função sobre a forma (CC, art. 421), e do império do princípio da boa-fé (CC, art. 422), compreendemos que a opinião demanda modulação. A doutrina diverge sobre o ato registral adequado. Na jurisprudência, há arestos que mencionam a averbação para efeitos do art. 8º sem qualquer ressalva. Consequentemente, embora o registrador deva ficar atento para o cabimento de registro, não se deve prejudicar o locatário de boa-fé. Se a locação estiver apenas averbada, mas a cláusula de vigência constar da certidão de matrícula, não será cabível a denúncia.[66]

4.6   Registro do título aquisitivo como requisito para a denúncia

Outra situação interessante diz respeito ao momento do registro do título aquisitivo e o exercício da denúncia do contrato de locação. Como no nosso sistema o direito real só se considera adquirido após o registro do instrumento de aquisição no Registro de Imóveis, parece razoável exigir que para o exercício do direito de denúncia, que a transferência do direito real já tenha se concretizado na pessoa do denunciante, pois do contrário um eventual entrave no registro do título colocaria em dúvida a própria existência do direito do denunciante.

Nesse sentido tem-se a opinião de Sílvio Venosa:

> Na forma como agora descreve a lei, antes do registro do instrumento de venda não pode ser exercida a denúncia. Diz a Lei no § 2º que "a denúncia deverá ser exercida no prazo de noventa dias contados do registro

---

66.   FIGUEIREDO, Gabriel Seijo Leal de. In: SCAVONE JUNIOR, Luiz Antonio; PERES, Tatiana Bonatti (Org.). Lei do Inquilinato comentada artigo por artigo. 2. ed. Rio de Janeiro: Forense, 2017, p. 35, grifos nossos.

da venda ou do compromisso". Portanto, antes de feito o registro, não nasce o direito de denunciar a locação. Da mesma forma, somente permitir-se-á a denúncia, se o negócio jurídico admitir o registro imobiliário.[67]

Gabriel Seijo Leal de Figueiredo comunga do mesmo entendimento:

A aquisição da propriedade dos bens de raiz é regida pelo art. 1.245 do Código Civil, segundo o qual "transfere-se entre vivos a propriedade mediante o registro do título translativo no Registro de Imóveis". O § 1º do mesmo dispositivo também determina que "enquanto não se registrar o título translativo, o alienante continua a ser havido como dono do imóvel". *A interpretação sistemática da Lei 8.245/1991 e do Código Civil nos conduz a crer que, sem o registro, não ocorre a transmissão do domínio do imóvel.* Por conseguinte, não haverá "adquirente" legitimado a denunciar a locação. Entendemos que o sentido e o alcance do art. 8º da Lei 8.245/1991 não apontam para a adoção de um conceito peculiar de aquisição, distanciado do Código Civil. *Até porque, como a extinção da locação tem repercussões negativas para o locatário, é preciso que se tenha um mínimo de segurança sobre o direito do adquirente. Dispensar o registro pode dar margem a simulações e fraudes contra o inquilino.*[68]

Registre-se, contudo, que há um julgado do STJ do ano de 2004 que entendeu ser prescindível o registro prévio do título aquisitivo:

Processual civil. Recurso especial. Locação. Registro. Contrato. Pacto locatício. Oposição. Arrematante. Necessidade. Inscrição anterior à alienação. I – Para que o pacto locatício com cláusula de vigência impeça a denúncia do contrato pelo adquirente faz-se mister que o contrato esteja averbado no registro de imóveis antes da alienação. II – Hipótese em que o registro do contrato de locação ocorreu após a arrematação do imóvel. III – *A expressão "adquirente" contida no art. 8º da Lei 8.245/91 não coincide com o conceito de adquirente extraído do art. 530, I, do Código Civil (que dispõe que a propriedade imóvel se adquire com a "transcrição do título de transferência no registro do imóvel"). Sendo assim, para que o "adquirente" possa denunciar a locação com base no art. 8º da Lei do Inquilinato não é necessária a transcrição do título de aquisição no Registro de Imóveis, sendo até prescindível que tenha adquirido a propriedade plena do imóvel.* Recurso não conhecido.

[Trecho do voto]: *Por outro lado, consoante bem entendeu o e. Tribunal a quo, a palavra "alienação" contida no citado art. 8º foi usada pelo legislador sem a conotação de transferência de domínio, já que a alienação do imóvel ocorre no momento em que é formalizada pela escritura pública, pelo compromisso de compra e venda ou pela lavratura do auto de arrematação feita em hasta pública* (como se deu no presente caso).[69]

No mesmo sentido os julgados proferidos nos REsp 532.238/RS; REsp 37.220/SP; REsp 74.533/RJ, de modo que é possível afirmar que há uma tendência daquele Tribunal na linha de entendimento de que seja prescindível o registro prévio do título aquisitivo do direito real relativo ao imóvel locado, posição que enfraquece sobremodo a proteção ao locatário.

O TJRJ há julgados que seguem na linha do entendimento acima indicado, considerando desnecessário o registro do título para o exercício do direito de denunciar o contrato de locação e há também julgados sem sentido contrário, isto é, exigindo a precedência do registro como a doutrina acima sugere e como também entendem os autores deste ensaio.[70]

---

67. VENOSA, Sílvio de Salvo. *Lei do Inquilinato Comentada: doutrina e prática.* 15. ed. São Paulo: Atlas, 2020, p. 87. Grifos nossos.

68. FIGUEIREDO, Gabriel Seijo Leal de. In: SCAVONE JUNIOR, Luiz Antonio; PERES, Tatiana Bonatti (Org.). *Lei do Inquilinato comentada artigo por artigo.* 2. ed. Rio de Janeiro: Forense, 2017, p. 30, grifos nossos.

69. STJ. REsp 605.521/SP. 5ª Turma. Relator: Min. Felix Fischer. Julgamento em 28.04.2004. Publicação em 14.06.2004, grifos nossos.

70. AC 0017558-79.2009.8.19.0061. 19ª Câmara Cível. Relator: Des. Claudio Brandão de Oliveira. Julgamento em 22.05.2012. Publicação em 30.05.2012; AC 0025582-46.2015.8.19.0042. 11ª Câmara Cível. Relator: Des. Sérgio Nogueira de Azeredo. Julgamento em 27.03.2019. Publicação em 28.03.2019; AC 0003853-87.2009.8.19.0069. 3ª Câmara Cível. Relatora: Des. Renata Machado Cotta. Julgamento em 27.11.2014. No Tribunal de Justiça de SP tem-se os seguintes julgados: AC 0000442-57.2015.8.26.0416. 25ª Câmara de Direito Privado. Relator: Des. Claudio Hamilton. Julgamento em 17.11.2016. Publicação em 05.12.2016; Ap. 0044065-31.2010.8.26.0002, 30ª Câmara de Direito Privado, j. 07.12.2011; Ap. 0108773-

4.7 Averbação do contrato de locação

Segundo a literalidade do art. 8º da Lei 8.245/91, para que a cláusula de vigência produza efeitos contra terceiros, é necessário que conste de contrato de locação averbado na matrícula do respectivo imóvel. Na forma da Súmula 442 do STF, é suficiente a inscrição no registro de imóveis, dispensada a transcrição no registro de títulos e documentos.

Contudo, encontra-se discussão quanto à possibilidade de dispensa da averbação quando o adquirente tem *ciência inequívoca* da cláusula, o que nos parece mais consentâneo com a boa-fé e com a evolução do direito contratual. Como acima indicado na observação de João Luis Alves em 1917 o objetivo era dar ciência a todos: oponibilidade *erga omnes*. Assim se o adquirente tem ciência previa da existência de contrato de locação em vigor a respeito do imóvel que pretende adquirir, até mesmo porque é comum visitar o imóvel antes da aquisição para conhecer o que se está adquirindo, de modo que encontrará o locatário na posse direta do bem, portanto pode e deve exigir do pretenso alienante que exiba sua via do instrumento contratual. No mesmo sentido tem-se a opinião de Tatiana Peres:

> A cláusula de vigência, sendo ela manifestação de livre vontade das partes contratantes, deve ser respeitada pelo adquirente do imóvel locado, se dela tiver conhecimento, de forma inequívoca, seja por notificação ou outro meio idôneo, anteriormente à aquisição. Isso porque a Justiça não pode privilegiar a má-fé ou o inadimplemento contratual, nem amparar contratos fraudulentos que tenham por escopo desconstituir direitos contratuais lícitos anteriores. [71]

Pontes de Miranda indica um julgado do Tribunal de Justiça do antigo Distrito Federal, hoje TJRJ, da 5ª CC de 08.10.1946 (RF, 112, 140) que entendeu que tendo o locatário notificado o pretenso comprador a respeito da existência da locação teria este que respeitá-la. [72]

O STJ possuía entendimento no sentido de dispensar a averbação quando comprovada a ciência inequívoca do adquirente. Se a averbação tem como objetivo atribuir publicidade ao negócio jurídico, tal objetivo restaria alcançado quando o adquirente dele tivesse ciência por outros meios. [73] Do mesmo modo também existem julgados do TJRJ,[74]opções que parecem mais consentâneas com o direito das obrigações nos dias de hoje.

O mesmo tribunal por sua 3ª Turma em 2018, a 3ª Turma analisou hipótese na qual continha o contrato de compra venda uma cláusula que estabelecia a sub-rogação do adquirente nas relações locatícias constante de contrato de compra e venda, tendo entendido o tribunal que tal disposição não seria suficiente para suprir a falta de averbação, ao argumento que isso não significaria respeitar o contrato de locação até seu termo final:

> Recurso especial. Aquisição. Shopping center. Lojas. Locação. Ação de despejo. Cláusula de vigência. Registro. Ausência. Oposição. Adquirente. Impossibilidade. 1. Recurso especial interposto contra acórdão publicado na vigência do Código de Processo Civil de 2015 (Enunciados Administrativos 2 e 3/STJ). 2. A controvérsia

---

24.2009.8.26.01003, 26ª Câmara de Direito Privado, j. 30.11.2011; Ap. 9188693-49.1999.8.26.0000, 16ª Câmara de Direito Privado, j. 21.11.2000; Ap. 0309038-17.2010.8.26.0000, 30ª Câmara de Direito Privado, j. 06.07.2011.

71. PERES, Tatiana Bonatti. Locação empresarial: a cláusula de vigência e os princípios contratuais atuais. In: PERES, Tatiana Bonatti (Org.). *Temas relevantes de direito empresarial*. Rio de Janeiro: Lumen Juris, 2014, p. 38, grifos nossos.

72. MIRANDA, Pontes. Tratado... op. cit., p. 249.

73. AgRg nos EDcl no REsp 1.322.238/DF, 3ª Turma. Relator: Min. Paulo de Tarso Sanseverino. Julgamento em 23.06.2015. Publicação em 26.06.2015; REsp 1.269.476-SP, Rel. Ministra Nancy Andrighi, julgado em 05.02.2013, grifos nossos. No mesmo sentido: REsp 1.269.476 e AgRg no Ag em REsp 592.939.

74. AC 0273320-72.2015.8.19.0001. 16ª Câmara Cível. Relator: Des. Eduardo Gusmao Alves de Brito Neto. Julgamento em 11.10.2016. Publicação em 04.11.2016; AI 0024732-50.2017.8.19.0000. 10ª Câmara Cível. Relator: Des. Bernardo Moreira Garcez Neto. Julgamento em 26.07.2017. Publicação em 28.07.2017.

8 • ALIENAÇÃO DE BEM LOCADO E CLÁUSULA DE VIGÊNCIA (OU DE RESPEITO) **113**

gira em torno de *definir se o contrato de locação com cláusula de vigência em caso de alienação precisa estar averbado na matrícula do imóvel para ter validade ou se é suficiente o conhecimento do adquirente* acerca da cláusula para proteger o locatário. 3. A lei de locações exige, para que a alienação do imóvel não interrompa a locação, que o contrato seja por prazo determinado, haja cláusula de vigência e que o ajuste esteja averbado na matrícula do imóvel. 4. Na hipótese dos autos, não há como opor a cláusula de vigência à adquirente do shopping center. *Apesar de no contrato de compra e venda haver cláusula dispondo que a adquirente se sub-rogaria nas obrigações do locador nos inúmeros contratos de locação, não há referência à existência de cláusula de vigência, muito mesmo ao fato de que o comprador respeitaria a locação até o termo final.* 5. Ausente o registro, não é possível impor restrição ao direito de propriedade, afastando disposição expressa de lei, quando o adquirente não se obrigou a respeitar a cláusula de vigência da locação. 6. Recurso especial provido.

[Trecho do voto]: Não se desconhece recente julgado desta Corte no qual foi afastada a necessidade de registro do contrato de locação. Eis a ementa do recurso: (...) (REsp 1.269.476 ...). Veja-se, porém, que no mencionado julgado o adquirente, por convenção firmada com o vendedor, se obrigou a respeitar o contrato de locação em todos seus termos. Assim, não se trata propriamente de afastar a necessidade de registro, ou mesmo de ter conhecimento inequívoco da existência da cláusula de respeito, mas sim de o *adquirente, por convenção, se obrigar a respeitar o contrato locatício.*

É certo que no contrato de compra e venda há cláusula dispondo que o adquirente se sub-rogou nas obrigações do locador nas diversas locações ali mencionadas, mas é somente isso (fl. 146, e-STJ). Não há referência à existência de cláusula de vigência, muito menos ao fato de que o comprador respeitaria a locação até o termo final (...).[75]

Com o devido respeito àquele tribunal, entendemos que esse posicionamento não se sustenta por ser contraditório: se há compromisso em se sub-rogar em relação contratual, significa que houve sucessão da posição contratual em direitos e obrigações, inclusos os de natureza pessoal. Não esqueçamos de que trata-se de aquisição derivada e que ninguém transfere mais direito do que possui.

O art. 8º indica duas opções ao adquirente: (i) denunciar e rescindir o contrato imotivadamente ou (ii) sub-rogar na posição do locador e manter o contrato. Não há meio termo para se sub-rogar e denunciar imotivadamente, ninguém se submete a uma relação para não a cumprir; uma vez sub-rogado na locação, a denúncia deverá se dar por qualquer hipótese diversa da constante do art. 8º da Lei 8.245/91.

Por fim, menciona-se hipótese de dispensa de registro trazida por Orlando Gomes. Segundo o autor, a cláusula de vigência pode constituir promessa de fato de terceiro quando inserida no próprio contrato translativo de domínio, consubstanciando motivo suficiente para vincular o adquirente.

A obrigação de locador-alienante é uma *promessa de fato de terceiro* ou assunção de uma garantia. Nasce tal obrigação quando o locador se compromete a *inserir no contrato* eventual de venda do prédio uma cláusula que exija do adquirente respeito ao contrato de locação até seu termo final. *Nesta hipótese, não se trata propriamente de cláusula de vigência. Nesta, a obrigação de proporcionar ao locatário o gozo da coisa transmite-se automaticamente ao terceiro adquirente.*[76]

No mesmo sentido Sylvio Capanema:

Só quem é parte do contrato pode exigir o seu cumprimento ou ser compelido a cumpri-lo, salvo raras exceções, como ocorre, por exemplo, na *estipulação em favor de terceiro*, de que tratam os artigos 436 a 438 do novo Código Civil. *Se o adquirente da coisa locada não integrou o contrato de locação,* preexistente à aquisição, não há como obrigá-lo a respeitá-lo, a não ser na hipótese da parte final do artigo 576 (...).[77]

---

75. STJ. REsp 1.669.612/RJ. 3ª Turma. Relator: Min. Ricardo Villas Bôas Cueva. Julgamento em 07.08.2018, grifos nossos.
76. GOMES, Orlando. *Contratos*. Rio de Janeiro: Forense, 2009, p. 355, grifos nossos.
77. SOUZA, Sylvio Capanema de. In: TEIXEIRA, Salvio de Figueiredo (Coord.). *Comentários ao Código Civil*. v. 8. Rio de Janeiro: Forense, 2004, p. 500, grifos nossos.

4.8 Prazo para denúncia da locação

O art. 8º, §3º da Lei 8.245/91 estabelece o prazo decadencial de 90 dias, contados do registro da propriedade ou do compromisso de compra e venda, para a manifestação do adquirente, sob risco de presunção de sua anuência à continuidade da locação. A denúncia é direito potestativo, ensejando na extinção do contrato por resilição unilateral.

O Código Civil não contém dispositivo sobre o prazo de manifestação, de modo que Nelson Rosenvald aponta para a existência de um direito potestativo perpétuo. Contra, Gustavo Tepedino – este em duas obras distintas – e Sylvio Capanema defendem a aplicação do art. 8º, § 3º por analogia para suprir a omissão legal, conforme abaixo transcritos:

> A grande diferença fica por conta do seu § 3º, que traz uma *presunção absoluta de concordância com a manutenção da locação, se o adquirente não denunciar o contrato no prazo decadencial de noventa dias,* contados do registro da propriedade ou do compromisso de compra e venda. Parece-nos que o Código Civil poderia ter recebido a mesma inspiração da lei especial, a fim de que o locatário não fique permanentemente sob a ameaça da denúncia contratual por parte do terceiro adquirente. Da forma como a matéria está posta no direito comum, *acabamos tendo na ordem jurídica um indevido direito potestativo perpétuo,* tornando a questão insegura para os envolvidos.[78]

> Diversamente da Lei do Inquilinato, *o Código Civil não prevê o prazo para que o adquirente denuncie o contrato de locação. Mostra-se razoável aplicar a norma contida no art. 8º, § 2º, 17 da Lei 8.245/91, aos contratos de locação regidos pelo Código Civil, entendendo-se que o adquirente deverá denunciar o contrato em 90 (noventa) dias* a contar do registro da alienação, sendo certo que o decurso do prazo sem a denúncia importará concordância com a sua manutenção. Em contrapartida, em caso de bens móveis, se o adquirente resolver extinguir o contrato de locação, a notificação dirigida ao locatário deverá prever prazo razoável para a restituição do bem.[79]

> No entanto, perdeu-se a oportunidade de se introduzir norma equivalente ao § 2º deste último dispositivo, que estabelece o prazo de 90 dias, contados do registro da alienação, para que o adquirente denuncie o contrato de locação, sob pena de revelar concordância com a manutenção da locação. Também aqui parece razoável estender a aplicação do dispositivo às locações reguladas pelo CC.[80]

> Como se vê, no regime da locação do imóvel urbano, *dois prazos se estabelecem,* e ambos de noventa dias: o primeiro, a contar do registro da venda ou do compromisso, para que o adquirente se valha do direito que lhe é assegurado para denunciar o contrato, e o segundo, para que o locatário promova a desocupação voluntária do imóvel. *A ação de despejo só poderá ser ajuizada depois de expirado o segundo prazo de noventa dias,* após a notificação, sem que o locatário se demita da posse, permanecendo no imóvel, à revelia da vontade do adquirente *Mas o artigo 576 só alude ao prazo de noventa dias, após a notificação, antes do qual não poderá o adquirente despedir o locatário, para lhe permitir mudança mais tranquila.*

> *Nada se diz quanto ao prazo para promover a denúncia,* o que levará à formação de correntes diferentes de interpretação. Uma, certamente, sustentará que *a denúncia poderá ser exercida a qualquer tempo,* desde que não haja cláusula de vigência, devidamente registrada, enquanto que outra, diante da lacuna da lei, a suprirá, invocando, por *analogia, a regra do parágrafo 2º do artigo 8º* da Lei 8.245/9. A segunda solução nos parece bem melhor, até para que não se deixe indefinida a relação jurídica por um tempo acima do razoável, o que é sempre nocivo ao equilíbrio social. Parece-nos que se o adquirente permanece inerte, por mais de noventa dias, não se opondo à presença do locatário no imóvel e, ainda mais, recebendo dele os aluguéis, teria renunciado ao direito de denunciar o contrato, aceitando-o, para todos os efeitos de direito.[81]

---

78. ROSENVALD, Nelson. In: SCHREIBER, Anderson et al. (Coord.). *Código Civil comentado: doutrina e jurisprudência.* Rio de Janeiro: Forense, 2019, p. 724, grifos nossos.
79. TEPEDINO, Gustavo; KONDER, Carlos Nelson; Bandeira, Paulo Greco. Fundamentos do Direito Civil: Contratos. Rio de Janeiro: Forense, 2020, p. 296-297, v. 3, grifos nossos.
80. TEPEDINO, Gustavo; BARBOZA, Heloisa Helena; MORAES, Maria Celina Bodin de (Coord.). *Código Civil interpretado conforme à Constituição da República.* 2. ed. Rio de Janeiro: Renovar, 2014, v. III, p. 284.
81. SOUZA, Sylvio Capanema de. In: TEIXEIRA, Salvio de Figueiredo (Coord.). *Comentários ao Código Civil.* Rio de Janeiro: Forense, 2004, v. 8, p. 500, grifos nossos.

8 • ALIENAÇÃO DE BEM LOCADO E CLÁUSULA DE VIGÊNCIA (OU DE RESPEITO)

Durante o prazo decadencial, não há qualquer presunção de concordância com a locação diante do recebimento de alugueres por parte do adquirente. Isso, porque os alugueres são contraprestações devidas pelo uso do imóvel, não havendo motivo para sua recusa ou não pagamento pelo locatário, conforme salienta Sylvio Capanema:

> Observe-se, também, que não *será justa a recusa do adquirente quanto ao pagamento do aluguel, seja antes ou depois da denúncia.* Muitos adquirentes imaginam que, ao receber os aluguéis, estariam reconhecendo e aceitando a locação, ficando inibidos, então, de denunciá-la. *Ocorre que o pagamento é feito como contra-prestação pelo uso do imóvel, evitando-se, assim, o enriquecimento sem causa do ocupante,* donde se conclui que o locatário deverá consignar os aluguéis, diante da recusa do adquirente em recebê-los.[82]

A quarta turma do STJ, no Resp. 12288266 deixou assentado que salvo disposição contratual em contrário, o locador-alienante tem legitimidade para cobrar os alugueres vencidos anteriormente a alienação.[83]

Nos casos de aquisição do imóvel por arrematação em leilão, o prazo de 90 dias deve ser contado da data do registro do título aquisitivo (carta de arrematação) e não da prenotação do documento junto à matrícula. Confira-se, neste sentido julgado proferido pela 29ª Câmara de Direito Privado do TJSP.[84]

4.9 Prazo para desocupação

O prazo para desocupação voluntária do locatário também é de 90 dias, contudo, ponderação interessante faz Silvio Venosa de que, na forma do art. 473 do CC/02, é possível estender o prazo de desocupação quando o locatário tiver realizado investimentos consideráveis no imóvel:

> Há um dispositivo inovador neste Código que certamente será chamado à utilização nessa hipótese, bem como em outras situações inquilinárias e negociais que a multiplicação de casos concretos traz. Trata-se do parágrafo único do art. 473, que já examinamos ao estudarmos a teoria geral dos contratos: "Se, porém, dada a natureza do contrato, uma das partes houver feito investimentos consideráveis para a sua execução, a denúncia unilateral só produzirá efeito depois de transcorrido prazo compatível com a natureza e o vulto dos investimentos.
>
> Segundo podemos antever, mormente em situações de locação, principalmente a não residencial não albergada pela ação renovatória, *haverá oportunidade e conveniência para aplicação desse dispositivo pelo julgador, na busca do equilíbrio social dos contratos, colimado pelo corrente diploma civil.* Nessas premissas, e em outras que se apresentarem análogas na locação de móveis ou imóveis, sob o caso concreto, *poderá ser concedido prazo superior para a restituição da coisa ou a desocupação do imóvel.* O dispositivo exige a argumentação exaustiva dos interessados e a correlata visão aberta do juiz para ser aplicado corretamente.[85]

Há críticas à posição de Sílvio Venosa, em razão da não prevalência do art. 473 por constituir norma geral, e não específica.

> Todavia, parece que a *regra especial,* que fixa o prazo de 90 dias para a desocupação voluntária, exclui a aplicação do dispositivo genérico do art. 473, que seria utilizado em outros contratos. (TEPEDINO, Gustavo; BARBOZA, Heloisa Helena; MORAES, Maria Celina Bodin de (Coord.). *Código Civil interpretado conforme à Constituição da República.* 2. ed. Rio de Janeiro: Renovar, 2014, v. III, p. 284)
>
> ***

---

82. SOUZA, Sylvio Capanema de. *Lei do inquilinato comentada.* 8. ed. São Paulo: Forense, 2013, p. 62, grifos nossos.
83. REsp 1228266-RS, Min. Maria Isabel Gallotti (1145) T4 10.03.2015.
84. AC 0700252-04.2011.8.26.0704. 29ª Câmara de Direito Privado. Relator: Des. Fabio Tabosa. Julgamento em 21.03.2018. Publicação em 21.03.2018.
85. VENOSA, Sílvio de Salvo. *Código Civil Interpretado.* 2. ed. São Paulo: Atlas, 2011, p. 658, grifos nossos.

A extinção do contrato, instrumentalizada pela denúncia, tem a natureza de resilição unilateral. Sendo o art. 8º norma especial, não se aplica a ressalva do art. 473, parágrafo único, do Código Civil. Logo, o locatário não poderá postergar o término da locação, ainda que demonstre ter feito investimentos consideráveis para a sua execução (FIGUEIREDO, Gabriel Seijo Leal de. In: SCAVONE JUNIOR, Luiz Antonio; PERES, Tatiana Bonatti (Org.). *Lei do Inquilinato comentada artigo por artigo*. 2. ed. Rio de Janeiro: Forense, 2017, p. 30).

Sylvio Capanema defende que, diante da demora na desocupação do imóvel, o adquirente pode receber aluguel-pena como meio de compelir o locatário a sair do imóvel, ao mesmo tempo que remunera o uso da propriedade, na forma do art. 575 do CC/02. A temática é controvertida, uma vez que a o aluguel-pena foi retirado do texto final da Lei do Inquilinato.

No projeto original, encaminhado pelo Poder Executivo, admitia-se a possibilidade de o adquirente arbitrar, na notificação, o aluguel que o locatário deveria pagar, enquanto permanecesse no imóvel. O *dispositivo, entretanto, foi rejeitado pelo Congresso Nacional*. Persistirá, portanto, a acesa controvérsia doutrinária e pretoriana, quanto à aplicação da regra do artigo 575 do Código Civil. Sempre defendemos a tese de que é cabível a fixação do aluguel-pena, previsto na lei comum, nos casos de denúncia imotivada do contrato. *As condições do contrato só permanecem inalteráveis quando se encontra ele prorrogado por tempo indeterminado, ou por força da lei, ou por vontade das partes*. Não é o caso do artigo 8o, em que a denúncia extingue a locação; logo, não há que se falar em prorrogação do contrato. Por outro lado, *o aluguel-pena funciona como fator de coerção indireta sobre o locatário, para compeli-lo a desocupar o imóvel. Diante do silêncio da lei, entendemos que se aplica a regra do artigo 575 do Código Civil, até porque não se trata de norma conflitante.* (SOUZA, Sylvio Capanema de. Lei do inquilinato comentada. 8. ed. São Paulo: Forense, 2013, p. 57).

Inadmitindo a aplicação de aluguel-pena, confira-se julgado do TJSP nos EDcl 0057575-88.2008.8.26.0000. 29ª Câmara de Direito Privado. Relator: Des. Carlos Henrique Miguel Trevisan. Julgamento em 14.09.2016. Publicação em 15.09.2016.

4.10 Aspectos registrais

Tanto o locador quanto o locatário possuem interesse no registro do contrato de locação, de forma que qualquer um deles poderá se dirigir ao Registro competente, conforme já assentou o STJ, por sua 6ª Turma, no REsp. 475.033/SP de relatório do Min. Hamilton Carvalhido.

Por sua vez, não é necessária a participação de todos os proprietários constantes do contrato de locação levado a registro, sendo suficiente que qualquer um titular do domínio conste da avença. Nesse sentido tem-se um julgamento recente proferido pelo TJSP na AC 1002506-25.2020.8.26.0100. Conselho Superior de Magistratura. Relator: Corredor Geral Ricardo Anafe. Julgamento em 06.10.2020. Publicação em 26.10.2020.

5. RELEITURA DO TEMA E CONCLUSÃO

O que se percebe ao longo da história como foi demonstrado com as referências ao direito romano é que autores inquietos com a situação de absolutismo do direito de propriedade e com a circunstância de injustiça para com o locatário com a aplicação da parêmia de que a venda rompe a locação, procurou-se achar soluções para a situação que variariam no tempo e no espaço. Talvez a principal delas teria sido enxergar a locação como geradora de direito real ou um tipo de restrição ao direito de propriedade de modo a proteger o arrendatário/locatário (alguns sistemas, como o direito português consideravam arrendamento para coisas imóveis e locação para coisas móveis).

Também dispuseram de modo diverso quanto se tratava de arrendamento rural ou urbano, concedendo maior proteção ao arrendamento rural, como ocorre também no nosso sistema.

Na verdade, se bem colocada a questão é possível perceber que não é o contrato de compra e venda que rompe com o vínculo de locação, pois ambos são vínculos obrigacionais e se consultarmos os sistemas referidos neste ensaio e certamente todos que tiraram inspiração do direito romano, estabeleceu regra afirmando que o contrato de compra era maior do que o contrato de locação dentro do direito das obrigações.

A questão remete as consequências da obrigação assumida pelo vendedor no contrato de compra e venda: possibilitar a transferência do direito de propriedade sobre o bem do qual seria titular (embora já saibamos que na expressão alienação, estão incluídas, diversos modos de transferência da titularidade). Essa mudança de titularidade é que faz gerar o conflito, considerando que a coisa passa ter novo titular e este, em tese, pode não concordar com a continuidade da locação.

Passa então a questão pelo exame do direito de propriedade e por isso tanto Pontes de Miranda, Buzaid (já indicados acima) quanto Serpa Lopes[86] salientam que a admissão do princípio de que venda rompe a locação decorrem de ter o direito romano considerado a propriedade absoluta, característica que o direito moderno de inspiração romano-germânica não reconhece mais desde a Constituição Mexicana e a de Weimar – as primeiras a reconhecer obrigações ao titular do direito de propriedade.[87]

No direito das obrigações poderíamos afirmar que um contrato se choca com o outro e embora a propriedade gere direito real, a posse decorrente do contrato de locação também geraria (muitos autores de manuais assim também consideram)[88], ainda que de menor envergadura na situação em razão de ser posse derivada, ainda que direta, mas tal reconhecimento por si só já justificaria a manutenção do vínculo de locação, em especial em razão de ser o contrato de locação essencialmente temporário e a propriedade, com exclusão da resolúvel, é perpetua como regra, de modo que seria razoável aplicar-se apenas o direito das obrigações e a teoria geral do direito no que diz respeito às modificações subjetivas na relação jurídica, que é na verdade o que nosso direito admite ao estabelecer que se o adquirente não denunciar a locação está continuará nos moldes contratados pelo alienante, superada assim a questão de afirmar que cada titular aluga a coisa para seu tempo.

Do mesmo modo quanto a aplicação do princípio da relatividade dos contratos, princípio este, perdoem a afirmação, está relativizado com o reconhecimento da figura do terceiro cúmplice, do princípio da função social do contrato, onde pessoas estranhas ao contrato devem respeitá-lo e ou possuem interesses em relação ao contrato celebrado por terceiros em razão dos impactos que causem em suas relações sociais.

---

86. SERPA LOPES, Miguel Maria de. Curso de Direito Civil. 3. ed. Livraria Freitas Bastos S/A, RJ/SP, 1962, v. IV. p. 64.

87. Nos seja permitido citar: TORRES, Marcos Alcino de A. A Propriedade e a Posse. Um confronto em torno da Função Social. Ed. Lumen Juris, RJ, 2010, 2. ed., 2. tir., p. 214.

88. PEREIRA. Caio M. da S. Instituições de Direito Civil, 18. ed. Forense, 2003, RJ, v. IV, p. 22. Sobre a questão da natureza jurídica da posse consultem: CALMON. Guilherme. Direitos Reais. Editora. Atlas, SP, 2011, p.84-87.

Ora a situação então que alguns juristas do passado como Clóvis Bevilaqua,[89] Carvalho Santos[90] afirmavam que na hipótese de não denuncia pelo adquirente transmudaria a situação num contrato de locação de prazo indeterminado mas difícil de sustentar quanto apenas aquela de sub-rogação nos direitos e obrigações do mesmo contrato, ou seja, simples modificação subjetiva na relação jurídica e que acontece com outros institutos dos direitos das obrigações como a cessão de crédito, a assunção de débito e mesmo a sub-rogação em si.

Por sua vez, a inserção ou não de cláusula de vigência na hipótese de alienação sempre ficará na dependência da força econômica dos pré-contratantes, na extensão interesse de qualquer um dos pré-contratantes na celebração do contrato, sendo que de regra o titular do domínio é a parte mais forte no mercado imobiliário para fins residenciais e conforme o porte e finalidade do imóvel, por vezes o locatário pode ditar regras, como por ex., lojas ancoras em shoppings centers e exatamente em sentido contrário com os locatários de lojas menores.

A inserção da incomum cláusula de não vigência na hipótese de alienação (até porque entre nós seria desnecessária a partir da redação adotada pelo art. 1.197 do CC/16), impedia a ação de perdas e danos do arrendatário em razão do rompimento antecipado do seu contrato, uma vez que como salienta Pontes de Miranda acima indicado, o contrato de locação, na hipótese de alienação, existe, é valido perdendo, contudo, sua eficácia.

No entanto a questão seria facilmente solucionável se levado em consideração o princípio da função social da propriedade haja vista, como se viu, que a formulação da regra de que a transferência de titularidade (alienação) rompe o vínculo de locação, decorre exatamente do exercício do direito de propriedade no exercício do direito potestativo de denúncia, de regra vazia (salvo aquelas hipóteses mencionadas na Lei 1300/50) do contrato de locação por simplesmente não interessá-lo.

Ora a partir do reconhecimento de que a função social integra a estrutura do direito de propriedade[91], por força de disposição constitucional (art. 182 e 184 da C.F.) a faculdade de uso no seu aspecto negativo (não uso) de um determinado bem, foi afetada, de que modo que não nos parece absurdo, sustentar na hipótese de que perante nosso direito constitucional ou civil-constitucional (para utilizar-se de expressão que foi abraçada pela nossa doutrina a partir das reflexões aqui trazidas por Maria Celina Bodin[92] não é possível exercer a chamada denúncia vazia ou imotivada.

Isto porque não faz sentido interromper-se uma locação que atende ao direito de moradia ou a função social de uma empresa ou atividade (escritórios, consultórios etc.) para as locações não residenciais admitir-se que o novo proprietário e vamos mais longe, o locador, possa interromper a posse com função social do bem que titulariza para deixá-lo sem função alguma, o que fere de morte a função social da propriedade.

Desse modo, desnecessário seria a inclusão de qualquer cláusula e muito menos a necessidade de registro público do contrato (registro de imóveis ou títulos de documentos para coisas moveis) que gera um ônus financeiro para o locatário se reconhecido que a

---

89. BEVILAQUA, Clóvis. *Código Civil dos Estados Unidos do Brasil Commentado*, 7. ed., Livraria Francisco Alves, 1946, v. IV, p. 271.

90. SANTOS. J.M. de Carvalho. *Código Civil Interpretado...* op. cit., p. 115.

91. Veja-se o tratamento da questão em: TORRES, Marcos Alcino de A. A Propriedade e a Posse. Um confronto em torno da Função Social. 2. ed., 2. tir. Ed. Lumen Juris, RJ, 2010, p. 236 e ss.

92. MORAES, Maria Celina B. de. A caminho de um direito civil constitucional. *Revista de Direito Civil*, v. 65, ano 17, p. 30.

função social da propriedade reclama que o bem não fique sem utilidade social alguma, de modo que só por denuncia cheia, portanto com motivos justos, a locação deveria ser interrompida.

Tal reconhecimento coloca a questão dentro do direito das obrigações e conforme a teoria geral do direito, ao estabelecer de modo compulsório, como já fez o legislador em diversos sistemas, estabelecendo a sub-rogação do novo titular em direitos e obrigações do antigo titular e tal situação não geraria impactos de natureza econômica porque ele passaria a receber os alugueres e num certo tempo o contrato terminaria mas se tivesse alguma finalidade específica na aquisição do imóvel, a denúncia seria motivada do mesmo modo que poderia exercer o locador-alienante.

Parece que essa solução não só atende ao princípio da função social da propriedade, mas também ao princípio da função social do contrato, a boa-fé e causaria menos malefícios sociais do que simplesmente admiti que o novo titular possa extinguir, sem qualquer motivo, um contrato existente, valido e que deve continuar eficaz, pois basta reconhecer que ele adquiriu algum bem da vida que estava na posse de outrem em razão de um contrato preexistente.

9
CESSÃO DO CONTRATO DE LOCAÇÃO DE IMÓVEL[1]

Gustavo Tepedino

Professor Titular de Direito Civil e ex-Diretor da Faculdade de Direito da Universidade do Estado do Rio de Janeiro (UERJ).

Sumário: 1. Considerações iniciais: o contrato de locação e a lei do inquilinato. 2. Cessão, sublocação e empréstimo do imóvel locado. 3. Controvérsia acerca do consentimento tácito do locador e o Resp 1.443.135/SP. 4. Cessão da locação, cessão do estabelecimento e cessão do controle societário da locatária pessoa jurídica. 5. Notas conclusivas.

1. CONSIDERAÇÕES INICIAIS: O CONTRATO DE LOCAÇÃO E A LEI DO INQUILINATO

A Lei 8.245, de 18 de outubro de 1991, assinala importante momento da longa trajetória da legislação intervencionista em matéria de locação urbana, traduzindo a determinação do legislador em compatibilizar valores constitucionalmente tutelados – atinentes à moradia e ao fundo empresarial – com a deliberada ampliação da autonomia contratual, à guisa de dinamizar o setor, estimular novas construções e aumentar a oferta de imóveis para a locação, fatores indispensáveis para a regulação do mercado locatício.[2]

Sabe-se que a locação de coisas é o contrato bilateral pelo qual uma das partes – o locador – se obriga a oferecer à outra – o locatário –, por certo período de tempo, o uso e a fruição de coisa não fungível, mediante o pagamento de aluguel.[3] Trata-se de contrato consensual, bilateral, oneroso e de execução continuada.[4] Nesse sentido, consistem em

---

1. Texto elaborado em homenagem ao Professor Sylvio Capanema, cuja atuação modelar na academia, na magistratura e na advocacia inspira todos os estudiosos do direito. O saudoso amigo Sylvio sempre será lembrado como exemplo de eloquência, paixão pelo Direito e pela docência, além de sua insuperável lhaneza. O autor agradece à Profa. Danielle Tavares Peçanha, Mestranda em Direito Civil no Programa de Pós-Graduação da UERJ, pela pesquisa, reflexão conjunta e revisão dos originais.

2. Dentre os primeiros comentários de que se teve notícia sobre as mudanças que foram produzidas à época de edição da Lei 8.245/1991, v. Sylvio Capanema, Paulo Fabião e Wilson Marques, *O Novo Regime Jurídico da Locação*, Rio de Janeiro: Cepad, 1991; Nagib Slaibi Filho, *Comentários à Nova Lei do Inquilinato*, Rio de Janeiro: Forense, 1992; Theotonio Negrão, *Lei do Inquilinato (Lei 8.245, de 18 de outubro de 1991) Anotada*. São Paulo: Malheiros Editores, 1992; João Carlos Pestana de Aguiar, *Nova Lei das Locações Comentada*, Rio de Janeiro: Lumen Juris, 1992.

3. "Pode acontecer que as exigências econômicas do interessado sejam de ordem que tornem desnecessária a aquisição definitiva da coisa, sendo-lhe suficiente assegurar o seu uso, por um tempo determinado: a operação destinada a satisfazer tais exigências formalizar-se-á, então, num contrato (Locação) cujos efeitos serão ainda diversos: por um lado, o surgir de um direito de crédito (e de uma correspondente obrigação) ao pagamento periódico de uma soma de dinheiro, e por outro lado, não mais a transferência do direito de propriedade sobre a coisa, mas o surgir de um outro direito de crédito (e de uma correspondente obrigação), tendo como objeto a possibilidade de usar (e a obrigação de deixar usar) a coisa, que portanto não muda de proprietário." (Enzo Roppo, *O contrato*, Coimbra: Almedina, trad. Ana Coimbra e M. Januário Gomes, 2009, p. 212).

4. V., por todos, Clovis Beviláqua, *Código Civil dos Estados Unidos do Brasil*, Rio de Janeiro: Editora Rio, ed. hist., 1977, p. 289.

elementos essenciais do contrato de locação: i) o consentimento; ii) a coisa; iii) o preço.[5] Sobre o consentimento, este deverá ser manifestado por pessoa capaz e a lei não exige forma específica. Por outro lado, em contratos regidos pela Lei 8.245/91 por prazo igual ou superior a dez anos (art. 3º) exige-se a vênia conjugal, exceto no regime de separação absoluta de bens.

A locação de imóveis urbanos, com todas as suas minúcias postas pela Lei de Inquilinato, traduz relação locatícia inteiramente sujeita à intervenção estatal, que restou levada a cabo através de sucessivas leis especiais, tendo em vista as pressões econômicas derivadas do fluxo migratório em direção às cidades, retrato da decadência da agropecuária, daí resultando o chamado êxodo rural e a inevitável escassez de imóveis urbanos.

À época em que foi escrito o Código Civil de 1916, na virada do século XIX para o século XX, a economia brasileira era essencialmente agrária, dominada pelos latifúndios rurais e pelo predomínio, no campo filosófico, do pensamento liberal, da concepção de propriedade como expressão e extensão da personalidade e da liberdade do homem. O legislador, refletindo o momento histórico em que estava inserido, privilegiou o "contratante-proprietário" em relação ao "contratante não proprietário". A preocupação maior era a salvaguarda do patrimônio, cujo exercício contratualmente se transfere. O direito civil era o direito essencialmente disciplinador das relações patrimoniais do proprietário.[6]

Todavia, a expansão das cidades e a centralização da população nas áreas urbanas rompeu com aquela anterior estabilidade econômica entre locadores e locatários, de modo que a procura por imóveis ultrapassou em muito a oferta, com o rápido incremento dos custos de construção de prédios urbanos. O período de liberdade contratual, consagrado pelo Código Civil de 1916, não resistiu às transformações da economia mundial e, em particular, aos reveses causados pela Primeira Guerra Mundial, cujos reflexos no Brasil imediatamente se fariam sentir, influenciando decisivamente a legislação intervencionista. Destaca-se nessa esteira a primeira lei do inquilinato, Lei 4.403, de 22 de dezembro de 1921 e, em 1922, a Lei 4.624, que vedou a denúncia vazia, impedindo a ação de despejo que não fosse motivada em falta de pagamento ou em infração contratual, além da retomada para uso próprio.

A partir daí, e em movimento cíclico, a legislação especial atuou ora de forma liberalizante ora de forma intervencionista, chegando-se à Lei 8.245/91, em vigor e amplamente aplicada e discutida, de tendência liberal. Permeada por indispensável dirigismo contratual,[7] o legislador especial incorporou as principais normas esparsas sobre a matéria. A Lei do Inquilinato conferiu assim alto grau de segurança jurídica aos locatários, neutralizando sua vulnerabilidade econômica frente ao locador e compatibilizando valores constitucionais dignos de tutela, como o direito à moradia e ao fundo empresarial, com a autonomia negocial.

---

5. Veja-se, sobre o ponto, Gustavo Tepedino; Carlos Nelson Konder; Paula Greco Bandeira, *Fundamentos do Direito Civil*, vol.3 (Contratos), Rio de Janeiro: Forense, 2020, p. 214-215.

6. Miguel Maria Serpa Lopes, *Curso de Direito Civil*, IV, 2. ed., Rio de Janeiro: Freitas Bastos, 1961, p. 10. V., ainda, sobre a evolução das leis do inquilinato, S. Rodrigues, *Da Locação Predial*, São Paulo, Saraiva, 1980, p. 2 e ss., Rogério Lauria Tucci e Álvaro Villaça de Azevedo, *Tratado da Locação Predial Urbana*, v. I, São Paulo: Saraiva, 1980, p. 3 e ss.

7. Para aprofundado exame da intervenção estatal no contrato de locação, cotejando a autonomia privada e o dirigismo contratual, na tutela dos interesses perseguidos pelo Estado através da relação locatícia, seja consentido remeter à tese de doutoramento do autor, *Diritto all'abitazione e rapporti locatizi*, Universidade de Camerino, 1985, p. 21 e ss.

A locação de coisas possui seu âmbito de incidência definido segundo o bem objeto da locação. O art. 1º da Lei de Inquilinato define o alcance do estatuto, destinado a regular a *locação de imóvel urbano* em geral. O parágrafo único do art. 1º exclui da abrangência da Lei 8.245/91 diversas espécies locatícias, que se tornam, assim, sujeitas às disciplinas setoriais ou ao próprio Código Civil, no sistema de liberdade contratual. Excluem-se, além das locações de imóveis de propriedade da União, dos Estados e dos Municípios, aquelas que tenham como objeto bens imóveis de suas autarquias e fundações, tutelada pelo Dec.-Lei 9.760/1946, todas permeadas pela mesma função econômica, o que tornava injustificável a diversidade de tratamento legislativo. Trata-se de espécie locatícia dotada de função social não equiparável às relações interprivadas típicas.

A ampliação das locações excluídas revela, ainda, a opção legislativa de disciplinar o contrato de locação tendo em conta o seu aspecto funcional, reunindo sob o mesmo estatuto apenas as espécies locatícias que regulam interesses considerados dignos de tutela diferenciada pelo sistema constitucional, como a moradia, o fundo de comércio, a empresa como instituição social geradora de empregos — e que contribui para o desenvolvimento da economia do país. À míngua de tais finalidades, afasta o legislador a proteção especial da lei em exame.

Assim é que escapam da incidência da Lei 8.245/91 os seguintes contratos de locação: a) de vagas autônomas de garagem ou de espaços para estacionamento de veículo; b) de espaços destinados à publicidade; c) de *apart-hotéis*, hotéis-residência ou equiparados, assim considerados aqueles que prestam serviços regulares a seus usuários, como telefonia, lavanderia, restaurante e serviço de quarto, dentre outros, e como tais sejam autorizados a funcionar.[8] Exclui-se ainda a aplicação da lei a qualquer das modalidades de arrendamento mercantil ou *leasing,* regulado pela Lei 6.099/74, e a locação do imóvel rural, à qual se aplicam preferencialmente as normas da Lei n. 4.504/1964, conhecida como Estatuto da Terra.

Por outro lado, incluem-se no âmbito de tutela da Lei 8.245/91 as locações de lojas em *shopping center*, dispostos no art. 54, fenômeno típico dos dias atuais, excluindo de sua normativa apenas os imóveis urbanos que se enquadrem no parágrafo único do art. 1º.[9] Outra importante disposição diz com o art. 55, que exclui da proteção própria da locação residencial os imóveis alugados por pessoa jurídica para uso de seus titulares, diretores,

---

8. Os chamados apart-hotéis, hotéis-residência, ou *flats*, na designação norte-americana, constituem setor que vem crescendo muito, onde as comodidades dos hotéis são agregadas aos condomínios especiais, de modo a oferecer ao usuário o máximo de praticidade. O legislador, ao excluir da legislação protetiva tal espécie locativa — ou equiparados — busca atingir as unidades cuja locação compreende também os serviços regulares correlatos, assemelhando-se, neste particular, aos hotéis. Por isso, não basta a inserção do apartamento em prédio onde haja tais serviços disponíveis para excluir a legislação do inquilinato, sendo indispensável que o contrato tenha como objeto a utilização conjunta da unidade e dos serviços. Com efeito, verifica-se, em regra, duas espécies de locação nos apart-hotéis: a locação realizada diretamente pelo proprietário, que não se diferencia da locação residencial; e a locação realizada pela administração do apart-hotel, numa espécie de *pool* de unidades oferecidas em locação, muitas vezes por diversos proprietários nos períodos em que não pretendem utilizar as respectivas unidades, efetuando-se a locação através de uma central de administração. Esta última espécie é a que o legislador afastou de sua órbita de incidência, admitindo-se a autonomia privada para a cobrança das taxas correspondentes aos serviços que lhe são peculiares, como o sistema de telefonia, o serviço de quarto, lavanderia, restaurante etc., enquanto a primeira, ao contrário, permanece sob a égide da Lei do Inquilinato, sujeitando-se a todas as restrições de prazos e condições para a denúncia cheia ou vazia.

9. "Art. 1º. (...) Parágrafo único. Continuam regulados pelo Código Civil e pelas leis especiais: a) as locações: 1. de imóveis de propriedade da União, dos Estados e dos Municípios, de suas autarquias e fundações públicas; 2. de vagas autônomas de garagem ou de espaços para estacionamento de veículos; 3. de espaços destinados à publicidade; 4. em apart-hotéis, hotéis-residência ou equiparados, assim considerados aqueles que prestam serviços regulares a seus usuários e como tais sejam autorizados a funcionar; b) o arrendamento mercantil, em qualquer de suas modalidades".

sócios, gerentes, executivos ou empregados. O legislador acolheu o entendimento que se consolidara no âmbito dos Tribunais de Alçada do Rio de Janeiro e de São Paulo, no sentido de diferenciar tal negócio jurídico da locação para fins residenciais. Aquele, celebrado com pessoa jurídica, é permeado por função nitidamente patrimonial (revelando vantagem econômica indireta concedida pelo locatário-pessoa jurídica ao seu preposto); esta, ao reverso, indica função existencial, moldada pelo interesse à moradia familiar, a atrair tutela constitucional privilegiada, em respeito à dignidade da pessoa humana. Faltam à locação de imóveis de pessoa jurídica os pressupostos axiológicos de proteção ao inquilino, consubstanciados na busca da estabilidade residencial e na tutela contra eventual desamparo, na hipótese de dissolução contratual, decorrente dos transtornos causados ao inquilino pela retomada e, sobretudo, da dificuldade de encontrar uma nova habitação no caso de despejo.

2. CESSÃO, SUBLOCAÇÃO E EMPRÉSTIMO DO IMÓVEL LOCADO

A Lei 8.245/91 trata igualmente a cessão da locação, a sublocação e o empréstimo do imóvel, subordinando-os ao consentimento do locador, que deverá ser prévio e escrito segundo dispõe o *caput* do art. 13: "*a cessão da locação, a sublocação e o empréstimo do imóvel, total ou parcialmente, dependem do consentimento prévio e escrito do locador*". As diferenças entre tais figuras são conhecidas e merecem especial exame.

A cessão contratual importa na transferência da titularidade do locatário, com substituição do polo subjetivo da relação jurídica.[10] Trata-se de mais uma forma de circulação de obrigações, ao lado da cessão de crédito e da assunção de dívida. Sua peculiaridade reside em transmitir, por meio de um único negócio, a totalidade de direitos e deveres que compõem a posição contratual. Significa não apenas transmitir todos os créditos e todas as dívidas, mas também os direitos potestativos concernentes à relação contratual, como os direitos de resolução, denúncia, desistência, dentre outros.[11] No âmbito do contrato de locação, sub-roga-se o cessionário nos direitos e obrigações de que era titular o locatário-cedente, mantendo-se, por isso mesmo, uma única relação jurídica originária, com mudança de titularidade.[12] Nas palavras do Professor Sylvio Capanema, "se o cessionário, que passa a ser o locatário, deixa de pagar o aluguel, ou viola o contrato, não pode o locador exigir reparação do cedente, que já estará exonerado, desde o momento da cessão".[13]

De outra parte, o subcontrato consubstancia situação em que "um dos contratantes transfere a terceiros, sem se desvincular, a utilidade correspondente à sua posição contratual".[14] Na subcontratação, não há qualquer forma de transmissão de direitos ou deveres,

---

10. Orlando Gomes afirma que a cessão contratual "consiste, em última análise, na substituição de um dos contratantes por outra pessoa que passa a figurar na relação jurídica como se fora a parte a parte de quem tomou o lugar. É em suma a transferência negocial a um terceiro do conjunto de posições contratuais" (Orlando Gomes, *Contratos*, Rio de Janeiro: Forense, 2019, 27ª ed., p. 149).

11. Carlos Alberto da Mota Pinto, *Cessão da posição contratual*, Coimbra: Atlântida, 1970, p. 284.

12. V., na manualística, Miguel Maria Serpa Lopes, *Curso de Direito Civil*, vol. IV, Rio de Janeiro: Freitas Bastos, 1961, 2. ed., p. 53: "Enquanto a sublocação importa em nova locação, com a manutenção ou não dos mesmos direitos e obrigações da locação (é outro contrato), não devendo porém os direitos transmitidos exceder aos limites dos contidos no ativo do locatário (sublocador), na cessão de locação há um ato de alienação, uma verdadeira venda de coisa imobiliária incorpórea."

13. Sylvio Capanema, *A Lei do Inquilinato Comentada*, Rio de Janeiro: Forense, 2017, p. 94. E arremata: "Transfere-se, assim, integralmente a relação ex locato, do cedente para o cessionário, que passa a ocupar o seu lugar, sendo, daí em diante, os recibos de aluguel extraídos em nome do cessionário."

14. Orlando Gomes, *Contratos*, Rio de Janeiro: Forense, 2019, 27. ed., p. 143.

já que, a rigor, não se estabelece relação direta entre contratante e subcontratado, o que a diferencia da cessão de posição contratual. Especificamente em relação ao contrato em análise, a sublocação constitui nova locação estabelecida entre locatário e sublocatário, criando segunda relação contratual contemporânea à locação, e cujo objeto abrange, total ou parcialmente, o conteúdo do contrato de locação. A relação contratual anterior permanece, todavia, intacta, sem qualquer modificação subjetiva, coexistindo esse contrato originário com o novo contrato, derivado e dependente. Igualmente com a preservação do contrato originário, o empréstimo do imóvel locado, por sua vez, é típico contrato de comodato, pelo qual o locatário transfere temporariamente e a título gratuito o uso do imóvel locado (que continua, portanto, submetido ao programa contratual da locação), em favor de uma terceira pessoa, o comodatário.[15]

O tratamento legislativo homogêneo conferido às três figuras torna menos agudo o interesse pela distinção conceitual no que tange à restrição posta pelo *caput* do dispositivo,[16] valendo ressaltar a preocupação do legislador especial, orientando-se de maneira oposta ao Código Civil, no sentido de combater a proliferação de vínculos não autorizados, que debilitam a qualidade das moradias e contribuem para a deterioração do parque imobiliário. Daí afirmar que as três figuras dependem de consentimento prévio e escrito do locador do imóvel.[17]

O § 1º do art. 13, ainda, preceitua que "não se presume o consentimento pela simples demora do locador em manifestar a sua oposição". Evita-se assim que, na era dos contratos de massa, em que predomina a despersonalização dos contratantes e a utilização de administradoras, no caso das locações, que distanciam o locador e o locatário, pudesse o locador ser penalizado pelo decurso do tempo sem que se oponha à sublocação não autorizada. Nesse caso, o silêncio ou a inércia do locador não equivale, em princípio, a consentimento tácito.

O § 2º do art. 13, a seu turno, dispõe que "notificado por escrito pelo locatário, da ocorrência de uma das hipóteses deste artigo – sublocação, cessão ou empréstimo –, o locador terá o prazo de trinta dias para manifestar formalmente a sua oposição". O preceito tempera a exigência, constante no *caput* do art. 13, no sentido de que a sublocação, cessão ou empréstimo dependeriam, necessariamente, de consentimento prévio e escrito do locador. A interpretação literal da norma tornaria desnecessários os §§ 1º e 2º em inspeção. Entretanto, a possibilidade de se admitir o consentimento do locador pela ausência de resposta à notificação do locatário, de que trata o § 2º, flexibiliza o rigor sugerido pelo *caput* do mesmo dispositivo, tornando admissível ao menos uma forma de consentimento presumido.

Por outro lado, se a notificação a que se refere o preceito fosse referente à sublocação, cessão ou empréstimo já ocorridos, como a literalidade da expressão *ocorrência* adotada

---

15. Sobre a distinção conceitual das três figuras, por todos, Pontes de Miranda, *Tratado de Direito Predial*, v. IV, Rio de Janeiro: José Konfino Editor, 1952, p. 261 e ss.

16. Cf. Miguel Maria Serpa Lopes, *Curso de Direito Civil*, IV, 2. ed., Rio de Janeiro: Freitas Bastos, 1961, p. 51.

17. Sobre a necessidade de que seja o consentimento 'prévio', afirma Sylvio Capanema: "Uma interpretação literal do dispositivo levaria o leitor a imaginar que a anuência do locador teria de ser manifestada, sempre, antes da sublocação. Não nos parece esse ser o espírito da lei. Se o locador, depois de ciente da cessão, da sublocação ou do empréstimo, resolve com eles anuir, estará ratificando o ato, alcançando-se o objetivo da lei, e não mais se configurando qualquer violação, ensejadora da rescisão do contrato. Daí porque não vemos razão de aludir a lei a consentimento prévio, bastando que o exigisse expresso." (Sylvio Capanema, *A Lei do Inquilinato Comentada*, Rio de Janeiro: Forense, 2017, p. 96).

pelo § 2º poderia fazer supor, tal notificação significaria verdadeira confissão de infração contratual, expondo o locatário ao inevitável despejo. O preceito seria temerário ou ocioso, ao menos para o locatário. Se, ao reverso, a notificação diz respeito a ação futura do locatário, interpretando-se a expressão *ocorrência* no sentido de algo que ocorrerá, a regra se torna útil, revelando a admissão, pelo sistema atual, do consentimento presumido.

Tal solução, que – quando mais não fosse – salvaguarda o *principio della ragionevolezza del legislatore*, autoriza o Judiciário, uma vez mitigada a imprescindibilidade da anuência prévia e escrita de que trata o *caput* do art. 13, a conceber hipóteses de consentimento presumido, diversas evidentemente daquela vedada pelo § 1º, desde que se esteja diante da prova inequívoca da anuência do locador à cessão do contrato, à sublocação ou ao empréstimo do imóvel locado.[18]

Tendo em vista a disciplina uniforme conferida pelo legislador especial à cessão contratual, à sublocação, ou ao empréstimo do imóvel locado, modalidades subordinadas à autorização prévia do locador (art. 13), consolidou-se o entendimento, sumulado na ementa 411, do Supremo Tribunal Federal, emanada ainda na vigência da Lei 300, de 28 de dezembro de 1950, segundo o qual "o locatário autorizado a ceder a locação pode sublocar o imóvel". Silentes a legislação especial anterior e a atual Lei 8.245/91 acerca do alcance da autorização para sublocar, permanece em vigor o entendimento jurisprudencial unificado.

3. CONTROVÉRSIA ACERCA DO CONSENTIMENTO TÁCITO DO LOCADOR E O RESP 1.443.135/SP

Com base nos princípios da boa-fé objetiva e da função social do contrato, a 3ª Turma do Superior Tribunal de Justiça decidiu, no REsp 1.443.135/SP,[19] que a cessão de locação de imóvel pode ocorrer a partir da notificação extrajudicial do locador, ainda que não haja sua manifestação de anuência expressa, entendendo-se que o prazo de 30 dias, acima analisado, é decadencial, interpretando-se o silêncio como consentimento, à luz de todas as circunstâncias analisadas no caso concreto.

Na situação analisada, celebrou-se em 2002 contrato de locação de imóvel urbano para fins de instalação de um bar, objeto da sociedade empresária da qual o locatário era sócio. Três anos após a celebração do contrato, em 2005, o sócio que havia celebrado o contrato, tendo inclusive incluído os pais como fiadores, deixou a sociedade. O bar, sob o comando do sócio remanescente, permaneceu em regular funcionamento no mesmo imóvel alugado. Mais tarde, no ano de 2008, o locador ajuizou ação de despejo por falta de pagamento contra aquele antigo sócio que havia deixado a sociedade, tendo sido a ação extinta sem resolução do mérito, antes mesmo da citação, em virtude da purgação da mora efetuada por terceiro.

---

18. Cf. Sylvio Capanema, Paulo Fabião e Wilson Marques, *O Novo Regime Jurídico da Locação*, Rio de Janeiro: Cepad, 1991, p. 91, onde se configura um exemplo eloquente em que a locação fora feita em nome de um certo locatário para a moradia do irmão. A certa altura o locador alega em juízo a infração contratual por sublocação desautorizada. Na instrução processual o réu fez prova de que "nos cinco ou seis anos em que essa situação se demorava, o locador inclusive outorgou mandato escrito a ele, ocupante do imóvel, para representá-lo em assembleia de condomínio", o que levou o juiz a admitir o consentimento tácito, repelindo a pretensão rescisória do locador. Para interessante hipótese jurisprudencial em que, não obstante a procedência do pedido de despejo por infração contratual, o magistrado sopesa minuciosamente as provas relativas ao consentimento tácito, cf. Nagib Slaibi Filho, *Comentários à Nova Lei do Inquilinato*, Rio de Janeiro: Forense, 1992, p. 108.
19. STJ, 3ª T., REsp 1.443.135/SP, Rel. Min. Nancy Andrigui, julg. 24.4.2018, publ. DJ 30.04.2018.

9 • CESSÃO DO CONTRATO DE LOCAÇÃO DE IMÓVEL

Diante disso, o locatário ex-sócio promoveu a notificação extrajudicial do locador do imóvel e do bar acerca de seu afastamento da relação locatícia. Como não obteve resposta nem oposição formal deles, ajuizou ação com o propósito de ter declaradas, quanto a ele, a insubsistência da relação locatícia e a inexistência das obrigações respectivas, com a caracterização da cessão da locação em favor do bar. O Tribunal de Justiça de São Paulo (TJSP) rejeitou a tese e manteve a relação jurídica, por considerar o contrato válido e eficaz. De acordo com a Corte, o silêncio do locador não implicaria em cessão da locação, não havendo que se falar em afastamento da relação locatícia, assim como o pagamento do aluguel por terceiro não implicaria a formação de novo contrato.

Em sede de Recurso Especial, o então locatário pediu o reconhecimento judicial da cessão de locação, tendo a relatora, Min. Nancy Andrighi, destacado que a boa-fé objetiva e a função social do contrato deveriam ser consideradas no caso em tela. Segundo a magistrada, "é indiscutível que o contrato foi inicialmente celebrado com o recorrente, pessoa natural, com a finalidade de viabilizar a instalação da pessoa jurídica por ele constituída. De outro lado, é do mesmo modo indiscutível que a literalidade das cláusulas contratuais há muito não corresponde à realidade estabelecida entre os sujeitos do processo". Seguindo essa linha, entendeu a magistrada que o contrato de locação, embora existente e válido, tornou-se ineficaz em relação ao ex-sócio a partir da notificação extrajudicial, quando a responsabilidade passou para a pessoa jurídica. Ademais, o locador tinha o prazo de 30 dias após a notificação para manifestar sua anuência ou oposição à mudança no contrato, o que não ocorreu.[20]

Nessa direção, restou consignado que a ausência de oposição à notificação extrajudicial promovida pelo locatário, aliada à permanência da pessoa jurídica no imóvel locado, inclusive pagando os aluguéis, e a purgação da mora por terceiro estranho ao contrato, tudo isso com o pleno conhecimento do locador, criaram no recorrente a expectativa concreta de ter-se consolidado a cessão da locação, legitimando-se, assim, a situação de fato prevalente. A decisão equivale ao reconhecimento do consentimento tácito, admitido não diante da mera inércia do locador, mas do silêncio associado a um conjunto de fatos e circunstâncias inequívocos, suficientemente sólidos e aptos a se extrair tacitamente seu consentimento.[21] Nesses casos, cabe ao locatário provar o consentimento, tendo em mira

---

20. Destacou a relatora: "Não havendo manifestação do locador nos 30 dias seguintes à notificação, presume-se a sua autorização, a afastar, pois, a eventual imputação de violação da lei ou do contrato pelo primitivo locatário, legitimando-se, assim, a cessão da locação". No mesmo sentido, afirma Sílvio Venosa: "O segundo parágrafo permite que o locatário notifique por escrito o locador. Se este não se manifestar em trinta dias, entender-se-á que não se opôs à entrada de terceiro na relação jurídica e no imóvel. Notificação idônea, não necessitando ser judicial. Ora, daí devemos concluir que, mesmo não existindo o consentimento prévio e por escrito do locador, pode o locatário emprestar, sublocar ou ceder a locação, devendo notificar o locador e aguardar que ele não se oponha. A sua oposição, partindo do pressuposto de que não houve autorização prévia, poderá vir diretamente por meio da ação de despejo por infração legal ou por meio de contranotificação, em que simplesmente afirme que não concorda com a nova relação." (Sílvio de Salvo Venosa, *Lei do Inquilinato Comentada: Doutrina e Prática*, 15. ed., São Paulo: Atlas, 2020, p. 82).

21. "Entendemos que a tese do consentimento tácito será válida, se decorrente de outras circunstâncias, que não a simples demora na propositura da ação. Se o locador, por exemplo, outorga poderes expressos ao sublocatário para representá-lo em assembleia condominial, aludindo a sua condição, estaria consentida a sublocação, não mais sendo possível invocá-la para rescindir o contrato" (Sylvio Capanema, *A Lei do Inquilinato Comentada*, Rio de Janeiro: Forense, 2017, p. 100). Nessa direção, confira-se recente decisão do Tribunal de Justiça de São Paulo: "Apelação – Locação de imóvel não residencial – Ação de despejo por falta de pagamento cumulada com cobrança – Cessão da locação – Ocorrência – Conhecimento da locação sobre a ocupação do imóvel por terceiro, de quem recebia aluguéis e com quem negociou a celebração de novo contrato – Prestígio à boa-fé objetiva. Na regra de seu artigo 13, § 2º, a Lei de Locação estabelece que, "desde que notificado por escrito pelo locatário, de ocorrência de uma das hipóteses deste artigo, o locador terá o prazo de 30 (trinta) dias para manifestar formalmente a sua oposição". Como se depreende da leitura da norma mencionada

os princípios norteadores das relações contratuais. Vale dizer, a boa-fé objetiva há que servir de parâmetro para que, na hipótese prevista no art. 13 e seus parágrafos, a inércia do locador por tempo prolongado, tendo ciência da cessão, possa inibi-lo de propor a ação de despejo.

Dito em outros termos, a única interpretação do § 2º do art. 13 coerente com o sistema circunscreve-se a suporte fático em que o locatário pretende ceder a locação do imóvel a despeito de inexistir autorização contratual para fazê-lo. Neste caso, visando a obter a autorização, o locatário notificaria o locador, dando-lhe ciência de sua pretensão, para que manifeste sua anuência ou oposição, no prazo de 30 dias, interpretando-se o seu silêncio como consentimento. O prazo é decadencial, conforme destacou a Relatora no acórdão examinado, de modo que, não havendo manifestação do locador nos 30 dias seguintes à notificação, presume-se sua autorização, a afastar, pois, a eventual imputação de violação da lei ou do contrato pelo primitivo locatário, reconhecendo-se, assim, a cessão autorizada no contrato.

No caso em tela, indiscutível que a locação foi celebrada pelo recorrente, com o fim de viabilizar a instalação da pessoa jurídica. Por outro lado, igualmente indiscutível é que a literalidade das cláusulas contratuais não corresponde à realidade estabelecida entre os sujeitos da relação, "seja porque o locatário se retirou da sociedade em 2005, permanecendo a empresa, desde então, sediada no imóvel e arcando com as respectivas despesas perante o locador; seja porque, depois de extinta a ação de despejo pela purgação da mora por terceiro, foi promovida a notificação extrajudicial dos recorridos para comunicar o afastamento do recorrente da relação jurídica, sem que houvesse resposta, fatos esses incontroversos nos autos", nas palavras da Ministra.

---

no parágrafo anterior, a necessidade de consentimento prévio e por escrito não é absoluta, já que, se comunicado pelo locatário da cessão e não apresentar oposição em trinta dias, estará caracterizada a anuência do locador. A conduta do locador de ter acertado com o primitivo locatário o distrato da locação, passando a receber do cessionário os aluguéis e com este ajustando um novo contrato, há de ser entendida como assentimento a que o cessionário fosse tido por locatário, em substituição ao anterior. Não há dúvida de que o autor teve conhecimento da cessão da locação e de que outro sujeito passara a ocupar o imóvel, não adotando nenhuma medida por meses e ainda recebendo do novo ocupante os aluguéis. Esse comportamento, indiscutivelmente, configura anuência à alteração do locatário. O ato de, posteriormente, quando o novo ocupante passou a inadimplir os aluguéis, tentar imputar ao antigo ocupante a infração contratual contradiz a conduta pretérita, que incutiu no inquilino originário a convicção de que a cessão se consumara com o consentimento do locador. Apelação provida". (TJSP, 30ª Câm. Dir. Priv., Apel. Cív. 1003497-11.2019.8.26.0011, Rel. Des. Lino Machado, julg. 15.04.2020, publ. DJ 15.4.2020). Ainda sobre o tema, confira-se interessante decisão do Tribunal de Justiça do Rio de Janeiro: "Apelação. Ação de despejo fundada na falta de pagamento. Locação comercial. Sentença que julgou extinto o processo por ilegitimidade passiva. Cessão da locação, que é uma das formas de substituição subjetiva admitidas pela Lei 8.245/91, mediante a qual o primitivo locatário, que é o cedente, é excluído da relação obrigacional, passando o cessionário a ocupá-la sub-rogando-se nos direitos e deveres decorrentes do contrato. Nítida intenção do legislador em proteger o locador de um enriquecimento indevido do locatário, caso fosse permitido a ele, sem consentimento daquele, transferir a ocupação do imóvel para terceiros. Previsão de que o contrato estava sendo celebrado com a pessoa física para que esta, no prazo de 180 dias, constituísse a pessoa jurídica para substituí-la na locação para exploração da atividade comercial autorizada em relação ao espaço comercial. Realidade estabelecida entre as partes a demonstrar que a primitiva locatária constituiu a sociedade empresária, que passou a explorar, sem oposição do locador, a atividade comercial dentro do shopping center. Comportamento das partes ao longo do relacionamento contratual que consolidou a cessão da locação em favor da apelada. Prova disso é que a primitiva locatária – lojista pessoa física – firmou posterior acordo, desta feita na condição de fiadora, a afastar qualquer dúvida quanto à cessão da locação. Inequívoca legitimidade passiva da apelada. É certo que a locatária tem a obrigação de pagar pontualmente os aluguéres e os encargos locatícios no prazo ajustado, em retribuição ao uso da coisa locada, nos termos do art. 23, I, da Lei 8.245/91, podendo o locador rescindir o contrato pelo inadimplemento decorrente da falta de pagamento, o que somente pode ser evitado com a purga da mora, nos termos do art. 62, II, ou mediante a comprovação dos pagamentos de forma a ilidir a pretensão deduzida, o que não ocorreu. Reforma da sentença. Recurso Provido". (TJRJ, 27ª C.C., Apel. Cív. 0039899-62.2017.8.19.0209, Rel. Des. Maria Luiza de Freitas Carvalho, julg. 26.05.2020, publ. DJ 29.5.2020).

9 • CESSÃO DO CONTRATO DE LOCAÇÃO DE IMÓVEL

Terá grande responsabilidade o magistrado em situações como essa em análise, para fins de valorar a demora em ajuizar a ação de despejo pelo locador inerte. Com frequência, a intenção das partes não corresponde exatamente ao sentido literal da linguagem, caso em que a vontade dos contratantes deve ser entendida a partir de seu comportamento, seja durante as tratativas, a execução do contrato ou mesmo depois de cumprida a obrigação. Por tal motivo, sem ignorar a força obrigatória das disposições próprias da fase de execução do contrato, não se deve perder de vista a realidade contratual verificada *in concreto,* bem como a necessidade de respeito ao cânone da boa-fé objetiva.[22]

4. CESSÃO DA LOCAÇÃO, CESSÃO DO ESTABELECIMENTO E CESSÃO DO CONTROLE SOCIETÁRIO DA LOCATÁRIA PESSOA JURÍDICA

A cessão da locação afigura-se frequente em contratos celebrados com fins comerciais ou industriais. Nesse tipo de situação, há que se distinguir, de uma parte, a cessão contratual e a cessão do fundo de comércio (ou estabelecimento comercial), ambas compreendidas na exigência de anuência prévia do locatário, nos termos do art. 13 da Lei 8.245/91 – e, de outra, a cessão de cotas ou ações da locatária pessoa jurídica. A observação não se faz nem supérflua nem secundária, quando se tem em mente a intensa polêmica jurisprudencial e doutrinária acerca da nulidade da cláusula contratual que, nas locações comerciais ou industriais, vedam a cessão contratual de qualquer natureza, ou a condicionam à prévia autorização do locador.

Tratando-se o estabelecimento comercial de "todo o complexo de bens organizado, para o exercício da empresa, por empresário ou por sociedade empresária", como dispõe o art. 1.142 do Código Civil, poderá ele ser objeto de direitos e de negócios jurídicos, desde que compatíveis com sua natureza.[23] Além disso, dispõe o art. 1.148 que "salvo disposição

---

22. "A boa-fé *in executivis* auxilia a indicar o modo correto de executar a prestação (o seu como) e de exigir o seu cumprimento; a preencher, integrativamente, lacunas que só se farão sentir no momento executivo; e a estabelecer a fronteira entre o que é exercício lícito ou ilícito dos poderes, direitos e faculdades exsurgentes do vínculo contratual. Cânone comportamental por excelência, a boa-fé afirma-se também, nessas dimensões funcionais, e pelo menos em primeira linha, como norma de responsabilidade, fonte da obrigação de indenizar, em caso de violação injusta do contrato, contribuindo para a definição de situações de responsabilidade. Atua, portanto, comumente, no plano de eficácia dos negócios jurídicos, sendo a eficácia indenizatória a mais frequente." (Judith Martins-Costa, *A boa-fé no direito privado*: critérios para a sua aplicação, São Paulo: Marcial Pons, 2015, p. 432). No mesmo diapasão, confira-se relevante precedente do Superior Tribunal de Justiça: "Com efeito, se os agravantes/locadores tomaram conhecimento da cessão do contrato de locação a terceiros e com ela anuíram, ainda que por outra forma que não aquela prevista no art. 13 da Lei de Locação, não podem eles alegar em seu favor a falta de anuência por escrito, sob pena de afrontarem os princípios da segurança jurídica dos contratos e da boa-fé objetiva, que, neste caso, devem ser aplicados em favor dos agravados." (STJ, 5ª T., AgRg no Ag 991.562/SP, Rel. Min. Arnaldo Esteves Lima, julg. 24.04.2008, publ. DJ 24.04.2008). Em sentido semelhante, destaca-se interessante decisão do Tribunal de Justiça do Rio de Janeiro: "Elementos probatórios que apontam a anuência tácita da locadora quanto a cessão da locação a favor da irmã dos apelantes. Posse do imóvel exercida pela irmã dos apelantes. Ciência da locadora de que a posição de locatário era exercida pela irmã dos apelantes quando houve a assinatura das renovações contratuais. Ausência de impugnação dos fatos alegados e dos documentos apresentados pelos apelantes. Permanência consentida da irmã do locador no imóvel cria vínculo jurídico direto entre a locadora e a moradora do imóvel. O direito não acolhe o comportamento violador da boa-fé objetiva, nem admite o exercício de uma posição jurídica em contradição a um comportamento anteriormente assumido, sintetizado no postulado do *nemo potest venire contra factum proprium*. O falecimento da locatária de fato extingue o contrato de locação, sendo indevida a multa pela rescisão antecipada do negócio. Conhecimento e provimento do recurso". (TJRJ, 22ª C.C., Apel. Cív. 0059029-48.2015.8.19.002, Rel. Des. Rogério de Oliveira Souza, julg. 070.3.2017, publ. DJ 10.3.2017).

23. Código Civil, "Art. 1.143. Pode o estabelecimento ser objeto unitário de direitos e de negócios jurídicos, translativos ou constitutivos, que sejam compatíveis com a sua natureza." Sobre o ponto, "O estabelecimento constitui-se em objeto de direito, com natureza de universalidade de direito. Assim, pode ser objeto de relações jurídicas, como a penhora, o arrendamento, o usufruto e, principalmente, o contrato de compra e venda, o qual é especificamente denominado de

em contrário, a transferência importa a sub-rogação do adquirente nos contratos estipulados para exploração do estabelecimento, se não tiverem caráter pessoal, podendo os terceiros rescindir o contrato em noventa dias a contar da publicação da transferência, se ocorrer justa causa, ressalvada, neste caso, a responsabilidade do alienante". Dessa forma, trata-se de universalidade de bens e direitos, dentre os quais pode incluir-se o contrato de locação de imóvel onde se instala a pessoa jurídica para desenvolver suas atividades. Nesse caso, o estabelecimento pertencerá ao locatário, não se admitindo, tradicionalmente, que possa ele depender de autorização do locador para dispor, gratuita ou onerosamente, do que lhe é próprio.[24]

Em face de tal circunstância, entendimentos doutrinário e jurisprudencial no regime anterior consideravam nula a cláusula proibitiva ou limitativa da cessão dos negócios, no que coincidem, aliás, com o estatuído no art. 36 da Lei do Inquilinato italiana, 392, de 27 de julho de 1978, em que se lê: "*Il conduttore può sublocare l'immobile o cedere il contratto di locazione anche senza il consenso del locatore, purché venga insieme ceduta o locata l'azienda.*"[25] Na jurisprudência, todavia, sob o argumento de que se aplica à locação comercial o disposto no art. 13 da Lei 8.245/91, exige-se o consentimento do locador como requisito essencial à transferência do fundo de comércio.[26]

Com a atual redação do art. art. 13 da Lei 8.245/91, no âmbito das locações comerciais, considera-se alcançada pela previsão legal tanto a cessão do contrato de locação do

---

trespasse, em razão das peculiaridades das regras que a ele se aplicam" (Fábio Tokars, *Estabelecimento Empresarial*, São Paulo: LTr, 2006, p.11).

24. Nessa direção, "condicionar a cessão do estabelecimento à prévia e expressa autorização do locador, traduziria insuportável desrespeito ao direito de dispor, que é uma das faculdades atribuídas ao domínio" (Sylvio Capanema, *A Lei do Inquilinato Comentada*, Rio de Janeiro: Forense, 2017, p. 98). Traçando diferenciação entre a locação comercial pura e a locação de unidade de centro comercial, afirma Alfredo Buzaid que "Enquanto *é ineficaz, na locação comercial comum, a cláusula que proíbe a alienação do contrato de locação juntamente com o fundo de comércio*, consoante se deduz do artigo 30 do Dec. 24.1.50, é, ao contrário, válida a cláusula limitativa, que a subordina ao consentimento do proprietário de centro comercial." (Alfredo Buzaid, *Da ação renovatória*, 3. ed., São Paulo: Saraiva, 1988).

25. Sobre o sistema legal italiano, em cotejo com o brasileiro, v. Marcelo Andrade Féres (*Estabelecimento empresarial: Trespasse Efeitos Obrigacionais*, São Paulo: Saraiva, 2007, p. 85), para quem Lei especial italiana, desde a sua edição em 1978, compreende "todas as hipóteses de cessão de estabelecimento. Desde então, na Itália, diante da alienação do estabelecimento, o alienante pode transmitir para o adquirente o contrato de locação, sendo irrelevante o consentimento do proprietário do bem de raiz"

26. STJ, 3ª T., REsp 1.202.077/MS, Rel. Min. Vasco Della Giustina, julg. 1º.03.2011, publ. DJ 10.03.2011, constante no Informativo n. 0465, em cuja ementa se lê: "Recurso Especial. Transferência do Fundo de Comércio. Trespasse. Contrato de Locação. Art. 13 da Lei n. 8.245/91. Aplicação à locação comercial Consentimento do Locador. Requisito Essencial. Recurso Provido. 1. Transferência do fundo de comércio. Trespasse. Efeitos: continuidade do processo produtivo; manutenção dos postos de trabalho; circulação de ativos econômicos. 2. Contrato de locação. Locador. Avaliação de características individuais do futuro inquilino. Capacidade financeira e idoneidade moral. Inspeção extensível, também, ao eventual prestador da garantia fidejussória. Natureza pessoal do contrato de locação. 3. Desenvolvimento econômico. Aspectos necessários: proteção ao direito de propriedade e a segurança jurídica. 4. Afigura-se destemperado o entendimento de que o art. 13 da Lei do Inquilinato não tenha aplicação às locações comerciais, pois, prevalecendo este posicionamento, o proprietário do imóvel estaria ao alvedrio do inquilino, já que segundo a conveniência deste, o locador se veria compelido a honrar o ajustado com pessoa diversa daquela constante do instrumento, que não rara as vezes, não possuirá as qualidades essenciais exigidas pelo dono do bem locado (capacidade financeira e idoneidade moral) para o cumprir o avençado." Na mesma direção, TJRJ, 25ª C.C., Ap. Cív. 0021436-02.2015.8.19.0061, Rel. Des. Marianna Fux, julg. 30.1.2019, publ. 1º.02.2019; TJSP, 29ª Câm. Dir. Priv., Apel. Cív. 1002376-63.2019.8.26.0005, Rel. Des. Neto Barbosa Ferreira, julg. 11.03.2020, publ. DJ 12.03.2020. Ainda nesse mesmo sentido, em relação à cláusula que proíbe a alienação do contrato de locação juntamente com o fundo de comércio, Orlando Gomes ressalta: "Facultá-la ou vedá-la não faz mal ao direito de renovação, não lesa o direito do locatário ao fundo de comércio. De resto, não há propriamente direito à cessão, e, quando se pense de modo contrário, é incontroverso o entendimento de que seu exercício precisa ser autorizado pelo locador. Aliás, a proibição é um imperativo da própria organização do shopping center. A cláusula proibitiva é, pelo exposto, não somente uma cláusula lícita, mas, também, inerente às locações em questão" (Orlando Gomes, Traços do Perfil Jurídico de um Shopping Center, *Shopping Centers – Aspectos Jurídicos*, São Paulo: RT, 1984, n. 17, p. 106-109).

imóvel quanto o trespasse ou transferência do estabelecimento comercial ali localizado. Vale dizer, a prática negocial tem inserido no contrato de locação mercantil, quando da elaboração do ajuste, cláusula estipulando anuência prévia do locador para a eventual cessão do estabelecimento comercial.[27]

Dessas hipóteses se diferencia a cessão das cotas ou ações de controle da sociedade que detém a titularidade do estabelecimento locatário. Com efeito, condicionar o exercício do direito de cessão societária à vontade do locador representaria impor condição desarrazoada ao livre exercício e trânsito da propriedade empresarial, afrontando, assim, o art. 5º, inciso XXII, o art. 170, parágrafo único, ambos da Constituição Federal; e o art. 1.148 do Código Civil.

Por ocasião do Projeto de Lei 140, de 2009 (n. 71/07, na Câmara dos Deputados), pretendeu-se introduzir o § 3º do art. 13, com a seguinte redação: "Nas locações não residenciais, equipara-se à cessão da locação qualquer negócio jurídico que importe na transferência do controle societário do locatário pessoa jurídica". O dispositivo foi objeto de veto presidencial, com o apoio da doutrina,[28] já que interferia indevidamente na atividade empresarial, além de encontrar resistência da própria disciplina societária estabelecida pela Lei 6.404/1964, cujo conceito de controle é apresentado no art. 116.[29]

Conforme consta da mensagem justificadora do veto presidencial, "o contrato de locação firmado entre locador e pessoa jurídica não guarda qualquer relação de dependência com a estruturação societária de pessoa jurídica locatária, considerando, essencialmente, a distinção da personalidade jurídica de cada um (sócios e a própria pessoa jurídica), conferida pelo ordenamento jurídico pátrio para cada um dos entes. Além do mais, cabe registrar que exigências assim impediriam ou dificultariam sobremaneira operações societárias de transferência de cotas sociais ou ações de sociedade empresárias, tal como, exemplificativamente, a incorporação, fusão ou aquisição da participação majoritária de grandes empresas".[30]

Com o veto presidencial ao § 3º do art. 13, consolidou-se a nítida diferença de disciplinas incidentes nas hipóteses de cessões do contrato de locação ou do estabelecimento comercial (trespasse), que exigem a anuência do locador, e de transferência do controle da sociedade locatária, posta a salvo na interferência do locador. Neste último caso, como alternativa para o locador que se preocupa com as características pessoais dos sócios da

---

27. Maria Antoniera Lynch de Moraes, O Trespasse: a alienação do estabelecimento empresarial e a cláusula de não restabelecimento. In: *Doutrinas Essenciais de Direito Empresarial*, vol. 1, dez. 2010, pp. 1077-1093. V. ainda Fábio Tokars, *Estabelecimento Empresarial*, São Paulo: LTr, 2006, p. 101; Fábio Ulhoa Coelho, *Curso de Direito Comercial*, v. 1, São Paulo: Saraiva, 2005, p. 116; Marcelo Andrade Féres, *Estabelecimento Empresarial: Trespasse e Efeitos Obrigacionais*, São Paulo: Saraiva, 2007, p. 88.

28. Sylvio Capanema, *A Lei do Inquilinato Comentada*, cit., p. 102.

29. Lei 6.404/1964, "Art. 116. Entende-se por acionista controlador a pessoa, natural ou jurídica, ou o grupo de pessoas vinculadas por acordo de voto, ou sob controle comum, que: a) é titular de direitos de sócio que lhe assegurem, de modo permanente, a maioria dos votos nas deliberações da assembleia geral e o poder de eleger a maioria dos administradores da companhia; e b) usa efetivamente seu poder para dirigir as atividades sociais e orientar o funcionamento dos órgãos da companhia.

    Parágrafo único. O acionista controlador deve usar o poder com o fim de fazer a companhia realizar o seu objeto e cumprir sua função social, e tem deveres e responsabilidades para com os demais acionistas da empresa, os que nela trabalham e para com a comunidade em que atua, cujos direitos e interesses deve lealmente respeitar e atender."

30. As razões do veto presidencial, contidas na Mensagem do Presidente da República ao Presidente do Senado Federal, de 09.12.2009, encontram-se disponíveis em: http://www.planalto.gov.br/ccivil_03/_Ato2007-2010/2009/Msg/VEP-1004-09. htm. Acesso em: 16.11.2020). O texto e as razões do veto presidencial são analisados por Luiz Antonio Scavone Junior e Tatiana Bonatti Peres (Org.), *Lei do Inquilinato comentada artigo por artigo*, 2. ed., Rio de Janeiro: Forense, 2017, p. 62-65.

locatária pessoa jurídica, a doutrina tem sugerido que possa ser exigido, na celebração do contrato de locação, a presença dos sócios controladores como "fiadores garantidores da locação, respondendo, portanto, solidariamente com a sociedade pelo pagamento dos alugueis, entre outras obrigações, e não permitindo que exonerem da fiança em caso de saída da sociedade, mediante previsão contratual".[31]

5.   NOTAS CONCLUSIVAS

A festejada Lei do Inquilinato assinala importante momento da longa trajetória da legislação intervencionista em matéria de locação urbana, traduzindo autêntico Estatuto da Locação Predial Urbana, que tem o escopo de compatibilizar valores constitucionalmente tutelados – atinentes à moradia e ao fundo empresarial – com a deliberada ampliação da autonomia contratual. Ao mesmo tempo em que promove a dinamização do setor, estimulando novas construções e aumentando a oferta de imóveis para locação, tem também o condão de zelar pela igualdade entre as partes contratantes.

A despeito do esforço do legislador no tratamento do instituto, não pôde a lei disciplinar – e nem se esperava que assim o fizesse – todas as situações passíveis de ocorrência na casuística contratual. Nessa direção, ganha especial destaque a cessão do contrato de locação que, à luz das disposições trazidas pela lei especial, concentra questões polêmicas que se encontram na ordem do dia e merecem especial atenção da doutrina e da jurisprudência, que devem solucioná-las de modo harmônico com os princípios contratuais e valores que a ordem jurídica procura promover, em consonância com a legalidade constitucional.

---

31. Luiz Antonio Scavone Junior e Tatiana Bonatti Peres (Org.), *Lei do Inquilinato comentada artigo por artigo*, cit., p. 65. Para os autores, "dessa maneira, ainda que haja qualquer movimento posterior entre os sócios da sociedade, seja envolvendo a retirada dos sócios fiadores ou não, estes permaneceriam garantidores da relação locatícia, ao menos, pelo prazo previamente determinado, nada sendo alterado non contrato de locação original".

10
ASPECTOS DO CONTRATO DE SUBLOCAÇÃO DE IMÓVEL URBANO: FUNÇÃO SOCIAL E ECONÔMICA

Frederico Price Grechi

Pós-Doutor, Doutor e Mestre em Direito pela UERJ. Mestrando em Economia e Finanças pela FGV-RIO. Diretor da Vice-Presidência Imobiliária do Centro Brasileiro de Mediação e Arbitragem – CBMA. Advogado, Árbitro e Professor (Emerj). Presidente da Comissão de Direito Agrário do IAB e da OAB/RJ. Vice-Presidente da Comissão de Direito Imobiliário da OAB/RJ.

Sumário: 1. Introdução – Breve digressão histórica dos antecedentes do processo legislativo da Lei 8.245/91. 2. O microssistema inovador e dinâmico da Lei 8.245/91. 3. A sublocação como contrato derivado e coligado à locação. 3.1 Sublocação coligada ao contrato de distribuição de combustíveis. 3.2 Sublocação coligada ao contrato de franquia. 3.3 Sublocação coligada ao contrato de locação *shopping center*. 3.4 Sublocação coligada à locação no contrato de construção ajustada (*built to suit*). 3.5 Sublocação ajustada com opção de compra. 4. Sublocação consentida, presumida e ilegítima. 5. Sublocação parcial e total, residencial, não residencial e mista. 6. Do aluguel na sublocação. 7. Sublocação e responsabilidade subsidiária. 8. Efeitos extintivos da sublocação coligada à locação. 9. Direito de preferência do sublocatário. 9.1 Registro da cláusula de vigência e a averbação do direito de preferência na sublocação. 10. Direito à renovação compulsória da locação com cessão da posição contratual do sublocador para o sublocatário. 11. Casuísticas. 11.1 Eficácia de convenção de arbitragem do contrato de locação na sublocação. 11.2 Protesto do contrato de sublocação pelo locador e pelo sublocador para cobrança da dívida do sublocatário.

1. INTRODUÇÃO – BREVE DIGRESSÃO HISTÓRICA DOS ANTECEDENTES DO PROCESSO LEGISLATIVO DA LEI 8.245/91

Agradeço o honroso convite dos coordenadores Professores Heloisa Helena Barboza, Guilherme Calmon Nogueira da Gama e Thiago Ferreira Cardoso Neves para participar da justa e merecida homenagem ao nosso sempre estimado Professor Sylvio Capanema de Souza[1], coautor do anteprojeto da Lei do Inquilinato em vigor em conjunto com o Dr. Geraldo Beire Simões e Dr. Pedro Antonio Barbosa Cantisano, doravante denominados em conjunto "coautores".

---

1. Confira-se o prefácio de autoria do saudoso e eminente Desembargador Luís Antonio de Andrade à obra do Professor Sylvio Capanema de Souza, *A Nova Lei do Inquilinato Comentado*. Rio de Janeiro: Forense, 1993: "A *Nova Lei do Inquilinato Comentada* é mais um exemplo que Sylvio Capanema, lídimo expoente do magistério jurídico e da advocacia, nos dá de quanto a sua inteligência, o seu espírito pugnaz, a sua irresistível tendência ao estudo do direito, podem contribuir para a interpretação segura do novel estatuto, servindo, ademais, de paradigma e de contribuição para inevitáveis correções legislativas acerca de disposições lacunosas ou imperfeitas, contraditórias ou incompletas, pois, como lembra a parêmia italiana, 'fatta la legge, trovato l'inggano'.

Seja permitido tecer sucinta excursão aos antecedentes do processo legislativo[2], notadamente os materiais legislativos ou trabalhos preparatórios[3] daquele novel diploma que ficou notoriamente conhecido como "A Nova Lei do Inquilinato". Durante os trabalhos preparatórios do anteprojeto[4], os coautores foram os protagonistas de importantes debates promovidos por diversas entidades relevantes do segmento do mercado imobiliário, valendo destacar, entre outras, a Associação Brasileira das Administradoras de Imóveis – ABADI[5] e a Associação Brasileira dos Advogados do Mercado Imobiliário – ABAMI[6].

A primeira versão do anteprojeto foi apresentada pelos coautores aos participantes da CONAI – Convenção Nacional dos Administradores de Imóveis, realizada em outubro de 1989, na cidade de Curitiba, no Paraná, onde novas sugestões foram acolhidas.

No Rio de Janeiro, os coautores apresentaram a versão definitiva do anteprojeto, o qual foi entregue à Federação Nacional do Mercado Imobiliário – FENADI.

No mês de novembro de 1989, o Presidente Hubert Gebara encaminhou à assessoria do novo Presidente da República que havia sido eleito na eleição de 1989, com a seguinte mensagem:

---

2. *Cf.* SILVA, José Afonso da. *Curso de Direito Constitucional Positivo.* 35. ed. São Paulo: Malheiros, 2012, p. 524: "Por processo legislativo entende-se o conjunto de atos (iniciativa, emenda, votação, sanção, veto) realizados pelos órgãos legislativos visando a formação das leis constitucionais, complementares e ordinárias, resoluções e decretos legislativos. Tem, pois, por objeto, nos termos do art. 59, a elaboração de emendas à Constituição, leis complementares, leis ordinárias, leis delegadas, medidas provisórias, decretos legislativos e resoluções".

3. *Cf.* MAXIMILIANO, Carlos. *Hermenêutica e Aplicação do Direito.* 20. ed. Rio de Janeiro: Forense, 2011, p. 115-116: "Além do elemento histórico propriamente dito, constituído pelo Direito anterior do qual o vigente é apenas um desdobramento, existe, sob a mesma denominação geral, outro fator de exegese, que os autores designam com as expressões – Materiais Legislativos ou Trabalhos Preparatórios. Esta espécie tem menos valor que a descrita anteriormente, muito menos; entretanto, é invocada com frequência maior no Brasil, sobretudo a respeito de leis recentes. Compreende anteprojetos; os Projetos e as respectivas Exposição de motivos; Mensagens dirigidas pelo Executivo às Câmaras; memoriais e representações enviadas ao Congresso; relatórios das comissões nomeadas pelo Governo; pareceres e votos em separado emitidos oralmente, ou por escrito, no seio das comissões parlamentares, especiais ou permanentes; emendas aceitas ou rejeitadas; debates tribunícios em sessões plenárias de cada um dos ramos do Poder Legislativo. (...) Os Materiais Legislativos têm alguma utilidade para a Hermenêutica; embora não devem ser colocados na primeira linha, nem aproveitados sempre, a torto e a direito, em todas as hipóteses imagináveis, para resolver quaisquer dúvidas; ajudam a descobrir o elemento causal, chave da interpretação".

4. O autor agradece ao Dr. Geraldo Beire Simões a disponibilização do mimeo intitulado "Elaboração, tramitação legislativa e acordos políticos da Lei 8.245/91".

5. A ABADI foi concebida em 17 de outubro de 1974 por 20 empresários do setor imobiliário que se reuniram em um almoço no Clube Ginástico Português com o objetivo com o objetivo de congregar os administradores de imóveis e promover a expansão e qualificação do mercado, que sofria o impacto negativo do desequilíbrio econômico. Assim foi pensada e fundada a Associação Brasileira das Administradoras de Imóveis (ABADI). Quase um mês depois, no dia 11 de novembro, a primeira diretoria executiva da ABADI, presidida por Geraldo Rezende Ciribelli, tomou posse na sede da Associação Comercial do Rio de Janeiro, na época Estado da Guanabara. Confira-se o registro nos anais da ABADI – 1990 – Posse do novo presidente e Lei do Inquilinato Augusto Alves Moreiras é eleito presidente da ABADI. Ainda em 1990, a ABADI com as importantes e definitivas participações dos doutores Geraldo Beire Simões, Sylvio Capanema de Souza e Pedro Antonio Barbosa Cantisano, participou da elaboração do anteprojeto da Lei do Inquilinato, que foi sancionada 18 de outubro de 1991 – Lei 8.245/91

6. Em 21 de setembro de 1989 foi fundada a Associação Brasileira dos Advogados do Mercado Imobiliário – ABAMI, sendo seus fundadores os ilustres advogados: Sylvio Capanema de Souza; Geraldo Beire Simões, Luiz Santos Sobrinho, Pedro Antonio Barbosa Cantisano, Maria Lucia Teixeira da Silva e Mônica Goes. Pela importância dos serviços prestados à ABAMI, o Conselho Deliberativo escolheu para patrono o Fundador Dr. Sylvio Capanema de Souza. A ABAMI, pela importância que mantém no meio jurídico do País, foi reconhecida de utilidade pública pelo Decreto Estadual 179 de 09.07.1975.

10 • ASPECTOS DO CONTRATO DE SUBLOCAÇÃO DE IMÓVEL URBANO: FUNÇÃO SOCIAL E ECONÔMICA | **135**

"Projeto da nova lei do inquilinato

Os empresários do setor de administração de imóveis, cientes da gravidade da crise habitacional que afeta o país e atormenta milhões de brasileiros, resolveram dar contribuição direta e eficaz às iniciativas que possam contribuir para mudar esse estado de coisas. Assim pensando, e conscientes de suas responsabilidades sociais, ousaram encomendar, por conta e riscos próprios, um trabalho jurídico de fôlego que possa vir a substituir, no estamento jurídico-legal do país, a já ultrapassada Lei 6.649/79.

Sob o princípio que o texto deve ser claro, conciso, justo intérprete de si mesmo, os juristas Sylvio Capanema de Souza, Geraldo Beire Simões e Pedro Antônio Barbosa Cantizano, trabalharam durante vários meses na elaboração deste projeto que foi, depois, submetido à apreciação e aprovação das administradoras, em congresso Nacional, realizada por esta Federação, em Outubro, no estado do Paraná.

Temos, enfim, um texto legal que corrige omissões e falhas da legislação em vigor, abre espaços ao retorno dos investimentos na área habitacional, cria pela primeira vez um instrumental político de apoio ao desenvolvimento das atividades no seguimento habitacional e liberta a locação das amarras que prendem locador e locatário em prejuízo de ambas as partes. Inspira-o a convicção de que a liberdade de contratação é o maior dos incentivos, evidentemente sem se descuidar do aspecto de proteção da parte mais fraca nessa relação, que é o locatário, o qual tem o resguardo, por exemplo, da vinculação das correções do aluguel, à variação da inflação que também serve de parâmetro para proteção dos salários.

Esperamos, portanto, que esse trabalho seja útil às autoridades constituídas na sua tarefa, e indeclinável dever de promover o ajuste imediato da legislação que rege as relações entre inquilinos e proprietários, sob pena de consagrarmos um estado de conflito que se manifesta no caos, hoje representado pela crescente escassez de imóveis para locação, elevação continuada dos aluguéis dos imóveis para locação, elevação continuada dos aluguéis dos imóveis vagos e atulhamento da justiça, com dezenas de milhares de ações de despejo".

No mês de março de 1990, a íntegra do anteprojeto do mercado imobiliário remetido pela FENADI foi apresentada pelo Deputado Nilson Gibson no âmbito da Câmara dos Deputados, identificado pelo Projeto de Lei 372/91.

O anteprojeto do mercado imobiliário também foi encaminhado pela FENADI ao então Ministro da Justiça do governo Fernando Collor de Mello, o advogado e político Bernardo Cabral, que propôs a criação de uma comissão para estudar o assunto e elaborar uma proposta legislativa do governo.

Por meio da Portaria 234, de 19 de setembro de 1990, assinada em conjunto pelos Ministros da Justiça, da Economia, Fazenda e Planejamento e da Ação Social, uma Comissão Interministerial foi instituída para elaborar o anteprojeto de lei sobre a Locação Predial Urbana, "composta por representantes de locadores, de corretores de imóveis, de contadores, de economistas, de advogados, de empreendedores de Shopping Center, de empresas construtora de imóveis, de seguradoras, de Órgãos de Defesa do Consumidor e muitas outras entidades, e dos locatários, estes representados pelo Associação Nacional do Movimento Permanente dos Inquilinos Intranquilos"[7].

Esta Comissão Interministerial, que estava autorizada a solicitar a colaboração de associações, de entidades de classe e de profissionais de notória especialização, formulou diversas sugestões acrescidas aos dispositivos do anteprojeto do governo, concluído em abril de 1991.

Nesse passo, a Presidência de República, após aceitar integralmente o anteprojeto do governo, encaminhou o texto ao Congresso Nacional, através da mensagem

---

7. *Cf.* SIMÕES, Geraldo Beire. "Elaboração, tramitação legislativa e acordos políticos da Lei 8.245/91", mimeo.

136 FREDERICO PRICE GRECHI

216/1991[8], em regime de urgência com fundamento no art. 64, § 1º, da Constituição Federal[9].

Ainda no mês de maio de 1991, foram apresentadas 207 (duzentas e sete) emendas pelos deputados federais e no mês de junho de 1991 foi indicado como relator da Comissão de Economia, Indústria e Comércio, da Câmara dos Deputados, o Deputado Federal Gilson Machado. O projeto de lei recebeu o n. 912/1991 e, finalmente, foi convertido na Lei Ordinária Federal 8.245/1991, sancionada no dia 18 de outubro pelo Presidente Fernando Collor.

---

8. *"Excelentíssimo Senhor Presidente da República*

   Temos a honra de submeter à elevada consideração de Vossa Excelência o projeto de Lei de locações, elaborado pela Comissão Interministerial constituída para este fim. Reunindo os segmentos mais representativos da sociedade, buscou a comissão ouvir, de forma ampla. Locadores, locatários, administradores de imóveis e construtores e, a partir de inúmeras sugestões encaminhadas, dar expressão jurídica às inquietações que envolvem o mercado de locações de imóveis. Percebeu-se, sem grande dificuldade, que a atual lei de inquilinato, ao presumir a hipossuficiência de uma das partes na relação locatícia, restou por inviabilizar a locação de imóveis e os investimentos que tradicionalmente eram destinados à construção civil, especialmente na área de habitação. Verificou-se também que a excessiva proteção ao inquilino já instalado, acarretando a queda de investimentos em imóveis residenciais, restou por desconsiderar os inquilinos em potencial, que não dispõem de imóveis para locação. Criou-se, por força da atual lei de Locações, uma profunda escassez de imóveis residenciais para locação, o que tem levado o mercado a elevar excessivamente o valor inicial do aluguel, gerando, entre outras consequências, a elevação dos índices inflacionários. Certamente, as limitações que a atual legislação impõe ao exercício do direito de retomada podem ser elencadas como obstativas dos investimentos no setor. Mais que isto, a excessiva restrição ao direito de propriedade resultou em cinco milhões de moradias fechadas ou cedidas, o que não pode ser desconsiderado quando se tem no País 6,5 (seis vírgula cinco) milhões de moradia em regime de locação. Sensível às expectativas da sociedade, a Comissão Interministerial buscou criar uma legislação que, de fato, viesse ao encontro das necessidades do mercado de locação residencial, tratando de compor prudentemente os interesses envolvidos. Na proposta ora enviada a Vossa Excelência, garante-se uma estabilidade maior ao locatário na ocupação do imóvel, que só poderá ser retomado após um prazo mínimo de trinta meses, garantidos ainda mais seis meses para desocupação, caso haja acordo judicial ou extrajudicial. Ao mesmo tempo, garantiu-se, ao contrário da legislação vigente, a possibilidade de não renovação automática do contrato. Nos contratos residenciais fixados por prazo inferior a trinta meses, a retomada do imóvel só poderá ser viabilizada em hipótese especialíssimas, como para uso próprio, para ascendente ou descendente, aplicando-se severas penalidades ao retomado insincero. Ainda nos contratos com prazo inferior a trinta meses, facultou-se ao locador a retomada ao término de cinco anos de utilização do imóvel pelo locatário, assegurando-se, também por este mecanismo, a necessária estabilidade do inquilino e de sua família. Manteve o projeto a Ação Revisional após três anos do contrato, com fixação provisória do aluguel em valor não superior a oitenta por cento do locativo de mercado, nos moldes da orientação anteriormente traçada por Vossa Excelência e já convertida em lei. Nas locações não residenciais, constatou-se que a atual lei estava a exigir, apenas, pequenos contornos de modernidade, sendo pouco alterada na sua essência. Assegurou-se assim, o direito à ação renovatória às locações em Shopping Center, algo que o antigo Decreto-Lei 24.150, elaborado no distante ano de 1934, não poderia mesmo prever. As renovatórias, apenas nestes casos, não permitirão a recusa à renovação com fundamento no uso próprio do locador, com que se evitará a rotatividade do fundo de comércio de espaço originalmente destinado à locação. Nas formas previstas em lei, propõe-se a aplicação do aluguel-pena, já previsto no artigo 920 do Código Civil, como forma de assegurar o efetivo cumprimento do contrato. Dentre tantas e profundas alterações, preocupou-se a Comissão em celerizar o andamento das ações de despejo, introduzindo, inclusive, a figura do despejo liminar, nos casos de acordo extrajudicial para a desocupação em seis meses; ruptura de contrato de trabalho em que o imóvel locado ao empregado tenha relação com o emprego e na locação por temporada. Ainda no intuito de dinamizar o desfecho das ações, retirou-se o efeito suspensivo do recurso contra a sentença que decreta o despejo. Garante-se, com este procedimento, a célere retomada do imóvel e o efetivo cumprimento do acordo antes celebrado entre as partes. A nova orientação adotada revela que as partes não deverão se prevalecer da morosidade do Poder Judiciário para retardar o resultado de que livremente pactuaram, bem como, ante as abreviações impostas ao rito processual, terão suas despesas com custas e honorários drasticamente reduzidas, já que, inclusive, o ato citatório poderá ser feito por carta com aviso de recebimento". Há muito o que fazer até que as mencionadas necessidades dos brasileiros por moradia sejam definitivamente supridas. O presente projeto de lei do inquilinato, ao buscar o equilíbrio de mercado através da livre negociação e da ausência de regras excessivamente protecionistas, certamente contribuirá para minimizar o grave problema habitacional do país. Estas, senhor Presidente, as razões da presente Exposição de Motivos e do Projeto que faz parte da Política Habitacional traçada pelo Ministério da Ação Social e que ora submetemos à decisão final de Vossa Excelência. Queira aceitar os protestos do nosso mais profundo respeito. Jarbas Gonçalves Passarinho Ministro da Justiça Zélia Maria Cardoso De Mello Ministra da Economia, Fazenda e Planejamento. Margarida Maria Maia Procópio Ministra da Ação Social.

9. Art. 64. A discussão e votação dos projetos de lei de iniciativa do Presidente da República, do Supremo Tribunal Federal e dos Tribunais Superiores terão início na Câmara dos Deputados. § 1º O Presidente da República poderá solicitar urgência para apreciação de projetos de sua iniciativa.

10 • ASPECTOS DO CONTRATO DE SUBLOCAÇÃO DE IMÓVEL URBANO: FUNÇÃO SOCIAL E ECONÔMICA | **137**

Da elaboração do anteprojeto de lei do mercado imobiliário, de coautoria do homenageado Sylvio Capanema de Souza, até a sanção presencial da Lei 8.245/91, é possível reconhecer importantes características seminais da "Nova Lei do Inquilinato", a saber: *(i)* é fruto de um "debate plural qualificado"[10] legitimado pela antecedente participação de atores da sociedade civil, notadamente das entidades associativas representativas do segmento mercadológico imobiliário[11]; *(ii)* é resultado de um considerável consenso

---

10. A legitimação da Nova Lei de Inquilinato também pode ser enfocada à luz da democracia deliberativa. A propósito, confira-se MONTEIRO, Geraldo Tadeu. Democracia Deliberativa. In *Dicionário de Filosofia do Direito*. Coord. Vicente de Paulo Barreto. Rio de Janeiro: Renovar/Unisinos, 2006, p. 195-199: "Democracia deliberativa consiste na ideia de que a produção legítima de leis deriva da deliberação pública dos cidadãos. (...) A democracia requer sempre que os cidadãos e(ou) seus representantes se reúnam em assembleia para deliberar sobre que leis e políticas devem ser utilizadas para alcançar o bem comum. Mesmo que conscientes da irremediável pluralidade de interesses, os democratas entendem que uma solução possível para o conflito nos termos do que Kant chamou de o uso público da razão. É nesse sentido que caminha a toda investigação dos teóricos da democracia deliberativa. (...) A novidade do conceito responde pela necessidade de maior elaboração de questões atuais e não resolvidas, como o papel das identidades coletivas na construção das intenções conjuntas e os limites da noção de bem comum numa sociedade multicultural. (...). A democracia deliberativa, ao postular a centralidade do processo público de discussão e de deliberação como princípio constitutivo da vontade popular, atende aos requisitos de um mundo globalizado, organizado em redes informacionais. Por outro lado, as referências às associações voluntárias (a sociedade civil organizada) e ao pluralismo cultural permitem captar a complexidade do processo de formação da opinião nas sociedades contemporâneas, multiculturais e politicamente divididas. A força da democracia deliberativa advém justamente de sua aplicabilidade plena às condições reais e atuais da sociedade do século XXI". Penso que, em certa medida, esse "debate plural qualificado" representou uma possível "situação ideal de fala", idealizada por Habermas, segundo lição de MAIA, Antonio Cavalcanti. *Um Novo Paradigma: Pós-Positivismo e/ou Neoconstitucionalismo. Sobre a teoria constitucional brasileira e a carta cidadã*. Rio de Janeiro: Lumen Juris, 2019, p. 241-242: "A situação ideal de fala foi um recurso utilizado por Habermas para justificar a plausabilidade do discurso prático elaborada em seu texto seminal 'Teoria da verdade', de 1972. O filósofo de Frankfurt denomina 'ideal a uma situação de fala em que as comunicações não somente não vêm impedidas por influxos externos contingentes como tampouco pelas coações que se seguem da própria estrutura da comunicação. Tal recurso se inclui dentro dos critérios da comunicação ideal que caracterizam os princípios contrafactuais de uma ordem discursiva justa/correta (o já esclareço, desde agora, que 'nem Habermas nem Günther acreditam que a SIF possa atualmente existir. Esta é uma noção que funciona simplesmente como uma idealização que já está sempre pressuposta no discurso). A situação ideal de fala recorre a certas pressuposições idealizadas como as de que todos os participantes devem ser verídicos, todos os interessados podem participar, todos podem problematizar qualquer afirmação, todos podem introduzir quaisquer argumentos e de que nenhum participante pode ser coagido. Estas condições 'especificam uma norma de comunicação que pode ser nomeada de reciprocidade igualitária".

11. *Cf.* TEPEDINO, Gustavo. Premissas Metodológicas para a Constitucionalização do Direito Civil. *In Temas de Direito Civil*. Rio de Janeiro: Renovar, 1999, p. 8 e 10: "Quais as características desses estatutos sinteticamente apresentados? (...) Mais ainda, como quinta característica na nova forma de legislar, note-se o caráter contratual de tais estatutos. As associações, os sindicatos, os grupos interessados na regulação dos respectivos setores da sociedade negociam e debatem a promulgação de suas leis, buscam a aprovação de normas que atendam a existências específicas, setorialmente localizadas. Aquele legislador do Código Civil que legislava de maneira geral e abstrata, tendo em mira o cidadão comum, dá lugar a um legislador-negociador com vocação para a contratação, que produz a normatização para determinados grupos – locador e locatário, fornecedores e consumidores, e assim por diante". Na Itália, confira-se IRTI, Natalino. *L'età della decodificazione*. 4. ed. Milano: Giuffrè, 1999, p. 39-40: "Il códice civile ci appare ormai aggredito dalle leggi speciali, che strappano istituti e categoria di rapporti, o provocando ala disciplina di fenomeni appena emersi dalla realtà económica. Il periodo storico, che si apre con il secondo dopoguerra, sarà forse ricordato come l'età della decodificazione di una quotidiana e penetrante conquista di territori da parte dele leggi speciali. (...) L'elemento di fato o nota individuante risiede sempre più spesso nell'appartenenza dei destinatari a determinate cerchie o categorie di soggetti, sicché le leggi speciali si configurano come veri e propri statuti di gruppi. Quando una cerchia di soggetti – comunque definita all'interno della più vasta società civile (lavoratori subordinati o affittuari di fondi rustici o locatari d'immobili urbani) – consegue nella forma della legge gli scopi, che avrebbe potuto raggiungere, o aspirare a raggiungere, mediante gli antiche strumenti negoziali, allora la legge diviene regola del citadino neutro e indifferenziato".

As entidades associativas do mercado imobiliário com relevante atuação nos trabalhos preparatórios e ao longo do processo legislativo da Lei 8.245/91, podem ser qualificadas, sobre o prisma da ciência política, como grupos de pressão, os quais apresentam aspectos positivos e negativos nas palavras do saudoso BONAVIDES, Paulo. *Ciência Política*. 10. ed. São Paulo: Malheiros, 2000, p. 426, 429, 436, 438 e 440: "O século XX conhece sociedades, grupos, classes e partidos como substrato da vida política em substituição dos antigos mitos do cidadão soberano e da vontade geral, tão usuais na abstrata teoria do Estado que nos veio da herança liberal. São mitos que só sobrevivem na linguagem jurídica das Constituições e dos publicistas; de modo alguma encontram hoje confirmação nos fatos. A democracia social não exprime a vontade do homem empiricamente insulado, mas referido sempre a uma agregação humana, a cujos interesses se vinculou. Esses interesses, parcialmente coletivos e em busca de representação, servem-se na demo-

interna corporis do parlamento revelado por substancial aquiescência das comissões mais importantes da Câmara dos Deputados quanto ao texto do projeto; *(iii)* é produto da harmonização da síntese possível dos interesses gerais da sociedade, sobretudo das partes direta e indiretamente envolvidas na relação locatícia[12]; por fim, *(iv)* é caracterizada como uma legislação de emergência[13] em virtude do regime de urgência adotado

---

cracia pluralista do Ocidente de dois canais para chegarem até ao Estado: os partidos políticos e os grupos de pressão. Os grupos de pressão, segundo J. H. Kaiser, são organizações da esfera intermediária entre o indivíduo e o Estado, nas quais um interesse se incorporou e se tornou politicamente relevante. Ou são grupos que procuram fazer com que as decisões dos poderes públicos sejam conformes com os interesses e as ideias de uma determinada categoria social. (...) Tanto os partidos políticos como os grupos de pressão têm de comum a nota característica de constituírem categorias interpostas entre o cidadão e o Estado, servindo de laço de união a ponte ou canal entre ambos. O partido político do mesmo modo que o grupo de pressão conduz interesses de seus membros até as regiões do poder aonde vão em busca de uma decisão política favorável. São instrumentos representativos ambos e os mais modernos que entram no quadro da democracia social de nosso século. Foram em larga parte desconhecidos ou combatidos pelas antigas instituições do Estado liberal. (...) Produziu-se ao redor dos grupos uma atmosfera de desconfiança e suspeita que vê nesses organismos intermediários permanente ameaça ao Estado, ao governo, à democracia, à ordem representativa. (...) Enfim, tem-se afirmado que o grupo de pressão não só debilita as instituições representativas como pode significar por sua presença mesma um voto de desconfiança na ordem representativa existente. (...) Não obstante as duras críticas que têm sido feitas aos grupos de pressão, nenhum argumento pôde satisfatoriamente demonstrar a ilegitimidade do princípio que conduz na sociedade à aparição desses grupos, a saber, à representação de interesses, levada a cabo onde as formas tradicionais do sistema representativo aparecem inadequadas ou insuficientes para exprimir as novas e particularizadas formas de comunicação com o poder, que eles estabelecem à sua maneira. (...) Toda política de contenção dos grupos, que lhe venha interditar por completo a ação, constitui segundo certos críticos, grave ameaça ao equilíbrio sobre o qual assenta uma sociedade democrática, pluralista e diferenciada. Não hesitam pois esses cientistas políticos em proclamar os grupos de pressão 'canais necessários de comunicação a uma sociedade complexa'. Não haveria por conseguinte alternativa senão esta: intentar a eliminação dos grupos – o que seria imperdoável miopia – ou disciplinar-lhe a atividade através da institucionalização, fórmula decerto mais razoável e única compatível com a sobrevivência do pluralismo. É este sem dúvida o caminho procurado pelos Estados democráticos, que se poupam a uma solução totalitária. No Brasil mesmo, vozes de apoio se ergueram em sustentação da legitimidade dos grupos de pressão. Haja vista o teor da declaração do professor e advogado Nehemias Gueiros ao relator o tema da advocacia legislativa, proposto pela Primeira Conferência Nacional da Ordem dos Advogados do Brasil, em 1958 ("A Advocacia e o Poder Legislativo. Assessoria a Parlamentares e às Comissões do Congresso. Lobbying"). Gueiros afirmou então com a aprovação do plenário que o lobbying era 'uma atividade correta e corregedora, espécie de higiene da lei'.

12. *Cf.* GOMES, Orlando. *Introdução ao Direito Civil.* 19. ed. Rio de Janeiro: Forense, 2007, p. 66-67: "Modernização dos institutos do Direito Civil. No consenso geral, o Direito não deve ser mero instrumento de garantia dos interesses individuais, sobrepostos a quaisquer outros. Toda a evolução do pensamento jurídico desdobrou-se no sentido de que o interesse geral da coletividade deve estar acima dos interesses individuais. A primazia do interesse geral não significa, todavia, o sacrifício dos interesses individuais. Aos espíritos moderados afigura-se necessária a conciliação entre as duas ordens de interesses, para que seja preservada a dignidade da pessoa humana. A lei há de refletir a síntese necessária, colocando-se o legislador no ponto de confluência entre as duas tendências antagônica. Falharia a sua missão se, intencionalmente ou por inadvertência, abraçasse o estatismo a pretexto de combater o individualismo".

13. Não se trata de uma legislação extracodificada de emergência meramente casual, mas, sim, de um estatuto de grupo (microssistema) contendo inovadores princípios materiais e processuais, os quais, em última análise, promoveram razoavelmente o reequilíbrio dos interesses dos locadores e locatários merecedores de tutela, com externalidades positivas para produção e oferta de bens (imóveis) no mercado e, portanto, favoreceu o bem-estar social. Antes do advento da Nova Lei do Inquilinato havia um déficit habitacional de aproximadamente 12 milhões de unidades, de modo que locadores e inquilinos travavam verdadeiras "batalhas" nos tribunais como inimigos fossem. Sobre a legislação extracodificada de emergência episódica e a diferenciação dos estatutos dos grupos, confira-se TEPEDINO, Gustavo. Premissas Metodológicas para a Constitucionalização do Direito Civil. *Temas de Direito Civil.* Rio de Janeiro: Renovar, 1999, p. 4-5 e 8: "Os movimentos sociais e o processo de industrialização crescentes do século XIX, aliados às vicissitudes do fornecimento de mercadorias e à agitação popular, intensificadas pela eclosão da Primeira Grande Guerra, atingiram profundamente o direito civil europeu, e também, na esteira, o ordenamento brasileiro, quando se tornou inevitável a necessidade de intervenção estatal cada vez mais acentuada na economia. O Estado legislador movimenta-se então mediante leis extracodificadas, atendendo às demandas contingentes e conjunturais, no intuito de reequilibrar o quadro social delineado pela consolidação de novas cartas econômicas, que se formavam na ordem liberal e que reproduziam, em certa medida, as situações de iniquidade que, justamente, o ideário da Revolução Francesa visava debelar. Pode-se dizer, portanto, que logo após a promulgação do Código Civil o legislador teve que fazer uso de leis excepcionais, assim chamadas por dissentirem dos princípios dominantes do corpo codificado. (...) Daí porque ter-se também designado como 'de emergência' esse conjunto de leis, locução que, de modo eloquente, a um só tempo exprimia a circunstância histórica justificadora da intervenção legislativa e preserva a integridade do sistema

10 • ASPECTOS DO CONTRATO DE SUBLOCAÇÃO DE IMÓVEL URBANO: FUNÇÃO SOCIAL E ECONÔMICA **139**

pelos Poderes Executivo e Legislativo[14], seguindo o procedimento legislativo sumário[15]; (v) é caracterizado por uma forma expositiva de uma singular linguagem, de uma concisa clareza e de uma terminologia de imediata acessibilidade não endereçada apenas aos técnicos do Direito, mas, também, aos interessados das relação locatícia (locador, locatário, sublocatário, fiador etc.)[16].

2. O MICROSSISTEMA INOVADOR E DINÂMICO DA LEI 8.245/91

A "Nova Lei do Inquilinato", sob o enfoque da teoria do ordenamento jurídico, é um microssistema inovador, ou seja, um "universo legislativo" com filosofia própria, contendo critérios, influxos e métodos distintos da unidade sistemática dos códigos[17].

---

em torno do Código Civil: a legislação de emergência pretendia-se episódica, casuística, fugaz, não sendo capaz de abalar os alicerces da dogmática do direito civil. (...) O mecanismo é finalidade consagrado, no caso brasileiro, pelo texto constitucional de 5 de outubro de 1988, que inaugura uma nova fase e um novo papel para o Código Civil, a ser valorado e interpretado juntamente com inúmeros diplomas, setoriais, cada um deles com vocação universalizante. Em relação a esta terceira fase de aplicação do Código Civil, fala-se de uma 'era dos estatutos', para designar as novas características da legislação extravagante".

A propósito do reequilíbrio dos interesses do locadores e locatários promovido pela Lei 8.245/91, cite-se a lição do homenageado SOUZA, Sylvio Capanema de. *Da locação do imóvel urbano: direito e processo*. Rio de Janeiro: Forense, 1999, p. 1-2: "A atual Lei do Inquilinato foi uma das primeiras a prenunciar os novos tempos, adotando uma postura mais equidistante dos interesses dos locadores e locatários, além de criar corajosamente, algumas medidas, no campo procedimental, capazes de acelerar a entrega da prestação jurisdicional. O mercado, antes tenso, nervoso, mergulhado quase sempre em fortes turbulências, e pressionado por um grave déficit habitacional, hoje está pacificado. Os aluguéis estão em firme tendência decrescente, enquanto que já se percebe um saudável equilíbrio entre a oferta e a demanda de novas unidades. Há cerca de 10 anos atrás a preocupação maior de locadores e administradores de imóveis era a de desalijar os antigos locatários, que pagavam aluguéis defasados pela inflação, e criar mecanismos eficazes, que preservassem a equação econômica do contrato. As ações de despejo e revisionais de aluguel assoberbavam o Judiciário, e as demandas se eternizavam, acirrando ainda mais os ânimos dos contratantes. O esforço que se faz hoje é no sentido de conservar os inquilinos, acenando com reduções do valor do aluguel ou com prazo de carência, para que não se corra o risco de ter o imóvel por longo tempo ocioso".

14. Além da solicitação de urgência do Presidente da República por ocasião do encaminhamento da Mensagem 216-A/1991, o então Presidente da Câmara dos Deputados, o Deputado Ibsen Pinheiro, concedeu o regime de urgência para votação em turno único.

15. *Cf.* SILVA, José Afonso da. *Curso de Direito Constitucional Positivo*. 35. ed. São Paulo: Malheiros, 2012, p. 529-531: "Procedimento legislativo é o modo pelo qual os atos do processo legislativo se realizam. Diz respeito ao andamento das Casas Legislativas. É o que na prática se chama tramitação do projeto. No sistema brasileiro, podemos distinguir (1) procedimento legislativo ordinário; (2) procedimento legislativo sumário; e (3) procedimentos legislativos especiais. (...) (2) Procedimento legislativo sumário. Está previsto nos parágrafos do art. 64. Sua aplicação depende da vontade do Presidente da República, a quem a Constituição confere a faculdade de solicitar urgência para apreciação de projeto de sua iniciativa. A solicitação de urgência é pressuposto do procedimento sumário. Se o Presidente solicitar a urgência, o projeto deverá ser apreciado pela Câmara dos Deputados no prazo de quarenta e cinco dias, a contar de seu recebimento. Se for aprovado na Câmara, terá o Senado emendar o projeto, as emendas deverão ser apreciadas pela Câmara em dez dias, com o que o prazo total fica dilatado para cem dias. Se a Câmara e o Senado não se manifestarem sobre a proposição, cada qual, sucessivamente, em quarenta e cinco dias, sobrestar-se-ão todas as demais deliberações legislativas da respectiva Casa, com exceção das que tenham prazo constitucional determinado, até que se ultime a votação (EC-32/2001). Ultimado o pronunciamento de ambas as Casas dentro dos prazos ou não, com a aprovação do projeto, este subirá à sanção. O procedimento não se aplica a projetos de Códigos e aqueles prazos não correm nos períodos de recesso do Congresso Nacional. O que se observa, agora, é que não há mis aprovação de projetos de lei por decurso de prazo. Terão que ser votados, no prazo ou fora do prazo, sendo aprovados ou rejeitados, com as mesmas consequências do art. 65".

16. A propósito da estrutura e das escolhas normativas do Código Civil Napoleônico com as características de semântica linguística semelhantes àquelas por mim identificadas na Lei 8.245/91, consulte-se, por todos, DEZZA, Ettore. *Lezioni di Storia della codificazioni civile*. Torino: G. Giappichelli, 2000, p. 63.

17. *Cf.* GOMES, Orlando. *Introdução ao Direito Civil*. 19. ed. Rio de Janeiro: Forense, 2007, p. 63: "A maré montante das leis especiais atesta, com efeito, a impossibilidade da codificação, eis que não podem ser reduzidas a um sistema construído com outro método, outra lógica e outra filosofia. Parecerá a um jurista de breves análises que sua proliferação se deve simplesmente ao atraso histórico do Código Civil [1916], bastando, para atualizá-lo, acertar o passo com a dinâmica da realidade dos novos tempos. Seria, porém, desconhecer o espírito das leis que estão esvaziando o Código Civil. É

Estes microssistemas – também denominados "estatutos de grupo"[18] –, "não se circuns-crevem a tratar do direito substancial, mas, no que tange ao setor temático de incidência, introduzem dispositivos processuais, não raro instituem tipos penais, veiculam normas de direito administrativo e estabelecem, inclusive, princípios interpretativos. Fixam, assim, verdadeiro arcabouço normativo para inteiros setores retirados do Código Civil. Não se tem aqui, do ponto de vista técnico, uma relação de gênero e espécie, ou de direito comum e especial, senão a subtração verdadeira e própria de institutos – ou porque não alvitrados pelo Código Civil ou porque revogados por leis especiais, o que sucedeu em relação a um número cada vez maior de matérias"[19].

As inovações progressistas processuais foram introduzidas para assegurar mais efetividade dos procedimentos especiais decorrentes do regime jurídico da relação locatícia urbana[20], inclusive com a introdução da previsão da convenção processual

---

somente por uma questão de comodidade de linguagem que se continua a chamá-las de leis especiais ou extravagantes, como se o Código ainda fosse, ou pudesse ser, a disciplina geral das relações jurídicas próprias da sociedade civil. A bem dizer, essas leis nada têm de especiais, eis que não são desdobramento de institutos codificados, não regulam matéria estranha ao conteúdo do Direito Privado, nem apanham menor número de destinatários ou de hipóteses, até porque, como observou alguém, o seu consumo é maior do que o dos artigos do Código Civil. Constituem distintos 'universos legislativos', de menor porte, denominados por um autor, com muita propriedade, 'microssistemas', tal como sucede, por exemplo, com o regime das locações. Estes microssistemas são refratários à unidade sistemática dos códigos porque têm a sua própria filosofia e enraízam em solo irrigado com águas tratadas por outros critérios, influxos e métodos distintos".

18. *Cf.* IRTI, Natalino. *L'età della decodificazione*. 4. ed. Milano: Giuffrè, 1999, p. 41: "Ma ocorre aggiungere che la tutela dello status, della posizione dell'individuo nelle varie cerchie e comunità social, si svolge e realizza mediante il negoziato con le autorità pubbliche. Il retorno allo status non significa retorno alle regole interne del grupo, ma passaggio ala legge nego-ziata, ossia ala legge che nasce dall'accordo tra i singoli gruppi ed i poteri pubblici. Non tanto, perciò, una reconquista di autonomia degli individui, o uma riscoperta di diritti extrastatali, quanto un diverso sistema di potere, un diverso rapporto tra le forze dominanti. Dal nostro angolo di studio, basterà segnalare che le leggi speciali, configurandosi come statuti di gruppi, destinano il códice civile ala disciplina dei rapporti, a cui siano stranei i membri dele categorie considerate. Anche dove si atteggiano a statuti di beni (immobili urbani o fondi rustici), le leggi speciali sono in verità statuti di gruppi, cioè delle classi, socialmente definite e individuate, che utilizaano, o aspirano ad utilizzare, dati beni".

19. *Cf.* TEPEDINO, Gustavo. Premissas Metodológicas para a Constitucionalização do Direito Civil. *In Temas de Direito Civil*. Rio de Janeiro: Renovar, 1999, p. 8: "Dito diversamente, a Constituição de 1988 retrata uma opção legislativa concordatária, em favor de um Estado social destinado a incidir, no que concerne às relações jurídicas privadas, sobre um direito civil repleto de leis especiais, chamadas estatutos, que disciplinam exaustivamente inteiras matérias extraídas da incidência do Código Civil. O Estatuto da Criança e do Adolescente, o Código de Defesa do Consumidor, a Lei de Locações, já repro-duzindo outras leis anteriores à Constituição, como o Estatuto da Terra, todos esses universos legislativos apresentam-se radicalmente diversos das legislações excepcional e especial de outrora".

20. *Cf.* SOUZA, Sylvio Capanema de. *Da locação do imóvel urbano: direito e processo*. Rio de Janeiro: Forense, 1999, p. 6: "Nas últimas duas décadas se tem percebido uma oxigenadora e saudável tendência, na ciência processual, no sentido de se assegurar a maior efetividade do processo, de modo a se entregar à parte, no menor prazo possível, e com um mínimo de esforço, o bem da vida a que ela tem direito. Procura-se acelerar a entrega da prestação jurisdicional, fazendo-se do processo um verdadeiro instrumento da realização da Justiça. Daí a maior ênfase que se deu às chamadas 'tutelas de evidência e de periclitação', evitando-se que a entrega tardonha da sentença a torne economicamente inútil, uma frustrante 'vitória de Pirro', como antigamente ocorria. A Lei do Inquilinato, a esse respeito, foi escoteira, adotando, corajosamente, algumas medidas no sentido de reduzir o tempo e o esforço dispendidos nas ações locatícias. Assim é que, por exemplo, admitiu a citação postal, por fax ou telex, desde que autorizada no contrato, a concessão de liminares, em determinadas ações de despejo, em que o direito do autor fosse evidente, a supressão da audiência de oblação, nas ações consignatórias, bem como o levantamento dos depósitos incontroversos, a fixação de aluguel provisório, em sede de ação revisional e renovatória, além da possibilidade da cobrança, nos mesmos autos, das diferenças de aluguel ali apuradas. Como se não bastasse, em sua santa fúria desburocratizante, a Lei do Inquilinato aboliu o efeito suspensivo dos recursos interpostos nas ações locatícias, permitiu maior amplitude na cumulação de pedidos, e simplificou o incidente da emenda da mora, nas ações de despejo por falta de pagamento, admitindo que a cobrança dos aluguéis em débito se procedesse nos mesmos autos".

Sobre o sistema da Lei 8.245/91 e os princípios processuais, com destaque, entre outros instrumentos, para a previsão do desejo liminar (*initio litis*) do locatário, *inaudita altera pars*, consulte-se FUX, Luiz. *Locações – processo e procedimento*. 5. ed. Niterói, RJ: Impetus, 2008, p. 1: "A lei do inquilinato veio imprimir uma particular filosofia na relação *ex locato*, abandonado por completo a presunção de hipossuficiência e fragilidade da posição do locatário, para enfrentar o problema

10 • ASPECTOS DO CONTRATO DE SUBLOCAÇÃO DE IMÓVEL URBANO: FUNÇÃO SOCIAL E ECONÔMICA · 141

típica[21], ao admitir, desde que pactuado no contrato, (*i*) o foro de eleição distinto do lugar da situação do imóvel e (*ii*) as comunicações processuais e extraprocessuais mais céleres, mediante correspondência com aviso de recebimento, ou, tratando-se de pessoa jurídica ou firma individual, também mediante telex ou fac-símile, ou, ainda, sendo necessário, pelas demais formas previstas no Código de Processo Civil (art. 58, II e IV, da Lei 8.245/91).

O microssistema da locação urbana adotou técnica legislativa de incentivo ao cumprimento voluntário dos objetivos das normas (função promocional), mediante oferecimento de vantagens individuais (sanções positivas)[22], a exemplo da isenção da responsabilidade pelas custas processuais e honorários advocatícios concedido ao locatário que desocupa voluntariamente o imóvel na hipótese do seu art. 61[23]. O novel microssistema também harmonizou, acertadamente à luz metodologia civil-constitucional[24], os valores da iniciativa econômica e da propriedade privadas com os valores extrapatrimoniais da moradia, do trabalho e da proteção ao idoso, dispensada no art. 30, parágrafo único[25].

---

gerado por esse paternalismo, que não foi senão o responsável pela recessão por que passava o mercado locatício, no qual metade das moradias disponíveis encontravam-se completamente fechadas. Essa postura do legislador não se fez sentir apenas no plano do direito material, com a possibilidade de ruptura imotivada da locação depois de um certo tempo (denúncia vazia), mas, também, no âmbito processual, principalmente no que concerne à celeridade processual empreendida. Inúmeros princípios processuais modernos foram chancelados e a verificação destes revela-se muito importante na análise dos problemas práticos, porque são eles que informam as soluções da prática judiciária. A Lei 8.245/91 consagrou expressivamente o escopo de celeridade processual, demonstrada v.g., na ação de consignação, ao favorecer o locador, permitindo-lhe levantar os depósitos consignados incontroversos; na natureza da execução das diferenças dos aluguéis nos próprios autos da ação revisional etc.". Penso que a ousada inovação do desalijo liminar do locatário na Lei 8.245/91 também inspirou a tese do concurso de titularidade de FUX, Luiz, intitulada *Tutela de segurança e tutela da evidência*. São Paulo: Saraiva, 1996.

21. A propósito das convenções processuais típicas – consagradas em um texto de lei pelo legislador ou quando os comportamentos socialmente típicos são transformados em tipos normativos – e atípicas que prestigia o autorregramento da vontade, com a previsão de uma cláusula geral de convencionalidade no processo (art. 190 do CPC/2015), consulte-se, por todos, CABRAL, Antonio do Passo. *Convenções Processuais*. Salvador: JusPodivum, 2016, p. 85-92.

22. *Cf.* TEPEDINO, Gustavo. Premissas Metodológicas para a Constitucionalização do Direito Civil. *In Temas de Direito Civil*. Rio de Janeiro: Renovar, 1999, p. 9: "Em terceiro lugar, quanto aos objetivos das normas, o legislador, para além de coibir comportamentos indesejados – os atos ilícitos – em atenção repressiva, age através de leis de incentivo, propõe vantagens ao destinatário da norma jurídica, quer mediante financiamentos subsidiados, quer mediante a redução de impostos, taxas ou tarifas públicas; para com isso atingir objetivos propostos por tais leis, as chamadas leis-incentivo, com finalidades específicas. Revela-se, então, o novo papel assumido pelo legislador, argutamente identificado por Norberto Bobbio como 'a função promocional do direito', consubstanciada exatamente na promoção de certas atividades ou comportamentos, almejados pelo legislador, através de normas que incentivam os destinatários, mediante o oferecimento de vantagens individuais".

23. Art. 61 Nas ações fundadas no § 2º do art. 46 e nos incisos III e IV do art. 47, se o locatário, no prazo da contestação, manifestar sua concordância com a desocupação do imóvel, o juiz acolherá o pedido fixando prazo de seis meses para a desocupação, contados da citação, impondo ao vencido a responsabilidade pelas custas e honorários advocatícios de vinte por cento sobre o valor dado à causa. Se a desocupação ocorrer dentro do prazo fixado, o réu ficará isento dessa responsabilidade; caso contrário, será expedido mandado de despejo.

24. Sobre a constitucionalização do direito civil, confira-se TEPEDINO, Gustavo. Premissas Metodológicas para a Constitucionalização do Direito Civil. *Temas de Direito Civil*. Rio de Janeiro: Renovar, 1999; BODIN DE MORAES, Maria Celina. Constituição e Direito Civil. Tendências. *Revista dos Tribunais*, São Paulo, ano 89, v. 799, set. 2000, p. 47-63; BARBOZA, Heloisa Helena. Bioética x Biodireito: insuficiência dos conceitos jurídicos. In: Vicente de Paulo Barreto (Coord.). *Temas de Biodireito e Bioética*. Rio de Janeiro: Renovar, 2001; FACHIN, Luiz Edson. *Teoria Crítica do Direito Civil*. 2. ed. Rio de Janeiro: Renovar, 2003.

25. Art. 30. Estando o imóvel sublocado em sua totalidade, caberá a preferência ao sublocatário e, em seguida, ao locatário. Se forem vários os sublocatários, a preferência caberá a todos, em comum, ou a qualquer deles, se um só for o interessado. Parágrafo único. Havendo pluralidade de pretendentes, caberá a preferência ao locatário mais antigo, e, se da mesma data, ao mais idoso. *Cf.* TEPEDINO, Gustavo. Premissas Metodológicas para a Constitucionalização do Direito Civil. *Temas de Direito Civil*. Rio de Janeiro: Renovar, 1999, p. 15-16: "A nova Lei de Locações de Imóveis Urbanos, a Lei 8.245, de outubro de 1991, não pôde prever todos os conflitos entre locador e locatário, mas fixou princípios, no intuito de compatibilizar a iniciativa econômica privada, tutelada na Constituição, com os valores extrapatrimoniais, ou existenciais, da moradia,

142 FREDERICO PRICE GRECHI

Outra característica que merece ser destacada do microssistema da locação urbana é, sob o prisma da teoria do ordenamento jurídico, a aplicação supletiva das normas do Código Civil e do Código de Processo Civil[26] (art. 79). Já no tocante à conversação (diálogo das fontes)[27] com o microssistema do Código de Proteção e Defesa do Consumidor (Lei 8.078/90)[28], a doutrina e jurisprudência do Superior Tribunal de Justiça dominantes

---

do trabalho, da estabilidade do homem em seu habitat. Na operacionalização da Lei de Locações não será consentido ao intérprete deixar de levar em conta os princípios constitucionais que informam o legislador especial, em particular o princípio da dignidade da pessoa humana, de modo que a estabilidade do inquilino na comunidade familiar, em seu local de trabalho de trabalho e em sua moradia adquire valor prioritário na solução de conflitos. Há aqui um exemplo sintomático. A Lei de Locações, em seu artigo 30, fixa como critério de desempate na hipótese de múltiplos locatários, com contratos iniciados na mesma data, que queiram igualmente exercer o direito de preferência, a idade do inquilino, decidindo o legislador em favor do locatário mais idoso. Alguns magistrados já se pronunciam no sentido da inconstitucionalidade desse dispositivo, que feriria o direito à isonomia. Entretanto, há uma enorme diferença entre a discriminação arbitrária e o tratamento legitimamente diferenciado. Se a Constituição determina o dever do Estado em amparar idosos, conforme dicção expressa do artigo 230, esse dever não pode ser interpretado apenas como um estímulo à construção de asilos... O tratamento diferenciado do legislador das locações corresponde justamente ao ditado constitucional que, expressão do princípio da dignidade da pessoa humana, imagina ser tormentoso para o locatário mais idoso a mudança de residência, daí decorrendo o desempate a seu favor no exercício do direito de preferência. Muitos exemplos poderiam ser oferecidos no sentido de construir uma interpretação que reunifique o direito privado, fornecendo revigorado fôlego à norma ordinária através dos princípios constitucionais".

26. *Cf.* WALD, Arnoldo. *Obrigações e Contratos.* 13. ed. São Paulo: Ed. RT, 1998, p. 348-349: "Como vimos, as leis de locação predial foram chamadas de Leis do Inquilinato, porque supostamente pretendiam defender ou proteger o inquilino. Acentuou-se, porém, a crise predial e especialmente a habitacional e o governo entendeu de alterar a situação, com o fim de estimular os proprietários e locadores, por ter verificado que havia grande número de imóveis vazios e fechados, que poderiam ser locados. Assim, em 18.10.91, editou-se a nova lei (Diário Oficial de 21.10.91), para viger 60 dias após (em 20.12.91). (...) Por outro lado, várias leis extravagantes foram incorporadas ao seu texto, de modo simplificado ou ampliado, revogando-se as indicadas no art. 90, a começar pela antiga Lei de Luvas, cujas regras simplificadas e atualizadas foram agora incorporadas à nova lei. (...) Mesmo sendo lei especial, se for omissa, aplica-se o Código Civil, supletivamente".

27. Sobre a teoria do diálogo das fontes, consulte-se, por todos, BENJAMIN, Antonio Herman. Prefácio. *Diálogo das fontes: do conflito à coordenação de normas do direito brasileiro.* Claudia Lima Marques. Coordenação. São Paulo: Ed. RT, 2012, p. 6-7: "O diálogo das fontes é um método de interpretação, de integração e de aplicação das normas, que contempla os principais desafios de assegurar a coerência e a efetividade do direito a partir do projeto constitucional e o sistema de valores que impõe. (...) O diálogo das fontes é um novo método, um novo paradigma para a solução das dificuldades de aplicação do direito atual. A jurisprudência brasileira bem recebeu o método do diálogo das fontes em questões que envolviam o processo civil, o direito civil, o direito ambiental, o direito do consumidor, o direito administrativo e o direito econômico".

28. *Cf.* MARQUES, Claudia Lima. *Contratos no Código de Defesa do Consumidor: o novo regime das relações contratuais.* 8. ed. São Paulo: Ed. RT, 2016, p. 476-483: "O contrato mais importante, porém, é o *contrato de locação* de imóvel. Se fica claramente afastada a aplicação do CDC tratando-se de locação comercial, mantenho minha opinião de que a aplicação do CDC tratando-se de locação residencial, como normas protetivas do vulnerável deveria ser a regra, com o que concorda apenas parte minoritária da jurisprudência. A maioria da jurisprudência não aplica o CDC às locações. Na Europa, hoje a locação é considerada uma relação de consumo, em especial para receber a proteção da Diretiva de cláusulas abusivas, como recentes decisões do Tribunal de Justiça da União Europeia esclarecem. Efetivamente, trata-se de contrato essencial no mercado de consumo atual, sendo lamentável que os esforços na atualização do CDC no sentido de incluir a locação, realizada por administradora profissional, não tenham sido exitosos. Apesar de o STJ considerar que a lei especial de locação (hoje a Lei 8.245, de 18.10.1991, foi modificada pela Lei 12.112, de 09.12.2009) trataria de todos os aspectos da proteção do consumidor nos contratos de locação, permaneço defendendo que ambas as leis se aplicam a este contrato, tratando de temas diversos, dialogando e, eventualmente, afastando-se em caso de antinomia. Mister, porém, que se identifique na relação de locação uma relação de consumo. Neste sentido, vale repetir as observações das edições anteriores, que considero – *data máxima vênia* – ainda válidas, pois a locação é tratada, nas grandes cidades, como contrato de adesão elaborado pelas imobiliárias; nas pequenas cidades, como contrato de locação ainda paritário e discutido com cada inquilino. O importante é caracterizar a presença de um *consumidor* e de um *fornecedor* em cada polo da relação contratual. O contrato de locação é hoje elaborado pela imobiliária tendo em vista a sua obrigação, perante a pessoa que deixou o imóvel sob sua administração. As partes no contrato, porém, são o locador, proprietário do imóvel, e o locatário. Inicialmente, é necessário que o locatário seja o destinatário final fático e econômico do bme locadl – nas locações residenciais esta é a regra. Segundo dispõe o art. 2º do CDC, *consumidor* não é somente aquele que *adquire,* mas também aquele que *utiliza* o produto. Como afirma Calais-Auloy, a moradia é uma necessidade pessoal e familiar, sendo, nesse sentido, objeto de consumo. A definição legal de produto está disposta no §1º do art. 3º do CDC e inclui qualquer bem, móvel ou imóvel. Mas e o *fornecedor?* O fornecedor é aquele que presta um serviço ou entrega o produto. Segundo Clóvis Bevilágua, o contrato de *locação de coisa* é aquele pelo qual uma das partes, mediante remuneração, paga pela outra, se compromete a lhe fornecer, durante certo lapso de tempo, o uso e gozo

10 • ASPECTOS DO CONTRATO DE SUBLOCAÇÃO DE IMÓVEL URBANO: FUNÇÃO SOCIAL E ECONÔMICA — 143

entendem pela prevalência do microssistema apenas lei especial (n. 8.245/91) nas relações entre locadores e locatários[29], admitindo-se, todavia, a incidência das normas protetivas

---

de uma coisa infungível. O locador entrega para o locatário a coisa alugada, a sua posse e o uso a que se destina, e deve garantir o uso pacífico da coisa locada durante o tempo de contrato. O contrato é, portanto, uma cessão temporária do uso e gozo do imóvel, sem transferência da propriedade; é contrato remunerado e de prestação contínua. Assim, a viúva que possui dois imóveis e coloca um para alugar, através de uma imobiliária, é fornecedora em relação ao consumidor, e o contrato de locação elaborado pela imobiliária está sob o regime de equidade e boa-fé do CDC. Note-se que, se há participação de imobiliárias e pluralidade de relações, o STJ concorda que interesses coletivos estão em jogo, reconhecendo a legitimidade do Ministério Público para propor ações contra as taxas de intermediação cobradas pelas imobiliárias. Também outras relações conexas à locação são consideradas de consumo. Concorde-se que o contrato de locação de imóveis, quando celebrado através de empresas intermediárias, deveria ser regido pelo CDC. A hipótese contrária pode parecer inequitativa, quando a mesma viúva aluga para a família de um advogado, através de contrato individual, sem participação da imobiliária, seu segundo imóvel. Mesmo neste caso, a viúva é fornecedora, e ao contrato se aplicam as normas do CDC, mas note-se que as regras do CDC visam apenas o reequilíbrio do contrato, a equidade, a justiça contratual, a qual não será, em última análise, prejudicial à fornecedora. Resta a possibilidade de que a jurisprudência brasileira, usando os princípios do CDC, que têm seu ponto de partida na necessidade de reequilibrar a relação contratual, quando esta for equilibrada e o consumidor não hipossuficiente (art. 4º, I), decida pela exclusão do contrato, excepcionalmente, do campo de aplicação do CDC. A regra, porém, deveria ser a inclusão dos contratos de locação não comercial no campo de aplicação do CDC, que, como norma de ordem pública, estabelece um valor básico e fundamental de nossa ordem jurídica. As complexas e reiteradas relações, que se estabelecem entre o locatário, o locador, a imobiliária, o condomínio e sua administração, formam uma série de relações contratuais interligadas que estão a desafiar a visão "estática" do direito. Como verdadeiro contrato cativo de longa duração, a locação e suas relações jurídicas acessórias necessitam de uma análise dinâmica e contextual, de acordo com a nova teoria contratual, a reconhecer a existência de deveres principais e deveres anexos para as partes envolvidas, seja o consumidor, seja a cadeira organizada de fornecedores diretos e indiretos. Assim como os contratos acessórios à locação, pois não é cabível deixar o fiador da locação sem a proteção do CDC, como tem acontecido (a exemplo da Súmula 549 do STJ). O equilíbrio contratual instituído pelo CDC impõe-se à lei especial anterior, que é a Lei 6.649/1979, e à lei especial posterior, Lei 8.245/91 (alterada pela Lei 12.112/2009). Em ambos os casos, seguiremos a norma do art. 2º, § 2º, da Lei de Introdução, como comentaremos em detalhes a seguir na parte II. Vale lembrar que as normas do CDC são gerais e não revogam expressamente a lei especial existente nem são revogadas por leis especiais posteriores. Como ensina Oscar Tenório, pode haver a coexistência da *nova lei* em face da anterior lei, desde que compatíveis. A lei especial mais nova não afeta a vigência da lei geral anterior, no que não forem incompatíveis, sendo necessário examinar a finalidade das duas leis. É a regra da compatibilidade das leis. O CDC não trata de nenhum contrato em especial, mas se aplica a todos, a todos os tipos de contratos, se contratos de consumo. Neste caso não revogará as normas especiais referentes a estes contratos, que nem sempre são de consumo, mas afastará a aplicação das normas previstas nas leis especiais anteriores que forem incompatíveis com o novo espírito tutelar e de equidade do CDC. Se a lei é posterior, como no caso da Lei 8.245/1991 e sua alteração pela lei 12.112/2009, é de se examinar a compatibilidade do CDC com a lei mais nova. No caso, o CDC e a nova Lei de Locações são perfeitamente compatíveis, tratam de aspectos diferentes da mesma relação contratual e serão usados conjuntamente quando se tratar de locações urbanas não comerciais. Este diálogo das fontes, porém, não é seguido pela jurisprudência majoritária. Incompatibilidade há entre o disposto no art. 51, XI, do CDC e a volta à autonomia da vontade, prevista no art. 35 da Lei de Locações. Por fim, relembre-se a posição extremamente vulnerável do terceiro, o fiador, que, como garantidor de uma relação de consumo, nesta intervém (parágrafo único do art. 2º do CDC) e é exposto (art. 29 do CDC) às práticas comerciais dos fornecedores, por exemplo, as imobiliárias, que, de posse do contrato e, muitas vezes sem a real anuência nem mesmo do locador, modificam e aditam os termos do contrato. Aqui há violação dos deveres de boa-fé, violação este que deixa o garantidor em posição extremamente vulnerável. Assim, considere-se ou não de consumo a relação a verdade é que o princípio da boa-fé impõe deveres de cooperação, cuidado e informação deste consumidor-garantidor ou terceiro (para aqueles que considerem a relação meramente civil), como a jurisprudência do STJ identificou na Súmula 214: "O fiador na locação não responde por obrigações resultantes de aditamento ao qual não anuiu". Relembre-se também que a EC 26, de 2000, incluiu o direito à moradia, e que o consumidor-terceiro-fiador deveria ter pelo menos os mesmos direitos do consumidor-principal! Realmente, o (único) bem de família do consumidor principal continua impenhorável e o do fiador (consumidor por conexidade, na teoria que aqui estou defendendo de aplicação do CDC à locação, por exemplo, em contrato redigido por administradora de imóveis, fornecedora conexa), não."

29. Agravo interno no agravo em recurso especial. Contrato de locação. Cobrança de aluguéis. 1. Multa contratual. Inaplicabilidade do código de defesa do consumidor. Súmula 83/STJ. 2. Juros de mora. Termo inicial. Mora ex re. Precedentes. 3. Sucumbência recíproca. Redimensionamento dos ônus sucumbenciais. Incidência da súmula 7/STJ. 4. Agravo interno desprovido. 1. A jurisprudência desta Corte é firme no sentido de que "não se aplica o Código de Defesa do Consumidor ao contrato de locação regido pela Lei n. 8.245/1991, porquanto, além de fazerem parte de microssistemas distintos do âmbito normativo do direito privado, as relações jurídicas não possuem os traços característicos da relação de consumo, previstos nos arts. 2º e 3º da Lei n. 8.078/1990" (AgRg no AREsp n. 101.712/RS, Relator o Ministro Marco Buzzi, Quarta Turma, julgado em 03.11.2015, DJe 06.11.2015). (...) (AgInt no AREsp 1147805/RS, Rel. Ministro Marco Aurélio Bellizze, Terceira Turma, julgado em 05.12.2017, DJe 19.12.2017).

FREDERICO PRICE GRECHI

consumeristas nos serviços de intermediação e administração prestados por empresa imobiliária[30].

Por fim, apesar da sua moderada "ideologia neoliberal"[31], preponderando a autonomia privada das partes (*v.g.* arts. 17, 18 e 54)[32], pode-se dizer que o microssistema das loca-

---

Agravo interno no recurso especial. Processual civil e civil. Ação de reparação cível. Inaplicabilidade do CDC a contratos de locação. Shopping e expositor de feira. Agravo não provido. 1. Está cristalizado na jurisprudência desta eg. Corte Superior que o Código de Defesa do Consumidor não pode ser aplicado a relações jurídicas estabelecidas com base em contratos de locação, para as quais há legislação específica, qual seja a Lei 8.245/91. 2. No caso dos autos, foi constatada a relação regida pela Lei 8.245/91, portanto, o Codex consumerista torna-se inaplicável à espécie, o que afasta a responsabilidade solidária do shopping locador pelos danos causados a consumidor. 3. Agravo regimental a que se nega provimento. (STJ, AgInt no REsp 1285546/RJ, Rel. Ministro Lázaro Guimarães (Desembargador Convocado do TRF 5ª Região), Quarta Turma, julgado em 20.03.2018, DJe 27.03.2018.)

30. Recurso especial. Interesse de agir. Ausência. Ação de rescisão contratual c/c indenizatória por perdas e danos. Contrato de administração imobiliária. Relação jurídica entre locador e administradora. Incidência do CDC. Prazo prescricional. Responsabilidade civil contratual. Regra geral do código civil. Julgamento: CPC/15. (...) 2. O propósito recursal consiste em decidir sobre a aplicação do Código de Defesa do Consumidor à relação jurídica estabelecida entre proprietária (locadora) e administradora de imóvel, bem como determinar o prazo prescricional incidente à espécie. (...). 4. Pelo contrato de administração imobiliária, o proprietário confia à administradora a gerência do imóvel visando, em geral, a locação do bem a terceiros, daí exsurgindo, portanto, duas relações jurídicas distintas: a primeira, de prestação de serviços, entre a administradora e o locador; e a segunda, de locação, entre o locador e o locatário, intermediada pela administradora. 5. A administradora atua como mandatária do locador na gestão do imóvel, inclusive – e especialmente – perante o locatário do bem, e, nessa condição, em regra, figura como destinatário final fático e econômico do serviço prestado pela administradora – como consumidor, portanto. 6. Em algumas situações, pode o locador se apresentar ainda como parte vulnerável – técnica, jurídica, fática e/ou informacional – em relação à administradora, sobretudo por se tratar, usualmente, de um contrato de adesão. 7. O serviço oferecido pela administradora possui caráter profissional pois, além de, em geral, dispor, em relação ao locador, de superioridade no conhecimento das características da atividade que habitualmente exerce, é evidente a sua natureza econômica. 8. Ressalvadas circunstâncias especiais, sobressai a natureza jurídica de relação de consumo havida entre locador e administradora, atraindo, por conseguinte, a incidência do CDC. (...) (STJ, REsp 1846331/DF, Rel. Ministra Nancy Andrighi, Terceira Turma, julgado em 10.03.2020, DJe 13.03.2020).

Recurso especial. Direito do consumidor. Ação civil pública. Serviços prestados por imobiliária. Custos de cobrança. Boleto bancário. Repasse. Possibilidade. Art. 51, XII, do CDC. Reciprocidade. (...) 2. Ação coletiva ajuizada contra empresa do ramo imobiliário visando ao reconhecimento da ilegalidade do repasse da tarifa de emissão de boleto bancário aos condôminos e locatários em contratos de locação de imóveis celebrados com a intermediação da ré. 3. O Código de Defesa do Consumidor não veda a estipulação contratual que impõe ao consumidor o pagamento das despesas de cobrança. Apenas determina que esse direito seja uma via de mão dupla, permitindo que o consumidor também seja ressarcido por eventuais despesas de cobrança dirigida contra o fornecedor (art. 51, XII, do CDC). 4. Hipótese em que o boleto bancário não se constitui na única forma de pagamento colocada à disposição do consumidor, que pode se valer de outros meios de adimplemento das obrigações decorrentes dos contratos de locação celebrados com a empresa demandada, inclusive com instruções claras e adequadas sobre a possibilidade de pagamento com isenção da tarifa bancária. 5. Ausência de prática ilegal ou abusiva que justifique o juízo de procedência da demanda coletiva. 6. Recurso especial provido (REsp 1439314/RS, Rel. Ministro Ricardo Villas Bôas Cueva, Terceira Turma, julgado em 18.02.2020, DJe 20.02.2020).

31. *Cf.* LORENZETTI, Ricardo Luis. *Tratado de los contratos. parte general.* 2. ed. Santa Fe: Rubinzai-Culzoni, 2010, p. 29-32: IV. El contrato en el neoliberalismo. La economia del bienestar y su politica intervencionista provocaron una reacción importantíssima en las últimas tres décadas del siglo XX. Se afirmó que habia demasiadas regulaciones, exceso de intervención y que ello era ineficiente; había que retornar al liberalismo con sus banderas tradicionales: libertad y iniciativa privada. (...) La expansión de estas ideas en todo el mundo estuvo respaldada por el surgimiento de la sociedad global, el debilitamiento del orden público nacional y la posibilidad de tener un Derecho aplicable a todas las naciones por igual, fenómeno al que dedicaremos el punto seguiente. V. La Globalización de la concepción del contrato. El término 'globalización' del sistema jurídico se refiere específicamente al surgimiento de regras institucionales homogéneas que respondan al funcionamiento de una economia global que se vive en la actualidad. (...) Los principales elementos que facilitan este fenómeno son: – El surgimiento de una costumbre internacional, principalmente en base de arbitraje, que dio lugar a la *lex mercatoria*; – la profusión de los estúdios de Derecho Comparado; (...) – el surgimiento de un linguaje técnico-instrumental aportado por el análisis económico; (...)".

32. Art. 17. É livre a convenção do aluguel, vedada a sua estipulação em moeda estrangeira e a sua vinculação à variação cambial ou ao salário mínimo. Parágrafo único. Nas locações residenciais serão observados os critérios de reajustes previstos na legislação específica. Art. 18. É lícito às partes fixar, de comum acordo, novo valor para o aluguel, bem como inserir ou modificar cláusula de reajuste. Art. 54. Nas relações entre lojistas e empreendedores de shopping center, prevalecerão as condições livremente pactuadas nos contratos de locação respectivos e as disposições procedimentais previstas nesta lei. *Cf.* SOUZA, Sylvio Capanema de. *A Lei do Inquilinato Comentada.* 10. ed. Rio de Janeiro: Forense, 2017, p. 105-110 e 252: "A intervenção do Estado se opera depois, quanto à correção do aluguel, a sua periodicidade e os índices aplicáveis. O aluguel inicial fica ao sabor da realidade do mercado, no momento da formação do contrato, obedecendo à milenar lei da oferta e da procura.

ções urbanas, numa perspectiva dinâmica sob o influxo da globalização da concepção do contrato[33], incorporou ao seu texto leis internas (*v.g. built to suit* no art. 54-A)[34] e externas com destaque para o Plano Real (Lei 9.069/95, art. 21, §§ 1º, 3º, 4º e 5º)[35], a revelar uma salutar interface entre o Direito e Economia[36].

Isto decorre não só do princípio da autonomia da vontade, como da natureza comutativa do contrato de locação. (...) Em obediência ao princípio da liberdade contratual, permite o artigo 18 que as partes celebrem transação para fixar novo valor do aluguel, ou para modificar a periodicidade da sua correção, ou o índice escolhido, desde que obedecidas as regras cogentes previstas nas leis específicas. (...) O que a lei admite, ainda que fugindo ao sistema comum, são as disposições atípicas, mas de índole econômica, que as partes livremente pactuam, de acordo com a realidade e a experiência de mercado".

33. A propósito do Plano Real e a construção da moeda numa perspectiva histórico-legislativa, consulte-se FRANCO, Gustavo. H. B. *A moeda e lei: uma história monetária brasileira*. Rio de Janeiro: Zahar, 2017, p. 537-677.

34. Art. 54-A. Na locação não residencial de imóvel urbano na qual o locador procede à prévia aquisição, construção ou substancial reforma, por si mesmo ou por terceiros, do imóvel então especificado pelo pretendente à locação, a fim de que seja a este locado por prazo determinado, prevalecerão as condições livremente pactuadas no contrato respectivo e as disposições procedimentais previstas nesta Lei. Sobre a influência do mercado imobiliário norte-americano e a sua introdução no Brasil como contrato atípico, consulte-se FAVACHO, Frederico. *Lei do inquilinato comentada artigo por artigo: visão atual na doutrina e jurisprudência.* Organização Luiz Antonio Scavone Junior, Tatiana Bonatti Peres. 2. ed. Rio de Janeiro: Forense, 2017, p. 367-369: "Contrato *Built to Suit* (BTS) ou Contrato de Construção Ajustada pode ser definido como um contrato no qual o locador do imóvel é também responsável pela disposição das respectivas acessões e benfeitorias construídas ou adaptadas de acordo com instruções e projeto do locatário. Este modelo desenvolveu-se no mercado imobiliário americano e é nele que encontramos as definições e conceitos originais sobre este contrato. O modelo americano do *built to suit* chega ao Brasil no final dos anos 1990 quando, a partir da promulgação da Lei 9.514/1997, criou-se o novo Sistema de Financiamento de Crédito Imobiliário, criando as condições para que este mercado se desenvolvesse. (...) Por falta de tipicidade legal, o modelo BTS foi inicialmente tratado como contrato atípico cuja celebração era autorizada pelo art. 425 do Código Civil no âmbito da autonomia privada dos particulares (para um estudo mais completo sobre o contrato BTS anteriormente à promulgação da Lei 12.744/2012 veja-se: Gaspareto e Capanema), só tendo sido reconhecido pelo direito objetivo brasileiro com a promulgação da Lei 12.744, de 19 de dezembro de 2012, a qual, inclusive adotou para o modelo BTS a denominação contrato de construção ajustada. Na definição trazida pela Lei 12.744/2012, o contrato de construção ajustada é a locação não residencial de imóvel urbano na qual o locador procede à prévia aquisição, construção ou substancial reforma, por si mesmo ou por terceiros, do imóvel então especificado do pretendente à locação, a fim de que seja a este locado por prazo determinado. (...) No entanto, ao fazê-lo buscou privilegiar o princípio da autonomia das partes, tão cara ao modelo americano de onde o contrato de construção ajustada inspirou-se. Assim, prescreve o dispositivo legal que neste contrato prevalecerão as condições livremente pactuadas entre as partes, bem como as disposições procedimentais previstas naquela Lei".

35. Art. 21. As obrigações pecuniárias em Cruzeiros Reais, com cláusula de correção monetária baseada em índices de preços, em que a periodicidade de reajuste pleno é maior que a periodicidade de pagamento, serão convertidas em REAL, no dia 1º de julho de 1994, de acordo com as disposições abaixo: § 1º O cálculo da média a que se refere este artigo será feito com base nos preços unitários, nos casos dos contratos para aquisição ou produção de bens para entrega futura, execução de obras, prestação de serviços, locação, uso e arrendamento, quando as quantidades de bens e serviços, a cada mês, forem variáveis. (...) § 3º No caso dos contratos de locação residencial com cláusula de reajuste superior a seis meses, as disposições do caput deste artigo serão aplicadas tomando em conta apenas os aluguéis dos primeiros seis meses do último período de reajuste pleno. § 4º Em caso de desequilíbrio econômico-financeiro, os contratos de locação residencial, inclusive os convertidos anteriormente, poderão ser revistos, a partir de 1º de janeiro de 1995, através de livre negociação entre as partes, ou judicialmente, a fim de adequá-los aos preços de mercado, sem prejuízo do direito à ação revisional prevista na Lei 8.245, de 1991. § 5º Efetivada a revisão, o novo valor do aluguel residencial vigorará pelo prazo mínimo de um ano. *Cf.* SOUZA, Sylvio Capanema de. *Da locação do imóvel urbano: direito e processo.* Rio de Janeiro: Forense, 1999, p. 3-5: "O Plano Real, como não poderia deixar de ser, repercutiu, intensamente, no mercado de locações, e teve incidência direta sobre a Lei do Inquilinato, no que se refere à conversão dos valores dos aluguéis, para o novo padrão monetário, assim como na questão da periodicidade da correção e do seu índice. A médio e longo prazos, como já se disse, o Plano modificou radicalmente o comportamento do mercado, pacificando-o, na medida em que ficou preservado o conteúdo econômico da obrigação pecuniária, o que sempre foi a preocupação primeira dos locadores. (...) Vale ainda observar que o próprio Plano Real admitiu a possibilidade de redução da periodicidade ânua, se as circunstâncias futuras assim o recomendassem, caso houvesse um recrudescimento da inflação, o que, felizmente, até agora não ocorreu. Daí por porque muitos contratos, celebrados após o seu advento, foram cautelosos, submetendo-se ao comando da lei, quanto à anualidade da correção, mas desde logo estipulando que a periodicidade seria reduzida, caso lei posterior viesse a admiti-la, o que sempre nos pareceu lícito. Essas foram, em apertado resumo, as principais implicações do Plano Real, a quem se deve creditar, em grande parte, o quase milagre da pacificação do mercado locativo".

36. Sobre a interface entre o Direito e a Economia, confira-se REALE, Miguel. *Lições Preliminares de Direito*. 24. ed. São Paulo: Saraiva, 1998, p. 21-22: "Há, pois, entre Economia e Direito uma interação constante, não se podendo afirmar que a primeira cause o segundo, ou que o Direito seja mera 'roupagem ideológica' de uma dada forma de produção. Há, em

3. A SUBLOCAÇÃO COMO CONTRATO DERIVADO E COLIGADO À LOCAÇÃO

Historicamente, o contrato de locação de coisa, móvel e imóvel, e a sua sublocação, via de regra permitida, remontam o Direito Romano. Segundo José Carlos Moreira Alves, "pela *locatio conductio rei*, o locador (*locator*) se obriga a proporcionar o uso e gozo de uma coisa ao locatário (*conductor*), que, por sua vez, se compromete a pagar-lhe um aluguel (*merces*). Da *locatio conductio rei* não nasce direito real para o locatário, que, com a entrega da coisa pelo locador, se torna simplesmente detentor dela (*possessio naturalis*), não gozando, portanto, via de regra, sequer da proteção dos interditos possessórios. (...) E, a menos que haja disposição contratual em contrário, a sublocação é permitida"[37].

O Código Civil de 1916 previu a locação de coisas, definida como contrato por meio do qual uma das partes se obriga a ceder à outra, por tempo determinado, ou não, o uso e gozo de coisa não fungível, mediante certa retribuição (art. 1.188). No caso de locação de prédios, o contrato poderia ser estipulado por qualquer prazo (art. 1.200) e, não havendo estipulação em contrário, o tempo da locação de prédio urbano regulava-se pelos usos locais (art. 1.210). Salvo estipulação em contrário, também era permitida ao locatário, nas locações a prazo fixo, a sublocação do prédio, no todo ou em parte, antes ou depois de havê-lo recebido, contudo, o inquilino continuava responsável ao locador pela conservação do imóvel e pelo pagamento do aluguel (art. 1.201).

O Código Civil de 2002 (Lei 10.406, de 10 de janeiro), na sua Parte Especial, Livro I – Do direito das obrigações, Título VI – Das várias espécies de contrato, disciplinou no Capítulo V o contrato de locação de coisas (arts. 565 a 578), embora não tenha previsto a sublocação. Portanto, naquelas locações de coisas reguladas pelo Código Civil vigente – tais como em apart-hotéis, hotéis residência ou equiparados, de vagas autônomas de garagem ou de espaços para estacionamento de veículos (art. 1ª, parágrafo único, "a", 2 e 4, da Lei 8.245/91)[38], aplicar-se-á, por analogia (art. 4º da LINDB), a disciplina da sublo-

---

suma, uma interação dialética entre o econômico e o jurídico, não sendo possível reduzir essa relação a nexos causais, nem tampouco a uma relação entre forma e conteúdo. (...) Nada justifica o entendimento do Direito como forma abstrata e vazia casada a um conteúdo econômico, inclusive porque o Direito está cheio de regras que disciplinam atos totalmente indiferentes ou alheios a quaisquer finalidades econômicas".

A propósito do Direito Econômico e da Análise Econômica do Direito, consulte-se JANSEN, Letácio. *Introdução à Economia Jurídica*. Rio de Janeiro: Lumen Juris, 2003, p. 3-4: "Simplificando a questão poderíamos dizer, portanto, que, assim como o Direito Econômico trata da intervenção do Estado no domínio econômico (versando, de um modo geral, sobre normas de organização), a Análise Econômica do Direito, voltada, prioritariamente, para o exame, das normas de conduta, dedicar-se-ia ao estudo da 'intervenção' da Economia no Estado. Colocado o problema nesses termos estaríamos diante de uma contradição entre a Análise Econômica do Direito dos americanos e o Direito Econômico dos europeus. No fundo, porém, estamos, nos dois casos, diante do problema da relação do Direito com a Economia, cabendo-nos encontrar a melhor perspectiva para estudar essa relação".

Quanto à relação entre o Direito e a Economia a partir da perspectiva da historicidade da norma, cite-se a lição de ARIDA, Pérsio. A pesquisa em Direito e em Economia: em torna da historicidade da norma. In *Direito & Economia. Análise Econômica do Direito e das Organizações*. Organização Decio Zylbersztajn e Rachel Sztajn. São Paulo: Elsevier, 2005, p. 63: "É possível que a pesquisa em Direito, ao iluminar de forma radicalmente diversa a imbricação entre normas e valores, venha a sugerir caminhos para a pesquisa em Economia radicalmente diversos dos até agora trilhados. Do ponto de vista da questão apresentada neste texto, entretanto, parece-me evidente que a pesquisa sobre a historicidade da norma tem hoje um potencial de interação com a pesquisa em Economia maior do que as pesquisas sobre as relações entre moral e Direito o teriam, embora, como restará evidente ao longo da argumentação, os dois temas se entrelacem em vários aspectos".

37. *Cf.* ALVES, José Carlos Moreira. *Direito Romano*. 14. ed. Rio de Janeiro: Forense, 2010, p. 536-538.

38. Lei 8.245/91, Art. 1º A locação de imóvel urbano regula – se pelo disposto nesta lei: Parágrafo único. Continuam regulados pelo Código Civil e pelas leis especiais: a) as locações: 1. de imóveis de propriedade da União, dos Estados e dos Municípios, de suas autarquias e fundações públicas; 2. de vagas autônomas de garagem ou de espaços para estacionamento de veículos; 3. de espaços destinados à publicidade; 4. em apart-hotéis, hotéis – residência ou equiparados, assim considerados aqueles que prestam serviços regulares a seus usuários e como tais sejam autorizados a funcionar.

10 • ASPECTOS DO CONTRATO DE SUBLOCAÇÃO DE IMÓVEL URBANO: FUNÇÃO SOCIAL E ECONÔMICA **147**

cação prevista na Lei 8.245/91, como se verá adiante. Ressalta-se que para o imóvel rural há previsão expressa do subarrendamento no art. 3º, §§ 1º, 2º e 3º do Decreto 59.566, de 14 de novembro de 1966[39], c.c. art. 95 da Lei 4.504/64 e art. 13 da Lei 4.947/66[40].

A sublocação de prédio urbano foi prevista nas leis especiais que sucederam o Código Civil de 1916. Na vigência da Lei 6.649/79, que antecedeu à Lei 8.245/91, a sublocação, total ou parcial, dependia do consentimento prévio, por escrito, do locador (art. 10). Enquanto o Decreto 24.150/1934, ainda em vigor que regulava as condições e o processo de renovação dos contratos de locação para fins comerciais e industriais, com as alterações da Lei 6.014/73, assegurava o sublocatário o exercício da ação renovatória (art. 3º, § 3º). De acordo com a doutrina de Rogério Lauria Tucci e Álvaro Villaça Azevedo,

> "a sublocação é um contrato de locação, que se realiza entre o locatário e sublocatário, com a permissão do locador, que, participando de uma primeira relação jurídica *ex locato* (contrato de locação), se vincula a uma segunda (contrato de sublocação), tendo-se em conta, nas duas, o mesmo objeto locado. Tal dispositivo de lei guarda, em si, a ideia de que, em princípio, com a sublocação, o locatário, frente ao sublocatário, age como se fosse o próprio locador. O vínculo jurídico entre o locador primitivo e o sublocatário só existirá se anuir aquele à sublocação, como demonstra, no seu próprio contexto, o art. 10, logo adiante comentado. Se mencionada concordância não se der, a sublocação, por força do disposto nesse mesmo apontado art. 10, não terá valor jurídico, pois será ilegítima. (...) Ora, cuidando da análise dessa mesma matéria, não podemos deixar de enfrentar o questionamento sobre a necessidade, ou desnecessidade, de ser expresso o consentimento do locador, quanto à sublocação, pelo seu locatário, do prédio locado. Verificado o posicionamento diversificado, não só da doutrina, como, por igual, da jurisprudência pátria, – expressando uma corrente que pode, outra que não pode, ser tácita a anuência do locador à sublocação, perfilhamos o último, por entender que, existindo atos inequívocos do locador, a demonstrarem seu conhecimento desta, sem qualquer ato obstativo da continuidade dela, tal fato implica aquiescência a ela implícita"[41].

Já a Lei 8.245/91, que unificou o regime jurídico da locação do imóvel urbano[42], dedicou às sublocações a Seção III, do Capítulo I – Disposições Gerais, do Título I – Da

---

39. Art. 3º Arrendamento rural é o contrato agrário pelo qual uma pessoa se obriga a ceder à outra, por tempo determinado ou não, o uso e gozo de imóvel rural, parte ou partes do mesmo, incluindo, ou não, outros bens, benfeitorias e ou facilidades, com o objetivo de nele ser exercida atividade de exploração agrícola, pecuária, agroindustrial, extrativa ou mista, mediante certa retribuição ou aluguel, observados os limites percentuais da Lei. § 1º Subarrendamento é o contrato pelo qual o Arrendatário transfere a outrem, no todo ou em parte, os direitos e obrigações do seu contrato de arrendamento. § 2º Chama-se Arrendador o que cede o imóvel rural ou o aluga; e Arrendatário a pessoa ou conjunto familiar, representado pelo seu chefe que o recebe ou toma por aluguel. § 3º O Arrendatário outorgante de subarrendamento será, para todos os efeitos, classificado como arrendador.

40. Lei 4.504/64, Art. 95. Quanto ao arrendamento rural, observar-se-ão os seguintes princípios: VI – sem expresso consentimento do proprietário é vedado o subarrendamento; Lei 4.947/66, art. 13 – Os contratos agrários regulam-se pelos princípios gerais que regem os contratos de Direito comum, no que concerne ao acordo de vontade e ao objeto, observados os seguintes preceitos de Direito Agrário: I – artigos 92, 93 e 94 da Lei 4.504, de 30 de novembro de 1964, quanto ao uso ou posse temporária da terra; II – artigos 95 e 96 da mesma Lei, no tocante ao arrendamento rural e à parceria agrícola, pecuária, agroindustrial e extrativa; III – obrigatoriedade de cláusulas irrevogáveis, estabelecidas pelo IBRA, que visem à conservação de recursos naturais; IV – proibição de renúncia, por parte do arrendatário ou do parceiro não-proprietário, de direitos ou vantagens estabelecidas em leis ou regulamentos; V – proteção social e econômica aos arrendatários cultivadores diretos e pessoais.

41. *Cf.* TUCCI, Rogerio Lauria, AZEVEDO, Álvaro Villaça Azevedo. *Tratado da Locação Predial Urbana.* 1º volume. São Paulo: Saraiva, 1980, p. 41-42: "Como, por exemplo, se a sublocação existir, ostensivamente, por mais de um ano, sem oposição do locador; ou se este recebeu, diretamente, do subinquilino, o aluguel, passando o recibo em nome deste; ou, ainda, se fez comunicação, escrita ou verbal, a este, ordenando alguma providência no prédio locado, como o conserto de uma de suas instalações (hidráulica, elétrica etc.), dentre outras hipóteses".

42. *Cf.* SOUZA, Sylvio Capanema de. *A Nova Lei do Inquilinato Comentado.* Rio de Janeiro: Forense, 1993, p. 2-3: "Os objetivos fundamentais da Lei 8.245. (...) O último objetivo da nova lei é o de unificar o regime jurídico da locação do imóvel urbano, pondo fim ao emaranhado legislativo que antes existia. Foram expressamente revogadas as leis anteriores, que se referiam à matéria, inclusive o vetusto e respeitado Decreto 24.150/34. Esta uniformização, além dos evidentes resultados praticados imediatos, facilitando a atuação dos advogados e magistrados, traz ainda uma outra consequência benéfica. É que, com o advento de uma nova lei tão completa, que revoga as demais, anteriores, e que enfrenta o desafio do inquilinato, em todos os seus aspectos, o Governo sinaliza ao mercado no sentido de que se pode agora esperar uma

Locação, não obstante a previsão de outras normas que também regulam os interesses dos sublocatários em outras seções da Lei (*v.g.*, arts. 2º, parágrafo único, 13, 21, 24, 30, 51, §1º).

No tocante à natureza jurídica da sublocação, Sylvio Capanema de Souza sempre sustentou tratar-se de

> "um contrato acessório, umbilicalmente preso ao principal, que é a locação, e cuja sorte acompanha. Nula, ou anulável, a locação, também o será a sublocação, que dela emana, mas não é verdadeira a recíproca, sendo possível manter-se a locação, mesmo quando viciada a sublocação. Como já tivemos a oportunidade de comentar, quando apreciamos o artigo 13, a cuja análise remetemos o leitor, na sublocação persiste a responsabilidade do locatário perante o locador. Criam-se dois vínculos jurídicos, um entre o locador e o locatário-sublocador, e outro entre o sublocador e o sublocatário. Em princípio, não há relação direta entre o locador e o sublocatário. Não se trata, assim, de uma substituição subjetiva, como ocorre na cessão do contrato, já que o locatário permanece integrando a relação jurídica original, surgindo outra, acessória. O que dispõe o artigo 14 é decorrência natural do princípio de que o acessório segue o principal, conhecido como princípio da gravitação jurídica. Como a sublocação é uma locação, ainda que derivada de outra, é evidente que se submete ao esmo regime jurídico"[43].

Não obstante, a doutrina majoritária brasileira sustenta que a sublocação é um contrato derivado[44], posicionamento prestigiado pelo Superior Tribunal de Justiça[45], conforme se infere das razões capitaneadas por Sílvio de Salvo Venosa:

---

razoável estabilidade jurídica, pondo-se fim à ciranda enlouquecedora de leis, decretos e regulamentos, que, ao invés de servirem para equilibrar o setor, só causavam insegurança, afastando, ainda mais, os investidores".

43. *Cf.* SOUZA, Sylvio Capanema de. *A Lei do Inquilinato Comentada*. 10. ed. Rio de Janeiro: Forense, 2017, p. 102-103: "As obrigações e direitos do sublocador, em relação ao sublocatário, são os mesmos que existem entre o locador e o locatário. Pode o sublocador, por exemplo, despejar o sublocatário, por falta de pagamento, sendo facultado a este evitar a rescisão do contrato, purgando a mora. Todas as demais hipóteses legais que permitem ao locador a reprise, podem ser utilizadas pelo sublocador, para o mesmo fim. É evidente que a sublocação a que se refere a lei é aquela autorizada pelo locador, já que a feita à revelia dele não pode gerar direito algum, já que constitui grave inadimplemento de obrigação legal e/ou contratual".

44. *Cf.* GOMES, Orlando. *Contratos*. 26. ed. Rio de Janeiro: Forense, 2008, p. 168: "Sob a denominação mais conhecida de subcontrato, há contratos derivados de outros, dos quais se conservam dependentes, em princípio. Verifica-se a subcontratação quando um dos contratantes transfere a terceiro, sem se desvincular, a utilidade correspondente à sua posição contratual. Tal relação jurídica pressupõe a coexistência de dois contratos: o básico e o derivado. A circunstância de ser o subcontrato concluído por uma das partes do contrato básico não determina a extinção deste, nem altera o vínculo que gerou. O subcontrato há de ter, total ou parcialmente, o conteúdo do contrato básico. Em relação ao terceiro, o subcontratante ocupa a posição que a outra parte do contrato básico tem nesta relação jurídica. Os direitos adquiridos pelo terceiro descendem dos direitos do subcontratante. Não podem ultrapassá-los, na extensão e duração. Trata-se, enfim, de mecanismo facilmente compreensível, quando observado na sua espécie mais comum: a sublocação. O contrato de locação é o contrato básico: o locatário transfere a terceiro os direitos que, nessa qualidade, lhe assistem, operando a sublocação, enquanto o contrato de locação perdura, sem se alterar. Os direitos do sublocatário têm a mesma extensão, e duração dos direitos o locatário, que, entretanto, continua vinculado ao locador. Coexistem, pois, os dois contratos: o básico e o derivado". *Cf.* BESSONE, Darcy. *Do Contrato. Teoria Geral*. São Paulo: Saraiva, 1997, p. 182: "A cessão do contrato distingue-se do subcontrato (sublocação, subempreitada, subfretamento, subpenhor etc.). Coexistem, então, um contrato-pai e um contrato-filho, no sentido de que este descende daquele. O subcontrato é novo, mas não é autônomo, precisamente porque nasce e permanece vinculado ao contrato básico. No surgimento de um segundo contrato, para coexistir com o primeiro, a ele se ligando umbilicalmente, acha-se a diferença fundamental entre o subcontrato e a cessão da posição contratual, que não suscita tal simultaneidade de contratos. É certo que a cessão é também de natureza contratual. Mas o seu fim é excluir do contrato o cedente, cuja posição passa a ser ocupada pelo cessionário; não se propõe ela a forma um segundo contrato, para produzir efeitos marginais simultaneamente com o primeiro". *Cf.* CARNEIRO, Waldir de Arruda Miranda Carneiro. *Anotações à Lei do Inquilinato*. São Paulo: Ed. RT, 2000, p. 89-90: "Por ser a sublocação uma locação derivada de outra locação (v. notas 7 ao art. 13 e nota 4 abaixo), os elementos constitutivos do contrato locatício (art. 1.188 do CC) devem nela estar presentes, e, sempre dentro dos limites do contrato do qual se originou. Assim, a sublocação é sempre onerosa, temporária e de formação consensual. Há na doutrina, quem questione o caráter acessório da sublocação em relação à locação, supondo existirem certas características nos contratos acessórios que não se ajustariam perfeitamente à sublocação. Segundo alguns autores, para que houvesse acessoriedade necessário seria a existência de subordinação, que não ocorreria na sublocação onde se verificaria simples derivação (cfr. NILSON DA SILVA COMBRE, ob. cit., pp. 350/352; Luis Camargo Pinto De Carvalho, op. cit., p. 174/175). A nosso ver, embora seja claro tratar-se a sublocação de um contrato derivado da locação, ou seja, um subcontrato (v. nota 7 ao art. 13), isso não afasta o seu caráter acessório em relação a esta, no sentido de que sua existência pressupõe a da principal (v. tb. nota 4 ao art. 15). Com efeito, inconcebível pensar-se em uma sublocação, não houvesse a locação (contrato principal) da qual ela deriva.

10 • ASPECTOS DO CONTRATO DE SUBLOCAÇÃO DE IMÓVEL URBANO: FUNÇÃO SOCIAL E ECONÔMICA

"A sublocação é um contrato derivado. Existe um contrato derivado ou subcontrato quando sua existência decorre exclusivamente de outro contrato. Nesse negócio existe também um contrato-base ou contrato-principal, do qual emerge o contrato derivado. A existência do contrato-base é então causa geradora do subcontrato. Entre esses dois contratos se posta uma ligação toda peculiar, que regulará sua coexistência. No subcontrato, uma das partes do contrato-base participa do outro contrato tendo em vista sua posição originária na primeira avença. O locatário que subloca é, portanto, parte nos dois negócios. (...) O contrato derivado, a sublocação, se situa numa posição de serviência do contrato-base, embora coexistam. (...) Embora não tenhamos sistematização legal sobre os contratos derivados, é justamente no campo do inquilinato que encontramos o terreno fértil da subcontratação, apesar de ser frequente em outros contratos, como na empreitada e no mandato, por exemplo. Não se confunde o subcontrato com o contrato acessório. Ambos têm em comum o fato de serem dependentes. Mas, enquanto o contrato acessório serve na quase totalidade das vezes para garantir o cumprimento da obrigação no contrato principal, como na fiança, o contrato derivado participa da própria natureza do direito versado no contrato-base. (...) No contrato derivado surge uma segunda relação contratual, sem alteração da primeira, havendo apenas um dos sujeitos que é titular de ambos os contratos (...). Na sublocação, como há um negócio jurídico em separado, prescinde-se da figura do terceiro, contratante do negócio-base. Na verdade, ainda que não haja consentimento do locador, a sublocação é válida e gera efeitos entre sublocador e sublocatário. Contudo, autorizará o rompimento do vínculo do contrato principal por parte do locador. A sublocação, para ser conceituada como tal, deve ter o mesmo objeto do contrato de locação. Essa condição é fundamental. O âmbito de atuação da sublocação será igual ou menor ao fixado no contrato principal. Assim sendo, a sublocação pode ter como objeto a totalidade do imóvel ou parte dele. Quanto maior o âmbito do subcontrato, menor será a participação do subcontratante comum no uso e gozo dos direitos do contrato-base. Embora sejam contratos separados, não são independentes, isso porque, terminado ou extinto o contrato principal, não haverá mais fruição de direitos no subcontrato. É o que decorre do art. 15 desta lei. Enquanto o subcontrato depende do contrato-base e sofre suas vicissitudes, este último tem plena independência e pode viver autonomamente, sem preocupação pela sorte do contrato derivado. Existe uma relação de subordinação entre ambos e não de reciprocidade. Ressalva-se a subsidiariedade da responsabilidade do sublocatário disposta no art. 16"[46].

Em Portugal, Inocêncio Galvão Teles reconhece que o subcontrato, que outros também chamam de contrato derivado, é uma figura de utilização frequente a cada passo que se fazem sublocações, subempreitadas, subestabelecimentos com reserva (ou submantados), subconcessões etc. A propósito da sublocação no arrendamento de imóveis, destaca o doutrinador luso que "o subcontrato reveste, em regra, a mesma natureza do contrato-base, como nos exemplos figurados. Assim, o subarrendamento (sublocação relativa a imóveis) é um verdadeiro arrendamento, mas com a particularidade de depender de um arrendamento prévio. O arrendatário ou locatário no primeiro contrato toma, no

---

Ao que nos parece, a controvérsia apontada acima se deve ao fato de estarmos acostumados a atribuir caráter acessório apenas aos contratos de natureza diversa daquela dos principais, como ocorre no caso dos contratos de garantia. Mas o conceito legal (cfr. Art. 58 do CC) e doutrinário, na verdade, não faz essa distinção, apenas exige que o contrato acessório suponha o principal, ou seja, que a existência daquele dependa da existência deste. Ora os contratos derivados pressupõem os principais e sua existência se subordina a este. Como bem assinala ORLANDO GOMES, não são apenas os contratos de garantia, que se consideram acessórios senão todos os que têm como pressuposto outro contrato (op. cit., p. 78)". Cf. SANTOS, Gildo dos Santos. *Locação e Despejo. Comentários à Lei 8.245/91.*6. ed. São Paulo: Ed. RT., 2010, p. 134-135: "Cuidando da classificação do contrato de sublocação, o magistrado-jurista Luís Camargo Pinto de Carvalho diz que, 'se de um lado é verdade que a sua existência pressupõe, inelutavelmente, o de locação, não menos verdadeiro que apresenta características que o afastam dos tipicamente acessórios', concluindo por colocá-lo entre os contratos derivados. Aduz, em seguida, que, 'embora não se conceba, em princípio, a sua existência sem o de locação, na verdade não é acessório deste, visto que a sua existência não influi na execução daquele. No entanto, é indiscutível que dele deriva Comentários à lei de locação de imóveis urbanos. Coord. Juarez de Oliveira. São Paulo: Saraiva, 1992, p. 174)". Cf. PERES, Tatiana Bonatti, REZENDE, Camila Alves. *Lei do inquilinato comentada artigo por artigo: visão atual na doutrina e jurisprudência.* Organização Luiz Antonio Scavone Junior, Tatiana Bonatti Peres. 2. ed. Rio de Janeiro: Forense, 2017, p. 65-67.

45. Locação. Direito de preferência (art. 24 da lei 6649/79). Pretensão manifestada por sublocatária, sem Observância dos pré-requisitos exigido pelo art. 25, par-1. (Inscrição no registro imobiliário). Sendo a sublocação um contrato novo mas não autônomo, que permanece vinculado ao contrato básico, as exigências legais pertinentes a este se estendem aquela (Resp 43.081/SP, rel. Ministro Assis Toledo, Quinta Turma, julgado em 23.03.1994, DJ 11.04.1994, p. 7659).

46. Cf. VENOSA, Sílvio de Salvo. *Lei do Inquilinato Comentada. Doutrina e Prática.* 7. ed. São Paulo: Atlas, 2004, p. 104-105.

segundo, a posição de senhoria ou locador (sublocador) perante o novo contraente, que toma por seu turno a posição de locatário (sublocatário). O contraente que funciona como intermediário – o segundo, na enumeração acima feita – assume assim, nos dois contratos, qualidades contrárias, é num deles arrendatário, e senhoria no outro, ou, respectivamente, empreiteiro e dono da obra, concessionário e concedente etc.".

No que concerne à ligação entre os contratos de locação e de sublocação, Inocêncio Galvão Telles afirma que "o contrato e o subcontrato não estão no mesmo plano, há entre eles uma hierarquia, uma diferenciação de planos, o primeiro é principal e o segundo subordinado, aquele constitui pressuposto deste, de tal modo que o subcontrato segue a sorte do contrato. O subcontrato tem causas próprias de nulidade e de extinção, mas a par dessas tem outras que são o puro reflexo da nulidade ou extinção do contrato-base: se este não possui valor ou cessa, igual destino segue o subcontrato, *accessorium sequitur principale*, não podendo o acessório existir onde não existe o principal. Nesta acessoriedade de um contrato que resulta de nele intervir como parte um dos sujeitos do contrato principal, no exercício de poderes que este lhe confere, nessa acessoriedade está a essência do subcontrato"[47].

Pedro Romano Martinez também sustenta que a sublocação, habitacional e comercial, é uma situação de subcontrato, denominação mais conhecida do contrato derivado, subordinada pela qual "o sublocador, ao abrigo da sua qualidade de locatário, proporciona a terceiro o gozo de uma coisa, mediante retribuição. Na medida em que o subarrendamento consubstancia uma relação arrendatícia de segundo grau, ficam subsistindo duas locações sobrepostas"[48].

Na Itália, Massimo Bianca qualifica a sublocação como sendo um subcontrato, derivado de um contrato em andamento denominado "contrato-base", "reproduz o mesmo tipo de operação econômica do contrato base, mas a parte assume com terceiro o papel inverso ao que ele tem nesse contrato: o locatário que subloca o imóvel torna-se o locador"[49].

Para Carmelo Lazzara, Giorgio Cian e Alberto Trabucchi sustentam que "mesmo sendo, em sua estrutura lógica e em sua fisionomia jurídica, um contrato autônomo comparado ao contrato de locação, a sublocação contraída é intimamente dependente daquele contrato entre o locador e o sublocador; portanto, alguns veem na relação locador-sublocador-sublocatário uma relação trilateral ou consideram duas relações conexas, ainda que a coligação, devido às suas peculiaridades, seja atécnica". A jurisprudência da Corte de Cassação italiana reconhece a sublocação constitui um caso de coligação negocial concluído com vistas ao regulamento único de interesses recíprocos entre dois contratos fixados

---

47. *Cf.* TELLES, Inocêncio Galvão. *Manual dos Contratos em Geral*. Lisboa: Lex, 1965, p. 373-376.

48. *Cf.* MARTINEZ, Pedro Romano. *O subcontrato*. Coimbra: Almedina, 1989, p. 27-32: "Tanto pode haver subarrendamento como subaluguer; este último, porém, sem relevância prática. As situações subcontratuais verificam-se, principalmente, no domínio do arrendamento e, dentro deste, no da locação habitacional e comercial. De entre as hipóteses subcontratuais, a sublocação é a figura paradigmática, e há até quem afirme que ela está na origem do subcontrato. De facto, no subarrendamento encontram-se as características fundamentais do subcontrato, pelo que se tem defendido a aplicação, por via analógica, das regras da sublocação às demais figuras subcontratuais".

49. *Cf.* BIANCA, C. Massimo. *Instituzioni di diritto privato*. Milano: Giuffrè Editore, 2014, p. 493: "In termini generali il subcontrato può esse definito come il contrato mediante il quale una parte reimpiega nei confronti di un terzo la pozione che gli deriva da un contrato in corso, detto contrato base. Il subcontrato riproduce lo stesso tipo di operazione econômica del contrato base ma la parte assume col terzo il ruolo inverso a quello che egli ha in tale contrato: il locatário che subloca l'immobile diviene locatore, (...)".

legislativamente, comportando dependência unilateral do contrato derivado (sublocação) em relação ao fundamental (locação), mas dotado de causa própria[50].

De fato, a sublocação é, em última análise, um novo contrato de locação (art. 14 da Lei 8.245/91) e, portanto, a categoria jurídica é a mesma[51]. Sem embargo, a formação da sublocação tem origem na derivação do contrato de locação[52]. Embora seja um novo contrato, a sublocação não é autônoma precisamente como efeito de uma sucessão constitutiva. Daí a aplicabilidade àquele das exceções oponíveis contra o contrato-base[53]. Portanto, o contrato-base deverá assegurar ao sublocatário não apenas o uso, mas, sobretudo, o gozo para o sublocador faça jus à exploração do imóvel e a percepção dos frutos civis (aluguel) pagos pelo sublocatário (arts. 1.204 e 1.228 do CC c.c. arts. 16 e 21 da Lei 8.245/91)[54].

De acordo com Francesco Messineo, *"la función práctica del contrato derivado ha sido reconocida en la posibilidad, que él mismo permite, del passaje directa de las utilidades – que*

---

50. *Cf.* CIAN Giorgio, TRABUCCHI, Alberto. *Commentario breve al Codice Civile*. Padova: Cedam, 2014, p. 1594: "Pure essendo, nella sua struttura logica e nella sua fisionomia giuridica un contrato autonomo rispetto a quello di locazione, la sublocazione – anche per le regole statuite dall´art. 1595 – è contrato intimamente dipendente da quello fra locatore e subconduttore; per cui taluno vede nel rapporto locatore-sublocatore-conduttore un rapporto trilaterale ovvero considera i due rapporti come collegati anche se il collegamento, per le sue peculiarità, viene definito atenico. (...) In giurisprudenza se afferma che la sublocazione costituisce un caso di collegamento negoziale finalizzato ad un único regolamento di reciproci interessi tra due contratti, legislativamente fissato (e perciò típico: v. C 06/260; C 03/11240), comportante dipendenza unilaterale del contrato derivato da quello fondamentale, ma dotato di propria causa (C 06/260). È stata anche rivelata nella subconduzione la característica del contrato stipulato a favore del terzo, ove per il terzo deve intendersi non colui che acquista il subdiritto di godimento, ma il locatore principale (Grasso, Il subcontrato, 68)".

51. *Cf.* MIRANDA, Pontes. *Locação de Imóveis e Prorrogação*. Campinas: Servanda Editora, 2004, p. 89: "Sublocação é locação. A categoria jurídica é a mesma. Apenas, na expressão, alude ao que ficou, no tempo, abaixo de outrem. O conceito é, pois, mais de cronologia do que de direito. O emprego dele é necessário para se regularem as relações entre locador e locatário, a propósito do uso da coisa locada, ou quanto a eventuais contratos reguladores de interesses entre o locador e o sublocatário. Daí dizer o art. 1º, § 1º, da Lei 1.300, com o fim de afastar interpretações que introduzem, indevidamente, e as houve, distinção entre o contrato de locação do sublocador e o contrato de locação do locador: 'Aplica-se à sublocação o disposto quanto à locação".

52. *Cf.* BULGARELLI, Waldirio. *Contratos Mercantis*. 10. ed. São Paulo: Atlas, 1998, p. 92: "Também é de destacar o chamado subcontrato, ou contrato derivado, que Messineo estuda em conexão com a cessão do contrato. Trata-se de contrato que faz nascer uma figura símile à filiação de um direito em relação a outro direito, chamado direito-filho, em relação ao direito-pai, ou sucessão constitutiva; ou seja, o nascimento de um contrato de conteúdo igual – contrato-filho – ao de outro já constituído e que pode ser chamado de contrato-pai, ou contrato-base. São os casos de sublocação, subarrendamento, subtransporte etc. Nesses tipos de contrato há a possibilidade de ação direta do sublocador, por exemplo, contra o locador".

53. *Cf.* MESSINEO, Francesco. *Doctrina General del Contrato*. Buenos Aires: Ejea, 1986, t. II, p. 247-248: "Típica es, en este sentido, la sublocación que nace de la locación y es una figura prevista por la ley (art. 1595 Cód. Civ. (...) En todos los casos mencionados, una de las partes del contrato-padre (causahabiente) constituye en favor de un segundo contratante (causahabiente mediato) un derecho de naturaliza personal que proviene del derecho atribuído al constituyente por el causante y lo presupone, de tal modo que el contrato hijo depende – como el accesorio del principal – del contrato-padre (arg. Art. 1595) y queda ligado a todas las vicissitudes de este último, en virtud de los princípios reguladores de la adquisición a titulo derivativo; resoluto iuris dantis etc.; nemo plus iuris in alios transfere potest (arg. Art. 1595, tercer inciso) (véase Ad. Xxvii). Por lo tanto, también el derecho derivado o subderecho, si bien puede ser de contenido distinto del derecho-base, deriva y depende de este último; es un derecho nuevo pero no autónomo precisamente como efecto de una sucesión constitutiva. De aquí la aplicabilidad a él de las excepciones oponibles contra el derecho-base".

54. CC, Art. 1.204. Adquire-se a posse desde o momento em que se torna possível o exercício, em nome próprio, de qualquer dos poderes inerentes à propriedade. Art. 1.228. O proprietário tem a faculdade de usar, gozar e dispor da coisa, e o direito de reavê-la do poder de quem quer que injustamente a possua ou detenha. Lei 8.245/91, Art. 16. O sublocatário responde subsidiariamente ao locador pela importância que dever ao sublocador, quando este for demandado e, ainda, pelos aluguéis que se vencerem durante a lide. Art. 21. O aluguel da sublocação não poderá exceder o da locação; nas habitações coletivas multifamiliares, a soma dos aluguéis não poderá ser superior ao dobro do valor da locação. Parágrafo único. O descumprimento deste artigo autoriza o sublocatário a reduzir o aluguel até os limites nele estabelecidos. *Cf.* TEPEDINO, Gustavo. *Comentários ao Código Civil. Volume 14*. São Paulo: Saraiva, 2011, p. 234-235: "A faculdade de usar (*ius utendi*) consiste em dar à coisa a destinação econômica que lhe é própria, isto e, utilizar-se dela sem alteração de sua substância. Assim, por exemplo, o titular usa o imóvel quando o habita, permite que terceiro o faça ou, simplesmente, o mantém em seu poder. (...) O direito de gozar ou usufruir (*ius fruendi*) consiste em extrair benefícios econômicos da coisa, traduzindo-se na percepção, pelo titular, de frutos naturais e civis da coisa, beneficiando-se de seus produtos".

el terceiro debe prestar con su patrimônio – al patrimonio del primer contratante. Pero parece que tal función es, sobre todo, la de permitir que las utilidades (o algunas de éstas) del contrato-padre pasen, por nuevo contrato en el que no es parte aquel que las há atribuído; y, por otro, sin que se extinga el contrato-padre o que se le quite de en médio: más aún, suponiendo que se mantenga en vigor[55]. Conclui Francesco Messineo que a sublocação, como subcontrato que é, é melhor qualificada como um contrato de gozo, enquanto ele representa constantemente um modo de desfrutar a posição contratual do contrato-base"[56].

A ligação do vínculo da acessoriedade, embora seja suficiente para qualificar a relação entre um contrato de uso/gozo (locação e sublocação) e um contrato de garantia (fiança)[57], não é apta, por si só, para compreender melhor e adequadamente o complexo liame de contratos *prima facie* autônomos[58], mas que exigem a sua compreensão da sua conexão funcional[59]. Desta feita, penso que o vínculo (liame) existente entre o contrato de sublocação e o contrato de locação é, por sua vez, melhor explicado pela coligação necessária contratual em virtude interligação funcional e estrutural entre eles[60] imposta

---

55. *Cf.* MESSINEO, Francesco. *Doctrina General del Contrato.* Buenos Aires: Ejea, 1986, t. II, p. 248.
56. *Cf.* MESSINEO, Francesco. *Doctrina General del Contrato.* Buenos Aires: Ejea, 1986, t. II, p. 249.
57. *Cf.* LOPES, Miguel Maria de Serpa. *Curso de Direito Civil. Fontes das Obrigações: Contratos.* 5. ed. Rio de Janeiro: Freitas Bastos, 2001, v. III, p. 59: "Contratos principais e contratos acessórios. Contratos principais são aparelhados de existência autônoma, independente de qualquer outro contrato, ao passo que os acessórios têm a sua vida dependente dos primeiros. Assim, é principal o contrato de locação como acessório é o contrato de fiança, por ser destinado a garantir as obrigações do locatário. Prepondera a regra: *accessorium sequitur naturam sui principalis*".
58. Resolução do contrato. Contratos coligados. Inadimplemento de um deles. Celebrados dois contratos coligados, um principal e outro secundário, o primeiro tendo por objeto um lote com casa de moradia, e o segundo versando sobre dois lotes contíguos, para área de lazer, a falta de pagamento integral do preço desse segundo contrato pode levar à sua resolução, conservando-se o principal, cujo preço foi integralmente pago. Recurso não conhecido. (REsp 337.040/AM, Rel. Ministro Ruy Rosado De Aguiar, Quarta Turma, julgado em 02.05.2002, DJ 01.07.2002, p. 347). *Cf.* MARTINEZ, Pedro Romano. O subcontrato. Coimbra: Almedina, 1989, p. 195: "O contrato base e o subcontrato não se fundem num único contrato; antes pelo contrário, mantêm-se como dois contratos distintos e individualizados. E estes dois negócios não só prosseguem, como regra, uma finalidade económica comum, como, sobretudo, têm identidade de conteúdo e de objeto. Além disso, o contrato derivado encontra-se subordinado ao negócio principal. O subcontrato prossegue, normalmente, a mesma finalidade económica do contrato que está na sua base; pretende-se, ou executar as prestações a que o intermediário ficou adstrito no contrato base (ex: subempreitada), ou aproveitar as vantagens que advêm para o intermediário do contrato principal (ex: sublocação)".
59. Enunciado 421 da V Jornada de Direito Civil do CJF: Os contratos coligados devem ser interpretados segundo os critérios hermenêuticos do Código Civil, em especial os dos arts. 112 e 113, considerada a sua conexão funcional.
60. CC, Art. 421. A liberdade contratual será exercida nos limites da função social do contrato. Enunciado 621 da VII Jornada de Direito Civil do CFJ: Os contratos coligados devem ser interpretados a partir do exame do conjunto das cláusulas contratuais, de forma a privilegiar a finalidade negocial que lhes é comum. Optamos pela expressão "contratos coligados" adotada no sobredito Enunciado 621 da VII Jornada de Direito Civil do CFJ. A propósito das designações adotadas no direito comparado, confira-se, por todos, LEONARDO, Rodrigo Xavier. *Redes Contratuais no Mercado Habitacional.* São Paulo: Ed. RT, 2003, p. 128-129: "O fenômeno de interligação sistemática, funcional e econômica entre contratos estruturalmente diferenciados tem chamado a atenção da doutrina, que, em virtude da amplitude e complexidade do tema, trata do assunto sob diferentes enfoques, com uma terminologia nada uniforme. No direito italiano e no direito português, a interligação funcional e econômica entre contratos estruturalmente diferenciados tem sido tratada sob a expressão contratos coligados. No direito espanhol, privilegia-se a expressão contratos conexos. No direito francês, grupos de contratos; no direito anglo-saxão, contratos ligados (*linked contracts* ou *linked transaction*) ou networks contratuais e, por fim, no direito argentino, a expressão redes contratuais. A despeito da existência de algumas diferenças entre as abordagens feitas nos diversos sistemas jurídicos citados, verifica-se, porém, uma unidade na apreensão do fenômeno a ser estudado: contratos estruturalmente diferenciados, todavia, unidos por um nexo funcional-econômico que implica consequências jurídicas". *Cf.* MARTINEZ, Pedro Romano. O subcontrato. Coimbra: Almedina, 1989, p. 197: "A coligação existente entre estes dois contratos, não resulta diretamente da vontade das partes, pois esta união acha-se ínsita na própria natureza dos negócios em causa, desde que os dois negócios estejam funcionalizados na prossecução do mesmo fim. Há uma dependência natural do subcontrato em relação ao contrato principal que justifica a existência de uma coligação de negócios, independentemente de expressa vontade das partes nesse sentido. Em suma, o subcontrato e o contrato base formam uma coligação unilateral, funcional e necessária. (...) É esta coligação negocial que justifica a existência de relações entre sujeitos que não são parte no mesmo contrato, máxime, o estabelecimento de accções directas entre os extremos da cadeia contratual".

10 • ASPECTOS DO CONTRATO DE SUBLOCAÇÃO DE IMÓVEL URBANO: FUNÇÃO SOCIAL E ECONÔMICA

por lei[61], embora não haja identidade de partes[62]. Em regra, esta interdependência do "conjunto econômico" entre o contrato-base de locação e o subcontrato de sublocação[63] é, *prima facie*, unilateral na medida em que a sublocação dependerá, a rigor, da locação, atribuindo, por exemplo, ao sublocatário a responsabilidade subsidiária perante o locador pela importância que dever ao sublocador, quando este for demandado e, ainda, pelos aluguéis que se vencerem durante a lide (art. 16 da Lei 8.245/91)[64].

---

61. *Cf.* MESSINEO, Francesco. *Doctrina General del Contrato.*. Buenos Aires: Ejea, 1986, t. II, p. 403: "La vinculación entre negociaos o entre contratos deriva, una veces de la ley (vinculación necesaria); otras, de la voluntad de las partes (vinculación voluntaria) y, cuando es voluntaria, la regla es la insensibilidad reciproca de los dos contratos, salvo una voluntad diversa. Además, de negocios vinculados o de contratos vinculados, se puede hablar en dos sentidos, según que se aluda a una vinculación genética o a una vinculación funcional. La primeira (vinculación genética) es aquella por la cual un contrato ejerce un influjo sobre la formación de outro u otros contratos: relación entre contrato preliminar y contrato definitivo; entre contrato preparatório (o entre contrato de coordenación) y contrato derivado del mismo; (...). La vinculación funcional es aquella por la que un contrato adquiere relevância si obra sobre el desarrollo de la relación que nace del outro contrato, sin excluir que la acción pueda ejercerse también en sentido recíproco entre dos contratos principal respecto del contrato accesorio). La vinculación funcional entre contratos se manifiesta especialmente bajo el aspecto de una subordinación, unilateral o recíproca (bilateral), con el efecto de que las vicisitudes de un contrato, condicionando la validez o la ejecución del mismo; y se trata, en tales casos; de subordinación jurídica, mientras puede también presentarse una conexión o subordinación económica entre contratos, la cual, sin embargo, no parece que dé lugar a consecuencias jurídicas de alguna importância".

   Cf. GOMES, Orlando. *Contratos.* 26. ed. Rio de Janeiro: Forense, 2008, p. 122: "A coligação necessária, também chamada genética, é imposta pela lei, como a que existe entre o contrato de transporte aéreo e o de seguro do passageiro".

62. *Cf.* MARINO, Francisco Paulo De Crescenzo. *Contratos Coligados no Direito Brasileiro.* São Paulo: Saraiva, 2009, p. 123: "Ademais, já se criticou a tendência a qualificar hipóteses claras de coligação envolvendo mais de duas partes como contratos únicos trilaterais, sob a bandeira do 'contrato-operação econômica", analisando-se, então, os casos emblemáticos do leasing financeiro e do financiamento de venda para consumo. Lembre-se aqui que o modo mais fiel e congruente de representar a realidade das operações econômicas trilaterais, notadamente quando não há comunhão de escopo (em sentido estrito), é por meio da consideração da existência de uma coligação contratual".

   Cf. KONDER, Carlos Nelson. *Contratos Conexos: Grupos de Contratos, Redes Contratuais e Contratos Coligados.* Rio de Janeiro: Renovar, 2006, p. 245-246: "Antes de adentrar na exemplificação de efeitos da conexão contratual no âmbito da responsabilidade civil, é necessário mencionar a questão dos contratos coligados que não envolvam as mesmas partes. A repercussão da invalidade ou ineficácia de um contrato celebrado entre A e B sobre outro celebrado entre B e C causa justificada inquietação na doutrina. Os contratos conexos com diversidade de partes foram, por algum tempo, negligenciados pelas análises doutrinárias, mas hoje se destacam em virtude dos conflitos decorrentes do confronto com a aplicação do princípio da relatividade dos efeitos do contrato. Como foi observado, em tais casos surge a figura do 'contratante-terceiro', 'parte por equiparação', ou 'simples parte', que é aquele que, posto não figurar parte no sentido estrito oferecido pela análise do negócio isolado, constitui figura jurídica integrante do regulamento de interesses estabelecido por meio dos contratos conexos. Deve-se, contudo, considerar que a diversidade de sujeitos participantes de cada negócio revela-se como uma dificuldade de prova da conexão, mas não impossibilita a sua caracterização, uma vez que a identidade de partes não é um elemento essencial à existência de uma função comum, como já ilustrado em diversos casos apresentados".

   Cf. TEPEDINO, Gustavo, KONDER, Carlos Nelson, BANDEIRA, Paula Greco. *Fundamentos do Direito Civil.* v. 3. Contratos. 2. ed. Rio de Janeiro: Forense, 2021, p. 86-87: "O desafio se torna ainda maior quando há coligação com diversidade de partes, quando os dois contratos vinculados entre si não foram celebrados pelas mesmas partes, como no crédito ao consumo em que a instituição bancária que financia a aquisição não é parte do contrato de compra e venda de bem. Surge aqui a figura do 'contratante terceiro", "simples parte" ou "parte por equiparação". A despeito da incidência do princípio da relatividade dos efeitos do contrato, vem se admitindo de forma ampla a possibilidade de coligação entre contratos com partes distintas, quando houver vinculação funcional entre eles, em concreto, ou interesses merecedores de tutela".

63. *Cf.* GOMES, Orlando. *Contratos.* 26. ed. Rio de Janeiro: Forense, 2008, p. 121-122: "Da coligação de contratos não resulta contrato unitário, como no contrato misto. No entanto, o mecanismo da coligação muito se assemelha ao do contrato misto. A união de contratos apresenta-se, na classificação de Enneccerus, sob três formas: a) união meramente externa; b) união com dependência; c) união alternativa. (...) A união com dependência é a figura que mais se aproxima do contrato misto. (...) A dependência pode ser recíproca ou unilateral. Na primeira forma, dois contratos completos, embora autônomos, condicionam reciprocamente, em sua existência e validade. Cada qual é a causa do outro, formando uma unidade econômica. Enfim, a intenção das partes é que um não exista sem o outro. A coligação dos contratos pode ser necessária ou voluntária. A coligação necessária, também chamada de genética, é imposta pela lei, como a que existe entre o contrato de transporte aéreo e o de seguro do passageiro. Quando decorre da vontade dos interessados, como se verifica ordinariamente, diz-se voluntária. Visto que nessa união de contratos há reciprocidade, os dois se extinguem ao mesmo tempo: a dissolução de um implica a do outro. A união com dependência unilateral verifica-se quando não há reciprocidade. Um só dos contratos é que depende do outro. Tal coligação requer a subordinação de um contrato a outro, na sua existência e validade. Os contratos permanecem, no entanto, individualizados".

64. *Cf.* KONDER, Carlos Nelson. *Contratos Conexos: Grupos de Contratos, Redes Contratuais e Contratos Coligados.* Rio de Janeiro: Renovar, 2006, p. 256-257: "A questão dos contratos conexos que envolvem partes distintas nos diversos negócios

Não obstante, em certas situações jurídicas que asseguraram ao sublocatário uma posição jurídica merecedora de tutela diretamente em face do locador, essa dinâmica contratual será caracterizada por uma dependência bilateral, tais como no exercício dos direitos de preferência e de renovação compulsória na sublocação total (arts. 30 e 51, § 1º da Lei 8.245/91)[65].

Além da coligação "horizontal" (ou em "segundo grau")[66] ao contrato de locação, a sublocação também poderá ser ajustada com outros contratos típicos e/ou atípicos a caracterizar um contrato misto (*v.g.* opção de compra) e/ou, ainda, estabelecer uma nova coligação "vertical" com outros negócios jurídicos (*v.g.* distribuição de combustíveis, franquia, shopping center etc.)[67]. Vejamos alguns exemplos[68].

3.1 Sublocação coligada ao contrato de distribuição de combustíveis

A sublocação pode estar coligada a contrato de distribuição de combustíveis, sendo, portanto, partes o proprietário e/ou possuidor do imóvel (locador), a distribuidora de com-

---

se coloca com mais força no tocante à natureza da responsabilidade decorrente do descumprimento pelo devedor de um deles perante o credor do outro, o que será objeto de exame no próximo item. (...) A propagação da ineficácia de um negócio sobre os demais foi o efeito da conexão contratual que tradicionalmente propiciou maiores discussões doutrinárias, mas o ponto que hoje atrai mais atenção é a questão da responsabilização pelo inadimplemento contratual entre integrantes do grupo de contratos que não sejam partes do mesmo contrato. A proliferação de situações em que a clássica dicotomia entre partes e terceiros não dava conta da regulação dos complexos interesses envolvidos conduziu – especialmente no ordenamento francês – a uma ampliação das hipóteses em que se franqueava ao aparente terceiro a possibilidade de acionar diretamente o devedor inadimplente. Em um processo que inicialmente partia da analogia de hipóteses legais, novas ações diretas entre um aparente terceiro e o devedor foram jurisprudencialmente instituídas".

65. Art. 30. Estando o imóvel sublocado em sua totalidade, caberá a preferência ao sublocatário e, em seguida, ao locatário. Se forem vários os sublocatários, a preferência caberá a todos, em comum, ou a qualquer deles, se um só for o interessado. Art. 51. Nas locações de imóveis destinados ao comércio, o locatário terá direito a renovação do contrato, por igual prazo, desde que, cumulativamente: § 1º O direito assegurado neste artigo poderá ser exercido pelos cessionários ou sucessores da locação; no caso de sublocação total do imóvel, o direito a renovação somente poderá ser exercido pelo sublocatário.

66. *Cf.* MARTINEZ, Pedro Romano. O subcontrato. Coimbra: Almedina, 1989, p. 28: "A sublocação é um contrato subordinado, pelo qual o sublocador, ao abrigo da sua qualidade de locatário, proporciona a terceiro o gozo de uma coisa, mediante retribuição. Na medida em que o subarrendamento consubstancia uma relação arrendatícia de segundo grau, ficam subsistindo duas locações sobrepostas".

67. *Cf.* VASCONCELOS, Pedro Pais. *Contratos Atípicos*. 2. ed. Lisboa: Almedina, 2009, p. 220: "Os contratos mistos devem distinguir-se da união de contratos. Na união de contratos há uma pluralidade de contratos enquanto nos contratos mistos há uma unidade contratual".

68. Essa interface do contrato de locação de imóvel urbano com outros negócios jurídicos por meio da união de contratos e/ou contratos mistos foi sinalizada por MIRANDA, Pontes. *Locação de Imóveis e Prorrogação*. Campinas: Servanda Editora, 2004, p. 63-64: "§11. União de contratos e contratos mistos 1. *Locação, contrato oneroso*. A locação de coisas é contrato oneroso. Daí a diferença, quanto ao comodato. A *mercês* tinha de ser dinheiro; porém o direito comum estendeu o conceito de aluguel, a ponto de só se falar no Código Civil, de "retribuição", que é o mesmo que dizer contraprestação". 2. *União de contratos*. a) A união de contratos pode ser só *externa*; por exemplo, na mesma escritura pública (compra-e-venda do prédio e locação ao vendedor ou promessa de locação). b) A união de contratos pode ser *interna*; por exemplo, locação do prédio por x cruzeiros e sublocação ao locador de um apartamento, descontado do preço x/3. c) A união de contrato pode ser *alternativa*; por *exemplo*, loco o prédio A ao diplomata X, caso ele fique no Brasil a 1º de janeiro, ou o prédio B, se tiver de embarcar, ocupando-o a família. Um dos dois contratos foi concluído. 3. *Contratos mistos*. Contratos mistos são aqueles em que há dois ou mais contratos ligados entre si, sem se poderem separar e sem se dar a simples união interna, figurada em b). As regras principais são as seguintes: I. Cada contrato se rege pelas normas do seu tipo. II. Mas deixam de ser incidentes as normas de cada contrato que se choquem com o fim do contrato misto. Os contratos mistos são: a) *Contratos fundidos*, como se A promete em locação o prédio e B em contraprestação x mil cruzeiros e a "pensão" (comida) em três refeições diárias com preponderância de um. Não há simples *união*, há *mistura* de contratos. B) *Contratos de tipo duplo*, em que se não sabe qual o que prepondera, como o do motorista que serve duas horas por dia para pagar o quarto que alugou por x cruzeiros. Se deixa de trabalhar e paga o x cruzeiros, não há causa para resilição do contrato de locação, se se há de interpretar que, deixando o quarto, o locador desse há de aceitar a pagar dois x cruzeiros pelos serviços. c) *Contratos típicos a prestações típicas de outros contratos* são aqueles em que só há um contrato, posto que a contraprestação de um dos contraentes seja a prestação de outro ou outros tipos de contrato. Exemplo: no caso d), b), *in fine*, se se há de interpretar que o locador do quarto não está obrigado a pagar os x cruzeiros pelos serviços, havendo resilição – ou denúncia – da locação do quarto. Evite-se introduzir o conceito de principal e de acessório, que perturbaria o raciocínio científico".

10 • ASPECTOS DO CONTRATO DE SUBLOCAÇÃO DE IMÓVEL URBANO: FUNÇÃO SOCIAL E ECONÔMICA | 155

bustíveis (sublocadora) e a revendedora de combustíveis (sublocatária). A jurisprudência do Superior Tribunal de Justiça e dos Tribunais inferiores oscilou acerca da sua qualificação jurídica como "contratos complexos", "mistos" ou "atípicas"[69], porém, reconhecendo a preponderância da relação *ex locato*[70] sobre o contrato de distribuição[71].

---

69. *Cf.* MARINO, Francisco Paulo De Crescenzo. *Contratos Coligados no Direito Brasileiro*. São Paulo: Saraiva, 2009, p. 163-171: ""Eis aí, no nosso entender, a verdadeira razão da frequente qualificação das aludidas avenças como "contratos complexos", "mistos"" ou "atípicos" (a terminologia não é uniforme e nem sempre se atém ao conceito técnico de tais figuras), sempre, no entanto, com a afirmação do predomínio do contrato de locação. A qualificação mais adequada parece-nos, entretanto, ser outra. Muito embora os casos julgados não sejam, é preciso reconhecer, absolutamente idênticos, nem haja sempre a providencial transcrição das cláusulas contratuais mais importantes, é lícito afirmar que, na grande maioria das hipóteses, tais contratos são celebrados mediante instrumento único, intitulam-se "contrato de locação", ou "contrato de locação e comodato de equipamentos", e possuem o seguinte conteúdo: (i) a distribuidora dá em locação ao revendedor um posto de serviços e revenda de combustíveis e demais produtos para veículos automotores, previamente instalado; (ii) prevê-se que a locação é destinada ao funcionamento do posto de revenda, que comercializará com exclusividade os combustíveis e demais produtos da marca da locadora, sendo vedada qualquer alteração de sua destinação; (iii) a locatária é autorizada a utilizar no posto de revenda, de modo gratuito, temporário e precário, a marca, o nome comercial e a combinação de cores que são de titularidade da distribuidora; (iv) o aluguel estipulado possui valor fixo ou, o que parece ser mais comum, corresponde a uma fração do valor total das vendas de combustíveis feitas pela distribuidora ao revendedor; (v) há, em muitos casos, determinação expressa de quantidade mínima de combustíveis que deverá ser adquirida da distribuidora por parte do revendedor (quando ausente, esta disposição advém, ao que tudo indica, do próprio relacionamento das partes); (vi) o revendedor obriga-se a: manter o posto de revenda em perfeitas condições de segurança, apresentação, operação e pintura, conforme os padrões definidos pela distribuidora; manter o *layout* próprio dos postos de revenda da distribuidora; somente comercializar produtos fornecidos pela distribuidora; manter o posto de revenda aberto ao público consumidor nos dias e horários previamente determinados no contrato; atender os consumidores por meio de empregados treinados e uniformizados nas cores e padrões da distribuidora; e somente usar as bombas distribuidoras e tanques de armazenagem instalados no imóvel para venda e armazenagem de produtos fornecidos pela distribuidora, de acordo com o disposto nas normas aplicáveis; (vii) eventualmente, há previsão de a possibilidade de que empresa controlada pela locadora conceda, sob regime de franquia, a exploração de outras atividades que, então passarão a integrar o complexo das atividades exercidas nas dependências do posto, *v.g.* loja de conveniências, unidades de troca de óleo, unidade de lavagem de veículos; (viii) normalmente, há estipulação de prazo indeterminado, podendo o contrato ser resilido a qualquer momento, independentemente de justificativa".

70. Locação e processual civil – Contrato firmado entre distribuidora de derivados de petróleo e posto revendedor – Natureza sui generis – Lei 8.245/91 também aplicada – Ilegalidade do contrato em razão de cláusulas leoninas – Impossibilidade de análise em sede de recurso especial – Aplicação da súmula 05/STJ – alínea "c" – Cotejo analítico de um dos julgados colacionados – Ausência – Sublocação na mesma data da locação – Inexistência de vedação – Consequente legitimidade da sublocadora de figurar no polo ativo de ação de despejo. (...) III – A atividade de revenda de combustíveis é essencialmente empresarial, podendo-se dizer que o contrato firmado entre distribuidora de derivados de petróleo e posto revendedor se trata de um contrato de locação sui generis, em que a Lei do Inquilinato rege apenas parte do negócio. (...)VII – Não há que se falar na carência de ação de despejo, pois o art. 14 da Lei Locatícia é claro ao determinar que "aplicam-se às sublocações, no que couber, as disposições relativas às locações". Logo, uma vez cessada a conveniência na manutenção da sublocação pela sublocadora, a ação de despejo de que trata o art. 5° c/c art. 57, ambos da Lei 8.245/91 é a cabível. (...) (EDcl no REsp 440.398/GO, Rel. Ministro Gilson Dipp, Quinta Turma, julgado em 19.05.2005, DJ 13.06.2005, p. 331). Recurso especial. Natureza jurídica do contrato entre distribuidora de combustíveis e "posto de gasolina". Locação. Possibilidade. Lei 8.245/91. Aplicabilidade. Ação de despejo. Adequação. I – O contrato celebrado entre Distribuidora de Combustíveis e "Posto de Gasolina" tem natureza contratual de locação. (...) (REsp 688.280/DF, Rel. Ministro Felix Fischer, Quinta Turma, julgado em 04.08.2005, DJ 26.09.2005, p. 445). Processual civil. Civil. Locação. Agravo regimental no agravo de instrumento. Violação ao art. 535, inc. II, do CPC. Inexistência. Prequestionamento. Ausência. Súmulas 282/STF e 211/STJ. Contrato firmado entre distribuidora de derivados de petróleo e posto revendedor. Natureza contratual de locação. Agravo improvido. (...) 3. O contrato firmado entre distribuidora de derivados de petróleo e posto revendedor tem natureza contratual de locação. Precedentes. (...) (AgRg no Ag 648.206/DF, Rel. Ministro Arnaldo Esteves Lima, Quinta Turma, julgado em 15.12.2005, DJ 10.04.2006, p. 270). Recurso especial. Civil. Locação. Natureza jurídica do contrato celebrado entre distribuidora de combustíveis e posto de abastecimento de veículo. Contrato de locação. Aplicação da lei 8.245/91. Ação de despejo. Instrumento adequado. Precedentes. Recurso especial parcialmente provido. (...) 4. O contrato celebrado entre empresa distribuidora de combustíveis e posto de abastecimento de automóveis, em que há pactos adjacentes ao aluguel do imóvel onde se desenvolverá a atividade comercial, possui natureza jurídica de locação, de modo que as relações negociais decorrentes dessa avença serão regidas pela Lei 8.245/91. Precedentes. (...) (REsp 839.147/PR, Rel. Ministra MARIA THEREZA DE ASSIS MOURA, SEXTA TURMA, julgado em 23.06.2009, DJe 03.08.2009).

71. Sobre o contrato de distribuição e a sua distinção de outras figuras contratuais (representação comercial, contrato de sociedade/contrato plurilateral, contrato de fornecimento, contrato de franquia, contrato de comissão mercantil, contrato estimatório), consulte-se, por todos, FORGIONI, Paula A. *Contrato de Distribuição*. São Paulo: Ed. RT, 2005, p. 94-116:

FREDERICO PRICE GRECHI

Com razão Francisco Paulo De Crescenzo Marino ao afirmar que a relação de dependência entre os contratos de locação/sublocação e de distribuição de coligação voluntária implícita, forte nos seguintes argumentos:

"Ora, parece inviável reconduzir todas as prestações elencadas a um único tipo contratual. E mais, Surge nítido, ao lado da cessão onerosa de uso e gozo do imóvel destinado a abrigar o posto de revenda, um autêntico contrato de distribuição. O contrato de distribuição, antes mesmo de vir previsto, juntamente com a agência, nos arts. 710 a 721 do Código Civil, já era socialmente típico, sendo o seu objeto definido como atividade de 'revenda de produtos, mercadorias ou artigos que [o distribuidor] compra ao fabricante e distribui com exclusividade, comercializando-os em certa zona, região ou área'. Daí afirmar-se que a 'causa do contrato' é, justamente, 'a venda ao concessionário para que este revenda as unidades compradas'. Fazendo uso dos critérios para distinguir contratos coligados de contratos únicos, aqui entra em jogo o limite dos tipos de referência. A pluralidade contratual impõe-se pelo fato de que o contrato de locação não parece suficientemente flexível a ponto de absorver o contrato de distribuição. Por outro lado, o contrato que tem por base a cessão onerosa de uso e gozo do imóvel destinado a abrigar o posto de revenda qualifica-se, efetivamente, como locação. Esta qualificação advém da compatibilidade com o regime jurídico previsto na Lei do inquilinato, bem como do próprio respeito à vontade das partes, que estruturaram a operação sob a forma de (também) contrato de locação. Ausente fraude, simulação ou abuso do poder contratual, dever-se-á respeitar a escolha das partes. O que não significa, como já dito, que o seu regime jurídico típico seja sempre aplicável. Por outro lado, tal como assentado em diversos acórdãos, a finalidade das partes é, em última análise, distribuir os combustíveis e demais produtos da locadora por meio de posto de revenda em imóvel por ela locado ao revendedor. Evidente, portanto, a vontade de estabelecer relação de dependência entre os contratos de locação e de distribuição. Tem-se, portanto, coligação 'voluntária' implícita, formada por contrato de distribuição de combustíveis e contrato de locação de imóvel destinado a abrigar o posto de revenda. Afigura-se possível, ademais, diante da recorrência dos casos, interpretar estes contratos coligados de modo típico. Contudo, não se pode descartar a possibilidade de haver circunstâncias especiais nos casos concretos"[72].

3.2   Sublocação coligada ao contrato de franquia

A sublocação também pode estar coligada ao contrato de franquia, disciplinado, incialmente, pela Lei 8.955, de 15 de dezembro de 1994, a qual foi recentemente revogada pela Lei 13.966, de 26 de dezembro de 2019. Na vigência da Lei 8.955/1994, a locação e/ou sublocação do ponto comercial[73] não é um elemento essencial do sistema da franquia empresarial (art. 2º)[74], mencionando *en passant* a disponibilização da informação na cir-

---

"Chegou o momento de aceitar, no Brasil, uma nova definição de contrato de distribuição ou de concessão comercial, que saliente suas características essenciais, consagrando o negócio que a prática e a jurisprudência consolidaram. A doutrina de Champaud é e sempre será de grande valia, mas a realidade dos contratos de distribuição dos últimos quarenta anos autoriza-nos a delinear a figura diversamente, da seguinte maneira: contrato bilateral, sinalagmático, atípico e misto, de longa duração, que encerra um acordo vertical, pelo qual um agente econômico (fornecedor) obriga-se ao fornecimento de certos bens ou serviços a outro agente econômico (distribuidor), para que este os revenda, tendo como proveito econômico a diferença entre o preço de aquisição e de revenda e assumindo obrigações voltadas à satisfação das exigências do sistema de distribuição do qual participa".

72.   *Cf.* MARINO, Francisco Paulo De Crescenzo. *Contratos Coligados no Direito Brasileiro.* São Paulo: Saraiva, 2009, p. 171-172.

73.   *Cf.* COELHO, Fábio Ulhoa. *Curso de Direito Comercial.* São Paulo: Saraiva, 2002, v. 1, p. 102-103: "O ponto – também chamado de 'propriedade comercial' – é o local em que o empresário se estabelece. É um dos fatores decisivos para o sucesso do seu empreendimento. Por essa razão, o interesse voltado à permanência no ponto é prestigiado pelo direito. (...) Proponho denominar-se direito de inerência ao ponto o interesse, juridicamente protegido, do empresário relativo à permanência de sua atividade no local onde se encontra estabelecido. (...) Quando o empresário é o proprietário do imóvel em que se estabeleceu, o seu direito de inerência ao ponto é assegurado pelo direito de propriedade de que é titular. Quando, entretanto, ele não é o proprietário, mas o locatário [ou sublocatário] do prédio em que se situa o estabelecimento, a proteção do seu direito de inerência ao ponto decorre de uma disciplina específica de certos contratos de locação não residencial que assegura, dadas algumas condições, a prorrogação compulsória".

74.   Art. 2º Franquia empresarial é o sistema pelo qual um franqueador cede ao franqueado o direito de uso de marca ou patente, associado ao direito de distribuição exclusiva ou semiexclusiva de produtos ou serviços e, eventualmente, também ao direito de uso de tecnologia de implantação e administração de negócio ou sistema operacional desenvolvidos ou detidos pelo franqueador, mediante remuneração direta ou indireta, sem que, no entanto, fique caracterizado vínculo

cular de oferta de franquia de valor pago pelo franqueado ao franqueador ou a terceiros por este indicado a título de aluguel de ponto comercial (art. 3º, VIII, b)[75]. Pode-se dizer que a previsão na Lei 8.955/94 da locação e/ou da sublocação quando vinculada voluntariamente ao contrato de franquia celebrado entre as partes revela-se *prima facie* como um elemento acidental da operação[76].

Entretanto, em virtude da importância da escolha do ponto empresarial[77] pelo franqueador para operação de franquia do franqueado, tornou-se prática corrente a sua vinculação voluntária ao contrato de locação e/ou sublocação[78].

Nesse contexto, o sublocador, na qualidade de franqueador, celebra contrato de sublocação com o sublocatário, na qualidade de franqueado, cedendo-lhe o uso do imóvel (ponto comercial) no qual exerceria a sua atividade empresarial[79].

---

empregatício. Na doutrina sobre as cláusulas essenciais e acessórias, confira-se MARTINS, Fran. *Contratos e Obrigações Comerciais*. 16. ed. Rio de Janeiro: Forense, 2010, p. 439-449; BITTAR, Carlos Alberto. *Contratos Comerciais*. 4. ed. Rio de Janeiro: Forense Universitária, 2005, p. 207-212; COELHO, Fábio Ulhoa. *Curso de Direito Comercial*. São Paulo: Saraiva, 2002, v. 1, p. 125-133.

75. Art. 3º Sempre que o franqueador tiver interesse na implantação de sistema de franquia empresarial, deverá fornecer ao interessado em tornar-se franqueado uma circular de oferta de franquia, por escrito e em linguagem clara e acessível, contendo obrigatoriamente as seguintes informações: VIII – informações claras quanto a taxas periódicas e outros valores a serem pagos pelo franqueado ao franqueador ou a terceiros por este indicados, detalhando as respectivas bases de cálculo e o que as mesmas remuneram ou o fim a que se destinam, indicando, especificamente, o seguinte: b) aluguel de equipamentos ou ponto comercial;

76. *Cf.* TELLES, Inocêncio Galvão. *Manual dos Contratos em Geral*. Lisboa: Lex, 1965, p. 215: "Os elementos acidentais (*accidentalia negotti*), chamados corretamente cláusulas acessórias, não fazem parte do conteúdo necessário nem do conteúdo normal do contrato. A lei não os exige, nem sequer os introduz por meio de normas injuntivas ou dispositivas. Quando muito, prevê-os e regula-os, mas para que do acordo fiquem a fazer parte é necessário que os contraentes assim o determinem. Estes elementos são extremamente variáveis. Por eles os sujeitos completam, e ajustam melhor às suas necessidades e conveniências, a regulamentação necessária ou normal constante dos *essentialia* ou dos *naturalia negotii*; ou modificam a segunda, afastando-se do modelo oferecido pelo legislador. De qualquer modo, imprimem ao seu contrato um cunho peculiar, que o diferencia dos outros do mesmo tipo".

77. *Cf.* COELHO, Fábio Ulhoa. *Curso de Direito Comercial*. São Paulo: Saraiva, 2002, v. 1, p. 102-103: "Não apenas porque a mudança do estabelecimento empresarial costuma trazer transtornos, despesas, suspensão da atividade, perda de tempo, mas principalmente porque pode acarretar prejuízos ou redução de faturamento em função da nova localização, o empresário tem interesse em manter o seu negócio no local em que se encontra. Claro que, por vezes, a mudança pode se revelar um fato de crescimento da atividade econômica explorada, mas isto cabe ao empresário dimensionar. Se ele considera mais útil ao seu negócio permanecer no local em que se encontra estabelecido, este seu interesse é legítimo e goza de tutela jurídica".

78. *Cf.* PEREIRA, André Luis Soares. *Franquia: 100% Varejo & Serviços*. Rio de Janeiro: Outras Letras, 2006, p. 88-89 e 142-143: "A etapa de seleção do ponto é uma das mais significativas no processo de implantação de uma nova unidade de franquia. Em muitas situações, o ponto comercial pode representar o sucesso ou o fracasso de um negócio. (...) O ponto comercial precisa ser analisado, também, com relação à localização, dimensões e especificações, aparência e acesso, bem como no que diz respeito a valores e condições comerciais e aspectos legais. (...) Elaborar um resumo do local, sintetizando as principais vantagens e desvantagens, em ordem de prioridade, considerando as características próprias do negócio. Um fator que deve ser cuidadosamente avaliado é se o ponto escolhido é adequado ao tipo de negócio: trata-se de produto de conveniência, de compra comparada ou de uma especialidade? (...) Cada contrato de franquia tem a sua individualidade, que refletirá a operação e a relação específica de determinada empresa. Apesar da multiplicidade de opções, algumas cláusulas no contrato de franquia são imprescindíveis em todas as operações, tais como: objeto da franquia, concessão de direitos de propriedade intelectual e industrial, território de atuação do franqueado, obrigações pecuniárias das partes, prazo da concessão da franquia, direito e obrigações do franqueador e franqueado, causas e consequências da rescisão, a sucessão das partes, hipóteses e consequências da cessão ou transferência da franquia, confidencialidade. (...) No caso de haver simultaneamente o contrato de franquia e o contrato de locação, é de suma importância a compatibilidade entre os prazos contratuais para o resguardo do negócio".

79. *Cf.* MARINO, Francisco Paulo De Crescenzo. *Contratos Coligados no Direito Brasileiro*. São Paulo: Saraiva, 2009, p. 172-175: "Em diversas oportunidades, os tribunais paulistas manifestaram-se a respeito de litígios envolvendo a franqueadora de uma grande rede de lanchonetes e seus franqueados. Além do contrato de franquia propriamente dito, as partes haviam celebrado, em instrumento separado, contrato de locação ou de sublocação, pelo qual a franqueadora cedia ao franqueado o imóvel no qual funcionaria o restaurante objeto da franquia. Tais litígios envolviam diversas questões, dentre elas o valor do aluguel cobrado e outras cláusulas do contrato de franquia, cuja revisão os franqueados passaram a pleitear, bem como a possibilidade de a franqueadora despejar o franqueado. (...). A qualificação atribuída pelo Tribunal de Justiça do

A nova Lei 13.966/2019 prevê norma específica (art. 3º)[80] acerca (*i*) das condições e da legitimidade para a renovação do contrato de locação pelos franqueador (sublocador) e pelo franqueado (sublocatário) e (*ii*) da estipulação do valor do aluguel a ser pago pelo franqueado (sublocatário) ao franqueador nas sublocações integrantes da operação de franquia. Bem por isso, pode-se dizer que a previsão no novel diploma da locação e/ou da sublocação quando voluntariamente vinculada ao contrato de franquia celebrado entre as partes identifica-se como um elemento acidental da operação[81], porém, aqui, lhe foi conferida uma imperatividade (norma cogente) ao conteúdo do enunciado normativo, sugerindo, assim, uma específica categoria do elemento natural de conteúdo rígido, isto é, não flexível, já que não se admite a modificação pelas partes para atender as suas conveniências e/ou necessidades específicas.

3.3 Sublocação coligada ao contrato de locação *shopping center*

Admite-se, ainda, a sublocação no negócio jurídico *shopping center*[82] (arts. 14, 52, § 2º, e 54 da Lei 8.245/91)[83], caracterizado pelas relações jurídicas entre o empreendedor (lo-

---

Estado de São Paulo merece ser compartilhada. Como já se viu por ocasião da coligação entre contratos de locação e de distribuição de combustíveis, também aqui a clara existência de dois tipos contratuais distintos impede o reconhecimento de um único contrato. Do mesmo modo, parece defensável a consideração de que a locação possui natureza acessória com relação ao contrato de franquia; no entanto, é preciso certa cautela, pois as partes podem, excepcionalmente, estipular que o contrato acessório também exerce influência sobre o principal".

80. Art. 3º Nos casos em que o franqueador subloque ao franqueado o ponto comercial onde se acha instalada a franquia, qualquer uma das partes terá legitimidade para propor a renovação do contrato de locação do imóvel, vedada a exclusão de qualquer uma delas do contrato de locação e de sublocação por ocasião da sua renovação ou prorrogação, salvo nos casos de inadimplência dos respectivos contratos ou do contrato de franquia. Parágrafo único. O valor do aluguel a ser pago pelo franqueado ao franqueador, nas sublocações de que trata o caput, poderá ser superior ao valor que o franqueador paga ao proprietário do imóvel na locação originária do ponto comercial, desde que: I – essa possibilidade esteja expressa e clara na Circular de Oferta de Franquia e no contrato; e II – o valor pago a maior ao franqueador na sublocação não implique excessiva onerosidade ao franqueado, garantida a manutenção do equilíbrio econômico-financeiro da sublocação na vigência do contrato de franquia.

81. Não se trata de elemento essencial ou, ainda, de elemento natural do sistema de franquia empresarial. *Cf.* TELLES, Inocêncio Galvão. *Manual dos Contratos em Geral*. Lisboa: Lex, 1965, p. 212-214: "Os elementos essenciais ou *essentialia negotii* formam o núcleo fundamental do contrato. São indispensáveis. Está neles a essência do acordo. Note-se certa propensão para identificar os elementos essenciais com os específicos, mas bem vistas as coisas a identificação não se pode fazer, porque há alguns elementos que a lei imperativamente estabelece, e portanto são essenciais, sem que propriamente especifiquem ou caracterizem o contrato. (...) Os elementos naturais (*naturalia negotii*) chamam-se assim porque a lei os reputa conformes com a natureza do contrato, mas não indispensáveis para a sua existência material e validade jurídica. Por isso, estabelece-os em normas supletivas, destinadas, como o nome o diz, a suprir a declaração das partes. (...) Querendo os estipulantes aceitar o disposto nas normas supletivas, não se lhes torna necessário regular as matérias de que se ocupam estas normas: seria pura repetição. (...) As normas supletivas constituem uma categoria (a mais importante) das normas dispositivas. Supõem uma lacuna ou omissão no conteúdo do contrato como este saiu das mãos dos contraentes. A sua aplicação depende das partes, que podem evitá-la, prevendo o caso e sujeitando-o a regulamentação diversa da legal. São regras derrogáveis, à mercê ou disposição dos interessados; mas, se estes as não derrogarem, a sua doutrina integra-se no contrato, torna-se em cada caso contratual, e, nessa qualidade, obrigatória, apenas sendo possível afastá-la de futuro pela renúncia aos direitos dela derivados, feita pelo titular respectivo".

82. É preciso distinguir os contratos e relações jurídicas para exploração do shopping center daqueles que dizem respeito à constituição do empreendimento, conforme, por todos, BITTAR, Carlos Alberto. *Contratos Comerciais*. 4. ed. Rio de Janeiro: Forense Universitária, 2005, p. 183: "O contrato de constituição de shopping center é de natureza complexa, envolvendo construção e planejamento do conjunto, das unidades e das áreas de estacionamento, de lazer e de uso comum; regime de distribuição de cotas e de participação nos resultados do empreendimento; sistema de administração e de fiscalização do conjunto e rateio das despesas e outras tantas operações que o mix de atividades e de negócios exige, como as de locação de unidades e de espaços úteis, de decoração, de segurança e de limpeza. Daí decorrem os diferentes outros ajustes que compõem o conjunto das relações possíveis em seu contexto".

83. Art. 14. Aplicam-se às sublocações, no que couber, as disposições relativas às locações. Art. 52. O locador não estará obrigado a renovar o contrato se: II – o imóvel vier a ser utilizado por ele próprio ou para transferência de fundo de comércio existente há mais de um ano, sendo detentor da maioria do capital o locador, seu cônjuge, ascendente ou descendente. § 2º Nas locações de espaço em *shopping centers*, o locador não poderá recusar a renovação do contrato com fundamento no inciso II deste artigo. Art. 54. Nas relações entre lojistas e empreendedores de *shopping center*, prevalecerão as condições

10 • ASPECTOS DO CONTRATO DE SUBLOCAÇÃO DE IMÓVEL URBANO: FUNÇÃO SOCIAL E ECONÔMICA

cador), lojista indireto (sublocador) e lojista direto (sublocatário)[84], divergindo a doutrina acerca da natureza jurídica do vínculo estabelecido entre o empreendedor e os lojistas[85].

Perfilhamos a insuperável lição do Professor Ricardo Pereira Lira que identifica a coligação contratual no negócio jurídico shopping center entre o empreendedor e o lojista:

> "No negócio jurídico shopping center, devem estar presentes, inevitavelmente, o contrato, hoje caracterizado pelo ordenamento como instituidor de uma relação *ex locato*, entre o empreendedor e o lojista, tendo por objeto a ocupação remunerada da loja; a avença entre o empreendedor e o lojista disciplinando as condições gerais da participação no empreendimento; o contrato de associação entre os lojistas, com a intervenção do empreendedor, e a relação jurídica de direito real consubstanciando a dominialidade do empreendedor sobre as lojas e os *malls* do empreendimento. (...). Tais contratos e relações são coligados, nascem para viver juntos, de tal forma que o inadimplemento ocorrido em um deles justifica a rescisão dos demais, com a exceção do mencionado contrato de administração, que não é da essência do negócio, por isso que dita administração pode ser exercida pessoalmente pelo desenvolvedor"[86].

---

livremente pactuadas nos contratos de locação respectivos e as disposições procedimentais previstas nesta lei. § 1º O empreendedor não poderá cobrar do locatário em *shopping center*: a) as despesas referidas nas alíneas *a*, *b* e *d* do parágrafo único do art. 22; e b) as despesas com obras ou substituições de equipamentos, que impliquem modificar o projeto ou o memorial descritivo da data do habite – se e obras de paisagismo nas partes de uso comum. § 2º As despesas cobradas do locatário devem ser previstas em orçamento, salvo casos de urgência ou força maior, devidamente demonstradas, podendo o locatário, a cada sessenta dias, por si ou entidade de classe exigir a comprovação das mesmas.

84. Civil. Locação. Fiança. Outorga uxória. Ausência. Nulidade integral do ato. Interpretação restritiva. Art. 483, inciso iii, CC/1916. Precedentes. I – O entendimento deste Superior Tribunal de Justiça é pacífico no sentido que a ausência da outorga uxória nulifica integralmente o pacto de fiança. II – O contrato de fiança não admite interpretação extensiva, consoante determinava o art. 1483 do Código Civil de 1916. Com base nessa premissa, inclinou-se a jurisprudência no sentido de que o fiador não responde pelos aditamentos ao contrato original a que não tenha anuído. Recurso parcialmente provido. (...) *"Restou incontroverso que os Embargantes assumiram, na qualidade de diretores da pessoa jurídica e fiadores, a responsabilidade pela locação objeto do contrato de sublocação de espaço comercial no Rio Off-Price Shopping Center, que se encontra à fl. 08/23 dos autos em apenso, tendo a 2ª Embargante, esposa do 1º Embargante subscrito o mesmo. Todavia, em 21 de dezembro de 1994, foi celebrado o instrumento de re-ratificação do contrato de sublocação, no qual a 2ª Embargante, sua esposa, não firmou o mesmo, não obstante ter subscrito o aditamento e re-ratificação das normas gerais de locação, administração, funcionamento e fiscalização do Shopping Center às fls. 27/61" (fl. 92). "Realmente, os Embargantes, ora apelados, firmaram o contrato de sublocação de fls. 8/23, na qualidade de diretores da pessoa jurídica da locatária e, também, como fiadores, no dia 24 de junho de 1994, na mesma data assinaram o aditamento e re-ratificação das normas gerais de locação (fls. 27/61), porém, no instrumento de re-ratificação do mesmo contrato assinado no dia 21 de dezembro de 1994 não consta a assinatura da 2ª Embargante. Assim, tendo os Embargantes assinado o contrato de sublocação não só na qualidade de diretores da sociedade e, também, como fiadores, não podem pretender se exonerar de pagar os encargos da locação" (fls. 93/94). Como se vê, o cônjuge virago anuiu à fiança prestada no contrato de sublocação, contudo, o mesmo não ocorreu quando celebrado a sua re-ratificação. O contrato de fiança não admite interpretação extensiva, consoante determinava o art. 1483 do Código Civil de 1916. Com base nessa premissa, inclinou-se a jurisprudência no sentido de que o fiador não responde pelos aditamentos ao contrato original a que não tenha anuído. (...)* (STJ, REsp 619.814/RJ, Rel. Ministro Felix Fischer, Quinta Turma, julgado em 28.04.2004, DJ 21.06.2004, p. 251).

85. *Cf.* COELHO, Fábio Ulhoa. *Curso de Direito Comercial.* São Paulo: Saraiva, 2002, v. 1. p. 114: "É de tal forma especialíssima a situação do shopping center e o lojista, que alguns doutrinadores põem em questão a sua natureza. Orlando Gomes, por exemplo, considera-o um contrato atípico misto, no que é seguido por Alfredo Buzaid (revendo anterior entendimento sobre o assunto), Fernando Albino e Nascimento Franco, entre outros. Rubens Requião, a seu turno, vê na relação jurídica entre o empreendedor e o lojista uma coligação de contratos, entre os quais o de locação. Há, inclusive, sugestões de denominação específica para este tipo de vínculo: contrato de estabelecimento (Alfredo Buzaid) ou de centro comercial (Villaça Azevedo). A lei, entretanto, prestigia o entendimento de parte da doutrina que considera de natureza locatícia a relação jurídica entre o empreendedor do shopping center e o empresário que nele se estabeleça. Autores como Washington de Barros Monteiro, Caio Mario da Silva Pereira e Modesto Carvalhosa, embora admitam a existência de aspectos muito específicos na relação contratual em foco, não os consideram suficientes à descaracterização da natureza locatícia (cf. em Arruda-Lobo, 1984, e Pinto-Oliveira, 1991)".

86. *Cf.* LIRA, Ricardo Pereira. *Shopping Centers.* Revista Trimestral de Direito Civil. Volume I, Rio de Janeiro: Renovar, 2000, p. 241; BASILIO, João Augusto. *Shopping Centers.* Rio de Janeiro: Renovar, 2005, p. 32-33: "Após longa reflexão sobre as correntes acima apresentadas, parece-nos mais acertada a que classifica os vários pactos celebrados entre empreendedores e lojistas de shopping center como sendo contratos coligados. Discordamos, inicialmente, dos que sustentam que após o advento da Lei 8.245/91, Lei de Locações Prediais Urbanas, a discussão acerca da natureza jurídica dos contratos de shopping center tenha perdido o sentido em razão de o legislador ter determinado, nos artigos 52 e 54 da referida lei, que tal relação é de locação. O legislador, ao tratar dessa matéria, focalizou somente a regulamentação de um dos contratos celebrados entre as partes contratantes, que é o que regula a ocupação remunerada de espaço em shopping, deixando

No caso de sublocação em *shopping center*, reputamos que exsurgem duas coligações contratuais, *(i)* a primeira coligação contratual voluntária no tocante ao contrato-base de locação entre empreendedor, lojista indireto e lojista direto (coligação em primeiro grau ou horizontal) e *(ii)* a segunda coligação contratual voluntária no tocante aos demais contratos (*v.g.* escritura declaratória de normas gerais, regimento interno e a adesão compulsória à associação de lojistas do empreendimento) e o contrato-base do qual derivou a sublocação, albergando, portanto, o sublocatário-lojista direto que sujeita-se aos direitos e obrigações neles previstos[87].

3.4 Sublocação coligada à locação no contrato de construção ajustada (*built to suit*)

A Lei 12.744, de 19 de dezembro de 2012, introduziu a locação nos contratos de construção ajustada (*built to suit*), com a consequente alteração do art. 4º e acréscimo do art. 54-A à Lei 8.245/91[88].

---

simplesmente de fora do texto normativo em questão os outros instrumentos contratuais celebrados entre empreendedores e lojistas juntamente com o de locação, tais como a escritura declaratória de normas gerais e a adesão compulsória à associação de lojistas do empreendimento, entre outros. Assim, embora o legislador tenha definido a natureza jurídica de apenas um (talvez o mais importante) dos contratos celebrados entre empreendedores e lojistas de shopping center como sendo locação, não se pode deixar de mencionar que estão presentes no negócio jurídico shopping center inúmeros outros contratos não abrangidos pela tímida regulamentação legal realizada pelo legislador de 1991, fazendo com que a simples determinação legal de se tratar de mera locação não possa ser aceita. Ao que parece, a Lei 8.245/91 se preocupou em regular apenas um dos contratos que formam o negócio jurídico nos centros modernos de mercancia chamados shopping centers. Cabe, assim, a seguinte indagação: é possível a solução de algum conflito existente entre o empreendedor e lojista que envolva a adesão compulsória deste último junto à associação de lojista do shopping, mediante a aplicação da Lei 8.245/91? A resposta é negativa. Dessa forma, é certo que a franciscana menção feita pela Lei 8.245/91 aos contratos de locação em shopping centers não teve o condão de pôr uma pá de cal nas eternas discussões acerca da natureza jurídica da ocupação remunerada nos centros de comércio. Por outro lado, não se pode concordar com os defensores da teoria da locação com peculiaridades, entre eles, Caio Mário da Silva Pereira e Washington de Barros Monteiro, haja vista que as ditas 'peculiaridades', na verdade, ou são prestações que de certa forma transbordam a obrigação de dar existente na locação, como por exemplo a chamada fiscalização de 'boca de caixa', ou fazem parte de instrumentos contratuais distintos da locação, que se conservam dela separados, unidos apenas por avenças que os tornam ligados através de um fio imaginário, onde o inadimplemento ocorrido em um deles possibilita a rescisão dos demais, denominados pela doutrina de contratos coligados. (...) De tudo quanto foi dito acima, parece que a caracterização mais adequada dos vários instrumentos contratuais entre empreendedores e lojistas de shopping center é a de contratos coligados com dependência unilateral – da locação dependem a escritura declaratória de normas gerais; o regimento interno e a associação de lojistas – e voluntária. Concluindo-se, dessa forma, que os vários pactos celebrados entre empreendedores e lojistas em shopping centers são contratos coligados, mister se faz abordar o problema ao direito aplicável a tais instrumentos".

87. Agravo interno no agravo em recurso especial. Ação declaratória de inexigibilidade de crédito. Contrato de sublocação de loja de uso comercial. Danos materiais. Omissão. Não ocorrência. Descumprimento contratual. Obrigação de organização adequada de shopping center. Violação do princípio da boa-fé. Súmulas 5 e 7/STJ. Recurso não provido. (...). 2. O Tribunal de origem, com fundamento nas provas documentais e pericial produzidas nos autos, *concluiu que a recorrente não cumpriu com as obrigações contratuais relativas à organização adequada do empreendimento comercial (shopping center) e a entrega da infraestrutura necessária em boas condições, sendo devida indenização por danos materiais à recorrida*. 3. A modificação do entendimento lançado no v. acórdão recorrido, no tocante à comprovação da responsabilidade da recorrente pelos prejuízos causados à recorrida, demandaria o revolvimento do suporte fático-probatório dos autos, providência inviável em sede de recurso especial, a teor do que dispõe a Súmula 7 deste Pretório. (...) (STJ, AgInt no AREsp 1410479/SP, Rel. Ministro Raul Araújo, Quarta Turma, julgado em 21.05.2019, DJe 05.06.2019).

88. Art. 4º Durante o prazo estipulado para a duração do contrato, não poderá o locador reaver o imóvel alugado. Com exceção ao que estipula o § 2º do art. 54-A, o locatário, todavia, poderá devolvê-lo, pagando a multa pactuada, proporcional ao período de cumprimento do contrato, ou, na sua falta, a que for judicialmente estipulada. Parágrafo único. O locatário ficará dispensado da multa se a devolução do imóvel decorrer de transferência, pelo seu empregador, privado ou público, para prestar serviços em localidades diversas daquela do início do contrato, e se notificar, por escrito, o locador com prazo de, no mínimo, trinta dias de antecedência. Art. 54-A. Na locação não residencial de imóvel urbano na qual o locador procede à prévia aquisição, construção ou substancial reforma, por si mesmo ou por terceiros, do imóvel então especificado pelo pretendente à locação, a fim de que seja a este locado por prazo determinado, prevalecerão as condições livremente pactuadas no contrato respectivo e as disposições procedimentais previstas nesta Lei. § 1º Poderá ser convencionada a renúncia ao direito de revisão do valor dos aluguéis durante o prazo de vigência do contrato de locação. § 2º Em caso de

Nas palavras do Professor Sylvio Capanema, "no contrato de 'built to suit', o investidor, pessoa natural ou jurídica, mas, geralmente, fundos de investimentos imobiliários, se dispõe a construir um imóvel, por encomenda de terceiro, que promete aluga-lo, por tempo determinado e aluguel já avençado, tão logo lhe seja entregue, com o respectivo 'habite-se'. (...) Também procurou a lei ampliar o seu campo de incidência, não se limitando à hipótese de construção nova, referindo-se, ainda, à reforma substancial de um prédio já existente. É o que ocorre na retrofitagem em que se reforma um imóvel decadente, ou que precisa de reparos de vulto, para modernizar suas instalações e adaptá-lo a uma nova atividade empresarial"[89].

A "locação no contrato de construção ajustada" será firmada entre o investidor, futuro locador e em regra proprietário do imóvel, e o futuro locatário, para o qual "o grande atrativo desse contrato é o de obter uma sede ou um espaço físico, adequado às suas necessidades, e por ele especificado, sem precisar descapitalizar-se, com a aquisição de terreno ou com a construção. Ele receberá o imóvel pronto para nele se estabelecer. Já para o investidor, e futuro locador, o interesse é o de garantir uma rentabilidade para o capital investido, representado pela percepção dos aluguéis, durante todo o tempo do contrato"[90]. Neste caso, pode-se dizer que se trata de locação no contrato de construção ajustada "em primeiro grau", ou seja, o investidor é o próprio futuro locador e o interessado no uso é o futuro locatário.

Não obstante, o investidor poderá não ser necessariamente o proprietário do futuro imóvel indicado pela empresa interessada no seu uso e ocupação ajustados[91], de tal sorte que o subcontrato de sublocação permitirá ao investidor a concretizar a operação de *built to suit* junto à empresa interessada. Obviamente, as acessões e benfeitorias úteis e voluptuárias realizadas pelo investidor para adequação do imóvel devem ser autorizadas pelo locador proprietário do imóvel e por convenção das partes também poderão ser indenizáveis mediante, por exemplo, redução e/ou compensação e/ou escalonamento do aluguel da locação ou, ainda, alongamento do prazo contratual (arts. 35 e 36 da Lei 8.245/91)[92], a

---

denúncia antecipada do vínculo locatício pelo locatário, compromete-se este a cumprir a multa convencionada, que não excederá, porém, a soma dos valores dos aluguéis a receber até o termo final da locação.

89. *Cf.* SOUZA, Sylvio Capanema de. *A Lei do Inquilinato Comentada.* 10. ed. Rio de Janeiro: Forense, 2017, p. 255-256: "Seu objetivo é o de melhor disciplinar o modelo de locação a que se convencionou chamar de 'built to suit', também referido como 'locação prometida' ou 'locação por encomenda'. (...) Não será difícil perceber que esta nova modalidade não se adéqua às locações residenciais ou por temporada, daí porque o artigo 54-A é expresso ao se referir a 'locação não residencial'".

90. *Cf.* SOUZA, Sylvio Capanema de. *A Lei do Inquilinato Comentada.* 10. ed. Rio de Janeiro: Forense, 2017, p. 255: "Esse retorno do capital investido não fica sujeito aos humores e às turbulências do mercado de ações ou de outros ativos imobiliários. São cada vez mais frequentes estes contratos, que melhor se adaptam às chamadas 'grandes locações' ou 'locações corporativas', de significativos valores de aluguel. Para seu êxito é indispensável que o contrato se assente em equação econômica cuidadosamente calculada, para garantir ao investidor o retorno do capital por ele aplicado. Por isso, o prazo determinado do contrato há de ser necessariamente longo, em geral de 20 a 25 anos, que se calcula ser o tempo suficiente para que o locador recupere o capital e obtenha margem de lucro apreciável".

91. *Cf.* SOUZA, Sylvio Capanema de. *A Lei do Inquilinato Comentada.* 10. ed. Rio de Janeiro: Forense, 2017, p. 255: "Poderá a empresa indicar ao investidor um prédio nestas condições, para que seja por ele retrofitado, com a promessa de alugá-lo, quando concluídas as obras. No mercado hoteleiro, de centros empresariais ou de shoppings, vem sendo cada vez mais frequente a adoção deste modelo, com excelentes resultados econômicos e sociais. A construção encomendada por ser feita diretamente pelo investidor, ou por terceiro por ele contratado, o que é mais frequente, inserindo outro ato na formulação do empreendimento, que é o construtor".

92. Art. 35. Salvo expressa disposição contratual em contrário, as benfeitorias necessárias introduzidas pelo locatário, ainda que não autorizadas pelo locador, bem como as úteis, desde que autorizadas, serão indenizáveis e permitem o exercício do direito de retenção. Art. 36. As benfeitorias voluptuárias não serão indenizáveis, podendo ser levantadas pelo locatário, finda a locação, desde que sua retirada não afete a estrutura e a substância do imóvel. *Cf.* CARNEIRO, Waldir de Arruda Miranda Carneiro. *Anotações à Lei do Inquilinato.* São Paulo: Ed. RT, 2000, p. 96: "De se observar, contudo, que casos excepcionais nos quais um desconto inicial, e até mesmo escalonado, for concedido ao locatário, por exemplo, em

contrapartida a algum melhoramento que este tiver se comprometido a efetuar no prédio locado, não poderá, por óbvio, ser inquinado de contrário à lei".

"Na origem, Maximus Comercial de Alimentos Ltda. ajuizou ação de indenização contra MAURA Antônia Rorato pleiteando indenização no valor de R$ 5.750.000,00 (cinco milhões setecentos e cinquenta mil reais), decorrente de alegada lesão sofrida com a construção realizada em imóvel locado (fls. 3-17 e-STJ). O magistrado de piso julgou improcedentes os pedidos e julgou extinta a reconvenção sem resolução de mérito (fls. 254-263 e-STJ). Interpostas apelações (fls. 313-320 e 343-349 e-STJ), o Tribunal de origem deu parcial provimento ao recurso da autora e deferiu o da parte ré, conforme os seguintes fundamentos: "(...) 2. Apesar do instrumento de contrato indicar que as partes celebraram 'locação comercial', é fácil constatar que relação estabelecida ia muito além do pagamento de aluguel em contrapartida ao uso do imóvel. Com efeito, o negócio se enquadra na espécie de locação built-to-suit (art. 54- A da Lei 8.245/1991), pela qual o locatário se obriga a edificar no terreno alugado, sendo compensado mediante redução do valor do aluguel e elastecimento do prazo da locação, garantindo-se, assim, o retorno do investimento realizado. Eis a precisa definição dada a essa modalidade contratual pela doutrina especializada: (...) Na espécie, o contrato foi assinado em 16 de fevereiro de 2011 e passou a viger em 15 de março daquele ano. A partir dessa data, a Maximus tinha doze meses para construir um supermercado de 2.500 m² no terreno locado que, de acordo com a cláusula primeira, não tinha nenhuma benfeitoria até então. Ainda, de acordo com o contrato, no período da construção o aluguel seria de R$ 2.000,00, elevando-se para R$ 3.000,00 a partir da inauguração do supermercado e para 1,2% do faturamento bruto da Maximus ou no mínimo R$ 36.000,00 após 10 anos de funcionamento. A fim de não deixar nenhuma dúvida quanto ao porquê da gritante diferença de preço em cada período, os contratantes estabeleceram que os valores se justificavam 'tendo em vista as benfeitorias introduzidas no imóvel pela LOCATÁRIA' (eDoc 1.5). Ou seja: tanto o baixíssimo aluguel inicial como o longo período de duração do contrato visavam assegurar a amortização do investimento realizado pela Maximus com a construção. Esse sensível equilíbrio contratual foi rompido com a súbita resolução do contrato ainda em fevereiro de 2016. Nesse mês, a Maximus deixou de pagar o aluguel e o IPTU, abandonando o imóvel sem nenhum aviso prévio à proprietária. Evidentemente, tal situação serviu de fundamento à procedência dos pedidos de despejo e cobrança formulados na ação 0004503-94.2016.8.16.0030, cuja sentença inclusive já transitou em julgado (eDocs 56.25-28). Porém, o inadimplemento não autoriza a locadora a se apropriar de todo o investimento realizado pela locatária sem indenizá-la por isso. Apesar da locação ter sido resolvida por culpa da Maximus, isto só a obriga ao pagamento das perdas e danos comprovadamente suportados pela proprietária (art. 475 do Código Civil), mormente porque o contrato não estabeleceu cláusula penal compensatória. Todo o investimento que supere o montante da indenização devida à locadora deve ser ressarcido à locatária, sob pena de enriquecimento sem causa. Realmente, a prevalecer o entendimento do juízo a quo, a locadora teria lucro astronômico sem nenhuma causa juridicamente plausível: além de tornar-se proprietária de um grande imóvel comercial sem gastar um centavo para isso, ainda passaria a receber aluguel correspondente ao preço de mercado menos de três anos depois da inauguração do prédio, note-se que a locadora não impugnou a alegação de que o prédio foi locado a outro supermercado em seguida. Por fim, esclareço que a cláusula pela qual a Maximus renunciou ao direito de indenização por benfeitorias não tem o alcance desejado pela proprietária. Se se tratasse de eliminar o direito da locatária ao investimento realizado na construção do prédio, o negócio seria completamente inviável sob o ponto de vista econômico e, certamente, jamais teria sido celebrado por nenhum varejista. Tal como ensina Rodrigo Xavier Leonardo, as peculiaridades do contrato built to suit impedem que se dê a ele a mesma interpretação conferida aos contratos de locação comercial tradicionais: (...) Sendo assim, provejo em parte o recurso da Maximus, condenando a Sra. Maura Antonia Rorato a ressarcir o investimento da locatária em percentual equivalente ao do período em que o contrato não foi executado, isto é, desde o inadimplemento, em fevereiro de 2016, até o término do tempo necessário à amortização do investimento, inicialmente previsto para março de 2022. O valor investido pela Maximus e, por consequência, o quantum da indenização deverá ser apurado em liquidação de sentença. Em caso de falta de provas necessárias ao cálculo, deverá ser usado como parâmetro de arbitramento o valor do Cub-Sinduscon para imóveis comerciais à época da construção. Evidentemente, as avaliações juntadas com a petição inicial são completamente imprestáveis, já que refletem o valor de mercado do imóvel quando o que tem importância são as despesas da locatária" (fls. 387-390 e-STJ). Os dois embargos de declaração foram acolhidos em parte nos seguintes termos: "(...) 2. Ao contrário do que afirma a Sra. Maura, não há a menor dúvida de que o negócio celebrado apresenta as características de contrato built-to-suit. O simples fato de a edificação do prédio ter ficado a cargo da locatária não afasta a qualificação dada ao pacto, cujas cláusulas – assim como as de qualquer outro – devem ser interpretadas em consonância com a operação econômica que formalizaram. Em acréscimo ao que já havia salientado no voto condutor do acórdão embargado, destaco que o contrato dava salvaguardas ao investimento da Maximus em vários dispositivos. Como a contraprestação pela construção do prédio era o seu uso sob condições privilegiadas no período de 10 anos a partir do término da obra, as cláusulas oitava, décima e décima primeira garantiam à locatária os direitos de quitar dívidas da locadora capazes de levar à constrição do imóvel, de exigir que terceiros adquirentes respeitassem o contrato e de ver o prédio reconstruído sem nenhum custo na hipótese de destruição (eDoc 1.5). Se isso não fosse suficiente, o parágrafo único da cláusula sétima deixava claro que a previsão de incorporação das acessões ao imóvel se dava "em razão do preço reduzido de locação para os primeiros 10 anos'. Portanto, o reembolso deferido à Maximus é mera decorrência lógica da resolução do contrato antes do fim do período de amortização da obra. Da mesma forma, a Sra. Maura não tem razão quando sustenta que a locatária só faria jus ao ressarcimento se a culpa pela resolução fosse da locadora. Conforme salientei durante o julgamento das apelações, isto importaria enriquecimento sem causa, uma vez que "o inadimplemento não autoriza a locadora a se apropriar de todo o investimento realizado pela locatária

10 • ASPECTOS DO CONTRATO DE SUBLOCAÇÃO DE IMÓVEL URBANO: FUNÇÃO SOCIAL E ECONÔMICA **163**

fim de assegurar a peculiar operação e função econômico-social do subcontrato de *"built to suit"*[93]. Aqui, portanto, cuidar-se-á de uma "sublocação no contrato de construção ajustada" celebrada "em segundo grau", na qual o investidor, locatário/sublocador, manterá, a um só tempo, (i) um vínculo locatício (contrato-base) com o proprietário do imóvel, e (ii) um vínculo derivado da sublocação com a empresa interessada sublocatária.

3.5 Sublocação ajustada com opção de compra

É prática comum no mercado imobiliário a estipulação no contrato de locação, residencial ou não residencial, de cláusula de opção de compra do imóvel locado (objeto) pelo preço previamente ajustada entre as partes, locador e locatário[94], a caracterizar um negócio jurídico misto de caráter unitário resultante de dois contratos instrumentalizados na participação num contrato (locação) de aspectos próprios de outro (opção de compra)[95].

A opção de compra, segundo o Orlando Gomes:

> "é um negócio jurídico bilateral, mediante o qual estipulam as partes que uma delas permanece vinculada à própria declaração de vontade, enquanto a outra se reserva a faculdade de aceitá-la, ou não. Caracteriza-se por ser proposta irrevogável de contratar decorrente de mútuo consenso. Trata-se de contrato que não se confunde, por isso mesmo, com a proposta firme existente na formação dos contratos, como parte do processo da sua conclusão. (...) É fora de dúvida que, havendo opção de compra e, em seguida, venda, realizam as partes, sucessivamente, dois contratos, não se podendo admitir a absorção de um pelo outro, dada a diversidade de causa. (...) A distinção entre o contrato preliminar de promessa de venda e a opção de compra, nos termos que acabam de ser expostos, importa fundamentalmente para a dedução das consequências da inexecução contratual. A inexecução da promessa se resolve em perdas e danos, motivo por que a promessa de venda unilateral como contrato preliminar, no sentido próprio da expressão, pela qual 'concordem as partes estipular sucessivamente um contrato, permanecendo vinculado a tal obrigação apenas uma delas', configura uma espécie contratual de cuja efetiva consistência e individualidade é lícito duvidar. Já a opção de compra, compreendendo, como compreende, vinculação irretratável, comporta execução sob forma específica,

---

sem indenizá-la por isso. Apesar da locação ter sido resolvida por culpa da Maximus, isto só a obriga ao pagamento das perdas e danos comprovadamente suportados pela proprietária (art. 475 do Código Civil), mormente porque o contrato não estabeleceu cláusula penal compensatória". De resto, não vejo motivo para manter a condenação da Maximus por litigância de má-fé. Uma vez que a penalidade se baseava na dedução de pretensão manifestamente infundada (eDoc 70.1) e que o acórdão deu provimento ao apelo da locatária, parece evidente que a multa vai de encontro às premissas assentadas pelo órgão julgador" (fls. 481-484 e-STJ). Por sua vez, no presente recurso, a recorrente alega a configuração da negativa de prestação jurisdicional ao fundamento de que o acórdão recorrido desconsiderou "a ilicitude na conduta adotada pela Recorrida que ensejou e deu causa à resolução do contrato, para estabelecerem o ressarcimento proporcional ao período no qual o contrato não foi executado (fevereiro de 2016 a março de 2022" (fls. 507-508 e-STJ). (...) Ante o exposto, conheço do agravo e dou provimento ao recurso especial para anular os acórdãos de fls. 432-435 e 481-484 (e-STJ), determinando a devolução dos autos ao tribunal de origem para reapreciar as alegações apresentadas nos embargos de declaração de fls. 450-456 (e-STJ), nos moldes da fundamentação supra. (STJ, Agravo em recurso especial 1664599 – PR (2020/0035883-1), Ministro Ricardo Villas Bôas Cueva, 10.06.2020, DJ 18.06.2020).

93. LEONARDO, Rodrigo Xavier. O contrato built to suit. In: Modesto Carvalhosa (Coord.). *Tratado de direito empresarial.* São Paulo: Ed. RT, 2016, v. 4, p. 430: "O legislador reconheceu que a função econômico-social do contrato 'built to suit' é substancialmente diversa da função econômico-social da locação, exigindo um regime de direito material específico e apartado daquele genericamente encontrado na Lei 8.245/1991".

94. Ementa de 06.06.1995: Processual civil. Contrato de locação com cláusula de alienação do imóvel locado e devolução de alugueis recebidos, além de multa, no caso de inadimplência. Competência de uma das turmas da segunda seção, uma vez que a questão-matriz gira em torno de "obrigação em geral de direito privado" (RISTJ, art. 9º, Ii). – Ementa de 26.05.1997: *Contrato de locação e opção definitiva de compra e venda de imóvel.* Segundo o acórdão recorrido, "a usufrutuária, apesar de condômina do imóvel, não pode prometer a transferência do domínio a terceiros, posto que o bem em questão ficou para ser doado aos filhos do casal na ação de separação judicial consensual havida entre ambos". Caso em que a rejeição do pedido formulado pelo autor não ofendeu o art. 739, V, do CC. Recurso especial não conhecido. (STJ, REsp 57.339/DF, Rel. Ministro Nilson Naves, Terceira Turma, julgado em 26.05.1997, DJ 07.08.1995, p. 23098, DJ 04.08.1997, p. 34738).

95. *Cf.* TELLES, Inocêncio Galvão. *Manual dos Contratos em Geral.* Lisboa: Lex, 1965, p. 386.

porque não é necessária uma sentença para vincular o proponente, vinculado que se acha pela sua própria declaração de vontade"[96].

Essa opção de compra não se confunde com o direito de preferência assegurado na Lei do Inquilinato (arts. 27 a 34)[97].

A sublocação coligada ao contrato de locação poderá assegurar ao sublocatário o exercício da opção de compra do imóvel locado, desde que também consentido pelo locador (proprietário), nos termos exigidos para a sublocação (art. 13 da Lei 8.245/91 c.c. art. 107 do CC)[98].

4.   SUBLOCAÇÃO CONSENTIDA, PRESUMIDA E ILEGÍTIMA

O contrato derivado de sublocação exige o consentimento do locador que deve ser prévio e por escrito, nos precisos termos do art. 13 da Lei 8.245/91[99], o que significa dizer que "deve ser manifestado antes da consumação da sublocação e deve constar de documento"[100] (arts. 104, III, 107, 166, V, 212, e 219 do CC)[101].

Para Silvio de Salvo Venosa, "a lei é expressa em não admitir consentimento tácito nem presumir aquiescência no caso de demora na tomada de medida contra o inquilino, salvo a hipótese do §2º. Embora a lei fale em consentimento prévio, não que se negar validade ao consentimento escrito posterior aos negócios, com ratificação do já ocorrido. Insubsistente, pois, qualquer alegação ou tentativa de prova de consentimento por testemunhas (JTACSP 94/239). Destarte, como aqui se examinará, não são nulos os negócios jurídicos entre o locatário e terceiros. Apenas poderá não acarretar todos os efeitos desejados pelas partes se faltar o consentimento do locador".[102]

A propósito, José da Silva Pacheco sintetiza as seguintes situações jurídicas acerca da juridicidade e da antijuridicidade da formação da sublocação derivada da locação:

No sistema da Lei 8.245/91, pode haver sublocação: a) consentida; b) presumida, e c) sublocação clandestina, às ocultas, escondida. Quanto à primeira, exige a lei que o consentimento seja prévio e por escrito; quanto à

---

96.   *Cf.* GOMES, Orlando. *Contratos.* 26. ed. Rio de Janeiro: Forense, 2008, p. 288-290: "Permitido é, nessa hipótese, obter sentença constitutiva de igual eficácia do contrato recusado. O Código Civil de 2002 admite a execução específica do contrato preliminar estipulado sem cláusula de arrependimento, seja ele unilateral ou bilateral, o que parece tornar menos relevante, do ponto de vista prático, a distinção entre opção de compra e promessa de venda".

97.   *Cf.* GOMES, Orlando. *Contratos.* 26. ed. Rio de Janeiro: Forense, 2008, p. 288. Na Itália, l'*opzione* (art. 1.331 do *Codice Civile*) não se confunde com o contrato preliminar (*contratto preliminare*) e com a preempção (prelazione), *Cf.* TORRENTE, Andrea, SCHLENSINGER, Piero. *Manuale di Diritto Privato.* 19. ed. Milano: Giuffrè Editore, 2009, p. 533-534.

98.   Lei 8.245/91, Art. 13. A cessão da locação, a sublocação e o empréstimo do imóvel, total ou parcialmente, dependem do consentimento prévio e escrito do locador. CC, Art. 107. A validade da declaração de vontade não dependerá de forma especial, senão quando a lei expressamente a exigir.

99.   Agravo interno nos embargos de declaração no agravo em recurso especial. Decisão da presidência. Reconsideração. Ação de execução de título extrajudicial. Contrato de locação comercial. Embargos à execução. Cessão da locação. Necessidade de consentimento expresso do locador. Não ocorrência. (...) 3. Na hipótese, as instâncias ordinárias concluíram que, consoante o contrato de locação, era necessário o prévio consentimento expresso do locador acerca da cessão da locação, o que não ocorreu. A pretensão de revisar tal entendimento demandaria o revolvimento fático-probatório e a interpretação de cláusulas contratuais, providências inviáveis em sede de recurso especial, a teor do disposto nas Súmulas 5 e 7 do STJ. (...) (STJ, AgInt nos EDcl no AREsp 1410155/RJ, Rel. Ministro Raul Araújo, Quarta Turma, julgado em 03.03.2020, DJe 25.03.2020).

100.   *Cf.* PACHECO, José da Silva. *Tratado de locações, ações de despejo e outras.* 10. ed. rev. e aumentada. São Paulo: Ed. RT, 1998, p. 260.

101.   CC, Art. 219. As declarações constantes de documentos assinados presumem-se verdadeiras em relação aos signatários

102.   *Cf.* VENOSA, Sílvio de Salvo. *Lei do Inquilinato Comentada. Doutrina e Prática.* 7. ed. São Paulo: Atlas, 2004, p. 99-105: "(...) a lei dispõe que a sublocação depende também do consentimento prévio e escrito do locador, a sua ausência constitui infração contratual e autoriza a rescisão e o pedido de despejo. Nada impede, porém, que o consentimento seja concedido posteriormente pelo locador, ratificando sublocação feita anteriormente".

10 • ASPECTOS DO CONTRATO DE SUBLOCAÇÃO DE IMÓVEL URBANO: FUNÇÃO SOCIAL E ECONÔMICA

segunda, estabelece a lei, expressamente, que ela não ocorre pela simples omissão ou demora do locador a opor-se a ela, e que para vir a prevalecer insta que o locatário notificar o locador e este, no prazo de 30 dias, não se oponha. Se o locador, nesse prazo, concordar, a sublocação inscreva-se na classe da consentida. Para tanto, preciso é que seja, igualmente, prévia e por escrito. Assim, a notificação do locatário deve ser anterior à sublocação, para que o consentimento, se houver, seja, também, antes da celebração do ajuste sublocativo. Se o locador não estiver de acordo com ela e o locatário, apesar disso, sublocar, ocorre infração contratual e legal. Do mesmo modo, se o locatário, antes da notificação, sublocar, e apenas comunicar o fato consumado, está, desde logo, comunicando a infração. O locador pode opor-se e tomar, imediatamente, as providencias com base no art. 9. II, da Lei 8.245/91. Se o locador, porém, aceder e concordar, posteriormente à ocorrência da sublocação que constituía infração, há convolação desta em sublocação. Quanto à sublocação clandestina, às ocultas, escondida, permanece ilegítima, infringente. ilegal. A diferença entre esta e a sublocação convolada é que aquela continua ilegítima, enquanto esta é legitimada pelo assentimento posterior. A lei cogita, igualmente, da sublocação presumida: a) no caso de habitações coletivas, multifamiliares, em que o locatário sublocou, parcialmente, a terceiros (art. 2º, parágrafo único), que podem exigir que a soma dos aluguéis das sublocações parciais não seja superior ao aluguel da locação (art. 21, parágrafo único); b) os sublocatários podem depositar judicialmente o aluguel e encargos se a construção for considerada em condições precárias pelo poder público (art. 24); c) constitui crime de ação pública recusar-se o sublocador a fornecer recibo aos sublocatários nas habitações coletivas multifamiliares (art. 44. I)[103].

Não obstante a determinação do art. 13 da Lei 8.245/91 a exigir o consentimento prévio e escrito do locador, "contudo, se o locatário notificá-lo, por escrito, judicial ou extrajudicialmente, de que pretende sublocar ou de que está fazendo gestões para sublocar, tem o locador o prazo de 30 dias, a partir do recebimento do aviso, para manifestar formalmente a sua oposição (art. 13, § 2). Feita essa notificação, pelo locatário, deve o locador, se a ela se opuser, manifestar de modo claro, preciso e contundente a sua oposição. Tal manifestação pode ser pelo mesmo modo da notificação, mas sempre por escrito e com a comprovação do recebimento pela parte contrária. Se, apesar da oposição, o locatário insistir no subcontrato, pode o locador considerar desfeito o contrato por infração legal e contratual (art. 9º, II). O silêncio ou inação do locador, porém, por mais de 30 dias após a notificação pode levar à presunção de concordância. Tal presunção, todavia, está sujeita à prova em contrário, como, por exemplo, a de que já havia ajuizado a ação por infração contratual por ter sido a notificação posterior à sublocação não consentida"[104]. Portanto, após o decurso do prazo de 30 (trinta) dias do recebimento da notificação por escrito do locador da ocorrência de uma das hipóteses do art. 13, entre as quais a sublocação, o seu silêncio – penso que, nestas circunstâncias, será qualificado[105] – terá *prima facie* o efeito de consentimento da sublocação referenciada na notificação (art. 111 do CC)[106].

---

103. *Cf.* PACHECO, José da Silva. *Tratado de locações, ações de despejo e outras*. 10. ed. rev. e aumentada. São Paulo: Editora Ed. RT, 1998, p. 260.

104. *Cf.* PACHECO, José da Silva. *Tratado de locações, ações de despejo e outras*. 10. ed. rev. e aumentada. São Paulo: Ed. RT, 1998, p. 261.

105. *Cf.* LOPES, Miguel Maria de Serpa. *Curso de Direito Civil. Introdução, Parte Geral e Teoria Geral dos Negócios Jurídicos*. 9. ed. Rio de Janeiro: Freitas Bastos, 2001, v. I, p. 431: "Reconhece-se igualmente um silêncio simples e um silêncio qualificado. Num como noutro caso, é ele gerador de obrigação, sendo que, no silêncio simples, a dedução é mais difícil, por se impor ao juiz deduzir o consentimento através das circunstâncias. Sobretudo tem-se por assente que, no curso de um contrato, ou ainda, em casos de contratos sempre renovados, o silêncio pode ter o valor de consentimento. Não se compreende uma atitude negativa, um *non fare* da parte daquele que, habituado a tais relações de negócio, só pode pressupor que o seu silêncio irá suscitar na outra parte a crença numa aceitação".

106. CC, Art. 111. O silêncio importa anuência, quando as circunstâncias ou os usos o autorizarem, e não for necessária a declaração de vontade expressa. *Cf.* CARNEIRO, Waldir de Arruda Miranda Carneiro. *Anotações à Lei do Inquilinato*. São Paulo: Ed. RT, 2000, p. 87: "Como já anotamos alhures (v. nota 16 acima), embora a intenção do legislador possa ter sido boa, a utilidade deste parágrafo segundo é bastante duvidosa. Com efeito, é difícil de imaginar que algum locatário fosse arriscar confessar, numa notificação ao locador, a prática de uma infração contratual, unicamente para tentar a sorte da

FREDERICO PRICE GRECHI

5. SUBLOCAÇÃO PARCIAL E TOTAL, RESIDENCIAL, NÃO RESIDENCIAL E MISTA

A sublocação pode ser parcial ou total (por inteiro) do imóvel locado, admitindo-se a vedação contratual de uma ou de outra ou, ainda, ambas as hipóteses[107]. A sublocação total do imóvel pode ser compulsoriamente transformada em parcial no caso de expropriação de parcela do bem, permitida a continuidade do contrato de locação e da sublocação na área remanescente, desde que subsista a utilidade para o sublocador e o sublocatário[108].

A sublocação poderá ser residencial (art. 14 c.c. art. 46) ou não residencial (art. 14 c.c. art. 51)[109], ou, ainda, mista[110], impondo-se, neste caso, a distinção dos respectivos regimes jurídicos para a sua adequada tutela jurídica[111].

---

eventual inércia deste. Não o fazendo, ter-se-á por consentida a cessão da locação, sublocação ou empréstimo do prédio anunciado na notificação". *Cf.* WALD, Arnoldo. *Obrigações e Contratos.* 13. ed. São Paulo: Ed. RT., 1998, p. 357: "Pelo § 2°, o locatário comunica a sublocação ou o empréstimo ou a cessão. Logo, o silêncio do locador vale como concordância. Deve ele opor-se em trinta dias, logo que ciente. Mas, a rigor, ninguém, se antes não obtiver anuência, vai comunicar que infringiu o contrato ou a lei". *Cf.* SOUZA, Sylvio Capanema de. *A Lei do Inquilinato Comentada.* 10. ed. Rio de Janeiro: Forense, 2017, p. 101: "Silente o locador, e decorrido o trintídio, configurar-se-ia o seu consentimento tácito, o que reforça nossa opinião de que a regra da autorização prévia e expressa do locador não é absoluta, admitindo temperamentos diante de cada hipótese concreta".

107. Locação. Sublocação ilegítima. Desocupação do imóvel. Notificação. Art. 57, Lei 8.245/91. Desnecessidade. – Estabelece o art. 57 da Lei do Inquilinato que em sede de contrato de locação por prazo indeterminado, a desocupação deve ser objeto de notificação por escrito ao locatário, que deverá fazê-lo no prazo de trinta dias. – A discussão acerca da obrigatoriedade ou não de notificação do sublocatário para, nos termos do art. 57 da Lei do Inquilinato, desocupar o imóvel em trinta dias, esvazia-se diante da circunstância de ter as instâncias ordinárias concluído pela irregularidade da sublocação, diante do contrato que vedava a sublocação total ou parcial do imóvel. – Recurso especial não conhecido. (STJ, REsp 403.075/RO, Rel. Ministro Vicente Leal, Sexta Turma, julgado em 18.04.2002, DJ 13.05.2002, p. 247)

108. Administrativo. Desapropriação. Indenização. Imóvel locado. 1. O órgão expropriante pagou indenização pela área expropriada, benfeitorias e acessões, efetuando o pagamento ao proprietário do imóvel. 2. Continuidade do contrato de locação e da sublocação na área remanescente, na qual foram levantadas novas instalações em substituição das demolidas. 3. A expropriante nada deve pelas novas instalações, porque a indenização paga ao *dominus* deveria servir para recomposição. 4. Direito a pequena indenização para fazer face a transtornos de mudança e reinstalação de equipamentos. 5. Sucumbência parcial que leva à divisão *pro rata* dos honorários e despesas processuais. 6. Recurso especial parcialmente provido (REsp 583.361/SP, Rel. Ministra Eliana Calmon, Segunda Turma, julgado em 09.12.2003, DJ 08.03.2004, p. 244).

109. *Cf.* SOUZA, Sylvio Capanema de. *A Lei do Inquilinato Comentada.* 10. ed. Rio de Janeiro: Forense, 2017, p. 205, 226-227: "A locação residencial apresenta maior densidade social, o que recomenda proteção especial. (...) No regime jurídico anterior as locações de imóveis urbanos classificavam-se, de acordo com sua destinação, em residenciais, não residenciais e comerciais ou industriais. (...) Na nova lei tudo isso se modificou, e as locações, hoje, dividem-se em residenciais, para temporada e não residenciais. Nesta última categoria agrupam-se as antigas locações não residenciais, propriamente ditas, e as que se destinam ao comércio e à indústria. Com isto se uniformiza o regime jurídico destas locações, que não se destinam à moradia, e sim a outras atividades do locatário, que podem ter finalidades econômicas ou não. Aí se incluem, por exemplo, as locações feitas a associações, sociedades civis, profissionais liberais, sindicatos, prestadores de serviços sociedades comerciais e industriais, assim como, por expressa disposição, aquelas feitas a pessoas jurídicas, ainda que para residência de seus diretores, gerentes, empregados ou prepostos".

110. *Cf.* PACHECO, José da Silva. *Tratado de locações, ações de despejo e outras.* 10. ed. rev. e aumentada. São Paulo: Ed. RT, 1998, p. 447-448: "Pode haver locação originariamente contratada: a) para fins residenciais e não residenciais conjuntamente, com na hipótese de prédio para bar e residência, restaurante e residência, clube e residência, escol a residência, escritório e residência etc.; b) para fins residenciais e, posteriormente, usada, também, para outros fins, como no caso de locação para residência, depois transformada em clube, boate, butique, casa comercia (...) c) para fins não residenciais e depois transformada, também, em locação residencial, o que pode constituir, igualmente, infração (...). Entretanto, em qualquer das três hipóteses, há locação mista, e sendo essa uma locação urbana, entra no círculo de incidência da Lei 8.245/91".

111. Recurso especial. Prequestionamento. Ausência. Alegação de bem de família. Fiador em contrato de locação. Penhorabilidade do imóvel. Distinção entre locação residencial e comercial. Prequestionamento. Ausência. Inovação recursal. 1. No que tange à suposta violação ao art. 472 do Código de Processo Civil e à tese segundo a qual, quanto à proteção do bem de família do fiador, deve ser realizada distinção entre as locações residenciais e comerciais, tem-se, no ponto, inviável o debate, porquanto não se vislumbra o efetivo prequestionamento, o que inviabiliza a apreciação das teses recursais apresentadas, sob pena de supressão de instâncias. (...). (STJ, AgInt no REsp 1760975/PR, Rel. Ministro Luis Felipe Salomão, Quarta Turma, julgado em 21.09.2020, DJe 29.09.2020).

10 • ASPECTOS DO CONTRATO DE SUBLOCAÇÃO DE IMÓVEL URBANO: FUNÇÃO SOCIAL E ECONÔMICA **167**

Por fim, a destinação dos frutos civis da locação e/ou da sublocação não residencial quando vinculada ao financiamento para aquisição de imóvel residencial poderá receber a tutela jurídica do bem de família, assegurando a sua impenhorabilidade[112].

6. DO ALUGUEL NA SUBLOCAÇÃO

Na locação é livre a convenção do aluguel[113] – que deve ser certo, verdadeiro e justo – sendo, pois, vedada a sua estipulação em moeda estrangeira e a sua vinculação cambial ou ao salário mínimo (art. 17)[114]. No exercício da autonomia privada das partes é permitida a estipulação de bonificação para pagamento em dia ou prêmio pontualidade, a caracterizar uma técnica de sanção premial[115].

A rigor, o legislador estabeleceu que o aluguel da sublocação não poderá exceder o da locação, salvo nas habitações coletivas multifamiliares, situação jurídica na qual a soma dos aluguéis não poderá ser superior ao dobro do valor da locação (art. 21). A sanção para o descumprimento da norma é a preservação do contrato de sublocação com a consequente redução do aluguel até os limites estabelecidos pelo legislador (art. 21, parágrafo único)[116].

Em Portugal, "a sublocação pode ter utilidade pública, na medida em que, estando os bens subaproveitados, máxime a habitação, permita atribuí-los a quem deles careça. Mas, para evitar abusos por parte do sublocador, estabeleceu-se um limite à sub-renda ou ao su-

---

112. Processual civil. Execução fiscal. Impenhorabilidade. Imóvel comercial utilizado para o pagamento da locação de sua residência. Caracterização como bem de família. 1. O STJ pacificou a orientação de que não descaracteriza automaticamente o instituto do bem de família, previsto na Lei 8.009/1990, a constatação de que o grupo familiar não reside no único imóvel de sua propriedade. Precedentes: AgRg no REsp 404.742/RS, Rel. Ministro Herman Benjamin, Segunda Turma, DJe 19.12.2008 e AgRg no REsp 1.018.814/SP, Rel. Ministro Castro Meira, Segunda Turma, DJe 28.11.2008. 2. A Segunda Turma também possui entendimento de que o aluguel do único imóvel do casal não o desconfigura como bem de família. Precedente: REsp 855.543/DF, Rel. Ministra Eliana Calmon, Segunda Turma, DJ 03.10.2006. 3. Em outra oportunidade, manifestei o meu entendimento da impossibilidade de penhora de dinheiro aplicado em poupança, por se verificar sua vinculação ao financiamento para aquisição de imóvel residencial. 4. Adaptado o julgamento à questão presente, verifico que o Tribunal de origem concluiu estar o imóvel comercial diretamente vinculado ao pagamento da locação do imóvel residencial, tornando-o impenhorável. 5. Recurso Especial não provido. (STJ, REsp 1616475/PE, Rel. Ministro Herman Benjamin, Segunda Turma, julgado em 15.09.2016, DJe 11.10.2016).
113. RESP – Civil – Locação – Aluguel – Reajuste – O aluguel e a prestação locatícia. Como pouco deve ser certo, verdadeiro e justo. Em período inflacionário, com a queda diária do poder aquisitivo da moeda, cumpre admitir a atualização, ainda que fora do prazo legal, caso a manutenção do valor signifique enriquecimento sem justa causa. A colocação simplista – "Dura lex sed lex" – Cede passagem nos quadrados do direito justo, a cláusula – "rebus sic stantibus" (STJ, REsp 60.945/SP, Rel. Ministro Luiz Vicente Cernicchiaro, Sexta Turma, julgado em 28.03.1995, DJ 18.09.1995, p. 29998).
114. "O fato de o contrato exequendo ter sido celebrado em "cruzeiro real" não lhe retira a exequibilidade, haja vista que a conversão da moeda para o "real" demanda tão somente a elaboração de cálculos aritméticos. (...)" (STJ, REsp 843.992/SP, Rel. Ministro Arnaldo Esteves Lima, Quinta Turma, julgado em 30.08.2007, DJ 15.10.2007, p. 345); "Conversão da dívida contraída em moeda estrangeira pelo câmbio do dia do pagamento e correção monetária. Possibilidade. Jurisprudência deste Superior Tribunal de Justiça" (STJ, AgRg no AREsp 188.026/PR, Rel. Ministro Paulo De Tarso Sanseverino, Terceira Turma, julgado em 03.03.2015, DJe 06.03.2015).
115. "Nas relações locatícias, celebradas com base na Lei 8.245/91 as partes contratantes têm plena liberdade para a estipulação do valor inicial do aluguel. A intervenção do Estado somente se dá em hipóteses bem restritas, como, v.g, na impossibilidade de as partes fixarem o valor do aluguel em moeda estrangeira, vinculá-lo à variação cambial ou ao salário mínimo, na determinação da periodicidade mínima para seu reajuste e na indicação dos índices de reajuste. Hipótese em que a questão relativa à estipulação de cláusula de pontualidade não se encontra elencada no rol de matérias que, excepcionando o princípio da liberdade de estipulação das partes, mereceram especial atenção do legislador, não sendo considerada de ordem pública. (...) (STJ, REsp 400.385/SP, Rel. Ministro Arnaldo Esteves Lima, Quinta Turma, julgado em 03.10.2006, DJ 23.10.2006, p. 344).
116. CC, Art. 421. A liberdade contratual será exercida nos limites da função social do contrato. Enunciado 22 da I Jornada de Direito Civil do CJF: "A função social do contrato, prevista no art. 421 do novo Código Civil, constitui cláusula geral que reforça o princípio de conservação do contrato, assegurando trocas úteis e justas.

baluguer (art. 1.062°)[117]. Assim, sendo a cedência total, a retribuição não poderá exceder em vinte por cento o que é devido no contrato principal; se a sublocação é parcial, estabeleceu-se uma proporção entre a totalidade e a parte sublocada, segundo um critério qualitativo e quantitativo. Como, porém, não se trata de uma disposição de ordem pública, pode o locador consentir que a sub-renda ou o subaluguer sejam superiores a esses limites"[118].

Na Espanha, "a sub-renda, no caso de sublocação habitacional, não pode exceder o dobro da renda estipulada no contrato principal (art. 12°, n. 1 da Lei de Arrendamentos Urbanos); mas, no subarrendamento comercial, a sub-renda é livre (art. 22°, n. 2 do mesmo diploma). O locador pode participar da sub-renda, sempre que, ao autorizar o subarrendamento, reserve esse direito e fixe a quantia ou a percentagem da sua participação (art. 14°, n. 1 do mesmo diploma)[119].

De fato, parece-me, pois, razoável a sobredita restrição imposta pelo legislador à convenção do subaluguel limitada ao valor da locação para as sublocações residenciais e, ainda, a excepcional proporcionalidade em dobro do valor da locação para as habitações coletivas multifamiliares. Estas limitações legais proibitórias da especulação parasitária pelo sublocador[120] justifica-se quando o imóvel unifamiliar ou multifamiliar (sub)locado é destinado à função social moradia (arts. 1°, III, e 6° da CF[121]; arts. 421 e 2.035 do CC[122]) a fim de coibir a "indústria de sublocação residencial" com o locupletamento do patrimônio do locador. Aliado a isso, o Professor Sylvio Capanema de Souza também pondera que "a sublocação indiscriminada afeta a qualidade de vida nas cidades, deteriorando os imóveis, com sobrecarga de suas instalações"[123].

---

117. CC Português, art. 1.062° Limite da renda ou aluguer. O locatário não pode cobrar do sublocatário renda ou aluguer superior ou proporcionalmente superior ao que é devido pelo contrato de locação, aumentado de vinte por cento, salvo se outra coisa tiver sido convencionada com o locador.

118. *Cf.* MARTINEZ, Pedro Romano. *O subcontrato.* Coimbra: Almedina, 1989, p. 30.

119. *Cf.* MARTINEZ, Pedro Romano. *O subcontrato.* Coimbra: Almedina, 1989, p. 30, nota (39).

120. *Cf.* MARTINEZ, Pedro Romano. *O subcontrato.* Coimbra: Almedina, 1989, p. 23-24: "É frequente o recurso ao subcontrato com intuito meramente especulativo. O fenómeno parasitário de especulação é, segundo MESSIINEO, uma das razões gerais do subcontrato. (...) Quando o legislador tenta reprimir certas práticas especulativas proibindo um determinado negócio, pode, eventualmente, alcançar-se o mesmo objetivo contornando a proibição legal e recorrendo ao subcontrato".

121. CF, Art. 1° A República Federativa do Brasil, formada pela união indissolúvel dos Estados e Municípios e do Distrito Federal, constitui-se em Estado Democrático de Direito e tem como fundamentos: III – a dignidade da pessoa humana; Art. 6° São direitos sociais a educação, a saúde, a alimentação, o trabalho, a moradia, o transporte, o lazer, a segurança, a previdência social, a proteção à maternidade e à infância, a assistência aos desamparados, na forma desta Constituição. CC, Art. 421. A liberdade contratual será exercida nos limites da função social do contrato. Art. 2.035. A validade dos negócios e demais atos jurídicos, constituídos antes da entrada em vigor deste Código, obedece ao disposto nas leis anteriores, referidas no art. 2.045, mas os seus efeitos, produzidos após a vigência deste Código, aos preceitos dele se subordinam, salvo se houver sido prevista pelas partes determinada forma de execução. Parágrafo único. Nenhuma convenção prevalecerá se contrariar preceitos de ordem pública, tais como os estabelecidos por este Código para assegurar a função social da propriedade e dos contratos.

122. CC, Art. 421. A liberdade contratual será exercida nos limites da função social do contrato. Art. 2.035. A validade dos negócios e demais atos jurídicos, constituídos antes da entrada em vigor deste Código, obedece ao disposto nas leis anteriores, referidas no art. 2.045, mas os seus efeitos, produzidos após a vigência deste Código, aos preceitos dele se subordinam, salvo se houver sido prevista pelas partes determinada forma de execução. Parágrafo único. Nenhuma convenção prevalecerá se contrariar preceitos de ordem pública, tais como os estabelecidos por este Código para assegurar a função social da propriedade e dos contratos.

123. *Cf.* SOUZA, Sylvio Capanema de. *A Lei do Inquilinato Comentada.* 10. ed. Rio de Janeiro: Forense, 2017, p. 119: "Sempre se procurou limitar o valor dos aluguéis das sublocações, para não se incentivar a chamada 'indústria da sublocação'. Como já se disse, não é eticamente elogiável que alguém se locuplete com patrimônio alheio. (...) É verdade que há uma corrente importante de opinião no sentido de que seria do interesse social incentivar as sublocações, para reduzir o déficit habitacional. Nunca nos filiamos a tal pensamento, até porque já pudemos constatar, pessoalmente, a que ponto de degradação pode chegar a vida dos moradores das habitações multifamiliares e a desenfreada de muitos sublocadores. Os esforços oficiais devem ser no sentido de aumentar o número de unidades disponíveis no mercado, reduzindo o déficit e garantindo um mínimo de qualidade de vida em cada moradia".

10 • ASPECTOS DO CONTRATO DE SUBLOCAÇÃO DE IMÓVEL URBANO: FUNÇÃO SOCIAL E ECONÔMICA **169**

Todavia, penso que ser desrrazoável a limitação quanto aos aluguéis decorrentes da sublocação não residencial quando o sublocador (*v.g.* investidor) propiciar uma utilização mais intensa do bem imóvel (ponto empresarial)[124] – que poderá ser um elemento essencial do estabelecimento empresarial[125] –, notadamente se executar acessões, benfeitorias e outras melhorias, inclusive no seu entorno mediante pagamento das contrapartidas urbanísticas e os respectivos incentivos obtidos (arts. 32, §1º, e 33, VI e VIII, da Lei 10.257/2001)[126], o que, em última análise, promoverá os valores sociais do trabalho, da iniciativa privada e da livre concorrência, função social-econômica da propriedade e da busca do pleno emprego (arts. 1º, IV, 6º, 170, caput, III, IV e VIII, da CF[127]; arts. 421 e 2.035 do CC).

Portanto, tais investimentos realizados sublocador podem gerar uma melhor utilização (quantitativa e qualitativa) do ponto empresarial e, por conseguinte, acabam por conferir um "sobrevalor" (*plusvalore*) ao imóvel do locador[128], de tal sorte que, neste caso,

---

124. *Cf.* MARTINEZ, Pedro Romano. *O subcontrato.* Coimbra: Almedina, 1989, p. 21-23: "O subcontrato, como todo e qualquer negócio jurídico, pressupõe que as partes visem dele retirar vantagens, e que, para tal, cooperem entre si. (...) Coexistem, assim, duas relações de cooperação: a do contrato base e a do subcontrato. A verdadeira especificidade do subcontrato encontra-se na possibilidade de cooperação, similar à que existe no seio de cada contrato, mas agora entre sujeitos que não estão diretamente relacionados, entre si, pela via negocial. Isto permite que, uma parte num dos contratos, retire vantagens da intervenção de terceiro, por sua vez parte no outro negócio jurídico, ao mesmo tempo que este último pode, eventualmente, demandar o primeiro pelas contrapartidas das vantagens que lhe proporcionou, e não tenham sido remuneradas. O subcontrato permite, assim, que sujeitos parte em relações jurídicas diferentes, cooperem e retirem mútuas vantagens. Esta colaboração intersubjectiva proporciona, por um lado, um incremento da especialização técnica e, por outro, uma utilização mais intensa dos bens. O subcontrato pode ser uma forma de cooperação interempresarial, na medida em que contribua para uma melhor qualidade na execução e para um abaixamento dos preços de custo. (...) Quando um dos sujeitos no contrato base não quer, ou não pode, aproveitar, na totalidade, as potencialidades da coisa que detém por força desse negócio, pode subcontratar. Permite-se, assim, que outrem também usufrua o bem nas mesmas condições. Isto é patente nos casos de sublocação e de subafretamento parciais. Com esta utilização mais intensa, pode evitar-se o subaproveitamento dos bens. Há, todavia, o risco de que esta vantagem seja somente usada como forma de especulação".

125. Sobre a essencialidade do local do estabelecimento empresarial, confira-se MIRANDA, Francisco Cavalcanti Pontes de. *Tratado de Direito Privado.* Parte Especial. Tomo XVII, Rio de Janeiro: Borsoi, 1956, p. 371: "Discute-se quanto à existência, ou não, de elemento que se possa considerar essencial ao fundo da empresa; (...) Não há resposta a priori. (..) Também o local pode ter importância capital".

126. Art. 32. Lei municipal específica, baseada no plano diretor, poderá delimitar área para aplicação de operações consorciadas. § 1º Considera-se operação urbana consorciada o conjunto de intervenções e medidas coordenadas pelo Poder Público municipal, com a participação dos proprietários, moradores, usuários permanentes e investidores privados, com o objetivo de alcançar em uma área transformações urbanísticas estruturais, melhorias sociais e a valorização ambiental. Art. 33. Da lei específica que aprovar a operação urbana consorciada constará o plano de operação urbana consorciada, contendo, no mínimo: VI – contrapartida a ser exigida dos proprietários, usuários permanentes e investidores privados em função da utilização dos benefícios previstos nos incisos I, II e III do § 2º do art. 32 desta Lei; VIII – natureza dos incentivos a serem concedidos aos proprietários, usuários permanentes e investidores privados, uma vez atendido o disposto no inciso III do § 2º do art. 32 desta Lei.

127. CF, Art. 1º A República Federativa do Brasil, formada pela união indissolúvel dos Estados e Municípios e do Distrito Federal, constitui-se em Estado Democrático de Direito e tem como fundamentos: IV – os valores sociais do trabalho e da livre iniciativa; Art. 6º São direitos sociais a educação, a saúde, a alimentação, o trabalho, a moradia, o transporte, o lazer, a segurança, a previdência social, a proteção à maternidade e à infância, a assistência aos desamparados, na forma desta Constituição. Art. 170. A ordem econômica, fundada na valorização do trabalho humano e na livre iniciativa, tem por fim assegurar a todos existência digna, conforme os ditames da justiça social, observados os seguintes princípios: III – função social da propriedade; IV – livre concorrência; VIII – busca do pleno emprego;

128. *Cf.* HOOG, Wilson Alberto Zappa. *Fundo de Comércio goodwill em:* apuração de havares, balanço patrimonial, dano emergente, lucro cessante e locação não residencial. Curitiba: Juruá, 2007, p. 170: "Em razão de um contrato de locação, um empresário inquilino tem as faculdades de uso e fruição do imóvel locado enquanto não cessa sua eficácia. Pode efetuar investimentos, corpóreos, tais como: placas, vitrines, prateleiras, instalações elétricas ou de telefonia, que em regra são investimentos tangíveis em propriedade de terceiros, que, em virtude da sua natureza e utilidade, formam o ponto comercial e, por conseguinte, são elementos constituintes do fundo de comércio deste, incorporam-se ao patrimônio do inquilino empresário como elementos constituintes do fundo de comércio. Desta forma, o inquilino, apesar de não ser proprietário do imóvel, é titular de um direito pessoal em relação ao locador, é pleno proprietário, tem a posse e o domínio de seu ponto comercial, inserido dentro do fundo de comércio. (...) Tais direitos, sendo parte do fundo de comércio, são passíveis de alienação por parte do empresário, desde que exista a concordância do proprietário do imóvel para uma sublocação".

a estipulação de valor do subaluguel superior ao aluguel não poderá ser qualificada como "especulação pura" do sublocador em detrimento do locador.

Bem por isso, a racionalidade econômica ajustada entre as partes e a alocação dos riscos de investimentos e das vantagens propiciadas pelo sublocador em favor do sublocatário com o incremento do ponto empresarial – a beneficiar também o locador – legitimarão, pois, o afastamento da restrição da estipulação do subaluguel antes limitada ao valor da locação (art. 5º do Decreto-Lei 4.657/42[129]; arts. 113, V, § 2º, 421-A do CC[130] c.c. art. 21 da Lei 8.245/91).

Nesse contexto, o subaluguel na sublocação coligada à locação no contrato de construção ajustada (*built to suit*) poderá ser superior ao aluguel da locação pelos motivos delineados no item 3.4 acima.

Foram os elementos da racionalidade econômica[131] e da alocação de riscos ajustados pelas partes que inspirou o legislador ordinário da Lei especial 13.966/2019[132], que dispõe sobre o sistema de franquia empresarial, ao permitir que, na sublocação coligada ao contrato de franquia, o valor do subaluguel a ser pago pelo franqueado (sublocatário) ao franqueador (sublocador) poderá ser superior ao valor que o franqueador paga ao proprietário do imóvel na locação originária do ponto comercial, desde que (i) essa possibilidade esteja expressa e clara na circular de oferta de franquia e no contrato e (ii) o valor pago a maior ao franqueador na sublocação não implique excessiva onerosidade ao franqueado, garantida a manutenção do equilíbrio econômico-financeiro da sublocação na vigência do contrato de franquia (art. 3º, parágrafo único)[133].

---

129. LINDB, Art. 5º Na aplicação da lei, o juiz atenderá aos fins sociais a que ela se dirige e às exigências do bem comum.

130. Art. 113. Os negócios jurídicos devem ser interpretados conforme a boa-fé e os usos do lugar de sua celebração. V – corresponder a qual seria a razoável negociação das partes sobre a questão discutida, inferida das demais disposições do negócio e da racionalidade econômica das partes, consideradas as informações disponíveis no momento de sua celebração. § 2º As partes poderão livremente pactuar regras de interpretação, de preenchimento de lacunas e de integração dos negócios jurídicos diversas daquelas previstas em lei. Art. 421-A. Os contratos civis e empresariais presumem-se paritários e simétricos até a presença de elementos concretos que justifiquem o afastamento dessa presunção, ressalvados os regimes jurídicos previstos em leis especiais, garantido também que: II – a alocação de riscos definida pelas partes deve ser respeitada e observada;

131. No contrato de franquia o franqueador (sublocador) cede onerosamente ao franqueado (sublocatário) os seus bens intelectuais, os quais integram os elementos do estabelecimento empresarial que (...) *Cf.* BITTAR, Carlos Alberto. *Contratos Comerciais*. 4. ed. Rio de Janeiro: Forense Universitária, 2005, p. 207-208: "Caracteriza-se o contrato de franchise pela licença outorgada a empresar comercial autônoma, para colocação de produtos no mercado com o uso da marca do titular, que lhe presta assistência técnica e comercial, tudo mediante percentual incidente sobre o respectivo faturamento. (...) Contudo, a *ratio*, ou a causa, na franquia é a utilização econômica autorizada, sob remuneração própria e assistência técnica, de bem intelectual integrante do aviamento de outrem, empresarial comercial disposto a expandir seus negócios, com o aproveitamento da expressão e do potencial por ele adquirido publicamente". Art. 1º Esta Lei disciplina o sistema de franquia empresarial, pelo qual um franqueador autoriza por meio de contrato um franqueado a usar marcas e outros objetos de propriedade intelectual, sempre associados ao direito de produção ou distribuição exclusiva ou não exclusiva de produtos ou serviços e também ao direito de uso de métodos e sistemas de implantação e administração de negócio ou sistema operacional desenvolvido ou detido pelo franqueador, mediante remuneração direta ou indireta, sem caracterizar relação de consumo ou vínculo empregatício em relação ao franqueado ou a seus empregados, ainda que durante o período de treinamento.

132. Decreto-Lei 4.657/1942, Art. 2º Não se destinando à vigência temporária, a lei terá vigor até que outra a modifique ou revogue. § 2º A lei nova, que estabeleça disposições gerais ou especiais a par das já existentes, não revoga nem modifica a lei anterior.

133. Art. 3º Nos casos em que o franqueador subloque ao franqueado o ponto comercial onde se acha instalada a franquia, qualquer uma das partes terá legitimidade para propor a renovação do contrato de locação do imóvel, vedada a exclusão de qualquer uma delas do contrato de locação e de sublocação por ocasião da sua renovação ou prorrogação, salvo nos casos de inadimplência dos respectivos contratos ou do contrato de franquia. Parágrafo único. O valor do aluguel a ser pago pelo franqueado ao franqueador, nas sublocações de que trata o caput, poderá ser superior ao valor que o franqueador paga ao proprietário do imóvel na locação originária do ponto comercial, desde que: I – essa possibilidade esteja expressa e clara na Circular de Oferta de Franquia e no contrato; e II – o valor pago a maior ao franqueador na sublocação não implique excessiva onerosidade ao franqueado, garantida a manutenção do equilíbrio econômico-financeiro da sublocação na vigência do contrato de franquia.

10 • ASPECTOS DO CONTRATO DE SUBLOCAÇÃO DE IMÓVEL URBANO: FUNÇÃO SOCIAL E ECONÔMICA **171**

Por fim, ainda nas sublocações não residenciais não vislumbro *prima facie* antijuricidade na estipulação de subaluguel pelo sublocador superior ao aluguel recebido pelo locador quando este participar, em percentual razoável, da diferença a maior cobrada do sublocatário, a afastar, assim, a especulação pura pelo sublocador. Com efeito, a norma do art. 21 da Lei 8.245/91 estabelece, para efeito do regime jurídico da locação não residencial, uma proibição protetiva em favor do locador, razão pela qual poderá ser derrogada por este a quem interessa[134].

7. SUBLOCAÇÃO E RESPONSABILIDADE SUBSIDIÁRIA

Em caso de inadimplemento do sublocador (locatário), o sublocatário responderá subsidiariamente ao locador pela importância que dever ao sublocador, quando este for demandado e, ainda, pelos aluguéis que se vencerem durante a lide (art. 16). Com efeito, "a responsabilidade do sublocatário perante o locador é subsidiária e não solidária. Seria solidária se pudesse o locador exigir tanto do locatário quanto do sublocatário, indistintamente, o valor da dívida toda. Não pode. Primeiro tem de procurar cobrar do locatário e se não conseguir atender à sua pretensão, poderá cobrar do outro. Essa impossibilidade de escolha distingue a obrigação subsidiária da solidária, já que quando há solidariedade não se pode exigir sejam excutidos primeiros os bens de um e depois os de outro"[135].

Na Itália, Francesco Messineo ensina que a responsabilidade do sublocatário perante o locador é um caso de pluralidade de devedores (sublocador e sublocatário) de obrigação não solidária[136].

No Brasil, a pretensão de satisfação do crédito do locador perante o sublocatário exigirá o ajuizamento de uma demanda judicial pelo credor proposta contra o locatário (sublocador), na qual o subinquilino, responsável subsidiário, será cientificado, "de modo que os valores pagos pelo sublocatário ao locador quitam os respectivos débitos existentes para com o sublocador"[137].

A responsabilidade subsidiária recai tanto sobre o sublocatário legítimo[138] como também sobre o ilegítimo[139], os quais suportam, ainda, as penalidades contratuais

---

134. *Cf.* TORRENTE, Andrea, SCHLENSINGER, Piero. *Manuale di Diritto Privato.* 19. ed. Milano: Giuffrè Editore, 2009, p. 606-607: "Una categoria che si va diffondendo nella legislazione speciale è quella delle nullità 'di protezione', in cui un contratto non è qualificato nullo per ragioni di interesse generale o per contrarietà all'ordine pubblico econômico, ma a fini di tutela di una delle parti: (...) Anche nell'ambito di contratti tra imprese si assiste allo sviluppo della legislazione protettiva: (...) Caractteristica delle 'nullità di protezione' è la lora deducibilità soltanto ad opera della parte a tutela della qual ela nullità è comminata e non dell'altro contraente".
135. *Cf.* CARNEIRO, Waldir de Arruda Miranda Carneiro. *Anotações à Lei do Inquilinato.* São Paulo: Ed. RT, 2000, p. 93: "Desse modo, segundo observa CLÓVIS BEVILÁQUA, ao comentar o art. 1.202 do C. Civil, 'não obstante ser a sublocação contrato, entre locatário e o sublocatário, todavia ficará este obrigado a pagar ao locador aluguéis, que aquele deixar de pagar, até a quantia que ele mesmo dever. Opera-se, por determinação expressa da lei, um transporte de crédito em benefício do credor".
136. *Cf.* MESSINEO, Francesco *Derecho Civil y Comercial.* Buenos Aires: EJEA, 1979, V. V. p. 189.
137. *Cf.* CARNEIRO, Waldir de Arruda Miranda Carneiro. *Anotações à Lei do Inquilinato.* São Paulo: Ed. RT, 2000, p. 93: "A responsabilidade aqui estabelecida, apresenta-se como exceção ao fato de inexistirem vínculos jurídicos entre locador e sublocatário".
138. Agravo regimental no agravo em recurso especial. Locação de imóvel. Sublocação. Responsabilidade pelas Despesas decorrentes da ocupação do imóvel. Dever de indenizar o locatário. Incidência da súmula 7 do STJ. Decisão mantida. 1. O entendimento jurisprudencial desta Corte determina que o sublocatário tem responsabilidade subsidiária, de modo que deixa de responder pela dívida perante o locador mas responde pela obrigação assumida perante o locatário. Precedentes. 2. Nos termos do art. 16 da Lei 8245/91 o sublocatário deve responder perante o locatário pelos pagamentos das despesas de aluguel. 3. Rever os contornos fáticos da controvérsia é vedado em recurso especial, ante o teor da súmula 7 deste Superior Tribunal. 4. Agravo regimental não provido. (STJ, AgRg no AREsp 444.770/DF, Rel. Ministro Luis Felipe Salomão, Quarta Turma, julgado em 22.04.2014, DJe 25.04.2014).
139. Civil e processual civil. Recurso especial. Embargos à execução de título extrajudicial. 1. Alegação de nulidade. Inexistência de prejuízo. Exceção de incompetência. Definitivamente julgada. Nulidade afastada. 2. Embargos de declaração.

impostas e inadimplidas pelo sublocador (locatário)[140]. Salienta Sylvio Capanema de Souza que "o sublocatário não mais poderá pagar, diretamente, ao sublocador, depois de cientificado de sua mora, pelo locador. Se o fizer, estará pagando mal, sujeitando-se a repetir o pagamento, já que ineficaz a quitação que lhe for dada pelo sublocador. Pagará o sublocatário, ao locador, exatamente, o valor do locativo devido ao sublocador, e não o que este, eventualmente, dever àquele"[141]. A hipótese aqui está prevista no art. 312 do CC[142].

A responsabilidade subsidiária do sublocatário também permite ao locador a satisfação do seu crédito mediante o ajuizamento de ação de execução por título executivo extrajudicial (art. 784, VIII, CPC)[143]. O sublocatário aqui é o responsável secundário em relação ao sublocador, responsável primário perante o credor-locador. A posição processual o sublocatário como executado decorre da sua legitimidade passiva extraordinária[144]. Na Itália, esta situação jurídica processual executiva na qual se sujeita o

---

Questões apontadas examinadas pelo tribunal de origem. Omissão não configurada. 3. Contrato de aluguel de imóveis. Sublocação ilegítima. Responsabilidade subsidiária e limitada. Legitimidade passiva extraordinária reconhecida. Recurso especial parcialmente provido. 1. A questão central do recurso especial é definir se o sublocatário é sujeito passivo legítimo para responder por ação de execução do contrato de locação e qual a extensão de sua responsabilidade. (...) 5. A legitimidade passiva para a ação de execução de título extrajudicial é virtualmente aquela estabelecida de forma expressa no título exequendo, uma vez que pessoas estranhas ao título podem ser alcançadas, seja por legitimação ordinária ou legitimação secundária, seja por legitimação extraordinária. 6. Ao se estabelecer a responsabilidade do sublocatário por dívidas do sublocador ao locador, ainda que de forma subsidiária e limitada (art. 16 da Le n. 8.245/1991), é possível sua inclusão no polo passivo de execução de aluguel, a despeito da inexistência de relação jurídica direta entre locador e sublocatário. 7. A responsabilização patrimonial do sublocatário é aplicável tanto à sublocação legítima quanto à ilegítima. 8. Recurso especial parcialmente provido. (...) Desse modo, por uma interpretação lógico-sistemática da legislação vigente, deve-se reconhecer que o referido art. 16 não pode ter sua eficácia limitada às sublocações legítimas, mas deverá ser observado também nas sublocações não consentidas. Noutros termos, qualquer sublocatário, legítimo ou não, poderá ser responsabilizado de forma subsidiária e limitada nas ações em que se pretenda o pagamento dos aluguéis devidos pelo sublocador. (...) (STJ, REsp 1384647/SP, Rel. Ministro Marco Aurélio Bellizze, Terceira Turma, julgado em 19.02.2019, DJe 22.02.2019).

140. *Cf.* VENOSA, Sílvio de Salvo. *Lei do Inquilinato Comentada. Doutrina e Prática.* 7. ed. São Paulo: Atlas, 2004, p. 113: "A responsabilidade do sublocatário aflora da notificação da ação proposta pelo locador. Qualquer ação que vise à responsabilidade pela locação: ação de despejo, de cobrança pelo rito ordinário ou executivo e outras. Desde então os aluguéis e encargos devidos e os que se vencerem durante a lide devem ser pagos ao locador. Responderá também pelo valor da multa contratual. Doutro modo haveria um injusto enriquecimento do locatário devedor".

141. *Cf.* SOUZA, Sylvio Capanema de. *A Lei do Inquilinato Comentada.* 10. ed. Rio de Janeiro: Forense, 2017, p. 104. *Cf.* SANTOS, Gildo dos Santos. *Locação e Despejo. Comentários à Lei 8.245/91.*6. ed. São Paulo: Ed. RT, 2010, p. 139: "Tem de exigir, primeiro, do devedor principal, e somente se não conseguir cobrar seu crédito é que pode exigir do outro devedor, subsidiário, no limite da responsabilidade deste. Por isso, a Lei de Locações dispõe que a responsabilidade do sublocatário é apenas subsidiária, não solidária, e somente pela importância que dever ao sublocador, como se vê expressamente do artigo ora examinado".

142. Art. 312. Se o devedor pagar ao credor, apesar de intimado da penhora feita sobre o crédito, ou da impugnação a ele oposta por terceiros, o pagamento não valerá contra estes, que poderão constranger o devedor a pagar de novo, ficando-lhe ressalvado o regresso contra o credor.

143. CPC/2015, Art. 784. São títulos executivos extrajudiciais: VIII – o crédito, documentalmente comprovado, decorrente de aluguel de imóvel, bem como de encargos acessórios, tais como taxas e despesas de condomínio;

144. *Cf.* ASSIS, Araken de. *Manual da Execução.* 20. ed. São Paulo: Ed. RT, 2018, p. 595-596: "Fundamental à caracterização da legitimidade extraordinária, nos termos propostos (retro, 112), é a nítida dissociação entre o titular da dívida e a parte passiva legítima. Em última análise, e de olho na realidade prática, interessa definir a quem se rotulará parte legítima passiva na demanda executória: A resposta é simples: a quem não puder livrar-se de a execução recair no seu patrimônio. Essa responsabilidade recaia sobre dois grupos: (a) (...); (b) os que, apesar de não assumirem dívida alguma, expõem seu patrimônio à satisfação do crédito, porque são responsáveis pela solução da dívida. Essas últimas pessoas, envolvidas no processo pelo ângulo subjetivo (o credor propôs contra elas a execução) desde o início, ou (...)". "(...) Sabe-se que a ação de execução é instrumento processual agressivo, pelo qual se invade o patrimônio do devedor, substituindo-lhe a vontade e assegurando a satisfação do crédito por meio da transferência coercitiva de bens ou do constrangimento do devedor a cumprir obrigação personalíssima por meio de sanção, pecuniária ou pessoal, a qual também atinge sua esfera jurídica por via reflexa. É em razão dessa força invasiva que o legislador condicionou a prestação jurisdicional à existência de "título de obrigação certa, líquida e exigível" (art. 586 do CPC/1973), impon-

10 • ASPECTOS DO CONTRATO DE SUBLOCAÇÃO DE IMÓVEL URBANO: FUNÇÃO SOCIAL E ECONÔMICA

sublocatário é denominada *esecuzione ultra partes*[145]. Em Portugal, o sublocatário é qualificado como "terceiro-parte" na demanda executiva contra ele proposta[146].

8. EFEITOS EXTINTIVOS DA SUBLOCAÇÃO COLIGADA À LOCAÇÃO

A sublocação será resolvida se rescindida ou finda a locação, qualquer que seja a causa, assegurado o direito de indenização do sublocatário contra o sublocador (art. 15)[147].

---

do-se a observância da legalidade estrita para o reconhecimento da natureza executiva a títulos extrajudiciais (art. 585, VIII, do CPC/1973). Além de identificar a obrigação em si, também é o título que indica, a princípio, as partes do processo executivo, de forma que credor e devedor devem constar do título exequendo. Todavia, a legitimidade do título é apenas virtual, uma vez que além do legitimado ordinário primário – devedor – outros sujeitos podem ser parte legítima em decorrência da relação que guardam com o devedor originário (DINAMARCO, Cândido Rangel. Instituições de direito processual civil, 3. ed. São Paulo: Malheiros, 2009, v. IV, p. 134). Assim, de fato, estabelece o art. 568, III, do CPC/1973, a possibilidade de se alcançar um novo devedor que, com a anuência do credor, haja assumido a obrigação resultante do título (...) Estabelecida a existência da responsabilidade pela dívida, poderá ele ser sujeito passivo da execução de contrato de aluguel, contudo seus bens somente serão alcançados após esgotadas as tentativas de excussão patrimonial do devedor principal e observados os limites de sua responsabilização legal. Outrossim, é importante consignar que a imposição dessas limitações, por si só, não são suficientes para afastar a legitimidade do sublocatário, porquanto sua inclusão no polo passivo decorre diretamente de uma responsabilização legal, ou seja, de uma típica legitimação extraordinária. Não é demais rememorar que a legitimidade é verificada *in status assertionis*, ou seja, de acordo com os fatos narrados na inicial que indiquem a existência da relação de sublocação, e, mesmo na ação de execução, poderá a responsabilidade ser afastada pela oposição de embargos do devedor, cuja natureza de ação de conhecimento e rito possibilitam a discussão e prova da existência, ou não, da sublocação. Por fim, a limitação da responsabilidade também não será óbice à liquidez e certeza do título, uma vez que o que se encontra sob execução não é o contrato de sublocação, que apenas servirá para demonstrar a condição e extensão da responsabilidade, mas o próprio contrato de locação (...) (STJ, REsp 1384647/SP, Rel. Ministro Marco Aurélio Bellizze, Terceira Turma, julgado em 19.02.2019, DJe 22.02.2019).

145. *Cf.* LUISO, Francesco Paolo. *L'esecuzione ultra partes.* Milano: Giuffrè Editore: 1984, p. 310: "Esce confermata, in definitiva, la correttezza della opinione maggioritaria sai in giurisprudenza sai in dottrina: la condanna del sublocatore consente di instaurare un procedimento di esecuzione per rilascio nei confronti del subconduttore, secondo il modulo dell'esecuzione 'ultra partes' con contradittorio".

146. *Cf.* MESQUITA, Miguel. *Apreensão de bens em processo executivo e oposição de terceiro.* 2. ed. Coimbra: Almedina, 2001, p. 39: "No entanto, e pelo que respeita especialmente à legitimidade passiva, pode essa qualidade alagar-se a terceiros que, embora não figurando expressamente no título, estejam sujeitas à sanção executiva ou, noutros termos, sejam titulares da responsabilidade executiva. Uma vez demandados, no requerimento inicial da execução, tornam-se terceiros-partes ou, num sentido formal, executados. Estamos, nestes casos, perante uma execução ultra partes com contraditório. Ao invés, todos aqueles que não são demandados no processo executivo incluem-se na categoria dos terceiros estranhos à acção".

147. Agravo regimental no agravo em recurso especial. Conexão entre a ação de despejo e a de rescisão da locação e da sublocação. Revisão do julgado. Impossibilidade. Súmula 7/STJ. 1. Vedada nesta instância especial, ante o óbice da Súmulas 7/STJ, a pretensão recursal de inverter a conclusão do Tribunal de origem que, diante das provas dos autos, reconheceu a existência de conexão entre as ações de despejo e de rescisão dos contratos de locação e de sublocação. 2. Agravo regimental não provido. (STJ, AgRg no AREsp 141.591/DF, Rel. Ministro Ricardo Villas Bôas Cueva, Terceira Turma, julgado em 18.06.2015, DJe 04.08.2015). Recurso especial. Processual civil. Ação de rescisão contratual, indenização e declaratória. Contratos de locação, sublocação e promessa de compra e venda de combustíveis e outros derivados. Descumprimento da obrigação de assentimento na cessão dos créditos locatícios, a fim de possibilitar a emissão de debêntures. Violação do art. 535 do CPC de 1973 configurada. Retorno dos autos ao tribunal de origem. (...) 2. O cotejo entre a petição dos embargos de declaração e o acórdão que os apreciou revela que a Corte de origem não supriu os vícios indicados, notadamente as seguintes omissões: (1) se a obrigação assumida pela Petrobras Distribuidora S.A. incluía, além da cessão dos créditos locatícios, a renúncia mencionada na cláusula 3.1.; (2) a regra contida no art. 794 do Código Civil de 1916, levando em consideração o mútuo do Banco Alfa e a caução oferecida – crédito das locações em que a Petrobras Distribuidora S.A. figurava como locatária –; (3) a incidência de cláusulas penais instituídas para a hipótese de total inadimplemento das obrigações ajustadas, em todos os contratos, fazendo o valor condenatório superar em mais de 10 (dez) vezes o valor da obrigação relativa à emissão das debêntures, podendo superar, em valores atuais, a cifra de R$ 8 bilhões; (4) não obstante reconhecer o inadimplemento do grupo empresarial no primeiro ano de vigência dos contratos de compra e venda, não logrou detalhar em que consistiu os "eventuais atrasos nos pagamentos de combustíveis e outros produtos" (fl. 4156), declinando quais contratos foram inadimplidos, quais os valores e por quanto tempo se deram esses atrasos e em que períodos, após a celebração dos contratos em dezembro/1998, ocorreram os inadimplementos; (5) a análise da alegada ilegitimidade passiva dos ex-diretores da Petrobras Distribuidora S.A., sob a lente dos arts. 158 e 159

A rigor, o enunciado da norma alcança "qualquer modalidade de término da relação jurídico principal" que importe a dissolução do vínculo (resilição, distrato, resolução etc.)[148].

Verifica-se, pois, aqui a mitigação do princípio da relatividade dos efeitos do contrato (*res inter alios*)[149] na medida em que os negócios jurídicos celebrados entre as partes (locador e sublocador) e a sua extinção podem interferir na esfera jurídica de terceiro (sublocatário).

Acrescenta Sylvio Capanema de Souza que "se a locação se findar por confusão, ou consolidação, isto é, o locatário adquire na qualidade de proprietário, usufrutuário ou enfiteuta do imóvel, não se extingue a sublocação, porque não cessa o direito de uso do locatário, mudando apenas de forma, para adquirir maior solidez"[150].

Após a extinção da locação e, por conseguinte, dissolvida a subordinada coligação contratual da sublocação legítima, a permanência do sublocatário (art. 59, §1º, V)[151] autorizará ao locador a propositura de ação de despejo contra o locatário e apenas ciência (intimação) do sublocatário (art. 59, § 2º)[152], conquanto o "efeito desalojatório procurado se deva à ocupação exercitada pelo subinquilino"[153]. A ausência de intimação do sublocatário pelo locador permitirá o oferecimento de embargos de terceiro pelo subinquilino[154].

---

    da Lei n. 6.404/1976, no sentido de que só responderiam perante a companhia – não perante terceiros –, quando procedessem com culpa ou dolo, ou com violação da lei ou do estatuto. (STJ, REsp 1265625/SP, Rel. Ministro Lázaro Guimarães (Desembargador Convocado do TRF 5ª REGIÃO; Rel. p/ Acórdão Ministro Luis Felipe Salomão, Quarta Turma, julgado em 23.08.2018, DJe 08.10.2018.)

148. *Cf.* CARNEIRO, Waldir de Arruda Miranda Carneiro. *Anotações à Lei do Inquilinato.* São Paulo: Ed. RT, 2000, p. 91. *Cf.* VENOSA, Sílvio de Salvo. *Lei do Inquilinato Comentada. Doutrina e Prática.* 7. ed. São Paulo: Atlas, 2004, p. 111: "Note-se que o texto se refere tanto à rescisão, em que existe, como dissemos, a noção de desfazimento da relação contratual por culpa, quanto ao final propriamente dito da relação obrigacional, que pode decorrer de distrato ou outra forma de resilição. Embora não exista, como tese, relação do sublocatário com o locador, pode o sublocatário purgar a mora do locatário, como terceiro interessado, para evitar o despejo e ainda responde subsidiariamente ao locador, na forma do artigo seguinte".

149. *Cf.* GOMES, Orlando. *Contratos.* 26. ed. Rio de Janeiro: Forense, 2008, p. 46-47: "O princípio da relatividade dos contratos diz respeito à sua eficácia. Sua formulação fez-se em termos claros e concisos ao dizer-se que o contrato é *res inter alios acta, aliis neque nocet neque prodest,* o que significa que seus efeitos se produzem exclusivamente entre as partes, não aproveitando nem prejudicando terceiros. (...) Há contratos que, fugindo à regra geral, estendem efeitos a outras pessoas, quer criando, para estas direitos, quer impondo obrigações. Tais são, dentre outros, a estipulação em favor de terceiro, o contrato coletivo de trabalho, a locação em certos casos e o fideicomisso 'inter vivos'. (...) Consideradas as pessoas em cuja esfera jurídica podem incidir efeitos finais de contrato, é de ressaltar a noção de oponibilidade, distinguindo três categorias de terceiros: 1º) os que são estranhos ao contrato, mas participantes do interesse, cuja posição jurídica é subordinada à da parte, como os subcontratantes e os mandatários; (...)".

150. *Cf.* SOUZA, Sylvio Capanema de. *A Lei do Inquilinato Comentada.* 10. ed. Rio de Janeiro: Forense, 2017, p. 104.

151. Art. 59. Com as modificações constantes deste capítulo, as ações de despejo terão o rito ordinário. § 1º Conceder-se-á liminar para desocupação em quinze dias, independentemente da audiência da parte contrária e desde que prestada a caução no valor equivalente a três meses de aluguel, nas ações que tiverem por fundamento exclusivo: V – a permanência do sublocatário no imóvel, extinta a locação, celebrada com o locatário.

152. Art. 59. Com as modificações constantes deste capítulo, as ações de despejo terão o rito ordinário. § 2º Qualquer que seja o fundamento da ação dar-se-á ciência do pedido aos sublocatários, que poderão intervir no processo como assistentes. Processo civil – Recurso especial – Locação – Ação de despejo – sublocatário – Ilegitimidade passiva ad causam – Assistente – Carência da ação decretada – Divergência jurisprudencial não comprovada. (...) 2 – Por não existir relação ex locato entre o sublocatário e o locador, este não poderá afrontá-lo pela via da ação de despejo. A demanda deve ser ajuizada contra o locatário e não contra o subinquilino. Todavia, intentada a ação de desalijo, por qualquer que seja o seu fundamento, deverá o locador dar ciência da mesma ao sublocatário legítimo e consentido, dando-lhe oportunidade de ingressar na relação processual como assistente litisconsorcial, já que sua obrigação é subsidiária e não solidária. Inteligência do art. 59, parág. 2º, da Lei 8.245/91. Ilegitimidade passiva ad causam reconhecida. Carência decretada. (...) (STJ, REsp 288.031/PR, Rel. Ministro Jorge Scartezzini, Quinta Turma, julgado em 16.05.2002, DJ 26.08.2002, p. 283).

153. *Cf.* CARNEIRO, Waldir de Arruda Miranda Carneiro. *Anotações à Lei do Inquilinato.* São Paulo: Ed. RT, 2000, p. 91.

154. Processo civil. Recurso especial. Execução de sentença prolatada em ação de despejo. Embargos de terceiro. Inadmissibilidade. 1. É inadmissível a propositura de embargos de terceiros em sede de execução de sentença prolatada em ação de despejo, ressalvado o caso de comprovada sublocação legítima, com ausência de intimação do sublocatário, de modo

Na hipótese de "caracterizada a sublocação ilegítima, o sublocatário não tem sequer condições legais para defender seu interesse, de modo que não há razão para cientificá-lo ou intimá-lo dos termos de ação de desejo, daí por que não goza de quaisquer direitos que a lei concede ao sublocatário legítimo, sendo inviável a convocação daquele para intervir no feito"[155]. Neste caso, "sendo ilegítima a sublocação, o remédio contra ocupante (no caso mero intruso perante o locador) será o possessório, ao invés da ação de despejo, reservada para as ocupações decorrentes de regular locação"[156].

Por fim, finda a locação, "pode, sem dúvida, o locador admitir o sublocatário na continuidade da locação, mas agora isso é faculdade sua e não direito do sublocatário, surgindo nova relação locatícia"[157].

9. DIREITO DE PREFERÊNCIA DO SUBLOCATÁRIO

A alienação pelo locador do imóvel urbano locado, durante a vigência da locação, gera para o locatário a preferência para adquiri-lo em igualdade de condições com terceiros, na forma do art. 27 da Lei 8.245/91[158].

A rigor, "estando o imóvel sublocado em sua totalidade, caberá a preferência ao sublocatário e, em seguida, ao locatário. Se forem vários os sublocatários, a preferência caberá a todos, em comum, ou a qualquer deles, se um só for o interessado" (art. 30). A sublocação gera, pois, "efeitos entre o locador e sublocatário. Nesse caso, a preferência será do sublocatário. Protege a lei, primeiramente, que está efetivamente ocupando o prédio. Trata-se do sublocatário consentido, bem entendido, porque o sublocatário clandestino não terá o direito. Nem haverá direito de preferência do sublocatário se a sublocação for parcial, continuando então preferente o locatário"[159].

---

a viabilizar-lhe o meio hábil de defesa da posse do imóvel. Precedentes. 2. Recurso especial não provido. (REsp 326.063/ MT, Rel. Ministro Raul Araújo, Rel. p/ Acórdão Ministro Luis Felipe Salomão, Quarta Turma, julgado em 20.06.2013, DJe 23.08.2013). Processo civil. Locação. Artigo 535 do código de processo civil. Omissão. Não ocorrência. Embargos de terceiro. Ação de despejo. Possibilidade. 1. Não ocorre omissão quando o Tribunal de origem decide fundamentadamente todas as questões postas ao seu crivo. 2. Em regra, não cabem embargos de terceiro contramandado de despejo, situação que se modifica quando o sublocatário os maneja na defesa da posse do imóvel por não ter participado da respectiva ação. 3. Recurso especial a que se nega provimento. (REsp 551.731/RJ, Rel. Ministro Paulo Gallotti, Sexta Turma, julgado em 23.11.2004, DJ 05.02.2007, p. 405).

155. *Cf.* SANTOS, Gildo dos Santos. *Locação e Despejo. Comentários à Lei 8.245/91.*6. ed. São Paulo: Ed. RT, 2010, p. 137. Locação. Sublocação ilegítima. Desocupação do imóvel. Notificação. Art. 57, Lei 8.245/91. Desnecessidade. – Estabelece o art. 57 da Lei do Inquilinato um fim em sede de contrato de locação por prazo indeterminado, a desocupação deve ser objeto de notificação por escrito ao locatário, que deverá fazê-lo no prazo de trinta dias. – A discussão acerca da obrigatoriedade ou não de notificação do sublocatário para, nos termos do art. 57 da Lei do Inquilinato, desocupar o imóvel em trinta dias, esvazia-se diante da circunstância de ter as instâncias ordinárias concluído pela irregularidade da sublocação, diante do contrato que vedava a sublocação total ou parcial do imóvel. – Recurso especial não conhecido (STJ, REsp 403.075/RO, Rel. Ministro Vicente Leal, Sexta Turma, julgado em 18.04.2002, DJ 13.05.2002, p. 247).

156. *Cf.* CARNEIRO, Waldir de Arruda Miranda Carneiro. *Anotações à Lei do Inquilinato.* São Paulo: Ed. RT, 2000, p. 91.

157. *Cf.* VENOSA, Sílvio de Salvo. *Lei do Inquilinato Comentada. Doutrina e Prática.* 7. ed. São Paulo: Atlas, 2004, p. 112.

158. *Cf.* VENOSA, Sílvio de Salvo. *Lei do Inquilinato Comentada. Doutrina e Prática.* 7. ed. São Paulo: Atlas, 2004, p. 159: "É instituto que veio transplantado da compra e venda, onde é peculiar. Por essa razão, naquilo que a lei de locações for omissa, aplicam-se os princípios tradicionais da preempção, no que couber, tal como secularmente aplicados à compra e venda".

159. *Cf.* VENOSA, Sílvio de Salvo. *Lei do Inquilinato Comentada. Doutrina e Prática.* 7. ed. São Paulo: Atlas, 2004, p. 165: "No caso de ser mais de um o interessado na aquisição do prédio, quer a preferência se aplique aos locatários, quer aos sublocatários, a lei traça a ordem de preferência, mais completa do que no diploma anterior: terá preferência, em primeiro lugar, o locatário mais antigo no local, ou se aí houver empate, o locatário mais idoso. É claro que, sendo vários locatários ou sublocatários consentidos, todos devem ser notificados da proposta de venda. A aquisição em condomínio somente será permitida mediante acordo dos interessados".

"Não se interessando o locatário-sublocador pelo exercício da preferência, deverá o locador oferecê-la ao sublocatário, sendo parcial a sublocação?" O Professor Sylvio Capanema de Souza, amparado no princípio da função social do direito, entende que sim e pondera: "que prejuízo adviria para o locador oferecer a preferência ao sublocatário parcial, se a não quiser o locatário? Parece-nos que nenhum. Por outro lado, o sublocatário já ocupa o imóvel, embora não integralmente, sendo socialmente justo que nele possa permanecer, adquirindo a propriedade. Assim ocorrendo poderá ele denunciar a locação ao locatário-sublocador, invocando também a regra do já citado artigo 8°"[160].

Acompanhamos o entendimento do Professor Sylvio Capanema de Souza. Todavia, pensamos que o direito de preferência na sublocação parcial conferido sublocatário na eventualidade do desinteresse do sublocador deveria ser restringir à locação residencial que funcionaliza o direito fundamental social à moradia, socialmente relevante e que pode ser qualificado como um direito de segunda geração, segundo a lição do jusfilósofo Norberto Bobbio[161].

Neste caso, tendo em vista que a norma geral é a livre circulação dos bens assegurada pelo poder de disposição do seu titular, entendemos que a sobredita tutela do sublocatário parcial de imóvel residencial deve decorrer de uma preferência legal[162], a recomendar a alteração do art. 30, nos seguintes termos propostos *de lege ferenda*:

Art. 30. Estando o imóvel sublocado em sua totalidade, caberá a preferência ao sublocatário e, em seguida, ao locatário. Se forem vários os sublocatários, a preferência caberá a todos, em comum, ou a qualquer deles, se um só for o interessado.

Parágrafo primeiro. Na sublocação parcial de imóvel residencial, caberá a preferência ao locatário e, em seguida, ao sublocatário.

Parágrafo segundo: Havendo pluralidade de pretendentes, caberá a preferência ao locatário, *e se for o caso o sublocatário*, mais antigo, e, se da mesma data, ao mais idoso.

Pensamos que a redação sugerida é consentânea com o postulado de um Direito justo que melhor orienta a efetivação do princípio da nivelação social[163] a incidir numa relação privada a partir de uma perspectiva solidária e/ou colaborativa (arts. 3º, I, e 6º da

---

160. *Cf.* SOUZA, Sylvio Capanema de. *A Lei do Inquilinato Comentada.* 10. ed. Rio de Janeiro: Forense, 2017, p. 159.
161. *Cf.* BOBBIO, Norberto. *A era dos direitos.* 10. ed. Rio de Janeiro: Campus, 1992, p. 63: "Finalmente, descendo do plano ideal ao plano real, uma coisa é falar dos direitos do homem, direitos sempre novos e cada vez mais extensos, e justificá-los com argumentos convincentes; outra coisa é garantir-lhes uma proteção efetiva. Sobre isso, é oportuna ainda a seguinte consideração: à medida que as pretensões aumentam, a satisfação delas torna-se cada vez mais difícil. Os direitos sociais, como se sabe, são mais difíceis de proteger do que os direitos de liberdade. Mas sabemos todos, igualmente, que a proteção internacional é mais difícil do que a proteção no interior de um Estado de direito".
162. *Cf.* TORRENTE, Andrea, SCHLENSINGER, Piero. *Manuale di Diritto Privato.* 19. ed. Milano: Giuffrè Editore, 2009, p. 534-535: "La prelazione può esse volontaria, quando venga concessa con un acordo tra privati, ovvero può esse legale, ossia accordata da una norma di legge, recorrendo determinati pressupposti, per finalità *Cf.* TORRENTE, Andrea, SCHLENSINGER, Piero. *Manuale di Diritto Privato.* 19. ed. Milano: Giuffrè Editore, 2009, p. 606-607 di interesse generale. (..) Sono numerose l enorme che prevedono un diritto legale di prelazione, quando il legislatore ritiene oportuno concedere diritto di preferenza nella circolazione, normalmente libera, dei beni".
163. LARENZ, Karl. *Derecho Justo. Fundamentos de Etica Juridica.* Madrid: Civitas, 1985, p. 146-148: "El principio de la nivelacion social. (...) En este caso el ordenamiento jurídico tiene por lo general que proteger a la parte más débil, por médio de preceptos de Derecho imperativo o de prohibiciones semicoactivas, como ocorre en el Derecho de las condiciones excessivas o frente a los supuestos de explotacion. (...) En el Derecho privado conoemos también preceptos protectores semejantes, como verbigracia en el Derecho de Arrendamientos o en los contratos a plazos. (...) La politica del Derecho es una parte de la politica, y toda politica, en um Estado de Derecho, debe orientarse hacia el Derecho y conciliarse con él. (...) El principio del Estado social estabelecido por la Ley Fundamental en un sentido muy amplio va más allá del principio del Derecho justo que denominábamos principio de la nivelacion social. (...) Es el turno otra vez del principio de la nivelacion social, que cabalmente demanda equilibrar en lo posible las situaciones de desfavor de determinadas

CF)[164]. O locador (proprietário) não incorrerá em custos de transação adicionais para o cumprimento da norma *de lege ferenda*, haja vista que o sublocatário (parcial) conhece a utilidade e a funcionalidade do bem no qual já se encontra posse direta e, portanto, é um potencial interessado na operação aquisitiva.

9.1 Registro da cláusula de vigência e a averbação do direito de preferência na sublocação

Embora o contrato de locação de imóvel urbano não seja gerador de um direito real[165], é, pois, admitida a inscrição[166] na matrícula imobiliária do competente Ofício do Registro Geral de Imóveis[167], notadamente o registro da cláusula de vigência (art. 167, I, 3, da Lei 6.015/73)[168] e da averbação do direito de preferência (art. 167, II, 16, da Lei 6.015/73)[169]

---

capas de la población en la realización de sus derechos – en este caso, el derecho a la instrucción y la cultura –. De qué modo se hace es una decisión política que el legislador tine que tomar".

164. CF, Art. 3º Constituem objetivos fundamentais da República Federativa do Brasil: I – construir uma sociedade livre, justa e solidária. Art. 6º São direitos sociais a educação, a saúde, a alimentação, o trabalho, a moradia, o transporte, o lazer, a segurança, a previdência social, a proteção à maternidade e à infância, a assistência aos desamparados, na forma desta Constituição.

165. *Cf.* WALD, Arnoldo. *Obrigações e Contratos.* 13. ed. São Paulo: Ed. RT, 1998, p. 341: "Locação é contrato bilateral, consensual, oneroso, comutativo, impessoal e de duração, ou de execução sucessiva. É bilateral, porque acarreta obrigações interdependentes de ambas as partes. É consensual porque basta o acordo de vontades. Não é contrato real, porque não se exige a entrega da coisa para aperfeiçoar o contrato, isto é, mesmo antes da entrega o contrato já está perfeito. É oneroso porque, se for gratuito, constitui comodato (empréstimo de coisa não fungível). É impessoal porque não se leva em conta a pessoa do contratante, sendo admitido, em tese a cessão. É contrato de duração, porque se prolonga no tempo".

166. *Cf.* LOUREIRO, Luiz Guilherme. *Registros Públicos. Teoria e Prática.* 5. ed. Rio de Janeiro: Forense; Método: São Paulo, 2014, p. 333: "Estes dispositivos legais enumeram as três de assentos ou inscrições relativas a imóveis: a) matrícula; b) registro e c) averbação".

167. *Cf.* LOUREIRO, Luiz Guilherme. *Registros Públicos. Teoria e Prática.* 5. ed. Rio de Janeiro: Forense; Método: São Paulo, 2014, p. 335: "Não se pode olvidar, contudo, que não somente os direitos reais imobiliários são registráveis. No rol do art. 167, I, da Lei de Registros Públicos encontram-se direitos reais sobre bens móveis, direitos obrigacionais e atos de outra natureza, como é o caso do penhor de máquinas industriais, contrato de locação de prédio no qual tenha sido prevista cláusula de vigência no caso de alienação do imóvel, convenções antenupciais, cédulas de crédito rural, empréstimos por obrigações ao portador ou debêntures, convenções de condomínio, entre outros. De qualquer forma, vale repetir, deve haver expressa previsão legal para o registro de determinado direito ou ato".

168. *Cf.* LOUREIRO, Luiz Guilherme. *Registros Públicos. Teoria e Prática.* 5. ed. Rio de Janeiro: Forense; Método: São Paulo, 2014, p. 333: "Registro é um termo que comporta dois significados. No seu sentido amplo, 'registro' abrange todos os assentos registrais e é sinônimo de inscrição, vale dizer, de todo e qualquer ingresso de um título no fólio real. Em seu sentido estrito, 'registro' é o assunto principal e diz respeito, notadamente, à constituição e modificação de direitos reais sobre os imóveis matriculados (v.g. propriedade, usufruto, servidão, hipoteca, direito do promissório comprador etc.), além de outros fatos ou atos que repercutem na propriedade imobiliária (v.g. contrato de locação com cláusula de vigência em caso de alienação, penhora, convenção de condomínio, penhora do imóvel, penhor de máquinas, pacto antenupcial etc.) ou que, por força da lei, devem ser registrados no Registro de Imóveis (empréstimos por obrigação ao portador ou debêntures)".

Cf. SERRA, Márcio Guerra, SERRA, Monete Hipólito. *Registro de imóveis I: parte geral.* São Paulo: Saraiva, 2013, p. 154: "Começamos pelo item 16, II, do art. 167, da Lei n. 6.015/73, que traz a determinação do ato de averbação para inscrição dos contratos de locação para exercício do direito, de preferência em contraposição ao item 3, inciso I, do mesmo artigo, que determina o registro dos mesmos contratos para o direito de vigência quando da alienação do imóvel. Em primeiro lugar, cumpre-nos ressaltar que não é o contrato de locação que encontra inscrição no registro de imóveis, mas, sim, a sua cláusula de vigência ou a sua cláusula de preferência. A cláusula de vigência é aquela que determina que no caso de alienação do imóvel durante o período da locação, o novo proprietário é obrigado a respeitar o restante do período contratual de locação, mesmo esta não tendo sido firmada diretamente com ele, mas, sim, com o antigo proprietário. Necessita de registro na serventia imobiliária para que tenha validade perante terceiros. Isto se dá tendo em vista que o contrato de locação é um contrato meramente obrigacional e, como tal, tem validade apenas entre as partes signatárias. Assim, para que uma cláusula dele atinja terceiros, é imprescindível que esta se revista da publicidade registraria. Deste modo, terceiros interessados na aquisição do imóvel terão notícia da restrição pendente sobre ele antes de realizar o negócio e assim poderão ponderar a viabilidade da aquisição segundo seus interesses. Seu ingresso no registro de imóveis se dá por meio do registro por se tratar de verdadeiro ônus sobre o imóvel, visto que o novo proprietário pode ser obrigado a se manter privado do uso direto do imóvel, mantendo-se vinculado ao contrato anterior".

169. *Cf.* SERRA, Márcio Guerra, SERRA, Monete Hipólito. *Registro de imóveis I: parte geral.* São Paulo: Saraiva, 2013, p. 154: "Já a cláusula de preferência é a que determina que no caso de alienação da coisa locada, o locatário terá direito a adquirir prioritariamente a coisa se oferecer o mesmo valor e condições oferecidas por terceiros. Seu ingresso no

para a oponibilidade em face de terceiros[170], ressalvando-se a excepcional possibilidade de ciência destes independentemente da inscrição no fólio real[171].

Estando o imóvel sublocado em sua totalidade, é indubitavelmente assegurada a preferência ao sublocatário e, em seguida, ao locatário. Ora, por se tratar de um contrato derivado coligado à locação[172], a sublocação contendo cláusula de vigência também poderá ser inscrita na matrícula imobiliária, desde que a cláusula de vigência e o direito de preferência do contrato-base de locação estejam previamente inscritos no fólio real, em consonância com o princípio da continuidade registral (arts. 195 e 237 da Lei 6.015/73)[173], quando aplicável[174].

10. DIREITO À RENOVAÇÃO COMPULSÓRIA DA LOCAÇÃO COM CESSÃO DA POSIÇÃO CONTRATUAL DO SUBLOCADOR PARA O SUBLOCATÁRIO

Ainda no caso de sublocação legítima total não residencial (art. 51, § 1º)[175], a legitimidade ativa da ação renovatória será exclusiva do sublocatário[176], sendo certo que, neste caso, o sublocador (locatário) não integrará a relação processual locatícia.

---

registro de imóveis se dá mediante ato de averbação, pois, diferentemente da vigência que configura um verdadeiro ônus sobre o imóvel, a preferência mais se assemelha a uma condição que tem que ser respeitada em caso de alienação do bem".

170. *Cf.* LOUREIRO, Luiz Guilherme. *Registros Públicos. Teoria e Prática.* 5. ed. Rio de Janeiro: Forense; Método: São Paulo, 2014, p. 304: "A oponibilidade é o primeiro e mais fundamental dos efeitos que resultam da inscrição de um título no Registro de Imóveis e demais registros públicos. Por meio da oponibilidade, impõe-se ao terceiro a realidade do direito registrável, cujo conteúdo lhe é imposto, independentemente do conhecimento efeito do registro".

171. Agravo regimental nos embargos de declaração no recurso especial. Civil e processual civil. Contrato de locação por prazo determinado com cláusula de vigência. Ausência de averbação no registro do imóvel. Alienação do bem. Ciência inequívoca do adquirente acerca do contrato de locação em vigência. Impossibilidade de denúncia. Inaplicabilidade das súmulas 5 e 7/ STJ. 1. O contrato de locação com cláusula de vigência, ainda que não averbado junto ao registro de imóveis, não pode ser denunciado pelo adquirente do bem, caso dele tenha tido ciência inequívoca antes da aquisição. (...) (STJ, AgRg nos EDcl no REsp 1322238/DF, Rel. Ministro Paulo De Tarso Sanseverino, Terceira Turma, julgado em 23.06.2015, DJe 26.06.2015).

172. Locação. Direito de preferência (art. 24 da Lei 6649/79). Pretensão manifestada por sublocatária, sem observância do pré-requisitos exigido pelo art. 25, par-1. (Inscrição no registro imobiliário). Sendo a sublocação um contrato novo mas não autônomo, que permanece vinculado ao contrato básico, as exigências legais pertinentes a este se estendem aquela. Assim, o exercício do direito de preferência, em caso de alienação do imóvel locado, por parte do sublocatário, depende da verificação do pré-requisito da inscrição no registro imobiliário. Recurso especial não conhecido (REsp 43.081/SP, Rel. Ministro Assis Toledo, Quinta Turma, julgado em 23.03.1994, DJ 11.04.1994, p. 7659).

173. *Cf.* LOUREIRO, Luiz Guilherme. *Registros Públicos. Teoria e Prática.* 5. ed. Rio de Janeiro: Forense; Método: São Paulo, 2014, p. 325: "Segundo o princípio da continuidade, os registros devem ser perfeitamente encadeados, de forma que não haja vazios ou interrupções na corrente registraria. Em relação a cada imóvel deve existir uma cadeia de titularidade à vista do qual só se fará o registro ou averbação de um direito se o outorgante dele figurar no registro como seu titular. Destarte, nenhum registro pode ser feito sem que se tenha previamente registrado o título anterior, do qual dependa (art. 237 da Lei 6.015/73). Da mesma forma, dispõe o art. 195 do mesmo diploma legal que, 'se o imóvel não estiver matriculado ou registrado em nome do outorgante', o oficial exigirá a prévia matrícula e o registro do título anterior, qualquer que seja a sua natureza, para manter a continuidade do registro".

174. *Cf.* SARMENTO FILHO, Eduardo Sócrates Castanheira. Direito Registral Imobiliário. Curitiba: Juruá, 2013, p. 68-69: "Tal princípio preconiza um encadeamento entre assentamentos registrais. Para o lançamento de um ato é necessário que haja um registro anterior a ele relacionado, de tal maneira que 'a série de títulos inscritos produza uma 'genealogia de titulares'. Logo, a propriedade transferida deve, necessariamente, estar registrada em nome do vendedor ou do executado, em caso de alienação forçada. (...). Impõe-se, em primeiro lugar, uma breve consideração sobre as hipóteses em que se dispensa a obediência ao princípio em estudo. O usucapião e a desapropriação, sendo formas originárias de aquisição da propriedade, não estão sujeitos ao princípio".

175. Art. 51. Nas locações de imóveis destinados ao comércio, o locatário terá direito a renovação do contrato, por igual prazo, desde que, cumulativamente: I – o contrato a renovar tenha sido celebrado por escrito e com prazo determinado; II – o prazo mínimo do contrato a renovar ou a soma dos prazos ininterruptos dos contratos escritos seja de cinco anos; III – o locatário esteja explorando seu comércio, no mesmo ramo, pelo prazo mínimo e ininterrupto de três anos. § 1º O direito assegurado neste artigo poderá ser exercido pelos cessionários ou sucessores da locação; no caso de sublocação total do imóvel, o direito a renovação somente poderá ser exercido pelo sublocatário.

176. *Cf.* FRANCO, J. Nascimento. *Ação Renovatória.* 2. ed. São Paulo: Malheiros, 2000, p. 37-38: "Não obstante, e segundo as pegadas da jurisprudência francesa, nossos Tribunais, já nos primeiros tempos de vigência daquele diploma legal [Decreto

10 • ASPECTOS DO CONTRATO DE SUBLOCAÇÃO DE IMÓVEL URBANO: FUNÇÃO SOCIAL E ECONÔMICA

Na hipótese de sublocação legítima e não havendo prazo hábil em favor do sublocatário (art. 71, parágrafo único)[178], este incluirá, em regra, no polo passivo da demanda renovatória o locador (ou, se for o caso, colocadores)[179] e o sublocador em litisconsórcio passivo necessário unitário (arts. 114 e 116 do CPC)[180], porquanto a sentença será igual para eles, produzindo os mesmos efeitos.

Embora a locação e a sublocação derivada possam ser celebradas no mesmo dia[181], "só não será necessário o litisconsórcio se o contrato original de locação ainda contiver

---

24.150/26], não hesitaram em reconhecer ao sublocatário legitimidade para a proposição da ação renovatória quando verificadas todas as condições previstas pela lei, inclusive a titularidade de fundo de comércio". *Cf.* SOUZA, Sylvio Capanema de. *A Lei do Inquilinato Comentada.* 10. ed. Rio de Janeiro: Forense, 2017, p. 212: "Na sublocação total do imóvel, o direito à renovação somente poderá ser exercido pelo sublocatário, o que nos parece disposição infeliz e pouco técnica. (...) Melhor analisando o dispositivo, assim como sua *ratio essendi*, chegamos agora à conclusão que o legislador procurou evitar uma situação inversa, ou seja, que o locatário, pretendendo se livrar do sublocatário, entrasse em conluio com o locador, não ajuizando ação renovatória, o que acarretaria a possibilidade de retomada do imóvel, expirado o prazo do contrato, para que depois o novo pacto entre eles se firmasse. É imperioso reconhecer que sendo total a sublocação, deve prevalecer o interesse econômico daquele que ocupa o imóvel e nele exerce sua atividade empresarial, e, não o do locatário, que dele se afastou". Recurso especial. Locação comercial. Ação renovatória. Distribuidora de petróleo. Sublocação total. Ilegitimidade ativa "ad causam". Decretação da carência de ação. – Distribuidora de derivados de petróleo que subloca "in totum" posto de serviço aos revendedores não detém legitimidade ativa para o aforamento de ação renovatória, consoante o disposto no art. 51, § 1°, da Lei 8.245, de 18.10.91. – Nos limites do recurso especial, descabe examinar o pedido de proteção do fundo de comércio que, nos termos do § 4°, do art. 51, da Lei 8.245/91, abrange o chamado fundo empresarial, ou seja é suscetível de tutela não somente a clientela que se interliga à conceituação do fundo de comércio, mas também, o fundo industrial, visando, assim, e justamente, proteger a indústria que se apresenta preferida pela qualidade do produto. Temas, contudo, inabordados no acórdão objurgado e inapreciáveis em sede do apelo raso. – Recurso não conhecido. (REsp 172.719/SP, Rel. Ministro José Arnaldo Da Fonseca, Quinta Turma, julgado em 20.08.1998, DJ 14.09.1998, p. 113).

177. Ação de despejo por falta de pagamento. Sublocação total. Renovatória. – O sublocador que cedeu totalmente a locação a terceiro, e este teve reconhecido o direito a renovação, não pode figurar no polo passivo da ação de despejo por falta de pagamento, eis que se operou a sua exclusão do vínculo "ex-locato". – Recurso conhecido e provido. (STJ, REsp 72.312/SP, Rel. Ministro José Arnaldo Da Fonseca, Quinta Turma, julgado em 05.11.1996, DJ 02.12.1996, p. 47700).

178. Art. 71. Além dos demais requisitos exigidos no art. 282 do Código de Processo Civil, a petição inicial da ação renovatória deverá ser instruída com: Parágrafo único. Proposta a ação pelo sublocatário do imóvel ou de parte dele, serão citados o sublocador e o locador, como litisconsortes, salvo se, em virtude de locação originária ou renovada, o sublocador dispuser de prazo que admita renovar a sublocação; na primeira hipótese, procedente a ação, o proprietário ficará diretamente obrigado à renovação. *Cf.* FUX, Luiz. *Locações – processo e procedimento.* 5. ed. Niterói, RJ: Impetus, 2008, p. 170: "Não se descuidou a lei de regular a possibilidade de a sublocação comercial permitir ao sublocatário voltar0se contra o seu sublocador para obter a renovação do vínculo acessório, se ele ainda dispõe de lapso de tempo para pedir a recondução (art. 71, parágrafo único, da lei). A consagração legislativa é fruto da remansosa jurisprudência francesa que veio paulatinamente reconhecendo o sublocatário como um sucessor do locatário. Estando em curso a locação, dispõe a lei que o sublocatário invista contra o sublocador pela sua pretensão de renovar. Não havendo prazo hábil em favor do sublocatário, vale dizer: o prazo que se dispõe para a renovação é idêntico ao conferido ao locatário e ao sublocatário, este pode ter a iniciativa da ação, citando o sublocador (locatário) e o locador em litisconsórcio necessário para que a decisão de renovação seja oponível a ambos, ficando o proprietário diretamente obrigado à renovação. Eis aí uma hipótese em que o sublocatário, malgrado intervenha em geral como assistente simples nas ações do locatário, aqui assume a qualidade de parte principal, discutindo, em nome próprio, direito próprio (art. 6° do CPC)".

179. Recurso especial. Processual civil e civil. Acórdão recorrido. Art. 535 do CPC. Contradição. Inexistência. Prequestionamento. Súmula 211 do STJ. Fundamentação recursal deficiente. Súmula 284 do STF. Súmula 5 e 7 do STJ. Ação renovatória. Colocadores. Litisconsórcio necessário. Dissídio jurisprudencial. Acórdão recorrido e paradigma. Identidade ou similitude de bases fático-jurídicas. Ausência. (...) A ausência de prequestionamento inviabiliza o conhecimento da questão federal suscitada. A ação renovatória tem que ser proposta em face de todos os colocadores, por se tratar de hipótese de litisconsórcio necessário. (...) (STJ, REsp 605.476/MG, Rel. Ministro Paulo Medina, Sexta Turma, julgado em 26.05.2004, DJ 01.07.2004, p. 281)

180. Art. 114. O litisconsórcio será necessário por disposição de lei ou quando, pela natureza da relação jurídica controvertida, a eficácia da sentença depender da citação de todos que devam ser litisconsortes. Art. 116. O litisconsórcio será unitário quando, pela natureza da relação jurídica, o juiz tiver de decidir o mérito de modo uniforme para todos os litisconsortes.

181. Locação e processual civil – Contrato firmado entre distribuidora de derivados de petróleo e posto revendedor – Natureza *sui generis* – Lei 8.245/91 também aplicada – Ilegalidade do contrato em razão de cláusulas leoninas – impossibilidade de análise em sede de recurso especial – Aplicação da Súmula 05/STJ – alínea "c" – Cotejo analítico de um dos julgados colacionados – Ausência – Sublocação na mesma data da locação – Inexistência de vedação – Consequente legitimidade da sublocadora de figurar no polo ativo de ação de despejo. (...) VI – À luz da Lei 8.245/91, não existe período mínimo de posse direta do imóvel a que deve o locatário ficar submetido. Por conseguinte, *a sublocação realizada no mesmo dia*

prazo suficiente para absorver a renovação do contrato acessório de sublocação. (...) Neste caso, o sublocatário poderá assetar sua pretensão renovatória unicamente em face do sublocador, não precisando incluir o locador na relação processual, já que, renovado o contrato, o seu novo prazo ainda se inclui no do principal"[182].

Outrossim, "tratando-se de sublocação parcial, por essa parte poderá demandar o subinquilino, porque para o remanescente do imóvel, o legitimado será o locatário"[183].

A legitimação processual ativa – se exclusiva do sublocatário (franqueado) ou o concorrente com o sublocador (franqueador) para a ação renovatória na sublocação coligada ao contrato de franquia foi objeto de intenso debate doutrinário e jurisprudencial[184].

---

não fere os dispositivos que tratam dessa espécie de pacto, quais sejam, os arts. 14 a 16 da referida Lei. (...) (EDcl no REsp 440.398/GO, Rel. Ministro Gilson Dipp, Quinta Turma, julgado em 19.05.2005, DJ 13.06.2005, p. 331).

182. *Cf.* SOUZA, Sylvio Capanema de. *A Lei do Inquilinato Comentada.* 10. ed. Rio de Janeiro: Forense, 2017, p. 415: "É o caso, por exemplo, de um contrato de locação pelo prazo de 10 anos, em que se autorize o locatário a sublocador o imóvel, e que este o faça, por cinco anos".

183. *Cf.* FUX, Luiz. *Locações – processo e procedimento.* 5. ed. Niterói, RJ: Impetus, 2008, p. 170: "Em princípio, não há qualquer conexão entre a ação do sublocatário parcial e a do locatário quanto ao outro compartimento do imóvel. Justifica-se eventual propositura simultânea pela afinidade de questões de fato relativas à prova a ser produzida (art. 46, IV, do CPC)".

184. *Cf.* FRANCO, J. Nascimento. *Ação Renovatória.* 2. ed. São Paulo: Malheiros, 2000, p. 38-39: "Nos últimos tempos passou-se a questionar quem é o titular da ação renovatória quando o estabelecimento é explorado sob a forma de *franchising*, figurando o franqueador como sublocador do imóvel, pois nesse caso quem explora diretamente o negócio é o franqueado, mediante licença do franqueador. Newton Silveira tende por qualificar para a renovatória o franqueado, por entender que ele é o comerciante propriamente dito. Outros sustentam que, sendo o negócio criado pelo franqueador, o franqueado opera como simples permissionário; Luiz Cherto Carvalhaes é um deles, pois sustenta que na franquia inexiste apenas sublocação, mas esta e a utilização do estabelecimento moldado e orientado pelo franqueador, que, assim, participa do negócio e, por isso, não pode ser considerado como parte ilegítima para a ação renovatória, nem ser confundido com o sublocador comum que repassa o ponto por simples especulação imobiliária. Aos juristas e aos Tribunais cabe solucionar o impasse, que ainda perdura. A nosso ver, havendo sublocação do imóvel pelo franqueador, juntamente com a celebração do contrato de franchising, legitimam-se para a renovatória franqueador e franqueado, dada a natureza peculiar desse negócio".

"Trata-se de recurso especial interposto por Vimar Empreendimentos Imobiliários Ltda, com fundamento no art. 105, inciso III, alíneas a e c, da Constituição Federal, em face de acórdão proferido pelo Tribunal de Justiça do Estado do Rio de Janeiro, que restou ementado nos seguintes termos, litteris: "Locação comercial – Contrato celebrado com franqueador que sublocou o imóvel ao franqueado – Na hipótese de franquia não se legitima para a renovação apenas o sublocatário (franqueado) pois, remanesce interesse do franqueador no negócio explorado no imóvel, não se podendo, assim, considerar a sublocação como total – O § 1º do artigo 51 da Lei 8245/91, por se tratar de norma excepcional e restritiva de direito, há de ser interpretado restritivamente – Recurso não provido." (fl. 160) Nas razões do recurso especial, aponta o Recorrentes, violação ao art. 51, § 1º, da Lei 8.245/91, bem como divergência jurisprudencial, sustentando que "a posição adotada pelo acórdão não encontra respaldo na jurisprudência, muito menos entre os estudiosos, que, em sua maioria, entendem que somente o sublocatário está legitimado a propor a ação renovatória." (fl. 171) Apresentadas as contrarrazões, e admitido o recurso por força de agravo de instrumento, ascenderam os autos à apreciação desta Corte Superior. (...) O recurso não merece prosperar. O voto condutor do acórdão recorrido, ao julgar o agravo de instrumento interposto pelo ora Recorrente, asseverou que: "Efetivamente, dispõe o § 1º do artigo 51 da Lei 8.245/91, de 18 de outubro de 1991, que o direito à renovação do contrato 'poderá ser exercido pelos cessionários ou sucessores da locação; no caso de sublocação total do imóvel, o direito a renovação somente poderá ser exercido pelo sublocatário.' O mencionado dispositivo legal tem suscitado inúmeros conflitos e arregimentado adversários do peso de Sylvio Capanema De Souza que, com seu brilhantismo, coloca questões irrespondíveis: [...] Até a constitucionalidade dos dispositivos tem sido posta em dúvida, por retirar do locatário direitos adquiridos através do contrato de locação, que constitui ato jurídico perfeito [...]. No caso vertente, mais grave seria a aplicação do dispositivo invocado, pois não estamos diante de uma sublocação nos moldes usuais e até mesmo a existência dela há de ser questionada. A questão se desenvolve aqui não só no campo das locações de imóveis mas, principalmente, tem suas bases em algo mais moderno, surgido no Direito Americano com a denominação de 'franchising' e que vem sendo adotada amplamente entre nós como 'franquia'. Neste contrato, duas figuras se destacam – o franqueador e o franqueado – que se entrosam, numa simbiose não contemplada no tradicional contrato de locação pois, nascido este século antes de se conceber esta nova modalidade de contrato, que é a 'franquia'. Não obstante a independência do franqueado, que tem vida autônoma e distinta do franqueador, quer sob o enfoque jurídico quer financeiro, tem seus interesses no que tange ao fundo de comércio, extremamente entrelaçados ao deste último. A franquia tem por objetivo não só a exploração de um produto ou de uma marca, envolve também, assistência técnica, jurídica, contábil, comercial, fiscalização, treinamento de pessoal etc. O fundo de comércio, na verdade, se bem que em proporções nem sempre idênticas, é da propriedade de ambos. Ao franqueado e ao franqueador, interessa a continuação da locação e o exercício do direito à renovação compulsória do contrato que, como é sabido, constitui valor integrante do fundo de comércio. Assim, somente se poderá conceber a aplicação do disposto no § 1º do artigo 51 da Lei do Inquilinato quando a sublocação for total, abrangendo integral-

A recente Lei 13.966/2019 revela a opção da política legislativa consentânea com a preservação da estrutura da operação de *franchising* no ponto empresarial no momento da formação da coligação contratual, assegurando que "qualquer uma das partes terá legitimidade para propor renovação do contrato de locação do imóvel, vedada a exclusão de qualquer uma delas do contrato de locação e de sublocação por ocasião da sua renovação ou prorrogação, salvo nos casos de inadimplência dos respectivos contratos ou do contrato de franquia" (art. 3º). Pensamos que a solução desse impasse preconizada no novel diploma do sistema empresarial de *franchising* também assegura os objetivos da Lei do Inquilinato, entre os quais, o direito potestativo à renovação contratual (art. 45)[185].

Embora a doutrina e a jurisprudência[186] sustentem que o acolhimento do pedido de renovação formulado pelo sublocatário em face do locador importará a formação de um outro vínculo entre o locador e o sublocatário, que se transforma em locatário direto, ressalvo aqui o meu entendimento no sentido de que, a bem da verdade, a eficácia sentencial será, (*i*) por um lado, constitutiva positiva a impor substancialmente uma cessão compulsória da posição contratual do locatário pelo sublocatário, embora ocorra a exoneração da facultativa garantia acessória da fiança, por exemplo[187], e (*ii*) por outro lado, constitutiva negativa com a consequente extinção da sublocação havida com o sublocador.

11. CASUÍSTICAS

A seguir, passamos a tecer breves considerações acerca de algumas casuísticas da prática jurídica que reputamos relevantes e submetemos à apreciação dos nossos leitores.

---

mente o fundo de comércio." (fls. 161/164 – grifei) No presente recurso, insurge-se o ora Recorrente contra o aresto vergastado, afirmando que "é manso e pacífico o entendimento jurisprudencial no que tange à legitimidade exclusiva do sublocatário para figurar no polo ativo da ação renovatória." (fl. 176) Ocorre que, da leitura dos trechos acima transcritos, exsurge que o Tribunal de origem não aplicou o apontado dispositivo (art. 51, § 1º, da Lei 8.245/91), ora tido como violado, também por entender que no caso dos autos trata-se de contrato de franquia, no qual o fundo de comércio, "na verdade, se bem que em proporções nem sempre idênticas", é da propriedade de ambos, e sendo assim, "somente se poderá conceber a aplicação do disposto no § 1º do artigo 51 da Lei do Inquilinato quando a sublocação for total, abrangendo integralmente o fundo de comércio." (fl. 164) Vê-se, portanto, que nas razões do especial, o Recorrente não infirmou fundamento que é suficiente para manter o voto. (..) Ante o exposto, com fulcro no art. 557, caput, do Código de Processo Civil, NEGO SEGUIMENTO ao recurso especial (STJ, Recurso Especial 535.046 – RJ (2003/0087339-9), Ministra Laurita Vaz, 15.06.2009).

185. Art. 45. São nulas de pleno direito as cláusulas do contrato de locação que visem a elidir os objetivos da presente lei, notadamente as que proíbam a prorrogação prevista no art. 47, ou que afastem o direito à renovação, na hipótese do art. 51, ou que imponham obrigações pecuniárias para tanto.

186. *Cf.* FRANCO, J. Nascimento. *Ação Renovatória*. 2. ed. São Paulo: Malheiros, 2000, p. 42: "A doutrina e a jurisprudência fixaram o entendimento de que, (...) Forma-se outro vínculo entre locador e sublocatário, (...) Trata-se de situação *sui generis* e inovadora do princípio inserto no §2º do art. 1.202 do CC, segundo o qual a sublocação e o senhorio não estabelece direitos nem obrigações entre o sublocatário e o senhorio, salvo a responsabilidade subsidiária perante este pela importância que deve ao sublocador (...)".

187. As garantias locatícias não são obrigatórias e, portanto, não são essenciais ao contrato de locação, conforme se depreende do enunciado do art. 37 da Lei 8.245/91: "No contrato de locação, *pode* o locador exigir do locatário as seguintes modalidades de garantia: (...)". Ademais, a fiança é um contrato benéfico com intuito personalíssimo. Bem por isso, a fiança prestada em favor do sublocador perante o locador é, *ipso facto*, extinta se o sublocatário assume posição contratual do sublocador no contrato base. A propósito, trazemos à colação precedente do STJ: "A fiança é contrato benéfico com intuito personalíssimo, figurando como circunstância capaz de causar seu desaparecimento o fato de a composição societária da empresa afiançada ter-se transformado por completo. Nesse caso, desaparecendo a *affectio societatis*, é consequência razoável também desaparecer a confiança em torno da qual gira a prestação de garantia. (...) (STJ, REsp 466.330/MG, Rel. Ministro Luis Felipe Salomão, Quarta Turma, julgado em 04.05.2010, DJe 17.05.2010). Em sentido contrário, confira-se FUX, Luiz. *Locações – processo e procedimento*. 5. ed. Niterói, RJ: Impetus, 2008, p. 170: "O sublocatário que renova diretamente, cria uma novação subjetiva no contrato e, por isso, mesmo exonera o fiador do locador originário, devendo apresentar outro em substituição. A garantia é da essência da relação, sendo certo que a sua não indicação restará substituída pela providência do art. 42 da lei. Nada impede, entretanto, que o juiz interpretando o art. 37 c/c 71, VI, da lei, determine ao sublocatário que complemente a garantia".

11.1 Eficácia de convenção de arbitragem do contrato de locação na sublocação

Os conflitos oriundos da relação contratual locatícia são suscetíveis de serem solucionados pela arbitragem, consoante sustentamos em trabalho anteriormente publicado:

"Os conflitos (*v.g.* despejo, pretensão renovatória, revisional de aluguel, reintegração de posse etc.) oriundos das locações urbanas, reguladas pela Lei n. 8.245/91, pelo Código Civil e pelas leis especiais, também podem ser solucionados por meio da arbitragem. Com efeito, a solução arbitral coaduna-se com as disposições legais cogentes da Lei n. 8.245/1991, pois, segundo Luiz Antonio Scavone Junior, a aplicação da Lei n. 9.307/1996 não visa elidir os objetivos cogentes da Lei do Inquilinato, de maneira que prima facie é válida a cláusula ou compromisso arbitral e aplicação da própria Lei 8.245/1991, no seu aspecto material, para solução de conflitos. Deveras, a locação admite a cláusula e o compromisso arbitral indistintamente, atuando o árbitro nas diversas modalidades de pretensões locatícias, aplicando materialmente a Lei do Inquilinato, sendo certo que a execução do julgado (*v.g.* desalijo, enfim, efetivação das medidas executivas, diretas e indiretas) será feita pelo Poder Judiciário, quando necessária"[188].

Portanto, estipulada a cláusula compromissória no contrato de locação entre o locador e o locatário (sublocador) e eventualmente não sendo esta reproduzida no contrato coligado da sublocação derivada, pensamos que a eficácia (subjetiva e objetiva) da convenção arbitragem ajustada na locação alcançará *prima facie* o subcontrato locatício[189].

Isto porque a "sublocação é derivada da locação, é natural, pela própria que reveste a relação, que o regramento daquela siga o desta"[190], isto é, os direitos do sublocatário têm a mesma extensão e duração dos direitos do locatário (sublocador)[191].

A propósito, Pedro Cavalcanti Rocha pontifica que "caracterizada a conexão contratual através da operação econômica única, é possível a extensão da convenção arbitral às partes da conexão contratual e/ou às relações jurídicas englobadas na causa abstrata da operação econômica única".

O Superior Tribunal de Justiça também perfilha a orientação no sentido de admitir a extensão objetiva da cláusula compromissória arbitral na hipótese de contratação coligada:

---

188. *Cf.* GRECHI, Frederico Price. *Novas Questões de Direito Imobiliário: Diálogo entre o Direito Imobiliário e o Direito Registral no Âmbito da Arbitragem Interna.* In: Joaquim de Paiva Muniz, Fabiane Verçosa, Fernanda Medina Pantoja e Diogo de Assumpção Rezende de Almeida (Coord.), *Arbitragem e Mediação.* Temas controvertidos. Rio de Janeiro: Forense, 2014, p. 146-148.

189. *Cf.* KONDER, Carlos Nelson. *Contratos Conexos: Grupos de Contratos, Redes Contratuais e Contratos Coligados.* Rio de Janeiro: Renovar, 2006, p. 261-262: "No âmbito específico do subcontrato, Jean Neret apresenta três fundamentos para que a ação direta se dê em termos de responsabilidade contratual: (i) um contratante não deve poder ser surpreendido por uma ação que ponha jogo sua responsabilidade em termos diversos do que foi previsto; (ii) um substituto (subcontratante) não pode responder em termos diversos daqueles que são aplicáveis ao contratante intermediário; (iii) a aplicação da responsabilidade extracontratual pressupõe uma assimilação abusiva entre o substituto e um terceiro. E conclui: 'à coesão dos contratos que compõem o grupo, decorre assim, a coerência das relações que unem as partes a este grupo".

190. *Cf.* CARNEIRO, Waldir de Arruda Miranda Carneiro. *Anotações à Lei do Inquilinato.* São Paulo: Ed. RT, 2000, p. 90. *Cf.* VENOSA, Sílvio de Salvo. *Lei do Inquilinato Comentada. Doutrina e Prática.* 7. ed. São Paulo: Atlas, 2004, p. 104: "Como consequência da derivação, o direito contido no subcontrato tem como limite o direito contido no contrato-base; sua extensão não pode ser ultrapassada. Sob esse prisma deve ser examinado, portanto, o artigo seguinte desta lei. Aplica-se o princípio segundo o qual ninguém pode transferir mais direito do que tem (nemo plus iuris ad alium transfere poteste quod non habet). Por isso que se extingue a sublocação quando se extingue a locação".

191. *Cf.* GOMES, Orlando. *Contratos.* 26. ed. Rio de Janeiro: Forense, 2008, p. 168: "Em relação ao terceiro, o subcontratante ocupa a posição que a outra parte do contrato básico tem nesta relação jurídica. Os direitos adquiridos pelo terceiro descendem dos direitos do subcontratante. Não podem ultrapassá-los, na extensão e duração. Trata-se, enfim, de mecanismo facilmente compreensível, quando observado na sua espécie mais comum: a sublocação. O contrato de locação é o contrato básico: o locatário transfere a terceiro os direitos que, nessa qualidade, lhe assistem, operando a sublocação, enquanto o contrato de locação perdura, sem se alterar. Os direitos do sublocatário têm a mesma extensão, e duração dos direitos do locatário, que, entretanto, continua vinculado ao locador. Coexistem, pois, os dois contratos: o básico e o derivado".

Recurso especial. Ação ordinária destinada a promover a substituição dos títulos cedidos, no âmbito de instrumento particular de cessão de direitos creditórios, correspondente à parte do pagamento avençado em instrumento particular de compra e venda de quotas de universidade, no qual se estabeleceu cláusula compromissória arbitral. Contratação coligada. Inexistência de autonomia das obrigações ajustadas entre os contratos conexos. Reconhecimento. Extensão objetiva da cláusula compromissória arbitral. Necessidade. Exceção de jurisdição arbitral. Acolhimento. Recurso especial provido. 1. *Controverte-se, no presente recurso especial, se a cláusula compromissória arbitral, inserta no contrato de Compra e Venda de Quotas de Universidade e Outras Avenças – dito contrato principal –, deve ser estendida, a fim de atrair a competência do Tribunal arbitral para dirimir litígio advindo do contrato de cessão de direitos creditórios, àquele coligado. 2. A coligação contratual pode, eventualmente – e não necessariamente – ensejar a extensão da cláusula compromissória arbitral inserida no contrato principal ao contrato acessório a ele conexo se a indissociabilidade dos ajustes em coligação, evidenciada pela ausência de autonomia das obrigações ajustadas em cada contrato, considerado o elevado grau de interdependência, tornar impositiva a submissão de ambos os contratos à arbitragem, sem descurar, na medida do possível, da preservação da autonomia da vontade das partes contratantes de se submeterem à arbitragem.* 2.1 Na hipótese, sobressai evidenciado que o contrato de cessão de crédito teve por objeto definir o modo pelo qual se daria o cumprimento de parte do pagamento estipulado no contrato principal de compra e venda. Trata-se, pois, de pactuação destinada justamente a dar consecução ao cumprimento de parte da obrigação estabelecida no contrato de compra e venda da Universidade em questão. Não há, assim, nenhuma autonomia das obrigações ajustadas no contrato acessório em relação ao principal, a viabilizar, de modo fragmentado e por jurisdições que não se comunicam, a análise de controvérsia advinda daquele (contrato de cessão de crédito), sem imiscuir-se nos contornos gizados nesse último (contrato de compra e venda).

Tampouco se verifica como seria possível analisar a questão da validade e legitimidade dos títulos oferecidos em pagamento da operação (parcela da aquisição da universidade), sem voltar os olhos à transação principal, relegada, por ato voluntário das partes, à jurisdição arbitral, assim como toda e qualquer controvérsia a ela relacionada. 3. *A extensão objetiva do compromisso arbitral, nessa específica circunstância, não tem o condão de comprometer a autonomia da vontade das partes contratantes de submeterem à arbitragem, vetor basilar dessa jurisdição. Isso porque, quanto maior for o grau de interseção entre os ajustes integrantes do sistema contratual, sobretudo na hipótese de inexistir autonomia da obrigação estipulada no contrato acessório em relação àquela estabelecida no contrato principal, maior será a intensidade da participação dos atores contratuais nesse último ajuste, em que estipulada a cláusula compromissória arbitral.* 4. Ademais, a abrangência da cláusula compromissória arbitral inserta no contrato principal, que não estabeleceu nenhuma ressalva em relação a ajuste coligado ali já previsto, revelaria, por si, a nítida intenção das partes signatárias de submeter à arbitragem todos os conflitos oriundos ou relacionados ao contrato de compra e venda da universidade, a autorizar a extensão objetiva da cláusula arbitral ao contrato de cessão de crédito a ele conexo. Nesse contexto, não impressiona o fato, em si, de o contrato acessório de cessão de crédito ter previsto cláusula de eleição de foro, devendo-se, pois, adequá-la às exceções estabelecidas no contrato principal, que foi expresso, e sem reservas, em instituir a arbitragem para todas as controvérsias oriundas do contrato de compra e venda da universidade ou a ele relacionados. 5. Recurso especial provido. (SSTJ, REsp 1834338/SP, Rel. Ministra Nancy Andrighi, Rel. p/ Acórdão Ministro Marco Aurélio Bellizze, Terceira Turma, julgado em 01.09.2020, DJe 16.10.2020).

11.2 Protesto do contrato de sublocação pelo locador e pelo sublocador para cobrança da dívida do sublocatário

É, pois, preciso incentivar os meios de desjudicialização para a satisfação dos direitos[192], o que certamente contribuirá para o efetivo "acesso à ordem jurídica justa"[193].

---

192. Confira-se, entre outras iniciativas, o Projeto de Lei 6.204/19 da denominada desjudicialização das execuções civis que, em última análise, prestigia a atividade dos tabeliães de protesto (doravante denominados agentes de execução) por delegação do Estado-Juiz para implementação dos atos e dos procedimentos executivos.

193. *Cf.* WATANABE, Kazuo. *Acesso à justiça e sociedade moderna.* In: GRINOVER, Ada Pelleegrini; DINAMARCO, Cândido Rangel e WATANABE, Kazuo (Coord.) Participação e Processo. São Paulo: Ed. RT, 1988, "A problemática do acesso à justiça não pode ser estudada nos acanhados limites dos órgãos judiciais já existentes. Não se trata apenas de possibilidade de acesso à justiça enquanto instituição estatal, e sim de viabilizar o acesso à ordem jurídica justa".

Nesse contexto, o protesto notarial, disciplinado na Lei 9.492/1997, é dotado de efetividade, porquanto "quem recebe a intimação de um requerimento de protesto protocolado ganha a oportunidade de procurar o credor, renegociar a dívida, parcelar, pleitear mais prazo, tentar uma redução de juros, buscar a transação e a novação, caminhos sempre melhores do que a via judicial porque, além de muito mais baratos, são livres dos honorários advocatícios e dos custos processuais"[194].

O protesto é o ato formal e solene pelo qual se prova a inadimplência e o descumprimento da obrigação originada em títulos e outros documentos de dívida (art. 1º da Lei 9.492/1997).

Segundo Emanuel Macabu Moraes, "na doutrina atual, (...), já não há quem exclua do âmbito do protesto os títulos executivos, sejam judiciais ou extrajudiciais. (...) Diante disso, todos os títulos dotados de força executiva, (...) inquestionavelmente poderão ser protestados"[195].

Como visto alhures (item 3.4), os contratos de locação e de sublocação são títulos executivos extrajudiciais (art. 784, VIII, do CPC) e, portanto, as dívidas do sublocatário perante o sublocador e o locador[196]poderão ser objeto de protesto[197]

---

194. *Cf.* MORAES, Emanoel Macabu. *Protesto Notarial – títulos de crédito e documentos de dívida*. 3. ed. São Paulo: Saraiva, 2014, p. 167.

195. *Cf.* MORAES, Emanoel Macabu. *Protesto Notarial – títulos de crédito e documentos de dívida*. 3. ed. São Paulo: Saraiva, 2014, p. 121.

196. "(...) A legitimidade passiva para a ação de execução de título extrajudicial é virtualmente aquela estabelecida de forma expressa no título exequendo, uma vez que pessoas estranhas ao título podem ser alcançadas, seja por legitimação ordinária secundária, seja por legitimação extraordinária. 6. Ao se estabelecer a responsabilidade do sublocatário por dívidas do sublocador ao locador, ainda que de forma subsidiária e limitada (art. 16 da Le n. 8.245/1991), é possível sua inclusão no polo passivo de execução de aluguel, a despeito da inexistência de relação jurídica direta entre locador e sublocatário. (...) (STJ, REsp 1384647/SP, Rel. Ministro Marco Aurélio Bellizze, Terceira Turma, julgado em 19.02.2019, DJe 22.02.2019).

197. *Cf.* NETO, Paulo Restiffe e RESTIFFE, Paulo Sérgio. *Locação* questões processuais e substanciais – 4. ed. São Paulo: Malheiros, 2000, p. 312: "Para os contratos de locação de bens imóveis o pacto bilateral escrito pode servir de título executivo quando o credor desde logo comprova o integral cumprimento de sua prestação, nos termos dos arts. 585. IV, e 615 do CPC, como, de resto, é posição consolidada por confirmação doutrinária e jurisprudencial. Sendo título executivo, comporta protesto, como espécie incluída no rol da previsão genérica dos títulos, a que se refere a Lei 9.492/1997 (Lei de Protesto). Para os contratos de locação de bens móveis conhece-se decisão da Corregedoria-Geral da Justiça de São Paulo, de 8.4.2002, que, em grau de recurso, cassou julgamento de primeira instância do Juiz Corregedor dos Cartórios de Protesto da Capital que havia autorizado o apontamento e o protesto. O tema suscitou estudo posterior em parecer que foi aprovado pela Corregedoria-Geral da Justiça (PRCG-864/2004) no sentido de não considerar nulo e inviável o protesto de contrato de locação de bens móveis, inclusive de veículos, mas possível, desde que o instrumento seja moldado de acordo com o inciso II do art. 585 do CPC (do gênero "outros documentos de dívida"); documentos, estes (todos os títulos executivos, judiciais e extrajudiciais, previstos na legislação processual), protestáveis, portanto, como assinalou o eminente parecerista Juiz Jose Antônio de Paula Santos Neto, por disporem ou, melhor, quando disponham de liquidez, certeza e exigibilidade – nesse sentido o acórdão do STJ no REsp 170.446-SP (rel. Min. Ruy Rosado de Aguiar, ementa no DJU 14.9.1998, p. 82), indicado no aludido estudo, quando o credor desde logo comprova o integral cumprimento de sua prestação".

11
DIREITOS E OBRIGAÇÕES DO LOCATÁRIO NA LOCAÇÃO DE IMÓVEL EM CONDOMÍNIO EDILÍCIO

Sílvio de Salvo Venosa

Desembargador aposentado no Estado de São Paulo. Professor de Direito Civil. Autor de inúmeras obras de Direito Civil, destacando-se seu curso completo, atualmente em 5 volumes em 20ª edição. Sócio consultor de importante escritório jurídico em São Paulo.

Sumário: 1. O locatário e o condomínio. 2. A utilização de curtíssima duração no condomínio. Airbnb.

1. O LOCATÁRIO E O CONDOMÍNIO

A vigente Lei do Inquilinato, com o legislador preocupado com abusos de locatários de apartamentos, introduziu possibilidade de estes participarem de assembleias, em assuntos pertinentes a despesas que lhe dizem respeito, foi acrescentado o § 4º ao art. 24 da lei condominial, o qual continua vigente em paralelo com os textos legais condominiais do código Civil de 2002:

> Art. 24. [...]
>
> § 4º Nas decisões da assembleia que não envolvam despesas extraordinárias do condomínio o locatário poderá votar, caso o condômino locador a ela não comparecer.

Como as despesas ordinárias são carreadas ao inquilino, geralmente o locador não se preocupa com sua votação. No entanto, a participação do locatário na assembleia nem sempre será tranquila, a começar pelo que se entende por despesa ordinária e extraordinária. A Lei do Inquilinato, ao estabelecer os direitos e deveres do locador e locatário, como na lei anterior, disciplinou que as despesas ordinárias do condomínio cabem ao inquilino, enquanto as extraordinárias, ao locador.

No entanto, procurando espancar dúvidas da legislação anterior, procurou o legislador ser tanto quanto possível exaustivo ao elencar a dicotomia entre o que se entende por despesas ordinárias e extraordinárias. Na verdade, só encontramos na lei inquilinária o rol divisório de despesas ordinárias e extraordinárias do condomínio, o que, aliás, facilitado o administrador do empreendimento.

O parágrafo único do art. 22 da Lei do Inquilinato entende como despesas extraordinárias, de responsabilidade do senhorio:

> Art. 22. [...]
>
> Parágrafo único. Por aquelas que não se refiram aos gastos rotineiros de manutenção do edifício, especialmente:
>
> a) obras de reformas ou acréscimos que interessem à estrutura integral do imóvel;
>
> b) pintura das fachadas, em penas, poços de aeração e iluminação, bem como das esquadrias comuns;

c) obras destinadas a repor condições de habitabilidade do edifício;

d) indenizações trabalhistas e previdenciárias pela dispensa de empregados ocorridas em data anterior ao início da locação;

e) instalação de equipamentos de segurança e incêndio, de telefonia, de intercomunicação, de esporte e lazer;

f) despesas de decoração e paisagismo nas partes de uso comum;

g) constituição de fundo de reserva.

Em nossa obra *Lei do inquilinato comentada*, tivemos a oportunidade de acentuar ser essa disposição certamente de ordem pública, não podendo o locador carrear as despesas extraordinárias do condomínio ao locatário. A intenção da lei foi justamente evitar abusos. Esse dispositivo deve ser visto em consonância com o do inciso XII do art. 23 da mesma lei, que descreve as despesas ordinárias, estas a cargo do inquilino. Esse dispositivo em seu §1º descreve:

Art. 23. [...]

§ 1º Por despesas ordinárias de condomínio se entendem as necessárias à administração respectiva, especialmente:

a) salários, encargos trabalhistas, contribuições previdenciárias e sociais dos empregados do condomínio;

b) consumo de água e esgoto, gás, luz, força das áreas de uso comum;

c) limpeza, conservação e pintura das instalações e dependências de uso comum;

d) manutenção e conservação das instalações e equipamentos hidráulicos, elétricos, mecânicos e de segurança, de uso comum;

e) manutenção e conservação das instalações e equipamentos de uso comum destinados à prática de esporte e lazer;

f) manutenção e conservação dos elevadores, porteiro eletrônico e antenas coletivas;

g) pequenos reparos nas dependências e instalações elétricas r hidráulicas de uso comum;

h) rateios de saldo devedor, salvo se referidos a período anterior ao início da locação;

i) reposição do fundo de reserva, total ou parcialmente, utilizado no custeio ou complementação de despesas referidas nas alíneas anteriores, salvo se referentes a período anterior ao início da locação.

Acrescenta o §2º que o locatário fica obrigado a essas despesas desde que comprovadas em previsão orçamentária. Em nossa obra sobre inquilinato apontamos a dificuldade de caracterização desses itens.

Embora o elenco legal tenha se expandido, não é exaustivo. Sempre haverá pontos de dúvida sobre a natureza das despesas. A questão, no entanto, se resolverá no âmbito do contrato de locação. Perante o condomínio, será sempre o condômino e não o inquilino o responsável pelo pagamento de despesas de qualquer natureza. O condomínio não é parte legítima para cobrar do locatário, salvo expressa autorização assemblear ou regimental, o que seria de suma inconveniência.

Com o direito de o inquilino de participar de assembleia no tocante às despesas ordinárias, quando ausente o condômino, poder-se-á levantar questão prévia de ordem, para definir se o âmbito da discussão pertine ou não ao locatário.

Por outro lado, a disposição acrescida ao art. 24 da lei condominial anterior, obriga a convocação do locatário às assembleias. É dever do condômino, portanto, comunicar a locação à administração, não somente por essa razão, mas também levando em conta a segurança da comunidade condominial.

11 • DIREITOS E OBRIGAÇÕES DO LOCATÁRIO NA LOCAÇÃO DE IMÓVEL EM CONDOMÍNIO EDILÍCIO

De outro modo, o inquilino somente poderá participar da assembleia provando sua relação *ex locato*, bem como estar o titular quite com as contribuições condominiais. A matéria que refoge às despesas ordinárias é estranha à participação do inquilino.

No sistema do Código Civil, como a convenção, o regulamento e as decisões assembleares, expressamente reportam ao possuidor ou detentor, sob o prisma de serem obrigatórios a eles (art. 1.333), há de se entender que se mantem a possibilidade de o locatário discutir matéria de seu peculiar interesse. Ainda que assim não fosse, o dispositivo aqui comentado pertence ao microssistema da locação, que se mantém ilhadamente vigente em sua plenitude, sem que ocorra derrogação pelo Código, assim como ocorrem com outros microssistemas, como a lei consumerista.

Há um aspecto que deve ser visto em relação não somente aos inquilinos, mas também a todo ocupante de unidade condominial, como comodatários, cessionários e detentores: a questão das multas impostas ao condômino nocivo, quando praticada por esses ocupantes, que também podem agir sob conduta antissocial (arts. 1.336 e 1337). Como se trata de punição e como tal não pode passar do agente que praticou a conduta, deve ser imposta ao inquilino ou ocupante.

No entanto, há que se verificar se no caso concreto, não houve participação do condômino titular da unidade na conduta antissocial, ainda que sob a forma omissiva. Tudo levará o condomínio a aplicar a pena pecuniária ao condômino, o que nem sempre será justo. De qualquer forma, se este for apenado, terá direito de regresso contra o causador do dano. Mas há que se ter a punição como personalíssima, devendo unicamente o causador antissocial ser responsável por ela, locatário ou assemelhado.

> Não seria justo nem razoável punir proprietário, que cumpre regularmente seus deveres, por ato pessoal do locatário.[1]

Esse mesmo autor acrescenta, a seguir, que esse raciocínio pode sofrer exceções conforme o caso concreto, como por exemplo, quando o senhorio deixa de propor ação de despejo por infração contratual, quando as circunstâncias o permitem. Porém, sem dúvida, o locatário, na maioria das vezes, poderá ser punido diretamente por sua conduta nociva ou antissocial. Trata-se, contudo, de situação não enfrentada por nossa legislação. Caio Mário da Silva Pereira, sem entrar em detalhes, associa-se à mesma posição ao comentar as punições pecuniárias: *"ressalte-se que a sanção é cominada quanto a qualquer condômino, possuidor ou ocupante das unidades autônomas".*[2]

Por outro lado, há que se lembrar que o inquilino detém a posse direta da unidade condominial e como tal pode usar das áreas comuns, como qualquer condômino, submetendo-se à convenção e ao regimento interno.

Também pode deter a posse direta da unidade outra modalidade de possuidor, como o comodatário por exemplo, que não goza dos direitos estritos do locatário, embora possam usufruir das partes comuns do prédio. Deve o condômino sempre informar a que título o possuidor ou detentor utiliza sua unidade.

---

1. CÂMARA. 2017. p. 180.
2. PEREIRA, Caio Mário da Silva. 2018. p. 133.

2. A UTILIZAÇÃO DE CURTÍSSIMA DURAÇÃO NO CONDOMÍNIO. AIRBNB

Na ampla problemática dos condomínios e locais assemelhados, como condomínios fechados, avulta mais recentemente a questão da hospedagem curta proporcionada pelo sistema denominado Airbnb ou semelhantes.

Esse sistema consiste em uma plataforma *online* de hospedagem pela qual os interessados podem se hospedar em quarto ou imóvel inteiro (casa ou apartamento) por curta temporada. Utiliza um imóvel normal e não uma pousada ou local específico para hospedagens. O sistema possui uma classificação própria do hóspede por estrelas. Os pagamentos são realizados por plataforma de cartão de crédito.

O maior entrave, não fossem outros, para a utilização generalizada dessa modalidade diz respeito aos condomínios estritamente residenciais. Esta, como inúmeras inovações sociais trazidas nesta contemporaneidade, gera inquietação aos moradores, principalmente pela quebra de segurança, sem falar na interferência do sossego e no eventual tumulto da vida condominial.

Não existe ainda uma regulamentação legal e nem uma proibição expressa na lei. Em princípio o instituto seria regulado pela Lei n. 11.771/2008, que trata da hospedagem para turismo, mas essa lei está voltada para estabelecimentos de hotelaria. Não se amolda, em absoluto para conjuntos residenciais comuns.

A Lei do Inquilinato (arts. 48 a 50 da Lei n. 8.245/1991) prevê a locação por temporada por até noventa dias, mas dirige-se a outra classe de inquilinos e não a *hóspedes*. A locação por temporada se destina a lazer, realização de cursos, tratamento de saúde, feitura de obras no imóvel do locatário e situações símiles, como dispõe o art. 48.

Porém, há que se ressaltar que na locação por temporada há locatários e não *hóspedes*. Essa compreensão é fundamental. A locação por temporada somente se perfaz com contrato escrito, pois exige o prazo determinado, sendo incompatível o contrato verbal.

Nos condomínios a situação do Airbnb e congêneres que certamente surgirão no mundo globalizado, o "hospedeiro" está arrendando não apenas sua unidade, mas toda parte comum do condomínio. A primeira questão já se posta para esses hospedes no tocante à utilização dos bens de uso comum como piscinas, salão de festas, sala de ginástica etc. Já aqui surge uma inquietação compreensível dos condôminos em sua vida social e não apenas sob o aspecto da segurança.

Como qualquer possuidor e detentor da unidade condominial, esse hóspede deve se submeter à regulamentação dos condomínios, sujeitando-se, inclusive, ás punições do condômino nocivo, o que, na prática, vai dificultar sua aplicação e inculpar, em última análise, os proprietários da unidade.

O zelador e o síndico não são recepcionistas hoteleiros e não estão preparados para tal, não sendo esse seu mister.

Os condomínios estritamente residenciais não têm permissão para explorar comercialmente suas unidades, caracterizando essa hospedagem como um desvio de finalidade, para dizer o mínimo.

Os condôminos atingidos por essa situação devem decidir em assembleia sobre a proibição, até que se faça expressamente menção do fato em alteração da convenção, embora tecnicamente não nos pareça necessário, ainda que seja mais conveniente para espargir dúvidas, pois não se sabe por ora para onde baloiçam exatamente os ventos dos tribunais. Certamente teremos uma orientação legal para o fenômeno, a qual ainda não existe.

Não resta dúvida, contudo, que a questão é sensível e polêmica. exigindo pronta intervenção do intérprete.

Caberá ao síndico a primeira palavra no sentido de impedir a entrada e saída de pessoas, que irão certamente tumultuar a vida condominial. Uma deliberação assemblear para respaldar o síndico será, em princípio, a primeira medida, com ampla divulgação aos partícipes da vida condominial.

Note que essa discussão não causa problemas apenas entre nós, mas também no Exterior. Se levarmos a questão para o nível constitucional, tudo girará em torno da função social da propriedade. Mormente nos condomínios de apartamentos e assemelhados, os poderes do proprietário encontram maiores restrições legais e de equidade, pela própria natureza dessa modalidade de propriedade. Cada propriedade deve ser utilizada de acordo com sua função social.

Destarte, parece-nos evidente que a utilização desses condomínios não pode ter, em princípio, função de hotelaria, por sua própria natureza, por não estar destinado a tal, porque não tem mínima condições de atuar nesse ramo, que tem finalidade lucrativa. Todavia, por vezes o caso concreto terá particularidades que mereçam melhor estudo, o que não deve alterar a regra geral que aqui expomos, com o devido respeito às vozes dissonantes. A aplicação do Direito exige sempre bom senso e equilíbrio, mormente levando-se em conta que a acomodação legislativa desse fato social ainda levará algum tempo.

Nada, contudo, impede que a maioria dos condôminos opte por autorizar essa modalidade de utilização, colocando-a na convenção ou no regimento interno.

A solução mais eficiente nos parece ser a previsão ou proibição de hospedagem pela natureza do condomínio na sua convenção. A verdade patente é que o condomínio estritamente residencial não se amolda a esse tipo de hospedagem.

A insistência em utilizar essa hospedagem sem o aval do condomínio é infração à sua finalidade, acarretando ao condômino recalcitrante a tipificação de antissocial, sujeitando-o às penalidades definidas no Código Civil (arts. 1.226, 2º e 1.337). Analisamos detidamente essas hipóteses e penalidades em nossa obra Direitos Reais (cap.15).

A convivência em edifícios e condomínios é muito mais complexa do que simples direitos de vizinhança. Os primeiros julgados sobre o tema têm sufragado majoritariamente a opinião aqui exposta, mas persistem decisões contrastantes. Alentado parecer da OAB de São Paulo – Comissão Especial de Direito Condominial, é da mesma opinião.

Aguardemos que as partes que eventualmente conflitem nessa área consigam a melhor solução, enquanto não tivermos ordenamento legal.

12
CRITÉRIOS DE COBRANÇA DO RATEIO DE DESPESAS CONDOMINIAIS: O PENSAMENTO DE SYLVIO CAPANEMA DE SOUZA

Joel Dias Figueira Júnior

Pós-Doutor em Direito Processual Civil pela *Università Degli Studi di Firenze* – Itália. Doutor e Mestre em Direito Processual Civil pela PUC-SP. Especialista em Direito Civil e Processual Civil pela *Università Degli Studi di Milano* – Itália. Desembargador aposentado do Tribunal de Justiça de Santa Catarina. Advogado, Consultor Jurídico e Árbitro. Professor convidado do Curso de Pós-graduação CESUSC. Foi Assessor da Relatoria-Geral da Comissão Especial do *Novo Código Civil* da Câmara dos Deputados e Presidente da Comissão de Juristas que elaborou o Anteprojeto de Lei que deu origem ao PL 6.204/19; Membro da Academia Brasileira de Direito Civil, do Instituto Ibero-americano de Direito Processual e do Instituto Brasileiro de Direito Processual, do Comitê Brasileiro de Arbitragem, do Conselho Editorial da Revista *Bonijuris* e da Revista Direito & Medicina da Editora RT; Presidente Estadual da Associação de Direito de Família e das Sucessões-ADFAS. Autor de *trinta e seis obras jurídicas* (17 individuais e 19 em coautoria) publicadas pelas Editoras Forense, Saraiva, Revista dos Tribunais, Juruá, dentre outras, além de centenas de artigos publicados em periódicos especializados de circulação nacional e internacional.

Sumário: 1. O nosso homenageado e o seu envolvimento com o tema em voga. 2. Reflexões introdutórias sobre o "critério legal". 3. Análises dogmática e zetética dos critérios estabelecidos para rateio de despesas condominiais. 4. Da atuação do estado-juiz para rever e alterar convenções condominiais e outros métodos de resolução de controvérsias. 5. Casuística e a orientação pretoriana. 6. Conclusão.

1.   O NOSSO HOMENAGEADO E O SEU ENVOLVIMENTO COM O TEMA EM VOGA

Sylvio Capanema de Souza deixou-nos fisicamente na noite de 19 de junho de 2020, vítima de infecção causada pela Covid-19, após quase três meses de internação em hospital no Rio de Janeiro, sua terra natal, fazendo surgir em todos nós, num só instante, sensações de pesar e alento: um triste vazio e um imenso legado, a perder de vista...

Sylvio (como gostava de ser chamado), era um jovem de 82 anos com vigor invejável, com a mente e a alma iluminadas, sonhador e realizador de seus projetos que se materializavam cotidianamente pela sua dedicação e o pelo amor que conferia a todos os atos praticados.

Flamenguista fervoroso e carnívoro de carteirinha (preferencialmente os assados na brasa), detentor de alegria e simpatia contagiantes, o nosso Homenageado era mesmo carismático, repleto dos melhores predicados, sempre pronto para ajudar a quem necessitasse, em tudo e por tudo, com predileção pelas aulas, palestras e pelo foro. Sylvio estava sempre em "movimento", mas sempre em paz e harmonia com o universo... creio que era impossível não querer bem e não admirar aquele grande Homem.

Pessoa modesta, simples, de fino trato (na medida certa), portador de voz firme e memória prodigiosa, fazedor de bom uso do português escorreito, capaz de deixar os seus ouvintes em permanente atenção, sem pestanejar, a transmitir cultura e lições profundas de Direito Civil, tudo com muita clareza e sempre com uma pitada de bom humor, sem perder a seriedade e a continuidade do assunto versado, de maneira a levar-nos, em fração de segundos, das lagrimas às gargalhadas. De fato, um orador nato de dar inveja à Cícero, Quintiliano...[1]

Sylvio Capanema de Souza, Mestre, amigo querido e confrade imortal da Academia Brasileira de Direito Civil eterniza-se em suas obras, que a todos os leitores encanta pela clareza dos textos e pela profundidade dos ensinamentos jurídicos e, diga-se de passagem, não foram poucas,[2] além de suas contribuições na confecção de normas, valendo destacar a autoria da Lei do Inquilinato.

Sylvio recebeu ao longo de sua vida o reconhecimento de todos (enquanto Advogado, Desembargador do TJRJ e Professor), diversas honrarias[3] e inúmeras homenagens merecidas.

Mais recentemente, em 1º de abril de 2019, em Evento promovido pela Associação para o Desenvolvimento Imobiliário e Turístico do Brasil – ADITBrasil, realizou-se em Florianópolis o 8ª Edição do ADITJuris – *Seminário para Soluções Jurídicas para os Setores Imobiliário e Turístico*, oportunidade em que o homenageado foi Sylvio Capanema e, para o nosso júbilo e honra, convidou a mim e ao Prof. Dr. André Abelha para dividirmos com ele aquele momento único.

A homenagem que prestamos ao Sylvio aconteceu bem ao seu estilo, em clima informal e descontraído, em conversa sobre temas diversos que passaram por aspectos destacados, curiosos e divertidos de sua vida pessoal e, como não poderia faltar, interessantes assuntos jurídicos voltados ao direito imobiliário.

É neste ponto que entra o tema objeto deste estudo, por ser-lhe extremamente caro como doutrinador e advogado militante combativo, sobretudo no foro do Rio de Janeiro e nos Tribunais Superiores – algumas dessas causas serão relatadas no decorrer deste estudo.

Naquela ocasião, ao indagar o Homenageado acerca do critério escolhido pelo legislador no Código Civil no tocante ao dever do condômino de contribuição para as despesas do condomínio *na proporção das suas frações ideais,* salvo disposição em contrário na convenção (CC, art. 1.336, I),[4] Sylvio assim prontamente deu início a resposta: "Pergunto-me por que o Mestre Caio Mário, em 64, mencionou que o critério deveria ser o da "fração ideal"?" E prossegue: "Creio que isso é mais um apego à tradição do que um *critério* propriamente dito; tenho muito refletido e questionado: *será esse mesmo o melhor e o mais justo critério?"*

---

1. . Nos últimos meses de judicatura, enquanto integrante do egrégio Tribunal de Justiça de Santa Catarina, tive a grata satisfação de participar de um julgamento em que o nosso Homenageado fez uso da tribuna em defesa de seu constituinte – por certo, sua última passagem pela Corte Catarinense. Lembro-me que não fez uso dos 15 minutos que o Regimento Interno confere aos advogados; bem antes de terminar o tempo regimental, o orador já havia transmitido, com sabedoria e objetividade, a tese jurídica por ele defendida.

2. Dentre os trabalhos jurídicos de Sylvio Capanema de Souza, vale citar: *A lei do inquilinato comentada; Comentários à Lei do Inquilinato; Da ação de despejo; Curso de Direito Civil. Comentários ao novo Código Civil, vol. VIII; Direito do Consumidor* (em coautoria) e atualizador da obra *Condomínio e Incorporações, de Caio Mario da Silva Pereira.*

3. Foi agraciado com a as Medalhas JK (Conferida pelo CONFECI e pelo CRECI-RJ), Mérito Judiciário, Militar, da Justiça Eleitoral, do Trabalho, do Pacificador, Tiradentes, da Assembleia Legislativa do Rio de Janeiro, dentre outras.

4. Assim também dispõe a Lei 4.591 de 16/12/64, art. 12, § 1º, *in verbis:* "Art. 12. Cada condômino concorrerá nas despesas do condomínio, recolhendo, nos prazos previstos na Convenção, a quota-parte que lhe couber em rateio. § 1º Salvo disposição em contrário na Convenção, a fixação da quota no rateio corresponderá à fração ideal de terreno de cada unidade."

12 • CRITÉRIOS DE COBRANÇA DO RATEIO DE DESPESAS CONDOMINIAIS

Conheceremos no decorrer deste breve estudo o entendimento e o profundo envolvimento de Sylvio Capanema de Souza sobre o tema, da doutrina à prática forense.

2. REFLEXÕES INTRODUTÓRIAS SOBRE O "CRITÉRIO LEGAL"

Diferentemente do vetusto Diploma Civil de 1916, o Código de 2002 inovou no Título III "Da Propriedade" (Livro III – "Do Direito das Coisas"), ao inserir o Capítulo VII para regular a matéria alusiva ao "Condomínio Edilício" (arts. 1.331 a 1.358), tema que até então era apenas regulado pela Lei 4.591, de 16 de dezembro de 1964, que dispõe sobre o condomínio em edificações e as incorporações (art. 12).[5]

Aliás, a preocupação do legislador com a abordagem do tema dos condomínios no Código de 2002 já aparece estampada na Exposição de Motivos ao assentar que, nada obstante a "expressa remissão à lei especial, entendeu-se de bom alvitre incluir no Código alguns dispositivos regrando os direitos e deveres dos condôminos, bem como a competência das assembleias e dos síndicos."[6]

Percebe-se que no ponto da definição do critério para a fixação da contribuição dos condôminos acerca das despesas condominiais, as normas de regência praticamente se igualam – "proporção das frações ideais" ou "fixação da quota no rateio corresponderá à fração ideal de terreno de cada unidade" – , sendo que a redação originária do texto do Código Civil, que permaneceu em vigor até 2004 era ainda mais rigorosa, porquanto inflexível (cogente), na medida que a regra era invariavelmente a "proporção de suas frações ideais", sem previsão de mudança do critério sequer pela convenção.[7]

---

5. "Art. 12. "Cada condômino concorrerá nas despesas do condomínio, recolhendo, nos prazos previstos na Convenção, a quota-parte que lhe couber em rateio. § 1º Salvo disposição em contrário na Convenção, a fixação da quota no rateio corresponderá à fração ideal de terreno de cada unidade."

6. Retira-se ainda da Exposição de Motivos o seguinte excerto, porquanto esclarecedor: "(...) j) Fundamentais foram também as alterações introduzidas no instituto que no Projeto recebeu o nome de "condomínio edilício". Este termo mereceu reparos, apodado que foi de "barbarismo inútil", quando, na realidade, vem de puríssima fonte latina, e é o que melhor corresponde à natureza do instituto, mal caracterizado pelas expressões "condomínio horizontal", "condomínio especial", ou "condomínio em edifício". Na realidade, é um condomínio que se constitui, objetivamente, como resultado do ato de edificação, sendo, por tais motivos, denominado "edilício". Esta palavra vem de "aedilici (um)", que não se refere apenas ao edil, consoante foi alegado, mas, como ensina o Mestre F. R. SANTOS SARAIVA, também às suas atribuições, dentre as quais sobrelevava a de fiscalizar as construções públicas e particulares.

   "A doutrina tem salientado que a disciplina dessa espécie de condomínio surgiu, de início, vinculada à pessoa dos condôminos (concepção subjetiva) dando-se ênfase ao que há de comum no edifício, para, depois, evoluir no sentido de uma concepção objetiva, na qual prevalece o valor da unidade autônoma, em virtude da qual o condomínio se instaura, numa relação de meio a fim. Donde ser necessário distinguir, de maneira objetiva, entre os atos de instituição e os de constituição do condomínio, tal 52 Novo Código Civil como se configura no Projeto. Para expressar essa nova realidade institucional é que se emprega o termo "condomínio edilício", designação que se tornou de uso corrente na linguagem jurídica italiana, que, consoante lição de RUI BARBOSA, é a que mais guarda relação com a nossa. Esta, como outras questões de linguagem, devem ser resolvidas em função das necessidades técnicas da Ciência Jurídica, e não apenas à luz de critérios puramente gramaticais(...)".

7. "Art. 1.336. São deveres do condômino: I – contribuir para as despesas do condomínio, na proporção de suas frações ideais" (redação primitiva);

   "I – contribuir para as despesas do condomínio na proporção das suas frações ideais, salvo disposição em contrário na convenção;" (redação atual conferida pela Lei 10.931/2004).

   Sobre a redação primitiva conferida pelo legislador ao art. 1336, inc. I, lembra muita acuidade Marco Aurélio Bezerra de Melo a mudança radical do sistema que, por décadas, vigorou na Lei n. 4.591/64, ocasionando (... muitos conflitos, pois além de não admitir disposição em contrário, ainda ligava a fração ideal ao valor do imóvel, e não à metragem. Essa situação foi alterada pela Lei n. 10.931/2004, que ressuscitou o modelo anterior, como se depreende da atual redação do inciso I do art. 1.336 e § 3º do art. 1.331 do Código Civil" (*Código Civil comentado*, art. 1.336, p. 952. Rio de Janeiro: Forense, 2019).

Seja qual for a redação, ao fim e ao cabo, percebe-se que a regra geral da forma como foi redigida tornou-se praticamente absoluta, pois ao ser aplicada no mundo empírico chega-se à constatação inevitável de que os condôminos, em número sempre inferior (p. ex. titulares de coberturas) e que possuem "fração ideal" maior em relação aos demais, estão destituídos do poder (quantitativo) de voto capaz de modificar a convenção.

A regra estabelecida também é iníqua quando analisada pelo prisma da utilização de serviços ou áreas comuns pelos condôminos, pois não é raro constatarmos na prática, por exemplo, imóveis localizados no plano térreo, com acessos voltados unicamente para as vias públicas, em que não se faz uso de qualquer das áreas próprias do condomínio edilício. Voltaremos ao tema mais adiante.

Observa André Abelha que "acerca do art. 1.336, I do CC, há uma tendência em interpretar-se que a fração ideal tem relação jurídica com a área privativa da unidade, quando, na verdade, aqui existem três conceitos jurídicos distintos: *a)* a *fração ideal* que nada mais é do que quantidade de propriedade que o titular da unidade tem em relação as partes comuns, ou seja, quanto maior for a fração da unidade, maior a quantidade de propriedade que se tem das partes comuns; por exemplo, se o prédio desabar e o terreno vier a ser vendido, o titular de cada unidade receberá o preço proporcional a sua fração.; *b)* o segundo critério é o de *coeficiente de rateio de despesas* que pelo 1.336, I pode ou não corresponder a fração ideal, tudo a depender da autonomia jurídica conferida aos condôminos ao exercerem os seus poderes de aprovação da convenção de condomínios; *c)* e o terceiro critério é a da *área privativa*.

Ainda segundo Abelha, ao que parece é que, desde sempre, os incorporadores mais por uma questão de hábito do que por imposição legal – porque a lei de incorporações não exige – adotaram o coeficiente de construção que é dado pelas normas da ABNT (que era a 140 e hoje é a NBR 12.721), tratando-se de normativa que oferece critério de cálculo do coeficiente de construção; os incorporadores usam esse coeficiente que guarda relação com o tamanho da área.[8]

O outro enfoque a ser dado diz respeito ao disposto no art. 1.340 do Código Civil,[9] que trata de definir o critério para o rateio das despesas condominiais relativas a partes comuns de uso exclusivo de um condômino, ou de alguns deles, cujo mote é a utilização ou o serviço, de maneira que os custos serão arcados por aqueles que delas se servem. Como veremos mais adiante, trata-se de uma das boas inovações trazidas pelo Código de 2002, colocando pá de cal na discussão sobre o tema.

3. ANÁLISES DOGMÁTICA E ZETÉTICA DOS CRITÉRIOS ESTABELECIDOS PARA RATEIO DE DESPESAS CONDOMINIAIS

De início, vale lembrar que os "novos tempos" passaram a exigir um direito principiológico, preocupado com a boa-fé, razoabilidade, proporcionalidade, função social do contrato e o equilíbrio entre as partes, inclusive no que concerne à "equação econômica".

---

8. Cf. exposição realizada durante a homenagem prestada a Sylvio Capanema de Souza, na abertura da 8ª Edição do ADITJuris – Seminário para Soluções Jurídicas para os Setores Imobiliário e Turístico, realizado em Florianópolis (Hotel Majestic), em 1º de abril de 2019 (evento promovido pela Associação para o Desenvolvimento Imobiliário e Turístico do Brasil – ADITBrasil).

9. "Art. 1.340. As despesas relativas a partes comuns de uso exclusivo de um condômino, ou de alguns deles, incumbem a quem delas se serve."

12 • CRITÉRIOS DE COBRANÇA DO RATEIO DE DESPESAS CONDOMINIAIS

E é assim que, em boa hora, o Diploma de 2002 se anuncia e, sob essa ótica, deve ser feita a interpretação da matéria objeto deste nosso estudo.

Sobre o tema, escreve Humberto Theodoro Júnior:

> O Código Civil de 2002 se anuncia como arauto de novos rumos para o direito privado, assinalados pela eticidade, socialidade e economicidade.
>
> Essas características se fazem notar com maior realce no campo do contrato, onde o Código destaca normas explícitas para consagrar a boa-fé objetiva, a função social do contrato e a submissão aos efeitos da revisão contratual para reequilíbrio de sua equação econômica.
>
> A teoria geral do contrato, portanto, enriquece-se com três novos princípios, que não podem, todavia, ser encarados momo, doravante, os únicos a dominar e explicar os fundamentos da figura jurídica da mais importante categoria dos negócios jurídicos. Na verdade, os três novos princípios – boa-fé objetiva, equilíbrio econômico e função social – não eliminaram aqueles em que a ideologia liberalista havia se fixado (liberdade de contratar, força obrigatória do contrato e eficácia relativa da convenção). O que se deu foi o acréscimo aos clássicos, de princípios forjados sob o impacto das atuais ideias de socialidade e solidarismo que a ordem constitucional valorizou.[10]

Duas situações merecem ser destacados para cotejo com as regras do pagamento e rateio de despesas condominiais: *a)* as que envolvem o rateio das despesas relativas a partes comuns de uso exclusivo de um condômino, ou de algum deles; *b)* as que versam sobre o rateio com base exclusiva na proporcionalidade atinente a "fração ideal".[11]

a) Analisemos então a primeira situação. Essa hipótese requer interpretação do art. 1.340 que é, diga-se de passagem, novidade representativa de mudança de paradigma, pois diante do silêncio da lei, até então, o legislador transformou em norma o que há muito vinha sendo consolidado pela melhor doutrina e jurisprudência.[12]

Segundo o clássico Caio Mario da Silva Pereira, "À grande quantidade de questões surgidas a respeito das despesas condominiais por proprietário de unidade em andar térreo, os tribunais têm decidido que deve ele ser isentado das despesas que não são de seu interesse, mas deve concorrer nas que se referem a serviços prestados, como seguro, remuneração do administrador e as de impostos e taxas".[13]

Nessa linha também os ensinamentos de J. Nascimento Franco e Nisske Gondo (*in* Condomínios em Edifícios") são lembrados por José Fernando Coelho, *in verbis:*

> O pedido mais utilizado nas ações que objetivará a alteração de participação do rateio de despesas são as que pertinem a excluir ou eximir o condômino requerente das despesas do condomínio que não tenham participação ou utilização, tais como; todas as despesas referentes às áreas de uso comum, especialmente as despesas ordinárias enumeradas em laudo técnico, pois em decorrência da localização isolada e autônoma da unidade imobiliária, não tem qualquer utilização ou benefício.

---

10. *O Contrato e sua Função Social*, p. 9. Rio de Janeiro: Forense, 2003.
11. A "fração ideal" costuma ser identificada em forma decimal ou ordinária, no próprio instrumento de constituição do condomínio.
12. Assim, Pontes de Miranda (*Tratado de Direito Predial*. Ed. Konfino, 1947, v, II, p. 187), Carlos Maximiliano (*Condomínio*. Ed. Freitas Bastos, 1944, p. 199), Caio Mário (*Condomínio e Incorporações*. Ed. Forense, 1993, p. 143), Campos Batalha (*Loteamentos e Condomínios*. Ed. Max Limonad 1953, t. II, p. 150), Nascimento Franco (*Condomínio*. Ed. RT. 2. Ed., p. 206), Marco Aurélio S. Viana (*Manual do Condomínio e das Incorporações Imobiliárias*. Saraiva, 1980, p. 16).
    Na mesma linha, a orientação do Superior Tribunal de Justiça: REsp. 164.672-PR, Rel. Min. Eduardo Ribeiro, j. 4/11/99; REsp. 61.141, Rel. Min. Waldemar Zveiter, *DJ* 04.09.1996.
13. *Condomínio e Incorporações*, 10. ed., p. 194. Rio de Janeiro: Forense.

Exemplo típico são as despesas de conservação de elevadores, que em inúmeras situações, são de uso exclusivo dos apartamentos que integram o edifício, mas que em nada se corresponde à loja, localizada no térreo, com acesso próprio e isolado do prédio. Portanto, devidamente demonstrado por laudo técnico e prova testemunhal, se for o caso, as despesas como as de conservação, manutenção, instalação de equipamentos e utensílios que beneficiem, apenas os condôminos da área residencial, não aproveitando ao requerente de unidade autônoma, devem ser excluídas do rateio, impedindo que sejam inseridas na cobrança.[14]

O regramento cogente do art. 1.340 do CC colocou praticamente um ponto final nas poucas controvérsias ainda reinantes sobre o tema[15], vindo à tona a inspiração do legislador matizada nos princípios da razoabilidade, da boa-fé objetiva e da vedação expressa de enriquecimento sem causa.

Outra não é a orientação jurisprudencial, valendo citar o entendimento firmado pelo Superior Tribunal de Justiça:

> Recurso especial. Civil. Condomínio. Loja térrea com entrada independente. Taxas condominiais. Aplicação da orientação firmada por esta terceira turma quando do julgamento do RESp n. 1.652.595-PR. (...) ´A regra estabelecida no art. 1.340 do novo Código Civil atende aos princípios da equidade evitando o enriquecimento indevido dos condôminos que se utilizam de serviços ou de partes comuns a diversos deles, em detrimento daqueles que não utilizam os referidos serviços e equipamentos comuns. Na espécie, o condômino somente pode suportar, na participação do condomínio, as despesas de conservação das coisas de cuja utilização efetivamente participa`(...).[16]

Portanto, se apenas os condôminos das unidades residenciais de determinado condomínio fazem uso de portaria, porteiro (eletrônico ou presencial), elevadores e até empregados do edifício, somente a eles caberá suportar os respectivos custos. Significa dizer que o rateio das despesas condominiais deve atender sempre ao critério da disponibilização do serviço ou utilidade.

b) A segunda hipótese respeita ao dever dos condôminos de custear as despesas condominiais em observância das suas porções ideais, salvo disposição em contrário na convenção (CC, art. 1.336, I).

Como Sylvio bem ressaltou em sua fala quando homenageado em Florianópolis no evento acima citado, tudo leva a crer que inexiste uma razão bem definida para a escolha do legislador pelo critério da utilização da fração ideal da área para o rateio das despesas condominiais, tratando-se de tradição jurídica iniciada em 1964 com a edição da Lei 4.591.

Em que pese ser a regra definida em lei reforçada muitas vezes nas convenções condominiais, mister se faz interpretar o art. 1.336, I do Código Civil sob a luz das teorias contemporâneas, que impregnam positivamente o Diploma de 2002, muitas delas incorporadas, inclusive, ao texto legal, notadamente a boa-fé objetiva, a função social dos contratos, o equilíbrio, a vedação da onerosidade excessiva e do enriquecimento sem causa.

Extrair-se a exegese adequada do disposto no art. 1.336, I passa, necessariamente, por interpretação histórica, lógica, sistemática, axiológica e teleológica com os demais

---

14. *Condomínio Edilício – Teoria e Prática*, p. 145. Porto Alegre: Livraria do Advogado, 2006, p. 145).

15. Alguns doutrinadores criticam, em parte, a regra do art. 1.340 por se tratar de norma cogente. Nessa linha, é o entendimento do culto e estimado confrade da Academia Brasileira de Direito Civil, Des. Marco Aurélio Bezerra de Melo, *in verbis*: "(...) a forma como o dispositivo entrou em vigor merece críticas, pois acirra ainda mais os ânimos dos condôminos na já por demais conturbada coexistência condominial. Melhor que a lei não fosse cogente, delegando aos condôminos a tarefa de discutir quais as partes comuns do prédio que comportam utilização elusiva e quem seriam os condôminos indicados por arcar exclusivamente com tais despesas" (op. cit., art. 1.340, p. 961).

16. RESp. 1.704.578-PR, Rel. Min. Paulo de Tarso Sanseverino, j. 09.03.2018.

12 • CRITÉRIOS DE COBRANÇA DO RATEIO DE DESPESAS CONDOMINIAIS

dispositivos correlatos, que permeiam direta ou indiretamente o tema central deste estudo, valendo frisar, mais uma vez, que esse regramento foi simplesmente "importado" da Lei 4.591/64 e inserido num Código totalmente novo e alvissareiro o qual traz em seu bojo elevados desígnios voltados a atender os anseios dos sujeitos de direito do século XXI.

Ao nosso sentir, trata-se de uma regra vetusta e ultrapassada, que não encontra eco no próprio Código quando avaliada pelos prismas ora indicados; outrossim, não podemos nos esquecer de que, em boa medida, temos hoje um "direito principiológico" codificado hábil a mitigar regras postas em prol de valores superiores inseridos no Diploma de 2002.

Nesse sentido, em 2019 apresentei aos doutos confrades e confreiras da Academia Brasileira de Direito Civil-ABDC, no encontro anual auspiciado pelo Instituto dos Advogados de São Paulo-IASP, enunciado jurídico interpretativo do art. 1.361, I do CC, tendo sido aprovado, por unanimidade, após colocado em discussão e votação.

Assim encontra-se ementado o Enunciado n. 80 da ABDC:

> Considerando-se que o Código Civil pauta-se pela observância da liberdade contratual em sintonia com os ditames da probidade, da boa-fé, do equilíbrio entre as partes, da função social do contrato e da vedação da onerosidade excessiva, a regra que estabelece o dever do condômino em contribuir para as despesas do condomínio, na proporção da fração ideal do seu imóvel, nada obstante o disposto em convenção (art. 1.336,I), deve ser interpretada em sintonia com os princípios da razoabilidade e da proporcionalidade, sob pena de verificar-se enriquecimento sem causa e abusividade em desfavor do condômino que paga quantia excedente em relação aos demais.[17]

Retira-se da "justificativa", que apresentei às considerações da Academia para a votação do referido Enunciado, o seguinte excerto:

> Destarte, o critério geral não se afigura técnico e muito menos justo, pois parte de premissa equivocada ao considerar que, por ser superior a metragem da fração ideal de determinado imóvel, utiliza-se o condômino de serviços a mais ou áreas do condomínio, aumentando suas despesas. É inconteste que o simples fato de determinada unidade representada pela fração ideal de área ser superior às demais não significa utilização de mais serviços ou elevação de despesas condominiais.
>
> Por essas razões, o art. 1.336, I há de ser interpretado em sintonia com os princípios da razoabilidade e da proporcionalidade e com o art. 1.340, ambos do CC, sob pena de verificar-se enriquecimento sem causa e abusividade em desfavor do condômino que paga rateio excedente em relação aos demais (...).

A bem da verdade, a "fração ideal" em condomínio edilício nada tem a ver, direta ou indiretamente, com as despesas condominiais atinentes aos serviços, ou uso de áreas ou equipamentos, tendo-se como irrefutável que o pagamento correspondente à metragem da área já se deu no momento da aquisição do imóvel pelo proprietário.

> A base para cálculo do rateio das despesas condominiais, como bem escreve Maria Helena Diniz, "(...) deverá ser feito, como observa Fucci, caso a caso, visto que nem sempre uma unidade autônoma, com maior fração ideal, é a que mais contribui para as despesas. Mais justo seria para a fixação do rateio naquelas despesas que se discriminassem as despesas comuns a todos, as necessárias ou úteis a um ou outro e se verificasse a intensidade do uso de cada condômino em relação às áreas comuns (CC, art. 1.340 c/c 1.336, I)".[18]

---

17. Disponível em: <www.abdireitocivil.com.br>.
18. *Código Civil anotado*, 12. ed. art. 1.336, p. 1.076. São Paulo: Saraiva.
   Mas a doutrina não é pacífica sobre a questão da "justiça" do critério legal para o rateio das despesas condominiais. Entendimento diverso, por exemplo, é Marco Aurélio Bezerra de Melo, vejamos: "(...) É possível considerar-se justo que o condômino que tem imóvel maior como, por exemplo, a cobertura, pague mais do que os outros. Contudo, mais justo ainda é deixar essa questão ao talante dos condôminos que, reunidos democraticamente em assembleia, deverão ter maturidade para dispor sobre a questão como melhor lhes aprouver." (op. cit., art. 1.363, I, p. 952).

O que se verifica na prática é que os condôminos, detentores de frações ideais maiores, terminam pagando despesas condominiais em valores superiores aos demais sem, em contrapartida, gozarem de qualquer vantagem ou benefício, em relação aos serviços e ao uso das áreas comuns e equipamentos, somando-se ao fato de que não dispõem de espaço maior ou preferencial. De outra banda, esses mesmos condôminos não contribuem para o aumento das despesas comuns, pois se utilizam dos mesmos empregados do condomínio, dos elevadores, das áreas de serviços, dos interfones e tudo mais que a todos os moradores aproveita igualmente.

Inversamente, para fins de representação nas Assembleias Gerais (ordinárias ou extraordinárias), nas quais são discutidas e decididas todas as matérias de interesse comum, inclusive aprovação de orçamentos e de contas, realização de obras, eleição de síndico, entre outras, os condôminos que possuem frações ideais superiores em relação aos demais estão desprovidos de qualquer tipo de voto diferenciado ou mais qualificado, sendo todos tratados da mesma forma.[19]

Inferimos com facilidade que se trata de pura e odiosa violação do princípio da igualde, sendo manifestamente iníquo o critério fundado na "fração ideal" para definição do pagamento das despesas de custeio do condomínio.

O critério da "fração ideal" não tem sustentação lógica, pois não encontra qualquer pertinência com a utilização ou serviços, diferentemente do que bem assentou o legislador no art. 1.340. Se por um lado fez-se a opção legislativa na Lei 4.591/64 pela proporcionalidade de pagamento do rateio de despesas condominiais pela fração ideal, esse "critério" não se sustenta nos dias atuais, nada obstante tenha sido repetido no Código de 2002. Simplesmente, repetiu-se pelo simples fato de se repetir, sem qualquer reflexão axiológica tendo-se em consideração os elevados princípios que foram agregados e transformados em importantes regras no Diploma Substantivo atual.

A possibilidade legal conferida aos condôminos, de modificar a regra geral do rateio de despesas proporcionais a fração ideal em convenção, é disposição de conteúdo meramente *programático,* na exata medida em que não encontra aplicação concreta no mundo dos fatos. Aliás, é comum as convenções reafirmarem em cláusula própria a regra geral do art. 1.336, I.[20]

O que se constata na prática, via de regra, é que em reunião de assembleia geral os condôminos, em maioria e detentores de frações ideais menores, atuam em causa própria, em desfavor dos interesses das minorias detentoras de frações superiores.

Sylvio costumava praticar o que professava e doutrinava, e assim o fazia também em suas magníficas peças como Advogado militante. Sobre o tema em estudo, extrai-se de uma petição inicial de sua lavra:

> (...) Só um comodismo intelectual ou ultrapassado apego às tradições, justifica a manutenção deste critério de cobrança, pelo simples fato de ter sido ele criado na Lei 4591, que é de 1964 e reproduzido no artigo 1336, inciso I do Código Civil de 2002.

---

19. É também comum encontrar-se em Convenção cláusula dispondo no sentido de que "nas Assembleias Gerais cada condômino terá direito a tantos votos quantas forem as unidades autônomas que lhe pertençam."

20. É recorrente encontrar-se nas Convenções Condominiais a discriminação das frações ideais correspondentes a cada unidade autônoma, e o critério de rateio das despesas comuns proporcional a essas frações.

12 • CRITÉRIOS DE COBRANÇA DO RATEIO DE DESPESAS CONDOMINIAIS — 199

Ressalte-se, por oportuno e relevante, que em ambos os diplomas legais se assegura aos condôminos a adoção de outros critérios de rateio, razão porque, em muitos dos condomínios, seja ele feito de maneira igual para todos.

Até porque, como é sabido, o que contribui para o agravamento das despesas comuns é o número de moradores de cada unidade e não a sua área física.

Em muitas coberturas os ocupantes são em número bem menor do que nas demais unidades.

O rateio pelas frações ideais, além de não se sustentar tecnicamente, agride os valores fundamentais que inspiraram a atual ordem jurídica, implementada após o advento da Constituição Federal de 1988, e, entre eles, os princípios da boa-fé objetiva, da vedação do enriquecimento indevido e, principalmente, os da razoabilidade e da proporcionalidade, agora muito reforçados pelo artigo 8º do novo Código de Processo Civil.

Como se não bastasse os quóruns estabelecidos pela Lei 4.591/64, e, por comodidade, mantidos pelo Código Civil de 2002, tornam impossível para a minoria, que são os proprietários das coberturas, modificar o sistema de rateio.

Quando do surgimento da Lei 4.591, de 1964, o perfil urbano das cidades brasileiras era completamente diferente do que hoje se apresenta.

Ainda não existiam os "megacondomínios" que se tornam cada vez mais frequentes, em que se agrupam centenas de condôminos, distribuídos em vários blocos, com interesses e propriedades diferentes.

Como, então, obter o consentimento de 2/3 dos condôminos para se aprovar ou modificar as convenções, ou, o que é pior, a unanimidade, para matérias relevantes como eventual obra de alteração da fachada ou acréscimos em áreas comuns?

Nem o mais otimista dos síndicos sonharia, por exemplo, reunir na Assembleia os 500 condôminos de seu condomínio para decidir matérias para as quais o Código Civil exige o quórum de 2/3 ou a unanimidade das frações ideais.

A consequência perversa deste injusto e antidemocrático sistema, é que os condomínios ficam engessados na camisa de força de suas próprias convenções, que não se consegue modificar, apesar das distorções inevitáveis criadas pelo passar dos anos.

Mas o que é ainda mais intolerável é o massacre a que fica submetida a minoria, sem a menor perspectiva de sequer levar à discussão os seus direitos e reinvindicações, pela insuperável exigência do quórum de 2/3 dos condôminos.

É evidente que em qualquer estado democrático de direito, e, por extensão nos condomínios edilícios, deve prevalecer a vontade da maioria.

Nem de longe pretendem os autores afastar o princípio.

Mas isto não significa impedir o debate e manter o "status quo", pela simples exigência de quóruns inatingíveis, ainda que previstos na lei ou nas convenções.

Já muito tentaram os autores levar às Assembleias as suas razões, sendo sempre barrados pelo simples argumento da falta do quórum legal.

Daí porque não há outra via, senão a judicial, cada vez mais trilhada, para alterar ou eliminar cláusulas abusivas, perpetuadoras de flagrantes injustiças, e que são o atestado de óbito dos princípios e valores éticos de nossa atual ordem jurídica.[21]

Dando sequência aos fundamentos bens insculpidos na citada peça inaugural, o nosso Homenageado passa a versar sobre a *teoria do abuso de direito nas relações condominiais e a sua evolução*, valendo transcrever um excerto:

(...) Não pretendem os autores alongar o debate, aludindo às origens históricas da teoria do abuso de direito, até o advento do artigo 187 do Código Civil de 2002.

O que modernamente se pretende é "impedir que se invoque uma faculdade prevista em lei, exercida aparentemente de forma adequada, para alcançar objetivo que não é legítimo e que não é tolerado pelo ordenamento

---

21. Petição inicial nos autos do processo n. *Processo 0035847-65.2017.8.19.0001*, firmada em 13 de fevereiro de 2017 por Sylvio Capanema de Souza. Os autos encontram-se atualmente em grau de recurso aguardando julgamento da apelação cível no TJRJ, em que figura como apelante Otávio Rodrigues e outros e, como apelado, o Condomínio Reserva Laranjeiras.

segundo os princípios nele vigentes" (André Abelha Dutra, *in Abuso do direito no Condomínio Edilício*. Ed. Sérgio Antônio Fabris – Ed, Porto Alegre, 2013, p. 34).

Nos condomínios edilícios não é difícil logo perceber que a teoria do abuso de direito tem por finalidade específica frear a tirania da maioria, que se utiliza, em seu proveito, dos quóruns legais e convencionais, impedindo o debate e a modificação de critérios que a favorecem, em flagrante e injusto prejuízo da minoria.

Instigante observação fez a eminente magistrada do TJRJ, Dra. Flávia Viveiros de Castro, segundo a qual "no condomínio socialmente funcionalizado, a liberdade deve trazer consigo a responsabilidade, e o individualismo deve ceder lugar à tolerância e à solidariedade" (*Solidariedade social, tolerância e direitos de vizinhança – Estudos em homenagem ao Prof. Ricardo Pereira Lira* – Ed. Renovar, p. 626).

Os novos valores que informam hoje a ordem jurídica devem também funcionalizar os critérios de rateio das despesas condominiais, para impedir o enriquecimento sem causa e o abuso de direito, a massacrar os proprietários das unidades da cobertura.

A lógica primária de atribuir cota mais elevada para as unidades de maior área, parte de uma premissa falsa, que é a de presumir que quanto maior for a área, mais ocupantes terá, impactando as despesas comuns, o que é uma falácia. Em primeiro lugar porque o número de ocupantes em cada unidade flutua, ao saber das cambiantes realidades das famílias e de suas vicissitudes econômicas. Filhos chegam e depois se vão, moradores se mudam, sendo substituídos. É bastante comum que se encontre nas unidades de menor área um número consideravelmente maior de ocupantes.

O que deve orientar a adoção do critério de rateio é a real utilidade dos serviços, ou seja, se preferem eles a uns, em detrimento de outros, se são mais utilizados por alguns, e não por outros.

Dividir o custo de serviços iguais tão somente pela fração ideal, embora a todos beneficiam, independente da área, é um atentado à função social da propriedade, a caracterizar abuso de direito.

A propriedade condominial deve ser exercida tendo sempre em mira a sua função social, a solidariedade e a boa-fé objetiva.

Se os proprietários das coberturas gozam dos mesmos benefícios dos demais condôminos, e não maiores, se usam os mesmos empregados, elevadores, áreas de lazer, segurança, e, o que é mais importante, decidem os interesses gerais em absoluta igualdade de votos, nas assembleias gerais, por mais relevantes que sejam os assuntos nelas debatidos, o simples fato de pagarem mais, para tudo isto sustentar, importa em ostensivo e censurável enriquecimento sem causa dos demais condôminos, o que não pode ser tolerado por um direito principiológico que hoje adotamos.

O critério hoje seguido pelo réu não só propicia este enriquecimento indevido, abominado desde o direito romano (*nemo potest locupletari jactura aliena*), como ainda colide de frente com os novos princípios da razoabilidade e da proporcionalidade, ainda mais reforçados após o advento do artigo 8° do novo Código de Processo Civil.

Por muito tempo, portanto, permaneceu como verdade quase absoluta, que o rateio das despesas condominiais deveria ser feito pelas frações ideais das unidades, já que era o critério consagrado na Lei 4591/64, no Código Civil e na maioria das Convenções.

À rigor, ninguém chegou a perguntar porque, ou qual a justificativa ética, matemática ou lógica, para este critério de rateio.

A regra se mantém, apenas por inércia intelectual.

Nas últimas décadas, entretanto, a doutrina, embalada por novos princípios oxigenadores, começou a revisitar a matéria, o que logo repercutiu na construção pretoriana, para concluir que o tradicional sistema de rateio não se justifica.

O argumento de que a regra está inserida nas convenções, o que a torna obrigatória para todos os condôminos e só poderia ser alterada na forma ali prevista, não pode ser acolhido de maneira simplista e preguiçosa.

É bem verdade que o princípio do *pacta sunt servanda*, continuará sendo um dos pilares de sustentação da teoria geral dos contratos.

Mas não é menos verdade que tal princípio nunca foi absoluto, e ainda no direito romano clássico já havia sido mitigado pela cláusula *rebus sic stantibus*, tão antiga e prestigiada quanto ele.

A partir da segunda metade do século XIX já se tinham consolidado as chamadas teorias revisionistas dos contratos e das convenções, e, entre elas, as da onerosidade excessiva, acolhida em nosso Código Civil, no artigo 478, da imprevisão, da pressuposição e, mais recentemente, a da quebra da base econômica do negócio jurídico, de Karl Larenz.

12 • CRITÉRIOS DE COBRANÇA DO RATEIO DE DESPESAS CONDOMINIAIS

> Todas elas têm um mesmo fundamento, que é a já citada cláusula *rebus sic stantibus*, agora reforçada pelos novos paradigmas da boa-fé objetiva, lealdade, confiança e da vedação do enriquecimento sem causa.
>
> Em um sistema jurídico como o que hoje vivemos, impregnado pela eticidade, não se pode admitir que o rateio das despesas comuns obedeça apenas a percentuais aleatoriamente calculados, enquanto que todos os condôminos gozam dos mesmos serviços, e estejam submetidos a iguais direitos e deveres.
>
> Também é contrário à lógica e à ética que tanto as coberturas quanto as lojas de frente de rua, em que pese contribuírem com cotas mais elevadas, sejam tratadas igualmente, no que se refere ao direito de voto, e demais serviços prestados pelos condomínios.
>
> Daí porque é irrelevante que o critério de cobrança esteja previsto na Convenção, como se fosse ela um verdadeiro dogma, imutável, apesar das profundas transformações da ordem jurídica.
>
> A mitigação dos princípios clássicos é a exigência dos novos tempos que vivemos, de um direito principiológico, preocupado com a boa-fé e o consequente equilíbrio da equação econômica dos contratos.
>
> Por estes fundamentos deve ser desde logo afastado o argumento de que o critério de cobrança das cotas condominiais deva obedecer ao que prevê a Convenção, e só possa ser alterado por 2/3 dos condôminos.
>
> Também não é barreira insuperável o fato de o critério estar, em princípio, previsto em lei, mas não de forma absoluta. A todo momento é hoje o Judiciário acionado para restaurar os valores e princípios, que devem pairar, soberanos, sobre o texto da lei ou da convenção.
>
> Quando a aplicação pura e simples da lei ou da Convenção nos conduzir a um absurdo, deve-se encontrar um princípio que nos permita realizar a justiça e preservar a ética (...).[22]

Ora, se a convenção de condomínio é soberana e faz "lei entre as partes", além de transcender a pessoa dos seus signatários e levar os seus efeitos aos novos e futuros integrantes do respectivo condomínio, por outro lado, não menos verdadeiro é que as "leis" em geral hão de ser interpretadas dentro de um contexto principiológico e sistêmico normativo, em observância das técnicas de hermenêutica e dos fins sociais a que se destinam.

É neste ponto que exsurge a importante figura do juiz para bem aplicar o direito ao caso concreto.

4. DA ATUAÇÃO DO ESTADO-JUIZ PARA REVER E ALTERAR CONVENÇÕES CONDOMINIAIS E OUTROS MÉTODOS DE RESOLUÇÃO DE CONTROVÉRSIAS

Inexistindo consenso entre os condôminos para realização de ajustes ou alterações das convenções (o que não é bastante comum!), resta aos prejudicados a opção pelas vias adversarias ou não adversarias de resolução de controvérsias, ou seja, os métodos autocompositivos (conciliação, mediação etc.), heterocompositivos (jurisdição pública ou privada) ou híbridos.[23]

Não há a menor dúvida de que as partes devem buscar, em qualquer situação, antes de mais nada, uma solução autocompositiva para o conflito instaurado, por ser a forma menos traumática de se chegar a um resultado intermediário, capaz de atender aos interesses de ambos, de maneira que, ao final, não existam vencidos ou vencedores.

O ideal é que as Convenções sejam dotadas de cláusula específica acerca de métodos de resolução de controvérsias,[24] pois quando instaurado o conflito de interesses e os ânimos

---

22. . Idem, ibidem.

23. . A respeito do tema do acesso à jurisdição e equivalentes jurisdicionais, v. Joel Dias Figueira Júnior, *Arbitragem*, 3. ed., Cap. II, p. 51/80. Rio de Janeiro: Forense, 2020.

24. . Nas Convenções mais atuais já encontramos inseridas cláusulas atinentes aos meios ou técnicas de resolução de controvérsias, tais como negociação prévia, conciliação, mediação e arbitragem, cláusulas híbridas e, em diversos casos com a indicação do órgão ou entidade administradora do respectivo painel.

encontram-se acirrados, dificilmente chega-se a um consenso, inclusive sobre a via a ser eleita para resolver a questão, por depender também de acordo entre as partes.

Não havendo autocomposição, as partes haverão de acessar a jurisdição pública (Estado-juiz) ou privada (árbitro/tribunal arbitral) para a resolução do conflito, lembrando que a arbitragem requer o consenso das partes para a definição dos termos do compromisso arbitral, na hipótese de não haver previsão expressa antecedente dessa via em convenção de condomínio,[25] em observância ao que dispõe a Lei 9.307/96.

Em não havendo previsão expressa de cláusula arbitral (cheia ou vazia) na convenção de condomínio, as partes antes de fazerem essa opção por meio de compromisso arbitral, devem avaliar as vantagens e desvantagens da eventual escolha, o que haverá de passar por análise de questões de ordem qualitativa, tais como, a complexidade do conflito e a escolha do árbitro, ou entidade arbitral adequada para a solução da controvérsia, o valor/benefício econômico perseguido, a celeridade, as despesas decorrentes da instauração do painel arbitral etc.[26]

De qualquer sorte, não havendo autocomposição, o conflito será levado ao conhecimento do juiz (público ou privado)[27] com o escopo de ajustar ou declarar abusivas as cláusulas da convenção condominial objeto da lide.

Nesses casos, o pedido de revisão, desconstituição ou anulação de cláusula de Convenção de Condomínio, dentre outros fundamentos, haverá de basear-se na desproporção e desigualdade entre os condôminos e o enriquecimento sem causa, conforme já demonstramos precedentemente, estando certo o autor (condômino prejudicado) que o julgador há muito deixou de ser a "boca de lei" para se tornar um intérprete qualificado do ordenamento jurídico, aplicador do direito ao caso concreto conforme a Constituição Federal, em sintonia com os seus princípios gerais e específicos que permeiam o sistema normativo infraconstitucional.

Destaca-se estar em evidência a regra insculpida na Lei de Introdução às Normas do Direito Brasileiro[28], sobretudo com o advento do Código de Processo Civil de 2015 alçando-a ao patamar de Norma Fundamental do Processo Civil, revisitado, aprimorado e ampliado o seu espectro, *in verbis:* "Ao aplicar o ordenamento jurídico, o juiz atenderá aos fins sociais e às exigências do bem comum, resguardando e promovendo a dignidade da pessoa humana e observando a proporcionalidade, a razoabilidade, a legalidade, a publicidade e a eficiência" (art. 8º).

Afigura-se necessária e imprescindível a intervenção do Estado-juiz ou do árbitro para a manutenção do equilíbrio e da função social do pactuado, seja para adequar de maneira flexibilizada ao caso concreto a regra insculpida no art. 1.336, I ou do art. 1.340, ambos do Código Civil, seja para declarar a abusividade da cláusula inserta em Convenção.

---

25. . Nessa linha, decidiu o STJ no sentido de que havendo inserção de cláusula arbitral em convenção de condomínio, a ela estão vinculados os seus signatários e todos os demais novos condôminos que a ela estejam subordinados, o que excluiu a jurisdição estatal da resolução de controvérsias a esse respeito (REsp 1.733.370-GO, Rel. p/ac Min. Moura Ribeiro, j. 26.06.2018).

26. . Sobre o tema, v. Joel Dias Figueira Júnior, ob. Cit., Cap. II, item n. 10., pp. 134/137; *Revista Catarinense de Solução de Conflitos – RCSC*, n. 7, pp. 33/35. 2019 – "Arbitragem e Jurisdição estatal – vantagens e desvantagens.

27. . Lembrando que "o árbitro é juiz de fato e de direito, e a sentença que proferir não fica sujeita a recurso ou a homologação pelo Poder Judiciário" (LA, art. 18).

28. Nova redação dada à Lei de Introdução ao Código Civil (Decreto-Lei 4.657/42) pela Lei 12.376/10). "Na aplicação da lei, o juiz atenderá aos fins sociais a que ela se dirige e às exigências do bem comum" (art. 5º).

Aliás, como bem lecionam os doutos Acadêmicos Sylvio Capanema de Souza e Melhim Namem Chalhub, em atualização à obra de Caio Mario da Silva Pereira, "se o juiz pode, a pedido de uma só das partes, modificar o contrato, por que não poderia fazê-lo com relação às convenções condominiais, que se revelam abusivas ou desproporcionais".[29]

Asseverou o nosso Homenageado, em uma de suas peças jurídicas:

> É mais do que sabido e proclamado que o novo Código Civil alargou, e muito, a discricionariedade dos juízes, permitindo-lhes, diante do caso concreto, distribuir a ´justiça concreta`, a que se referia Miguel Reale, ou seja, uma ´justiça útil e ética`, e, acima de tudo, compromissada com a função social do direito.
>
> Por estes fundamentos deve ser desde logo afastado o argumento simplista e preguiçoso de que o critério de cobrança das cotas condominiais deva obedecer ao que prevê a Convenção ou vem sendo praticado há anos. Quando a aplicação pura e simples da lei ou da Convenção nos conduzir a um absurdo, deve-se encontrar um princípio que nos permita realizar a justiça e preservar a ética.[30]

Ressaltamos que há de se compreender também que o juiz não pode recorrer à *equidade* tão somente quando autorizado por lei (CPC, art. 140, p. único), mas ao contrário, "que não poderá haver justiça concreta sem universal compreensão da equidade".[31]

5. CASUÍSTICA E A ORIENTAÇÃO PRETORIANA

Salientando o legado deixado também na prática forense pelo nosso Homenageado, no decorrer deste estudo fizemos questão de citar dois casos em que Sylvio, recentemente, atuou em defesa dos condôminos sobre a aplicação dos critérios de rateio para pagamento de despesas condominiais, em demandas que tinham por objeto o questionamento sobre cláusulas de convenções condominiais fundadas no art. 1.336, I e art. 1.340, ambos do Código Civil.

Parece-nos suficiente esses dois casos práticos para bem ilustrar as nossas reflexões e reforçar o pensamento jurídico do Mestre Capanema, com o qual comungamos integralmente.

No que concerne a orientação pretoriana acerca da aplicação do art. 1.340 do Código Civil, em razão de se tratar de dispositivo novo, isto é, introduzido no ordenamento jurídico pelo Diploma de 2002, e bem sintonizado com os seus princípios orientadores, conforme já assentado em várias passagens deste estudo, os entendimentos dos tribunais de segunda instância e da Corte de Cassação, são praticamente uníssonos a respeito da tese firmada.

Vejamos alguns julgados:

> Civil. Condomínio. Cotas condominiais. Rateio. Manutenção de áreas comuns. Ação de obrigação de não fazer a fim de o Réu deixar de cobrar as despesas de condomínio relativas a serviços não utilizados pelos Autores, proprietários da loja situada no andar térreo e na parte externa do condomínio cumulada com anulatória de

---

29. . *Condomínio e incorporações*, 13. ed., p. 80. Rio de Janeiro: Forense.
30. . Excerto da petição inicial firmada datada de 6/9/16 (processo n. 0284167-02.2016.8.19.0001). Os autos encontram-se atualmente em grau de recurso aguardando julgamento pelo Superior Tribunal de Justiça, em que são partes a Imobiliária Alpina 2001 Ltda., Eurydice Estrella Holzmeister e o Condomínio do Edifício Paraguassu.
31. Miguel Reale, *Folha de S. Paulo*, de 31.07.1991 (opinião – tendências/debates).
    Assim também escreve Luiz Sergio de Souza: "(...) a equidade, quer ao nível da correção da norma, quer ao nível da integração das lacunas, não se limita aos casos de jurisdição voluntária, aplicação de leis trabalhistas, à arbitragem etc., hipóteses em que existe expressa autorização do legislador. É ela imprescindível à aplicação de uma ciência prática, tal como a dogmática jurídica moderna, em todos os seus momentos" (*O papel da ideologia no preenchimento das lacunas do Direito*, p. 241. São Paulo: Ed. RT. 2004).

JOEL DIAS FIGUEIRA JÚNIOR

decisão assemblear. Na qualidade de proprietários, podem os Autores questionar o valor das cotas condominiais em vista da natureza *propter rem* da dívida de condomínio. A prova dos autos demonstra que a unidade dos Autores possui alto grau de independência em relação ao Réu, utilizando apenas eventualmente alguns poucos serviços, sem maiores custos para o condomínio. Se o imóvel dos Autores não se vale de serviços do condomínio, nada justifica exigir que concorram para o rateio dessas despesas, pena de enriquecimento sem causa do Réu. O artigo 1340 do Código Civil afasta a responsabilidade pelas despesas com serviços prestados em benefício de um ou alguns condôminos de quem não os utiliza.[32]

E mais:

Apelação cível. Demanda de cobrança de cotas condominiais. Unificação de duas unidades. Pretensão de recebimento correlato a duas unidades, com esteio na fração ideal. Sentença de improcedência. Apelo do autor. Alegação de que a unidade que resultou da unificação gera maiores gastos ao condomínio. Precedente do Superior Tribunal de Justiça no sentido de que a cobrança do rateio de despesas de condomínio de unidade com fração ideal maior, sem a observância do princípio do proveito efetivo revela enriquecimento sem causa, mormente porque a área maior, por si só, não prejudica os demais condôminos, vedação ao enriquecimento sem causa que depõe em favor do recorrido. Sentença que se mantém. Recurso a que se nega seguimento.[33]

Com referência ao tema do rateio das despesas condominiais com base na fração ideal do imóvel (CC, art. 1.336, I), a jurisprudência vem criando corpo cada vez mais forte no sentido de rever as cláusulas de convenções de condomínio, em sintonia com os fundamentos jurídicos esboçados neste estudo.

Vejamos alguns julgados, a começar pelo Superior Tribunal de Justiça:

(...) No caso dos autos, a soberania da assembleia geral não autoriza que se locupletem os demais apartamentos pelo simples e singelo fato de o apartamento do autor possuir uma área maior, já que tal fato, por si só não aumenta a despesa do condomínio, não confere ao proprietário maior benefício do que os demais e finalmente, a área maior não prejudica os demais condôminos. Essa prova foi produzida pelo apelante na perícia.

(...) A cobrança de rateio de despesas de condomínio de unidade com fração ideal maior, sem se observar princípio do proveito efetivo revela enriquecimento sem causa abominado pelo artigo 884 do Código Civil. O pedido do apelante procede. Procede também o pedido de devolução do que ultrapassou o devido a ser custeado pelo apelado mediante contribuições dos demais condôminos em favor do apelante. De fato, dispõe o art. 884 do Código Civil que aquele que, sem justa causa, se enriquecer à custa de outrem, será obrigado a restituir o indevidamente auferido, feita a atualização dos valores monetários. O condômino a quem foi cobrado e pagou além do devido tem direito à restituição do indébito custeado pelo condomínio, ficando isento de participar do rateio (...).[34]

No mesmo sentido a orientação do Tribunal de Justiça do Rio de Janeiro:

Apelação cível. Demanda de cobrança de cotas condominiais. Unificação de duas unidades. Pretensão de recebimento correlato a duas unidades, com esteio na fração ideal. Sentença de improcedência. Apelo do autor. Alegação de que a unidade que resultou da unificação gera maiores gastos ao condomínio. Precedente do superior tribunal de justiça no sentido de que a cobrança de rateio de despesas de condomínio de unidade com fração ideal maior, sem a observância do princípio do proveito efetivo, revela enriquecimento sem causa, mormente porque a área maior, por si só, não prejudica os demais condôminos. Vedação ao enriquecimento sem causa que depõe em favor do recorrido. Sentença que se mantém. Recurso a que se nega seguimento.[35]

Ainda, da mesma Corte de Justiça:

---

32. TJRJ, AC n. 0038713-56.2011.8.19.0001, 5ª C.Cív. Rel. Des, Henrique Carlos de Andrade Figueira, j. 04.07.2017.
   Segundo o Superior Tribunal de Justiça, "Do rateio das despesas de condomínio não pode resultar deva arcar o condômino com aquelas que se refiram a serviços ou utilidades que, em virtude da própria configuração do edifício, não têm, para ele, qualquer préstimo". (RESp. n. 164672/PR, Rel. Min. Eduardo Ribeiro, j. 04.11.1999).
33. AC n. 0372013-96.2012.8.19.0001, 13ª CCív. Rel. Des. Mauro Pereira Martins, J. 25.09.2015.
34. STJ, RESp. 1104352-MG, Rel. Min. Marco Buzzi, j. 16.05.2013.
35. TJRJ, AC n. 0372013-96.2012.8.19.0001, 13ª CCível, Rel. Des. Mauro Pereira Martins, J. 15.10.2015.

CRITÉRIOS DE COBRANÇA DO RATEIO DE DESPESAS CONDOMINIAIS

Diante de tal constatação, merece censura a conduta dos condôminos que pretendem impor à maioria um ônus aparentemente inexistente, tendo em vista que a cota condominial deve corresponder ao rateio do custo de manutenção das áreas comuns do prédio, de forma proporcional à fração ideal de cada unidade – art. 1.336 do Código Civil – ou qualquer outro critério objetivo aplicável a todas as unidades, indistintamente, preservando-se o princípio da isonomia, e não a forma aleatória como foi colocada em nome da soberania da convenção condominial.[36]

Vejamos a orientação do Tribunal de Justiça de Minas Gerais:

Condomínio edilício. Critérios para o rateio das despesas. A soberania da assembleia geral não autoriza que se locupletem os demais apartamentos pelo simples e singelo fato de o apartamento do autor possuir uma área maior, já que tal fato, por si só não aumenta a despesa do condomínio, não confere ao proprietário maior benefício do que os demais e finalmente, a área maior não prejudica os demais condôminos. A cobrança de rateio de despesas de condomínio de unidade com fração ideal maior, sem se observar o princípio do proveito efetivo revela enriquecimento sem causa abominado pelo artigo 884 do Código Civil.[37]

6. CONCLUSÃO

Os critérios estabelecidos pelo legislador para o rateio das despesas condominiais entre os condôminos não são absolutos e devem ser sempre interpretados *cum grano salis*, sistematicamente, a partir dos princípios orientadores da Lei Maior e do Diploma de 2002, que sabidamente aportou novas regras baseadas em princípios tais como a boa-fé objetiva, a função social do contrato, a vedação do enriquecimento sem causa, a igualdade, dentre outros.

Se é verdade que a Convenção condominial é norma interna a ser observada por todos e que somente pode ser modificada pelo voto de 2/3 dos condôminos, não menos verdadeiro é que, em havendo manifesta desigualdade, desproporção, iniquidade ou ilegalidade, não menos verdadeiro é que, inexistindo solução consensual de conflitos decorrentes desses fatos, a jurisdição (pública ou privada) haverá de ser acionada pelos interessados para obtenção de suas pretensões e efetiva satisfação no plano jurídico e factual.

No tocante ao enriquecimento sem causa, tal princípio tem por fundamental a circunstância de que todo incremento patrimonial deve vir acompanhado de uma causa reconhecida pelo direito e, por conseguinte, haverá injustiça em face de desequilíbrio entre as partes quando, por exemplo, um grupo de pessoas obtém vantagens, em detrimento de outros; significa dizer que o ordenamento jurídico não pode admitir e tutelar este indevido acréscimo patrimonial, porquanto proveniente de reprovável enriquecimento sem causa.

Nesses casos, os juízes (estatais ou árbitros) haverão de intervir, quando provocados pelos interessados, para ajustar a cláusula em questão ou declarar a sua abusividade, extirpando-a da Convenção.

O Código de Processo Civil reafirmou e redimensionou o art. 5º da LINDB, definindo como Norma Fundamental cogente a observância pelos juízes, quando da aplicação do ordenamento jurídico, dos fins sociais e do atendimento às exigências do bem comum, resguardando e promovendo a dignidade da pessoa humana, com atenção a proporcionalidade, a razoabilidade, a legalidade, a publicidade e a eficiência (art. 8º).

Por seu turno, o art. 478 do Código Civil de 2002 autoriza o juiz a resolver ou modificar um contrato a pedido de uma só das partes, quando se mostrar abusividade em suas cláusulas, sem prejuízo do oferecimento por parte do réu de propostas de ajustes equitativos

---

36. AC n. 0136381-90.2012.8.19.0001, 10ª CCív. Rel. Des. Pedro Saraiva de Andrade Lemos, j. 26.02.2014.
37. AC n. 5040581-24.2004.8.13.0024, Rel. Des. Sebastião Pereira de Souza, j. 30.01.2008.

para as condições do contrato (art. 479), regras estas que podem – e devem – ser estendidas às Convenções de Condomínios, pois são todas integrantes de um corpo normativo maior que é o "ordenamento jurídico", o qual requer interpretação notadamente sistemática, lógica, axiológica e teleológica dos dispositivos versados.

A prática dos condomínios tem-nos demonstrado que é quase impossível (se não mesmo impossível) os condôminos minoritários modificarem a Convenção, mesmo em se tratando de cláusulas iníquas em que se verifica o manifesto enriquecimento sem causa em favor da maioria em detrimento da minoria de condôminos.

De fato, ingênuo imaginar que os condôminos viessem, em maioria, votar contra os seus próprios interesses econômicos. Portanto é letra morta a exceção à regra do pagamento proporcional das despesas que toma por base a "fração ideal" da área, por facultar essa possibilidade à Assembleia Geral de Condôminos, que é a única forma de modificar-se a Convenção (CC art. 1.336, I).

Por isso que, nesses casos, a única via que o sistema instrumental positivado oferece ao interessado é o acesso à jurisdição, para ver, ao fim e ao cabo, realizar-se a justiça no caso concreto, sem prejuízo de uma tentativa prévia de autocomposição (CPC, art. 3º, §§ 2º e 3º).

Nada melhor do que encerrarmos estas breves reflexões sobre o tema objeto de nosso estudo, tão atual e palpitante, com as lições do nosso Homenageado, desta feita colocado na prática forense, à serviço da justiça e dos jurisdicionados, conforme proclamado em recurso dirigido ao egrégio Tribunal de Justiça do Estado do Rio de Janeiro:

> (...) Deve o intérprete, por isso, no processo de interpretação e aplicação do direito, confrontar o fato com o inteiro ordenamento jurídico, a fim de que se possa determinar a disciplina jurídica aplicável.
>
> A boa-fé objetiva, a necessidade de se preservar o equilíbrio econômico dos contratos e das convenções, a razoabilidade, a eticidade que hoje impregna o direito, tudo isto autoriza e recomenda que o juiz levante a ponta do véu que cobre os pactos, sejam eles quais forem, para neles mergulhar, no propósito de eliminar as distorções, corrigir os rumos e coibir os abusos.
>
> Justamente por isto, dispõe o art. 2.035 do Código Civil que nenhuma convenção prevalecerá se contrariar preceitos de ordem pública, tais como os estabelecidos por este Código para assegurar a função social da propriedade e dos contratos.
>
> Se assim não o fosse, uma vez considerado válido o ato jurídico – porque não colidente com as normas imperativas de intervenção – os contratantes disporiam de uma espécie de "salvo-conduto", que lhes daria a prerrogativa de exercer a liberdade contratual em termos qualitativamente absolutos, o que hoje não se pode mais admitir.
>
> A função social, dessa maneira, definirá a estrutura das situações jurídicas e se revelará decisiva para aferir a legitimidade de cláusulas contratuais que, embora lícitas, possam colidir com interesses socialmente tutelados alcançados pelo contrato.
>
> Além disso, a autonomia privada, embora valiosa e fundamental ao sistema, não pode ser concebida como princípio absoluto, sujeita a restrições pontuais impostas por normas de ordem pública, como se houvesse uma espécie de zona franca de atuação, livre do controle axiológico da Constituição Federal (...).
>
> (...) Quando a aplicação pura e simples de uma norma nos conduzir a um absurdo, deve-se encontrar um princípio que nos permita realizar a justiça e preservar a ética. De nada teria valido o esforça para modificar o positivismo estrito do passado, substituindo-o por um direito principiológico, se não pudesse o Judiciário alterar, ainda que excepcionalmente, os contratos ou convenções, que se revelam iníquos, desequilibrados, ou que propiciem o enriquecimento sem causa de uma ou de algumas das partes, em detrimento das outras.
>
> Só chegamos até onde hoje estamos, graças aqueles que tiveram a coragem de mudar, que não tiveram medo de pensar, e que não se algemam às teses do passado(...).[38]

---

38. Trecho da apelação cível endereçada ao TJRJ, em data de 02.10.2018 (autos do processo n 0035847-65.2017.8.19.0001), em que são partes Otávio Rodrigues e outros e o Condomínio Reserva Laranjeiras.

13
RESPONSABILIDADE DO LOCATÁRIO POR DANOS AO IMÓVEL E PELA PERDA OU DETERIORAÇÃO PELO DECURSO DO TEMPO

Roger Silva Aguiar

Doutor em Direito Civil. Presidente Administrativo da Academia Brasileira de Direito Civil. Membro do Conselho Consultivo da Academia Sino-Lusófona da Universidade de Coimbra. Membro do Conselho Científico da Procuradoria-Geral de Justiça do Estado de Minas Gerais. Pesquisador do Instituto da Banca, Bolsa e Seguros, da Faculdade de Direito da Universidade de Coimbra/Portugal. Membro da Ius Civile Salmanticense – Salamanca. Promotor de Justiça do Estado de Minas Gerais.

Mariane Mendes de Souza

Pós-Graduada em Direito Público. Advogada, pesquisadora do Programa de Estágio do Ministério Público do Estado de Minas Gerais

Sumário: 1. Introdução. 2. Da obrigação de restituir o imóvel no estado em que o recebeu. 2.1 O início da fruição da locação. 2.2 A desenvolução do contrato. 3. O registro do estado do imóvel. 3.1 Da vistoria *ad perpetuam rei memoriam*. 3.2 Ata notarial. 4. Danos emergentes e lucros cessante. 5. Sublocações.

1. INTRODUÇÃO

Sylvio Capanema estava absolutamente certo quando, na apresentação do seu livro "A Nova Lei do Inquilinato" (1979), afirmou que "Poucos assuntos, no vasto mundo do Direito, provocam tão profundas implicações sociais e econômicas como a locação predial urbana"[1].

In vero, a locação urbana está profundamente entranhada no dia a dia de muitas famílias brasileiras, vez que é este instrumento contratual o que garante milhões de moradias em todo o país.

A questão a ser analisada nas páginas que se seguem é, possivelmente, uma também das mais sensíveis do contrato de locação: a ocorrência/existência de algum vício ou deterioração no imóvel no momento em que ele é entregue ou restituído, sobretudo neste último, quando o contrato se desfaz – consensualmente ou não – e o imóvel retorna às mãos do locador.

Em especial neste último porque é o momento em que as partes – locador e locatário – estão em posição de maior equilíbrio no que diz respeito ao contrato que se finda, es-

---

1. SOUZA, Sylvio Capanema de, *A Nova Lei do Inquilinato*, Rio de Janeiro/RJ: Forense, 1979, p. IX.

tando o locador, talvez, um *grano salis* em desvantagem para com o locatário. Isso porque o locatário não mais precisa do imóvel e apenas deseja findar a relação contratual para cuidar de sua nova residência. O locador, ao contrário, está recebendo o imóvel restituído na expectativa de poder utilizá-lo novamente, o mais rápido possível, talvez até mesmo para uma nova locação.

Embora ambas as partes pretendam o mesmo, qual seja, concretizar o encerramento do contrato, nenhuma das duas possui qualquer elemento de "pressão" sobre a outra, senão o texto legal. Sobretudo o locador, que precisa contar com a boa-fé do locatário para não se ver envolvido em um "pesadelo pós-contratual" que envolve dispêndios para a recuperação do estado do imóvel e uma batalha judicial, muitas vezes longa e frustrante, para tentar obter um ressarcimento dos gastos realizados e dos lucros cessantes.

Para que este "encerramento" efetivamente se dê e as partes possam prosseguir seus respectivos caminhos, o tema que ora se analisa – a entrega do imóvel em bom estado, ou, no caso do locador, a restituição em bom estado – é fundamental e isso forçou o legislador a lhe dedicar cinco incisos, entre os doze que compõem as obrigações do locatário, espe-cadas no artigo 23 do Lei 8245.

Apesar de sua importância, tal questão nem sempre mereceu um tratamento especial por parte da legislação brasileira.

Dentre o farto conjunto de leis e decretos que cuidaram do tema das locações no Brasil, em paralelo ao Código Civil de 1916, tão somente as Lei 4.403/21[2] e 6649/79 – e obviamente a atual – dedicaram algum dispositivo à responsabilidade do locatário por danos ocorridos no imóvel. É interessante observar que a Lei 4.403/21 não foi expressa-mente revogada mas, apesar disso, esta questão foi decidida pelos Tribunais, neste hiato de quase 60 anos, à luz dos dispositivos contidos no Código Civil, mais especificamente em seus artigos 1200 a 1209.

A atual Lei de Locações, Lei 8.245/91, não fez mais que repetir, no tocante a este tema, o dispositivo contido na Lei 6.649/79, com uma única correção, ou melhor, atualização do termo "prédio", tradicional até então, para o termo imóvel, mais apropriado se afastar a ideia popular de uma construção de alvenaria, para abarcar todo e qualquer bem desta natureza.

A circunstância legal, por último citada, mostra-se importante por permitir a utili-zação, especificamente no tocante a este tema, de toda a jurisprudência produzida sob os auspícios da legislação anterior.

Por sinal, mesmo enquanto esteve regida pelo Código Civil de 1916, as questões relativas aos vícios no imóvel, no momento de sua entrega/restituição, não destoavam muito daquelas observadas atualmente, bem como as decisões judiciais sobre este tema não possuíam contornos muito díspares, daqueles hoje praticados. Neste sentido, é de se afirmar que, tanto a Lei 6.649/79, como a legislação locatícia atual, não mais fizeram do que consolidar legislativamente aquilo que já era percebido como lícito em priscas eras.

---

2. Art. 4º Os contractos de locação de predios urbanos – a prazo certo – poderão ser feitos por escriptura particular, registrada no Registro Geral de Titulos.

[...]

§ 6º Os inquilinos respondem pelos damnos causados ao predio durante a locação, sendo documento para a acção executiva a vistoria, procedida no predio por occasião da restituição das chaves.

13 • RESPONSABILIDADE DO LOCATÁRIO POR DANOS AO IMÓVEL

Na lei atual, os incisos II, III, IV, V e VI formam como que um microssistema dedicado a orientar o tema dos direitos e deveres do locatário no tocante aos vícios/alterações/deteriorações ocorridas no imóvel, entre o momento que lhe é entregue, até o momento em que ele o restitui ao locador. Este microssistema possui, é certo, como núcleo central o inciso III, ao qual passamos a nos referir mais especificamente.

2. DA OBRIGAÇÃO DE RESTITUIR O IMÓVEL NO ESTADO EM QUE O RECEBEU

O inciso III, do artigo 23, da lei de locações, é de uma clareza singular: o locatário deve entregar o imóvel, uma vez encerrada a locação, no mesmo estado em que o recebeu, admitindo-se tão somente o desgaste natural, decorrente do seu uso normal.

De plano é importante observar que esta disposição pode ser afastada pelo consenso das partes, no momento da feitura do contrato, e isso é o que, efetivamente, ocorre na grande maioria das locações no país.

Neste sentido, por exemplo, é comum as partes ajustarem o dever de o locatário entregar o imóvel pintado. Obviamente, o envelhecimento da pintura de um imóvel é algo que se encaixa perfeitamente no conceito do "desgaste decorrente do uso normal", mas as partes em geral afastam a regra para impor a responsabilidade por este reparo ao locatário[3].

A regra contida no inciso III, portanto, se presta para aquelas situações em que os contratantes não formulam alguma disposição em contrário.

A maior importância do dispositivo está no fato de ter distinguido "o desgaste decorrente do uso normal" da situação na qual o imóvel sofre alguma deterioração que termina por se caracterizar como um dano. A polêmica se instala, entretanto, na definição daquilo que pode ser considerada uma deterioração – melhor seria dizer, um desgaste – decorrente do uso normal.

Não estabelecido, nem pela lei locatícia, nem pelo Código Civil[4], tal conceito ficou a cargo do Judiciário que, eventualmente, é chamado a dirimir se esta ou aquela deterioração pode ser tomada como "decorrente do uso normal". Para tanto, é certo ser necessário o cotejo do caso concreto, mas os demais artigos envolvidos na entrega/restituição do imóvel prestam auxílios para o deslinde da questão.

De plano, contudo, é possível assinalar que as decisões sobre a matéria se guiam pela conduta do homem médio; assim, o uso normal do imóvel é aquele que emprega uma pessoa que o trata como se seu fosse: utilizando-o com o bom senso e moderação, realizando nele as manutenções necessárias para preservá-lo da ruína – neste sentido está, por sinal, a recomendação contida no inciso II, do mesmo artigo, que *ipsis litteris* insta o locatário a tratar o imóvel "com o mesmo cuidado como se fosse seu".

Entretanto, é certo que a diligência no trato possui limites, pois elementos elétricos, dobradiças e fechaduras, pisos, azulejos e outros, sofrem desgastes ao serem utilizados e, sobretudo se for o imóvel em primeira locação, não poderão ser devolvidos no mesmo

---

3. Neste caso, não há o que se falar em dever de reparar por deteriorações anormais no imóvel, mas sim em razão de disposição contratual. Portanto, ainda que ausente, por exemplo, a vistoria inicial do imóvel, estará o locatário obrigado a realizar, por exemplo, a pintura do imóvel, caso assim tenha se obrigado. Neste sentido: "TJRS, Décima Sexta Câmara Cível, AC 0252863-75.2019.8.21.7000, DO 17/12/2019".

4. O Código Civil, tanto de 1916, assim como o de 2002, fala em "uso regular", também deixando em aberto o significado preciso do termo.

estado em que foram disponibilizados, o que exigiria, obviamente, sua substituição, chegando-se até mesmo à reforma completa do imóvel.

No exame do que pode ser considerado como uma deterioração decorrente do uso normal, elementos como a duração do contrato de locação, a atividade desenvolvida no imóvel, a natureza deste e o fim a que se destina devem ser observadas, uma vez que tais circunstâncias podem afetar aquilo que se pode entender como um desgaste aceitável. Neste sentido, alguns autores recomendam a perícia do imóvel como único instrumento capaz de apontar o que pode ou não ser aceito como uma deterioração pelo uso normal, aspecto que será tratado ao final deste capítulo.

Os incisos II, IV, V e VI fornecem outras orientações que se prestam a indicar a responsabilidade do locatário pela deterioração ocorrida no imóvel, transmudando esta para condição de dano. Se o inciso III se refere diretamente ao momento do encerramento do contrato de locação, com a restituição do bem locado no mesmo estado em que foi recebido, os referidos incisos dizem respeito aos dois momentos anteriores do contrato, quais sejam, o início da fruição da locação e sua desenvolução.

Para melhor compreensão, veja-se por tópicos:

2.1 O início da fruição da locação

Esta etapa, por muitos desprezada, é essencial para o bom andamento da restituição do bem: se o locatário deve devolver o imóvel no estado em que o recebeu, descontado o desgaste natural, mostra-se imprescindível saber as condições em que o imóvel chegou às suas mãos. A verificação do desgaste normal do imóvel se dá mediante o confronto entre o estado da entrega e o estado da restituição e, portanto, sem o registro do primeiro, a presunção será de que o imóvel se encontrava em perfeito estado, sendo qualquer defeito, nele existente, atribuído ao locatário.

Nesse sentido fixa a Lei de locações, dentre as obrigações do locador, o dever de fornecer ao locatário, caso este solicite, a descrição minuciosa do estado do imóvel, por ocasião de sua entrega, com expressa referência aos eventuais defeitos existentes (Art. 22, inciso V).

Incumbe destacar que a entrega do aludido documento interessa sobretudo ao locatário[5] e que o seu fornecimento somente se dá mediante sua solicitação. Em outras palavras, caso o locatário não solicite a declaração do estado do imóvel, no momento em que a locação se iniciar, criará, em seu "desfavor", uma presunção *iuris tantum* de que este se encontrava em perfeito estado.

Neste sentido, a redação dada ao dispositivo, na atual lei locatícia, veio na contramão do efetivo sentido da norma – uma prerrogativa do locatário – caráter este que lhe dava não apenas o estatuto locatício imediatamente anterior, a Lei 6.649/79, em seu artigo 23, bem como o próprio Código Civil de 1916, no artigo 1207. É de se anotar também que a atual legislação, além da referida alteração, modificou o texto do dispositivo, ordenando uma "descrição minuciosa", bem como "expressa referência dos defeitos existentes", em um preciosismo jurídico mais próprio de uma época pretérita ao Código Civil de 2002, informado pelo princípio da boa-fé objetiva.

---

5. A declaração também possui utilidade para o locador, mas já à luz do artigo 22, inciso I, ou seja, para afastar a existência de vícios ocultos no imóvel.

13 • RESPONSABILIDADE DO LOCATÁRIO POR DANOS AO IMÓVEL

A encerrar este tópico, resta mencionar que a descrição do imóvel não precisa, necessariamente, ser feita em instrumento próprio, mas pode constar – como em geral ocorre, por sinal – no próprio contrato de locação. Caso não concorde com o conteúdo da cláusula contratual, poderá o locatário se insurgir e exigir a declaração em documento apartado com a "descrição minuciosa" aludida na hodierna lei locatícia, devendo tão somente fazê-lo antes de receber o imóvel. Caso não seja atendido, o locatário deverá se negar a receber o imóvel, até que documente as condições materiais, evitando assim que lhe seja imputada a responsabilidade do vício preexistente, sob o argumento de que este surgiu na desenvolução do contrato, o que nos leva ao tópico seguinte.

2.2 A desenvolução do contrato

Outros quatro incisos do artigo 23 terminam por se relacionar com uma possível responsabilização do locatário, no tocante a defeitos existentes no imóvel, no momento de sua restituição: os incisos II, IV, V e VI.

O desrespeito a qualquer uma das obrigações impostas nos aludidos incisos transmuda o defeito existente no imóvel ou para a condição de dano, ou, no mínimo, imputa a responsabilidade por sua reparação ao locatário.

Dessarte, se o locatário utiliza o imóvel para um uso não convencionado ou presumido, conforme determinado pelo inciso II, os possíveis desgastes ocorridos, por esta atividade não prevista, não serão considerados deteriorações naturais, ainda que nada de exótico possuam em relação a aludida atividade, mas tão somente porque a atividade que lhes deu causa não poderia estar sendo desenvolvida no imóvel.

In vero, todos os elementos contidos no referido inciso deverão ser observados, porque não bastará atender-se ao uso convencionado – por exemplo, residencial – mas à própria natureza do imóvel e ao fim a que se destina. Neste sentido, por exemplo, já se discutiu se o imóvel residencial, mesmo se utilizado para este fim, mas que abrigava um número muito superior à sua capacidade, estava ou não sendo utilizado de forma adequada pelo locatário.

Em igual sentido, deverá o locatário informar imediatamente ao locador o surgimento de qualquer dano ou defeito, cuja reparação incumba a este, bem como as eventuais turbações de terceiros. Neste caso, além de outros efeitos que não cabem ser aqui discutidos, afastará o locatário o risco de que tais defeitos ou danos deem origem a outros, ou até mesmo à ruína do imóvel, pelo que o locatário terá de responder, em razão do descumprimento da obrigação de informar. Na mesma seara, remanescem as turbações praticadas por terceiros que poderão, no desenrolar de suas ações, causar danos ao imóvel[6].

No evitar da geração futura de novos danos ou defeitos, está também a previsão do inciso V. Ainda que seja uma decorrência lógica do que acima foi mencionado, é de bom alvitre ressaltar que as deteriorações aludidas neste artigo referem-se, obviamente, àquelas que não são decorrentes do uso normal: o vocábulo "dano", neste caso, aponta para algo mais do que uma mera deterioração decorrente do simples uso.

O prolongamento da responsabilidade do locatário aos danos causados por todos aqueles que tiveram acesso ao imóvel com a sua autorização[7] – dependentes, familiares,

---

6. Respondendo o locatário nesta situação, incumbiria a ele o direito de regresso contra o terceiro turbador.
7. De igual forma, incumbirá ao locatário o direito de regresso em desfavor do causador do dano.

visitantes ou prepostos – faz uso da teoria da responsabilidade por fato de terceiro, de natureza objetiva, vislumbrada no Código Civil. Dessarte, a responsabilidade do locatário é de natureza objetiva, não se perquirindo sua culpa, quanto mais o grau da mesma, na ocorrência do dano – verificado este, o locatário deverá repará-lo.

O dispositivo amplia a previsão da Lei antecessora que determinava ao locatário tão somente "as reparações de estragos a que der causa" (artigo 22, da Lei 6.649/79), embora a doutrina da época já estendesse a responsabilidade do locatário aos danos causados pelos mesmos personagens ora citados pelo inciso V[8].

A reparação deverá ser imediata, não podendo ser postergada para momento futuro, quiçá para o término da locação, exatamente pelo perigo da geração em sequência de novas deteriorações, o que poderia, inclusive, comprometer a própria estrutura do imóvel.

O não atendimento desta obrigação se caracteriza como prática de infração legal e pode, à luz do que dispõe o artigo 9° do mesmo diploma legal, dar ensejo até mesmo ao despejo.

Por fim, o artigo VI descreve uma ação do locatário que, em não sendo autorizada pelo locador, se converte em ilícita e, o seu resultado, em dano: a realização de obras, internas ou externas, que modifiquem a forma do imóvel.

Para evitar a caracterização de infração legal, incumbe ao locatário obter o consentimento do locador para a realização das obras, impondo a lei que este se dê por escrito e de forma prévia.

Ainda que a Lei determine a obtenção prévia da concordância, é certo que, caso a obra já tenha sido realizada, mas o locador não se oponha, poderá a autorização ser concedida a posteriori. De igual forma, a não concessão da autorização por escrito não inviabilizará a conclusão de que ela foi concedida, caso ela possa ser demonstrada por outros meios de prova, diante do evidente caráter *ad probationem* da exigência legal. O que mais importa de ambas as exigências e o que elas na verdade indicam é que a autorização deverá ser expressa, não podendo ser presumida pela simples omissão do locador em protestar contra a obra, seja durante sua realização, seja depois de pronta.

Por último, é de se mencionar que a autorização conferida pelo Locador não impede que as partes convencionem – o que é mesmo muito comum – que o imóvel venha a ser restabelecido em sua forma original, por ocasião do encerramento da locação.

Tudo o que acima foi visto deixa entrever a importância do registro do estado em que o imóvel foi entregue, bem como das condições em que foi restituído e, nesta esteira, o crucial papel que desempenham os instrumentos destinados a tal tarefa – a ata notarial de vistoria e a vistoria *ad perpetuam rei memoriam*, tratadas no tópico a seguir.

3. O REGISTRO DO ESTADO DO IMÓVEL

Dois instrumentos merecem destaque no tocante a este mister: a vistoria *ad perpetuam rei memoriam* e a ata notarial.

É preciso considerar, *ab initio*, que nenhum dos dois é mencionado pela lei locatícia, portanto, sua utilização é algo que remanesce estritamente no campo da discricionarie-

---

8. SOUZA, Sylvio Capanema de, op. cit., p. 132.

dade do locador ou do locatário, ainda que se apresentem como os meios mais eficazes de registro do estado do imóvel[9].

Por outro lado, incumbe mencionar que o uso de ambos os expedientes se dá, em regra, na hipótese de conflito entre o locador e o locatário, no que diz respeito a alguma irregularidade observada no imóvel.

Finda a locação[10], por exemplo, não havendo qualquer desgaste anormal no imóvel ou, em havendo, as partes cheguem a um acordo quanto à sua reparação, mui provavelmente não se apresentará como necessário o registro formal do estado do imóvel.

Declarando a parte que o imóvel estava em perfeitas condições, presumir-se-á que foi realizada a inspeção no imóvel, exonerando a responsabilidade do outro contratante no tocante a qualquer vício existente no prédio.

Por outro lado, o aprimoramento na prestação de serviços das imobiliárias fez com que a grande maioria delas hoje ofereçam os serviços de vistoria inicial e final do imóvel, evitando-se assim que ocorram imprevistos durante e após o período de duração do contrato.

Para que o relatório da vistoria, sobretudo aquele realizado ao término da locação, venha a constituir, no futuro, um meio de prova válido, mostra-se imprescindível a presença de todos os interessados durante a realização do ato. Neste sentido, portanto, se mostra essencial a notificação do locatário e, quando houver, do fiador, para a realização da vistoria, sendo imprestável o ato, caso seja feito de forma unilateral[11].

Constatada a irregularidade no imóvel, seja na sua entrega, seja na sua restituição, e não havendo acordo entre os contratantes, deverá a parte interessada optar pela produção antecipada de provas para lograr uma maior possibilidade de ressarcimento de seus prejuízos.

Antes de ingressar no exame específico dos instrumentos de registro, incumbe mencionar que, embora a realização da vistoria não seja obrigatória, podendo a parte interessada lançar mão de outros meios probatórios, alguns Tribunais brasileiros manejam o entendimento, ainda que de forma precoce e minoritária, de que a ausência da vistoria, inicial ou final, ou quiçá das duas, impossibilita a responsabilização do locatário pela reparação dos danos, supostamente ocorridos no imóvel[12].

3.1 Da vistoria *ad perpetuam rei memoriam*

A vistoria *ad perpetuam rei memoriam* tem por propósito constituir uma prova judicial para resguardar um direito a ser demonstrado, oportunamente, em uma ação própria,

---

9. O Tribunal de Justiça de São Paulo já decidiu que a responsabilidade do locatário não pode ser caracterizada, sob meras alegações de mau uso por parte do locador, se ausentes provas capazes de trazer veracidade aos argumentos, sendo a mais viável delas, a vistoria. Neste sentido, "TJSP, 30ª Câmara de Direito Privado, AC 0021090-91.2008.8.26.0161; DO 25/08/2020"; "TJSP, 36ª Câmara de Direito Privado, AC 1000511-94.2018.8.26.0019; DO 20/08/2020".

10. A entrega do imóvel é representada de forma ficta pela entrega das chaves, ato que simboliza a tradição. Neste sentido, por exemplo encerrado o contrato de locação, ainda que constatados indícios de má utilização do imóvel, o locador deverá recebê-lo sem criar obstáculos, visto que o locatário possui o direito de restituir o imóvel a qualquer tempo – cabendo ação consignatória em caso de recusa do recebimento – devendo, neste caso, fazer a ressalva no recibo de entrega das chaves.

11. Neste sentido: "TJMG, 13ª Câmara Cível, AC 10702130055271001 MG, DO 09.08.2019"; "TJRS, Décima Quinta Câmara Cível, AC 70082739434, julgado em 29.04.2020".

12. "TJRS, Apelação Cível, Décima Quinta Câmara Cível, AC 70077241511, julgado em 09.05.2018"; "TJMG, 12ª Câmara Cível, AC 10024113369391001 MG, DO 01.06.2020".

documentando os elementos materiais que correm o risco de desaparecer pelo mero decurso do tempo.

A vistoria consiste na elaboração de laudo técnico, acrescido de fotografias e resultados de exames materiais, capazes de atestar as reais condições do imóvel no momento de sua realização, tudo com o propósito de documentar, minuciosamente, suas características, o estado de conservação no qual se encontra, se possui condições de ser habitado, dentre outros.

Ela deve ser feita, preferencialmente, por profissionais com capacitação, legalmente habilitados para realizar essa tarefa, tais como os engenheiros civis e arquitetos.

Apresenta-se como superior à ata notarial não apenas pelo seu caráter judicial, mas também porque a vistoria, além de demonstrar minuciosamente a situação do imóvel, possui a vantagem de também poder apontar a quem deve ser atribuída – locador ou locatário – a responsabilidade pelas deteriorações sofridas pelo imóvel.

Incumbe ressaltar um detalhe que está nas entrelinhas do último parágrafo: ainda que mais comumente manejada pelo locador, a vistoria não se presta para resguardar tão somente os direitos deste, podendo ser ela utilizada também pelo locatário.

Neste sentido, se o locatário, ao receber o imóvel, detectar danos dos quais não tinha conhecimento antes de firmar o contrato e que venham a prejudicar o uso adequado do mesmo, pode utilizar-se das garantias dadas pelos artigos 441 a 446, do Código Civil, quais sejam, o abatimento do preço ou a rescisão do contrato, vez que ao contrato de locação também se aplica a teoria dos vícios redibitórios.

Ainda que não perceba os vícios no imóvel, o locatário também poderá manejar a vistoria *ad perpetuam rei memoriam*, no início do contrato, caso o locador se negue a fornecer a descrição detalhada do imóvel, conforme está obrigado.

3.2   Ata notarial

Outra alternativa, ainda mais simples e dotada de extrema efetividade, é a ata notarial. Para Sylvio Capanema, por exemplo, é o recurso mais indicado e eficiente para o locatário, no momento do recebimento do imóvel, documentar as condições do mesmo, tendo em vista que consome menos tempo e demanda gastos financeiros de menor monta[13].

É um instrumento que possui a mesma força probatória da vistoria, também resguardando o locatário, por exemplo, de responder por danos existentes no imóvel, antes do seu recebimento, visto que funciona perfeitamente para pré-constituir prova do estado do imóvel.

A ata notarial consiste em instrumento público, firmado em cartório, por tabelião ou pessoa autorizada, dotado de fé pública, que relata pormenorizadamente o estado da coisa e todos os detalhes que a envolvem.

É dotada de presunção de autenticidade e veracidade, podendo ser produzida ainda que a outra parte se recuse a participar da vistoria. Não será a prova desqualificada pela unilateralidade, visto que o notário irá até o local e atestará as condições do imóvel, utilizando de sua confiabilidade para produzir o documento.

---

13.   SOUZA, Sylvio Capanema de. *A Lei do Inquilinato Comentada*. 12.ed. Rio de Janeiro: Forense, 2020. p. 136.

4. DANOS EMERGENTES E LUCROS CESSANTES

Demonstrada a existência de irregularidades no imóvel, abre-se a possibilidade à parte prejudicada de promover a ação apropriada para a proteção do seu direito: no tocante ao locatário, na hipótese da constatação de vícios ocultos no imóvel, no momento do início da locação, é possível pleitear-se até mesmo a rescisão do contrato; no caso do locador, a reparação da deterioração anormal do imóvel.

Em ambos os casos, admite-se a condenação da parte infratora, inclusive, em lucros cessantes.

No caso específico do locador, os lucros cessantes envolvem o tempo necessário para a realização do reparo e a consequente inviabilidade de sua utilização, até mesmo para uma nova locação[14]. No tocante ao locatário, os lucros cessantes decorrem, em regra, da impossibilidade de utilização adequada do imóvel[15].

5. SUBLOCAÇÕES

No tocante à sublocação, diante da existência de duas relações distintas – a principal, entre o locador e o locatário, e a acessória, entre o locatário/sublocador e o sublocatário – o locatário responderá pelos danos causados pelo sublocatário – por ser este terceiro no que diz respeito à locação – tendo após, a opção da ação de regresso.

---

14. Este lapso temporal abrange não apenas aquele necessário para a realização das obras de reforma, mas também o prazo para a realização da vistoria, judicial ou não, bem como do processo de conhecimento, caso este se faça necessário, conforme decisão do TRF4, Quarta Turma, na AC 5009348-95.2016.4.04.7000, proferida em 14.12.2018.

15. Neste sentido, por exemplo, a condenação de locador pela ausência de manutenção na rede elétrica do imóvel comercial que ocasionou incêndio, interrompendo as atividades do inquilino, a quem foram devidos lucros cessantes pelo período até a resolução dos danos – TJMG, 18ª Câmara Cível, AC 1.0693.13.000035-1/002, julgamento em 26.05.2020.

14
DIREITO À REVISÃO DO CONTRATO DE LOCAÇÃO DE IMÓVEL: SEGURANÇA JURÍDICA, VULNERABILIDADE E SOCIABILIDADE

João Quinelato de Queiroz

Mestre e Doutorando em Direito Civil pela UERJ. Professor de Direito Civil do IBMEC. Secretário Geral da Comissão de Direito Civil da OAB-RJ. Membro da Comissão de Direito Civil do Conselho Federal da OAB. Diretor Financeiro do IBDCivil. Advogado.

Luiza Azambuja Rodrigues

Mestranda em Direito Civil pela UERJ. Advogada.

Sumário: 1. Introdução. 2. A possibilidade de revisão do contrato de locação. 2.1 Os requisitos e prazos. 3. A teoria da imprevisão no ordenamento jurídico brasileiro. 3.1 A onerosidade excessiva nos contratos de locação e as repercussões jurisprudenciais. 3.2 O caso fortuito e a força maior: resgate das definições e pressupostos. 4. Os influxos da boa-fé objetiva à luz do desequilíbrio: dever de renegociar x direito de revisão. 5. A aplicação da teoria da imprevisão no contexto dos contratos de locação durante a pandemia de Covid-19. 6. Conclusão.

1. INTRODUÇÃO

Historicamente, os contratos de inquilinato urbano estão intrinsecamente relacionados às diferentes fases experimentadas na política e na sociedade. Por isso oscilam, como um pêndulo – sobretudo quanto aos valores dos aluguéis –, desde a quase absoluta liberdade de pactuar todo e qualquer valor, até o congelamento dos aluguéis e as brutais restrições ao direito de retomada.[1]

E não é de se estranhar. Considerando-se as indiscutíveis repercussões econômicas e sociais ocasionadas pelos contratos de locação, é compreensível a atenção que o tema recebe no âmbito da política estatal. Por essa razão, não é raro que o Estado se imiscua no valor e formas de reajuste de aluguel, evidenciando um imponente dirigismo contratual.[2] Paralelo à identificação do impacto econômico do contrato de aluguel no mercado, o reconhecimento da vulnerabilidade de certos grupos sociais – como trabalhadores, idosos, pessoas com

---

1. SOUZA, Sylvio Capanema de. *A Lei do Inquilinato comentada*. 10ª ed. rev., atual. e ampl. – Rio de Janeiro: Forense, 2017, p. 17 e p. 18. Em que pese o problema locacional não seja uma exclusividade brasileira, com situações semelhantes em países desenvolvidos, a debilidade de nossa economia, marcada por constante instabilidade econômica e financeira afetam diretamente o mercado de locação. Explica José da Silva Pacheco que com "a síndrome inflacionária, porém, há décadas, tornou-se imperioso: a) de um lado, fazer correções periódicas dos valores do aluguel primitivo, para evitar o seu aniquilamento; e b) de outro, tomar as medidas para amainar a fúria inflacionária" (PACHECO, José da Silva. *Tratado das locações, ações de despejo e outras*. São Paulo: Ed. RT, 2000, p. 276).
2. VENOSA, Sílvio de Salvo, *Lei do Inquilinato Comentada*: doutrina e prática. 15. ed. São Paulo: Atlas, 2020, p. 119.

deficiência e, especialmente locatários –a partir do século XIX exigiu, no campo da teoria dos contratos, a interferência do Estado nas relações privadas, impondo-se o abandono da concepção irrestrita da autonomia em prol da tutela de outros interesses jurídicos socialmente relevantes – fenômeno que não passou desapercebido aos contratos de locação.[3]

A espiral inflacionária, notadamente impulsionada pela crise do petróleo na década de 1970, e os diferentes planos econômicos que se seguiram – na vã tentativa de contê-la –, balançaram o sensível mercado de locação, ora congelando os aluguéis, ora alterando as periodicidades de correção, alimentando o cipoal legislativo em que todos os segmentos do mercado se enredavam.

Essa angustiante insegurança, agravada pela espantosa velocidade em que regras da locação eram alteradas, paulatinamente cunhou a atividade de locação como de alto risco para eventuais investimentos. Foi justamente nesse clima de depressão econômica que surgiu Lei 8.245, inaugurando uma nova fase na história do inquilinato urbano, muito oxigenada pelos ares da economia de mercado e com sensível redução do dirigismo estatal, no evidente propósito de atrair os carentes investimentos desse combalido setor.[4] O êxito de tal projeto legislativo só pode ser alcançado graças a marcante contribuição de juristas notáveis, como o Dr. Sylvio Capanema, homenageado nesta obra.

A revisão dos contratos de locação, marcada pela dicotomia entre o exercício da liberdade contratual plena e a satisfação da justiça material nos contratos, [5] passa pelo reconhecimento das marchas e contramarchas[6] da abordagem civilística acerca do fenômeno do dirigismo contratual, que contrapõe os conceitos de equilíbrio e vulnerabilidade, ora como baliza na intervenção corretiva dos contratos, ora em deferência às estipulações entabuladas livremente pelas partes.

Nesse cotejo é imperioso esmiuçar os pressupostos e prazos previstos na Lei 8.245 que permitem o exercício do direito à revisão dos contratos de locação de imóvel. No âmbito do estudo da revisão contratual, destaca-se a importância da teoria da imprevisão, e, ainda, de que maneira a boa-fé objetiva e o dever de renegociar impactam na conservação da relação contratual.

Não obstante as locações imporem a reflexão sobre o direito à revisão contratual em tempos comuns, em tempos excepcionais, como o da pandemia do coronavírus a reflexão faz-se mais oportuna ainda. Centenas de pedidos revisionais têm chegado ao judiciário misturando-se, acriticamente, requisitos da onerosidade excessiva (arts. 317, 478 e ss., do CC), da impossibilidade material superveniente de adimplemento da obrigação (art. 234, 228 e 250 do CC) ou do caso fortuito (art. 393 do CC)[7]. A despeito de alguns desses

---

3. TEPEDINO, Gustavo; KONDER, Carlos Nelson; BANDEIRA, Paula Greco. *Contratos*. Rio de Janeiro: Forense, 2020, p. 17.
4. SOUZA, Sylvio Capanema de. *A Lei do Inquilinato comentada*, op. cit., p. 17.
5. SILVA, Rodrigo da Guia. Equilíbrio e vulnerabilidade nos contratos: marchas e contramarchas do dirigismo contratual. *Civilistica.com*. a. 9. n. 3. 2020, p. 1.
6. Sobre o conceito de "marchas e contramarchas", v. TEPEDINO, Gustavo. Marchas e contramarchas da constitucionalização do direito civil: a interpretação do direito privado à luz da Constituição da República. *[Syn]Thesis*, v. 5, n. 1, 2012.
7. Ao mesmo tempo que se proliferam pedidos de revisão ou extinção de contratos no judiciário ao longo da pandemia, multiplicam-se soluções jurídicas simplistas que confundem a um só tempo, institutos que permitem a suspensão da execução de obrigações por conta de fatos extraordinários – como o caso fortuito do art. 393 do Código Civil –, que possibilitam a revisão em razão de desequilíbrio originário – como a lesão, do art. 157 do Código Civil – ou em razão do desequilíbrio superveniente – como a onerosidade excessiva, do art. 478 do Código Civil, ou a cláusula *rebus sic stantibus* do art. 317 da Codificação Civil. Pedidos revisionais de contratos de locação de comércio multiplicaram-se, como ocorreu com um restaurante self-service localizado no Centro do Rio de Janeiro, no qual o locatário sofreu diminuição drástica no seu

14 • DIREITO À REVISÃO DO CONTRATO DE LOCAÇÃO DE IMÓVEL   219

equívocos conceituais, a doutrina já anotou os descaminhos que o impreciso e perigoso emprego desses institutos pode ocasionar aos contratos.[8]

É notório que situações excepcionais podem – mas não obrigatoriamente assim o fazem – provocar o desequilíbrio econômico-financeiro no sinalagma contratual. Se em alguns casos é possível observar a real impossibilidade de adimplemento contratual, em outros não se pode deixar de observar os riscos à segurança jurídica dos contratos. Não raras vezes, alegações infundadas de desequilíbrio contratual servem de subterfúgio ao oportunismo mascarado de juridicidade.[9]

Assim, o Poder Judiciário submete-se a um verdadeiro "teste de fogo", tomado por um substancial número de demandas que pleiteiam ora a resolução, ora a revisão contratual, tendo como plano de fundo a alegação de um possível desequilíbrio contratual[10]. Sem saber ao certo a qual instituto recorrer para recompor a relação ao estado de viabilidade, tenta-se preservar pactos e não se abrir espaço a oportunismos.[11]

---

faturamento em razão do *lockdown* determinado no Estado. O Tribunal de Justiça do Rio de Janeiro, aplicando a Teoria da Imprevisão e fundando-se no art. 317 do Código Civil, reduziu o aluguel em 50% (cinquenta por cento) até o término das medidas restritivas de isolamento social impostas pela administração. Asseverou a Câmara que a medida revisional se distanciava daquela prevista no art. 68 II alínea 'b' da Lei de Locações, podendo os julgadores revisarem o aluguel para além dos valores fixados na lei. "[...] a despeito do que foi assinalado pelo recorrido acerca da necessidade de se observar os percentuais previstos na Lei 8.245/91, em especial o art.68, inciso II, alínea "b", *in casu*, não há que se falar em "ação revisional", mas apenas na possibilidade de ser revisto o valor do aluguel, nos termos do art. 317 do Código Civil, diante dos motivos imprevisíveis causados pela pandemia do novo coronavírus (Covid-19), com as medidas de isolamento social impostas. [...] Portanto, diante do fato imprevisível (Covid-19, medidas restritivas impostas pelos entes públicos) e para se evitar a configuração de extrema vantagem de uma parte em detrimento de outra parte (onerosidade excessiva) é que se mostra adequada a concessão da redução do valor do aluguel no patamar de 50% (cinquenta por cento), até o término das medidas restritivas de isolamento social impostas pelos entes públicos na Cidade do Rio de Janeiro." (TJRJ, Agravo de Instrumento 0024595-63.2020.8.19.0000, 9ª Câmara Cível, Rel. Des. Daniela Brandão Ferreira, julg. em 14.07.2020).

8. "Invoca-se ora o caso fortuito ou de força maior, ora o acontecimento extraordinário e imprevisível que justificaria a revisão – incorrendo no já denunciado equívoco de classificar fatos em tese, em vez de partir do impacto sofrido em cada relação contratual. Mesmo, contudo, quando se analisa o contrato em si, essas decisões judiciais e artigos doutrinários têm recorrido a institutos como a impossibilidade (total ou parcial) da prestação ou, ainda, ao desequilíbrio contratual superveniente (excessiva onerosidade) que a pandemia teria provocado sobre os contratos de locação. Trata-se, a nosso ver, de um erro que merece urgente correção de rota, a fim de se buscar solução tecnicamente sustentável à luz da ordem jurídica brasileira, diferenciando, ademais, o joio do trigo." (SCHREIBER, Anderson. Contratos de locação imobiliária na pandemia. *Revista Pensar:* aheads of print, 2020, p. 2).

9. "A revisão ou mesmo a resolução do contrato só poderá se dar se a dificuldade de adimplir com os aluguéis, ou a absoluta impossibilidade de fazê-lo, decorre diretamente do COVID-19 ou do *fato do príncipe* a ela correlata, e se verdadeiramente afetar a relação contratual. (...) Se as Partes não foram atingidas pelos efeitos danosos sob o prisma econômico-financeiro do coronavírus, não há que se falar em intervenção estatal para revisar ou resolver o contrato (...)." (GAMA, Guilherme Calmon Nogueira da; NEVES, Thiago Ferreira Cardoso. *Direito Privado Emergencial*: o regime jurídico transitório nas relações privadas no período da pandemia do COVID-19. São Paulo: Editora Foco, 2020, p. 96-67). No mesmo sentido, seja permitido referir-se a QUINELATO, João. Desequilíbrio e oportunismo nos contratos. *Jornal Valor Econômico*, 12 jan 2020.

10. Não há dúvidas que atualmente a maior parte dessas demandas tenha como plano de fundo o momento de pandemia ocasionada pelo Covid-19. Curioso movimento que se notou foi o pleito judicial de revisão contratual por atividades que não foram substancialmente afetadas pela pandemia, demandando do judiciário análise pormenorizada de provas concretas acerca da pandemia representar ou não desequilíbrio sinalagmático. Ao julgar demanda revisional de contrato de plano de saúde na vigência da pandemia, o Tribunal Paulista observou que uma empresa de contabilidade, por exercer atividades ligadas ao processamento de dados, cujo exercício não estaria integralmente inviabilizado em razão da pandemia, e à míngua de provas nos autos de elementos que comprovassem a redução efetiva no faturamento das autoras ou a impossibilidade de pagamento das parcelas, não poderia valer-se de uma presunção de desequilíbrio. Consignou que a revisão contratual pressuporia, no mínimo, a constatação da alteração da base objetiva do contrato em prejuízo da parte a quem aproveita a revisão e que, muito embora a pandemia possa impactar os contratos de diversas maneiras, ela não pode ser banalizada e nem usada como escudo contra o cumprimento dos contratos, sob pena de a crise se tornar uma oportunidade à custa da força obrigatória dos contratos. V. TJRJ, Agravo de Instrumento 0029615-35.2020.8.19.0000, 2ª Câmara Cível, Rel. Des. Alexandre Freitas Câmara, julg. em 22.06.2020.

11. "[...] o fato é que já se tem notícia de dezenas de decisões judiciais, ora sendo extremamente benevolentes com os locatários, ora adotando uma linha mais restritiva. No caso brasileiro, observando a produção das decisões judiciais organicamente,

Em meio a este cenário, imperioso se faz o exame dos requisitos e prazos que possibilitam a revisão judicial dos contratos de locação, simbioticamente às repercussões no panorama jurisprudencial, à luz da Teoria da Imprevisão. Investigar-se-á como ponto comum a todas essas ferramentas o dever de renegociar os contratos enquanto expressão dos postulados de cooperação, solidariedade e boa-fé objetiva.

2. A POSSIBILIDADE DE REVISÃO DO CONTRATO DE LOCAÇÃO

O contrato de locação, por ser oneroso e comutativo,[12] caracteriza-se pela correspondência de valores entre a prestação e a contraprestação, presumidamente pactuado em concordância mútua. Contudo, é justamente por ser um trato sucessivo, projetado no futuro por meio de atos reiterados de execução, que pode romper-se a comutatividade inaugural na ocorrência de fatores imprevisíveis, defasando-se o aluguel e desequilibrando-se o sinalagma contratual.

O tempo, sempre implacável e inabalável, pode trazer consigo diversas tormentas, tais como a corrosão inflacionária, o descontrole econômico, a (des)valorização do local que se encontra o imóvel, ou até mesmo situações como a pandemia, entre inúmeras outras hipóteses.

Posto isso, afirma-se que a finalidade precípua da revisão do contrato locatício é recolocar o aluguel do imóvel a preço de mercado, tornando-o viável à manutenção da relação pactuada. Assim, garante-se o restabelecimento do equilíbrio econômico do contrato, coibindo o enriquecimento sem causa de uma das partes, em detrimento da outra.[13]

Atento, o legislador previu na Lei 8.245 duas formas de proceder a esta revisão, quais sejam: i) a livre negociação – estabelecida de forma genérica pelo artigo 18[14] –, em que as partes são autorizadas a fixarem novo valor para aluguel, bem como inserir ou modificar cláusulas de reajuste; ii) a revisão judicial do aluguel, por meio da ação revisional, que é o instrumento jurídico destinado à recomposição do sinalagma contratual, aplicável tanto às locações residenciais quanto às não residenciais, protegidas ou não pela ação renovatória, nos termos do artigo 19, do referido diploma legal.[15]

Em relação a primeira, trata-se de manifestação da autonomia privada e da possibilidade das partes se autorregulamentarem. Nessa toada, Sylvio Capanema aponta que a Lei 8.245 manteve o princípio da livre convenção do aluguel inicial, embora reconheça que a

---

nos parece que se caminha para uma busca de solução mais casuística, diversamente da opção portuguesa." (SILVA, Bruno Casagrande e; JÚNIOR, Jânio Urbano Marinho; LIMA, Ricardo Alves de. Moratória dos contratos de locação: a resposta portuguesa para o Covid-19 pela lei 4-C, de 06.04.2020, como um paradigma (in)adequado para a realidade brasileira. *Migalhas Contratuais*. Publicado em 19.05.2020. Disponível em: <https://www.migalhas.com.br/coluna/migalhas-contratuais/327086/moratoria-dos-contratos-de-locacao-a-resposta-portuguesa-para-o-covid-19-pela-lei-4-c-de-6-4-2020-como-um-paradigma-in-adequado-para-a-realidade-brasileira>. Acessado em: 14 set. 2020).

12. "É possível afirmar com segurança que o contrato de locação de imóvel para fins empresariais é oneroso e comutativo, haja vista que ambas as partes conhecem as suas obrigações que devem estar previamente previstas no instrumento da avença". (NEVES, Thiago Ferreira Cardoso. *Contratos mercantis*. Rio de Janeiro: Editora GZ, 2020, p.405).

13. SCAVONE JUNIOR, Luiz Antonio; PERES, Tatiana Bonatti (Org.). *Lei do Inquilinato comentada artigo por artigo*: visão atual na doutrina e jurisprudência. 2. ed. rev., atual. e ampl. Rio de Janeiro: Forense, 2017, p. 55.

14. "Art. 85. Nas locações residenciais, é livre a convenção do aluguel quanto a preço, periodicidade e indexador de reajustamento, vedada a vinculação à variação do salário mínimo, variação cambial e moeda estrangeira: I dos imóveis novos, com habite-se concedido a partir da entrada em vigor desta lei; II – dos demais imóveis não enquadrados no inciso anterior, em relação aos contratos celebrados, após cinco anos de entrada em vigor desta lei."

15. SOUZA, Sylvio Capanema de. *A Lei do Inquilinato comentada*. op. cit, p. 17 e p. 113.

intervenção do Estado se opera depois, quanto à correção do aluguel, a sua periodicidade e os índices aplicáveis.[16]

De toda sorte, o artigo 18 garante o princípio da liberdade contratual, permitindo que as partes celebrem transação para fixar novo valor do aluguel, ou para modificar a periodicidade da sua correção, ou o índice escolhido, desde que obedecidas as regras cogentes previstas nas leis específicas.[17] A rigor, o dispositivo é reforçado pelo artigo 840 do Código Civil, que permite aos interessados prevenir ou encerrar litígios mediante transação traduzida por concessões recíprocas.

Mas é justamente quando as partes não alcançam a autocomposição que surgem as maiores celeumas. A possibilidade de intervenção do Poder Judiciário, com base na Ação Revisional, impõe que o juiz faças as vezes das partes para garantir o reequilíbrio contratual. Ao tentar escapar do velho ditado popular "cada cabeça uma sentença", e garantir a segurança jurídica, o legislador elenca uma série de requisitos, os quais passaremos a destrinchar.

2.1 Os requisitos e prazos

Conforme aponta José Roberto Neves Amorim, segundo o art. 19 da Lei 8.245, o principal requisito é o temporal, "haja vista a necessidade de três anos de contrato, ou do último acordo, ou, ainda, da última revisão".[18] Assim, o legislador exige que permaneça inalterado o ajuste locatício por três anos, de sorte que a sub-rogação operada com o locador ou com o locatário não interrompe o prazo[19]. Busca-se, com essa limitação, garantir a segurança jurídica e a legítima expectativa das partes, estabilizando-se a relação contratual e protegendo-a de volatilidades momentâneas que possam causar uma histeria pontual de qualquer das partes.

Embora a clareza do referido dispositivo seja solar, a doutrina mais atenta aponta caminhos para a sua superação. Luiz Fux advoga a possibilidade de ajuizamento antes do prazo trienal porque "a dissociação do aluguel de seu preço de mercado, elevado a patamares além do razoável por força da indexação do aluguel arbitrado judicialmente, resulta em onerosidade excessiva em detrimento do locatário, exigindo a pronta intervenção judicial quer por força da aplicação da teoria da imprevisão quer por força do princípio que veda a lesão superveniente nos contratos, e autorizando a propositura da ação revisional do aluguel do contrato antes do triênio do art. 19 da Lei n. 8.245/91, ou a ação a que se refere o art. 471 do CPC, em face da natureza sucessiva das prestações locatícias".[20]

---

16. Idem, p. 106.
17. Sobre o tema, Sílvio de Salvo Venosa destaca que a liberdade genérica apenas abarcaria os contratos de locação não residencial, visto que os contrato locatícios residenciais estariam submetidos a critérios de reajuste fixados pelo legislador conforme a limitação imposta pelo parágrafo único do artigo 17, da Lei 8.245. O autor explica que "a experiência demonstra que o Estado não resiste em intervir no aluguel. Espera-se que doravante seja obedecida a vontade das partes não só no que concerne à estipulação do aluguel novo, mas também no tocante à periodicidade do reajuste. Só assim, a médio prazo, conseguir-se-á maior equilíbrio no sistema habitacional. Podem as partes contratar novo aluguel durante o prazo determinado ou durante o prazo indeterminado. Em sede de vontade contratual aqui deverá haver maior autonomia. Note-se que a lei dispõe que nas locações residenciais serão observados os critérios de reajustes da legislação específica complementar. Desse modo, entende-se que são livres os critérios para as locações não residenciais. A verdadeira liberdade dependerá do legislador" (VENOSA, Sílvio de Salvo. *Lei do Inquilinato Comentada*: doutrina e prática. 15. ed. São Paulo: Atlas, 2020, p. 126).
18. AMORIM, José Roberto Neves. Revisional e renovatória de locação. In: CASCONI, Francisco Antonio; AMORIM, José Roberto Neves (Coord.). *Locações*: aspectos relevantes. São Paulo: Método, 2004, p. 114.
19. SCAVONE JUNIOR, Luiz Antonio; PERES, Tatiana Bonatti (Org.). *Lei do Inquilinato comentada artigo por artigo*: visão atual na doutrina e jurisprudência. 2. ed. rev., atual. e ampl. – Rio de Janeiro: Forense, 2017, p. 258.
20. FUX, Luiz. A lesão contratual superveniente e a revisão judicial do aluguel. In: TUBENCHLAK, James; BUSTAMANTE, Ricardo (coord.). Livro de estudos jurídicos. Rio de Janeiro: Instituto de Estudos Jurídicos, 1993. v. 7, p. 527-532. Disponível em: <http://bdjur.stj.jus.br//dspace/handle/2011/750>. Acesso em: 06 fev. 2021.

Não se pode olvidar que a hermenêutica contemporânea autoriza a atividade criativa[21], e não meramente reprodutora da lei. Nessa toada, balizada doutrina sustenta que a frustração temporária do contrato de locação poderia legitimar a propositura da ação revisional, independentemente do lapso temporal de três anos, com fulcro no remédio revisional dos artigos 317 c/c 478 do Código Civil[22].

Por sua vez, a legitimidade para propor a Ação Revisional é atribuída a ambas as partes, ou seja, locador – quando almejar redução do valor do aluguel –, ou locatário, nos casos em que pretenda a sua majoração. Há que se considerar a hipótese de sublocação, abrindo-se a possibilidade para o ajuizamento tanto para o sublocador como para o sublocatário, não participando da lide o locador, já que este não faz parte da relação entre aqueles[23].

Passando-se o truísmo, a revisão dos contratos de locação desafia o pilar do contratualismo em sua acepção liberal: o princípio da força obrigatória dos contratos – consagrado pela polêmica máxima romana *pacta sunt servanda* –, o qual jamais se revestiu de caráter absoluto[24]. Sua mitigação, no direito romano, manifesta-se pela cláusula *rebus sic stantibus*, segundo a qual os contratos de trato sucessivo, que se projetam no futuro, devem ser interpretados segundo as condições vigentes na época de sua celebração. Foi essa cláusula que serviu de base para as chamadas teorias revisionistas dos contratos[25], hoje consolidadas na doutrina e no direito positivo[26].

---

21. Considerando-se a capacidade limitada da linguagem em representar a quase inesgotável realidade fática, é preciso conferir espaço ao julgador para realizar a justiça no caso concreto. Ademais, a inafastável pré-compreensão do julgador revela que o ideal positivista de que o Direito é uma ciência jurídica objetiva e completa é falacioso. V. BARROSO, Luís Roberto. *Curso de Direito Constitucional Contemporâneo*: os conceitos fundamentais e a construção do novo modelo. 2. ed. São Paulo: Saraiva, 2010, p. 308-310.

22. Anderson Schreiber explica que os "fundamentos da revisão são distintos – o que reforça, aliás, a importância de tratar a frustração do fim do contrato como hipótese distinta do desequilíbrio, evitando a adoção do rótulo geral de "quebra da base do negócio", que mescla os dois institutos, o que, se não é prejudicial à luz do direito positivo de outros países que já os contemplam expressamente, assume consequências nocivas entre nós". SCHREIBER, Anderson. Contratos de locação imobiliária na pandemia. *Revista Pensar*: aheads of print, 2020, p. 9)

23. SCAVONE JUNIOR, Luiz Antonio; PERES, Tatiana Bonatti (Org.). Op. cit., p. 258.

24. Nota-se que a partir do início do século XVIII, até o fim do século XIX, marcado pelo liberalismo contratual e pelo rígido e quase inflexível respeito ao *pacta sunt servanda*, assistiu-se a certo esvaziamento prático da teoria da onerosidade. (PEREIRA, Caio Mário da Silva. *Instituições de direito civil*. Atual. Caitlin Mulholland. 21. ed. Rio de Janeiro: Forense, 2017, v. III, p. 142). Acrescenta, Maria Antonieta Lynch que "mesmo assim, foi, ainda no início do séc. XVIII, admitida em alguns dispositivos legais como o Código Bávaro de 1756 e o Landrecht prussiano de 1794. A primeira edificação legislativa explícita do princípio exonerativo surgiu no Código Bávaro, denominado *Codes Maximilianeus bavaricus civilis*"(Lynch, Maria Antonieta, op. cit., nota 1, p. 10).

25. Menezes Cordeiro indica a notável reação que se teve à obrigatoriedade dos contratos por ocasião dos estudos do jurista alemão Bernhard Windscheid, com criação da teoria da pressuposição, segundo a qual o contratante declara a sua vontade pressupondo que as situações de fato que o levaram a contratar permanecerão, de tal modo que, caso seja prejudicado pela ausência de correlação entre o que pressupôs e a realidade lesiva, poderá pedir a resolução do contrato. (MENEZES CORDEIRO, Antônio Manuel da Rocha e. *A boa-fé no direito civil*. Coimbra: Almedina, 2007, p. 970). Posteriormente, a teoria da pressuposição foi retomada e reformulada por Paul Oertmann, na elaboração da *teoria da base do negócio*, em que se privilegiou a base subjetiva do negócio jurídico, ou seja, o que levou as partes a concluírem o contrato, ou o que as partes haviam suposto para concluí-lo. (SCHREIBER, Anderson. *Manual de direito civil contemporâneo*. São Paulo: Saraiva Educação, 2018, p. 479). Por certo, essa análise psicológica da vontade, mancham de subjetivismo e insegurança ambas as teorias, conduzindo a doutrina alemã a desenvolver teorias fundadas em elementos objetivos. Nesse contexto, Karl Larenz considerou elementos objetivos para criar uma tese eclética, ao sustentar que a base do negócio é composta por uma base subjetiva, ligada à vontade das partes, e por uma base objetiva, consistente no conjunto de circunstâncias que sedimentam o contrato para que se possa alcançar o seu fim. (LARENZ, Karl. *Base del negocio jurídico y cumplimiento de los contratos*. Trad. Carlos Fernández Rodríguez. Granada: Editirial Comares, 2002, p.34).

26. De forma eloquente, a doutrina reconhece que muitas dessas teorias buscaram a flexibilização das circunstâncias aptas a modificar o equilíbrio contratual, ignorando, por vezes, o requisito da imprevisibilidade do desequilíbrio. V. TEPEDINO, Gustavo; KONDER, Carlos Nelson; BANDEIRA, Paula Greco. *Contratos*. Rio de Janeiro: Forense, 2020, p. 135.

A cláusula *rebus sic stantibus* impõe o reconhecimento de determinado princípio implícito nos contratos segundo o qual o cumprimento das obrigações assumidas estaria condicionado à manutenção das circunstâncias existentes ao tempo da contratação.[27] Justifica-se a revisão do contrato de locação pelo rompimento do equilíbrio econômico contratual, que cause dano a uma das partes, em decorrência de circunstâncias supervenientes à celebração do pacto e imprevisíveis ao tempo da celebração, permitindo ao contratante lesado pleitear, em juízo, o restabelecimento das condições inaugurais, ou, em não sendo isto possível, até mesmo a resolução do contrato.[28]

É desde o século XII que a ordem jurídica se atenta para os efeitos que a alteração de circunstâncias em momento posterior à celebração do contrato impacta na execução. Desde os tempos de Babilônia, com o Código de Hamurabi,[29] desenvolveu-se com o tempo a teoria da cláusula *rebus sic stantibus*, perpassando pelo período clássico do Direito Romano e pelos pós-glosadores da Idade Média (séc. XII ao XIII).[30]

Pois bem. As graves crises econômicas e política observadas a partir do século XIX[31] abriram as portas para o chamado "dirigismo contratual",[32] em que a interferência do Estado nas relações privadas buscava suavizar – ou ao menos cotejá-lo com outros interesses juridicamente relevantes – o então intocável e pilar fundante da autonomia contratual.

Em marcha marcadamente evolutiva, a teoria contratual contemporânea — fundamentada axiologicamente na solidariedade social, na dignidade da pessoa humana e na consequente prevalência da tutela existencial sobre a tutela patrimonial — passou a conceber que todo contrato possui um conjunto de cláusulas legalmente cogentes que se voltam à comutatividade do sinalagmas, à concretização de sua função social e à equidade

---

27. LYNCH, Maria Antonieta. Da cláusula rebus sic stantibus à onerosidade excessiva. *Revista Informativa Legislativa*. Brasília a. 46 n. 184 out./dez. 2009, p. 11. Nas palavras de Anderson Schreiber, a cláusula *rebus sic stantibus* exprime "a ideia de um condicionamento implícito dos vínculos consensuais duradouros à persistência do estado de fato existente ao tempo do pacto." (SCHREIBER, Anderson. *Manual de direito civil contemporâneo*. São Paulo: Saraiva Educação, 2018, p. 477).

28. Embora os princípios da cooperação e da boa-fé imponham que a intervenção do Poder Judiciário seja *ultima ratio*, Sylvio Capanema sustenta que "não se deve exigir o rigor formal de se provar o fracasso das tentativas suasórias para se revisar o aluguel. O simples fato do ajuizamento da ação, por uma das partes contratantes, faz presumir que foram inúteis as negociações amigáveis para a atualização do aluguel, até porque não é crível que alguém ingresse em juízo, com os ônus e desgastes daí decorrentes, sem antes tentar a composição de seus conflitos de interesse". SOUZA, Sylvio Capanema de. A Lei do Inquilinato comentada. 10ª ed. rev., atual. e ampl. – Rio de Janeiro: Forense, 2017, p. 17 SOUZA, Sylvio Capanema de. *A Lei do Inquilinato comentada*. 10. ed. rev., atual. e ampl. – Rio de Janeiro: Forense, 2017, p. 113.

29. Lei 48 do Código de Hamurabi: "Se alguém tem um édito a juros, e uma tempestade devasta o campo ou destrói a colheita, ou por falta dágua não cresce o trigo no campo, ele não deverá nesse ano dar trigo ao credor, deverá modificar sua tábua de contrato e não pagar juros por esse ano". (GONÇALVES, Carlos Roberto. *Direito civil brasileiro*, São Pulo: Saraiva, 2004, v. III: contratos e atos unilaterais, p. 169).

30. TEPEDINO, Gustavo; KONDER, Carlos Nelson; BANDEIRA, Paula Greco. *Contratos*. Rio de Janeiro: Forense, 2020, p. 134.

31. Esse olhar privilegiado sobre os reflexos dos fenômenos sociais nos contratos contribuiu para que, com a eclosão da Primeira Guerra Mundial (1914-1918), a cláusula *rebus sic stantibus* retomasse sua importância, de tal modo que dela se originaram todas as teorias modernas que buscam saber em que medida as circunstâncias supervenientes afetam a obrigatoriedade do cumprimento do contrato. Na França, a aplicação da teoria da imprevisão nos contratos privados se deu somente com a *Loi Failliot*, de 21 de janeiro de 1918, que permitiu a resolução dos contratos comerciais afetados pela Primeira Guerra Mundial, quando um dos contratantes provasse ter sofrido prejuízo exagerado. (SCHREIBER, Anderson. *Manual de direito civil contemporâneo*. São Paulo: Saraiva Educação, 2018, p. 481-482. No portal de legislação da República Francesa, há referência a *Loi Failliot*, de 21 de janeiro de 2018 na pág. 837 do jornal oficial da República Francesa de 23 de janeiro de 2018. Disponível em: <https://www.legifrance.gouv.fr/jorf/id/JORFTEXT000000869154/>. Acesso em: 08 jan. 2021.).

32. Por meio de leis extravagantes, o Estado passou a intervir nas relações privadas controlando a liberdade de contratar quando a intervenção se justificasse para proteção dos vulneráveis – o que contratar, com quem contratar e como contratar, "*transformando o contrato, outrora fenômeno privado e individual, em cada vez mais fenômeno social*". TEPEDINO, Gustavo; KONDER, Carlos Nelson; BANDEIRA, Paula Greco. *Contratos*. Rio de Janeiro: Forense, 2020, p. 17.

entre os contratantes que, mesmo implícitas, tais como a boa-fé, têm cogência independentemente de convenção.[33]

No Brasil, a possibilidade de revisão do conteúdo contratual desenvolveu-se sob os pilares da *teoria da imprevisão*, por dar enfoque ao requisito da imprevisibilidade para a sua aplicação.[34] O Código Civil de 1916, eminentemente liberal, não consagrou a cláusula *rebus sic stantibus* em nenhuma de suas normas ou estipulou regras específicas acerca da imprevisão.[35] A primeira previsão se deu com a legislação extravagante[36] posterior à crise econômica de 1930, sendo seguida pelo Anteprojeto do Código de Obrigações de 1941[37] e posteriormente pelo Anteprojeto de Código de Obrigações de 1963[38], elaborado pelo jurista Caio Mário da Silva Pereira.[39] Note-se que o Código de Defesa do Consumidor (Lei 8.078/90) introduziu a teoria em seu art. 6º, V[40], dando-lhe, contudo, moldura jurídica mais ampla ao permitir a revisão do contrato independentemente da *imprevisão* dos fatos, bastando que o fato seja superveniente e desequilibre a base objetiva do contrato, impondo ao consumidor prestação excessivamente onerosa.[41]

---

33. SILVESTRE, Gilberto Fachetti. Novos problemas, antigas soluções: o amplo significado da cláusula *rebus sic stantibus e a renegociação, a suspensão e a conservação dos contratos cíveis e mercantis. Civilistica.com*. Rio de Janeiro, a. 9, n. 2, 2020 (*ahead of print*). p. 6. Disponível em: <http://civilistica.com/novos-problemas-antigas-solucoes/>. Acesso em: 2 set. 2020).

34. GONÇALVES, Carlos Roberto. *Direito civil brasileiro*. São Pulo: Saraiva, 2004, v. III: contratos e atos unilaterais. p. 170.

35. LYNCH, Maria Antonieta. Da cláusula rebus sic stantibus à onerosidade excessiva. *Revista Informativa Legislativa*. Brasília a. 46 n. 184 out./dez. 2009, p. 12.

36. Decreto 19.573, de 07.01.1937; Decreto 23.501 de 27.01.1933 (não previu expressamente a cláusula mais permitiu a intervenção estatal e a limitação da autonomia da vontade); a chamada Lei de Luvas (Decreto 24.150 de 20.04.1939). (LYNCH, Maria Antonieta. Da cláusula rebus sic stantibus à onerosidade excessiva. *Revista Informativa Legislativa*. Brasília a. 46 n. 184 out./dez. 2009).

37. "Art. 322. Quando, por força de acontecimentos excepcionais e imprevistos ao tempo da conclusão do ato, opõe-se ao cumprimento exato esta dificuldade extrema, com prejuízo exorbitante para uma das partes, pode o juiz, a requerimento do interessado e considerando com equanimidade a situação dos contratantes, modificar o cumprimento da obrigação, prorrogando-lhe o termo ou reduzindo-lhe a importância." (LYNCH, Maria Antonieta. Da cláusula rebus sic stantibus à onerosidade excessiva. *Revista Informativa Legislativa*. Brasília a. 46 n. 184 out./dez. 2009).

38. "Art. 358. Nos contratos de execução diferida ou sucessiva, quando, por força de acontecimento excepcional e imprevisto ao tempo de sua celebração, a prestação de uma das partes venha a tornar-se excessivamente onerosa, capaz de gerar para ela grande prejuízo e para a outra parte lucro exagerado, pode o Juiz, a requerimento do interessado, declarar a resolução do contrato. A sentença, então proferida, retrotrairá os seus efeitos à data da citação da outra parte.

Art. 359. A resolução do contrato poderá ser evitada, oferecendo-se o réu, dentro do prazo de contestação, a modificar com equanimidade o esquema de cumprimento do contrato.

Art. 360. Aos contratos aleatórios não tem aplicação a faculdade de resolução por onerosidade excessiva. (LYNCH, Maria Antonieta. Da cláusula rebus sic stantibus à onerosidade excessiva. *Revista Informativa Legislativa*. Brasília a. 46 n. 184 out./dez. 2009).

Art. 361. Não se dará, igualmente, esta resolução nos contratos em que uma só das partes tenha assumido obrigação, limitando-se o Juiz, nesse caso, a reduzir-lhe a prestação."

39. LYNCH, Maria Antonieta. Da cláusula rebus sic stantibus à onerosidade excessiva. *Revista Informativa Legislativa*. Brasília a. 46 n. 184 out./dez. 2009, p. 12-14.

40. "Art. 6º São direitos básicos do consumidor: (...) V – a modificação das cláusulas contratuais que estabeleçam prestações desproporcionais ou sua revisão em razão de fatos supervenientes que as tornem excessivamente onerosas;".

41. A esse respeito, Bessa e Moura afirmam que o CDC garante "(...) o direito de modificar disposições que imponham ganho exagerado ao fornecedor em detrimento de prejuízo considerável do consumidor e de rever o contrato caso ocorra um fato posterior ao acordo das partes que torne inviável ao consumidor o cumprimento de sua prestação (art. 6º, V, CDC). A modificação de um contrato só pode ocorrer em grau de exceção, pois a regra é que pacto assinado obriga às partes. Em matéria de relação de consumo, diferentemente, a ideia é que as disposições contratuais desproporcionais, abusivas, portanto, ilegais são das por não válidas e o consumidor não poderá ser penalizado pelo seu descumprimento. (...) Embora parcela da doutrina afirme que a revisão dos contratos é exclusividade do Poder Judiciário, em matéria de relação de consumo pode um órgão de proteção e defesa do consumidor, como o Procon, intervir em defesa da parte mais frágil". (BESSA, Leonardo Roscoe, MOURA, Walter José Faiad de. *Manual de direito do consumidor*. 4. ed. Brasília: Escola Nacional de Defesa do Consumidor, 2014, p. 95).

O direito civil que privilegiava a autonomia privada, centrado em sua concepção individualista e patrimonialista, sabe-se, foi drasticamente modificado com a promulgação da Constituição de 1988.[42] A consagração da dignidade da pessoa humana como fundamento da República (art. 1º, III, CF/88) transformou a estrutura tradicional do direito civil ao determinar o predomínio das situações jurídicas existenciais sobre as patrimoniais, funcionalizando[43] os institutos clássicos às premissas estabelecidas na Constituição.[44]

Influenciados pela Carta Maior, tanto a Lei 8.245 quanto o Código Civil de 2002 foram marcadas pelas diretrizes da eticidade, operabilidade e da sociabilidade. A Codificação Civil trouxe consigo princípios como o da boa-fé objetiva (art. 422, CC), a função social do contrato (art. 421, CC)[45] e, finalmente, a proteção ao equilíbrio econômico-financeiro, mitigando-se a força obrigatória dos contratos,[46] e indo além da concepção meramente formal e estrutural da vida negocial, para que se pudesse valorar às questões sociais relevantes.[47]

Nos contratos de locação, é precisamente na sua funcionalização e no respeito aos ditames da boa-fé objetiva, que a pujança das circunstâncias supervenientes se destaca, tornando-as capazes de alterar a base negocial do contrato.[48] A possibilidade de revisão ou resolução dos contratos nesses termos se coaduna com uma regra de justiça contratual, na medida em que não se pode tolerar, em nome do princípio da obrigatoriedade dos contratos, que determinadas circunstâncias externas causem um desequilíbrio impunemente.[49] Busca, portanto, o restabelecimento do equilíbrio contratual e a proteção da legítima expectativa dos contratantes[50], mediante a mitigação do princípio *pacta sunt servanda* pelo juiz, no caso concreto[51].

---

42. BODIN DE MORAES, Maria Celina. *A constitucionalização do direito civil e seus efeitos sobre a responsabilidade civil*. Direito, Estado e Sociedade – v. 9 n. 29 – jul/dez 2006, p. 233-234. O tema da constitucionalização do direito civil e da metodologia do direito civil-constitucional pode ser analisada com maior detalhamento nas obras: PERLINGIERI, Pietro. *Perfis do direito civil: introdução ao direito civil constitucional*. Rio de Janeiro: Renovar, 1999; TEPEDINO, Gustavo. *Temas de direito civil*. 3. ed. Rio de Janeiro: Renovar, 2004, p. 1-22; BODIN DE MORAES, Maria Celina. A caminho de um direito civil constitucional. *Revista de Direito Civil, Imobiliário, Agrário e Empresarial*, v. 17, n. 65, jul./set. de 1993, p. 21-32.

43. Anderson Schreiber e Carlos Nelson Konder afirmam que "a superioridade normativa da Constituição e a unidade do sistema com base nesses valores conduziram ao que se costuma referir por primazia do 'ser' sobre o 'ter', ou 'despatrimonialização do direito civil', havendo a funcionalização do *ter* ao *ser*. (SCHREIBER, Anderson; KONDER, Carlos Nelson. Uma agenda para o direito civil-constitucional. *Revista Brasileira de Direito Civil*. v. 10, out./dez. 2016, p. 12-13).

44. Ibid. p. 233-235.

45. MELO, Marco Aurélio Bezerra de. *Direito civil: contratos*. 2. ed. rev. atual e ampl. Rio de Janeiro: Forense, 2018, p. 33-34.

46. Na precisa lição do professor Marco Aurélio Bezerra de Melo, "A cláusula rebus sic stantibus tempera e torna justo o princípio pacta sunt servana." (Ibid. p. 299).

47. MONTEIRO FILHO, Carlos Edison do Rêgo. Reflexões metodológicas: a construção do observatório de jurisprudência no âmbito da pesquisa jurídica. *Revista Brasileira de Direito Civil. – RBDCivil*. v. 9. Jul /Set 2016, p. 13.

48. MELO, Marco Aurélio Bezerra de, op. cit., nota 38, p. 300.

49. PEREIRA, Caio Mário da Silva. *Instituições de direito civil*. Atual. Caitlin Mulholland. 21. ed. Rio de Janeiro: Forense, 2017, v. III, p. 141. "Mas, quando é ultrapassado um grau de razoabilidade, que o jogo da concorrência livre tolera, e é atingido o plano de desequilíbrio, não pode omitir-se o homem do direito, e deixar que em nome da ordem jurídica e por amor ao princípio da obrigatoriedade do contrato um dos contratantes leve o outro a ruína completa, e extraia para si o máximo benefício. Sentindo que este desequilíbrio na economia do contrato afeta o próprio conteúdo de juridicidade, entendeu que não deveria permitir a execução rija do ajuste, quando a força das circunstâncias ambientes viesse criar um estado contrário ao princípio da justiça no contrato.

50. MELO, Marco Aurélio Bezerra de. *Direito civil: contratos*. 2. ed. rev. atual e ampl. Rio de Janeiro: Forense, 2018, p. 299.

51. É o que observa Schreiber ao refletir sobre a aplicação ou não da revisão contratual em âmbito jurisprudencial: "De modo geral, pode-se afirmar que nossos tribunais continuam ainda extremamente apegados ao pacta sunt servana e à reconstrução da vontade originária dos contratantes no novo cenário fático, de tal modo que tendem a rejeitar a revisão contratual. Quando há a revisão, os tribunais parecem cautelosos na sua aplicação, limitando-se a reajustes e readequações mínimas. Sempre será possível encontrar, sobretudo em primeira instância, onde é mais volumoso o número de decisões, um ou outro caso de excesso do magistrado, mas tal situação não é privativa do tema do desequilíbrio contratual superveniente, em que as aberrações não são, definitivamente, a regra" (SCHREIBER, Anderson. *Equilíbrio contratual e dever de renegociar*. São Paulo: Saraiva Educação, 2018, p. 272-273).

A previsão constitucional de se construir uma sociedade livre, justa e solidária (art. 3º, I, CF/88), irradiando imperativos de justiça e equidade nas relações contratuais, consolidou a magnitude do princípio do equilíbrio no campo dos contratos, temperando a obrigatoriedade e a intangibilidade contratual.[52] Nesse seguimento, o Código Civil de 2002 previu a possibilidade de alteração do vínculo contratual quando circunstâncias extraordinárias e imprevisíveis influíssem de tal maneira na relação que o cumprimento da prestação se tornasse excessivamente oneroso, abalando o equilíbrio do contrato.[53]

Seguiu a experiência italiana, que previu no art. 1.467[54] do Código Civil Italiano de 1942 o que se pode chamar de *teoria da onerosidade excessiva* ou *onerosidade excessiva superveniente,*[55] exprimindo a ideia de resolução contratual por impossibilidade superveniente da obrigação em razão de acontecimentos extraordinários e imprevisíveis, dano enfoque à essa dificuldade de cumprimento da prestação.[56] A codificação italiana influenciou com tal intensidade o Código Civil de 2002 que este conferiu ao seu art. 478 redação praticamente igual à do art. 1.467 da codificação italiana.[57]

Não se pode olvidar que no campo locacional, é embaraçoso que se limite a aplicação do art. 317 da Codificação Civil apenas à correção monetária, como pretendem alguns julgadores[58]. Isso porque os diversos princípios de ordem econômica e legislações específicas que regem as atualizações monetárias fazem com que, na prática, seja raro que se enfrente uma situação totalmente imprevisível. Nada obstante, uma vez verificada essa desconcertante imprevisão, certamente a simples correção monetária não seria suficiente para reestabelecer o equilíbrio contratual.

Sob a égide dos novos princípios trazidos pelo vigente Código, eticidade e equilíbrio social, caberá ao juiz no caso concreto avaliar a oportunidade e conveniência de sua aplicação. A matéria exige, sem dúvida, marcada posição jurisprudencial que garanta a segurança jurídica e evite incertezas.

---

52. TEPEDINO, Gustavo; KONDER, Carlos Nelson; BANDEIRA, Paula Greco. *Contratos.* Rio de Janeiro: Forense, 2020, p. 133.
53. Nas palavras de Gilberto Fachetti Silvestre, "Teleologicamente falando, a cláusula foi concebida para reequilibrar ou garantir o equilíbrio da comutatividade da relação contratual em perspectiva substancial (e não meramente formal). Por isso, seja qual for a medida aplicada, o que a cláusula quer é assegurar o equilíbrio prestacional e a capacidade de pagamento." (SILVESTRE, Gilberto Fachetti. Novos problemas, antigas soluções: o amplo significado da cláusula rebus sic stantibus e a renegociação, a suspensão e a conservação dos contratos cíveis e mercantis. Civilistica.com. Rio de Janeiro, a. 9, n. 2, 2020 (*ahead of print*). p. 7. Disponível em: <http://civilistica.com/novos-problemas-antigas-solucoes/>. Acessado em: 24 set. 2020).
54. Em tradução livre: "Art. 1467. Nos contratos com execução contínua ou periódica ou com execução diferida, se o desempenho de uma das partes se tornar excessivamente oneroso devido à ocorrência de eventos extraordinários e imprevisíveis, a parte que deve prestar esse serviço poderá solicitar a rescisão do contrato, com os efeitos estabelecidos pela ' art. 1458 (at. 168). A rescisão não pode ser questionada se o ônus oneroso se enquadra no escopo normal do contrato. A parte contra a qual a resolução é solicitada pode evitá-la oferecendo uma alteração justa das condições do contrato (962, 1623, 1664, 1923)." (Decreto Real de 16 de março de 1942, Quarto Livro – De Obrigações, Título II – De Contratos Em Geral, Capítulo XIV – Da Rescisão do Contrato, Seção III – Da onerosidade excessiva). Texto original disponível em: <http://www.jus.unitn.it/cardozo/Obiter_Dictum/codciv/Codciv.htm>; <https://www.normattiva.it/uri-res/N2Ls?urn:nir:stato:decreto.regio:1942-03-16;262!vig=>. Texto em formato pdf disponível em: <http://www.rcscuola.it/disciplina/ccivile.pdf>.
55. MELO, Marco Aurélio Bezerra de, op. cit., nota 43, p. 307.
56. SCHREIBER, Anderson. *Manual de direito civil contemporâneo.* São Paulo: Saraiva Educação, 2018, p. 484.
57. MELO, Marco Aurélio Bezerra de, loc. cit.
58. VENOSA, Sílvio de Salvo. *Lei do Inquilinato Comentada:* doutrina e prática. 15. ed. São Paulo: Atlas, 2020, p. 125.

3. A TEORIA DA IMPREVISÃO NO ORDENAMENTO JURÍDICO BRASILEIRO

3.1 A onerosidade excessiva nos contratos de locação e as repercussões jurisprudenciais

No Brasil, a aplicação da cláusula *rebus sic stantibus* ficou relacionada às hipóteses dos arts. 317, 478 e 479 do Código Civil e à discussão em torno das teorias da imprevisão, da onerosidade excessiva e da base do negócio jurídico, os quais dão suporte à revisão judicial (*ultima ratio regum*) e à resolução contratual (*extrema ratio*) como formas prioritárias de *reductio ad æquitatem* e com vistas à recuperação da comutatividade (equilíbrio) do sinalagma.

Instado a se manifestar sobre determinada demanda revisional, a análise do magistrado sobre a cláusula *rebus sic stantibus*,[59] tem por escopo reconhecer que em todo contrato de médio ou longo prazo sempre haverá uma cláusula implícita prevendo que o contrato não permanece em vigor se as coisas não permanecerem como eram no momento da sua celebração.[60] A Teoria da Imprevisão, entendida como o substrato teórico que permite a rediscussão de disposições contratuais, permite a revisão da avença em razão da ocorrência de acontecimentos imprevisíveis pelas partes e que a elas não se podem imputar.[61]

O Código Civil de 2002 introduziu expressamente a tese revisionista nos artigos 478 a 480, em seção denominada "Da Resolução por Onerosidade Excessiva", estabelecendo que:

> Art. 478. Nos contratos de execução continuada ou diferida, se a prestação de uma das partes se tornar excessivamente onerosa, com extrema vantagem para a outra, em virtude de acontecimentos extraordinários e imprevisíveis, poderá o devedor pedir a resolução do contrato. Os efeitos da sentença que a decretar retroagirão à data da citação.

> Art. 479. A resolução poderá ser evitada, oferecendo-se o réu a modificar equitativamente as condições do contrato.

> Art. 480. Se no contrato as obrigações couberem a apenas uma das partes, poderá ela pleitear que a sua prestação seja reduzida, ou alterado o modo de executá-la, a fim de evitar a onerosidade excessiva.

Da redação do art. 478, depreendem-se os seguintes critérios para a sua aplicação: a) ser o contrato de execução diferida ou continuada; b) ocorrerem fatos extraordinários e imprevisíveis; d) verificação de excessiva onerosidade para uma das partes; d) com extrema vantagem para a outra parte.[62]

Quanto ao primeiro requisito, inequívoco que o reconhecimento de eficácia à determinadas circunstâncias supervenientes só teria sentido no caso de contratos com tempo de vida prolongado[63], nada influindo nos contratos de execução imediata. Essa exigência traz consigo a ideia de que a situação fática presente no momento da contratação vincula

---

59. "para a aplicação da teoria da imprevisão – a qual, de regra, possui o condão de extinguir ou reformular o contrato por onerosidade excessiva – é imprescindível a existência, ainda que implícita, da cláusula rebus sic stantibus, que permite a inexecução de contrato comutativo – de trato sucessivo ou de execução diferida – se as bases fáticas sobre as quais se ergueu a avença alterarem-se, posteriormente, em razão de acontecimentos extraordinários, desconexos com os riscos ínsitos à prestação subjacente." (STJ, Resp 860277/GO, Rel. Min. Luis Felipe Salomão, Quarta Turma, julg. em 03.08.2010).

60. GAGLIANO, Pablo Stolze; PAMPLONA FILHO, Rodolfo. *Novo curso de direito civil*. 2. ed. rev. atual. e reform. São Paulo: Saraiva, 2006, v. IV: contratos, t. 1: teoria geral. p. 266-267.

61. Ibid. p. 266-267.

62. SCHREIBER, Anderson. *Manual de direito civil contemporâneo*. São Paulo: Saraiva Educação, 2018, p. 486-487.

63. Quando o desequilíbrio imprevisível decorrer de evento não alcançado pela álea contratualmente estabelecida, poderá ser configurada a onerosidade excessiva. Também nos contratos unilaterais, poderá o devedor invocar a onerosidade excessiva, que será analisada pelo valor da prestação no momento da formação do contrato e no de sua execução, caso em que apenas poderá ocorrer a revisão contratual, não cabendo resolução, nos termos dos arts. 480 e 317 do Código Civil. V. TEPEDINO, Gustavo; KONDER, Carlos Nelson; BANDEIRA, Paula Greco. *Contratos*. Rio de Janeiro: Forense, 2020, p. 137.

os contratantes e deve se manter também durante a execução, condicionado o princípio *pacta sunt servanda* à manutenção do ambiente contratual existente à época da formação do contrato. [64] Se pudesse prever a extraordinariedade que se aproximava talvez nem mesmo as Partes contratassem.

A imprevisibilidade remonta àquelas situações que os contratantes não poderiam prever, ainda que atuassem com a melhor diligência,[65] devendo ser analisada temperando-se a concepção tradicional de "homem médio" com padrões de conduta individualizantes, que verifiquem aspectos como a natureza do contrato, as características dos contratantes, as condições do mercado.[66] Nesse aspecto, doutrina tem recomendado que se admita como *imprevisível* uma causa que seja *previsível*, mas que produza resultados extraordinários e imprevisíveis[67] conforme o risco que os contratantes razoavelmente poderiam esperar,[68] estando esse entendimento em consonância com a interpretação dada pelos Enunciados 17[69] e 175[70] do CJF/STJ.

Já a qualidade de extraordinário é atribuída àquele fato que se afasta do curso ordinário das coisas, isto é, se afasta dos riscos naturais do negócio[71], em conformidade com o entendimento previsto no Enunciado 366[72] do CJF/STJ. Para que se possa invocar o instituto, os fatos causadores da onerosidade não podem estar vinculados a alguma atividade do devedor, devendo ocorrer com *ausência de culpa* deste,[73] sendo descartáveis os desequilíbrios causados pelo obrigado, cumprindo-lhe arcar com os efeitos de sua culpa.[74] A doutrina também traz como requisito a *ausência de mora* do devedor, de maneira que o obrigado somente poderá se beneficiar da revisão quando não estiver em mora no cumprimento das cláusulas contratuais não atingidas pela imprevisão, pois que a mora

---

64. Nesse sentido, o STJ, na análise do AREsp n. 506.043/MG, entendeu que não há que se falar em teoria da imprevisão quando já existia ciência do fato quando da realização do pacto. No caso, a recorrente buscou eximir-se da reparação civil que lhe foi imposta, mediante aplicação da teoria da imprevisão, argumentando que existiu acontecimento apto a modificar as condições fáticas iniciais do contrato assinado com o recorrido. A Corte afirmou que a resolução contratual em razão da onerosidade excessiva ou do fortuito depende da "superveniência de evento extraordinário, impossível às partes antever, não sendo suficiente alterações que se inserem nos riscos ordinários". (STJ, AREsp n. 506.043/MG, Min. Rel. Marco Buzzi, julg. em 06.19.2014). LYNCH, Maria Antonieta. Da cláusula rebus sic stantibus à onerosidade excessiva. *Revista Informativa Legislativa.* Brasília a. 46 n. 184 out./dez. 2009, p. 16.
65. VENOSA, Silvio de Salvo. *Direito civil: teoria geral das obrigações e teoria geral dos contratos.* 7. ed. São Paulo: Atlas, 2007, p. 434.
66. TEPEDINO, Gustavo; KONDER, Carlos Nelson; BANDEIRA, Paula Greco, op. cit., nota 55, p. 139.
67. "Não basta, para a revisão contratual, que o fato, em si mesmo, exceda consideravelmente os riscos normais do negócio (caráter extraordinário) e não seja passível de razoável antecipação pelos contratantes momento da celebração da avença (imprevisibilidade), mas é necessário que os efeitos concretos do evento na economia do contrato também detenham essas características. A rigor, mais do que o fato em si, importa aferir o caráter extraordinário e imprevisível dos efeitos do fato sobre as esferas econômicas dos contratantes, e, notadamente, sobre o programa contratual." (PIANOVSKI, Carlos Eduardo. A força obrigatória dos contratos nos tempos do coronavírus. *Migalhas Contratuais.* Publicado em 26.03.2020. Disponível em: <https://www.migalhas.com.br/coluna/migalhas-contratuais/322653/a-forca-obrigatoria-dos-contratos-nos-tempos-do-coronavirus>. Acesso em: 1 set. 2020).
68. MELO, Marco Aurélio Bezerra de. *Direito civil: contratos.* 2. ed. rev. atual e ampl. Rio de Janeiro: Forense, 2018, p. 309-310.
69. Enunciado 17, CJF/STJ: "A interpretação da expressão "motivos imprevisíveis" constante do art. 317 do novo Código Civil deve abarcar tanto causas de desproporção não previsíveis como também causas previsíveis, mas de resultados imprevisíveis."
70. Enunciado 175, CJF/STJ: "A menção à imprevisibilidade e à extraordinariedade, insertas no art. 478 do Código Civil, deve ser interpretada não somente em relação ao fato que gere o desequilíbrio, mas também em relação às consequências que ele produz."
71. VENOSA, Silvio de Salvo, loc. cit.
72. Enunciado 366, CJF/STJ: "O fato extraordinário e imprevisível causador de onerosidade excessiva é aquele que não está coberto objetivamente pelos riscos próprios da contratação."
73. VENOSA, Silvio de Salvo, op. cit., nota 57, p. 434.
74. TEPEDINO, Gustavo; KONDER, Carlos Nelson; BANDEIRA, Paula Greco, op. cit., nota 55, p. 138.

no cumprimento das cláusulas que são atingidas poderá não lhe ser imputável,[75] quando restar comprovado que o desequilíbrio antecedeu a mora e foi a causa desta, justificando o seu inadimplemento.[76]

É imperioso, ainda, que esse acontecimento extraordinário e imprevisível afete diretamente a prestação de um dos contratantes, tornando-a excessivamente onerosa,[77] de modo que o contrato não poderá mais ser cumprido na forma originalmente pactuada, senão mediante um sacrifício exagerado de uma das partes, o que afrontaria, segundo doutrina, a boa-fé objetiva, a função social do contrato e o princípio do equilíbrio econômico-financeiro ou também chamado de princípio da equivalência entre as prestações.[78] A caracterização da onerosidade excessiva não levará em conta aspectos subjetivos dos contratantes, mas a verificação objetiva dos aspectos quantitativos e qualitativos do equilíbrio contratual.[79]

Além da onerosidade excessiva que recai sobre uma das partes, o art. 478 exige que a outra parte ganhe uma "extrema vantagem", isto é, exige-se o enriquecimento sem causa de uma parte em detrimento da outra[80], e é nesse sentido que Caio Mário Pereira da Silva Pereira entende como requisito necessário a criação de um benefício exagerado para o outro contratante[81], sem o qual não se pode buscar a proteção do instituto.[82] A par dessa problemática, doutrina contemporânea[83] aponta que a alteração do vínculo contratual pela

---

75. VENOSA, Silvio de Salvo, op. cit., nota 57, p. 434-435.
76. TEPEDINO, Gustavo; KONDER, Carlos Nelson; BANDEIRA, Paula Greco, loc. cit.
77. VENOSA, Silvio de Salvo. *Direito civil: teoria geral das obrigações e teoria geral dos contratos*. 7. ed. São Paulo: Atlas, 2007, p. 434.
78. MELO, Marco Aurélio Bezerra de. *Direito civil: contratos*. 2. ed. rev. atual e ampl. Rio de Janeiro: Forense, 2018, p. 308-309.
79. TEPEDINO, Gustavo; KONDER, Carlos Nelson; BANDEIRA, Paula Greco. *Contratos*. Rio de Janeiro: Forense, 2020, p. 138.
80. "O enriquecimento pode consistir no incremento do ativo, na diminuição do passivo ou na poupança de despesas, modalidades às quais parecem passíveis de recondução as mais variadas hipóteses fáticas do fenômeno. Desse modo, enriquece aquele que aumenta seu ativo (como a pessoa que recebe pagamento indevido), diminui suas dívidas (como o pai que vê sua obrigação alimentar de meses pretéritos adimplida por pessoa que acreditava, equivocadamente, ser o verdadeiro genitor do alimentando) ou mesmo deixa de realizar despesas (como a pessoa que invade casa alheia e dela desfruta no período de ausência do proprietário sem pagar qualquer remuneração)" (SILVA, Rodrigo da Guia. *Enriquecimento sem causa*: as obrigações restitutórias no direito civil. São Paulo: Thomson Reuters Brasil, 2018, p. 144-145).
81. Em que pese tal exigência, em muitos casos as circunstâncias supervenientes que ensejam grave prejuízo para um dos contratantes não produzem uma vantagem extremada para o outro, sendo comum que apenas uma das partes seja prejudicada, ou até mesmo todas, não sendo possível afirmar a extrema vantagem de uma das partes. Nesse sentido, observa-se caso analisado na ação revisional de aluguel de contrato de locação comercial em shopping center em que a locatária, a loja Boost Comércio de Calçados Ltda, alega não estar auferindo rendimentos para custeio de suas despesas, em especial do aluguel, razão pela qual pleiteia a suspensão da exigibilidade do aluguel. O juiz entendeu pela aplicação do disposto no art. 317 do CC/02, reduzindo em 50% o valor do aluguel, todavia não aplicando a suspensão do aluguel pois que essa solução não seria razoável por deixar a cargo do locador sofrer quase todos os impactos da pandemia. (TJSP, Ação Revisional de Aluguel 1036758-54.2020.8.26.0100, 8ª Vara Cível, Juiz de Direito Henrique Dada Paiva, julg. em 19.05.2020). Isto porque tanto o empreendedor quanto o lojista são vítimas da pandemia, não havendo por parte do shopping center a obtenção de extrema vantagem em prejuízo da locatária.
82. PEREIRA, Caio Mário da Silva. *Instituições de direito civil* Atual. Caitlin Mulholland. 21. ed. Rio de Janeiro: Forense, 2017, v. III, p. 145.
83. A mitigação do requisito da "extrema vantagem" ou a aplicação com reservas é defendida por Gustavo Tepedino, Marco Aurélio Bezerra de Melo, Anderson Schreiber, Carlos Nelson Konder, Paula Greco Bandeira, Pablo Stolze Gagliano e Rodolfo Pamplona Filho. Ademais, Sílvio de Salvo Venosa, ao abordar os requisitos, sequer inclui a "extrema vantagem" para a outra parte, bastando a onerosidade excessiva gerada para um dos contratantes, no entender de que o instituto se caracteriza pela incidência sobre a prestação devida, tornando-a excessivamente onerosa para o devedor, e não pela extrema vantagem gerada para a outra parte. (TEPEDINO, Gustavo; KONDER, Carlos Nelson; BANDEIRA, Paula Greco. *Contratos*. Rio de Janeiro: Forense, 2020, p. 138; MELO, Marco Aurélio Bezerra de. *Direito civil: contratos*. 2. ed. rev. atual e ampl. Rio de Janeiro: Forense, 2018, p. 309; SCHREIBER, Anderson. *Manual de direito civil contemporâneo*. São Paulo: Saraiva Educação, 2018, p. 488-489; VENOSA, Silvio de Salvo. *Direito civil: teoria geral das obrigações e teoria geral dos contratos*. 7. ed. São Paulo: Atlas, 2007, p. 434; GAGLIANO, Pablo Stolze; PAMPLONA FILHO, Rodolfo. *Novo curso de direito civil* 2. ed. rev. atual. e reform. São Paulo: Saraiva, 2006, v. IV: contratos, t. 1: teoria geral, p. 275-276).

resolução ou revisão judicial não está necessariamente vinculada a uma vantagem gerada para um dos contratantes em razão do prejuízo desmedido do outro, devendo ocorrer uma mitigação do requisito da "extrema vantagem".[84] O extremo prejuízo que surge para um dos contratantes já torna aquela relação contratual desequilibrada, sendo suficiente como requisito objetivo para caracterização da onerosidade excessiva.[85]

No âmbito da jurisprudência do STJ, a Corte é pacífica ratificar os requisitos do art. 478 do CC/02, nos contratos locatícios, exigindo-se a *demonstração de mudanças supervenientes nas circunstâncias iniciais vigentes à época da realização do negócio, oriundas de evento imprevisível (teoria da imprevisão) ou de evento imprevisível e extraordinário (teoria da onerosidade excessiva)*[86].

Segundo os parâmetros fixados pelo Superior Tribunal de Justiça, compete ao juiz ao analisar casos concretos que versem sobre contratos de execução continuada ou diferida, investigar o prejuízo que *exceda a álea normal do contrato* e valorar se agrava a situação do requerente de tal maneira que torne extremamente difícil o cumprimento da obrigação, seja o credor ou devedor, podendo então a parte prejudicada pedir a modificação ou a resolução do contrato.[87]

A Corte salienta que ao decidir a respeito da matéria, o magistrado deve ter em mente o contrato como um *"elo da atividade de produção e repartição de riquezas"* de modo que a intervenção judicial no contrato é a solução recomendada naquelas hipóteses em que se busca evitar que uma das partes, credora da prestação tornada excessivamente onerosa, recebe uma vantagem injustificada à custa da outra, que sofreria um dano sem nenhuma utilizada funcional ou econômica, para se evitar o enriquecimento sem causa, *"sob a ótica da função social do contrato no sentido de garantia do equilíbrio"*.[88]

Todavia, a não caracterização do requisito da extrema vantagem não parece ser óbice à configuração do instituto da onerosidade excessiva com o objetivo de ver reconhecida a possibilidade de revisão judicial do contrato, conforme depreende-se de julgado da Corte em que se afirma que a causa superveniente justificadora da intervenção estatal na relação privada deve consubstanciar *"fato extraordinário, capaz de modificar a própria base negocial do contrato de trato sucessivo, dificultando ou inviabilizando o cumprimento da obrigação pelos sujeitos jurídicos relacionados"*,[89] sem que seja feita qualquer menção à extrema vantagem da outra parte. Isto porque se reconhece que a *ratio essendi* da ação de revisão judicial é a recuperação do equilíbrio econômico do contrato, dessa maneira, a alteração da base objetiva do negócio de tal modo a provocar um desequilíbrio na relação contratual já seria suficiente para ensejar a revisão judicial do contrato por onerosidade excessiva.[90]

---

84. MELO, Marco Aurélio Bezerra de, op. cit., nota 69, p. 309.
85. TEPEDINO, Gustavo; KONDER, Carlos Nelson; BANDEIRA, Paula Greco, op. cit., nota 70, p. 138.
86. STJ, AgInt no REsp 1543466/SC, Rel. Min. Paulo De Tarso Sanseverino, Terceira Turma, julg. em 27.06.2017.
87. STJ, REsp 1034702/ES, Rel. Min. João Otávio de Noronha, Quarta Turma, julg. em 15.04.2008.
88. Idem.
89. STJ, Resp 1300831/PR, Rel. Min. Marco Buzzi, Quarta Tuma, julg. em 27.03.2014.
90. Confira-se, nesse sentido, a seguinte lição colacionada no acórdão analisado: "(...) Se o equilíbrio econômico do contrato se rompe, causando lesão enorme a uma das partes, em decorrência de circunstâncias supervenientes à celebração do pacto e imprevisíveis ao homem de prudência normal, é lícito à parte prejudicada pleitear, em juízo, o restabelecimento das condições inaugurais, ou, em não sendo isto possível, até mesmo a resolução do contrato. (...) (Sylvio Capanema de Souza, in "A Lei do Inquilinato Comentada", Rio de Janeiro, Ed. GZ, 7ª ed., 2012, p. 98/100)." (STJ, Resp 1300831/PR, Rel. Min. Marco Buzzi, Quarta Tuma, julg. em 27.03.2014).

Não apenas o fato extraordinário e imprevisível permite a adequação do contrato, mas também aquele fato que, embora previsível ou corriqueiro, produza efeitos que não se podia prever.[91] O STJ ainda adverte que, quando da análise do instituto em contratos de compra e venda futura, há que se distinguir que o fundamento para a constatação da onerosidade deve estar centrado na sua *natureza comutativa*, e não nas expectativas subjetivas iniciais dos contratantes que porventura não se concretizem, pois que as prestações são sempre definidas por meio do exercício da autonomia de vontade das partes *"de modo que a álea a considerar é aquela baseada nos limites aceitáveis do equilíbrio contratual e não nas valorações de interesses precedentes à contratação"*.[92]

Verificados todos esses critérios e caracterizada a onerosidade excessiva, seu principal efeito, de acordo com a redação do art. 478, é a resolução do contrato, isto é, a sua extinção, que ocorrerá por meio de decisão judicial. Advertência deve ser feita, à luz do princípio da conservação do contrato, da sua função social e da boa-fé objetiva, a respeito da natureza residual da resolução enquanto remédio: sempre que for possível a manutenção do vínculo, atendendo a sua função e aos interesses tutelados, o efeito da onerosidade excessiva deve ser a revisão judicial do contrato, subsistindo o vínculo em novas condições,[93] conforme dicção do Enunciado 176[94] do CJF.

Nessa perspectiva, o art. 479 traz uma possibilidade ao réu (credor) de, ao invés de ver extinto o contrato, modificar equitativamente as suas condições, o que para parte da doutrina significa uma abertura à revisão judicial do contrato.[95] Contudo, pela redação do dispositivo, a manutenção do contrato somente poderá ocorrer quando o réu ofertar reduzir equitativamente as condições contratuais, solução que não se coaduna com o Código Civil, que em outros artigos[96] trouxe o instituto da revisão judicial por força de circunstâncias supervenientes como uma possibilidade a todas as partes da relação contratual.[97] Quem pode o mais deveria poder o menos, e se o devedor pode pedir a resolução do contrato, porque não poderia pedir a revisão judicial das bases do negócio?[98] Ademais, doutrina sustenta a possibilidade de o juiz prolatar sentença revisional sem o consenso entre as partes, bastando o pedido revisional por um dos contratantes[99], ainda que em desacordo com a vontade do réu.[100]

---

91. STJ, Resp 977007/GO, Rel. Min. Nancy Andrighi, Terceira Turma, julg. em 24.11.2009.
92. Idem.
93. TEPEDINO, Gustavo; KONDER, Carlos Nelson; BANDEIRA, Paula Greco, op. cit., nota 79, p. 140.
94. Enunciado 176, CJF/STJ: "Em atenção ao princípio da conservação dos negócios jurídicos, o art. 478 do Código Civil de 2002 deverá conduzir, sempre que possível, à revisão judicial dos contratos e não à resolução contratual."
95. SCHREIBER, Anderson. *Manual de direito civil contemporâneo*. São Paulo: Saraiva Educação, 2018, p. 494-495.
96. Art. 317. Quando, por motivos imprevisíveis, sobrevier desproporção manifesta entre o valor da prestação devida e o do momento de sua execução, poderá o juiz corrigi-lo, a pedido da parte, de modo que assegure, quanto possível, o valor real da prestação. (...) Art. 442. Em vez de rejeitar a coisa, redibindo o contrato (art. 441), pode o adquirente reclamar abatimento no preço. (...) Art. 567. Se, durante a locação, se deteriorar a coisa alugada, sem culpa do locatário, a este caberá pedir redução proporcional do aluguel, ou resolver o contrato, caso já não sirva a coisa para o fim a que se destinava. (...) Art. 620. Se ocorrer diminuição no preço do material ou da mão de obra superior a um décimo do preço global convencionado, poderá este ser revisto, a pedido do dono da obra, para que se lhe assegure a diferença apurada. (...) Art. 770. Salvo disposição em contrário, a diminuição do risco no curso do contrato não acarreta a redução do prêmio estipulado; mas, se a redução do risco for considerável, o segurado poderá exigir a revisão do prêmio, ou a resolução do contrato.
97. SCHREIBER, Anderson, op. cit., nota 80, p. 495.
98. GAGLIANO, Pablo Stolze; PAMPLONA FILHO, Rodolfo. *Novo curso de direito civil*. 2. ed. rev. atual. e reform. São Paulo: Saraiva, 2006, v. IV: contratos, t. 1: teoria geral p. 277.
99. TEPEDINO, Gustavo; KONDER, Carlos Nelson; BANDEIRA, Paula Greco, loc. cit.
100. GAGLIANO, Pablo Stolze; PAMPLONA FILHO, Rodolfo, loc. cit.

No tema – especialmente em razão da necessidade de observância ao princípio da conservação dos negócios jurídicos[101]–, o STJ já afirmou que, não obstante a literalidade do art. 478 do CC/02 em se referir unicamente à *resolução* do contrato, é possível o reconhecimento da onerosidade excessiva também para a sua *revisão*, respeitados os requisitos estipulados no Código Civil.[102]

Por segurança jurídica, delimitou-se os efeitos da decisão judicial para que não lhe fosse possível retroagir à data de celebração do contrato, ou ao momento imprevisível que deu causa à resolução por onerosidade excessiva[103], limitando-se o alcance retroativo ao momento da citação.[104] Dessa maneira, a decisão judicial nunca poderá alcançar as prestações já cumpridas.[105]

Em importante lição, Silvio de Salvo Venosa salienta a impossibilidade de utilização da teoria da imprevisão ou da excessiva onerosidade para proteger o mau devedor, ou para simplesmente abalar o princípio da obrigatoriedade dos contratos.[106] Em que pese a importância da revisão judicial, o juiz deve usar de extrema cautela para admitir a intervenção nas relações contratuais.[107] No tema, outro mecanismo construído doutrinariamente para evitar a resolução por onerosidade excessiva (incluída aqui a possibilidade de revisão, primeiro remédio a ser buscado) é o denominado *dever de renegociar o contrato* em face do desequilíbrio superveniente[108], ponto que será abordado com minúcia no tópico 3 do presente.

Em São Paulo, certo locatário propôs ação de revisão do contrato de locação sob o argumento de que antes mesmo da pandemia já se encontrava com dificuldades financeiras, assistindo-se ao agravamento de sua situação por, teoricamente, ter ficado impossibilitado de exercer sua atividade produtiva. Judicialmente ressaltou-se que, embora a situação em concreto tenha relação com a pandemia no que se refere ao fechamento temporário de restaurantes e bares para consumo nos estabelecimentos, não é cabível à parte sua evocação de maneira genérica, sem qualquer comprovação documental de sua alegação acerca da cessação ou suspensão dos contratos em curso[109].

---

101. "Voltando ao Código Civil, temos que a epígrafe da secção em que aqueles preceitos se integram é: "Da resolução por onerosidade excessiva". É assim unicamente a resolução que vem prevista em geral. Também é só a resolução que o art. 478 prevê: a modificação só surge nos arts. 479 e 480 como dependente de iniciativa da outra parte. Pareceria que o efeito geral seria a resolução19, e a modificação do contrato só poderia fazer-se a pedido da contraparte (arts. 479 e 480). Há porém que contar com o princípio da conservação ou aproveitamento do negócio jurídico, que devemos considerar um princípio geral, embora só se manifeste na lei em casos singulares." (ASCENSÃO, J. Oliveira. *Alteração das circunstâncias e justiça contratual no novo código civil*. Pensar, Fortaleza, v. 13, n. 1, jan./jun. 2008, p. 8).

102. STJ, Resp 977007/GO, Rel. Min. Nancy Andrighi, Terceira Turma, julg. em 24.11.2009.

103. Ao tratar da Teoria da Onerosidade excessiva, adotada pelo Código Civil de 2002, embora com aspectos semelhantes à Teoria da Imprevisão não corresponde exatamente a esta, por dar enfoque à onerosidade que recai sobre a prestação de um dos contratantes e não na imprevisibilidade, ainda que a tenha como um de seus requisitos. V. TEPEDINO, Gustavo; KONDER, Carlos Nelson; BANDEIRA, Paula Greco. *Contratos*. Rio de Janeiro: Forense, 2020, p. 268.

104. MELO, Marco Aurélio Bezerra de. *Direito civil: contratos*. 2. ed. rev. atual e ampl. Rio de Janeiro: Forense, 2018, p. 312.

105. TEPEDINO, Gustavo; KONDER, Carlos Nelson; BANDEIRA, Paula Greco. *Contratos*. Rio de Janeiro: Forense, 2020, p.139.

106. VENOSA, Silvio de Salvo. *Direito civil: teoria geral das obrigações e teoria geral dos contratos*. 7. ed. São Paulo: Atlas, 2007, p. 432-433.

107. Ibidem, p. 433.

108. TEPEDINO, Gustavo; KONDER, Carlos Nelson; BANDEIRA, Paula Greco. *Contratos*. Rio de Janeiro: Forense, 2020, p. 140.

109. TJSP, Agravo de Instrumento 2125579-26.2020.8.26.0000, 26° Câmara de Direito Privado, Des. Relator Antonio Nascimento, julg. em 21.07.2020. "[...] a situação em concreto guarda relação com o advento da pandemia de COVID-19, mas apenas no tocante ao fechamento temporário de bares e restaurantes para o consumo no próprio estabelecimento. [...] Com efeito, o dano hipotético não justifica a pretendida tutela. Deveras, deve haver um mínimo de plausibilidade do direito invocado, sob pena de se gerar situação futura irremediável, quiçá mais prejudicial do que a atualmente encontrada, além de implicar ofensa ao princípio da segurança jurídica. Ademais, o contrato em análise encerra um sinalagma, com

14 • DIREITO À REVISÃO DO CONTRATO DE LOCAÇÃO DE IMÓVEL **233**

Em meio a imprevisões e incertezas, na análise dos contratos locatícios de bens imóveis, sobretudo não residenciais, surge um protagonista desafiador: o risco do negócio.[110] Aqui, para suceder na árdua tarefa de separar o joio do trigo, é imperioso fixar a premissa de que o locador, em regra, não participa dos riscos do ramo comercial que o locatário decide explorar. Assim, por exemplo, a queda no faturamento de determinado locatário por restrições impostas pelo Poder Público, por si só, não parece justificar a revisão contratual com fulcro na onerosidade excessiva, eis que a prestação da locação em si, restou inabalada[111].

3.2 O caso fortuito e a força maior: resgate das definições e pressupostos

O caso fortuito e força maior, por seu turno, estão previstos no art. 393 do Código Civil, que lhes conferiu tratamento igual, conforme se extrai da dicção do dispositivo:

> Art. 393. O devedor não responde pelos prejuízos resultantes de caso fortuito ou força maior, se expressamente não se houver por eles responsabilizado.
>
> Parágrafo único. O caso fortuito ou de força maior verifica-se no fato necessário, cujos efeitos não era possível evitar ou impedir.

O caso fortuito ou força maior podem ser conceituados como todo evento externo à conduta do agente, decorrente de fato da natureza ou de fato de terceiro, de natureza inevitável, cuja superação não é possível ao devedor, impossibilitando o cumprimento da obrigação.[112] Diferentemente do instituto da onerosidade excessiva em que o evento externo não torna o cumprimento da obrigação impossível mas extremamente oneroso para uma das partes, no caso fortuito ou força maior o devedor fica impossibilitado em absoluto de cumprir sua obrigação.

Ao tratar as expressões *caso fortuito* e *força maior* a doutrina apresenta os mais diversos posicionamentos, no que toca à sua compreensão e definição, encontrando-se doutrinadores que as compreendem como expressões sinônimas[113] e aqueles que fazem distinção.[114] Para os que as diferenciam, compreendem o caso fortuito como o fato que decorreria de forças da natureza, o acontecimento natural, como o raio do céu, a inundação,

---

obrigações recíprocas aos contratantes. Logo, autorizar a medida pretendida pela recorrente resultaria na imputação da álea do negócio apenas à contraparte, já que se tem por incontroversa a inadimplência do condomínio."

110. Nesse sentido: "Nessas relações [de locações empresariais], a intervenção e a tutela estatais, quando da concretização dos riscos, é mais sensível, devendo ser a menor possível, sempre em casos excepcionalíssimos e buscando manter um mínimo de equilíbrio, mas jamais transportando a total assunção dos riscos apenas para uma das partes. Como dito, as atividades empresariais são naturalmente arriscadas, estando na órbita da previsibilidade das partes, que anuem com essa álea." (GAMA, Guilherme Calmon Nogueira da; NEVES, Thiago Ferreira Cardoso. *Direito Privado Emergencial*: o regime jurídico transitório nas relações privadas no período da pandemia do COVID-19. São Paulo: Editora Foco, 2020, p. 98)

111. SCHREIBER, Anderson. Contratos de locação imobiliária na pandemia. *Revista Pensar*: aheads of print, 2020, p. 4.

112. FARIAS, Cristiano Chaves de; ROSENVALD, Nelson. *Direito das obrigações*. 4. ed. Rio de Janeiro: Lumen Juris, 2009, p. 461.

113. Por entenderem que a diferenciação das expressões *caso fortuito* e *força maior* não apresenta efeitos práticos distintos, mas sim idênticos, Caio Mario da Silva Pereira, Silvio Rodrigues, Arnoldo Medeiros da Fonseca e Anderson Schreiber compreendem os dois institutos como expressões sinônimas. [PEREIRA, Caio Mário da Silva. p. 384 (nota 107); RODRIGUES, Silvio. p. 174 (nota 120); SCHREIBER, Anderson. p. 639-640 (nota 108); FONSECA, Arnoldo Medeiros da. *Caso fortuito e teoria da imprevisão*. 3. ed. Rio de Janeiro: Forense, 1958, p. 129].

114. Apesar de entenderem que a diferenciação das expressões *caso fortuito* e *força maior* não apresenta efeitos práticos distintos, mas sim idênticos, alguns autores os diferenciam em teoria, são eles: Pablo Stolze Gagliano, Rodolfo Pamplona Filho, Sílvio de Salvo Venosa, Washington de Barros Monteiro e Maria Helena Diniz. [DINIZ, Maria Helena. p. 352 (nota 105); GAGLIANO, Pablo Stolze; PAMPLONA FIFLHO, Rodolfo. p. 311-313 (nota 105); VENOSA, Sílvio de Salvo. p. 299-300 (nota 105); MONTEIRO, Washington de Barros. p. 331 (nota 105)].

o terremoto,[115] e a força maior aquele fato decorrente de atos humanos inevitáveis, como o furto, o roubo, a revolução.[116] Para outros, caso fortuito seria uma situação normalmente imprevisível e a força maior uma situação irresistível, independentemente de serem fruto de fato da natureza ou fato humano.[117] Em verdade, doutrina majoritária[118] já pacificou o entendimento de que a compreensão dos dois fenômenos como de mesmo sentido ou divergentes se torna irrelevante na prática[119] pois que os efeitos jurídicos produzidos são sempre os mesmos[120]: ambos afastam o nexo de causalidade, como pode ser extraído da própria dicção do art. 393 e de outros dispositivos do Código Civil[121].

Ao analisar seus requisitos, o caso fortuito ou de força maior deve reunir determinadas características, especialmente a imprevisibilidade e inevitabilidade do fato. Caio Mário da Silva Pereira afirma que o art. 393 do Código Civil consagraria o princípio da exoneração pela inimputabilidade, enunciado em tese a irresponsabilidade do devedor pelos prejuízos, quando resultam de caso fortuito ou força maior, e tendo como requisitos apontados pela doutrina a *necessariedade* e *inevitabilidade*[122]. Quanto à *necessariedade*, não será qualquer

---

115. PEREIRA, Caio Mário da Silva. *Instituições de direito civil*. Rio de Janeiro: Editora Forense, 2007, v. II: teoria geral das obrigações, p. 384.

116. NADER, Paulo. *Curso de direito civil, volume 7: responsabilidade civil*. 6. ed. Rio de Janeiro: Forense, 2016, p. 131.

117. VENOSA, Silvio de Salvo. *Direito civil: responsabilidade civil*. 13. ed. São Paulo: Atlas, 2013, p. 57.

118. É o entendimento de Caio Mário da Silva Pereira, Sílvio de Salvo Venosa, Silvio Rodrigues, Maria Helena Diniz, Arnoldo Medeiros da Fonseca, Washington de Barros Monteiro, Gustavo Tepedino, Anderson Schreiber, Carlos Roberto Gonçalves, Pablo Stolze Gagliano e Rodolfo Pamplona Filho. (PEREIRA, Caio Mário da Silva. *Instituições de direito civil, volume II: teoria geral das obrigações*. Rio de Janeiro: Editora Forense, 2007, p. 384; GONÇALVES, Carlos Roberto. *Direito civil brasileiro, volume 2: teoria geral das obrigações*. 9. ed. São Paulo: Saraiva, 2012, p. 379; RODRIGUES, Silvio. *Direito civil, volume 4: responsabilidade civil*. São Paulo: Saraiva, 2002, p. 174; SCHREIBER, Anderson. *Manual de direito civil contemporâneo*. São Paulo: Saraiva Educação, 2018, p. 639-640; FONSECA, Arnoldo Medeiros da. *Caso fortuito e teoria da imprevisão*. 3. ed. Rio de Janeiro: Forense, 1958, p. 129; GAGLIANO, Pablo Stolze; PAMPLONA FIFLHO, Rodolfo. *Novo curso de direito civil, volume 2: obrigações*. 13. ed. rev., atual e ampl. São Paulo: Saraiva, 2012, p. 311-313; VENOSA, Silvio de Salvo. *Direito civil: teoria geral das obrigações e teria geral dos contratos*. 7. ed. São Paulo: Atlas, 2007, p. 299-300; MONTEIRO, Washington de Barros. *Curso de direito civil: direito das obrigações*. 15. ed. São Paulo: Saraiva, 1979, v. 4, 1ª parte, p. 331; SCHREIBER, Anderson; TEPEDINO, Gustavo. *Obrigações*. Rio de Janeiro: Forense, p. 379; DINIZ, Maria Helena. *Curso de direito civil brasileiro, 2º volume: teoria geral das obrigações*. 18. ed. rev. e atual. São Paulo: Saraiva, 2003, p. 352).

119. Nesse seguimento, Caio Mário da Silva Pereira afirma ser preferível admitir que na prática os dois termos correspondem a um só conceito, como fez o legislador de 2002. V. PEREIRA, Caio Mário da Silva. *Instituições de direito civil, volume II: teoria geral das obrigações*. Rio de Janeiro: Editora Forense, 2007, p. 384. Conclui a doutrina pela sinonímia entre os institutos do caso fortuito e força maior, razão pela qual essas expressões são tratadas como sinônimas no presente. V. SCHREIBER, Anderson. *Manual de direito civil contemporâneo*. São Paulo: Saraiva Educação, 2018, p. 639-640.

120. "Em termos de efeitos, em ocorrendo o caso fortuito ou de força maior, a lei autoriza: 1) A resolução do contrato, seu desfazimento, sua extinção, com efeitos ex nunc, ou seja, do momento em que se declarou a resolução para frente. 2) Irresponsabilidade do devedor pelos prejuízos causados ao credor." (SIMÃO, José Fernando. "O contrato nos tempos da covid-19". Esqueçam a força maior e pensem na base do negócio. *Migalhas Contratuais*. Publicado em 03.04.2020. p. 3. Disponível em: <https://www.migalhas.com.br/coluna/migalhas-contratuais/323599/o-contrato-nos-tempos-da-covid-19--esquecam-a-forca-maior-e-pensem-na-base-do-negocio >. Acessado em: 14.09.2020).

121. Art. 246. Antes da escolha, não poderá o devedor alegar perda ou deterioração da coisa, ainda que por força maior ou caso fortuito.

Art. 399. O devedor em mora responde pela impossibilidade da prestação, embora essa impossibilidade resulte de caso fortuito ou de força maior, se estes ocorrerem durante o atraso; salvo se provar isenção de culpa, ou que o dano sobreviria ainda quando a obrigação fosse oportunamente desempenhada.

Art. 583. Se, correndo risco o objeto do comodato juntamente com outros do comodatário, antepuser este a salvação dos seus abandonando o do comodante, responderá pelo dano ocorrido, ainda que se possa atribuir a caso fortuito, ou força maior.

122. Paulo Nader reconhece na *inevitabilidade* do dano o critério que *a priori* pode ser utilizado para definir a força maior, devendo os juízes verificarem no caso concreto se o agente podia, com diligência, impedir o resultado lesivo. (NADER, Paulo. *Curso de direito civil, volume 7: responsabilidade civil*. 6. ed. Rio de Janeiro: Forense, 2016, p. 131). De igual modo, para Carlos Roberto Gonçalves este é o traço característico das excludentes do caso fortuito e força maior, trazendo como requisitos para sua caracterização: a) *fato necessário, não determinado por culpa do devedor*; b) *fato superveniente e inevitável*; c) *fato irresistível, fora do alcance do poder humano*. (GONÇALVES, Carlos Roberto. *Direito civil brasileiro*. 9. ed. São Paulo: Saraiva, 2012, v. 2: teoria geral das obrigações, p. 379-380).

14 • DIREITO À REVISÃO DO CONTRATO DE LOCAÇÃO DE IMÓVEL

acontecimento bastante para liberar o devedor, mas sim aquele que impossibilita o cumprimento da obrigação, isto é, aquele que constitui uma barreira intransponível à execução da prestação, tornando-a impossível de cumprimento. Se a obrigação se dificulta ou se torna excessivamente onerosa, a precisão dogmática imporia concluir que não há de se falar em força maior ou caso fortuito, bem como não há nos casos em que o devedor não pode prestar por razão pessoal, ainda que relevante.[123]

Para que o devedor seja exonerado, o obstáculo ao cumprimento da obrigação deve ser estranho ao seu poder, e deve ser a ele imposto pelo acontecimento natural ou pelo fato de terceiro,[124] ao que muitos autores denominam de *ausência de culpa*[125]. No que toca à *inevitabilidade*, além da vontade ou diligência do devedor de se opor ao evento extraordinário, requer-se que não haja meios de evitar ou impedir os seus efeitos, que obrigatoriamente interferem na execução do obrigado.[126] Afirma que a *imprevisibilidade* não deve ser uma exigência porque é possível que um evento previsível, se surgiu como "força indomável e inarredável" e obstou ao cumprimento da obrigação, isente o devedor de responsabilidade,[127] não devendo a imprevisão ser um elemento isoladamente considerado.

Gustavo Tepedino afirma serem três os requisitos apontados pela doutrina para a incidência do fortuito que rompe a causalidade: a *inevitabilidade*, a *extraordinariedade* e a *atualidade*.[128] Já abordado o requisito da *inevitabilidade*, passa-se ao requisito da *atualidade*, que exprime a necessidade de que o acontecimento seja atual, contemporâneo ao inadimplemento da obrigação ou à ocorrência do dano, de tal modo que não há que se falar em caso fortuito diante de acontecimento futuro, que ainda não ocorreu,[129] ou de fato pretérito, cujos efeitos não interferem mais naquela relação, e no que toca à *extraordinariedade*, esta se refere ao evento que escapa do curso natural e ordinário.[130]

Silvio de Salvo Venosa entende que o conceito de caso fortuito está atrelado aos critérios de *imprevisibilidade*, *inevitabilidade* e *ausência de culpa*, abrangendo o requisito da imprevisibilidade também aqueles eventos previsíveis mas cujos danos são inevitáveis pela impossibilidade de se resistir aos acontecimentos, é o que ocorre por exemplo com um ciclone ou tufão que, embora sejam eventos previsíveis, costumam provocar efeitos inevitáveis.[131] Ademais, salienta que o acontecimento deve ser alheio à vontade das partes contratantes ou do agente causador do dano e não pode derivar da culpa daquelas ou deste[132], pois que se for decorrente de culpa não ocorrerá o rompimento do nexo causal, de modo que a responsabilidade do argente causador do dano subsistirá, bem como a obri-

---

123. PEREIRA, Caio Mário da Silva. *Instituições de direito civil*. Rio de Janeiro: Editora Forense, 2007, v. II: teoria geral das obrigações, p. 385.
124. Idem.
125. Carlos Roberto Gonçalves salienta que a culpa e o caso fortuito são tratados como elementos opostos e que se excluem, de maneira que, se há culpa, não há caso fortuito, e se há caso fortuito, não há culpa. (GONÇALVES, Carlos Roberto. *Direito civil brasileiro*. 9. ed. São Paulo: Saraiva, 2012, v. 2: teoria geral das obrigações, p. 379-380).
126. PEREIRA, Caio Mário da Silva. *Instituições de direito civil*. Rio de Janeiro: Editora Forense, 2007, v. II: teoria geral das obrigações, p. 385.
127. Idem.
128. TEPEDINO, Gustavo; TERRA, Aline de Miranda Valverde; GUEDES, Gisela Sampaio da Cruz. *Responsabilidade civil*. Rio de Janeiro: Forense, 2020, p. 184.
129. Ibidem, p. 184-185.
130. Idem.
131. VENOSA, Silvio de Salvo. *Direito civil: responsabilidade civil*. 13. ed. São Paulo: Atlas, 2013, p. 58.
132. RODRIGUES, Silvio. *Direito civil*: responsabilidade civil, São Paulo: Saraiva, 2002, v. 4, p. 174.

gação de indenizar do contratante que inadimpliu a obrigação.[133] Em sentido semelhante, Maria Helena Diniz afirma serem dois os requisitos, um de ordem objetiva, consistente na *inevitabilidade do acontecimento*, sendo impossível evitá-lo ou impedi-lo, e um de ordem subjetiva, que consiste na *ausência de culpa* na produção do evento.[134]

Denominado de *act of God* pelos ingleses, o caso fortuito[135] ou força maior na responsabilidade civil tem como efeito a ruptura da relação de causa e efeito entre o ato do agente que diretamente provocou o prejuízo e o dano experimentado pela vítima, exonerando o agente de responsabilidade.[136] No campo do direito obrigacional, pode o devedor, em ato de expressão da autonomia da vontade, expressamente se responsabilizar pelo cumprimento da obrigação mesmo na hipótese de ocorrer um fato imprevisto ou inevitável, caso em que assumirá o dever de indenizar o outro contratante, todavia deverá constar no contrato cláusula expressa nesse sentido.[137]

4. OS INFLUXOS DA BOA-FÉ OBJETIVA À LUZ DO DESEQUILÍBRIO: DEVER DE RENEGOCIAR X DIREITO DE REVISÃO

À par da possibilidade de incidência do caso fortuito ou força maior (art. 393 do CC), afastando a responsabilidade pelo inadimplemento; da onerosidade excessiva (arts. 317, 478 e ss., do CC), ensejando a resolução ou revisão do contrato; da impossibilidade material superveniente (arts. 234, 248 e 250, do CC) – não tratado nessa seara por dever de brevidade –, implicando na resolução obrigacional ou o acolhimento da exceção de contrato não cumprido ou de inseguridade (arts. 476 e 477 do CC) ou a aplicação da teoria da frustração do fim do contrato, é preciso reconhecer-se, como ferramenta comum a todos esses fenômenos, o *dever de renegociar* dos contratos, que decorre do dever de cooperação enquanto dever anexo da boa-fé objetiva.

Pois bem. É irrefutável que tal mandamento seja sobrelevado no campo locacional de bens imóveis, sejam ou não residenciais. Perceba que a nessas hipóteses sempre haverá certo valor de máxima importância em jogo, ora a preservação de uma empresa, ora o direito à moradia, e (sempre) a dignidade da pessoa humana. Há aqui uma evidente transcendência dos efeitos e impactos de tais contratos na sociedade e na economia. Nesse cotejo, o dever de negociar aparece como imposição pela lealdade e boa-fé dos contratantes, conforme pontua Schreiber:

> "Se faz necessário reconhecer a existência, no direito brasileiro, de um dever implícito de renegociar os contratos afetados por patologias, especialmente aquelas de caráter temporário. Trata-se, essencialmente, do dever que incide sobre ambos os contratantes para exigir que, diante de uma alteração superveniente das

---

133. VENOSA, Silvio de Salvo. *Direito civil: responsabilidade civil.* 13. ed. São Paulo: Atlas, 2013, p. 58.
134. DINIZ, Maria Helena. *Curso de direito civil brasileiro.* São Paulo: Saraiva, 2003, 2. v: teoria geral das obrigações, p. 352.
135. Admite-se a excludente do caso fortuito apenas quando ocorrer o chamado fortuito externo, compreendido como o acontecimento estranho à atividade desenvolvida, ao passo que o fortuito interno, que consiste naquele fato relacionado aos riscos inerentes à atividade desempenhada, relacionado de alguma maneira à pessoa, não acarreta o rompimento do nexo de causalidade, subsistindo a responsabilidade civil. Nesse sentido, a jurisprudência tem demonstrado que a invocação do fortuito interno não se funda na qualificação técnica e rígida do acontecimento como interno ou externo à atividade, mas à lógica do risco e sua imputação àquele que desenvolve atividade potencialmente lesiva. (TEPEDINO, Gustavo; TERRA, Aline de Miranda Valverde; GUEDES, Gisela Sampaio da Cruz. *Responsabilidade civil.* Rio de Janeiro: Forense, 2020, p. 212-213).
136. RODRIGUES, Silvio. Direito civil: responsabilidade civil, São Paulo: Saraiva, 2002, v. 4, p. 174.
137. GAGLIANO, Pablo Stolze; FILHO, Rodolfo Pamplona. *Novo curso de direito civil.* 13. ed. São Paulo: Saraiva, 2012, p. 313-314. v. 2.

14 • DIREITO À REVISÃO DO CONTRATO DE LOCAÇÃO DE IMÓVEL **237**

circunstâncias que gere impacto juridicamente relevante sobre seu contrato, ingressem em renegociação para tentar encontrar uma solução extrajudicial satisfatória a ambos. Tal dever, que já encontra amparo em diversas experiências jurídicas estrangeiras,23 pode ser extraído, entre nós, da cláusula geral de boa-fé objetiva (Código Civil, art. 422)."[138]

De outro lado, deve-se ter em mente que a renegociação é intrinsecamente uma avença salutar, pois amolda o contrato às finalidades e expectativas legítimas das partes, sem impô-las.[139]

O denominado *dever de renegociar* tem como expoente doutrinário Anderson Schreiber, segundo quem, em prol da solidariedade social e boa-fé objetiva, reconhece a existência de um dever de renegociação dos contratos desequilibrados, seja no momento de formação do contrato (onerosidade excessiva originária), seja posteriormente (onerosidade excessiva superveniente).[140] A maior parte da doutrina nacional não reconhece propriamente um *dever* de renegociar, mas sim uma faculdade[141] das partes contratantes e, por esta razão, tanto jurisprudência como doutrina não chegam a qualificar como abuso o comportamento do contratante que se recusa à revisão, tal qual ocorre na experiência estrangeira, que em sua maioria são contrárias ao reconhecimento do dever de renegociar por considerar tal medida uma agressão à autonomia da vontade.[142]

Sua base normativa deita raízes na cláusula geral de boa-fé objetiva[143], estabelecida no art. 422 do CC/02[144], a qual impõe aos contratantes deveres de conduta dentro da relação contratual (tanto na conclusão, como na execução do contrato), como o dever de cooperação entre as partes para a concretização dos fins do contrato, que pode ser traduzido no dever de avisar à outra parte tão logo conhecer a existência do desequilíbrio contratual, como também no dever de realizar negociações com o escopo de reequilibrar as bases objetivas do contrato.[145] O que se busca com o reco-

---

138. SCHREIBER, Anderson. Contratos de locação imobiliária na pandemia. *Revista Pensar:* aheads of print, 2020. Disponível em <https://periodicos.unifor.br/rpen/article/view/11487/pdf>. Acesso em: 06 fev. 2021, p. 12.

139. HART, Oliver; MOORE, John. Incomplete contracts and renegotiation. *The Econometric Society*, v. 56, n. 4, Cleveland, p. 755-785, july 1988.

140. SCHREIBER, Anderson. *Equilíbrio contratual e dever de renegociar*. São Paulo: Saraiva Educação, 2018, p. 291-293.

141. No tema, relevante se faz a menção à aplicação da Teoria da Imprevisão no Direito Francês, que prevê um sistema em três etapas para a revisão do contrato, composto pelas fases (nesta ordem) de renegociação contratual, rescisão do contrato e revisão do contrato pelo juiz a pedido das partes, demonstrando a importância da renegociação antes de se recorrer a intervenções externas na relação contratual, como a revisão judicial. Antes da reforma pela qual passou o direito das obrigações francês, a Corte de Cassação decidiu que o compromisso contratual de renegociação em caso de dificuldades não obriga os contratantes a reverem o contrato, reconhecendo como mera faculdade das partes de o fazer. Todavia, após a mencionada reforma, a jurisprudência entendeu que, apesar de não existir uma obrigação geral de renegociação do contrato, existe obrigação de lealdade, a qual exige que o contratante proponha condições satisfatórias quando o contrato não puder ser executado. (SABRINNI, Fernanda. Teoria da imprevisão no direito francês e as "fissuras" do Canal de Capronne. *Revista Brasileira de Direito Civil* – RBDCivil, Belo Horizonte, v. 21, p. 131-144, jul./set. 2019, p. 134-140). Trata-se do dever de renegociar, ora abordado nesta obra.

142. SCHREIBER, Anderson, op. cit., nota 145, p. 292-293.

143. "Com efeito, tal dever pode tanto ser previsto contratualmente em cláusula de hardship, como derivar diretamente da função integrativa da boa-fé. Medidas interventivas devem ser precedidas do cumprimento do dever de renegociar – e o não atendimento desse preceito, em situação de grave crise, pode gerar repercussões a balizar a própria intervenção judicial, podendo, no limite, implicar o não atendimento de pretensões de modificação ou extinção de contratos, por violadoras à boa-fé objetiva." (PIANOVSKI, Carlos Eduardo. A força obrigatória dos contratos nos tempos do coronavírus. *Migalhas Contratuais*. Publicado em 26.03.2020. Disponível em: <https://www.migalhas.com.br/coluna/migalhas-contratuais/322653/a-forca-obrigatoria-dos-contratos-nos-tempos-do-coronavirus>. Acesso em: 24 set. 2020).

144. "Art. 422. Os contratantes são obrigados a guardar, assim na conclusão do contrato, como em sua execução, os princípios de probidade e boa-fé."

145. SCHREIBER, Anderson, op. cit., nota 145, p. 293-294.

nhecimento do dever de renegociar, para além da observância dos ditames da justiça contratual, é a realização efetiva do fim contratual, que justifica a existência da relação contratual, exigindo do contratante um agir responsável, que leva em consideração interesses e expectativas legítimas da outra parte, *"tudo em prol da realização efetiva do fim contratual"*. [146]

Perceba-se que a boa-fé objetiva não impõe ao contratante o dever de aceitar a proposta de renegociação, mas de respondê-la em tempo razoável, permitindo que a parte prejudicada eventualmente se socorra da tutela do judiciário ou até mesmo da jurisdição arbitral, não sendo razoável em nome da cooperação recíproca e da boa-fé objetiva que o contratante que recebe proposta de renegociação, tendo em vista o desequilíbrio identificado, fique silente enquanto o contratante lesado tem seu prejuízo agravado.[147] De igual modo, não se admite que o contratante prejudicado, reconhecendo o desequilíbrio, deixe de comunicar a outra parte e o invoque tardiamente como justificativa para seu inadimplemento, pois deve haver pronta comunicação e interação com a outra parte, impedindo-se a inércia, quer da parte favorecida pelo desequilíbrio, quer da prejudicada.[148]

Como observado, o dever de renegociação se constitui em dever anexo (imposto pela boa-fé objetiva a todos os contratantes) sendo esta sua natureza jurídica, que abrange tanto a necessidade de comunicar imediatamente o outro contratante do desequilíbrio que acomete o contrato, bem como a de promover abertura à uma revisão extrajudicial e autônoma, realizada pelas próprias partes e que pode, no mais das vezes, fracassar.[149] Importante observar que o dever de renegociação resta atendido quando o contratante analisa e responde ao pleito pretendido, ainda que o rejeite, de modo que se consubstancia, nas palavras de Anderson Schreiber, em um *"dever de ingressar em negociação"*, de iniciar tratativas com o fim de reequilibrar o contrato,[150] ainda que ao fim, as partes não cheguem a um acordo, hipótese em que poderão recorrer à revisão judicial do contrato.

Em sendo um dever, indaga-se: *Qual seria a consequência de sua violação?* Parte da doutrina estrangeira[151] entende que o dever de renegociação se assemelharia a uma espécie de condição de admissibilidade da demanda resolutiva ou revisional pretendida por qualquer dos contratantes, que deverá demonstrar que tentou de forma séria e de boa-fé buscar um ajuste razoável e equitativo, sendo esta uma condição para a admissão do pleito judicial, de outro lado, parcela da doutrina estrangeira também reconhece no descumprimento desse dever, o surgimento de responsabilidade civil pelo dano causado, isto é, a obrigação de repará-lo.[152]

---

146. SCHREIBER, Anderson, op. cit., nota 145, p. 295.
147. Ibid., p. 295-296.
148. Ibid., p. 296-297.
149. Ibid., p. 297.
150. SCHREIBER, Anderson, op. cit., nota 145, p. 298.
151. CHARPENTIER, Élise; VÉZINA, Nathalie. Les effets exercés par les crises finacières sur la force obligatoire des contrats: certitudes et incertitudes du droit québécois en matière d'imprévision. In: BA O LU, Ba ak (Ed.). *The effects of financial crises on the binding force of contracts: renegotiation, rescission or revision*. Nova Iorque: Springer, 2016. p. 78.
152. Ibid., p. 305-308.

14 • DIREITO À REVISÃO DO CONTRATO DE LOCAÇÃO DE IMÓVEL 239

Assim, permeados pelas máximas da funcionalização dos institutos[153] e da incidência direta das normas constitucionais no direito privado[154], o dever de renegociação deve ser a *ultima ratio*, ao passo em que o exercício do direito de revisão é a *ultima ratio regum* e a resolução é a *extrema ratio*.

5. A APLICAÇÃO DA TEORIA DA IMPREVISÃO NO CONTEXTO DOS CONTRATOS DE LOCAÇÃO DURANTE A PANDEMIA DE COVID-19

Embora a crise gerada pela pandemia do Covid-19 tenha afetado grande parte dos contratos, não é possível afirmar que a pandemia obrigatoriamente teria repercussões sobre a eficácia de todos os contratos, tampouco que os remédios contratuais serão os mesmos ou terão a mesma extensão em todos os casos.[155] Necessário se faz analisar de forma casuística as situações levadas ao judiciário e o cuidado técnico no emprego dos remédios contratuais cabíveis em cada caso,[156] evitando-se uma aplicação genérica.

Indaga-se: *"Há hipóteses em que a força maior resulta da pandemia?"*[157] *Sim.* O Des. Alexandre Freitas Câmara, em acórdão versando sobre ação revisional de contrato de

---

153. Institutos jurídicos de direito civil, no passado destinados à mera satisfação de interesses privados, passam a estarem a favor da realização de valores socialmente relevantes, mormente pela efetivação da cláusula geral de tutela da pessoa humana e da solidariedade social. Carlos Nelson Konder leciona que "Com o papel assumido pela Constituição, os institutos do direito civil deixam de ser fins em si mesmo, e passam a ser identificados como instrumentos destinados a realizar finalidades maiores, consagradas estas no texto constitucional: instrumentos de realização do projeto constitucional". (KONDER, C. N. Desafios da constitucionalização do direito civil. In: Maria Guadalupe Piragibe da Fonseca; Celso Martins Azar Filho. (Org.). Constituição, Estado e Direito: reflexões contemporâneas. Rio de Janeiro: Qualitymark, 2008, p. 216).

154. Segundo Gustavo Tepedino, há certo consenso entre os civilistas acerca eficácia direta das normas constitucionais sobre o ordenamento privado: "As normas constitucionais afiguram-se parte integrante da dogmática do direito civil, remodelando e revitalizando seus institutos, em torno de sua força reunificadora do sistema. Se assim não fosse, o ordenamento restaria fragmentado, decompondo-se o sistema por força da pluralidade de núcleos legislativos que o substitui, no curso do tempo, o sistema monolítico de codificação oitocentista. (TEPEDINO, Gustavo. Normas Constitucionais e Direito Civil na Construção Unitária do Ordenamento. In TEPEDINO, Gustavo. Temas de Direito Civil. Rio de Janeiro: Renovar, 2009, t. III, p. 8). No mesmo sentido: "Que as normas constitucionais, e particularmente o rol dos direitos e garantias individuais, possuam direta eficácia nas relações de direito privado, parece pouco a pouco constituir um consenso para a melhor doutrina, animada sobretudo pelos debates doutrinários desenvolvidos na Alemanha, na Itália e Portugal (...) e, no caso brasileiro, pelo art. 5º da Constituição, de cuja dicção se depreende que 'as normas definidoras dos direitos e garantias fundamentais têm aplicação imediata". (TEPEDINO, Gustavo. Por uma nova dogmática. Editorial à Revista Trimestral de Direito Civil, v. 4, 2000). Assim também se posiciona Paulo Lôbo: "A compreensão que se tem atualmente do processo de constitucionalização do direito civil não resume à aplicação direta dos direitos fundamentais às relações privadas, que é um de seus aspectos. Vai muito além. O significado mais importante é o da aplicação direta das normas constitucionais, máxime os princípios, quaisquer que sejam as relações privadas. (LOBO, Paulo. A constitucionalização do Direito Civil Brasileiro. In TEPEDINO, Gustavo (org.). Direito civil contemporâneo: novos problemas à luz da legalidade constitucional: anais do Congresso Internacional de Direito Civil-Constitucional da Cidade do Rio de Janeiro. São Paulo: Atlas, 2008, p. 21).

155. PIANOVSKI, Carlos Eduardo. A força obrigatória dos contratos nos tempos do coronavírus. *Migalhas Contratuais.* Publicado em 26.03.2020. Disponível em: <https://www.migalhas.com.br/coluna/migalhas-contratuais/322653/a-forca-obrigatoria-dos-contratos-nos-tempos-do-coronavirus>. Acesso em: 15 set. 2020.

156. PIANOVSKI, Carlos Eduardo. A força obrigatória dos contratos nos tempos do coronavírus. *Migalhas Contratuais.* Publicado em 26.03.2020. Disponível em: <https://www.migalhas.com.br/coluna/migalhas-contratuais/322653/a-forca-obrigatoria-dos-contratos-nos-tempos-do-coronavirus>. Acesso em: 15 set. 2020.

157. José Fernando Simão afirma que sim, há casos em que a força maior resulta da pandemia, mas eles estão relacionado à prestação de fazer, mencionando exemplos como a empreitada, que não pode prosseguir pela pandemia, pois que não se podem reunir os pedreiros e demais funcionários em tempo de quarentena. De igual modo cita a prestação de serviços de limpeza, porque o prefeito de certa cidade decreta quarentena que efetivamente proíbe o cidadão de sair de sua casa. (SIMÃO, José Fernando. "O contrato nos tempos da covid-19". Esqueçam a força maior e pensem na base do negócio. *Migalhas Contratuais.* Publicado em 03.04.2020. p. 4. Disponível em: <https://www.migalhas.com.br/coluna/migalhas--contratuais/323599/o-contrato-nos-tempos-da-covid-19--esquecam-a-forca-maior-e-pensem-na-base-do-negocio>. Acesso em: 24 set. 2020.

plano de saúde em razão da pandemia afirma que, fundamentalmente, a pandemia do novo coronavírus poderá ensejar diferentes situações para o devedor, dentre elas se destacam: (i) incidência de caso fortuito ou força maior (art. 393 do CC), afastando a responsabilidade pelo inadimplemento; (ii) incidência do instituto da onerosidade excessiva (arts. 317, 478 e ss., do CC), ensejando a resolução ou revisão do contrato; (iii) a impossibilidade material superveniente (arts. 234 248 e 250, do CC), implicando na resolução obrigacional; (iv) o acolhimento da exceção de contrato não cumprido ou de inseguridade (arts. 476 e 477 do CC); ou (v) aplicação da teoria da frustração do fim do contrato (Enunciado 166, CJF).[158]

No ponto, salientou em seguida que tais institutos não podem ser banalizados, "*como se a pandemia fosse verdadeiro escudo defletor de qualquer pretensão de cumprimento contratual*" e afirmou que não é papel do Poder Judiciário "*transformar crise em oportunidade à custa da força obrigatória dos contratos*".[159] No mesmo sentido, Anderson Schreiber adverte que o ponto de partida da análise dos contratos em tempos de pandemia é a compreensão do que ocorreu em cada caso contrato:

> "houve efetivamente impossibilidade de cumprimento da prestação pelo devedor? Ou – hipótese que será necessariamente diversa – houve excessiva onerosidade para o cumprimento da prestação? Ou houve, ainda, algum impacto diverso sobre a relação contratual (como a frustração do fim contratual, o inadimplemento antecipado etc.)? Ou não houve, como é possível, impacto algum?"[160]

A resposta dessas perguntas será o norte do magistrado para a caracterização e aplicação de um dos institutos referidos, que implicam na mitigação da força obrigatória dos contratos, com o escopo de reequilibrar a base objetiva do negócio jurídico, conservando o contrato quando possível ou, quando não houver outra medida cabível, resolvê-lo, pondo fim à relação contratual.[161]

Outra questão que merece reflexão se refere à "impossibilidade" de cumprimento da obrigação, abordado quando da análise de caso fortuito ou força maior. Como visto, o fato necessário – requisito da *necessariedade* do caso fortuito – significa que o evento que acomete o contrato impossibilitou o cumprimento da obrigação pelo devedor. No tema, deve-se perquirir se essa "impossibilidade" é passageira ou não, pois que em sendo passageira, *a priori* não há espaço para a aplicação do caso fortuito,[162] nas palavras de Pontes de Miranda "*Se é de prever-se que a impossibilidade pode passar, a extinção da dívida não se dá [...] nem incorre em mora o devedor*"[163]. Todavia, se a impossibilidade passageira ou de se

---

158. TJRJ, Agravo de Instrumento 0029615-35.2020.8.19.0000, 2° Câmara Cível, Rel. Des. Alexandre Freitas Câmara, julg. em 22.06.2020, fls. 43-44.

159. TJRJ, Agravo de Instrumento 0029615-35.2020.8.19.0000, 2° Câmara Cível, Rel. Des. Alexandre Freitas Câmara, julg. em 22.06.2020, fls. 43-44.

160. SCHREIBER, Anderson. Devagar com o andor: coronavírus e contratos – Importância da boa-fé e do dever de renegociar antes de cogitar de qualquer medida terminativa ou revisional. *Migalhas Contratuais*. Publicado em 23.03.2020. Disponível em: <https://www.migalhas.com.br/coluna/migalhas-contratuais/322357/devagar-com-o-andor-coronavirus-e-contratos-importancia-da-boa-fe-e-do-dever-de-renegociar-antes-de-cogitar-de-qualquer-medida-terminativa-ou-revisional>. Acesso em: 15 set. 2020.

161. SIMÃO, José Fernando. "O contrato nos tempos da covid-19". Esqueçam a força maior e pensem na base do negócio. *Migalhas Contratuais*. Publicado em 03.04.2020. p. 8 Disponível em: <https://www.migalhas.com.br/coluna/migalhas--contratuais/323599/o-contrato-nos-tempos-da-covid-19--esquecam-a-forca-maior-e-pensem-na-base-do-negocio>. Acessado em: 16 set. 2020.

162. Idem.

163. MIRANDA, PONTES DE. Tratado de direito privado. São Paulo: Ed. RT, 2012, t. XXV, p. 289.

supor passageira ofender a finalidade do contrato, frustrar os fins do negócio, ela ensejará o direito à resolução.[164]

De outro modo, se da análise do caso concreto ficar constatado que a prestação é exequível, embora de maneira mais custosa ao devedor, não se está diante do instituto do caso fortuito e força maior, mas sim da *onerosidade excessiva*, categoria específica para resolver exatamente essa situação.[165]

É certo que nos contratos de locação de bens imóveis, a prestação aventada é a cessão da posse de determinado bem pelo locador em favor do locatário. Pois bem. Perceba-se que as restrições impostas pelo Poder Público, tais como o fechamento do comércio, restrição da capacidade e etc., não prejudicam a prestação da contratada em si. Muito pelo contrário. No caso das locações residenciais, por exemplo, a necessidade de praticar o isolamento social, impõe o maior uso do imóvel pelo locatário.

A crise econômica gerada pela pandemia do coronavírus (Covid-19) poderá ser, mas não obrigatoriamente o é, um exemplo de que impactos inerentes ao fechamento de setores produtivos da economia podem tornar impossível o adimplemento regular e tempestivo das obrigações assumidas pelo inquilino[166]. Não se deve, todavia, confundir a dificuldade de adimplemento, com a possibilidade de revisão contratual baseada na teoria da imprevisão.

É benfazeja a advertência de que a lei não abriga o descumprimento geral dos contratos sob o escudo da pandemia. A revisão é, como pensam os Franceses, remédio excepcional. Os magistrados devem valer-se de extrema cautela na apreciação das demandas que afluem no Poder Judiciário, observando em cada caso os efeitos da pandemia nos contratos e a presença dos elementos que ensejam a revisão contratual, de modo a impedir uma aplicação genérica, capaz de promover o oportunismo, o enriquecimento sem causa e a insegurança jurídica.

6. CONCLUSÃO

A despeito dos requisitos jurídicos específicos de aplicação de cada um dos dispositivos legais, momentos de fragilidade, tais como o de pandemia, impõem solidariedade

---

164. MIRANDA, PONTES DE. Tratado de direito privado. São Paulo: Ed. RT, 2012, t. XXV, p. 289.

165. SIMÃO, José Fernando. O contrato nos tempos da covid-19, op cit., p. 3.

166. Foi o que ocorreu, igualmente, com uma loja de perfumes que também buscou a tutela judicial para revisar o contrato de locação comercial. Ao reconhecer os impactos da pandemia nas atividades empresariais, determinou o magistrado a redução de 50% do valor do aluguel a partir de março de 2020 até a suspensão pelas autoridades públicas da determinação de isolamento social e fechamento dos estabelecimentos comerciais, mantendo-se todas as demais obrigações previstas no contrato. TJRJ, Agravo de Instrumento 0029857-91.2020.8.19.0000, 26ª Câmara Cível, Rel. Des. Ana Maria Pereira de Oliveira, julg. em 23.07.2020. Destaque-se: "Pandemia pelo coronavírus que tem inequívoca repercussão nas atividades comerciais ante as medidas de isolamento social adotadas pelas autoridades públicas. Suspensão do pagamento do aluguel, no entanto, que não se mostra adequada porque o imóvel continua sendo ocupado. Redução em 50% do valor do aluguel que é razoável, equilibrando as partes contratantes, pois só a instrução probatória possibilitará aferir o valor justo para o aluguel no período de restrição das atividades da Agravante, sendo o percentual de 20% por ela requerido, em caráter subsidiário, reduzido ante os indícios de que, em algum momento, a loja esteve aberta." Em demanda semelhante no TJDF: TJDFT, Agravo de Instrumento 0707596-27.2020.8.07.0000, 8ª Turma Cível, Rel. Des. Eustáquio de Castro, julg. em 02.09.2020. Demanda semelhante ajuizou loja varejista no segmento de vestuário, *vide*: TJSP, Agravo de Instrumento 2067001-70.2020.8.26.0000, 32ª Câmara de Direito Privado, Rel. Des. Kioitsi Chicuta, julg. em 30.04.2020. No acórdão, o Des. Relator deu provimento ao recurso, sendo seguido pelos demais desembargadores, no entender de que a pandemia e seus efeitos caracterizam motivos imprevisíveis e inevitáveis, incidindo o art. 317 do CC/02. Com vistas à boa-fé objetiva e a função social do contrato, concedeu a tutela liminar para que o pagamento do aluguel fosse, temporariamente, de "aluguel percentual", até o retorno às atividades normais do comércio e de circulação de pessoas, com reabertura da loja e do shopping center, mantendo a obrigação de pagar as despesas de condomínio e demais encargos.

entre os contratantes. Contratos de aluguel, franquia, de transporte aéreo, prestação de serviços, contratos de trabalho: todos devem ser objeto de cooperação entre contratantes para serem revisados. Mercê de critérios objetivos fixados na lei para a revisão – de quanto deve ser o desconto, para quando se posterga o pagamento – é oportuno, em nome da boa-fé objetiva, que as partes cooperem mutuamente para a revisão dos contratos.

Em nome da segurança jurídica, o momento é de analisar cada relação contratual com olhos de lince e, no caso concreto, investigar o desequilíbrio e renegociar. Solidariedade, cooperação e fraternidade (e não oportunismo) são valores que a história de revisão dos contratos em cenários de guerra nos ensina para tempos de coronavírus.

Logo, muito mais interessante – e efetivo! – do que escancarar as portas do Poder Judiciário para as revisões contratuais, utilizando-se como chave-mestra a teoria da imprevisão, seria incutir nos contratantes os sentimentos de solidariedade, cooperação e boa-fé que despertem o dever de renegociar para se chegar a um denominador comum. Afinal de contas, o que é combinado, não sai caro.

15
O DIREITO DE PREFERÊNCIA NA RELAÇÃO LOCATÍCIA

Patricia Ribeiro Serra Vieira

Doutora em Direito Civil pela Universidade do Estado do Rio de Janeiro (UERJ) e Mestre em Direito Constitucional e Teoria do Estado pela Pontifícia Universidade Católica do Rio de Janeiro. Professora titular da Universidade Federal do Estado do Rio de Janeiro (UNIRIO), na qual desenvolve projetos de ensino e pesquisa, respectivamente, sobre os temas *Responsabilidade civil constitucional: a objetivação da responsabilidade civil no Direito Brasileiro* e *Propriedade Intelectual*, com atuação nos cursos de graduação e mestrado. Desembargadora do Tribunal de Justiça do Estado do Rio de Janeiro (TJ/RJ). Membro-fundadora da Academia Brasileira de Direito Civil (ABDC), integrante do Fórum Permanente de Direito Civil da EMERJ e honorário do Instituto dos Advogados do Brasil (IAB). A pesquisa contou com a especial colaboração da monitora de Direito Civil III da UNIRIO, Manuella Valente Rodrigues de Souza.

Sumário: 1. A funcionalização da moradia pelo exercício do direito de preferência. 2. Perdas e danos pela desistência do negócio pelo locador. 3. O direito de preferência no imóvel sublocado. 4. Especificidades do direito de preferência (artigos 31, 32 e 34 da Lei 8.245/1991). 5. Opções básicas do locatário preterido. 6. O direito de preferência no *built-to-suit*. 7. Nota final.

1. A FUNCIONALIZAÇÃO DA MORADIA PELO EXERCÍCIO DO DIREITO DE PREFERÊNCIA

A locação consiste em uma das modalidades do exercício da posse sobre imóvel pertencente a terceiro posto no mercado, de forma livre e desembaraçada, podendo a preferência do locatário ser exercida tanto na *locação residencial* quanto na *não residencial*. A preferência na locação foi concebida no contexto funcional da Lei do Inquilinato, qual seja, em contenção ao *deficit habitacional*, problema histórico da sociedade brasileira.

Com efeito, se o locador (proprietário do imóvel) resolve colocar imóvel seu para locação, este ainda conservará atributos inerentes à sua figura de titular do bem, tais como o domínio e a disponibilidade.

Contudo, se durante a locação, ele resolve dispor do imóvel, para venda, promessa de venda, cessão ou promessa de cessão de direitos, ou dá-lo em pagamento (a nominada dação, conforme artigo 356 do CC), como assinala abaixo Sylvio Capanema[1], terá, em primeiro lugar, de oferecê-lo ao locatário, em igualdade de condições a terceiros, sem qualquer mácula ou desvirtuamento de informações (artigo 27 da Lei 8245/1991). Isso não se aplica, entretanto, em caso de permuta, venda judicial e doação:

> A lei se refere a várias espécies de contratos, a saber: à venda, ao contrato preliminar de promessa bilateral de compra e venda; e à cessão ou promessa de cessão dos direitos aquisitivos, decorrentes de anterior promessa de compra e venda, além da dação em pagamento.

---

1. SOUZA, Sylvio Capanema de. *A Lei do Inquilinato comentada*: artigo por artigo. 11. ed. São Paulo: Forense, 2019, p. 163.

A referência a esta última não constava da lei anterior e, a rigor, é desnecessária, já que o Código Civil estabelece que se aplicam à dação em pagamento, no que couber, as mesmas regras que regem a compra e venda.

A ciência ao locatário, para que exercido o direito de preferência, deve se dar de forma inequívoca. Ela deve ainda ser formalizada através de notificação judicial ou extrajudicial ou por qualquer outro meio seguro e acessível (na atualidade, até mesmo, pela via eletrônica), para prova de que ele foi devidamente comunicado da pretendida alienação, pelo locador.

Tudo deve ocorrer de maneira que as informações fornecidas ponham o locatário em igualdade de condições com eventuais interessados, no que respeita ao valor do imóvel posto à venda, à forma de pagamento, a existência de ônus reais e ocasionais garantias a serem prestadas.

O parágrafo único do artigo 27 também exige que, na notificação ao locatário, conste o local e o horário em que a documentação possa ser previamente examinada por ele ou por mandatário seu, e sabedores da via eletrônica usualmente utilizada para comunicação, de acesso à documentação atualizada do bem.

Todo o procedimento deve estar facilitado de modo que o direito de preferência seja exercido sem qualquer entrave e a notificação produza seus efeitos na forma da lei. Não há solenidade, mas tanto o oferecimento quanto à resposta, se houver, devem estar imunes de dúvidas. Se for o caso de vários locatários ou de sublocação, parcial ou total, do imóvel, todos devem ser notificados.

Caso o locatário não manifeste interesse, ou melhor, silencie quanto à compra do imóvel, tal direito caducará em trinta dias (a implicar em renúncia ao direito de preferência). O mesmo se dará caso não haja manifestação inequívoca. Ou seja, nada de o locatário tentar inibir a proposta do locador, com contraproposta, achando que tal prática lhe dará mais tempo ou alguma vantagem qualquer.

O prazo, para tanto, é decadencial. Logo, não há a possibilidade de suspensão e/ou interrupção. A contagem se dá em dias corridos, conforme previsto na lei especial e civil. Para que não perca o prazo, o locatário terá de se pronunciar no dia anterior à consumação dos trinta dias.

O locatário não pode se valer de sua condição e/ou da relação jurídica estabelecida para pressionar o locador a dar-lhe vantagem. Não poderá também reclamar por ocasional mudança de titularidade do bem durante o prazo da locação, que, é claro, terá de ser respeitado na hipótese de alienação por um terceiro, porque não veio a exercer a preferência.

2. PERDAS E DANOS PELA DESISTÊNCIA DO NEGÓCIO PELO LOCADOR

Se o locatário aceita a proposta, o locador não pode desistir da venda. Tudo deve ser bem equacionado antes que o imóvel seja oferecido à alienação, pois a desistência ou a prática culposa (ou dita abusiva) do alienante resultará em ocasional perdas e danos (dano emergente e lucros cessantes, cfe. artigo 402 CC). Contudo, segundo a doutrina e a jurisprudência nacionais, a responsabilidade civil é pré-contratual e subjetiva.

Nesse contexto, ganha relevo o fato de o legislador civil ter notabilizado o abuso de direito como motivação à busca das perdas e danos, e dar relevância a um vício de com-

15 • O DIREITO DE PREFERÊNCIA NA RELAÇÃO LOCATÍCIA **245**

portamento; o que se pode ter, por exemplo, quando o locador age, de forma simulada, no único fim de descontinuar a locação.[2]

Na atualidade, mais do que a intenção do *locador-alienante*, deve-se valer dos critérios objetivos-finalísticos da lei civil, pelo desvio dos fins sociais ou econômicos da Lei de Locações e/ou pela quebra da boa-fé objetiva, para que imputada a obrigação de indenizar. Trata-se, se assim for, de abuso de direito do locador, tal como explica Silvio Venosa:

> Para evitar situações desse jaez, a nova lei submete a desistência do negócio de venda por parte do locador a uma indenização por perdas e danos. *Erige-se aqui, sem máscara, uma responsabilidade por dano pré-contratual.*[3] Ficará o proponente obrigado a indenizar o oblate pela simples desistência de celebrar o negócio. É claro, porém, que o locatário, na ação indenizatória, deve comprovar prejuízos, sem os quais não haverá suporte para a ação. Não se trata de cobrança de multa. Mas apenas isso. *Não estará obrigado a provar culpa do proponente. Este, por sua vez, se safará de uma indenização somente se provar caso fortuito ou força maior.* Por essa razão, é que a proposta feita pelo alienante deve ser séria. Feita a proposta, não estará o proponente obrigado a alienar, mas se sujeitará a indenizar. (Grifos nossos)

A reciprocidade é exigência legal. Logo, o locatário não poderá aceitar a proposta, no intento de embarreirar a investida de terceiros à compra do imóvel a ele locado, e desistir depois. Afinal, o contrato de locação é bilateral. Não se estar a falar em contrato preliminar, mas em prática lesiva que, na via própria, legitimará eventual pedido de perdas e danos. Por isso, segue legitimado o enunciado de súmula 488 do Supremo Tribunal de Federal, quando estabelece que *a preferência constitui direito pessoal* e *sua violação se resolve em perdas e danos*. O locatário, portanto, pode dele desistir ou renunciar. A propósito:

> Agravo regimental no recurso especial. Ação indenizatória. Direito de preferência. Averbação do contrato no registro imobiliário. Prescindibilidade. 1. Nos termos da jurisprudência desta Corte, *a inobservância do direito de preferência do locatário na aquisição do imóvel enseja o pedido de perdas e danos, que não se condiciona ao prévio registro do contrato de locação na matrícula imobiliária.* Precedentes. 2. Agravo regimental não provido. Processo AgRg no REsp 1356049/RS Ag Reg no REsp 2012/2/0250176-0. Rel. Min. Ricardo Villas Bôas Cueva. Terceira Turma. Dt. do Julg. 25.02.2014. Dt. da Public. DJe 28.02.2014. (Grifos nossos).

Já a questão da publicidade da locação e de ocasional alienação do imóvel torna o assunto complexo, sobretudo no campo da locação não residencial. Presume-se aqui ser, para uma sociedade empresária, mais gravosa a mudança de imóvel do que a mudança de moradia, visto que os impactos econômicos podem ser vultosos, face ao fundo de comércio eventualmente estabelecido na localidade onde situado o negócio. Tal exigência só se legitima se o locatário pretender adjudicar o imóvel, tendo em vista que, para a investida indenizatória, se mostra desinfluente.

---

2. Vale o alerta, em atenção à anunciada reciprocidade oponível às partes, locador e locatário, porque "não obstante, se de um lado o direito de preferência e a cláusula de vigência se constituem como garantias do locatário, por outro, não se pode desprezar o fato de que os referidos institutos jurídicos podem se constituir em limitações ao exercício do direito de propriedade do locador, uma vez que, por exemplo, a utilização da cláusula de vigência, a depender da situação, pode vir a obstar a celebração de negócios importantes tendo por objeto o imóvel locado, podendo, até mesmo, vir a caracterizar abuso de direito por parte do locatário em alguns casos (...) envolvidos no contrato de locação, em especial dos locatários, haja vista a possibilidade de opor tais direitos a terceiros. *Todavia, não restam dúvidas de que não se pode utilizar dos direitos invocados em descompasso com o ânimo que motivou o seu advento, sob pena de se desnaturar tais institutos jurídicos, e até mesmo, de se incorrer em eventual abuso de direito, principalmente quando se pretender utilizar, por exemplo, a cláusula de vigência em contrato de locação que já se tornou por prazo indeterminado, ou quando não foi exercitado o direito de preferência, conforme preceitua o artigo 28 da Lei 8.245/91, dentre tantas outras hipóteses nas quais o pretenso exercício de direitos não se sustentaria".* (Grifos nossos). ROCHA, Debora Cristina de Castro da; PINHEIRO, Camila Bertapelli. Direito de Preferência e a cláusula de vigência nos contratos de locação. *Migalhas*, ago. 2020. Disponível em: <https://migalhas.uol.com.br/depeso/332089/direito-de-preferencia-e-a-clausula-de-vigencia-nos-contratos-de-locacao>. Acesso em: 15 out. 2020.

3. VENOSA, Silvio de Salvo. *Lei do Inquilinato comentada*: doutrina e prática. 14. ed. São Paulo: Atlas, 2015, p. 162-163.

Por isso, naquela modalidade locatícia, a ausência de registro imobiliário da locação fala mais alto, como um dos requisitos que, caso não atendido, afasta o direito de preferência. Para vindicá-lo, o locatário necessita averbar o contrato de locação na matrícula do imóvel em até trinta dias antes da operação de sua venda (artigo 33 da Lei de Locações). Confira-se:

> Agravo interno. Agravo em recurso especial. Ação anulatória de negócio jurídico. Violação dos arts. 165, 458 e 535 do código de processo civil de 1973. Não ocorrência. Direito de preferência do locatário. Adjudicação. Decadência. Fundamento do acórdão recorrido não impugnado. Súmula n. 283/STF. Reexame fático dos autos. Súmula 7/STJ. 1. O acórdão recorrido analisou todas as questões necessárias ao deslinde da controvérsia, não se configurando omissão, contradição ou negativa de prestação jurisdicional. 2. *A jurisprudência do STJ firmou o entendimento no sentido de que, o direito real de adjudicação somente será exercitável se o locatário efetuar o depósito do preço do bem e das demais despesas de transferência; formular o pedido de adjudicação no prazo de 6 (seis) meses do registro do contrato de compra e venda do imóvel; bem como promover a averbação do contrato de locação assinado por duas testemunhas na matrícula do bem no Cartório de Registro de Imóveis, 30 (trinta) dias antes da referida alienação.* 3. É inadmissível o recurso especial que não impugna fundamento do acórdão recorrido apto, por si só, a manter a conclusão a que chegou a Corte estadual (Súmula 283/STF). 4. Não cabe, em recurso especial, reexaminar matéria fático-probatória (Súmula 7/STJ). 5. Agravo interno a que se nega provimento [AgInt no AgInt no Ag em REsp. 909.595 – MG (2016/0107469-8). Rel. Min. Maria Isabel Gallotti. Quarta Turma. Dt. Do Julg. 26.02.2019. Dt. da Publ. 06.03.2019. Grifos nossos].

Deve estar claro que, se a parte prejudicada se vale da ação indenizatória, terá de produzir prova apta quanto à aceitação da proposta, ao arrependimento e aos prejuízos ocasionados. O dano, nesse caso, não fala por si e, mesmo se tendo um inadimplemento em que o abuso de direito se apresenta, não se pode deixar de demonstrar, com precisão, a ocorrência dos elementos configuradores da obrigação de indenizar.

3. O DIREITO DE PREFERÊNCIA NO IMÓVEL SUBLOCADO

O artigo 30 de Lei 8.245/1991 reforça a ideia de manutenção da posse direta. Ou seja, se o imóvel estiver sublocado em sua totalidade, a preferência será primeiramente do sublocatário. Somente se ele não exercer o direito de preferência que se buscará a manifestação do locatário.

Claro que a sublocação, para que obedecida a ordem instituída naquele dispositivo de lei, deve ser do conhecimento do locador, não podendo ser informal ou escamoteada. Se assim for, a preferência será do locatário. O mesmo se dá quando a sublocação for parcial, circunstância em que o locatário continua também, em paralelo, na posse do bem. Nessa hipótese, a preferência será igualmente dele.

Se houver vários sublocatários, e eles se interessarem pela compra do imóvel, a aquisição poderá se dar de forma conjunta, levando-se em conta a proporção de cada um na integralização do preço, para que devidamente escriturado. Se nada for especialmente delimitado, presumir-se-ão todos adquirentes em partes iguais.

Nesses casos de pluralidade de interessados, caberá a preferência ao mais antigo e, se na mesma data o imóvel foi locado (ou sublocado), ao mais idoso (parágrafo único do artigo 30 do Código Civil). *É claro que, sendo vários os locatários ou sublocatários consentidos, todos devem ser notificados da proposta de venda. A aquisição em condomínio será permitida mediante acordo dos interessados.*[4]

---

4. Ibidem, p. 163.

15 • O DIREITO DE PREFERÊNCIA NA RELAÇÃO LOCATÍCIA

4. ESPECIFICIDADES DO DIREITO DE PREFERÊNCIA (ARTIGOS 31, 32 E 34 DA LEI 8.245/1991)

Se o locador quiser vender em conjunto unidades de sua pertença, a preferência será pelo todo, a despeito de locadas a pessoas diversas. Aqui a aplicação do artigo 31 da Lei do Inquilinato é mais apropriada. Se as unidades estão alugadas e se situam em endereços diversos, reputadas, portanto, arquitetonicamente autônomas, aplica-se o artigo 27.

Há situações especiais, não passíveis de serem atingidas pelo direito de preferência (já anunciadas no início deste artigo), quais sejam: a perda de propriedade ou a venda por decisão judicial ou por leilão extrajudicial, a constituição de propriedade fiduciária (por ser garantia), a permuta, a doação, a integralização de capital, cisão, fusão ou incorporação, circunstâncias em que o locador fica liberado para dispor do bem, a qualquer tempo e como lhe aprouver (artigo 32).

Quando se dá, por exemplo, a perseguição do imóvel em ação de cobrança ou pela via da execução, o locador nada tem a fazer, visto que a perda do imóvel se dará de forma compulsória, através da venda judicial. Se o locatário se interessar, poderá participar do leilão, mas em igualdade de condições com demais interessados, por conta do caráter público da venda.

Na permuta, por outro lado, não se está a falar de preço em dinheiro, mas sim na substituição de um bem por outro, o que é um impeditivo ao exercício da preferência. Isso porque, "como a preferência tem de ser exercida pelo locatário tanto por tanto", explica o Professor Capanema, "em absoluta igualdade de condições com o terceiro, jamais poderia o inquilino igualar a proposta do permutante, por não dispor de bem exatamente igual, para oferecer ao locador".[5] Simples assim.

A previsão da doação é mesmo ilógica, aliás, nem deveria estar disposta na lei especial, porque importa em negócio a título gratuito. E não se pode obrigar o locador a destinar liberalidade em favor do locatário, que, por certo, a aceitaria.

Nas outras situações especialmente afeitas à área empresarial é bom dizer que a preferência se revela inócua. As práticas de cisão, fusão e incorporação societárias, como também de integralização de capital, se mostram tão singulares (visto que a mudança de titularidade envolve pessoa jurídica) que a locação não pode se sobrepor à preservação ou à vida das sociedades empresárias.

Nos casos de constituição de propriedade fiduciária e de leilão extrajudicial, há imposição legal de que se faça constar cláusula expressa e clara nesse sentido, em observância necessária aos deveres de informação e da boa-fé objetiva, para que o locatário se veja devidamente cientificado (artigo 32 da Lei de Locações). Conforme se anuncia:[6]

> O mesmo espírito do *caput* é mantido pelo parágrafo introduzido pela Lei 10.931/2004. Como passou a integrar o ordenamento pátrio a garantia fiduciária para imóveis, na sua forma de excussão, a qual pode ser o leilão extrajudicial, não haverá também direito de preferência. A lei nova exigiu que essa condição conste expressamente

---

5. Em complementação, o Professor Capanema aponta o fenômeno atual da nominada *permuta no local*, através da qual o proprietário de um imóvel ajusta com uma incorporadora ou construtora uma *permuta, ou promessa de permuta, trocando a propriedade do imóvel locado por um certo número de unidades, a serem construídas, pelo outro permutante. Em outras palavras: permuta-se coisa já existente por uma obrigação de fazer, ou ainda, uma coisa existente, por outra futura.* SOUZA, Sylvio Capanema. Op. cit., p. 171.

6. VENOSA, Sílvio de Salvo. Op. cit., p. 167.

em cláusula do contrato de locação, com destaque para sua apresentação gráfica. A lei é de agosto de 2004. Pergunta-se: o que ocorre com os contratos firmados em 1º de outubro de 2001 até aquela data? Certamente a cláusula não constará do contrato. A nosso ver, há que se preservar a boa-fé daquele que não tomou conhecimento do fato. Pelo próprio espírito que norteou a redação desse parágrafo, parece ser essa a conclusão lógica, isto é, não constando a cláusula de não aplicação do direito de preferência, face à garantia fiduciária, em destaque gráfico, prevalecerá a regra geral do Inquilinato. Na verdade, não tem o inquilino a obrigação de averiguar se o imóvel que toma em locação está garantido por esse negócio jurídico, não podendo ser prejudicado em seu direito.

No artigo 34 da Lei em referência, vê-se consagrada a hipótese em que o imóvel pertence a vários titulares, no dito condomínio voluntário. Se um deles resolver alienar a sua quota-parte deverá oferecer aos demais (é obrigatório), mesmo que esteja o imóvel locado, não tendo o locatário direito de preferência nessa circunstância.

5. OPÇÕES BÁSICAS DO LOCATÁRIO PRETERIDO

O artigo 33 da Lei do Inquilinato define as opções do locatário preterido. Ele pode reclamar perdas e danos, como aqui sinalizado, ou ainda, mediante depósito do preço e despesas do ato de transferência, haver o imóvel locado para si (em demonstração de ter condições de realizar o negócio). Isso é possível se o locatário o requerer no prazo decadencial de seis meses, a contar da inscrição do ato no Registro de Imóveis, desde que o contrato de locação tenha sido averbado, trinta dias antes da alienação, na matrícula do imóvel, para que se torne público e não venha um terceiro adquirente alegar que não sabia de sua existência.

Quanto à ação indenizatória, isto é, às perdas e danos, a demanda restringir-se-á ao locatário e locador. O terceiro adquirente nada tem a ver com isso. A despeito da natureza pessoal dessa alternativa, tem-se que atribuído ao direito de preferência, nessa segunda via (da adjudicação compulsória), o caráter real, o que inclusive faz justificar, somente nessa hipótese, aquela exigência de averbação no Registro de Imóveis.

Se desconstituída a venda pela investida judicial do locatário, ter-se-á a evicção, a legitimar o direito de o adquirente primitivo vir a requerer a restituição do preço pago (equivalente ao valor de mercado do imóvel quando se evenceu), sem prejuízo, no entanto, das verbas indicadas no artigo 450 do Código Civil.

6. O DIREITO DE PREFERÊNCIA NO *BUILT-TO-SUIT*

O contrato *built-to-suit* (que se traduz como *construído para servir*) é uma modalidade avançada de locação (a Lei 12.744/2012 alterou a Lei do Inquilinato), de forma que o artigo 54-A da Lei 8.245/1991 passou a disciplinar a locação naquele também nominado *contrato de construção ajustada*. Luiz Antonio Scavone Junior[7] evidencia ser:

> Um negócio jurídico no qual uma das partes, o locatário, contrata a construção de imóvel de acordo com as suas necessidades, e o recebe por cessão temporária de uso mediante pagamentos mensais dos valores pactuados. A construção é levada a efeito pelo contratado (locador) e a cessão do imóvel se faz, normalmente, por prazo longo, entre dez e vinte anos.

Contudo, a despeito daquele regramento especial, há uma questão que se mostra nevrálgica e polêmica, em *zona cinzenta*: a Lei do Inquilinato incide ou não naquele tipo de contratação?

---

7. SCAVONE JUNIOR, Luiz Antonio. *Direito imobiliário*: Teoria e prática. 4. ed. Rio de Janeiro: Forense, 2012, p. 971.

O contrato, como descrito, envolve em si a construção, ou uma vultosa reforma no imóvel, e, subsequente locação, previamente ajustada, por longo prazo. O locatário se beneficia na medida em que não precisa imobilizar capital para ter instalações arquitetonicamente adequadas e necessárias ao desenvolvimento da sua atividade empresarial ou industrial. Por outro lado, o locador, que faz o investimento, deverá ter o retorno do capital investido mais o valor da locação, ficando, assim, assegurado de que terá o investimento restituído e o rendimento garantido durante o prazo do contrato de locação.[8] O imóvel é dito "sob medida" para o locatário.

O artigo 4º da Lei 8.245/1991, como regra geral, dispõe que o locador deve respeitar o prazo de duração do contrato, não podendo reaver o imóvel dado em locação. Já o locatário poderá denunciá-lo, devolvendo o imóvel, mediante o pagamento da multa pactuada, proporcional ao período remanescente (artigo 924 do CC), e, se ausente tal previsão na avença, a que for judicialmente imposta.

Contudo, no *built-to-suit*, o que se tem como norte é o montante investido pelo locador. Sendo assim, a multa contratual poderá não refletir o prejuízo a que se veja submetido; ou, o mais comum, vir a se mostrar sob montante tão considerável, que sujeita a questionamento judicial, conforme se pontua:

> Ação de Rescisão Contratual por suposto atraso na entrega da obra de galpão a ser locado na modalidade *built-to-suit*. Previsão no artigo 54-A da Lei 8.245/91. (...)
>
> Referente à cobrança de multa prevista no Contrato de Locação Não Residencial, dispõe o artigo 413 do Código Civil que "A penalidade deve ser reduzida equitativamente pelo juiz se o montante da penalidade for manifestamente excessivo, tendo-se em vista a natureza e a finalidade do negócio".
>
> A penalidade correspondente a 20 vezes o valor locatício é manifestamente excessiva, porque a apelante não perdeu a posse da área, que poderá ser locada, originariamente, para terceiros, auferindo a renda decorrente do novel contrato.
>
> A penalidade não tem a finalidade de cobrir o custo da obra, mas indenizar a locadora, caso a locatária recuse o recebimento das chaves, concluídas as obras. Redução do valor da multa prevista no Contrato.
>
> (...) Sentença de procedência que se modifica. Provimento parcial da Apelação. (Apelação Cível 0025688-34.2015.8.19.0001. Relator: Des. Camilo Ribeiro Rulière. Tribunal de Justiça do Estado do Rio de Janeiro. Julgamento em 28.08.2018).

Nesse cenário, o artigo 54-A da Lei do Inquilinato estabelece que, "na locação não residencial de imóvel urbano na qual o locador procede à prévia aquisição, construção ou substancial reforma, por si mesmo ou por terceiros, do imóvel então especificado pelo pretendente à locação, a fim de que seja a este locado por prazo determinado, prevalecerão as condições livremente pactuadas no contrato respectivo e as disposições procedimentais previstas nesta Lei".

> § 1º Poderá ser convencionada a renúncia ao direito de revisão do valor dos aluguéis durante o prazo de vigência do contrato de locação.
>
> § 2º *Em caso de denúncia antecipada do vínculo locatício pelo locatário, compromete-se este a cumprir a multa convencionada, que não excederá, porém, a soma dos valores dos aluguéis a receber até o termo final da locação* (Grifos nossos).

---

8. MARCONDES, Josiclér. Lei de locações deve ser aplicada em *built to suit*. Conjur, jul. 2013. Disponível em: <https://www.conjur.com.br/2013-jul-22/josicler-marcondes-lei-locacoes-aplicada-built-to-suit?. Acesso em: 02 out. 2020.

Porém, como se pode notar, a despeito da literalidade do §2°, acima transcrito, a multa convencionada tem se curvado à revisão judicial.

Não menos importante, o que nos aqui interessa, é o direito de preferência na eventualidade de o imóvel objeto do contrato *built-to-suit* ser alienado, que parece estar colocada dentro do rol de questões ainda não resolvidas pela doutrina e jurisprudência. Gabriela Rodrigues,[9] por exemplo, se vale da aplicabilidade sem restrições da Lei das Locações, como integradora da sistemática legal, porque, na sua opinião, se as partes não ajustaram, a lei se faz cogente. Sendo assim, tal direito deverá sempre ser obedecido pelo locador, independentemente da natureza e/ou especificidades afeitas ao *built-to-suit*. Isso porque:

A tipificação dessa modalidade contratual, ora inserida nos artigos 4° e 54-A da Lei 8.245/91 acarreta, no mínimo, o efeito de explicitar a sua classificação como espécie de locação sujeita ao sistema da Lei do Inquilinato. Ainda que o mencionado art. 54-A indique que "prevalecerão as condições livremente pactuadas no contrato", diversas serão as contingências decorrentes da interpretação e aplicação desta modalidade negocial. A iniciar pelos aspectos processuais, que o mesmo dispositivo já indica ser diretamente aplicáveis.

O legislador cuidou de expressamente buscar solução para as divergências sobre o valor da multa e a renúncia ao direito de revisar valor do aluguel. Contudo, diversos outros exemplos podem ainda ser citados, para além dos parágrafos do art. 54-A: exigência de dupla garantia, cobrança antecipada dos aluguéis, renúncia ao direito de preferência no caso de alienação do imóvel, exigência de "luvas" para a renovação do contrato, dentre outras. Todas são hipóteses expressamente vedadas pela Lei de Locações. Prevalecerá, no caso, a autonomia privada e as condições pactuadas entre as partes?

Note-se que o sistema jurídico, tecido e permeado por valores comuns, não comporta a análise fragmentada dos seus dispositivos.

(...)

Veja-se, por fim, que mesmo nas hipóteses aparentemente solucionadas pela Lei, como no caso do § 1° do art. 54-A (validade da cláusula de renúncia à ação revisional), a simbólica classificação do *built-to-suit* como modalidade contratual sujeita ao sistema da Lei 8.245/91 pode ainda gerar distorcida aplicação prática do seu conteúdo.

Ao definir, pela redação do art. 54-A da Lei 8.245/91, o contrato em comento como modalidade de locação urbana, o legislador brasileiro – assim como já o tinha feito em relação ao contrato de locação em *shopping center* – deixou clara a sua submissão ao sistema de valores presente na Lei do Inquilinato, o qual, como se viu, prima por forte dirigismo contratual e mitigação da liberdade contratual.

Ocorre que, diferentemente do que se percebe nas locações residenciais e mesmo nas locações empresariais tradicionais, o *built-to-suit* pressupõe a alocação de riscos entre as partes, surgida em contexto de presumida inexistência de assimetria econômica ou informacional, o que exige a liberdade contratual como ferramenta a viabilizar a correta equação dessa contratação.

Entendimento à primeira vista predominante, a possibilidade de exercício da preferência pelo locatário deverá ser objeto de ajuste especial entre as partes. Afinal, "embora regido por lei especial e mesmo tendo sido instituído que 'prevalecerão as condições livremente pactuadas no contrato'", as condições referidas devem seguir os princípios gerais dos contratos empresariais.[10] E complementa:

A Lei 8.245/91 deve ser aplicada ao contrato *built to suit* na sua plenitude, inclusive os procedimentos a elas pertinentes. E com relação as regras procedimentais, o contrato *built to suit* se submete às ações previstas na lei, tais como ação de despejo, de consignação em pagamento, revisional de aluguel e renovatória de locação.

(...)

---

9. RODRIGUES, Gabriela Wallau. A incompatibilidade sistemática entre o contrato *Built-to-Suit* e a Lei de Locações. *Direito & Justiça*, Porto Alegre, v. 41, 2015, p. 178-179.
10. CARIELO, Dyonísio Pinto. O contrato *"Built To Suit"* – da estruturação principiológica à tipicidade da lei 12.744, de 2012: uma análise dogmática. *Revista de Estudos Jurídicos Unesp*, v. 18, 2014, p. 20.

15 • O DIREITO DE PREFERÊNCIA NA RELAÇÃO LOCATÍCIA **251**

Em segundo lugar, e mais importante, foi incluído na Lei do Inquilinato o artigo 54-A. Ele surgiu como forma de diferenciar as operações conhecidas como *built to suit* das demais locações de imóveis urbanos.

Denota-se do *caput* que o legislador preferiu não se utilizar de um termo para definir a operação a que se aplica tal dispositivo, de forma a evitar que a mera mudança textual do contrato ensejar a sua inaplicabilidade.

Na prática, mesmo que se entenda que o contrato *built to suit* não deva ser tratado apenas como uma locação antecedido por uma empreitada ou qualquer outra figura contratual, discussão essa ainda reservada à doutrina, a Lei 12.744/12 foi elaborada de forma a determinar que a Lei do Inquilinato se aplica a esse tipo de contrato apenas se definido expressamente pelas partes. Isso quer dizer que a regra geral é a não subordinação do *built to suit* à referida lei.

Desta forma, a lei confirma que as partes são livres para contratar, aplicando-se, no entanto, as disposições procedimentais previstas na Lei de Locações.

O próprio Superior Tribunal de Justiça respalda a preservação da autonomia da vontade e da mitigação do dirigismo estatal, conforme se vê sinalizado a seguir:

Processual civil. Recurso especial. Recurso manejado sob a égide do CPC/73. Violação do art. 535 do CPC/73. Deficiência na fundamentação. Súmula 284 do STF. Locação não residencial. Renúncia à revisão do aluguel. Validade da cláusula. Recurso a que se nega provimento.

1. A alegação genérica de ofensa ao art. 535 do CPC/73, sem demonstrar de que forma houve a vulneração, deixando de indicar quais pontos do acórdão foram omissos, contraditórios ou obscuros, atrai a incidência da Súmula 284 do STF, ante a deficiência na fundamentação recursal, porquanto não permite a exata compreensão da controvérsia.

2. *A Lei 8.245/91 regulamenta a locação de imóvel não residencial, delineando os contornos gerais do referido contrato, deixando ao alvitre dos contratantes outras estipulações que entenderem pertinentes para o bom desenvolvimento e cumprimento da avença.* Dessa forma, não há como rotular de nula a renúncia ao reajuste do aluguel durante o prazo contratual, diante da licitude do objeto e da livre manifestação de vontade, não se vislumbrando que essa previsão possa de alguma forma impedir a realização ou o cumprimento do contrato de locação.

3. Recurso especial a que se nega provimento.

(Recurso Especial 1.733.391-SP. Superior Tribunal de Justiça – STJ. Relator: Min. Moura Ribeiro. Julgamento em 09.10.2018. Grifos nossos).

O *caput* do precitado artigo 54-A corrobora a necessidade de que o direito de preferência se faça convencionado ante a falta de embasamento legal. Se ajustado, evidenciará o seu caráter pessoal, sendo certo que, se não observada a preferência, o locatário poderá se valer da reparação civil (perdas e danos), como alternativa.

7. NOTA FINAL

O panorama aqui traçado acerca do direito de preferência teve como substrato principal a obra do nosso sempre homenageado Professor Sylvio Capanema sobre a Lei do Inquilinato. Nela Capanema notabiliza o inegável alcance social do instituto e sua envergadura no trato do *déficit* habitacional, sem prejuízo, é verdade, de se fazer presente em modalidade contratual moderna, e ainda considerada singular, como o *built-to-suit*; sendo inegável que se põe obviamente, se convencionado, como de eficácia obrigatória, no evidente direito pessoal do locatário.

16
UMA COMPREENSÃO CRÍTICA DAS BENFEITORIAS NA LOCAÇÃO DE IMÓVEIS URBANOS

Cristiano Chaves de Farias

Professor da Faculdade Baiana de Direito. Professor do Complexo de Ensino Renato Saraiva – CERS. Membro da Diretoria Nacional do Instituto Brasileiro de Direito de Família – IBDFAM. Promotor de Justiça do Ministério Público do Estado da Bahia. Mestre em Família na Sociedade Contemporânea pela Universidade Católica do Salvador – UCSal.

Eduardo Augusto Madruga de Figueiredo Filho

Mestre em Direito Processual Civil pela Universidade de Coimbra. Especialista em Direito Processual Civil pelo Centro Universitário de João Pessoa. Professor do Instituto de Ensino Superior da Paraíba – IESP. Coordenador da Pós-Graduação do Instituto de Ensino Superior da Paraíba – IESP. Professor do Complexo de Ensino Renato Saraiva – CERS. Advogado sócio do Madruga, Peres & Henriques –Advogados Associados. Membro da Associação Norte Nordeste de Professores de Processo –ANNEP. Membro da ABDPRO. Diretor Acadêmico da Escola Superior da Advocacia – ESA-PB. Consultor Jurídico.

> "Era uma casa muito engraçada;
> Não tinha teto, não tinha nada;
> Ninguém podia entrar nela, não
> Porque na casa não tinha chão
> Ninguém podia dormir na rede;
> Porque na casa não tinha parede;
> Ninguém podia fazer pipi
> Porque penico não tinha ali".
> (Vinícius de Moraes e Toquinho, *A casa*)[1]

Sumário: 1. Nota preliminar: a efemeridade da locação de imóveis e a maximização dos conflitos locatícios. 2. Uma breve mirada sobre as benfeitorias: uma tridimensionalidade finalística. 3. As benfeitorias no contexto das relações locatícias: uma tendência natural ao litígio. 4. Cabimento e descabimento da renúncia antecipada à indenização e retenção por benfeitorias locatícias nos contratos de adesão e nos contratos paritários: necessidade de uma compreensão plural, através de um diálogo de fontes normativas. 5. (Des)cabimento da renúncia antecipada à indenização e retenção por benfeitorias necessárias nos contratos locatícios?: uma intepretação cooperativa à luz da boa-fé objetiva. 6. Limites e possibilidades para o exercício do direito de retenção por benfeitorias locatícias: achegas à luz da normatividade processual. 7. Notas conclusivas: à guisa de um arremate prospectivo.

---

1. Malgrado seja frequente encontrar teses indicativas de que a canção faria referências ao útero materno ou aos moradores rua, *A casa* foi escrita pelo eterno Poetinha, e musicado pelo seu parceiro, com o intuito de descrever a belíssima construção em *Alto de las Ballenas*, Punta del Este, a bela estância no vizinho e próspero Uruguai. É a famosa *casapuebla*, construída por Carlos Villaró, a partir de 1958. Foi dedicada a Agó e Beba, filhas do criativo artista uruguaio.

1. NOTA PRELIMINAR: A EFEMERIDADE DA LOCAÇÃO DE IMÓVEIS E A MAXIMIZAÇÃO DOS CONFLITOS LOCATÍCIOS

Em um país com francas desigualdades sociais, culturais e econômicas, dúvida inexiste de que o contrato de locação é uma figura relevante por se apresentar como instrumento hábil para viabilizar o direito de moradia, promovendo, a um só tempo, o acesso ao mínimo existencial pelo locatário e o empreendedorismo e a circulação de riquezas em favor do locador.

De certo modo, então, é possível antever no contrato de locação um desdobramento da função social da propriedade, uma vez que concretiza o direito à moradia e garante uma funcionalização da propriedade.

Com essa mesma percepção, Nagib Slaib Filho prospecta não ser possível "compreender a locação sem a visão social da propriedade: se a propriedade é legal (pois se trata do poder de utilização da coisa protegido por regras jurídicas) só se legitima pelo fato de poder o proprietário simplesmente usar e gozar a coisa , mas para que possa, o uso e gozo satisfazer os interesses individuais de modo que não se choquem com os interesses sociais; exceder tais limites é incorrer no auso de direito... Exercitando o direito locativo, locador e locatário devem ter presentes, em seu espírito, que o exercício dos direitos tem conteúdo social".[2]

Exatamente por isso, inclusive, a locação vai se modelando e se ajustando aos novos movimentos do mercado imobiliário e econômico e da própria tecnologia digital. Contemporaneamente, por exemplo, já se vislumbra a possibilidade de celebração de locações por meio de aplicativos, como no caso do *airbnb*, quinto andar, zap aluguel e do *unpark*, dentre outros, se propõem, em última análise, a reinventar o jeito de morar, facilitando a celebração do contrato, otimizando tempo e economizando dinheiro.

É a comprovação efetiva da função social subjacente ao contrato de locação de imóveis, na medida em que permite alcançar um duplo objetivo concomitantemente: viabilizar o direito de moradia e fazer circular riqueza.

De todo modo, é da essência da locação de imóveis – seja no formato tradicional, seja através das possibilidades atuais com o uso da tecnologia digital – a efemeridade, a transitoriedade. Isso porque o locatário (inquilino) pretende o uso e gozo da coisa por um período determinado, ou determinável, com vistas a suprir as suas necessidades momentâneas. A sua pretensão, entretanto, é não precisar da locação e se tornar proprietário.

Por isso, "tal como qualquer outra posse direta, a do locatário será marcada pela temporariedade, pois o desdobramento da posse baseia-se em relação transitória de transferência de poderes dominais",[3] como se pondera em sede doutrinária.

Vale observar, aliás, que esta *efemeridade* é a marca registrada da própria sociedade contemporânea, marcada por movimentos imediatistas e passageiros. É o fenômeno diagnosticado pelo filósofo polonês, radicado na Grã-Bretanha, Zygmunt Bauman, como *a sociedade líquida:* "vivemos tempos líquidos, onde nada é para durar"[4] e onde cada vez

---

2. SLAIB FILHO, Nagib. *Comentários à nova Lei do Inquilinato*, op. cit., p. 12.
3. FARIAS, Cristiano Chaves de; ROSENVALD, Nelson. *Curso de Direito Civil:* Contratos, op. cit., p. 814.
4. A modernidade líquida é "um mundo repleto de sinais confusos, propenso a mudar com rapidez e de forma imprevisível" em que vivemos, traz consigo uma misteriosa fragilidade dos laços humana", BAUMAN, Zygmunt. *Amor líquido:* sobre a fragilidade dos laços humanos, op. cit., p. 8.

mais as relações sociais se desenvolvem de forma efêmera. A cultura (quase obsessiva) da aquisição de propriedade vem, cada vez mais, cedendo espaço pela cultura do usufruir.

Ilustrativamente, é possível antever uma verdadeira "uberização" no campo do mercado imobiliário, permitindo antever a ideia de que aproveitar é mais relevante do que ser titular de propriedade. E as relações locatícias estão a receber o impacto deste novo cenário, se tornando, mais e mais, efêmeras e reduzindo a sua duração. A situação não ficou ao largo da fina percepção de Sylvio Capanema de Souza:

> "Um exame, ainda que apressado, da realidade do mercado locativo atual, revela a tendência de reduzir cada vez mais os prazos dos contratos de locação de imóveis urbanos. Os prazos longos são raríssimos, e só se encontram em locações especiais de grandes imóveis, geralmente para fins industriais ou comerciais, em que o locatário fará pesados investimentos, instalações e adaptações, tendo de garantir prazo suficiente para o retorno do capital aplicado no imóvel".[5]

E, indo mais longe, em tempos de *liquidez* e de uso da *tecnologia digital*, essa efemeridade se maximiza. Afinal de contas, o interessado prefere celebrar contratos mais curtos e objetivos, com a intenção de atender às suas necessidades imediatas, concretizando uma espécie de *revival* do hedonismo.[6-7]

Não se olvide, inclusive, que, no contexto dos negócios locatícios digitais, a tendência é uma diminuição, ainda maior, do lapso temporal, por conta da efemeridade da relação desejada.[8] E, com isso, paradoxalmente, surge uma proporcional tendência de ampliação da litigiosidade.

Nesse contexto, é provável que os contratantes se coloquem em rota de colisão com maior facilidade, em decorrência de contratos mal elaborados, omissos na regulamentação de determinados temas ou, muita vez, celebrados por meio de instrumentos pré-redigidos, vendidos em papelarias com espaços para preenchimento de dados, cujo conteúdo não mais reflete a realidade das relações contratuais que lhe subjaz.

Aliás, por conta disso, com vistas à adaptação a uma nova realidade, a relação locatícia carrega consigo a imposição de mecanismos de prevenção de conflitos, através de cláusulas contratuais de conteúdo material (CC, art. 113)[9] e processual (CPC, art. 190)[10] que

---

5. SOUZA, Sylvio Capanema de. *A Lei do Inquilinato Comentada*, op. cit., p. 38.
6. Etimologicamente, a locução deriva do grego *hedonê*, nome de uma deusa, na mitologia grega, que representa o prazer. Descendente de Eros e Psiquê, propunha o a busca de *prazer*, da *vontade*. Trata-se de uma proposta filosófica de que o prazer é o bem supremo da vida humana.
7. "Termo que indica tanto a procura indiscriminada do prazer, quanto a doutrina filosófica que considera o prazer como o único bem possível, portanto como o fundamento de vida moral. Essa doutrina foi sustentada por uma das escolas socráticas, a Cirenaica, fundada por Aristipo; foi retomada por Epicuro, segundo o qual "o prazer é o princípio e o fim da vida feliz", ABBAGNANO, Nicola. *Dicionário de Filosofia*, op. cit., p. 497.
8. No ponto, colhe-se da nossa melhor doutrina que, em relação aos contratos de locação celebrados com administradoras virtuais, "é comum que essas locações se façam por prazos muito curtos, até mesmo por um fim de semana ou feriados prolongados, especialmente em cidades de vocação turística ou orla marítima. Os imóveis são alugados, e com todos os equipamentos e utensílios necessários à sua utilização, qualquer que seja o fim pretendido", SOUZA, Sylvio Capanema de. *A Lei do Inquilinato Comentada*, op. cit., p. 235.
9. Art. 113, Código Civil: "os negócios jurídicos devem ser interpretados conforme a boa-fé e os usos do lugar de sua celebração. § 1º A interpretação do negócio jurídico deve lhe atribuir o sentido que: I – for confirmado pelo comportamento das partes posterior à celebração do negócio; II – corresponder aos usos, costumes e práticas do mercado relativas ao tipo de negócio; III – corresponder à boa-fé; IV – for mais benéfico à parte que não redigiu o dispositivo, se identificável; e V – corresponder a qual seria a razoável negociação das partes sobre a questão discutida, inferida das demais disposições do negócio e da racionalidade econômica das partes, consideradas as informações disponíveis no momento de sua celebração. § 2º As partes poderão livremente pactuar regras de interpretação, de preenchimento de lacunas e de integração dos negócios jurídicos diversas daquelas previstas em lei.
10. Art. 190, Código de Processo Civil: "versando o processo sobre direitos que admitam autocomposição, é lícito às partes plenamente capazes estipular mudanças no procedimento para ajustá-lo às especificidades da causa e convencionar

meios de arrefecimento, mitigação, de litígios, como, por exemplo, cláusulas de isenção de cauções, limitação de meios de prova, formas de interpretação etc.

Nessa linha de intelecção, revelada uma nova arquitetura da relação locatícia, guarda especial relevância uma análise das benfeitorias (objeto frequentemente olvidado no momento da elaboração do contrato, o que faz projetar sérios problemas práticos) nessa nova realidade, consideradas as novas possibilidades que exsurgem.

2. UMA BREVE MIRADA SOBRE AS BENFEITORIAS: UMA TRIDIMENSIONALIDADE FINALÍSTICA

Em compreensão lata, ampla, as *benfeitorias* constituem os acréscimos (despesas e obras) realizadas em determinada coisa (móvel ou imóvel) para garantir a sua idoneidade, para a sua conservação, para o seu melhoramento ou para simples deleite, embelezamento.

Enfim, "as benfeitorias são ações que originam despesas e bens. Trata-se de melhoramentos que tenham por finalidade evitar a deterioração da coisa e permitir a sua normal exploração (necessárias), incrementar a sua utilidade, aumentado objetivamente o valor do bem (úteis) ou de oferecer recreação e prazer a quem dele desfrute (voluptuárias)", conforme proposição doutrinária.[11]

Com a aguçada percepção de Pontes de Miranda, as benfeitorias constituem aquelas coisas que "fazem bem" à coisa, por sua necessidade, utilidade ou deleite.[12]

Advirta-se, por oportuno, que não se reputam benfeitorias, a partir dos termos do art. 97 da Lei Civil,[13] os melhoramentos e acréscimos sobrevindos na coisa sem a intervenção do proprietário, possuidor ou detentor. É o caso das acessões naturais, como no exemplo da avulsão, da aluvião, da formação de ilhas e do abandono de álveo.

Utilizando a parametrização do art. 96 da Codificação de 2002,[14] que segue as linhas históricas do Direito Romano, as benfeitorias se classificam em uma tridimensionalidade, a partir de suas distintas pretensões:

voluptuárias (CC, art. 96, § 1º), também ditas *suntuárias*, que são as que se destinam a tornar a coisa mais formosa, bela, servindo para mero deleite. Não aumentam, nem melhoram, o uso habitual, apenas servindo para o seu embelezamento ou deleite. É o exemplo da construção de piscina o m uma casa particular, bem como a colocação de um chafariz em um imóvel;

ii) *úteis* (CC, art. 96, § 2º), tratando daquelas que aumentam ou facilitam o uso da coisa, dando maior conforto ao usuário, como a instalação de aparelhos hidráulicos em uma casa;

iii) *necessárias* (CC, art. 96, § 3º), são aquelas indispensáveis à conservação da coisa, evitando deterioração ou destruição, como, *verbi gratia,* o reforço das fundações de um edifício por andares ou a construção de paredes em uma casa.

---

sobre os seus ônus, poderes, faculdades e deveres processuais, antes ou durante o processo. Parágrafo único. De ofício ou a requerimento, o juiz controlará a validade das convenções previstas neste artigo, recusando-lhes aplicação somente nos casos de nulidade ou de inserção abusiva em contrato de adesão ou em que alguma parte se encontre em manifesta situação de vulnerabilidade".

11. FARIAS, Cristiano Chaves de; ROSENVALD, Nelson. *Curso de Direito Civil:* Parte Geral e LINDB, op. cit., p. 471.

12. PONTES DE MIRANDA. *Tratado de Direito Privado,* op. cit., p. 107.

13. Art. 97, Código Civil: "não se consideram benfeitorias os melhoramentos ou acréscimos sobrevindos ao bem sem a intervenção do proprietário, possuidor ou detentor."

14. Art. 96, Código Civil: "as benfeitorias podem ser voluptuárias, úteis ou necessárias. § 1º São voluptuárias as de mero deleite ou recreio, que não aumentam o uso habitual do bem, ainda que o tornem mais agradável ou sejam de elevado valor. § 2º São úteis as que aumentam ou facilitam o uso do bem. § 3º São necessárias as que têm por fim conservar o bem ou evitar que se deteriore."

Como se pode notar, o critério distintivo para a classificação das benfeitorias é *finalístico*: "bem por isso, a mesma situação pode se classificar, em diferentes situações, como benfeitoria necessária, útil ou voluptuária. Bastaria imaginar a piscina. Em uma academia de natação, a construção da piscina será necessária. Já na academia de ginástica, a piscina se apresentará como benfeitoria útil, enquanto em uma casa, ordinariamente, ela seria suntuária, em face de sua finalidade de mero deleite.

Em sendo assim, é recomendável jamais conceituar uma benfeitoria como necessária, útil ou voluptuária por conceitos rígidos, apesar de a classificação do art. 96 do Código Civil ser extremamente útil para delimitar as três categorias. Diante do caso concreto, recorrer-se-á ao critério da essencialidade, isto é, deve-se indagar se, na espécie, aquela obra ou despesa é essencial à conservação da coisa principal, se apenas introduz um melhoramento ou se, então, é de mero deleite."[15]

Fundamentalmente, é de largo interesse prático a distinção classificatória das benfeitorias porque a própria norma legal (CC, art. 1.219)[16] reconhece ao possuidor de boa-fé o *direito à indenização e de retenção pelas* benfeitorias necessárias e úteis e o direito ao levantamento (retirada) das voluptuárias. Já o possuidor de má-fé será ressarcido somente pelas benfeitorias necessárias, não lhe assistindo, no entanto, o direito de retenção pela importância delas, nem o de levantar as voluptuárias.[17]

Mais ainda, um dos terrenos mais férteis para as benfeitorias é o contrato de locação de imóveis urbanos. Sem dúvida, não se nega ser frequente o inquilino realizar acréscimos na coisa, com as mais diferentes finalidades: garantir a idoneidade física do bem (necessárias), gerar mais conforto no seu uso (úteis) ou simplesmente para ter deleite ou aformoseamento (voluptuárias). Em especial, nas locações mais demoradas, realizar benfeitorias é uma consequência da própria posse exercida.

3. AS BENFEITORIAS NO CONTEXTO DAS RELAÇÕES LOCATÍCIAS: UMA TENDÊNCIA NATURAL AO LITÍGIO

Como afirmado alhures, é fato certo e incontroverso, e corriqueiro, a realização de benfeitorias pelo locatário, durante o negócio locatício.

Seja por necessidade de garantir a perfeita utilização da coisa (como no exemplo da reforma das paredes ou das vigas de sustentação da casa), seja para viabilizar uma melhor utilização mais satisfatória da coisa (como na instalação de redes de *internet*) ou mesmo por simples deleite (como na hipótese da instalação de uma obra de jardinagem), o inquilino, quase sempre, tende a realizar benfeitorias diversas.

Cônscio dessa frequência de realização de benfeitorias, o legislador especial, ao regulamentar a locação de imóveis urbanos, estabeleceu normas específicas para as benfeitorias locatícias, como se pode notar:

---

15. FARIAS, Cristiano Chaves de; ROSENVALD, Nelson. *Curso de Direito Civil:* Parte Geral e LINDB, op. cit., p. 472.

16. Art. 1.219, Código Civil: "o possuidor de boa-fé tem direito à indenização das benfeitorias necessárias e úteis, bem como, quanto às voluptuárias, se não lhe forem pagas, a levantá-las, quando o puder sem detrimento da coisa, e poderá exercer o direito de retenção pelo valor das benfeitorias necessárias e úteis."

17. Art. 1.220, Código Civil: "ao possuidor de má-fé serão ressarcidas somente as benfeitorias necessárias; não lhe assiste o direito de retenção pela importância destas, nem o de levantar as voluptuárias."

Art. 35, Lei 8.245/91: *"Salvo expressa disposição contratual em contrário, as benfeitorias necessárias introduzidas pelo locatário, ainda que não autorizadas pelo locador, bem como as úteis, desde que autorizadas, serão indenizadas e permitem o exercício do direito de retenção."*[18]

Art. 36, Lei 8.245/91: *"As benfeitorias voluptuárias não serão indenizáveis, podendo ser levantadas pelo locatário, finda a locação, desde que sua retirada não afete a estrutura e a substância do imóvel."*

Prima facie, convém observar que o texto legal do art. 35 da norma especial é, sem dúvida, lacônico e impreciso, com pouca precisão léxica, impondo uma cuidadosa interpretação (= compreensão), à luz das múltiplas facetas que o tema envolve.[19]

Promovendo uma interpretação construtiva e razoável, há de se afirmar que o texto da norma especial sinaliza no sentido de que, nos contratos de locação de imóveis urbanos, as *benfeitorias necessárias*, introduzidas pelo locatário, serão indenizáveis sempre, independentemente de autorização, enquanto *as benfeitorias úteis* somente admitirão indenização se houver autorização do locador ou se o contrato dispensar tal anuência, com esteio na autonomia privada. Admite-se, outrossim, o direito de retenção, tanto das necessárias, quanto das úteis indenizáveis.

No que tange às benfeitorias voluptuárias (suntuárias), que se destinam ao mero deleite do possuidor, não admitem indenização em nenhuma hipótese, podendo, apenas, ser levantadas pelo locatário, desde que não afete (danifique) a estrutura e substância do imóvel. Não sendo possível a sua retirada sem danificação da coisa, descabe uma pretensão indenizatória e, consequentemente, não se permite o exercício do direito de retenção.

Para além disso, uma antiga orientação jurisprudencial, consolidada nos termos do Enunciado Súmula 158 da súmula de jurisprudência do Supremo Tribunal Federal, ainda nos tempos em que detinha competências infraconstitucionais, assevera que "salvo estipulação contratual averbada no registro imobiliário, não responde o adquirente pelas benfeitorias do locatário". Assim sendo, deixa claro que os melhoramentos (úteis e necessários) realizados pelo inquilino devem ser ressarcidos pelo locador, mesmo na hipótese de ter alienado o imóvel a um terceiro, e não pelo adquirente.

Deste entendimento sumular, ademais, decorre a conclusão de que, *ad cautelam*, o locatário deve, preferencialmente, averbar o contrato de locação no Registro Geral de Imóveis, resguardando-se perante futura transferência da propriedade, sob pena de ser frustrado no reembolso das despesas com a manutenção da coisa locada se vier a exigi-las do novo proprietário.[20]

4. CABIMENTO E DESCABIMENTO DA RENÚNCIA ANTECIPADA À INDENIZAÇÃO E RETENÇÃO POR BENFEITORIAS LOCATÍCIAS NOS CONTRATOS DE ADESÃO E NOS CONTRATOS PARITÁRIOS: NECESSIDADE DE UMA COMPREENSÃO PLURAL, ATRAVÉS DE UM DIÁLOGO DE FONTES NORMATIVAS

Tema historicamente pertencente à área cinzenta do direito dizia respeito à possibilidade, ou não, de renúncia prévia à indenização e retenção por benfeitorias pelo locatário.

---

18. No âmbito da locação comum, regulamentada pelo Código Civil, há uma norma similar: "salvo disposição em contrário, o locatário goza do direito de retenção, no caso de benfeitorias necessárias, ou no de benfeitorias úteis, se estas houverem sido feitas com expresso consentimento do locador" (CC, art. 578).

19. Afinal de contas, "a interpretação da lei é uma tarefa criativa", uma vez que o intérprete adiciona sentido ao texto interpretado, o que implica a produção de um novo", COELHO, Inocêncio Mártires, *Interpretação constitucional*, op. cit., p. 23.

20. FARIAS, Cristiano Chaves de; ROSENVALD, Nelson. *Curso de Direito Civil*: Contratos, op. cit., p. 817.

De uma banda, muitos vislumbravam a possibilidade de afastamento do direito de indenização e retenção por renúncia antecipada do inquilino, com lastro na autonomia privada (liberdade de autodeterminação). A outro giro, todavia, outros inadmitiam o afastamento voluntário do direito de indenização e retenção, em razão de suposta abusividade. Depois de longos debates, em 2007, o Superior Tribunal de Justiça cimentou entendimento através da edição do Enunciado 335 da súmula de sua jurisprudência: *"nos contratos de locação, é válida a cláusula de renúncia à indenização das benfeitorias e ao direito de retenção"*.

Como se pode notar, o entendimento sumulado exige uma cuidadosa compreensão, para que não autorize um atentado à boa-fé objetiva e se ponha em rota de colisão com o próprio Código Civil. Isso porque o art. 424 do próprio *Codex* consagra que *"nos contratos de adesão, são nulas as cláusulas que estipulem a renúncia antecipada do aderente a direito resultante da natureza do negócio"*. Deriva a norma da compreensão do contrato de adesão como *"aquele em que a manifestação da vontade de uma das partes se reduz a mera anuência a uma proposta da outra"*.

Ou seja, *"opõe-se à ideia de contrato paritário, por inexistir a liberdade de convenção, visto que exclui qualquer possibilidade de debate e transigência entre as partes, pois um dos contratantes se limita a aceitar as cláusulas e condições previamente redigidas e impressas pelo outro"*, restringindo-se a *aderir* a uma *"situação contratual já definida em todos os seus termos"*, consoante propõe Maria Helena Diniz.[21] Indo mais longe, inclusive, Carlos Roberto Gonçalves chega a disparar que, nos contratos de adesão, há *"uma restrição mais extensa ao tradicional princípio da autonomia da vontade"*,[22] enquanto Claudia Lima Marques lhes nega a natureza contratual, reconhecendo-lhes como um mero *"método de contratação"*, cuja forma de aceitação de um dos contratantes se dá com a simples adesão a um conteúdo preestabelecido unilateralmente pelo outro contratante.

Dessa maneira, partindo da firme base estabelecida pela autonomia privada, como regra geral negocial, é de se concluir que a cláusula de renúncia às indenizações e retenção por benfeitorias somente é possível nos *contratos de locação paritários* (também chamados de *contratos por negociação*), que decorrem, conforme a própria terminologia indica, da *vontade do par*, nos quais a autonomia privada se encontra em plenitude. Porém, nos contratos locatícios de adesão (muita vez, repita-se à exaustão, celebrados por formulários adquiridos em papelarias), a cláusula é nula,[23] por atentar contra a boa-fé objetiva e a própria liberdade contratual.

O que se quer afirmar é que *"a derrogação convencional do direito à indenização e retenção de benfeitorias pressupõe uma posição de igualdade dos contratantes na estipulação e discussão do teor das cláusulas"*[24], como já se pontuou em outra sede, o que não ocorre quando se tratar de contrato locatício de adesão.

---

21. DINIZ, Maria Helena. *Código Civil Anotado*, op. cit., p. 367.
22. GONÇALVES, Carlos Roberto. *Direito Civil Brasileiro*: Contratos e atos unilaterais de vontade, op. cit., p. 100.
23. Chegando à mesma conclusão, veja-se o Enunciado 433 das Jornadas de Direito Civil, realizadas pelo Conselho de Justiça Federal: *"a cláusula de renúncia antecipada ao direito de indenização e retenção por benfeitorias necessárias é nula em contrato de locação de imóvel urbano feito nos moldes do contrato de adesão"*.
24. FARIAS, Cristiano Chaves de; ROSENVALD, Nelson. *Curso de Direito Civil*: Contratos, op. cit., p. 817. No mesmo diapasão, Marcos Catalan é firme ao apontar que a utilização de cláusulas preestabelecidas por uma das partes caracteriza contrato de adesão, tornando inválida *"as cláusulas que estipulem a renúncia antecipada do aderente a direito resultante da natureza do negócio"*, de acordo com o teor do art. 424 do Código Civil", CATALAN, Marcos. *O CDC e sua Aplicação nos Negócios Imobiliários*, op. cit., p. 108.

Com isso, somente quando se tratar de um negócio locatício celebrado de maneira paritária, a partir da vontade de ambas as partes, a autonomia privada é plena e tem de ser prestigiada, autorizando que se excepcione à regra geral (art. 35 da Lei de Locações de Imóveis Urbanos), a ponto de o locatário renunciar ao direito de indenização sobre qualquer forma de benfeitoria. Afinal de contas, como diz o adágio popular, "o que é contratado não é caro, nem barato; é justo".

Nesse contexto, a cláusula de renúncia antecipada ao direito indenizatório por benfeitorias, bem como o direito de retenção no campo do processo, pressupõe a vontade livre e desembaraçada das partes, nos mesmos moldes dos negócios jurídicos processuais atípicos, autorizados pelo art. 190 do Código Instrumental.

E, bem por isso, relembrando o que dispõe o Parágrafo Único do aludido dispositivo processual, será nulo quando decorrer de contrato de adesão ou quando violar interesse de pessoa em situação de vulnerabilidade[25].

Com esse espírito, somente terá validade a cláusula de renúncia à indenização e retenção pelas benfeitorias se decorre de um ajuste recíproco, com a vontade das partes inserida em um cenário de obtenção de vantagens e contravantagens. Daí, inclusive, a importância da colocação de "considerandos" nas referidas cláusulas, explicitando, por exemplo, que o locatário está renunciando a tais direitos por ter obtido, em contrapartida, a fixação de um valor de aluguel abaixo do mercado.

De há muito, inclusive, Hércules Aghiarian, em obra dedicada às relações imobiliárias, pontua, de há muito, que uma eventual cláusula que estabeleça, sem fundamento ou contrapartidas, a desobrigação do locador em indenizar benfeitorias úteis e necessárias deve ser nula. Todavia, a mesma cláusula deve ser válida quando, como forma de compensação pelas benfeitorias necessárias a serem realizadas, o locatário obtém proporcional abatimento no valor do aluguel.[26]

Para ir além, não se olvide que, em se tratando de um negócio locatício caracterizado como relação de consumo (como no caso dos *flat's* e apart hotéis, bem assim como quando envolver aplicativos como o *airbnb*, o *unpark,* o quinto andar...), a abusividade da cláusula de renúncia é nula, a toda evidência, a partir do que reza o inciso XVI do art. 51 do Código de Defesa do Consumidor.[27]

5. (DES)CABIMENTO DA RENÚNCIA ANTECIPADA À INDENIZAÇÃO E RETENÇÃO POR BENFEITORIAS NECESSÁRIAS NOS CONTRATOS LOCATÍCIOS?: UMA INTEPRETAÇÃO COOPERATIVA À LUZ DA BOA-FÉ OBJETIVA

Seguindo o caminho palmilhado pela Lei de Locações de Imóveis Urbanos (art. 35 da Lei 8.245/91, bem assim como pelo art. 578 do Estatuto Substantivo), e cimentado pelo multicitado Enunciado 335 da súmula de jurisprudência do Superior Tribunal de Justiça,

---

25. Art. 190, Parágrafo Único, Código de Processo Civil: "de ofício ou a requerimento, o juiz controlará a validade das convenções previstas neste artigo, recusando-lhes aplicação somente nos casos de nulidade ou de inserção abusiva em contrato de adesão ou em que alguma parte se encontre em manifesta situação de vulnerabilidade."
26. AGHIARIAN, Hércules. *Curso de Direito Imobiliário*, op. cit., p. 288.
27. A orientação jurisprudencial superior acena na direção da aplicação das normas consumeristas nos contratos de locação quando há intermediação de administradora, por exemplo: "ressalvadas circunstâncias especiais, sobressai a natureza jurídica de relação de consumo havida entre locadora e administradora, atraindo, por conseguinte, a incidência do Código de Defesa do Consumidor". (STJ, Ac. unân. 3ª T., REsp 1846331/DF, rel. Min. Nancy Andrighi, j. 10.3.20, DJe 13.03.2020).

faculta-se a redação de uma cláusula de renúncia do locatário ao direito de indenização e retenção sobre qualquer das categorias de benfeitorias, inclusive em relação às necessárias.

Ao nosso juízo, entrementes, a norma legal tem de ser interpretada à luz de uma necessária harmonia entre a autonomia privada (liberdade de autodeterminação contratual) e a boa-fé objetiva que estabelece o dever de cooperação entre as partes (inclusive de uma relação locatícia), merecendo uma interpretação conforme o grau de negociabilidade que tenha ocorrido no momento da celebração do contrato, a partir dos critérios utilizados no tópico anterior. Senão vejamos.

Para nós outros, a cláusula de exclusão do dever de indenizar somente pode alcançar as benfeitorias necessárias, se efetivamente houver uma contravantagem ofertada ao locatário, a respeitar o equilíbrio contratual, sob pena de gerar enriquecimento sem causa (proibido pelo arts. 884 a 886 do Estatuto Civil) e afrontar o dever anexo de cooperação, ganhando protagonismo neste contexto a utilização dos considerandos como mecanismo de dotar a negociação de boa-fé, transparência e equilíbrio, permitindo ao julgador perquirir a justeza e proporcionalidade da negociação ao analisar todo o contexto da negociação. Aqui, mais do que em relação às benfeitorias úteis, há necessidade de uma justificativa clara para a validade da renúncia à indenização e retenção pelas benfeitorias necessárias – cuja implementação, efetivamente, gera uma vantagem direta para o locador.

Realizar uma benfeitoria necessária é a concretização do dever de cooperação entre o locador e o locatário, na medida em que assegura a idoneidade do bem e impede a sua perda ou deterioração. Equivale a dizer: gera vantagem *direta* para o titular da locação. E, por isso, a renúncia à sua indenização há de estar inserida em contexto no qual o locatário também esteja a se beneficiar, como, por exemplo, obtendo um preço de aluguel abaixo do mercado ou tendo uma vantagem em contraprestação.

Aqui, vale destacar que o dever de cooperação, figurando como um dos deveres anexos, laterais, impostos pela boa-fé objetiva, tem a função de conceber uma zona de proteção dos interesses privados e gerais, a partir de uma *ética mínima que se impõe aos contratantes*, independentemente de sua vontade – e até mesmo contra ela. Por isso, mereceu de Antunes Varela a pertinente percepção de corresponder ao "dever de tomar todas as providências necessárias (razoavelmente exigíveis) para que a obrigação a seu cargo satisfaça o interesse do credor na prestação".[28]

Isso porque "a inserção de uma cláusula de exclusão da indenização e da retenção por benfeitorias desnatura o próprio dever de cooperação das partes, derivado do princípio da boa-fé objetiva, pois o locatário se furtará a realizar as benfeitorias necessárias – sabendo que não será indenizado –, permitindo que o bem seja desvalorizado e mesmo que venha a perecer". Aliás, essa conduta, inclusive, "impede ao locatário o cumprimento da obrigação de restituir a coisa no estado em que a recebeu e, mais importante, elide a possibilidade de tratar a coisa como se sua fosse", como se sustenta em obra sobre a teoria geral e os contratos em espécie.[29]

Em obra seminal acerca do tema, Judith Martins-Costa assegura que as partes de uma relação contratual não podem ser vistas como entidades isoladas e estranhas, atomisticamente

---

28. ANTUNES VARELA, *Das obrigações em geral*, op. cit., p. 128.
29. FARIAS, Cristiano Chaves de; ROSENVALD, Nelson. *Curso de Direito Civil*: Contratos, op. cit., p. 818.

consideradas, mas como partes que atuam em intensa colaboração intersubjetiva.[30] É dizer: efetivamente, as partes devem cooperar entre si para que sejam alcançadas as suas legítimas expectativas (dever anexo de cooperação), como corolário da boa-fé objetiva.[31] Até porque a cooperação potencializa a chance de um adimplemento satisfatório do negócio avençado.

Volvendo a visão para o contrato locatício, agora, infere-se, com segurança e tranquilidade, que, se assim não for, chega-se ao absurdo de afirmar que é melhor para o locatário deixar o bem perecer ou deteriorar, caso não haja uma contravantagem decorrente da negociação, do que atuar efetivamente para garantir a sua idoneidade, afinal de contas não teria direito de ser ressarcido, se não foi previamente autorizado. O absurdo salta aos olhos, por se tratar de uma violação à cooperação recíproca e ética negocial que estaria implicitamente autorizada por uma equivocada compreensão da súmula.

Nessa ordem de ideias, propomos que a validade das cláusulas contratuais de renúncia à indenização e retenção por benfeitorias necessárias estejam submetidas a um controle rigoroso de sua não abusividade, sendo nulas nos contratos de adesão (CC, art. 424) e nos contratos nos quais não reste evidenciada alguma contrapartida para impor uma onerosidade tão excessiva ao inquilino, implicando em uma desvantagem desmedida, violando frontal e direta o dever de cooperação, a boa-fé objetiva e a proibição de enriquecimento sem causa do locador.

6. LIMITES E POSSIBILIDADES PARA O EXERCÍCIO DO DIREITO DE RETENÇÃO POR BENFEITORIAS LOCATÍCIAS: ACHEGAS À LUZ DA NORMATIVIDADE PROCESSUAL

Ab initio, cumpre evidenciar a imensa lacuna teórica no enfretamento desse tema pela doutrina brasileira, seja pela timidez legislativa que não dispôs de forma detalhada sobre o instituto, seja pelo dogma da vedação à autotutela que despotencializa a utilização do direito de retenção. Esta apatia não condiz com a relevância prática e teórica que o instituto projeta na resolução de situações jurídicas na prática.

O conceito de direito de retenção (*jus retentionis*) pode ser definido, então, como sendo aquele assegurado ao possuidor direto do bem de retê-lo como forma de constranger o retomante a adimplir o seu débito conexo à coisa, elastecendo sua posse e condicionando a restituição da coisa à satisfação integral de débito, em prestígio ao princípio da vedação ao enriquecimento sem causa.

---

30. MARTINS-COSTA, Judith. *A boa-fé no direito privado*, op. cit., p.393-396.
31. Particularmente ilustrativo é o entendimento da Corte Superior de Justiça a respeito da incidência do dever de cooperação nos contratos de seguro de vida: "(...) 2. Se o consumidor contratou, ainda jovem, o seguro de vida oferecido pela recorrida e se esse vínculo vem se renovando desde então, ano a ano, por mais de trinta anos, a pretensão da seguradora de modificar abruptamente as condições do seguro, não renovando o ajuste anterior, ofende os princípios da boa-fé objetiva, da cooperação, da confiança e da lealdade que deve orientar a interpretação dos contratos que regulam relações de consumo. 3. Constatado prejuízos pela seguradora e identificada a necessidade de modificação da carteira de seguros em decorrência de novo cálculo atuarial, compete a ela ver o consumidor como um colaborador, um parceiro que a tem acompanhado ao longo dos anos. Assim, os aumentos necessários para o reequilíbrio da carteira têm de ser estabelecidos de maneira suave e gradual, mediante um cronograma extenso, do qual o segurado tem de ser cientificado previamente. Com isso, a seguradora colabora com o particular, dando-lhe a oportunidade de se preparar para os novos custos que onerarão, ao longo do tempo, o seu seguro de vida, e o particular também colabora com a seguradora, aumentando sua participação e mitigando os prejuízos constatados. 4. A intenção de modificar abruptamente a relação jurídica continuada, com simples notificação entregue com alguns meses de antecedência, ofende o sistema de proteção ao consumidor e não pode prevalecer." (STJ, Ac. 2ª Seção, REsp. 1.073.595/MG, rel. Min. Nancy Andrighi, DJe 29.04.2011).

16 • UMA COMPREENSÃO CRÍTICA DAS BENFEITORIAS NA LOCAÇÃO DE IMÓVEIS URBANOS

Diferentemente do conceito do direito de retenção que possui certa pacificidade na doutrina, a análise de tal direito possui sensíveis dificuldades na interpretação doutrinária[32], notadamente, no que toca à natureza jurídica do instituto, suas aplicações, o diálogo com a vedação à autotutela, bem como na definição do alcance e dos limites da sua aplicação.

Sem adentrarmos no intenso debate doutrinário sobre a natureza jurídica do instituto, que de um lado milita ser o *jus retentionis* um direito puramente pessoal e do lado oposto a corrente realista que advoga a natureza de direito real do instituto, defendemos, em adesão à doutrina majoritária, que o direito de retenção deve ser compreendido como um *direito pessoal com oponibilidade a terceiros*.

Defendendo essa posição intermediária, Arnoldo Medeiros da Fonseca[33]:

> Reduzido a exceção meramente pessoal, que só ao próprio devedor, ou aos seus herdeiros, pudesse ser oposta, o instituto perderia a sua maior utilidade, estimulando-se fraudes de prática facílima e prova quase impossível. De qualquer modo, o credor ver-se-ia injustamente privado da garantia natural do seu crédito conexo.

Essa característica é de fundamental importância para delimitação da carga eficacial do direito de retenção, pois interpretação diversa esvaziaria, por completo, o conteúdo do instituto, pois bastaria ao possuidor indireto realizar uma operação de alienação envolvendo o bem retido, que o terceiro adquirente poderia se insurgir em face do possuidor direto, esvaziando a eficácia do direito de retenção, sendo nessa hipótese uma "garantia vã e ridícula"[34].

Prospectadas essas noções conceituais sobre o direito de retenção, é mister lançar luzes sobre a sua incidência no microssistema inquilinário. Aqui, o ponto central da discussão é averiguar se o a retenção é reconhecida em favor de qualquer possuidor direto da coisa alheia que venha, posteriormente, a se tornar proprietário da coisa, ou, ao contrário, se está restrito a uma interpretação mais restritiva, só admitido nos casos previstos em lei[35].

Pois bem, sobre o tema, reza, expressamente, o art. 35 do aludido Diploma Legal:

> Art. 35, Lei 8.245/91:
> "Salvo expressa disposição contratual em contrário, as benfeitorias necessárias introduzidas pelo locatário, ainda que não autorizadas pelo locador, bem como as úteis, desde que autorizadas, serão indenizadas e permitem o exercício do direito de retenção."[36]

Assim sendo, volvendo a análise para os aspectos práticos do instituto, primeiro ponto que precisa ser enfatizado é que o direito de retenção é instituto que produz seus efeitos de forma autônoma, sem a exigência, em regra, de qualquer pronunciamento ou homologação judicial. É, portanto, um direito que pode ser exercido de forma legítima

---

32. ANDRADE, Olavo de. *Notas sobre o direito de retenção*, op. cit., p. 11-13.
33. MEDEIROS DA FONSECA, Arnoldo. *Teoria geral do direito de retenção*, op. cit., p. 265.
34. Assim, CARVALHO DE MENDONÇA, José Xavier. *Tratado de direito comercial brasileiro*. 2. ed. Rio de Janeiro-São Paulo: Freitas Bastos, 1937. v. VIII.
35. Há, por exemplo, discussão a respeito da possibilidade de aplicar, analogicamente, o regramento do direito de retenção previsto no art. 571 do Código Civil para o caso de rescisão antecipada à relação inquilinária regida pela Lei 8.245/91 (enquanto não ressarcido pelas perdas e danos decorrentes da rescisão antecipada da locação, o locatário poderia exercer o direito de retenção), utilizando-se de critérios de interpretação extensiva por analogia e equidade.
36. No âmbito da locação comum, regulamentada pelo Código Civil, há uma norma similar: "salvo disposição em contrário, o locatário goza do direito de retenção, no caso de benfeitorias necessárias, ou no de benfeitorias úteis, se estas houverem sido feitas com expresso consentimento do locador" (CC, art. 578).

extrajudicialmente, sendo umas das raras exceções do ordenamento a permitir ao indivíduo o exercício da autotutela[37].

Ao nosso juízo, parece correto incluir o direito de retenção, ao lado da ata notarial, da produção antecipada de prova e dos negócios jurídicos pré-processuais como mecanismos extrajudiciais de coerção indireta, que induzem o contratante inadimplente a cumprir sua obrigação contratual e que exercem, portanto, papel fundamental como fator de indução às decisões consensuais, gravitando como instrumentos acessórios imprescindíveis ao sistema multiportas, que é tão enfatizado pelo Código de Processo Civil.

Sobre o tema Pontes de Miranda assevera, com cirurgia, que o direito de retenção se trata de um *direito potestativo*[38], em razão de conferir à pessoa a possibilidade de, por simples manifestação de vontade, conseguir determinado efeito jurídico.

Essa peculiaridade confere ao instituto da retenção a importante função de estimular as decisões negociais, ao ser instrumento eficaz de coerção indireta para o pagamento do crédito garantido, afastando os custos e desgastes de um processo judicial. Partindo desta premissa, o direito de retenção possui três atributos fundamentais: *i)* o elastecimento da posse oriundo de uma nova fonte normativa; *ii)* a função de garantia; *iii)* a relação de conexidade entre o crédito do locatário e a coisa retida, não estando presente como requisito de constituição da retenção, a homologação judicial.

Desta maneira, o direito de retenção só aterrissa no campo processual se houver, por exemplo, o questionamento a respeito da extensão e dos limites dos seus critérios de legalidade, quando terceiros interessados reclamam a coisa retida, ou quando o possuidor da coisa visa manter a sua posse ou defendê-la judicialmente de turbações ou esbulhos.

É digno de nota que a carga eficacial do provimento jurisdicional que analisa o direito de retenção será predominantemente declaratória[39], eis que a cognição judicial incidirá sobre os critérios de legalidade do *jus retentionis*, declarando se o direito de retenção existe ou não no caso concreto.

Cumpre evidenciar, contudo, que nos casos em que o locatário já estava no exercício do seu direito de retenção e houve violência injusta da sua posse, com o seu consequente desapossamento, o pronunciamento judicial poderá ter carga condenatória, quando o juiz determina que o locador ou terceiro entregue o objeto ao locatário, ao declarar concomitantemente que o direito de retenção outrora exercido era legal e legítimo.

Portanto, dependerá da análise do caso concreto e da posição processual em que o detentor se encontra, a eleição de qual o instrumento processual adequado a ser utilizado para se instrumentalizar o direito de retenção.

É possível, nesta ordem de ideias, que o locatário que possua dúvidas a respeito do preenchimento dos requisitos do direito à retenção e dos limites da sua utilização, notadamente, em situações em que o direito não decorra diretamente da incidência da lei, possua

---

37. De acordo com Aragão "A aceitação pontual da autotutela justifica-se pela impossibilidade da presença imediata do Estado em determinados conflitos que exigem uma resposta rápida para resguardar certos direitos" ARAGÃO, Nilsiton Rodrigues de Andrade. A institucionalização da mediação judicial: propostas de aprimoramento da gestão consensual de conflitos no Judiciário para a concretização do acesso à Justiça. Tese (Doutorado) – Universidade de Fortaleza. Programa de Doutorado em Direito Constitucional, Fortaleza, 2018. (2018. p. 41).

38. PONTES DE MIRANDA. *Tratado de direito privado*, op. cit., passim.

39. MEDEIROS DA FONSECA, Arnoldo. *Teoria geral do direito de retenção*, op. cit.., p. 300.

16 • UMA COMPREENSÃO CRÍTICA DAS BENFEITORIAS NA LOCAÇÃO DE IMÓVEIS URBANOS | **265**

interesse jurídico em ajuizar uma ação declaratória[40] visando ao pronunciamento judicial de reconhecimento da legalidade do exercício do direito de retenção, que lhe permitiria um exercício extrajudicial do *jus retentionis* de forma mais segura.

Há também como meios ativos de exercício do direito de retenção, as *ações possessórias* que visam tutelar judicialmente a posse do retentor sobre a coisa retida nas hipóteses de esbulho ou turbação ou ameaça de tais ilegalidades e os *embargos de terceiros* cabíveis quando o locatário não for parte do processo e sofrer ameaça ou diretamente turbação ou esbulho da coisa retida.

Noutra banda, caso o retentor seja demandado judicialmente pelo locador ou terceiro interessado que demonstre justo título de propriedade sob o bem, haverá, por regra, os meios passivos (*in excipiendo*): i) *da exceção de retenção*; ii) *dos embargos à execução por retenção em face de título executivo extrajudicial*, conforme analisar-se-á a seguir.

Em primeiro, caso haja o ajuizamento de uma ação de conhecimento para entrega de coisa em que veicule, por exemplo, uma pretensão de despejo, a defesa do locatário deve concentrar todos os argumentos possíveis, inclusive, os elementos caracterizadores do seu direito de retenção, caso pretenda permanecer na posse do imóvel.

Desta feita, a exceção de retenção deverá ser postulada obrigatoriamente na contestação com a finalidade de obstar a eficácia da pretensão autoral, postergando a devolução do bem para o momento do ressarcimento das despesas com as benfeitorias, sob pena de preclusão, eis que não é mais cabível no ordenamento processual a oposição de embargos de retenção contra título executivo judicial.

O direito de retenção enquadra-se no gênero *defesa de mérito (exceção substancial)*, por fundar-se em razões que incidem sobre o mérito da demanda, e não sob aspectos de forma ou dos atos processuais, sendo uma espécie de *defesa de mérito indireta*, pois não enfrenta a ação processualizada negando-lhe os fatos ou os efeitos jurídicos a ela atribuídos, o seu objetivo é rejeitar a ação em decorrência de fato (modificativo, impeditivo ou extintivo) não sustentado pelo autor.

A respeito dessa temática, há importante discussão doutrinária se o reconhecimento do direito de retenção exige ser veiculado via reconvenção. O instituto da reconvenção "é modalidade de resposta em que o réu formula, em seu favor, pedido diferente do da simples improcedência da ação intentada pelo autor. Trata-se de verdadeiro contra-ataque do réu (ainda que em litisconsórcio ulterior) em detrimento do autor (ainda que em litisconsórcio ulterior), em que aquele intenta outra ação (reconvencional) na qual assume a posição de autor"[41] conforme proposição doutrinária.

Esses autores perfilham o entendimento de que, em regra, não se exige a reconvenção para veiculação do *jus retentionis*, por se tratar de um direito passivo, de absoluta defesa, não possuindo natureza de contra-ataque, mas de um direito que em caso de acolhimento, projeta a modificação do conteúdo da condenação[42].

---

40. CIMARDI, Cláudia Aparecida. Anotações sobre o direito de retenção por benfeitorias e os embargos do art. 745, IV, do CPC, op. cit., p. 370.
41. MOUZALAS, Rinaldo; NETO, João Otávio Terceiro; FILHO, Eduardo Augusto Madruga de Figueiredo. *Processo Civil – Volume Único*, op. cit., passim.
42. Catuzzo Junior, Dante Soares. *Direito de retenção no direito brasileiro*: proposta de sistematização, op. cit., p. 163.

Entremeentes, cumpre evidenciar que em razão da relação de conexidade entre a coisa retida e o crédito do retentor decorrente das benfeitorias não ressarcidas pelo locador, o locatário poderá apresentar reconvenção para o reconhecimento judicial desse crédito, tornando-o líquido e certo, objeto, pois, diverso do reconhecimento do *jus retentionis*.

Nada obstante, caso o locatário veicule o direito de retenção na forma de reconvenção, em prestígio à instrumentalidade valorativa e ao princípio da fungibilidade, a alegação deverá ser admitida, caso preenchidos os requisitos do instituto[43].

Conclui-se, então, que a peça contestacional, assim, é a sede processual adequada para a apresentação do direito de retenção, sendo certo que a não observância da eventualidade acarretará a preclusão em desfavor do réu, que, depois da contestação, fica impossibilitado, em regra, de suscitar questões não apresentadas na defesa.

Desde as reformas havidas no Código de Processo Civil de 1973, e com o advento do Código de 2015, foi ampliada a lógica do sincretismo processual, bem como com a exclusão dos embargos de retenção em face de título judicial, impõe-se, por consequência, a concentração da inteireza do debate sobre o *jus retentionis* na fase cognitiva da ação, sob pena de preclusão, fato que impede, *exempli gratia*, a propositura de ação autônoma para retenção de benfeitorias em imóvel cuja posse foi perdida por sentença judicial.

Acerca da matéria, já se pronunciou o Superior Tribunal de Justiça em recente julgado, da relatoria da Min. Nancy Andrighi:

> *"(...) 5. Não arguida na contestação, opera-se a preclusão da prerrogativa de retenção da coisa por benfei-torias, sendo inadmissível o exercício da pretensão em embargos à execução ou impugnação e, tampouco, a propositura de ação autônoma visando ao mesmo fim. 6.* A preclusão do direito de retenção não impede que o possuidor de boa-fé pleiteie, em ação própria, a indenização pelo valor das benfeitorias implementadas na coisa da qual foi desapossado."

(STJ, Ac. 3ª T., REsp: 1782335/MT, rel. Min. Nancy Andrighi, j. 12.05.2020, DJe 18.05.2020).

Cumpre, ainda, sublinhar que ocorrida a preclusão, pela não alegação da exceção de retenção na contestação, nada obsta que o locatário promova uma ação autônoma, e dentro dos limites da prescrição, para pleitear indenização pelo valor das benfeitorias que tiverem sido implementadas no imóvel em que foram desapossados.

Em apertada síntese, o direito de retenção só poderá ser alegado em sede da fase de execução, no caso do processo sincrético iniciado pela fase de conhecimento, quando o *jus retentionis* tiver sido reconhecido em *título executivo judicial*, hipótese na qual o locatário poderá se utilizar da impugnação ao cumprimento ou da exceção de pré-executividade, como meios de defesa na execução.

Noutra banda, quando houver execução fundada em título executivo extrajudicial, hipótese na qual o legislador confere força executiva a determinados documentos por entender que, em relação a eles, haveria uma certeza quanto à existência da obrigação, que era suficiente para autorizar a direta instauração de execução, dispensando-se a fase cognitiva.

---

43. Sobre a temática, assim orienta o Enunciado 45 do Fórum Permanente de Processualistas Civis, "para que se considere proposta a reconvenção, não há necessidade de uso desse *nomen iuris*, ou dedução de um capítulo próprio. Contudo, o réu deve manifestar inequivocamente o pedido de tutela jurisdicional qualitativa ou quantitativamente maior que a simples improcedência da demanda inicial".

Nessa hipótese, quando o locador executar um contrato de locação assinado por duas testemunhas, por exemplo, o fará sob o rito da execução de título extrajudicial e o meio de defesa a ser manejado pelo retentor serão os embargos à retenção na forma do art. 917 do Código de Ritos de 2015. O aludido dispositivo inclui, como hipótese de cabimento do embargo à execução de obrigação de entregar coisa certa, a *retenção por benfeitorias*. Incumbirá ao locatário especificar neste embargo, quais foram as benfeitorias por ele realizadas e o valor exato que deverá ser ressarcido pelo locador, sob pena dos embargos serem liminarmente rejeitados, caso esse seja o seu exclusivo fundamento.

Na impugnação aos embargos à retenção oposto pelo locatário, o locador poderá demandar a compensação de seu débito (indenização das benfeitorias) com os dos possíveis frutos ou danos considerados devidos pelos locatários e reconhecidos pelo juízo. Em tal hipótese, cumprirá ao juiz, para a apuração dos respectivos valores, nomear perito, a lhe fixar prazo para entrega do laudo, observando-se, então, o art. 464 do Código de Processo Civil.

Para além disso, a aplicação do § 6º do art. 917 do Código Instrumental garante, ainda, a possibilidade de o magistrado imitir na posse o locador a qualquer tempo, desde que este preste caução ou deposite o valor devido pelo saldo das benfeitorias, em caso de excesso de crédito. Entretanto, para que se viabilize a hipótese há de se pressupor a comprovação da quantificação das benfeitorias, por intermédio de perícia.

De igual modo, o locatário poderá requerer a concessão de efeito suspensivo nos embargos à retenção, desde que presentes os requisitos da fumaça do bom direito e do perigo da demora e que, por fim, ele garanta a execução, por meio de penhora, depósito ou caução suficiente.

7. NOTAS CONCLUSIVAS: À GUISA DE UM ARREMATE PROSPECTIVO

Seguramente, em face da relevância cotidiana, são muitas as divergências e discussões que cercam o estudo das benfeitorias e do direito de retenção sob a ótica do microssistema inquilinário.

Nestes escritos, buscou-se, após um pequeno introito acerca do redimensionamento das relações locatícias frente às novas tecnologias e a dinamicidade do pós-modernismo, prospectar questões (persistentes e emergentes) sobre o tema e propor soluções contemporâneas, à luz dos dispositivos de um fecundo diálogo de fontes de normativas, substanciais e processuais, que regem as relações locatícias.

Partindo da premissa de uma conceituação útil das espécies de benfeitorias, para que se possa ter a real compreensão do seu conteúdo, e perceber o interesse finalístico da classificação tridimensional das benfeitorias, reconhecendo-se o seu largo interesse prático, relembrou-se o reconhecimento ao possuidor de boa-fé do *direito à indenização e de retenção pelas* benfeitorias necessárias e úteis e o direito ao levantamento (retirada) das voluptuárias, enquanto o possuidor de má-fé será ressarcido, somente, pelas benfeitorias necessárias, não lhe assistindo, no entanto, o direito de retenção pela importância delas, nem o de levantar as voluptuárias.

Volvendo a visão para a realidade específica da relação locatícia, notadamente, nota-se que a norma especial é lacônica e imprecisa, exigindo uma interpretação à luz das múltiplas facetas que o tema envolve. Por isso, a melhor interpretação é a que aponta no sentido de que, nos contratos de locação de imóveis urbanos, como regra geral, as *benfeitorias necessárias*, introduzidas pelo locatário, serão indenizáveis sempre, independentemente de autorização, enquanto *as benfeitorias úteis* somente admitirão indenização se houver autorização do locador ou se o contrato dispensar tal anuência, admitindo sempre o direito de retenção, tanto das necessárias, quanto das úteis indenizáveis. No que tange às benfeitorias voluptuárias (suntuárias), que se destinam ao mero deleite do possuidor, não admitem indenização em nenhuma hipótese, podendo, apenas, ser levantadas pelo locatário, desde que não afete (danifique) a estrutura e substância do imóvel. Não sendo possível a sua retirada sem danificação da coisa, descabe uma pretensão.

Chega-se, então, ao nó górdio sobre a matéria: a juridicidade, ou não, da cláusula de renúncia antecipada à indenização e retenção por benfeitorias locatícias nos contratos de adesão e nos contratos paritários. Aqui, há de se projetar, a partir de uma compreensão plural, uma proposta de diálogo afinado de fontes normativas: *o grau de incidência da liberdade contratual na elaboração do contrato de locação é fator fundamental para aferir a legalidade e legitimidade de inclusão de cláusulas contratuais restritivas à direitos.*

Nessa linha de intelecção, quanto maior o espaço de negociabilidade e de paridade entre as partes na elaboração das cláusulas do contrato, maior a possibilidade das partes realizarem um *trade off* entre interesses contratuais, seja de ordem material ou processual. Avulta, nesse caso, a liberdade de autodeterminação contratual. A outro giro, todavia, estando eliminada ou asfixiada a autonomia privada, nos casos de incidência da técnica de adesão, por exemplo, menor a possibilidade de inclusão de cláusulas que acometam uma das partes de vantagens irrazoáveis – o que gera uma evidente nulidade.

Bem por isso, propomos que essa regra de ouro seja utilizada para analisar a possibilidade, ou não, de inclusão de cláusulas de renúncia a benfeitorias e ao direito de retenção nos contratos locatícios, conforme se concluiu nos tópicos 4 e 5. E, sendo assim, a melhor compreensão do Enunciado 335 da súmula de jurisprudência da Corte Superior é no sentido de condicionar a validade das cláusulas de renúncia antecipada à indenização e retenção por benfeitorias somente aos contratos partitários, com clara declaração volitiva indicando as vantagens recíprocas obtidas por cada contratante. Em especial no que tange às benfeitorias necessárias, cuja indenizabilidade, em regra, é essencial, não se pode lhe conferir validade em uma arquitetura contratual que não projete total equilíbrio de forças e vantagens em uma locação, por ocasionar desvantagens desmedidas para o aderente, sob pena de violação frontal e direta ao dever de cooperação e à proibição de enriquecimento sem causa do locador.

Alcançando, então, os aspectos processuais do tema, e partindo da premissa de que o direito de retenção tem função de garantia, por se tratar de um direito pessoal com oponibilidade a terceiros e que produz seus efeitos de forma autônoma, vislumbra-se nele, ao lado da ata notarial, da produção antecipada de prova e dos negócios jurídicos pré-processuais, um mecanismo extrajudicial de coerção indireta, que induz o contratante inadimplente a cumprir sua obrigação. Cuida-se, pois, de um fator de indução às decisões consensuais, gravitando como instrumentos acessórios imprescindíveis ao sistema multiportas.

Em razão da sua autonomia, e da sua possibilidade de exercício extrajudicial, vislumbramos múltiplos instrumentos processuais para a tutela do direito de retenção, seja de forma ativa (ação declaratória, ações possessórias ou embargos de terceiros), ou de forma passiva (exceção de retenção na hipótese do processo ser instaurado pela fase de conhecimento e os embargos à retenção na hipótese de embargos à retenção em face de ação de execução de título extrajudicial), estabelecendo os limites e a extensão da sua aplicabilidade. Nessa ordem de ideias, no processo de conhecimento, obrigatoriamente o locatário deverá veicular a tutela do seu direito de retenção, via contestação, sob pena de preclusão do seu direito. E, assim, a *litis contestatio* é a sede adequada para exercer o direito, sob pena de preclusão. Noutra banda, quando houver execução fundada em título executivo extrajudicial, dispensa-se a fase cognitiva, hipótese na qual o meio de defesa a ser manejado pelo retentor serão os embargos à retenção na forma do art. 917 do Código de Processo Civil.

O que se deseja é que as prospecções formuladas contribuam para o desenvolvimento das reflexões e deliberações sobre os contornos contemporâneos das benfeitorias e do direito de retenção como mecanismos de estímulo às resoluções consensuais dos conflitos, devendo ter papel protagonista dentro do sistema multiportas.

Daí a defesa de uma solução extrajudicial (em contrato paritário), com a proposta de soluções para o enfretamento de aparentes conflitos normativos à luz de uma visão negociada e sistemática de diálogo de fontes sempre levando a sério a multidisciplinariedade peculiar do tema proposto. Tais conclusões visam estabelecer novas premissas para compreensão dos institutos, dotando-os de maior eficácia, como também estabelecer um guia hermenêutico, a estabelecer diretrizes para o entendimento da extensão e dos limites deste tão importante instituto, sempre buscando uma compreensão renovada das benfeitorias e do direito de retenção.

Enfim, um texto feito "com muito esmero", assim como a belíssima *Casapuebla*, na agitada Punta del Este.

17
GARANTIAS LOCATÍCIAS

Beatriz Capanema Young

Mestre em Direito Civil pela Universidade do Estado do Rio de Janeiro (UERJ). Graduada em Direito pela IBMEC/RJ. Advogada.

Sumário: 1. Introdução. 2. Modalidades de garantia. 2.1 Caução. 2.2 Fiança locatícia. 2.3 Seguro de fiança locatícia. 2.4 Cessão fundo de investimento. 3. Substituição das garantias. 4. Extinção da garantia. 5. Conclusão.

1. INTRODUÇÃO

Para reduzir o risco do eventual inadimplemento das obrigações do locatário, permite a lei que o locador exija garantias.[1] O termo "garantia" advém do francês *garantie*, que significa proteger, assegurar. A função precípua das garantias locatícias seria, portanto, a de proteção, assegurando o cumprimento da prestação devida pelo locatário.

Como se sabe, as garantias agem como mecanismo de proteção do credor, permitindo que ele receba o seu crédito tal como se obrigou o devedor.[2] Cuida-se de expediente a tornar privilegiada a situação jurídica do credor, vez que, para além da sua garantia geral,[3] materializada no patrimônio ordinário do devedor, o beneficiário passa a dispor de um acréscimo quantitativo e qualitativo, aumentando a probabilidade de satisfação do crédito. Dessa forma, as garantias locatícias integram o sistema de tutela do crédito, sendo medidas de reforço, acessórias ao contrato principal, proporcionando ao credor segurança,[4] reduzindo os riscos de insolvência do locatário.

---

1. No direito obrigacional, o emprego do vocábulo "garantia" não é unívoco. Eduardo Espínola, por exemplo, o utiliza para denominar genericamente todos os meios de tutela do crédito (ESPÍNOLA, Eduardo. *Garantia e extinção das obrigações*. Campinas: Bookseller, 2005, p. 251-252). Sobre a ambiguidade da palavra "garantia" no direito brasileiro, RENTERIA, Pablo. *Penhor e Autonomia Privada*. São Paulo: Atlas, 2016, p. 87-93.
2. "A existência de um sistema eficaz de garantias que proporcione ao credor não só a maior segurança possível, mas também uma forma expedita de realizar o seu valor e que possibilite ao devedor efectuar o pagamento sem custos demasiado elevados é fundamental. Não é, pois, de estranhar que, nos nossos dias, atenta a realidade socioeconômica que se vive na generalidade dos países, as garantias das obrigações assumam um peso crescente e se procurem soluções para os problemas actuais, que transcendem as fronteiras nacionais" (MATOS, Isabel Andrade de. *O pacto comissório*: contributo para o estudo do âmbito da sua proibição. Coimbra: Almedina, 2006, p. 10).
3. Estabelece o art. 391, CC: "Pelo inadimplemento das obrigações respondem todos os bens do devedor". No mesmo sentido, "A garantia geral das obrigações é constituída pelo patrimônio do devedor" (CASTRO NEVES, José Roberto. O Contrato de fiança. In: NEVES, Thiago Ferreira Cardoso (Coord.). *Direito & Justiça Social*: Estudos em homenagem ao professor Sylvio Capanema de Souza. São Paulo: Atlas: 2013, p. 353).
4. "O que de fato interessa é a segurança que a garantia proporciona ao credor, colocando à sua disposição instrumento de realização do crédito, do qual pode se valer em caso de necessidade. Desse modo, a garantia age muito antes do inadimplemento, proporcionando segurança ao credor e induzindo o devedor a cumprir a sua obrigação. Mais do que isso, ao reforçar a probabilidade de satisfação do crédito, torna o credor mais propenso a emprestar capital e a fazê-lo em condições menos onerosas para o devedor. Favorece, assim, o acesso ao crédito, estimulando o financiamento das atividades do devedor" (RENTERIA, Pablo. *Penhor e Autonomia Privada*. São Paulo: Atlas, 2016, p. 234).

De função exclusiva de garantia a terceiros, as garantias locatícias passaram a sustentar no direito contratual contemporâneo como objetivo e fundamento, também, a promoção e a proteção da pessoa humana. Promoção, no sentido de propiciar o acesso a moradia por meio da locação, com a facilitação à obtenção de crédito[5] servindo de estímulo às atividades econômicas,[6] e proteção da subsistência com meios materiais mínimos para uma vida digna, conciliando os interesses dos locadores com a busca por moradia dos locatários. Sua anterior função, assim, assume um caráter secundário quando for atendido o preceito maior personalista.

Tecidas estas breves considerações iniciais, passa-se à análise das várias modalidades de garantia locatícias previstas pela Lei 8.245/91e algumas possíveis controvérsias que podem surgir na prática negocial.

2. MODALIDADES DE GARANTIA

A Lei do Inquilinato prevê, no art. 37, quatro tipos de garantia para os contratos de locação de imóveis: caução, fiança, seguro de fiança locatícia e cessão fiduciária de quotas de investimento, cabendo ao locador o direito de escolher.

Segundo a uníssona doutrina,[7] as garantias locatícias estão elencadas em *numerus clausus,* não se admitindo qualquer outra, além daquelas trazidas no rol taxativo do art. 37, sob pena de nulidade da cláusula.[8]

A Lei do Inquilinato, que possui um perfil intervencionista buscando proteger a parte habitualmente mais vulnerável na relação locatícia – o inquilino – e de promover políticas públicas que facilitem o acesso de classes sociais mais vulneráveis à moradia, traz, nessa direção, no parágrafo único do art. 37,[9] a vedação à exigência de duas modalidades de garantias pelo locatário, que configuraria conduta abusiva.

Nesse sentido, o locador, ao alugar seu imóvel, somente poderá exigir uma das quatro garantias previstas no art. 37, sob pena de nulidade e constitui contravenção penal.[10] Porém, dentro da mesma modalidade, a garantia pode ser múltipla, como, por exemplo, a exigência de dois fiadores.

---

5. "O desenvolvimento do mercado de crédito está diretamente ligado, dentre outros fatores, ao aprimoramento das garantias de cumprimento. A oferta do crédito depende da concessão, ao credor, de garantias que proporcionem a máxima efetividade de seu direito com o menor ônus possível ao devedor" (MOREIRA ALVES, José Carlos. *Da Alienação Fiduciária em Garantia.* 3. ed., Rio de Janeiro: Forense, 1987, p. 1).

6. Ao aumentar a probabilidade de satisfação do crédito, a garantia também torna o credor mais propenso a emprestar o capital, ou no caso da garantia locatícia, locar o imóvel, em condições menos onerosas para o devedor. Assim, as garantias acabam por favorecer o acesso ao crédito, servindo de estímulo ao financiamento das atividades econômicas. Portanto, para além de uma vocação repressiva ao inadimplemento, que as garantias inegavelmente ostentam, têm também finalidade promocional, representando expediente que atende, a um só tempo, aos interesses do credor, ao lhe assegurar o resultado útil programado, e do devedor, que passa a ter acesso ao crédito.

7. Nesse sentido, SOUZA, Sylvio Capanema de. *A lei do inquilinato comentada.* 10. ed. Rio de Janeiro: Forense, 2017, p. 175; DINIZ, Maria Helena. *Lei de locação de imóveis urbanos comentada.* 13. ed. São Paulo: Saraiva, 2014, p. 196; SLAIBI FILHO, Nagib. *Comentários à lei do inquilinato.* Rio de Janeiro: Forense, 2010, p. 258; SCAVONE JUNIOR, Luiz Antonio; PERES, Tatiana Bonatti. *Lei do inquilinato:* comentada artigo por artigo. Rio de Janeiro: Forense, 2017, p. 179.

8. RODRIGUES, Silvio. *Da locação predial:* comentários a lei n. 6.649, de 16 de maio de 1979, com as alterações da lei n. 6.698, de 15 de outubro de 1979. 2. ed. São Paulo: Saraiva, 1980, p. 113.

9. Art. 37, parágrafo único da lei 8.245/91: "É vedada, sob pena de nulidade, mais de uma das modalidades de garantia num mesmo contrato de locação".

10. Art. 43 da lei 8.245/91: "Constitui contravenção penal, punível com prisão simples de cinco dias a seis meses ou multa de três a doze meses do valor do último aluguel atualizado, revertida em favor do locatário: (...) II – exigir, por motivo de locação ou sublocação, mais de uma modalidade de garantia num mesmo contrato de locação".

2.1 Caução

Dispõe o art. 38 da Lei 8.245/91 que a caução, como garantia para os contratos de locação, pode ser feita em bens móveis ou imóveis.[11]

Quanto à caução em bens móveis, tem-se aquela feita em dinheiro, em valor não excedente a três meses de aluguel. Finda a locação, e cumpridas as obrigações pelo locatário, a importância dada em caução deve ser revertida em seu proveito, acrescida de correção monetária e juros. Existe também a possibilidade da caução em títulos e ações, que compreendem qualquer valor mobiliário. Podem ser eles: títulos de capitalização, ações de companhias debêntures, títulos de crédito ou quotas em sociedade empresária.

A caução real,[12] é aquela que recairá sobre bem móvel (penhor) ou imóvel (hipoteca e anticrese), que se constituem direitos reais de garantia, taxativamente enumerados no art. 1.225 do Código Civil. O locador, ao exigi-la, procura reforço patrimonial nos bens do inquilino ou de terceiro, afetando-os, e adquirindo, assim, sobre eles direito especial, assegurando o cumprimento ou a indenização pelo inadimplemento da obrigação locatícia.

A Lei dispõe que a caução que recair sobre bens móveis deverá ser registrada junto ao Cartório de Títulos e Documentos, e tratando-se de bens imóveis deverá ser averbada à margem da respectiva matrícula imobiliária do Cartório de Registro de Imóveis. Salienta-se que é indispensável, em ambos os casos, a publicidade do contrato constitutivo da garantia, a fim de operar a oponibilidade *erga omnes*.

Deve-se ainda expressar o valor da obrigação garantida, bem como se deve estabelecer o prazo contratual, que necessariamente terá vinculação ao tempo estipulado na locação.

Portanto, vencida e não paga a dívida que foi garantida com caução, permite-se ao credor excutir o bem que a garante, ou executar a dívida, buscando sua satisfação através da excussão do bem dado em caução.

2.2 Fiança locatícia

A fiança apresenta-se como a garantia pessoal (ou fidejussória) típica das obrigações,[13] sendo regulada nos artigos 818 a 839 do Código Civil. É, portanto, um contrato, por meio do qual uma pessoa se compromete a honrar a obrigação principal, vinculando o seu próprio patrimônio como medida de reforço ao cumprimento da prestação pelo devedor, denominado afiançado.[14] Por meio da fiança cria-se uma nova relação obrigacional, pela qual um terceiro assume, perante o credor, a obrigação de quitar o débito, se o devedor não o fizer.[15] A doutrina civilista costuma apontar que a fiança, como gênero, comportaria

---

11. Em relação a caução houve substancial modificação, já que no diploma anterior, de 1979, só se admitia quando representada por dinheiro. A lei atual expandiu o território da caução, para que pudesse ela ser representada por outros bens, que não dinheiro, móveis ou imóveis, no objetivo evidente de facilitar a prestação de garantia e obtenção do contrato.

12. O termo "caução" vem do latim, *cautionis* (ação de se acautelar, precaução), indicando a cautela que se toma, pela qual alguém oferece a outrem a garantia ou segurança para o cumprimento de alguma obrigação. Esta é a lição de SILVA, De Plácios e. *Vocabulário jurídico*. 32. ed. Rio de Janeiro: Forense, 2016, v. 1, p. 318-321.

13. "Na garantia pessoal, esse reforço consiste em instituir uma obrigação secundária, assumida por um devedor diferente, o que implica uma segunda aplicação, também em relação a este, do mecanismo da garantia geral das obrigações. As garantias pessoais caracterizam-se assim por implicarem um reforço da garantia geral, tornando responsáveis à face do credor outra ou outras pessoas diferentes, o que implica consequentemente a vinculação dos patrimônios destas à satisfação do direito de crédito" (LEITÃO, Luiz Manuel Teles de Menezes. *Garantias das obrigações*. 6. ed. Coimbra: Almedina, 2019, p. 95).

14. No art. 818 do Código Civil encontra-se uma precisa definição do contrato de fiança: "Pelo contrato de fiança, uma pessoa garante satisfazer ao credor uma obrigação assumida pelo devedor, caso este não a cumpra".

15. De acordo com Paulo Lôbo: "A fiança é o contrato mediante o qual uma pessoa (fiador) garante com seu próprio patrimônio a dívida de terceiro (devedor), caso este não a pague ao credor. Sua finalidade é a garantia do adimplemento. (...) O fiador

as espécies legal, judicial e convencional,[16] podendo ser gratuita ou onerosa, prestada por pessoa física ou pessoa jurídica.

No mercado locatício, a utilização da fiança é bastante frequente,[17] especialmente em razão de sua simplicidade operacional e de seu caráter gratuito, configurando-se a mais acessível garantia de crédito, desempenhando papel de relevo na vida econômica.[18] Por representar um incremento ao vínculo obrigacional, sua prestação por vezes permite que pessoas desprovidas de patrimônio relevante se insiram na cadeia econômica de circulação de bens e serviços, cumprindo papel fundamental na viabilização dos negócios jurídicos e, por conseguinte, na economia.[19]

Pode se extrair do art. 818 do Código Civil duas das características estruturais da fiança: a acessoriedade e a subsidiariedade. A acessoriedade significa dizer que a obrigação do fiador "se apresenta na dependência estrutural e funcional da obrigação do devedor, sendo determinada por essa obrigação em termos genéticos, funcionais e extintivos".[20] Nesse sentido, o velho adágio pelo qual o acessório segue o principal,[21] encontra intensa incidência nesse tipo contratual, como denotam as seguintes particularidades: (i) em geral a invalidade da obrigação contamina a fiança,[22] (ii) a extinção da obrigação tem, via de regra, por consequência a cessação da fiança,[23] e (iii) o fiador pode opor ao credor as exceções que lhe são pessoais bem como aquelas que competem ao devedor.[24]

Já a subsidiariedade reconduz à possibilidade de o fiador invocar o benefício de ordem, também denominado benefício de excussão, para que sejam primeiramente atingidos os bens do devedor.[25] Nessa hipótese, somente se o devedor não houver bens

---

se obriga, contrai uma obrigação. Não estabelece somente uma sujeição ou afetação de seu patrimônio, pois esta, ou seja, a submissão do patrimônio ao ataque do credor, é mera consequência da obrigação. O caráter peculiar da fiança vem do fim que persegue: garantir uma dívida alheia" (LÔBO, Paulo. *Direito civil*: contratos. São Paulo: Saraiva, 2011, p. 430). No mesmo sentido, OLIVEIRA, Lauro Laerte de. *Da fiança*. São Paulo: Saraiva, 1981, p. 2-3).

16. SANTOS, Guildo dos. *Fiança*. São Paulo: Revista dos Tribunais, 2006, p. 44-49; BEVILAQUA, Clovis. *Direito das obrigações*. 5. ed. Rio de Janeiro: Freitas Bastos, 1940, p. 401.

17. Segundo dados do Secovi-RJ de 2019, a fiança é a modalidade de garantia mais utilizada no mercado, em 58% dos contratos locatícios residenciais, enquanto em segundo lugar com 18% está o depósito-caução. Disponível em: <https://www.secovirio.com.br/servicos/pesquisa-e-indicadores>. Acesso em: 06 out. 20.

18. "Dentre as garantias pessoais de cumprimento avulta como estrela de primeira grandeza a fiança, desde logo porque é (...) a única das garantias pessoais regulada no capítulo do CC relativo às 'garantias especiais das obrigações'. Apesar de a fiança corresponder apenas a uma espécie de garantia pessoal – a garantia pessoal acessória – a sua importância ultrapassa o seu estrito campo de aplicação, já que o seu regime é de referência essencial para o estudo das garantias pessoais, máxime daquelas, como a garantia bancária autônoma, que não conhecem regulamentação legal" (GOMES, Manuel Januário da Costa. *Assunção fidejussória de dívida*. Coimbra: Almedina, 2000, p. 93).

19. Na célebre frase de Laurent Aynès e Pierre Crocq: "*sans sûreté, pas de crédit, sans crédit, pas d'économie moderne*" (*Droit des sûretés* cit., p. 1).

20. LEITÃO, Luiz Manuel Teles de Menezes. *Garantias das obrigações* cit., p. 109.

21. "Em razão de seu caráter subsidiário, a coisa acessória, por via de regra, segue a principal: *accessorium sequitur principale*, segundo o aforismo de origem romana, hoje conhecido como o "princípio da gravitação jurídica" porque faz com que um bem atraia um outro para sua órbita e lhe comunique o seu regime jurídico" (PEREIRA, Caio Mário da Silva. *Instituições de direito civil*. v. 1. Atual. Maria Celina Bodin de Moraes. 30. ed. Rio de Janeiro: Forense, 2017, p. 354).

22. Nesse tocante, estabelece o art. 824 do Código Civil: "As obrigações nulas não são suscetíveis de fiança, exceto se a nulidade resultar apenas de incapacidade pessoal do devedor. Parágrafo único. A exceção estabelecida neste artigo não abrange o caso de mútuo feito a menor".

23. Cf. dentre outros, GOMES, Orlando. *Contratos*. 26. ed. Rio de Janeiro, 2007, p. 537; e LÔBO, Paulo. *Direito civil*: contratos, cit., p. 432-433.

24. Nos termos do art. 837 do Código Civil: "O fiador pode opor ao credor as exceções que lhe forem pessoais, e as extintivas da obrigação que competem ao devedor principal, se não provierem simplesmente de incapacidade pessoal, salvo o caso do mútuo feito a pessoa menor".

25. Como ressalta Arnoldo WALD: "o benefício de ordem decorre da natureza normalmente subsidiária ou complementar da responsabilidade do fiador" (*Direito civil*: contratos em espécie. 18. ed. São Paulo: Saraiva, 2009, v. 3, p. 322).

suficientes para satisfazer a demanda, o credor pode prosseguir com a execução contra o fiador.[26-27]

Questão controvertida recai sobre a presença de cláusulas que colocam o fiador como "principal pagador" da dívida, preveem a solidariedade entre o locatário e o fiador ou que estipulam a renúncia ao benefício de ordem pelo fiador.

Como já adiantado, a obrigação típica do fiador estabelecida pela garantia pessoal é a de cumprir a obrigação se o devedor principal a inadimplir. Trata-se, portanto, de obrigação subsidiária, e é por essa razão que é conferido ao fiador o benefício de ordem, consistente na faculdade de exigir que a execução da dívida vencida recaia sobre os bens do devedor em primeiro lugar.[28]

Corroborando com o exposto, leciona Caio Mário da Silva Pereira[29] que "*o fiador garante o adimplemento do afiançado, e firma o compromisso de solver, se o não fizer o devedor*".[30] Este entendimento, inclusive, é fundamentado pelo teor dos artigos 818 do Código Civil e 794 do Código de Processo Civil,[31] que salientam a natureza subsidiária e acessória da relação fidejussória.

Ocorre que, com fundamento nos incisos I e II do art. 828 do Código Civil,[32] que autorizam o fiador a renunciar, desde que expressamente, ao benefício de ordem, a presença de cláusulas nesse sentido acabou por se tornar habitual nos contratos de fiança locatícia, tornando possível que o fiador seja demandado imediatamente diante do inadimplemento da obrigação pelo locatário, sem poder invocar sua responsabilidade subsidiária.

A renúncia ao benefício de ordem tem encontrado respaldo na autonomia e na própria exigência do mercado imobiliário. Porém, com frequência, as disposições sobre a fiança são determinadas por cláusulas *standard* em contratações padronizadas,[33] em situações onde há

---

26. Art. 827, CC: "O fiador demandado pelo pagamento da dívida tem direito a exigir, até a contestação da lide, que sejam primeiro executados os bens do devedor. Parágrafo único. O fiador que alegar o benefício de ordem, a que se refere este artigo, deve nomear bens do devedor, sitos no mesmo município, livres e desembargados, quantos bastem para solver o débito". Cf. PEREIRA, Caio Mário da Silva. *Instituições de direito civil.* cit., v. 3, p. 472; e LÔBO, Paulo. *Direito civil:* contratos, cit., p. 435-436.

27. Como destacam Tepedino e Schreiber, "também não são incomuns exemplos de responsabilidade sem débito, como no corriqueiro exemplo do fiador, que teria apenas a *Haftung*, permanecendo a *Schuld* em relação ao afiançado" (TEPEDINO, Gustavo; SCHREIBER, Anderson. *Código civil comentado.* Coord. Álvaro Villaça Azevedo. São Paulo: Atlas, 2008, v. 4, p. 14). Ou seja, *Schuld* é o conteúdo da obrigação, o débito, enquanto *Haftung* significa responsabilidade, segundo a teoria dualista desenvolvida por Alois Brinz no fim do século 19 no direito alemão.

28. O benefício de ordem é tratado pelo art. 827 do Código Civil ("O fiador demandado pelo pagamento da dívida tem direito a exigir, até a contestação da lide, que sejam primeiro executados os bens do devedor") e compreende a possibilidade de o fiador, tendo em vista a subsidiariedade de sua obrigação, exigir que a execução recaia, em primeiro lugar, sobre os bens do devedor. Sendo assim, se o fiador for demandado para dar cumprimento à obrigação, "poderá invocar o benefício de ordem, para que o devedor principal responda pela dívida com seus bens. Se estes bens existem, torna desnecessária a ação contra o fiador" (TEPEDINO, Gustavo; BARBOZA, Heloisa Helena; BODIN DE MORAES, Maria Celina. *Código Civil interpretado:* conforme a Constituição da República, v. 2, Rio de Janeiro: Renovar, 2006, p. 642).

29. PEREIRA, Caio Mario da Silva. *Instituições de Direito Civil.* 22. ed. Rio de Janeiro: Forense, 2018, v. 3, p. 472.

30. No mesmo sentido: "Embora solidário e renunciado ao benefício de ordem, a que se refere o art. 827 do CCB, o devedor principal será o locatário, legitimando-se a cobrança em face do fiador, somente após o principal devedor em mora não cumprir sua obrigação. Embora solidária, a solidariedade aqui se reveste de espécie subsidiária" (AGHIARIAN, Hércules. *Curso de Direito Imobiliário.* 11 ed. São Paulo: Atlas, 2012, p. 338).

31. Art. 818, CC. Pelo contrato de fiança, uma pessoa garante satisfazer ao credor uma obrigação assumida pelo devedor, caso este não a cumpra; Art. 794, CPC. O fiador, quando executado, tem o direito de exigir que primeiro sejam executados os bens do devedor situados na mesma comarca, livres e desembargados, indicando-os pormenorizadamente à penhora.

32. Art. 828, do CC: "Não aproveita este benefício ao fiador: – se ele o renunciou expressamente; II – se se obrigou como principal pagador, ou devedor solidário".

33. PINTO, Carlos Alberto da Mota. Contrato de adesão. *Revista Forense,* v. 257, n. 73, mar. 1977, p. 33.

assimetria de poder negocial entre os contratantes,[34] atraindo, por conseguinte, proteção da legislação aos contratos de adesão, ainda que fora do âmbito das relações de consumo,[35] afinal, as razões de ser da tutela do aderente não se confundem com os fundamentos da tutela do consumidor.[36]

Em que pese a persistente discussão sobre a aplicação do Código de Defesa do Consumidor aos contratos de locação[37] e sobre a impossibilidade de um contrato de locação ser celebrado adesivamente,[38] torna-se cada vez mais usual nos grandes centros urbanos a celebração de contratos de locação por intermédio de administradoras de imóveis (que predeterminam as cláusulas contratuais para todos os clientes), já tendo sido reconhecido pela doutrina como contrato de locação adesivo.[39] Assim, devem incidir aos contratos de locação adesivos as normas de proteção ao aderente, como a interpretação favorável[40] e a nulidade das cláusulas que estipulem a renúncia antecipada.

O art. 424 estabelece, *in verbis,* que "nos contratos de adesão, são nulas as cláusulas que estipulem a renúncia antecipada do aderente a direito resultante da natureza do negócio". Tem-se que esse artigo disciplina um regime de tutela levando-se em consideração a pressuposta debilidade do aderente, a quem não é dado o poder de negociar, em posição de igualdade com o predisponente, as condições e termos contratuais.[41] Configura, assim, "mecanismo de proteção do aderente no plano do conteúdo negocial".[42]

---

34. Para Teresa Negreiros, tal assimetria justifica, a partir do princípio do equilíbrio contratual, a criação de mecanismos de tutela do aderente, a resguardar o equilíbrio entre as posições econômicas dos contratantes em relação ao conteúdo e aos efeitos do contrato (NEGREIROS, Teresa. *Teoria do contrato:* novos paradigmas. 2. ed. Rio de Janeiro: Renovar, 2006, p. 158-159).

35. Nesse sentido, discorrendo sobre a abusividade de cláusulas no contrato de locação em shopping center, v. KONDER, Carlos Nelson; SANTOS, Deborah Pereira Pinto dos. O equilíbrio contratual nas locações em shopping center: controle de cláusulas abusivas e a promessa de loja âncora. *Scientia Iuris (online)*, v. 20, p. 176-200, 2016.

36. "A tutela do aderente não se vincula à tutela do consumidor, devendo ser observada também quando relações civis ou até mesmo empresariais sejam celebradas pelo método adesivo. A proteção do aderente justifica-se, ao revés, em um desequilíbrio – não já econômico ou informacional, mas – contratual puro. Em outras palavras, tutela-se o aderente em razão de sua limitada (ou excluída) possibilidade de influenciar no conteúdo da avença à qual se submete" (GUIMARÃES, Vynicius. A invalidade da cláusula de renúncia à indenização por benfeitorias necessárias em contratos de locação adesivos. *Revista de Direito Privado.* v. 103, jan.-fev./2020, p. 161-162).

37. Nesse sentido, "Inaplicabilidade do Código de Defesa do Consumidor ao contrato de locação regido pela Lei n. 8.245/91, porquanto, além de fazerem parte de microssistemas distintos do âmbito normativo do direito privado, as relações jurídicas locatícias não possuem os traços característicos da relação de consumo, previstos nos arts. 2º e 3º da lei 8.078/90" (STJ, AgRg no AREsp 101.712/RS, 4ª T., rel. Min. Marco Buzzi, j. 03.11.2015). E informativo de jurisprudência 146 do STJ "O Código de Defesa do Consumidor não é aplicável aos contratos locatícios regidos pela Lei n. 8.245/91".

38. Defende-se, em algumas instâncias, que em decorrência do íntimo vínculo que se reveste o tipo contratual estabelecido entre locador e locatário, onde o primeiro confia a preservação de seu bem àquele que o recebe, este contrato não poderia, por sua natureza intrínseca, ser celebrado adesivamente. Nesse sentido, v. TJSP, Ap. Civ. 1027850-84.2015.8.26.0002, rel. Des. Ana Catarina Strauch, 27ª Câmara de Direito Privado, j. 27.11.2018. Porém, discorda-se desse entendimento, já que qualquer contrato pode ser celebrado adesivamente, bastando que o conteúdo das cláusulas contratuais não possa ser discutido previamente.

39. ZANETI, Andrea Cristina; TARTUCE, Fernanda. A interpretação das cláusulas do contrato de adesão pelos princípios da boa-fé e equilíbrio nas relações de consumo. *Revista de Direito do Consumidor*, São Paulo, v. 106, jul.-ago./2016, p. 388.

40. Art. 423, do CC: "Quando houver no contrato de adesão cláusulas ambíguas ou contraditórias, dever-se-á adotar a interpretação mais favorável ao aderente".

41. O contrato de adesão consiste na relação jurídica formada pela anuência de uma das partes ao conteúdo contratual determinado pela outra parte, sem que haja debate prévio ou oportunidade de alteração substancial do regramento unilateralmente fixado. A definição de contrato de adesão no direito positivo brasileiro encontra-se estabelecida no art. 54 do Código de Defesa e Proteção do Consumidor: "Contrato de adesão é aquele cujas cláusulas tenham sido aprovadas pela autoridade competente ou estabelecidas unilateralmente pelo fornecedor de produtos ou serviços, sem que o consumidor possa discutir ou modificar substancialmente seu conteúdo". Afirma Caio Mário da Silva Pereira que o contrato de adesão se forma "pela adesão de uma parte à declaração de vontade estereotipada da outra" (PEREIRA, Caio Mário da Silva. *Instituições de direito civil.* cit., p. 65).

42. TEPEDINO, Gustavo; BARBOZA, Heloisa Helena; BODIN DE MORAES, Maria Celina. *Código Civil interpretado.* cit., p. 30.

Justamente pelo fato de a estipulação unilateral e uniforme das cláusulas do contrato de adesão ser, em regra, formulada no interesse do estipulante, sem possibilidade de questionamentos ou reformulação por parte do aderente, "a normatividade nelas posta pode romper o equilíbrio contratual e conduzir a situações jurídica e economicamente injustas, precisamente porque conflita com o direito dispositivo".[43]

Ademais, a existência de lei específica que trata do contrato de locação de imóvel não é óbice à incidência do Código Civil na matéria, em razão da ausência de previsão expressa da lei especial a respeito das locações celebradas adesivamente e da ideia de unidade do ordenamento jurídico.[44] Isso porque, a regulamentação fragmentada de setores relevantes da economia, ainda que tenha retirado a centralidade do Código Civil, não permite seja considerada a Lei do Inquilinato um microssistema impermeável aos ditames constitucionais.[45] E conforme ensina a doutrina, o Código Civil é subsidiário à Lei especial, devendo incidir nos casos em que for omissa,[46] não havendo que se falar em uma artificial dicotomia entre Lei do Inquilinato e Código Civil, que enseje o descarte de sua normativa, prejudicial à compreensão unitária do ordenamento.

Assim, tendo em vista que a proteção aos economicamente mais fracos ou contratualmente vulneráveis configura questão de ordem pública,[47] será nula a tentativa de se afastar essa proteção em contrato de adesão por meio de cláusula abusiva não merecedora de proteção pelo ordenamento jurídico que estipule renúncia antecipada do aderente a direito resultante da natureza do negócio.[48]

Pode-se citar, como exemplos de cláusulas que seriam afastadas nessa conjuntura, além da cláusula de renúncia ao benefício de ordem pelo fiador, a cláusula de renúncia à indenização por benfeitorias necessárias[49] em contratos de locação. Apesar de se encontrar prevista no art. 828, inciso I do Código Civil a renunciabilidade do benefício de ordem, entende-se que a disponibilidade de tal direito cai por terra caso esteja inserida em contrato de adesão.[50]

---

43. MIRANDA, Custódio da Piedade Ubaldino. In: AZEVEDO, Antônio Junqueira de (Coord.). *Comentários ao Código Civil.* v. 5. São Paulo: Saraiva, 2013, p. 101.

44. "A pluralidade de fontes normativas, pois, não pode significar perda do fundamento unitário do ordenamento, devendo sua harmonização se operar de acordo com a Constituição, que o recompõe, conferindo-lhe, assim, a natureza de sistema. Ou seja, a pluralidade de núcleos legislativos deve conviver harmonicamente com a noção de unidade do ordenamento" (TEPEDINO, Gustavo. Normas constitucionais e direito civil na construção unitária do ordenamento. *Temas de direito civil.* Rio de Janeiro: Renovar, 2006, t. 3, p. 10).

45. Nesse sentido, "numerosas leis especiais têm disciplinado, embora de modo fragmentado e por vezes incoerente, setores relevantes. O Código Civil certamente perdeu a centralidade de outrora. O papel unificador do sistema, tanto nos seus aspectos mais tradicionalmente civilísticos quanto naqueles de relevância publicista, é desempenhado de maneira cada vez mais incisiva pelo Texto Constitucional. Falar de descodificação relativamente ao Código vigente não implica absolutamente a perda do funcionamento unitário do ordenamento, de modo a propor a sua fragmentação em diversos microordenamentos e em diversos microssistemas, com ausência de um desenho global. Desenho que, se não aparece no plano legislativo, deve ser identificado no constante e tenaz trabalho do intérprete, orientado a detectar os princípios constantes na chamada legislação especial, reconduzindo-os à unidade, mesmo do ponto de vista de sua legitimidade" (PERLINGIERI, Pietro. *Perfis do direito civil:* introdução ao direito civil constitucional. 2. ed. Rio de Janeiro: Renovar, 2002, p. 6).

46. GOMES, Orlando. *Contratos* cit., p. 331.

47. PEREIRA, Caio Mário da Silva. *Instituições de direito civil* cit., p. 383.

48. Araken de Assis, contudo, pondera acerca da possibilidade, nesse caso, de negociação de cláusula de renúncia: "Inadmissível que seja a renúncia objeto das cláusulas gerais e da predisposição do estipulante, à luz do art. 424, porque 'antecipadas', nada impede que elas resultem de cláusulas negociadas" (ASSIS, Araken de. In: ALVIM, Arruda; ALVIM, Thereza (Coord.). *Comentários ao código civil brasileiro,* v. 5. Rio de Janeiro: Forense, 2007, p. 126).

49. GUIMARÃES, Vynicius Pereira. A invalidade da cláusula de renúncia à indenização por benfeitorias necessárias em contratos de locação adesivos cit., p. 159-188.

50. Nesse sentido, dispõe o Enunciado 364 da IV Jornada de Direito Civil do CJF: "No contrato de fiança é nula a cláusula de renúncia antecipada ao benefício de ordem quando inserida em contrato de adesão".

Portanto, se a renúncia ao benefício de ordem foi estabelecida unilateralmente no bojo de um contrato *standarizado*, há de se desconsiderar sua validade, devendo o locador responder, antes do fiador, com o seu patrimônio, para apenas após, procurar-se os bens do garantidor para a satisfação da dívida locatícia.

2.3 Seguro de fiança locatícia

A despeito de sua crescente utilização na praxe negocial, o seguro fiança constitui negócio jurídico ainda pouco explorado pela doutrina brasileira. São escassos os estudos acerca do tema, em especial sob perspectiva civilista.

O seguro fiança encerra negócio jurídico que envolve, a um só tempo, três sujeitos negociais: a seguradora, o tomador do seguro (ou "devedor do contrato principal") e o segurado (também designado "beneficiário" ou, ainda, "credor do contrato principal"). O tomador contrata o seguro fiança precisamente para assegurar os riscos de inadimplemento da obrigação assumida com o credor no contrato principal, e, em contrapartida, realiza o pagamento de uma taxa, correspondente a um prêmio, que poderá ser mensal ou anual.

Diferentemente da caução e da fiança, que podem vir disciplinadas no próprio contrato de locação, o seguro fiança será contratado autonomamente, até porque o seguro-fiança normalmente é celebrado pelo prazo de doze meses. Como o contrato de locação residencial tem o prazo inicial de trinta meses, o seguro fiança deve, portanto, ser renovado anualmente.

Pela Circular 347/2007 da SUSEP, as condições contratuais do plano padronizado para o seguro fiança locatícia de imóveis urbanos estão disponibilizadas e as sociedades seguradoras deverão apresentar, previamente, ao órgão regulador o seu critério tarifário, por meio de nota técnica atuarial.

A seguradora terá o direito de exigir do segurado e do garantido toda a documentação necessária para a comprovação do sinistro e para possibilitar a fixação do montante dos prejuízos sofridos, e de examiná-la a seu critério. O segurado, de outro lado, terá o dever de evitar ou minorar os prejuízos a serem indenizados pelo seguro. Se o segurado não avisar a seguradora do inadimplemento do inquilino, e comprovado o agravamento do risco oriundo dessa omissão, verificar-se-á a perda automática do seguro. Comprovado o sinistro, a seguradora deverá pagar a indenização dentro do prazo legal.

Quanto à natureza jurídica do seguro garantia, tamanha é sua semelhança com a função e a estrutura da fiança, que Orlando Gomes, nos anos 1980, chegou inclusive a afirmar que "mesmo que se não queira, o seguro de garantia de obrigações contratuais funciona como fiança".[51] E reforçava a aproximação com a lembrança de que, no seguro garantia, "o credor goza do benefício da inoponibilidade das exceções que digam respeito às relações pessoais daquela [seguradora] com o devedor, como a falta de pagamento do prêmio".[52]

Como vantagens do seguro fiança, pode-se destacar a liberação do inquilino do constrangimento de obter fiador, desnecessidade de aguardar a decretação de despejo para que o locador possa receber os aluguéis não pagos, maior segurança ao locador, já que, diferentemente da fiança, essa garantia não está dependente das oscilações do patrimônio do fiador. Além disso, o seguro fiança é mais barato que a fiança bancária, que tem o valor

---

51. GOMES, Orlando. Seguro de crédito e negócio fidejussório. Cláusula "solve et repete". *Novíssimas questões de direito civil.* São Paulo: Saraiva, 1988, p. 274.
52. GOMES, Orlando. Seguro de crédito e negócio fidejussório. Cláusula "solve et repete", cit., p. 274.

17 • GARANTIAS LOCATÍCIAS **279**

prêmio consideravelmente maior. O seguro garantia tem um custo equivalente a 1/3 do custo anual da fiança bancária, que gira em torno de 1,5% e 6% do valor da dívida garantida. Por essas razões, o seguro garantia passou, paulatinamente, a substituir a tradicional garantia fidejussória, e ganhou amplo espaço na prática comercial.[53]

2.4 Cessão fundo de investimento

A cessão fiduciária de quotas de fundo de investimentos é uma nova garantia locatícia acrescentada pela Lei 11.196/05, em que o locatário cede, até que se dê a liquidação total da dívida locatícia, ao locador os seus direitos creditórios, representados em quotas (títulos de investimento) emitidas por entidade financeira, originária de operações nos segmentos financeiros, comercial, industrial, de arrendamento mercantil, prestação de serviços, entre outros.

Ao estabelecer o regime jurídico da cessão fiduciária, definiu-se expressamente que "na hipótese de mora, o credor fiduciário notificará extrajudicialmente o locatário e o cedente, se pessoa distinta, comunicando o prazo de 10 (dez) dias para pagamento integral da dívida" (Lei n. 11.196/2005, art. 88, § 6º). Desse modo, todos os envolvidos na relação devem ter acesso às informações, inclusive o garantidor não locador (Lei n. 11.196/2005, art. 88, § 2º).

Parte da doutrina sustenta se tratar de garantia que tenha uso muito restrito no mercado de locações,[54] ao passo que outra parcela aplaude o acréscimo, sustentando que a modernização da lei a adapta a uma economia mais sofisticada, de mercado de capitais, onde proliferam fundos de investimentos.[55]

3. SUBSTITUIÇÃO DAS GARANTIAS

Pode acontecer, no decorrer do contrato de locação, que o locatário tenha que substituir a garantia locatícia prestada. As hipóteses de substituição da modalidade de garantias estão previstas no art. 40 da Lei 8.245/91.

No que tange a caução em títulos e ações e a cessão fiduciária de quotas de fundo de investimento, estas deverão ser substituídas, no prazo de trinta dias, em caso de concordata, falência ou liquidação das sociedades emissoras.

Quanto à fiança, como se sabe, pode ser firmada com ou sem prazo determinado. Se houver prazo, o fiador não poderá se exonerar antes de decorrido o tempo do contrato, ao qual se encontra obrigado. Por outro lado, se a garantia for prestada sem limitação temporal ou se o contrato for prorrogado por tempo indeterminado, o fiador não está obrigado a vincular seu patrimônio indefinidamente ao cumprimento da obrigação de terceiro.[56]

---

53. Segundo levantamento do Secovi, nos últimos anos os contratos de locação tendo a fiança como garantia caíram de 48,5%, em 2007, para 45% em 2019 – margem ainda pequena, mas em constante queda. A fiança vem perdendo espaço para novas garantias de aluguel, como o seguro fiança, depósito-caução e o título de capitalização. Disponível em: <https://www.secovi.com.br/pesquisas-e-indices>. Acesso em: 06 out. 20.

54. MOREIRA, Pery. *Lei do inquilinato comentada*: comentários, artigo por artigo. São Paulo: Memória Jurídica, 2010, p. 74.

55. SOUZA, Sylvio Capanema de. *A lei do inquilinato comentada*. cit., p. 175. No mesmo sentido, VENOSA, Sílvio de Salvo. Garantias locatícias. *Revista Magister de Direito Civil e Processual Civil n. 36*. mai.-jun./2010.

56. Em conhecida passagem de sua obra, Clóvis Bevilákua apontada "a fiança, ato benéfico, desinteressado, não pode ser uma túnica de Nessus. Assim como o fiador, livremente, a tomou sobre si, livremente, lhe sacode o jugo, quando lhe convier, pois, não tendo prometido conservá-la por tempo certo, contra a sua vontade, não poderá permanecer indefinidamente obrigado" (BEVILÁQUA, Clóvis. *Código Civil dos Estados Unidos do Brasil Comentado*. v. 5. Rio de Janeiro: Francisco Alves, 1917, p. 253).

Nessas situações existe a possibilidade do fiador se exonerar[57] da fiança prestada mediante notificação ao credor, que, em se tratando de fiança locatícia gerará efeitos após 120 (cento e vinte) dias,[58] período durante o qual o fiador ainda está obrigado a garantir o inadimplemento do devedor, devendo o locatário apresentar nova garantia.

Assim, a doutrina sustenta que, diferentemente do código anterior,[59] essa exoneração se tornou direito potestativo[60] do fiador a ser exercido para desvinculá-lo da fiança, mediante simples notificação endereçada ao credor, nas situações em que a fiança estivesse a viger por tempo indeterminado. Nessa perspectiva, sustenta-se que a figura da exoneração se tornou sinônimo de resilição ou denúncia do vínculo.[61]

4. EXTINÇÃO DA GARANTIA

Em regra, a extinção da garantia locatícia acontece quando findo o respectivo contrato de locação garantido. A controvérsia reside nas hipóteses de prorrogação da garantia locatícia no evento de prorrogação automática do contrato de locação, que antes firmado por prazo determinado passou a vigorar por prazo indeterminado, até a devolução do imóvel.[62]

Quanto à garantia de seguro-fiança, não incorreria este problema, pois, como visto, normalmente o seguro é firmado pelo prazo de doze meses, devendo ser renovado anualmente. Assim como a caução em dinheiro, que restaria garantida pelo valor depositado até a entrega do imóvel.

A controvérsia atinente ao artigo 39 da Lei 8.245/91 se intensifica quando se trata de caução real e fiança e a responsabilidade do garantidor na prorrogação automática do contrato de locação.

O art. 39 da Lei do Inquilinato sempre enunciou uma regra clara: a de que as garantias da locação estender-se-iam, salvo estipulação contratual contrária, até a efetiva

---

57. Sobre a diferença entre exoneração e desobrigação, v. SEGALLA, Alessandro. *Contrato de fiança*. São Paulo: Atlas, 2013, p. 45-54.

58. Art. 40, X, da Lei 8.245/91: "O locador poderá exigir novo fiador ou a substituição da modalidade de garantia, nos seguintes casos: X – prorrogação da locação por prazo indeterminado uma vez notificado o locador pelo fiador de sua intenção de desoneração, ficando obrigado por todos os efeitos da fiança, durante 120 (cento e vinte) dias após a notificação ao locador".

59. No Código Civil de 1916, a possibilidade de exoneração do fiador era prevista no art. 1.500, que determinada que "o fiador poderá exonerar-se da fiança, que tiver assinado sem limitação de tempo, sempre que lhe convier, ficando, porém, obrigado por todos os efeitos da fiança, anteriores ao ato amigável ou à sentença que o exonerar". Desse modo, a exoneração do fiador ficava na dependência do ajuizamento de uma demanda judicial pelo garante e da procedência do pedido ou da liberação amigável fornecida pelo credor, o que tornava esse direito inócuo, pois a sentença poderia demorar mais tempo que o prazo contratual fixado pelas partes. À época da vigência desse código, Caio Mário fez duras críticas ao dispositivo em comento e passou a defender que o fiador ficasse livre da garantia a partir da citação do credor. "Mas a solução do Código Civil não é a melhor, pois que libera o fiador somente a partir da sentença, se o credor não anuir em desonerá-lo. Justo será que o fiador fique livre a partir da citação, retroagindo os efeitos da sentença até a sua data. Em caso contrário, o credor que maliciosamente procrastinar o andamento do feito estenderá no tempo os efeitos da garantia, e tirará proveito da própria má-fé" (PEREIRA, Caio Mario da Silva. *Instituições de direito civil*. v. 3, cit., p. 334). No mesmo sentido, Clóvis Beviláqua criticava a dureza da regra legal, v. BEVILÁQUA, Clóvis. *Código Civil dos Estados Unidos do Brasil Comentado*. cit., p. 253.

60. "Direito potestativo é o poder que a pessoa tem de influir na esfera jurídica de outrem, sem que este possa fazer algo que não se sujeitar. Consiste em um poder de produzir efeitos jurídicos mediante declaração unilateral de vontade, ou de decisão judicial, constituindo, modificando ou extinguindo relações jurídicas. Opera na esfera jurídica de outrem, sem que este tenha algum dever a cumprir. O direito potestativo não exige um determinado comportamento de outrem nem é suscetível de violação" (AMARAL, Francisco. *Direito civil*: introdução. 6. ed. Rio de Janeiro: Renovar, 2006, p. 200-201).

61. SEGALLA, Alessandro. *Contrato de fiança*. cit., p. 46.

62. Art. 39 da Lei 8.245/91: "Salvo disposição contratual em contrário, qualquer das garantias da locação se estende até a efetiva devolução do imóvel, ainda que prorrogada a locação por prazo indeterminado, por força desta Lei".

devolução do imóvel locado.[63] Nessa hipótese, no que tange à fiança, a prorrogação legal da locação provocará também a prorrogação da garantia fidejussória, regra essa que não gerava maiores questionamentos.

Em 1998, o Superior Tribunal de Justiça editou a Súmula 214, que, nesse sentido, afirmava: "o fiador na locação não responde por obrigação resultante de aditamento ao qual não anuiu". A jurisprudência, naquele momento, vinha entendendo que o dispositivo estava limitado aos casos em que não há prorrogação contratual por força de lei.[64] Isso porque a interpretação restritiva dos contratos benéficos[65] aplica-se ao contrato de fiança gratuita,[66] impondo que não se lance sobre o fiador ônus maior que aquele que concordou em assumir. Trata-se de norma de ordem pública que protege a posição jurídica do fiador. A prorrogação legal da locação provocaria, por conseguinte, a extinção automática da fiança.[67]

O tribunal ressalvava[68] a possibilidade de o fiador continuar responsável pelos débitos locatícios posteriores à prorrogação legal do contrato desde que (a) tivesse anuído expressamente a essa possibilidade e (b) não tivesse se exonerado na forma do art. 835 do Código Civil,[69] requisitos a serem observados cumulativamente.

Em 2009, contudo, a Lei nº 12.112 alterou a redação do art. 39, acrescentando ao final do dispositivo a expressão "ainda que prorrogada a locação por prazo indeterminado, por força desta Lei". Com a nova redação, o fiador continua a ser responsável pelos débitos locatícios inclusive na hipótese de prorrogação do contrato de locação por prazo indeterminado até a efetiva desocupação do imóvel e a sua restituição ao locador nas condições previstas contratualmente, não acarretando a extinção automática da garantia locatícia.

A referida inclusão na parte final do dispositivo legal provocou radicalmente mudança na jurisprudência até então firmada no STJ,[70] que, afastando a incidência da Súmula 214, passou a admitir a subsistência da fiança desde que exista nos contratos firmados a partir da vigência da Lei 12.112/09 estipulação no sentido de que o fiador permanecerá responsável até a entrega das chaves em caso de prorrogação do contrato.[71] Restou assegurado,

---

63. Em sua redação original, dispunha expressamente que, "salvo disposição contratual em contrário, qualquer das garantias da locação se estende até a efetiva devolução do imóvel".

64. Neste sentido, "A jurisprudência deste Superior Tribunal de Justiça é firme no sentido de que o contrato acessório de fiança deve ser interpretado de forma restritiva, vale dizer, a responsabilidade do fiador fica delimitada a encargos do pacto locatício originariamente estabelecido, de modo que a prorrogação do contrato por tempo indeterminado, compulsória ou voluntária, sem a anuência dos fiadores, não os vincula, pouco importando a existência de cláusula de duração da responsabilidade do fiador até a efetiva devolução do bem locado" (STJ, AgRg no Ag 510.498/SP, Rel. Ministro Hamilton Carvalhido, Sexta Turma, julgado em 07.06.2005, DJe 29.08.2005). Na mesma direção, STJ, REsp 222.599/SP, Rel. Ministro Edson Vidigal, Quinta Turma, julgado em 16.05.2000, DJ 19.06.2000, p. 179).

65. Art. 114, do CC: "Os negócios jurídicos benéficos e a renúncia interpretam-se estritamente".

66. Art. 819, do CC: "A fiança dar-se-á por escrito, e não admite interpretação extensiva". A regra da interpretação restritiva do contrato de fiança não é apenas do direto brasileiro.

67. Neste sentido, "o contrato acessório de fiança obedece à forma escrita, é consensual, deve ser interpretado restritivamente e no sentido mais favorável ao fiador. Desse modo, a prorrogação do pacto locatício por tempo indeterminado, compulsória ou voluntariamente, desobriga o garante que a ela não anuiu" (STJ, AgRg no REsp 832.271/SP, Rel. Ministra Laurita Vaz, Quinta Turma, julgado em 19.10.2006, DJe 20.11.2006).

68. STJ, EREsp 566.633/CE, Rel. Ministro Paulo Medina, Terceira Seção, julgado em 22.11.2006, DJe 12.0.3.2008.

69. Art. 835 do CC: "O fiador poderá exonerar-se da fiança que tiver assinado sem limitação de tempo, sempre que lhe convier, ficando obrigado por todos os efeitos da fiança, durante sessenta dias após a notificação do credor".

70. Antes mesmo da inovação da Lei 12.112/09, o entendimento do STJ já vinha se alterando, como se observa pelos julgados a partir do final de 2006, que passaram a entender pela prorrogação da fiança, principalmente nos casos em que houvesse uma cláusula de prorrogação automática. Cf. STJ, EREsp 566.633/CE, Rel. Ministro Paulo Medina, Terceira Seção, julgado em 22.11.2006, DJe 12.03.2008.

71. "A jurisprudência do Superior Tribunal de Justiça firmou entendimento de que, na hipótese de prorrogação contratual de locação de imóvel, com o comprometimento dos fiadores até a devolução do imóvel, é inaplicável o enunciado da

entretanto, o direito de exoneração do fiador mediante notificação, ficando ainda obrigado pelos débitos durante 120 dias, contados do recebimento da notificação pelo locador.

Percebe-se que o raciocínio mudou, eis que antes, na hipótese de prorrogação, as partes integrantes do contrato de locação deveriam buscar a anuência do fiador para a continuidade da fiança, quando agora o fiador tem o ônus de se exonerar quando prorrogada a locação. Ocorre que, muitas vezes, o fiador não tem ciência da prorrogação contratual, que se deu automaticamente em virtude do silêncio das partes após o término do prazo determinado no contrato, passando a vigorar por prazo indeterminado.

Nesse contexto, a ausência de participação (e sequer de comunicação) do fiador, que tinha legítima expectativa do encerramento da garantia prestada a partir do término do prazo contratual estipulado anteriormente, até mesmo para viabilizar o possível exercício de exoneração da sua responsabilidade, violaria não somente o dever de informação imposto pela boa-fé objetiva,[72-73] como a tutela da confiança[74] por meio da prática de transparência nas relações contratuais.[75]

Destaca a doutrina mais atenta que a aceitação da cláusula de prorrogação automática não se coaduna com a ideia de justiça contratual relacionada com a eficácia interna do princípio da função social do contrato, de modo que a referida cláusula seria antissocial, devendo ser considerada nula por abusividade.[76] Nesta toada, Gildo dos Santos assevera que um dos princípios regentes do instituto da fiança é aquele que estatui a não extensão da garantia para além da data final acordada pelas partes, afirmando que "pela sua natureza, a fiança não se prolonga além do tempo avençado".[77]

Do mesmo modo, cláusulas contratuais que preveem a responsabilidade do fiador *"até a final restituição das chaves e do imóvel"* não teriam o alcance de impor obrigação

---

Súmula 214/STJ" (STJ, AgRg no REsp 604.962/SP, Rel. Ministro Nefi Cordeiro, Sexta Turma, julgado em 03.06.2014, DJe 20.06.2014). Na mesma linha reconhecendo a responsabilidade do fiador até a entrega das chaves, STJ, REsp 1326557/PA, Rel. Ministro Luis Felipe Salomão, Quarta Turma, julgado em 13.11.2012, DJe 03.12.2012; AgRg no AREsp 36.618/RJ, Rel. Ministro Raul Araújo, Quarta Turma, julgado em 19.06.2012, DJe 29.06.2012; AgRg no AREsp 12.396/SP, Rel. Ministro Sidnei Beneti, Terceira Turma, julgado em 23.08.2011, DJe 09.09.2011; e muitos outros julgados.

72. "Como em qualquer contrato, também na fiança existem a priori deveres pré-contratuais, cuja conformação está dependente da especificidade do negócio" (GOMES, Manuel Januário da Costa. *Assunção fidejussória de dívida.* cit., p. 583).

73. "Os deveres anexos impostos pela boa-fé objetiva se aplicam às relações contratuais independentemente de previsão expressa no contrato, mas seu conteúdo está indissociavelmente vinculado e limitado pela função socioeconômica do negócio celebrado. O que o ordenamento jurídico visa com o princípio da boa-fé objetiva – já se disse – é assegurar que as partes colaborarão mutuamente para a consecução dos fins comuns perseguidos com o contrato" (TEPEDINO, Gustavo; SCHREIBER, Anderson. A Boa-fé Objetiva no Código de Defesa do Consumidor e no novo Código Civil. *Revista da EMERJ*, n. 23, Rio de Janeiro, v. 6, 2003, p. 147). Sobre o assunto, CORDEIRO, Antônio Menezes. *A boa-fé no direito civil.* Coimbra: Almedina, 2007; MARTINS-COSTA, Judith. *A boa-fé no direito privado*: critérios para a sua aplicação. 2. ed. São Paulo: Saraiva, 2018 e FRADA, Manuel A. Carneiro da. *Contrato de deveres de proteção.* Coimbra: Coimbra Ed., 1994.

74. Sobre o princípio da confiança, SCHREIBER, Anderson. *A proibição de comportamento contraditório*: tutela de confiança e venire contra factum proprium. 4. ed. Rio de Janeiro: Atlas, 2016; FILHO, Sergio Cavalieri. *Programa de Direito do Consumidor.* São Paulo: Atlas, 2008, p. 36.

75. Cf. destaca Teresa Negreiros, a boa-fé objetiva prevista no Código Civil acaba exercendo o papel de forçar uma recondução da confiança para dentro de contratos cuja prática tem disseminado justo o sentimento oposto. Segundo a autora: "lamentavelmente, porém, o agir com boa-fé, hoje um comando normativo expressamente consagrado em um dos dispositivos de maior ressonância do Código Civil de 2002 (art. 422), revela-se cada menos frequente, tanto na esfera dos negócios exclusivamente privados, como no trato da coisa pública. A extraordinária simpatia alcançada nos últimos tempos pelo caráter potencialmente transformador do princípio da boa-fé aparece, por isso e antes de mais nada, como um índice da escassez de comportamentos e atitudes que, na prática contratual, expressem concretamente o ideal da boa-fé" (NEGREIROS, Teresa. O princípio da boa-fé contratual. In: BODIN DE MORAES, Maria Celina (coord.). *Princípios do Direito Civil Contemporâneo.* Rio de Janeiro: Renovar, 2006, p. 222).

76. SCHREIBER, Anderson. et al. *Código Civil Comentado*: doutrina e jurisprudência. Rio de Janeiro: Forense, 2019, p. 531.

77. SANTOS, Guildo dos. *Fiança.* cit., p. 29.

indefinida e permanente até que o evento ocorra, não podendo o art. 39 da Lei 8.245/91 ser interpretado em dissonância com a natureza benéfica do contrato de fiança. Tal disposição legal deve ser referível, tão somente, ao prazo de vigência do contrato de locação, no qual o fiador prestou a garantia, não podendo ele ser responsabilizado *ad aeternum* por obrigação resultante de modificações do contrato.[78]

Em que pesem as graves consequências que o patrimônio do fiador poderá sofrer na hipótese de inadimplemento pelo locatário,[79] a aceitação da prorrogação automática da locação e, consequentemente, da sua garantia, sem a exigência de nova manifestação do garantidor, vem sendo adotada pela jurisprudência majoritária e encampada por parcela da doutrina que justifica essa posição na segurança e equilíbrio do mercado locatício.

Diversamente da controvérsia sobre a responsabilidade do fiador na prorrogação do contrato de locação, nas situações onde as partes realizam alterações (*rectius*: aditamentos) no contrato sem a anuência do fiador, a jurisprudência do STJ tende a ser mais acertada, esclarecendo que o aditamento contratual é situação distinta da prorrogação legal e tácita do contrato.[80-81]

Nessas hipóteses, voltando a aplicar a Súmula 214,[82] a jurisprudência do STJ tem entendido que o aditamento contratual, especialmente quando ocasiona o agravamento da posição do fiador, como pode ocorrer com o aumento dos valores pactuados a título de aluguéis mensais, enseja a exoneração automática do fiador e, consequentemente, a extinção da garantia prestada.

Isso porque, partindo do entendimento que teria ocorrido, nestes casos, novação da obrigação,[83] atrair-se-ia a aplicação da norma esculpida no art. 364 do Código Civil, o qual dispõe que "a novação extingue os acessórios e garantias da dívida, sempre que não houver estipulação em contrário". A mesma conclusão também se extrai do art. 366 do Código Civil,[84] em que importa a exoneração do fiador quando a novação é feita sem o seu consentimento perante o devedor principal. Tais comandos normativos são de fácil

---

78. "Ademais é repetido há tempos o argumento no sentido de que o fiador, por prestar uma garantia de forma gratuita como regra, não pode ficar permanentemente aprisionado à liberalidade. Em outras palavras, afirma-se que a fiança não pode ser eterna. Surgindo alguma dúvida, deve-se interpretar a questão favoravelmente ao fiador, parte vulnerável em regra, presumindo-se a sua boa-fé objetiva. (...) Como segunda ilustração, se concedida a fiança para garantir o contrato de locação no tocante ao aluguel, esta não se estenderá em relação ao pagamento de tributos que incidem sobre o bem, como, por exemplo, o IPTU. Também diante do que consta do art. 819 do CC, a fiança não se estende além do período de tempo convencionado" (SCHREIBER, Anderson. et al. *Código Civil Comentado*. cit., p. 529).

79. Isso porque o fiador não poderá alegar o benefício do bem de família, quando tiver seus bens executados por dívida do locatário, conforme entendimento sedimentado no Tema 708/STJ e Tema 295/STF. Súmula 549 do STJ: "É válida a penhora de bem de família pertencente a fiador de contrato de locação".

80. STJ, EREsp 566.633/CE, Rel. Ministro Paulo Medina, Terceira Seção, julgado em 22.11.2006, DJe 12.03.2008.

81. Importante diferenciar os conceitos de *prorrogação* e *aditamento*: enquanto a prorrogação consiste na ampliação do prazo do vínculo jurídico que se encontra em curso, mantendo-o por período superior ao originalmente previsto, podendo advir da própria lei; o aditamento decorre da manifestação de vontade e instaura uma nova relação jurídica, envolvendo os mesmos sujeitos e com objeto jurídico similar, porém alterado, depois de exaurido o prazo determinado da relação original.

82. Súmula 214 do STJ: "O fiador na locação não responde por obrigações resultantes de aditamento ao qual não anuiu".

83. De acordo com Beviláqua, "a novação é a conversão de uma obrigação em outra. *Novatio est prioris debiti in aliam transfusio atque translatio*" (BEVILAQUA, Clovis. *Direito das obrigações* cit., p. 130).

84. Art. 366, do CC: "Importa exoneração do fiador a novação feita sem seu consenso com o devedor principal". Sobre o ponto, foi aprovado o Enunciado 547, do CJF: "Na hipótese de alteração da obrigação principal sem o consentimento do fiador, a exoneração deste é automática, não se aplicando o disposto no art. 835 do Código Civil quanto à necessidade de permanecer obrigado pelo prazo de 60 (sessenta) dias após a notificação ao credor, ou de 120 (cento e vinte) dias no caso de fiança locatícia".

compreensão, posto que, se a obrigação originária não mais subsiste, não há razão para a obrigação acessória, tal qual a garantia dada pelo fiador, permanecer em vigência, visto que o acessório segue o principal.[85]

Dessa forma, ocorrendo novação ou aditamento à obrigação original sem a notificação ou concordância do fiador, estaria este exonerado de imediato. Do contrário, estaria ele sujeito a responder por obrigações às quais não concordou expressamente.[86] Afinal, a fiança é um acessório da obrigação e com a novação, há um novo negócio.[87]

5. CONCLUSÃO

Como se constata, as garantias locatícias cumprem importante papel no mercado imobiliário, servindo de medidas de reforço ao locador, proporcionando segurança e reduzindo os riscos de insolvência do locatário. Além disso, fomenta o acesso a moradia por meio da locação, com a facilitação à obtenção de crédito servindo também de estímulo às atividades econômicas.

---

85. WALD, Arnoldo. Da exoneração do fiador em virtude de acordo celebrado entre locador e locatário. In: *Doutrinas essenciais obrigações e contratos*. v. 5. São Paulo: Ed. RT, 2011, p. 997-1017.

86. Nesse sentido, STJ, AgRg no AREsp 84.782/SP, Rel. Ministra Maria Isabel Gallotti, Quarta Turma, julgado em 08.10.2013, DJe 17.10.2013; REsp 406.100/SP, Rel. Min. Felix Fischer, Quinta Turma, julgado em 21.03.2002, DJe 15.04.2002; e STJ, REsp 254.463/MG, Rel. Min. Vicente Leal. Sexta Turma, julgado em 15.03.2001, DJe 09.04.2011.

87. CASTRO NEVES, José Roberto. O Contrato de fiança. In: NEVES, Thiago Ferreira Cardoso (Coord.). *Direito & Justiça Social*: Estudos em homenagem ao professor Sylvio Capanema de Souza. São Paulo: Atlas: 2013, p. 366 e MARTINS-COSTA, Judith. In: TEIXEIRA, Sálvio de Figueiredo. (Coord.). *Comentários ao novo Código Civil*. Rio de Janeiro: Forense, 2003, v. 5, t. 1, p. 504.

18
FIANÇA NA LOCAÇÃO DE IMÓVEL URBANO

Marco Aurélio Bezerra de Melo

Doutor e Mestre em Direito pela Universidade Estácio de Sá. Professor Permanente do PPGD da Universidade Estácio de Sá. Professor Titular de Direito Civil do IBMEC/RJ e Emérito da EMERJ. Membro Fundador da Academia Brasileira de Direito Civil. Desembargador do TJRJ.

> "Eu não quero ser um expectador da mudança.
> Eu quero ser um agente da mudança."
> Sylvio Capanema de Souza em palestra quando apontava
> a necessidade de se reconstruir o Brasil (2019).

Sumário: 1. Nota introdutória. 2. Conceito e função. 3. Elementos essenciais. 3.1 Existência e validade da obrigação principal a garantir. 3.2 Consenso. 3.2.1 Promessa de dar fiador idôneo. 3.2.2 Fiador casado. 3.2.3 Sociedade empresarial. 4. Classificação. 4.1 Interpretação restritiva. 5. Efeitos. 5.1 Benefício de ordem. 5.2 Benefício de sub-rogação. 5.3 Benefício de divisão (cofiança). 5.4 Subfiança (abonação) e retrofiança. 6. A fiança locatícia e o bem de família do fiador. 7. Extinção. 7.1 Exoneração do fiador. 7.1.1 Renúncia ao direito de exoneração. 7.1.2 Retirada dos fiadores do quadro societário da sociedade empresarial afiançada. 7.2 Outras causas legais.

1. NOTA INTRODUTÓRIA

Ao tempo em que parabenizo a iniciativa de elaborar uma obra de locação imobiliária urbana nos seus trinta anos de vigência em homenagem ao professor Sylvio Capanema de Souza, agradeço aos eminentes professores organizadores por permitirem que participasse da obra.

Homenagear Sylvio Capanema é uma oportunidade de manifestar expressamente a profunda reverência e gratidão a esse jurista que exerceu com maestria e ética a arte de ser humano, de ensinar, de advogar, de julgar e de proferir discursos que são inesquecíveis para todos os que tiveram a felicidade de ouvi-lo.

Diz-se que a obediência é o consentimento da razão e a resignação é o consentimento do coração. Sigo obediente e resignado por não contar mais com a presença física de Capanema na certeza de que a sua luz e inteligência notável continua brilhando em outras dimensões.

Considero-me um homem de sorte por tê-lo tido presente e desfrutado da sua amizade por 26 anos ininterruptos e levo as suas lições por toda vida.

Muita saudade, querido amigo.

2. CONCEITO E FUNÇÃO

O interesse pelo reforço e pela garantia das obrigações é muito antigo. Essa preocupação já existia à época do *nexum* (preso, atado, vinculado) que possibilitava ao credor submeter o corpo do devedor ou de alguém de sua família ao regime servil se a dívida não fosse paga, quadro jurídico que finda com a *lex poetelia papiria* em 326 a.c.[1]

A partir desse momento histórico, começa a se construir um novo capítulo no direito obrigacional, no qual a sujeição passa a ser patrimonial, situação que percebemos presente nos artigos 391 e 942 do Código Civil, os quais enfaticamente apontam que os bens do devedor respondem pelo inadimplemento das obrigações licitamente contraídas, assim como aquelas que decorrem da ofensa ou violação do direito de outrem que geram para o seu autor o dever de reparar o dano causado.

O direito romano conheceu e legou para a posteridade instrumentos importantes que reforçam o cumprimento das obrigações como, por exemplo, a cláusula penal e as arras. Esse mesmo senso prático que marca a história jurídica do povo romano, fez com que chegasse até os dias atuais instrumentos que conferem ao credor maior possibilidade de receber o que lhe é devido, buscando garantir o cumprimento da prestação se o devedor não a realizar por qualquer motivo.

A fiança, como é concebida atualmente, decorre da *sponsio* e da *fidepromissio* romana. A primeira acessível apenas aos cidadãos romanos e a segunda extensiva também aos estrangeiros. Pela *sponsio*, de modo solene, o credor indagava ao garante: prometes dar-me o mesmo que o devedor prometeu? A resposta deveria ocorrer de imediato: prometo (*spondeo*)[2].

Em sentido amplo, o instituto que se presta a conferir maior segurança aos interesses do credor e à própria função social do contrato principal é a *garantia*, também chamada de *caução*, vocábulo que pode ser utilizado para indicar quaisquer das modalidades de garantia, levadas a efeito pelo devedor, a fim de oferecer ao credor maior segurança no cumprimento de alguma obrigação.[3] Por tal motivo, é comum apontar-se a fiança como uma *caução fidejussória*[4], isto é, pessoal.

As garantias especiais do crédito se subdividem entre as que pertencem ao direito das coisas e aquelas que são típicas do direito das obrigações.

As garantias reais positivadas no Código Civil são o penhor, a hipoteca, a alienação fiduciária e a anticrese. Em tais casos, pela aderência, o valor de determinado bem do devedor ou de terceiro fica vinculado por direito real de garantia do credor ao total adimplemento da obrigação principal.

A garantia pessoal ou fidejussória mais proeminente no direito civil é o contrato acessório de fiança, em que, por vínculo pessoal existente entre o fiador e o credor, obriga-se o primeiro a adimplir determinada prestação na hipótese de o devedor não a cumprir.

---

1. Por todos: **José Carlos Moreira Alves**. *Direito Romano.* 6. ed. 1997, v. II, p. 7.
2. **José Carlos Moreira Alves**. Op. cit., p. 59-60; **Ebert Chamoun**. *Instituições de Direito Romano.* 6. ed. 1977, p. 333; **Paulo Cesar Cursino de Moura**. *Manual de Direito Romano.* 1998, p. 293-294.
3. **De Plácido e Silva**. *Vocabulário Jurídico.* 27ª ed. 2006, p. 275; **J. M. Othon Sidou**. *Fiança.* 2000, p. 1.
4. **Eduardo Espínola**. *Dos Contratos Nominados no Direito Brasileiro.* 2002, p. 603.

Com o desenvolvimento do comércio na idade média e a necessidade de circulação das mercadorias e das riquezas, o aval aos títulos de crédito. Nada impede que em respeito à autonomia privada, as partes estabeleçam garantias contratuais atípicas (art. 425, CC), desde que observem as regras e princípios gerais do direito dos contratos como a boa-fé objetiva e a função social do contrato, sendo de todo pertinente destacar que nessa esteira caminha o Enunciado 582 da VII Jornada de Direito Civil do CJF/STJ de 2015.

Segundo Carvalho de Mendonça[5], a fiança objetiva a confirmar o direito do credor, garantir a boa vontade do devedor, completando a insuficiência patrimonial deste, sendo esta, a nosso sentir, a mais relevante função do instituto. A função mais relevante da fiança é a de garantia, servindo como poderoso instrumento para a realização de negócios que se dependessem da garantia real, ante às suas exigências registrais e afetação patrimonial gravosa, poderiam não ocorrer, sendo prova disso o relevante papel desempenhado pelo instituto na relação principal de locação imobiliária como faz ver o advogado Gabriel de Figueiredo[6].

Feliz a redação do nosso artigo 818 do Código Civil quando prescreve que "pelo contrato de fiança, uma pessoa garante satisfazer ao credor uma obrigação assumida pelo devedor, caso este não a cumpra". De modo ainda mais direto, assevera o artigo 627 do Código Civil português quando esclarece que "o fiador garante a satisfação do direito de crédito, ficando pessoalmente obrigado perante o credor.". O fiador não assume a dívida alheia, seja cumulativamente, seja exonerando o devedor (art. 299, CC), mas sim promete ao credor adimplir a obrigação pelo devedor principal, responsabilizando-se, portanto, por ele[7].

Credor é o titular do direito subjetivo à prestação.

Fiador é o garante do cumprimento da obrigação.

Afiançado é o devedor que tem relação contratual principal apenas com o seu credor.

De acordo com tais referências legais podemos conceituar a fiança convencional como sendo o *contrato acessório pelo qual um terceiro denominado fiador assume perante o credor o cumprimento da prestação que restou inadimplida pelo devedor.*

O objeto da fiança é, portanto, a garantia pessoal prestada pelo fiador ao credor diante do eventual descumprimento da obrigação devida.

No caso especificamente tratado no presente artigo, o locador *confia* que se o locatário não pagar o aluguel, será chamado à responsabilidade o seu fiador a fim de que o crédito locatício seja satisfeito. A lição de Capanema[8] continua atual quando considera que de todas as garantias admitidas pela lei, a fiança é a mais utilizada. Daí a importância de seu estudo por todos aqueles que pretendem atuar no ramo das locações imobiliárias urbanas.

3. ELEMENTOS ESSENCIAIS

Configuram elementos essenciais do contrato de fiança a existência e validade da obrigação principal a garantir (objeto) e o consenso.

---

5. **M. I. Carvalho de Mendonça.** *Contratos no Direito Civil Brasileiro.* t. II. 3. ed. 1955, p. 807.
6. **Gabriel Seijo Leal de Figueiredo.** *Contrato de Fiança.* 2010, p. 40-42.
7. **Pontes de Miranda.** *Tratado de Direito Privado.* v. 44. 2. ed. 1963, p. 93.
8. Sylvio Capanema de Souza. *Da Locação do Imóvel Urbano. Direito e Processo.* 2000, p. 240.

3.1 Existência e validade da obrigação principal a garantir

A fiança é contrato acessório, tendo por objeto a garantia do adimplemento da obrigação perante o credor se o devedor afiançado não a cumprir. Assim, a sua existência e validade depende da higidez da obrigação principal.

As obrigações postas em garantia podem ser pretéritas, contemporâneas ao início da garantia ou mesmo futuras, submetidas a uma condição ou a um termo. Nesse último caso, o fiador somente poderá ser chamado a responsabilidade após a dívida principal se tornar certa, líquida e exigível (art. 821, CC).

A obrigação do devedor pode ser mais gravosa do que a responsabilidade assumida pelo fiador. A fiança pode se limitar a determinado valor ou a algum aspecto especial da obrigação principal. Nada obsta que o mutuário seja obrigado a pagar um milhão de reais e a garantia prestada pelo fiador se restrinja a quinhentos mil reais. É possível, ademais que em um contrato dividido em diversas prestações, o fiador assuma apenas a responsabilidade pela observância de alguma delas especificadamente. Se a fiança não for limitada, o fiador responderá por todos os acessórios da dívida principal, inclusive as despesas judiciais, desde a citação do fiador (art. 822, CC).

A primeira parte do artigo 824 do Código Civil estabelece que as obrigações nulas não são suscetíveis de fiança, a indicar que a nulidade da obrigação principal afetará o contrato acessório (art. 184, CC). E se o contrato de locação for anulável? Da mesma forma, haverá uma contaminação da fiança, convalescendo aquela, convalesce esta também, nada podendo fazer o fiador para impedir tal ocorrência. Reconhecida por sentença a anulabilidade da obrigação principal, essa circunstância produzirá os seus efeitos invalidantes também sobre a fiança. O fiador não tem legitimidade para substituir o devedor e demandar pela anulação da obrigação principal[9].

A segunda parte do citado dispositivo legal traz em seu bojo interessante exceção, ao afirmar que se a nulidade decorrer de incapacidade do devedor, o fiador não poderá se valer da invalidade do contrato principal a fim de se desobrigar no dever de garantia. Assim, fiador que assegura obrigação de um locatário incapaz fica responsável pelo adimplemento.

Nada obsta que o fiador garanta uma obrigação de pagar aluguel que já esteja prescrita. No caso, para o locatário haverá uma obrigação sem responsabilidade. Para o fiador haverá responsabilidade, ainda que a obrigação não seja dotada de coercitividade[10]. Assim, válida e eficaz a fiança prestada a uma obrigação prescrita[11]. Nesse caso, afirma Serpa Lopes[12], citando as lições de De Page, que a fiança há de ser encarada como outro contrato, no qual livremente o fiador assegurará, por exemplo, um débito prescrito, não se tratando assim simplesmente de uma relação jurídica acessória.

3.2 Consenso

Como contrato simplesmente consensual, a fiança não necessita de nenhum outro ato exterior de entrega de um bem ao credor, formando-se *solo consenso*.

---

9. **Adalberto Pasqualotto**. *Contratos Nominados III*. 2008, p. 244.
10. **Pontes de Miranda**. Op. cit., p. 151.
11. No mesmo sentido: **Lauro Laertes de Oliveira**. *Da Fiança*. 2. ed. 1986, p. 13. Em sentido contrário: **M. I. Carvalho de Mendonça**. Op. cit., p. 820-821.
12. **Serpa Lopes**. *Contratos*. 5. ed. 1999, p. 509.

O acordo de vontades se dá entre credor e fiador, não possuindo qualquer efeito jurídico eventual oposição do devedor, posto que este não sofrerá qualquer consequência nociva aos seus interesses, ao passo que ao credor é legítimo buscar quem possa garantir o cumprimento da obrigação em caso de inadimplemento do devedor.

Seguindo essa linha, o artigo 820, do Código Civil afirma que "pode-se estipular a fiança, ainda que sem consentimento do devedor ou contra a sua vontade.". O reconhecimento de que a relação contratual fidejussória se dá entre credor e fiador serve de fundamento para que não se confira legitimidade ao fiador de um mútuo bancário para postular em juízo a revisão judicial da obrigação principal por onerosidade excessiva e o afastamento de supostas cláusulas e encargos abusivos. Ainda que tenha interesse na redução da dívida, não pode atuar como substituto processual do verdadeiro legitimado que é o devedor afiançado (Informativo 560/2015, STJ, Terceira Turma, REsp 926.792/SC, Rel. Min. Ricardo Villas Bôas Cueva, julgado em 14.04.2015, *DJe* 17.04.2015).

A forma aqui é relevante (art. 819, CC), uma vez que o consentimento excepcional de se obrigar por dívida alheia não pode dar margem a dúvidas quanto ao real querer do fiador. Eventuais manifestações de garantia verbal quanto à honorabilidade e solvência do devedor não possuem o condão de constituir o contrato de fiança.

Como em todo negócio jurídico bilateral, o contrato de fiança exige como requisito de validade a presença de um objeto lícito, possível e determinável, capacidade dos contratantes e a observância da forma escrita prevista em lei e tal constatação nada de novo acrescenta.

Na realidade, no presente ponto do estudo, o que se quer discorrer diz de perto com a legitimação negocial, também chamada de capacidade específica que, no caso da fiança, traz importantes questões envolvendo a pessoa casada, o falido e a pessoa jurídica. A legitimação ou capacidade específica pressupõe capacidade de fato e surge quando a lei exige para além desta, algum requisito de validade que legitime o negócio jurídico.

3.2.1 Promessa de dar fiador idôneo

Não raro na contratação principal, o devedor assume perante o credor a obrigação de apresentar a este um garantidor do cumprimento da obrigação. Disso exsurge a discussão acerca da possibilidade de o credor recusar o fiador apresentado pelo devedor. Interessante observar que, como visto, o contrato de fiança é celebrado entre credor e fiador, mas, obviamente, os seus efeitos se protraem de modo indireto perante o devedor afiançado.

Dessa forma, quando uma pessoa se coloca como aceitante de uma proposta de contrato de locação urbana para fins de moradia e há cláusula prevendo a exigência de pacto acessório de fiança, poderá o locador recusar o fiador apresentado pelo devedor? Somente será legítima a recusa se o fiador não for pessoa idônea, domiciliada em outro município onde tenha de prestar a fiança ou não possua bens que sejam suficientes para garantir o cumprimento da obrigação (art. 825, CC).

Dos requisitos legais, inegavelmente o que se reveste de maior subjetividade é o que diz respeito à idoneidade do fiador, pois não dispomos de critérios objetivos para tal aferição. Há algum consenso em que essa idoneidade deve ser moral e financeira[13], mas

---

13. **Caio Mário da Silva Pereira**. *Contratos*. 17. ed. 2013, p. 459.

mesmo assim a dúvida persiste. Parece-nos que mais justo e consentâneo com os princípios contratuais é o entendimento de que a idoneidade do fiador apresentado pelo devedor goza de presunção relativa, competindo ao credor demonstrar, por certidões ou quaisquer outros meios, a precariedade da garantia apresentada. Por outro lado, quanto a parte final da regra que se refere à suficiência dos bens, temos que o devedor deve cuidar de pedir ao seu fiador que a demonstre.

3.2.2   Fiador casado

Em razão das graves repercussões no seio do casal, com a possibilidade de excussão do patrimônio familiar se o afiançado não pagar a dívida, a fiança prestada por pessoa casada exige como requisito de validade a vênia marital ou uxória do cônjuge (art. 1.647, III, CC), salvo se o juiz suprir a outorga se entender que a recusa é injusta ou se por algum motivo o consorte não puder conceder (art. 1648, CC) como seria o caso, por exemplo, da necessidade de prestar garantia para o tratamento médico de um filho comum ou estar o cônjuge não interdito com patologia que impeça o livre querer e este se mostrar relevante para os interesses da família.

O único regime de bens em que é dispensado o assentimento do cônjuge é na separação convencional de bens em que somente pode ser afetado o patrimônio pessoal do cônjuge fiador, mas não os aquestos familiares que eventualmente se formem no curso da relação matrimonial.

Pelo fundamento acima, se o regime for o da separação obrigatória ou legal de bens, há que se ressalvar que os bens adquiridos na constância do casamento pertencem ao casal e, por tal motivo, mostra-se fundamental a outorga conjugal para que tais bens possam responder pelo débito inadimplido (Informativo 420/2009, REsp 1.163.074-PB, Rel. Min. Massami Uyeda, julgado em 15.12.2009). Conquanto, o ideal fosse o término das hipóteses de separação obrigatória de bens por trazer em seu bojo uma acentuada conotação patrimonialista e discriminatória do idoso, enquanto isto não ocorre, correta a jurisprudência que continua prestigiando o entendimento contido no vetusto verbete sumular 377 do Supremo Tribunal Federal[14] do ano de 1964, o qual esclarece que "no regime de separação legal de bens, comunicam-se os adquiridos na constância do casamento.".

A despeito do reconhecimento inconteste da união estável como entidade familiar, essa exigência não se aplica ao referido projeto parental que possui, como sabido, assento constitucional e, em nada, se apequena diante do casamento (art. 226, § 3º, CF).

Ocorre, entretanto, que diferentemente do casamento que se reveste de formas e solenidades aptas a bem informar o regime jurídico vivenciado pelo casal, o companheirismo decorre de união fática que mesmo com eventual pacto escrito com fins probatórios de sua existência, não tem o condão de, por certidão pública, proporcionar a segurança jurídica que a garantia fidejussória deve se revestir, conforme já teve oportunidade de decidir o Superior Tribunal de Justiça afastando a incidência do verbete 332 de sua jurisprudência[15]. (Informativo 535/2014, Quarta Turma, REsp 1.299.866/DF, Rel. Min. Luis Felipe Salomão, julg. em 25.02.2014).

---

14.   STJ, REsp 1593663/DF, Rel. Ministro Ricardo Villas Bôas Cueva, Terceira Turma, julgado em 13.09.2016.

15.   No mesmo sentido: **Cristiano Chaves de Farias** e **Nelson Rosenvald**. *Contratos.* 5. ed. 2015, p. 1024.

Importa, nesse passo, assinalar o posicionamento em contrário do professor Sylvio Capanema de Souza[16] em razão de gozar a união estável do mesmo status constitucional do casamento, destacando ainda que os bens adquiridos pelos companheiros durante a união estável, em regra, a ambos pertencem. Para superar a dificuldade, seguindo a orientação do Dr. Geraldo Beire Simões, recomenda o mestre que "se inclua no contrato uma solene e peremptória declaração do fiador, que se qualifica como solteiro, separado, divorciado ou viúvo, que não mantém união estável, sob pena de responder civil e criminalmente pela falsa afirmação."

O Código Civil vigente acabou com antiga controvérsia acerca da consequência da falta de outorga conjugal na fiança. Em razão de o Código Civil de 1916 não ser claro quanto ao efeito, para alguns escritores da época[17] seria caso de nulidade de pleno direito, pois da conjugação dos antigos artigos 145, V e 235, III, se extraía a concepção de que a lei impedia a prática, retirando completamente o seu efeito. Além do que, fundamentavam no interesse público de preservação do patrimônio da família[18]. Outros doutrinadores[19] defendiam se tratar de anulabilidade, tendo em vista a possibilidade de confirmação posterior e envolver interesse patrimonial de ordem privada.

As razões da segunda corrente, mais consistentes sob o ponto de vista dos fins do sistema de invalidade do direito civil, influenciaram a atual codificação que colocou uma pá de cal na questão ao dizer expressamente no artigo 1.649 do Código Civil que a hipótese é de anulabilidade. Sendo assim, pode ser confirmada posteriormente pelo cônjuge que não deu o seu assentimento (art. 176, CC), o ato produzirá seus efeitos até a sentença desconstitutiva, sendo defeso ao juiz se pronunciar de ofício, somente os interessados a podem alegar e somente a estes os efeitos se produzirão, salvo caso de solidariedade ou indivisibilidade do objeto (art. 177, CC).

Outro importante efeito da anulabilidade é o convalescimento da invalidade pelo decurso do prazo decadencial de dois anos que se inicia após a extinção da sociedade conjugal a fim de não instabilizar a convivência do casal (*affectio maritalis*) (art. 1.649, CC).

Somente o cônjuge que não deu o assentimento ou seus herdeiros como legitimado sucessivo em caso de morte é que poderão demandar a ação de anulação do contrato[20], sob pena de o direito sufragar o contraditório procedimento daquele que dá ensejo à anulação da fiança por subscrevê-la sem a vênia conjugal e depois vem a juízo postular o reconhecimento dessa invalidade. Aplicando a teoria do *venire factum proprium* a que nos referimos na parte geral dos contratos, os Tribunais têm rechaçado essa demanda (STJ, Quarta Turma, AgRg no Resp 1.232.895/SP, Rel. Min. Luis Felipe Salomão, julg. em 04.08.2015).

Se a demanda for proposta por herdeiro, o prazo decadencial de dois anos para a ação de anulabilidade será contado a partir do falecimento do consorte que não prestou a sua aquiescência à fiança (Informativo 581/2016. STJ, Quarta Turma, REsp 1.273.639-SP, Rel. Luis Felipe Salomão, julgado em 10.03.2016, *DJe* 18.04.2016).

---

16. Sylvio Capanema de Souza. Op. cit., p. 243.
17. Por todos: **Arnaldo Marmitt**. *Fiança Civil e Comercial*. 1989, p. 65-66.
18. **Clóvis Beviláqua**. *Código Civil dos Estados Unidos do Brasil. v. I*. 1958, p. 593.
19. **Zeno Veloso**. *Invalidade do Negócio Jurídico. Nulidade e Anulabilidade*. 2002, p. 222-223; **Marcos Bernardes de Mello**. *Teoria do Fato Jurídico. Plano da Validade*. 1999, p. 114.
20. STJ, Quarta Turma, Resp 1.273.639/SP, Rel. Min. Luis Felipe Salomão, julg. em 10.03.2016 – Informativo 581/2016, STJ.

Outro ponto importante é saber se a anulabilidade atinge todo o contrato de fiança ou apenas há de ser preservada a meação do cônjuge que não disponibilizou a outorga legitimadora do ato. Depois de alguma vacilação jurisprudencial, essa questão ficou corretamente delineada no verbete 332 da jurisprudência do Superior Tribunal de Justiça, vazada nos seguintes termos: "A fiança prestada sem autorização de um dos cônjuges implica a ineficácia total da garantia". Ainda que não prime pelo rigor técnico ao suscitar *ineficácia* quanto a lei trata da matéria no plano da *validade*, o fato é que concretamente, dá-se o efeito de retorno completo ao estado anterior, desfazendo por completo a garantia prestada. Sem embargo, poderá o credor, comprovada a má fé do fiador que se disse solteiro, por exemplo, buscar reparação civil, mas a fiança não produzirá qualquer efeito, uma vez desconstituída por sentença.

Importa ainda que se destaque que o *consentimento* do fiador casado gera a realização de uma cofiança, na qual o casal figurará como fiador, respondendo, portanto, com bens do acervo do casal, assim como aqueles que porventura cada qual tenha como integrante de patrimônio próprio e que seja penhorável. Essa é uma possibilidade bem comum de ocorrer nas locações imobiliárias urbanas com garantia de fiança locatícia. Outra diz respeito ao *assentimento* como requisito de validade da fiança, pois nesse caso um dos cônjuges apenas figurará como fiador, legitimado pela outorga conjugal do consorte. Se ambos consentem, ambos são fiadores. Se um consente e outro assente a esse compromisso, o credor terá a garantia apenas do patrimônio deste. Nesse diapasão, ensina o professor Marcos Bernardes de Mello[21] que "no *consentimento* há vontade em comum, enquanto no *assentimento* existe adesão, anuência, aprovação, autorização.".

3.2.3 Sociedade empresarial

Nada obsta a uma sociedade empresarial, munida da personalidade jurídica que lhe é ínsita, figurar como fiadora de alguma relação obrigacional principal. Para tanto, deverá haver o consentimento da maioria dos sócios, pois o ato de fiança não pode ser considerado como ato natural de gestão, na forma do que dispõe o artigo 1015 do Código Civil que torna ineficaz em relação a terceiros atos realizados em excesso de poderes e aqueles que se mostrem *ultra vires societatis*.

O ideal é que o contrato social esclareça com precisão quais os atos que os administradores podem praticar na gestão da sociedade sem a necessidade da aquiescência da maioria dos sócios e é muito comum que haja cláusula proibindo prestar fiança, pois tal ato de responsabilidade patrimonial não configura ato ordinário de gestão, salvo se constituir o próprio objeto da empresa.

A publicidade do contrato social é feita pelo seu registro na Junta Comercial ou ao Registro Civil das Pessoas Jurídicas (art. 1.150, CC), de modo que o credor que aceitou a fiança pela pessoa jurídica sem que esta estivesse legitimada para tanto, não poderá alegar desconhecimento da vedação. Mesmo antes da atual codificação civil, bem mais clara do que o direito anterior, Serpa Lopes[22] já subscrevia a tese de que a fiança prestada por um sócio sem aquiescência dos demais era ineficaz perante a sociedade se o contrato social desta

---

21. **Marcos Bernardes de Mello**. Op. cit., p. 114.
22. **Serpa Lopes**. Op. cit., p. 516.

18 • FIANÇA NA LOCAÇÃO DE IMÓVEL URBANO   **293**

estivesse registrado e nele houvesse a proibição a qualquer dos sócios de responsabilizar-se por obrigações de terceiros por meio de fiança em negócios que não integram o seu objeto.

Para que a pessoa jurídica tenha êxito no afastamento de sua responsabilidade como garante, basta que demonstre pelo menos uma das seguintes hipóteses: a) registro adequado da limitação de poderes do administrador; b) conhecimento, por qualquer meio, da restrição; c) a realização de atos *ultra vires*, isto é, operação de garantia completamente estranha aos negócios típicos da sociedade.

4. CLASSIFICAÇÃO

A fiança é um contrato unilateral, gratuito, formal, em regra, não solene, acessório, simplesmente consensual e personalíssimo.

A fiança é contrato unilateral, pois o fiador é o único a assumir obrigação perante o credor no sentido de cumprir a obrigação caso o devedor não a realize. Carvalho de Mendonça[23] defende que seria bilateral imperfeito, tendo em vista a possibilidade legal de o fiador se sub-rogar nos direitos do credor satisfeito contra o devedor inadimplente. De fato, o artigo 831 do Código Civil assegura esse direito ao fiador. Entretanto, há um equívoco nessa defesa, pois a fiança se estabelece entre o credor e o fiador, sendo certo que nessa relação contratual, apenas este último assume obrigações, sendo um contrato unilateral como o identifica a doutrina amplamente majoritária[24]. A possibilidade de celebração da fiança sem a participação ou até mesmo com a oposição do devedor afiançado demonstra com clareza que este não é parte do contrato de garantia[25].

É contrato gratuito, tendo em vista que somente o credor retira vantagem econômica da contratação que vem a ser exatamente a garantia. Não raro, o fiador é atraído ao contrato por amizade, afeição nascida de relação familiar ou mesmo beneficência dirigida a quem precisa.

Dessa forma, apenas excepcionalmente, o fiador pode ser remunerado pelo risco que assume no acautelamento dos interesses do credor. O credor do afiançado (devedor) não sofre nenhum abalo patrimonial. Ao revés, somente aufere vantagens. Por outro lado, o fiador suporta o sacrifício da garantia sem que aufira lucro ou benesses outras que não sejam aquelas previstas no sistema de aposentadoria privada. Pode suceder que o devedor, interessado economicamente em determinado contrato, somente consiga celebrá-lo se um terceiro (fiador) se comprometer a prestar garantia do cumprimento das prestações dele decorrentes.

Esse caráter gratuito da fiança que independe de eventual vantagem econômica proporcionada pelo devedor ao fiador, é reforçado na parte final do artigo 819 do Código Civil que sem vacilar com relação ao seu alcance, singelamente dispõe que a fiança exige interpretação restritiva, atribuindo ao pacto de garantia o efeito natural típico do negócio jurídico gratuito ou benéfico, *ex vi* do artigo 114 do Código Civil.

Verificamos a formalidade do contrato na redação do artigo 819 do Código Civil, o qual dispõe que a fiança dar-se-á por escrito, exigindo documento público ou particular

---

23. **M. I. Carvalho de Mendonça.** Op. cit., p. 813.
24. **Por todos: Caio Mário da Silva Pereira.** Op. cit., p. 455-456.
25. **J. M. Othon Sidou.** Op. cit., p. 17.

a fim de conferir validade ao contrato. A inobservância da forma torna o contrato nulo de pleno direito (art. 166, IV, CC).

A solenidade exigida pelas palavras que deveriam ser ditas e que existia no direito romano converte-se hodiernamente na obrigatoriedade de documento elaborado para o fim específico de constituir o contrato de fiança. É absolutamente ineficaz a manifestação verbal de alguém que se obriga a responder por obrigação de outrem, ainda que este fato ocorra na presença de testemunhas ou até que esse compromisso seja reduzido, por exemplo, a uma Ata Notarial (art. 384, CPC/2015) com toda a força probatória que tal ato público encerra.

Importante destacar que o contrato principal pode ser informal como acontece com a locação, mas a fiança com o seu relevante efeito de gerar obrigação própria por dívida alheia, exige forma escrita. A dimensão desse compromisso algo fora do ordinário, impõe formalidade.

A fiança de uma pessoa solteira não exige qualquer solenidade, mas se esta for casada, indispensável será a outorga do outro cônjuge, conforme disciplina o artigo 1.647, III, CC, tema que será enfrentado no estudo dos requisitos de validade do contrato.

A fiança é contrato essencialmente acessório, pois depende da existência de um contrato dito principal. São acessórios todos os contratos que objetivem assegurar uma relação contratual principal como ocorre com a fiança em relação a um mútuo ou a uma locação, por exemplo.

Os contratos acessórios não subsistem isoladamente, dependendo dos contratos principais a que acedem como, por exemplo, a fiança em relação à locação. Os contratos acessórios, conquanto sejam feitos, em regra, no mesmo instrumento do contrato principal, podem ser apresentados em separado sem prejuízo para a sua validade e eficácia.

O princípio da gravitação jurídica – *accessorium sequitur principale* – tem grande relevo para o estudo da fiança, pois como diz o artigo 184, *in fine*, do Código Civil, "a invalidade da obrigação principal implica a das obrigações acessórias, mas a destas não induz a da obrigação principal.". Assim, a nulidade de uma locação contaminará a fiança, mas o defeito formativo desta não produzirá o mesmo efeito, pois uma das consequências mais eloquentes da acessoriedade da fiança é o de ser não ser válida se a obrigação não o for[26]. A fiança será sempre contrato formal e acessório, mas a obrigação principal pode ter sido contraída verbalmente.

No campo da prescrição, essa classificação também tem importância, pois a prescrição da pretensão creditícia do contrato principal ocorrer, o mesmo sucederá com a responsabilidade assumida pelo fiador. Na locação imobiliária urbana e rural, a cobrança de aluguéres prescreve em três anos (art. 206, § 3°, I, CC), sendo este o mesmo prazo prescricional da garantia prestada por fiança.

A acessoriedade da fiança não obsta a que a obrigação principal seja de valor superior do que a responsabilidade do fiador, o que se dá no caso da fiança limitada a determinado valor ou prestação (art. 822, CC). O contrário não será admitido, pois se a fiança for contraída em condições mais onerosas, ficará limitada ao valor da dívida garantida, sendo o valor da obrigação afiançada o limite da responsabilidade do fiador (art. 823, CC). Re-

---

26. L. P. Moitinho de Almeida. *Nulo o contrato, nula a fiança*. 1985, p. 163.

18 • FIANÇA NA LOCAÇÃO DE IMÓVEL URBANO

puta-se como não escrita cláusula do contrato de fiança em que o fiador se responsabilize por um valor maior do que o devedor, seja no principal, seja nos juros ou na forma de sua contagem, assim como pagar antecipadamente, em lugar diverso etc.[27]

Por fim, em razão da assinalada característica, é lícito ao fiador se valer das defesas ou exceções pessoais que o devedor teria em face do credor como a compensação e a exceção de contrato não cumprido, dentre outras, assim como as hipóteses de extinção da obrigação principal como o pagamento e a prescrição, por exemplo. (art. 837, CC).

É contrato simplesmente consensual, pois se aperfeiçoa independentemente da entrega de qualquer objeto, dependendo apenas do consentimento das partes[28].

A fiança é um contrato personalíssimo, celebrado, segundo a pessoa do fiador, na conformidade da confiança que inspira no credor do afiançado. O caráter *intuitu personae* do contrato é reforçado pela possibilidade de o credor recusar o fiador apresentado pelo devedor se não confiar na sua idoneidade moral ou patrimonial (art. 825, CC), assim como exigir a sua substituição se o fiador se tornar insolvente ou incapaz (art. 826, CC).

Na mesma linha de raciocínio, o artigo 836 do Código Civil prescreve que a morte extingue a fiança, ficando os herdeiros responsáveis apenas pelas obrigações do devedor até esse momento, ou seja, a responsabilidade se transmite aos herdeiros *intra vires hereditatis*, mas somente as que se constituírem antes do passamento do fiador.

4.1 Interpretação restritiva

Todo contrato benéfico ou gratuito deve ser interpretado restritivamente (art. 114, CC). Com relação à fiança, há regra expressa nesse sentido (art. 819, CC), prestigiando a interpretação literal em detrimento de um eventual resultado hermenêutico extensivo ou ampliativo em desfavor daquele que não retira qualquer vantagem econômica da relação, qual seja, o fiador.

Há muito a doutrina[29] vem apontando que a responsabilidade do fiador como sendo restritiva sob o ponto de vista do objeto do contrato principal (*de re ad rem*), das partes contratantes (*de persona ad personam*) e da duração da responsabilidade (*de tempore ad tempus*).

Quanto ao objeto, a responsabilidade do fiador restringir-se-á ao que expressamente restou pactuado. Se o fiador se responsabilizou pelo pagamento de alugueres impagos que não lhe venham cobrar os acessórios da locação. Se a pessoa é fiadora de um mútuo, com referência expressa ao pagamento do principal, não poderá o mutuante exigir dele que arque com cláusulas penais ou juros de mora, mas apenas a atualização monetária, pois nesse caso não haverá acréscimo de capital, mas apenas atualizar do valor monetário por algum índice oficial. E assim por diante.

Quanto ao aspecto subjetivo, se houver modificação da pessoa do devedor afiançado, extinta estará consequentemente a responsabilidade do fiador que se estabelece *intuitu personae*. A cessão do contrato de locação a novo locatário com a anuência do locador, por exemplo, liberará o fiador da qualidade de garante, salvo se anuir ao novo acerto contratual.

---

27. **M. I. Carvalho de Mendonça**. Op. cit., p. 821.
28. **Gildo dos Santos**. *Fiança*. 2006, p. 62.
29. Por todos: **M. I. Carvalho de Mendonça**. Op. cit., p. 823.

Nesse diapasão, o Superior Tribunal de Justiça editou o verbete 214 de sua jurisprudência predominante, estabelecendo que "o fiador na locação não responde por obrigações resultantes de aditamento ao qual não anuiu". Na esteira dessa jurisprudência, a Corte da Cidadania teve ocasião de dar provimento a recurso especial com o acolhimento de exceção de pré-executividade, determinando, por conseguinte a exclusão dos fiadores de feito executivo em razão da existência de novo pacto entre credor e devedor sem anuência expressa dos fiadores (Quarta Turma, Resp REsp 1.013.436-RS, Rel. Min. Luis Felipe Salomão, julg. em 11.09.2012 – Informativo 504/2012).

Quanto à questão temporal, o credor não pode exigir que o fiador permaneça com a responsabilidade pelo adimplemento do afiançado por mais tempo do que aquele que se obrigou. Tormentosa tem sido a compatibilização dessa máxima com a previsão do artigo 39 da lei do inquilinato (lei 8245/91) com a redação dada pela lei 12.212/2009, a qual reza que "salvo disposição contratual em contrário, qualquer das garantias da locação se estende até a efetiva devolução do imóvel, ainda que prorrogada a locação por prazo indeterminado, por força desta Lei.".

O entendimento que tem prevalecido é o da especialidade da norma, ou seja, em qualquer outra fiança, o fiador tem um prazo certo de natureza contratual para a sua vinculação, enquanto na fiança locatícia, se houver o comprometimento até a efetiva entrega das chaves, o contrato acessório se prorrogará com o principal, ficando extinta a garantia apenas com a extinção formal da locação.

A prorrogação não equivale ao *aditamento* a que se refere a súmula 214 do Superior Tribunal de Justiça acima transcrita.

Aditamento exige uma contratação diversa da original, enquanto na prorrogação é o mesmo contrato que se prorrogou no tempo e, por isso o referido entendimento jurisprudencial não vai ao socorro do fiador nas situações em que a locação se prorroga automaticamente para tempo superior daquele que fora estabelecido inicialmente, vinculando o garante até a efetiva entrega das chaves (art. 39, lei 8245/91) ou no caso em que exista cláusula expressa de prorrogação em outro contrato principal como, por exemplo, no mútuo[30], ressalvado o exercício do direito exonerativo previsto no artigo 835 do Código Civil.

5. EFEITOS

Como vimos narrando, a fiança é contrato celebrado entre o credor e o fiador, mas indiscutivelmente também produz efeitos frente ao afiançado. Passaremos a tratar de tais efeitos, atentos para a eficácia de ambas as situações.

5.1 Benefício de ordem

Benefício de ordem é o direito que, em regra, é assegurado ao fiador de, uma vez demandado pelo cumprimento da obrigação principal, exigir que o credor submeta à constrição judicial primeiro os bens do devedor. É esse o sentido do artigo 827 do Código Civil quando assinala que "o fiador demandado pelo pagamento da dívida tem direito a exigir, até a contestação da lide, que sejam primeiro executados os bens do devedor.".

---

30. STJ, Segunda Seção, REsp 1.253.411-CE, Rel. Min. Luis Felipe Salomão, julgado em 24.06.2015 – Informativo 565/2015.

18 • FIANÇA NA LOCAÇÃO DE IMÓVEL URBANO

Trata-se de um efeito da acessoriedade e do reconhecimento que o fiador não é devedor da obrigação afiançada, mas apenas garante. Não tem o *debitum* (*shuld*), mas sim a *obligatio* (*haftung*). Assim sendo, a ordem correta de submissão do patrimônio à obrigação é a de primeiramente afetar os bens do devedor e somente se estes mesmos forem insuficientes para a satisfação do crédito, é que se poderá buscar entre os do fiador, pois a responsabilidade do fiador, de ordinário, é subsidiária e não solidária como ocorre no aval ou em outro caso de solidariedade passiva em virtude da lei ou da autonomia privada.

O fiador que alega o benefício de ordem traz para si o ônus de colaborar com o credor e com a justiça, nomeando bens do devedor que se situem no mesmo município em que corre a cobrança. Os bens devem se encontrar livres e desembargados, assim como indispensável que sejam em montante suficiente para solver o débito (art. 827, p. único, CC).

Em contratos de fiança paritários, esse benefício reveste-se em uma norma de caráter dispositivo, pois é válida a cláusula em que o fiador renuncia expressamente tal direito ou se obriga ao lado do devedor, solidário a este diante do credor. A propósito, como ensina o professor Sylvio Capanema de Souza[31], basta que o fiador se obrigue solidariamente com o devedor para que se considere que implicitamente renunciou ao benefício de ordem.

Posicionamo-nos no sentido de que tal cláusula é nula de pleno direito nos contratos de adesão em razão da regra do artigo 424 do Código Civil que acoima de nula de pleno direito a cláusula que estipule a renúncia antecipada do aderente a direito que integre a substância do contrato. É exatamente esse o caso, pois é da natureza do negócio de fiança que o fiador figure como garantidor do adimplemento, sendo de todo legítimo que coloque os bens do afiançado em primeiro lugar na ordem de submissão patrimonial[32]. Nessa ótica, o Conselho da Justiça Federal/STJ houve por bem aprovar o enunciado 364 da IV Jornada de Direito Civil no seguinte teor: "424 e 828. No contrato de fiança é nula a cláusula de renúncia antecipada ao benefício de ordem quando inserida em contrato de adesão.".

Malgrado a juridicidade dessa tese, o fato é que os tribunais do País, em sua maioria, não têm enfrentado a questão sob a ótica do contrato de adesão, se restringindo a dizer que a fiança locatícia, grande hipótese de aplicação do contrato, não se submete ao Código de Defesa do Consumidor e que por isso a cláusula é válida[33]. Ora, com todo respeito, parece bastante óbvia essa constatação, tendo em vista a especialidade da norma (art. 2.036, CC), mas a sustentação da nulidade encontra amparo no artigo 424 do Código Civil e não na lei consumerista. Outra percepção é a de que há uma reprodução sistemática de aresto do Superior Tribunal de Justiça que se restringe a dizer que a cláusula de exoneração do benefício de ordem é válida sem que os atores do processo se debrucem devidamente sobre a questão do contrato de adesão[34].

Poucas são as decisões que submetem o enfrentamento da questão à análise do contrato de fiança de adesão, seja para dizer que mesmo assim a cláusula é válida[35] ou mesmo inválida[36].

---

31. Sylvio Capanema de Souza. Op. cit., p. 242.
32. No mesmo sentido: **Flávio Tartuce**. *Teoria Geral dos Contratos e Contratos em Espécie*. 11. ed. 2016, p. 475.
33. TJPR, 12ª CC, Apelação Cível 1543740-4, Rel. Luciano Carrasco Falavinha Souza, julg. em 21.09.2016.
34. AgRg no AgRg no AREsp 174.654/RS, Rel. Ministro Raul Araújo, Quarta Turma, julgado em 03.06.2014).
35. TJDFT, 1ª Turma Cível, Apelação Cível 20130111520370, Rel. Des. Simone Lucindo, julg. em 19.11.2014.
36. TJSP, 16ª Câmara de Direito Privado, Proc. 9085875-67.2009.8.26.0000, Rel. Des. Candido Alem, julg. em 30.07.2012.

MARCO AURÉLIO BEZERRA DE MELO

Outra hipótese de não aplicabilidade do benefício de ordem e que se encontra a salvo de controvérsias é a situação em que o devedor for insolvente ou falido (art. 828, III, CC).

Ainda que o fiador não goze do benefício de ordem, extreme de dúvidas que poderá promover o andamento de uma execução iniciada contra o devedor se o credor, sem justa, estiver sendo leniente no exercício do direito creditício. Por razões óbvias, o fiador tem total interesse no êxito dessa demanda que terá por efeito a sua exoneração de responsabilidade (art. 834, CC).

5.2 Benefício de sub-rogação

No caso da fiança, a sub-rogação pessoal se verifica na substituição do credor pela pessoa do fiador que efetua o pagamento na qualidade de responsável pela obrigação primitiva.

Trata-se de exemplo clássico de sub-rogação legal (art. 346, III, CC) que se encontra disciplinada na primeira parte do artigo 831 do Código Civil, o qual traz em seu bojo claro direito ao fiador que ao pagar integralmente a dívida fica sub-rogado nos direitos do credor.

Esse direito assegurado ao fiador também reforça a tese de que o fiador, ainda que solidário com o devedor, não tem débito (*debitum, schuld*), mas sim responsabilidade (*obligatio, haftung*).

Outros ordenamentos jurídicos como, por exemplo, o da Itália (arts. 1949 e 1950, CC) também proporciona ao fiador tal direito que comporta extensão maior do que um simples *direito de regresso* que possibilitaria ao garante apenas o ressarcimento do que pagou atualizado monetariamente. Diferentemente da sub-rogação, nesse sistema de abrangência menor, não há transferência de todas as ações que teria o credor, nem juros, nem eventuais garantias, nem multas ou privilégios creditórios, nem tampouco poderá o devedor apresentar as suas exceções pessoais contra o fiador, pois a ação se restringe apenas ao ressarcimento do que foi pago[37]. Em outras palavras, na sub-rogação, o fiador substitui (ocupa o lugar) do credor com todas as vantagens e ônus que a obrigação deste porventura possa ter.

Os artigos 832 e 833 do Código Civil corroboram o acerto de nosso sistema, pois atribuem àquele que presta fiança maior gama de direitos contra o devedor a fim de possibilitar com justiça a recomposição do patrimônio perdido por dívida alheia. A primeira regra assegura ao fiador buscar em juízo a reparação de todos os danos que sofreu em razão da fiança e o segundo confere o direito aos "juros do desembolso pela taxa estipulada na obrigação principal, e, não havendo taxa convencionada, aos juros legais da mora."

5.3 Benefício de divisão (cofiança)

Cofiança é a fiança prestada por mais de um fiador a um só débito.

A primeira pergunta que se deve fazer diante dessa realidade, diz respeito a como se dará a relação entre os garantes perante o credor. Responderá cada um por uma cota-parte da dívida total ou haverá solidariedade, possibilitando a que o credor exija de qualquer um dos fiadores a totalidade da obrigação como lhe assegura o artigo 275 do Código Civil? O benefício de divisão consiste na possibilidade de o fiador prestar garantia por apenas parte

---

37. Nesse sentido: **Gabriel Seijo Leal de Figueiredo**. Op. cit., p. 161-162.

da dívida como lhe possibilita o artigo 830 do Código Civil e opor que o credor invada o seu patrimônio em valor superior ao que foi assumido no pacto de cofiança.

Se o cofiador é responsável por dez por cento de uma dívida de mil reais, terá a sua responsabilidade restrita a cem reais. Esse o sentido do parágrafo único do artigo 829 do Código Civil quando reza que "estipulado este benefício, cada fiador responde unicamente pela parte que, em proporção, lhe couber no pagamento.".

Como cediço, a solidariedade resulta da autonomia privada ou da lei (art. 265, CC), sendo essa última hipótese a fonte que confere ao credor cobrar a integralidade da obrigação de qualquer dos fiadores, salvo se no contrato de cofiança ficou estabelecido que cada fiador responde por apenas determinada parte ou percentual da obrigação, ocasião em que deverá o credor se satisfazer de acordo com a cota de responsabilidade de cada garante. Pelo direito civil brasileiro (art. 829, CC) a solidariedade é a regra e o benefício de divisão exceção que dependerá de disposição contratual expressa nesse sentido. Assim é também no § 769 do Código Civil Alemão.

Outro ponto importante diz respeito ao reconhecimento de que o cofiador que paga assuma o cumprimento da obrigação sozinho tem direito a duas substituições do direito creditício. Uma que se dará na integralidade da prestação e poderá ser exercida contra o devedor principal e outra perante os outros cofiadores. Nessa última, somente lhe será lícito cobrar dos outros cofiadores a parte de responsabilidade de cada qual, não havendo solidariedade passiva entre eles e, por tal motivo, terá que cobrar a parte que cada fiador era responsável (art. 831, *caput,* CC).

Se um dos fiadores for insolvente, distribuir-se-á a sua cota entre os fiadores solventes (art. 831, p. único, CC). Em caso de falta de estipulação da cota de cada corresponsável, presumem-se iguais, seguindo a regra geral da teoria geral das obrigações prevista no artigo 283 do Código Civil.

Exemplifiquemos. Em uma relação obrigacional principal o mutuário se obrigou a pagar a importância de um milhão de reais, sendo que A garante cinquenta, B trinta e C vinte por cento. Em caso de inadimplência do devedor e não houver estipulado expressamente benefício de divisão, o credor poderá exigir de cada qual a integralidade da obrigação, pois os cofiadores respondem solidariamente. Imaginando que C tenha sido acionado e pague o montante da dívida, se sub-rogará dos direitos do credor contra o devedor, mas imaginando que este não tenha condições de fazer o pagamento, terá que se satisfazer com a cobrança de quinhentos mil reais em face de A e de trezentos mil reais em face de B, permanecendo credor do mutuário no valor de duzentos mil reais.

No exemplo citado, se o fiador B for insolvente, poderá cobrar seiscentos e cinquenta mil reais de A, suportando prejuízo de quatrocentos e cinquenta mil reais, pois a cota de B é rateada entre os cofiadores solventes.

5.4 Subfiança (abonação) e retrofiança

Subfiança ou abonação é o ato pelo qual é chamado um terceiro para a relação de garantia a fim de que funcione como *fiador do fiador*. Nessa conjuntura, o credor contará com a possibilidade de exigir a prestação do devedor principal, se restar impaga, exigir do fiador e se este não honrar o compromisso de garantia, ainda lhe será lícito buscar o

MARCO AURÉLIO BEZERRA DE MELO

adimplemento do abonador do fiador. Nas lições de Almeida Costa[38] a subfiança "consiste na fiança de uma fiança: a obrigação do subfiador está para a do fiador como a deste para a dívida principal.".

Da mesma forma que a fiança original, o credor não precisará do consentimento do devedor nem do fiador para que conte com a garantia do abonador.

A retrofiança se configura em uma garantia fidejussória para a eventualidade de o fiador arcar com a prestação principal e voltar a sua pretensão em face do devedor. O retrofiador assume a garantia do fiador no exercício da cobrança de sub-rogação. O devedor é afiançado pelo fiador perante o credor principal e do fiador no exercício da sub-rogação. Como assinala Gabriel Figueiredo[39] "a retrofiança ou fiança de regresso se destina a forrar o fiador contra o risco de inadimplemento do devedor principal.".

A subfiança e a retrofiança não se encontra positivada de modo expresso, mas tem com larga aplicação no trânsito jurídico com fundamento na autonomia privada.

6. A FIANÇA LOCATÍCIA E O BEM DE FAMÍLIA DO FIADOR

Cumprindo o comando constitucional da proteção à dignidade humana (art. 1°, III, CF) e, mais tarde, o direito à moradia como direito social básico (art. 6°, CF com a redação da EC 26/2000), a lei 8009/90, norma de ordem pública e, portanto, inderrogável pela vontade das partes, tornou impenhorável o bem imóvel que serve de moradia ao cidadão, assim como as acessões, benfeitorias e pertenças que guarnecem a residência, excepcionados os adornos suntuosos ou de luxo, pertencentes ao executado.

Em 1991, por acréscimo trazido pela lei 8245, incluiu-se o inciso VII no rol de exceções da impenhorabilidade a que alude o artigo 3° da citada Lei 8.009/90. Trata-se da polêmica previsão da fiança locatícia imobiliária urbana, a indicar que nessa modalidade de garantia fidejussória, o fiador que tenha um único imóvel que lhe serve de única moradia poderá vir a perdê-lo se o locatário não cumprir com a sua obrigação perante o locador.

O Supremo Tribunal Federal, na pena do emérito Ministro Carlos Velloso[40], em decisão monocrática proferida no ano de 2005, reconheceu a inconstitucionalidade da lei por duplo fundamento: *ofensa ao direito de moradia e à isonomia*. Significativo se mostra o seguinte trecho da referida decisão: "Posto isso, veja-se a contradição: a Lei 8.245, de 1991, excepcionando o bem de família do fiador, sujeitou o seu imóvel residencial, imóvel residencial próprio do casal, ou da entidade familiar, à penhora. Não há dúvida que ressalva trazida pela Lei 8.245, de 1991, inciso VII do art. 3° feriu de morte o princípio isonômico, tratando desigualmente situações iguais, esquecendo-se do velho brocardo latino: *ubi eadem ratio, ibi eadem legis dispositio*, ou em vernáculo: onde existe a mesma razão fundamental, prevalece a mesma regra de Direito. Isto quer dizer que, tendo em vista o princípio isonômico, o citado dispositivo inciso VII do art. 3°, acrescentado pela Lei 8.245/91, não foi recebido pela EC 26, de 2000. Essa não recepção mais se acentua diante do fato de a EC 26, de 2000, ter estampado, expressamente, no art. 6°, C.F., o direito à moradia como direito fundamental de 2ª geração, direito social.

---

38. **Mário Júlio de Almeida Costa**. *Direito das Obrigações*. 9. ed. 2005, p. 845.
39. **Gabriel Seijo Leal de Figueiredo**. Op. cit., p. 119.
40. RE 352.940/SP, julg. em 25.04.2005.

Ora, o bem de família Lei 8.009/90, art. 1º encontra justificativa, foi dito linha atrás, no constituir o direito à moradia um direito fundamental que deve ser protegido e por isso mesmo encontra garantia na Constituição. Em síntese, o inciso VII do art. 3º da Lei 8.009, de 1990, introduzido pela Lei 8.245, de 1991, não foi recebido pela CF, art. 6º, redação da EC 26/2000.".

Na doutrina, importantes vozes defendem a tese da inconstitucionalidade da norma[41], mas o fato é que o entendimento majoritário na jurisprudência tem sido pela constitucionalidade.

No Supremo Tribunal Federal, a tese da inconstitucionalidade não fez eco[42]. Após a citada decisão monocrática, o Pleno, ainda que por maioria, vencidos os Ministros Carlos Britto, Eros Grau e Celso de Mello, entendeu pela constitucionalidade da norma especial[43]. No Superior Tribunal de Justiça, a questão acabou sendo afetada pelo regime de recursos repetitivos e a egrégia Segunda Seção, na esteira de antigo verbete do Tribunal de Justiça do Estado do Rio de Janeiro[44], entendeu que "é válida a penhora de bem de família pertencente a fiador de contrato de locação.". (Súmula 549, Segunda Seção, julgado em 14.10.2015, *DJe* 19.10.2015).

É óbvio que o fundamento jurídico da tese majoritária na jurisprudência está blindado pelos melhores propósitos de incrementar a oferta de imóveis para a locação ou seja, facilitar o acesso à locação nas lições do pranteado professor Sylvio Capanema de Souza[45], notadamente para fins residenciais, mas trata-se, em nosso modo de sentir, de um grande equívoco dos poderes legislativo e judiciário, animado por argumentos *ad terrorem* do fundamental mercado imobiliário, no sentido de que os locadores preferirão deixar os imóveis vazios ou que sem essa regra não haverá garantia na locação, aumentando ainda mais o déficit habitacional como se este tivesse como causa a penhorabilidade do imóvel de moradia do fiador.

Com todo respeito às opiniões em contrário[46], na legalidade constitucional que prima pela isonomia, direito à moradia em posição de supremacia em relação ao direito de crédito, tendo em vista a primazia da proteção da dignidade humana, não há espaço para tal construção jurídica.

---

41. **Eliane Maria Barreiros Aina**. *O Fiador e o Direito à Moradia. Direito Fundamental à Moradia frente à Situação do Fiador Proprietário do Bem de Família*. 2002, p. 123-124; **Gildo dos Santos**. Op. cit., p. 123-146; **Flávio Tartuce**. Op. cit., p. 486-493; **Pablo Stolze e Rodolfo Pamplona Filho**. *Contratos em Espécie*. 6. ed. 2013, p. 629-632; **Cristiano Chaves de Farias e Nelson Rosenvald**. *Contratos*. 5. ed. 2015, p. 1043-1044; Marcelo Milagres. *Direito à Moradia*. 2011, p. 83-84.

42. Em julgamento ocorrido no dia 12-06.2018, a 1ª Turma do STF, por maioria, vencidos os Ministros Dias Toffoli e Marco Aurélio Mello, relatora para o acórdão a Ministra Rosa Weber que abriu a divergência e foi acompanhada pelos Ministros Luiz Fux e Luís Roberto Barroso, deu provimento ao Recurso Extraordinário 607.609/SP para reconhecer a inconstitucionalidade incidental da penhora do bem de moradia do fiador quando se tratar de locação para fins não residenciais, pois nesse caso não haveria como fazer a ponderação com a própria proteção à moradia que existe na locação residencial. A nosso viso, a inconstitucionalidade é flagrante em qualquer tipo de locação imobiliária urbana, mas aplaudimos a rediscussão dessa importante matéria.

43. Fiador. Locação. ... omissis ... A penhorabilidade do bem de família do fiador do contrato de locação, objeto do art. 3º, inc. VII, da Lei 8.009, de 23 de março de 1990, com a redação da Lei 8.245, de 15 de outubro de 1991, não ofende o art. 6º da Constituição da República (RE 407688, Relator(a): Min. Cezar Peluso, Tribunal Pleno, julgado em 08.02.2006.

44. Súmula 63, TJRJ: "Cabe a incidência de penhora sobre imóvel único do fiador de contrato de locação, Lei 8.009/90 (art. 3º, VII) e Lei 8245/91.".

45. Sylvio Capanema de Souza. *A Lei do Inquilinato Comentada*. 10. ed., 2017, p. 414.

46. Defendendo a possibilidade de penhora do único bem de moradia do fiador, confira-se o excelente artigo "A (Im)penhorabilidade do Bem de Família do Fiaro. *Pragmatismo, Direito e Economia do Supremo Tribunal Federal.*" Lições de Direito Imobiliário. *Homenagem a Sylvio Capanema*. 2020, p. 674-683.

Com relação ao direito à moradia a hipótese é de não recepção dessa parte da Lei 8.009/90 com a redação dada pela lei do inquilinato, pois há uma demonstração explícita do afastamento do direito social à moradia, particularizada a um contratante e em atenção ao interesse privatista do locador, desprestigiando os paradigmas da justiça social.

Entretanto, mais eloquente é a inconstitucionalidade por falta de isonomia. Como se justifica que o locatário seja titular do direito à moradia e tenha o seu único imóvel para fins de moradia impenhorável e o responsável que não tem o dever primário de pagamento do aluguel não possa se socorrer de tal direito? Sobre esse ponto, perverso tem se mostrado o entendimento da jurisprudência sobre a penhorabilidade do único imóvel de moradia do locatário na ação fundada no direito de sub-rogação. Sob o justificável argumento de que não se pode conferir interpretação extensiva a normas que restringem direitos[47], os Tribunais[48], em maioria, têm rechaçado essa pretensão do fiador contra o locatário.

7. EXTINÇÃO

A extinção do contrato de fiança pode se efetivar pela iniciativa do exercício de um direito potestativo resilitório do fiador ou, de modo automático, em razão da incidência direta da lei civil.

7.1 Exoneração do fiador

Em regra, o direito à exoneração é dado ao fiador nas situações em que a garantia for dada por prazo ilimitado ou quando houver prazo determinado e a garantia, por conta do término do tempo do contrato principal, esteja vigorando por prazo indeterminado. Em tais cenários, nasce para o fiador o direito potestativo de exigir a exoneração de sua responsabilidade.

No revogado artigo 1500 do Código Civil de 1916, o exercício desse benefício era altamente burocratizado, pois exigia sentença judicial exonerativa se as partes não tivessem feito acordo. Alguns autores chegavam a dizer da necessidade de trânsito em julgado, impondo ao fiador uma responsabilidade que dependia da própria máquina judiciária que não raro fica um pouco emperrada.

O correspondente artigo 835 do Código Civil vigente se contenta com uma simples notificação ao credor, permanecendo o fiador responsável pela dívida pelo período de sessenta dias a contar do recebimento dessa manifestação de vontade. A permanência da responsabilidade por esse razoável período de tempo tem por fim não surpreender o credor que por manifestação unilateral de vontade do fiador ficaria sem garantia, ao tempo em que confere oportunidade ao devedor para que indique um novo fiador idôneo, mantendo hígido o seu contrato ou, se for o caso, evitando o vencimento antecipado da dívida.

De fato, inadmissível seria a criação de uma responsabilidade fidejussória por tempo além do pactuado em um contrato que na sua substância é temporário e exige interpretação restritiva ante ao caráter unilateral e gratuito que o caracteriza.

---

47. Defendendo a possibilidade de interpretação extensiva para alcançar o imóvel de moradia do locatário: **Gabriel Seijo Leal de Figueiredo**. Op. cit., p. 179-181.
48. TJSP, Relator(a): Gomes Varjão; Comarca: Diadema; Órgão julgador: 34ª Câmara de Direito Privado; Data do julgamento: 10.10.2016; Data de registro: 10.10.2016.

Na fiança locatícia é permitido ao fiador o direito à exoneração findo o termo contratual com a sutil diferença que nesse caso o fiador permanecerá responsável pelo prazo de 120 dias por força do disposto no artigo 40, X, da lei 8245/91. A despeito de não enxergarmos fundamento, sequer razoável, para a opção de impor ao fiador na locação o dobro do prazo de responsabilidade previsto na legislação civil, não resta alternativa senão a submissão ao infeliz texto legal.

Atente-se, por outro lado, que se o fiador não providenciar a sua exoneração, nos termos da lei, a locação prorrogar-se-á até a efetiva entrega das chaves, pois o não exercício desse direito formativo gera no credor, com amparo no artigo 39 da lei do inquilinato, a certeza da continuação da garantia após a prorrogação legal do contrato de locação.

Situação diversa é aquela em que há alteração ou aditamento da obrigação principal (Súm. 214, STJ). Nesse cenário, a exoneração será automática, não incidindo o artigo 835 do Código Civil como teve oportunidade de se pronunciar a Comissão de Direito das Obrigações da VII Jornada de Direito Civil do CJF/STJ ao editar o enunciado 547, vazado nos seguintes termos: "na hipótese de alteração da obrigação principal sem o consentimento do fiador, a exoneração deste é automática, não se aplicando o disposto no art. 835 do Código Civil quanto à necessidade de permanecer obrigado pelo prazo de 60 (sessenta) dias após a notificação ao credor, ou de 120 (cento e dias) dias no caso de fiança locatícia.".

7.1.1 Renúncia ao direito de exoneração

A cláusula de renúncia ao direito de exoneração do fiador é válida, mas tem os seus efeitos restritos ao período em que vigorar o contrato, pois como externou importante julgado do Superior Tribunal de Justiça que retrata o pensamento majoritário, a referida cláusula contratual não pode subsistir findo o prazo do contrato principal, pois o "direito não se compraz com relação jurídica eterna e permanente, especialmente no campo dos direitos pessoais, como é o caso da fiança" (REsp 1426857/RJ, Rel. Ministra Regina Helena Costa, Quinta Turma, julgado em 13.05.2014, *DJe* 19.05.2014). Na doutrina[49], há muito que é voz corrente a crítica a vigência dessa cláusula após o término do contrato.

7.1.2 Retirada dos fiadores do quadro societário da sociedade empresarial afiançada

Em que pese a conhecida separação entre a pessoa jurídica e a dos sócios que compõem o quadro societário, em razão do aspecto personalíssimo e de interpretação estrita da fiança, o entendimento correto caminha no sentido da possibilidade de exoneração dos fiadores que figuraram como sócios e se retiraram posteriormente da sociedade. Obviamente que a confiança existia, pois os fiadores eram membros da sociedade. Dela se retirando, a fiança perde o sentido, dando ensancha a que os fiadores notifiquem o credor comunicando o intento de exonerarem-se da garantia prestada. A exoneração também não se verifica como um dos efeitos da aludida mudança societária, exigindo do interessado medida explícita para tal fim, pois não seria justo surpreender o credor que crê na higidez da garantia. Essa tem sido a orientação segura dos Tribunais[50].

À falta de dispositivo legal específico, deve se aplicar, por analogia, o artigo 835 do Código Civil, permanecendo os fiadores responsáveis pelo prazo de sessenta dias.

---

49. José **Fernando Lutz Coelho**. *O Contrato de fiança e sua exoneração na locação*. 2002, p. 51-58.
50. STJ, AgRg no AgRg no REsp 1395559/MS, Rel. Ministro Paulo de Tarso Sanseverino, Terceira Turma, julgado em 18.02.2016).

7.2 Outras causas legais

O término do contrato principal pelo cumprimento da obrigação pelo pagamento direto ou indireto mediante os outros meios extintivos como a confusão, compensação, imputação do pagamento, transação, renderam ensejo à extinção da fiança.

O advento do termo ou condição resolutiva, do contrato principal ou do acessório de fiança, extinguirá igualmente a responsabilidade do fiador, ressalvado no primeiro caso a existência de cláusula de prorrogação automática ou no caso específico da lei do inquilinato acima citada.

A lei apresenta outras circunstâncias especiais que acarretam a extinção da fiança, ainda que o fiador tenha se obrigado solidariamente.

A moratória ofertada pelo credor ao devedor sem consentimento do fiador acarretará a exoneração deste (art. 838, I, CC). Consiste a moratória convencional no acordo bilateral ou na manifestação unilateral do credor que tem por efeito proporcionar ao devedor a prorrogação ou dilatação do prazo para o adimplemento da obrigação. Uma simples tolerância de atraso no pagamento não configura um verdadeiro *pactum de non petendo in tempus* exonerativo do fiador. Tal ato não se reveste de juridicidade suficiente para a incidência da norma[51].

O fiador também goza de uma garantia oriunda do contrato que vem a ser a possibilidade de, pagando a obrigação em lugar do devedor, voltar-se contra ele pelo instituto da sub-rogação. Em razão desse direito de substituição do credor satisfeito, é de se esperar que o sub-rogado cuide do que é seu para transmitir hígido o direito de crédito. Se o devedor pretende dar um bem seu em hipoteca ou em alienação fiduciária como garantia real, cuida que o credor aceite e promova o registro dos referidos títulos. Se levar bem do devedor à praça, importa que o fiador seja intimado para tutelar o seu direito de substituir o credor, se necessário. A inobservância do dever legal de cooperação, centrado na boa-fé objetiva, rende ensejo para a exoneração do fiador, conforme os ditames do inciso II do artigo 838 do Código Civil, o qual disciplina que o fiador ficará desobrigado "se, por fato do credor, for impossível a sub-rogação nos seus direitos e preferências.".

A dação em pagamento feita pelo devedor ao credor como meio de extinção indireta da dívida também figura como mecanismo de exoneração do fiador no artigo 838, III, do Código Civil, na medida em que tal dispositivo legal reza que o fiador ficará desobrigado "se o credor, em pagamento da dívida, aceitar amigavelmente do devedor objeto diverso do que este era obrigado a lhe dar, ainda que depois venha a perdê-lo por evicção.". A evicção da coisa dada em garantia que produz o efeito de restaurar a obrigação principal, não terá o condão de revitalizar a garantia, traduzindo-se em circunstância excepcional dentro do cenário da teoria geral do direito, pois nesse caso o acessório não segue a sorte do principal.

Merece destaque ainda o artigo 366 do Código Civil que acena com a possibilidade de exoneração direta do fiador se credor e devedor fizerem uma novação da dívida sem o seu consentimento. A criação de uma nova obrigação com o efeito de extinção da anterior há de exigir para a continuidade da garantia que o fiador consinta na celebração desse negócio jurídico. Em tal caso também não será necessário notificação do fiador para que

---

51. **Pontes de Miranda**. Op. cit., p. 219-220.

se desobrigue (Enunciado 547, CJF/STJ). Nesse mesmo diapasão, a transação feita entre credor e devedor, desobrigará o fiador (art. 844, § 1º, CC).

Por derradeiro, sendo a fiança um contrato personalíssimo, a morte do fiador acarreta a extinção do contrato. Pelo artigo 836 do Código Civil transmitem-se, entretanto, aos herdeiros a responsabilidade que eventualmente tenha o fiador até o momento de seu passamento, dentro dos limites da herança como genericamente já é assegurado no direito das sucessões (arts. 1792 e 1997, *caput*, CC).

19
TÍTULO DE CAPITALIZAÇÃO E AS NOVAS MODALIDADES DE GARANTIA LOCATÍCIA

Fábio de Oliveira Azevedo

Mestre em Direito Civil pela UERJ. Professor de Escola da Magistratura do Estado do Rio de Janeiro – EMERJ. Professor da Pós-Graduação da Fundação Getúlio Vargas – FGV. Membro do Fórum Permanente de Direito Civil da Escola da Magistratura do Estado do Rio de Janeiro – EMERJ. Membro do Instituto dos Advogados do Brasil – IAB. Advogado.

Sumário: 1. Função social, locação e garantia. 2. Fiador: penhora do único imóvel e (des) conformidade constitucional. 3. Taxatividade e legalidade do título de capitalização. 4. Conclusão.

1. FUNÇÃO SOCIAL, LOCAÇÃO E GARANTIA

Verifica-se, com base na Lei 8.245/91[1], a existência de quatro estruturas de obrigações acessórias cujas funções diretas são conferir garantia ao contrato de locação: i. *caução*; ii. *fiança*; iii. *seguro de fiança locatícia*; iv. *cessão fiduciária de quotas de fundo de investimento*.

Essa última estrutura de garantia, originalmente inexistente na lei de locação, foi inserida com a modificação imprimida pela Lei 11.196, em 2005, refletindo a profunda sensibilidade da legislação com as permanentes e infatigáveis transformações do mercado de capitais e seus valores mobiliários, com destaque para os fundos de investimento, assim como da expansão das garantias fiduciárias.

O contrato de locação é um dos mais eficientes instrumentos para realizar os princípios constitucionais da função social do contrato, da posse e da propriedade, expressões da solidariedade prevista pelo art. 3º, I, da CF. E mostra-se a locação, alinhada com tais fins socialmente úteis, essencial para concretizar dois valores constitucionais e sociais caríssimos, quais sejam a *moradia* (art. 6º da CF) e o *trabalho* (art. 7º da CF). Afinal de contas, sabe-se que o direito social à moradia não se concretiza exclusivamente pela propriedade, assim como ocorre com o direito ao trabalho.

Não há dúvida, sobretudo observando refletidamente a realidade social e econômica, quanto à materialização da moradia e do trabalho ocorrer frequentemente pela transmissão da *posse direta*, desdobrada em razão da *relação obrigacional locatícia*, conforme dispõe o art. 1.197 do Código Civil.

São milhares os exemplos, nas mais diversificadas camadas sociais e econômicas, de pessoas que trabalham e moram em imóveis alugados. Dessa forma, sendo certo que os contratos não devem assegurar tão somente a satisfação dos interesses exclusivamente

---

1. Art. 37. No contrato de locação, pode o locador exigir do locatário as seguintes modalidades de garantia: I – caução; II – fiança; III – seguro de fiança locatícia; IV – cessão fiduciária de quotas de fundo de investimento.

egoísticos de seus contratantes, impõe-se que tais tutelas conciliem-se com a função social (art. 421 do Código Civil). Em outras palavras, o contrato de locação, ao transferir a posse direta e permitir a realização do trabalho e/ou da moradia, cumpre rigorosa e valorosamente esse dever de buscar um fim útil para a sociedade.

Essa é a perspectiva funcional com que deve ser enxergada a garantia como categoria jurídica, incentivando a realização de negócios jurídicos que realizem suas vocações sociais e econômicas. No caso específico da locação, encorajando, em razão da garantia para o seu crédito, que o titular imobiliário destine seu imóvel para servir como objeto de relações locatícias com mais segurança, com o que se conferirá vida aos direitos sociais à moradia e ao trabalho, multiplicando, além do mais, a oferta necessária à competitividade e ao sadio relacionamento entre preço e oportunidade no mercado imobiliário.

Na Constituição de Portugal de 1976, ao contrário do que ocorre com a Constituição brasileira de 88, tomou-se o cuidado de explicitar o conteúdo do direito à moradia – chamada de habitação – em seu art. 65, prevendo-o no item 2, "c", inclusive sendo feita menção explícita a função social da locação – chamada de arrendamento –, de modo que tal dispositivo previu que "para assegurar o direito à habitação, *incumbe ao Estado*":

> c) *Estimular* a construção privada, com subordinação ao interesse geral, e o acesso à habitação própria ou *arrendada*;

2. FIADOR: PENHORA DO ÚNICO IMÓVEL E (DES) CONFORMIDADE CONSTITUCIONAL

Esse olhar social e não meramente individual sobre a moradia, no Brasil, foi confrontado e acolhido pela jurisprudência do Egrégio Supremo Tribunal Federal no *tema 295* – oriundo do *RE 612360*, que teve repercussão geral reconhecida. O seu teor é o seguinte:

> "É constitucional a penhora de bem de família pertencente a fiador de contrato de locação, em virtude da compatibilidade da exceção prevista no art. 3º, VII, da Lei 8.009/1990 com o direito à moradia consagrado no art. 6º da Constituição Federal, com redação da EC 26/2000".

O debate não é simples. Como sabido, o art. 3º, VII, da Lei 8.009/90, exclui da proteção legal o imóvel do fiador ao estabelecer que não se aplica, excepcionalmente, a proteção da impenhorabilidade "por obrigação decorrente de fiança concedida em contrato de locação".

Surgiu daí a desafiadora discussão sobre a compatibilidade dessa exceção com a proteção do direito à moradia que o art. 6º da CF passou a prever a partir da EC 26, no ano 2000. Em outras palavras, o fiador de contrato locatício também não mereceria ter sua moradia protegida, de modo a tornar impenhorável seu único imóvel?

O STF, ao julgar o RE 407.688-8/SP, em 08.02.2006, considerou, a partir desse ângulo de visão do direito à moradia – com a locação lhe sendo instrumento eficaz de concretização – que seria hostil considerar impenhorável o imóvel do fiador, seja porque voluntariamente exerceu sua autonomia e alocou esse risco para si, seja porque a proteção da moradia depende do estímulo à locação, e, por consequência, de suas estruturas de garantia funcionalizadas para atender a tal vocação.

O Ministro Cezar Peluzo, relator do referido recurso, considerou que o direito social à moradia possui múltiplas alternativas conformadoras com esse valor, de modo que pode "reputar-se, em certo sentido, implementado por norma jurídica que estimule ou favoreça o incremento da oferta de imóveis para fins de locação habitacional, mediante previsão de reforço das garantias contratuais dos locadores".

E isso porque colidem, nesta hipótese em discussão, dois direitos que isoladamente são merecedoras de tutela. De um lado, o direito individual à moradia do fiador, que será violada pela possibilidade de penhora do seu único imóvel destinado à sua moradia. De outro, o direito de milhares de pessoas que necessitam da fiança – garantia que ainda é a mais utilizada no mercado pelos locadores – para concretizarem o seu direito à moradia. O Ministro Cezar Peluzo[2], sob essa questão, em outro trecho do seu voto, afirmou categoricamente que:

> "não admira, portanto, que, no registro e na modelação concreta do mesmo direito social, se preordene a norma subalterna a tutelar, mediante *estímulo do acesso à habitação arrendada* – para usar os termos da Constituição lusitana –, o direito de moradia de uma classe de pessoas (interessadas na locação), em dano de outra de menor espectro (a dos fiadores proprietários de um só imóvel, enquanto bem de família, os quais não são obrigados a prestar fiança). Castrar essa técnica legislativa, que não pré-exclui ações estatais concorrentes doutra ordem, romperia o equilíbrio de mercado, despertando exigência sistemática de garantias mais custosas para as locações residenciais, com consequente desfalque do campo de abrangência do próprio direito social à moradia".

O tema é realmente complexo e recentemente voltou a ser discutido. E isso porque a 1ª Turma do STF, ao julgar o RE 605709, em 12.06.2018, por maioria, ficando vencidos os Ministros Dias Toffoli e Luís Roberto Barroso, ao menos aparentemente, teria flexibilizado a decisão proferida no RE 407.688-8/SP, em 08.02.2006, para excluir a locação de imóveis comerciais do Tema 295. Dito de modo diverso, o fiador de locação de imóvel comercial não poderia ter o seu imóvel penhorado por débitos do locatário. Leia-se a ementa do voto:

> Ementa. Recurso extraordinário manejado contra acórdão publicado em 31.8.2005. Insubmissão à sistemática da repercussão geral. Premissas distintas das verificadas em precedentes desta suprema corte, que abordaram garantia fidejussória em locação residencial. Caso concreto que envolve dívida decorrente de contrato de locação de imóvel comercial. Penhora de bem de família do fiador. Incompatibilidade com o direito à moradia e com o princípio da isonomia. 1. A dignidade da pessoa humana e a proteção à família exigem que se ponham ao abrigo da constrição e da alienação forçada determinados bens. É o que ocorre com o bem de família do fiador, destinado à sua moradia, cujo sacrifício não pode ser exigido a pretexto de satisfazer o crédito de locador de imóvel comercial ou de estimular a livre iniciativa. Interpretação do art. 3º, VII, da Lei 8.009/1990 não recepcionada pela EC 26/2000. 2. A restrição do direito à moradia do fiador em contrato de locação comercial tampouco se justifica à luz do princípio da isonomia. Eventual bem de família de propriedade do locatário não se sujeitará à constrição e alienação forçada, para o fim de satisfazer valores devidos ao locador. Não se vislumbra justificativa para que o devedor principal, afiançado, goze de situação mais benéfica do que a conferida ao fiador, sobretudo porque tal disparidade de tratamento, ao contrário do que se verifica na locação de imóvel residencial, não se presta à promoção do próprio direito à moradia. 3. Premissas fáticas distintivas impedem a submissão do caso concreto, que envolve contrato de locação comercial, às mesmas

---

2. Abriu-se divergência a partir do voto proferido pelo *Min. Eros Grau*, que entendeu haver ofensa ao art. argumentando haver ofensa ao *princípio da isonomia*, pois o locatário, que é o devedor, gozaria da proteção da impenhorabilidade, ao passo que o fiador, que é o responsável, não teria o mesmo benefício. O *Min. Joaquim Barbosa* acompanhou o relator, destacando a autonomia do ser humano para flexibilizar a proteção da moradia, assumindo o risco imanente ao contrato de fiança. O *Min. Carlos Britto* acompanhou a divergência, por entender que o direito à moradia é indisponível. O *Min. Gilmar Mendes* seguiu o relator, entendendo que o art. 3º, VII, da Lei 8.009/90, é uma forma de execução do direito de moradia. A *Min. Ellen Gracie* seguiu o mesmo raciocínio, assim como o *Min. Marco Aurélio*. O *Min. Celso de Mello* foi o terceiro e último a seguir a divergência, destacando a incongruência do fiador não poder penhorar o imóvel do locatário, sequer em sede de regresso, caso venha a adimplir o débito do devedor. O *Min. Sepúlveda Pertence* também entendeu que a opção legislativa está em conformidade, por materializar o direito à moradia. O *Min. Nelson Jobim* seguiu a mesma linha do relator.

balizas que orientaram a decisão proferida, por esta Suprema Corte, ao exame do tema 295 da repercussão geral, restrita aquela à análise da constitucionalidade da penhora do bem de família do fiador em contrato de locação residencial. 4. Recurso extraordinário conhecido e provido.

Há, aparentemente, em uma primeira análise, um desafio imenso para ser suplantado. É que o art. 3º, VII, da Lei 8.009/90, excepciona a fiança concedida em contrato de locação. E, de acordo com a Lei 8.245/91, a locação pode ser (i) residencial, (ii) não residencial ou (iii) por temporada.

Desse modo, o entendimento exposto no *Tema 295* só poderia ser afastado se houvesse distinção entre a questão discutida no processo e o padrão decisório que lhe deu fundamento. Inclusive, tal disparidade autoriza até mesmo o manejo da excepcional ação rescisória pela violação de norma jurídica, conquanto assim preveja o art. 966, inciso V e seu § 5, ambos do CPC.

No RE 407.688-8/SP os votos favoráveis à conformidade do art. 3º, VII, da Lei 8.009/90 com o art. 6º da CF, acima analisados um por um, basicamente argumentaram que o dispositivo é uma escolha legislativa para concretizar o direito social à moradia, na perspectiva transindividual dos milhares de locatários que dependem da locação para realizar o direito à moradia, e, não, na estreita e limitada perspectiva individual do fiador.

Desse modo, em que pese realmente não haver distinção expressa entre locação residencial e não residencial no art. 3º, VII, da Lei 8.009, é perfeitamente possível examinar as duas hipóteses locatícias e verificar a existência das premissas justificadoras da conformidade constitucional, a partir da escolha genérica realizada pelo legislador infraconstitucional.

Basta pensar que, na locação residencial, a exceção da Lei 8.009/90 que permite a penhora do único imóvel do fiador, como visto, encontra fundamento no direito social à moradia. Porém, tal justificativa não existirá na locação comercial, razão pela qual a questão discutida no processo não apenas pode se afastar do padrão decisório utilizado, como igualmente pode admitir o controle difuso de constitucionalidade pelo Egrégio STF.

O ponto central parece recair sobre a existência, ou não, de outra justificativa constitucional que legitime a escolha legislativa de excepcionar o imóvel do fiador de locação não residencial.

O Min. Luís Roberto Barroso, em seu voto, considerou constitucional o art. 3º, VII, não porque a Lei 8.009/90 deixou de distinguir as locações residencial e não residencial, e sim por existir fundamento constitucional, embora diverso, para considerar constitucional a penhora do imóvel do fiador em contrato de locação comercial:

> "Esse fundamento não se aplica aos contratos de locação comercial, pois, neste caso, não existe conflito entre direito à moradia de proprietários de imóveis e direito à moradia de locatários. Para a resolução da questão, entretanto, deve ser levado em conta o direito à livre iniciativa, princípio fundamental da República (CF, art. 1º, *caput*) e princípio geral da atividade econômica (CF, art. 170, *caput*)".

Concordamos com o Min. Barroso quanto à possibilidade de discussão – e não rediscussão – da controvérsia, sem incorrer em ofensa ao *Tema 295*, por realmente serem hipóteses diversas com fundamentos constitucionais distintos. Todavia, embora realmente sejam a moradia e a livre iniciativa privada fundamentos inicialmente suficientes para defender a constitucionalidade do art. 3º, VII, da Lei 8.009/90, consideramos instransponível o obstáculo da isonomia substancial.

19 • TÍTULO DE CAPITALIZAÇÃO E AS NOVAS MODALIDADES DE GARANTIA LOCATÍCIA **311**

Justifica-se, constitucionalmente, o fiador não poder alegar impenhorabilidade contra o locador, seja com base no exercício da autonomia que compõe a sua dignidade (art. 1º, III, CF), seja com base na moradia e na livre iniciativa que motivam constitucionalmente a exceção prevista pelo art. 3º, VII, da Lei 8.009/90.

Afastar a proteção constitucional do patrimônio mínimo para o responsável (fiador) e não o fazer para o devedor principal (locatário), sobretudo na ação de regresso que o fiador que pagar a dívida vier a ajuizar em razão da sub-rogação (art. 346, III, Código Civil), parece-nos assinalar a inconstitucionalidade do dispositivo por desconformidade com o art. 3º, I, da CF (isonomia substancial). Não seria constitucionalmente defensável o locatário, que vitoriosamente invocou a impenhorabilidade do bem de família contra o locador, voltar a suscitá-la na ação ajuizada pelo fiador que pagou sua dívida e deseja ressarcir-se. Enfim, o art. 3º, VII, da Lei 8.009/90 não ofende o direito social à moradia, justifica-se pela livre iniciativa privada, mas não se conforma com a isonomia substancial que constitui um dos objetivos da república brasileira.

3. TAXATIVIDADE E LEGALIDADE DO TÍTULO DE CAPITALIZAÇÃO

Com essas reflexões iniciais, e a partir dessa correta perspectiva civil-constitucional com que devem ser funcionalmente interpretadas as garantias locatícias, ou seja, instrumentos eficientes para estimular a contratação de negócios jurídicos aptos para realizar os acessos à moradia, ao trabalho e à livre iniciativa privada, indaga-se se o título de capitalização pode ou não ser utilizado como garantia dos contratos de locação?

O ponto de partida para compreender o problema envolve o citado art. 37 da Lei 8.245/91, que elenca apenas as quatro já mencionadas estruturas de garantia: i. *caução*; ii. *fiança*; iii. *seguro de fiança locatícia*; iv. *cessão fiduciária de quotas de fundo de investimento*.

Tal dispositivo apresenta um rol exaustivo e não meramente exemplificativo de garantias locatícias. Do contrário, não faria sentido algum interpretar que o legislador tomou o cuidado de elencar e disciplinar alguns aspectos das garantias que deseja e previu para a relação locatícia, inclusive proibindo expressamente que seja adotada mais de uma modalidade, não fosse para estabelecer quais são as exclusivas modalidades autorizadas no âmbito locatício.

"Pode o locador exigir do locatário as seguintes modalidades", afirma o dispositivo, para proteger os legítimos interesses do locador. Em última análise, estimular que o mercado imobiliário se torne atraente para investidores, promovendo a saudável relação entre oferta e procura.

Lembre-se, em reforço à posição de que o rol é exaustivo, de que o legislador, quando quis estabelecer outra possibilidade de garantia, teve o cuidado de aprovar uma Lei Federal (Lei 11.196, de 2005) e inserir a cessão fiduciária de quotas de fundo de investimento dentre as possibilidades de garantias locatícias.

Essa posição favorável ao caráter exaustivo do art. 37 da Lei 8.245/91 é defendida pelo inesquecível Sylvio Capanema de Souza[3], que seguimos inteiramente:

---

3. SOUZA, Sylvio Capanema de. *A lei do inquilinato comentada artigo por artigo*. 11. ed. Rio de Janeiro: Forense, p. 37.

"as garantias locatícias estão elencadas em *numerus clausus*, não se admitindo qualquer outra, além das que estão referidas no art. 37, sob pena de nulidade da cláusula".

Todavia, a posição favorável ao caráter exaustivo do art. 37 da Lei 8.245/91 não é incompatível com a admissão do título de capitalização como forma de garantia locatícia autorizada pela Lei 8.245/91. De forma direta, e antes mesmo de desenvolver o raciocínio que sustentará a conclusão aqui antecipada, entendemos que o título de capitalização pode e deve ser inserido no gênero caução.

Verifica-se que a origem etimológica da expressão caução remete ao latim *cautio*, que consiste na ação de acautelar, uma precaução. Muitas vezes emprega-se o termo genericamente para fazer menção às garantias de um modo amplo.

O *Código de Processo Civil* emprega a expressão caução em diversos dispositivos com o significado de garantia, como é o caso do *art. 83* (caução de não residente pelo pagamento das custas e honorários, se vier a perder o processo), *art. 300, § 1º* (caução para ressarcir possíveis danos causados pelo deferimento de tutela de urgência) e *art. 520* (caução para o cumprimento provisório de sentença em obrigação de pagar quantia certa).

O *Código Civil*, igualmente, emprega diversas vezes a expressão com o mesmo sentido de garantia, como é o caso do *art. 260, II* (caução de que os demais credores concordam e autorizam o pagamento que o devedor realiza para um único dos credores de obrigação indivisível), *art. 495* (caução que o comprador precisa dar ao vendedor para receber a coisa, se vier a se tornar insolvente após a contratação) e *art. 1280* (na ação de dano infecto, pede-se caução ao vizinho pelo dano iminente, sem prejuízo de pedir a demolição ou reparação do seu bem que ameace ruína).

Desse modo, a caução referida pelo art. 37, I, da Lei 8.245/91, em bens móveis ou imóveis (art. 38), pode ter no título de capitalização uma de suas espécies, sobretudo considerando que o art. 83, III, do Código Civil, considera bens móveis para os efeitos legais "os direitos pessoais de caráter patrimonial e respectivas ações". E o título de capitalização cria um crédito, um direito pessoal de caráter patrimonial, e, portanto, um bem móvel.

No caso do título de capitalização, algumas vantagens podem ser elencadas: (i) dispensa a análise de crédito; (ii) dispensa os inconvenientes causados pela obtenção de um fiador; (iii) o dinheiro retorna ao final do contrato; (iv) pode ocorrer de um terceiro não se interessar em celebrar um contrato de fiança ou mesmo disponibilizar a quantia em dinheiro para repassar ao locador a título de caução, embora aceite ser o subscritor de um título de capitalização, equivalente a 12 meses de aluguel, por exemplo, que será a garantia do contrato.

4.   CONCLUSÃO

Embora o título de capitalização não seja expressamente previsto e regulado pela Lei 8.245/91, em seu art. 37, não há razão para deixar de reconhecer a possibilidade de ele ser validamente qualificado como espécie de garantia locatícia, mesmo reconhecendo que o rol do referido art. 37 é meramente exemplificativo, pois a criatividade e consequente velocidade das transformações criadas não conseguem ser acompanhadas pela legislação.

Por ser um título de crédito, e sendo a caução uma forma de garantia dada por meio de bens móveis ou imóveis (art. 38 da Lei 8.245/91), pensamos que essa garantia se insere na previsão do art. 37, I, da Lei 8.245/91.

Embora não seja um investimento, por ser corrigido monetariamente pela TR, o título de capitalização pode ser muito útil para o mercado imobiliário, e extremamente eficiente para todos os seus atores.

Como o título de capitalização ostenta natureza securitária, as regras para operação de todos os envolvidos na oferta e comercialização de seguros no Brasil e sua fiscalização são disciplinadas pela SUSEP, superintendência de Seguros Privados (SUSEP), órgão do governo federal responsável por autorizar, controlar e fiscalizar esse mercado no Brasil, sendo vinculado ao Ministério da Fazenda e criada pelo Decreto-lei 73, de 21 de novembro de 1966.

Define-se o título de capitalização como um produto em que parte dos pagamentos realizados pelo subscritor é usado para formar um capital, segundo cláusulas e regras aprovadas e mencionadas no próprio título (Condições Gerais do Título) e que será pago em moeda corrente no prazo máximo que for estabelecido[4].

O restante dos valores dos pagamentos é usado para custear os sorteios, quase sempre previstos neste tipo de produto e as despesas administrativas das sociedades de capitalização.

Com o comodato das lições do inesquecível Sylvio Capanema[5] encerramos estes modestos comentários: "com o passar do tempo, e a sofisticação cada vez maior da economia, tem surgido novas modalidades de garantia da locação, mais eficazes. Assim, por exemplo, nas locações de maior valor do aluguel, já tem sido praticada a subscrição, pelo locatário, de um título de capitalização, correspondente a certo número de aluguéis, e que fica caucionado na entidade financeira que o emite".[6]

Viva, Capanema! Lendas não morrem.

---

4. Na esfera legal, o Decreto-lei 261, de 28 de fevereiro de 1967, dispõe sobre as operações das Sociedades de Capitalização, mencionando no seu texto artigos do Decreto-lei 73, de 21 de novembro de 1966. Na esfera infralegal, a Resolução CNSP 15, de 03.12.1991, e alterações (Res. CNSP 23/2000 e Res. CNSP 101/2004) estabelecem as normas reguladoras das operações de capitalização no país e as Circulares SUSEP 569/2018 e 576/2018, que dispõem sobre as operações, as Condições Gerais e a Nota Técnica Atuarial dos títulos de capitalização. Há também a Circular SUSEP 376/2008 que dispõe sobre a operacionalização, a emissão de autorizações e a fiscalização das operações de distribuição gratuita de prêmios mediante sorteio e a Circular SUSEP 460/2012, que estabelece normas sobre a distribuição, a cessão, a subscrição e a publicidade na comercialização de títulos de capitalização, que teve revogados seus artigos 7º, 8º, 9º, 13 e 16 por força da Circular SUSEP 569/2018. O título de capitalização só pode ser comercializado pelas Sociedades de Capitalização devidamente autorizadas a funcionar.

5. Op. cit. p. 188.

6. SOUZA. Op. cit. p. 177.

20
LOCAÇÃO DE IMÓVEL OBJETO DE ALIENAÇÃO FIDUCIÁRIA

Melhim Chalhub

Membro do Instituto dos Advogados Brasileiros, da Academia Brasileira de Direito Civil, da Academia Brasileira de Direito Registral Imobiliário. Cofundador e Conselheiro do Instituto Brasileiro de Direito Imobiliário – IBRADIM. Autor dos livros *Incorporação Imobiliária, Alienação Fiduciária – Negócio Fiduciário* e *Direitos Reais*, entre outros. Autor de anteprojeto de lei de regulamentação de condomínios de lotes de terreno aprovado pelo Instituto dos Advogados Brasileiros

Sumário: 1. Nota introdutória. 2. Alienação fiduciária de bem imóvel. Elementos essenciais de caracterização. 3. Natureza jurídica dos direitos do fiduciante e do fiduciário. 4. A locação do imóvel objeto de propriedade fiduciária. 5. A consolidação da propriedade do imóvel e a desocupação do imóvel locado.

1. NOTA INTRODUTÓRIA

Aceitei imediatamente o convite para escrever um capítulo de livro em homenagem a Sylvio Capanema de Souza e, dentre os inúmeros temas que com ele aprendi escolhi, aquele que, ao escrever meu livro *Alienação Fiduciária – Negócio Fiduciário*, pelo qual orientei em sua clássica obra *A nova Lei do Inquilinato*, para tratar do regime jurídico da locação de imóvel objeto de alienação fiduciária, além das lições que ele sempre, generosamente, ministrava, inclusive por meio eletrônico.

Assim, ao escrever este capítulo, homenageio Capanema trazendo para dentro do livro suas próprias lições sobre locação, reunindo, em um breve estudo, um tema muito caro ao nosso mestre e que tem sua marca, como um dos autores do anteprojeto que se converteu na Lei 8.245/1991, que também está relacionado aos direitos reais, a cujo estudo me dedico.

Cuido, preliminarmente, de fixar os elementos essenciais de caracterização do contrato de alienação fiduciária, no que interessa à relação locatícia do imóvel sujeito a essa garantia, e da natureza jurídica da faculdade do devedor fiduciante de ceder esse imóvel em locação, bem como alguns aspectos relacionados à posição do credor fiduciário, caso, no curso da locação, este venha a ser investido na propriedade plena do imóvel em razão de inadimplemento da obrigação garantida, tratando, afinal, de suas relações com o locatário.

2. ALIENAÇÃO FIDUCIÁRIA DE BEM IMÓVEL. ELEMENTOS ESSENCIAIS DE CARACTERIZAÇÃO

A alienação fiduciária é negócio jurídico de transmissão condicional pelo qual o devedor, ou terceiro garantidor, denominado *fiduciante*, transmite ao credor, denominado *fiduciário*, a propriedade resolúvel de certo bem, com função de garantia.

É contrato acessório, que tem como contrato principal um mútuo ou outra espécie de negócio jurídico no qual seja contraída a obrigação a ser garantida, que constitui o contrato principal.

Pode ser celebrado por instrumento público ou particular, do qual devem constar, dentre outros elementos, o valor da obrigação garantida, o prazo, as condições de pagamento, a taxa de juros e as penalidades pela mora, além de cláusula que assegure a livre utilização do imóvel pelo devedor fiduciante, por sua conta e risco, e a indicação do valor do imóvel para venda em leilão, caso o devedor fiduciante venha a inadimplir, e, ainda, a definição dos critérios de revisão desse valor.

Pelo registro do contrato de alienação fiduciária no Registro de Imóveis competente opera-se (i) a constituição da propriedade fiduciária em garantia, (ii) a investidura do credor fiduciário no direito de propriedade fiduciária, sob condição resolutiva,[1] e (iii) a atribuição de direito real de aquisição, sob condição suspensiva, ao devedor fiduciante.[2]

Também por efeito do registro do contrato de alienação fiduciária dá-se o desdobramento da posse, permanecendo a posse direta com o fiduciante, ao qual é assegurada a livre fruição, enquanto adimplente (Lei 9.514/1997, art. 24), e atribuindo-se a posse indireta ao fiduciário.

Nos termos do art. 1.367 do Código Civil,[3] a propriedade fiduciária integra o sistema dos direitos reais de garantia do direito brasileiro ao lado da hipoteca, do penhor e da anticrese, podendo ser empregada em garantia de quaisquer obrigações e sendo admitida sua prestação por terceiros.

Trata-se de garantia real peculiar, que se distingue do penhor, da anticrese e da hipoteca porque nestas o credor é titular de um direito real em *coisa alheia* – o devedor onera o bem, mas conserva-o em seu patrimônio –, enquanto na garantia fiduciária o credor é titular de direito real em *coisa própria* – o devedor se demite da propriedade e a transmite ao credor, em caráter resolúvel.

3. NATUREZA JURÍDICA DOS DIREITOS DO FIDUCIANTE E DO FIDUCIÁRIO

A alienação fiduciária em garantia é negócio jurídico de transmissão condicional que, em essência, caracteriza-se pela existência de "duas declarações de vontade geminadas: *a)* uma de alienação, pela qual a coisa passa ao domínio do adquirente; *b)* outra (correspondente ao *pactum fiduciae*) exprimindo o seu retorno condicional ao devedor."[4]

Por esse contrato, o transmitente (devedor-fiduciante) e o adquirente (credor-fiduciário) são "investidos de direitos opostos e complementares, e o acontecimento que aniquila o direito de um consolidará, fatalmente, o do outro".[5]

---

1. Código Civil: "Art. 1.361. Considera-se fiduciária a propriedade resolúvel de coisa móvel infungível que o devedor, com escopo de garantia, transfere ao credor."
2. Código Civil: "Art. 1.368-B. A alienação fiduciária em garantia de bem móvel ou imóvel confere direito real de aquisição ao fiduciante, seu cessionário ou sucessor."
3. Código Civil: "Art. 1.367. A propriedade fiduciária em garantia de bens móveis ou imóveis sujeita-se às disposições do Capítulo I do Título X do Livro III da Parte Especial deste Código e, no que for específico, à legislação especial pertinente, não se equiparando, para quaisquer efeitos, à propriedade plena de que trata o art. 1.231."
4. PEREIRA, Caio Mário da Silva, *Instituições de direito civil – contratos*. Rio de Janeiro: Forense, 12 ed. rev. e atual. por Regis Fichtner, 2005, v. III, p. 267.
5. GONÇALVES, Aderbal da Cunha, *Da propriedade resolúvel*. São Paulo: Revista dos Tribunais, 1979, p. 66.

20 • LOCAÇÃO DE IMÓVEL OBJETO DE ALIENAÇÃO FIDUCIÁRIA

Sendo o credor-fiduciário titular de uma propriedade resolúvel, o devedor fiduciante, de outra parte, encontra-se na posição de titular de direito sob condição suspensiva, correspondente à reaquisição do bem transmitido, qualificado pelo art. 1.368-B do Código Civil como direito real de aquisição.

Sendo um direito real de garantia, por expressa definição do art. 1.367 do Código Civil, a propriedade fiduciária vincula-se ao cumprimento de uma obrigação e confere ao seu titular o direito de se apropriar do produto da venda do bem em caso de inadimplemento.

Em relação ao crédito garantido pela propriedade fiduciária de bem imóvel, os arts. 26 e 27[6] dispõem sobre o procedimento extrajudicial de execução, de consolidação da propriedade do imóvel no patrimônio do credor e da subsequente oferta pública para sua venda em leilão.

Já o devedor fiduciante "tem, como titular que é de propriedade sob condição suspensiva, direito expectativo, em cujo conteúdo se encontram os *iura possidendi, utendi* e *fruendi*",[7] ressalvado que as condições do contrato de alienação fiduciária não o são em sentido próprio, mas caracterizam-se como requisitos, condições legais ou condições *impróprias*, pois "enquanto as condições, em sentido próprio, são postas pelo manifestante ou pelos manifestantes, as *condiciones iuris* são-no pela lei".[8]

Trata-se de direito eventual, que confere ao seu titular a faculdade de exercer todos os atos destinados à sua conservação, como prescreve o art. 130 do Código Civil. Além disso, sendo titular de um direito real, que decorre da própria configuração da propriedade resolúvel e da natureza real do *direito expectado* (que é a propriedade), tem o fiduciante legitimidade para promover as ações reais contra quem quer que viole ou ameace violar esse direito.

A par da definição do art. 1.368-B do Código Civil, a Lei 9.514/1997 particulariza os efeitos da investidura do devedor fiduciante na titularidade do direito real de aquisição do imóvel alienado fiduciariamente.

De acordo com o art. 23 dessa lei especial, o registro do contrato opera o desdobramento da posse, pelo qual, a despeito da atribuição da propriedade resolúvel ao credor fiduciário, o devedor fiduciante conserva consigo a posse direta do imóvel, ancorada no seu direito real de aquisição.[9]

Na sequência, o inciso V do art. 24 estabelece como requisito do contrato a estipulação, no contrato de alienação fiduciária, de cláusula que assegure ao fiduciante, "enquanto adimplente, a livre utilização, por sua conta e risco, do imóvel objeto da alienação fiduciária."[10]

A essas disposições está articulado o § 8º do art. 27, que imputa ao devedor fiduciante a responsabilidade pelo pagamento dos encargos tributários e condominiais incidentes

---

6. Toda vez que mencionar o dispositivo sem mencionar a lei estarei me referindo à Lei 9.514/1997.
7. ALVES, José Carlos Moreira, *Alienação fiduciária em garantia*. Rio de Janeiro: Forense, 2. ed., 2ª tiragem, 1979, p. 132.
8. PONTES DE MIRANDA, Francisco Cavalcanti, *Tratado*, cit., 2012, § 545, nº 4. A propósito, anota Beviláqua que "algumas destas condições são chamadas impróprias, porque apresentam a forma, sem ter a essência das condições. Tais são as necessárias, as *condiciones juris*..." (BEVILÁQUA, Clóvis, *Teoria geral do direito civil*. 2. ed. Rio de Janeiro: Livraria Francisco Alves, 1929, p. 297).
9. Lei 9.514/1997: "Art. 23. Constitui-se a propriedade fiduciária de coisa imóvel mediante registro, no competente Registro de Imóveis, do contrato que lhe serve de título. Parágrafo único. Com a constituição da propriedade fiduciária, dá-se o desdobramento da posse, tornando-se o fiduciante possuidor direto e o fiduciário possuidor indireto da coisa imóvel."
10. Lei 9.514/1997: "Art. 24. O contrato que serve de título ao negócio fiduciário conterá: (...); V – a cláusula assegurando ao fiduciante, enquanto adimplente, a livre utilização, por sua conta e risco, do imóvel objeto da alienação fiduciária;"

sobre o imóvel, enquanto se mantiver na posse e até que o credor fiduciário venha a ser nela imitido,[11] coerentemente com o disposto no art. 1.368-B do Código Civil, que, além de qualificar o direito aquisitivo do devedor fiduciante como direito real, dispõe no seu parágrafo único que o credor fiduciário passa a responder por esses encargos "a partir da data em que vier a ser imitido na posse direta do bem."[12]

O devedor fiduciante, portanto, é titular de direito real de aquisição do imóvel objeto de propriedade fiduciária, que é transmissível a título oneroso mediante cessão, pela qual o cessionário se sub-roga nos direitos e obrigações do contrato de alienação fiduciária.[13]

4. A LOCAÇÃO DO IMÓVEL OBJETO DE PROPRIEDADE FIDUCIÁRIA

Na medida em que é investido na posse direta e, enquanto adimplente, no direito de "livre utilização do imóvel, por sua conta e risco" (art. 24, V), o devedor fiduciante tem a faculdade de cedê-lo em locação, com ou sem aquiescência do credor fiduciário, que não pode se opor a essa forma de fruição do imóvel pelo devedor.

Nos casos em que o credor fiduciário concordar, por escrito, em que o devedor fiduciante dê em locação o imóvel alienado fiduciariamente, antes ou depois de contratada a alienação fiduciária, deve respeitar a locação nos termos, prazo e nas condições do contrato.

A situação é equivalente à das locações do imóvel objeto de usufruto, contratada pelo usufrutuário, ou do imóvel objeto de fideicomisso, contratada pelo fiduciário.[14]

Se, em virtude de inadimplemento da obrigação do devedor fiduciante, seu direito aquisitivo vier a ser expropriado mediante consolidação da propriedade no patrimônio do credor fiduciário, estando o imóvel locado sem sua aquiescência, a locação pode ser denunciada no prazo de noventa dias a contar da averbação da consolidação da propriedade no Registro de Imóveis. Ainda no caso de locação sem aquiescência do credor fiduciário, a faculdade de denúncia da locação é atribuída também aos seus sucessores, que vierem a se tornar titulares do crédito, e, em consequência, da propriedade fiduciária em garantia, e àquele que tiver adquirido o imóvel no procedimento de leilão.

A lei exige que a faculdade de denúncia do contrato pelo antigo credor fiduciário ou seus sucessores conste expressamente no contrato de locação.[15]

---

11. Lei 9.514/1997: Art. 27. (...). § 8º Responde o fiduciante pelo pagamento dos impostos, taxas, contribuições condominiais e quaisquer outros encargos que recaiam ou venham a recair sobre o imóvel, cuja posse tenha sido transferida para o fiduciário, nos termos deste artigo, até a data em que o fiduciário vier a ser imitido na posse."

12. Código Civil: "Art. 1.368-B. (...). Parágrafo único. O credor fiduciário que se tornar proprietário pleno do bem, por efeito de realização da garantia, mediante consolidação da propriedade, adjudicação, dação ou outra forma pela qual lhe tenha sido transmitida a propriedade plena, passa a responder pelo pagamento dos tributos sobre a propriedade e a posse, taxas, despesas condominiais e quaisquer outros encargos, tributários ou não, incidentes sobre o bem objeto da garantia, a partir da data em que vier a ser imitido na posse direta do bem."

13. "Art. 29. O fiduciante, com anuência expressa do fiduciário, poderá transmitir os direitos de que seja titular sobre o imóvel objeto da alienação fiduciária em garantia, assumindo o adquirente as respectivas obrigações."

14. Lei 8.245/1991: "Art. 7º Nos casos de extinção de usufruto ou de fideicomisso, a locação celebrada pelo usufrutuário ou fiduciário poderá ser denunciada, com o prazo de trinta dias para a desocupação, salvo se tiver havido aquiescência escrita do nuproprietário ou do fideicomissário, ou se a propriedade estiver consolidada em mãos do usufrutuário ou do fiduciário. Parágrafo único. A denúncia deverá ser exercitada no prazo de noventa dias contados da extinção do fideicomisso ou da averbação da extinção do usufruto, presumindo – se, após esse prazo, a concordância na manutenção da locação.

15. Lei 9.514/1997: "Art. 27. (...). § 7º Se o imóvel estiver locado, a locação poderá ser denunciada com o prazo de trinta dias para desocupação, salvo se tiver havido aquiescência por escrito do fiduciário, devendo a denúncia ser realizada no prazo de noventa dias a contar da data da consolidação da propriedade no fiduciário, devendo essa condição constar

20 • LOCAÇÃO DE IMÓVEL OBJETO DE ALIENAÇÃO FIDUCIÁRIA

A Lei 9.514/1997 dispõe especificamente sobre as locações contratadas sem concordância por escrito do credor fiduciário nos termos do art. 37-B, que as considera ineficazes perante este ou seus sucessores.[16]

A regra geral do art. 8º da Lei 8.245/1991 é objeto de tratamento especial em relação ao imóvel objeto de alienação fiduciária.

Trata-se de disposição que confere àquele que vier a adquirir imóvel já locado a faculdade de denunciar o contrato de locação, com prazo de noventa dias para desocupação, salvo se a locação tiver sido contratada por tempo determinado, se tiver sido estipulada cláusula de vigência em caso de alienação e se o contrato estiver averbado no Registro de Imóveis.[17]

Nesse caso, independente de estipulação de cláusula de vigência da locação e de averbação do contrato de locação no Registro de Imóveis, o credor fiduciário que tiver se tornado proprietário pleno do imóvel por efeito de consolidação da propriedade, ou terceiro que vier a adquiri-lo (seja mediante arrematação no leilão ou posteriormente, mediante compra diretamente do antigo fiduciário), qualquer dos dois deve respeitar a locação em relação à qual tenha havido aquiescência do credor fiduciário.

Disso resulta que, enquanto a regra da Lei 9.514/1997 exige apenas a aquiescência do credor fiduciário para se tornar exigível o respeito ao contrato de locação do imóvel objeto de propriedade fiduciária, o art. 8º da Lei 8.245/1991 exige três requisitos para que seja respeitada a locação, quais sejam, (i) a existência de locação em curso, com prazo determinado, (ii) a existência de cláusula de vigência e (iii) a averbação dessa cláusula no Registro de Imóveis.

Outra norma especial em relação aos imóveis objeto de propriedade fiduciária em garantia refere-se ao direito de preferência do locatário à compra do imóvel locado.

Não há direito de preferência, nem por ocasião da contratação da alienação fiduciária em garantia nem no caso de perda da propriedade por efeito de excussão do bem, nos termos do art. 32.[18]

Na primeira hipótese – contratação de alienação fiduciária de imóvel que já se encontra locado – o locatário não tem preferência em face do futuro credor fiduciário, pois essa espécie de alienação (em garantia) não opera a transferência da propriedade plena ao adquirente (credor fiduciário), mas tão somente da propriedade resolúvel, que é temporária e destinada a garantia (a propriedade resolúvel neste caso, como se sabe, é direito fadado à extinção tão logo cumprida a obrigação garantida). Assim, ao contratar a locação, o locador

---

expressamente em cláusula contratual específica, destacando-se das demais por sua apresentação gráfica." (redação dada pela Lei nº 10.931/2004).

16. Lei 9.514/1997: "Art. 37-B. Será considerada ineficaz, e sem qualquer efeito perante o fiduciário ou seus sucessores, a contratação ou a prorrogação de contrato de locação de imóvel alienado fiduciariamente por prazo superior a um ano sem concordância por escrito do fiduciário." (redação dada pela Lei nº 10.931/2004).

17. Lei 8.245/1991: "Art. 8º Se o imóvel for alienado durante a locação, o adquirente poderá denunciar o contrato, com o prazo de noventa dias para a desocupação, salvo se a locação for por tempo determinado e o contrato contiver cláusula de vigência em caso de alienação e estiver averbado junto à matrícula do imóvel."

18. Lei 8.245/1991: "Art. 32. O direito de preferência não alcança os casos de perda da propriedade ou venda por decisão judicial, permuta, doação, integralização de capital, cisão, fusão e incorporação. Parágrafo único. Nos contratos firmados a partir de 1º de outubro de 2001, o direito de preferência de que trata este artigo não alcançará também os casos de constituição de propriedade fiduciária e de perda da propriedade ou venda por quaisquer formas de realização de garantia, inclusive mediante leilão extrajudicial, devendo essa condição constar expressamente em cláusula contratual específica, destacando-se das demais por sua apresentação gráfica." (redação dada pela Lei 10.931/2004).

era titular exclusivo da propriedade plena e da posse do imóvel, mantém-se na posse e no direito de fruição e, mesmo ao aliená-lo fiduciariamente, conservando, portanto, seu direito de ceder esse imóvel em locação; uma vez cumprida a obrigação garantida e, em consequência, extinto o contrato de alienação fiduciária, o devedor fiduciante (locador) voltará a ser proprietário pleno e continuará no exercício dos seus direitos de locador; portanto, não deixa de ser locador em nenhum momento.

A segunda hipótese é a da consolidação da propriedade no credor fiduciário e sua subsequente venda em leilão; nessa situação, o alienante não transmite a propriedade por ato de vontade, pois trata-se de expropriação do direito real do devedor fiduciante por efeito de inadimplemento da obrigação garantida e de consolidação da propriedade no patrimônio do credor; sendo esta, a consolidação, uma das formas de perda forçada do direito real sobre o bem, é hipótese de exclusão do direito de preferência.

Na hipótese de contratação da alienação fiduciária sem manifestação de anuência do credor fiduciário, existindo contrato de locação dotado de cláusula de vigência já averbado no Registro de Imóveis, a incidência da regra do § 7º do art. 27 deve ser analisada também com base nos princípios da publicidade, continuidade e fé pública registral que caracterizam o registro público.

Eventualmente, o fato de, ao examinar a matrícula do imóvel, o credor cientificar-se da existência do contrato de locação averbado e mesmo assim celebrar o contrato de alienação fiduciária do imóvel já locado pode caracterizar sua aquiescência presumida com a locação dotada de cláusula de vigência, tornando exigível o respeito da locação até seu termo final.

Nessa análise, merece atenção a regra do art. 54 da Lei 13.097/2015, que, embora não se refira de modo específico à locação de imóveis objeto de alienação fiduciária, traduz priorização do princípio da fé pública registral, pelo qual pode-se presumir que, mesmo inexistindo manifestação expressa, o credor fiduciário terá anuído com a locação se celebrou o contrato de alienação ciente da existência da averbação da locação.[19]

A despeito do silêncio da legislação sobre a faculdade de renovação do contrato de locação não residencial, nos termos do art. 51 da Lei 8.245/1991, não há qualquer objeção a que o locatário proponha ação renovatória contra o locador (devedor fiduciante), desde que a locação tenha contado com a aquiescência do credor fiduciário. Nesse caso, se a locação tiver sido contratada antes da alienação fiduciária e vier a ocorrer a consolidação da propriedade plena no patrimônio do credor fiduciário, este ou terceiro que vier a arrematar

---

19. Lei 13.097/201: "Art. 54. Os negócios jurídicos que tenham por fim constituir, transferir ou modificar direitos reais sobre imóveis são eficazes em relação a atos jurídicos precedentes, nas hipóteses em que não tenham sido registradas ou averbadas na matrícula do imóvel as seguintes informações: I – registro de citação de ações reais ou pessoais reipersecutórias; II – averbação, por solicitação do interessado, de constrição judicial, do ajuizamento de ação de execução ou de fase de cumprimento de sentença, procedendo-se nos termos previstos do art. 615-A da Lei nº 5.869, de 11 de janeiro de 1973 – Código de Processo Civil; III – averbação de restrição administrativa ou convencional ao gozo de direitos registrados, de indisponibilidade ou de outros ônus quando previstos em lei; e IV – averbação, mediante decisão judicial, da existência de outro tipo de ação cujos resultados ou responsabilidade patrimonial possam reduzir seu proprietário à insolvência, nos termos do inciso II do art. 593 da Lei nº 5.869, de 11 de janeiro de 1973 – Código de Processo Civil. Parágrafo único. Não poderão ser opostas situações jurídicas não constantes da matrícula no Registro de Imóveis, inclusive para fins de evicção, ao terceiro de boa-fé que adquirir ou receber em garantia direitos reais sobre o imóvel, ressalvados o disposto nos arts. 129 e 130 da Lei nº 11.101, de 9 de fevereiro de 2005, e as hipóteses de aquisição e extinção da propriedade que independam de registro de título de imóvel."

o imóvel no procedimento de leilão se submeterá aos efeitos da sentença, nos termos do § 3º do art. 109 do Código de Processo Civil.[20]

A hipótese de venda forçada de imóvel locado, seja ou não objeto de propriedade fiduciária, é situação sobre a qual a jurisprudência é rarefeita, merecendo atenção a doutrina de Araken de Assis, *verbis*:

> "Na locação de imóvel urbano, seja qual for sua destinação, governada pela Lei 8.245, de 18.10.1991, a alienação do imóvel torna denunciável o vínculo (art. 8º, caput, 1ª parte). O conceito de 'alienação' abrange a alienação forçada e a adjudicação. Tem o adquirente o prazo de noventa dias, contados do registro, para efetivar a denúncia (art. 8º, § 2º) – de forma análoga dispõe, relativamente à locação dos imóveis, em geral, o art. 576, § 2º, do CC-02 –, sob pena de recondução tácita do pacto (...). Feita no prazo a denúncia, a demanda despejatória poderá ser ajuizada a qualquer tempo, segundo a jurisprudência do STJ. Também aqui, a teor do art. 8º, caput, 2ª parte, manter-se-á a locação imune à denúncia do adquirente se o contrato por prazo determinado contiver cláusula de vigência em caso de alienação e estiver averbado junto à matrícula do mesmo."[21]

5. A CONSOLIDAÇÃO DA PROPRIEDADE DO IMÓVEL E A DESOCUPAÇÃO DO IMÓVEL LOCADO

Considerando a peculiar situação possessória do devedor fiduciante, a Lei 8.245/1991 adotou para ele tratamento semelhante ao atribuído ao usufrutuário e ao fiduciário (em relação a imóvel objeto de fideicomisso), dado que todos eles são possuidores e titulares de direito de uso e fruição do bem e por isso investidos na faculdade de ceder a posse mediante locação.

Assim, em relação aos primeiros o art. 7º da Lei 8.245/1991 dispõe que a locação perdurará por toda a duração do usufruto ou do fideicomisso, extinguindo-se quando da extinção desse direito, salvo se com ela tiver anuído o nuproprietário ou o fideicomissário, e, ainda, se a propriedade estiver consolidada no usufrutuário ou no fiduciário, caso em que a locação será mantida mesmo após a extinção do usufruto ou do fideicomisso.

Se o imóvel estiver ocupado por terceiro, a título de locação, a medida judicial própria para a desocupação é a ação de despejo.

Com efeito, se, por ocasião da consolidação da propriedade no fiduciário, o imóvel estiver locado, a locação poderá ser denunciada com prazo de trinta dias para desocupação, salvo se tiver havido aquiescência por escrito do fiduciário, devendo a denúncia ser realizada no prazo de noventa dias a contar da data da consolidação da propriedade.

A denúncia poderá ser feita pelo fiduciário ou por terceiro que tiver arrematado o imóvel no leilão.

A Lei 9.514/1997 adota para a desocupação do imóvel objeto de alienação fiduciária a mesma regra aplicável aos imóveis objeto de usufruto e fideicomisso, prevista no art. 7º da Lei 8.245/1991, dado que a similitude das situações comporta tratamento equivalente.

---

20. Código de Processo Civil: "Art. 109. A alienação da coisa ou do direito litigioso por ato entre vivos, a título particular, não altera a legitimidade das partes. § 1º O adquirente ou cessionário não poderá ingressar em juízo, sucedendo o alienante ou cedente, sem que o consinta a parte contrária. § 2º O adquirente ou cessionário poderá intervir no processo como assistente litisconsorcial do alienante ou cedente. § 3º Estendem-se os efeitos da sentença proferida entre as partes originárias ao adquirente ou cessionário."

21. ASSIS, Araken de, *Manual de Execução*. São Paulo: Revista dos Tribunais, 11. ed., 2007, p. 708.

Com efeito, o nu-proprietário e o fideicomissário, assim como o credor fiduciário, não podem ser locadores porque não têm o uso e gozo do imóvel, daí porque no contrato de locação de imóvel gravado com usufruto ou propriedade fiduciária figuram, de um lado, o locatário, e, de outro lado, o usufrutuário, o fiduciário (no fideicomisso) ou o devedor fiduciante (na alienação fiduciária em garantia).

Extinto o usufruto ou o fideicomisso, desaparecem as figuras do usufrutuário ou do fiduciário, desaparecendo, portanto, o locador.

O mesmo ocorre na relação fiduciária decorrente do contrato de alienação fiduciária em garantia: extinta a relação por inadimplemento da obrigação do devedor fiduciante, desaparece essa figura, que era o locador .

O fenômeno, entretanto, não importa na extinção da locação, observando Francisco Carlos da Rocha, a propósito do usufruto e do fideicomisso, "que a lei do inquilinato, protegendo o inquilino, afasta a extinção da relação jurídica de locação nessa hipótese. Determina sua continuidade com o nu-proprietário ou o fideicomissário, que se tornaram donos do imóvel. Assegura-lhes, apenas, o direito de denunciar a locação, decretando o rompimento do vínculo, desde que não tenham consentido, por escrito, na locação. O nu-proprietário – ou fideicomissário – que não consentiu no ajuste do qual participou o usufrutuário – ou o fiduciário – não está obrigado a respeitar e manter a locação" "Nesse caso", ele conclui, "a lei permite-lhe romper o vínculo através de simples denúncia".[22]

Essa é a lógica da locação do imóvel objeto de alienação fiduciária em garantia: se não for denunciada, a locação prosseguirá normalmente entre o credor fiduciário (ou aquele que tiver arrematado o imóvel no leilão) e o locatário.

Entretanto, se a locação for denunciada, seja pelo credor fiduciário ou pelo arrematante, e o locatário permanecer no imóvel, o meio judicial para se obter a desocupação é a ação de despejo, "seja qual for o fundamento do término da locação".[23]

Não se pode cogitar de ação de reintegração de posse, pois a posse do locatário não pode ser qualificada como ilegítima ou espúria.

Ao comentar a hipótese de extinção da locação nos casos de imóvel objeto de usufruto ou fideicomisso, Sylvio Capanema de Souza adverte:

"Mesmo que não mais exista a relação ex *locato*, em decorrência, por exemplo, da denúncia pelo novo adquirente, a ação de que ele dispõe para despedir o inquilino é a de despejo".

E prossegue:

"Decorrendo de locação a ocupação do imóvel, fica vedada a via possessória, para que o locador possa recuperar a sua posse. Na ação de despejo não se objetiva, propriamente, recuperar a posse perdida pelo locador, e sim dissolver o contrato de locação. Daí não se tratar de ação real, em que se discute posse ou domínio".[24]

---

22. BARROS, Francisco Carlos de Rocha, *Comentários à Lei do Inquilinato*. São Paulo: Saraiva, 1995, p. 26-27.
23. "Assim é, e deve ser, porque o objeto próprio da ação de despejo não tem índole possessória, mas, sim, o propósito de resolver a locação, seguindo-se a inteligência do consagrado princípio de que venda rompe locação. O adquirente, mesmo não sendo locador, tem o direito acionário de despejar o inquilino que se encontra no imóvel, por efeito de locação firmada com o alienante. Não, propriamente, para imitir-se na posse; a imissão será mera consequência da resolução necessária da locação. No caso vertente, o desfazimento da compra e venda com garantia fiduciária fez o imóvel retornar ao domínio do alienante, que, então, o encontrou locado a terceiro" (TJRJ, 2ª Câmara Cível, Agravo de Instrumento 2005.002.20836, rel. Des. Jessé Torres, decisão unânime).
24. SOUZA, Sylvio Capanema de. *A nova Lei do Inquilinato comentada*. Rio de Janeiro: Forense, 1993, p. 31-32.

É irrelevante o fato de o fiduciário ou o arrematante não integrar a relação locatícia. Tanto nesse caso como no caso da extinção de usufruto e do fideicomisso e, ainda, na hipótese de alienação do imóvel pelo locador, durante a locação, prevista no art. 8º da Lei do Inquilinato, a denúncia é feita por quem não participou da relação obrigacional original, ao qual a lei confere legitimidade para a retomada, que se faz por meio de ação de despejo.

A denúncia deve ser manifestada no prazo de noventa dias a contar da consolidação da propriedade no patrimônio do fiduciário, concedendo-se ao locatário trinta dias para desocupação.

Para o locatário, o despejo é procedimento menos gravoso do que a reintegração de posse, salvo nas hipóteses em que a lei admite a concessão de liminar para a desocupação, pois, enquanto por aquela via a desocupação se dá após o trânsito em julgado da sentença, pela reintegração a desocupação é deferida liminarmente, no início do processo.

Importa notar que, enquanto permanecer na posse do imóvel, mesmo após a extinção da relação jurídica decorrente da alienação fiduciária, o locatário continuará obrigado ao pagamento dos aluguéis e encargos, só que, a partir da extinção da relação fiduciária, o titular do crédito correspondente aos aluguéis contratados será o credor fiduciário ou o arrematante do imóvel em leilão, pois estes sucedem o locador na relação locatícia.

21
LOCAÇÃO E A QUESTÃO URBANO-AMBIENTAL

Ricardo Pereira Lira

Doutor em Direito pela Universidade do Estado do Rio de Janeiro – UERJ. Professor Emérito da Universidade do Estado do Rio de Janeiro – UERJ. Ex-Diretor da Faculdade de Direito da Universidade do Estado do Rio de Janeiro – UERJ. Presidente Científico da Academia Brasileira de Direito Civil – ABDC.

Sumário: 1. Introdução: a questão urbano-ambiental. 2. Ainda a questão urbano-ambiental. 3. Direito urbanístico. 4. O direito ambiental. 5. A funcionalização dos institutos e instituições. 6. A função social da propriedade. 7. A função social da posse. 8. O Estatuto da Cidade. 9. Da regularização fundiária. 10. Conclusão.

1. INTRODUÇÃO: A QUESTÃO URBANO-AMBIENTAL

A análise dos aspectos primordiais da questão urbano-ambiental impõe algumas reflexões sobre a histórica ocupação irregular e iníqua do espaço urbano, enfocando os problemas de sempre – velhos, revelhos e novos – e abordando as tentativas de soluções, sob a perspectiva dos Direitos Reais.

Antes de fazê-lo, gostaríamos de deixar clara a distinção da estrutura mental do ser humano da Cidade, de um lado, e do ser humano rural do outro lado.

É do conhecimento de todos que os agregados populacionais urbanos, em nosso País, embora sem elevar-se no mesmo gradiente que se verificava há alguns anos atrás, ainda cresce significativamente, apresentando marcada densidade, caracterizados pela concentração em espaços muitas vezes limitados.

Temos hoje, no Brasil, uma população total de cerca de 180 milhões de habitantes, sendo que mais de 80% vive nos centros urbanos.

De todos conhecidas são as experiências realizadas na Universidade de Wisconsin, por John Emlen e seus alunos, com camundongos. Mantiveram-se inúmeros deles em determinado espaço, com a emigração impedida e abundante fornecimento de alimentos.

À medida que a população aumentava, diminuía evidentemente o espaço possível para cada camundongo nos nichos disponíveis, de forma que rapidamente as colônias se tornaram superpovoadas.

Consequentemente, a caça, as lutas e o canibalismo aumentaram drasticamente, deixando as fêmeas de cuidar de seus ninhos e filhotes

Quando isso aconteceu, a taxa de mortalidade entre os filhotes alcançou 100%, embora a taxa de nascimento permanecesse alta. Um incremento sensível na taxa de mortalidade, como decorrências das lutas e do canibalismo, manteve o equilíbrio da população (in "Biologia", Parte II, texto organizado pelo "Biological Sciences Curriculum Study", impresso no Brasil em 1967, Edart São Paulo Livraria Editora Ltda, p. 328-329).

A influência adversa do fenômeno da metropolização, ou da megalopolização, sobre a vida mental dos indivíduos, foi, magistralmente, estudada por GEORG SIMMEL, em "The Metropolis and Mental Life", publicado pela primeira vez em 1902.

Respiguem-se algumas constatações do eminente teórico da sociologia formal:

"Com cada atravessar de rua, com o ritmo e a multiplicidade da vida econômica, ocupacional e social, a cidade faz um contraste profundo com a vida de cidade pequena e a vida rural no que se refere aos fundamentos sensoriais da vida psíquica.

A metrópole extrai do homem, enquanto criatura que procede a discriminações, uma quantidade de consciência diferente do que a vida rural extrai. Nesta, o ritmo de vida e do conjunto sensorial de imagens flui mais lentamente, de modo mais habitual e mais uniforme. É precisamente nesta conexão que o caráter sofisticado da vida psíquica metropolitana se torna compreensível – enquanto oposição à vida da pequena cidade, que descansa mais sobre relacionamentos profundamente sentidos e emocionais" (*apud* "O Fenômeno Urbano", ed. Zahar, 1979, p. 12)

Prossegue Simmel:

"Assim o tipo metropolitano de homem – que naturalmente existe em mil variantes individuais – desenvolve um órgão que o protege das correntes e discrepâncias ameaçadoras de sua ambientação externa, as quais, do contrário, o desenraizariam. Ele reage com a cabeça, ao invés de reagir com o coração".

(...)

"A metrópole sempre foi a sede da economia monetária. Nela, a multiplicidade e concentração da troca econômica dão uma importância aos meios de troca que a fragilidade do comércio rural não teria permitido."

(...)

"A economia monetária e o domínio do intelecto estão intrinsecamente vinculados".

(...)

"O dinheiro se refere ao que é comum a tudo: ele (o homem urbano) pergunta pelo valor de troca, reduz toda qualidade e individualidade à questão: quanto?"

(...)

"....trabalha-se com o homem como um número, como um elemento que é em si mesmo indiferente. Apenas a realização objetiva, mensurável, é de interesse";

(...)

"Os relacionamentos e afazeres do homem metropolitano típico são habitualmente tão variados e complexos, que, sem a mais estrita pontualidade nos compromissos e serviços, toda a estrutura se romperia e cairia num caos inextricável";

(...)

"...a técnica da vida metropolitana é inimaginável sem a mais pontual integração de todas as atividades e relações mútuas em um calendário estável e impessoal";

(...)

"Os mesmos fatores que assim redundaram na exatidão e precisão minuciosa da forma da vida redundaram também em uma estrutura da mais alta impessoalidade, por outro lado promoveram uma subjetividade altamente pessoal";

(...)

"É um fato decisivo que a vida da cidade transformou a luta entre os homens pelo lucro, que aqui não é conferido pela natureza, mas pelos outros homens". Há uma "brevidade e escassez dos contatos inter-humanos conferidos ao homem metropolitano, em comparação com o intercâmbio social na pequena cidade".

A tenuidade das relações intersubjetivas na grande metrópole é perceptível a uma primeira inspeção.

Como anotava LOUIS WIRTH, no seu "Urbanismo como Modo de Vida", in "O Fenômeno Urbano", ed. Zahar, 1979, p. 96, "os traços característicos de modo da vida urbana têm sido descritos sociologicamente como consistindo na substituição de contatos primários por secundários, no enfraquecimento dos laços do parentesco e declínio de significado social da família e na corrosão da base tradicional da solidariedade social".

Lúcio Kowarick, no seu valioso livro "Espoliação Urbana" (Ed. Paz e Terra, 1979, p. 30), há quase quarenta anos, referindo especificamente a Cidade de São Paulo, assinalava que "...o vertiginoso crescimento demográfico da região, que entre 1960/70 foi de 5,5% ao ano, conjugado ao processo de retenção dos terrenos à espera de valorização, levou ao surgimento de bairros cada vez mais distantes. Amontoam-se populações em áreas longínquas, afastadas dos locais de trabalho, impondo-se distâncias de deslocamento cada vez maiores. Acentua-se o processo de criação de cidades-dormitórios, verdadeiros acampamentos desprovidos de infraestrutura".

Continua o sociólogo, sempre aludindo a São Paulo:

"Em 1968 havia 7 milhões de deslocamentos diários, cifra que em 1974 passa para 13,9 milhões. Contudo, o importante a ressaltar é a modalidade como se efetuam estes percursos diários. De um lado, sob a forma de transporte individual: são os grupos abastados, possuidores de automóveis, cuja média de ocupação é de 1,2pessoa por veículo. Do outro, o transporte de massa, através de ônibus que transportam 6,8 milhões de passageiros, carregando nos momentos de maior afluência cerca de 130 passageiros por veículo, o dobro da lotação máxima prevista. O transporte ferroviário de subúrbio conduz 900.000 passageiros por dia: é o cotidiano dos 'pingentes', ou seja, 700 usuários que duas vezes ao dia abarrotam uma composição que não deveria receber mais que 300 passageiros" (op. cit., p. 35).

"A exasperação oriunda do congestionamento, buzinas, falta de estacionamento, tensão decorrente do atropelo do tráfego e até a dificuldade de cobrir distâncias crescentes afetam as pessoas que se locomovem em seus automóveis", afirma Lúcio Kowarick.

Impressionantes as observações do mesmo Lúcio Kowarick e Clara Ant, no estudo *Violência: Reflexões sobre a Banalidade do Cotidiano em São Paulo*,[1] anotando o fenômeno da rotinização do medo como elemento do cotidiano da metrópole, alastrando profunda insegurança, na medida em que os indivíduos se sentem desprovidos de meios para controlar aspectos essenciais de sua sobrevivência: " 71% das pessoas entrevistadas numa pesquisa realizada em São Paulo, durante o ano de 1978, declararam que tinham medo de serem assaltadas, proporção que era de 60% em 1975 (*Índice Gallup de Opinião Pública, ano IV, n. 76, de 16 a 30 de junho de 1978, p.11).* Mas não só de ladrões a população tem medo; teme também avisar à Polícia, pois 62% das pessoas assaltadas não o fizeram. (*Índice cit. P.4),* o que se torna ainda mais contundente quando se tem em conta que 61% do total dos paulistanos entrevistados temiam ser presos (*Índice Gallup de Opinião Pública, ano IV, n. 79, 1º a 15 de setembro de 1978, p. 10).* Ademais, cerca da metade dos paulistanos considera que socorrer alguém acidentado na rua costuma trazer problemas, enquanto 59% responderam ter medo de serem atropelados, e somente um terço não tem receio de sair de casa à noite (*Índice Gallup n. 76, p.11 e 12).* Além disso, 65% dos habitantes de São Paulo têm medo de dar carona e 32% de pedi-la.; 37% de falar com estranhos na rua, inclusive com a Polícia. (12%). O medo aparece também na eventualidade da ruptura das relações primárias, pois cerca de sete sobre dez entrevistados declararam sentir temor quanto a uma separação definitiva da família (*Índice Gallup, cit., ano I, n. 9, p. 4...* A intensidade do medo certamente é diferente em razão das diversas situações apontadas, mas, não obstante tal

---

1. KOWARICK, Lúcio; ANT, Clara. *Violência e Cidade* – Debates urbanos 2. ed. Zahar, 1981.

fato, o fenômeno revela uma flagrante percepção de ameaça que acompanha o indivíduo na vida diária: ficar sozinho, andar na rua, falar com estranhos, ajudar pessoas machucadas, afastar-se de pessoas íntimas....assim, nas mais variadas circunstâncias, a Cidade é percebida como fonte de perigo. Já não se trata, portanto, deste ou daquele temor, mas de uma sensação fortemente internalizada que passou a ser inerente à vida cotidiana.

Sublinha-se, ainda, nesse estudo, que 45% das pessoas dizem ter medo de perder o emprego; cerca de 70% de ficar sem poder trabalhar, e igual contingente teme não possuir recursos monetários na eventualidade de doenças. 38% de um universo de três mil residentes na Grande São Paulo declararam capazes de matar, 27% de provocar um acidente propositadamente, 23% já pensaram em suicidar-se, e a não desprezível proporção de 4% disse que participaria de linchamentos.

É evidente que se, no final dos anos 70 os números na Cidade de São Paulo eram esses, hoje, no ano de 2006, os dados são muito mais preocupantes. Diga-se que a situação é basicamente a mesma na Cidade do Rio de Janeiro, e nos demais grandes centros do país.

Tudo isso se deve à estrutura mental específica do homem da Cidade, como fator endógeno, e ao inchaço dos centros urbanos e à maneira irregular e iníqua como se processa o assentamento nos espaços urbanos, como fatores exógenos.

2. AINDA A QUESTÃO URBANO-AMBIENTAL

Nos países subdesenvolvidos, e nos países em desenvolvimento como o nosso, a ocupação do espaço urbano se faz marcada pelo déficit habitacional, pela deficiência de qualidade dos serviços de infraestrutura, pela ocupação predatória do meio ambiente em áreas inadequadas, pelos serviços de transporte deficientes, estressantes poluentes, pela agressão frontal ao meio ambiente natural e ao meio ambiente construído, pela deslegitimação da autoridade pública fomentando um sentimento generalizado de impunidade – sobretudo nas classes abastadas, como o demonstra episódio ocorrido há algum tempo em Brasília, quando jovens da alta classe média atearam fogo em um índio pataxó que dormia na via pública – e determinando em inúmeros centros urbanos o aparecimento de um estado paralelo penetrado pelo crime organizado, com espantoso poder de fogo, frequentemente impondo-se à comunidade e ao próprio Estado formal. Esse "estado paralelo", pelo menos no seu braço visível, se instala nas favelas, nos cortiços, nas periferias, tornando-se cada vez mais problemática a sua dominação e consequente extinção pela infiltração que logra nos segmentos do mundo oficial, sendo muitas vezes difícil, senão impossível, distinguir entre o agente oficial e o bandido, tamanha a imbricação entre eles existente.

Até mesmo nos países desenvolvidos esses problemas existem. Basta recordar a qualidade de vida no Bronx, um dos cinco bairros que constituem a Grande Nova York, ou registrar a presença dos "homeless" londrinos. Ainda há poucos dias, a pretensa maior nação democrática do mundo – Os Estados Unidos da América do Norte – deram demonstração de profunda tibieza com que tratam as questões urbano-ambientais, quando pecaram por uma lenta e inexplicável demora na assistência à população, sobretudo negra, de New Orleans, tragada e vitimada pelo furacão Katrina.

Sobretudo naqueles países inicialmente mencionados, importa considerar que preleva não só o aspecto quantitativo, sendo relevante o dado qualitativo na ocupação do espaço urbano.

Podem ser respigadas as seguintes causas determinantes do adensamento demográfico e da forma irregular e iníqua com que se processa o assentamento, sobretudo da população carente, no espaço urbano:

a par do incremento vegetativo, que em alguns países, inclusive o nosso, não se vem elevando na mesma intensidade que outrora, ocorre um significativo aumento da população urbana, como consequência da industrialização;

a inexistência de uma política habitacional, que enfrente a questão urbana de maneira planejada e consistente;

o assentamento urbano não somente é desordenado, mas iníquo, efetivado sob o domínio da chamada "segregação residencial", por força do qual as populações carentes e de baixa renda são ejetadas para a periferia do espaço urbano, onde vivem em condições dilacerantes, agravadas pela ausência de uma política de transporte de massa, recebendo as áreas de assentamento da população abastada e da classe média superior os maiores benefícios líquidos da ação do Estado;

desenvolta atividade especulativa, em que os donos de extensas áreas urbanas, valendo-se do atributo da perpetuidade do direito de propriedade (por força do qual o não-uso é forma de exercício do domínio), criam um verdadeiro banco de terras em mãos particulares, entesourando lotes e glebas, enquanto aguardam o momento de locupletar-se, através da venda das áreas estocadas, com as mais-valias resultantes dos investimentos de toda a comunidade nos equipamentos urbanos e comunitários, financiados com os impostos pagos por todos nós.

Os fatos acima arrolados tornam evidente a indeclinável necessidade de uma política urbanística e ambiental que ordene a utilização do solo urbano, à base da qual se identifique uma concepção renovada e democrática do direito de propriedade.

Dois princípios básicos lastreiam a visão de um direito urbanístico contemporâneo, suficientemente aparelhado para ensejar assentamentos urbanos mais justos e racionais nas grandes e médias cidades.

O primeiro deles flui da consideração de que a propriedade não é sempre a mesma, uniforme e inalterável, em qualquer circunstância. Seu contorno, sua senhoria, a extensão de suas faculdades ou direitos elementares, ficam na dependência da natureza do bem que lhe serve de objeto. Se o domínio se pratica sobre um bem de produção, um bem de capital (um bem idôneo a gerar outro bem, como a terra, por exemplo), a propriedade ostenta um determinado perfil, com o exercício das faculdades de usar, gozar e dispor mais intensamente limitado, em nome do interesse social, diversamente do que acontece com um bem de uso ou um bem de consumo.[2]

O segundo princípio se vitaliza na consciência que se precisa ter de que a edificação, a utilização do solo urbano com qualquer finalidade, enfim, a configuração e a magnitude de uma cidade, não podem ser realizações privadas, ocorríveis ao sabor da conveniência do dono do lote ou da gleba urbana. Esses fatos são realizações públicas, fatos coletivos por excelência, devendo ser sempre vistos através do prisma da qualidade de vida não apenas individual, mas predominantemente da comunidade. Daí decorre que, a rigor, o direito de construir não deveria ser uma manifestação ínsita no direito de propriedade. Deixar o acontecimento de fato urbanístico de tanta relevância ao nuto da deliberação livre dos donos do solo urbano, apenas com o exercício condicionado por uma licença, não conduz a nenhum urbanismo positivo, mas leva, isso sim, à viabilização do caos, à anarquia, à face terrível que exibem, contemporaneamente as grandes cidades, as megacidades, as metrópoles e as megalópoles.

---

2. Vide em *La Proprietà nel Nuovo Diritto*, de Pugliatti, Salvatore, ed. Milano Dott. Giuffré Editore, 1964, o capítulo "La Proprietà e le Proprietà".

Alguns ordenamentos jurídicos, mais enérgicos na sua postura, chegam a retirar o direito de construir do conteúdo do domínio, chegam a não o incluir como um direito elementar integrante da senhoria, para qualificá-lo como uma concessão outorgada pela Municipalidade, exogenamente, de fora para dentro, e não como uma licença por ela outorgada endogenamente, correspondendo à concreção de um direito preexistente na senhoria. No regime de licença, como é o nosso, a autoridade administrativa, com o seu ato, declara um direito preexistente de construir, desde que atendidos os requisitos contemplados em lei. No regime de concessão, a autoridade, com seu provimento, cria, constitui em favor do proprietário o direito de construir, já que a edificabilidade não está "ab origine" no direito de propriedade. A decisão administrativa, neste caso, é constitutiva, e, na outra hipótese, é declaratória. Exemplo de regime de concessão é o contemplado na Lei Italiana 10, de 28 de janeiro de 1977, que parte do pressuposto de que o estado natural do solo é agrícola.

No caso de formações sociais em que a nação se organiza politicamente por cartas constitucionais rígidas, em que é enunciado e salvaguardado enfaticamente o direito de propriedade como um direito individual, cujo conteúdo é historicamente delineado, sem possibilidade de reformulação desse conteúdo por lei ordinária, será de constitucionalidade duvidosa a adoção do regime de concessão do direito de construir, por isso que a edificabilidade seria da essência do domínio. Ainda assim, se, embora rígida, a Constituição, em normas específicas sobre política urbana, abre oportunidade para uma intervenção mais significativa na senhoria da propriedade, novas soluções poderão ser buscadas por meio de instrumentos jurídicos mais enérgicos e eficazes. Essa foi a razão que levou, entre nós, juristas, planejadores urbanos, urbanistas a reclamar pressurosamente que fosse editada uma lei federal que, com supedâneo constitucional, instituísse as diretrizes para o desenvolvimento urbano, formatando a propriedade urbana com um perfil mais moderno e democrático.

Depois de demorada tramitação veio a ser editada a Lei Federal 10.257, de 10.07.2001, dispondo sobre os artigos 182/183 da Constituição Federal de 1988, que se autodenominou Estatuto da Cidade.

Pouco mais adiante faremos referência ao Estatuto da Cidade com detença maior.

O que importa considerar, no momento, é que o Direito, contemporaneamente, não é apenas um singelo instrumento de composição de conflitos intersubjetivos, mas sim um significativo e relevante instrumento de transformação social.

Esse fenômeno tem determinado algumas mutações no conjunto do ordenamento jurídico, e uma dessas modificações é exatamente a nova configuração com que se apresenta o Direito Urbanístico, segmento da ciência e da técnica jurídicas que hoje se apresenta indiscutivelmente com foros de autonomia, desvencilhando-se das amarras que o prendiam ao Direito Administrativo.

3. DIREITO URBANÍSTICO

E o Direito Urbanístico, quando bem considerado e devidamente aplicado, pode trazer soluções aos inúmeros e graves problemas deduzidos na abertura desta exposição.

O Direito Urbanístico é o conjunto de normas destinadas a dispor sobre a ordenação da Cidade, sobre a ocupação do espaço urbano de maneira justa e regular, procurando as condições melhores de edificação, habitação, trabalho, circulação e lazer.

Tem por objeto organizar os espaços habitáveis, de modo a propiciar melhores condições de vida ao homem na comunidade.

Sergio de Andréa Ferreira, em estudo em que sustenta a autonomia do Direito Urbanístico, como um ramo do Direito Social, apartado do Direito Civil e do Direito Administrativo, define-o como "a disciplina jurídica do urbanismo e da atividade urbanística, que objetivam a adaptação e a organização do espaço natural, fazendo-o fruível por uma comunidade citadina, no desenvolvimento das funções elementares da habitação, do trabalho, da recreação, da saúde, da segurança, da circulação e outras".[3]

A autonomia do Direito Urbanístico deita suas raízes no próprio Direito Constitucional.

O art. 24, I, da Constituição de 1988, ao definir a competência da União, dos Estados, e do Distrito Federal, alude à ocorrência dessa competência em matéria de Direito Urbanístico.

No art. 21, a mesma Constituição, definindo a competência da União Federal, no inciso XX, afirma que compete à União Federal instituir diretrizes para o desenvolvimento urbano, inclusive habitação, saneamento básico e transportes urbanos, o que pressupõe autonomia do Município para, no âmbito dessas diretrizes, no interesse local, baixar as suas próprias normas. Aliás, ao configurar a competência municipal, a Constituição estabelece que compete aos Municípios legislar sobre assuntos de interesse local (art. 30, I,), como são evidentemente os temas ligados à organização concreta dos espaços das Cidades e dos Municípios.

Nesse mesmo art. 30, inciso VIII, preceitua a Constituição que cabe aos Municípios promover, no que couber, adequado ordenamento territorial, mediante planejamento e controle do uso, do planejamento e da ocupação do solo urbano.

No capítulo específico, relativo à Política Urbana (arts 182 e 183 da Constituição), está desenhada toda a autonomia do Direito Urbanístico, onde se diz que será no Plano Diretor que as cidades com mais de 20.000 mil habitantes traçarão, em função de suas peculiaridades, a função social da propriedade que lhes interessa e lhes seja mais própria.

Nesse capítulo há peculiaridades que afastam o Direito Urbanístico das regras clássicas do Direito Civil, como quando, em determinadas circunstâncias, produz a ablação da perpetuidade, como um dos atributos da propriedade, no instituto da edificação e parcelamento compulsórios, em que o não –uso da propriedade deixa de ser uma forma de praticá-la, ferindo, no coração, o grave pecado da especulação imobiliária.

4. O DIREITO AMBIENTAL

O Direito Ambiental também se apresenta hoje com razoável dose de autonomia, configurando um ramo do direito que tem toda uma tessitura jurídico-formal a discipliná-lo, bem como toda uma principiologia própria.

A Lei Federal 6938, de 31 de agosto de 1981, configurou a Política Nacional do Meio Ambiente e foi regulamentada pelo Decreto 99274, de 6 de junho de 1990. Esses dois diplomas legais consubstanciam um dos pilares básicos do Direito Ambiental, juntamente

---

3. FERREIRA, O Sérgio de Andréa. Direito Urbanístico como ramo do Direito Social e suas Relações com os Direito Civil e Administrativo, *Revista da Academia Brasileira de Letras Jurídicas*, ano XIX, n. 24, RJ, 2. semestre 2003, ed. Renovar, p. 40).

com a Lei da Ação Civil Pública (Lei 7.347, de 24 de julho de 1985, o artigo 225 da Constituição da República Federativa do Brasil de 1988, e a Lei Federal dos Crimes Ambientais, Lei 9.605, de 12 de fevereiro de 1998).

O art. 225, da Constituição de 1988, estatui que todos têm direito ao meio ambiente ecologicamente equilibrado, bem de uso comum do povo e essencial à sadia qualidade de vida, impondo-se ao Poder Público e à coletividade o dever de defendê-lo e preservá-lo para as presentes e futuras gerações.

O Direito Ambiental tem princípios próprios, como, por exemplo, o princípio da precaução, utilizado quando não há certeza científica de que a atividade causará ou não dano, enquanto que, no da prevenção, sabe-se que ocorrerá quando da instalação do empreendimento ou execução da obra, mas é possível a utilização de instrumentos preventivos, com o estudo de impacto ambiental, que precede o processo de licenciamento ambiental[4]

Citem-se ainda os princípios do usuário-pagador e do poluidor-pagador. Para a preservação do meio ambiente e do equilíbrio ecológico, foram concebidos instrumentos, através dos quais se efetiva o poder de polícia ambiental, como a avaliação de impactos ambientais, o licenciamento ambiental, a criação de espaços territoriais especialmente protegidos, assim como incentivos à produção e instalação de equipamentos e a criação ou absorção de tecnologia limpa.

O que resulta claro, hoje, é a conexão entre os instrumentos de direito urbanístico e a questão ambiental.[5]

A Agenda 21, desenvolvida durante a Conferência da Nações Unidas para o Meio Ambiente e Desenvolvimento (Rio 92), introduziu "um novo olhar sobre a cidade, associando a questão urbana à problemática ambiental, resumindo aquela à melhoria da qualidade de vida nos países pobres, através do enfrentamento da pobreza e da degradação ambiental e de intervenções públicas que possam melhorar as condições de vida nos assentamentos populares.".

Na Agenda Habitat II, de seu turno, fruto da Conferência das Nações Unidas sobre Assentamentos Humanos, realizada em Istambul, em 1996, os signatários estabeleceram metas universais de dar abrigo adequado a todos e tornar os assentamentos humanos mais seguros, saudáveis e habitáveis, mais igualitários, sustentáveis e produtivos. Seu ponto--chave é tratar os problemas ambientais urbanos segundo o enfoque da sustentabilidade, trazendo novos paradigmas ao discurso sobre política ambiental urbana: descentralização e fortalecimento do poder local, cogestão ou parcerias com entidades sociais, participação da sociedade, sustentabilidade e qualidade ambiental e combate à pobreza e ao desemprego.

Como faz ver a jovem e eminente jurista Vanêsca Buzelato Prestes, "Grandes empreendimentos, *shoppings*, empreendimentos habitacionais significativos, rodovias urbanas, loteamentos, condomínios fechados, atividades sujeitas a poluição sonora, poluição decorrente de ondas eletromagnéticas, destinação de águas servidas, equipamentos construções ou edificações que causam impacto visual significativo, são exemplos de questões

---

4. FONTENELLE, Miriam (Coord.). *Temas de Direito Ambiental, Política Nacional de Meio Ambiente*, p. 11, Ed. Faculdade de Direito de Campos, Coleção José Patrocínio, v. VI.

5. *Revista Magister de Direito Ambiental e Urbanístico* n. 8, nov. 2006; Torres Marcos Abreu, "Estatuto da Cidade: Da Interface do Meio Ambiente, p. 100-101, ed. Magister Editora, Porto Alegre.

urbanas que afetam a qualidade ambiental, motivo pelo qual precisam ser avaliados pelos Municípios.[6]

Daí a sensibilidade da lição autorizada de José Afonso da Silva, no seu clássico Direito Ambiental Constitucional, dizendo: "O conceito de meio ambiente, há de ser pois, globalizante, abrangente de toda a natureza, o artificial e original, bem como dos bens culturais correlatos, compreendendo, portanto, o solo, a água, o ar, a flora, as belezas naturais, o patrimônio histórico, artístico, turístico, paisagístico e arquitetônico. O meio ambiente é, assim, a interação do conjunto de elementos naturais, artificiais e culturais que propiciem o desenvolvimento equilibrado da vida em todas as suas formas".[7]

5. A FUNCIONALIZAÇÃO DOS INSTITUTOS E INSTITUIÇÕES

A funcionalização de institutos e instituições se vem constituindo em candente desafio para a modernidade e para a contemporaneidade.

Essa funcionalização deita suas raízes na noção básica de que os sujeitos das situações jurídicas dispõem das prerrogativas delas decorrentes não exclusivamente em benefício próprio, mas devem exercê-las tendo em consideração os interesses sociais. Isso ocorre não apenas com certos institutos, mas também com determinadas instituições.

Falamos em modernidade porque exatamente desde os tempos modernos que se pensa na propriedade e na sua função social. Essa é uma noção e uma realidade que já estavam em Duguit, eminente jurista francês, na sua clássica obra " Les Transformations Génerales du Droit Privé (depuis le Code Napoléon)", ed. 1920, Paris, Librairie Félix Alcan, já estava na Constituição Mexicana de 1917, bem como na Constituição de Weimar de 1919, que, em seu artigo 153, estipulava que a propriedade obriga o seu titular e seu uso deve estar a serviço do bem comum.

Começava nitidamente a desvanecer aquela postura individualista, segundo a qual cada titular da propriedade de um bem tem o direito de usar, dele gozar e dispor livremente, e que por conseguinte é seu tudo o que legitimamente adquiriu, sem outros limites que não os da moral ou dos direitos alheios, considerados esses apenas em seu sentido negativo, isto é, no sentido de que o proprietário deve abster-se de, pelo exercício de seu direito, causar danos a outrem. Não se tinha a noção de que o proprietário tem deveres, e, portanto, obrigações positivas de comportamento com o grupo social.

É interessante observar que, ciclicamente, momentos há na história da humanidade em que, episodicamente, o proprietário sofreu limitações profundas, na dependência das imposições sociais.

A Lex Licínia Sexta, de 367 AC, por exemplo, autêntica lei agrária, interditava os cidadãos romanos de terem mais de 120 hectares de terra, não permitindo nas pastagens públicas mais de 100 cabeças de gado por proprietário e obrigava que eles utilizassem mão de obra livre em proporção ao número de escravos que possuíssem. O objetivo desta lei romana, além de ser o da limitação do tamanho das propriedades, era sobretudo o de

---

6. PRESTES, Vanêsca Buzelato. *Temas de Direito Ambiental*, Título I, Construindo Pontes entre Urbanismo e Meio Ambiente, Ed. Fórum, 2006, Belo Horizonte, p. 21.

7. SILVA, José Afonso da, *Direito Ambiental Cultural*, São Paulo, Malheiros, 1994, p. 6.

incrementar o uso da mão de obra, para enfrentar o grave problema do desemprego que na época existia em Roma.

A funcionalização da propriedade, assim, não constitui nenhuma novidade, voltando a despontar mais vivamente nas primeiras décadas do século XX. Retomaremos esse fenômeno, já então mais voltados para a realidade de nosso país.

Dizíamos que a função social da propriedade, ressalvados momentos específicos da história antiga, é um dado da modernidade. E contemporaneamente ela se apresenta como função social da propriedade urbanística, e função social da propriedade agrária, até mesmo como categorias imbricadas em uma função social da Cidade. Isso porque, o Município abrange o urbano e o rural, tanto assim que o Art. 40, § 2º, do Estatuto da Cidade estabelece que o Plano Diretor deverá englobar o território do Município como um todo, alcançando, por consequência a área urbana e a área rural, onde ela exista. Já a funcionalização de outros institutos, como a função social da posse, a função social dos contratos, e, no que toca às instituições, a função social da empresa e a função social da cidade, são problemas que desafiam a contemporaneidade.

Em alguns casos, a posse hoje se protege *per se*, autonomamente, como simples exercício fático dos direitos elementares do domínio, e não como simples salvaguarda dele. A vontade nos contratos já não é soberana, havendo determinadas circunstâncias, nas relações de consumo, em que o *pacta sunta servanda* é deixado de lado e o consumidor pode dentro de um prazo de carência desconstituir plenamente o contrato, como se ele jamais tivesse existido. O empresário não está à solta, à busca de lucros cada vez maiores, tendo deveres indeclináveis com a força de trabalho, que igualmente impulsiona a empresa. A Cidade, em nosso ordenamento, está atualmente protegida em patamar constitucional, e a ela têm direito todos os que nela habitam, sejam proprietários ou não.

Estamos diante de um fenômeno relevante, que é o da funcionalização dos institutos e instituições, destacando-se, dentre eles, no momento, a função social da propriedade que nos interessa nessa oportunidade de maneira especial.

Voltemos a ela, por conseguinte.

6. A FUNÇÃO SOCIAL DA PROPRIEDADE

A Constituição Imperial de nosso país, de 1824, no seu art. 179, § 1º, garantia o direito de propriedade em toda a sua plenitude. No mesmo diapasão a primeira constituição republicana de 1891. A Carta de 1934, embora não utilizasse o *nomen iuris* função social da propriedade, estabelecia, em seu art. 113, n. 17, que o direito de propriedade, embora garantido, não poderia ser exercido contra o interesse social ou coletivo, na forma que a lei viesse a determinar.

Passemos pela constituição outorgada de 1937, para chegarmos à Constituição de 1946, onde, embora também não se utilizasse o *nomen iuris* função social da posse, se dizia que o uso da propriedade seria condicionado ao bem-estar social.

O art. 157, III, da Constituição da República do Brasil de 1967, pela primeira vez no ordenamento constitucional, se valeu das mencionadas expressões. Preceituou que a ordem econômica tem por fim realizar a justiça social, com base nos princípios que enumerou, entre eles o da função social da propriedade. O mesmo fez a Emenda Constitucional outorgada de 1969, art. 160.

Com a redemocratização do país, sobreveio a Constituição de 1988, toda penetrada pelo princípio da função social da propriedade (art. 5º XXIII, art. 170, III, art. 182, § 2º, e art. 186).

É evidente que qualquer propriedade, seja qual for o seu objeto – bens de uso, consumo ou de capital – deverá atender à sua função social.

Imagine-se uma situação conflitiva em que esteja envolvido o país, havendo a necessidade de racionamento de determinados itens de consumo. É evidente que, em tal situação, bens de uso e de consumo poderão sofrer limitações de utilização, em nome da função social.

A Constituição de 1988 houve por bem explicitar os contornos da função social da propriedade imóvel urbana e da propriedade rural. Quanto à primeira, no art. 182, § 2º, determinou que a propriedade urbana cumpre a sua função social, quando atende às exigências do plano diretor, obrigatório para as cidades de mais de 20 mil habitantes. Isso não quer dizer que nas cidades onde não seja obrigatório o plano diretor a propriedade não deva obedecer à sua função social. Esse é um princípio geral, a ser geralmente atendido. Apenas as autoridades locais não poderão aplicar institutos que para serem utilizados deverão estar previstos no plano diretor, como por exemplo a edificação compulsória ou o direito de preempção.

No tocante à propriedade rural o art. 186 da Constituição de 1988 estatui que a função social é cumprida quando atende, segundo critérios e graus de exigência estabelecidos em lei, aos seguintes requisitos: I – aproveitamento racional e adequado; II – utilização adequada dos recursos naturais disponíveis e preservação do meio ambiente; III – observância das disposições que regulam as relações de trabalho; IV – exploração que favoreça o bem-estar dos proprietários e dos trabalhadores.

O Estatuto da Cidade, promulgado em 2001, e o Código Civil de 2002 estão igualmente preservados pelo princípio da função social da propriedade, que aliás é um instrumento indescartável na construção da cidadania múltipla, assentada no respeito à dignidade humana, na erradicação da miséria e na eliminação das desigualdades sociais.

A função social da propriedade está presente também no Código Civil de 2002. Observe-se o artigo 1228, § 1º, onde, embora não seja utilizado o "nomen iuris" função social da propriedade, ali está desenganadamente insculpida a dita funcionalização, nos seguintes termos:

"Art.1228(...)

§ 1º O direito de propriedade deve ser exercido em consonância com as suas finalidades econômicas e sociais e de modo que sejam preservados, de conformidade com o estabelecido em lei especial, a flora, a fauna, as belezas naturais, o equilíbrio ecológico e o patrimônio histórico e artístico, bem como evitada a poluição do ar e das águas".

7. A FUNÇÃO SOCIAL DA POSSE

A posse é o exercício, pleno ou não, de algum dos poderes inerentes à propriedade (Art. 1196, do Código Civil).

Tradicionalmente ela sempre foi considerada em sua ligação com a propriedade, sendo até mesmo tida como bastião de defesa do domínio. Quando se defende a posse, direta ou indireta, interditamente está se protegendo a propriedade.

Atualmente se configura um tratamento autônomo da posse, em que ela é utilizada como a meta final da prática de um determinado instrumento jurídico.

Isso acontece, por exemplo, com a concessão do direito real de uso, criada pelo art. 7º, do Decreto-Lei 271, de 28 de fevereiro de 1967, que estabelece:

> "Art. 7º É instituída a concessão de uso de terrenos públicos ou particulares, remunerada ou gratuita, por tempo certo ou indeterminado, como direito real resolúvel, para fins específicos de urbanização, industrialização, edificação, cultivo da terra, ou outra utilização de interesse social.
>
> § 1º A concessão de uso poderá ser contratada, por instrumento público ou particular, ou por simples termo administrativo, e será inscrita e cancelada em livro especial.
>
> § 2º Desde a inscrição da concessão de uso, o concessionário fruirá plenamente do terreno para os fins estabelecidos no contrato e responderá por todos os encargos civis, administrativos e tributários que venham a incidir sobre o imóvel e suas rendas.
>
> § 3º Resolve-se a concessão antes de seu termo, desde que o concessionário dê ao imóvel destinação diversa da estabelecida no contrato ou termo, ou descumpra cláusula resolutória do ajuste, perdendo, neste caso, as benfeitorias de qualquer natureza.
>
> § 4º A concessão de uso, salvo disposição contratual em contrário, transfere-se por ato *inter vivos*, ou por sucessão legítima ou testamentária, como os demais direitos reais sobre coisa alheia, registrando-se a transferência."

É de ver que, através desse instituto, o concessionário recebe autonomamente a posse, e tão somente a posse, para fins de urbanização, industrialização, edificação, cultivo da terra, ou outra utilização de interesse social.

É a posse marcada pela sua função social, para a concretização daquelas finalidades qualificadas.

Outro caso significativo de proteção da função social da posse prevalecente sobre uma propriedade desfuncionalizada é o dos §§ 4º e 5º, do já citado artigo 1.228, do Código Civil.

Ali se preceitua que o proprietário também pode ser privado da coisa se o imóvel reivindicado consistir em extensa área, na posse ininterrupta e de boa-fé, por mais de 5 (cinco) anos, de considerável número de pessoas, e estas nela houverem realizado, em conjunto ou separadamente, obras e serviços considerados pelo juiz de interesse social e econômico relevante. (§ 4º, do art. 1.228).

Neste caso, o juiz fixará a justa indenização devida ao proprietário; pago o preço, valerá a sentença como título para o registro do imóvel em nome dos possuidores.

Trata-se de uma desapropriação decretada pelo Poder Judiciário, e que tem os seguintes pressupostos para sua aplicação:

> a) uma ação de reinvindicação proposta pelo proprietário relativamente a determinado imóvel;
>
> b) que nesse imóvel um considerável número de pessoas, com posse de boa-fé e de mais de (5) cinco anos, tenha realizado, em conjunto ou separadamente, obras e serviços considerados pelo juiz de interesse social e econômico relevante;
>
> c) alegados e provados pela parte ré os pressupostos acima, o juiz, no bojo da própria reivindicatória, realizará perícia para arbitramento da justa indenização, designando data para o depósito do respectivo valor;
>
> d) não sendo depositado o valor, o juiz julgará procedente a reivindicatória, determinando a remoção das pessoas ocupantes do imóvel;
>
> e) não se trata de usucapião, pois há a previsão de indenização a ser paga ao proprietário privado do imóvel;
>
> f) os dispositivos não cuidam de beneficiar ocupantes carentes, mas ocupantes que estejam no exercício de uma posse com os requisitos indicados no texto;
>
> g) a indenização é de ser paga pelo considerável número de pessoas a que se refere a norma, e não pelo Poder Público, como pensam alguns.

21 • LOCAÇÃO E A QUESTÃO URBANO-AMBIENTAL

A função social da propriedade e da posse perpassam também inúmeros dispositivos do Estatuto da Cidade (Lei 10.257, de 10.07.2001), como se verá adiante.

8. O ESTATUTO DA CIDADE

O Estatuto da Cidade acima aludido, que integra decidida e relevantemente o Direito Urbanístico, contém importantes instrumentos urbanísticos como o plano diretor, o direito de superfície, a concessão do direito real de uso, a edificação e o parcelamento compulsórios, o direito de preempção, a urbanização consorciada, o imposto predial progressivo, a outorga onerosa do direito de construir (solo criado), o usucapião especial urbano, a concessão de uso especial para fins de moradia (Medida Provisória 2.220, de 4 de setembro de 2001), a transferência do direito de construir, o estudo do impacto de vizinhança, a gestão democrática da cidade e, finalmente, o consórcio imobiliário. Guarda, contudo, o Estatuto da Cidade uma interface com o Meio Ambiente.

Depreende-se isso de várias de suas diretrizes, enunciadas no seu artigo 2º, como, por exemplo:

I – garantia do direito a cidades sustentáveis, entendido como direito à terra urbana, à moradia, ao *saneamento ambiental*, à infraestrutura urbana, ao transporte e aos serviços públicos, ao trabalho e ao lazer, para *as presentes e futuras gerações:* (...);

IV – planejamento do desenvolvimento das cidades, da distribuição espacial da população e das atividades econômicas do Município e do território sob sua área de influência, de modo a evitar e corrigir as distorções do crescimento urbano *e seus efeitos negativos sobre o meio ambiente"*;

(...)

VI – ordenação e controle do uso do solo, de forma a evitar:

(...)

g) a poluição e a degradação ambiental.

Esse diploma legal está profundamente penetrado pela função social da propriedade, e vários de seus institutos guardam uma interface evidente com o meio ambiente, sendo fundamental a consideração desses pontos para a efetividade da implementação dele.

O Estatuto da Cidade é, hoje, um dos pilares fundamentais do direito urbano-ambiental.

Vejam-se alguns desses instrumentos que podem ser alvitrados, quando se pense na necessidade de racionalizar os assentamentos urbanos nas cidades, com especial atenção no meio ambiente.

O primeiro deles é o Plano Diretor. Vale observar, como antessuposto de tudo o que se dirá adiante, que a ocupação do espaço urbano não se pode fazer aleatoriamente, impondo-se, como inafastável, a formulação de um plano diretor, consubstanciando um planejamento essencial à apropriação equilibrada do dito espaço, sem exclusões e segregações sociais, buscando boa qualidade de vida, editado em nível legislativo assecuratório de sua não modificação por influência de interesses subalternos ou conjunturais.

No concernente aos instrumentos jurídicos a serem cogitados em uma política de ocupação razoável e justa do espaço urbano, podem ser enumerados os seguintes, sem pretensão de exaurir o respectivo ror: *direito de superfície, concessão do direito real de uso, edificação e parcelamento compulsórios, direito de preempção, operação interligada, urbanização consorciada, imposto progressivo sobre a propriedade urbana, o solo criado e o usucapião especial urbano.*

A forma mais direta de definir o direito de superfície será partindo do fenômeno da acessão, que deita suas raízes no direito romano.

Por força do princípio da acessão, tudo aquilo que acede permanentemente ao solo passa a ser da propriedade do dono do solo, por mais valioso que seja o incremento.

Existindo em determinado ordenamento o direito de superfície, duas pessoas podem convencionar entre si que a primeira (concessionária) possa construir sobre o terreno de propriedade da segunda (concedente), de tal forma que a edificação seja do domínio daquela e o lote permaneça no domínio desta. Os sistemas poderão estabelecer que a pactuação seja perpétua ou provisória. No caso da superfície perpétua, haverá uma interrupção dos efeitos da acessão. No caso da superfície temporária, haverá uma suspensão dos efeitos da acessão.

Com o direito de superfície – e esse é um sonho acalentado pelos arquitetos – é possível separar negocialmente o direito de construir do direito de propriedade do solo, pois quem constrói é o concessionário, e não o dono do lote (concedente). Concretizada a concessão de edificar, identificam-se duas propriedades: a propriedade do terreno, que continua sendo do concedente; a propriedade da construção (propriedade superficiária), de que é titular o concessionário-superficiário. O instrumento é valioso, por isso que amplia o leque de possibilidades de utilização da propriedade imóvel, com as galas de um direito real. Imagine-se que o proprietário de um determinado terreno, pela aplicação do instituto da edificação compulsória e pela lei de uso do solo vigente, tenha a obrigação de construir no aludido terreno, mas não disponha de recursos ou não tenha interesse em fazê-lo. O resultado urbanístico poderá ser obtido pela concessão do direito de superfície do terreno a um terceiro, que se interesse pela construção naquele local, permanecendo com a propriedade da edificação durante o prazo assinado no contrato superficiário, findo o qual a propriedade construída ingressa no patrimônio do dono do terreno, com ou sem indenização, dependendo das cláusulas contratuais.

Sistemas há que admitem a concessão da superfície no subsolo, de que é exemplo o Código Civil italiano. O nosso Estatuto da Cidade contempla essa figura no seu artigo 21, § 1º, estipulando que o direito de superfície, abrange o direito de utilizar o solo, o subsolo ou o espaço aéreo relativo ao terreno, na forma estabelecida no contrato respectivo, atendida a legislação urbanística. Quando assim seja, a municipalidade, titular de uma gleba, poderá dar em superfície a uma empresa a área sobrejacente para a construção de um hospital de grande porte, a ser explorado pela concessionária, por exemplo, pelo prazo de 99 anos, findo o qual o complexo hospitalar ingressará gratuitamente no patrimônio da municipalidade. Na mesma gleba, a municipalidade poderá conceder o subsolo em superfície, para implantação de uma imensa área de estacionamento, a ser utilizada remuneradamente pelos usuários do hospital.

Vale mencionar que o Código Civil contempla expressamente a superfície vegetal, e que, como está concebido o artigo 21 do Estatuto da Cidade, pode admitir-se a superfície vegetal também no Estatuto da Cidade, sobretudo tendo-se em vista que o Plano Diretor, por força do artigo 40, § 2º, do mesmo Estatuto, engloba o território do Município como um todo, não sendo de interditar-se a concessão de superfície em determinadas áreas para a implementação de agriculturas de subsistência.

Importa também salientar que as disposições supervenientes do Código Civil de 2002 não revogaram as disposições pertinentes ao direito de superfície constantes do Estatuto da Cidade.[8]

São inúmeros os proveitos que se podem extrair, urbanisticamente, do direito de superfície.

A concessão do direito real de uso, prevista no Decreto-Lei 271, de 28 de fevereiro de 1967, artigo 7º, é o contrato pelo qual se transfere, a título de direito real, a fruição temporária, por prazo certo ou indeterminado, de terreno público ou particular, remuneradamente ou não, para fins específicos de urbanização, industrialização, edificação, cultivo da terra, ou outra utilização de interesse social.

É semelhante ao direito de superfície e, segundo equivocadamente pensam alguns, seria o próprio direito de superfície. Todavia, identifica-se entre os dois institutos um ponto de diferença substancial. É que no direito de superfície ocorre a suspensão ou interrupção dos efeitos da acessão, o que significa dizer que o incremento é propriedade do superficiário, sendo, portanto, hipotecável. Tal não acontece na concessão do direito real de uso. O incremento, na concessão do direito real de uso, não se convola em propriedade separada superficiária, distinta da propriedade do lote que recebe o incremento,

As utilidades deste instrumento podem igualmente ser valiosas, sobretudo em uma política de regularização fundiária, para titulação de áreas de assentamento de populações de baixa renda (favelas, mocambos, palafitas, loteamentos irregulares do ponto de vista dominial), pactuando-se no final do prazo da concessão uma opção de compra, com o que se ensejará a essas populações o acesso à propriedade da terra urbana.

Anotem-se, agora, algumas observações sobre a edificação e o parcelamento compulsórios, contemplados nos artigos 5º, 6º, 7º e 8º do Estatuto da Cidade.

A matriz da edificação e parcelamento compulsórios está no art. 182, § 4º, da Constituição Federal, onde se preceitua que é facultado ao Poder Público municipal, mediante lei específica para área incluída no plano diretor, exigir, nos termos da lei federal, do proprietário do solo urbano não edificado, subutilizado ou não utilizado, que promova seu adequado aproveitamento, sob pena, sucessivamente, de

I – parcelamento ou edificação compulsórios;

II – imposto sobre a propriedade predial e territorial urbana progressivo no tempo;

III – desapropriação com pagamento mediante títulos da dívida pública de emissão previamente aprovada pelo Senado Federal, com prazo de resgate de até dez anos, em parcelas anuais, iguais e sucessivas, assegurados o valor real da indenização e os juros legais.

O primeiro deles é importantíssimo como arma eficaz na repressão à especulação imobiliária. Em determinadas circunstâncias, relativamente a imóveis incluídos na lei de uso do solo urbano, o não uso deixa de ser manifestação de exercício do domínio. Assim o proprietário pode ser notificado para edificar dentro do prazo estabelecido em lei, sob pena de exacerbação do IPTU, e finalmente de uma desapropriação sanção, a ser paga em títulos públicos, devendo ser deduzidos do preço desta os benefícios hauridos pelo expropriado como resultado da especulação praticada

---

8. LIRA, Ricardo Pereira, O Direito de Superfície e o Novo Código Civil, *Revista Forense*, v. 364, p. 2-3-264.

É relevante observar que o art. 8º, do Estatuto da Cidade, fala em preço real da indenização, justificando a dedução dos benefícios hauridos ilegitimamente pelo especulador.

O segundo deles, que possibilita o parcelamento compulsório, também pode valer como arma da repressão à especulação, e como fator de induzimento à densificação urbana, onde esse fenômeno seja desejável.

Dentro dessa linha, o Estatuto da Cidade previu também a utilização compulsória, o que me parece não padecer de inconstitucionalidade, pois a extensão está claramente no âmbito da finalidade do texto constitucional.

Outro instrumento a ser considerado é o direito de preempção, que consiste no direito de preferência que o município passa a ter, relativamente a imóveis em determinadas áreas definidas na lei de uso do solo urbano, na aquisição de imóvel urbano, objeto de transação entre particulares (Arts. 25/27 do Estatuto da Cidade).

A concepção é urbanisticamente válida. O município sabe da tendência e vocação da expansão urbana em determinado sentido, e assim passa desde logo a adquirir imóveis quando em negociação entre particulares, em condições mais vantajosas do que faria se já consumada naquela área a expansão prevista, através da expropriação.

Tenha-se presente agora a operação interligada. Constitui ela a alteração pelo Poder Público, nos limites e na forma definidos em lei, de determinados parâmetros urbanísticos, mediante contrapartida dos interessados, igualmente definida em lei.

Essa contrapartida poderá assumir a forma de (a) recursos para fundo municipal de desenvolvimento; (b) obras de infraestrutura urbana; (c) terrenos e habitações destinados a populações de baixa renda; (d) recuperação do meio ambiente ou do patrimônio cultural.

A operação interligada, desde que criteriosamente aplicada, pode trazer benefícios urbanísticos e ambientais à comunidade.

Outro instituto a ser considerado é a urbanização consorciada (arts. 32/34 do Estatuto da Cidade).

É uma forma de empreendimento conjunto da iniciativa privada e dos poderes públicos, sob a coordenação desses últimos, visando à integração e à divisão de competência e recursos para a execução de projetos comuns.

Pode consubstanciar interessante forma de parceria entre a iniciativa privada e o Poder Público, com vistas à implementação de projetos urbanísticos.

Instrumento de considerável utilidade é o imposto progressivo sobre a propriedade urbana, que pode ser interessante forma de indução à atividade de construção, quando seja ela de interesse para a comunidade.

Ponha-se, em tela, o solo criado

Cria-se solo quando se gera área adicional de piso artificial, não apoiada diretamente sobre o solo natural.

Cria solo quem cria piso artificial.

Urbanisticamente a ideia do solo criado pressupõe a adoção de um coeficiente único de aproveitamento do solo em determinada municipalidade ("plafond légal de densité").

Partindo-se dessa premissa, pode alcançar-se a noção *stricto sensu* de solo criado, quando se terá que solo criado é o excesso de construção, superior ao limite estabelecido pela aplicação do coeficiente único de aproveitamento.

Todo aproveitamento de terreno no subsolo, no solo e no espaço aéreo, implicando criação de solo (piso artificial além do limite), desde que consentida pelas condições peculiares do solo municipal, consubstanciará para o beneficiário obrigação de dar à comunidade uma contraprestação pelo excesso de construção, que geralmente determina uma sobrecarga sobre o equipamento urbano, implantado e operado a expensas de todos.

Essa contraprestação – onerando o beneficiário do solo criado – deverá preferencialmente ser representada pela cessão à comunidade de área correspondente ao excesso artificial gerado, para que ali se criem áreas verdes, se instalem equipamentos comunitários, se instituam praças, escolas, parques e módulos de lazer etc...

Essa a versão urbanística do solo criado, em que o criador do solo artificial compensa a coletividade, pelo *plus* que consentidamente pratica, com a cessão de espaço correspondente em favor do grupo social.

Se, nas condições locais, for impossível a compensação em espaço comunitariamente útil, poder-se-á tolerar a versão financeira do solo criado (solução adotada no Código de Urbanismo francês), pela qual o criador do solo verteria à comunidade certa importância em dinheiro.

Essa foi a solução adotada pelo Estatuto da Cidade.

Para os titulares de imóvel tombado, com índice de ocupação do lote inferior ao coeficiente único, se admitiria a cessão do direito de construir correspondente ao solo de impossível utilização em razão da existência do tombamento.

Embora sofisticado e exigindo manipulação registrária muito apurada, o instituto do solo criado pode apresentar-se como instrumento útil, sendo forma de controle do adensamento urbano, da utilização desordenada de lotes sem atenção aos equipamentos urbanos subjacentes, e, finalmente, pode constituir-se em meio razoável de volta de áreas ao Poder Público, sem a necessidade de vultosas expropriações (no caso do solo criado, em sua versão urbanística), inclusive para o estabelecimento de áreas verdes e implantação de equipamentos comunitários).

Partindo-se da concepção do solo criado, imagina-se a instituição da possibilidade jurídica da *transferência do direito de construir.*

Dirijamos nossa atenção, ainda, para o usucapião especial urbano (art. 9º/14 do Estatuto da Cidade)

Por força desse instituto, aquele que possuir como sua área urbana até determinada extensão fixada em lei, por determinado prazo, ininterruptamente e sem oposição, utilizando-a para sua moradia ou de sua família, adquirir-lhe-á o domínio, desde que não seja proprietário de outro imóvel urbano ou rural.

Esse é um valioso instrumento a ser utilizado em uma política de regularização fundiária em que estejam assentadas populações de baixa renda (favelas, mocambos, palafitas, loteamentos irregulares), ao lado de outros instrumentos como, por exemplo, a concessão do direito real de uso, com cláusula de opção de compra.

O procedimento destinado a obter a declaração do domínio pela via do usucapião especial urbano, seja o individual ou coletivo, deve ser simplificado na sua forma, e aberto a soluções alternativas, adotadas ao longo mesmo do processo.

Para facilitar a consumação dos processos de usucapião seriam necessárias algumas flexibilizações a serem introduzidas na legislação federal competente, como, por exemplo, eliminar a necessidade de citação dos confinantes, eliminar a necessidade de plantas elaboradas por arquitetos ou engenheiros – que seriam substituídas por simples configurações do local elaboradas pelos próprios interessados, e, se contestadas, verificadas pelo próprio julgador em inspeção pessoal, e adoção de fórmula jurídica permitindo que os locatários das moradias pudessem, no bojo do mesmo processo, adquirir também o domínio, pois de outra maneira a eles não se poderia conceder o benefício, por isso que locatário não pode usucapir. Afirma-se que, na favela da Rocinha, no Rio de Janeiro, 30% das moradias são objeto de locação. Essa fórmula já foi por nós sugerida no Anexo II, do livro de nossa autoria Elementos de Direito Urbanístico, ed. Renovar 1997, p. 385/9, onde concebemos um anteprojeto, instituindo o usucapião especial urbano, a legitimação da posse comunitária e dando outras providências.

Outro tópico relevante, regulado no Estatuto da Cidade, é o pertinente à Gestão Democrática da Cidade. No seu Capítulo IV, o Estatuto da Cidade cuida desse importantíssimo instrumento, que não pode ser esquecido, sob pena de com ele acontecer o que ocorreu com o Estatuto da Terra.

O Estatuto da Terra trazia disposições relevantes que, se aplicadas, poderiam ter significado um relevante passo para uma verdadeira Reforma Agrária neste país. Todavia, a falta de vontade política determinou praticamente o seu esquecimento, dando origem ao aparecimento de um dos mais importantes movimentos sociais ocorridos em nosso país, que é o Movimento dos Sem Terra (MST), como tal considerado pelo eminente e saudoso Celso Furtado.

O mesmo fenômeno pode ocorrer com o Estatuto da Cidade, se não houver a vontade política de implementá-lo e torná-lo realidade. Pela demora e pelo vagar na busca de soluções concretas para a Reforma Urbana, sobretudo no segmento da regularização fundiária das áreas de assentamento das populações carentes, acompanhada de medidas ligadas à urbanização dessas áreas, o Estatuto das Cidades corre o risco de sofrer a mesma crise de eficácia que debilitou o Estatuto da Terra.

Em centros urbanos relevantes, como, por exemplo, a Cidade de São Paulo, já ocorre a ocupação de prédios urbanos pelos sem teto. Há poucos dias, ocorreu a ocupação de um prédio do INSS, que estava desocupado, localizado na Cinelândia, ponto central e privilegiado da Cidade do Rio de Janeiro. Por enquanto, as ocupações têm acontecido em prédios públicos, mas, se as providências efetivas não chegarem ao ponto de uma efetiva solução para a crise de moradia, as ocupações poderão passar a se dar também com relação aos prédios particulares, o que será a proximidade do caos.

Já é uma realidade, em vários pontos do país, a existência dos movimentos dos sem teto.

Por força dessas razões é muito importante que as diretrizes do Estatuto da Cidade se tornem realidade, não só em termos de qualidade de vida para as classes abastadas, mas em termos de atendimento efetivo do direito de moradia digna e saudável para todos, como expressão mínima de cidadania, o que aliás decorre dos princípios republicanos fundamentais, consagrando a dignidade da pessoa humana, a erradicação da pobreza, da marginalização e da redução das desigualdades sociais, promovendo-se o bem de todos, sem preconceitos de raça, sexo, cor, idade e quaisquer outras formas de discriminação.

Com vistas ao atingimento dessas metas ressalta, com prioridade, a gestão democrática das Cidades por meio da participação da população e de associações representativas dos vários segmentos da comunidade na formulação, execução e acompanhamento de planos, programas e projetos de desenvolvimento urbano (Art. 2º, II, do Estatuto da Cidade).

Isso significa, nada mais nada menos, que o cumprimento de obrigação que já pesa sobre os ombros dos organismos gestores das regiões metropolitanas e aglomerações urbanas, que, em suas iniciativas, devem incluir obrigatória e significativamente a participação da população e das associações representativas dos vários segmentos da comunidade, de modo a garantir o controle direto de suas atividades e o pleno exercício da cidadania. (Art. 45, do Estatuto da Cidade)

A gestão democrática da cidade está contemplada no art. 43 do Estatuto da Cidade, nos seguintes termos:

> "Art. 43. Para garantir a gestão democrática da cidade, deverão ser utilizados, entre outros, os seguintes instrumentos:
>
> I – órgãos colegiados de política urbana, nos níveis nacional, estadual e municipal;
>
> II – debates, audiências e consultas públicas;
>
> III – conferências sobre assuntos de interesse urbano, nos níveis nacional, estadual e municipal;
>
> IV – iniciativa popular de projeto de lei e de planos, programas e projetos de desenvolvimento urbano."

O art. 43 dispunha de um inciso V que arrolava entre os instrumentos relativos à gestão democrática da cidade o "referendo popular e o plebiscito". A norma foi vetada pelo Presidente Fernando Henrique.

A razão de ser do veto foi a de que a Lei 9.709, de 18 de novembro de 1998, já prevê a utilização genérica do referendo popular e do plebiscito, não sendo de boa técnica legislativa prever especificamente estes instrumentos na determinação da política urbana municipal.

O art. 44, do Estatuto da Cidade prevê que, no âmbito municipal, a gestão orçamentária participativa de que trata a alínea "f" do Inciso III do art. 4º desta lei incluirá a realização de debates, audiências e consultas públicas sobre as propostas do plano plurianual, da lei de diretrizes orçamentárias e do orçamento anual, como condição obrigatória para sua aprovação pela Câmara Municipal.

9. DA REGULARIZAÇÃO FUNDIÁRIA

No processo de ordenação do espaço urbano, especial atenção é de ser dirigida a uma política de regularização fundiária destinada à titulação das áreas de assentamento das favelas, mocambos, palafitas e loteamentos irregulares, intensamente articulada com uma política de urbanização e saneamento dessas áreas.

É relevantíssima, não só do ponto de vista urbanístico, como do ponto de vista do meio ambiente, a questão da regularização fundiária, que não deve limitar-se à outorga de títulos de propriedade, mas também cuida dos aspectos gerais da urbanização, sobretudo transporte e saneamento básico. É o que a eminente arquiteta Profª Raquel Rolnick denomina de Regularização Fundiária Plena.

Nos últimos meses de 2005, começou a transitar pela mídia, uma estranha campanha que insistia vivamente na necessidade da adoção de uma política de remoção das favelas, o que significa regredir à época dos anos 60, em que se realizaram remoções, pelo menos na Cidade do Rio de Janeiro, com efeitos sociais os mais desastrosos.

Basta recordar a remoção da Favela da Catacumba, que era situada nas margens da Lagoa Rodrigo de Freitas. Dúvida não pode haver quanto ao fato de que essa remoção se fez para que pudessem ser efetivadas, nos arredores, as suntuosas incorporações de vários edifícios residenciais de altíssimo luxo, a serem ocupados pela alta classe média. No local, propriamente dito, instalou-se um parque, com algumas estátuas, que seguramente recebe a visita de pouquíssimos cidadãos.

Pois bem. As autoridades da época, pelo menos com a comiseração de terem retirado, antecedentemente, as famílias que habitavam o local, mandaram atear fogo na favela. Trata-se da favela da Catacumba, que ficava à margem da Lagoa Rodrigo de Freitas. Os ocupantes foram removidos para Santa Cruz, Antares e outros locais longínquos, obrigados, se possível fosse, a valer-se de duas ou três onerosas viagens de ônibus para regressar aos seus locais de trabalho.

Qual a consequência dessa remoção? As mães de família, que eram cozinheiras, copeiras, faxineiras, babás, nos bairros de Ipanema e Copacabana foram obrigadas a deixar seus trabalhos, indo com filhas e filhos, para as aludidas distantes localidades. Os pais de família, na grande maioria trabalhadores da construção civil nos bairros próximos, não puderam acompanhar suas famílias, separando-se delas, e passando a dormir nos canteiros de obras em que serviam. Houve a separação dos casais, ficando as mulheres desprovidas do apoio material que lhes davam seus maridos ou companheiros, e com o orçamento combalido, viram a prostituição de suas filhas de 9 a 12 anos, que assim contribuíam para a manutenção da mãe e irmãos. As consequências sociais e morais foram as piores possíveis.

A remoção de favelas é providência a que evidentemente só se pode recorrer em condições excepcionalíssimas, quando haja perigo de vida para os próprios moradores, sendo certo que, diante de situações consolidadas, nem os imperativos ambientais mais fortes devem prevalecer. E a remoção, sempre excepcionalíssima, deve dar-se para locais próximos ao inicialmente ocupado.

Há que sopesar os princípios, sendo de considerar que hoje o direito à moradia, nos termos do artigo 6º, da Constituição Federal, é um direito fundamental.

Nos primeiros meses de gestão do "Governo Lula", fomos convidados pelo Exmo. Senhor Ministro da Justiça, Márcio Tomás Bastos, para uma reunião em Brasília, da qual participaram também representantes do então recentemente instalado Ministério das Cidades, pelo qual falava a eminente arquiteta Raquel Rolnik, responsável pela política de Regularização Fundiária daquele recém constituído Ministério, e também executivos do Banco Nacional de Desenvolvimento (BNDES). Ali, tivemos ocasião de entregar ao Senhor Ministro um *paper*, no qual deduzíamos, com brevidade, nossas ideias sobre a relevante questão, que agora passamos a transcrever:

"1. Afigura-se-nos importante que as autoridades competentes implementem a regularização dos assentamentos ocorridos em bens públicos 9º (de uso comum e dominicais), bem como ponham em prática uma política de induzimento de igual orientação relativamente aos bens particulares.

2. Impõe-se, como providência inicial, um *mapeamento fundiário do país*, identificando as áreas em que ocorrem os assentamentos mencionados e indicando as áreas públicas, (federais, estaduais e municipais) e as áreas particulares.

3. Quanto às áreas públicas, a solução que nos parece mais adequada seria aquela realizada através da *concessão* (gratuita) De *uso especial para fins de moradia*, prevista nos arts. 1º e 2º, da Medida Provisória 2 220, de 04.09.2001, sob a forma individual ou coletiva, dependendo das circunstâncias concretas da área titulada.

21 • LOCAÇÃO E A QUESTÃO URBANO-AMBIENTAL **345**

4. No concernente aos espaços de propriedade dos Estados e Municípios, a União realizaria entendimentos com as respectivas entidades, induzindo-as à adoção da mesma solução, desde que de interesse delas.

5. A formulação dos respectivos contratos acompanharia os requisitos e condições que estão presentes na referida medida provisória, alcançando, inclusive, aqueles espaços em que o concessionário esteja exercendo alguma forma de mercancia.

6. Considerando que através da dita concessão, o beneficiário recebe do poder público a posse do espaço ocupado (o que não deixa de ser uma titulação) os contratos poderiam contemplar uma cláusula final, por força da qual, depois de certo prazo, poderiam eles fazer uma opção de aquisição do domínio, através da qual o ocupante se tornaria proprietário da área ocupada.

7. Quanto aos espaços de dominialidade particular, considerando a idade dos assentamentos, a solução que se afiguraria como mais propícia seria a adoção do *usucapião de imóvel urbano*, seja sob a forma individual ou coletiva, conforme o caso, contempladas nos artigos 9º e 10º do Estatuto da Cidade.

Ocorrem, contudo, algumas dificuldades de ordem processual, que, a par do andamento demasiadamente lento das ações de usucapião na Justiça, agravam o desenvolvimento delas, tais como a exigência do Código de Processo Civil da citação dos confinantes e a necessidade de plantas formalizadas, instruindo os pedidos.

Além disso, nas favelas e demais áreas ocupadas, inúmeras são as moradias que são objeto de locação, sendo certo que dogmaticamente não é juridicamente possível reconhecer usucapião em favor de locatário. Como o princípio seria o de que não seria possível declarar o usucapião referentemente a mais de uma moradia em favor de uma só pessoa, essa pessoa para ter declarado o usucapião em seu favor necessariamente teria de ceder a sua posse aos seus locatários, que assim teriam posse *ad usucapionem* suficiente para usucapir.

Se de toda a forma não fosse possível essa solução, inclusive pela negativa de cessão da posse, o Juiz poderia solicitar aos locatários a mudança do pedido inicial da ação de usucapião para pretensão de legitimação da posse, que se convolaria em domínio se, dentro de certo prazo, não surgisse alguém com domínio evidente sobre o espaço em questão. Tal solução implica em alteração do Código de Processo Civil.

Às páginas 385/389, de nosso livro "Elementos de Direito Urbanístico" (Editora Renovar, 1997), apresentamos anteprojeto procurando simplificar as normas processuais relativas ao usucapião de imóvel urbano e dispondo sobre a legitimação da posse convolável em domínio.

Acrescentaríamos, agora, um dispositivo ao mencionado anteprojeto, estatuindo a gratuidade de todos os atos registrais decorrentes da aplicação das normas propostas.

A colaboração que a União Federal poderia oferecer nessa matéria relativa ao usucapião de bens particulares, como instrumento de uma política de regularização fundiária, seria a de apresentar um projeto de lei ao Congresso Nacional, no sentido das ideias acima preconizadas.

8. Urge considerar um ponto. A política de titulação dos ditos espaços urbanos deveria ser precedida por uma política de urbanização dos mesmos, em que os demais aspectos urbanísticos, como arruamento, saneamento etc. seriam implementados? Parece-nos que sim, por isso que dita urbanização poderia eventualmente alterar os contornos e limites das áreas de assentamento a serem tituladas.

9. Finalmente, talvez fosse conveniente pensar-se em uma emenda constitucional em que se estabelecesse um período de *carência fiscal*, de três ou cinco anos, contados a partir do início da política de urbanização e do registro imobiliário da titulação, em que fossem dispensados dos impostos os beneficiários da política de urbanização e titulação, tais como IPTU, ICM sobre materiais de construção, imposto de transmissão imobiliária etc.

Essas as observações que me ocorrem, preliminarmente, sobre a questão da titulação das áreas urbanas em que está assentada a população de baixa renda".

10. CONCLUSÃO

Como se vê, a existência de uma política pública, voltada para a solução da questão urbano-ambiental, sobretudo para a difícil questão da regularização fundiária, é de fundamental importância para a observância dos princípios republicanos pertinentes ao reconhecimento da cidadania de toda a comunidade, à dignidade da pessoa humana, à erradicação da pobreza, eliminação da marginalidade e das desigualdades sociais, à promoção do bem de todos, sem preconceitos de qualquer natureza, e à construção de uma sociedade livre justa e solidária.

Nossa proposta é a adoção efetiva dessa política pública.

Importa ter em consideração que a função do Direito contemporaneamente é não apenas a de servir de instrumento para a solução de conflitos interindividuais. A grande função do Direito é a da transformação social, garantindo-se a todos o mínimo necessário a uma vida digna e justa.

22
LOCAÇÃO POR TEMPORADA E AS MODERNAS FORMAS DE OCUPAÇÃO DO IMÓVEL URBANO

José Acir Lessa Giordani

Mestre em Direito pela Universidade Estácio de Sá. Professor Adjunto do Departamento de Direito Privado na Faculdade de Direito da Universidade Federal Fluminense – UFF. Professor Responsável da disciplina Direito do Consumidor da Escola da Magistratura do Estado do Rio de Janeiro – EMERJ. Coordenador do Curso de Pós-Graduação em Responsabilidade Civil e Direito do Consumidor da Escola da Magistratura do Estado do Rio de Janeiro. Presidente do Fórum Permanente de Direito do Consumidor da Escola da Magistratura do Estado do Rio de Janeiro – EMERJ. Desembargador no Tribunal de Justiça do Estado do Rio de Janeiro.

Sumário: 1. Introdução. Locação por temporada. 2. Compartilhamento de imóveis via plataformas digitais – legislação aplicável. 3. Preservação do direito real de propriedade e do exercício da posse em sua plenitude. 4. Incidência da legislação consumerista – há relação de consumo?

1. INTRODUÇÃO. LOCAÇÃO POR TEMPORADA

A locação por temporada encontra-se especificamente regulamentada nos arts. 48, 49 e 50 da Lei 8.245 de 1991, a Lei do inquilinato. Com regras e requisitos configuradores bem mais flexíveis que os estabelecidos na legislação anterior, Lei 6.649/79, os dispositivos legais supracitados elencam de forma exemplificativa as hipóteses de incidência dessa modalidade locatícia, sem excluir outras porventura aplicáveis ao caso.

Dispõe o art. 48 que *considera-se locação para temporada aquela destinada à residência temporária do locatário, para prática de lazer, realização de cursos, tratamento de saúde, feitura de obras em seu imóvel, e outros fatos que decorram tão somente de determinado tempo, e contratada por prazo não superior a noventa dias, esteja ou não mobiliado o imóvel.* Observamos assim que as restrições legais no sentido de o imóvel estar situado na orla marítima ou em estação climática, bem como em relação ao inquilino ser domiciliado em outra cidade, estabelecidas no diploma legal revogado, não foram reinseridas na legislação atual. Portanto, o locatário pode estar pretendendo aproveitar seu período de descanso ou de férias, se dedicar a estudos, submeter-se a tratamento de saúde, realizar obras em seu imóvel, aguardar a entrega do imóvel recentemente adquirido, ou qualquer outro motivo que o conduza a residir temporariamente no imóvel, desde que pelo prazo máximo de noventa dias. O bem pode estar mobiliado ou não, e o aluguel, bem como os encargos, podem ser recebidos antecipadamente, ou submetidos às modalidades de garantia legalmente previstas (art. 37).

Não havendo a desocupação do imóvel até trinta dias após o término do prazo de noventa dias, sem oposição do locador, a referida locação se prorroga por prazo indeterminado, somente podendo ser resilida unilateralmente pelo senhorio depois de trinta meses de seu início ou nas hipóteses elencadas no art. 47 do mesmo diploma legal. Esse regramento, insculpido nos arts.49 e 50 da Lei 8.245/91, busca manter a proposta legal da locação por temporada, de forma a não permitir a utilização dessa modalidade locatícia legal para fins de burlar restrições previstas para a locação imobiliária em geral, como a proibição de exigência de pagamento antecipado do aluguel, estabelecido no art.20, ou da locação residencial propriamente dita, no que diz respeito às hipóteses de retomada do bem, por exemplo.

Feitas as observações gerais relativas à locação por temporada, passamos a análise do aspecto específico do presente estudo que está relacionado às alternativas atuais de locação de imóveis através de plataformas virtuais de compartilhamento de imóveis, como o caso do *Airbnb*, seu enquadramento ou não na modalidade de locação por temporada, bem como as implicações sociais, econômicas e jurídicas dessas modernas formas de ocupação do imóvel urbano.

Cabe-nos, inicialmente, fazer uma abordagem a respeito dessa modalidade de contrato eletrônico que se realiza por meio de sítios eletrônicos ou aplicativos. Contrato eletrônico é aquele que se realiza por meio da transmissão de dados. Como muito bem ressalta o professor e insigne civilista, Guilherme Magalhães Martins[1], o contrato eletrônico constitui uma nova técnica de formação contratual, não alcançando um novo tipo ou uma categoria autônoma de contrato. Esclarece muito bem o referido autor que essa técnica de formação do contrato *aplica-se a qualquer categoria de contrato, típico ou atípico, que possa ser formalizado por meio eletrônico. Desse modo, pode haver contrato de compra e venda, locação, prestação de serviços ou mesmo seguro concluído por meio eletrônico.*

Verificamos, assim, que os contratos decorrentes da disponibilização e do compartilhamento de imóveis através das plataformas digitais, como a hipótese do Airbnb, não constituem modalidades contratuais novas, tipos contratuais novos, mas apenas uma técnica atual de formalização das relações contratuais. Técnica, aliás, a cada dia mais aprimorada e mais utilizada no decorrer da revolução digital que estamos vivenciando, nos mais diversos campos, não apenas negociais, mormente em decorrência dos efeitos proporcionados pela pandemia da covid-19, que impulsionou o mundo para uma nova realidade que perpassa pelo ensino a distância e compartilhamento de informações por meio de ambientes virtuais de aprendizagem, pelo desenvolvimento e crescimento de atividades negociais em diversos setores, apoio logístico, turismo, assistencialismo, saúde, atividades públicas, administrativas, judiciárias e legislativas etc.

Assim, não restam dúvidas de que a disponibilidade temporária do exercício do uso e gozo de determinado imóvel, mediante certa retribuição, constitui uma locação, seja a relação contratual concretizada virtualmente, por meio de plataforma digital, ou mediante a presença física dos contratantes. A modalidade de celebração do contrato não altera sua essência.

2. COMPARTILHAMENTO DE IMÓVEIS VIA PLATAFORMAS DIGITAIS – LEGISLAÇÃO APLICÁVEL

O primeiro ponto que devemos abordar, no caso, diz respeito à legislação aplicável a essa modalidade própria de celebração da relação locatícia. Estaríamos, realmente, diante

---

1. MARTINS, Guilherme Magalhães. *Formação dos Contratos Eletrônicos de Consumo Via Internet.* 2. ed. Rio de Janeiro: *Lumen Juris* Editora, 2010, p. 2.

de um contrato de locação por temporada regulamentado pelos dispositivos da Lei do Inquilinato, especialmente os arts.48, 49 e 50, ou estaríamos a frente de um contrato de hospedagem, regido pela Lei 11.771/2008 (Lei sobre a Política Nacional do Turismo)?

Importante ressaltar que nos referimos, neste trabalho, aos imóveis comuns disponibilizados pelas plataformas virtuais, e não a vagas em hotéis e pousadas, que também são oferecidas nesses aplicativos, e que, no caso, evidentemente estarão sujeitas à legislação própria, ou seja, a Lei 11.771/2008. Nossa questão se relaciona aos imóveis comuns, casas, apartamentos, quartos, cômodos etc., que suscitam as dúvidas que justificam essa análise. Nesses casos é que procuraremos apreciar os diversos aspectos, as dificuldades e os problemas decorrentes da citada locação, seja perante os contratantes, seja perante terceiros.

Voltando, assim, à natureza jurídica do negócio e à legislação aplicável, interessante observar que no capítulo IV, Seção I, relativa à prestação dos serviços turísticos, a Lei 11.771/2008 trata especificamente, na subseção II, dos meios de hospedagem, estabelecendo, no seu art.23, que *consideram-se meios de hospedagem os empreendimentos ou estabelecimentos, independentemente de sua forma de constituição, destinados a prestar serviços de alojamento temporário, ofertados em unidades de frequência individual e de uso exclusivo do hóspede, bem como outros serviços necessários aos usuários, denominados de serviços de hospedagem, mediante adoção de instrumento contratual, tácito ou expresso, e cobrança de diária.*

Observamos, assim, que pela especificidade da regulamentação do contrato de hospedagem, com a devida vênia aos que se posicionam em sentido diverso, fica difícil o enquadramento geral dos contratos celebrados via sitio eletrônico e aplicativos nessa condição. Essa conclusão pode ser alcançada mediante a apreciação do preceito legal acima transcrito, já que pelo seu conteúdo verifica-se a natureza mista e mais complexa do contrato de hospedagem, na medida que inclui, além do serviço de alojamento temporário a ser prestado pelo estabelecimento, os denominados serviços de hospedagem que são necessários aos usuários, o que não condiz com a hipótese analisada no presente estudo.

Ainda, o art. 24 do referido diploma legal exige o cadastramento dos meios de hospedagem mediante o preenchimento dos seguintes requisitos:

I – possuir licença de funcionamento, expedida pela autoridade competente, para prestar serviços de hospedagem, podendo tal licença objetivar somente partes da edificação; e

II – no caso dos empreendimentos ou estabelecimentos conhecidos como condomínio hoteleiro, flat, flat-hotel, hotel-residence, loft, apart-hotel, apart-service condominial, condohotel e similares, possuir licença edilícia de construção ou certificado de conclusão de construção, expedidos pela autoridade competente, acompanhados dos seguintes documentos:

a) convenção de condomínio ou memorial de incorporação ou, ainda, instrumento de instituição condominial, com previsão de prestação de serviços hoteleiros aos seus usuários, condôminos ou não, com oferta de alojamento temporário para hóspedes mediante contrato de hospedagem no sistema associativo, também conhecido como pool de locação;

b) documento ou contrato de formalização de constituição do pool de locação, como sociedade em conta de participação, ou outra forma legal de constituição, com a adesão dos proprietários de pelo menos 60% (sessenta por cento) das unidades habitacionais à exploração hoteleira do empreendimento;

c) contrato em que esteja formalizada a administração ou exploração, em regime solidário, do empreendimento imobiliário como meio de hospedagem de responsabilidade de prestador de serviço hoteleiro cadastrado no Ministério do Turismo;

d) certidão de cumprimento às regras de segurança contra riscos aplicáveis aos estabelecimentos comerciais; e

e) documento comprobatório de enquadramento sindical da categoria na atividade de hotéis, exigível a contar da data de eficácia do segundo dissídio coletivo celebrado na vigência desta Lei.

Ainda, estabelece no § 1° do mesmo dispositivo legal que *para a obtenção do cadastro no Ministério do Turismo, os empreendimentos de que trata o inciso II do caput deste artigo, caso a licença edilícia de construção tenha sido emitida após a vigência desta Lei, deverão apresentar, necessariamente, a licença de funcionamento.*

Observa-se, assim, que em relação aos imóveis comuns, que não são hotéis ou pousadas, o contrato se enquadra, de fato, na hipótese de locação por temporada prevista no art.48 da lei do inquilinato, inclusive porque descabidas as exigências legais da Lei da Política Nacional do Turismo para esses casos.

Interessante, ainda, observar o Projeto de Lei do Senado 748 de 2015, arquivado no fim da legislatura, em 21 de dezembro de 2018, que tinha por fim alterar a lei 8.245/91, no que tange o regime da locação para temporada, dispondo que *não descaracteriza a locação para temporada o oferecimento de imóveis residenciais para locação por meio de sítios eletrônicos ou aplicativos, nos termos que especifica.*

Dispõe o referido projeto:

Projeto de Lei do Senado 748 de 2015. Altera a Lei 8.245, de 18 de outubro de 1991 para atualizar o regime da locação para temporada, disciplinando a atividade de compartilhamento de imóveis residenciais por meio de sítios eletrônicos ou aplicativos.

O Congresso Nacional decreta:

Art. 1° O art. 48 da Lei 8.245, de 18 de outubro de 1991, passa a vigorar com as seguintes alterações:

I – O atual parágrafo único passa a § 1°, com a seguinte redação: "§ 1° No caso de a locação envolver imóvel mobiliado, constará do contrato, caso o locatário solicite, a descrição dos móveis e utensílios que o guarnecem, bem como o estado em que se encontram."

II – São acrescentados os seguintes §§ 2° e 3°: "§ 2° Não descaracterizam a locação para temporada:

I – O oferecimento de imóveis residenciais para locação, em todo ou em parte, por meio de sítios eletrônicos ou aplicativos, observados o disposto no caput; SF/15779.38902-47

II – A cobrança, em apartado, de valores como indenização das despesas com limpeza. § 3° O locador que prestar qualquer serviço regular de hospedagem deverá obter os cadastros do Ministério do Turismo e os demais cadastros previstos em lei."

Art. 2° Esta Lei entra em vigor na data de sua publicação.

Embora seja relevante ressaltar que o projeto acima transcrito terminou arquivado, não se transformando em lei, para efeito de análise da questão controvertida não há dúvidas, outrossim, que sua elaboração e sua tramitação demonstram uma tendência de solução da celeuma no sentido que pretendemos sustentar.

Ainda em tramitação temos hoje o projeto de Lei 2.474/2019 que, nos mesmos moldes do projeto arquivado acima transcrito, reconhecendo a natureza de locação por temporada dos contratos aqui analisados, visa regulamentar aspectos do negócio em hipóteses de condomínios edilícios de uso exclusivamente residencial, estabelecendo restrições a esse fim:

Art. 1° A Lei 8.245, de 18 de outubro de 1991, passa a vigorar com o acréscimo do seguinte art. 50-A:

"Art. 50-A. É vedada a locação para temporada contratada por meio de aplicativos ou plataformas de intermediação em condomínios edilícios de uso exclusivamente residencial, salvo se houver expressa previsão na convenção de condomínio prevista no art. 1.333 da Lei 10.406, de 10 de janeiro de 2002 (Código Civil).

§ 1° Caso a convenção do condomínio autorize, a locação para temporada contratada por meio de aplicativos ou plataformas de intermediação sujeita-se às seguintes regras:

I – o prazo da locação será expresso em dias, semanas ou meses, observado o limite do art. 48 desta Lei.

22 • LOCAÇÃO POR TEMPORADA E AS MODERNAS FORMAS DE OCUPAÇÃO DO IMÓVEL URBANO — 351

II – o locador, independentemente de culpa, é, perante o condomínio edilício e os demais proprietários ou moradores, civilmente responsável pelos danos causados por pessoas que, em razão da locação, tenham tido acesso ao imóvel ou às áreas comuns do condomínio edilício, ainda que essas pessoas não constem formalmente do contrato de locação.

III – a locação poderá ter por objeto uma unidade imobiliária parte de condomínio edilício ou apenas um ou mais cômodos ou recintos.

IV – o locador é considerado consumidor perante o titular do aplicativo ou plataforma de intermediação.

§ 2º Não se aplica ao locador, seja proprietário ou apenas possuidor, a obrigação do cadastro prevista no art. 22 da Lei 11.771, de 17 de setembro de 2008, desde que não realize a atividade de locação do imóvel profissionalmente (art. 966 do Código Civil)."

Quando se argumenta, especialmente com relação aos imóveis em condomínio oferecidos em aplicativos para locação por temporada, que a hipótese é de hospedagem regulamentada pela lei 11.771/2008, baseando-se nos transtornos proporcionados por essa modalidade contratual aos demais condôminos, da falta de segurança e de estrutura para esse fim, do descumprimento de certas restrições previstas na convenção condominial e outros problemas, nos deparamos com aspectos que não são aptos a desconfigurar o tipo contratual, mas sim a ensejar sanções específicas decorrentes do mau uso da propriedade, do descumprimento de regras condominiais ou de ilícitos ensejadores de responsabilidades civil e administrativa. O mesmo se diz quando se menciona a conotação comercial desse tipo de atividade, sendo aplicada a um setor estritamente residencial.

Verdade que a questão não é de simples solução prática e envolve, como já mencionamos, vários aspectos de diversificada natureza, o que proporciona forte divergência jurisprudencial e doutrinária a respeito do tema e considerável apreensão no mercado imobiliário, em diversos sentidos.

Vale transcrever a posição adotada pelo jurista e, acima de tudo, nosso eterno mestre, Sylvio Capanema de Souza:

Por outro lado, ao disciplinar as locações por temporadas, a Lei do Inquilinato limitou-se a fixar, para elas, um prazo máximo de 90 dias, como antes assinalado.

Mas não aludiu ao prazo mínimo, até porque, na época em que foi promulgada, não se poderiam prever as profundas modificações que a tecnologia provocou no mercado locativo.

Diante do silêncio da lei, não seria possível ao intérprete distinguir onde a lei não o faz.

Portanto, desde que não se ultrapasse o prazo de 90 dias, a locação se considera por temporada, a ela se aplicando a regra da lei do inquilinato.

Também por isso se sustenta que nulas seriam as disposições incluídas nas convenções de condomínios que limitassem o direito de o condômino alugar sua unidade, ainda que por prazos muito exíguos.[2]

Marcos Lopes Prado, ao comentar o art. 48 da Lei 8.245/91, em obra coletiva organizada por Luiz Antonio Scavone Júnior e Tatiana Bonatti Peres, se posiciona no mesmo sentido:

Em suma, trata-se de locação para temporada regida pela Lei do Inquilinato e, assim sendo, pouco importa o meio pelo qual o contrato foi celebrado, sendo comum a oferta de imóveis dessa natureza em aplicativos e na internet de maneira geral em razão dos meios colocados à disposição dos locadores pela sociedade da informação.

De qualquer maneira, adiantando minha conclusão diante do tema, entendo que o contrato será de locação e não de hospedagem, aplicando-se, obrigatoriamente, em razão da natureza cogente da Lei do inquilinato (art. 45), as regras da espécie (arts. 48 a 50).[3]

---

2. SOUZA, Sylvio Capanema de. *A Lei do Inquilinato Comentada Artigo por Artigo.* 12. ed. Rio de Janeiro: Ed. Forense, 2020, p. 244.
3. SCAVONE JÚNIOR, Luiz Antonio e PERES, Tatiana Bonatti. *Lei do Inquilinato Comentada Artigo por Artigo* – Visão Atual na Doutrina e na Jurisprudência. 3. ed. Rio de Janeiro: Ed. Forense, 2020, p. 346.

Conforme afirmamos acima, as mais diversificadas relações estabelecidas por meio das plataformas digitais, sejam sociais, pessoais, econômicas, jurídicas ou políticas, negociais ou não, onerosas ou gratuitas, fazem parte de uma realidade contemporânea que não tem volta, que não tem retorno, salvo uma catástrofe de âmbito mundial e, mesmo assim, dependendo da natureza da catástrofe, o contexto tecnológico digital ainda pode prevalecer. Hoje temos uma integração que envolve centenas de nacionalidades, culturas e interesses distintos, envolvidos em torno de um universo que cabe no nosso bolso e que é acessível vinte e quatro horas por dia, em todos os setores acima citados. Não há como retroceder a esse avanço em prol de valores, receios, angustias, propostas de uma realidade que, pouco a pouco, vai ficando para trás. Atualmente, para preservar certos projetos de vida, lamentavelmente, impõe-se um afastamento, um certo isolamento, algo que muitos já optaram por fazer, diante do quadro atual que se apresenta. Mesmo assim, em sua grande maioria ainda buscam manter as facilidades informacionais e práticas que o sistema nos proporciona e sem os quais nossa vida atualmente se mostraria no mínimo estranha.

E mais, apesar de ser inquestionável que o surgimento das plataformas digitais de compartilhamento de imóveis tenha proporcionado um outro ritmo ao setor imobiliário, especialmente nos períodos e nos locais turísticos, hipóteses nas quais esse ritmo chega a alcançar um patamar frenético, em certos casos, as proibições pretendidas por quem não admite essa realidade não podem ser consideradas pelo simples fato de o imóvel ter sido oferecido, encontrado e locado por meio digital, mantendo-se sua permissão quando a relação decorre de publicidade convencional e negociação física, ou por intermédio de telefone, por exemplo. Mas esse aspecto veremos um pouco mais adiante.

3. PRESERVAÇÃO DO DIREITO REAL DE PROPRIEDADE E DO EXERCÍCIO DA POSSE EM SUA PLENITUDE

Os problemas provenientes desse compartilhamento de imóveis não são poucos e nem se limitam ao nosso país. As restrições às plataformas digitais de compartilhamento de imóveis pelo mundo têm, ainda, motivos distintos, conforme a realidade social, econômica, cultural e política do país e as características locais do município. Em Berlim, por exemplo, o déficit habitacional foi uma das razões para as restrições legais em maio de 2016, já que em razão do aumento de rendas proporcionado por sites como o Airbnb, os proprietários passaram a optar por locar seus imóveis tão somente para curtas estadias, prejudicando aqueles que gostariam de se estabelecer na cidade por meio da locação. Ainda na mesma época, excesso de turistas causando transtornos e barulho em demasia em Amsterdã, limitações de prazos em Londres e preocupações com o aumento do custo de vida para os residentes locais em Barcelona são outros exemplos de problemas com as plataformas digitais de compartilhamento de imóveis como o Airbnb e o Homeaway, que foram enfrentados fora do nosso país.

O curtíssimo prazo de locação, o número de ocupantes, a segurança, o alto índice de rotatividade de pessoas, inclusive em horários inusitados, a utilização das áreas comuns, a viabilidade ou não da disponibilidade de chaves na portaria, a observância às regras condominiais, entre outras, são as principais causas que ensejam questionamentos e demandas relacionadas às locações por temporada de imóveis em condomínios por meio dos sites e aplicativos aqui no Brasil. Em razão dessas circunstâncias, surgem as dúvidas quanto à viabilidade de impedir ou restringir a locação, privar os "hospedes de utilização das partes comuns do condomínio, como piscina, sauna e academia, limitar o número de ocupantes, cobrar taxa extra, em decorrência da locação por temporada e assim por diante.

O direito de propriedade é o direito real que atribui a seu titular as faculdades de usar, fruir ou gozar e dispor do bem. Esse direito, evidentemente, não é absoluto, comportando diversas restrições legais, sejam de ordem constitucional, administrativa, penal ou civil, e de trato social também. A posse é o exercício de fato de um dos poderes inerentes ao domínio. É, na realidade, a visibilidade, a aparência do domínio ou de outro direito real de gozo ou fruição que seja susceptível de posse. Procuraremos analisar, assim, a compatibilização do exercício do direito de propriedade e da posse com as restrições pretendidas à locação por temporada via plataforma digital de imóveis em posição condominial, que são os que ensejam as principais demandas a respeito do tema.

A propriedade não é um direito pleno, absoluto, pois deve ser exercido em consonância com as limitações civis impostas pelas normas de convivência, regras convencionais, limitações estatutárias e administrativas e, ainda, pelas decorrentes de sua função social, conforme, inclusive, previsão constitucional. Como consequência lógica, o mesmo se diz do exercício da posse. Mas as mencionadas restrições, contudo, não podem conduzir ao esvaziamento do direito de propriedade e do exercício de suas faculdades. Trata-se de um direito previsto e garantido no art. 5º, inciso XXII da Constituição Federal e instituído no inciso II do art. 170, da mesma Carta Constitucional, como um dos princípios gerais da atividade econômica.

Ainda, o art. 1228 do Código Civil assegura ao proprietário as faculdades de usar, gozar e dispor da coisa, bem como de reavê-la de quem quer que injustamente a possua ou detenha.

O inciso I do art. 1335, também do Código civil, no capítulo relativo ao condomínio edilício, prevê como direitos do condômino, usar, fruir e livremente dispor das suas unidades

Portanto, de plano observamos a inviabilidade da proibição pura e simples de locação do bem por temporada, via plataforma digital ou não. Observamos, de fato, hipóteses de ajuizamento de ações baseadas em perturbações no âmbito dos direitos de vizinhança que têm por escopo a proibição, simplesmente, do direito de locar o bem, observando-se o êxito da medida, diversas vezes. Tal providência contraria frontalmente o direito de propriedade. As interferências configuradoras do uso anormal da propriedade ensejam as medidas judiciais cabíveis que variam desde providências preventivas, buscando evitar o comportamento nocivo, ações remediativas, com a finalidade de fazer cessar as imissões, ou ainda remédios indenizatórios, para fins de ressarcimento dos danos porventura provocados pela conduta lesiva. Essas alternativas, a serem utilizadas por vizinhos ou por quem se considere legitimamente atingido ou lesado pelas atitudes abusivas no exercício de fato dos direitos inerentes ao domínio, são as consequências legais do mau uso da propriedade e se prestam, perfeitamente, à impor ao proprietário os cuidados necessários ao locar seu imóvel, tanto em relação ao meio de realização do contrato, quanto em relação à identificação, seleção e limitação dos locatários ou "hóspedes", sem que se estabeleça uma restrição inconstitucional ao direito de propriedade privada.

O art. 1277 do nosso estatuto civil regulamenta o direito do proprietário ou possuidor de um prédio de fazer *cessar as interferências prejudiciais à segurança, ao sossego e à saúde dos que o habitam, provocadas pela utilização de propriedade vizinha.*

No mesmo sentido, atribuir-se conotação comercial à locação em comento também não tem base legal, inclusive em decorrência do texto estabelecido no art. 48 da Lei 8.245, o qual já abordamos acima, quando faz referência à locação para temporada como sendo *"aquela destinada à residência temporária do locatário"*

Nesses sentidos há forte posicionamento jurisprudencial, justificando destacar algumas decisões proferidas pelos tribunais do país.

Embora com o julgamento suspenso em virtude de pedido de vista, a Quarta Turma do Superior Tribunal de Justiça deu início ao julgamento do REsp. 1819075, justamente a respeito do tema em questão, tendo sido proferido o voto do Relator. A notícia é apresentada no próprio site do STJ, *in verbis*:

> Relator vota pela impossibilidade de que condomínios proíbam locações de curta temporada via airbnb
>
> A Quarta Turma do Superior Tribunal de Justiça (STJ) iniciou nesta quinta-feira (10) o julgamento que vai definir se um condomínio residencial pode proibir a oferta de imóveis para aluguel por meio de plataformas digitais como o Airbnb.
>
> O julgamento foi aberto com a apresentação do voto do relator, ministro Luis Felipe Salomão, que entendeu não ser possível a limitação das atividades locatícias pelo condomínio residencial porque as locações via Airbnb e outras plataformas similares não estariam inseridas no conceito de hospedagem, mas, sim, de locação residencial por curta temporada. Além disso, não poderiam ser enquadradas como atividade comercial passível de proibição pelo condomínio.
>
> O ministro também considerou que haveria violação ao direito de propriedade caso fosse permitido que os condomínios proibissem a locação temporária. Na sequência, o julgamento foi suspenso por um pedido de vista do ministro Raul Araújo.
>
> No início do julgamento, a turma admitiu o Airbnb como assistente dos proprietários que recorreram ao STJ após o Tribunal de Justiça do Rio Grande do Sul (TJRS) concluir que a disponibilização de seu imóvel em Porto Alegre para aluguel pela plataforma digital caracterizaria atividade comercial – o que é proibido pela convenção do condomínio.

Apesar de não concluído o julgamento, a decisão vem se encaminhando no sentido sustentado no presente trabalho.

Interessante, também, a decisão proferida pela 27ª Câmara de Direito Privado do Tribunal de Justiça de São Paulo, por unanimidade, em processo sob o registro de n. 2020.0000792436, voto 13.408:

> Condomínio edilício. Proibição de locação por temporada via aplicativos. Ação de obrigação de não fazer movida por proprietário.
>
> Sentença de procedência do pedido que não comporta reforma. Ato individual de síndico que proíbe a locação, por aplicativos, em razão de não possuir finalidade residencial, assim como por ser nociva ou perigosa ao sossego, à salubridade, à higiene e à segurança dos demais condôminos. Ilegalidade manifesta. É ilegal a proibição de locação por temporada, via aplicativos, em Condomínio Edilício. Alegação de violação à segurança dos condôminos que não procede. Inviabilidade de se presumir a má-fé do locatário. Método de locação por aplicativos que é até mais seguro, pois há registro de toda transação financeira e dos dados pessoais das partes envolvidas.
>
> Honorários recursais. Majoração.
>
> Recurso não provido.

No voto proferido pelo eminente relator, Desembargador Alfredo Attié, há um destaque a trecho da sentença de interessante teor e em conformidade com o posicionamento aqui apresentado:

> O artigo 5º, XXII, da Constituição Federal, assegura o direito de propriedade. Por sua vez, os artigos 1228 e 1335, I, ambos do Código Civil asseguram ao proprietário (em geral) e ao condômino (em particular) o direito de usar, fruir e dispor do bem (ou da unidade).

Evidente que os poderes outorgados ao proprietário não são absolutos e devem observar a função social da propriedade (conforme estabelece a próprio texto constitucional) ou limitações voluntárias ao uso da coisa (o que inclui o disposto em convenções de condomínio, regularmente aprovadas).

Note-se, contudo, que a liberdade de utilização é a regra (que deve ser privilegiada), não se podendo conferir interpretar ampliativamente regra restritiva, capaz de excepcionar o exercício do direito constitucional.

Em decisão prolatada sob a relatoria da eminente desembargadora Denise Nicoll, processo 0127606-47, do Tribunal de Justiça do Estado do Rio de Janeiro, verificamos a mesma linha de posicionamento:

> Apelação cível. Direito civil. Contrato firmado por meio da plataforma digital "airbnb". Natureza jurídica que se assemelha a locação por temporada. Pretensão autoral de impedir que um dos condôminos promova locações em sua unidade que não se sustenta. Ação ordinária na qual o Condomínio Autor pretende que o Réu, proprietário do apartamento 501 cesse as locações por meio da plataforma airbnb, argumentando que a mesma tem finalidade comercial, em descumprimento ao previsto na Convenção do Condomínio. Defende que o Demandado vem fazendo uso indevido da propriedade, desvirtuando a sua natureza. Sentença de procedência. Reforma que se impõe. Contrato firmado pelos usuários do airbnb tem natureza de locação por temporada e não de hotelaria/hospedagem. Não há qualquer ilegalidade no fato de um condômino promover a locação do seu apartamento a pessoas estranhas ao condomínio por curto período de tempo, como ocorre no caso dos autos. Restringir ou delimitar o direito do proprietário de alugar seu imóvel por breves períodos de tempo é ir além do previsto no ordenamento jurídico, desvirtuando a sistemática vigente nas relações privadas. Alegação de violação a direitos de vizinhança que devem ser comprovadas à luz do caso concreto. Na hipótese em comento, em que pese a alegação de que os condôminos sofrem desde 2015 com as locações realizadas pelo Réu, a prova produzida limitou-se a dois depoimentos de moradores do prédio. Ausência de vedação na Convenção de condomínio. Pretensão autoral que, caso deferida, implicaria em violação a isonomia, proibindo tão somente um dos proprietários a utilizar a plataforma. Recurso provido.

A relatora, apreciando a questão sob um enfoque técnico jurídico e considerando os aspectos sociais e econômicos que permeiam o tema, tece valiosa análise que merece transcrição:

> Para tanto, importante esclarecer se os contratos firmados por meio do website configuram locação por temporada ou serviço de hospedagem. Inicialmente, cumpre esclarecer que o "Airbnb" é uma plataforma on-line destinada ao compartilhamento de imóveis e serviços de locação, sendo um canal para negócios direto entre anfitriões (locadores) e hóspedes (locatários). A plataforma veio com a finalidade de oferecer aos proprietários com imóveis ociosos a possibilidade de rentabilizar esse espaço através da locação por quaisquer períodos de tempo, atuando como mero intermediário do negócio. Todo procedimento é realizado pela plataforma, de forma simplificada e rápida. Nesse contexto, releva notar que ainda seja controvertido na jurisprudência, filio-me ao entendimento de que o contrato firmado pelos usuários do airbnb tem natureza de locação por temporada e não de hotelaria/hospedagem, pelos motivos que passo a expor.

E segue nas referências ao exercício dos poderes inerentes à propriedade:

> Feitos esses esclarecimentos e reconhecendo tratar-se de hipótese que se assemelha a locação por temporada, cabe a análise e ponderação do direito de propriedade e dos direitos de vizinhança à luz do caso concreto.
>
> O art. 1.228 do Código Civil menciona que:
>
> "o proprietário tem a faculdade de usar, gozar e dispor da coisa, e o direito de reavê-la do poder de quem quer que injustamente a possua ou detenha".
>
> Nesse sentido, o direito de alugar o próprio imóvel é indissociável do direito de propriedade. Por sua vez, o art. 1.335, I do Código Civil complementa ao mencionar que:
>
> "são direitos do condômino: usar, fruir e livremente dispor das suas unidades".
>
> Por certo, não há direito absoluto. Assim, aquele que não usa da sua propriedade de modo ordinário, segundo as condições normais da situação do imóvel, do tempo e do lugar, sem o respeito devido à esfera de ação e aos interesses dos vizinhos, estará incorrendo em abuso de direito.

Um dos aspectos mais relevantes nas limitações inerentes ao direito de propriedade são os direitos de vizinhança, os quais consistem em restrições legais ao livre exercício dos poderes inerentes à propriedade em prol da convivência harmoniosa entre titulares de direitos entre prédios vizinhos, pois "a imposição de limites ao exercício das faculdades pertencentes a cada um dos proprietários, em caráter recíproco, é uma exigência social, evitando invasão à esfera do outro".

Na seara do direito de vizinhança o proprietário ou possuidor não pode fazer uso do seu imóvel causando prejuízos quer sejam a segurança, sossego ou mesmo a saúde do proprietário ou possuidor do imóvel vizinho, nos moldes do artigo 1.277 do Código Civil, *in verbis*:

(...)

Tomando por base o direito de propriedade e sua tutela pelo ordenamento jurídico brasileiro, é certo que o proprietário tem o direito de alugar a sua unidade para quem lhe interessar.

Entretanto, como esse direito não é absoluto, deve ser exercido de modo a não prejudicar direitos de terceiros, cabendo as restrições inerentes à finalidade social da propriedade, conforme indicado nos parágrafos do citado artigo 1.228:

(...)

Em outras palavras, o proprietário deve exercer o seu direito de maneira tal que não exceda manifestamente os limites impostos pelo seu fim econômico ou social, pela boa-fé ou pelos bons costumes.

Sendo assim, a utilização irregular da unidade – desde que provada – poderá culminar em advertências, multas e demais sanções nos termos do § 2º do art. 1.336, e parágrafo único do art. 1.337, do Código Civil assim como de previsões inseridas na Convenção do Condomínio.[4]

Surge, assim, uma nova questão a respeito do tema: poderia haver restrição a essas locações na convenção do condomínio??

A convenção do condomínio é a norma interna que vai reger, de forma complementar e especificada em relação aos preceitos legais vigentes e pertinentes, as relações entre os condôminos e terceiros, perante o condomínio, seus direitos, deveres e aspectos primordiais de convivência e do uso adequado das partes comuns e da unidade autônoma.

Embora decorra de uma manifestação de vontade dos condôminos que participarem de sua aprovação, não possui natureza jurídica contratual, configurando-se um estatuto, ou um ato-regra, conforme a denominação de preferência, que terá força obrigatória para todos os condôminos, inclusive os que não tenham participado de sua aprovação e os que se opuseram a ela, locatários, comodatários, possuidores enfim, e terceiros que estejam nas dependências do condomínio.

Caio Mário da Silva presta valiosa contribuição para o tema, *in verbis*:

"A natureza jurídica da Convenção de Condomínio constitui objeto de consideração dos juristas. Assemelha-se ao contrato, por advir de emissão convergente de vontades, mas dele se dissocia por se aplicar a quem não participa de sua formação. É um "ato jurídico plúrimo" (Kyntze) ou, no dizer de outros, um "ato-regra", criando a normação de conduta para uma determinada comunidade, assegurando direitos e impondo obrigações. Seu fundamento contratualista perde terreno, uma vez que assume caráter normativo para todo o agrupamento social, aplicando-se coercitivamente, inclusive para os que manifestaram vontade discordante de sua elaboração ou redação. No seu efeito, assemelha-se à lei, posto que dirigida à vontade de uma comunidade reduzida, e nesse sentido insere-se na teoria das fontes de direito (Gaston Jeze, Leon Duguit, Brethe de Las Bressay et Laborde Lacoste, Serpa Lopes). A nova teoria das fontes de direito foi desenvolvida no v. I, n. 9, destas Instituições.

A convenção de Condomínio, como direito estatutário da comunidade (Gurvitch) ou direito corporativo (Planiol, Ripert et Boulanger), contém precipuamente as disposições que condizem com o particular interesse dos condôminos, que têm a liberdade de estipular o que melhor lhes convenha, desde que não transponha as disposições imperativas ou proibitivas da lei. Se eventualmente alguma disposição ofender um mandamento

---

4. Apelação Cível 0127606-47.2016.8.19.0001 – TJRJ.

22 • LOCAÇÃO POR TEMPORADA E AS MODERNAS FORMAS DE OCUPAÇÃO DO IMÓVEL URBANO | 357

legal, não obriga, nem pode gerar consequências (Marcelo Andreolli). Como, entretanto, uma vez aprovada, adquire força obrigatória, cabe ao interessado em que não prevaleça a norma contraveniente à lei prover a sua invalidação pela via judicial, seja tomando a iniciativa do procedimento anulatório, seja arguindo a sua ineficácia em ação que lhe seja intentada. É, todavia, lícito à Assembleia renegar o dispositivo incriminado".[5]

E é justamente nesse aspecto que nos cabe apreciar a viabilidade ou não da previsão, na convenção, de restrições ou impedimentos à locação das unidades, seja com relação ao prazo, seja com relação à forma ou ao meio de celebração, utilização das partes comuns, restrições ao número de ocupantes e assim por diante.

Os fundamentos básicos para a análise do questionamento estão estabelecidos nos preceitos já citados acima, que resguardam o direito de propriedade e suas faculdades. O inciso XXII do art. 5º e o inciso II do art.170 da Constituição Federal, que asseguram o direito de propriedade privada, respectivamente, como direito fundamental e princípio da ordem econômica, bem como os arts.1228 e 1335, I, do Código Civil, que resguardam os poderes inerentes ao domínio, inclusive no âmbito do ambiente condominial. E é justamente nessas garantias legais que esbarra a pretensão de limitação ao exercício do direito de propriedade em sua plenitude, pelo seu titular, através de um regramento interno do condomínio.

Impedir a locação por temporada por meio da convenção é negar o exercício de fruição ou gozo do bem objeto do direito de propriedade garantido na Constituição e na lei ordinária, sendo absolutamente irrelevante se a mesma se realiza por intermédio de plataformas de compartilhamento de imóveis ou através de corretor presencial, ou ainda por contato direto entre o proprietário e o locatário. O meio pelo qual o contrato é celebrado não altera sua essência e não viabiliza maior ou menor interferência por parte daqueles que se consideram prejudicados ou lesados pela contratação em si.

Nesse sentido o posicionamento da 27ª Câmara de Direito Privado de São Paulo, in verbis:

> Ação anulatória de assembleia condominial. Inconformismo do autor em relação à decisão proferida em Assembleia Geral Ordinária, que proibiu "qualquer tipo de locação de curto prazo no edifício, em especial aquelas oriundas de plataformas digitais". Sentença de improcedência, arcando o autor com o pagamento das custas e despesas processuais, além dos honorários advocatícios, que foram arbitrados em quinze por cento (15%) do valor da causa. Apelação do autor, que insiste no acolhimento do pedido inicial. Exame: direito à propriedade que é constitucionalmente protegido e que confere ao proprietário a faculdade de usar, gozar, dispor e reaver a coisa de quem quer que injustamente a possua ou detenha. Direito que não é absoluto e comporta limitações, a exemplo da função social e dos direitos de vizinhança. Locação de curto prazo relatada nos autos que consiste em "locação para temporada" e é autorizada pelo artigo 48, "caput", da Lei de Locações (Lei 8.245/91). Eventual intermediação da locação, seja por Imobiliária, Corretor, "site", aplicativo ou outra plataforma digital que não descaracteriza essa modalidade de locação. Hipótese jurídica distinta da modalidade de hospedagem, definida pelo artigo 23, "caput", da Lei 11.771/08. Mera locação da unidade condominial que não implica modificação ou desvirtuamento da destinação residencial do edifício. Ausência de prova da efetiva violação à segurança e ao sossego dos demais condôminos. Proibição a "qualquer tipo de locação de curto prazo no edifício, em especial aquelas oriundas de plataformas digitais" que foi imposta mediante decisão em Assembleia Geral Ordinária, sem competência no tocante. Lista de presença que não foi juntada para demonstrar o "quórum" de aprovação da medida restritiva. Assembleia Geral Ordinária, realizada no dia 09 de abril de 2018, que deve ser parcialmente anulada, tão somente em relação ao item 5 da respectiva Ata, em que se convencionou a proibição de qualquer tipo de locação de curto prazo no edifício. Ônus sucumbenciais invertidos. Sentença reformada. Recurso provido.

---

5. PEREIRA, Caio Mário da Silva. *Instituições de Direito Civil*, v. IV. 20. ed. Rio de Janeiro. Ed. Forense, 2009, p. 163-164.

(TJSP; Apelação Cível 1066793-65.2018.8.26.0100; Relator (a): Daise Fajardo Nogueira Jacot; Órgão Julgador: 27ª Câmara de Direito Privado; Foro Central Cível –26ª Vara Cível; Data do Julgamento: 08.10.2019; Data de Registro: 21.10.2019).

A questão se apresenta os mesmos moldes de controvérsia quando a proposta é de restrição, limitação, e não de impedimento da locação. Trata-se de previsão ou alteração na convenção do condomínio no sentido de estabelecer, por exemplo, um prazo mínimo de periodicidade locatícia para os contratos, um número máximo de ocupantes do imóvel, proibição de utilização ou delimitação de horários específicos para o uso pelos locatários das partes comuns, tais como piscina, sauna, quadras desportivas e outros, horário de entrada e saída das dependências condominiais e assim por diante. Observamos que, em todas essas hipóteses, embora plausíveis na prática, em virtude dos transtornos e riscos que envolvem, identifica-se uma interferência no mínimo questionável ao exercício do direito de propriedade. Impõe-se, assim, uma avaliação da possibilidade jurídica de se prever essas restrições na convenção ou no regimento interno do condomínio, e qual seria o quórum de aprovação dessa medida. O art.1.351 do Código Civil prevê o quórum mínimo de 2/3 dos votos dos condôminos para alterar a convenção, sendo necessária a unanimidade se a alteração mudar a destinação do edifício ou da unidade imobiliária.

O estabelecimento de restrições a prazos curtos ou ínfimos de locação tem o propósito de evitar uma rotatividade indesejada de pessoas nos limites do condomínio, gerando desconforto e insegurança, mormente em virtude da falta de estrutura interna adequada para fiscalizar e controlar a entrada e saída contínua de indivíduos diferentes, em um ambiente de residência duradoura dos condôminos. Contudo, o art.48 da Lei do Inquilinato estabelece para as locações por temporada o prazo máximo de 90 dias, não prevendo um prazo mínimo. Nesse caso, a convenção iria estabelecer uma restrição onde a lei não o fez, de maneira a comprometer consideravelmente a destinação econômica do bem. Um imóvel que pode ser locado normalmente, sem quaisquer restrições que não sejam as estabelecidas legalmente, difere consideravelmente, no que se refere a sua destinação, de outro que somente pode ser locado pelo prazo mínimo de noventa dias, seis meses ou um ano, por exemplo. Essa questão acaba por esbarrar no preceituado na parte final do art.1.351 acima citado. A alteração da convenção com esse propósito, portanto, exige a aprovação pela unanimidade dos condôminos.

Restringir o número de ocupantes da unidade imobiliária, é medida viável, desde que aplicável a todas as unidades e que o número máximo seja razoável em relação às dimensões do bem, sob pena de representar mudança, ainda que restrita, da destinação econômica do imóvel, solicitando, assim, aprovação da unanimidade dos condôminos, ao invés dos 2/3. Impor, por exemplo, um máximo de seis ocupantes para uma cobertura de 250 metros quadrados, com cinco suítes, não é razoável e nem guarda limites de proporcionalidade, implicando uma alteração substancial na destinação do bem.

O mesmo se pode dizer de medidas tais como restringir o acesso dos ocupantes às partes comuns do condomínio, como sauna, piscina, quadra de esporte e academia, bem como a entrada e saída das suas dependências. Em todos esses casos observamos postura discriminatória, que é inadmissível em qualquer hipótese, bem como mudança na destinação do imóvel.

Essa posição, contudo, não é a prevalente na jurisprudência pátria. Há muitas decisões declarando a inviabilidade de impedimento da locação por temporada e outras estabelecendo a necessidade de alteração da convenção para esse fim ou o de restrições aos moldes da locação. Há, por fim, quem sustente a possibilidade de proibição da própria locação.

Em processo da relatoria do eminente Desembargador André Ribeiro, Apelação Cível 0002472-33.2017.8.19.0079, temos uma posição pela inviabilidade de proibição da locação:

> Apelação cível. Ação de obrigação de não fazer. Condomínio. Locação por temporada. Sentença de parcial procedência para condenar a parte ré a se abster de utilizar sua unidade de forma nociva e de forma comercial/não residencial diversa da permitida na convenção. Recurso da parte ré. (...) Mérito. Cuida-se, em síntese, de ação de obrigação de não fazer c/c pedido de tutela de urgência na qual o Condomínio Autor pretende que o Réu/Apelante, cesse as locações por meio de hospedagem on-line, através de plataformas digitais tais como o 'AirBnb', argumentando que a mesma tem finalidade comercial, em descumprimento ao previsto na Convenção do Condomínio. Defende que o Demandado vem fazendo uso indevido da propriedade, desvirtuando a sua natureza, contrariando assim o disposto no regimento interno. Como cediço, entre os direitos do proprietário, está o direito de usufruir o bem, inclusive locando a terceiros, por temporada, não podendo tal direito ser limitado pela Convenção nem pelo Regimento Interno do Condomínio, sob pena de indevida interferência e restrição no direito exclusivo de propriedade do condômino sobre a sua unidade residencial. Dentre as prerrogativas dos titulares do domínio, insere-se a de locar, ou mesmo dar em comodato, bem imóvel. O que é indissociável do direito de propriedade. Inteligência dos arts. 1.228 e 1.335 do Código Civil. Deve ser esclarecido que as locações levadas a efeito pela apelante são realizadas através da plataforma online conhecida como "Airbnb", a qual destina-se ao compartilhamento de imóveis e serviços de locação, sendo um canal direto para negócios entre locadores e locatários, de forma simples e rápida, por curtos períodos de tempo. Esse tipo de locação, ao contrário do alegado na inicial, tem natureza de locação por temporada e não de hotelaria/hospedagem, que oferecem serviços como recepção, limpeza, arrumação etc. Locação por temporada encontra previsão legal no artigo 48 da Lei 8.245/1991 e é aquela contratada por prazo não superior a 90 dias. Restringir ou limitar o direito do proprietário de alugar seu imóvel por breves períodos de tempo é ir além do previsto no ordenamento jurídico, desvirtuando a sistemática vigente nas relações privadas. É cediço que, mesmo que a propriedade seja exclusiva de seus titulares, por força do Código Civil de 2002, devem estes sempre utilizar e gozar dentro dos limites da Convenção Condominial e da Lei. Nesse diapasão, o Código Civil instituiu no inciso IV do art. 1.336 os direitos de vizinhança relativos ao condomínio, vedando o uso da propriedade condominial com fins de prejudicar a saúde, o sossego e a segurança dos demais. Já o § único, do art. 1.337 do mesmo diploma legal preleciona que "O condômino ou possuidor que, por seu reiterado comportamento antissocial, gerar incompatibilidade de convivência com os demais condôminos ou possuidores, poderá ser constrangido a pagar multa correspondente ao décuplo do valor atribuído à contribuição para as despesas condominiais, até ulterior deliberação da assembleia." Entendimento doutrinário no sentido de que "temos comportamento antissocial todas as vezes que o condômino ou possuidor assume comportamento nocivo à convivência com os demais comunheiros." Entretanto, compulsando as provas adunadas aos autos, não restou comprovado o uso indevido do imóvel, não havendo especificação de condutas indevidas pelos locatários, tampouco qualquer situação inóspita ou comportamento nocivo, criada no condomínio em função da locação do imóvel pertencente à apelante. Por fim, não se desconhece a possibilidade de alteração da convenção e a mudança da destinação das unidades, desde que observados os requisitos previstos no Código Civil. Todavia, não há notícias de alteração da convenção do condomínio nesse sentido. Ao contrário, em sua inicial sustenta que a cláusula – 3, como também da cláusula IV – 1, da convenção condominial preveem que as áreas privativas de propriedade dos condôminos destinam-se, exclusivamente, a atividades não comerciais, industriais ou profissionais, nem qualquer outro fim diverso do residencial. Repise-se, é vedada a locação comercial do imóvel em questão, mas não a locação por temporada, até porque, analisa-se a destinação do imóvel pelo fim que lhe é dado, que, no caso, é a moradia de turistas que visitam a cidade. Portanto, não restou demonstrado nos autos qualquer ilegalidade no fato de a apelante realizar a locação do seu apartamento a pessoas estranhas ao condomínio por curto período de tempo. Desse modo, a pretensão autoral de condenar a parte ré a abster-se de locar o imóvel por temporada, com fins residenciais, não merece prosperar. Sentença que se reforma. Provimento ao recurso.

Podemos observar, ainda, em sentido levemente diverso, por exemplo, a decisão proferida na 36ª Câmara de Direito Privado do Tribunal de Justiça de São Paulo, de relatoria do Desembargador Milton de Carvalho, Apelação 1007888-02.2020.8.26.0002, voto 27770:

Condomínio edilício. Ação de obrigação de não fazer. Proibição da locação de curta temporada. Restrição ao direito de propriedade. Matéria que deve ser versada na convenção do condomínio. Ocupação do imóvel por pessoas distintas, em espaços curtos de tempo, que não descaracteriza a destinação residencial do condomínio. Precedentes. Recurso desprovido.

O relator, no decorrer do voto esclarece:

Isso porque, por se tratar de limitação ao exercício do direito de propriedade é de rigor que sua disciplina seja prevista na convenção condominial, uma vez que, nos termos do artigo 1.332, III, do Código Civil, o fim a que as unidades se destinam é matéria que deve constar do referido documento.

Frise-se que a convenção é o ato normativo da copropriedade, em que devem ser estabelecidos os direitos e obrigações dos condôminos entre si e perante terceiros. Portanto, em princípio, apenas mediante alteração da convenção de condomínio é que o direito de propriedade da autora poderia ser restringido.

O relator transcreve, ainda, os seguintes precedentes, que contribuem consideravelmente para a nossa análise:

Ação anulatória de decisão assemblear e de obrigação de fazer. Assembleia condominial que, por maioria, deliberou proibir a locação por temporada. Restrição ao direito de propriedade. Matéria que deve ser versada na convenção do condomínio. Ocupação do imóvel por pessoas distintas, em espaços curtos de tempo (Airbnb) que não descaracteriza a destinação residencial do condomínio. Precedentes. Recurso desprovido. (TJSP; Apelação 1065850-40.2017.8.26.0114; Rel. Milton Carvalho; 36ª Câmara de Direito Privado; j. 12.07.2018)

Agravo de instrumento condomínio – Tutela de urgência deliberação em assembleia que estabeleceu prazo para locação de curta temporada convenção de condomínio que era silente em relação a este ponto necessidade de alteração da convenção com o quórum previsto no artigo 1.351 do CC e convocação específica decisão reformada. Agravo de Instrumento provido (TJSP; Agravo de Instrumento 2224345-22.2017.8.26.0000; Rel. Jayme Queiroz Lopes; 36ª Câmara de Direito Privado; j. 23.03.2018).

Apelação ação anulatória de assembleia condominial c.c obrigação de não fazer sentença de procedência assembleia que deliberou sobre proibição de locação de unidade condominial por prazo inferior a doze meses deliberação que implica na alteração da convenção do condomínio que não estabelece limitações à locação necessidade de observância do quórum qualificado previsto no artigo 1.351, do código civil – Maioria qualificada não observada nulidade da assembleia sentença mantida necessidade de majoração dos honorários advocatícios em grau recursal recurso desprovido (TJSP; Apelação 1021565-70.2018.8.26.0002; Rel. Cesar Luiz de Almeida; 28ª Câmara de Direito Privado; j. 10.12.2018).

Apelação obrigação de não fazer condomínio em edifício utilização de meio eletrônico para locação temporária (airbnb) pretensão autoral de abstenção de aplicação de sanções pelo réu locações temporárias que são realizadas em caráter residencial e unifamiliar inexistência de proibição na convenção e no regimento interno do condomínio ausência de demonstração de concreta ameaça à segurança dos demais condôminos sentença mantida recurso improvido, com observação (TJSP; Apelação 1002129-52.2017.8.26.0361; Rel. Luis Fernando Nishi; 32ª Câmara de Direito Privado; j. 13.08.2018).

No mesmo tribunal de São Paulo, de relatoria do Desembargador Luis Fernando Nishi, Apelação 1001199-30.2018.8.26.0642, voto 27752, observamos posicionamento diverso, com aplicação de proibição da convenção em relação à locação comercial:

Apelação obrigação de não fazer condomínio em edifício utilização de meio eletrônico para locação temporária (airbnb) Locação de unidade autônoma através de anúncio em plataformas digitais que constitui forma de hospedagem, e não de ocupação com finalidade residencial, dada a alta rotatividade de pessoas Uso do imóvel de forma desvirtuada da finalidade estritamente residencial prevista em convenção condominial Precedentes deste E. TJSP. Imposição de multa. Descabimento. Cominação imposta com base em supostas infrações descritas em livro de ocorrência, produzido de forma unilateral pelo condomínio, sem a possibilidade do exercício de defesa pelo condômino réu, ausente, ainda, prévia notificação ou advertência à época das mencionadas ocorrências Sentença parcialmente reformada recurso provido em parte.

No voto o relator esclarece:

I – Verifica-se que o art. 3º, § 2º, da Convenção Condominial proíbe a utilização da unidade autônoma para uso comercial ou industrial, de qualquer tipo (fls. 17).

Especificamente quanto à possibilidade de

locação, consta que:

"Art. 41. É proibido: (...) i) utilizar, alugar, ceder ou explorar, no todo ou parte, as unidades para fins comerciais" (fls. 24).

É certo que a Lei 8.245/91 autoriza a locação para temporada, definida, em seu art. 48, caput, como: "aquela destinada à residência temporária do locatário, para a prática de lazer, realização de cursos, tratamento de saúde, feitura de obras em seu imóvel, e outros fatos que decorrem tão somente de determinado tempo, e contratada por prazo não superior a noventa dias, esteja ou não mobiliado o imóvel" (sem grifos no original).

Todavia, a locação de unidade autônoma através de anúncio em plataformas digitais como, por exemplo, 'airbnb', 'booking', entre outros, dada a alta rotatividade, que pode ser até mesmo diária, constitui forma de hospedagem, e não de ocupação com finalidade eminentemente residencial e, portanto, para temporada nos termos da lei.

Revendo meu posicionalmente inicial sobre esta recente questão, embora a legislação especial permita a locação para temporada, não pode o réu, alegando o exercício do direito de propriedade do imóvel, fazer uso do imóvel de forma desvirtuada da finalidade estritamente residencial, prevista na Convenção do condomínio autor.

E apresenta diversos precedentes nesse sentido:

"Condomínio edilício. Ação de procedimento comum proposta por condômina contra condomínio, buscando que este permita o acesso de qualquer pessoa autorizada aos seus apartamentos, declarar nula deliberação tomada em assembleia de alteração de regimento interno, julgada improcedente Segundo a convenção, os edifícios que constituem o condomínio possuem natureza exclusivamente residencial Convenção condominial que é dotada de força cogente e obriga a toda a coletividade condominial, devendo os condôminos se comportar com respeito e obediência a ela Locação de unidades condominiais por temporada através de plataforma de hospedagens online (airbnb, booking e afins) Situação que autorizaria a locação, não fosse a evidente intenção da autora, em anúncio publicado, de oferecer a terceiros frequência a um clube Característica não residencial – Sentença mantida Recurso improvido, com observação."

"Condomínio. Ação declaratória de nulidade de decisão tomada em assembleia geral. Unidade condominial locada por curta temporada por meio de plataformas digitais. Situação que se assemelha a hotelaria e hospedaria. Característica não residencial. Convenção de condomínio e regimento interno que estabelecem a finalidade estritamente residencial. Recurso provido."

"Apelação ação de obrigação de não fazer. Sentença de procedência. Unidade condominial que passou a ser locada por curta temporada através de plataformas digitais. Situação que se assemelha a hotelaria e hospedaria. Característica não residencial– Convenção condominial e regimento interno que preveem a finalidade estritamente residencial impossibilidade do tipo de locação pretendida pelo autor – sentença reformada – Recurso provido."

Interessante observar que os problemas relacionados às locações via plataforma digital diferem de país para país, em conformidade com diversos aspectos econômicos, políticos, sociais, educacionais e culturais. Em Berlim, por exemplo, as medidas voltadas para a limitação do Airbnb estão atreladas à carência de imóveis para locações e ao aumento considerável dos alugueres. Amsterdã, Paris e Barcelona enfrentaram, basicamente, o mesmo problema.

No Brasil, contudo, a questão está muito mais relacionada à inobservância de regras de convivência, mau uso da propriedade e direitos de vizinhança, baixo nível de conscientização da população e falta de efetividade nos controles preventivos e remediativos estatais. As principais questões relacionadas às locações via aplicativos e sites deveriam ser solucionadas através de uma postura mais consciente por parte dos locatários, de uma atuação mais adequada e efetiva do poder público, desde autoridades e agentes estaduais e municipais, coibindo as abusividades e os comportamentos impróprios, até providências judiciais mais céleres e eficazes. A inobservância dos deveres condominiais, assim como a infringência aos direitos de vizinhança implicam consequências sérias, podendo chegar a valores indenizatórios consideráveis, hábeis a dissuadir a locação do bem a qualquer pessoa, sem exigências de uma triagem correta. Esse efeito pode ser aplicado também ao locatário, que dependendo da natureza de sua conduta pode submeter-se, inclusive, a condução à autoridade policial e a sanções de natureza penal. Esses, podemos dizer, seriam os caminhos corretos a enquadrar as locações via aplicativo nas questões que realmente deveriam ser objeto de preocupação.

Como de regra essas medidas se mostram ineficazes, ao menos a curto ou médio prazo, as propostas de impedimento ou restrição do uso das plataformas de compartilhamento de imóveis acabam sendo o foco daqueles que sofrem, realmente, com os problemas proporcionados por essa modalidade de contrato.

4. INCIDÊNCIA DA LEGISLAÇÃO CONSUMERISTA – HÁ RELAÇÃO DE CONSUMO?

Como Decorrência da evolução tecnológica e da revolução digital que estamos vivenciando, nasce um novo modelo de relação social e econômica baseada no compartilhamento de bens, produtos, conhecimento, tempo, informações, alimentos, bebidas, arte, espaço etc. É o que se chama de economia compartilhada, cujo modelo, apesar de não ser novidade, já que a história da humanidade nos mostra, em diversos momentos, essa troca de bens, valores e serviços entre os homens dentro dos limites de suas necessidades individuais, se vale agora da facilidade proporcionada pelos meios tecnológicos desenvolvidos, especialmente as plataformas digitais que viabilizam a possibilidade de contato direto e simultâneo de pessoas com os mesmos interesses, envolvidos em um mesmo contexto social, econômico, político, de lazer, desportivo e outros, não importando onde estejam. Observa-se, assim, uma aproximação das pessoas como jamais se poderia imaginar, ensejando a oportunidade de troca de informações, conhecimento, interesses, experiências, tempo, serviços, bens materiais e imateriais, de maneira a modificar substancialmente a forma de relacionamento por meio da intermediação tecnológica. Trata-se da tecnologia *peer to peer (p2p)*, que representa a ligação de pontos ou, em uma linguagem mais livre e prática, de pessoas, tanto na qualidade de cliente, consumidor ou interessado, quanto na condição de servidor ou fornecedor, viabilizando o compartilhamento de serviços, bens, informações ou dados.

Se a pessoa gosta de equitação, tem a seu dispor uma infinidade de oportunidades para aprimoramento do seu lazer ou esporte. Aquisição ou utilização de equipamentos, desenvolvimento de técnicas ou experiências advindas de todos os lugares do mundo por parte de pessoas que compõem a mesma "tribo" do cavalo, digamos assim de uma forma bem prática e usual.

Se o sujeito é músico e deseja ampliar os limites de desenvolvimento do seu dom, se depara com pessoas dos mais variados e longínquos lugares do planeta dispostos a compartilhar conhecimento, ensinamentos, novidades e diversidades musicais colaborativas, capazes de enriquecer o leque de oportunidades para esse fim.

O mesmo se verifica com outros conhecimentos, bens, utensílios, alimentos, transportes, veículos, serviços etc.

Esse compartilhamento de recursos de toda a natureza introduz um redimensionamento da proposta de consumo, saindo da linha tradicional, que é cumulativa, para a do consumo colaborativo, que tem como escopo conter o consumo exagerado e desnecessário, proporcionando um maior nível de sustentabilidade ambiental e social. Essa medida se mostra necessária, atualmente, já que os recursos naturais disponíveis não se mostram abundantes o suficiente a suportar essa proposta do consumismo exacerbado. Nesse contexto surgem diversas entidades empresárias que se apresentam via plataformas digitais buscando a realização dessa interligação entre pessoas com os mesmos interesses para fins de compartilhamento das propostas afins.

Esse aspecto é muito bem abordado por Dennis Verbicaro:

> Por fim, ainda é difícil dizer qual será o modelo dominante das plataformas de compartilhamento ou como o legislador brasileiro responderá sobre o tema. O que se espera é que o consumidor entenda que o modelo atual de consumo é insustentável, daí porque deverá buscar alternativas que evitem a degradação do planeta e a degeneração dos valores sociais autênticos. Acredita-se que o consumo colaborativo impulsionado pela economia de compartilhamento é uma das expressões mais vívidas e promissoras dos ideais de solidariedade e sustentabilidade, por atuar como um verdadeiro instrumento de liberação do ideal individualista propagado pela antiga lógica de consumo. Por isso é de vital importância que o cidadão assuma seu papel de protagonista rumo à quebra de paradigmas e ressignificação das relações econômicas, independentemente do movimento contrário dos agentes estabelecidos no mercado que visam a nada além de seus próprios interesses.[6]

A *Uber*, por exemplo, é uma plataforma digital que interliga pessoas necessitando de transporte a motoristas que, por sua vez, disponibilizam seu tempo e seu veículo para conduzi-las a determinado destino. A praticidade, eficiência, custo razoável e facilidade ensejaram a mesma iniciativa a entidades e cooperativas de taxistas e de outros a desenvolver propostas digitais semelhantes para fins de viabilidade de concorrência no mercado. Essa cooperação está proporcionando uma mudança de mentalidade quanto ao custo-benefício, por exemplo, de adquirir e manter um veículo automotor para a própria condução. Para muitos, essa proposta vem se tornando desnecessária e por demais dispendiosa.

A *Wase* é um outro exemplo. Trata-se de um aplicativo de GPS que se vale do compartilhamento de informações, alertas de acidentes ou de outros problemas na pista como buracos, queda de árvores, desmoronamentos de encostas e outros, oferecidas pelos próprios usuários, em complementação às identificações do sistema.

Netflix, *Spotify* e outras plataformas de *streaming*, que são utilizadas para disponibilidade de filmes e músicas, também podem ser citadas como excelentes exemplos.

As plataformas de compartilhamento de imóveis se apresentam no mercado com o mesmo objetivo cooperativo e a mesma viabilidade, sendo aplicadas, porém, no setor turístico-imobiliário. A plataforma vai ligar o parceiro, que possui um imóvel disponível ou ocioso, a alguém que necessita de uma hospedagem ou residência temporária justamente naquela localidade. Trata-se da tecnologia *peer to peer (p2p)* sendo aplicada a imóveis. Uma pessoa residente em Ulam Bator, capital da Mongólia, *verbi gratia*, consegue, por intermédio da plataforma, encontrar e locar um imóvel, um quarto, um espaço para dormir tão somente, em Viamão, Rio Grande do Sul.

---

6. VERBICARO, Dennis. O Impacto da Economia de Compartilhamento na Sociedade de Consumo e seus Desafios Regulatórios. *Revista de Direito do consumidor*, v. 113/2017, Set-Out/2020, p. 457-482. *Revista dos tribunais online*. p. 14.

O *Airbnb*, que é a mais expressiva das plataformas de compartilhamento de imóveis, surgiu a partir exatamente dessa ideia. Em virtude da dificuldade de se encontrar hospedagem em São Francisco, nos Estados Unidos, no ano de 2008, já que por força de um grande evento na cidade, a Conferência Anual de Design Industrial, a lotação dos hotéis e afins estava esgotada, dois designers residentes no local tiveram a ideia de oferecer cômodos disponíveis em seu apartamento, logrando acolher três hóspedes, utilizando, inclusive, uma cama inflável. Por esse motivo a expressão *Airbnb, que seria a abreviatura de Airbed and Breakfast.*

E é nesse contexto que nos deparamos com a questão do enquadramento dessa hipótese contratual no da relação jurídica de consumo, fora dos moldes idealizados quando da elaboração do anteprojeto do nosso Código de Defesa do Consumidor. Observamos, aqui, uma relação triangular na qual identificamos o parceiro que disponibiliza o imóvel, chamado no próprio site de anfitrião, o *Airbnb* ou outra plataforma, que intermedeia os interesses, e o viajante, hóspede ou, simplesmente, locatário.

Se o anfitrião for um profissional no campo de hospedagem, como hotéis, pousadas e outros estabelecimentos, não há maiores dúvidas, pois teremos a relação de consumo, estando o viajante ou hóspede de um lado, na qualidade de consumidor, e, do outro, em uma posição de responsabilidade solidária e na qualidade de fornecedores, o *Airbnb* e o hotel, a pousada ou outro estabelecimento. Somente haverá relação de consumo entre o *Airbnb e o anfitrião profissional se* ficar constatada uma extrema vulnerabilidade que justifique o reconhecimento do estabelecimento como consumidor por força da teoria finalista mitigada, aprofundada ou moderada. Não vamos, entretanto, nos ater a essas situações, já que não integram o propósito do presente estudo.

Se, porém, ao contrário, o anfitrião ou locador parceiro não desenvolver essa atividade como profissão, mas tão somente para obter uma renda ou contribuir para a manutenção de seu imóvel, por exemplo, que constitui exatamente o caso que procuramos abordar desde o início deste trabalho, verificaremos duas relações de consumo submetidas à legislação consumerista e uma relação meramente locatícia, regida pela lei do Inquilinato e pelo Código Civil. O anfitrião é consumidor perante o *Airbnb*, que é fornecedor na forma do art. 3º da lei 8.078/90, na medida que oferece seu serviço de intermediação profissional, incluindo a publicidade, o contrato e, como consequência, submete-se aos deveres legais e à responsabilidade. O viajante, hóspede ou locatário é consumidor também perante o *Airbnb,* pois toma conhecimento da disponibilidade do imóvel através da plataforma e, também, por meio dela celebra o contrato e, ainda, realiza o pagamento. O serviço da plataforma é remunerado, tanto para o anfitrião ou locador quanto para o hóspede ou locatário, identificando-se facilmente a posição de vulnerabilidade de ambos em relação à entidade empresária titular dos direitos relativos à plataforma, como o caso do *Airbnb*. Essa vulnerabilidade é, de regra, fática ou econômica, já que a entidade empresarial em questão é uma das gigantes da economia compartilhada, com atuação profissional em mais de 34000 cidades em diversos países, sendo muito difícil que um anfitrião ou um hóspede supere essa condição econômica. Para se ter uma ideia, a edição do dia 11 de dezembro de 2020 noticia que em sua estreia na Bolsa Eletrônica Nasdaq, Nova York, a entidade empresária Airbnb foi avaliada em mais de cem bilhões de dólares, não obstante os prejuízos provocados pela pandemia do Covid-19 que afetou consideravelmente o setor.[7] Mas, de qualquer forma, não há dúvidas quanto à vulnerabilidade técnica, já que todo o conhecimento, assim como os recursos, jurídicos, econômicos e tecnológicos, acesso e controle da plataforma de compartilhamento, publicidade etc., se encontram à disposição da plataforma.

Não há, portanto, como questionar a aplicação da legislação consumerista perante o Airbnb, tanto em relação ao anfitrião quanto em relação ao hóspede. A posição da plataforma é bem mais forte e contundente que a das administradoras de imóveis, que já tiveram um reconhecimento doutrinário e jurisprudencial como fornecedoras, inclusive em relação aos proprietários de imóveis. Nesse aspecto vale transcrever a doutrina de Cláudia Lima Marques assumindo uma mudança de posição com relação à aplicabilidade da legislação consumerista ao contrato de administração de imóveis:

> A jurisprudência destes 25 anos de CDC ensinou-me, porém, que esta situação de vulnerabilidade do proprietário não é exceção, mas sim bastante comum, e que a relação entre o consumidor-pessoa física e leigo e a administradora de imóveis deve ser, sim, considerada uma relação de consumo, diretamente ou ao menos por equiparação, pois aqui a destinação final do bem imóvel é suplantada pela fática, técnica, informacional e jurídica vulnerabilidade do proprietário. Assim também considerou, mais recentemente, o Superior Tribunal de Justiça.[8]

O reconhecimento das relações de consumo estabelecidas entre o Hóspede e a Plataforma, e entre esta e o Anfitrião é muito bem colocada pelo nosso mestre, Sylvio Capanema de Souza, *in verbis:*

> Como se vê, o relacionamento direto entre locadores e locatários vai se tornando cada vez mais raro e impessoal, realizando-se à distância a contratação, por via virtual, com estas empresas e não com os locadores ou administradores de imóveis.
>
> Muitas vezes o ocupante do imóvel nem mesmo sabe quem é o locador, com o qual não se comunica, já que o contrato é firmado com a empresa que promove a oferta.
>
> Em futuro próximo, o mercado locativo se transformará no campo da responsabilidade civil, em casos de inadimplemento contratual ou danos causados aos imóveis, pelos seus ocupantes temporários. Isto porque várias relações serão estabelecidas com regimes jurídicos diferentes.
>
> A primeira se desenvolve entre o locador e a empresa que oferece o imóvel, pela via eletrônica; a segunda, entre esta empresa e o locatário, por ela aceito; e a terceira, finalmente, entre locador e locatário.
>
> No nosso entender, as duas primeiras se agasalham sob o pálio protetor do direito consumerista, o que já não ocorre na última.
>
> Estas transformações são inevitáveis, e o mercado sempre encontrou solução que o preservasse.[9]

Em valioso estudo a respeito do assunto, Heloisa Carpena faz uma avaliação muito qualificada e elucidativa:

> Hóspede e anfitrião são iguais juridicamente e a relação entre eles, portanto, será regulada pela lei civil, a menos que, como se sabe que pode ocorrer, o Anfitrião seja uma empresa ou até mesmo uma pousada que se utiliza dos serviços da plataforma para oferecer hospedagem, casos em que, evidentemente, será considerado fornecedor.
>
> O Anfitrião, em regra, não é um profissional, e por isso não se qualifica como fornecedor em relação ao Hóspede, mas sim como consumidor, em relação à plataforma. Se não há relação de consumo entre o prestador direto e o tomador do serviço, que estabelecem verdadeira parceria (P2P), em relação à plataforma, não há dúvida

---

7. *Jornal O Globo*. Ed. 11.12.2020, p. 28.
8. MARQUES, Claudia Lima. Contratos no Código de Defesa do Consumidor – O Novo Regime das Relações Contratuais. 8. ed. São Paulo: Thomsom Reuters – Revista dos Tribunais, 2016, p. 474.
9. Op. cit., p. 243.

de que ambos são consumidores dos serviços de intermediação. Vale frisar que todos os serviços prestados pela plataforma são pagos diretamente pelos usuários, tanto pelo Hóspede como pelo Anfitrião, por meio do mesmo sistema, em favor de Aibnb Payments, remuneração que enquadra a atividade na definição legal do objeto da relação de consumo (CDC, art. 3º, § 2º).

O requisito da vulnerabilidade está presente nos dois vértices do triângulo da relação compartilhada. O Anfitrião não profissional se submete ao poder do Airbnb exatamente como o Hóspede, ele não detém conhecimento técnico sobre o funcionamento da plataforma, ele sequer pode ter certeza sobre a identidade do candidato a ocupante de seu imóvel, ele aceita os inúmeros termos de serviço, a política de cancelamento e todas as regras impostas unilateralmente pelo seu fornecedor.[10]

O argumento mais utilizado pelas plataformas de compartilhamento de imóveis em preliminar de contestação ou em contrarrazões de recurso, nas ações contra si ajuizadas, é o de ilegitimidade passiva *ad causam*, argumentando, em síntese, que representa um mero intermediário, ou um elo virtual, entre anfitrião e hóspede, não podendo ser responsabilizado perante fatos imputáveis ao anfitrião, a terceiros etc. Pela acepção de fornecedor que extraímos do art. 3º do Código de Defesa do consumidor, podemos atribuir essa qualidade a todo aquele que, habitualmente, ou profissionalmente, contribuir para a inclusão do produto ou do serviço no mercado de consumo. E não há dúvidas de que as plataformas digitais realizam essa função, de forma remunerada, conforme já destacamos acima. Importante destacar que o anfitrião não é um terceiro em relação à plataforma, mas sim um dos elementos que integram os riscos inerentes ao empreendimento que é feito.

Reconhecendo a relação de consumo e a consequente aplicabilidade do Código de Defesa do consumidor, tanto em favor do Hóspede quanto em favor do Anfitrião, nos deparamos com diversas questões que merecem destaque, mormente por força do vínculo triangular que se verifica. Porque, de fato, esse novo molde proporcionado pelo compartilhamento estabelecido pela plataforma não mereceu dedicação por parte da notável comissão responsável pela elaboração do anteprojeto do nosso Código de Defesa do Consumidor, por motivos óbvios: inimaginável, à época, essa nova técnica de celebração dos contratos nos moldes que observamos atualmente. Assim, embora não haja entre Anfitrião e Hóspede, de regra, uma relação de consumo, o fato de o contrato ter sido celebrado via plataforma estabelece peculiaridades decorrentes da relação triangular, com características distintas, que acabam fazendo com que o Anfitrião se submeta a alguns efeitos provenientes da natureza consumerista da relação entre o Hóspede e a Plataforma. Nos parece que essa consequência é inevitável, conforme veremos.

Havendo relação jurídica de consumo, como já foi visto, impõe-se a observância dos objetivos e princípios da Política Nacional das Relações de Consumo estabelecidos no art. 4º e incisos da Lei 8.078/90, merecendo destaque a presunção absoluta (*iuris et de iure*) de vulnerabilidade, o que já foi mencionado. As dificuldades surgem a partir desse ponto. Reconhece-se a vulnerabilidade do hóspede em relação à plataforma digital, mas não em relação ao Anfitrião, a princípio. Mas se mostra inviável na prática não reconhecer efeitos decorrentes da vulnerabilidade estabelecida naquela relação sendo produzidos também perante o contrato direto entre Anfitrião e Hóspede. Seria no mínimo estranho essa dissociação total e absoluta, pois o contrato é um só, envolvendo três partes com direitos e deveres recíprocos.

---

10. CARPENA, Heloísa. Airbnb e a Responsabilidade por Danos Causados aos Consumidores na Economia Compartilhada. *Revista de Direito do consumidor*, v. 129/2020, Maio-jun/2020, p. 175-194. Revista dos Tribunais online, p. 5-6.

Regras e princípios gerais, inclusive por força de previsões estabelecidas nos mesmos moldes na legislação comum, especialmente o Código Civil, acabam não apresentando maiores dificuldades. Assim, por exemplo, o reconhecimento da função social do contrato, observância ao princípio da boa-fé objetiva e, consequentemente, a confiança, a transparência e o dever de informar. Nos contratos celebrados via plataforma de compartilhamento a confiança ganha um destaque diferenciado. As informações são mais acessíveis, especialmente ante a possibilidade de apreciação da opinião postada por hóspedes anteriores.

O contrato é de adesão e deve ser interpretado mais favoravelmente ao consumidor e, ainda, por ter sido celebrado eletronicamente, enseja possibilidade de resilição inominada prevista no art. 49 do Código de Defesa do Consumidor. Essa situação representa um excelente exemplo de efeito decorrente da relação consumerista entre Plataforma e o Hóspede em relação ao anfitrião. A previsão do art.49 da Lei 8.078/90 que estabelece o direito potestativo de o consumidor desistir do contrato no prazo de sete dias, quando sua celebração ocorrer fora do estabelecimento do fornecedor, não tem como ser exercido sem atingir a obrigatoriedade (*pacta sunt servanda*) que rege a relação do Hóspede com o Anfitrião, independentemente do que esteja previsto nos termos da avença. Há uma *vis atractiva* das regras e direitos consumeristas para o contrato celebrado, que não tem como excluir ou isentar o Anfitrião. Essa força decorre, inclusive e especialmente, da base constitucional da tutela do consumidor, tanto como direito fundamental (art.5º, inciso XXXII), quanto como princípio da Ordem Econômica (art.170, inciso V). E, ainda, pela determinação constitucional de elaboração do Código de Defesa do consumidor, estabelecida no art.48 do Ato das disposições Constitucionais Transitórias.

O mesmo se pode afirmar da nulidade das cláusulas consideradas abusivas, em virtude do que dispõe o art.51 do Código de Defesa do consumidor. Não poderemos conceber o reconhecimento da nulidade de determinada cláusula prejudicial ao Hóspede, consumidor, em relação tão somente à plataforma, sem que produza esse mesmo efeito perante o anfitrião.

A plataforma responderá tanto pelos fatos do serviço quanto pelos vícios, na forma, respectivamente, dos arts.14 e 20 do Código de Defesa do Consumidor. A responsabilidade independe de culpa e tem por base o risco do empreendimento, aplicando-se a máxima *ubi emolumentum, ibi onus*.

A responsabilidade civil do anfitrião, por sua vez, se mantém estabelecida na forma do art.927, *caput* do Código Civil e em conformidade com o disposto na Lei 8.245/91, conforme já visto.

Diversas são as hipóteses práticas que ensejam a responsabilização da entidade empresária que detém os direitos sobre a plataforma digital. O descumprimento absoluto da obrigação assumida pela plataforma configura uma das hipóteses. É o caso, por exemplo, de inexistência do imóvel oferecido e contratado via plataforma. Essa hipótese foi objeto de demanda na apelação cível 0337504-95.2019.8.19.0001, com relatoria da JDS Desembargadora Maria Celeste P.C. Jatahy, na 26ª Câmara Cível do Tribunal de Justiça do Estado do rio de Janeiro:

> Apelação Cível. Direito do Consumidor. Serviço de intermediação de hospedagem prestado pela booking. com. Reserva de hospedagem na cidade de Santiago, no Chile, para o período de 07.08.2018 a 13.08.2018, realizada no sítio eletrônico da ré e confirmada por esta. Autores que, chegando ao endereço informado pela ré, de madrugada, após o voo vindo do Brasil, constataram que não havia prédio algum com aquele nome, nem o apartamento apregoado. Sentença de procedência, com a condenação da ré ao pagamento de indeni-

zações por dano moral arbitradas em R$ 5.000,00 para cada autor, acrescidas de correção monetária e juros de mora, ambos a partir da sentença. Apelos de ambas as partes.

1. Preliminar de ilegitimidade passiva suscitada pela ré que não prospera. Ré que atua como efetiva intermediária da reserva de hospedagem, como revendedor da locação da suíte em hotel, pousada ou apartamento, remunerada por tal intermediação. Hipótese que não se confunde com mero classificado, nem com rede social.

2. Relação de consumo configurada. Ré que se caracteriza como fornecedor de serviços de intermediação, na forma do art. 3º, caput e § 2º, do CDC. Responsabilidade objetiva, inclusive pelas informações que presta em seu sítio na internet. Inteligência do art. 14 do CDC.

3. Dever da ré de, no mínimo, verificar previamente se a hospedagem que apregoa e oferece aos consumidores existe, e de apresentar informações verdadeiras e atuais sobre tais hospedagens. Prédio apregoado e cuja reserva foi confirmada pela ré, que não existia. Ré que não traz prova alguma da existência do apartamento cuja locação ofereceu e confirmou. Defeito no serviço demonstrado.

4. (...)

Em decisão relatada pelo desembargador Marcus Tulio Sartorato, na Terceira Câmara de Direito Civil do Tribunal de Justiça do Estado de Santa Catarina, Apelação Cível 0301222-37.2018.8.24.0039, observamos hipótese semelhante, mas com amenização dos danos decorrentes de intervenção da plataforma no sentido de dar suporte aos hóspedes:

Consumidor. Ação de indenização por dano moral movida contra airbnb brasil. Autores que planejaram viagem em família à cidade de Nova Iorque, com estadia reservada na plataforma digital da ré com 2 (dois) meses de antecedência. Cancelamento da reserva momentos antes de embarcarem ao destino final. Alegada a falta de assistência pela empresa ré. Sentença de parcial procedência. Insurgência de ambas as partes. Apelo dos autores que se restringe ao pedido de majoração do quantum indenizatório arbitrado pelo juízo a quo. Recurso adesivo do airbnb. Ausência do nexo de causalidade ante a culpa exclusiva da proprietária do imóvel locado (anfitriã). Sustentada a ausência de falha nos serviços prestados. Plataforma que providenciou a reserva de hotel para os autores na primeira noite na cidade e elencou diversas opções de estadias alternativas em seu sistema. Reembolso da reserva e do valor gasto a maior com a hospedagem em hotel no restante da viagem. Defendida a ausência de ato ilícito indenizável. Alegada a não comprovação de constrangimentos dignos de abalar os direitos da personalidade. Pleito subsidiário de redução do montante arbitrado na primeira instância. Insubsistência. Código de defesa do consumidor aplicável na hipótese. Plataforma que integra a cadeia de fornecedores, pois realiza a divulgação de imóveis de anfitriões a si vinculados. Princípio da solidariedade. Consumidor que pode escolher quem irá acionar. Faculdade da empresa ré de ingressar posteriormente com ação regressiva contra a anfitriã. Responsabilidade objetiva. Exegese dos artigos 2º, 3º, 7º, 14 E 30 do CDC. Responsabilização cabível na hipótese. Dano moral. Configuração. Autores que planejaram a viagem em imóvel bem localizado e que primavam pelo conforto. 7 (sete) autores, dentre eles 2 (dois) idosos e 1 (uma) paciente recém diagnosticada com linfoma não hodgkin (cid10 c83). Debilidade presumível. Reserva inicial em apartamento com 4 (quatro) quartos na 5ª avenida, em frente ao central park. Empresa ré que os alocou na primeira noite em hotel com apenas 1 (um) quarto e 1 (um) banheiro. Estadia providenciada pelos próprios autores nos demais dias. Falha na prestação de serviços evidenciada no caso concreto. Quantum indenizatório. Empresa ré que mitigou parcialmente os danos sofridos pelos autores ao reembolsá-los de suas despesas e enumerar imóveis alternativos em sua plataforma. Assistência que, no entanto, não foi suficiente para afastar a necessidade de indenização. Opções que, apesar de disponíveis no site, não foram exitosas. Alta temporada na cidade. Juízo a quo que fixou a condenação da ré em R$ 5.000,00 (cinco mil reais) para cada autor. Acerto do magistrado. Manutenção do valor arbitrado, levando-se em consideração a capacidade econômico-financeira das partes. Autores que pretendem a condenação da ré ao pagamento integral dos ônus sucumbenciais. Pleito inicial de condenação da ré à indenização no importe de r$ 100.000,00 (cem mil reais). Condenação em R$ 35.000,00 (trinta e cinco mil reais) no total. Autores que decaíram em parte do seu pedido. Ônus distribuídos de forma proporcional. Fixação de honorários recursais. Sentença mantida. Apelo da parte autora e recurso adesivo da ré desprovidos.

A desconformidade entre a publicidade veiculada no site e as reais condições do imóvel, ainda que atribuíveis ao anfitrião, resultam em evidente responsabilidade objetiva da plataforma, a qual poderá fazer jus a direito regressivo, se for o caso. O mesmo se afirma para a hipótese de cancelamento da locação por parte do anfitrião, sem tempo hábil para que seja providenciada nova hospedagem, com as mesmas características.

A observância ao princípio da transparência e ao dever de informar, no momento de apresentação do imóvel por meio do sitio eletrônico, tem tamanha relevância, que até mesmo alguns fatos que poderiam constituir, a princípio, força maior ou fortuito externo para fins de responsabilização, podem ensejar responsabilidade civil pelo fato do serviço.

Dispõe, assim, o art. 31 da Lei 8.078/90, que *a oferta e a apresentação de produtos e serviços devem assegurar informações corretas, claras, precisas, ostensivas e em língua portuguesa sobre suas características, qualidades, quantidade, composição, preço, garantia, prazos de validade e origem, entre outros dados, bem como sobre os riscos que apresentam à saúde e segurança dos consumidores.*

O aspecto pertinente aos riscos à vida, saúde e segurança do hóspede alcança tamanha importância que impõe à plataforma uma postura de extrema cautela, difícil de se realizar diante da dimensão das atividades desenvolvidas pelas gigantes do compartilhamento, especialmente. Essa circunstância, contudo, não lhes isenta, em hipótese alguma, de arcar com a responsabilidade.

Assim, em decisão proferida pela 11ª Câmara Cível do Tribunal de Justiça do Estado de Minas Gerais, de relatoria da Desembargadora Shirley Fenzi Bertão, Apelação Cível 1.0000.20.025902-6/001, foi reconhecida a qualidade de fornecedora da Airbnb Serviços Digitais Ltda, bem como sua responsabilidade por falha no serviço, especificamente no dever de informar, já que o local em que as vítimas locaram o imóvel via plataforma, em Portugal, não era seguro, tendo ocorrido um furto de bens pertencentes aos hóspedes. Em seu voto, a relatora, após reconhecer a legitimidade passiva da plataforma de compartilhamento de imóveis e a aplicabilidade da legislação consumerista, realça o aspecto da responsabilidade de forma elucidativa:

> A apelante, por sua vez, insistiu em sustentar a ausência de responsabilidade pela reparação dos danos sofridos pelos autores, por ser uma mera intermediadora entre os chamados anfitriões e os hóspedes, porém, razão não lhe assiste, haja vista que é com base na confiança dos serviços por ela prestados, estes remunerados, que os consumidores são atraídos a utilizar da sua plataforma com o intuito de conseguir hospedagens, o que atrai a sua responsabilidade pela segurança do serviço ofertado.
>
> No mesmo sentido, como bem pontuado pela Juíza a quo, a recorrente "assegura a segurança das acomodações, mediante avaliação de riscos, verificação de antecedentes de anfitriões e hóspedes e, ainda, pelo controle dos comentários e avaliações feitos pelos usuários de sua plataforma".
>
> Assim, é cediço que as empresas que disponibilizam serviços digitais utilizam-se da inovação para oferecer serviços que são ofertados convencionalmente, tais como o de hospedagem, e, diante da falha na prestação dos mesmos e verificados os pressupostos legais, deve ocorrer a responsabilização pelo evento ocorrido e pelos efeitos dele decorrentes.
>
> Dito isso, não há falar-se em culpa de terceiro capaz de afastar a responsabilidade da empresa apelante pelos danos decorrentes do acontecimento narrado na inicial.
>
> (...)
>
> Feitas tais considerações e ao exame do presente caso, entendo que a r. sentença combatida não merece qualquer reparo quanto a responsabilidade civil da ré/apelante.
>
> Verificada a responsabilidade da requerida/apelante pelos danos decorrentes do furto ocorrido no local em que os autores estavam hospedados, resta-nos analisar o quantum indenizatório arbitrado pelo Juízo primevo a título de reparação patrimonial e moral.

Não há, portanto, qualquer dúvida quanto à incidência do Código de Defesa do consumidor em relação às plataformas digitais de compartilhamento de imóveis, reconhecida a relação de consumo e a necessidade de proteção do hóspede ou locatário e do anfitrião ou locador, por força da evidente vulnerabilidade no caso.

23
LUVAS NA LOCAÇÃO DE IMÓVEL URBANO NÃO RESIDENCIAL

Mauricio Moreira Menezes

Professor Titular de Direito Comercial da Universidade do Estado do Rio de Janeiro – UERJ. Advogado.

Sumário: 1. Introdução. 2. Antecedentes. 3. Lei 8.245/1991: mudança de paradigma. 4. Breves notas sobre o ponto empresarial. 5. Os sentidos econômico e jurídico das luvas. 6. Dados jurisprudenciais sobre a cobrança de luvas. 7. O tratamento contábil aplicável às luvas. 8. Conclusões.

1. INTRODUÇÃO

Diz-se que há alguns temas no Direito que se transformam em verdadeiros mitos, ensejando um encadeamento de entendimentos e conclusões equivocadas.

As chamadas luvas na locação de imóvel urbano não residencial constituem belo exemplo.

Desde que editado, pelo Governo Getúlio Vargas, o Decreto 24.150/1934, que regulamentou "as condições e processo de renovamento dos contratos de locação de imóveis destinados a fins comerciais ou industriais" e que ficou conhecido como "Lei de Luvas", as luvas passaram a fazer parte de uma espécie de "gueto" jurídico, algo muito próximo ao abuso de direito, ou, a depender da intepretação, do enriquecimento ilícito, além de prática amoral, comparável ao então anatocismo, correspondendo a ilegítima exploração de um bem de capital.

A Lei de Luvas soaria como alento aos empreendedores-locatários, livrando-os do constrangimento de ter que pagar verba extraordinária ao proprietário-locador, a fim de manter seu estabelecimento em funcionamento no mesmo imóvel.

O advento da Lei das Luvas foi igualmente recebido como medida de proteção do estabelecimento, pois permitia a renovação compulsória do contrato de locação não residencial.

Porém, as críticas não tardaram a surgir e o grau de litigiosidade entre locadores e locatários alcançou níveis absurdos, inundando os Tribunais com excessiva quantidade de disputas.

A Lei 8.245/1991 revogou a Lei de Luvas e trouxe significativos aperfeiçoamentos, a partir da experiência ofertada pelos profissionais de mercado e da formação de extensa jurisprudência sobre a matéria.

Desde então, as luvas caminham para assumir a posição que lhe cabe no ordenamento jurídico, vale dizer, como legítima expressão da autonomia privada, exercida por agentes de mercado, que negociam (ou devem negociar) seus interesses em bases profissionais.

Como todo e qualquer interesse patrimonial disponível, não possuem contornos absolutos e sujeitam-se a determinadas limitações, devidamente previstas em lei.

Embora a negociação em torno das luvas seja recorrente, há ainda desinformação, por vezes fundada em velhos preconceitos, que acabam produzindo indesejada oscilação na jurisprudência, em detrimento da segurança jurídica.

Este artigo tem por objetivo revisitar determinados aspectos jurídicos relativos às luvas, de tal maneira a expor conceitos e atualidades que colaborem para sua compreensão, à luz da legalidade e das práticas negociais conduzidas em diferentes praças do País.

2. ANTECEDENTES

Como se disse, a Lei de Luvas representou forte intervencionismo estatal nas relações patrimoniais privadas, limitando a autonomia da vontade, especialmente para impedir a cobrança de luvas ou de qualquer valor adicional pelo locador, desde o início da locação.

Nesse sentido, dispunham os arts. 29 e 30 da Lei de Luvas que:

Art. 29. São nulas de pleno direito as cláusulas do contrato de locação que, a partir da data da presente lei, estabelecerem o pagamento antecipado de alugueis, por qualquer forma que seja, benefícios e especiais ou extraordinários, e nomeadamente 'luvas' e imposto sôbre a renda, bem como a rescisão dos contratos pelo só fato de fazer o locatário concordata preventiva ou ter decretada a sua falência.

Art. 30. São também nulas de pleno direito quaisquer cláusulas que visem iludir os objetivos da presente lei, e nomeadamente, as cláusulas proibitivas da renovação do contrato de locação, ou que impliquem em renúncia dos direitos tutelados por esta lei.

Segundo o preâmbulo daquele Decreto, os objetivos declarados pelo Governo Provisória repousavam-se na necessidade de proteger os "estabelecimentos destinados ao comércio e à indústria", em razão do "valor incorpóreo do fundo de comércio", que se integraria, em parte, no valor do imóvel, trazendo benefícios ao proprietário.

Tais escopos incluíam a vedação ao locupletamento ilícito do locador, com o consequente "empobrecimento do inquilino que criou o valor".

Com efeito, além da proibição de cobrança de luvas no início do contrato de locação, a Lei de Luvas estabeleceu as bases para a renovação compulsória do contrato de locação não residencial, contemplando, em seu art. 2º, os seguintes requisitos cumulativos: "a) a locação do contrato a renovar deve ser por tempo determinado; b) o prazo mínimo da locação, do contrato a renovar, deve ser de 5 (cinco) anos; c) o arrendatário deve estar em exploração do seu comércio ou indústria, no mesmo ramo, pelo prazo mínimo, ininterrupto, de 3 (três) anos".

Algumas críticas à Lei de Luvas merecem ser articuladas, desde logo.

Note-se seu caráter paternalista: em geral, no início de qualquer relação locatícia, não há valor criado e agregado ao imóvel pelo locatário, que, na posição de empresário, não tem condições de assegurar o sucesso de sua atividade, porquanto o risco integra sua essência.

Embora talvez não fosse perceptível nos anos 1930, pesquisas indicam que parcela minoritária de estabelecimentos ou empresas conseguem sobreviver aos desafios que enfrentam nos primeiros anos de sua história.[1]

---

1. Cite-se o estudo divulgado pelo IBGE, em 22 de outubro de 2020, segundo o qual: "Em cinco anos, apenas 36,3% das empresas sobreviveram e estavam em funcionamento em 2018. Quanto maior o porte, maior a taxa de sobrevivência [...] O estudo revela ainda que apenas 25,3% das unidades locais (filiais) das empresas nascidas em 2008 sobreviveram e

23 • LUVAS NA LOCAÇÃO DE IMÓVEL URBANO NÃO RESIDENCIAL

No Brasil, as dificuldades de empreender – que incluem excessiva burocracia para abertura e regularização da empresa, corrupção de agentes públicos, complexidade do sistema tributário, altíssimo custo do crédito e leis trabalhistas defasadas, apenas para citar algumas – tornam mais difícil a árdua tarefa de conquistar mercados e de, enfim, consolidar a sustentabilidade econômica da empresa.

Em uma palavra, não há *goodwill* inerente ao estabelecimento na etapa precedente à contratação da locação do imóvel onde se situará, uma vez que sua aferição depende do exercício continuado da atividade econômica organizada.[2]

Desse modo, por ocasião do início da locação, o eventual sobrevalor ínsito ao imóvel – e que justificaria o pagamento de luvas – é gerado pelo proprietário ou o foi por quem quer que o tivesse ocupado anteriormente. Ou, por outro lado, em razão de sua localização. Tudo depende de questões de fato, como será adiante desenvolvido neste trabalho.

Sem dúvida, o Governo brasileiro foi influenciado por sistemas estrangeiros (como, aliás, é consignado no preâmbulo da Lei de Luvas), dentre os quais se destacou a Lei francesa de 30 de junho de 1926, que operou como efetivo marco legislativo naquele país, ao estabelecer o direito à indenização do comerciante-locatário que não houvesse obtido a renovação da locação, como ressarcimento do valor agregado pelo estabelecimento ao imóvel.

A válvula de escape da responsabilidade residia na renovação da locação, que, na prática, se tornou compulsória, gerando críticas de comercialistas de renome, como Georges Ripert.[3]

Esse momento histórico foi registrado por Waldemar Ferreira, cujos valiosos comentários vale resgatar:

---

estavam operando em 2018. Pela primeira vez, a pesquisa detalhou esses dados por unidades da federação. Eles mostram, por exemplo, que enquanto no Amazonas a taxa de sobrevivência das empresas no décimo ano de vida variou 16,4%, em Santa Catarina foi quase o dobro (32,1%)". Disponível em: <https://censo2021.ibge.gov.br>. Acesso em: 4 nov. 2020.

2. A dinâmica do funcionamento do estabelecimento equivale ao curso ordinário de determinada empresa, suficiente para gerar riquezas e adimplir obrigações correntes (*going concern*). Mantida essa dinâmica por período razoável (ao menos superior a 12 meses), nasce o sobrevalor imaterial decorrente de seu aviamento (*goodwill*). Na doutrina, é de se registrar a opinião de Paula Castello Miguel: "Quando se fala em valor imaterial [...] fala-se também do valor extra adquirido pela notoriedade e reputação da atividade desenvolvida. No conceito norte-americano, de goodwill, esta ideia fica mais evidente [...] Destaca-se que, se o estabelecimento já se encontra em funcionamento há certo tempo e já possui boa reputação no mercado, a ponto de já possuir sua clientela, o valor que a ele é agregado é ainda maior [...] A expressão aviamento vem justificar o sobrevalor pago pelo estabelecimento quando este é objeto de algum negócio jurídico. Quando se paga pelo estabelecimento empresarial mais que a soma dos bens que o compõem, paga-se pelo aviamento." (MIGUEL, Paula Castello. O estabelecimento comercial. *Revista de Direito Mercantil, Industrial, Econômico e Financeiro*, São Paulo, v. 118, p. 11 e p. 52, abr./jun. 2000).

3. Ao falar sobre o conflito entre os interesses do locador-proprietário e do locatário-empresário, tendo todos por objeto o mesmo bem imóvel, Georges Ripert assim se pronunciou: "Este conflicto entre dos derechos de naturaleza distinta sobre el mismo bien ha creado, sin embargo, una situación perniciosa de lucha que se evitaba con la reglamentación contractual. El legislador no ha llegado a imponer el locatario comerciante al propietario urbano. Pero de todos modos, a base de la amenaza del pago de indemnizaciones considerables, obliga indirectamente al propietario a la renovación del arriendo comercial y ha concedido, en 1926, a los comerciantes locatarios un derecho al arriendo de un valor tanto más considerable que el aumento del valor locativo de los inmuebles producida por la escasez de locales vacantes. Este derecho les ha sido conferido a los comerciantes gratuitamente, aumentándose, pues, el valor de los fondos de comercio. Es posible que esta violación de los derechos del propietario del inmueble haya sido una de las causas que ha contribuido a paralizar las construcciones inmobiliarias. En todo caso la aplicación de la ley ha dado lugar a múltiples dificultades a juzgar por las decisiones judiciales publicadas. La ley de 18 de abril de 1946 ha acordado sin embargo nuevas ventajas a los comerciantes al propio tiempo que una prórroga de sus contratos de locación." (RIPERT, Georges. *Tratado Elemental de Derecho Comercial*. v. 1. Trad. Felipe de Solá Cañizares. Buenos Aires: Tipográfica Editora Argentina, 1954, p. 274).

Intensamente repercutiu a lei francêsa de 30 de junho de 1926 em todo o mundo, no Brasil inclusíve. Lá e cá o problema era o mesmo. Veio êle a ter solução idêntica, pelo decr. n. 20.150, de 20 de abril de 1934, que regulou as condições e processo de renovamento dos contratos de locação de imóveis destinados a fins comerciais ou industriais.

Denomina-se *lei de luvas* essa lei.

Inspirou-a, e no seu exórdio ficou expresso, o propósito de delimitar e restringir o direito do proprietário de prédio destinado a uso mercantil ou industrial, em proveito do proprietário do estabelecimento nêle localizado.

Já então a Assembleia Nacional Constituinte se havia manifestado pela necessidade da providência assecuratória do direito do inquilino comerciante, aprovando emenda que se consolidou no texto do art. 127 da Constituição de 1934: 'Será regulado por lei ordinária o direito de preferência que assiste ao locatário para a renovação dos arrendamentos de imóveis ocupados por estabelecimento comercial ou industrial'.[4]

O balanço desse regime não foi de se comemorar. Segundo Márcio Antonio Bueno, os locadores passaram empreender todos seus esforços para evadir-se da "punição" legal, buscando a celebração de contratos com prazo inferior a 5 anos e optando por não os renovar, a fim de que os períodos contratuais sucessivos não se somassem. Logo, "preferiam ficar um ou dois anos sem contrato para não serem enquadrados na renovação automática".[5]

E, cedo, o pior dos mundos passou a ocorrer: ainda que vedadas as luvas, em qualquer fase da relação contratual, há testemunhos de sua cobrança à margem da lei, de modo oficioso.

Esse cenário levou ao recrudescimento da repressão à cobrança de luvas, por meio da criminalização da conduta, que veio a ser tipificada como contravenção penal pelo art. 9º, I, da Lei 1.521/1951.

Curioso mencionar que o grau de reprovabilidade da conduta foi mantido em diplomas que revogaram tal norma, aqui se incluindo a Lei 6.649/79 (art. 45-I) e a atual Lei 8.245/1991, cujo art. 43, I, a exemplo das anteriores, prevê a pena de prisão simples de cinco dias a seis meses ou multa ao infrator que "exigir, por motivo de locação ou sublocação, quantia ou valor além do aluguel e encargos permitidos".

Porém, a fundamental diferença entre a Lei 8.245/1991 e aquelas revogadas consubstancia-se na restrição da hipótese de vedação à cobrança de luvas, arrefecendo o regime anterior e voltando a legitimar a autonomia privada, como se passa a comentar nas linhas seguintes.

3. LEI 8.245/1991: MUDANÇA DE PARADIGMA

Ultrapassada a fase de prevalência da Lei de Luvas, chega-se à etapa de elaboração e discussão do projeto que resultou na Lei 8.245/1991, fruto de intenso trabalho de especialistas.

O querido Professor Sylvio Capanema de Souza, protagonista da justa homenagem externada com esta obra coletiva, foi feliz em destacar, em trabalho recente, o aperfei-

---

4. FERREIRA, Waldemar Martins. *Instituições de Direito Comercial*. v. 2. 3. ed. São Paulo: Saraiva, 1952, p. 58.
5. Continua o autor com a seguinte crítica: "Nesse ponto, surgiu a indagação: o que fazer com a Lei de Luvas, pesadelo dos locadores de época. Inúmeras divergências jurisprudenciais existiam sobre cada um dos comandos da lei, gerados muito mais pelo inconformismo dos locadores do que por imperfeições da lei. Poucas leis resistiram tanto tempo no mercado imobiliário. Talvez a Lei de Condomínio e Incorporações – 4.591/64, seja um dos poucos exemplos." (BUENO, Márcio Antonio. A normalização das relações locatícias. In: BUSHATSKY, Jaques; CARMO, Rubens (Coord.). *Locação Ponto a Ponto*: Comentários à Lei n. 8.245/91. São Paulo: IASP, 2020, p. 42).

çoamento do ordenamento brasileiro, por meio da promulgação da Lei 8.245/1991 e da revogação da Lei de Luvas:

> A intervenção estatal se mantinha rígida, dirigindo os contratos, apesar da realidade urbana demonstrar que esta política não produzia os resultados perseguidos, sendo incapaz de equilibrar um mercado tão sensível, e de enorme densidade social e econômica.

> Foi neste cenário turbulento e desafiador que o governo do Presidente Fernando Collor, que acabara de se eleger, com uma proposta mais liberal, de maior autonomia nas relações contratuais, e gradual afastamento do Estado dos mercados econômicos privados, percebeu a necessidade imperiosa de fazer uma releitura do mercado de locação do imóvel urbano, não só para abrandar as tensões que o agitavam, como também para promover seu desenvolvimento e o aquecimento de mais social de todas as indústrias, que é a da construção civil [...]

> O projeto reuniu todas as modalidades, embora respeitando as características de cada uma, *tendo a coragem de aposentar, com todas as glórias, a acima citada 'Lei de Luvas',* tendo, entretanto, o cuidado de preservar e até ampliar a proteção ao fundo empresarial [...]

> Ao entrar em vigor, no dia 21 de dezembro de 1991, a lei deu início a um novo tempo, construído sobre bases sólidas, de um direito moderno, efetivo, em que o contrato de locação do imóvel urbano passou a ser ajustado com maior autonomia privada, sustentado por uma equação econômica mais justa e equilibrada. (grifou-se)[6]

A Lei 8.245/1991 implantou relevante mudança de paradigma, com a modernização de conceitos, absorção da evolução jurisprudencial e abertura do sistema para a busca do equilíbrio contratual pelas partes, mantendo-se a intervenção estatal nos pontos considerados sensíveis e merecedores de tutela específica.

A propósito do direito à renovação compulsória, vale transcrever o inteiro teor do art. 51, para que se pontuem, na sequência, breves observações:

> Art. 51. Nas locações de imóveis destinados ao comércio, o locatário terá direito a renovação do contrato, por igual prazo, desde que, cumulativamente:

> I – o contrato a renovar tenha sido celebrado por escrito e com prazo determinado;

> II – o prazo mínimo do contrato a renovar ou a soma dos prazos ininterruptos dos contratos escritos seja de cinco anos;

> III – o locatário esteja explorando seu comércio, no mesmo ramo, pelo prazo mínimo e ininterrupto de três anos.

> § 1º O direito assegurado neste artigo poderá ser exercido pelos cessionários ou sucessores da locação; no caso de sublocação total do imóvel, o direito a renovação somente poderá ser exercido pelo sublocatário.

> § 2º Quando o contrato autorizar que o locatário utilize o imóvel para as atividades de sociedade de que faça parte e que a esta passe a pertencer o fundo de comércio, o direito a renovação poderá ser exercido pelo locatário ou pela sociedade.

> § 3º Dissolvida a sociedade comercial por morte de um dos sócios, o sócio sobrevivente fica sub-rogado no direito a renovação, desde que continue no mesmo ramo.

> § 4º O direito a renovação do contrato estende – se às locações celebradas por indústrias e sociedades civis com fim lucrativo, regularmente constituídas, desde que ocorrentes os pressupostos previstos neste artigo.

> § 5º Do direito a renovação decai aquele que não propuser a ação no interregno de um ano, no máximo, até seis meses, no mínimo, anteriores à data da finalização do prazo do contrato em vigor.

Um dos principais acertos do legislador foi fazer referência à exigência de contrato escrito, tanto no início da relação locatícia, quanto para a soma dos prazos de contratos subsequentes, pacificando controvérsia que ensejou interminável dissídio jurisprudencial.[7]

---

6. SOUZA, Sylvio Capanema de. Lei 8.245/91: uma lei para um novo tempo. In: BUSHATSKY, Jaques; CARMO, Rubens (Coord.). *Locação Ponto a Ponto:* Comentários à Lei n. 8.245/91. São Paulo: IASP, 2020, p. 36-39.

7. BUENO, Márcio Antonio, op. cit., p. 44.

Por outro lado, o direito à renovação aderiu exclusivamente ao interesse jurídico que sempre justificou sua existência: a tutela do estabelecimento, que veio a ser efetivamente ampliada, para tomar por empréstimo as palavras do Professor Sylvio Capanema de Souza, antes transcritas.

Nessa linha de raciocínio, a renovação compulsória foi estendida a todo e qualquer agente econômico que exerça atividade regular no imóvel locado, independentemente de sua caracterização como "comerciante".

O regime introduzido pela Lei 8.245/1991 desconsiderou a rançosa Teoria dos Atos de Comércio e foi considerado precursor da adoção da Teoria da Empresa pela lei brasileira, ratificado mais tarde pela Lei 8.934/1994 (que instituiu o registro de empresas) e consolidado pelo Código Civil, que detalhou normas sobre a caracterização do empresário (art. 966) e o exercício da empresa (art. 967 e ss.).

Foi além: reconheceu a importância da função socioeconômica de outros agentes econômicos não empresários. Ao fazer referência à "sociedade civil", incluiu qualquer organização societária que viesse a se estabelecer em imóvel locado, abrangendo, atualmente, as sociedades simples (art. 997 e ss., do Código Civil).

Ressalte-se que as demais situações jurídicas contempladas nos diversos parágrafos do art. 51 (sucessão, cessão, sublocação total, dissolução de sociedade por morte de sócio e aquisição do estabelecimento pela sociedade da qual participe o locatário) fomentam, por essência, a manutenção do "fundo de comércio" (leia-se, "estabelecimento", na linguagem do art. 1.142, do Código Civil), considerado unidade de produção, fonte de empregos e geração de riquezas, tudo conquistado por força do empenho do locatário, determinante para a excelência organizacional da empresa.

Aí está a vocação da renovação compulsória.

E dela distanciam-se os sentidos econômico e jurídico da cobrança de luvas, como sempre foi ou deveria ser. Luvas na locação não residencial e estabelecimento não combinam. Luvas e renovação compulsória do contrato de locação menos ainda, aplicando-se a pena de nulidade a qualquer cláusula convencionada nesse sentido, nos termos do art. 45, da Lei 8.245/1991.

Portanto, a inclinação natural das luvas, no contexto da locação não residencial, é funcionar como contrapartida pela aquisição de outro interesse pecuniário, mais precisamente do ponto empresarial, a seguir revisitado.

4. BREVES NOTAS SOBRE O PONTO EMPRESARIAL

Como bem ressaltado pela doutrina, em linhas objetivas, o ponto empresarial é o local onde o empresário exerce sua atividade de modo organizado, encontrando-se com a sua clientela[8] ou, por vezes, a depender do tipo de atividade, aproveitando-se das facilidades que a localidade propicia, como, por exemplo, o acesso a equipamentos urbanos, vias de trânsito rápido, rodovias, ferrovias, portos, aeroportos etc.

O conteúdo pecuniário do ponto empresarial nada tem de novidade, ganhando importância *pari passu* ao reconhecimento do significado econômico do estabelecimento em

---

8. Vide, por todos, FÉRES, Marcelo Andrade. *Estabelecimento empresarial:* trespasse e efeitos obrigacionais. 1. ed. São Paulo: Saraiva, 2007, p. 29-30.

certas cidades europeias, ainda no Século XIX, em razão da escassez dos espaços comerciais em grandes centros urbanos.

Com o tempo, o ponto empresarial, ao qual se deu a nomenclatura de "propriedade comercial", criticada por Georges Ripert por sua inexatidão[9], ganhou instrumentos jurídicos para sua proteção, indicando-se a célebre Lei francesa de 30 de junho de 1926, antes citada neste artigo, como marco legislativo, embora seu foco fundamental fosse a proteção da empresa em funcionamento.[10]

Assim, o ponto empresarial pode vir a ganhar importância para a lucratividade do estabelecimento ou para sua própria subsistência, caso em que pode ser considerado um de seus elementos incorpóreos. Porém, há hipóteses em que o local se mostra irrelevante, de tal maneira que não faz qualquer sentido lhe conferir valor econômico e, naturalmente, valor jurídico.

Logo, o ponto pode ser determinante para o sucesso da atividade empresária e, em sentido oposto, para sua frustração. São muitos os casos em que a decisão equivocada do ponto leva ao fechamento do estabelecimento, porquanto o local demonstrou ser obstáculo para a conquista de clientela, cuja função é, justamente, prover receita ao empresário, por meio da aquisição de bens e recebimento de serviços.

A questão a saber é, considerando inexistir norma legal definidora do conceito de ponto comercial, quais seriam seus contornos e, particularmente, se a existência do ponto empresarial resulta necessariamente da propriedade imobiliária ou do direito à renovação compulsória do contrato de locação não residencial. Obviamente, ambas são situações jurídicas que permitem a ocupação do imóvel indefinidamente, a critério do empresário que nele desenvolve sua atividade.

A resposta tende a ser no sentido de não se exigir a incidência desses elementos para a configuração do ponto empresarial.

A melhor interpretação converge com a proposta de Fábio Ulhoa Coelho, que distingue ponto empresarial do "direito de inerência ao ponto", consubstanciado no "interesse, juridicamente protegido, do empresário relativo à permanência de sua atividade no local

---

9. Confira-se o teor da crítica formulada por Ripert: "Se da el nombre de propiedad comercial al derecho acordado a un comerciante locatario de obtener la renovación de su contrato de arrendamiento llegado a expiración y, en su defecto, a una indemnización compensando el perjuicio que se le ha causado por la privación de los locales consagrados a la explotación. Este derecho ha sido acordado por la ley de 30 de junio de 1926 sobre la renovación de las locaciones industriales y comerciales. Esta ley no ha adoptado la expresión consagrada por el uso, pero en la práctica se la denomina "ley sobre la propiedad comercial". Su aplicación ha dado lugar a tantas dificultades que ha debido ser modificado reiteradas veces. Una importante reforma ha sido realizada por la ley del 18 de abril de 1946 (mod. Ley de 7 de mayo de 1946), que ha acentuado las medidas de protección para los locatarios [...] Si la expresión se ha impuesto a pesar de no encontrarse en la ley, no ha sido solamente por la comodidad de una fórmula breve; los comerciantes han comprendido la fuerza que impulsaría sus pretensiones si revistieran la forma de reivindicación de una propiedad. De este modo afirmaban la existencia en su provecho de un derecho sobre el inmueble. De ahí la necesidad de reglamentar el conflicto entre dos propiedades. La expresión es sin embargo jurídicamente inexacta. El comerciante, simple locatario, tiene únicamente un derecho personal contra el propietario. La expresión de propiedad comercial no puede ser empleada ni aun para marcar la oponibilidad absoluta del derecho, como la de la propiedad industrial, pues, el derecho puede oponerse únicamente al propietario del inmueble y la disposición que permitía un recurso contra el nuevo locatario ha desaparecido (núm. 374). Por otra parte el locatario no puede mantenerse en los locales arrendados contra la voluntad del propietario; lo que puede es obtener una indemnización en caso de negativa a la prórroga." (RIPERT, Georges, op. cit., p. 270 e ss.).

10. Prossegue Ripert, a propósito do real objetivo da Lei francesa de 30 de junho de 1926: "El derecho del arrendatario no puede, pues, explicarse por las reglas generales del derecho de las obligaciones. Es preciso ver en él una nueva concepción del contrato de locación que se justifica por la protección debida a la empresa" (RIPERT, Georges, loc. cit.).

onde se encontra estabelecido". O comercialista explica a efetividade do "direito de inerência", com as seguintes palavras:

> Quando o empresário é o proprietário do imóvel em que se estabeleceu, o seu direito de inerência ao ponto é assegurado pelo direito de propriedade de que é titular. Quando, entretanto, ele não é o proprietário, mas o locatário do prédio em que se situa o estabelecimento, a proteção do seu direito de inerência ao ponto decorre de uma disciplina específica de certos contratos de locação não residencial que assegura, dadas algumas condições, a prorrogação compulsória.[11]

Por conseguinte, está-se diante da discussão sobre a "qualidade" do ponto empresarial.

Objetivamente: quais seriam as características ou condições contratuais, previstas no instrumento de locação não residencial, determinantes para a qualificação do direito de ocupação de determinado imóvel, chegando a ser reconhecido como direito autônomo e incorporado ao patrimônio do ocupante como bem incorpóreo?

Trata-se de questão de fato, de tal modo que essas condições devem ser aquelas consideradas indispensáveis para o atendimento das expectativas do locatário, à vista das peculiaridades de sua empresa.

Frise-se que a prevalência da questão de fato é muito comum para a definição de situações jurídicas disciplinadas pelo Direito Comercial.

O próprio conceito de estabelecimento exsurge daí, porquanto é considerado, pela doutrina majoritária, como universalidade de fato, uma vez que seus elementos são definidos segundo a autonomia da vontade, na forma do art. 1.142, do Código Civil.

Mais importante, a caracterização de empresário, proposta pelo art. 966, do Código Civil, segue igual linha mestra, cabendo aos fatos a determinação da qualidade da organização da atividade econômica, a fim de credenciá-la ao regime do Direito de Empresa.

Não por acaso, Francesco Ferrara e Francesco Corsi, ao fazer menção a dispositivo equivalente do "Codice Civile", diziam que a empresarialidade da atividade depende de uma questão de fato, de tal modo que há muitos empresários (registrados) que, na verdade, não o são e, de outra feita, há muitos que são empresários sem que tenham ciência de sua condição.[12]

Assim, em absoluta coerência com os critérios adotados pelo Direito Comercial, a qualificação do ponto empresarial resulta de questão de fato, não havendo razões jurídicas para atrelá-la à titularidade da propriedade imobiliária ou mesmo ao direito de renovação compulsória previsto no art. 51, da Lei 8.245/1991.

Ilustre-se o problema com a seguinte hipótese: cidade do Rio de Janeiro no ano de 2016, em plena preparação para os Jogos Olímpicos. Empreendedores norte-americanos desejam instalar sua empresa de marketing esportivo no bairro da Gávea, próximo ao Clube de Regatas do Flamengo, onde a equipe olímpica estadunidense viria a treinar no período dos Jogos.

---

11. COELHO, Fábio Ulhoa. *Curso de Direito Comercial*. v. 1. 20. ed. São Paulo: Ed. RT, p. 140-141.

12. Na redação original: "La qualità di imprenditore commerciale, come del resto quella di imprenditore in genere, è indipendente dalla volontà del soggetto: si può divenire imprenditore commerciale senza saperlo e magari senza volerlo. Analogamente, se manca l' esercizio professionale prescritto, il soggetto non è imprenditore commerciale, anche se si reputi tale o si spacci per tale. Non vi sono condizioni di forma, in particolare l' acquisto della qualifica non è subordinato ad iscrizioni di sorta: d' altro canto l' iscrizione sul registro delle imprese come imprenditore commerciale no crea una qualifica a chi non spetta. No si hanno imprenditori commerciali apparenti, ma solo effettivi." (FERRARA JR., Francesco; CORSI, Francesco. Gli Imprenditori e Le Società. 12 ed. Milão: Giuffrè Editore, 2001, p. 63).

O ponto empresarial assume função estratégica para a implantação da infraestrutura operacional, a despeito de existirem poucos espaços vazios naquela região da cidade.

O objetivo seria explorar o negócio por 8 meses, desmobilizando equipamentos e pessoas a partir de dois meses contados da data de encerramento dos Jogos Olímpicos.

A empreitada estava posta. Suas balizas conhecidas. O prazo definido. Foi celebrado contrato de locação não residencial de imóvel situado a 100 metros do Clube de Regatas do Flamengo, uma casa de 500m², com área externa para a realização de eventos de entretenimento com atletas e torcedores. Durante os Jogos, o sucesso foi absoluto, facilitado pela localização próxima ao local de treinamento dos atletas e aos melhores hotéis da cidade. Há ponto empresarial?

Evidentemente que sim. A proteção dada pelo contrato de locação não residencial, ainda que firmado com prazo relativamente curto, foi essencial para a exploração da empresa.

Não há o chamado "direito de inerência", mas a importância econômica do ponto pode justificar a cobrança de luvas pelo locador do imóvel, a despeito do curto prazo contratual.

Em uma palavra, esse sentido econômico do ponto, próprio das bases praticadas em mercado, legitima a negociação e fixação das luvas, conferindo-lhe valor e proteção jurídica. É o que se passa a examinar.

5. OS SENTIDOS ECONÔMICO E JURÍDICO DAS LUVAS

Dizia Tullio Ascarelli, com notável precisão metodológica, que o intérprete jurídico deve buscar conhecer a realidade objeto da norma. No que diz respeito às relações empresárias, o interesse econômico e seus respectivos incentivos devem subsidiar o profissional do Direito, a fim de evitar distorções e conclusões equivocadas.[13]

As luvas funcionam como uma prestação pecuniária paga pelo locatário em dada locação não residencial. Qual seria seu interesse econômico? Quais seriam seus incentivos?

As questões de fato, definidoras dos contornos do ponto empresarial, serão determinantes para sua precificação e, pois, para a negociação e fixação do valor das luvas.

O sentido econômico do pagamento das luvas baseia-se, como se disse, na remuneração do titular do direito sobre imóvel, cuja localização e demais características o tornam atrativo ao mercado, de tal sorte a justificar o pagamento de um prêmio pelo interessado em sua ocupação para fim não residencial.

---

13. Confira-se a seguinte passagem de Tullio Ascarelli: "La disciplina giuridica non costituisce variable 'forma' di uma constante sostanza, in uma contrapposizione che presupporrebbe appunto uma legalità economica naturale; costituisce essa stessa elemento della struttura economica i cui effetti e procedimenti sono in funzione delle regole seguite nell'azione e viceversa" (ASCARELLI, Tulio. *Problemi Giuridici.* v. 1. Milano: Giuffrè, 1959, p. 69). O autor complementa seu raciocínio nos termos adiante reproduzidos: "Il problema della relazione tra fatto economico e norma giuridica viene ora frequentemente sollevato ed è forse perciò innanzi tutto sull'impostazione del tema che conviene porre l'accento. La norma giuridica riposa comunque semre su valutazioni; è norma d'azione, sempre intesa ad un operare; non v'è quindi mais a rigore um 'contrasto' tra 'norma giuridica' e 'fatto' economico dato, quali dati contrapposti, nè mai um problema di diretta adeguazione della norma al fatto. Il problema è invece quello della relazione tra uma norma storicamente posta, e le valutazioni e volizioni attuali (e perciò anche tra norma e sua applicazione, tra norma vigente e regola osservata). È solo perchè queste fanno poi capo ai 'atti' attuali che si può parlare di adeguazione della norma al fatto, anzichè di modificazione di una norma in funzione di nuove valutazioni, a loro volta eventualmente motivate dalla constatazione di nuovi fatti" (Ibidem, p. 69-70).

MAURICIO MOREIRA MENEZES

O pressuposto é haver a sobrevalorização do direito de ocupação do imóvel, seja pela escassez de outros espaços similares, seja pela sinergia a ser obtida pelo ocupante, à vista do tipo de sua atividade empresária.

Exemplo: pense-se em uma empresa de metalurgia, a ser instalada em determinado distrito industrial da região metropolitana, cuja localização facilitará o acesso a rodovias e ferrovias, com conexão direta ao porto e armazéns, além de contar com benefícios fiscais. Repare-se que não se trata de um comércio, como muitos têm o costume de atrelar, para fins de ressaltar a importância da localização (e do ponto) para atratividade de cliente-la. No exemplo aqui ofertado, as facilidades criadas pelo ponto empresarial promovem redução de custos e agregam valor logístico ao negócio, permitindo a prática de preços mais competitivos. É justo e interessante o pagamento de luvas, diante das perspectivas de maior rentabilidade.

Portanto, as luvas estão diretamente relacionadas com o direito de ocupação do imó-vel, via contrato de locação não residencial, não se confundindo com o estabelecimento e não se conjugando com o negócio jurídico de cessão de estabelecimento, que possui contornos diversos (art. 1.142 a art. 1.148, do Código Civil).

Aliás, tanto a propriedade imobiliária, quanto o contrato de locação não residencial não integram o estabelecimento, a princípio, como antes registrado pela melhor doutrina. O último pode vir a integrar o estabelecimento, caso contenha cláusula que permita sua cessão pelo locatário, sem que seja necessário consentimento do locador, porquanto, nesse caso, poderá ser transmitido ao adquirente do estabelecimento, como parte da universa-lidade "de direitos e de negócios jurídicos" (art. 1.143, do Código Civil).[14]

Com efeito, a melhor interpretação, sob a perspectiva jurídica, recomenda que o desembolso realizado pelo empresário, a título de pagamento de luvas, corresponda ao preço de aquisição do ponto empresarial, cuja qualidade dependerá dos termos negociados pelas partes, incluindo-se, especialmente, seu prazo de duração, a existência do "direito de inerência" e sua transmissibilidade.

É comum haver anúncios que ofertam "Passa-se o ponto", "Vende-se o ponto" ou expressão equivalente. Nesse caso, o pressuposto baseia-se no fato segundo o qual o titular do ponto é detentor de todas as qualidades que alcançam o mais alto grau de completude.

Em outras palavras, se o direito ao ponto empresarial é plenamente alienável, a critério do locatário, é evidente que advém de contrato de locação não residencial, que satisfaça os requisitos do art. 51, da Lei 8.245/1991, além de conter cláusula de consentimento, pelo locador, da cessão da locação, nos termos do art. 13, da referida lei.

Nas hipóteses em que a locação não residencial não satisfaça os requisitos do art. 51, da Lei 8.245/1991, pode haver ponto empresarial, embora de qualidade inferior e, naturalmente, precificado à vista dessa realidade.

Ainda assim, entende-se que é lícito ao locador a cobrança de luvas, tudo depen-dendo das condições de mercado. O exemplo dado na Seção anterior (referente aos Jogos

---

14. A exclusão do imóvel do rol de bens que integram o estabelecimento é, praticamente, uma unanimidade na doutrina estrangeira e brasileira. Seja pelo fato de o estabelecimento ser considerado bem móvel, seja pelo fato de a transferência da propriedade imobiliária ser realizada por meio de negócio jurídico próprio, que segue forma prevista em lei, sendo tal negócio absolutamente estranho ao de cessão de estabelecimento ou trespasse. Vide, por todos: REQUIÃO, Rubens. *Curso de Direito Comercial*. v. 1. 33. ed. São Paulo: Saraiva, 2014, p. 368.

23 • LUVAS NA LOCAÇÃO DE IMÓVEL URBANO NÃO RESIDENCIAL 381

Olímpicos do Rio) explica o interesse de pretenso locatário de ocupar temporariamente um espaço comercial e pagar um sobrevalor por esse direito.

6. DADOS JURISPRUDENCIAIS SOBRE A COBRANÇA DE LUVAS

De tudo que foi dito, infere-se que as luvas podem ser objeto de cobrança pelo locador, exceto na hipótese expressamente vedada pela lei, consistente na renovação de contrato que satisfaça os requisitos previstos no art. 51, da Lei 8.245/1991.

O Superior Tribunal de Justiça decidiu, de modo recorrente, pela possibilidade de cobrança de luvas no início da relação locatícia, cabendo transcrever a seguinte ementa de acórdão proferido em 26 de março de 2002, mencionado como referência jurisprudencial em julgamentos posteriores daquele Tribunal:

> Locação. Lei 8.245/91. 'Luvas' iniciais.
>
> A Lei 8.245/91, em seu art. 45, veda, expressamente, a cobrança de 'luvas' – obrigações pecuniárias – quando da renovação do contrato. Contudo, silencia, ao contrário da legislação anterior (Dec. 24.150/34), no que se refere ao contrato inicial. Não há, pois, qualquer proibição, sequer implícita, quanto à sua cobrança.
>
> Não afasta esse entendimento o disposto no art. 43 da Lei 8.245/91, pois o dispositivo veda a cobrança de valores além dos encargos permitidos e não a expressamente elencados. Assim, apesar de não se fazer referência às 'luvas' iniciais para permiti-las, tampouco se faz para proibi-las, o que, em termos obrigacionais, tendo em conta a liberdade contratual, faz concluir pela possibilidade da cobrança de valor sob esse título.
>
> Recurso provido.[15]

Confira-se trecho do voto do Ministro Relator, que externou muito bem a inteligência da decisão:

> A Lei 8.245/91, em seu art. 45, veda, expressamente, a cobrança de 'luvas' – obrigações pecuniárias – quando da renovação do contrato. Contudo, silencia, ao contrário da legislação anterior (Dec. 24.150/34), no que se refere ao contrato inicial. Não há, pois, qualquer proibição, sequer implícita, quanto à sua cobrança, o que, em termos obrigacionais é relevante. Constata-se, ainda, que não afasta esse entendimento o disposto no art. 43 da Lei 8.245/91 [...] Percebe-se que o dispositivo se refere a encargos permitidos e não a expressamente elencados. Assim, apesar de não se fazer referência às 'luvas' iniciais para permiti-las, tampouco se faz para proibi-las, o que, repita-se, em termos obrigacionais. tendo em conta a liberdade contratual, faz concluir pela possibilidade da cobrança de valor sob esse título [...] A conclusão referida nos parece correta. O que o art. coíbe, é a imposição de ônus para a renovação, não há nada a respeito da contratação originária. Aliás, isso é bastante coerente, eis que a finalidade precípua da proteção renovatória é garantir a estabilidade da relação locatícia, sem que o locador se locuplete à custa do trabalho do inquilino. Contudo, não visa tal proteção propiciar franquias para o locatário na contratação inicial da locação. Nesse momento não há fundo de comércio do locatário (que inclua tal ponto comercial), não havendo, pois. que se falar em contrariedade aos objetivos da Lei protetiva das renovações.[16]

De toda maneira, não se admitem surpresas e tampouco comportamento contraditório. Caso as partes não negociem previamente a incidência das luvas, não pode o locador cobrá-las posteriormente à celebração do contrato e à sua revelia, indo de encontro com as regras legitimamente pactuadas.

---

15. BRASIL. Superior Tribunal de Justiça. Quinta Turma. Relator Ministro Felix Fischer. Recurso Especial 406.934/RJ. Publicado no DJ de 22 abr. 2002. São inúmeros os julgados posteriores, valendo citar, por todos: BRASIL. Superior Tribunal de Justiça. Quinta Turma. Relator Ministro Arnaldo Esteves Lima. Recurso Especial 1.003.581 – RJ. Publicado no DJe de 2 fev. 2009.

16. BRASIL. Superior Tribunal de Justiça. Quinta Turma. Relator Ministro Felix Fischer. Recurso Especial 406.934/RJ. Publicado no DJ de 22 abr. 2002.

Foi o que decidiu o Superior Tribunal de Justiça que, dessa maneira, privilegiou a autonomia da vontade, pois as partes nada convencionaram formalmente a respeito das luvas, além de assegurar a aplicação da limitação disposta no art. 45, da Lei 8.245/1991, nos seguintes termos:

> Direito civil. Locação. Pagamento do ponto e/ou luvas. Art. 45 da Lei 8.245/91. Interpretação.
>
> 1 – A exigência de pagamento pelo ponto comercial e/ou luvas, quando já em vigor o contrato de locação, ainda que não seja uma renovação, no sentido estrito da palavra, representa verdadeira perturbação ao direito do locatário de permanecer no imóvel, ferindo os princípios norteadores da Lei 8.245/91, insculpidos no seu art. 45.
>
> 2 – Recurso conhecido e provido.[17]

Leia-se curto trecho do voto do Ministro Relator:

> Nesse contexto, a interpretação do art. 45 da Lei 8.245/91, já firmada por esta Corte, não se aplica ao presente caso, porquanto tendo sido o pagamento exigido posteriormente à assinatura do contrato, quando já em plena vigência a locação, ainda que não a título de renovação, houve, em última ratio, verdadeira perturbação do direito do inquilino de continuar no imóvel, que se viu totalmente a mercê do locador, na iminência de indevidamente perder o imóvel do seu comércio, situação essa de flagrante afronta aos princípios norteadores da lei de locações.[18]

Por fim, uma vez pagas as luvas pelo locatário, não cabe sua devolução em caso de rescisão da locação a que tenha dado causa, em razão do inadimplemento da obrigação de pagar os aluguéis. O Tribunal de Justiça do Estado do Rio de Janeiro manifestou tal entendimento, em recente acórdão proferido por sua Décima Nona Câmara Cível, assim ementado:

> Apelação cível. Locação não residencial. Despejo por falta de pagamento c/c cobrança. Contrato com duração prevista para sessenta meses. Inadimplemento. Multa compensatória prevista contratualmente. Necessidade de redução proporcional ao tempo restante em que o locatário permaneceria no imóvel, nos moldes do artigo 4° da Lei 8.245/91. Cumulação com multa moratória. Impossibilidade [...] Luvas. Abatimento. Não cabimento. Ausência de ilegalidade em sua cobrança quando da realização do contrato. Inexistência de previsão que imponha sua devolução em caso de inadimplência [...][19]

Como se vê, a despeito de não haver uma jurisprudência dominante quanto à cobrança de luvas, os tribunais brasileiros tendem a fazer prevalecer a autonomia da vontade, afastando-a exclusivamente na hipótese prevista na lei.

7. O TRATAMENTO CONTÁBIL APLICÁVEL ÀS LUVAS

A partir de 2007, as normas contábeis previstas da Lei 6.404/1976 passaram por relevantes revisões, para fins de sua adequação às práticas internacionais de contabilidade ("International Accounting Standards", divulgadas pela "International Accounting Standards Board", órgão da IFRS Foundation).[20]

As aludidas alterações normativas da Lei 6.404/1976 foram produzidas pela Lei 11.638/2007, pela Lei 11.941/2009, resultante da conversão da Medida Provisória 449/2008 e pela Lei 12.973/2014.

---

17. BRASIL. Superior Tribunal de Justiça. Quinta Turma. Relator Ministro Fernando Gonçalves. Recurso Especial 440.872/SC. Publicado no DJ de 17 mar. 2003.
18. BRASIL. Superior Tribunal de Justiça. Quinta Turma. Relator Ministro Fernando Gonçalves. Recurso Especial 440.872/SC. Publicado no DJ de 17 mar. 2003.
19. TJRJ. Décima Nona Câmara Cível. Relator Des. Valéria Dacheux. Apelação Cível 0403172-18.2016.8.19.0001. Julgado em 15 set. 2020.
20. Informações detalhadas podem ser encontradas em: <https://www.ifrs.org>. Acesso em: 5 nov. 2020.

O ano de 2008 foi profícuo no que diz respeito à adaptação do empresário brasileiro aos novos padrões contábeis, contando com densa e extensa regulação, a partir da edição dos denominado "Pronunciamentos Técnicos" pelo Comitê de Pronunciamentos Contábeis, órgão criado pelo Conselho Federal de Contabilidade, por meio da Resolução CFC 1.055/2005, composto por representantes de diversas entidades de classe e de mercado, tendo por objetivo "o estudo, o preparo e a emissão de documentos técnicos sobre procedimentos de contabilidade [...] para permitir a emissão de normas pela entidade reguladora brasileira [...] levando sempre em conta a convergência da Contabilidade Brasileira aos padrões internacionais".[21]

Os "Pronunciamentos Técnicos" são submetidos à apreciação de órgãos reguladores, estatais e paraestatais, dentre os quais se destacam a Comissão de Valores Mobiliários – CVM, o Conselho Federal de Contabilidade – CFC, o Banco Central do Brasil – BACEN e a Superintendência de Seguros Privados – SUSEP, cujas respectivas aprovações atribuem efeito normativo e vinculam as entidades sujeitas ao alcance da regulação, conforme sua área de atuação.

Evidentemente, essa adaptação deu origem a uma série de dúvidas por parte dos contadores brasileiros, que vieram a ser, de tempos em tempos, expostas ao Comitê de Pronunciamentos Contábeis.

Deu-se início, nessa linha, à edição de "Orientações" pelo Comitê de Pronunciamentos Contábeis. No que interessa ao tema deste artigo, vale mencionar a "Orientação OCPC 02", de 30 de janeiro de 2009, que versou sobre "Esclarecimentos sobre as Demonstrações Contábeis de 2008".

Nesse documento, devidamente aprovado pela Comissão de Valores Mobiliários, por meio do Ofício-circular CVM/SNC/SEP 01/2009, o Comitê de Pronunciamentos Contábeis firmou, no §37, que "compõem, normalmente, o grupo do Ativo Intangível, além do ágio por expectativa de rentabilidade futura, patentes, direitos de franquia, direitos autorais, marcas, luvas [...]".

Explique-se: anteriormente, em 3 de outubro de 2008, o Comitê de Pronunciamentos Contábeis havia aprovado Pronunciamento Técnico CPC 04, que dispôs sobre a identificação e mensuração do "Ativo Intangível", à luz da "International Accounting Standard 38" ("IAS 38 – Intangible Assets").[22]

Nesse sentido, definiu-se que "ativos intangíveis" corresponderiam a "um ativo não monetário identificável sem substância física".

Essas normas contábeis são aqui citadas em razão de sua repercussão no tratamento dado aos bens e direitos adquiridos pelo empresário, inclusive para fins de interpretação jurídica.

Com efeito, caso o bem ou direito adquirido pelo empresário não atenda à definição de ativo intangível, "o gasto incorrido na sua aquisição ou geração interna deve ser reconhecido como despesa".

---

21. Informações detalhadas podem ser encontradas em: <http://www.cpc.org.br>. Acesso em: 5 nov. 2020.
22. Originalmente, o CPC 04 foi aprovado pela Deliberação CVM 553, de12 de novembro de 2008. O referido CPC 04 foi revogado em sua primeira revisão, realizada em 05 de novembro de 2010, que veio a produzir o "CPC 04 (R1) – Ativo Intangível" (ratificado pela Deliberação CVM 644, de 2 de dezembro de 2010), o qual, por sua vez, foi objeto de diversas revisões posteriores, cabendo citar, como documento mais recente, a denominada "Revisão de Pronunciamentos Técnicos – n. 14", editada pelo Comitê de Pronunciamentos Contábeis em 1 de novembro de 2019 e aprovada pela Deliberação CVM 836, de10 de dezembro de 2019.

Inversamente, caso o resultado da aquisição gere um bem pecuniariamente relevante, passível de futura negociação, embora sem possibilidade de corporificação, deve passar a ser classificado como "ativo intangível", categoria integrante do "ativo não circulante" do patrimônio do empresário, nos termos do art. 179, VI, da Lei 6.404/1976, que define como intangíveis "os direitos que tenham por objeto bens incorpóreos destinados à manutenção da companhia ou exercidos com essa finalidade, inclusive o fundo de comércio adquirido".

Assim, o valor pago a título de luvas deve ser interpretado, sob a ótica contábil, como capital aplicado para aquisição de um direito intangível, que passa a integrar o patrimônio do empresário e classificado como elemento de seu "ativo não circulante". Não se trata de uma mera despesa.

Embora o mencionado art. 179, VI, da Lei 6.404/1976, inclua a aquisição do "fundo de comércio" como justificativa do reconhecimento de direito intangível, repare-se que, por outro lado, não exclui a compra de outros bens incorpóreos.

Esse regime contábil ratifica os raciocínios expostos ao longo deste artigo, referentes às perspectivas econômica e jurídica das luvas, confirmando sua coerência multidisciplinar.

8. CONCLUSÕES

Por todo o exposto, podem ser inferidas as seguintes conclusões:

(i) a vocação da renovação compulsória consiste na proteção ao estabelecimento, distanciando-se dos sentidos econômico e jurídico da cobrança de luvas;

(ii) portanto, a inclinação natural das luvas, no contexto da locação não residencial, é funcionar como contrapartida pela aquisição de outro interesse pecuniário, mais precisamente do ponto empresarial;

(iii) o ponto empresarial pode vir a ganhar importância para a lucratividade do estabelecimento ou para sua própria subsistência, caso em que pode ser considerado um de seus elementos incorpóreos;

(iv) porém, há hipóteses em que o local se mostra irrelevante, de tal maneira que não faz qualquer sentido lhe conferir valor econômico e, naturalmente, valor jurídico;

(v) em absoluta coerência com os critérios adotados pelo Direito Comercial, a qualificação do ponto empresarial resulta de questão de fato, não havendo razões jurídicas para atrelá-la à titularidade da propriedade imobiliária ou mesmo ao direito de renovação compulsória previsto no art. 51, da Lei 8.245/1991;

(vi) as questões de fato, definidoras dos contornos do ponto empresarial, serão determinantes para sua precificação e, pois, para a negociação e fixação do valor das luvas, segundo as bases praticadas em mercado;

(vii) o sentido econômico do pagamento das luvas consiste na remuneração do titular do direito sobre imóvel, cuja localização e demais características o tornam atrativo ao mercado, de tal sorte a justificar o pagamento de um prêmio pelo interessado em sua ocupação para fim não residencial;

(viii) assim, as luvas estão diretamente relacionadas com o direito de ocupação do imóvel, via contrato de locação não residencial, não se confundindo com o estabelecimento e não se conjugando com o negócio jurídico de cessão de estabelecimento, que possui contornos diversos (art. 1.142 a art. 1.148, do Código Civil);

(ix) se o direito ao ponto empresarial é plenamente alienável, a critério do locatário, é evidente que advém de contrato de locação não residencial que satisfaça os requisitos do art. 51, da Lei 8.245/1991, além de conter cláusula de consentimento, pelo locador, da cessão da locação, nos termos do art. 13, da referida lei; e

(x) o valor pago a título de luvas deve ser interpretado, sob a ótica contábil, como capital aplicado para aquisição de um direito intangível, que passa a integrar o patrimônio do empresário e classificado como elemento de seu "ativo não circulante". Esse regime contábil ratifica os raciocínios expostos ao longo deste artigo, referentes às perspectivas econômica e jurídica das luvas, confirmando sua coerência multidisciplinar.

24
DIREITO POTESTATIVO À RENOVAÇÃO DO CONTRATO DE LOCAÇÃO DE IMÓVEL PARA FINS EMPRESARIAIS

Thiago Ferreira Cardoso Neves

Doutorando e mestre em Direito Civil na Universidade do Estado do Rio de Janeiro – UERJ. Professor de Direito Empresarial, Direito Civil e Direito do Consumidor da Escola da Magistratura do Estado do Rio de Janeiro – EMERJ. Coordenador do Curso de Pós-Graduação em Direito Civil da OAB-RJ/Universidade Cândido Mendes. Vice-Presidente Administrativo da Academia Brasileira de Direito Civil – ABDC. *Visiting Researcher* no *Max Planck Institute for Comparative and International Private Law* – Hamburgo-ALE. Membro do Instituto dos Advogados Brasileiros – IAB. Advogado e ex-sócio do escritório Sylvio Capanema de Souza Advogados Associados

Sumário: 1. Introdução. 2. O direito potestativo à renovação do contrato de locação para fins empresariais. 2.1 O campo de incidência. 2.2 A natureza do direito à renovação do contrato de locação empresarial e o prazo para o seu exercício. 2.3 Os requisitos para a constituição do direito e para o seu exercício. 3. O modo de exercício do direito potestativo à renovação do contrato e a possibilidade de se impedir a sua renovação. 3.1 A ação renovatória. 3.2 As hipóteses (taxativas?) que conferem ao locador o direito de não renovar o vínculo. 3.3 O abuso do direito à renovação do contrato de locação. 4. Conclusão.

1. INTRODUÇÃO

A vida muitas vezes nos reserva grandes e incríveis surpresas. Para aqueles que creem, como é o meu caso, esses acontecimentos não são obra do acaso, mas da mão de Deus. É assim que vejo a pessoa do Prof. Sylvio Capanema em minha vida. Tive o privilégio de o conhecer mais proximamente no já longínquo ano de 2006, no estágio oferecido pela Escola da Magistratura do Estado do Rio de Janeiro aos seus alunos. Posso dizer que foi amor à primeira vista. A partir dali iniciou nossa trajetória profissional e fraternal, que se estendeu após o fim do estágio, quando continuei a acompanhá-lo na 2ª e 1ª Vice-Presidências do Tribunal de Justiça do Estado do Rio de Janeiro, no período em que ele ocupou, respectivamente, as cadeiras de 2º e 1º Vice-Presidente daquela Corte. Com a sua aposentadoria, tornamo-nos sócios no escritório que levava seu nome, tendo sido uma longa e intensa relação de amizade e paternidade. A relação profissional, contudo, teve fim em 2019 quando resolvi alçar voo solo. A amizade, por óbvio, não terminou, e tínhamos inúmeros projetos juntos, especialmente acadêmicos. Infelizmente, o inimigo invisível – o *Coronavírus* – interrompeu precocemente os muitos planos que ainda tínhamos, e eu perdi um professor, um mentor, um amigo e um pai. Com o tempo, a dor vai sendo substituída pela saudade, que é suavizada pelos textos que ainda leio e que serão eternos. Devo a ele, sem o menor constrangimento, o que sou profissionalmente e muito do que sou como pessoa. O Prof. Capanema, ou Dr. Sylvio, como assim o chamava, foi uma referência e um exemplo. Suas palavras de incentivo e o carinho que sempre demonstrou eu levo não apenas na mente, mas especialmente no coração.

Por essas razões, a obra que orgulhosamente coordeno com os Professores Guilherme Calmon Nogueira da Gama e Heloisa Helena Barboza se consubstancia em um verdadeiro tributo a este emblemático mestre, mas, especialmente, ao especial ser humano que ele representava, e cuja generosidade, como eu já tive a oportunidade de manifestar em outras sedes, nos permitia brilhar sem competições ou ciúmes. Na verdade, a generosidade era tamanha que ele nos fazia pensar e acreditar que o brilho era nosso, quando, ao contrário, apenas refletíamos o brilho dele.

O tema deste tributo, e não poderia deixar de ser, é os 30 anos da Lei do Inquilinato, da qual ele foi um dos coautores do anteprojeto. Sua mente visionária e seus sonhos de termos uma sociedade mais justa, livre e solidária inspiram a legislação, que balzaquiana mostra que sua longevidade, algo incomum em nosso país, só pode decorrer da mente iluminada daqueles que a desenvolveram.

Coube a mim tratar de um tema que nos era muito caro. No escritório, trabalhamos em centenas de ações renovatórias de imóvel comercial, atuando tanto por locadores, quanto por locatários. O assunto central, então, era o direito à renovação do contrato de locação. Sua importância, jurídica e social, é inequívoca, pois permite a continuidade da atividade econômica e a preservação da empresa. Nada obstante, seu exercício não é ilimitado, esbarrando em interesses outros que, quando confrontados com aqueles, devem prevalecer, como o direito de explorar o próprio imóvel.

Inúmeras são as nuances deste direito e, portanto, relevantíssimo é o seu estudo, razão pela qual nos debruçaremos, nas próximas linhas, sobre ele. Assim como o saudoso professor fazia, procurarei fazê-lo da forma mais simples e objetiva possível, porque assim se caracterizava o Professor Sylvio Capanema. O brilhantismo de suas ideias, e o conhecimento oceânico que possuía, era alcançado por todos, dada a simplicidade com que transmitia suas lições. Enfim, esta é uma homenagem a ele e, se assim é, outra inspiração não pode nortear estes escritos.

2. O DIREITO POTESTATIVO À RENOVAÇÃO DO CONTRATO DE LOCAÇÃO PARA FINS EMPRESARIAIS

2.1 O campo de incidência

A Lei 8.245/1991 inicia a Seção III do seu Capítulo II sob o título *Da locação não residencial*. Após tratar, em seu Capítulo I, das regras gerais aplicáveis aos contratos de locação, o legislador passou a regular, em seu Capítulo II, as espécies de locação de imóvel urbano. Assim, na Seção I dispõe sobre a locação residencial, voltada à moradia e residência do locatário e da sua família; na Seção II discorre sobre a locação por temporada, a qual é destinada à ocupação temporária, a fim de atender necessidades momentâneas do locatário; e, enfim, na Seção III cuida das locações não residenciais.

A locação não residencial é gênero que abrange toda e qualquer espécie de locação de imóvel urbano que não tenha fim residencial ou para temporada. Deste modo, em se tratando de locação de imóvel urbano destinada a fim diverso da moradia, e que não tenha um caráter temporário, ter-se-á um contrato de locação não residencial, que também não

24 • DIREITO POTESTATIVO À RENOVAÇÃO DO CONTRATO DE LOCAÇÃO DE IMÓVEL PARA FINS EMPRESARIAIS — 387

poderá abranger nenhuma das espécies versadas no parágrafo único do art. 1º da Lei do Inquilinato.[1]

Sem prejuízo, nem todas os contratos de locação não residencial conferem ao locatário o direito à renovação do contrato de locação. Como visto anteriormente, a locação não residencial tem um amplo alcance, e abrange uma ampla gama de relações contratuais locatícias, bastando que não tenham fim comercial e não visem atender interesses temporários.

Com efeito, os contratos celebrados de modo amplo por pessoas jurídicas para se estabelecer em um imóvel urbano e ali exercer suas atividades, ou até mesmo profissionais liberais que precisam de um local para desempenhar suas profissões, caracterizam-se como não residenciais.

No entanto, e segundo o disposto o art. 51 da Lei 8.245/1991, apenas os contratos de locação não residencial destinados ao comércio dão ao locatário o direito à renovação do contrato. Conforme o mencionado dispositivo, "[n]as locações de imóveis destinados ao comércio, o locatário terá direito à renovação do contrato".

Disso se infere que o universo de relações que conferem ao locatário o direito à renovação do contrato é, pois, mais limitado que o do gênero *contrato de locação não residencial*. Desse modo, contratos celebrados, por exemplo, por associações e fundações, por não se caracterizarem como locações destinadas ao comércio ou, com o advento da teoria da empresa, com fins empresariais, não asseguram o direito à renovação do contrato.

Assim, e em que pese a Lei atual tenha modificado o tratamento dado pelo Decreto 24.150/1934, que diferenciava as espécies de locação em locação residencial, locação não residencial e locação comercial, passando a unificar, sob um único título, a locação não residencial, a diferença ainda persiste, de modo que esta última abrange tanto as locações não residenciais sem fins comerciais, quanto as comerciais.[2]

Daí se conclui que o direito à renovação do contrato de locação tem como campo de incidência tão somente os contratos de locação de imóvel urbano não residencial para fins empresariais.

Tal conclusão decorre do bem juridicamente tutelado pelo direito à renovação: a preservação da empresa ou, de modo mais amplo, da atividade econômica, cujo fundamento é, inequivocamente, a livre iniciativa, princípio fundamental da ordem econômica, nos termos do art. 170, *caput*, da Constituição Federal.[3]

Sobre este aspecto, faz-se imperioso um aprofundamento e uma análise crítica do tema à luz das lições empregadas pela doutrina.

---

1. Art. 1º A locação de imóvel urbano regula-se pelo disposto nesta lei. Parágrafo único. Continuam regulados pelo Código Civil e pelas leis especiais: a) as locações: 1. de imóveis de propriedade da União, dos Estados e dos Municípios, de suas autarquias e fundações públicas; 2. de vagas autônomas de garagem ou de espaços para estacionamento de veículos; 3. de espaços destinados à publicidade; 4. em *apart*-hotéis, hotéis – residência ou equiparados, assim considerados aqueles que prestam serviços regulares a seus usuários e como tais sejam autorizados a funcionar; b) o arrendamento mercantil, em qualquer de suas modalidades.
2. No mesmo sentido é a lição de Sylvio Capanema de Souza. SOUZA, Sylvio Capanema. *A lei do inquilinato comentada artigo por artigo*. 12. ed. Rio de Janeiro: Forense, 2020. p. 251-252.
3. Art. 170. A ordem econômica, fundada na valorização do trabalho humano e na livre iniciativa, tem por fim assegurar a todos existência digna, conforme os ditames da justiça social, observados os seguintes princípios: [...].

É comum encontrar-se, na doutrina, a lição de que o fundamento para o direito à renovação do contrato de locação decorre da proteção do fundo empresarial (o estabelecimento) ou mesmo do ponto empresarial.[4]

Nada obstante, e embora seja esse um pensamento prevalecente na doutrina, não nos parece ser ele o mais acertado. Em verdade, o direito à renovação do contrato pretende, imediatamente, a tutela do ponto e, maximamente, do estabelecimento empresarial, na medida em que o ponto é apenas um dos elementos do fundo de comércio. No entanto, o interesse mediato, que justifica a proteção do ponto e é, então, o seu fundamento e pilar, é a tutela da empresa e, em uma visão macro, da atividade econômica.

A razão que justifica essa conclusão é de ordem constitucional. O contrato de locação, em regra, tem como pano de fundo o direito de propriedade do locador sobre o imóvel e a faculdade de dele dispor mediante a cessão temporária da posse ao locatário. Assim, embora o locador não seja, necessariamente o proprietário do imóvel, podendo-o ser, por exemplo, o promissário-comprador, o promissário-cessionário e o usufrutuário (no caso do usufruto, o usufrutuário é o único que pode transmitir a posse direta do bem), na grande maioria dos casos tem-se o proprietário da coisa em um dos polos da relação. Tem-se, portanto, no seio da relação, o direito de propriedade, o qual tem natureza constitucional, por força da expressa previsão do art. 5º, XXII, da Constituição Federal.

O direito à renovação, contudo, uma vez exercido se sobrepõe e suplanta, ainda que temporariamente, o direito de propriedade, fazendo prevalecer o interesse do locatário sobre o do locador. E se assim o é, o interesse do locatário, para prevalecer sobre o direito do locador, só pode ter natureza constitucional, isto é, só pode ter a mesma hierarquia do interesse do locador. Se assim não fosse, o direito à renovação do contrato de locação seria inconstitucional, na medida em que afrontaria uma norma hierarquicamente superior, a saber, a norma constitucional.

Por essa razão, só podemos concluir que o direito à renovação do contrato de locação tem como fundamento e amparo a tutela da empresa e da atividade econômica, tutela essa que emana do princípio da livre iniciativa, também chamado de princípio da liberdade econômica ou da liberdade de iniciativa econômica[5], insculpido no art. 170 da Constituição Federal.[6]

O princípio da livre iniciativa, com suas inúmeras perspectivas,[7] também se caracteriza pela faculdade de conquistar e preservar sua clientela. Nessa preservação está, inequivo-

---

4. Nesse sentido ver, Sylvio Capanema (CAPANEMA. Op. cit. p. 253), Nascimento Franco (FRANCO, J. Nascimento. *Ação renovatória*. 2. ed. São Paulo: Malheiros, 2000. p. 8), Sílvio Venosa (VENOSA, Sílvio de Salvo. *Lei do inquilinato comentada*: doutrina e prática. 15. ed. São Paulo: Atlas, 2020. p. 195), Scavone Junior (SCAVONE JUNIOR, Luiz Antonio. In: SCAVONE JUNIOR, Luiz Antonio; PERES, Tatiana Bonatti (Coord.). *Lei do inquilinato comentada artigo por artigo*: visão atual na doutrina e jurisprudência. 2. ed. São Paulo: Forense, 2017. p. 326) e Maria Helena Diniz (DINIZ, Maria Helena. *Lei de locações de imóveis urbanos comentada*. 14. ed. São Paulo: Saraiva, 2010. p. 226-227.

5. Expressão cunhada por Eros Roberto Grau. GRAU, Eros Roberto. *A ordem econômica na constituição de 1988*. 14. ed. São Paulo: Malheiros, 2010. p. 203 e seguintes.

6. Em outro sentido, mas entendendo que o direito a renovação também tem índole constitucional, é o pensamento de José da Silva Pacheco. Em sua visão, o direito do locatário à renovação também emana do direito de propriedade, mas da propriedade da empresa, por ele nominada de *propriedade comercial*. O locatário é o proprietário do estabelecimento e, consequentemente, da atividade, sendo esse, na visão do autor, o direito tutelado pela renovação do contrato, o qual não consiste em "um novo direito real de propriedade, mas, simplesmente, em benefício do bem comum, fazendo com que a propriedade tenha a função social que a Constituição de 1988, nos arts. 5º, itens XXII e XXIII, e 170, inc. III, prevê e deve assegurar". PACHECO, José da Silva. *Tratado das locações, ações de despejo e outras*. 11. ed. São Paulo: EWd. RT, 2000. p. 711.

7. Sobre essas inúmeras perspectivas, ver GRAU. Op. cit. p. 206.

camente, o direito de não a perder com a mudança do ponto empresarial, o que pode vir a ocorrer caso não haja a renovação do contrato de locação.

Uma vez não renovado o contrato de locação do imóvel, o empresário-locatário perderá o seu ponto, que nada mais é do que o *local em que ele se encontra com sua clientela*.[8] Como consequência, é bem provável que, sendo obrigado a mudar a sua localização, não seja acompanhado ou até mesmo encontrado por sua clientela, de modo que a perderá.

A perda da clientela, à toda evidência, acarretará a derrocada do exercente da atividade empresarial e, fatalmente, à falência e ao fim da sua atividade. Nessa esteira, o princípio da preservação da empresa, que também encontra fundamento na livre iniciativa, que objetiva assegurar a liberdade de exercer a atividade econômica e, consequentemente, o direito e a possibilidade de exercê-la, igualmente resta violado.

Portanto, o direito à renovação do contrato de locação visa, imediatamente, a proteção do ponto e do fundo de comércio (estabelecimento empresarial), mas essa tutela imediata tem um fim maior, mediato, que é a proteção da própria atividade empresarial, fundada na livre iniciativa.

O que se percebe, pois, é que o direito à renovação do contrato de locação está inserido em um imbricado complexo de interesses merecedores de tutela, e que buscam fundamento, primordialmente, na livre iniciativa, que tem sede constitucional.

Então, na ponderação de interesses constitucionais feitas pelo legislador, entre o direito de propriedade e a livre iniciativa, privilegiou-se, como regra, a tutela da empresa exercida pelo locatário, em detrimento do direito de propriedade.

Sem prejuízo, essa proteção não se limita às atividades empresariais *stricto sensu*, mas às atividades econômicas de modo lato. Tal conclusão decorre de expressa disposição legal, que estende o direito à renovação do contrato de locação para outras hipóteses que não se restringem à empresa.

Segundo o disposto no art. 51, § 4º da Lei 8.245/1991, o direito à renovação do contrato se estende às locações celebradas por indústrias e por sociedades civis com fins lucrativos, desde que devidamente constituídas.

Primeira questão a se observar, na previsão legal, é a questão temporal. A Lei 8.245/1991, como esta obra celebra, faz 30 anos, e foi editada quando ainda em vigor a teoria dos atos de comércio, do vetusto Código Comercial de 1850, antes, portanto, da positivação da teoria da empresa do Código Civil de 2002.

Pela teoria dos atos de comércio, a caracterização de uma atividade como comercial dependia de previsão expressa na lei ou no revogado Regulamento 737/1850, que complementava o Código Comercial, trazendo uma lista de atividades ditas como de mercancia. A caracterização do comerciante se dava, pois, objetivamente, por mera subsunção.

Nessa esteira, e segundo a teoria dos atos de comércio, a atividade industrial não se caracterizava, por si só, como comercial, o que levava, então, ao afastamento dos contratos de locação celebrados pelas indústrias como comerciais e, logo, não faziam jus ao direito à renovação.

Por essa razão, o legislador inquilinário estendeu o direito à renovação do contrato de locação, em seu entender, não comercial (embora não residencial), aos exercentes das

---

8. Cf. FÉRES, Marcelo Andrade. *Estabelecimento empresarial*: trespasse e efeitos obrigacionais. São Paulo: Saraiva, 2007, p. 29.

atividades industriais. Veja-se: o legislador, em atendimento à teoria dos atos de comércio (pois editada a lei durante a sua vigência), não considera os contratos celebrados por indústrias como contratos de locação de imóvel comercial. Ainda assim, e por entender relevante a proteção dessa atividade, conferiu ao locatário o direito à renovação.

Mas, em que pese toda essa construção, a nosso sentir, coerente e adequada à época da edição da Lei do Inquilinato, ela não mais se justifica. Isso porque com a positivação, no Código Civil, da teoria da empresa, abandonou-se o critério objetivo de identificação do antigo comerciante, e agora empresário, substituindo-o por um critério que define a empresarialidade pela forma com que a atividade econômica é exercida pela pessoa natural ou jurídica.

A empresa se caracteriza, nos termos do art. 966 do Código Civil, como uma atividade econômica organizada, na qual estão presentes os quatro fatores de produção, a saber, capital, trabalho, matéria-prima e tecnologia, de modo que não importa mais, para a caracterização do empresário, se a sua atividade é definida taxativamente na lei como empresarial. Para a sua definição se exige, em verdade, a análise da forma como ela é exercida. Sendo, então, organizado o exercício da atividade, com a presença dos quatro fatores de produção, será ela empresária.

E, a partir dessa definição, a atividade industrial é naturalmente empresária, pois não se vislumbra, em uma atividade complexa como a voltada à indústria, um exercício simplificado ou rudimentar. Tem-se, pois, inequivocamente a presença dos quatro fatores de produção, de modo que eventual imóvel alugado para o seu exercício é, inequivocamente, para fins empresariais.

Por essa razão, parece-nos despicienda, no contexto atual, a previsão do § 4º do art. 51 da Lei do Inquilinato no tocante à indústria, pois com a teoria da empresa ela se consubstancia, inequivocamente, como uma atividade empresarial, de modo que o contrato de locação celebrado para exercer, no imóvel, esta atividade, é também empresarial e, assim, gozará o locatário do direito à sua renovação.

De outro modo, quanto à previsão de extensão do direito à renovação aos contratos de locação celebrados por sociedades civis com fins lucrativos, esta permanece "atual". Primeiro, a sua previsão evidencia a preocupação maior do legislador com a tutela da atividade econômica em sentido mais amplo, e não apenas com as atividades comerciais/empresariais.

Assim, o direito à renovação do contrato não se limita às atividades empresariais em sentido estrito, alcançando as atividades econômicas de modo amplo, notadamente quando exercidas por pessoas jurídicas.

No entanto, a previsão de extensão às sociedades civis com fins lucrativos reclama uma releitura. Isso porque, também com o advento da teoria da empresa, as referidas sociedades não mais existem, sendo substituídas pelas atuais *sociedades simples*, que se consubstancial nas pessoas jurídicas exercentes de atividades econômicas sem a organização empresarial. Daí porque nos referimos, anteriormente, à atualidade do texto entre aspas.

Disso se infere que tanto as sociedades empresárias, quanto as não empresárias, ao alugarem um imóvel para o exercício da sua atividade, farão jus à renovação do contrato de locação, protegendo, assim, a sua atividade. Trata-se, inequivocamente, e ainda uma

24 • DIREITO POTESTATIVO À RENOVAÇÃO DO CONTRATO DE LOCAÇÃO DE IMÓVEL PARA FINS EMPRESARIAIS — 391

vez, da tutela da atividade econômica e da livre iniciativa, não se limitando às atividades empresariais *stricto sensu*.

Nada obstante, questão que suscita controvérsias diz respeito aos profissionais liberais ou pessoas naturais exercentes de atividade econômica sem a forma empresarial. Uma vez que o legislador estendeu o regime da locação empresarial às pessoas jurídicas não empresárias, surge a dúvida se essa extensão não poderia ser aplicada, analogicamente, também às pessoas naturais que exercem uma atividade econômica, em observância ao princípio do paralelismo. Ora, se as sociedades empresárias e simples gozam do benefício legal, por que no caso das pessoas naturais ele se limitaria aos empresários individuais e não aos demais exercentes de atividades econômicas?

Para uma parcela da doutrina[9], amparada em alguns precedentes jurisprudenciais,[10] os profissionais liberais não podem ser locatários de imóvel para fins empresariais, pois a lei exige a presença de uma sociedade simples, pessoa jurídica. Portanto, se o exercício dessa atividade não empresarial ocorrer individualmente, e sem a organização empresarial características dos empresários individuais, não será o profissional liberal locatário de imóvel para fins empresariais, e tampouco fará jus ao direito à renovação, especialmente por lhe faltar um fundo de comércio ou estabelecimento empresarial.

Tal entendimento, o qual nos filiamos, pode ser reforçado pelo fato de que a norma constante do art. 51, § 4º, da Lei 8.245/1991 se consubstancia em uma regra de exceção. A regra geral é a de que apenas os contratos de locação para fins empresariais gozam do benefício, de modo que é excepcional a extensão às pessoas jurídicas não empresárias. Nesse sentido, como as regras de exceção, segundo a hermenêutica jurídica, devem ser interpretadas restritivamente, não se pode estendê-la aos profissionais liberais ou demais pessoas naturais que exercem atividades econômicas.

Além disso, cremos que o liame que une o profissional liberal aos seus clientes ou pacientes não é objetivo, isto é, não leva em consideração a localização do escritório ou consultório. O vínculo que se estabelece entre eles é subjetivo, pois leva em consideração a confiança no trabalho e a qualidade no atendimento, de modo, ainda que o profissional mude a sua localização, a maioria de seus clientes continuará o buscando.

Já para uma segunda parcela da doutrina[11] é possível aplicar aos profissionais liberais a regra constante do art. 51, § 4º da Lei do Inquilinato e, consequentemente, assegurar-lhes o direito à renovação do contrato. Segundo esse entendimento, o legislador, ao admitir como locatárias de imóvel para fins empresariais as sociedades não empresárias, isto é, as pessoas jurídicas que, de modo amplo, exercem atividades econômicas, também quis abranger sob o seu manto os profissionais liberais, ou seja, todos aqueles que desempenhem uma atividade econômica visando o lucro.

Por fim, e com uma visão conciliatória, uma terceira parcela da doutrina, capitaneada por nosso saudoso Prof. Sylvio Capanema,[12] sustenta que os profissionais liberais podem gozar dos benefícios da locação para fins empresariais, em particular o direito à renovação do contrato, desde que o contrato de locação expressamente os autorize, em prestígio à

---

9. Cf. SALLES, José Carlos de Moraes. *Ação renovatória de locação empresarial*: locações comerciais, industriais e para sociedades civis com fins lucrativos. 2. ed. São Paulo: Ed. RT, 2002. p. 51.

10. Ver, exemplificativamente, REsp 119.480/SP. Relator Ministro Luiz Vicente Cernicchiaro. Sexta Turma. DJ 13.10.1997.

11. VENOSA. Op. cit. p. 204.

12. SOUZA. Op. cit. p. 261.

autonomia privada. E isso porque, na visão do autor, cada vez mais esses profissionais dependem do ponto em que se instalaram, ante a impessoalidade que vêm assumindo as suas atividades. Por essa razão, e desde que previsto expressamente no contrato, têm essas pessoas o direito à renovação do contrato, submetendo-se ao regime jurídico dos contratos de locação para fins empresariais.

A conclusão que se extrai, da regra prevista no art. 51, § 4º da Lei 8.245/1991, é a de que o legislador se preocupa em amparar, do modo mais amplo possível, mas observado o rigor técnico, as atividades econômicas, as quais têm inequívoca importância social, na medida em que são uma fonte de circulação de riquezas, de geração de empregos e de arrecadação de tributos. As atividades econômicas têm, desta forma, uma destacada função social.

Com essa mesma mentalidade, o legislador também previu, desta vez no art. 55 da Lei de Locações, que também se considera como locação não residencial quando o locatário for pessoa jurídica e o imóvel destinar-se ao uso de seus titulares, diretores, sócios, gerentes, executivos ou empregados. Pela redação, conclui-se que se considera não residencial a locação feita com a finalidade de moradia de administradores, gerentes, prepostos e empregados da pessoa jurídica, quando esta locar o imóvel para que essas pessoas o ocupem.

Uma primeira observação a ser feita é que, embora o dispositivo legal não chame a referida hipótese de *locação comercial*, o objetivo da previsão é estender a ela o regime jurídico das locações para fins empresariais, de modo que assim deve ser interpretada a disposição da lei.

Quanto às razões que justificam a referida extensão, essas parecem óbvias. Em muitos casos, a depender da atividade exercida e de sua localização, é necessário que a sociedade que exerce a atividade econômica alugue um imóvel para que seus administradores, gerentes, prepostos ou empregados fiquem mais próximos do local de trabalho e, assim, viabilizem o próprio exercício da atividade.

A distância entre a sede da pessoa jurídica e o local do exercício da atividade pode inviabilizar esta última, razão pela qual não é incomum que a sociedade alugue um imóvel para a moradia dos gerentes e prepostos, para que permaneçam perto do local de trabalho, ao menos durante a semana, retornando para as suas residências nos finais de semana.

Então, nesses casos é essencial a proteção também deste "ponto", pois a sua perda pode inviabilizar o próprio exercício da atividade.

Disso se extrai a razão pela qual o legislador estendeu o regime protetivo das locações para fins empresariais a esses contratos, conferindo-lhes o direito à renovação, a fim de, ainda uma vez, tutelar a atividade econômica.

2.2 A natureza do direito à renovação do contrato de locação empresarial e o prazo para o seu exercício

Questão relevante acerca do direito à renovação do contrato de locação para fins empresariais é aquela que diz respeito à sua natureza. Em que pese na doutrina encontremos entendimento no sentido de que este direito tem natureza híbrida, mista, por conter uma

24 • DIREITO POTESTATIVO À RENOVAÇÃO DO CONTRATO DE LOCAÇÃO DE IMÓVEL PARA FINS EMPRESARIAIS **393**

obrigação e um elemento real,[13] ou mesmo a natureza de uma obrigação *propter rem*,[14] a nosso sentir ele ostenta, inequivocamente, a natureza de um direito potestativo.

O direito potestativo é comumente conceituado como o poder conferido pelo ordenamento ao sujeito que, por vontade sua, pode interferir na esfera jurídica de outrem, ficando este último numa posição de sujeição, de modo a não poder impedir o seu exercício.[15] É, pois, da essência desse direito a imposição de uma vontade.

Tem-se, então, quando da análise da estrutura e caracterização do direito potestativo, a ideia da existência de um direito que confere ao seu titular uma ampla e irrestrita liberdade de exercício, um direito quase absoluto em que a outra parte nada pode fazer para resistir ou impedir a atuação do sujeito ativo.[16]

Assim, e ao contrário do que ocorre com o direito subjetivo, sobre o qual não há dúvida de sua relatividade, na medida em que sofre limitação, em observância, por exemplo, à boa-fé, à função social e aos bons costumes,[17] o direito potestativo, em sua visão tradicional, não sofreria óbices ao seu exercício, uma vez que, em sua essência, se caracterizaria fundamentalmente como um poder de intervir na esfera jurídica alheia sem que possa sofrer qualquer oposição, resistência ou limitação.[18]

Contudo, esse poder conferido ao sujeito em decorrência do direito não deve ser visto como absoluto, como nenhum direito o é. Certo é que o direito potestativo se caracteriza, essencialmente, pela possibilidade conferida pelo ordenamento de o sujeito agir, atingindo

---

13. Segundo esse entendimento, defendido por Alfredo Buzaid, a relação que confere ao locatário o direito à renovação do contrato de locação é composta por uma obrigação de fazer e por um elemento real, que se fundem formando uma unidade autônoma (BUZAID, Alfredo. *Da ação renovatória*. v. I. 2. ed. São Paulo: Saraiva, 1981. p. 202 e ss.).

14. Nesse sentido é a opinião de Milton Fernandes (FERNANDES, Milton et. al. *A lei do inquilinato anotada e comentada*. Rio de Janeiro: Forense Universitária, 1992. p. 103 e ss.).

15. Nesse sentido, conceitua Pietro Perlingieri o direito potestativo como "o poder de provocar unilateralmente uma vicissitude jurídica desfavorável para outro sujeito" (PERLINGIERI, Pietro. *O direito civil na legalidade constitucional*. Edição brasileira organizada por Maria Cristina De Cicco. Rio de Janeiro: Renovar, 2008. p. 285). Igualmente, afirma Carlos Alberto da Mota Pinto que "*Os direitos potestativos* são poderes jurídicos de, por um acto livre de vontade, só de per si ou integrado por uma decisão judicial, produzir efeitos jurídicos que inelutavelmente se impõem à contraparte" (PINTO, Carlos Alberto da Mota. *Teoria geral do direito civil*. 3. ed. Coimbra: Coimbra, 1999. p. 174).

16. Sobre este peculiar aspecto dos direitos potestativos, explicita Agnelo Amorim Filho que "a principal característica dos direitos potestativos é o estado de *sujeição* que o seu exercício cria para outra ou outras pessoas, independentemente da vontade dessas últimas, ou mesmo contra a sua vontade" (AMORIM FILHO, Agnelo. Critério científico para distinguir a prescrição da decadência e para identificar as ações imprescritíveis. *Revista de direito processual civil*. a. 2, v. 3. p. 100. jan.-jun. 1961). Essa conclusão decorre do entendimento exposto por muitos de que os direitos potestativos são direitos absolutos, na medida em que, segundo explicita Orlando Gomes, "No lado passivo dessas relações jurídicas, não há *obrigações* no sentido estrito da palavra, mas *deveres* que antes correspondem a um estado de *sujeição* a um poder discricionário e não a um poder arbitrário ainda que exercido prudentemente" (GOMES, Orlando. *Introdução ao direito civil*. Atualização e notas de Humberto Theodoro Júnior. 18. ed. Rio de Janeiro: Forense, 2001. p. 104-105).

17. O reconhecimento da relatividade dos direitos subjetivos passou por diversas etapas, até chegar a um consenso, hoje unânime, de que eles não têm caráter absoluto. O próprio direito de propriedade, que se caracteriza como um direito subjetivo de natureza real, e que era sacralizado pelos romanos, já admitia limites ao seu exercício. Neste sentido, ver MORAES, Renato Duarte Franco de. A responsabilidade pelo abuso de direito: o exercício abusivo de posições jurídicas, a boa-fé objetiva e o Código Civil de 2002. In: BARROSO, Lucas Abreu (Org.). *Introdução crítica ao código civil*. Rio de Janeiro: Forense, 2006. p. 78.

18. Tal característica é ressaltada pela doutrina como essencial à caracterização dos direitos potestativos. Nesse sentido, LEMOS FILHO, Flávio Pimentel. *Direito potestativo*. Rio de Janeiro: Lumen Juris, 1999. p. 39. Manuel Domingues Andrade, ao tratar da absoluta sujeição do sujeito passivo da relação potestativa, afirma que "Esta, por sua parte – correlato dos chamados direitos potestativos – consiste na *necessidade* imposta pela ordem jurídica ao sujeitado de suportar as consequências do exercício do direito potestativo, ou seja, a produção dos efeitos jurídicos a que tende o mesmo direito. Trata-se aqui de uma necessidade fatal, pois a produção destes efeitos verifica-se de modo *inelutável*. O sujeitado nada pode fazer contra isso" (ANDRADE, Manuel A. Domingues. *Teoria da relação jurídica*: sujeitos e objecto. v. I. Coimbra: Coimbra, 2003. p. 17).

a esfera jurídica alheia, seja favorável, seja desfavoravelmente, quando este integra a relação jurídica. É um fato inexorável e que, por si só, não deslegitima o exercício do direito.

No entanto, para que o exercício desse direito e, consequentemente, do poder que dele emana, seja legítimo, é preciso que a sua conduta esteja em conformação com os limites impostos pela lei e, especialmente, pela função do direito, na medida em que apenas será merecedora de tutela a atuação do sujeito se esta estiver de acordo com as finalidades propostas pelo ordenamento.

Assim, o direito potestativo, embora confira ao seu titular um poder que, a princípio, pareça absoluto, sofre limitações impostas pela própria lei, como é o caso do direito à renovação do contrato, como veremos adiante, e pelos valores e princípios do ordenamento, como a função social, por exemplo.

O que se percebe, de tudo o que foi dito, é que o direito à renovação do contrato de locação se caracteriza inequivocamente como um direito potestativo. Tal conclusão se extrai da redação do *caput* do art. 51 da Lei 8.245/1991, que expressamente prevê que nos contratos de locação de imóveis destinados ao comércio o locatário *terá* direito à renovação do contrato, usando o legislador, então, a forma imperativa, a demonstrar a sua potestatividade.

Caso, contudo, ainda não fosse possível concluir pela natureza potestativa do direito, mesmo diante da referida disposição, outros dois argumentos fazem cair por terra eventual conclusão em contrário.

No art. 52 da Lei do Inquilinato, que será objeto de análise no item 3.2 deste Capítulo, traz o legislador as hipóteses em que, embora existente o direito do locatário, não haverá a renovação do contrato. Ao explicitar tais hipóteses, prevê o dispositivo legal que, na ocorrência de algum dos casos expressamente nele previstos, o locador não estará *obrigado* a renovar o vínculo,[19] expressão essa que nos leva à conclusão de que, fora esses casos descritos na lei em que não haverá a renovação, nos demais o locador terá a obrigação de o renovar.

Tem-se, então, uma evidente posição de sujeição do locador, que não poderá se recusar a renovar o contrato de locação, obrigando-se a estender o vínculo jurídico existente com o locatário.

O último argumento a reforçar o nosso entendimento, e que, a nosso sentir, põe uma pá-de-cal na discussão, diz respeito à natureza do prazo para o exercício do direito. Segundo a regra prevista no art. 51, § 5º da Lei 8.245/1991, "[d]o direito a renovação decai aquele que não propuser a ação no interregno de um ano, no máximo, até seis meses, no mínimo, anteriores à data da finalização do prazo do contrato em vigor".

Previu o legislador, então, que o prazo para o exercício do direito à renovação é um prazo decadencial, o que nos dá não só uma dica, mas uma certeza sobre a natureza do direito do locatário.

Mas para compreender esse ponto, é preciso discorrer sobre a diferenciação entre a natureza dos direitos e dos prazos que os fulminam, a fim de que possamos concluir, com segurança, que o direito à renovação do contrato de locação é, de fato, potestativo. Faz-se necessário, neste momento, diferenciar, ainda que brevemente, a prescrição da decadência.

---

19. Art. 52. O locador não estará obrigado a renovar o contrato se: [...].

Diversos são os critérios apresentados na doutrina para a diferenciação desses dois instigantes institutos. No entanto, foi o Prof. Agnelo Amorim Filho que apresentou, na década de 1960, um texto que se tornou referência na identificação da decadência e da prescrição e dos seus critérios de diferenciação. Em seu clássico artigo denominado *[c] ritério científico para distinguir a prescrição da decadência e identificar as ações imprescritíveis*, o autor estabeleceu um critério a partir da natureza dos direitos envolvidos e das ações que podem ser manejadas em cada um dos casos, assim identificando os institutos.

Primeiramente, o seu trabalho se inicia formulando profundas críticas ao principal critério estabelecido tradicionalmente pela doutrina, de que a decadência importa na perda do direito e a prescrição é causa de extinção da ação. Em sua visão, a identificação dos institutos não deve se dar pelos seus efeitos, mas sim pela sua causa.[20]

A partir dessa premissa, Amorim Filho passa a desenvolver seu critério científico tomando emprestado, primeiramente, a classificação de direitos desenvolvida por Chiovenda, segundo a qual os direitos se dividem em duas grandes categorias: a primeira que diz respeito aos direitos que têm como finalidade um bem da vida a ser obtido mediante uma prestação, os chamados *direitos prestacionais* ou *direitos a uma prestação*, como os direitos reais e os pessoais, em que há sempre um sujeito passivo obrigado a cumprir com uma prestação positiva ou negativa; e os direitos potestativos, os quais a lei confere ao titular um poder de influir, através de sua manifestação de vontade, sobre as situações jurídicas de terceiros, sem o concurso de vontade destes.[21]

Posteriormente a essa classificação dos direitos, Amorim Filho desenvolve sua teoria sobre o que ele chamou de moderna classificação das ações, a qual decorre, em seu entender, da própria concepção dos direitos potestativos, em que estes levaram a uma nova definição das ações, que passaram a ser classificadas não mais pela natureza do direito pleiteado, e sim pela natureza do provimento jurisdicional pretendido.[22]

Por essa orientação, as ações podem ser caracterizadas em condenatórias, constitutivas e declaratórias. Nas ações condenatórias o autor pretende que o Estado-Juiz imponha ao réu uma prestação, seja de dar, fazer, ou não fazer (por exemplo, pagar uma indenização, derrubar uma construção), ou seja, condena-se o réu para que ele, mediante um agir, satisfaça a pretensão do autor. Já nas ações constitutivas, o autor pretende do réu não uma prestação, mas sim que o próprio Estado-Juiz, mediante o provimento jurisdicional, e independentemente da atuação do devedor, crie, modifique ou extinga uma relação jurídica – por exemplo, a anulação de um ato, desconstituindo a relação. Quanto às ações declaratórias, o autor pretende apenas o reconhecimento jurídico de um ato.

Assim, e objetivamente, conclui ele que para as ações condenatórias, é imperiosa a existência de uma violação ao direito, o que só ocorre no caso dos direitos subjetivos, os quais pressupõem um dever correspondente, que pode ser descumprido. Com efeito,

---

20. "O critério mais divulgado para se fazer a distinção entre os dois institutos é aquele segundo o qual a prescrição extingue a ação, e a decadência extingue o direito. Entretanto, tal critério, além de carecer de base científica, é absolutamente falho e inadequado, uma vez que pretende fazer a distinção pelos efeitos ou consequências. O critério apontado apresenta-se, assim, com uma manifesta petição de princípio, pois o que se deseja saber, precisamente, é quando o prazo atinge a ação ou o direito. O que se deseja saber, precisamente, é quando o prazo atinge a ação ou o direito. O que se procura é a causa e não o efeito". AMORIM FILHO, Agnelo. Critério científico para distinguir a prescrição da decadência e para identificar as ações imprescritíveis. *Revista de direito processual civil.* v. 3. a. 2. jan.-jun. 1961. p. 97.
21. AMORIM FILHO. Op. cit. p. 98-99.
22. AMORIM FILHO. Op. cit. p. 104-105.

havendo uma violação ao direito e, consequentemente, uma lesão ao titular, inicia-se para este o prazo para satisfazer, judicialmente, a sua pretensão de ver o seu direito reparado. Nessa hipótese, o prazo será prescricional. Então, a prescrição atinge a pretensão de ver reparado o direito subjetivo violado, de modo que os prazos prescricionais afetam apenas essas espécies de direitos.[23]

De outro modo, e também objetivamente, quando há um direito potestativo, embora não haja a possibilidade de violação ao direito – uma vez que a parte contrária está numa posição de simples sujeição –, se estabelece um prazo para o seu exercício, de modo que, em nome da segurança jurídica, o titular não tem a faculdade, ou o poder, de perpetuamente exercê-lo, subjugando o devedor por toda a vida deste, de modo que ele nunca saberá quando o credor o exercerá ou não. E os direitos potestativos são exercidos através das ações constitutivas, para as quais a lei estabelece um prazo para o seu manejo, prazo esse que é decadencial. Nessa esteira, a decadência atinge os direitos potestativos, os quais são exercitados, via de consequência pelas ações constitutivas.[24]

A partir, então, desse critério, podemos concluir que o legislador inquilinário, ao prever que o prazo para exercício do direito à renovação do contrato de locação é decadencial, quis lhe conferir, induvidosamente, a natureza de direito potestativo.

Como último ponto a ser analisado neste tópico, temos o próprio prazo previsto na lei. Como transcrito anteriormente, prevê o art. 51, § 5° da Lei do Inquilinato que o locatário deverá exercer o direito à renovação no interregno de um ano, no máximo, até seis meses, no mínimo, anteriores à data da finalização do prazo do contrato em vigor.

Trata-se de um prazo de 06 meses, cujo termo inicial para a sua contagem é o primeiro dia do penúltimo semestre de vigência do contrato de locação. O prazo, portanto, é semestral, correspondente ao período do penúltimo semestre de vigência do contrato.

A norma legal pode parecer, em um primeiro momento, confusa. Mas não é. Há uma razão para que se tenha estabelecido esse período como aquele para o exercício do direito à renovação do vínculo.

Ao prever que o prazo é aquele correspondente ao penúltimo semestre de vigência do contrato, quis o legislador proteger tanto o locador, quanto o locatário.

Protege-se o locador porque, se o locatário não exercitar o direito dentro do prazo legal, terá ele 06 meses para encontrar outro locatário, que poderá ocupar o imóvel tão logo haja o término do vínculo, não permanecendo o bem desocupado, o que traria inúmeros prejuízos ao locador.

Por outro turno, protege-se o locatário porque, caso ele perca o prazo fatal, terá ainda 06 meses para encontrar outro imóvel e transferir o seu estabelecimento, inclusive comunicando aos seus clientes da mudança, minimizando os seus prejuízos.

Vê-se, portanto, que o interregno previsto na lei, como prazo para o exercício do direito à renovação do contrato de locação, tem um propósito particular, que é proteger ambas as partes da relação jurídica locatícia, diminuindo os riscos de dano decorrentes de eventual interrupção abrupta do vínculo existente.

---

23. AMORIM FILHO. Op. cit. p. 107-113.
24. AMORIM FILHO. Op. cit. p. 103-116.

2.3 Os requisitos para a constituição do direito e para o seu exercício

O direito potestativo à renovação do contrato de locação para fins empresariais tem como objetivo, como vimos anteriormente, a preservação da empresa e a tutela da atividade econômica de um modo mais amplo, alcançando também as pessoas jurídicas não empresárias, mas que exerçam atividades econômicas com fins lucrativos.

Por essa razão, a existência do direito potestativo à renovação do contrato pressupõe, em regra, a existência de uma atividade econômica-empresarial que deva ser protegida, que são aquelas cuja mudança de localização poderá importar na inviabilidade do seu exercício.

Isso significa que só há que se falar em direito potestativo à renovação do contrato de locação se estivermos diante de uma atividade consolidada, com uma clientela a ser preservada, sob pena de não termos um fundamento e uma justificativa para se sobrepor ao direito de propriedade do locador.

Afastar a plenitude do exercício das faculdades inerentes à propriedade, inclusive a do proprietário de alugar o imóvel para quem quiser, só se justifica diante da necessidade de se proteger a livre iniciativa e o pleno exercício das atividades econômicas, no caso, exercidas pelo locatário.

Por essa razão, a existência do direito à renovação compulsória do contrato de locação depende do preenchimento dos requisitos previstos no art. 51 da Lei do Inquilinato.

Nessa esteira, assim dispõe o art. 51, *caput* que "[n]as locações de imóveis destinados ao comércio, o locatário terá direito a renovação do contrato, por igual prazo, *desde que*, cumulativamente: I – o contrato a renovar tenha sido celebrado por escrito e com prazo determinado; II – o prazo mínimo do contrato a renovar ou a soma dos prazos ininterruptos dos contratos escritos seja de cinco anos; o locatário esteja explorando seu comércio, no mesmo ramo, pelo prazo mínimo e ininterrupto de três anos".

O legislador reclama, então, para a constituição do direito, a presença de três requisitos, os quais devem estar cumulativamente presentes, sob pena de não se poder falar na sua existência. Não se trata, portanto, de meros requisitos para o exercício do direito, mas elementos necessários à sua própria constituição.

O primeiro dos requisitos é o de que o contrato que se pretende renovar deve ser escrito e por prazo determinado. Exige-se, portanto, um contrato formal, por escrito, de modo que seja inequívoca a sua existência, bem como os seus termos. Isso se deve ao fato de que o contrato se renovará nos mesmos termos do anterior, de modo que é preciso que se tenha um documento com todas as suas formalidades e condições, a fim de que não haja dúvidas e discussões no momento da renovação, que se dará judicialmente por meio da ação renovatória, como será explicitado no item 3.1.

Do mesmo modo, o contrato deve estar vigendo por prazo determinado, e isso porque o contrato por prazo indeterminado pode ser denunciado a qualquer tempo, nos termos do art. 57 da Lei do Inquilinato, de modo que não tem a estabilidade e a segurança do contrato por prazo determinado.

Admitir-se a renovação compulsória de um contrato por prazo indeterminado seria um contrassenso e uma contradição ao sistema disposto pela lei de regência, além de ser ineficaz e contraproducente, pois o locador poderia denunciá-lo assim que fosse determinada judicialmente a renovação, razão pela qual só há que se falar na existência do direito do potestativo em comento se estivermos diante de um contrato escrito e por prazo certo.

O segundo requisito é que o contrato que se pretende a renovação deve estar vigendo por, no mínimo, 05 anos, ou a soma dos prazos ininterruptos dos contratos sucessivos perfaça, no mínimo, 05 anos.

Exigiu o legislador, para a existência do direito potestativo à renovação do contrato, que exista uma estabilidade na relação, isto é, que ela esteja perdurando por, no mínimo, 05 anos e que, consequentemente, ali esteja estabelecido o locatário, firmando o seu ponto e sua cliente, por igual período.

Se o objetivo do direito à renovação compulsória do contrato é a tutela da atividade econômica exercida pelo locatário, protegendo-se sua clientela, a fim de que ela não se perca com a alteração do endereço do exercente da atividade, é preciso que esta clientela esteja formada e fidelizada, sob pena de a mudança não acarretar nenhum prejuízo para o ocupante do imóvel.

O legislador, então, estabeleceu uma presunção de que, se o contrato ou a soma dos vários contratos sucessivos não possui um prazo mínimo de 05 anos, não há uma estabilidade da relação, e tampouco da atividade econômica, que justifique a imposição da renovação do vínculo.

Ainda sobre o tema, questão que merece ser observada é a da possibilidade de somar os prazos dos diversos contratos celebrados sucessivamente, aquilo que se convencionou chamar de *acessio temporis*. O legislador, ao prever essa possibilidade, acolheu o entendimento já defendido pela doutrina e pela jurisprudência que há tempos admite o aproveitamento dos prazos de diversos contratos, a fim de alcançar o período mínimo de 05 anos.

A redação da lei, contudo, não solucionou o problema da possibilidade de se somar os prazos dos diversos contratos mesmo que, entre eles, haja uma solução de continuidade, isto é, em que haja uma pequena interrupção entre eles sem viger um contrato escrito e com prazo determinado.

Em verdade, a regra constante do art. 51, II, da Lei do Inquilinato leva à conclusão de que a soma dos prazos, neste caso, não é possível, uma vez que, na expressão da lei, só é possível a soma de prazos *ininterruptos* dos contratos, a fim de que se chegue ao prazo mínimo de 05 anos de vigência.

Tal solução proposta pelo legislador encontrou críticas na doutrina, com o quê concordamos, na medida em que abre margem e possibilidade para o emprego da má-fé.[25] Pode o locador, por exemplo, visando afastar o direito à renovação, criar embaraços quando da negociação para a celebração de um novo contrato, quando inferior a 05 anos, deixando terminar o seu prazo para, só depois de algum tempo, concordar em celebrar um novo contrato escrito.

Nesse caso, diante da inexistência de contratos ininterruptos, não poderia o locatário renová-lo, ficando, pois, há mercê da ação do locador. Por essa razão, entendemos, e amparados na doutrina de nosso saudoso Prof. Sylvio Capanema, que a interpretação da lei não pode ser literal.[26] A nosso sentir, é preciso interpretar o dispositivo à luz dos prin-

---

25. SOUZA. Op. cit. p. 253.
26. SOUZA. Op. cit. p. 254.

cípios que norteiam as relações contratuais, como a boa-fé, por exemplo, e especialmente em observância à função constitucional do instituto da renovação compulsória, que é a tutela da empresa e da atividade econômica.

As pequenas interrupções devem ser toleradas e desconsideradas, entendendo como ininterruptos os prazos, quando se verificar que entre um contrato e outro decorreu período de tempo razoável, que denote que as partes estavam em negociação para a celebração de um novo vínculo.

Se locador e locatário tinham como objetivo, desde o início, a renovação do contrato, que só não ocorreu sem solução de continuidade porque certas arestas ainda estavam sendo aparadas, não há sentido em não reconhecer o direito à renovação.

De igual modo, se ficar verificado que o locador, injustificadamente, estava criando empecilhos para não renovar o contrato, o que levou à interrupção dos prazos dos contratos sucessivos, mas o renovou posteriormente por escrito, será possível fazer a soma dos prazos dos contratos.

Conclui-se, pois, em consonância também com a jurisprudência do STJ, que ainda nos casos de pequenas interrupções entre os contratos é possível somar os seus prazos para fim de atingimento do prazo mínimo de 05 anos.[27]

Por fim, o terceiro requisito para a constituição do direito à renovação do contrato é o de que deve estar o locatário exercendo no imóvel o mesmo ramo de atividade pelo prazo mínimo de 03 anos.

A referida exigência deve ser compreendida no mesmo contexto do requisito anterior. Se é reclamado um prazo mínimo de 05 anos de vigência do contrato para que se tenha uma estabilidade da relação e da própria atividade exercida pelo locatário, pelas mesmas razões o legislador estabeleceu um *plus*, que consiste na identidade da atividade por um prazo mínimo de 03 anos.

Assim como no requisitou anterior, estabeleceu o legislador uma presunção de que a atividade exercida pelo locatário precisa de, no mínimo, 03 anos para se consolidar, de modo que, se tiver ela menos de 03 anos, não terá ele formado substancialmente sua clientela, não merecendo, portanto, tutela jurídica. Assim, além do prazo mínimo do contrato, que deve ser de 05 anos, deverá o locatário estar exercendo o mesmo ramo de atividade por no mínimo 03 anos.

Questão tormentosa diz respeito à expressão "mesmo ramo" empregada pelo legislador. Ao prevê-la, quis o legislador exigir uma absoluta identidade da atividade exercida pelo locatário no período, sendo ela idêntica, ou admitiu que atividades semelhantes dentro desse prazo também autorizam a renovação? A nosso sentir, "mesmo ramo" não significa "mesma atividade" ou "atividade idêntica".

Imagine que o locatário inicie no imóvel uma atividade correspondente a um bar. Com o tempo, com o aumento da clientela e visando ampliá-la ainda mais, o locatário transforma o seu bar em um restaurante, colocando mesas e cadeiras e servindo refeições nos mais variados horários, e não mais apenas petiscos e bebidas. Neste caso, não teria ele direito à renovação do contrato? A nosso sentir, sim, em que pese existam entendimentos

---

27. Nesse sentido, AgRg no REsp 61436/SP. Relator Ministro Hamilton Carvalhido. Sexta Turma. DJ 17.04.2006.

THIAGO FERREIRA CARDOSO NEVES

em contrário.[28] Isso porque se tem, na hipótese, inequivocamente uma atividade do mesmo ramo, o de alimentos, pois ambos têm como propósito servir comidas e bebidas, ainda que tenha havido uma modificação no estilo do lugar e das refeições.[29]

Preenchidos, pois, os três requisitos, ter-se-á o direito potestativo à renovação do contrato, o qual será renovado pelo mesmo prazo do contrato que se pretende a renovação, conforme prevê o *caput* do art. 51 da Lei 8.245/1991,[30] o que só poderá ser obstado nos casos que serão examinados nos itens 3.2 e 3.3 deste Capítulo.

3. O MODO DE EXERCÍCIO DO DIREITO POTESTATIVO À RENOVAÇÃO DO CONTRATO E A POSSIBILIDADE DE SE IMPEDIR A SUA RENOVAÇÃO

3.1 A ação renovatória

O direito à renovação compulsória do contrato de locação de imóvel para fins empresariais é exercido exclusivamente pela via judicial. Em se tratando de um direito potestativo, por meio do qual o locatário interferirá na esfera jurídica do locador sem que este possa, exceto nas hipóteses legais, resistir, reclama-se a atuação do Judiciário, de modo que apenas por comando judicial tem-se a renovação compulsória.

Cumpre observar, entretanto, que a exigência de uma demanda judicial se limita aos casos em que o locador resista à renovação. Havendo concordância entre ambos, a renovação poderá se dar fora da esfera judicial. Isso significa que nada impede que as partes, autônoma e extrajudicialmente, renovem o vínculo, celebrando um novo contrato, em observância à autonomia privada e negocial.

Sem prejuízo, havendo discordância sobre qualquer aspecto da renovação, em especial o valor do novo aluguel, necessário se faz o ajuizamento da *ação renovatória* para que o locatário logre renovar o seu contrato, e desde que preencha os requisitos legais para a constituição do direito potestativo.

Mas, além dos requisitos para a existência do próprio direito, o legislador também estabeleceu requisitos formais para o seu exercício judicial. Isso significa que a ação renovatória tem requisitos para que seja conhecida e possa, no mérito, ser julgada.

O art. 71 da Lei 8.245/1991 traz um longo rol de requisitos a serem cumpridos quando do ajuizamento da ação renovatória. Prevê o mencionado dispositivo que:

Art. 71. Além dos demais requisitos exigidos no art. 282 do Código de Processo Civil, a petição inicial da ação renovatória deverá ser instruída com:

I – prova do preenchimento dos requisitos dos incisos I, II e III do art. 51;

II – prova do exato cumprimento do contrato em curso;

III – prova da quitação dos impostos e taxas que incidiram sobre o imóvel e cujo pagamento lhe incumbia;

---

28. Segundo Luiz Antonio Scavone Junior, só se admite ampliação de atividade, e não modificação. Usando o exemplo da padaria, esclarece o autor que é possível a renovação quando uma padaria acrescenta à sua atividade um restaurante. Todavia, não será possível a renovação se padaria *se transformar* em restaurante. SCAVONE JUNIOR. Op. cit. p. 339.

29. No mesmo sentido, Sylvio Capanema (SOUZA. Op. cit. p. 255) e Silvio Venosa (VENOSA. Op. cit. p. 200).

30. Na jurisprudência do STJ encontram-se precedentes limitando o novo contrato a se renovar ao prazo de 05 anos, entendendo que a lei, ao se referir a "mesmo prazo", está fazendo relação com o prazo mínimo de 05 anos previsto no seu art. 51, I. Segundo esse entendimento, admitir prazos de renovação superiores contrariam a finalidade do instituto e violam o direito de propriedade do locador. Nesse sentido, REsp 1323410/MG. Relatora Ministra Nancy Andrighi. Terceira Turma. DJe 20.11.2013.

IV – indicação clara e precisa das condições oferecidas para a renovação da locação;

V – indicação do fiador quando houver no contrato a renovar e, quando não for o mesmo, com indicação do nome ou denominação completa, número de sua inscrição no Ministério da Fazenda, endereço e, tratando-se de pessoa natural, a nacionalidade, o estado civil, a profissão e o número da carteira de identidade, comprovando, desde logo, mesmo que não haja alteração do fiador, a atual idoneidade financeira; (Redação dada pela Lei 12.112, de 2009)

VI – prova de que o fiador do contrato ou o que o substituir na renovação aceita os encargos da fiança, autorizado por seu cônjuge, se casado for;

VII – prova, quando for o caso, de ser cessionário ou sucessor, em virtude de título oponível ao proprietário.

Parágrafo único. Proposta a ação pelo sublocatário do imóvel ou de parte dele, serão citados o sublocador e o locador, como litisconsortes, salvo se, em virtude de locação originária ou renovada, o sublocador dispuser de prazo que admita renovar a sublocação; na primeira hipótese, procedente a ação, o proprietário ficará diretamente obrigado à renovação.

Inicialmente, estabelece o legislador que além dos requisitos da petição inicial, hoje previstos no art. 319 do Código de Processo Civil de 2015, a ação renovatória também deverá preencher os requisitos da lei especial, os quais, se não forem cumpridos, levarão à inépcia da inicial.

Cumpre asseverar que, na hipótese de não se verificar a presença de todos eles quando da distribuição da inicial e propositura da ação, deve o magistrado, antes de extinguir o processo sem resolução do mérito, na forma do art. 485, I, do Código de Processo Civil, determinar a emenda da inicial no prazo de 15 dias, oportunizando ao locatário sanar o vício existente.

Assim, e somente após a determinação da emenda à inicial, nos termos do art. 321 do Código de Processo Civil, caso o locatário não supra a omissão apontada, poderá o juiz extinguir o processo sem julgamento do mérito, caso em que poderá o titular do direito potestativo, inclusive, perdê-lo pela ocorrência da decadência se tiver proposto a ação no último dia do prazo, o que comumente ocorre na prática.

Quanto aos requisitos em si, são eles autoexplicativos, não sendo o objeto deste texto o aprofundamento das regras processuais atinentes à ação renovatória. Cumpria-nos, contudo, explicitar que o direito à renovação compulsória se exerce judicialmente, mediante a observância das regras previstas na lei de regência.

3.2 As hipóteses (taxativas?) que conferem ao locador o direito de não renovar o vínculo

Sendo exercido o direito à renovação por meio da ação renovatória, cumpre ao locador, por meio dos atos processuais correspondentes, apresentar sua defesa, respondendo à inicial.

A contestação da ação renovatória, contudo, tem um objeto limitado. Consoante o disposto no art. 72 da Lei do Inquilinato, sem prejuízo das matérias de direito e das exceções processuais cabíveis, a defesa do locador é restrita quanto aos fatos, devendo ele se limitar às seguintes alegações:

Art. 72. A contestação do locador, além da defesa de direito que possa caber, ficará adstrita, quanto à matéria de fato, ao seguinte:

I – não preencher o autor os requisitos estabelecidos nesta lei;

II – não atender, a proposta do locatário, o valor locativo real do imóvel na época da renovação, excluída a valorização trazida por aquele ao ponto ou lugar;

III – ter proposta de terceiro para a locação, em condições melhores;

IV – não estar obrigado a renovar a locação (incisos I e II do art. 52).

A primeira, e óbvia, hipótese é o do não preenchimento, pelo locatário, dos requisitos legais para a constituição do direito potestativo à renovação do contrato. Verificando-se que o exercente da atividade econômica não preenche os requisitos já examinados do art. 51 da Lei do Inquilinato, não fará ele jus à renovação, e isso porque sequer será titular desse direito.

A segunda hipótese diz respeito a uma peculiar questão envolvendo o contrato de locação. Todo e qualquer contrato deve ser pautado no equilíbrio econômico-financeiro das prestações, em que estas devem ser proporcionais e equilibradas, não levando a uma desproporção e ao enriquecimento sem causa de nenhuma das partes.

No caso do contrato de locação de imóveis, o equilíbrio das prestações se pauta no valor de mercado, como se infere do art. 19 da Lei do Inquilinato, que trata da hipótese em que se admite a revisão da avença.

Trata-se, em princípio, de um critério objetivo, verificado por um perito, que se utilizando de diversos critérios – o principal deles é o comparativo, através do qual se comparam os preços dos aluguéis da região em que está situado o bem – encontra o valor real de mercado.

Com efeito, se o locatário, na proposta de aluguel feita na ação de renovação, não atender ao valor de mercado, embora tenha direito à renovação, não poderá exercê-lo, tendo em vista o desequilíbrio econômico-financeiro das prestações.

No inciso III do art. 72 o legislador inquilinário prestigiou o interesse econômico do locador. Em uma das raras hipóteses em que a lei confere maior relevância aos interesses financeiros, previu-se que o locador não estará obrigado a renovar o contrato se comprovar que tem uma melhor proposta de terceiro para a locação.

Veja-se que, embora exista o direito potestativo, em prestígio à proteção da atividade do locatário, isso não significa que o locador não tenha o direito de ser melhor remunerado pela cessão da posse do seu imóvel.

Sendo ele, na maioria dos casos, proprietário do bem, tem ele o direito de obter a melhor remuneração, e a adequada contraprestação, decorrente da exploração do seu imóvel por terceiro, razão pela qual, se devidamente comprovada a existência da melhor proposta, poderá ele impedir a renovação.

Ainda assim, mesmo neste caso, não poderá o terceiro explorar a mesma atividade do locatário, sob pena de caracterização de usurpação da clientela e a prática de concorrência desleal, o que ensejará o dever de indenizar por este fato e, em alguns casos, até mesmo a obrigação de cessar a prática.

Mas, sem prejuízo dessa indenização, que só será devida se o terceiro exercer a mesma atividade do locatário desalijado, no caso de não renovação do contrato por melhor proposta deverá o locatário que perdeu o ponto empresarial ser sempre indenizado pelas despesas com a mudança, bem como pela perda do ponto e de sua clientela, na forma do art. 75 da Lei 8.245/1991, o que será apurado em liquidação.

Então, se de um lado o legislador prestigiou o interesse econômico do locador de obter um maior aluguel, de outro visou proteger o locatário, devendo ele ser indenizado e compensado pelos danos causados com a perda do ponto, indenização essa que será devida solidariamente pelo locador e pelo terceiro.

A última hipótese passível de ser invocada pelo locador para impedir a renovação e, consequentemente, o exercício do direito potestativo pelo locatário, está prevista no inciso IV do art. 72 da Lei do Inquilinato, ao qual remete ao art. 52 da lei especial.

O art. 52 da Lei 8.245/1991 prevê que o locador não está obrigado a renovar o contrato de locação se (i) por determinação do Poder Público, tiver que realizar no imóvel obras que importem na sua radical transformação; (ii) ou para fazer modificações de tal natureza que aumente o valor do negócio ou da propriedade; (iii) e se o imóvel vier a ser utilizado por ele próprio ou para transferência de fundo de comércio existente há mais de um ano, sendo detentor da maioria do capital o locador, seu cônjuge, ascendente ou descendente.

As três hipóteses previstas no art. 52 da Lei do Inquilinato dizem respeito a fatos que impedem o exercício do direito potestativo à renovação do contrato pelo locatário. Em todos os casos, o locatário é titular do direito à renovação compulsória, mas não poderá o exercer.

A primeira causa impeditiva para o exercício do direito decorre do fato do príncipe, e está prevista na primeira parte do inciso I do art. 52 da lei especial. Se, por determinação do Poder Público, for necessária a realização de obras no imóvel que importem em sua radical transformação, e não possa o locatário nele permanecer, poderá o locador retomar o bem, despejando o locatário.

Trata-se de um evento decorrente, evidentemente, de força maior, que o locador não pode impedir, pois o Poder Público determina a realização das obras, o que pressupõe, inequivocamente, um interesse público relevante, como, por exemplo, obras de adaptação ou para melhor segurança da população e de eventuais ocupantes da coisa, como aquelas impostas após vistoria da Defesa Civil que verifiquem risco de desabamento.

A segunda hipótese está prevista na segunda parte do inciso I do art. 72 da Lei 8.245/1991, e diz respeito a obras para atendimento do melhor interesse do locador. Não se trata, portanto, de um evento de força maior, mas sim da realização de obras por vontade do locador, que visem aumentar o valor do bem, o valorizando.

Por certo, também neste caso a desocupação só se imporá se o locatário não puder permanecer no imóvel durante a realização das obras, pois caso seja possível conciliar a sua ocupação com a realização dos trabalhos, subsistirá a possibilidade de o titular do estabelecimento permanecer o explorando.

Em quaisquer dos dois casos, e por imperiosa previsão dos §§ 1º e 3º do art. 52 da Lei do Inquilinato, o novo locatário, após a realização das obras, não poderá exercer a mesma atividade exercida pelo locatário despejado. Além disso, terá o locatário desalijado o direito à indenização se o locador, no prazo de três meses da entrega do imóvel, não iniciar as obras determinadas pelo Poder Público ou as que declarou pretender realizar. Não há, contudo, direito à reocupação, caracterizando-se a saída do imóvel pelo locatário como um fato consumado.

Quanto à terceira hipótese, está ela prevista no inciso II do art. 72 da lei especial, e prevê a impossibilidade de exercício do direito à renovação se o locador pretender utilizá-lo para si ou para o exercício de atividade de sociedade da qual ele tenha a maioria do capital votante, ou seu cônjuge, companheiro, ascendente ou descendente. Trata-se da retomada para uso próprio ou de seus familiares.

Também nesse caso não poderá, quando da retomada, exercer a mesma atividade do locatário, sob pena de ter que indenizá-lo e, do mesmo modo, terá que indenizar o locatário se não der, no prazo de 03 meses a contar da desocupação, a destinação que alegou para o retomar.

A conclusão que se extrai de tudo o que se disse é que o direito potestativo à renovação do contrato de locação não é absoluto. Na ponderação de interesses feita pelo legislador, como regra o direito do locatário prevalecerá. Entretanto, há hipóteses em que o locador poderá retomar o imóvel, impedindo a renovação.

Isso porque o contrato de locação não pode levar a uma transferência da propriedade do bem, retirando eternamente do locador a faculdade de dispor da coisa da forma que melhor lhe convier. A tutela da atividade econômica não pode levar, à toda evidência, à supressão do direito de propriedade ou, nos demais casos em que o locador não for proprietário, do direito de ceder a posse para terceiros ou mesmo usar o imóvel para si ou para sua família.

Nada obstante, e em que pese as hipóteses legalmente previstas possam parecer taxativas, a funcionalização do direito impõe uma nova interpretação para o dispositivo. Isso significa que, embora, e em princípio, apenas nos casos enumerados na lei possa o locador impedir a renovação, esta também poderá ser obstada se verificado um uso abusivo do direito potestativo pelo locatário.

Sobre essa questão, que merece uma maior reflexão, reservamos um tópico em separado, no qual demonstraremos que haverá casos em que, mesmo fora das hipóteses "taxativamente" previstas em lei, poderá o locador impedir o exercício do direito à renovação do contrato de locação para fins empresariais.

3.3   O abuso do direito à renovação do contrato de locação

Como visto ao longo do texto, o direito à renovação do contrato de locação se caracteriza como um direito potestativo, o qual confere ao seu titular o poder de interferir na esfera jurídica do locador, sem que este possa impedir. No entanto, vimos que no caso particular deste direito, o próprio legislador estabeleceu limites, os quais autorizam o locador a impedir o seu exercício pelo locatário.

Por ser uma exceção à regra, uma vez que os direitos potestativos são, em sua essência, poderes conferidos ao titular em que o sujeito passivo fica em uma posição de absoluta sujeição, a doutrina tem interpretado as hipóteses previstas na Lei do Inquilinato que impedem o exercício do direito à renovação como taxativas, não se admitindo interpretação extensiva ou expansiva.

Todavia, para além das hipóteses legais, o ordenamento jurídico também estabelece limites, de um modo geral, para o exercício dos direitos, não importando a sua natureza, se subjetivos ou se potestativos. Trata-se dos limites funcionais do direito. A questão, então, deve ser vista sob a ótica da função.

Os direitos potestativos, como exaustivamente previsto no texto, se caracterizam pela possibilidade conferida pelo ordenamento de o seu titular agir, atingindo a esfera jurídica alheia. Tal poder é, assim, um fato inexorável e que, por si só, não deslegitima o seu exercício. No entanto, o exercício legítimo desses direitos depende da observância dos valores e princípios constitucionalmente estabelecidos, isto é, da imperiosa necessidade de conformação da conduta do titular com a função do direito, na medida em que apenas será merecedora de tutela a atuação do indivíduo se esta estiver de acordo com as finalidades propostas pelo ordenamento.

A partir de então, reclama-se a análise do instituto do abuso do direito, o qual se mostra umbilicalmente ligado também à análise funcional do exercício dos direitos potestativos.

A ideia de exercício ilimitado de direitos contraria os ditames da ordem constitucional, inaugurada pela Constituição de 1988, bem como da ordem civil filtrada pela Lei Fundamental.

É inadmissível falar-se, hoje, na existência de direitos absolutos, como já se admitiu outrora, por exemplo, com o direito de propriedade. A constitucionalização do direito e a absorção dos valores consagrados pela Constituição Federal, em especial a dignidade da pessoa humana, impõem a observância de limites a todos os direitos, em respeito ao indivíduo, mediante a aplicação direta das normas constitucionais sobre as relações jurídicas, tanto públicas, quanto privadas.[31]

Impõe-se, inevitavelmente, uma funcionalização dos institutos, na medida em que a análise destes envolve necessariamente uma interpretação valorativa, devendo-se priorizar seu perfil funcional, seus efeitos e repercussões, a fim de analisar a função e a finalidade para as quais os institutos subsistem.[32]

Deste modo, no abuso do direito há uma desconformidade com a finalidade que o ordenamento pretende alcançar naquela determinada situação, ainda que, em princípio, esteja o titular apenas exercendo um direito que a lei lhe confere.[33] Dito em outros termos, o abuso do direito corresponde àquela conduta que, embora aparente ser lícita, pois amparada na lei, não está em consonância com os limites definidos pelo Direito, tendo em vista a sua função.[34]

Sob esta ótica é que deve ser vista a questão do exercício abusivo do direito à renovação do contrato de locação. Quando o locatário busca renovar o vínculo em desconformidade com a função dada pelo ordenamento ao exercício deste direito potestativo, como a tutela da atividade econômica e a função social da empresa, poderá o locador impedir que o locatário renove o vínculo ou, caso este seja renovado por só se verificar a abusividade *a posteriori*, obter a rescisão do contrato, além de eventual indenização pelos danos que porventura tenha sofrido.

---

31. Neste sentido, MORAES, Maria Celina Bodin. A caminho de um direito civil-constitucional. In: *Na medida da pessoa humana*: estudos de direito civil-constitucional. Rio de Janeiro: Renovar, 2010. p. 15. Ainda sobre a constitucionalização do direito civil, ver TEPEDINO, Gustavo. Premissas metodológicas para a constitucionalização do direito civil. In: TEPEDINO, Gustavo. *Temas de direito civil*. 4. ed. rev. e atual. Rio de Janeiro: Renovar, 2008; e SCHREIBER, Anderson. Direito civil e constituição. In: SCHREIBER. Op. cit. 2013.

32. Sobre o tema, ver KONDER, Carlos Nelson. *Causa e tipo*: a qualificação dos contratos sob a perspectiva civil-constitucional. Rio de Janeiro, 2014. p. 21-22.

33. TEPEDINO, Gustavo; BARBOZA, Heloisa Helena; MORAES, Maria Celina Bodin de. (Org.) *Código civil interpretado conforme a constituição*: parte geral e obrigações (arts. 1º ao 420). v. I. 2. ed. rev. e atual. Rio de Janeiro: Renovar, 2011. p. 345.

34. Na expressão de Pietro Perlingieri, "O abuso é o exercício contrário ou de qualquer modo estranho à função da situação subjetiva. Se o comportamento concreto não for justificado pelo interesse que impregna a função da relação jurídica da qual faz parte a situação, configura-se o abuso". PERLINGIERI, Pietro. *O direito civil na legalidade constitucional*. Edição brasileira organizada por Maria Cristina De Cicco. Rio de Janeiro: Renovar, 2008. p. 683.

É o caso, por exemplo, do locatário que, embora não tenha condições econômicas para prosseguir com a locação, logra êxito na renovação do contrato ao aceitar as condições propostas pelo locador, ou mesmo concordando com eventual laudo pericial de definição do valor do aluguel, levando à sucumbência do locador, com todos os ônus processuais. No entanto, por não ter condições econômicas de, concretamente, adimplir com o contrato, fica em mora, obrigando o locador a ajuizar demanda de despejo com cobrança de aluguéis, causando-lhe inúmeros prejuízos, inclusive com a necessidade de pagamento das custas judiciais e a contratação de advogado, enquanto permanece no imóvel, pois a experiência prática demonstra que são raros os casos em que o despejo liminar é deferido.

Em casos tais, em que se verifica o exercício abusivo do direito, deverá ele ser afastado ou, se verificado apenas depois de acolhida a renovação, rescindido o contrato, sem prejuízo das perdas e danos.

Vê-se, portanto, que se trata de questão que foge à estrita subsunção do fato às disposições da Lei do Inquilinato, que preveem hipóteses nas quais o locatário não poderá exercer o direito.

Para além desses casos, o exercício abusivo do direito, em desconformidade com a sua função, também legitimará o locador a afastar o dever de suportar a renovação do contrato, podendo retomar o imóvel.

4. CONCLUSÃO

Falar sobre locação, tema que há muito trato em livros, artigos e aulas, se tornou, desde 20 junho de 2020, uma tarefa revestida de emoção. Nesta data nos deixou um dos maiores civilistas de nosso tempo, e a maior autoridade em direito das locações de nosso país. Por isso, escrever ou falar algo sobre o tema, especialmente em uma obra em homenagem ao Professor Sylvio Capanema, não é uma tarefa simples.

Mas ainda em vida recebi dele a tarefa de trilhar os seus caminhos. Foram inúmeras as aulas e eventos que o substituí, com a confiança imerecida que ele tinha em mim, dada a evidente impossibilidade de substituí-lo à altura.

Isso não significa, contudo, que não tenha tentado e não deva continuar tentando. Foi com esse sentimento que escrevi essas breves linhas, tratando de um tema que me é muito caro, e que se volta a este importante fenômeno social e econômico, que é a locação de imóvel para fins empresariais.

Dada a relevância das atividades econômicas e, particularmente, empresariais, o legislador dotou o locatário de um verdadeiro poder. Um poder de impor a sua vontade sobre a do locador, na maioria das vezes proprietário da coisa, renovando o vínculo jurídico existente entre eles, e permanecendo ocupando o imóvel.

Isso não significa, contudo, que se trate de um poder absoluto ou ilimitado. Muito pelo contrário, trata-se de um poder limitado pelo legislador, e a partir de uma visão funcional do Direito, também pelo ordenamento de modo mais amplo, por meio dos seus valores e princípios.

Como tudo na vida, ninguém detém o poder absoluto, a não ser Deus. E, por vontade Dele, nos deixou o Professor Sylvio Capanema. Mas, em que pese tenha deixado esse mundo terreno, o eterno mestre das locações nos deixou um legado e uma missão: seguir buscando, através do Direito, uma sociedade mais justa, livre e solidária. Do cumprimento dessa missão não podemos nos furtar.

25
CONTRATO DE USO DE LOJA EM *SHOPPING CENTERS*

Álvaro Villaça Azevedo

Doutor em Direito pela USP. Professor livre-docente pela USP. Professor Titular de Direito Civil da USP. Professor Titular da Fundação Armando Alvares Penteado. Professor Titular da Universidade Presbiteriana Mackenzie. Acadêmico Fundador da Academia Brasileira de Direito Civil – ABDC.

Sumário: 1. Noções gerais do contrato de utilização de unidade em centros comerciais. 2. Suas principais cláusulas. 3. Alguns aspectos peculiares dos contratos de utilização de unidade em centros comerciais. 3.1 Dúplice fixação do aluguel. 3.2 Fundo de empresa em *shopping centers*. 3.3 Normas gerais regedoras do contrato em exame. 3.4 Associação dos lojistas e fundo de promoções coletivas. 3.5 Proibição da cessão do contrato sob estudo. 3.6 Projetos de instalação e decoração das unidades. 3.7 Pagamentos de 13º salário ao pessoal da administração. 4. Natureza jurídica do contrato de utilização de unidade em centros comerciais, ao enfoque da doutrina pátria. 4.1 Teoria da locação. 4.2 Teoria da locação com atipicidade. 4.3 Teoria da atipicidade. 4.4 Minha posição doutrinária. 5. Necessidade de regulamentação do contrato de utilização de unidade em centro comercial. 6. Lei de locação não regulamentou a matéria.

1. NOÇÕES GERAIS DO CONTRATO DE UTILIZAÇÃO DE UNIDADE EM CENTROS COMERCIAIS

Esse contrato se mostra com um suporte típico do contrato de locação, que se completa com caracteres integrantes de várias figuras jurídicas.

Todas essas características somadas formam a figura do contrato em análise, mostrando sua atipicidade mista, como venho sustentando há muito tempo[1].

2. SUAS PRINCIPAIS CLÁUSULAS

Essa espécie de contrato, em 1991 (época do parecer), principalmente para garantia do locatário, enquadrava-se em princípio, embora precariamente, na Lei de Luvas (Decreto 24.150, de 20 de abril de 1934), com prazo de cinco anos, para que se possibilitasse sua renovação, por acordo das partes contratantes ou por decisão judicial, em ação renovatória.

O aluguel estipula-se, de modo muito particular, compondo-se de uma parte fixa, com valor mínimo, corrigido monetariamente, e de outra variável, à base de um percentual sobre o movimento de vendas, apurado pelos totais diários das negociações realizadas nas caixas registradoras, nos recibos, nos talões, nas notas fiscais e nos livros de registro de vendas, e o locador tem livre acesso a toda essa documentação.

---

1. AZEVEDO, Álvaro Villaça. In: PINTO, Roberto Wilson Renault; OLIVEIRA, Albino de. (Coord.). *Shopping centers*: questões jurídicas (doutrina e jurisprudência). São Paulo: Saraiva, 1991. p. 17-54; Teoria Geral dos Contratos Típicos e Atípicos, *Curso de Direito Civil*, 3. ed., Ed. Atlas, São Paulo, 2009, p. 145-169.

Por esse sistema de pagamento de aluguel, o locatário obriga-se a informar ao locador, por escrito, em certo prazo estabelecido no contrato, o volume das vendas realizadas no mês anterior, para que se possa proceder ao cálculo para apuração do valor devido, mensalmente.

Consta, ainda, nessa espécie de contratação, frequentemente, como obrigação do locatário, o pagamento das despesas lançadas, diretamente, sobre a unidade, tais como energia elétrica, gás e água, também impostos, que recaem sobre o shopping center, despesas ordinárias de condomínio, proporcionalmente à área útil ocupada e, mais, a parte referente a sua contribuição para o Fundo de Promoções Coletivas, no montante de 10% sobre cada aluguel pago, e a taxa de serviços de vigilância, em proporção aos metros lineares da fachada da área ocupada.

Esse aludido Fundo tem por objeto campanhas, em todos os meios de divulgação, que visam ao desenvolvimento geral das vendas do shopping center; tudo com o intuito de incentivar as vendas, com variadas atividades, como as de publicidade, de policiamento e de decoração, ao final rateadas.

Existem casos curiosos de o locatário pagar mais um aluguel, ao final do ano, para custear despesas com 13º salário dos empregados e do pessoal da administração do edifício.

Integra o contrato verdadeiro sistema normativo, tais a Escritura Declaratória de Normas Gerais Regedoras das Locações dos Salões de Uso Comercial e o regulamento Interno do Condomínio do Shopping Center. Assim, considera-se apto a ocasionar a rescisão do contrato o descumprimento de quaisquer das obrigações nesses documentos estabelecidas.

Destaco que a aludida Escritura Declaratória figura como paradigma contratual, pois nela são fixadas normas a que aderem os contratantes locatários, nos chamados contratos de locação.

Assim, por exemplo, nessa escritura, menciona-se que, nos salões de uso comercial, só se admitem atividades caracterizadas pela adoção das melhores técnicas de comercialização, administração e funcionamento em centros comerciais internacionalmente conhecidos, nessa categoria de shopping center; e, mais, que o locatário deve apresentar à administração do shopping, para exame e aprovação, todos os projetos referentes a instalações comerciais, letreiros luminosos e decoração, elaborados por profissional capaz e idôneo, com exigências e restrições, que nessa Escritura se estabelecem; e, ainda, que o locatário não poderá destinar sua atividade para certos fins, como venda de artigos de segunda mão, mercadorias recuperadas por seguro, salvados de incêndio; e, também, que o locatário não deixe fechado seu estabelecimento por prazo igual ou superior a 30 dias; entre outras restrições.

Por sua vez, o locador obriga-se a manter em perfeito estado os serviços de limpeza e de conservação das partes comuns do shopping center, zelando pelo bom funcionamento dos aparelhos de iluminação e de hidráulica dessa mesma área.

3. ALGUNS ASPECTOS PECULIARES DOS CONTRATOS DE UTILIZAÇÃO DE UNIDADE EM CENTROS COMERCIAIS

3.1 Dúplice fixação do aluguel

Por ser oneroso o contrato sob estudo, em correspondência à cessão do uso ou do uso e da fruição da unidade autônoma, loja, por exemplo, pelo empreendedor ao utilizador, deve este pagar àquele determinada retribuição, o preço ou o aluguel.

Já dissemos, eu e Rogério Lauria Tucci[2], que nada impede que o pagamento do aluguel se faça por outro objeto que não dinheiro; entretanto, no âmbito da Lei do Inquilinato 6.649, de 1979, era expresso o art. 15, quando determinava o pagamento em dinheiro, tanto que permitia, como regra generalizada às locações prediais urbanas, a correção monetária do aluguel. Atualmente, revogada aquela, pela Lei 8.245, de 18 de outubro de 1991, o art. 17 vigente apresenta-se com o mesmo sentido, vedando-se, ainda, a estipulação de aluguel em moeda estrangeira e sua vinculação à variação cambial ou ao salário mínimo.

O aluguel, no contrato sob análise, embora pago em dinheiro, é, todavia, sui generis, pois se apresenta de modo dúplice, com uma parte fixa e outra variável.

A parte fixa é corrigida monetariamente e a variável estabelece-se sobre determinado percentual do faturamento, e ambas são previstas no contrato por cláusula de escala móvel e como débito de valor, para obviar a perda valorativa de nossa moeda.

Essa cláusula possibilita o ajustamento automático dos valores contratados, de tal forma que, no caso em estudo, as duas partes do aluguel vão sendo corrigidas, sendo devida a fixa, quando o percentual da variável não ultrapassar seu valor.

Nada há, na lei brasileira, que invalide essa contratação, que é lícita, portanto, quando não ofende as leis de ordem pública, os bons costumes e os princípios gerais de direito.

Na cláusula de escala móvel, está presente dívida de valor, que deve distinguir-se de dívida em dinheiro.

Nessa, como tive oportunidade de demonstrar[3] o débito representa-se pela moeda consignada em seu valor nominal, ou seja, pelo importe econômico nela consignado; como ressalta claro, nesse débito, o objeto é o próprio dinheiro.

Naquela, a dívida é de valor, paga em dinheiro, que visa medir o real valor da prestação.

No caso do contrato sob exame, dada sua natureza atípica, ajusta-se, perfeitamente, a contratação da referida cláusula, com fundamento no princípio da autonomia da vontade.

Sim, porque a correção monetária é, no Direito, imperativo de justiça, para que não se negue o princípio da equidade, que deve nortear todas as relações humanas.

Estando nosso Direito Civil marcado pela influência do nominalismo, que apresenta o interesse obrigacional pelo valor nominado, retratado no título, vem cedendo à correção monetária, em busca, cada vez mais, de uma justiça social, que se vai implantando por legislação esparsa[4]

Destaque-se, neste passo, como decidiu a Segunda Câmara do Segundo Tribunal de Alçada Civil do Estado de São Paulo, sendo Relator o Juiz Moreno Gonzalez[5] que "o direito não veda que em contrato de locação se fixe o aluguel em porcentagem sobre os resultados do negócio instalado na loja arrendada, nem que se estabeleça um mínimo a ser corrigido anualmente, conforme os índices fornecidos pelo Conselho Nacional de Economia" (então existente).

Esse sistema, "adequado aos empreendimentos 'shopping', não constitui na verdade uma sociedade de fato entre o locador e o locatário, visando, antes a desenvolver o espírito

---

2. *Tratado da locação predial urbana*. São Paulo: Saraiva, 1988. v. 1, p. 151-152.
3. *Curso de direito civil*: teoria geral das obrigações e responsabilidade civil. 11. ed. São Paulo: Atlas, 2008. p. 121-122.
4. AZEVEDO, Álvaro Villaça. Op. cit. p. 210.
5. *RT* 467/148.

de cooperação e solidariedade que deve propiciar a harmonia e êxito do empreendimento, no interesse comum das partes. De um lado, o locatário fica a coberto de prejuízos pelo estabelecimento de um aluguel alto, mensalmente, principalmente nos meses de menor movimento comercial e, de outro lado, o locador aufere a compensação nos meses de maior movimento, em que os resultados são mais promissores".

No mesmo sentido, outros julgados[6]

É certo que essa dúplice contratação de aluguel não é peculiar e específica do chamado contrato de locação em shopping center; todavia, destoando ela de forma corretiva dos aluguéis contratados nos moldes da legislação inquilinária, no tocante a sua parte variável, apresenta-se com muita originalidade.

Realmente, o valor desse aluguel variável fixa-se, em primeira plana, de acordo com as informações que devem ser prestadas pelo utilizador, sobre seu faturamento, ao empreendedor, por meio de planilhas mensais; em segunda, por providências deste, fiscalizando, diretamente, aquele, quando o utilizador não lhe fornecer elementos seguros e indispensáveis para o aludido cálculo de valor, ainda que por exames de escrituração e por controle direto do faturamento.

Nossos tribunais têm julgado pela validade dessa cláusula, desde que não se cometam abusos, em razão da liberdade dessa fiscalização, que chega ao ponto de exercitar-se na "boca do caixa", como se diz comumente.

Ressalte-se, nesse sentido, acórdão da Quarta Câmara do Segundo Tribunal de Alçada Civil do Estado de São Paulo, sendo Relator o Juiz Cunha de Abreu[7] em que, por votação unânime, decidiu-se que, "instituído pelas partes o sistema de aluguel flutuante, condicionado ao volume de vendas, não tem a locadora outro modo eficaz de aferir a sua renda a não ser auditando o faturamento de suas locatárias quais a apelante, precioso gizar que qualquer outro sistema a exporia em tese a prejuízos derivados de sub ou não faturamento efetivo, faturamento em outros estabelecimentos das locatárias ou várias outras fórmulas esconsas melhormente conhecidas daqueles que as praticam".

Do mesmo modo, a Primeira Câmara do Segundo Tribunal de Alçada Civil do Estado de São Paulo, sendo Relator o Juiz Ruiter Oliva[8], decidiu, por unanimidade, que não é abusiva a cláusula que autoriza essa fiscalização direta à atuação comercial do utilizador, assentando que "a averiguação do faturamento do locatário, para determinação da base de cálculo do aluguel, cabe praticada, desde que prevista contratualmente, não só pela verificação de livros, registros, balanços, estoque e inventário de mercadorias, como também pela fiscalização dos próprios atos de comércio, na atualidade de seu exercício, especialmente para assegurar que todas as vendas sejam efetivamente registradas".

Destaco, ainda, trecho desse julgamento, segundo o qual, "desde que, dentre os sistemas de controle, ficou assentado, com adesão da locatária, o registro de vendas imediato, na presença dos próprios clientes, não se vislumbra como poderiam agir os locadores, para fiscalização de sua correta execução e não com o ingresso de seus prepostos, no interior das lojas, durante o expediente comercial, já que incompatível eventual conferência 'a posteriori' e, ademais, patentemente ineficaz uma sugerida auditoria programada, adrede

---

6. *RT* 510/209 e 398/249.
7. Ap. 200.239/4, da Comarca de São Paulo.
8. Ap. 196.685/0, da Comarca de São Paulo, *Boletim da Associação dos Advogados de São Paulo*, 1.531/91-2, de 20-4-1988.

ajustada entre os interessados. É certo que não se poderia admitir eventual embaraço à própria atividade-fim interessante não só à locatária, como também aos locadores, quando o procedimento dos prepostos fosse, eventualmente, ostensivo ou perturbador, de forma a criar constrangimentos para a clientela do estabelecimento; mas, nada há que faça ver a presença efetiva de tais inconvenientes apenas temidos e sugeridos, quando, ao revés, se informa que a atuação dos auditores sempre se faz de forma discreta e adequada".

Também a Segunda Câmara do Segundo Tribunal de Alçada Civil, por votação unânime, sendo Relator o Juiz Walter Moraes[9], entendeu que a cláusula, "que dá ao senhorio o direito de fiscalizar o movimento comercial do inquilino segundo o uso em locações de 'shopping centers' – se bem contenha expressões que possam sugerir um poder discricionário de ingresso na escrita e caixa do locatário, na verdade não o tem, como assinalou em 1º grau o Magistrado. A cláusula diz, de fato, 'livre acesso', 'a qualquer tempo' etc., mas também resguarda o inquilino de turbações na ordem e no desempenho de seus serviços, e acentuadamente de interferência nos seus negócios e modo de comerciar. E, destarte, entendimento razoável o do MM Juiz, o de que o inquilino queira indicar o lugar onde está a sua contabilidade e estabelecer horas e oportunidades mais apropriadas para o exame de caixa".

Como é fácil perceber, nada impede a clausulação dúplice dos enfocados valores de aluguel, com a possibilidade de fiscalização do rendimento do utilizador pelo empreendedor, nos limites, é claro, do uso normal de seu direito.

Essa fiscalização, para não configurar abuso, deve conter-se nos lindes da discrição, do comedimento e da urbanidade, principalmente quando exercitada no interior do estabelecimento de vendas do utilizador, para que não exista óbice à realização negocial deste.

É perfeitamente possível conviver essa forma de pesquisa com o exercício do comércio, desde que não ocorram os apontados constrangimentos.

Por esse modo de atuação, existe verdadeira participação dos investidores, em shopping centers, nos lucros dos utilizadores, que exercem seu comércio, nesses locais.

3.2 Fundo de empresa em shopping centers

Há muito que se vem ampliando o conceito de fundo de comércio, para fundo de empresa.

Realmente, a expressão fundo de comércio já não é suficiente para caracterizar um complexo de bens materiais e imateriais (corpóreos e incorpóreos), integrantes, tão somente, do estabelecimento comercial.

Vê-se isso nitidamente pela evolução do conceito de fundo de comércio, objetivado no Decreto 24.150, de 1934, revogado pela Lei 8.245, de 1991.

Realmente, pois a Jurisprudência promoveu essa ampliação conceitual de fundo de comércio para possibilitar a abrangência de um maior número de empresas beneficiárias dessa chamada Lei de Luvas, estendendo seus efeitos às de atividade tipicamente civil, como salão de barbeiro ou barbearia e instituto de beleza, oficinas mecânicas, empresas de conservação e limpeza de prédios, clínicas ou consultórios médicos, parques de diversões, estabelecimentos de ensino ou de idiomas, garagens, estacionamentos, sociedade

---

9. Ap. 187.519/6, da Comarca de São Paulo.

de economia mista (Caixa Econômica Federal), e casa lotérica, como tive[10], certa feita, oportunidade de evidenciar, com farta citação de julgados.

Assim como as comerciais, essas empresas civis foram consideradas como portadoras de verdadeiro fundo de comércio.

A esse respeito é oportuna a ponderação do Juiz Carvalho Pinto[11], em voto vencido, quando, reconhecendo que a emissora de rádio presta serviços, com fito de lucro, "configurando autêntica empresa", declara:

"Verifica-se, às claras, a tendência para a substituição do conceito de fundo de comércio pelo fundo de empresa. Identifica-se a prestação de serviços com o fundo de indústria. 'A prestação de serviços é uma indústria, à semelhança do turismo que é indústria e é prestação de serviços. Que faltaria ao prestador de serviço para ter um fundo de indústria?'... 'A única diferença é que sua mercadoria é o trabalho, imponderável e aleatório. Mas só é imponderável e aleatório antes da prestação, não depois. Depois, ele adere à coisa, sendo dela inseparável. Impossível devolver-se a mercadoria por não corresponder ao pedido' (cf. Aramy Dornelles da Luz, Prática da locação comercial e ação renovatória, p. 47)."

Destaque-se, mais, a propósito, o julgamento do Segundo Grupo de Câmaras Civis do Tribunal de Justiça do Rio de Janeiro, sendo Relator ad hoc Roque Batista[12], que, de modo expressivo, reconheceu, nesse mesmo diapasão, que "a sociedade civil de fins econômicos, criando valores negociáveis, forma um fundo de comércio, que está sob a proteção da Lei de Luvas". Reconhecendo, desse modo, legitimação ativa do Touring Clube do Brasil à ação renovatória, esse acórdão esclareceu que essa entidade civil tem "um nome, mercadorias, instalações, móveis e utensílios, insígnia e freguesia e realiza habitualmente lucros como decorrência necessária e evidente para o seu crescimento e desenvolvimento".

Acrescente-se, nesta feita, julgado mais recente, em 1987, da Quinta Câmara do Segundo Tribunal de Alçada Civil do Estado de São Paulo, sendo Relator o Juiz Sebastião Amorim[13], em que, embora não se cogite do fundo de empresa, se admite que relativamente à empresa de serviços de radiodifusão existe um "verdadeiro fundo de comércio, ainda que atípico, caracterizando-se o objetivo de sua atividade implicitamente como comercial, pois visa à obtenção de lucro, cobrando pela propaganda que leva ao ar".

Nem necessitaria de entender-se como comercial essa atividade, pois, como já demonstrei, ampliou-se de tal modo a expressão fundo de comércio que atualmente cogita-se de fundo de empresa.

De considerar-se, nesta oportunidade, para perfeito entendimento dessa posição jurisprudencial, o conceito de empresa que se apresenta como uma atividade exercida pelo empresário.

O projeto de atual Código Civil 634-B/75, depois de aprovado pela Câmara dos Deputados, em 1984, com a redação final no Senado (com o n. 118) em 1997, e após adaptação na Câmara de origem, como autorizado pelo art. 1º da Resolução 01/CN de 2000, do Congresso Nacional, e aprovado como atual Código Civil, em seu art. 966, conceituando

---

10. Ação renovatória requerida por empresa civil, *Repertório IOB de Jurisprudência*, São Paulo, n. 5/87, 3/218, p. 57-59, jun. 1987.
11. *JTACSP, Lex* 65/239, 1981.
12. *RJTJRJ*, 40/191.
13. RT624/153. Conforme relato do mesmo juiz, *RT* 614/150.

o empresário, aponta-o como aquele que "exerce profissionalmente atividade econômica organizada para a produção ou a circulação de bens ou de serviços". O parágrafo único desse dispositivo declara não empresários os que exercem "profissão intelectual, de natureza científica, literária ou artística, ainda com o concurso de auxiliares ou colaboradores, salvo se o exercício da profissão constituir elemento de empresa".

Antes desse diploma legal, já a Lei 4.137, de 10 de setembro de 1962, que regula a repressão ao abuso do poder econômico, conceituou objetivamente a empresa, para enquadramento dos faltosos, no art. 6º, como "toda organização de natureza civil ou mercantil destinada à exploração por pessoa física ou jurídica de qualquer atividade com fins lucrativos".

Aduza-se a essa conceituação a do art. 2.082 do Código Civil italiano, que considera a empresa uma atividade economicamente organizada para a produção ou a circulação de bens ou de serviços.

A empresa é, portanto, o exercício de atividade economicamente organizada para a produção ou circulação de bens ou de serviços, pelo empresário, pessoa física ou jurídica, civil ou comercial. Assim, a empresa exerce atividade produtiva, valendo-se do trabalho de empregados, sob a condução do empresário.

Na realização dessa atividade, a empresa vai acumulando bens materiais (corpóreos) e imateriais (incorpóreos) de seu patrimônio, de seu fundo empresarial, que necessita de uma proteção segura, principalmente quando se desenvolve em imóvel alheio. Daí o surgimento do, hoje revogado, Decreto 24.150/34, que objetivava garantir esse fundo acumulado pela empresa locatária, que se acrescenta ao valor do imóvel locado, em benefício do proprietário.

Na ação renovatória, tendo-se em conta esse fundo empresarial, mister torna-se que se cogite da locatária, como uma empresa produtora de bens, ainda que estes se incorporem a seu próprio patrimônio, sem distribuição de lucros.

Estudando, especificamente, o assunto em pauta, sobre fundo de comércio, acentua João Carlos Pestana de Aguiar[14] que o moderno alcance empresarial "conduz o fundo de comércio para além dos estreitos limites das atividades mercantis, abrangendo outras com fins lucrativos", quais sejam, "estabelecimentos de ensino, casas de saúde, cinemas, teatros, casas de jogos lícitos, de diversões, cinefotos, hotéis, pensões, oficinas mecânicas, salões de barbeiros e cabeleireiros, empresas telefônicas, depósitos destinados à guarda de estoque, academias de dança, ginástica, judô e similares, laboratórios de análises clínicas, alfaiatarias, tinturarias, estabelecimentos de crédito, poupança, seguros, administração de bens, agências de turismo, publicidade, venda de passagens etc.".

E continua: "Partindo-se da ideia empresarial do fundo de comércio e verificando-se que algumas das atividades acima podem instalar-se em um 'shopping center'", conclui que "toda e qualquer atividade empresarial instalada em espaços ou lojas do 'shopping' ostentará necessariamente um fundo de comércio".

Tenha-se presente, assim, que o fundo de empresa existe nos shopping centers em relação a todas as utilizadoras, sejam empresas comerciais, sejam civis.

---

14. O fundo de comércio e os shopping centers. In: PINTO, Roberto Wilson Renault; OLIVEIRA, Fernando A. Albino (Coord.). *Shopping centers*: aspectos... Op. cit. p. 190.

Todavia, o que caracteriza, também, situação peculiar do contrato, sob enfoque, é que existe, ainda, um fundo de empresa dos shopping centers, locadores.

Realmente, os investidores desses centros comerciais propiciam, dentro de certos padrões de conforto, de segurança, de possibilidade de estacionar e de possuir, reunidas, lojas das mais diversificadas espécies, uma unidade, uma concentração de estabelecimentos, o que, por si, acrescenta valor local de verdadeiro fundo de empresa desses mesmos empreendedores.

Ao iniciarem o empreendimento, os investidores escolhem, cuidadosamente, o local, as chamadas "lojas-âncora", em geral grandes estabelecimentos comerciais, que irão compor com as outras unidades, conhecidas como "magnéticas" ou "satélites", o futuro shopping, selecionam e distribuem os vários setores e ramos de negócio (*tenant mix*); realizam campanhas publicitárias etc.

Quando os grandes centros comerciais surgem, eles já são, no mais das vezes, sucesso e mostram-se como expectativa de ponto de atração. Daí trazerem, ao nascer, valor econômico considerável, propiciando ao futuro utilizador concreta esperança de lucros. Quando o lojista se instala, ele já tem como eventuais clientes os frequentadores do shopping.

Em razão desse fundo de empresa, formado pelos empreendedores, têm os shopping centers feito incluir, nos chamados contratos de locação de suas unidades, cláusula denominada *res sperata* ("coisa esperada"), que consiste no pagamento, pela utilizadora, além do aluguel, de uma soma em dinheiro, como retribuição das vantagens de participação no centro comercial, dele usufruindo e participando de sua estrutura, enquanto durar seu contrato. Desse modo, com esse pagamento, a utilizadora terá direito a fruir do aludido fundo de empresa do empreendedor, composto de seu patrimônio imaterial.

Como resta evidente, a cláusula *res sperata difere* bastante das constantes dos arts. 458 a 461 do atual Código Civil (arts. 1.118 a 1.121 do Código Civil anterior), de caráter aleatório ou de risco. Estes últimos estudados no Capítulo 11, "Classificação dos contratos" (contratos comutativos e aleatórios, de risco).

A diferença fundamental entre essas situações do Código Civil e da cláusula *res sperata* é que aquelas são atinentes a coisas futuras corpóreas, que podem advir, ou não, de bens materiais; esta, por outro lado, embora surtida de bens imateriais, componentes do fundo de empresa do shopping center, é coisa esperada e corpórea, pois o risco, na obtenção das vantagens concretas do exercício negocial, nesse ambiente, é quase nenhum, dado o sólido esquema programado.

A coisa esperada, portanto, é o lucro, a vantagem que advirá do exercício da atividade negocial, na área do shopping, e que é quase certa, dado que a utilizadora já ingressa em sua atividade com um esquema arquitetado pelos empreendedores e em somatório de outros fundos empresariais concentrados.

A retribuição paga pela utilizadora, em razão da *res sperata*, no momento da instalação do shopping ou da ocupação da unidade-loja, existe para compensar essa vantagem de não ter a utilizadora de formar, com suas próprias forças, sua clientela, seu fundo de empresa.

Não me parece que a *res sperata* seja a construção do centro comercial, ou a formação de seu fundo de empresa, tanto que a utilizadora, mesmo durante a construção do shopping, não espera o empreendimento ou o fundo deste, como coisa a ser adquirida, mas, de futuro, espera, sim, auferir lucros, em face de toda a promoção levada a efeito.

Tanto é verdade que essa cláusula continua a existir, do mesmo modo, estando o shopping em funcionamento.

Destaque-se, nessa sede de argumentos, que a complexidade, que dá sustentáculo ao centro comercial, é a coexistência de três espécies de fundo de empresa: (a) o criado pelos empreendedores e que passa a incorporar-se no patrimônio imaterial da empresa shopping center; (b) o trazido pelas empresas-âncora, que ocupam espaços avantajados do centro comercial, com nomes consagrados no comércio; (c) e o das empresas satélites, ou menores, considerados coletivamente, em somatório, ou individualmente.

O sucesso do empreendimento resulta dessa força total, unidade sob uma administração forte e competente, fiscalizada e subsidiada por todos os interessados.

Por tudo quanto dito, não há que sequer pensar, como se vem cogitando, em venda e aquisição de fundo de empresa, pelo empreendedor ao utilizador, quando este compensa os empreendedores e investidores, por tal serviço de reunião de forças, de que, certamente, se esperará lucro.

Dito pagamento nada tem a ver com o aluguel, não se caracterizando, portanto, como "luvas".

Finalmente, ressalto que, ante tal trabalho de montagem do centro comercial, a beneficiar o utilizador, se este não compensasse tal benefício, que aufere, automaticamente, com seu ingresso na vida do shopping center, haveria verdadeiro locupletamento sem causa, o que repele o Direito.

3.3 Normas gerais regedoras do contrato em exame

A fim de unificar e de facilitar as contratações das unidades do centro comercial, o empreendedor elabora, por escritura pública, Normas Gerais complementares dos chamados contratos de locação, que passam a integrá-los, por disposição expressa destes.

Como explica Rubens Requião[15], "essas Normas Gerais nada mais são do que desdobramentos do contrato de locação, que é, no caso, um instrumento lacônico, de poucas cláusulas, naturalmente contendo as essenciais. Com o instrumento principal de locação, integrando-o, essas normas gerais compõem um contrato bilateral e sinalagmático entre o empreendedor e o comerciante. Mas como o contrato de locação e suas 'Normas Gerais' constituem um contrato-tipo, um contrato-standard, igual para todas as partes, com suas cláusulas e condições impressas, a não ser aquelas que identificam e qualificam o personalismo do contrato, alguns juristas nele têm visto um contrato de adesão".

No contrato de adesão, temos que ressaltar, primeiramente, que as partes contratantes não discutem o conteúdo negocial, posto que uma organiza suas cláusulas e condições e a outra, sem nenhuma possibilidade de alterá-las, concorda, aderindo a elas.

Nesse passo, deve ser feita a diferença entre contratos de adesão e por adesão. Naqueles, o aderente necessita aderir às cláusulas e condições preestabelecidas, sem discussão; nestes, o interessado adere se quiser.

No caso do contrato sob exame, trata-se de contrato por adesão, pois quem quiser contratar em centros comerciais, shopping centers, como lojista, deverá aderir a essas

---

15. Considerações jurídicas sobre os centros comerciais: shopping centers – no Brasil. In: PINTO, Roberto Wilson Renault; OLIVEIRA, Fernando A. Albino (Coord.). *Shopping centers*: aspectos jurídicos. São Paulo: Ed. RT, 1984, e *RT* 571.

Normas Gerais, para que fique unificada e equânime a forma de participação dos interessados, sob um mesmo regramento.

Desse modo, entendendo pela validade dessas Normas Gerais Complementares dos Contratos de Locação, declara Rubens Requião[16] que no caso em foco, "o comerciante tem a alternativa ou não de realizar o negócio de locação com o 'centro comercial' ou realizar com outro locador ou em outro lugar", donde conclui:

"inexiste, assim, na espécie, o contrato inevitável, de adesão. Existe, às vezes, massa de contratos iguais impressos por conveniência prática das partes: é o contrato-tipo ou o contrato-standard", a que se referiu esse jurista, antes. Todavia, o contrato de adesão distingue-se do contrato-tipo.

Prossegue o mesmo professor a demonstrar que, na situação em estudo, não existem atividades ou serviços de monopólio estatal ou privado, cuidando-se de contratos normativos em que o contratante tem condições de procurar outras opções, o que é impossível no contrato de adesão. E acrescenta: "Todas as partes", no contrato normativo, "se mantêm atentas a todas as obrigações no momento da contratação, pois dele decorre não apenas a ocupação de um espaço, mas toda a estruturação de um negócio organizado e complexo. Ambas as partes – locador e locatário – são, naturalmente, experimentados negociantes, que sabem o que desejam e são juízes de seus próprios interesses".

Ressalto, nesse passo, julgado da Sexta Câmara do Segundo Tribunal de Alçada Civil do Estado de São Paulo, sendo Relator o Juiz Macedo Cerqueira[17], em que se reconheceu plena validade às Normas Gerais ou Declaratórias Regedoras das Locações em shopping centers, admitindo: "Validade de cláusula de Contrato Geral que prevê o pagamento em dobro do aluguel do mês de dezembro".'

3.4 Associação dos lojistas e fundo de promoções coletivas

O utilizador é obrigado, por cláusula específica, no contrato em pauta, a contribuir ao Fundo de Promoções Coletivas, para ensejar a realização de campanhas promocionais do shopping center.

Esse fundo é administrado pela Associação dos Lojistas, de que deve fazer parte o utilizador, enquanto durar o contrato de utilização de sua unidade.

O valor dessa contribuição é de, geralmente, 10% sobre o aluguel que paga.

O empreendedor deverá, também, contribuir com a manutenção desse Fundo, geralmente com importância proporcional às contribuições dos utilizadores.

Resta evidente que a referida Associação, administrando esse Fundo, deve preocupar-se em manter sólida propaganda e promoções que, realmente, solidifiquem o prestígio do centro comercial e aumentem o desejo de sua frequência por seus clientes.

Esclarece Rubens Requião[18] que "essa associação, de natureza civil, com personalidade jurídica, pois será registrada no Registro Civil das Pessoas Jurídicas, não é 'centro comercial', mas um elemento da organização".

---

16. Considerações jurídicas. In: PINTO, Roberto Wilson Renault; OLIVEIRA, Fernando A. Albino (Coord.). *Shopping centers*: aspectos jurídicos... Op. cit. p. 147, e RT 571/28.
17. *Boletim da Associação dos Advogados de São Paulo*, n. 1.496/195, de 19.08.1987.
18. Op. cit. p. 148-149, e *RT* 571/29.

E acrescenta: A origem do 'Fundo de Promoções Coletivas' não é resultante do contrato de locação do 'centro', mas constitui uma criação da 'Associação dos Lojistas', a quem compete angariar suas contribuições e administrá-lo, em proveito coletivo dos lojistas. Daí por que também o empreendedor deve para ele contribuir, pois as atividades decorrentes da propaganda e das promoções vão se refletir no prestígio do nome do 'centro comercial', aumentando sua produção, da qual participa o locador."

O mesmo jurista conclui pela "nenhuma ilegalidade na sua criação e manutenção", e é certo que os propósitos dessa Associação "são lícitos", e o Fundo "se integra no sistema organizacional do centro comercial", citando, em apoio de seu entendimento, vários atos decisórios de nossos Tribunais.

Realmente, o Fundo, como demonstrado, é benéfico para os empreendedores e aos utilizadores dos shopping centers; aumenta seus ganhos e promove, cada vez mais, o nome dos referidos centros.

Como se cuida de contratação atípica, nada que exista em lei especial pode proibir tal atividade, que, decorrendo da livre manifestação da vontade dos contratantes, não afronta norma de ordem pública, nem os bons costumes, nem os princípios gerais de Direito. De lembrar, nesse ponto, mais uma vez, que a Lei 8.245, de 18 de outubro de 1991, que regulamenta apenas alguns aspectos da utilização de unidades em centros comerciais, não tornou típico referido contrato, conforme esclareço ao final desse parecer.

3.5   Proibição da cessão do contrato sob estudo

Outra cláusula que entendo lícita é a que proíbe a cessão onerosa ou gratuita do contrato em pauta, pois quem integra o sistema de um shopping center adere a uma prévia programação, em que são escolhidas as atividades das empresas integrantes, também por seu nível e por sua qualidade.

Admitindo, também, a validade dessa cláusula, explica Rubens Requião[19], que vem, convictamente, sustentando que "o perfil do 'centro comercial', com seus elementos, é um resultado de moderna organização tecnológica, no ambiente comercial. Por isso, os conceitos jurídicos e as normas legais tradicionais não previam o seu desdobramento. Daí por que devem os seus problemas ser examinados sob novas luzes e concepções mais modernas".

Por seu turno, Alfredo Buzzaid[20], após evidenciar profunda diferença entre cessão da locação pura e simples e cessão de locação de unidade de centro comercial, afirma que cada qual "tem regime jurídico próprio, de que resultam importantes consequências. Enquanto é ineficaz, na locação comercial comum, a cláusula que proíbe a alienação do contrato de locação juntamente com o fundo de comércio, consoante se deduz do art. 30 do Decreto 24.150, é, ao contrário, válida a limitativa, que a suborna ao consentimento do proprietário de centro comercial. Da experiência legislativa, doutrinária e jurisprudencial dos povos cultos da Europa, como a França e a Itália, extraímos as lições de que é lícito ao proprietário opor-se à cessão, estribado em motivos graves. Não se trata de oposição ao mero alvedrio do proprietário, por ato de capricho pessoal, nem de proibição absoluta ao direito de o inquilino ceder a locação quando vende o fundo de comércio; cuida-se

---

19.   Idem, ibidem. p. 151, e *RT* 571/30-31.
20.   Da *ação renovatória*. 3. ed. São Paulo: Saraiva, 1988. v. 2, Apêndice I, p. 668.

de limitação relativa, cuja razão de ser está na peculiaridade do centro comercial, que a institui não no interesse pessoal de um contratante, mas para atender ao interesse comum da pluralidade de locatários do edifício".

Nos moldes da legislação da época, que permanecem.

Cogitando da mesma cláusula proibitiva, Orlando Gomes[21] adverte que

"facultá-la ou vedá-la não faz mal ao direito de renovação, não lesa o direito do locatário ao fundo de comércio. De resto, não há propriamente direito à cessão, e, quando se pense de modo contrário, é incontroverso o entendimento de que seu exercício precisa ser autorizado pelo locador. Aliás, a proibição é um imperativo da própria organização do 'shopping center'. A cláusula proibitiva é, pelo exposto, não somente uma cláusula lícita, mas, também, inerente às locações em questão".

Está evidente, nesse tipo de contratação, que o utilizador, ao ingressar no centro comercial, está imbuído de que passa a fazer parte de uma engrenagem, como peça insubstituível, a não ser nos casos expressamente programados e mencionados no contrato, que o autorizem à dita cessão contratual.

Não quero, com isso, dizer que o centro deve ser estático, sem alterações. Em verdade, essas alterações ficarão a critério do empreendedor, que dará anuência expressa aos utilizadores, em cada caso, sob pena de sua negativa colocar-se à rigorosa fiscalização do Poder Judiciário.

3.6   Projetos de instalação e decoração das unidades

As instalações e decorações das lojas, bem como suas reformas, devem obedecer a projetos, elaborados por profissional idôneo e capaz, de acordo com as prescrições constantes do sistema normativo do shopping center, constante da Escritura de Normas Gerais, que integra os contratos de utilização das unidades.

Todas essas exigências contratuais têm razão de ser, e são válidas, pois objetivam uma uniformidade de aparência do centro comercial, por suas unidades e vias de circulação.

Tudo deve estar condizente com uma harmonia geral de aparência, a transmitir bem-estar aos frequentadores, que se sentem atraídos ao local.

O utilizador não é forçado à apresentação desses projetos, pois, quando ele firma o contrato, concordando com essa situação, adere ao propósito conjunto dos habitantes do Centro Comercial de participar de um empreendimento unificado, em que todos têm interesse em seu processo.

Logicamente, não pode o empreendedor impugnar os projetos dos utilizadores sem uma razão e indefinidamente.

A administração tem um prazo, fixado nas Normas Gerais, e deve, nele, formular exigências, sob pena de se considerarem os projetos aprovados, automaticamente.

Em caso de impasse entre a administração e o utilizador, a respeito desses projetos, a primeira fornecerá a este, para sua escolha, uma lista de cinco arquitetos de interior, obrigando-se ela, então, a aceitar o trabalho que o escolhido apresentar. Essas obras podem ser, a qualquer tempo, fiscalizadas pela administradora.

---

21.   Traços do perfil jurídico de um shopping center. In: PINTO, Roberto Wilson Renault; OLIVEIRA, Fernando A. Albino (Coord.). *Shopping center*: aspectos jurídicos. Op. cit. p. 106-107.

3.7 Pagamentos de 13º salário ao pessoal da administração

Cláusula bem peculiar é também a que obriga o utilizador a pagar 13º salário aos empregados e ao pessoal da administração do shopping center.

Também, se convencionada, é válida essa clausulação, em que se objetiva pagamento sem nada ter a ver com o aluguel ou eventuais encargos.

4. NATUREZA JURÍDICA DO CONTRATO DE UTILIZAÇÃO DE UNIDADE EM CENTROS COMERCIAIS, AO ENFOQUE DA DOUTRINA PÁTRIA

Com a instalação, no Brasil, dos shopping centers e ante a complexidade jurídica das situações por eles criadas, várias manifestações de eminentes juristas vieram enriquecer o tema, com pareceres, artigos e simpósios.

Entre os assuntos ventilados e debatidos, encontra-se o relativo à natureza jurídica do chamado contrato de locação, nesses centros comerciais.

Analisando[22] essas manifestações, por obra especializada composta por ocasião do simpósio sobre os Centros Comerciais, promovido pela Escola Superior de Magistratura Nacional (Esman), com a colaboração da Associação Brasileira de Shopping Centers (Abrasce), no Rio de Janeiro, em novembro de 1983, bem como outras, concluímos pela existência de correntes de pensamento, a explicarem a aludida natureza jurídica.

4.1 Teoria da locação

A princípio, a grande maioria dos doutrinadores pátrios considerou esse contrato como de simples locação.

Assim, Caio Mário da Silva Pereira[23] deixou claro que

"se trata de um vero e próprio contrato de locação" e que "o fato desse contrato, com toda a parafernália de dependências e acessórios, de tipo físico ou intelectual, exigir modelação específica às contingências mercadológicas do empreendimento não retira (...) a natureza de 'contrato de locação".

E acrescenta, adiante:

"Do que se infere do exame da situação jurídica do 'shopping center' conclui-se que não existe um contrato específico, abrangente de todas as situações que possa ele envolver, e que exibisse o rótulo de 'contrato de shopping center'."

Em outra oportunidade, o mesmo professor[24] reafirmou: "Contrato de locação que é, oferece, entretanto, certas características que decorrem da natureza especial do próprio 'centro comercial'. Parece, todavia, nesse último enfoque, que existe certa tendência a admitir caracteres modificativos da natureza do contrato locatício, pura e simplesmente considerado."

---

22. In: PINTO, Roberto Wilson Renault; OLIVEIRA, Fernando A. Albino (Coord.). *Shopping centers*: aspectos jurídicos. São Paulo: Ed. RT, 1984.
23. Shopping centers: organização econômica e disciplina jurídica. In: PINTO, Roberto Wilson Renault; OLIVEIRA, Fernando A. Albino (Coord.). *Shopping centers*: aspectos... Op. cit. p. 77, 82-86.
24. Shopping center: lei aplicável à locação de unidades. *RT* 596/9 a 15, especialmente p. 9, jun. 1985.

Por seu turno, Washington de Barros Monteiro[25] afirma:

"Não ouso asseverar seja atípico o contrato celebrado entre o incorporador e os lojistas ou prestadores de serviços. Esse contrato é, desenganadamente, o de locação, embora com algumas peculiaridades que, todavia, não chegam a descaracterizá-lo."

Também, Luis Antonio de Andrade[26] deixa clarividenciada essa posição doutrinária, quando afirma:

"Uma das facetas que os 'shopping centers' oferecem de modo constante à observação dos juristas deriva dos vínculos locatícios que se estabelecem normalmente entre a pessoa que detém, organiza e administra o centro comercial e as empresas que nele se instalam, exercendo o comércio."

E mais:

"Nos contratos com cláusula de aluguel calculado sobre a receita ou o faturamento estão presentes todos os elementos que caracterizam a figura jurídica da locação, tal como resulta do conceito legal, expresso no art. 1.118 do CC. A circunstância, já tantas vezes assinalada, de ajustarem as partes o pagamento do aluguel – ou seja, a retribuição – em percentual sobre o rendimento periódico obtido não desnatura a relação locatícia, nem configura qualquer espécie de sociedade, ainda que em conta de participação."

4.2   Teoria da locação com atipicidade

Manifestando seu entendimento, Ives Gandra da Silva Martins[27] explica que, nos contratos "entre os lojistas e os shopping centers há sempre uma dupla natureza, que os faz, de um lado, idênticos ao de uma singela locação do espaço físico em contrato de locação comercial, mas que os torna, de outro lado, um contrato atípico, sem nenhuma vinculação com a lei de luvas no concernente à cessão da res sperata ou do uso do 'sobrefundo comercial', representado pelos bens imateriais de que os shoppings centers são detentores permanentemente", declarando que chegaram às mesmas conclusões os juristas Onurb Couto Bruno e Jayme Henrique Abreu, em parecer que lhe foi exibido, mas não publicado.

Como adiante procurarei demonstrar, não se cuida de dois contratos separados (um de locação e outro atípico), ou, ainda, de um contrato de locação com cláusulas atípicas, mas de um único contrato atípico misto.

Por sua vez, declara-se Modesto Carvalhosa[28] contrário à posição, primeiramente defendida por Orlando Gomes, asseverando que

"não pode haver qualquer dúvida de que a cessão de uso desse espaço configura um contrato de locação, conforme definido no art. 1.188 do Código Civil", existindo nela "nitidamente a causa típica".

Todavia, o mesmo jurista admite que esse contrato, que "possui todos os elementos essenciais à configuração de um contrato de locação", "apresenta, no entanto, peculiari-

---

25. Shopping centers. In: PINTO, Roberto Wilson Renault; OLIVEIRA, Fernando A. Albino (Coord.). *Shopping centers*: aspectos... Op. cit. p. 166.

26. Considerações sobre o aluguel em shopping centers. In: PINTO, Roberto Wilson Renault; OLIVEIRA, Fernando A. Albino (Coord.) Shopping centers: aspectos... OP. Cit. P. 169-177, e RT 572/10, p. 14-15.

27. A natureza jurídica das locações comerciais dos shopping centers. In: PINTO, Roberto Wilson Renault; OLIVEIRA, Fernando A. Albino (Coord.). *Shopping centers*: questões jurídicas (Doutrina e jurisprudência). São Paulo: Saraiva, 1991. p. 79-95, especialmente p. 88-89.

28. Considerações sobre relações jurídicas em shopping centers. In: PINTO, Roberto Wilson Renault; OLIVEIRA, Fernando A. Albino (Coord.). *Shopping centers*: questões jurídicas. Op. cit. p. 166-168.

25 • CONTRATO DE USO DE LOJA EM *SHOPPING CENTERS* 421

dades que o diferenciam de um contrato de locação normal", entendendo-o como "um contrato de locação com cláusulas atípicas".

4.3 Teoria da atipicidade

O primeiro jurista a defender a posição de que o contrato dos shopping centers com os lojistas é contrato atípico foi Orlando Gomes[29], quando mencionou, por ocasião do aludido Simpósio sobre Centros Comerciais, em julho de 1983, que essa atipicidade mista decorre da própria causa do contrato em exame.

Depois de analisar todas as peculiaridades do mesmo contrato, admite o mesmo professor que foi levado a concluir que "o contrato estudado não é propriamente de locação, mas, sim, um contrato atípico", mostrando que

> "traços da autonomia desse contrato relativamente ao de locação podem, afinal, ser sumariados, projetados de ângulos diversos, todos próprios ou discrepantes, tais como os seguintes: (1) a forma de remuneração do uso e gozo das unidades destinadas a exploração comercial; (2) o reajustamento trimestral do *'soi disant'* aluguel mínimo; (3) a fiscalização da contabilidade das lojas pelos concedentes do seu uso para o fim de verificar a exatidão do chamado 'aluguel percentual', bem como a sua incidência para a cobrança da diferença no caso de o seu valor ser superior ao do aluguel mínimo; (4) a fixação uniforme e antecipada do critério a ser observado para determinar a majoração do 'aluguel' mínimo no tempo da renovação do contrato; (5) a incompatibilidade entre o critério de arbitramento do aluguel nas verdadeiras locações para fins comerciais, aplicado nas renovatórias, e o denominado 'aluguel' percentual; (6) o cunho mercantil desse 'aluguel' como suporte da lucratividade do empreendimento; (7) a desvinculação entre a atividade comercial e o uso efetivo da loja para efeito de remuneração deste, exigível antes de ser iniciada aquela; (8) a vigência de proibições e práticas ligadas ao uso da loja, derivadas da circunstância de se integrarem num sistema; (9) a proibição de cessão da posição contratual, nula ou impugnável na locação, mas admitida no contrato com o 'shopping center', por entender com a sua organização e funcionamento; (10) a ingerência de terceiro no exercício do direito do titular do uso da loja, como sucede com o intrometimento da associação a que é obrigado a se filiar, criando-se um vínculo tão apertado que a sua exclusão é admitida como causa de rescisão do contrato; (11) a cooperação do concedente (o 'shopping center') nas promoções para ativação das vendas e sua participação em campanhas publicitárias; (12) a convergência de interesses no contrato; (13) a imutabilidade orgânica do gênero de atividade do lojista – e tantos outros, significativos da diferença entre o contrato estudado e a locação".

Afinal, embora salientando que o contrato sob estudo não é muito reiterado, em razão dos poucos centros comerciais, à época, já entendia Orlando Gomes pela importância econômica dessa contratação, afirmando:

> "Respondendo, como responde, a uma necessidade distinta daquela a que atende o contrato afim de locação, pode ser enquadrado, na classificação de Arcangli, entre aqueles que são considerados uma espécie modificada de um tipo já existente, do qual se devem conservar separados pela falta de qualquer elemento a este essencial, ou entre aqueles nos quais a necessidade que os provoca não é nova, mas neles assume um aspecto particular."

Ressalte-se, neste passo, que, embora votando vencido a denegar o aluguel mínimo calculado sobre o saldo médio dos depósitos diários de uma agência bancária, situada em uma rua da cidade de São Paulo, o Juiz da Quinta Câmara do Segundo Tribunal de Alçada Civil do Estado de São Paulo, Gil da Costa Carvalho[30], destacou, em seu voto:

> "Na locação de lojas situadas em vias públicas, o locador cede o uso da coisa, e mais não faz. O mesmo não sucede com os 'shoppings'. Neles o locatário é beneficiário de uma soma de serviços patrocinados e mantidos pela entidade locadora, entidade locadora que inclusive protege o locatário de excessiva concorrência,

---

29. Traços do perfil jurídico de um shopping center. In: PINTO, Roberto Wilson Renault; OLIVEIRA, Fernando A. Albino (Coord.). Op. cit. p. 96 e 113-115.
30. *RT* 533/152.

com a limitação de número de estabelecimentos de um determinado ramo em um conjunto. Aí tem lógica a participação do locador nos lucros do locatário, pois ele contribui para os mesmos, com serviços e com a proteção contra a concorrência excessiva. E isso não acontece numa locação pura e simples de loja, como ocorre no presente caso."

Também Rubens Requião[31] parece enveredar pela teoria da atipicidade, quando admite, após estudo da organização física do centro comercial, que "já se entende que o contrato de locação não é um contrato qualquer". E que "ele está determinado pelo conjunto organizacional para atingir um objetivo da comunidade de empresas que a ele adere".

A seu turno, dando mostras de alto espírito científico, Alfredo Buzaid abandonou sua posição anterior[32], para entender o contrato sob análise como

"uma figura nova no direito brasileiro, que pode apresentar semelhanças com a locação de imóvel urbano, mas que dele se distingue por seus elementos constitutivos, por suas peculiaridades, e por sua natureza jurídica[33]"

Na mesma linha de raciocínio, coloca-se J. A. Penalva Santos[34], que classifica como contrato atípico o celebrado entre o empreendedor e o lojista, fazendo ver que estaria caracterizada a locação, ante o contrato sob análise, "caso o locador se restringisse à mera entrega do imóvel para seu uso e gozo, mediante determinada contribuição". Todavia,

"não é bem isso que acontece no caso do centro comercial, porque, ao lado da cessão onerosa do espaço ou loja, o desenvolvedor, em decorrência de sua atividade empresarial criada precisamente para esse fim, fornece ao lojista uma estrutura, através da qual se vislumbra a existência de um verdadeiro estabelecimento comercial".

E, mais adiante, após analisar as situações peculiaríssimas do contrato em pauta, afirma que suas cláusulas, "nas quais são inseridas tais disposições, descaracterizam a locação, ao dar-lhe cunho de atipicidade; logo, de locação não se cuida".

Do mesmo modo, João Carlos Pestana de Aguiar[35], quando declara:

"Examinando o tema, logo tomamos uma posição, considerando tratar-se de um contrato atípico, mas que representa um conglomerado de contratos típicos e atípicos. Dentre eles avulta... a locação. Realmente, a ideia central não pode ser outra, pelas características de que reveste essa relação jurídica" (Súmula do Simpósio de 1983).

Em realidade, entendo que não chegou esse jurista a divergir de Orlando Gomes, malgrado diferenças secundárias, no posicionamento doutrinário, pois este também não nega a figura da locação, compondo a relação jurídica em causa e com a qual tem maior afinidade.

Mesmo sendo central o contrato locatício, toda a convenção é atípica, porque, não cumprida qualquer de suas obrigações, ainda que secundárias (a assim admitir-se, *ad argumentandum*), fica totalmente rescindida (por exemplo, não se manter o locatário ao nível de atividades do centro comercial).

---

31. Considerações jurídicas sobre os centros comerciais – shopping centers – no Brasil. In: PINTO, Roberto Wilson Renault; OLIVEIRA, Fernando A. Albino (Coord.). Op. cit. p. 19, p. 22-23, e *RT* 571/133-138.
32. Da ação renovatória. São Paulo: Saraiva, 1988. v. 2, p. 633 ss.
33. Estudo sobre shopping center. In: PINTO, Roberto Wilson Renault; OLIVEIRA, Fernando A. Albino (Coord.). *Shopping centers*: questões... Op. cit. p. 14 (n. 25) e p. 13 (n. 21).
34. Regulamentação jurídica do shopping center. In: PINTO, Roberto Wilson Renault; OLIVEIRA, Fernando A. Albino (Coord.). *Shopping centers*: questões... Op. cit. p. 110-112.
35. O fundo de comércio e os shopping centers. In: PINTO, Roberto Wilson Renault; OLIVEIRA, Fernando A. Albino (Coord.). *Shopping centers*: aspectos... Op. cit. p. 26-27 e 191.

25 • CONTRATO DE USO DE LOJA EM *SHOPPING CENTERS* **423**

Também o advogado Roberto Wilson Renault Pinto[36] enfileira-se entre os que admitem a atipicidade do contrato sob cogitação, cognominando-o de contrato de cessão de uso de espaço em shopping center.

Destacando várias peculiaridades do contrato estudado e admitindo sua atipicidade, J. Nascimento Franco[37] adverte que,

"salvo naqueles casos em que cada lojista é dono do compartimento que ocupa, o mantenedor do 'shopping' outorga aos lojistas um chamado contrato de locação, no qual o locatário adere a diversos outros instrumentos, tais como o regimento interno do 'shopping', a escritura declaratória das normas disciplinadoras das locações, a escritura de convenção do condomínio (quando o edifício é submetido ao regime da Lei 4.591/64), e ao estatuto de uma associação de lojistas, à qual deverá o locatário obrigatoriamente filiar-se enquanto durar a locação. Além desses contratos, outros serão impostos ao locatário, como condição do contrato de locação e de sua continuidade".

Evidencia, em seguida, o mesmo jurista outras peculiaridades, entre as quais a "forma de estipulação do aluguel mensal" (valor mínimo e percentual), a participação dos lojistas nas "despesas promocionais para incentivar as vendas" (publicidade, decoração e policiamento), o pagamento pelos lojistas do "13º salário dos empregados que prestam serviços à administração do edifício" e a faculdade que o locador se reserva "singularíssima de pleitear a rescisão da locação se durante determinado lapso de tempo o locatário não mantiver o nível mínimo de vendas" ("o mau desempenho de um lojista repercute em detrimento de todos").

4.4 Minha posição doutrinária

Conforme já exposto, minha posição doutrinária, que sempre adotei, neste caso, como nos outros pareceres, baseia-se no critério de localizar os contratos atípicos por suas prestações, objetivamente.

Aproveitando tudo quanto exposto, e com fundamento na classificação dos contratos atípicos mistos, que ofereci em 1965, sempre entendi o contrato, sob estudo, como atípico misto, formado com elemento típico (contrato de locação) e com outros elementos atípicos.

Acontece que, como deixei claro, quando o elemento típico é somado com outro elemento típico ou mesmo atípico, em uma contratação, desnatura-se esta, compondo-se esse conjunto de elementos um novo contrato, uno e complexo, com todas as suas obrigações formando algo individual e indivisível.

O contrato de utilização de unidade em centros comerciais demonstra a preocupação das partes de levarem a cabo um investimento de ambas, com participações recíprocas, em ambiente de alto nível, que deve ser mantido, com todos os sacrifícios.

Relembremos, pois, que o contrato em estudo apresenta peculiaríssimas prestações: (1ª) o utilizador tem de informar o empreendedor sobre seu faturamento, por planilhas, para que se possa elaborar o cálculo do aluguel percentual ou variável (prestação de fazer); (2ª) o empreendedor, na falta dessa informação ou não se contentando com ela, pode fiscalizar esse faturamento, até na "boca do caixa" (prestação de fazer), sem qualquer impedimento

---

36. O fundo de comércio dos shopping centers e o Decreto 24.150/34. In: PINTO, Roberto Wilson Renault; OLIVEIRA, Fernando A. Albino (Coord.). *Shopping centers*: questões... Op. cit. p. 223.
37. A Lei de Luvas e os shopping centers. In: PINTO, Roberto Wilson Renault; OLIVEIRA, Fernando A. Albino (Coord.). *Shopping centers*: questões... Op. cit. p. 123, 124, 128-129.

por parte do utilizador (prestação de não fazer), mas agindo com toda a cautela, discrição e urbanidade, por seus prepostos (prestação de fazer por terceiros); (3ª) o utilizador deve contribuir para o Fundo de Promoções Coletivas, com o valor, geralmente, de 10% sobre o do aluguel pago (prestação de dar, sem ser aluguel), para propiciar campanhas promocionais do centro comercial, que reverte em benefício de todos (empreendedor e utilizadores); (4ª) o empreendedor também deve contribuir para esse Fundo (prestação de dar, afora a cessão do uso ou do uso e gozo da unidade); (5ª) o utilizador deve pagar 13º salário aos empregados e ao pessoal da administração do centro comercial (prestação de dar a terceiros); (6ª) todos os utilizadores aderem ao sistema normativo criado pelo shopping center, constante da Escritura Declaratória de Normas Gerais Regedoras das Locações dos Salões de Uso Comercial e do Regulamento Interno do Condomínio do Centro Comercial, que deve ser seguido à risca pelos mesmos utilizadores (prestações de fazer); (7ª) por esse sistema de regras, os utilizadores devem desenvolver atividades, nos moldes das melhores técnicas, para manter o nível de comercialização do shopping center (prestação de fazer); (8ª) o utilizador, a não ser com anuência expressa do empreendedor, está proibido de ceder o contrato de utilização de sua unidade (prestação de não fazer); (9ª) o utilizador deve pagar ao empreendedor, para compensar o fundo de empresa por este criado, uma importância em dinheiro, em razão da *res sperata* (prestação de dar, completamente diferente do aluguel ou de qualquer encargo de eventual locação); (10ª) o utilizador não pode deixar seu estabelecimento fechado, por mais de 30 dias (prestação de não fazer); (11ª) o empreendedor obriga-se a administrar o shopping center, mantendo em pleno funcionamento o sistema de iluminação e de hidráulica das áreas comuns (prestação de fazer); (12ª) o utilizador não pode comercializar objetos de segunda mão, de segunda linha, recuperados por seguro ou salvados de incêndio (prestação de não fazer); (13ª) o utilizador deve apresentar à administração do shopping, para exame e aprovação, seus projetos de instalações comerciais, letreiros e decoração, elaborados por profissional idôneo e capaz, nos moldes e com as restrições constantes da escritura normativa (prestação de fazer); entre muitas outras prestações, que integram as obrigações contidas nessa espécie contratual.

Como tive oportunidade de demonstrar, com essa multivariedade de prestações, em verdadeiro complexo unitário, não há que falar-se em locação, mas em contrato atípico misto.

5. NECESSIDADE DE REGULAMENTAÇÃO DO CONTRATO DE UTILIZAÇÃO DE UNIDADE EM CENTRO COMERCIAL

Como eu disse sempre, pouca importância tem para mim a nominação do contrato sob estudo, importando, sim, sua perfeita compreensão e enquadramento.

Como bem acentua Carlos Geraldo Langoni[38]

"Ao invés de um esquema convencional de remuneração do investimento com base na venda dos imóveis ou no aluguel puro e simples – o que transformaria o empreendimento em mais um negócio imobiliário – o 'shopping center', ao estabelecer uma relação direta entre sua rentabilidade e a rentabilidade das atividades que ali irão se desenvolver, criou as pré-condições para a otimização do 'marketing' a um nível nunca antes

---

38. Shopping centers no Brasil. In: PINTO, Roberto Wilson Renault; OLIVEIRA, Fernando A. Albino (Coord.). *Shopping centers*: aspectos... Op. cit. p. 56-57.

25 • CONTRATO DE USO DE LOJA EM *SHOPPING CENTERS*

imaginado pelo sistema de comércio convencional. Paradoxalmente, portanto, o que há, de fato, de inovador nos 'shopping centers' é a relação contratual que assegura a participação dos investidores no faturamento (e, portanto, nos lucros) das atividades que ali se desenvolvem. Estabelece-se uma permanente integração entre os interesses dos empreendedores do 'shopping center' e os dos comerciantes, que constitui a base para a realização posterior de ganhos de produtividade, onde parcela significativa é, inclusive, transferida para os consumidores."

Todavia, malgrado estejamos em face de um contrato novo, sem apego à legislação inquilinária vigente ou a formalidades, para ele existir, a livre manifestação da vontade das partes deve ser preservada, como lícita, desde que não atinja dispositivo cogente (norma de ordem pública), os bons costumes e os princípios gerais de direito.

Isso não impede que o juiz, ao enfrentar questões a esse contrato relativas, decida, aplicando a legislação vigente, por analogia. A tanto ele está autorizado, em qualquer caso, pelo art. 4º da Lei de Introdução ao Código Civil.

Ressalte-se, entretanto, que essa aplicação não deve conflitar com a natureza do contrato ou provocar a quebra de sua unidade.

Assim, não é incompatível, por exemplo, com a indivisibilidade das prestações do contrato sob exame, a cláusula ou decisão que autorize o pedido renovatório do contrato ou de sua revisão, nos moldes da legislação vigente. No mesmo sentido, desde que justificadamente, o pedido de retomada da unidade pelo empreendedor.

De ver-se, contudo, que qualquer contratação escrita, lícita, exclui a aplicação, ainda que analógica, de qualquer preceito legal da legislação locatícia. As normas cogentes, desta, só atinam aos casos dos contratos de locação por elas previstos.

O contrato atípico misto, em causa, resta indene dessa atuação legislativa.

6. LEI DE LOCAÇÃO NÃO REGULAMENTOU A MATÉRIA

Acrescente-se que o contrato de utilização de unidade em centros comerciais, malgrado a inovação da Lei 8.245/91 (Lei das Locações), que cuidou em alguns artigos da matéria (conhecida por locação em shopping centers), não regulamentou esse contrato, que continua a existir com a natureza atípica mista.

Realmente, embora o legislador tivesse tido a intenção de disciplinar as relações jurídicas existentes entre utilizadores e empreendedores de shopping centers, não o fez.

Em alguns artigos sobre esse contrato, a aludida lei cuida de poucos aspectos seus, sem preocupar-se o legislador com o indispensável tratamento unitário dessa contratação.

Como pude demonstrar, até esse ponto, continuam a existir prestações validamente contratadas, que nada dizem respeito à mera relação locatícia.

A Lei 8.245, de 18 de dezembro de 1991, conhecida como lei das locações ou do inquilinato, que regulamenta a locação sobre imóveis urbanos, alude em seu art. 52 que o locador não estará obrigado a renovar o contrato locacional, se o imóvel locado vier a ser utilizado por ele próprio ou para transferência de fundo de empresa (melhor que fundo de comércio) existente há mais de um ano, nas condições a que alude o inciso II, desse mesmo artigo. No § 2º desse art. 52, assenta-se que nas locações de espaço em shopping centers o locador não poderá recusar a renovação do contrato com fundamento nesse inciso II.

Também o caput do art. 54 dessa lei determina que, "nas relações entre lojistas e empreendedores de shopping centers, prevalecerão as condições livremente pactuadas nos contratos de locação respectivos e as disposições procedimentais previstas nesta Lei".

Assegura, ainda, o § 1º desse art. 54, que o empreendedor não poderá cobrar do locatário em shopping centers as despesas que menciona nas suas letras a e b.

Em alguns pontos, como visto, o legislador procurou resguardar o utilizador de espaço em shopping centers, chamando-o de locatário e de locação o respectivo contrato.

Não se nega que exista um contrato de locação (típico) somado a outras prestações que não dizem respeito à locação (elementos atípicos), como demonstrado, até esse ponto. O legislador preferiu não criar denominação autônoma a esse contrato, mas deixa claro que, nele, as "condições" serão "livremente pactuadas", valendo a essas contratações, além dos pontos tratados, as disposições procedimentais (matéria processual).

Continuam presentes, portanto, nesses contratos, ao lado das obrigações de dar contra dar, as obrigações de fazer e de não fazer, que mantêm a natureza atípica do contrato de utilização de espaço em shopping centers. O não cumprimento de qualquer delas ocasiona a extinção do contrato todo.

26
LOCAÇÃO *BUILT-TO-SUIT*
E SUA INTERPRETAÇÃO PELA JURISPRUDÊNCIA

Alexandre Ferreira de Assumpção Alves

Doutor em Direito pela Universidade do Estado do Rio de Janeiro (UERJ). Professor Associado nos cursos de graduação e pós-graduação da Faculdade de Direito da UERJ. Professor Titular da Universidade Federal do Rio de Janeiro (UFRJ).

Lucas Caminha

Mestre em Direito pela Universidade do Estado do Rio de Janeiro (UERJ). Graduado em Direito pela Universidade Federal do Rio de Janeiro (UFRJ). Membro da Comissão de Direito da Concorrência da Ordem de Advogados do Brasil no Rio de Janeiro (OAB/RJ). Advogado no Rio de Janeiro.

Sumário: 1. Introdução. 2. A surgimento do *built-to-suit*, a disrupção das estruturas tradicionais de utilização de imóveis para fins não residenciais e a captação de recursos para sua Implementação. 2.1 As estruturas de captação de recursos e seu efeito na alocação de responsabilidades no *buit-to-suit*. 3. Contrato *built-to-suit*: natureza jurídica e alocação das responsabilidades. 3.1 Obrigações do empreendedor imobiliário. 3.2 Obrigações do locatário/explorador do imóvel. 4. A acolhida do *built-to-suit* pela jurisprudência e, em seguida, pela legislação. 4.1 A adoção do *built-to-suit* pelos agentes econômicos em um vácuo legislativo. 4.2 O cenário positivo para a contratação à luz da interpretação jurisprudencial desde a introdução do *built-to-suit* no Brasil. 4.3 A previsão legislativa do *built-to-suit* em 2012 como "contrato de construção ajustada" e seu impacto em novas contratações. 5. Conclusão.

1. INTRODUÇÃO

Embora a organização do estabelecimento empresarial seja um encargo de qualquer empresário e caiba a ele a escolha dos elementos corpóreos e incorpóreos que integrarão a universalidade de fato, a maioria esmagadora deles ainda se utiliza de imóveis (próprios ou não) para o exercício de empresa, nem que seja como base remota para o estabelecimento virtual.

O escopo primordial do artigo é investigar a estrutura jurídica de locação empresarial denominada locação *built-to-suit* (ou contrato de construção ajustada), por meio da qual uma pessoa física ou jurídica, em geral constituída na forma de sociedade empresária (i) contrata um empreendedor imobiliário para comprar um imóvel e nele realizar construção, adaptação ou reforma substanciais, sob "encomenda" da primeira; e, em seguida, (ii) aluga esse imóvel, adquirido pelo empreendedor, para exercer a sua atividade econômica por um prazo considerável (i.e., de dez a vinte anos), nele fixando seu ponto empresarial.

A pertinência do instituto mostra-se relevante porque o bom desempenho da economia brasileira na primeira década do século XXI – em que pese o momento recessivo dos últimos anos desta década – aumentou a demanda empresarial por mais espaço físico (imóveis), especialmente quando há ampliação da empresa. No entanto, as estruturas jurídicas tradicionalmente usadas pelos agentes econômicos para conseguir novas instalações (i.e., aquisição de imóvel; arrendamento mercantil e contrato de locação) eram acometidas por diversas ineficiências alocativas que serão discutidas no capítulo 2.

O objetivo do presente estudo sobre o *built-to-suit* se dividirá em (i) apresentar as suas vantagens econômicas para o explorador do imóvel em relação à compra ou locação de imóvel; (ii) explicar a sua estrutura contratual e alocação de obrigações/responsabilidades às partes; (iii) expor sua trajetória no Brasil desde que se tornou prática habitual nos anos 90 e teve a sua validade constantemente reafirmada pela jurisprudência; e (iv) compreender os efeitos da sua tipificação pela Lei 12.744/2012 e da sua interpretação pela jurisprudência.

Utiliza-se o método dedutivo, partindo-se da premissa maior que a contratação da construção ajustada permite um cenário de maior flexibilidade para as partes e alocação eficiente de recursos, mas também (premissa menor) exige a adoção de regras especiais para a alocação de responsabilidades, a fim de resguardar os recursos aplicados pelo locador/empreendedor e tornar o arranjo contratual viável e promissor. Para tanto, a dedução é que grande parte do sucesso do modelo contratual se deve à acolhida do *built-to-suit* pela jurisprudência e como o reconhecimento pelos Tribunas sedimentou o arcabouço de segurança jurídica, além da alteração promovida em 2012 na Lei 8.245/91 (artigo 54-A).

Como base empírica desse estudo, foram levantados contratos *built-to-suit* por conglomerados economicamente relevantes no Brasil, tendo como base documentos de ofertas públicas de certificações de recebíveis imobiliários (CRI).

2. A SURGIMENTO DO *BUILT-TO-SUIT,* A DISRUPÇÃO DAS ESTRUTURAS TRADICIONAIS DE UTILIZAÇÃO DE IMÓVEIS PARA FINS NÃO RESIDENCIAIS E A CAPTAÇÃO DE RECURSOS PARA SUA IMPLEMENTAÇÃO

A primeira década do século XXI, na esteira do bom desempenho da economia, promoveu um crescimento expressivo de procura por imóveis, diante do PIB positivo em quase todos os anos da década[1], época essa que motivou a publicação pela revista norte-americana *The Economist*, da famosa capa *"Brazil takes off"*, ilustrando o Cristo Redentor em ascensão como um foguete[2]. Esse aquecimento econômico também contribuiu para um correlato aquecimento no mercado imobiliário, podendo ser levantadas duas razões: (i) a expansão do crédito imobiliário, inclusive pelos financiamentos do Sistema Financeiro da Habitação ("SFH") e, (ii) a demanda das sociedades empresárias por mais espaço físico para expansão de atividades econômicas[3].

---

1. Em toda a primeira década desde século (2000 a 2009), apenas no último ano – 2009 – o PIB brasileiro foi negativo (-0,13%), tendo atingido picos de 5,76% e de 7,07%, respectivamente, nos anos de 2004 e 2007 (Fonte: Sistema Gerenciador de Séries Temporais, <https://www3.bcb.gov.br/sgspub/localizarseries/localizarSeries.do?method=prepararTelaLocalizarSeries>. Acesso em: 30 nov. 2020.

2. THE ECONOMIST. "Brazil takes off: Now the risk for Latin America's big success story is hubris", The Economist (12.11.2009), Dipsonível em: <https://www.economist.com/leaders/2009/11/12/brazil-takes-off>. Acesso em: 08 nov. 2020.

3. FIGUEIREDO, Luiz Augusto. Built to Suit. *Revista de Direito Imobiliário*, v. 72, São Paulo: RT, jan/jun 2012, p. 168.

26 • LOCAÇÃO *BUILT-TO-SUIT* E SUA INTERPRETAÇÃO PELA JURISPRUDÊNCIA — **429**

Para atender à demanda por mais espaço para instalação ou ampliação do estabelecimento, as sociedades poderiam adquirir um imóvel; no entanto, por mais que novas instalações fossem necessárias, tal intento não foi levado a cabo em razão das diversas desvantagens, quase todas de cunho fiscal, tais como[4]:

(i) imobilização de capital quando ele poderia ser investido na atividade-fim (custo de oportunidade);

(ii) risco de volatilidade no mercado imobiliário (variações bruscas e severas sobre o valor do imóvel);

(iii) indedutibilidade das despesas incorridas, com depreciação e reparação do imóvel da base de lucros sobre a qual incidem o Imposto de Renda de Pessoa Jurídica ("IRPJ") e a Contribuição Social sobre o Lucro Líquido ("CSLL");

(iv) indedutibilidade do imposto sobre propriedade territorial urbana (IPTU); e

(v) indedutibilidade do caixa próprio desembolsado para comprar o imóvel.

A forma tradicional de se evitar os custos apontados acima seria através de um contrato de locação típico[5] – otimizar o custo de capital através da separação entre o uso e a propriedade[6]. No entanto, algumas ineficiências ainda permaneceriam, tal como a indedutibilidade de valores pagos a título de aluguel. Mesmo que o empresário conseguisse alugar um imóvel, havia a possibilidade de não atender aos propósitos de certas sociedades empresárias que precisam de uma estrutura especificamente construída (*moldada*) e/ou estrategicamente localizada. Eis alguns exemplos:

(i) atividades reguladas (i.e., aviação, farmacêutica, energia) precisam de imóveis com critérios operacionais/regulatórios específicos – hangares, plataformas, pistas de pouso, laboratórios de contenção bioquímica etc.;

(ii) grupos de varejo/logística necessitam de depósitos com grande espaço físico em locais estratégicos para maximizar a eficiência de distribuição de produtos[7]; e

(iii) instituições de ensino (i.e., escolas, universidades, centros universitários) precisam de infraestrutura adequada para ensino, pesquisa e extensão e comodidades para os usuários.

Diante do exposto, dadas as restrições/custos enfrentados por uma sociedade empresária na compra de imóvel ou na locação típica (cessão onerosa do uso de imóvel pronto), não se conseguia maximizar a eficiência de capital e ter um imóvel construído (tanto estrutural quanto geograficamente) especificamente (*built-to-suit*) para a sua empresa. A solução foi encontrada na experiência de alguns países que também haviam passado pelo mesmo problema.

Em meados dos anos 50 do século XX, foi criada nos Estados Unidos[8] uma estrutura disruptiva peculiar para agregar eficiência no planejamento imobiliário empresarial, rompendo com padrões tradicionais de locação. Com ela, a sociedade empresária: (i) contrata um empreendedor imobiliário para planejar, coordenar e executar (ou selecionar terceiro para executar) a aquisição e construção ou reforma substancial de um imóvel, seguindo

---

4. GREGÓRIO, Carolina. *Método para análise da oportunidade de imobilização em imóveis corporativos*. São Paulo: USP, 2010, Tese [doutorado], p. 73-74.
5. Dado que o arrendamento (*leasing*) imobiliário caiu em desuso no mercado brasileiro em decorrência das ineficiências econômicas que trazia, na opinião de Carolina Gregório (op. cit., p. 91).
6. FIGUEIREDO, Flávio Fernando de; GRAVA, J. William. A economia dos empreendimentos build-to-suit. *14° Congresso Brasileiro de Engenharia de Avaliações e Perícias*, Salvador: IBAPE, 2007, p. 1-2
7. Como exemplo de organização que precisa de imóveis para logística e distribuição, cita-se o Grupo Amazon, cujos imóveis precisam seguir parâmetros rigorosamente voltados à maximização de eficiência (cf. BERNHARDT, George P.; GOODRICH, James E. Build-to-Suit Leases: A Construction Contract and a Lease Merged into One. Probate and Property. *Real Property, Trust and Estate Law Section*, v. 29, n.3, New York: ABA, mai/jun 2015, p. 2.
8. BENEMOND, Fernanda. *Contratos Built to Suit*. Coimbra: Almedina, 2013, p. 15-20.

parâmetros específicos que comportem a empresa e a identidade visual do contratante; e (ii) aluga esse mesmo imóvel construído/reformado do empreendedor (cessão do uso e fruição) durante um prazo longo, em geral entre dez a vinte anos[9] para o locatário exercer sua empresa, obrigando-se este a pagar um valor periódico (mensal/anual), que também remunere o *know-how* do empreendedor e investimento que ele fará para cumprir o serviço. Nota-se uma alocação específica de responsabilidades a cada parte, não só na etapa da construção, modelagem ou reforma, por parte do construtor/empreendedor, como na composição do aluguel devido pelo empresário.

Essa estrutura denominada *"built-to-suit"*[10] ganhou destaque com o aquecimento econômico brasileiro, e, apesar de ter se tornado menos frequente após 2010 (desaceleração econômica), ainda está em voga no Brasil[11]. Isso porque ela se mostrou uma alternativa empresarial mais eficiente os arranjos contratuais tradicionais (compra ou locação típica), preservando seus pontos positivos e mitigando pontos negativos[12].

A vantagem do *built-to-suit* em relação à compra e venda reside no fato de a locatária não precisar aplicar capital em ativo imobilizado e com risco de desvalorização. Com o *built-to-suit*, a sociedade empresária libera capital de giro para investir mais recursos na sua atividade-fim[13], gerando mais lucros e viabilizando expansões. Sem embargo, é preciso alertar que a aquisição de imóvel não é de todo desvantajosa em caso de necessidade de obtenção de crédito com garantia real, especialmente a propriedade fiduciária, sendo uma desvantagem o *built-to-suit* em momentos de crise da empresa pelo ônus do pagamento do aluguel e encargos.

Outra vantagem, e uma das que mais impulsionou o *built-to-suit* no Brasil[14], é a economia tributária do locatário com a estrutura. Para entendê-la, precisa-se ter em mente que a remuneração devida pelo locatário ao empreendedor pelo imóvel *built-to-suit* é composta de (i) uso, gozo e fruição exercido pelo locatário (aluguel); (ii) contrapartida pelo *know-how* da empreendedora; e (iii) remuneração pelos investimentos do empreendedor. É nítido que esses pagamentos não têm natureza apenas de "aluguel" (o que só aconteceria se o locatário estivesse pagando apenas pelo uso e fruição do imóvel). A alocação desta responsabilidade como contrapartida em favor do locador representa verdadeira despesa operacional e, como tal, a locatária consegue deduzi-la de sua base tributável de IRPJ e CSLL, não poderia ser feito com despesas de aluguel "puro".

---

9. RODRIGUES, Gabriela. A incompatibilidade sistemática entre o contrato built-to-suit e a Lei de Locações. *Direito & Justiça*. v. 41, n. 2, p. 174-181, Porto Alegre: PUC, jul/dez 2015, p. 175.

10. Alguns artigos acadêmicos sobre *build-to-suit* no Brasil discorrem sobre as possibilidades de tradução do termo, sobre como foi convencionado chamá-lo, e sobre qual denominação seria mais etimologicamente adequada (*"locação sob encomenda"*, *"construção sob encomenda"*, *"construção ajustada"*, *"construído para servir"* etc.). Para fins do presente estudo, e para evitar interpretações divergentes sobre o sentido gramatical dessa estrutura que tem tantos elementos econômicos/ jurídicos relevantes, o contrato será chamado simplesmente de *build-to-suit*, seguindo sua denominação no exterior, exceto quando houver menção à legislação que o introduziu – Lei 12.744/2012.

11. QUINTÃO, Quintão. Gestora VBI cria plataforma para atuação em galpões. *Valor Econômico*, edição de 21.11.2017, Disponível em: <https://www.valor.com.br/empresas/5199821/gestora-vbi-cria-plataforma-para-atuacao-em-galpoes>. Acesso em 06 fev. 2020.

12. Não obstante o desenvolvimento do *built-to-suit* na primeira década do século XXI, Fábio Cilli informa que o primeiro contrato nesse molde foi celebrado em 1995 para a construção de um polo industrial para a Gillete S/A, no Estado do Rio de Janeiro (CILLI, Fábio. Empreendimentos do Tipo Built-To-Suit: arbitragem do Valor de Locação em Editais de Concorrência. São Paulo: EPUSP, p. 135).

13. GREGÓRIO, Carolina, op. cit., p.91.

14. NAKAMURA, André. *O Build to Suit e a Administração Pública. Revista Jurídica Cesumar*, v. 16, n. 2, p. 349-374, Maringá: Unicesumar, mai./ago. 2016, p. 352.

Para além dessas vantagens financeiras, o *built-to-suit* também pode dar ao contratante um imóvel que, ao mesmo tempo, (i) é estruturalmente *planejado e implementado* para sua empresa, e (ii) transmite a identidade visual do grupo econômico para terceiros[15], contribuindo para uma imagem positiva para visitantes/clientes, e assim o ativo gera mais valor agregado.

Por essas vantagens que proporciona, o *built-to-suit* foi adotado no Brasil até mesmo por sociedades que já eram proprietárias de imóveis e preferiram retirá-los do ativo para ganhar eficiência (desmobilização imobiliária).

2.1 As estruturas de captação de recursos e seu efeito na alocação de responsabilidades no *buit-to-suit*

Para que uma estrutura *built-to-suit* seja implantada com sucesso pelo empreendedor em benefício do locatário é necessário que o primeiro recorra a financiamentos que cubram os vultosos investimentos decorrentes da operação, tais como: a) aquisição do imóvel (preço /tributos/despesas); b) contratação de construtora, fiscalizadora e demais assessores/prestadores de serviço para a obra; c) elaboração/aprovação dos projetos de construção[16]; e d) custos para levantar capital de terceiros investidores[17].

Em termos de alocação de responsabilidades, o empreendedor é a parte responsável nos contratos *built-to-suit* por captar recursos que financiarão o projeto, e costuma escolhe-los dentre: (i) crédito bancário tradicional; (ii) securitização dos direitos creditórios devidos pelo locatário/explorador do imóvel; e (iii) constituição de um fundo de investimento imobiliário.

O financiamento de bancos desempenhou um papel relevante no aquecimento do mercado imobiliário no Brasil, porque os bancos contam com incentivos fiscais para financiar construção imobiliária[18]. No entanto, esses incentivos só abrangem financiamentos de imóveis habitacionais (e não para fins empresariais), e em razão das altas taxas praticadas, os bancos não representam grande parte dos empreendimentos *built-to-suit* no Brasil. Já a securitização de créditos é uma fonte de capital mais proeminente, transformando-se em um financiador relevante da construção civil. Não por acaso, o *built-to-suit* cresceu bastante no Brasil quando a legislação fortaleceu os instrumentos de captação de recursos a partir da Lei 9.514/97, como atesta Camila Moreira.

> Ainda, para viabilização do negócio, podem também ser celebrados outros contratos conexos e tangenciais, *de captação de recursos e cessão de recebíveis*, por exemplo, com distintos investidores ou agentes financeiros. Aliás, *foi justamente esse cenário que hoje permite o entrelace de contratos conexos* – oferecendo sólidas

---

15. Conforme entrevista com diretor da WTorre Engenharia: "[...] A companhia tem ganhos reais de produtividade através da inteligência operacional (...)'Com esses fatores ajustados, a empresa pode aumentar em até 40% a produtividade de seu pessoal'," in *Fórum Imobiliário, Empresa e Investidor Ganham com Construção sob Medida: entrevista com Diretor Comercial do Grupo WTorre* (2011), in <https://forumimobiliario.com.br/empresa-e-investidor-ganham-com-construcao-sob-medida>. Acesso em: 28 set. 2020.
16. FRANCIOZI, Luís. *Operações Built to Suit antes e depois da Lei 12.744/2012 – o estudo de caso do Hospital Infantil Sabará*. São Paulo: USP, 2013, Dissertação [Mestrado], p. 16.
17. VALENÇA, Marcelo. Built to suit – operação de crédito imobiliário estruturada. *Revista de Direito Bancário e Mercado de Capitais*, ano 8, p. 328-343, São Paulo: Thomson Reuters, jan/mar 2005.
18. As operações de crédito com fins habitacionais são isentas de IOF/Crédito (art. 9°, I do Decreto 6.306/2007 c/c Solução de Consulta RFB n. 84). Trata-se de uma redução relevante no custo da operação para o banco que pode reduzir a taxa ao consumidor. No entanto, essa isenção só é aproveitada na construção de imóveis residenciais que serão futuramente vendidos para pessoas físicas, e não para fins empresariais *build-to-suit*.

garantias contratuais, fortalecimento dos fundos de investimento, intensificação da securitização de créditos imobiliários, novos fluxos de investimento e consumo – *que mais fomentou o desenvolvimento de operações built to suit no Brasil ao longo dos últimos 15 anos*[19]. [grifos nossos]

A securitização de créditos imobiliários[20] permite que o empreendedor, através da atuação de uma companhia securitizadora, capte recursos diretamente do investidor mediante uma oferta pública de Certificados de Recebíveis Imobiliários ("CRI") – títulos de crédito nominativos que representam promessa de pagamento futuro e que são lastreados pelos créditos devidos pela locatária (art. 6º da Lei 9.514/97).

Para o empreendedor, a emissão de CRI é mais vantajosa pela possibilidade de alavancar capital de giro, conseguir um alto volume de recursos financeiros de diversos agentes diferentes, pagar taxas menores do que as de bancos, diluir a sua base de credores[21] e ter proporcionalidade entre o fluxo das remunerações devidas pelo locatário e o fluxo dos pagamentos de juros e do principal devidos no âmbito do CRI[22]. Outra vantagem da operação, como meio de proteção aos investidores, é a compulsoriedade de constituição de patrimônio de afetação, nos termos do art. 10, II, da Lei 9.514/97, integrado pela totalidade dos créditos submetidos ao regime fiduciário que lastreiem a emissão. Tais créditos só podem ser usados para satisfazer o crédito do próprio CRI, e não outras dívidas assumidas com terceiros pelo devedor dos CRI, que, no caso do *built-to-suit*, é o empreendedor. Ademais, o art. 11 estabelece uma série de medidas de "blindagem" deste patrimônio.

Não obstante, a securitização não é a única alternativa de financiamento no mercado de capitais. O empreendedor também pode constituir um Fundo de Investimento Imobiliário (FII), estrutura regulamentada pela Instrução CVM 472, de 2008, para captar recursos por meio de oferta pública de suas cotas. Ao contrário dos CRI, as cotas de FII são classificadas como títulos de renda variável, não havendo então um fluxo predeterminado de remuneração, mas condicionado ao sucesso (ou insucesso) do ativo investido pelo fundo.

Independentemente da fonte de capital utilizada, mas como efeito direto da alocação de responsabilidade do empreendedor, é extremamente relevante que haja uma estrutura exequível de garantias para os credores do financiamento do *built-to-suit* em caso de inadimplemento da locatária e/ou do empreendedor sob pena de risco sistêmico ao mercado. As garantias podem ser reais ou fidejussórias/pessoais (v.g., fiança do controlador e carta de fiança bancária, sendo comum que o garantidor dispense o benefício de ordem[23]).

---

19. MOREIRA, Camila. Built to suit: particularidades e a Lei 12.744/2012. São Paulo: *Revista de Direito Imobiliário*, v. 78, jan/jun 2015, p. 130.
20. Trata-se de complexa operação de crédito que envolve a securitização de créditos imobiliários, ou seja, tais créditos são expressamente vinculados à emissão de CRIs, mediante Termo de Securitização de Créditos subscrito por companhia securitizadora. Os CRIs podem ser negociados no mercado de valores mobiliários (Cf. ICVM 414/2004).
21. VALENÇA, Marcelo Valença. Op. cit. p. 335.
22. GABRIEL, Luís. Seleção de funding para empreendimentos do tipo build-to-suit com base em critérios de risco e retorno. *Revista de Finanças Aplicadas*, v. 1, p. 1-21, São Paulo: 2013, p. 7.
23. As cláusulas de renúncia mais comuns para diminuir os custos de transação do financiador em caso de inadimplemento do empreendedor são: (i) renúncia ao direito de se exonerar da obrigação se ela for objeto de novação (art. 366), (ii) renúncia ao direito de denunciar o devedor afiançado à lide no caso de o fiador ser executado primeiro pela obrigação inadimplida (art. 827), (iii) renúncia ao direito de promover a execução contra o devedor afiançado se o credor demorar a fazê-lo (art. 834), (iv) renúncia ao direito de se exonerar da obrigação se o credor conceder moratória ao devedor afiançado, for impossível a sub-rogação do fiador nos direitos do credor, ou se o devedor pagar o credor via dação em pagamento (art. 838) e (v) renúncia ao direito de se exonerar da obrigação se arguir que os bens do devedor afiançado sejam excutidos antes dos seus (art. 839). Os artigos citados são do Código Civil.

Dentro das garantias reais, em que pese o art. 17 da Lei 9.514/97 estabelecer um rol mais amplo, os institutos preferidos pelo mercado de forma quase unânime são (i) cessão fiduciária dos créditos devidos pela locatária do imóvel ao empreendedor, e (ii) alienação fiduciária do imóvel objeto do *built-to-suit*. Nestes casos, opera-se a transferência da propriedade fiduciária (resolúvel) do imóvel ou do direito creditório do devedor ao credor até o cumprimento das obrigações garantidas. No caso de uma alienação/cessão fiduciária que garante uma oferta pública de CRI, a propriedade fiduciária é transferida ao agente fiduciário da emissão, representante da comunhão de investidores.

As vantagens principais das garantias fiduciárias em comparação a outras garantias (i.e., hipoteca/penhor) são: (i) execução extrajudicial dos bens se houver inadimplemento (art. 66-B, § 3º, da Lei 4.728/65) e (ii) não submissão do crédito e da garantia dos efeitos de recuperação judicial (art. 49, § 3º c/c art. 52, III, da Lei 11.101/2005).

3. CONTRATO *BUILT-TO-SUIT*: NATUREZA JURÍDICA E ALOCAÇÃO DAS RESPONSABILIDADES

Do ponto de vista jurídico, o *built-to-suit* é um contrato de locação não residencial com regras especiais no tocante à renúncia ao direito de revisão do valor dos aluguéis e à denúncia antecipada do contrato, ambas pelo locatário. No mais, prevalece a livre estipulação de suas cláusulas pelas partes, observadas apenas as condições procedimentais previstas na Lei 8.245/91 (art. 54-A). Embora a redação do *caput* do artigo 54-A adote um conceito descritivo ("[locação] na qual o locador procede à prévia aquisição, construção ou substancial reforma, por si mesmo ou por terceiros, do imóvel então especificado pelo pretendente à locação, a fim de que seja a este locado por prazo determinado"), a lei que introduziu o dispositivo se refere a ele como "*contrato de construção ajustada*" (expressão contida na ementa e no art. 1º da Lei 12.744/2012). Verifica-se a impropriedade do *nomen juris* na língua pátria, pois a própria redação do artigo 54-A se refere a ele como locação (e não empreitada ou construção), admitindo que a locação tenha por finalidade a prévia "aquisição" ou "reforma" do imóvel, de modo que nem sempre haverá a celebração de um contrato de construção de imóvel.

Antes de 2012, por outro lado, o *built-to-suit* era considerado um contrato atípico, cuja celebração estava autorizada expressamente no art. 425 Código Civil. Defende-se que sua "positivação" e atribuição de um *nomen juris* não o transformou num contrato típico, pois, além de não haver uma disciplina própria – está inserido nas disposições da locação não residencial – a regulamentação, propositalmente, é esparsa e só tem finalidade de afastar certos direitos do locatário existentes na locação comum, como a denúncia e a revisão do valor dos alugueis, já que para o restante prevalece a *pacta sunt servanda*.

Ademais, não se trata de uma simples locação ou empreitada, haja vista que o *built-to-suit* é de uma macroescala que transcende ambas essas naturezas[24]. Ele é resultado da absorção do objetivo primordial do contrato de locação (cessão onerosa de uso e gozo de coisa por tempo determinado) por uma estrutura nova com obrigações e alocação de responsabilidades alheias à relação locatícia impostas ao locador (i.e., comprar o imóvel, construir ou reformá-lo/adapta-lo conforme instruções do locatário, captar recursos etc.).

---

24. HIRATA, Alessandro; TARTAGLIA, João. Built to Suit: dos Aspectos Contratuais ao Direito de Superfície. *Revista Brasileira de Direito Civil em Perspectiva*, v. 4, n. 1, São Paulo: jan/jun 2018, p. 149.

Da mesma forma, o *built-to-suit* também é resultado da absorção do âmago do contrato de empreitada, envolvendo construção civil considerável, mas para satisfazer às necessidades do terceiro (locatário) e não as do dono da obra, que a contrata em benefício deste.

Quanto a sua função econômica, o *built-to-suit* (assim como qualquer outro contrato) é um feixe de direitos e obrigações usado pelos agentes econômicos para alocar riscos e responsabilidades entre si nas suas relações[25]. Para compreender essa modalidade contratual de forma completa/satisfatória, é necessário visualizar como esses riscos e responsabilidades são repartidos entre empreendedores no padrão de mercado e, posteriormente, a visão jurisprudencial.

Independente de alguns aspectos dos contratos de locação e de empreitada que possam se verificar, o contrato *built-to-suit* é classificado quanto aos seus efeitos como bilateral (sinalagmático), de modo que tanto o empreendedor quanto o locatário possuem direitos e deveres recíprocos, colocando-se ambos tanto na posição de credor quanto devedor da prestação dependendo do ponto de vista de análise[26]. O inadimplemento da prestação dá ao prejudicado a pretensão de sua execução forçada ou, sendo inviável ou impossível, a composição patrimonial do dano pela indenização. Com esta premissa, passa-se a verificar, com base nas cláusulas pactuadas, como são alocadas estas responsabilidades a partir do exame das obrigações de cada parte (art. 389 do Código Civil).

3.1 Obrigações do empreendedor imobiliário

São obrigações do empreendedor imobiliário, dentre outras:

(i) Concentrar em si todas as responsabilidades financeiras na estruturação e execução do projeto, devendo, para tanto, celebrar os contratos empresariais necessários à implantação da projeto, desde a captação de recursos até a contratação das construtoras (empreiteiras)[27], inclusive segregando o *built-to-suit* do patrimônio de seu próprio grupo econômico; (ii) Adquirir o imóvel (edificado ou não) onde será realizada a construção ou reforma, devendo observar as exigências feitas pelo futuro locatário, inclusive prazos, pois a finalidade é atender às necessidades deste para instalação, ampliação ou modernização de sua empresa no tocante à adequação ("suit") do imóvel[28]. A perfeita formalização do título aquisitivo de propriedade tende a ser uma condição suspensiva precedente ao contrato *built-to-suit* (art. 125 do Código Civil); (iii) Como decorrente da concentração financeira do empreendedor que precede à locação, aloca-se a ele a responsabilidade pela contratação da(s) construtora(s) que executará(ão) a obra e o monitoramento da execução (a contratação também pode ser indicada como condição suspensiva à contratação do *built-to-suit*); (iv) Diligenciar pela aprovação dos projetos de construção/modificações junto ao Poder Público (v.g., alvará da Prefeitura,), inclusive a obtenção de licenças ambientais, se necessário, exceto operacionais; (v) Após o término da obra, entregar o imóvel ao locatário conforme as especificidades técnicas solicitadas, sob pena de (a) realizar obras de reparo se houver falha técnica; e (b) indenizar em perdas e danos, incluindo lucros cessantes;

---

25. FORGIONI, Paula. *A Evolução do Direito Comercial Brasileiro:* Da mercancia ao mercado. São Paulo: Ed. RT, 2009, p. 94.
26. Ao expor a estrutura da obrigação, Orlando Gomes alerta para a predominância de relações obrigacionais complexas, "nas quais a mesma parte ocupa, concomitantemente, as posições ativa e passiva, porque lhes tocam direitos e obrigações que, inversamente, correspondem ao outro sujeito" (GOMES, Orlando. *Obrigações*. 12. ed. Rio de Janeiro: Forense, 1998, p. 13).
27. GARCIA, Evelini Garcia et al. Evidências Empíricas da Securitização no Financiamento de Financiamento de Contratos Build to Suit. *Revista Universo Contábil*, v. 13, n. 1, Blumenau: FURB, abr. 2017, p. 29-32, *in* http://proxy.furb.br/ojs/index.php/universocontabil/article/view/5487. Acesso em 10.09.20120.
28. A 1ª Turma Cível do TJDF, em 2017, entendeu pelo cabimento da exceção de contrato não cumprido (art. 476 do Código Civil) no contrato *built-to-suit*, afigurando-se como legítima a suspensão do pagamento dos alugueres pelo locatário, ao fundamento de que, transcorridos mais de dois anos desde a celebração da avença, as obras no imóvel sequer foram iniciadas. Assim, se o empreendedor não cumprir sua obrigação de construir o imóvel, o locatário terá a prerrogativa de suspender seu pagamento. (DISTRITO FEDERAL. Tribunal de Justiça. 1ª Turma Cível. Apelação 0705313-36.2017.8.07.0000. Relator Desembargador Teófilo Caetano, julgamento em 09.11.2017, In no DJE de 23.11.2017).

26 • LOCAÇÃO *BUILT-TO-SUIT* E SUA INTERPRETAÇÃO PELA JURISPRUDÊNCIA

A respeito da obrigação do empreendedor quanto a reparos no imóvel em caso de falha técnica e a alocação de responsabilidade civil pelo seu descumprimento, ainda que por ato de terceiros, cabe citar o caso apreciado pela Terceira Turma do STJ em 2008 no RESP 885.910/SP[29]. Os ministros julgadores reconheceram a responsabilidade da empreendedora/incorporadora imobiliária que celebrou um contrato com os futuros locatários de imóvel a ser construído por uma empreiteira para utilização por eles ("modelo de construção 'build-to-suit'"). Esse contrato já previa a responsabilidade da empreendedora e futura locadora, que ficara incumbida de escolher o empreiteiro da obra, por eventual má prestação de serviços deste (culpa *in eligendo*). Foram verificados vários problemas de construção pelos locatários (Banco e loja de departamentos de grande porte) e, em vistoria técnica, ficou comprovado que as especificações determinadas no contrato de empreitada não haviam sido seguidas pela construtora, de forma que o prédio não suportava o uso que dele se esperava, vindo a sofrer sérios danos em sua estrutura, a ponto de haver ameaça de interdição pela Prefeitura. A alocação de responsabilidades do empreendedor no *built-to-suit* exige que ele responda pelos atos do empreiteiro escolhido, impondo-se o dever de ressarcimento perante os locatários, inclusive lucros cessantes numa "espécie de cadeia de responsabilidades contratuais", expressão utilizada pela relatora Ministra Nancy Andrighi em seu voto.

(i) Fornecer à locatária, até certa data limite, o habite-se e o auto de vistoria do Corpo de Bombeiros, de modo que lhe seja assegurada a utilização do imóvel de forma regular;

(ii) Prover a infraestrutura necessária que o locatário precisa, de modo a garantir que o imóvel comporte serviços públicos essenciais para funcionar (i.e., energia, água, saneamento e outros conforme caso concreto);

(iii) Empreender melhores esforços para viabilizar que o locatário use o imóvel em parte antes da conclusão total da obra, de forma que ele já consiga começar a gerar renda ou reduzir despesas, caso assim seja estipulado e possível diante das normas urbanísticas e de construção;

(iv) Em linha com os custos financeiros e o feixe de responsabilidades decorrentes da construção ou reforma, o empreendedor deve assumir os riscos trabalhista, fiscal, previdenciário, administrativo, ambiental e cível decorrentes da construção ou reforma do empreendimento e por atos de seus contratados e subcontratados; e

(v) Indenizar o locatário por qualquer prejuízo em razão dos passivos apontados no item anterior, incluindo também indenizações a que seja condenado, despesas em processos administrativos ou judiciais, sob pena de ação de regresso.

3.2 Obrigações do locatário/explorador do imóvel

Embora os custos financeiros do *built-to-suit* estejam concentrados no empreendedor e futuro locador, o empresário e futuro locatário também tem responsabilidades, das quais se destacam:

(i) Pagar, em qualquer hipótese, as remunerações acordadas, ainda que tenha créditos contra o empreendedor, sendo vedada a compensação prevista no art. 368 do Código Civil (vedação relevante para investidores)[30];

(ii) Exercer no imóvel a atividade empresarial disposta no *built-to-suit* e dar-lhe a destinação para a qual foi construído ou reformado, sendo vedada a sublocação (caráter *intuitu personae* do contrato);

---

29. BRASIL. Superior Tribunal de Justiça. Terceira Turma. REsp 885.910/SP. Relatora Ministra Nancy Andrighi, julgamento em 15.04.2008, In DJe de 05.08.2008.

30. Conceito denominado em língua inglesa de *"hell-or-high-water lease"*, indicando que o locatário deve cumprir a obrigação financeira em todos os casos, independentemente de haver "hell" (inferno), "high water" (enchente) ou qualquer outro fortuito (BERNHARDT, George P.; GOODRICH, James E. *Build-to-Suit Leases: A Construction Contract and a Lease Merged into One*, op. cit., p. 2).

(iii) Formalizar as garantias reais e/ou pessoais para cobrir o inadimplemento das remunerações e das demais obrigações do *built-to-suit*[31], trantado-se de um encargo financeiro a cargo do locatário para dar segurança ao empreendedor durante a execução do contrato;

(iv) Contratar seguro com seguradora de primeira linha cuja apólice cubra riscos ao imóvel e preveja indenização suficiente para reconstruí-lo – normalmente se estipula como beneficiário o empreendedor ou os investidores;

(v) Manter o imóvel funcional e em bom estado (conservado, limpo, pintado etc.), apresentando Atestado de Responsabilidade Técnica (ART);

(vi) Arcar com custos do uso do imóvel, tais como energia, luz, água e tributos (essa obrigação dependerá conforme cada caso concreto);

(vii) Contratar o empreendedor para construir eventuais benfeitorias ou dar-lhe o direito de igualar as condições de uma proposta apresentada por terceiro (direito de preferência tanto por tanto);

(viii) Aceitar expressamente a cláusula compromissória (arbitragem) como meio extrajudicial de solução de eventuais disputas originadas do contrato (frequentemente esta cláusula é do tipo "cheia", a qual já especifica a Câmara ou Tribunal, a sede da arbitragem, as regras do procedimento e as leis aplicáveis).

4. A ACOLHIDA DO *BUILT-TO-SUIT* PELA JURISPRUDÊNCIA E, EM SEGUIDA, PELA LEGISLAÇÃO

Mesmo com as eficiências econômicas que o *built-to-suit* trouxe aos empresários e com a facilidade na captação de recursos, em especial através da emissão de CRIs, o contrato ainda precisou passar por uma etapa de maturação no ordenamento jurídico. Como o instituto não era positivado e havia sido importado de ordenamentos estrangeiros, os contratantes temiam que seria um contrato mais vulnerável a decisões do Poder Judiciário pautadas na Lei 8.245/91, por existir no bojo do contrato a figura da locação não residencial, ainda que com elementos adicionais. Havia, portanto, um vácuo legislativo a ser preenchido e a análise das alocações de responsabilidades considerando a estrutura do negócio e seus objetivos era fundamental.

4.1 A adoção do *built-to-suit* pelos agentes econômicos em um vácuo legislativo

Pelos seus elementos de locação, já que há cessão onerosa de imóvel por tempo determinado, houve intenso debate sobre o risco da subsunção do *built-to-suit* à Lei 8.245/91, sendo inclusive esse o objeto da maioria dos estudos acadêmicos sobre o contrato[32].

A Lei 8.245/91, consoante seu art. 1º, tem por escopo regular as locações de imóveis urbanos, residenciais ou não, sendo muitos de seus dispositivos normas cogentes e de ordem pública em razão do frequente desequilíbrio econômico entre locador e locatário. Dado que certos eventos fomentaram esse desequilíbrio na segunda metade do século XX, (i.e., industrialização, urbanização, pós-guerra, crise habitacional, inflação explosiva), as leis que regiam locações foram se tornando cada vez mais pró-locatário[33].

Na Lei de Locações, esse espírito está principalmente no direito do locatário de ajuizar ação revisional do valor de aluguel e ação renovatória do contrato, essa na locação não

---

31. É padrão a cláusula de renúncia ao art. 37, parágrafo único, da Lei de Locações, o qual veda mais de uma garantia para permitir ao empreendedor estipular múltiplas garantias ao recebimento dos aluguéis.

32. Cf. VENOSA, Sílvio. *Lei do inquilinato comentada:* doutrina e prática: Lei 8.245/91, 13.ed. São Paulo: Atlas, 2014; BIAZOTTI, Thiago. A não incidência da revisional de aluguel em contratos de built-to-suit. *Boletim do Direito Imobiliário,* ano XXIX, n. 24, p. 3-7 ago 2009; VALENÇA, Marcelo, op. cit.; PEREIRA, Paula de Lemos Franchesconi, op. cit., p. 93; e RODRIGUES, Gabriela Rodrigues, op. cit., p. 177.

33. RIZZARDO, Arnaldo. *A nova Lei do Inquilinato.* São Paulo: Ed. Ed. RT, v. 683, set. 1992, p. 7.

residencial, além de impedir que o locador exija (i) multa rescisória integral, a depender de quanto tempo falta para o encerramento do contrato; (ii) cobrança antecipada de aluguéis; (iii) dupla garantia; (iv) cobrança para renovar contrato; e (v) retomada imotivada de imóveis usados para saúde, educação, saneamento etc.[34]

Para evitar a aplicação desses institutos em contratos *built-to-suit*, a prática contratual adotada pelo empreendedor foi incluir cláusulas de renúncia expressa do locatário a certos dispositivos da Lei de Locações – art. 19 (ação revisional), art. 20 (vedação contra exigir o pagamento antecipado do aluguel); art. 37, parágrafo único (apenas uma garantia contratual) e art. 51 (ação renovatória). Como alguns locatários judicializaram as condições pactuadas nos contratos *built-to-suit*, mesmo com as referidas renúncias, era preciso verificar se essas cláusulas resistiriam ao crivo do Poder Judiciário.

4.2 O cenário positivo para a contratação à luz da interpretação jurisprudencial desde a introdução do *built-to-suit* no Brasil

As demandas judiciais mais frequentes questionando cláusulas do contrato *bulit-to-suit* tinham por objeto a ação revisional de aluguéis, uma ação garantida pelo art. 19 a locatários – e também a locadores – caso entendam que o aluguel se tornou muito superior ou muito inferior em relação ao valor de mercado do imóvel[35]. No caso das revisionais, os locatários levantaram a tese de que a renúncia ao direito do art. 19 era vedada pelo art. 45 (proíbe o locatário de fazer certas renúncias), contando inclusive com base doutrinária[36].

Essa onda de ações revisionais foi bem preocupante para o mercado, pois a possibilidade de um juiz reduzir compulsoriamente o pagamento de um locatário *built-to-suit* é exatamente o risco mais grave aos olhos do empreendedor e dos financiadores do negócio – afinal, o valor é calculado/convencionado para remunerar o vultoso capital investido, e não só a cessão do uso e fruição do espaço, isso é um aspecto relevante na atipicidade do contrato[37].

A jurisprudência do STJ se posicionou contra os pedidos de revisão de aluguéis fundados na nulidade de cláusulas abdicativas que visem a elidir os objetivos da presente lei de locações. No julgamento do Resp 243.283/RJ, os ministros da Sexta Turma seguiram o voto do relator ministro Fernando Gonçalves pela validade da cláusula contratual em locação não residencial na qual o locador abdicou ao direito de propor a ação revisional para majoração do aluguel previsto no art. 19 da Lei 8245/91, invocando *a pacta sunt*

---

34. Cf. RODRIGUES, Gabriela. Op. cit., p. 177.
35. "Diante da valorização imobiliária que, nos últimos anos, tem ultrapassado, em determinadas regiões, a alta do custo de vida, a correção monetária, baseada nos índices do Ministério do Planejamento, deixou de ser um instrumento suficientemente sensível para garantir a equivalência das prestações nos contratos de locação, ensejando, assim, um enriquecimento sem causa, para o locatário, e um empobrecimento consequente para o locador. Efetivamente, partindo-se da ideia de que o aluguel mensal deve representar uma percentagem do valor venal do bem alugado, a desproporção no aumento dos valores dos aluguéis e do imóvel implica em distorção do contrato, rompendo, assim, o equilíbrio inicialmente estabelecido pelas partes, e passando a dificultar a própria existência dos contratos a longo prazo, que não se coadunam com este tipo de lesão superveniente", in Arnoldo Wald. Arbitramento Judicial em Locação Comercial. *Revista de Processo*, v. 5, São Paulo: Ed. RT, jan. 1977, p. 226.
36. Para Luiz Scavone Junior, "O direito à renovação compulsória do contrato, respeitados os requisitos dos arts. 51 e 71 da Lei 8.245/91, não pode ser afastado no contrato 'built-to-suit', *a teor do art. 45 da mesma Lei*", In: SCAVONE JUNIOR, Luiz. *Direito Imobiliário*: Teoria e Prática, 3.ed., Rio de Janeiro: Forense, 2011, p. 944.
37. VALENÇA, Marcelo. Op. cit.

servanda e a liberdade contratual[38]. Na ocasião reafirmou-se o entendimento da natureza dispositiva da norma que prevê o direito à revisão judicial, citando o relator em seu voto que o Tribunal já havia se manifestado em 1997 no julgamento do RESP 127355 – relator Ministro Félix Fischer – que a cláusula de renúncia ao ingresso de ação revisional não ofende o art. 45 da Lei 8.245/91. Embora o caso julgado não se refira ao *buit-to-suit*, é inegável que a orientação jurisprudencial teve impacto direto na redação do parágrafo 1º do art. 54-A, redigido nesses termos: "Poderá ser convencionada a renúncia ao direito de revisão do valor dos aluguéis durante o prazo de vigência do contrato de locação".

O entendimento acima tem sido mantido, tendo já sido confirmado em decisões posteriores por outras Turmas e Ministros a validade da renúncia à ação revisional[39]., bem como se espraiou para Tribunais Estaduais, sendo aplicado para os contratos *built-to-suit* antes mesmo de sua positivação, como espelha decisão do Tribunal de Justiça do Estado de São Paulo, de 2011[40]:

> Em razão da natureza do contrato (*built-to-suit*) – [..] *o valor da remuneração mensal a encargo da autora não se referia somente ao uso e gozo do imóvel, mas também o custo de aquisição do terreno e da construção do imóvel pela ré, além de remunerar-lhe o capital próprio e de terceiros, obtido no mercado financeiro.* Além disso, renunciaram o direito de pleitear judicialmente a revisão da remuneração (cláusula 21, alínea "h" à fl. 42). O negócio jurídico firmado entre as partes não se submete exclusiva ou preferencialmente ao regime jurídico das locações de imóveis urbanos para fins residenciais ou comerciais (Lei 8.245/91). [...] *Cuidando-se de contrato paritário, em que as partes entabularam trocas úteis e justas de acordo com suas vontades e em posição de igualdade (par a par),* ou seja, não sendo a renúncia predisposição de direito unilateral imposta por parte dominante em contrato de adesão, *a renúncia ao direito de revisar a remuneração é válida e eficaz* [...]

Mesmo após o advento da Lei 12.744/12, a jurisprudência do TJSP manteve-se firme no entendimento pretérito, inclusive autorizando cobrança de encargos locatícios ou multas não previstas na Lei 8.245/91 ou rechaçando a alegação de crise financeira (força maior), como atestam as seguintes ementas de decisões:

> Contrato de locação na modalidade built to suit que *não visa apenas remunerar o uso do imóvel, mas também amortizar os investimentos efetuados para a concretização do negócio* – Possível a cobrança de encargos locatícios (contraprestação pela reforma do imóvel) nas ações de despejo. [grifos nossos][41]

> *Ação revisional de aluguel de imóvel não residencial proposta por locadores – [...] "built to suit" – Impossibilidade de revisão sob pena de afronta ao princípio pacta sunt servanda – Livre estipulação das partes* que ensejou não apenas a finalidade de servir de contraprestação pelo uso do imóvel, mas, sobretudo, *o retorno do investimento realizado pelos locatários* [...] [grifos nossos][42]

> Apelação. Locação de imóvel não residencial. Ação revisional. Contrato denominado built to suit (BTS). [...] Revisão do valor do aluguel por arguição de onerosidade excessiva afastada. [...]. Malgrado não tenha declarado expressamente a renúncia ao direito de revisão do valor dos aluguéis, em verdade, quando a autora se propôs, no ato da assinatura, a cumprir as obrigações previstas no termo aditivo ao contrato, a ré, por sua vez, assumiu o encargo de adimplir com sua parte nesse instrumento particular, o que foi cumprido. *Invocar,*

---

38. BRASIL. Superior Tribunal de Justiça. Sexta Turma. REsp 243.283/RJ, Relator Fernando Gonçalves, julgamento em 16.03.2000, Diário da Justiça de 10.04.2000, p. 149.

39. Nesse sentido manifestou-se o Ministro Ricardo Villas Bôas Cueva: "É firme a orientação do Superior Tribunal de Justiça no sentido de que a disposição contratual de renúncia à revisão do valor de aluguel de imóvel não residencial é compatível com os arts. 19 e 45 da Lei 8.245/1991. Precedentes. [...]" (BRASIL, Superior Tribunal de Justiça, Terceira Turma, AgInt no REsp 1650333, Terceira Turma, Relator Ricardo Villas Bôas Cueva, julgamento em 28.08.2018, DJe 05.09.2018).

40. Trecho do voto do desembargador relator Antônio Ribeiro Pinto (SÃO PAULO. Tribunal de Justiça. 25ª Câmara de Direito Privado. Apelação 9156991-70.2008.8.26.0000, julgamento em 04.05.2011, publicação em 10.05.2011).

41. SÃO PAULO. Tribunal de Justiça. 35ª Câmara de Direito Privado. Apelação Cível 1062960-78.2014.8.26.0100. Relator Flavio Abramovici, julgamento e publicação em 24.10.2016.

42. SÃO PAULO. Tribunal de Justiça. 29ª Câmara de Direito Privado. Apelação Cível 1001315-32.2017.8.26.0008, Relator Carlos Trevisan, julgamento em 13.07.2018, publicação em 13.07.2018.

em momento posterior, a revisão do valor do aluguel, viola, sim, os termos escritos da contratação pactuada livremente, não admitindo correção judicial por alegada onerosidade excessiva de uma das partes. Um dos elementos intrínsecos desse tipo de contrato "BTS" tem por finalidade garantir ao locador o retorno do seu investimento amplamente conhecido pela autora no ato da contratação. [grifos nossos][43]

Contrato de construção ajustada e cessão de uso de espaços sites na modalidade built to suit. [...]. Multa compensatória que é devida pela ré ante sua responsabilidade pela rescisão antecipada do contrato. Inadmissibilidade de revisão da dita cláusula com base em alegação de crise financeira [...] Com efeito, *em se tratando de built to suit, a requerida teve liberdade de tratar sobre os valores que pagaria a título de alugueres por cada metro quadrado nos sites construídos, pelo que não poderia vir a justificar a redução do valor com base em crise econômica nacional, quando esta se insere no risco do negócio de qualquer empresa e, por certo, não se trata de fato imprevisível.* [grifos nossos][44]

Também em decisões do Tribunal de Justiça do Distrito Federal e do Tribunal de Justiça do Estado de Minas Gerais, na sequência, pode-se perceber a aplicação do princípio da autonomia da vontade das partes, decorrente da liberdade contratual, seja para manter a cláusula contratual que impossibilita a revisão do valor do aluguel durante a vigência do contrato, seja para responsabilizar a locatária pela rescisão da locação diante do abandono do imóvel.

Civil e processual civil. Ação revisional de aluguel. Contrato de locação "built to suit". Revisão do valor do aluguel anteriormente ao termo fixado pelas partes contratantes. Superveniência de desequilíbrio contratual. Inocorrência. [...] 2. Tratando-se de contrato de locação "built to suit" firmado anteriormente à edição da Lei 12.744/2012, *a revisão do valor da locação somente é cabível quando houver efetiva comprovação do superveniente desequilíbrio entre as partes contratantes.*

3. Não estando evidenciado fato extraordinário posterior à celebração do negócio jurídico, apto a caracterizar o desequilíbrio entre as partes contratantes, *deve ser mantida cláusula contratual que autoriza a rediscussão do valor da locação somente após o término do prazo inicial de locação.*[45] [grifos nossos]

Apelação cível. [...]. Contrato de locação de imóvel não residencial na modalidade built to suit. Aplicação da Lei 8.245/1991. Cabimento. Abandono do imóvel pela locatária antes do prazo previsto para o término. Rescisão contratual por culpa da locatária. Reconhecimento. Cobrança da multa contratualmente ajustada e dos locativos vencidos. Cabimento. Excesso não verificado. [...] *Comprovado que as partes entabularam contrato locatício atípico de longo prazo, no modelo conhecido como built to suit, pelo qual a locadora edifica no imóvel às suas expensas para atender os interesses específicos do locatário, evidenciado está o descumprimento contratual quando este abandona o imóvel antes do prazo ajustado e deixa de adimplir locativos e encargos. Descumprindo o contrato, impõe-se a procedência dos pedidos de rescisão da locação, de pagamento da dívida e da multa expressamente prevista, consoante inteligência do art. 54-A da Lei 8.245/1991.*[46] [grifos nossos]

Interessante notar que até mesmo alguns locadores *built-to-suit* tentaram ajuizar ações revisionais para aumentar a remuneração acordada no início. De forma acertada, o Judiciário também firmou posição contra esses pleitos. Afinal, assim como é importante que os empreendedores/investidores estejam seguros de que o valor não será baixado, também é importante que o locatário esteja seguro de que o valor que se obrigou a pagar por vários anos não será majorado de surpresa (recorde-se que um dos incentivos para locatários contratarem um *built-to-suit* é a previsibilidade nas despesas e a proteção con-

---

43. SÃO PAULO. Tribunal de Justiça. 31ª Câmara de Direito Privado. Apelação Cível 1002115-32.2018.8.26.0006. Relator Desembargador Adilson de Araújo, julgamento em 10.12.2019, publicação em 16.12.2019.
44. SÃO PAULO. Tribunal de Justiça. 36ª Câmara de Direito Privado. Apelação Cível 1056478-46.2016.8.26.0100, Relator Desembargador Jayme Queiroz Lopes, julgamento em 25.06.2020, publicação em 30.06.2020.
45. DISTRITO FEDERAL. Tribunal de Justiça. 1ª Turma Cível. Apelação 0015828-13.2013.8.07.0001. Relatora Desembargadora Nídia Corrêa Lima, julgamento em 11.05.2016, DJE de 23.05.2016, p. 213-226.
46. MINAS GERAIS. Tribunal de Justiça. 10ª Câmara Cível. Apelação Cível 0026350-84.2016.8.13.0112, Relator Desembargador Vicente de Oliveira Silva, julgamento em 04.02.2020, publicação em 14.02.2020.

tra o risco do mercado imobiliário). Colha-se a decisão lapidar neste sentido do Tribunal Regional Federal da 3ª Região, proferida no ano de 2011:

> [...] Contrato atípico. "built to suit". [...] Adequação do valor mensal da locação à realidade de mercado. Inviabilidade. Contrato paritário. Atualização pelo IGP-M. Validade e eficácia do ajuste. [...]
>
> 3 – Tipo de negócio jurídico [built-to-suit] que não se submete preferencial ou exclusivamente à Lei do Inquilinato.
>
> 4 – Contrato paritário, ou seja, as partes se encontram em situação de igualdade e as cláusulas foram livremente pactuadas, não havendo falar na imposição unilateral de condição, típica dos contratos de massa (por adesão), os quais se submetem a regramento específico e admitem certa relativização, razão pela qual descabe discussão acerca da validade ou eficácia do negócio jurídico entabulado entre as partes.
>
> 5 – *Não se pode admitir a pretensão da autora de promover revisão do contrato firmado entre as partes com escopo de adequar o aluguel mensal pactuado à realidade de mercado, como se de contrato típico de locação se tratasse.*
>
> 6 – A única razão da alteração dos valores pactuados foi a correção pelo índice IGP-M, divulgado pela FGV, o qual, nos termos das cláusulas 5.1 e 5.2 foi eleito livremente entre as partes como fator de reajuste anual. Ora, se o quantum originalmente pactuado afigurava-se razoável para a autora, não há que se falar em onerosidade excessiva, na medida em que o reajuste decorreu apenas da aplicação do fator de correção escolhido pelas partes, importando entendimento diverso em violação ao princípio do pacta sunt servanda.[grifos nossos][47]

De uma maneira geral, em que pese as tentativas de revisão por alguns locatários (e locadores), o Judiciário consolidou uma jurisprudência de intervenção mínima em contratos *built-to-suit* ao longo dos últimos vinte anos[48] – seja pela manutenção dos valores remuneratórios devido (rejeição de ações revisionais de locatários e locadores, manutenção das multas rescisórias compostas por todos os aluguéis vincendos, ou das demais condições acordadas no momento das contratações de *built-to-suit*. Naturalmente, houve ocasiões em que juízes aceitaram pleitos de revisão contratual, mas calcados em casos concretos e específicos.

Essa sinalização foi positiva para os empreendedores e investidores, permitindo o crescimento estável do instituto nas últimas décadas.

4.3 A previsão legislativa do *built-to-suit* em 2012 como "contrato de construção ajustada" e seu impacto em novas contratações

Mesmo com a jurisprudência favorável aos empreendedores/locadores, parecia ainda existir uma apreensão causada pela atipicidade do *built-to-suit*, e, a cada contrato judicializado, os investidores e empreendedores aguardavam ansiosamente a decisão judicial[49].

Após alguns anos de pressão pelos setores econômicos, o Legislativo finalmente tipificou o contrato *built-to-suit* no ordenamento jurídico. A Lei 12.744/12 atribuiu-lhe o *nomen juris* de "*contrato de construção ajustada*", associando-o à posterior locação do

---

47. BRASIL. [3ª REGIÃO] TRIBUNAL REGIONAL FEDERAL. Primeira Turma. Apelação Cível 0009769-36.2006.4.03.6100. Relator Desembargador José Lunardelli, julgamento em 29.11.2011, publicação em 12.01.2012.

48. Nesse sentido, cf. decisão do TJRS quando a impossibilidade de aplicar índice de correção monetária do valor do aluguel quando não previsto no contrato. "Pretensão de aplicar índice de correção monetária sobre valor de aluguel estipulado em contrato de promessa de locação. *Ausência de previsão contratual que ocorreu por livre manifestação da vontade das partes.* Inocorrência de imposição legal aplicável à espécie para o reconhecimento da obrigação. *Livre negociação das partes.* [....] Os fatos trazidos à inicial dão conta de que a intenção das partes era a *realização de contrato de locação na modalidade built-to-suit.*" [grifos nossos]. (RIO GRANDE DO SUL. Tribunal de Justiça. 15ª Câmara Cível, Apelação cível 70078192739, Relator Vicente Barrôco de Vasconcellos, julgamento em 19.09.2018, publicação em 28.09.2018).

49. Cf. GASPARETTO, Rodrigo. Insegurança nos contratos built to suit. *Valor Econômico*, edição de 15.09.2011, Disponível em: https://www.valor.com.br/legislacao/1007296/inseguranca-nos-contratos-built-suit. Acesso em: 21 ago. 2020.

imóvel. Com base no texto aprovado pelo Congresso Nacional e contido na nova redação do artigo 4º-A e no novo artigo 54-A, são extraídas as seguintes características: (i) o *built--to-suit* foi considerado uma locação *sui generis* em razão das peculiaridades que antecedem à cessão do imóvel, às responsabilidades alocadas às partes, sobretudo ao empreendedor quanto ao financiamento e construção ou reforma prévia para atender à demanda do futuro locatário ("ajustada"), (ii) prevalência da autonomia da vontade (afastando qualquer vulnerabilidade do locatário) sobre o dirigismo contratual, salvo quanto as disposições procedimentais da Lei 8.245/91 (Título II), (iii) imposição de multa rescisória ao locatário denunciante até o valor de todos os aluguéis vincendos e não proporcional ao tempo de cumprimento do contrato; (iv) possibilidade da renúncia das partes ao direito de revisão de aluguéis e (v) exigência de registro do contrato no Registro de Títulos e Documentos do lugar do imóvel para que o crédito locatício seja securitizado[50]. As disposições legais apenas chancelaram o posicionamento da jurisprudência sobre os aspectos mais questionados nas ações judiciais no sentido de validar as cláusulas essenciais à manutenção do equilíbrio econômico do negócio[51].

Para dar mais segurança ao mercado imobiliário, o art. 54-A também protegeu de forma ampla as demais condições convencionadas fora do padrão da Lei de Locações (i.e., múltiplas garantias). Mesmo que se entenda quanto à generalidade da expressão "*demais condições*" como estando mais propensas de judicialização do que as condições expressas nos §§1º e 2º, ainda há bons argumentos para defende-las, com base na própria justificativa do Projeto de Lei 6.562 da Câmara dos Deputados, de 2009, que originou a Lei 12.744/12:

> O objetivo da presente proposição é conferir segurança jurídica aos contratantes dessas operações, sem, contudo, mitigar seu dinamismo e evolução [...] *restringindo-nos a estabelecer que os dispositivos da Lei do Inquilinato não terão incidência, salvo se as partes dispuserem em sentido contrário.* [grifos nossos]

No mesmo sentido, realça o parecer da Comissão de Constituição e Justiça[52]:

> [...] destaca-se que as locações contidas no bojo destes contratos terão *amparo diferenciado da lei locatícia, prevalecendo os ajustes entre as partes estabelecidos de acordo com as necessidades que geraram aquele negócio,* sem prejuízo do devido respeito às demais normas processuais da Lei do Inquilinato. (Grifos nossos)

Por fim, para que um contrato seja caracterizado como *built-to-suit* e consiga se valer das flexibilizações do art. 54-A, deverão estar presentes os três elementos taxativos do texto legal: 1) investimentos realizados pelo empreendedor para atender às especificações do pretendente à locação; 2) aquisição, construção ou reforma substancial; 3) locação por prazo determinado.

Quando a Lei 12.744/12 foi promulgada, alguns autores[53] intuíram que a positivação do *built-to-suit* aumentaria o seu uso em empreendimentos imobiliários; no entanto, a

---

50. A exigência, contida no § 3º do art. 54-A, foi vetada pela Presidenta, justificando que seria contra a finalidade do projeto impôr-lhe mais um custo desnecessário.

51. A própria Administração Pública direta e indireta (principalmente o Grupo Petrobrás) aproveitou o cenário jurisprudencial favorável para alugar imóveis *built-to-suit* antes mesmo da Lei 12.744/12. Posteriormente, foi publicada a Lei 13.190/2015, autorizando a Administração Pública a participar da locação em contrato de construção ajustada, mediante acréscimo do art. 47-A à Lei 12.462/2011 (dispõe sobre o regime diferenciado de contratações públicas), nos mesmos termos da Lei 12.744/12.

52. Comissão de Constituição e Justiça, *Parecer 1/CCJC/PL6562/2009*, Brasília. Disponível em: <https://www.camara.leg.br/proposicoesWeb/fichadetramitacao?idProposicao=540556>. Acesso em: 21 jan. 2019.

53. Nesse sentido, cf. Nunes, Cláudia. Contrato built to suit como instrumento de construção ou reforma do estabelecimento empresarial na era contemporânea: definição, características, natureza jurídica e a emissão dos CRI", in *7º Congresso da*

realidade não refletiu exatamente essa expectativa. Mesmo com um bom desempenho da economia brasileira em 2013 (PIB de 3%), verificou-se uma rápida e profunda desaceleração em 2014 (PIB de 0,5%) e dois anos de grave recessão (PIB de -3,55% e -3,31%, em 2015 e 2016, respectivamente), ocasionando a redução do ritmo de contratação de *built-to-suits* pelo mercado. Ademais, dados coligidos por Evelini Garcia quanto ao volume total de emissões de CRI lastreados em contratos *built-to-suit* [54] após o advento da Lei 12.744/12 indicam que (i) o volume total de emissões passou a cair desde 2011, diminuindo de R$ 1,9 bilhão nesse ano para R$ 1,1 bilhão em 2012, R$ 1,08 bilhão em 2013, e R$ 827 milhões em 2014; e, (ii) o volume total de emissões de cotas de FII despencou de R$ 3,5 bilhões em 2013 para R$ 193 milhões em 2014 (5% do total).

No estudo que ilustra a desaceleração acima, a análise teve por base dados de ofertas públicas de CRI lastreadas em contratos *built-to-suit* (BTS) entre 2011 e 2014. Esse corte temporal abrangeu os dois anos anteriores à Lei 12.744/12 e os dois anos seguintes, com objetivo de aferir empiricamente se a lei teve algum efeito no mercado. Após verificação estatística dos dados, o estudo conclui que "as médias da emissão de CRIs lastreados em BTS continuam iguais, não sofrendo efeito com a promulgação da Lei 12.744/2012. Ainda que a expectativa [...] era de crescimento das emissões de CRI BTS a partir da emissão da Lei 12.744/2012, a evidência empírica demonstrou que esta possibilidade não se concretizou"[55].

Verifica-se que o estudo demonstrou o contrário do que esperavam alguns autores quando a lei foi publicada, pois não só a quantidade de contratos diminuiu a partir de 2012 (que também tem como causa a desaceleração econômica entre 2014 a 2016), mas também que a Lei 12.744/12 não teria sido determinante para a tomada de decisão dos agentes econômicos sobre contratar *built-to-suits* ou não. Pode-se inferir que, se a Lei 12.744/12 foi editada especificamente para trazer segurança jurídica aos agentes econômicos, ela não foi um incentivo decisivo para o aumento de contratos *built-to-suit*. A própria jurisprudência favorável e de intervenção mínima cristalizada desde 2000 pelo STJ e tribunais estaduais, sem dúvida, representou uma fonte relevante da almejada segurança jurídica. Em outras palavras, graças à postura do Judiciário de respeito à autonomia da vontade e à liberdade de contratar entre agentes econômicos paritários, o mercado imobiliário teve conforto em alavancar os contratos *built-to-suit* e aproveitar as eficiências econômicas e operacionais da estrutura, mesmo antes da publicação da Lei 12.744/12.

Percebe-se que a atuação positiva do Poder Judiciário pode ser eficiente de fato para a economia, capaz de incentivar estruturas econômicas mais complexas e eficientes entre agentes econômicos paritários e estimulando assim o desenvolvimento nacional.

5. CONCLUSÃO

O *boom* no mercado imobiliário brasileiro no início dos anos 2000 gerou alta demanda por mais imóveis para que agentes econômicos pudessem exercer suas atividades empresariais. No entanto, os instrumentos jurídicos tradicionais – compra e venda ou locação típica – não atendiam aos interesses desses agentes por trazerem ineficiências econômicas e operacionais. Para solucionar esta situação, foi importado o instituto do

---

ABDE, Rio de Janeiro: 2013; FRANCIOZI, Luís, op. cit., p. 89-90.
54. GARCIA, Evelini, op. cit., p. 42.
55. Idem, p. 44.

built-to-suit, estrutura por meio da qual uma sociedade empresária (i) contrata um empreendedor imobiliário para que ele adquira um imóvel em nome próprio e nele realize uma construção ou reforma substancial para comportar perfeitamente a locatária e sua atividade econômica; e (ii) aluga esse imóvel do empreendedor para exercício da empresa por um prazo considerável (i.e., dez a vinte anos).

O *built-to-suit* isenta as sociedades empresárias da necessidade de gastar alto volume de capital (e se endividar) na compra de um imóvel, de forma que ela ganha mais recursos (e oportunidades de financiamentos) para destinar à sua atividade-fim. Adicionalmente, como ela é a beneficiária final da construção comandada pelo empreendedor, o imóvel é erigido à imagem e semelhança da sociedade locatária, externalizando sua identidade visual para o mercado. De fato, há vantagens financeiras e operacionais relevantes no *built-to-suit* como instrumento jurídico de exploração de imóvel. Contudo, registra-se a dificuldade em obter crédito no mercado financeiro quando for exigido uma garantia real própria, pois o imóvel não integra o patrimônio da locatária.

Os mecanismos de captação de recursos no mercado de capitais (principalmente a oferta pública de certificados de recebíveis imobiliários) e de alienação fiduciária de imóvel em garantia, disciplinados pela Lei 9.514, junto ao *boom* econômico citado, permitiram uma onda de *built-to-suits* no Brasil a partir do ano 2000. Seguindo uma linha de jurisprudência favorável à intervenção mínima pelo Poder Judiciário e de uso cada vez maior do *built-to-suit*, o Congresso Nacional editou a Lei 12.744/2012, atribuindo à relação contratual nome de locação em *"contrato de construção ajustada"*. Contudo, a simples atribuição de *nomen juris* ao contrato não foi suficiente para torná-lo típico pela persistência de ausência de uma regulamentação própria.

A pesquisa de decisões judiciais permitiu concluir que o mercado imobiliário vislumbrou segurança jurídica em razão da intervenção mínima nos contratos *built-to-suit*, essencial para redução dos custos de transação do empreendedor (diminuindo o número de judicializações para questionar cláusulas que já tinham sido afirmadas como válidas e lícitas). Essa segurança jurídica foi importante para a alavancagem do instituto nos anos 2000, mesmo sob o manto de contrato atípico.

Com essas constatações, a atuação do Poder Judiciário se mostrou uma fonte de estímulo à contratação para os agentes econômicos do mercado imobiliário, quando reconheceu a natureza especialíssima dos contratos *built-to-suit* em diversos acórdãos. Tais decisões, ao reconhecerem a força obrigatória das estipulações, das responsabilidades delas decorrentes e a autonomia negocial, posteriormente confirmada pelo art. 54-A da Lei 8.245/91, geraram um ambiente de negócios positivo para que as sociedades empresárias buscassem a estrutura *built-to-suit* para aumentar a eficiência de suas atividades econômicas, estimulando a reboque a economia brasileira como um todo.

27
CONTRATO DE LOCAÇÃO EMPRESARIAL NA ALIENAÇÃO DO ESTABELECIMENTO

Márcio Souza Guimarães

Professor de Direito Comercial e Coordenador do Núcleo de Direito de Empresa e Arbitragem da Escola de Direito Rio da FGV – Fundação Getúlio Vargas. Doutor pela *Université Toulouse 1 Capitole (Centre de Droit des Affaires)*. Professor visitante da *Université Paris 2 Panthéon-Assas. Max Schmidheiny professor* da Universidade de Saint Gallen (Suíça). Acadêmico fundador da Academia Brasileira de Direito Civil. Ex-membro do Ministério Público do Estado do Rio de Janeiro. O autor tece agradecimentos ao pesquisador Pedro Siquara Carvalho pela sua contribuição ao presente artigo.

Sumário: 1. Introdução. 2. O estabelecimento empresarial. 2.1 Elementos do estabelecimento. 2.2 Trespasse. 2.2.1 Efeitos do trespasse sobre o contrato de locação. 3. Conclusão.

---

1. INTRODUÇÃO

A locação de imóveis é assunto que se reveste da maior relevância, tendo em vista suas implicações no direito e na economia contemporâneos. Alcança temáticas diversas, como o direito de propriedade, a dignidade da pessoa humana, o equilíbrio contratual e o direito empresarial, nos casos da locação não residencial ou empresarial, objeto do presente ensaio.

O exercício da empresa, pelo empresário individual ou sociedade empresária, realiza-se das mais diversas formas. Em alguns casos, cada vez mais comuns, demanda estrutura simples ou meramente digital[1].

O estabelecimento empresarial é formado pelo conjunto de bens (tangíveis e intangíveis), organizados pelo empresário para o exercício de sua atividade, não raro incluindo o imóvel, representado pelo endereço físico onde a empresa é exercida – denominado de ponto empresarial. Em alguns casos, o imóvel em que se situa o ponto empresarial é de propriedade do empresário ou da sociedade empresária; em outros é objeto de contrato de locação com terceiro proprietário (locador).

Neste último caso, vislumbra-se, de um lado, os interesses do proprietário-locador e o seu direito de propriedade; de outro, os interesses do empresário-locatário e a função social inerente ao exercício da sua atividade. Esta contraposição se verifica especialmente nos casos em que o estabelecimento é objeto de transação (ou alienação) a terceiros, consubstanciando o denominado contrato de trespasse empresarial.

No mundo contemporâneo, ao direito incumbe encontrar soluções de equilíbrio para os conflitos de interesse, conciliar posições antagônicas e incentivar o dinamismo social e

---

1. A título de ilustração, mencione-se que o nome de domínio (endereço eletrônico) do empresário integra o seu estabelecimento empresarial.

econômico, ao mesmo tempo em que reprime estratagemas ardilosos e cria mecanismos de desincentivo à fraude.

Com efeito, o presente estudo tratará das controvérsias que vêm sendo enfrentadas pela doutrina e tribunais pátrios, envolvendo o trespasse, nos casos em que o imóvel integrante do estabelecimento empresarial é objeto de contrato de locação, no qual o empresário ou sociedade empresária assuma, contratualmente, a posição de locatário.

2. O ESTABELECIMENTO EMPRESARIAL

O Código Civil estabelece, em seu artigo 1.142 que *considera-se estabelecimento todo complexo de bens organizado, para exercício da empresa, por empresário, ou por sociedade empresária*. O artigo 1.143, por sua vez, preceitua que *pode o estabelecimento ser objeto unitário de direitos e de negócios jurídicos, translativos ou constitutivos, que sejam compatíveis com a sua natureza.*

Daí se extrai a abrangência do conceito (a), que alcança todo o complexo de bens organizado, incluindo assim o conjunto de bens tangíveis e intangíveis utilizados para o exercício da atividade empresarial, bem como a possibilidade de sua alienação (b).

2.1 Elementos do estabelecimento

Em que pesem as reiteradas discussões doutrinárias sobre o tema, o estabelecimento empresarial caracteriza-se como uma universalidade de fato[2], tendo em vista que é a vontade do empresário que torna os bens, antes isoladamente considerados, um conjunto único organizado, direcionado à consecução dos objetivos empresariais, formado por bens tangíveis e intangíveis[3].

Os bens tangíveis do estabelecimento são formados pelos edifícios, terrenos, armazéns, estoque, mobiliário, veículos, mercadorias, maquinário, dentre outros. São aqueles bens palpáveis e visíveis, manuseados ou utilizados materialmente pelo empresário para o alcance dos seus objetivos.

Dentre o conjunto de bens intangíveis do estabelecimento, aqueles não palpáveis, incluem-se a marca, o nome empresarial, as patentes, a clientela, o ponto comercial, dentre outros.

A organização destes fatores, tangíveis e intangíveis, de maneira estruturada para a produção ou circulação de bens ou serviços, visando ao lucro, é o que origina o esta-

---

2. Assim já se posicionou a Primeira Seção do Superior Tribunal de Justiça: "De início, cabe ressaltar que, no âmbito do direito privado, cujos princípios gerais, à luz do art. 109 do CTN, são informadores para a definição dos institutos de direito tributário, a filial é uma espécie de estabelecimento empresarial, fazendo parte do acervo patrimonial de uma única pessoa jurídica, partilhando os mesmos sócios, contrato social e firma ou denominação da matriz. *Nessa condição, consiste, conforme doutrina majoritária, em uma universalidade de fato, não ostenta personalidade jurídica própria, nem é sujeito de direitos, tampouco uma pessoa distinta da sociedade empresária. Cuida-se de um instrumento para o exercício da atividade empresarial (...)*". (grifamos). Superior Tribunal de Justiça. 1ª Seção. Recurso Especial 1.355.812-RS. Relator: Ministro Mauro Campbell Marques. Data do julgamento: 22.05.2013. DJe: 31.05.2013.

3. Neste sentido, Waldo Fazzio Júnior, valendo-se da doutrina francesa, assevera: "Versando sobre o tema, disse Eugène Courbis que o estabelecimento é uma universalidade de fato porque: "comprend tous les éléments qui concourent, suivant le commerce exercé, aux besoins de son exploitation, à sa destination unique, mais avec la faculté de détacher partie de ces éléments par la volonté contraire de l'exploitant. (...). Universalité enfin; indépendant des éléments qui la composent puisque le commerçant peut les engager tous valablement sans dessaisissement par cela seul que l'ensemble lui même est engagé'.". JÚNIOR FAZZIO, Waldo. *Manual de Direito Comercial*. 21. ed. São Paulo: Atlas, 2020. p. 66.

belecimento empresarial. Pode ser compreendido, deste modo, como um agrupamento organizado dos instrumentos utilizados pelo empresário, no exercício da sua atividade, para o alcance do êxito no seu empreendimento.

O valor do estabelecimento empresarial supera o valor da soma dos seus bens isoladamente considerados, vez que é a sua organização que lhe atribui especial valoração (*goodwill of a trade*). A aptidão do estabelecimento para gerar lucros futuros é o que se cunhou como aviamento. Há uma diversidade de fatores que interferem na expectativa de lucros futuros gerados pelo estabelecimento. Pode ser decorrência da qualidade do maquinário, do seu mobiliário, da especial qualificação da clientela ou mesmo do imóvel onde se encontra situada a empresa (atividade), em razão de sua localização privilegiada (*rectius*: ponto empresarial).

Assim, dentre os elementos do estabelecimento, o ponto empresarial é o local onde se encontra a empresa. Contudo, não se trata simplesmente de mero endereço. Possui especial qualificação, na medida em que é para lá que a freguesia ou clientela é atraída. Assim, a perda do ponto empresarial pode, por vezes, acarretar a perda da própria atividade empresarial.

Esta característica é o fundamento para que o contrato de locação firmado pelo empresário goze de especial proteção legislativa, consistente na possibilidade de obter renovação compulsória da obrigação pactuada, cumpridos determinados requisitos, conforme prevê o artigo 51 da Lei de Locações[4].

A especial valoração atribuída ao estabelecimento empresarial torna-o, assim, objeto de direitos e passível de negociação, conforme trataremos adiante.

2.2 Trespasse

O dinamismo é a característica inerente do cotidiano do empresário. Sua atividade sofre alterações, ajustes de percurso, estando sujeita a novas estratégias, acordos e propostas diversas de terceiros. Neste contexto é que o estabelecimento empresarial pode ser objeto de alienação a terceiros interessados, consubstanciando o denominado trespasse, que está sujeito a determinadas condicionantes para a sua efetivação.

A principal análise jurídica quando do trespasse é a responsabilidade do adquirente pelos débitos regularmente contabilizados, anteriores à transferência, restando ao alienante a sua solidariedade pelo prazo de um ano, contado a partir da publicação do contrato,

---

4. Art. 51. Nas locações de imóveis destinados ao comércio, o locatário terá direito a renovação do contrato, por igual prazo, desde que, cumulativamente: I – o contrato a renovar tenha sido celebrado por escrito e com prazo determinado; II – o prazo mínimo do contrato a renovar ou a soma dos prazos ininterruptos dos contratos escritos seja de cinco anos; III – o locatário esteja explorando seu comércio, no mesmo ramo, pelo prazo mínimo e ininterrupto de três anos; § 1° O direito assegurado neste artigo poderá ser exercido pelos cessionários ou sucessores da locação; no caso de sublocação total do imóvel, o direito a renovação somente poderá ser exercido pelo sublocatário. § 2° Quando o contrato autorizar que o locatário utilize o imóvel para as atividades de sociedade de que faça parte e que a esta passe a pertencer o fundo de comércio, o direito a renovação poderá ser exercido pelo locatário ou pela sociedade. § 3° Dissolvida a sociedade comercial por morte de um dos sócios, o sócio sobrevivente fica sub-rogado no direito a renovação, desde que continue no mesmo ramo. § 4° O direito a renovação do contrato estende-se às locações celebradas por indústrias e sociedades civis com fim lucrativo, regularmente constituídas, desde que ocorrentes os pressupostos previstos neste artigo. §5°. Do direito a renovação decai aquele que não propuser a ação no interregno de um ano, no máximo, até seis meses, no mínimo, anteriores à data da finalização do prazo do contrato em vigor".

para aqueles créditos já vencidos e, relativamente àqueles ainda vincendos, contados da data do seu vencimento[5].

O trespasse do estabelecimento pode, até mesmo, dar azo ao pedido de falência por parte de credores, caso seja realizado de maneira que não reste, ao empresário, patrimônio suficiente para arcar com suas responsabilidades[6].

Com o objetivo de proteger credores e demais interessados, o Código Civil dispõe, em seu artigo 1.144, que *o contrato que tenha por objeto a alienação, o usufruto ou arrendamento do estabelecimento só produzirá efeitos quanto a terceiros depois de averbado à margem da inscrição do empresário, ou da sociedade empresária, no Registro Público de Empresas Mercantis, e de publicado na imprensa oficial.*

A exigência acima mencionada foi a solução encontrada para a infeliz prática, há muito verificada, de se alienar o estabelecimento naqueles casos em que este constituía o único bem integrante do patrimônio do empresário, com o objetivo escuso de exonerar-se de suas obrigações com os credores e do passivo empresarial.

Reforçando o objetivo de proteção aos credores, o artigo 1.145 prevê ainda que, após o trespasse, devem restar bens suficientes no acervo patrimonial do empresário para a satisfação do seu passivo, sob pena de ineficácia da alienação do estabelecimento empresarial, salvo comprovado o pagamento de todos os credores ou do seu consentimento, de forma expressa ou tácita, em trinta dias após a sua notificação[7].

De especial relevo ao presente estudo, o artigo 1.148 do Código Civil estabelece a sub-rogação automática do adquirente do estabelecimento nos contratos estipulados pelo empresário alienante, possibilitando a terceiros a rescisão do contrato em noventa dias a contar da publicação do negócio jurídico celebrado, desde que haja justa causa[8].

Pela leitura da regra geral exposta no indigitado dispositivo legal, observa-se que o contrato de locação firmado entre o empresário e o terceiro locador, cujo objeto é o imóvel em que se exerce a empresa, poderia vir a ser objeto de sub-rogação automática ao adquirente do estabelecimento comercial, como consequência da transferência do estabelecimento.

Contudo, em leitura mais cuidadosa, verifica-se a existência de exceção expressa à regra geral da sub-rogação, nos casos em que os contratos se revistam de "caráter pessoal", conforme a seguir elucidado.

2.2.1 Efeitos do trespasse sobre o contrato de locação

Relevante questão se põe, nesta via, sobre a existência ou não da transmissão automática do contrato de locação ao adquirente do estabelecimento comercial.

---

5. Art. 1.146, CC/2002: "O adquirente do estabelecimento responde pelo pagamento dos débitos anteriores à transferência, desde que regularmente contabilizados, continuando o devedor primitivo solidariamente obrigado pelo prazo de um ano, a partir, quanto aos créditos vencidos, da publicação, e, quanto aos outros, da data do vencimento".
6. Artigo 94, III, c, da Lei 11.101/2005.
7. Art. 1.145. Se ao alienante não restarem bens suficientes para solver o seu passivo, a eficácia da alienação do estabelecimento depende do pagamento de todos os credores, ou do consentimento destes, de modo expresso ou tácito, em trinta dias a partir de sua notificação.
8. Art. 1.148: "Salvo disposição em contrário, a transferência importa a sub-rogação do adquirente nos contratos estipulados para exploração do estabelecimento, se não tiverem caráter pessoal, podendo os terceiros rescindir o contrato em noventa dias a contar da publicação da transferência, se ocorrer justa causa, ressalvada, neste caso, a responsabilidade do alienante".

O conflito se estabelece entre a já mencionada regra geral da sub-rogação contida no dispositivo da codificação civil (artigo 1.148) e a previsão da Lei de Locações, legislação especial, ao dispor em seu artigo 13: *a cessão da locação, a sublocação e o empréstimo do imóvel, total ou parcialmente, dependem do consentimento prévio e escrito do locador.* A lei concede ao locador, no parágrafo segundo do referido artigo, o prazo de trinta dias para manifestar sua oposição. Em razão da ambivalência legislativa, a legislação especial deve ser interpretada em cotejo com a exceção expressa estipulada pelo Código Civil, no sentido de que a regra geral da sub-rogação não se aplica aos casos de contratos com "caráter pessoal".

Portanto, indaga-se: o negócio jurídico de trespasse importa a sub-rogação imediata do contrato de locação do imóvel onde se situa a atividade empresarial ao adquirente do estabelecimento, conforme a regra geral do Código Civil, ou prevalece a legislação especial, que exige a anuência do locador para a cessão da posição contratual do locatário? Indaga-se, ainda, se o contrato de locação se enquadra na exceção expressa prevista no mencionado artigo 1.148.

Para o correto deslinde da questão, faz-se necessária a verificação das exigências dispostas na legislação (a), a fim de que se faça possível conjugar os dispositivos legais em adequado juízo de ponderação (b).

(a) Exigências legais

O artigo 1.148 do Código Civil dispõe que: "Salvo disposição em contrário, a transferência importa a sub-rogação do adquirente nos contratos estipulados para exploração do estabelecimento, *se não tiverem caráter pessoal*, podendo os terceiros rescindir o contrato em noventa dias a contar da publicação da transferência, se ocorrer justa causa, ressalvada, neste caso, a responsabilidade do alienante".

A Lei 8.245/1991 estabelece, em seu artigo 13: "A cessão da locação, a sublocação e o empréstimo do imóvel, total ou parcialmente, *dependem do consentimento prévio e escrito do locador*".

Deste modo, percebe-se que o Código Civil atribui efeito de sub-rogação apenas nos casos em que os contratos estipulados não tenham caráter pessoal. Em outros termos, nos casos em que os contratos sejam revestidos do atributo da pessoalidade, o trespasse não acarretará a sub-rogação automática do adquirente. Já a legislação especial de locações prevê como exigência prévia à cessão da locação o consentimento prévio e escrito do locador. Deste modo, o ponto nodal a ser verificado diz respeito à existência ou não do caráter pessoal do contrato de locação firmado.

A Lei de Locações proporciona adequada tutela aos interesses do locador. Ao avaliar a celebração do contrato de locação, o proprietário incorre na análise do risco de inadimplência do locatário. É comum que o locador analise mais de uma proposta, sendo natural a escolha por aquela que proporcione o menor risco de descumprimento contratual, notadamente baseando-se na garantia oferecida à locação.

Assim, não nos parece possível que um terceiro ingresse na relação locatícia à revelia do locador. Os interesses do proprietário devem ser tutelados, tendo em vista a importância da função social da propriedade no nosso ordenamento jurídico e os legítimos interesses do proprietário. Assim também se manifesta Modesto Carvalhosa[9]:

---

9. CARVALHOSA, Modesto. *Comentários ao código civil*: parte especial – do direito de empresa (arts. 1.052 a 1.195). 2. ed. São Paulo: Saraiva, 2005. p. 661.

MÁRCIO SOUZA GUIMARÃES

É elemento fundamental do contrato de locação imobiliária a pessoa do locatário do imóvel. O locador do imóvel não se pode ver coagido a aceitar um novo ocupante de seu imóvel simplesmente porque houve uma transferência do estabelecimento empresarial ali situado.

No mesmo sentido, Marlon Tomazette[10]:

Assim, haverá sucessão em contratos de compra e venda de mercadorias e em contratos de prestação de serviços, ligados ao exercício da empresa. O disposto no art. 1.148 é uma regra geral, que pode ser excepcionada pela vontade das partes. *Além disso, na condição de regra geral, tal dispositivo cede lugar a regras especiais que podem impedir a transferência de contratos, como no caso dos contratos administrativos e do contrato de locação. O contrato de locação não é transferido no trespasse, por força do art. 13 da Lei n. 8.245/91, que exige formalidades adicionais para a transmissão do negócio locatício.* (...). Trata-se de medida extremamente justa e lógica, pois se protege a manutenção da unidade econômica do estabelecimento, sem, contudo, afetar as relações personalíssimas, nas quais não haverá sucessão. O adquirente é protegido diretamente com a sucessão legal. Entretanto, os terceiros não são prejudicados na medida em que, nas relações personalíssimas ou quando houver justa causa, não haverá a sucessão. (grifamos).

A jurisprudência consolidou o entendimento sobre o caráter pessoal do contrato de locação, não sujeitando-o à regra geral disposta no artigo 1.148 do Código Civil e fazendo preponderar, assim, o disposto no artigo 13 da Lei de Locações.

Foi essa a conclusão do E. Superior Tribunal de Justiça[11]:

Recurso especial. Transferência do fundo de comércio. Trespasse. Contrato de locação. Art. 13 da lei 8.245/91. Aplicação à locação comercial. Consentimento do locador. Requisito essencial. Recurso provido. 1. Transferência do fundo de comércio. Trespasse. Efeitos: continuidade do processo produtivo; manutenção dos postos de trabalho; circulação de ativos econômicos. 2. Contrato de locação. Locador. Avaliação de características individuais do futuro inquilino. Capacidade financeira e idoneidade moral. Inspeção extensível, também, ao eventual prestador da garantia fidejussória. Natureza pessoal do contrato de locação. 3. Desenvolvimento econômico. Aspectos necessários: proteção ao direito de propriedade e a segurança jurídica. *4. Afigura-se destemperado o entendimento de que o art. 13 da Lei do inquilinato não tenha aplicação às locações comerciais, pois, prevalecendo este posicionamento, o proprietário do imóvel estaria ao alvedrio do inquilino, já que segundo a conveniência deste, o locador se veria compelido a honrar o ajustado com pessoa diversa daquela constante do instrumento, que não rara as vezes, não possuirá as qualidades essenciais exigidas pelo dono do bem locado (capacidade financeira e idoneidade moral) para o cumprir o avençado. 5. Liberdade de contratar. As pessoas em geral possuem plena liberdade na escolha da parte com quem irão assumir obrigações e, em contrapartida, gozar de direitos, sendo vedado qualquer disposição que obrigue o sujeito a contratar contra a sua vontade.* 6. Aluguéis. Fonte de renda única ou complementar para inúmeros cidadãos. Necessidade de proteção especial pelo ordenamento jurídico. 7. Art. 13 da Lei n. 8.245/94 aplicável às locações comerciais. 8. Recurso especial provido. (grifamos).

O E. Tribunal de Justiça de São Paulo também já perfilhou entendimento similar, em ocasião na qual o Desembargador Percival Nogueira reconheceu a impossibilidade de se negar ao locador a concordância quanto à transação de compra e venda do fundo de comércio em imóvel de sua propriedade[12].

---

10. TOMAZETTE, Marlon. *Curso de direito empresarial – teoria geral e direito societário*. 10. edição. São Paulo: Saraiva, 2019. p. 152.

11. Superior Tribunal de Justiça. 3ª Turma. Recurso Especial 1.202.077-MS. Relator: Ministro Vasco Della Giustina (Desembargador convocado do TJ/RS). Data do julgamento: 01.03.2011. DJe: 10.03.2011.

12. Tribunal de justiça do estado de São Paulo. 6ª Câmara de Direito Privado. Apelação Cível 0152512-47.2009.8.26.0100. Relator: Desembargador José Percival Albano Nogueira Júnior. Data do Julgamento: 12.04.2012. DJe: 18.04.2012.: "Portanto, nada obstante não tenha ficado especificado a quem caberia tal providência, o certo é que o locatário, Sr. Alecsandre, por dever de boa-fé, deveria obter a concordância do locador do bem quanto ao negócio efetuado com as autoras da demanda. Primeiramente para rescindir aquele em vigor, observadas as cláusulas ali constantes, e, em segundo lugar porque não poderia impor ao locador a aceitação de novo locatário, simplesmente. Além disso, não é demais observar que

Em outra ocasião, na qual, em sede de apelação cível, o locatário alegou a impossibilidade de ser responsabilizado pelo pagamento dos alugueis em razão de ter celebrado contrato de trespasse com terceiro, tese rechaçada, tendo em vista a existência de cláusula expressa no contrato de locação prevendo a necessária anuência do locador para a celebração de cessão contratual[13].

Confrontando a previsão disposta no Código Civil com aquela disposta na Lei de Locações, o seguinte julgado asserta que esta se sobrepõe àquela, em razão da regra da especialidade:

> Destarte, com a devida vênia dos entendimentos contrários, a vedação de que cuida o art. 13, caput, da Lei de Locações, é regra especial que se sobrepõe ao art. 1148, do Código Civil, em especial porque sua aplicação é textualmente excepcionada nas hipóteses relacionadas a relações jurídicas de natureza pessoal, senão vejamos (...).

O E. Tribunal de Justiça do Estado do Rio de Janeiro adotou o mesmo entendimento, em julgado da lavra do Desembargador Juarez Fernandes Folhes[14]:

> *É de sabença geral que o adquirente de estabelecimento empresarial que está situado em imóvel locado deve negociar não apenas com o titular do fundo de empresa como também com o proprietário do imóvel. Desta forma, ambas as partes, cedentes e cessionários, foram responsáveis pelo malogro do negócio, na medida em que deixaram de notificar o locador, com vista a dar-lhe ciência da intenção do trespasse do estabelecimento e a cessão da locação, o que deveriam ter feito antes de concretizado o negócio. (grifamos).*

Tal posicionamento foi concretizado no Enunciado 234 da III Jornada de Direito Civil do Conselho da Justiça Federal:

> Quando do trespasse do estabelecimento empresarial, o contrato de locação do respectivo ponto não se transmite automaticamente ao adquirente.

Em que pese os entendimentos acima expostos, enaltecendo o caráter pessoal do contrato de locação e a sua não sujeição à regra geral disposta no artigo 1.148, há posicionamento contrário, admitindo a sub-rogação automática do adquirente do estabelecimento, dando ênfase ao caráter negocial do contrato de trespasse, ressaltando o interesse pela função social da empresa.

Assim está disposto no Enunciado 8 da I Jornada de Direito Comercial do Conselho da Justiça Federal:

> A sub-rogação do adquirente nos contratos de exploração atinentes ao estabelecimento adquirido, desde que não possuam caráter pessoal, é a regra geral, incluindo o contrato de locação.

Adotando posição de que o trespasse acarreta a sub-rogação dos contratos de locação, Maria Eugênia Finkelstein dispõe que[15]:

> *Questão relevante que se coloca é saber se o contrato de locação do ponto comercial possui ou não caráter pessoal, para efeitos de sua transferência automática ou não. Aqui, firmamos o entendimento de que o*

---

a concordância do locador quanto à transação de compra e venda do fundo de comércio e a instalação de nova empresa em imóvel de sua propriedade, não lhe poderia ter sido negada, sendo imprescindível para a efetivação do negócio".

13. Tribunal de Justiça do Estado de São Paulo. 28ª Câmara de Direito Privado. Apelação Cível nº041732-71.2019.8.26.0100. Relator: Des. Berenice Marcondes. Data do Julgamento: 01.08.2020.

14. Tribunal de Justiça do Estado do Rio de Janeiro. 19ª Câmara Cível. Apelação Cível 0068889-52.2010.8.19.0001. Relator: Desembargador Juarez Fernandes Folhes. Data do Julgamento: 30.01.2017. DJe: 02.02.2018. p. 3.

15. FINKELSTEIN, Maria Eugênia. Manual de direito empresarial. 8. ed. São Paulo: Atlas, 2016.

contrato de locação deve, sim, ser transferido automaticamente. Nosso entendimento leva em conta, principalmente, o fato de que o ponto comercial é de suma importância para o sucesso ou fracasso de qualquer empreendimento no comércio tradicional. Por esse motivo, deixá-lo ao alvedrio de terceiros geraria grande insegurança jurídica ao adquirente do estabelecimento empresarial, motivo pelo qual este contrato deve, sim, ser transferido automaticamente. Esta questão, no entanto, é tão controvertida que mesmo durante as Jornadas de Direito Civil e Empresarial, enunciados em sentidos absolutamente contrários entre si já foram editados e revogados. (grifamos).

É esta também a lição de Sílvio de Salvo Venosa e Cláudia Rodrigues[16], para quem:

> Os contratos para a exploração do estabelecimento seguem, forçadamente, o destino do estabelecimento, como ocorre, por exemplo, com o contrato de locação do imóvel onde está situado, contratos de manutenção, fornecimento etc. Mesmo havendo na lei de locação dispositivo que prevê o consentimento do locador para a cessão da locação (art. 13 da Lei 8.245/1991), essa previsão não se aplica quando se tratar de alienação do estabelecimento.

A diversidade dos entendimentos acima expostos bem demonstra como o tema ainda suscita relevantes discussões acadêmicas. De um lado, vislumbra-se a relevância da proteção ao direito legítimo de propriedade do locador, bem resguardado pelo artigo 13 da Lei de Locações; de outro, o resguardo aos interesses negociais envolvidos no contrato de trespasse, enaltecendo a importância da preservação da empresa e de sua função social, amparando a interpretação pela aplicabilidade da regra geral da sub-rogação automática do adquirente nos contratos para exploração do estabelecimento.

Deste modo, vislumbra-se que a relação jurídica existente entre locador e locatário do ponto comercial resvala para cenário diverso: a relação contratual firmada entre o locatário-empresário e terceiro interessado na aquisição do estabelecimento.

Portanto, assim bem posta a questão, e ilustradas as controvérsias envolvidas no tema em estudo, propomos, em seguida, o caminho da ponderação de interesses, como via para, no caso concreto, o alcance do equilíbrio entre os legítimos interesses do proprietário-locador e a necessária manutenção da função social da propriedade, e a manutenção da empresa (*rectius*: preservação), como mola propulsora de toda a atividade econômica, geradora de empregos e tributos, revestida, portanto, de relevante função social, representada pelos interesses do adquirente do estabelecimento comercial.

(b) Juízo de Ponderação entre os interesses envolvidos:

A empresa é a mola propulsora da economia. Como atividade econômica organizada para a produção de bens ou serviços, gera empregos, tributos, inovação e movimenta toda a circulação de riquezas de uma região, estado, país ou até mesmo globo terrestre, em maior ou menor escala, a depender de seu porte e robustez[17]. Desta forma, é revestida de relevante proteção jurídica, tanto no plano principiológico, como, expressamente, no plano normativo.

---

16. VENOSA, Sílvio de Salvo; RODRIGUES, Cláudia. *Direito empresarial*. 9. edição. São Paulo: Atlas, 2019. p. 39.
17. Assim já tivemos a oportunidade de nos manifestar: "a atividade empresária é a mola propulsora do desenvolvimento econômico que por vezes passará por dificuldades financeiras, econômicas e jurídicas. (...). A empresa, em seu conceito técnico, de atividade econômica organizada para a distribuição e circulação de bens e serviços, tem importante papel na economia e desenvolvimento de uma comunidade, município, estado, ou mesmo de um país". GUIMARÃES, Márcio Souza. Direito Transnacional das Empresas em Dificuldades. In: COELHO, Fábio Ulhoa. *Tratado de Direito Comercial*. v. 7. São Paulo: Saraiva, 2015. p. 38.

No plano normativo, a Lei 11.101/2005 (Lei de Recuperação de Empresas e Falências) e a Lei 6.404/76 (Lei das Sociedades por Ações), consagram o referido princípio de maneira expressa, como assevera Fábio Ulhôa Coelho[18]:

> No plano legislativo, desde 1976, é determinado ao controlador da sociedade anônima que utilize seu poder para que a companhia cumpra a função social (LSA, art. 116, parágrafo único); também o administrador tem o dever de exercer suas atribuições com atenção a esse objetivo (art. 154). O legislador, em 2005, mencionou a promoção da função social como uma das finalidades da recuperação judicial das empresas em dificuldades (LF, art. 47).

No mesmo sentido, posiciona-se Sheila Neder Cerezetti[19]:

> Sob a nova perspectiva do sistema concursal brasileiro, a declaração mais relevante encontra-se no art. 47, pedra de toque de um novo sistema, que proclama valores como a preservação e a função social da empresa. Com isso, a legislação pátria considera relevante a *superação da dificuldade financeira da empresa não apenas para a necessária composição entre devedor e credores, mas também em relação ao Poder Público e à coletividade, mediante o reconhecimento do interesse social na preservação e no saneamento da empresa.*

Assim também é a lição de Paulo Penalva Santos e Luis Felipe Salomão[20]:

> A regra, portanto, é buscar salvar a empresa, desde que economicamente viável. O legislador colocou, à disposição dos atores principais, no cenário da empresa em crise, as soluções da recuperação extrajudicial e judicial. A medida da falência só deve ser decretada quando for inviável preservar a atividade.

A indigitada proteção jurídica conferida à empresa é fruto das radicais modificações atribuídas ao direito privado, ao longo do século XXI.

De uma concepção clássica, meramente privatista, que conferia ao direito civil o papel de regular e proteger os direitos em esfera individual, resguardando o direito de propriedade e os contratos contra violações indevidas, passou-se a uma alteração de paradigma, notadamente com o advento da Constituição da República de 1988, dando ênfase ao tríplice interesse transindividual societário, tutelando-se, em conjunto, o capital, o emprego e a comunidade[21].

Assim é que encontramos na Carta Magna um conjunto de princípios que têm por fim servir como diretrizes para a interpretação das demais normas do ordenamento jurídico e para a solução dos conflitos de interesses oriundos de controvérsias em casos concretos. Exemplo disso é o princípio da função social da propriedade, do valor social da livre iniciativa e da função social da empresa, como instrumentos jurídicos para o alcance do bem-estar social, atrelados à liberdade econômica e à livre concorrência atribuídas aos agentes econômicos.

A relevância da atividade empresária para toda a coletividade remonta à história. Desde o advento da indústria e da produção fabril, na Inglaterra do século XVIII, a eco-

---

18. COELHO, Fábio Ulhôa. Novo *Manual de Direito Comercial*. 29. edição. São Paulo: Ed. RT, 2017. p. 39.
19. CEREZETTI, Sheila C. Neder. Princípio da Preservação da Empresa. In: COELHO, Fábio Ulhôa. *Tratado de direito comercial*. v. 7. São Paulo: Saraiva, 2015. p. 25-26.
20. SALOMÃO, Luis Felipe. SANTOS, Paulo Penalva. *Recuperação judicial, extrajudicial e falência – teoria e prática*. 4. ed. Rio de Janeiro: Forense, 2019. p. 24.
21. Já tivemos a oportunidade de defender que: "(...) o empresário é um agente econômico que desempenha atividade de alta relevância à coletividade, sob o enfoque do tríplice interesse transindividual societário, pautado na proteção ao (i) capital; (ii) ao trabalho e (iii) à sociedade, e assim é imperioso que haja um instrumento de controle da sua atuação diuturna, prevenindo e reprimindo a insolvência empresarial, com efeitos nefastos ao mercado.". GUIMARÃES, Márcio Souza. O Controle Difuso das Sociedades Anônimas pelo Ministério Público. Rio de Janeiro: Lumen Iuris, 2005, p. 22.

nomia passou a girar em torno da produção de bens em larga escala. De uma economia anteriormente baseada em trocas (*rectius*: economia de escambo), descortinou-se um cenário em que as mercadorias passaram a ser produzidas em maior escala e velocidade.

Ao longo dos últimos séculos, o cenário descrito sofreu, também, marcante evolução. Com o aprimoramento tecnológico e a globalização, a empresa tradicional, centrada na produção de mercadorias de consumo individual, cedeu espaço às empresas com foco na prestação de serviços, usualmente em caráter virtual, sem fronteiras ou limitações geográficas de atuação.

Assim, a economia contemporânea, global e veloz, é marcada pela fluidez dos ativos comercializados. Negociam-se, diariamente, entre todos os países, *commodities*, tecnologia, direitos de propriedade intelectual, ativos e derivativos financeiros, como contratos de *swaps* cambiais e operações de *hedge* bancários.

Neste cenário, em que a velocidade e dinamismo são características inerentes à globalização econômica, o *contrato de trespasse* adquire, igualmente, maior *importância e complexidade.*

Ilustrando bem o que aqui se afirma, tem sido cada vez mais recorrente a prática da celebração dos contratos usualmente conhecidos como *sale leaseback*, por meio do qual formaliza-se a aquisição de um imóvel ou ponto comercial, normalmente por fundos de investimento interessados em operações desta natureza, para que se estabeleça a posterior obrigação do adquirente de celebrar contrato de locação com o alienante por determinado período[22].

Entretanto, a garantia ao direito de propriedade possui, igualmente, relevante importância à manutenção da atividade econômica. É através da sua proteção que os agentes econômicos dispõem da segurança jurídica necessária para a celebração de negócios e desenvolvimento de suas atividades.

Portanto, no objeto do presente estudo verifica-se a necessidade de adequada *compatibilização*, no caso concreto, entre a *função social da empresa* (e sua preservação) e o resguardo ao legítimo *direito de propriedade* e sua função social. Trata-se de interesses jurídicos verdadeiramente convergentes para o desenvolvimento socioeconômico, decorrendo o princípio da função social da empresa da previsão expressa da função social da propriedade como diretriz constitucional[23].

---

22. Confira-se, a respeito: "Depois do Grupo Pão de Açúcar, é a vez da rede de lojas Pernambucanas se desfazer de parte de seus pontos para um fundo imobiliário, num movimento de venda de ativos de varejistas a investidores que vem ganhando força neste ano. Na semana passada, o fundo CSHG Renda Urbana FII, do *Credit Suisse*, fechou a compra de 66 lojas da rede de moda, cama, mesa e banho por R$ 450, 3 milhões. Um sinal de R$ 120 milhões já foi pago, como informou na sexta-feira o Valor Pro, Serviço de informação em tempo real do Valor, com base em documento arquivado na B3. O número representa quase 17% da base de 391 lojas de rede, que continuará ocupando os imóveis vendidos. Segundo executivos de duas redes de varejo, grandes fundos têm sondado cadeias de diversos segmentos a negociar a compra de lojas, no mesmo formato fechado com as Pernambucanas, chamado 'Sale Leaseback', em que a cadeia se desfaz da loja e passa o aluguel do ponto vendido". MATTOS, Adriana. Fundo imobiliário compra lojas da Pernambucanas. Valor Investe, 13.10.2020. Disponível em: <https://valorinveste.globo.com/mercados/renda-variavel/empresas/noticia/2020/10/13/fundo-imobiliario-compra-lojas-da-pernambucanas.ghtml>. Acesso em: 18 out. 2020.

23. Fábio Ulhôa Coelho, para quem "o princípio da função social da empresa é, assim, uma decorrência necessária do princípio da função social da propriedade. Eles têm a mesma hierarquia constitucional. Deste modo, nenhuma lei pode suprimir ou limitar a função social da empresa". COELHO, Fábio Ulhôa. *Novo Manual de Direito Comercial*. 29. ed. São Paulo: Ed. RT, 2017. p. 39.

A Lei de Locações resguarda o proprietário contra o risco do inadimplemento do novel locatário (adquirente do estabelecimento), tendo em vista que é em razão das suas específicas condições financeiras que, em diversos casos, o locador opta pela celebração do aluguel, sobretudo nas hipóteses em que o estabelecimento seja localizado em ponto estratégico e os valores envolvidos sejam vultosos.

Os dispositivos do Código Civil atinentes ao trespasse bem resguardam os credores contra a antiga prática de celebração de trespasse com fins escusos, no intento do locatário se escusar ao adimplemento de obrigações anteriormente assumidas com terceiros.

No entanto, em que pese a relevância da proteção conferida a credores contra operações ardilosas e de má-fé, outros fatores de proteção ao proprietário do imóvel, de índole econômico-financeiras, devem também ser solucionados e resguardados.

É neste cenário que as *garantias oferecidas pelo adquirente do estabelecimento comercial têm importância decisiva para a solução* da problemática aqui analisada. Assim também se posiciona Sílvio de Salvo Venosa[24]:

> Sendo o contrato de locação um contrato dirigido, os instrumentos que garantem seu cumprimento e protegem o locador do inadimplemento também o são. A lei, a exemplo do diploma anterior, especifica quatro modalidades de garantia. As obrigações de garantia são uma terceira modalidade de obrigação, ao lado das obrigações de meio e de resultado. O conteúdo da garantia, sempre a serviço de outra obrigação, é eliminar um risco que pesa sobre o credor. Para esse fim, a simples assunção do risco pelo devedor da garantia representa por si só o adimplemento da obrigação. Trata-se, pois, de obrigação acessória a contrato principal, no caso o contrato de locação. (...). *A noção de segurança se mostra então ligada à noção de garantia do cumprimento de obrigações. Nesse aspecto, são vários os negócios jurídicos em que se vislumbra a garantia: aval, endosso, abono, peculiares ao direito cambial; penhor, hipoteca, fiança e especialmente contrato de caução em geral, nos quais um bem, ou conjunto de bens, garante a solvabilidade do devedor para o fiel cumprimento de um contrato.* (grifamos).

Assim, em que pese a já exposta proteção legislativa conferida aos credores pelo art. 1.148 do Código Civil, há casos em que o adquirente do estabelecimento comercial não oferece garantias, patrimônio e solidez financeira suficientes para assegurar o proprietário contra o risco do inadimplemento do aluguel por este pactuado.

Por esta via, a cessão automática do contrato de locação como efeito do trespasse parece-nos contrariar a lógica da análise de riscos *ex-ante* efetuada pelo proprietário-locador, impactando a estrutura de incentivos para novos contratos de locação, celebrados com o fim da instalação de estabelecimentos empresariais, o que ensejaria, ademais, a ocorrência do denominado efeito econômico perverso[25], tendo-se em vista o prejuízo ao objetivo de se preservar a empresa, a longo prazo.

---

24. VENOSA, Sílvio de Salvo. *Lei do Inquilinato Comentada* – Doutrina e Prática. 15. ed. São Paulo: Atlas, 2020. p. 148.
25. Bruno Meyerhof Salama dispõe que: "A fonte desses choques, segundo Mackaay, estava na legislação sobre locações então vigentes na Holanda. Tal legislação congelara os preços dos aluguéis e tornara os despejos de locatários inadimplentes extremamente lentos e complicados. Assim, aqueles locadores que retomavam seus imóveis tinham incentivos para deixá-los desocupados (além, é claro, de reduzirem novos investimentos na manutenção dos imóveis já existentes e na construção de novos imóveis para locação). Por conseguinte, naquela ocasião, havia diversos imóveis desocupados na cidade de Amsterdã, o que levou diversas pessoas a invadirem tais imóveis, uma prática que as cortes e tribunais holandeses estavam relutantes em impedir. A força policial foi finalmente usada, após algumas vitórias dos locadores nos tribunais, e, no momento da desocupação pela polícia, surgiram os choques. Nas palavras de Mackaay, este problema da legislação de aluguéis 'explica o clima' que surgiu em Amsterdã naquele período. Cada passo neste processo é o *resultado de escolhas transparentes e racionais dos agentes envolvidos no jogo*. O desastre final [dos confrontos entre a polícia e os ocupantes] é um *efeito perverso que a lei deveria buscar evitar*". (grifamos) SALAMA, Bruno Meyerhof. Direito e Economia – textos escolhidos. São Paulo: Saraiva, 2010. p. 28.

Nos casos em que a alteração do locatário gerar um risco financeiro desmedido ao proprietário-locador, é de se ponderar em que medida a preservação da empresa justifica o prejuízo aos direitos inerentes à propriedade do imóvel locado.

Assim, entendemos que a interpretação conjugada dos dispositivos legais acima analisados deve ser a de que, pela norma geral, tem-se a regra geral, pela sub-rogação automática daqueles contratos que não se revistam do atributo da pessoalidade (isto é, nos casos em que a nova relação jurídica estabelecida não implique em riscos ao equilíbrio contratual anteriormente estabelecido).

A seu turno, a norma especial, enunciada pelo artigo 13 da Lei de Locações, aplica-se bem à situação especial da relação jurídica locatícia, permitindo que o proprietário analise as condições específicas das garantias ofertadas pelo novo locatário e possa, eventualmente, obstar a cessão automática do contrato de locação, conforme já bem pontuado pelo E. Superior Tribunal de Justiça.

Nas situações conflituosas, a melhor solução deve ser vislumbrada no caso concreto, a partir de um adequado juízo de ponderação de interesses, em que a análise das garantias ofertadas pelo terceiro cessionário ao proprietário do imóvel situado no ponto onde se encontra o estabelecimento torna-se fundamental para o deslinde da questão.

Entendemos, assim, que a proteção conferida pelo artigo 13 da Lei de Locações ao proprietário seja interpretada em sua acepção objetiva, isto é, com enfoque na nova relação jurídica contratual estabelecida. Havendo desmedido risco de inadimplemento contratual e de prejuízos financeiros ao proprietário do imóvel objeto do trespasse, é de justa medida que este possa se opor à cessão do contrato de locação, condicionando-o, eventualmente, a novas condições de garantias (suficientes) a serem ofertadas pelo terceiro adquirente.

Contudo, nos casos em que as novas condições de garantia ofertadas sejam equânimes ou até mesmo superiores às anteriores, não se exclui a possibilidade de que o alienante do estabelecimento comercial ou até mesmo o eventual cessionário do contrato de aluguel possam recorrer ao poder judiciário, para que lhes seja garantida a permanência no imóvel, com a continuidade das atividades empresariais exercidas através do estabelecimento empresarial.

Conforme já discorremos ao longo do presente estudo, o direito de propriedade do locador não pode se sobrepor à função social da empresa, nem vice-versa. Devem, ambos, ser compatibilizados, no caso concreto, pelo julgador, a partir da análise das condições de garantias ofertadas.

3. CONCLUSÃO

Por todo o exposto, entendemos que o dispositivo inserto na Lei de Locações preserva adequadamente a função social da propriedade, não implicando necessariamente em prejuízos à continuidade das atividades empresárias e à sua função social, mas antes resguardando o proprietário contra riscos objetivos de inadimplência por parte de terceiros cessionários.

Assim, o melhor entendimento conferido ao tema deve ser pela compatibilização entre os dispositivos apresentados, condicionando a cessão do contrato de locação, no trespasse, à aprovação do proprietário, em interpretação objetiva à condição imposta pelo artigo 13 da Lei de Locações, atribuindo-se às garantias ofertadas pelo adquirente do estabelecimento empresarial a importância decisiva ao deslinde da questão, no caso concreto.

Nos casos em que se verificar prejuízo às condições de garantia anteriormente detidas pelo proprietário do imóvel, a sua recusa à cessão do contrato de locação mostra-se condizente com a análise de risco econômico-financeira envolvida na contratação.

No entanto, naqueles casos em que o adquirente do estabelecimento empresarial oferta garantias em valores e condições equânimes ou até mesmo superiores às anteriormente ofertadas pelo locatário alienante do estabelecimento, a recusa do proprietário locador parece-nos não ter justificativa, observando-se a relevante função social de que se reveste a atividade empresária.

Parece-nos que, deste modo, alcança-se o equilíbrio de interesses no trespasse, proporcionando também incentivo e segurança, a longo prazo, à celebração de novos contratos locatícios destinados à instalação de estabelecimentos empresariais, em benefício de toda a coletividade e de toda a economia.

28
LOCAÇÃO DE ESPAÇO EM TERRAÇO DE EDIFÍCIOS PARA INSTALAÇÃO DE ANTENAS DE TELEFONIA MÓVEL

Mário Luiz Delgado

Doutor em Direito Civil pela USP. Mestre em Direito Civil Comparado pela PUC-SP. Membro da Academia Brasileira de Direito Civil – ABDC. Presidente da Comissão de Direito de Família e das Sucessões do IASP. Presidente da Comissão de Assuntos Legislativos do IBDFAM. Advogado e parecerista.

Sumário: 1. Notas introdutórias. 2. A natureza jurídica das antenas de telefonia móvel. 3. O condomínio edilício como locador de área de uso comum para fins de colocação de antenas. 3.1 Área comum e área de uso comum. 3.2 O condomínio pode celebrar contrato de locação de parte comum? 4. O estatuto legal dos contratos de locação da área comum. 4.1 Locação residencial ou não residencial? 4.2 A ação renovatória. 5. Outras questões submetidas aos tribunais. 6. Conclusões.

1. NOTAS INTRODUTÓRIAS

O avanço da tecnologia tem impactado as relações sociais, demandando da ciência jurídica soluções para novos problemas. Satélites, fibra ótica, telefonia digital, computadores, *internet* quebraram todas as barreiras comunicativas entre os povos, no tempo e no espaço, possibilitando a comunicação em tempo real de quaisquer pessoas em qualquer lugar do planeta.

Somos ou estamos completamente dependentes da tecnologia. Não conseguimos sair de casa sem nosso telefone celular. O *smartphone* se tornou a forma de comunicação mais usual de nossos dias. Durante a pandemia do Coronavírus acoplamos aos nossos celulares, *tablets* e computadores as plataformas digitais de teleconferência, a exemplo do *Zoom, Microsoft Teams, Hangout, Skype*, entre outras, e que nos permitiram manter o convívio social e profissional no período de quarentena[1].

Dito, assim, o óbvio, no tocante à imprescindibilidade da telefonia móvel na vida cotidiana, e sendo fato notório que o funcionamento dessa tecnologia requer a instalação de estações de rádio base (ERB), popularmente conhecidas como "antenas", normalmente instaladas em coberturas ou terraços de edifícios, pretendo analisar o enquadramento desses equipamentos na Lei Brasileira do Inquilinato, tema tão caro ao saudoso amigo Sylvio Capanema de Souza, um dos principais comentaristas da Lei n. 8.245/1991[2].

---

1. Em texto que publiquei na Revista Jurídica Luso Brasileira, sustento que a pandemia do Coronavírus nos fez descobrir um novo princípio – o Princípio da Presença Virtual, segundo o qual a presença física e o comparecimento da pessoa por meio dos mecanismos de comunicação em tempo real se equivalem e produzem os mesmos efeitos jurídicos [RJLB Ano 6 (2020), n. 4, 2121-2136].
2. SOUZA, Sylvio Capanema de. *A lei do inquilinato comentada. Artigo por artigo.* 12. ed., Rio de Janeiro, Forense, 2020.

As relações locatícias, não há como negar, constituem manancial inesgotável de conflitos de toda ordem entre locadores e locatários, fonte perene de choques e de intermináveis contendas, próprias da convivência humana em sociedade.

Abordarei, nos tópicos que se seguirão, várias questões polêmicas e algumas das soluções encontradas pelos nossos tribunais, como resultado de um profícuo e permanente diálogo entre doutrina e jurisprudência no trato das demandas que grassam em torno da locação predial, com foco na locação dos terraços e coberturas para colocação de estações de rádio base.

2. A NATUREZA JURÍDICA DAS ANTENAS DE TELEFONIA MÓVEL

A Lei 13.116/2015, que estabelece normas gerais para implantação e compartilhamento da infraestrutura de telecomunicações, define a tecnologia de radiocomunicação como sendo a telecomunicação que utiliza frequências radioelétricas não confinadas a fios, cabos ou outros meios físicos; enquanto a estação transmissora de radiocomunicação é o conjunto de equipamentos ou aparelhos, dispositivos e demais meios necessários à realização de comunicação, incluindo seus acessórios e periféricos, que emitem radiofrequências, possibilitando a prestação dos serviços de telecomunicações (art. 3º, V e IX).

O art. 17 da mesma lei dispõe que a instalação das estações transmissoras de radiocomunicação deve ocorrer com o mínimo de impacto paisagístico, buscando a harmonização estética com a edificação e a integração dos equipamentos à paisagem urbana.

A acomodação das estações transmissoras pode ser feita diretamente em edificações já existentes, ou quando não, com o suporte de uma "torre", definida pela Lei 11.934/2009 como modalidade de infraestrutura de suporte a estações transmissoras de radiocomunicação com configuração vertical.

O art. 6º, § 2º da Lei 11.934, por sua vez, permite a instalação e o funcionamento das estações transmissoras de radiocomunicação em bens privados ou públicos, com a devida autorização do proprietário ou, quando não for possível, do possuidor do imóvel.

Entre as modalidades de estações transmissoras, merece destaque a Estação Rádio Base (ERB), definida pela Resolução 477/2007 da ANATEL (que aprovou o regulamento do SMP – Serviço Móvel Pessoal) como sendo a "estação de radiocomunicações de base do SMP, usada para radiocomunicação com Estações Móveis" e na linguagem leiga conhecidas como "antenas".

Tratam-se, portanto, de bens móveis propriamente ditos, produto da tecnologia de telecomunicações, que atuam como centros de conexão entre os telefones celulares situados na sua área de cobertura, permitindo, em última análise, o funcionamento e a eficiência do sistema de telefonia móvel.

Mesmo depois de instaladas em edificações já existentes, ou em uma torre edificada para esse fim, jamais adquirem a natureza de imóveis por acessão, não perdendo a característica de bens móveis, já que suscetíveis de remoção, sem alteração da substância ou da destinação econômico-social (CC, art. 82). São também fungíveis, já que qualquer tipo de equipamento tecnológico é passível de substituição por outro da mesma espécie, qualidade e quantidade.

Por fim, no que tange aos bens reciprocamente considerados, tais equipamentos serão bens acessórios, eis que supõem a existência de uma estrutura física (bem principal) onde serão instaladas, quer seja uma edificação existente ou uma torre edificada para esse fim. Não se desconhece, por outro lado, a discussão doutrinária no que se refere à própria distinção entre principal e acessório, especialmente diante do velho adágio latino segundo o qual *accessorium sequitur principale* (o acessório segue o principal). Isso porque passaria a falsa ideia de que as estações de rádio base sempre seguiriam a sorte da edificação em que instaladas, o que não é verdade. Os negócios jurídicos que dizem respeito ao bem principal, como é o caso da alienação da edificação por exemplo, não abrangerão em nenhuma hipótese esses aparelhos, bens submetidos a outra titularidade, abrindo-se a possibilidade, inclusive, para denúncia do contrato de locação pelo adquirente, como prevê o art. 8º da Lei n. 8.245[3].

3. O CONDOMÍNIO EDILÍCIO COMO LOCADOR DE ÁREA DE USO COMUM PARA FINS DE COLOCAÇÃO DE ANTENAS

3.1 Área comum e área de uso comum

Matéria que sempre despertou divergência na disciplina do condomínio edilício diz respeito ao uso das áreas pertencentes ao condomínio e que não integram a propriedade exclusiva de nenhum condômino, especialmente o uso exclusivo de "área comum" e a vedação à utilização de "áreas de uso comum" por determinados condôminos.

Não se confundem os conceitos de "área comum" e "área de uso comum". A área comum permite a utilização exclusiva, enquanto a área de uso comum somente poderá ser utilizada por todos os coproprietários. Dessa forma, "as vigas e pilares que rompem por dentro de cada unidade autônoma, aparentes ou não, constituem condomínio de todos, sendo 'insuscetível de divisão, ou de alienação destacada da respectiva unidade' (...), o que significa dizer que nenhum proprietário poderá, v.g., derrubar o pilar aparente existente em sua unidade autônoma. Porém, não obstante tratar-se de área comum, ao dito pilar só mesmo poderá ter acesso o respectivo titular da unidade autônoma, nele, inclusive, podendo pendurar quadros, realizar algum acabamento interno, pintar da cor desejada e tudo mais o que for compatível com a posse exclusiva a que tem direito em virtude do pilar – apesar de ser 'área comum' – não se prestar ao 'uso comum' dos demais coproprietários"[4].

O terraço de cobertura é considerado parte comum, salvo disposição em contrário no ato de constituição do condomínio (CC, art. 1.331, § 5º). Ou seja, o terraço tanto pode constituir área comum como propriedade exclusiva. Como bem ensina Marco Aurélio Bezerra de Melo, "a feição dispositiva da norma vai ao encontro de interesses legítimos de adquirentes de unidade autônoma mediante incorporação imobiliária na modalidade construção por administração que desejem entabular valor diferenciado a maior para o adquirente da cobertura que, arcando com um preço maior de cota em relação aos demais condôminos, se legitimará a ser o proprietário do terraço, podendo, inclusive, acrescê-la em novas construções, se permitido for pelas normas edilícias do Município em que se

---

3. Art. 8º Se o imóvel for alienado durante a locação, o adquirente poderá denunciar o contrato, com o prazo de noventa dias para a desocupação, salvo se a locação for por tempo determinado e o contrato contiver cláusula de vigência em caso de alienação e estiver averbado junto à matrícula do imóvel.

4. RAMOS, Glauco Gumerato. Condomínio em edificações – vaga de garagem registrada autonomamente – área comum contígua e somente atingível pela garagem pertencente a determinado condômino; Parecer Civil, *RT* 803/87, setembro de 2002, p. 91.

situa o imóvel"[5]. A locação do terraço pelo condomínio, por óbvio, abrange apenas as situações em que o terraço constitui área comum.

Já as áreas de uso comum são aquelas que não permitem, em nenhuma hipótese, a utilização exclusiva por nenhum dos condôminos, como é o caso do hall de entrada, dos corredores, dos elevadores, do salão de festas, da piscina ou da academia.

3.2 O condomínio pode celebrar contrato de locação de parte comum?

Os contratos de locação de terraços de cobertura pelos condomínios edilícios esbarram em questão polêmica, que diz respeito à qualificação do condomínio como pessoa jurídica ou ente despersonalizado. A questão que se coloca é se os entes despersonalizados poderiam celebrar contratos de locação em nome próprio?

O Enunciado 246, aprovado na III Jornada de Direito Civil, promovida pelo CEJ/CJF, aconselhou que deveria "ser reconhecida personalidade jurídica ao condomínio edilício."

Entretanto, esse tema não foi esgotado pelo CC/2002, que nada aludiu sobre a atribuição de personalidade jurídica ao condomínio, excluído do rol taxativo do art. 44[6]. Verdade que parte da doutrina admite alguma elasticidade àquele rol, chegando a considerá-lo meramente exemplificativo (*numerus apertus*)[7]. Autores como Frederico Henrique Viegas de Lima e Flávio Tartuce se valem desse argumento para atribuir personificação jurídica à comunidade de coproprietários em condomínios edilícios[8]. Não partilho dessa opinião. O CC/2002 manteve o entendimento de que a massa falida, o espólio e o condomínio não são pessoas jurídicas, mas comunhões de interesses sem personalidade jurídica, muito embora a lei lhes dê representantes em juízo. Essas universalidades de bens, direitos e obrigações não têm personalidade jurídica. Somente o registro faz existir a pessoa jurídica e, com essa, a chamada personalidade, que se gradua em maior ou menor número de direitos, maior ou menor número de obrigações[9].

O CPC/2015, por sua vez, continua a dispor, como o faz em relação a outros entes despersonalizados, sobre a representação em juízo, ativa e passiva, do condomínio, pelo administrador ou síndico (art. 75). Por isso, na legislação processual essas comunhões são consideradas "pessoas processuais".

A indagação de ordem prática que se coloca, e que assume graves reflexos no dia a dia dos condomínios, é a seguinte: não possuindo personalidade jurídica de direito material, mas apenas legitimação processual, pode o condomínio celebrar contrato de locação da área de comum?

Essa controvérsia ainda não foi equacionada na doutrina, mas diversos julgados já admitem atribuir uma espécie de "personalidade jurídica limitada" ao condomínio, ou seja, alguns atributos da personalidade jurídica, exclusivamente para determinados fins.

---

5. SCHREIBER, Anderson; TARTUCE, Flávio; SIMÃO, José Fernando; DELGADO, Mário Luiz; MELO, Marco Aurélio Bezerra de. *Código Civil Comentado*. Doutrina e Jurisprudência. Rio de Janeiro: Forense, 2020, p. 983.
6. Art. 44. São pessoas jurídicas de direito privado: I – as associações; II – as sociedades; III – as fundações. IV – as organizações religiosas; V – os partidos políticos.VI – as empresas individuais de responsabilidade limitada.
7. Nesse sentido o Enunciado n.144 aprovado na III Jornada de Direito Civil do CEJ/CJF: "A relação das pessoas jurídicas de Direito Privado, constante do art.44, incs. I a V do Código Civil, não é exaustiva".
8. TARTUCE, Flávio. *Direito Civil*, v 4: Direito das coisas. 8. ed. rev., atual. e ampl. Rio de Janeiro: Forense, 2016, p. 336.
9. CC, Art. 45. Começa a existência legal das pessoas jurídicas de direito privado com a inscrição do ato constitutivo no respectivo registro, precedida, quando necessário, de autorização ou aprovação do Poder Executivo, averbando-se no registro todas as alterações por que passar o ato constitutivo.

A jurisprudência do STJ tem reconhecido, por exemplo, características de pessoa jurídica ao condomínio, para fins tributários, permitindo-lhe, em consequência, o direito de aderir ao programa de parcelamento instituído pela Receita Federal[10]. Também já se entendeu que, embora o condomínio não possua personalidade jurídica, deve-lhe ser assegurado o tratamento conferido à pessoa jurídica, no que diz respeito à possibilidade de condenação em danos morais[11].

O mesmo raciocínio deve ser empregado no tocante aos contratos celebrados pelo condomínio. Nesses casos, não se mostra razoável a exigência de chamamento de todos os condôminos ao ato negocial, o que poderia, inclusive, inviabilizá-lo, com prejuízo ao interesse geral da coletividade condominial, bastando a presença do síndico, devidamente autorizado pela assembleia.

Em suma, mesmo ausente do elenco do art. 44 e despido do registro a que alude o art. 45, ambos do CC/2002, e que lhe daria a tão almejada personalização jurídica, o condomínio não pode ser visto como "um ente que ostente apenas personalidade judiciária (para participar de ações), mas, sim, sujeito de direitos fundamentais, o que lhe permite adquirir patrimônio e responder por obrigações"[12].

É de se admitir, portanto, a ideia, ao menos, de uma *personalidade jurídica anômala* do condomínio, estendendo-lhe alguns atributos decorrentes de uma personalização formal, como bem coloca Silvio Venosa, por meio da qual "o condomínio de apartamentos ou assemelhado compra, vende, empresta, presta serviços, é empregador, recolhe tributos etc. Nada impede, por exemplo, que o condomínio seja proprietário de unidades autônomas, lojas no térreo ou garagens, por exemplo, que loca e aufere renda para a comunidade condominial"[13].

Parece ter razão o autor quando sustenta atentar contra a realidade do ordenamento o cartório imobiliário que "se recusa a transcrever unidade autônoma em nome do condomínio. Nada impede que a comunidade condominial decida ser proprietária, por exemplo, de lojas, estacionamento ou vagas de garagem no edifício, explorando-os comercialmente e com isso reduzindo as despesas condominiais dos titulares das unidades autônomas"[14].

Concluo, assim, não haver óbice a que o condomínio edilício celebre, em nome próprio, o contrato de locação da área comum com a empresa de telefonia.

---

10. REsp 1256912/AL, Rel. Ministro Humberto Martins, Segunda Turma, julgado em 07.02.2012, DJe 13.02.2012.
11. AgRg no AREsp 189.780/SP, Rel. Ministra Assusete Magalhães, Segunda Turma, julgado em 09.09.2014, DJe 16.09.2014. Muito embora, em tribunais estaduais ainda se colham decisões em sentido contrário: "Indenização por danos morais. Condomínio. Inviabilidade de aplicação analógica do art. 44, do CC. Ente despersonalizado que não pode sofrer danos morais. Jurisprudência deste E. TJSP. Recurso improvido". (TJ-SP – APL: 00576795620128260577 SP 0057679-56.2012.8.26.0577, Relator: Maia da Cunha, Data de Julgamento: 13.02.2014, 4ª Câmara de Direito Privado, Data de Publicação: 17.02.2014).
12. ZULIANI, Enio S. *Condomínio edilício*. Disponível em: <http://civileimobiliario.web971.uni5.net/wp-content/uploads/2013/05/condom%C3%ADnio-edil%C3%ADcio-enio.pdf>. Acesso em: 29 jun. 2017.
13. VENOSA, Silvio. *Direitos Reais*, v. V, 12ª. São Paulo: Atlas, 2012, p. 351. Segundo Venosa, "o direito não pode ignorar realidades. O condomínio de edifícios possui o que denominamos personificação anômala, ou personalidade restrita, como preferem alguns. Qualificamo-lo como entidade com personificação anômala. O CPC, no art. 12, estabelece como são representadas ativa e passivamente as pessoas jurídicas. O inciso IX da lei adjetiva atribui ao síndico a representação processual do condomínio. Destarte, não se nega sua personificação, fenômeno que supera e extrapola, evidentemente, a simples esfera processual. O condomínio atua na vida negocial como qualquer pessoa jurídica, dentro de seu âmbito de atuação".
14. Idem.

4. O ESTATUTO LEGAL DOS CONTRATOS DE LOCAÇÃO DA ÁREA COMUM

A Lei 8.245/1991 dispõe sobre as locações dos imóveis urbanos e todos os procedimentos a elas pertinentes, enfeixando a disciplina das locações urbanas, e dos contratos de locação de imóvel urbano.

Como dito acima, a frenética expansão do uso da tecnologia de dados móveis forçou as empresas prestadoras desses serviços buscarem o melhor local para difusão da frequência e atingir com qualidade todos os seus consumidores.

A verdade é que quanto melhor o sinal transmitido, mais consumidores do serviço migrarão para o seu negócio. Por isso, nunca foi tão importante a eleição do local. E nessa senda, as coberturas e telhados de edifícios geralmente são a preferência no momento da instalação das estações de rádio base. Tais espaços são, em grande parte, área comum do condomínio edilício, cuja cessão (de uso) deverá ser regulada por um instrumento de locação imobiliária[15].

Pela abrangência da Lei n. 8.245/1991, apenas os bens imóveis privados e urbanos são impactados, estando excluídos, portanto, os imóveis públicos, vagas autônomas de garagens, espaços destinados à publicidade, apart-hotel, hotéis e equiparados (parágrafo único[16] do art. 1º da L. 8.245/1991) e os rurais.

Mas como se diferencia imóvel rural/rústico de imóvel urbano? Geralmente por sua destinação econômica[17].Ou seja, independente de onde se localiza geograficamente o imóvel (se em zona urbana ou rural), o critério é a finalidade do uso, como bem ensina Sylvio Capanema:

> "Quanto ao conceito de 'urbano', para efeito de locação, já está consolidado na doutrina, pacificadas que foram as vacilações iniciais. Ao contrário do que muitos imaginariam, a condição de imóvel urbano ou rústico não decorre de sua localização em referência ao perímetro das cidades. O critério aferidor da natureza jurídica do imóvel, para efeito de locação, é o de sua utilização, pelo locatário, ou seja, do fim a que se destina, primordialmente, o contrato. (...) Rústico é o imóvel locado para a exploração da terra, ou da pecuária. Nada impede, portanto, que no centro de uma cidade se possa celebrar um contrato de locação de um terreno remanescente, destinado à plantação, e que se regerá pelo estatuto da Terra, por se tratar de imóvel rústico. Da mesma forma, se alguém aluga uma casa, em pleno campo, para nela morar, longe da agitação das cidades, o contrato ficará disciplinado pela lei do Inquilinato. Todos os nossos principais doutrinadores estão de acordo em classificar o imóvel urbano, ou rústico, pelo critério da utilização predominante".[18]

---

15. "A instalação de equipamentos no topo de edifícios mediante o pagamento de retribuição, como regra geral, é instrumentalizada por um complexo contrato de locação que regula detalhadamente as obrigações e condições gerais aplicáveis aos contratantes. Dito contrato é celebrado, via de regra, pelo condomínio do empreendimento imobiliário, representado pelo seu síndico, ou mesmo pelos proprietários desses imóveis, na condição de locador, e, na condição de locatária, pelas sociedades que exploram esse ramo de atividades e que são relacionadas à comunicação". (BALDISSERA, Fábio Machado; TREMARIN, Felipe. *Do regime jurídico aplicável à locação de espaços para instalação de antenas*. Pub. 13 jun. 2019. Disponível em: <https://migalhas.uol.com.br/coluna/migalhas-edilicias/304302/do-regime-juridico-aplicavel-a--locacao-de-espacos-para-instalacao-de-antenas>. Acesso em: 26 out. 2020).

16. "Parágrafo único. Continuam regulados pelo Código Civil e pelas leis especiais: a) as locações: 1. de imóveis de propriedade da União, dos Estados e dos Municípios, de suas autarquias e fundações públicas; 2. de vagas autônomas de garagem ou de espaços para estacionamento de veículos; 3. de espaços destinados à publicidade; 4. em *apart*-hotéis, hotéis – residência ou equiparados, assim considerados aqueles que prestam serviços regulares a seus usuários e como tais sejam autorizados a funcionar"

17. "Em matéria de locação a urbanidade ou a ruralidade da coisa imóvel apuram-se predominantemente pelo *critério da destinação econômica*. Considera-se imóvel urbano aquele que não se destina a economia rural, não importando o lugar em que esteja situado, dentro ou fora do perímetro urbano. O critério da localização, embora preconizado por influente doutrina, tem sido recusado por autores do mais importantes na civilística nacional". (TOMASETTI JUNIOR, Alcides. In: OLIVEIRA, Juarez de (Coord.). *Comentários à lei de locação de imóveis urbanos*. Lei n. 8.245, de 18 de outubro de 1991. Saraiva, 1992, p. 16).

18. SOUZA, Sylvio Capanema de. *A lei do inquilinato comentada. Artigo por artigo*. 12. ed., Rio de Janeiro, Forense, 2020, p. 16.

A finalidade do imóvel, quer seja rústico ou urbano, será moldada pelo seu aproveitamento e de acordo com a destinação que lhe seja dada. Por exemplo, um prédio localizado na zona rural onde funciona a sede de uma indústria será considerado urbano para fins de submissão à lei inquilinária. Portanto, o fator preponderante para a caracterização do imóvel como urbano ou rural, para que se defina o seu enquadramento legal, não é a localização geográfica, mas a finalidade da sua utilização.

Diante desse contexto, considerando, no caso concreto, a destinação que será dada aos terraços de condomínios edilícios (área comum), não há dúvidas que o regime jurídico estabelecido pela Lei do Inquilinato serve de estatuto legal para o instrumento contratual de locação do espaço em que situado o equipamento de telefonia móvel[19]. E, portanto, deve seguir as determinações legais para sua integral vigência e eficácia, em que pese posição contrária de Sylvio Capanema, cujo registro não posso deixar de fazer em se tratando de uma obra em sua homenagem:

> "Com o passar do tempo, após o advento da Lei 8.245/91, novas modalidades de locação foram surgindo, a exigir maior criatividade do intérprete e do aplicador da lei. É o caso, por exemplo, da locação em áreas comuns de condomínios e edilícios ou de telefonia, para a instalação de antenas ou equipamentos utilizados por empresas de telefonia móvel ou fixa, ou de comunicações em geral. Entendemos que também não se inserem no regime da Lei do Inquilinato, e sim no Código Civil, tendo em vista que se destinam, direta e exclusivamente, à consecução dos objetivos econômicos da empresa, transformando-se em atividade meio, e não de fim".[20]

Em suma, a Lei 8.245/1991, pedindo vênias ao mestre Capanema, aplica-se às locações dos terraços de condomínios edilícios destinados ao uso das Estações Rádio Base (ERB).

4.1   Locação residencial ou não residencial?

A locação residencial é caracterizada pelo dever (do locador) de entrega e garantia do uso desimpedido do imóvel ao locatário, que fica obrigado (locatário) a pagar retribuição periódica em contraprestação à cessão do uso (ao locador), devendo ser respeitada a finalidade pactuada: para moradia habitual[21].

Ressalta Capanema que "as locações, hoje, dividem-se em residenciais, para temporada e não residenciais. Nesta última categoria agrupam-se as antigas locações não residenciais, propriamente ditas, e as que se destinam ao comércio e à indústria. Com isto se uniformiza o regime jurídico destas locações, que não se destinam à moradia, e sim a outras atividades do locatário, que podem ter finalidades econômicas ou não"[22].

Nas locações "não residenciais" a entrega do imóvel estaria, segundo alguns autores vinculada ao desempenho de atividade empresarial. Nas lições de Alcides Tomasetti Junior, "o contrato de locação de imóvel urbano destinado ao desempenho de atividades

---

19. "Logo, qualquer que seja a localização do imóvel objeto da relação locatícia, em se tratando da instalação de "torres" e "antenas" para as prestadoras de serviços de telecomunicações, a Lei 8.245/1991 deverá impor-se". (LOPES, Allan Duarte Milagres. Os incômodos na locação de imóvel para instalar antenas de telecomunicações. *Revista Eletrônica Consultor Jurídico*, pub. 13 jan. 2018. Disponível em: <https://www.conjur.com.br/2018-jan-13/allan-milagres-incomodos-locacao-instalar-antenas-teles#_ftn1>. Acesso em: 26 out. 2020.

20. SOUZA, Sylvio Capanema de. *A lei do inquilinato comentada. Artigo por artigo.* 12. ed., Rio de Janeiro, Forense, 2020, p. 25.

21. "(...) No conceito de residência há alusão necessária à morada habitual, isto é, ao lugar que a pessoa, ou ela e sua família, mantém para nele recolher-se à vida íntima e ao repouso, ainda que por pouco tempo (...)". (TOMASETTI JUNIOR, Alcides. In: OLIVEIRA, Juarez de (Coord.). *Comentários à lei de locação de imóveis urbanos. Lei n. 8.245, de 18 de outubro de 1991.* Saraiva, 1992, p. 18).

22. SOUZA, Sylvio Capanema de. *A lei do inquilinato comentada. Artigo por artigo.* 12. ed., Rio de Janeiro, Forense, 2020, p. 252.

empresariais ocorre quando a parte locadora entrega e garante, a parte locatária, contra retribuição periódica (aluguel), terreno em que exista ou não área edificada, no qual a parte locatária irá estabelecer-se, para o exercício profissional de atividade econômica direcionada à organização dos fatores produtivos a empregar em operações de produção e de troca no mercado" [23].

A organização dos fatores produtivos constitui um dos elementos do conceito de empresa, atribuído pelo art. 966 do CCB. Já escrevi que "o principal traço característico do empresário (individual ou coletivo) consiste na apropriação e organização dos fatores de produção. Como os fatores de produção nada significam sem uma coordenação que os dirija e os oriente, a pessoa individual ou coletiva que se incumbe de coordená-los é o empresário, enquanto o conjunto dessa coordenação é a empresa. Organização, aqui, significa capacidade de iniciativa, de decisão, de escolha etc. O empresário (ou a empresa como atividade) tanto podem ser caracterizados pela declaração da atividade-fim, como pela prática de atos empresariais (Enunciado n. 54, aprovado na *I Jornada de Direito Civil*), pois a qualidade de empresário independe de qualquer formalidade, aplicando-se o regime jurídico empresarial também aos chamados 'empresários de fato'"[24].

Entretanto, segundo Sylvio Capanema, estariam igualmente incluídas no escopo da Lei de Inquilinato as locações de imóveis para atividades não empresariais, como "as locações feitas a associações, sociedades civis, profissionais liberais, sindicados, prestadores de serviços etc."[25]. Ou seja, não se exige que a entrega do imóvel esteja obrigatoriamente destinada à exploração de atividade empresarial, mas sim a uma destinação diversa da moradia habitual.

De todo modo, por qualquer dos primas que se analise o conceito, não há dúvida de que a locação de espaços nos terraços dos condomínios, no caso, tem a natureza jurídica de locação não residencial, até mesmo porque a exploração das ERB – Estação de Rádio Base jamais se enquadraria no conceito de moradia.

E pouco importa se o edifício em si tem destinação residencial ou empresarial. Mesmo em um condomínio edilício estritamente residencial, ocorrendo a celebração do contrato de locação para abrigar a antena de telefonia móvel, a natureza da locação será não residencial, pois por intermédio dela o empresário (de um modo geral) está exercendo a atividade empreendedora[26].

Por meio da transmissão do sinal de celular a partir dos terraços alugados, as operadoras atingem a clientela, propiciando a utilização do serviço que se propõem a prestar. E como afirmei anteriormente, os locais de instalação desses instrumentos são de suma importância para entregar a melhor qualidade de sinal e, também, a maior cobertura do

---

23. TOMASETTI JUNIOR, Alcides. In: OLIVEIRA, Juarez de (Coord.). *Comentários à lei de locação de imóveis urbanos. Lei n. 8.245, de 18 de outubro de 1991*, Saraiva, 1992, p. 22.

24. DELGADO, Mário Luiz. In: SCHREIBER, Anderson; TARTUCE, Flávio; SIMÃO, José Fernando; DELGADO, Mário Luiz; MELO, Marco Aurélio Bezerra de. *Código Civil Comentado. Doutrina e Jurisprudência*. Rio de Janeiro: Forense, 2020, p.675.

25. SOUZA, Sylvio Capanema de. *A lei do inquilinato comentada. Artigo por artigo.* 12. ed., Rio de Janeiro, Forense, 2020, p. 252.

26. EMENTA Locação. Ação renovatória. Área destinada à instalação de antena de telefonia. Particularidade que não exclui a proteção legal. O propósito da lei ao assegurar o direito à renovação de contrato de locação é proteger a atividade comercial em prestígio ao investimento que o empresário lhe direcionou, não importando, destarte, que o local não propicie a formação de fundo de comércio, bastando seja essencial àquela função. Procedência da ação em concreto autorizada. Apelação improvida. (TJSP Apelação / Locação de Imóvel 4002306-85.2013.8.26.0625 – 26ª Câmara Extraordinária de Direito Privado – Rel. Des. Arantes Theodoro J. em 10.10.2016).

serviço. Ou seja, não há dúvidas de que a exploração de tais espaços, por meio de contrato de locação, está vinculada ao exercício da empresa, tornando elemento componente do fundo do comércio[27].

A importância de se estabelecer a natureza da locação (se não residencial ou residencial[28]), e também a natureza da atividade desenvolvida nos terraços locados, está na possibilidade de uso, pela empresa de telefonia locatária do espaço, da ação renovatória, desde que preenchidos os requisitos do art. 51 da lei inquilinária.

4.2 A ação renovatória

Regulada pelo art. 51 da Lei n. 8.245/1991, a ação renovatória tem como finalidade proteger o fundo de comércio, obrigando o locador, desde que respeitados os requisitos legais, a renovar por igual período o contrato de locação.

Os requisitos legais para ação renovatória são: a) contrato por escrito; b) com prazo determinado (pois a renovação será por igual período); c) locação por no mínimo cinco anos ininterruptos e d) por pelo menos três (anos) ininterruptos explorar o mesmo ramo empresarial.

Segundo Sylvio Capanema, o direito do empresário de renovar o contrato não comercial "constitui o mais poderoso instrumento de proteção do fundo empresarial"[29]. Entretanto, a finalidade (da renovatória) não é só proteger o fundo de comércio ou os investimentos despendidos pelo empresário, mas também impedir o enriquecimento indevido dos locadores que possam pretender negar a renovação e aproveitar-se dos investimentos alheios no desenvolvimento empresarial.

Para o escopo da questão aqui tratada, a locação de espaços em condomínios edilícios, para abrigo de antena de telefonia móvel, desperta muito debate e, ainda hoje, desafia entendimentos controversos, principalmente, em nossos tribunais.

A título de exemplo, no Tribunal Paulista é possível verificar entendimentos divergentes, tanto no sentido de reconhecer[30] a plausibilidade da renovatória na locação desses espaços, como decisões que negam[31] esse direito. E as decisões que negam o direito à ação

---

27. *Fundo de comércio (do francês fonds de commerce; azienda commerciale, na Itália; ou goodwill of trade, na Inglaterra)* é o complexo unitário de bens por meio do qual o empresário, de forma individual ou coletiva, exerce a empresa.
28. "No que se refere às locações não residenciais, o grande diferencial dessa modalidade em relação às locações residenciais, é a possibilidade da locatária, atendidos os requisitos legais, poder ajuizar ação renovatória da locação". (BECHER, Ramiro. *Comentários à lei das locações*. Editora Nossa Livraria, Recife, 2011, p. 18)
29. SOUZA, Sylvio Capanema de. *A lei do inquilinato comentada. Artigo por artigo*. 12. ed., Rio de Janeiro, Forense, 2020, p. 253.
30. 26ª Câmara de Direito Privado do TJSP: Ementa: Locação de Imóvel comercial. Ação Renovatória. Utilização do espaço locado para instalação de antena de transmissão. Caracterização de fundo de comércio da empresa locatária. Aplicação da Lei 8245/91. Interesse de agir presente. Carência de ação afastada. Retorno dos autos à origem, para dilação probatória. Recurso provido. (TJ-SP – AC: 10018100720178260322 SP 1001810-07.2017.8.26.0322, Relator: Bonilha Filho, Data de Julgamento: 23.09.2019, 26ª Câmara de Direito Privado, Data de Publicação: 23.09.2019).
31. 34ª Câmara de Direito Privado do TJSP: Ementa: Apelação. Locação não residencial. Instalação de estação de rádio base de telefonia celular (antena de transmissão). Ação renovatória de contrato de locação. Sentença de procedência da ação, com a renovação da locação entabulada entre as partes e fixação do valor do aluguel com base em perícia judicial. Locadores que pedem a reforma da sentença. *Não se reconhece à locatária de espaço destinado à instalação de antena de retransmissão de dados e sinais telefônicos direito a ação renovatória vez que ausente fundo de comércio da empresa no local.* Precedentes. Sentença reformada. Recurso provido. (TJ-SP – AC: 10005558320148260624 SP 1000555-83.2014.8.26.0624, Relator: L. G. Costa Wagner, Data de Julgamento: 03.06.2019, 34ª Câmara de Direito Privado, Data de Publicação: 11.06.2019). 26ª Câmara de Direito Privado do TJSP: Ementa: Locação de imóvel. Renovatória. Em se tratando de locação de espaço para instalação de torre de estação de rádio-base (EBR) para que as empresas de telefonia venham a instalar suas antenas de transmissão de sinal, *incabível a propositura da ação renovatória por ausente o fundo de comércio a ser protegido*. Sentença mantida. Recurso desprovido, com majoração da verba honorária (art. 85, § 11, do CPC). (TJ-SP – AC: 10589894620188260100 SP

renovatória fundamentam-se no argumento de que o espaço do terraço locado não constitui o fundo de comércio, inviabilizando o direito tutelado pelo art. 51 da Lei do Inquilinato.

Do mesmo modo também já decidiram os Tribunais de Justiça do Paraná[32], Rio Grande do Sul[33], Distrito Federal[34] entre outros[35]. Todavia, no âmbito do Superior Tribunal de Justiça as decisões mais recentes consideram o espaço ocupado pela antena de telefonia móvel parte do fundo de comércio, autorizando, por conseguinte, a ação renovatória disciplinada no art. 51 da Lei n. 8.245/1991.

No julgamento do REsp n. 1.790.074/SP, a Terceira Turma do STJ, ao reformar um acórdão do TJSP, esclareceu que a ação renovatória não se limitava ao imóvel para onde converge a clientela, mas também abrangeria todos os outros locais (ainda que locados) necessários ao desenvolvimento da atividade empresarial, contribuindo também para o crescimento da clientela; e que a ERB seria um dos componentes do fundo de comércio. Vale a pena transcrever pequeno trecho do voto proferido pela Min. Nancy Andrighi:

"(...) as ERBs são estruturas essenciais ao exercício da atividade de prestação de serviço de telefonia celular, que demandam investimento da operadora, e, como tal, integram o fundo de comércio e se incorporam ao seu patrimônio. (...) No entanto, por todo o exposto, os fundamentos adotados pelo TJ/SP – de que a ação reno-

---

1058989-46.2018.8.26.0100, Relator: Felipe Ferreira, Data de Julgamento: 18.12.2019, 26ª Câmara de Direito Privado, Data de Publicação: 18.12.2019).

32. Ementa: Apelação cível – Agravo retido – Preliminar de apelação – Ação renovatória de contrato de locação – *Locação de espaço para instalação de antenas e demais acessórios* – Transmissão de sinais – Falta de interesse de agir na renovação do contrato de locação – Instalação de antenas que apenas viabiliza a transmissão do sinal – *Espaço locado que não se enquadra no conceito de fundo de comércio da apelada* – Inaplicabilidade da obrigação do artigo 51 da lei de locações – Inversão da sucumbência. Poder judiciário – Recurso de agravo retido conhecido e provido. Recurso de apelação prejudicado. (TJ-PR – APL: 12556219 PR 1255621-9 (Acórdão), Relator: Angela Maria Machado Costa, Data de Julgamento: 24.06.2015, 12ª Câmara Cível, Data de Publicação: (DJ: 1606 15.07.2015).

33. Apelação cível. Locação. Ação renovatória. Estação rádio base. Fundo de comércio não caracterizado. Impossibilidade de renovação compulsória. Autonomia da vontade. Improcedência mantida. Pretende a parte autora a renovação compulsória de contrato de locação não residencial, em imóvel onde localiza uma de suas Estações Rádio Base. *Não se verifica, todavia, a presença do alegado fundo de comércio, que está implicitamente previsto dentre os pressupostos dos artigos 51 e 52 da Lei n. 8245/91, para o cabimento da ação renovatória.* Ademais, em se tratando de empresa de grande porte, não há falar em prejuízo diante da não renovação da avença, de sorte que é inarredável o juízo de improcedência. Apelação desprovida. (TJ-RS – AC: 70080460421 RS, Relator: Deborah Coleto Assumpção de Moraes, Data de Julgamento: 25.04.2019, Décima Sexta Câmara Cível, Data de Publicação: Diário da Justiça do dia 29.04.2019).

34. Civil e processual civil. Apelação. Ação renovatória de locação comercial. Antena de telefonia. Estação rádio-base – ERB. Fundo de comércio. Ponto comercial. Ausência da prerrogativa de renovação compulsória. Recurso improvido. 1.Ação renovatória de locação comercial, julgada improcedentes, sob o fundamento de que a Estação Rádio-Base não constitui fundo de comércio apto a justificar a proteção renovatória. 1.1. Na apelação, a autora pede a reforma da sentença para que a locação seja renovada; reitera o pedido subsidiário de perdas e danos e lucros cessantes e pede a concessão de prazo para desocupar o imóvel. 2. O objetivo da Lei de Locações, ao prever a possibilidade de renovação compulsória do contrato de locação de imóvel comercial, é preservar o fundo de comércio. 2.1 "O fundo de comércio ou estabelecimento comercial é o instrumento da atividade do empresário. Com ele o empresário comercial aparelha-se para exercer sua atividade. Forma o fundo de comércio a base física da empresa, constituindo um instrumento da atividade empresarial". (REQUIÃO, Rubens. *Curso de Direito Comercial*, v. 1, São Paulo: Saraiva, 2009, p.290). 2.2Como o imóvel locado não consiste na base física onde se desenvolve a atividade empresarial, não possui as prerrogativas de renovação compulsória, de prorrogação de prazo nem de indenização previstas nos art. 51 e seguintes da Lei de Locações. 2.3. Precedente turmário: "(...) *Evidenciado que o imóvel locado para instalação de antenas (estação rádio-base) destinadas à transmissão do sinal de telefonia móvel celular não pode ser considerado, de per si, como ponto comercial, não está apto a receber a proteção resguardada pela imposição legal da renovação do contrato de locação não residencial, destinada a permitir a permanência do empresário no imóvel*". (20160110500697APC, Relator: Carmelita Brasil 2ª Turma Cível, DJE: 06.06.2016). 3.Honorários advocatícios recursais majorados para 15% sobre o valor da causa, nos termos do art. 85, § 11, CPC. 4.Recurso improvido. (TJ-DF 20140110496450 DF 0011760-83.2014.8.07.0001, Relator: JOÃO EGMONT, Data de Julgamento: 04.04.2018, 2ª Turma Cível, Data de Publicação: Publicado no DJE: 09.04.2018. p. 189/205).

35. TJ-MG – AC: 10000190392084001 MG, Relator: Domingos Coelho, Data de Julgamento: 31.07.2019, Data de Publicação: 06.08.2019; TJ-SC – AC: 20120501509 Chapecó 2012.050150-9, Relator: Rubens Schulz, Data de Julgamento: 29.02.2016, Câmara Especial Regional de Chapecó.

vatória visa a proteger o locatário da perda da clientela; de que a instalação de equipamentos de transmissão de telefonia prescinde de localização específica; de que a cobertura de rede na mesma área geográfica pode ser atendida pela instalação em outro imóvel; de que a requerente-locatária pode procurar outro local mais adequado à locação, ou, ainda, construir sua própria torre para a instalação da antena necessária à desenvoltura de sua atividade empresarial; de que obrigar a renovação contratual por conta dos interesses exclusivos da requerente não é viável, porque importaria verdadeira imposição de servidão ao imóvel do locador – não são aptos a descaracterizar a ERB como componente do fundo de comércio".

Finalmente, naquele mesmo julgamento, o STJ assentou que as ERBs possuem também uma função social a ser considerada, à medida que permitem o uso compartilhado com outras concessionárias do setor público, viabilizando a redução dos custos dos serviços, bem como a expansão nacional do serviço.

Dentro desse escopo, não poderia ser mais acertada a compreensão apresentada pelo Tribunal da Cidadania, vez que ao reconhecer a locação do terraço – para colocação de antena de telefonia móvel, como parte do fundo de comércio, propiciando a ação renovatória, não está garantindo o direito da operadora, mas também convalidando a função social desse contrato.

5. OUTRAS QUESTÕES SUBMETIDAS AOS TRIBUNAIS

Além da emblemática questão tratada no tópico anterior, outras matérias atinentes aos contratos de locação de espaços para acomodação de estações de rádio base também tem sido discutidas por nossos tribunais.

O contrato de locação do terraço do condomínio edilício é formalizado pelo síndico. Todavia, o síndico deve estar autorizado pela decisão tomada em assembleia obrigada, segundo Sylvio Capanema, a respeitar o quórum de 2/3 dos condôminos[36]. Entretanto, já restou decidido que a instalação daquela peça no terraço não tem o condão de alterar a fachada do prédio ou a destinação do edifício, com vistas a atrair a incidência do quórum especial de 2/3 previsto no art. 1.351[37]. Muito menos o de unanimidade. Basta, portanto, a decisão assemblear ordinária, nos termos previstos nos arts. 1.352 e 1.353 do Código Civil, para autorizar o síndico a assinar o contrato de locação, vinculando todos os condôminos[38].

---

36. "Outra questão instigante, a envolver a locação dos terraços dos edifícios, diz respeito à necessidade de autorização de assembleia de condôminos, para que seja celebrado o contrato. (...) Quanto a nós, optamos pelo quórum de 2/3 dos condôminos, aplicando, por analogia, a regra do artigo 1.342 do Código Civil". (SOUZA, Sylvio Capanema de. *A lei do inquilinato comentada. Artigo por artigo.* 12. ed., Rio de Janeiro, Forense, 2020, p. 25).

37. Direito civil e processual civil. Condomínio edilício. Instalação de antena de recepção de sinal de telefonia móvel em área comum. Aprovação em assembleia. Observância das formalidades previstas na convenção do condomínio e na legislação de regência. Sentença reformada. Improcedência do pedido inicial. Revogação da tutela antecipada com eficácia *ex tunc*. I ¬ A instalação de antena de recepção de sinal de telefonia móvel no terraço sobre a laje superior de edifício *não tem o efeito de alterar a fachada do prédio, para o fim de atrair a incidência de determinadas normas da convenção e da legislação reguladora do condomínio edilício.* II – A decisão da assembleia condominial que, com observância das formalidades legais e convencionais, aprova a proposta de locação de área comum, para instalação de antena de recepção de sinal de telefonia móvel, *constitui título jurídico apto a autorizar a conclusão do respectivo contrato locatício, vinculando o condomínio e todos os condôminos.* III – Apelação a que se dá provimento, para o fim de julgar improcedente o pedido inicial e revogar, com eficácia *ex tunc*, a antecipação de tutela deferida initio litis. (TJCE; AC 0013907¬85.2009.8.06.0001; Terceira Câmara Cível; Rel. Des. Francisco Bezerra Cavalcante; DJCE 08.10.2012; p. 32).

38. Art. 1.352. Salvo quando exigido quórum especial, as deliberações da assembleia serão tomadas, em primeira convocação, por maioria de votos dos condôminos presentes que representem pelo menos metade das frações ideais. Parágrafo único. Os votos serão proporcionais às frações ideais no solo e nas outras partes comuns pertencentes a cada condômino, salvo disposição diversa da convenção de constituição do condomínio. Art. 1.353. Em segunda convocação, a assembleia poderá deliberar por maioria dos votos dos presentes, salvo quando exigido quórum especial.

470 MÁRIO LUIZ DELGADO

Outro tema interessante: é preciso dar acesso livre à operadora locatária ao terraço? A resposta só pode ser afirmativa. O acesso à operadora ao local da antena deve ser garantido pelo condomínio locador, sim. Pois é preciso possibilitar a manutenção e substituição do equipamento instalado, observando todas as regras de segurança do condomínio e, também, respeitando os direitos dos condôminos[39].

E todo prejuízo ocasionado a qualquer condômino do prédio onde foi instalada a antena, deve ser reparado pela locatária, podendo inclusive, o próprio condomínio responder de maneira solidária[40]. Aliás, a implantação do aparato há de ser precedida de licenciamento e, deve observar todas as regras administrativas atinentes às construções, sob pena de responder o condomínio edilício por infração a tal dever[41].

---

39. Agravos Internos no Agravo de Instrumento. Ação de obrigação de fazer. Locação de área do terraço para instalação de antena de telefonia móvel. Acesso ao espaço que vem sendo negado pelo Condomínio locador. Indeferimento do pedido de tutela antecipada para permitir o livre ingresso na área locada, bem como a substituição dos equipamentos lá existentes. Inconformismo que prospera em parte. Contrato de locação que prevê, na cláusula 13, o livre acesso dos prepostos, a qualquer dia e hora, para manutenção da antena. Pacto que deve ser cumprido. Razoabilidade da exigência do agravado de que os prepostos sejam devidamente identificados nas visitas realizadas no período noturno. Segurança dos moradores. Obediência à lei do silêncio que se impõe. Substituição dos equipamentos que podem causar problemas estruturais no edifício. Necessidade de se aguardar a oitiva da parte da contrária. Concessionária que possui tempo superior a um ano para troca do sistema 3G para o 4G. Tutela de urgência que se afasta em relação a este pedido. Indeferimento que pode ser revisto a qualquer tempo, desde que demonstrada a alteração das premissas fáticas expostas. Aplicação do verbete 59 da Súmula desta Corte de Justiça. Agravos desprovidos. (TJ-RJ – AI: 00548432220148190000 Rio de Janeiro Capital 52 Vara Cível, Relator: Eduardo Gusmao Alves de Brito Neto, Data de Julgamento: 18.11.2014, Décima Sexta Câmara Cível, Data de Publicação: 28.11.2014).
40. Recurso inominado. Indenização por danos materiais e morais. Antena de telefonia móvel da oi s.a. instalada no terraço do condomínio de prédio comercial. Preliminares de inépcia da inicial e ilegitimidade passiva afastadas. Utilização do relógio medidor de unidade particular, sem autorização do proprietário. Medidor situado no quadro geral de energia do prédio em área comum do condomínio. Dever do condomínio fiscalizar a correta instalação da antena, inclusive da ligação elétrica, a fim de evitar prejuízo aos condôminos. Anotação na caixa do medidor alusivo a Brasil telecom. Ciência inequívoca do condomínio acerca da utilização do medidor de energia elétrica pela corré oi s.a. Omissão do condomínio ao permitir que a empresa de telefonia oi s.a. Utilizasse o relógio medidor de unidade autônoma, para funcionamento da antena. Responsabilidade solidária do condomínio e da concessionária de telefonia pelos prejuízos causados ao autor. Lucros cessantes presumidos pelo tempo em que o autor deixou de utilizar o imóvel pela impossibilidade de ligação de energia elétrica. Valor arbitrado, de 0,5% ao mês sobre o valor do imóvel, mantido. Caso concreto, ademais, em que o autor poderia, desde o início, ter promovido nova instalação de medidor, minorando os danos, mas somente o fez na véspera de concretizar o contrato de locação com terceiro. Danos emergentes consistentes nas despesas para religação da energia elétrica e pagamento de taxa de valor residual à CEEE. Danos morais não configurados. Sentença mantida. Recursos do autor e réus desprovidos. (TJRS; RCv 0005782-65.2018.8.21.9000; Porto Alegre; Segunda Turma Recursal Cível; Rel. Juiz Alexandre de Souza Costa Pacheco; Julg. 14.11.2018; DJERS 20.11.2018).
41. Processual civil. Agravo regimental. Ação anulatória. Objeto. Auto de intimação demolitória. Antecipação de tutela. Elisão da eficácia de atos administrativos. Remoção de equipamentos de estação rádio base. "ERB" instalados em cobertura de edifício residencial. Locação do local de instalação. Condomínio. Autuação. Legitimação. Suspensão. Exteriorização do poder de polícia. Verossimilhança do aduzido. Prova inequívoca. Inexistência. Provimento antecipatório. Indeferimento. 1. A antecipação de tutela tem como pressupostos genéricos a ponderação da subsistência de prova inequívoca e a verossimilhança da argumentação alinhada de forma a ser aferido que são aptas a forrar e revestir de certeza o direito material invocado, resultando da aferição da inverossimilhança do aduzido a ausência da probabilidade indispensável à sua concessão, à medida que não tem caráter instrumental, ensejando, ao contrário, o deferimento da prestação perseguida de forma antecipada. 2. A instalação de torres destinadas a antenas de transmissão de sinais de telefonia no âmbito do Distrito Federal deve ser precedida do licenciamento por parte da administração pública, que é municiada do poder-dever de fiscalizar as construções erigidas em áreas urbanas, podendo embargá-las e até mesmo demolir as obras executadas em desconformidade com o legalmente exigido sem prévia autorização judicial, não se afigurando revestido de verossimilhança, deixando desguarnecido de probabilidade o direito invocado, o aduzido por condomínio edilício almejando safar-se da atuação fiscalizadora da administradora quando não guardara subserviência ao legalmente pautado ao permitir a instalação do acessório em área comum. 3. O condomínio edilício, como titular do direito de uso da cobertura do edifício e locador da área nela inserida na qual fora instalada antena de transmissão de sinal de telefonia celular ante o contrato de locação que firmara com a operadora de telefonia proprietária e usuária direta do equipamento, é responsável, junto à administração, pela legitimidade da instalação do acessório, sendo passível de ser autuado e apenado se permitira sua instalação à margem do legalmente exigido, pois inserido em área que titulariza e cujo uso deve, portanto, regular. 4.

6. CONCLUSÕES

É inegável a importância das antenas de telefonia móvel para o avanço tecnológico do país, pois a universalização do uso dos dados móveis propicia desenvolvimento econômico e social. Por isso, a escolha do melhor local para instalação de antena de telefonia móvel é tão importante. E na mesma proporção deve receber tutela jurídica correspondente.

Como se pode observar no corpo do artigo, ao longo do tempo o próprio entendimento da essencialidade das estações de rádio base foi recebendo posições que fomentam a atividade, garantindo às operadoras de telefonia maior segurança, permitindo a diluição e redução dos custos a partir do uso compartilhado.

Sobre esse panorama, melhor condução não há do que considerar as locações dos terraços para uso de antenas de telefonia móvel como afeitas às disposições das locações urbanas não residenciais, garantido o direito à ação renovatória pela operadora locatária.

Isso porque, ao eleger um local como propício à melhor difusão do sinal, a operadora realiza investimento e busca atender ao máximo de pessoas com a melhor qualidade na distribuição desse sinal. Nesse sentido, ainda que, fisicamente a clientela não seja alocada no local da antena, ela (a clientela) está sendo atendida através da frequência de sinal situado naquele ponto estratégico. Por isso, diante de tamanha importância, a locação dos terraços para fins de instalação de estações de rádio base deve ser considerada como elemento do fundo do comércio, atraindo para tanto, todas as regras jurídicas protetivas, tais como as disposições do art. 51 da Lei n. 8.245/1991.

Agravo regimental conhecido e desprovido. Unânime. (TJDF; Rec 2012.00.2.027970-5; Ac. 649.642; Primeira Turma Cível; Rel. Des. Teófilo Caetano; DJDFTE 04.02.2013; p. 230).

29
PROCEDIMENTOS ESPECIAIS DA LEI DO INQUILINATO E O CÓDIGO DE PROCESSO CIVIL DE 2015

Luiz Fux

Doutor em Direito Processual Civil pela Universidade do Estado do Rio de Janeiro (UERJ). Professor Livre-Docente em Processo Civil da Faculdade de Direito da Universidade do Estado do Rio de Janeiro (UERJ). Membro da Academia Brasileira de Letras Jurídicas. Membro da Academia Brasileira de Filosofia. Ministro e Presidente do Supremo Tribunal Federal. Ex-Presidente do Tribunal Superior Eleitoral.

Sumário: 1. Uma merecida homenagem. 2. Lei de locações: dimensão processual. 3. Processo e espécies de procedimentos: posição das ações locatícias. 4. Procedimentos especiais da lei do inquilinato: impactos do Código de Processo Civil de 2015.

1. UMA MERECIDA HOMENAGEM

Grandes homens e mulheres são capazes de legar ao mundo contribuições atemporais, que merecem ser revisitadas de tempos em tempos como fonte de inspiração e de sabedoria para os nossos passos presentes e futuros. Sylvio Capanema de Souza é, estreme de dúvidas, uma dessas personalidades. Poucos homens públicos têm o dom de deixar marcas positivas tão profundas na alma dos que os conhecem. Poucos juristas se perpetuam com legado de tamanha grandeza técnica.

Capanema, carioca como eu e grande parte dos autores que prestam esta homenagem, estudou em escola pública e, posteriormente, na Faculdade Nacional de Direito, tendo se graduado em 1960. Após três décadas de dedicação à advocacia e à docência, com brilho e afinco, notadamente no Direito Imobiliário, ingressou, pelo quinto constitucional, no Tribunal de Justiça do Estado do Rio de Janeiro. Foram muitos os aprendizados compartilhados, jurídicos ou pessoais.

A propósito, a integridade de caráter e a completude de formação do homenageado são capazes de o definir. Sylvio Capanema conseguia unir – e daí seu sucesso nas salas de aula e em palestras, nas quais comumente dividíamos a mesa, com leveza de alma – a teoria e a prática como poucos. Prova viva disso é seu contributo decisivo na elaboração da Lei de Locações (Lei 8.245/91), que bem poderia levar seu nome. O diploma, como cediço, pôs fim a um sem número de interrogações persistentes sobre o tema, que assolavam os particulares e o mercado, e ocupou papel de protagonismo no cotidiano forense.

Fica evidente, então, que a homenagem, cuidadosamente costurada pelos organizadores desta obra que reúne destacados nomes do Direito brasileiro, é merecidíssima – quiçá, um dever moral perante o emérito professor. A comunidade jurídica jamais se esquecerá de Sylvio Capanema de Souza.

2. LEI DE LOCAÇÕES: DIMENSÃO PROCESSUAL[1]

A Lei do Inquilinato possui dois aspectos que delimitam seu campo de incidência. O primeiro, de caráter material, aponta que o diploma regra todas as locações de imóveis urbanos, salvo aquelas expressamente apontadas[2].

Complementarmente, a Lei 8.245/91 tem um espectro muito definido, na temática das locações: pressupõe a existência de um contrato de locação válido. Desse recorte, exsurgem, processualmente, conclusões de relevo.

Inicialmente, é evidente que apenas na hipótese de a *causa petendi* se inserir nesses contornos é que o regramento procedimental próprio incidirá. Por outro lado, se a avença é inválida ou se inexiste prévio acordo para a ocupação, as ações típicas não são cabíveis, cabendo o recurso ao procedimento comum estatuído no diploma processual geral.

É fundamental, portanto, conhecer as ações locatícias mencionadas na legislação e compreendê-las enquanto procedimentos especiais, em uma análise do panorama geral do regulamento vigente.

3. PROCESSO E ESPÉCIES DE PROCEDIMENTOS: POSIÇÃO DAS AÇÕES LOCATÍCIAS

A distinção entre o processo e o procedimento é responsável pela evolução científica alcançada pelo direito processual[3]. É de sabença que a concepção procedimentalista do

---

1. Para amplo estudo sobre o processo e os procedimentos da Lei 8.245/91, ver: FUX, Luiz. *Locações – processo e procedimentos*. 5. ed. Niterói: Impetus, 2008.
2. Art. 1º A locação de imóvel urbano regula-se pelo disposto nesta lei: Parágrafo único. Continuam regulados pelo Código Civil e pelas leis especiais: a) as locações: 1. de imóveis de propriedade da União, dos Estados e dos Municípios, de suas autarquias e fundações públicas; 2. de vagas autônomas de garagem ou de espaços para estacionamento de veículos; 3. de espaços destinados à publicidade; 4. em *apart*-hotéis, hotéis-residência ou equiparados, assim considerados aqueles que prestam serviços regulares a seus usuários e como tais sejam autorizados a funcionar; b) o arrendamento mercantil, em qualquer de suas modalidades.
3. Machado Guimarães, *A instância e a relação processual*; estudos, 1969, p. 68, nota 13. Observe-se, entretanto, que essa origem da relação jurídica processual já se encontrava nas ideias dos juristas da Idade Média, que a desenvolveram com fundamento no *judicium* romano. Assim é que Búlgaro definia o *judicium* como "actus trium personarum: judicis, actoris e rei". A definição medieval serviu de base à categorização do processo como relação trilateral ou triangular, como preferia Wach, estabelecendo entre as partes e o juiz "recíprocas relações" (apud Zanzuchi, *Diritto processuale civile*, 1946 v. 1, p. 66). Malgrado a origem remota dessa concepção, o seu desenvolvimento deveu-se, com exclusividade, à Escola alemã, através de Hegel, Bethaman-Holweg e Bülow, como anota Niceto-Alcalá em *Proceso autocomposición y autodefensa*, p. 118. Entre nós, brasileiros, a concepção da relação processual esbarrou na ideia procedimentalista da *procédure* francesa, tão influente até então. Entretanto, a penetração na Itália e nos países latinos levou nossos doutrinadores ao acolhimento do fenômeno entrevisto pela Escola alemã. Na Itália, Chiovenda assimilou nas Instituições a nova concepção de Bülow e Kholer. No Brasil, o belíssimo estudo sobre a instância, de Machado Guimarães, revelava a adoção da concepção, seguida por outros juristas de renome como Pontes de Miranda, Gabriel de Rezende, Luís Eulálio de Bueno Vidigal, dentre outros contemporâneos estudiosos. Destarte, ao nos referirmos à linha divisória traçada pela Escola alemã, pretendemos distinguir as duas épocas em que vigoravam as concepções privatísticas e as concepções publicísticas do direito processual, sendo certo que Bülow é o marco inicial para o desenvolvimento desta, porquanto antes vigoravam as ideias de que o processo era "complemento do direito civil ou direito civil prático" — expressão utilizada por Frederico Marques, *Instituições*, v. 2, p. 76. As concepções privatísticas do contrato judicial e do quase contrato, ambas desenvolvidas a partir de uma interpretação imanentista da *litiscontestatio* romana, apresentam pouquíssimos resquícios, em razão da preponderância das normas imperativas do direito processual, onde o poder de disposição das partes é cada vez menor. Para um desenvolvimento mais extenso do tema, consulte-se José Alberto dos Reis, *Processo ordinário e sumário*, 1928; René Morel, *Traité élémentaire de procédure civile,* 1932; e Paula Batista, que, mercê de sua genialidade, admitia a tese do "quase contrato", como se verifica em *Compêndio de teoria e prática do processo civil*, 1935, p. 105. Pela sua importância, no grupo publicista, merece destaque a categorização do processo como "situação jurídica", atribuída ao grande James Goldschmidt, a quem Calamandrei referia-se como "un maestro de deliberalismo procesal" na *Revista de Derecho Procesal*, v. 1, 1951, número dedicado exclusivamente a "Estudios en memoria de James Goldschmidt". O processo, segundo Goldschmidt, é a situação

29 • PROCEDIMENTOS ESPECIAIS DA LEI DO INQUILINATO E O CÓDIGO DE PROCESSO CIVIL DE 2015

processo, de cunho francês, camuflou durante muito tempo a natureza real do processo como relação jurídica, esmiuçada por Büllow na sua célebre obra sobre as exceções e os pressupostos processuais, traçando uma linha divisória decisiva a partir do ano de 1868.

Posteriormente, a doutrina do tema se incumbiu de desmistificar essa indesejável simbiose, assentando que o processo representava a soma de atos realizados para a composição do litígio e o procedimento, a ordem de sucessão desses mesmos atos[4].

A imanência do processo à jurisdição, por ser instrumental a essa função soberana[5], é o fundamento do agrupamento do processo em categorias segundo os fins da tutela requerida, por isso que a doutrina aponta dois tipos clássicos: processo de cognição ou conhecimento e processo de execução. Faz-se essa separação porque à ideia de processo liga-se a de atividade exercida perante os tribunais no afã de obter-se a tutela jurisdicional de reconhecimento, realização ou asseguração.

O procedimento, por seu turno, revela a não-instantaneidade da jurisdição, apregoada por Calamandrei. Indica, por oportuno, a forma pela qual os atos processuais se sucedem na busca da solução judicial de definição, realização ou asseguração, por isso que cada processo tem os seus procedimentos; vale dizer, a definição dos direitos tem itinerários diversos, que variam conforme a pretensão de direito material – no caso do presente estudo, os litígios decorrentes dos contratos locatícios – e por vezes consoante o valor econômico

---

jurídica de espera de uma sentença, na qual o juiz vai produzi-la segundo as regras do direito judiciário material, que é aquele incidente na espécie quando não há o cumprimento do preceito, voluntariamente, pelo obrigado. Então, a regra que era *in procedendo* para o particular passa a ser *in judicando* para o Estado. É assim que se depreende a doutrina exposta pelo mestre alemão. Esse aguardo da decisão favorável ou ameaça de uma decisão desfavorável vai desaguar segundo o melhor aproveitamento das chances pelos contendores; é o que afirmava Goldschmidt em *Teoría general del proceso*, 1936, p. 58. Essa visão prática do fenômeno processual, segundo a qual a vitória nem sempre pertencia ao justo, senão ao melhor aproveitador das chances, valeu severas críticas à teoria de Goldschmidt, como se verifica no clássico Alsina, *Tratado teórico pratico de derecho procesal civil y comercial*, 1943, p. 245-6, não obstante encontrar-se o germe de sua ideia central em escritos não menos famosos, como o que Calamandrei titulou sugestivamente de *Il processo come giuoco: iscritti in onore di Francesco Carnelutti*, v. 2, p. 485. Entretanto, apesar da genialidade da abordagem, considerando-se a época em que a doutrina foi lançada, são procedentes as críticas de que o mestre alemão examinou o objeto do juízo mas não a essência do processo. Ademais, descreve a situação de expectativa das partes e deixa de fora o principal protagonista, que é o juiz, com seus poderes e deveres processuais (Liebman, La obra cientifica de James Goldschmidt, y la teoría de la relación procesal, *Revista de Derecho Procesal*, v. 2, 1951, p. 62-3). De imperioso registro, ainda, a teoria "institucional", dentre outros, de Guasp e Couture, que padecia dos mesmos vícios das que não enfrentaram o processo a partir de seus pressupostos e conteúdos, mas, apenas, sob o ângulo ideológico, tanto que, na *Introdução ao estudo do processo civil*, 1951, Couture reproduz a fala de Morel, que concilia todas as ideias não repugnantes da instituição e da situação jurídica. O processo, assim, pode ser concebido como instituição, situação jurídica, mas sua natureza é de relação jurídica, como melhor evidenciou a Escola germânica de Bülow e outros. Assim, José Alberto dos Reis, *Comentários ao Código de Processo Civil*, 1946, p. 26-7.

4. Carnelutti, Sistema, v. 3, n. 614; no mesmo sentido, sob a ótica do litígio, Alcalá-Zamora, para quem a finalidade jurisdicional do processo era compositiva do litígio, ao passo que o procedimento era a coordenação dos atos que se sucediam em busca daquela causa finalis. A genialidade de Calamandrei permitiu-o sintetizar o procedimento como o "aspecto exterior" do fenômeno processual (Instituciones, p. 242, nota 1), por isso que o processo, em contrapartida, revela-se como "movimento em sua forma intrínseca". Prieto Castro, em Cuestiones de derecho procesal, 1940, p. 310-3, atribuía o fenômeno processual com exclusividade à função jurisdicional, relegando para os demais ramos o "procedimento", como, v. g., procedimento administrativo, procedimento fiscal etc. No seu insuperável monumento legislativo Fundamentos del derecho procesal civil, 1951, p. 101-2, Eduardo Couture, que tanta influência exerceu em nossa escola processual através do sul do País, assentou com precisão: "el proceso es la totalidad e el procedimiento la sucesión de los actos. El acto es una unidad, el procedimiento es la sucesión de los actos; el proceso es el conjunto de tales actos dirigidos hacia la realización de los fines de la jurisdicción". Anote-se, ainda, em sede desse tema, que, para grande parte da doutrina, o processo é exclusivo da jurisdição contenciosa, comportando a jurisdição voluntária, apenas, a concepção de um "mero procedimento". Assim, Alcalá-Zamora, Proceso, autocomposición y autodefensa, p. 136, enquanto Carnelutti referia-se, nesses casos, a um "processo voluntário".

5. Daí ter afirmado Jesus Gonzalez Pérez que o processo está para a jurisdição como o serviço público para a administração (Derecho procesal administrativo, 1955, v. 1, p. 71).

do objeto mediato do pedido que se pretende tutelar. É por essa razão que o processo de sentença admite procedimentos especiais, que são ditados conforme a pretensão material, como, v.g., pretensão possessória, consignatória, desalijatória, o de pequenas causas *ratione valoris*[6], os procedimentos locatícios e o extinto procedimento sumário.

No âmbito do processo de conhecimento, o legislador subdivide os procedimentos entre os gêneros comum e especiais. A especialidade do procedimento, outrossim, marca um desvio em relação ao procedimento comum numa de suas fases. Assim, v.g., há procedimentos especiais que apenas se distinguem *initio litis* com a possibilidade de concessão de tutela antecipada, como sói ocorrer com os procedimentos interditais; outros alteram-se após a defesa do réu, retornando à via comum ordinária quando contestado o pedido, como, v. g., o procedimento do pedido de depósito, e, por fim, os refratários a qualquer conversão e por isso genuinamente especiais como, v. g., o inventário e a partilha[7].

O procedimento comum tem essa denominação por representar o padrão básico e preferencial do legislador brasileiro. Tanto assim é que os especiais são construídos a partir dele, desviando-se do modelo padrão, considerado o *standard* básico. Por ser o *standard*, aplica-se subsidiariamente na hipótese de lacunas dos demais procedimentos[89].

Atribui-se, ao procedimento comum, a mesma posição que, nos códigos alienígenas, alcança a parte do diploma processual que contém disposições gerais aplicáveis a qualquer processo e procedimento. O verdadeiro procedimento padrão brasileiro é o comum, quer pela sua solenidade, quer pela sua aplicação subsidiária em relação a todos os demais procedimentos.

Caracteriza-se tal procedimento pela desconcentração de suas fases, obedecendo a ritualidades que ampliam sobremodo o tempo de duração do processo, mercê, como evidente, de ampliar oportunidades de alegações e defesas, com a contrapartida indesejável da demora da prestação jurisdicional. Não se pode, entretanto, negar o seu alcance dialético e supostamente ensejador de uma decisão mais completa e mais justa[10].

Ele é – repita-se – o pano de fundo de quase todas as outras formas de processo[11] e seu ritualismo decorre da sua origem antiga, derivada da *ordo judiciorum privatorum*, onde se obedecia à *ordo solemnis judiciarius*. Na sua fisiologia desconcentrada, destacam-se as fases processuais preponderantes, onde se verifica a prática de atos com a mesma finalidade.

---

6. Essa conexão da situação jurídico-material com o procedimento é que induziu o legislador a fundir a ação com o bem da vida que compõe o objeto mediato do pedido, denominando as ações a partir destes, tal como ocorre com a "ação de usucapião", ação de consignação, ação possessória etc. Não obstante, essas "ações" estão inseridas no capítulo "dos procedimentos especiais". Aliás, o Código revogado, ainda influenciado pelas doutrinas do passado, convencionou denominar esses ritos de "processos especiais". Adroaldo Fabrício anota dessa utilização fungível das expressões "ação", "processo" e "procedimento" nos seus magníficos Comentários ao CPC, 1988, v. 8, t. 3, p. 2-4.

7. No mesmo sentido, Adroaldo Furtado Fabrício, Comentários, v. 8, t. 3, p. 31-2.

8. É aquele procedimento a que Liebman se referia como "regolato minutamente in tutti suoi aspetti, nelle sue varie fasi e nei diversi possibili incidenti; vale come modello anche per quegli altri procedimenti che presentano variazioni più o meno importanti: per questi la legge stabilisce alcune disposizioni particolari e rinvia per tutto il resto alle regole del procedimento-tipo, in quanto siano applicabili" (Corso, p. 117).

9. Art. 1.049. Sempre que a lei remeter a procedimento previsto na lei processual sem especificá-lo, será observado o procedimento comum previsto neste Código.

10. Assim é o pensamento de Fairén Guillén na sua específica obra acerca do tema El juicio ordinario y los plenarios rapidos, p. 53, atribuindo ao mesmo algo que nos parece ser a finalidade última da própria jurisdição, independentemente do procedimento que se siga, por isso que se nos soa como exagero a afirmação de que somente "el juicio ordinario se basa y se ha basado siempre en el deseo de acabar para siempre con el litigio entre las partes de manera judicial...".

11. A expressão é tributada a Paulo Cunha, *Processo comum de declaração*, 1944, t. 1, p. 67.

Decorre dessa ótica que o procedimento ordinário revela *prima facie* uma "fase postulatória", onde atuam autor e réu no manejo da demanda e da defesa, fixando a *res deducta* sobre a qual vai incidir a jurisdição. Compõem-na, também, a eventual *replicatio*, malgrado inserida pelo Código na fase subsequente à resposta, das providências preliminares.

A fase seguinte, contando com a definição das pretensões das partes, dedica-se à observação da utilidade do processo sob o ângulo da inexistência de defeitos formais capazes de inviabilizar o julgamento, razão por que o ato chancelador desse estado negativo é o saneamento, encetado através de decisão interlocutória[12]. Por seu turno, o saneamento prepara a fase instrutória cujos elementos de convicção escapem à oportunidade de produção antecedente, como a prova documental e eventual produção antecipada justificada[13]. A fase seguinte é o julgamento, *causa finalis* do processo de conhecimento. Esse julgamento submete-se ao duplo grau, razão pela qual não se extingue o processo com a só sentença, mas, antes, protrai a relação à eventual interposição de recurso[14].

Merece, ainda, frisar-se que esse evolver pode sofrer mutações decorrentes de atos anormais indicados na própria lei, que acarretam uma extinção prematura da relação, sem a definição do litígio ou uma paralisação temporária da marcha dos atos processuais. Essa crise do procedimento tem sua diagnose na extinção sem mérito do processo e na suspensão do processo, ambos fatos anômalos na medida em que o processo solene e formal de conhecimento existe enquanto meio de composição da lide pela definição e aplicação da norma abstrata da lei ao caso concreto e, por outro lado, porque o objetivo do processo, quer pela sua razão de ser, quer pela sua etimologia, pressupõe movimento constante, cuja estagnação suspensiva denuncia anormalidade[15].

As exigências sociais hodiernas suscitam uma maior capacidade de o Judiciário decidir com rapidez e segurança. Entretanto, a história do procedimento ordinário contradiz esses desígnios, até porque ditado em doutrinas liberais francesas que presidiram a formação da ciência jurídica europeia no século XIX, em função da qual os juízes limitavam-se a aplicar a lei, sem possibilidade de criação capaz de autorizá-los à regulação antecipada da lide.

A busca da tutela diferenciada, dos procedimentos especiais com provimentos liminares, é a fuga do procedimento ordinário em virtude de sua notável defasagem sociocientífica. Esse crescimento dos procedimentos especiais que contemplam a tutela antecipada faz parte do novo reclamo da efetividade do processo[16].

Embora haja uma tendência de fuga do legislador do delongado e ortodoxo procedimento comum, seu prestígio é tão grande que o desprezo inicial às suas formas é contrabalançado com uma reedição de sua solenidade após o necessário desvio de rota. Assim é que há procedimentos especiais que se iniciam diferentes e depois retomam a marcha ordinária. Esse desvio dá-se exatamente no tocante àquilo que é coibido pela doutrina da ordinariedade, que é a possibilidade de regulação provisória e antecipada da lide.

---

12. Frise-se essa natureza do saneamento em razão da praxe histórica de considerar-se tal ato como "despacho", categoria hoje inaceitável, em face da escorreita definição do art. 203 do Código de Processo Civil.
13. Como afirmava Carnelutti, trata-se nessa fase "di raccogliere le ragioni e le prove" (Istituzioni, v. 2, p. 15).
14. Correto estava Carnelutti ao referir-se a uma "rinnovazione del procedimento" (Istituzioni, v. 2, p. 127).
15. A esses fenômenos a doutrina clássica cognominou através de expressões sugestivas como "crisi del procedimento" — Carnelutti —, "vicende anormali del processo" — Liebman — e crises da instância — Alberto dos Reis.
16. Na própria França, responsável pelo desprestígio dos processos sumários vigentes anteriormente à Revolução Francesa, é grande, na atualidade, a utilização dos instrumentos de "jurisdiction des referée", como se observa em *Rivista di Diritto Processuale*, 1975, p. 248. Idem, Roger Perrot, Processo civile e giustizia sociale, 1971, p. 47 e 59.

Os procedimentos especiais locatícios são exemplos dessa lógica. A ação de despejo, assumidamente, segue o rito ordinário (hoje, o procedimento comum do Código), com pontuais modificações, atinentes à tutela provisória, à intimação de terceiros (sublocatários), à defesa do réu (contestação e possibilidade de purga do débito) e ao cumprimento da ordem judicial de desalijo, basicamente (arts. 59 a 66).

Por sua vez, a demanda consignatória, em paralelo ao homônimo procedimento especial do diploma geral, afigura-se como procedimento cuja peculiaridade é tão somente inicial, com o regramento do depósito e de defesa do(s) réu(s), depois do que se segue o procedimento padrão (art. 67). Semelhantemente, acontece na ação renovatória, para a qual a lei impõe limitação cognitiva defensiva e autoriza que o juiz determine o despejo do autor quando não renovada a locação (arts. 71 a 75).

Destarte, os ritos especiais somente não desembocam no ordinário quando a pretensão de direito material se demonstra incompatível com a sua efetivação via ordinariedade, como o exemplo da demarcação ou das executivas *lato sensu*, como o procedimento de depósito.

O procedimento sumário era a segunda espécie do gênero procedimento comum regulado pelo CPC/73 (ao lado do procedimento ordinário, hoje rebatizado de procedimento comum), extinto, porém, pelo CPC/15, no afã de simplificar a técnica processual – mantida sua incidência apenas aos processos que, na vigência do atual diploma, tramitavam pela via sumária e ainda não haviam sido sentenciados[17].

Se caracterizava pela concentração das fases do conhecimento, fundindo em uma etapa aquilo que se realizava em várias outras no procedimento ordinário. Na sua realização, concebia-se uma menor duração temporal do procedimento, pela aglutinação dos atos, diminuindo também de certa parte o campo da cognição, por isso que, v. g., não cabia reconvenção no procedimento sumário, encerrando exemplo típico de rito que sugere exceções reservadas.

A prática judiciária, entretanto, demonstrou que essa compressão temporal não fora atingida, tornando esse rito mais indesejável do que o ordinário, mercê de ser uma versão encurtada dele, haja vista a impossibilidade de concessão de provimentos antecipados[18]. Impõe-se, por fim, assentar que a sua adoção sempre obedeceu a critérios axiológicos, consoante o litígio se referia a questões jurídico-materiais que comportem a compressão procedimental pela maior ou menor evidência dos direitos *sub judice* ou pelo valor da causa, que é o benefício econômico pretendido pelo demandante.

Na Lei do Inquilinato, a ação revisional seguia o rito sumário, com aspectos próprios (arts. 68 a 70). Com a nova formulação do Código, a demanda deverá correr pelo procedimento comum, ainda que com as adaptações compatíveis – o que lhe assegura a natureza

---

17. Art. 1.049 Parágrafo único. Na hipótese de a lei remeter ao procedimento sumário, será observado o procedimento comum previsto neste Código, com as modificações previstas na própria lei especial, se houver.

18. O procedimento sumário é o que Fairén Guillèn, na sua obra clássica antes referida, cognominava de juicios plenarios rapidos, oriundos da Decretal Papal de Clemente V, de 1306, conhecida por clementina saepe contingit (El juicio ordinario y los plenarios rapidos, cap. III). Esse mesmo autor o distingue do ordinário na seguinte passagem elucidativa: "los procedimientos plenarios, rapidos, se diferencian del ordinario, simplesmente por su forma, mas corta, pero no por su contenido que es el mismo cualitativamente, juridicamente plenario", ao passo que "los procedimientos sumarios se diferencian del ordinario plenario, por su contenido, cualitativamente, juridicamente parcial, siendo indiferente la forma, aunque tendente a la brevedad, por lo cual se aproximaban — en ocasiones hasta confundirse procedimentalmente — con los plenarios rapidos" (Juicio ordinario, plenarios rapidos, sumario, sumarissimo, in Temas del ordenamiento procesal, 1969, v. 2).

de procedimento especial. Nada impede, por exemplo, que, no prazo para contestação, o réu requeira a revisão do aluguel provisório fixado pelo juiz, decorrendo daí a interrupção do prazo para agravar (art. 68, III e V). Também a audiência de conciliação prevista deve ser mantida, sobretudo ante a regra geral de realização de encontro autocompositivo (art. 334 do CPC).

Ainda a título de delineio do panorama procedimental geral, assim como o procedimento adotado varia no processo de conhecimento, a execução, consoante a natureza da prestação objeto da obrigação que se pretende (pretensão insatisfeita) exigir em juízo, variará na sua forma. A variação acontece notadamente pela diversidade de utilização dos meios executivos adequados, bem como em razão de sua *causa finalis*. Desse modo, por exemplo, não se procede da mesma forma na obtenção de quantia e na exigibilidade de fazer infungível. Cada prestação é passível de realização pela justiça através de meios executivos diversos e, *a fortiori*, de procedimentos diferentes.

A execução por quantia certa, em face de sua finalidade que, segundo a própria lei, é a expropriação de bens do devedor para satisfação dos interesses do credor, tem fases distintas de apreensão, expropriação e pagamento que não se encontram nas outras execuções. Destarte, pela sua natureza "genérica", o procedimento da execução por quantia certa está para as demais execuções como o procedimento comum está para os procedimentos outros.

No tocante à execução de julgados em ações locatícias, o procedimento geral deve ser observado, ressalvando-se, porém, os provimentos típicos não condenatórios, como o executivo *lato sensu* da ação de despejo e o constitutivo da ação revisional e da renovatória. Outros pedidos, que correriam pelo procedimento comum, como a cobrança de aluguéis, de todo modo, seguem os ditames do Código de Processo.

4. PROCEDIMENTOS ESPECIAIS DA LEI DO INQUILINATO: IMPACTOS DO CÓDIGO DE PROCESSO CIVIL DE 2015

Toda a lógica exposta se aplica aos procedimentos previstos na Lei 8.245/91, a qual delineia quatro ações locatícias típicas – ação de despejo, ação consignatória de aluguéis, ação renovatória e ação revisional – e as garante contornos comuns.

O diploma legal é bastante didático ao estatuir um título específico para os procedimentos em questão (Título II) – o que, em termos de técnica, agrada aos processualistas, por abandonar a nomenclatura "ações especiais", vez que, conquanto na prática forense se refira corriqueiramente a determinadas ações, a rigor, a ação, como direito subjetivo de provocar o Estado para que preste jurisdição, é apenas de conhecimento, de execução ou cautelar, ao passo que a pretensão, sim, pode ser de despejo, revisão etc. Mais importante ainda é a disposição, em capítulo próprio (Capítulo I), de regras aplicáveis a todos os quatro procedimentos peculiares da dinâmica judicial do inquilinato[19].

---

19. TÍTULO II Dos Procedimentos
    Capítulo I Das Disposições Gerais
    Art. 58. Ressalvados os casos previstos no parágrafo único do art. 1º, nas ações de despejo, consignação em pagamento de aluguel e acessório da locação, revisionais de aluguel e renovatórias de locação, observar-se-á o seguinte: I – os processos tramitam durante as férias forenses e não se suspendem pela superveniência delas; II – é competente para conhecer e julgar tais ações o foro do lugar da situação do imóvel, salvo se outro houver sido eleito no contrato; III – o valor da causa corresponderá a doze meses de aluguel, ou, na hipótese do inciso II do art. 47, a três salários vigentes por ocasião do ajuizamento; IV – desde que autorizado no contrato, a citação, intimação ou notificação far-se-á mediante correspondência

A primeira previsão se refere à tramitação durante as férias forenses, sem qualquer tipo de suspensão. Trata-se, em alguma medida, de presunção de *periculum in mora* inerente às ações locatícias típicas, a excepcionar o regramento geral da época da edição da Lei 8.245/91 (arts. 173[20] e 174 do CPC/73[21]). Cumpre, aqui, sublinhar que as férias coletivas foram abolidas pela Emenda Constitucional 45/2004, que inseriu o inciso XII no art. 93 da Carta Maior, assentando a natureza ininterrupta da atividade jurisdicional.

Atualmente, o Código de Processo Civil, conquanto mantenha a linha do diploma antecessor, esclarece que os atos calcados no elemento da urgência podem ser praticados durante férias e feriados (arts. 214 e 215[22]) – conceito no qual inserido o recesso forense[23]. Acreditamos que a melhor interpretação seja aquela que permite a tramitação das ações locatícias durante o período, quando demonstrada a necessidade de conservação de direitos, como na hipótese de levantamento de aluguel incontroverso na ação de consignação. Por outro lado, quando a medida pleiteada não guardar qualquer fundamento no elemento da urgência (por exemplo, na execução de um despejo em retomada motivada), é razoável aguardar o retorno das atividades regulares.

Em outros casos, a saída será, diante da cumulação de pedido típico com outro, que correria pelo procedimento comum se pleiteado autonomamente, excepcionar o regramento especial, como entende a jurisprudência quanto à suspensão, nas férias, do processo de despejo em que se cobram aluguéis, uma vez que as hipóteses de tramitação durante o recesso mereceriam interpretação restritiva[24].

Não se pode ignorar que o atual diploma geral trouxe novo colorido à questão, ao prever a suspensão dos prazos processuais durante o período de 20 de dezembro a 20 de janeiro, no qual não são realizadas tampouco audiências e sessões de julgamento (art.

---

com aviso de recebimento, ou, tratando – se de pessoa jurídica ou firma individual, também mediante telex ou *fac-símile*, ou, ainda, sendo necessário, pelas demais formas previstas no Código de Processo Civil; V – os recursos interpostos contra as sentenças terão efeito somente devolutivo.

20. Art. 173. Durante as férias e nos feriados não se praticarão atos processuais. Excetuam-se: I – a produção antecipada de provas (art. 846); II – a citação, a fim de evitar o perecimento de direito; e bem assim o arresto, o sequestro, a penhora, a arrecadação, a busca e apreensão, o depósito, a prisão, a separação de corpos, a abertura de testamento, os embargos de terceiro, a nunciação de obra nova e outros atos análogos.

Parágrafo único. O prazo para a resposta do réu só começará a correr no primeiro dia útil seguinte ao feriado ou às férias.

21. Art. 174. Processam-se durante as férias e não se suspendem pela superveniência delas: I – os atos de jurisdição voluntária bem como os necessários à conservação de direitos, quando possam ser prejudicados pelo adiamento; II – as causas de alimentos provisionais, de dação ou remoção de tutores e curadores, bem como as mencionadas no art. 275; III– todas as causas que a lei federal determinar.

22. Art. 214. Durante as férias forenses e nos feriados, não se praticarão atos processuais, excetuando-se: I – os atos previstos no art. 212, § 2º; II – a tutela de urgência.

Art. 215. Processam-se durante as férias forenses, onde as houver, e não se suspendem pela superveniência delas: I – os procedimentos de jurisdição voluntária e os necessários à conservação de direitos, quando puderem ser prejudicados pelo adiamento; II – a ação de alimentos e os processos de nomeação ou remoção de tutor e curador; III– os processos que a lei determinar.

23. "O recesso forense equipara-se às férias para efeito de suspensão dos prazos processuais." (STJ. REsp 163.191/RJ, Rel. Ministro Ari Pargendler, Terceira Turma, DJ 23.09.2002).

24. Recurso especial. Civil e processual civil. Locação. Ação de despejo cumulada com cobrança de aluguéis. Ausência de prequestionamento dos dispositivos apontados como violados. Súmula 282/STF. Discussão acerca da tempestividade de apelação. Suspensão do processo durante o recesso forense. Inaplicabilidade do art. 58, i, da lei de locações. Precedentes. 1. Nos casos em que há cumulação da ação de despejo com a cobrança de alugueis, o prazo recursal fica suspenso durante o recesso forense. 2. Inaplicabilidade do disposto no art. 58, I, da Lei 8.245/1991, que, ao estatuir hipóteses excepcionais de tramitação de determinadas ações locatícias durante o recesso e as férias forenses, deve ser interpretado restritivamente. 3. Doutrina e precedentes jurisprudenciais do STJ acerca da questão processual. 4. Recurso Especial Desprovido (REsp 1414092/PR, Rel. Ministro Paulo de Tarso Sanseverino, Terceira Turma, julgado em 01.03.2016).

220^{25}). As normas não se intercedem: aquela diz respeito à tramitação; esta, aos prazos. Note-se, aliás, que apenas os prazos processuais são afetados, de sorte que os materiais, a exemplo do previsto para a ação renovatória, permanecem hígidos. A jurisprudência, contudo, admite a prorrogação do termo final para o primeiro dia útil a seguir ao recesso forense[26].

A segunda previsão a configurar os procedimentos especiais da Lei de Locações diz respeito à competência, cabendo ao foro do local do imóvel o julgamento, em regra. Não há, aqui, dissonância em relação ao Código de Processo, que igualmente estatui o foro da situação da coisa para as ações reais imobiliárias (art. 47^{27}), mas uma extensão também para demandas pessoais, como a renovatória e a revisional, nas quais a discussão é contratual, por mais que a avença emane da relação locatícia.

A exceção fica por conta da existência de acordo de escolha de foro: em havendo foro de eleição, o julgamento será levado a cabo no local convencionado. Trata-se de peculiar previsão que prestigia regra de competência territorial, portanto relativa, em detrimento da competência funcional do lugar do imóvel (*forum rei sitae*), de natureza absoluta. Na prática, se descumprido o foro do contrato, o processo poderia correr onde ajuizado; se inexistente negócio jurídico processual, obrigatoriamente seria de competência do local do bem[28].

Do mesmo modo, em relação às varas regionais, cuja competência possui natureza relativa, territorial, por levar em consideração o interesse particular. Havendo foro de eleição que não o da vara regional, aquele prevalecerá sobre este, ainda que o imóvel se situe na sede da regional[29].

Apesar da seca dicção legal, a melhor interpretação para o mosaico de competência trazido é o de que o *forum rei sitae* apenas se aplica às ações de despejo, nas quais, verdadeiramente, há vantagem objetiva na atração do processo para o local do bem. Nas demais ações típicas, o domicílio do réu (em geral, *solvens*) é preferível, de sorte, inclusive, a facilitar o pagamento.

---

25. Art. 220. Suspende-se o curso do prazo processual nos dias compreendidos entre 20 de dezembro e 20 de janeiro, inclusive. § 1º Ressalvadas as férias individuais e os feriados instituídos por lei, os juízes, os membros do Ministério Público, da Defensoria Pública e da Advocacia Pública e os auxiliares da Justiça exercerão suas atribuições durante o período previsto no *caput*. § 2º Durante a suspensão do prazo, não se realizarão audiências nem sessões de julgamento.

26. Processual civil. Prazo. Vencimento. Distinção entre "férias forenses" e "dias feriados". Ação renovatória. Curso nas férias. Embora os prazos, na ação renovatória, não se suspendam pela superveniência das férias forenses (art. 58 da lei 8.245/91), prorrogam-se até o primeiro dia útil, quando o seu vencimento cair em "feriado". Os dias estabelecidos em lei como de recesso não são de férias forenses, mas feriados. Recurso especial conhecido e provido. (REsp 55.991/DF, Rel. Ministro Assis Toledo, Quinta Turma, julgado em 19.04.1995). Especificamente quanto ao intervalo entre os dias 20/12 e 20/01, entendendo que o atual Código permite o ajuizamento durante o mês, sem necessidade de prorrogação: "Assim, acreditamos que a tendência será não admitir a prorrogação do prazo decadencial ou prescricional para o primeiro dia útil subsequente. Primeiro, porque tais prazos não são processuais (art. 220, *caput*). Segundo, porque o funcionamento dos tribunais será regular, com exceção da realização das audiências e sessões de julgamento (art. 220, §§ 1.º e 2.º – o argumento de que o expediente era limitado no recesso sempre foi utilizado pelo STJ para autorizar a prorrogação do termo *ad quem*). E terceiro, porque o processo eletrônico permite o protocolo da petição inicial sem necessidade de comparecimento ao Fórum." (MAZZOLA, Marcelo. As incursões do novo CPC na Lei de Locações. *Revista de Processo*, v. 263, jan.2017).

27. Art. 47. Para as ações fundadas em direito real sobre imóveis é competente o foro de situação da coisa.

28. FUX, Luiz. *Locações – processo e procedimentos*. 5. ed. Niterói: Impetus, 2008, p. 26.

29. Por outro lado, os que reputam a competência das varas regionais absoluta concluem que o foro de eleição é inapto a superá-la (TJRJ, Agravo de instrumento 2006.002.10226, 18ª Câmara Cível, julgado em 29.06.2006; Agravo de instrumento 2005.002.07441, 14ª Câmara Cível, julgado em 26.07.2005).

O terceiro elemento processual específico das ações típicas é o critério para aferição do valor da causa, aspecto extremamente tormentoso antes do advento da Lei 8.245/91. Note-se, antes de mais nada, que tal valor possui efeitos processuais, não coincidindo com o parâmetro fiscal, estabelecido pelo legislador tributário[30].

Semelhantemente ao que ocorre em outras demandas que tenham por objeto prestações de trato continuado, como a ação de alimentos, o legislador define o valor da causa como a soma dos aluguéis correspondentes a um ano. Tal base só não se aplica na hipótese de locação por temporada, quando o montante se limitará a três meses de aluguel, ou quando houver cumulação própria de pedidos, incidindo a regra do Código na linha da soma do valor dos pedidos formulados (art. 292, VI[31]).

O CPC/15 deve ser levado em conta para completar o panorama. Assim, na cumulação imprópria, no silêncio da lei, segue-se o critério do diploma geral, apontando-se o valor do pedido principal (cumulação subsidiária, art. 292, VIII[32]) ou o de maior valor (cumulação alternativa, art. 292, VII[33]).

Igualmente, segue-se a dinâmica de impugnação (pelo réu) ou correção (pelo juiz) do valor apontado na petição inicial. Na primeira hipótese, deve ser descrita a inexatidão em preliminar de contestação, sob pena de preclusão (art. 293[34]), e, na segunda, o magistrado, de ofício, arbitra o montante certeiro, determinando o recolhimento das custas correspondentes (art. 292, §3[035]).

O quarto traço marcante das ações locatícias típicas é a facilitação dos atos de comunicação. À época da edição, a citação e intimação postal das pessoas naturais, com aviso de recebimento, quando prevista em contrato, a prática dos mesmos atos mediante telex ou fac-símile, em relação às pessoas jurídicas, representavam enorme avanço em relação ao Código de Processo de 1973.

Ainda assim, a previsão era tímida, nada obstando que as pessoas físicas, comprovando o requerente a certeza e a compreensão das mensagens processuais enviadas através desses meios mencionados apenas para as pessoas jurídicas, também fossem cientificadas por telex e fax. A propósito, sequer se tratava, com o desenvolvimento científico moderno, de instrumentos estranhos para a sociedade virtual da década de 90.

O Código atual revelou a preferência pela citação e intimação por meio eletrônico, incumbindo a Administração Pública de realizar cadastro nos sistemas dos tribunais. Na linha da informalidade, princípio processual sensível da Lei de Locações, cogita-se a ampliação da comunicação em direção a outros sistemas, como aplicativos de mensagens.

---

30. BARBOSA MOREIRA, José Carlos. *O Novo Processo Civil Brasileiro*. Forense, 1993.
31. Art. 292. O valor da causa constará da petição inicial ou da reconvenção e será: VI – na ação em que há cumulação de pedidos, a quantia correspondente à soma dos valores de todos eles.
32. Art. 292. O valor da causa constará da petição inicial ou da reconvenção e será: VII – na ação em que os pedidos são alternativos, o de maior valor.
33. Art. 292. O valor da causa constará da petição inicial ou da reconvenção e será: VIII – na ação em que houver pedido subsidiário, o valor do pedido principal.
34. Art. 293. O réu poderá impugnar, em preliminar da contestação, o valor atribuído à causa pelo autor, sob pena de preclusão, e o juiz decidirá a respeito, impondo, se for o caso, a complementação das custas.
35. Art. 292 § 3º O juiz corrigirá, de ofício e por arbitramento, o valor da causa quando verificar que não corresponde ao conteúdo patrimonial em discussão ou ao proveito econômico perseguido pelo autor, caso em que se procederá ao recolhimento das custas correspondentes.

29 • PROCEDIMENTOS ESPECIAIS DA LEI DO INQUILINATO E O CÓDIGO DE PROCESSO CIVIL DE 2015 **483**

Sempre deve se fazer presente, no entanto, a preocupação com a real ciência do citando/intimando acerca do ato, sob pena de, ferindo o contraditório e a ampla defesa, cominar a relação processual de vício insuperável. Isso porque o carteiro não é dotado de fé pública e preparo técnico para encetar a atividade comunicativa processual, onde a minúcia da descrição da situação objetiva e fática é particularmente relevante, como na hipótese do despejo, inclusive liminarmente, por morte do locatário sem sucessores legítimos na locação, sendo o bem ocupado por outros sujeitos sem autorização legal (art. 59, § 1º, IV[36]), legitimados a, no momento da execução da medida, opor embargos de terceiro.

Nada impede, portanto, que a citação seja feita por oficial de justiça, nos moldes gerais (art. 247 do CPC[37]) ou quando o magistrado, antevendo problemas, o determinar, fundamentadamente. Noutras vezes, a realização do ato *in faciem* é de sua substância, como na intimação para desocupação do bem despejado, também podendo exigir solenidade própria, como a intimação do advogado pelo portal do tribunal ou por publicação na imprensa oficial. A verdadeira vocação da simplificação se refere às notificações e citações iniciais como a que anuncia o despejo imotivado ou a ação de desconstituição do vínculo.

O quinto ponto peculiar aos procedimentos da Lei do inquilinato é a ausência, como regra, de efeito suspensivo dos recursos. Já em 1991, o legislador buscou se alinhar à maior celeridade de percepção do bem da vida, na linha do que sói ocorrer nos países de tradição do *civil law*, como, *v.g.*, na Itália e em Portugal.

A previsão merece atenção. Primeiramente, porque a falta de efeito suspensivo por força da lei (*ope legis*) apenas significa que o mero cabimento do recurso não é fato gerador da suspensão dos efeitos da decisão suscetível de impugnação. Naturalmente, uma posterior decisão judicial é apta a impedir os efeitos práticos (efeito suspensivo *ope iudicis*), desde que justificadamente.

Ademais, não se pode perder de vista que, por expressa opção legal, certas decisões apenas geram efeitos após o trânsito em julgado, a que condena ao pagamento dos aluguéis na ação revisional[38]. Originalmente, era o caso da sentença que concedia o despejo na ação renovatória julgada improcedentes[39], mas a modificação operada pela Lei 12.112/09 autorizou a expedição de mandado de despejo imediatamente[40].

A ausência de efeito suspensivo é sinônimo da autorização para a execução provisória do título judicial. Nas decisões executivas *lato sensu*, os efeitos satisfatórios do cumprimento se revelam incompatíveis com a reversão ao *status quo ante*, de sorte que o legislador

---

36. Art. 59. Com as modificações constantes deste capítulo, as ações de despejo terão o rito ordinário. § 1º Conceder-se-á liminar para desocupação em quinze dias, independentemente da audiência da parte contrária e desde que prestada a caução no valor equivalente a três meses de aluguel, nas ações que tiverem por fundamento exclusivo: IV – a morte do locatário sem deixar sucessor legítimo na locação, de acordo com o referido no inciso I do art. 11, permanecendo no imóvel pessoas não autorizadas por lei.

37. Art. 247. A citação será feita pelo correio para qualquer comarca do país, exceto: I – nas ações de estado, observado o disposto no art. 695, § 3º; II – quando o citando for incapaz; III – quando o citando for pessoa de direito público; IV – quando o citando residir em local não atendido pela entrega domiciliar de correspondência; V – quando o autor, justificadamente, a requerer de outra forma.

38. Art. 69. O aluguel fixado na sentença retroage à citação, e as diferenças devidas durante a ação de revisão, descontados os aluguéres provisórios satisfeitos, serão pagas corrigidas, exigíveis a partir do trânsito em julgado da decisão que fixar o novo aluguel.

39. Redação originária: Art. 74. Não sendo renovada a locação, o juiz fixará o prazo de até seis meses após o trânsito em julgado da sentença para desocupação, se houver pedido na contestação.

40. Redação dada pela Lei 12.112, de 2009: Art. 74. Não sendo renovada a locação, o juiz determinará a expedição de mandado de despejo, que conterá o prazo de 30 (trinta) dias para a desocupação voluntária, se houver pedido na contestação.

estabeleceu a necessidade de oferecimento de caução, a ser revertida, se improcedente o julgamento definitivo, em favor do locatário, como um mínimo de indenização prefixada[41].

Essa característica acaba por revelar que, na hipótese, o que sucede não é a provisoriedade da execução, mas tão somente da decisão, que é passível de reversão. A execução, ao contrário, é definitiva, pela natureza do provimento. Entretanto, não há de se vislumbrar qualquer inconstitucionalidade, uma vez que o garantia do duplo grau de jurisdição é atendida pelo cabimento do recurso próprio, com amplo efeito devolutivo. Nessa ponderação, o legislador preferiu proteger o locador, calcando-se no dado fático de que é diminuta a possibilidade de modificação das decisões concessivas do desalijo.

Essa lógica se estende ao despejo obtido em sede de agravo de instrumento, bem como àquele requerido em sede de reconvenção ou cumulado com outros pedidos não exclusivos da Lei 8.245/91.

Quanto a esse último ponto, não se aplica o princípio do maior benefício, segundo o qual os efeitos do recurso relativos a uma das causas contaminam a todas que lhe sejam conexas. Desse modo, a ausência de efeito suspensivo permite a imediata liberação do devedor na ação de consignação julgada procedente e a renovação do contrato na renovatória acolhida com seu novo aluguel.

Questão interessante diz respeito à decisão concessiva de despejo prolatada com vício procedimental (*error in procedendo*). Sendo nulo o pronunciamento, deverá ser impedida sua execução, por ordem do tribunal, que, pelo sistema de facilitação estatuído pelo art. 1.012, § 3°[42], do Código de Processo Civil de 2015, pode sustar o cumprimento do mandado após ser provocado por mero requerimento. Ultrapassa-se, assim, a necessidade de pleito através de ação cautelar inominada, já que a tutela provisória tem caráter incidental, no caso.

Se já houver recurso contra a decisão (agravo de instrumento com fulcro no art. 1.015, I[43]) e distribuição, pode o relator conferir-lhe efeito ativo, com antecipação da tutela recursal (art. 932, II[44]), servindo a própria petição da insurgência como via para o pedido de suspensão da ordem de despejo.

Igualmente, se aplica o regramento da imediata executabilidade ao despejo pleiteado em decorrência de dívida de aluguel provisório. Afinal, tanto o aluguel definitivo como o provisório se baseiam na proposta e na contraproposta formuladas nos autos e, nos limites dessa contraproposta, há consenso, o que impede, aliás, o recurso, em razão de preclusão lógica, tornando-se incontroverso o valor e, portanto, imodificável.

Como dito, parece-nos que determinadas previsões mencionadas devem se estender a demandas que, para além de trazer um desses pleitos específicos, abarquem pedidos outros. É a hipótese da extensão da ausência de efeito suspensivo *ope legis* à inteireza da demanda

---

41. Art. 64. Salvo nas hipóteses das ações fundadas no art. 9o, a execução provisória do despejo dependerá de caução não inferior a 6 (seis) meses nem superior a 12 (doze) meses do aluguel, atualizado até a data da prestação da caução. § 1° A caução poderá ser real ou fidejussória e será prestada nos autos da execução provisória. § 2° Ocorrendo a reforma da sentença ou da decisão que concedeu liminarmente o despejo, o valor da caução reverterá em favor do réu, como indenização mínima das perdas e danos, podendo este reclamar, em ação própria, a diferença pelo que a exceder.

42. Art. 1.012 § 3° O pedido de concessão de efeito suspensivo nas hipóteses do § 1° poderá ser formulado por requerimento dirigido ao: I – tribunal, no período compreendido entre a interposição da apelação e sua distribuição, ficando o relator designado para seu exame prevento para julgá-la; II – relator, se já distribuída a apelação.

43. Art. 1.015. Cabe agravo de instrumento contra as decisões interlocutórias que versarem sobre: I – tutelas provisórias.

44. Art. 932. Incumbe ao relator: II – apreciar o pedido de tutela provisória nos recursos e nos processos de competência originária do tribunal.

que cumular, aos pedidos típicos (de despejo, por exemplo), outros, que correriam pelo procedimento comum.

Em acréscimo às expressamente mencionadas disposições gerais mencionadas pelo legislador, certos institutos fulcrais do Direito Processual recebem peculiar tratamento ao longo da Lei do Inquilinato. Merece destaque, nesse ponto, a tutela provisória.

O Código de Processo Civil vigente reorganizou o panorama dos provimentos provisórios, estatuindo duas grandes espécies: a tutela de urgência e a de evidência. Naquela, o elemento urgência é essencial, tem-se um "estado de periclitação": deve haver perigo de dano ao direito material ou risco ao resultado útil do processo (art. 300[45]). Nesta, basta o aspecto da probabilidade, desde que especialmente exaltada por uma das razões elencadas pelo legislador.

A temática das locações traz consigo considerações interessantes acerca da tutela provisória. A primeira é histórica: pode-se afirmar que a Lei do Inquilinato contempla, desde 1991, casos notórios de tutela provisória, inspirados na prática judiciária brasileira, e que vieram a lume muito antes de se cogitar da norma *in procedendo* insculpida no art. 273 do CPC/73, predecessor do vigente art. 300.

No tocante à tutela de urgência antecipada, de natureza satisfativa, importa perceber que o art. 79 da lei 8.245/91[46] aponta a subsidiariedade do Código de Processo, o que atrai todo o regramento geral. Como a prática forense elucidou ao longo desses quase trinta anos de vigência, seria desnecessário repeti-lo na lei específica, bem como apontar hipóteses taxativas para a antecipação. A melhor saída é deixar o magistrado livre para, em havendo pedido que demonstre a existência de risco pelo decurso do tempo, garantir a percepção de efeitos imediatos à parte.

Deve-se obtemperar que a jurisdição é inafastável e o juiz deve prover quando provocado mesmo na lacuna da lei. Afinal, a verdade é que a "todo direito corresponde uma ação que o assegura", não sendo possível deixá-lo ao desabrigo, diante da situação de urgência verificada pelo julgador.

O Código de 2015 impõe uma importante análise: se seria o requerimento da tutela antecipada em caráter antecedente compatível com os procedimentos especiais locatícios, com incidência da sistemática de estabilização.

A resposta passa pela verificação da natureza do provimento pleiteado. Logicamente, os pedidos meramente declaratórios não ensejam estabilização, vez que demandam juízo de certeza, incompatível com os limites da cognição sumária que denota a tutela provisória.

Por outro lado, os pedidos constitutivos, condenatórios, mandamentais e executivos *lato sensu* se afiguram compatíveis, *a priori*, com o regramento dos artigos 303 e 304 do CPC. Imagine-se um requerimento de tutela antecipada, de maneira antecedente, a restringir-se à revisão do aluguel. É possível que o aluguel provisório fixado, liminarmente, pelo magistrado atenda ao anseio do locatário e não agrida sobremaneira o senso de justiça do locador, que prefere aceitar a modificação a se sujeitar ao processo judicial completo[47].

---

45. Art. 300. A tutela de urgência será concedida quando houver elementos que evidenciem a probabilidade do direito e o perigo de dano ou o risco ao resultado útil do processo.
46. Art. 79. No que for omissa esta lei aplicam-se as normas do Código Civil e do Código de Processo Civil.
47. No mesmo sentido: "Algo diferente se passa com a tutela antecipada de natureza constitutiva. Essa pode se estabilizar porque os efeitos constitutivos ou a modificação de uma situação jurídica independem de coisa julgada material. Em

Igualmente, se o pedido for o despejo do locatário inadimplente, nada impede que seja acatado em sede antecedente e a seguir executada a ordem de desalijo. Se ambas as partes se quedarem inertes, a lide estará resolvida e a relação pacificada com a estabilização[48], independentemente do preenchimento de todas as etapas do procedimento comum. Por outro lado, se o locatário tiver interesse em prosseguir, buscando a modificação da decisão em sede recursal ou meritória, deverá se insurgir no prazo legal, preservando-se o contraditório.

Essa dinâmica, aliás, evidencia que, em determinadas hipóteses, a tutela liminar poderá estabilizar-se, de modo que não será propriamente provisória. Assim, a denominação "tutela provisória" como gênero não é completamente precisa. O *provisório* pressupõe a troca por algo definitivo, *diferentemente do temporário*, que perdura por determinado lapso de tempo sem substituição.

A segunda espécie de tutela provisória sistematizada pelo Código é a tutela de evidência, para cujo deferimento dispensa-se o requisito do risco. Trata-se de ponderação legislativa em favor do sujeito que, muito provavelmente possuindo o direito, teria de suportar o ônus do tempo do desenrolo processual para se satisfazer[49].

O principal aspecto distintivo da tutela de evidência é a dispensa da demonstração do *periculum in mora*. Isso significa que a evidência do direito autoriza por si só a concessão imediata do provimento pretendido pela parte, inclusive aqueles de cunho pecuniário, mesmo que inexista qualquer risco de dano à parte ou prejuízo ao resultado útil da sentença. A tutela de evidência, nos moldes do CPC, pode ser concedida também em procedimentos especiais previstos em leis extravagantes, como os juizados especiais (art. 1.042, § 2º, do CPC/2015) e as ações locatícias.

A primeira hipótese de tutela de evidência é a que tem por objetivo sancionar condutas incompatíveis com a lealdade e a boa-fé processuais (art. 311, I, do CPC/2015). Para a sua concessão, basta ficar caracterizado o abuso do direito de defesa ou o manifesto propósito protelatório da parte. Esse propósito protelatório pode evidenciar-se antes mesmo do processo, como no caso de dissipação de bens. Consigne-se, ainda, que o não comparecimento injustificado do réu à audiência de autocomposição é considerado ato atentatório à dignidade da justiça (art. 334, § 8º, NCPC), reclamando a imediata concessão de tutela de evidência com base no art. 311, I.

---

outras palavras, admite-se uma constituição provisória, capaz de se projetar sobre o demandado independentemente da sua vontade. Assim, em caso de não reação à tutela antecipada que modifica o valor da locação, há estabilização da tutela ou, mais precisamente, do novo valor do aluguel. Enquanto não transcorrido o prazo de dois anos (art. 304, § 5º, CPC), hábil a permitir a reforma ou a invalidação da tutela "constitutiva provisória", o não pagamento do aluguel de acordo com o valor definido na tutela antecipada abre oportunidade à ação de despejo." (MARINONI, Luiz Guilherme. Estabilização de tutela. *Revista de Processo*, v. 279, mai. 2018).

48. "Para que a tutela antecedente alcance esse *status*, faz-se necessário o preenchimento de alguns requisitos, a saber: (i) a concessão da tutela antecipada; e (ii) a inércia bilateral (*bilateralidade do desinteresse*), isto é, (ii.i) do autor, que não adita a inicial, se satisfazendo com a cognição sumária exercida a seu favor; e (ii.ii) do réu, que deixa de agravar da decisão. Surge, assim, autêntica análise combinatória, apta a ensejar quatro quadros. O primeiro deles é a dupla inércia ou desinteresse: o autor deixará de aditar a inicial, ensejando a extinção do feito sem resolução do mérito (haja vista a limitação cognitiva), enquanto o réu optará por não agravar da decisão, ensejando a estabilização da tutela." (PINHO, Humberto Dalla Bernardina de; PORTO, José Roberto Sotero de Mello. Tutela antecipada antecedente e sua estabilização: um panorama das principais questões controvertidas. *Revista de Processo*, v. 278, abr. 2018).

49. Consoante preleciona Bruno Bodart, a tutela de evidência é técnica de distribuição dos ônus decorrentes do tempo do processo, consistente na concessão imediata da tutela jurisdicional com base no alto grau de verossimilhança das alegações do autor, a revelar improvável o sucesso do réu em fase mais avançada do processo (BODART, Bruno Vinícius Da Rós. *Tutela de Evidência*. 2. ed. São Paulo: Ed. RT, 2015).

A tutela de evidência também pode ser concedida quando as alegações de fato puderem ser comprovadas apenas documentalmente e houver tese firmada em julgamento de casos repetitivos ou em súmula vinculante. Consideram-se casos repetitivos, nos termos do art. 928 do CPC/2015, a decisão proferida em: I – incidente de resolução de demandas repetitivas; II – recursos especial e extraordinário repetitivos. Essa espécie de tutela de evidência pode ser concedida *inaudita altera parte* (art. 9º, parágrafo único, II, e art. 311, parágrafo único, do CPC/2015).

O art. 311, III, prevê a concessão de tutela de evidência em face de contrato de depósito. Essa sistemática substitui o revogado rito da ação de depósito (arts. 901 a 906 do CPC/1973), cuja utilidade havia desaparecido desde que o Plenário do Supremo Tribunal Federal julgou a prisão civil do depositário infiel incompatível com o Pacto de São José da Costa Rica. Também se trata de espécie de tutela de evidência concessível *inaudita altera parte* (arts. 9º, parágrafo único, II, e 311, parágrafo único, do CPC/2015).

Finalmente, é cabível a tutela de evidência quando a petição inicial for instruída com prova documental suficiente dos fatos constitutivos do direito do autor, a que o réu não oponha prova capaz de gerar dúvida razoável (art. 311, IV, do CPC/2015).

Se o diploma geral, pela vez primeira, elencou hipóteses de cabimento em um rol (art. 311[50]), nada obstante outros casos espalhados pela própria normativa (veja-se a liminar possessória[51]), o legislador do inquilinato já havia sido frutífero em distribuir provimentos calcados no "estado de evidência" do direito pela Lei 8.245/91.

Na tarefa de valorar "os interesses em jogo", contemplou, por exemplo, os casos de despejo liminar (art. 59[52]), nos quais se corporificam direitos líquidos e certos de o locador

---

50. Art. 311. A tutela da evidência será concedida, independentemente da demonstração de perigo de dano ou de risco ao resultado útil do processo, quando: I – ficar caracterizado o abuso do direito de defesa ou o manifesto propósito protelatório da parte; II – as alegações de fato puderem ser comprovadas apenas documentalmente e houver tese firmada em julgamento de casos repetitivos ou em súmula vinculante; III – se tratar de pedido reipersecutório fundado em prova documental adequada do contrato de depósito, caso em que será decretada a ordem de entrega do objeto custodiado, sob cominação de multa; IV – a petição inicial for instruída com prova documental suficiente dos fatos constitutivos do direito do autor, a que o réu não oponha prova capaz de gerar dúvida razoável. Parágrafo único. Nas hipóteses dos incisos II e III, o juiz poderá decidir liminarmente.

51. Art. 561. Incumbe ao autor provar: I – a sua posse; II – a turbação ou o esbulho praticado pelo réu; III – a data da turbação ou do esbulho; IV – a continuação da posse, embora turbada, na ação de manutenção, ou a perda da posse, na ação de reintegração.
   Art. 562. Estando a petição inicial devidamente instruída, o juiz deferirá, sem ouvir o réu, a expedição do mandado liminar de manutenção ou de reintegração, caso contrário, determinará que o autor justifique previamente o alegado, citando-se o réu para comparecer à audiência que for designada.

52. Art. 59 § 1º Conceder-se-á liminar para desocupação em quinze dias, independentemente da audiência da parte contrária e desde que prestada a caução no valor equivalente a três meses de aluguel, nas ações que tiverem por fundamento exclusivo: I – o descumprimento do mútuo acordo (art. 9º, inciso I), celebrado por escrito e assinado pelas partes e por duas testemunhas, no qual tenha sido ajustado o prazo mínimo de seis meses para desocupação, contado da assinatura do instrumento; II – o disposto no inciso II do art. 47, havendo prova escrita da rescisão do contrato de trabalho ou sendo ela demonstrada em audiência prévia; III – o término do prazo da locação para temporada, tendo sido proposta a ação de despejo em até trinta dias após o vencimento do contrato; IV – a morte do locatário sem deixar sucessor legítimo na locação, de acordo com o referido no inciso I do art. 11, permanecendo no imóvel pessoas não autorizadas por lei; V – a permanência do sublocatário no imóvel, extinta a locação, celebrada com o locatário. VI – o disposto no inciso IV do art. 9º, havendo a necessidade de se produzir reparações urgentes no imóvel, determinadas pelo poder público, que não possam ser normalmente executadas com a permanência do locatário, ou, podendo, ele se recuse a consenti-las; VII – o término do prazo notificatório previsto no parágrafo único do art. 40, sem apresentação de nova garantia apta a manter a segurança inaugural do contrato; VIII – o término do prazo da locação não residencial, tendo sido proposta a ação em até 30 (trinta) dias do termo ou do cumprimento de notificação comunicando o intento de retomada; IX – a falta de pagamento de aluguel e acessórios da locação no vencimento, estando o contrato desprovido de qualquer das garantias previstas no art. 37, por não ter sido contratada ou em caso de extinção ou pedido de exoneração dela, independentemente de motivo.

obter imediatamente a posse do imóvel locado: por descumprimento de mútuo acordo, quando há rescisão do contrato de trabalho e a locação foi encetada para o empregado enquanto mantido o vínculo, ao término da locação por temporada, recusando-se o locatário a desocupar o imóvel, permanecendo no imóvel pessoas não sucessíveis do locatário no vínculo locatício, na forma da lei, bem como nos casos de permanência do sublocatário no imóvel depois de extinta a locação com o locatário-sublocador.

Opera-se, aqui, em prol do locador muito mais do que o *fumus boni iuris*, que autoriza a concessão de tutela de urgência, senão um direito evidente calcado em prova inequívoca. Mesmo quando existente previsão de tutela de evidência, permanece em aberto a viabilidade de concessão de tutela de urgência, desde que preenchidos os requisitos do risco e da probabilidade do direito.

30
AÇÃO DE DESPEJO E TUTELA PROVISÓRIA

Daniel Assumpção Neves

Doutor e Mestre em Direito Processual Civil pela USP. Advogado.

Sumário: 1. Introdução. 2. Breves considerações a respeito da tutela provisória no CPC/2015. 3. Tutela provisória na lei de locações. 4. Natureza jurídica da tutela provisória prevista no art. 59, § 1º, da Lei 8.245/1991. 5. Natureza do rol previsto no art. 59, § 1º, da Lei 8.245/1991. 6. Conclusões.

1. INTRODUÇÃO

O tema da tutela provisória é fonte de interesses múltiplos, tanto no ambiente acadêmico como na praxe forense. Atualmente ele vem tratado, não de forma exauriente, nos arts. 296 a 311 do CPC/2015. Afirma-se não ser o tratamento previsto em tais dispositivos exauriente porque há previsões espalhadas pelo próprio CPC/2015 que versam sobre tutela provisória, bem como incontáveis normas que a preveem em legislação extravagante.

E é justamente a relação entre as previsões do CPC/2015 e uma determinada lei extravagante, mais precisamente a Lei 8.245/1991, conhecida por "Lei de Locações", que norteará as minhas considerações no presente artigo. Ou ainda mais especificamente, como o art. 59, § 1º, da Lei de Locações, se relaciona com o tratamento dispensado pelo CPC/2015 à tutela provisória.

2. BREVES CONSIDERAÇÕES A RESPEITO DA TUTELA PROVISÓRIA NO CPC/2015

O Código de Processo Civil destina três títulos (Livro V da Parte Geral) capítulos ao tratamento da tutela provisória: (I) Disposições gerais; (II) Da tutela de urgência; (III) Da tutela da evidência. Pela própria disposição dos títulos fica claro que, por uma opção legislativa, a tutela provisória foi dividida em duas espécies: (a) tutela provisória de urgência (cautelar e antecipada), que tem os mesmos requisitos de concessão (art. 300, caput, CPC, mas algumas especialidades procedimentais (arts. 303-304 e arts. 305-310, CPC) e da evidência (art. 311, CPC).

A tutela provisória é uma espécie de tutela jurisdicional proferida mediante cognição sumária, ou seja, o juiz, ao concedê-la, ainda não tem acesso a todos os elementos de convicção a respeito da controvérsia jurídica. Excepcionalmente, entretanto, essa espécie de tutela, quando tiver natureza de tutela de urgência, poderá ser concedida mediante cognição exauriente, quando o juiz a concede em sentença. A regra, de qualquer forma, é a concessão mediante cognição sumária.

A concessão da tutela provisória é fundada em juízo de probabilidade, ou seja, não há certeza da existência do direito da parte, mas uma aparência de que esse direito exista. É consequência natural da cognição sumária realizada pelo juízo na concessão dessa espécie de tutela. Se ainda não teve acesso a todos os elementos de convicção, sua decisão não será fundada na certeza, mas na mera aparência – ou probabilidade – de o direito existir.

Ser provisória significa que a tutela tem um tempo de duração predeterminado, não sendo projetada para durar para sempre. A duração da tutela provisória depende da demora para a obtenção da tutela definitiva, porque, uma vez concedida ou denegada, ela deixará de existir, sendo por aquela substituída.

Pode parecer, à luz do art. 311, *caput*, do CPC, que a única diferença entre a tutela de urgência e a tutela da evidência é a exigência na primeira, e a dispensa na segunda, do requisito do "tempo como inimigo", o famoso *periculum in mora*.

Apesar da distinção ser correta, defendo que existe uma outra diferença importante entre essas duas espécies de tutela provisória: na tutela da evidência a probabilidade do direito é objetivada em lei, ou seja, a norma legal indica de forma objetiva o que cumpre à parte demonstrar para conseguir obter tal tutela. Para a tutela de urgência, por sua vez, há uma probabilidade de o direito existir aberta, sem qualquer objetivação legal, dependendo sua comprovação, portanto, sempre do caso concreto.

3. TUTELA PROVISÓRIA NA LEI DE LOCAÇÕES

O art. 59, § 1º, da Lei 8.245/1991, prevê nove hipóteses de cabimento para a concessão liminar da ordem de despejo:

I – o descumprimento do mútuo acordo (art. 9º, inciso I), celebrado por escrito e assinado pelas partes e por duas testemunhas, no qual tenha sido ajustado o prazo mínimo de seis meses para desocupação, contado da assinatura do instrumento;

II – o disposto no inciso II do art. 47, havendo prova escrita da rescisão do contrato de trabalho ou sendo ela demonstrada em audiência prévia;

III – o término do prazo da locação para temporada, tendo sido proposta a ação de despejo em até trinta dias após o vencimento do contrato;

IV – a morte do locatário sem deixar sucessor legítimo na locação, de acordo com o referido no inciso I do art. 11, permanecendo no imóvel pessoas não autorizadas por lei;

V – a permanência do sublocatário no imóvel, extinta a locação, celebrada com o locatário.

VI – o disposto no inciso IV do art. 9o, havendo a necessidade de se produzir reparações urgentes no imóvel, determinadas pelo poder público, que não possam ser normalmente executadas com a permanência do locatário, ou, podendo, ele se recuse a consenti-las"

VII – o término do prazo notificatório previsto no parágrafo único do art. 40, sem apresentação de nova garantia apta a manter a segurança inaugural do contrato;

VIII – o término do prazo da locação não residencial, tendo sido proposta a ação em até 30 (trinta) dias do termo ou do cumprimento de notificação comunicando o intento de retomada;

IX – a falta de pagamento de aluguel e acessórios da locação no vencimento, estando o contrato desprovido de qualquer das garantias previstas no art. 37, por não ter sido contratada ou em caso de extinção ou pedido de exoneração dela, independentemente de motivo.

Como se pode notar da mera leitura do § 1º do dispositivo legal supramencionado, há previsão de concessão de uma liminar, sem a necessidade de oitiva do réu-locatário, desde que cumprida a exigência legal de prestação de caução, nos termos da lei.

Não parece haver dúvida de que a referida liminar é uma tutela provisória, já que preenche os três requisitos já analisados: cognição sumária; probabilidade do direito; provisoriedade. Fica, entretanto, o questionamento: essa liminar prevista no dispositivo

30 • AÇÃO DE DESPEJO E TUTELA PROVISÓRIA

legal é uma tutela de urgência, uma tutela de evidência ou uma terceira espécie de tutela provisória?

Valendo-se da origem no latim (*liminaris*, de *limen*), o termo "liminar" pode ser utilizado para designar algo que se faça inicialmente, logo no início. O termo liminar, nesse sentido, significa limiar, soleira, entrada, sendo aplicado a atos praticados *inaudita altera parte*, ou seja, antes da citação do demandado. Aplicado às espécies de tutelas provisórias, a liminar, nesse sentido, significa a concessão de uma tutela antecipada, cautelar ou da evidência antes da citação do demandado. A liminar assumiria, portanto, uma característica meramente topológica, levando-se em conta somente o momento de prolação da tutela provisória, e não o seu conteúdo, função ou natureza[1].

Por outro lado, é preciso reconhecer que, no momento anterior à adoção da tutela antecipada pelo nosso sistema processual, as liminares eram consideradas uma espécie de tutela de urgência, sendo a única forma prevista em lei para a obtenção de uma tutela de urgência satisfativa. Nesses termos, sempre que prevista expressamente em um determinado procedimento, o termo "liminar" assumia a condição de espécie de tutela de urgência satisfativa específica[2].

Em feliz expressão doutrinária, a tutela antecipada seria a generalização das liminares[3]. Pretendendo a parte obter uma tutela provisória de urgência satisfativa e havendo uma expressa previsão de liminar no procedimento adotado, o correto é requerer a concessão dessa liminar, inclusive demonstrando os requisitos específicos para a sua concessão; não havendo tal previsão, a parte valer-se-á da tutela antecipada, que em razão de sua generalidade e amplitude não fica condicionada a determinados procedimentos. Em resumo: caberá tutela antecipada quando não houver previsão de liminar.

A lição, entretanto, não deve se encerrar aí, porque a previsão de liminar pode ser capaz de indicar uma tutela provisória satisfativa que não dependa do requisito do "tempo como inimigo" para ser concedida. Assim ocorre com a liminar prevista nas ações possessórias e nos embargos de terceiro, cabíveis independentemente do preenchimento do requisito do *periculum in mora*.

Na realidade, o que define a liminar como espécie de tutela provisória não é a urgência, e sim a satisfatividade. Significa dizer que com ou se a urgência entre os seus requisitos, a liminar como tutela provisória é sempre satisfativa, ou seja, cria no plano dos fatos exatamente a mesma situação que seria criada com a concessão da tutela definitiva.

No que toca à liminar prevista no art. 59, § 1º, da Lei 8.245/1991, acredito que o legislador tenha se valido do vocábulo em seus dois sentidos possíveis: ao prever que sua concessão se dará independentemente da audiência da parte contrária, deu à expressão o sentido de momento procedimental inicial da demanda. Por outro lado, como essa liminar

---

1. Adroaldo Furtado Fabrício, Ensaios de direito processual civil, Rio de Janeiro, Forense, 2013, pp. 195-196; José Joaquim Calmon de Passos, *Comentários ao Código de Processo Civil*, 9. ed., Rio de Janeiro, Forense, 2005, v. 3, n. 6.13, p. 73; Humberto Theodoro Júnior, Tutela jurisdicional de urgência, Rio de Janeiro, América Jurídica, 2001, p. 5-6.
2. Cândido Rangel Dinamarco, *Fundamentos do processo civil moderno*, 3. ed., São Paulo, Malheiros, 2000, t. I, p. 623; Marcelo Lima Guerra, As liminares na reforma do CPC, in Liminares, coord. Tereza Arruda Alvim, São Paulo, Ed. RT, 1995, p. 190; Ovídio Baptista da Silva, A "antecipação" da tutela na recente reforma processual, in Reforma do Código de Processo Civil, coord. Sálvio Figueiredo Teixeira, São Paulo, Saraiva, 1996, p. 130.
3. Cândido Rangel Dinamarco, *Fundamentos do processo civil moderno*, op. cit., p. 623.

gerará o efeito prático do despejo do réu-locatário, é indiscutível também a sua natureza de tutela provisória satisfativa.

4. NATUREZA JURIDICA DA TUTELA PROVISÓRIA PREVISTA NO ART. 59, § 1º, DA LEI 8.245/1991

Conforme já afirmado, a distinção entre uma tutela de urgência (antecipada) e uma tutela da evidência deve ser realizada pelos requisitos exigidos por lei para sua concessão. A distinção na hipótese ora analisada será feita, essencialmente, pela presença ou não do *periculum in mora* entre tais requisitos.

Existem liminares previstas em lei que exigem expressamente para sua concessão o preenchimento do requisito do "tempo como inimigo". Exemplo clássico e devidamente consagrado na doutrina e praxe forense encontra-se na previsão do art. 7, III, da Lei 12.016/2009, ao exigir para a concessão de liminar no mandado de segurança que haja *"fundamento relevante e do ato impugnado puder resultar a ineficácia da medida"*.

Nem sempre, entretanto, a liminar expressamente prevista em lei dependerá para sua concessão do perigo do tempo.

A liminar possessória, passível de concessão na hipótese de a ofensa à posse der se dado há menos de ano e dia, não tem no art. 562 do CPC, que versa sobre os requisitos para sua concessão, a exigência de *periculum in mora*[4].Sem a urgência dentre os seus requisitos, a liminar possessória é corretamente compreendida pela melhor doutrina como sendo uma espécie de tutela da evidência[5].

Da mesma forma se dá com a liminar prevista nos embargos de terceiro, outro procedimento especial previsto pelo CPC/2015. Nos termos do art. 678 do CPC, a concessão de liminar está condicionada tão somente ao reconhecimento suficiente da prova do domínio ou da posse do embargante. Mais uma vez não há como requisito a situação de urgência[6], sendo adequado concluir ser tal liminar uma espécie de tutela da evidência[7].

Conforme se compreende da leitura dos incisos do art. 59, § 1º, da Lei de Locações, não existe previsão que condicione a concessão de liminar a um receio de ineficácia do resultado final e tampouco ao perigo de grave dano, irreversível ou de difícil reparação. Desta constatação empírica só se pode concluir pela natureza de tutela provisória da evidência de tal liminar.

Nesse sentido já tinha se expressado corretamente, dentre outros, o Ministro do Supremo Tribunal Federal, Luiz Fux:

> "Os casos mencionados pelo artigo 59 da lei são de tutela antecipada da "evidência", porque neles se corporificam direitos líquidos e certos de o locador obter imediatamente a posse do imóvel locado"[8].

---

4. José Miguel Garcia Medina, *Comentários ao Código de Processo Civil*, 5. ed., São Paulo, Ed. RT, 2017, p. 562.
5. Antonio Carlos Marcato, *Procedimentos especiais*, 16. ed., São Paulo, Atlas, 2016, n. 61, p. 128; Humberto Theodoro Jr., 50. ed., Rio de Janeiro, Forense, 2015, v. II, n. 80, p. 121.
6. Luiz Guilherme Marinoni, Sérgio Cruz Arenhart, Daniel Mitidiero, *Novo curso de processo civil*, 2. ed., São Paulo, Ed. RT, 2015, v. 3, p. 226; Heitor Vitor Mendonça Sica, *Comentários ao Código de Processo Civil*, vol. X, São Paulo, Ed. RT, 2016, p. 65.
7. Marcelo Pacheco Machado, *Comentários ao Código de Processo Civil – Dos embargos de terceiro até Da restauração de autos*, São Paulo, Saraiva, 2018, v. XIII, p. 93-94.
8. Cfr. *Tutela antecipada e locações*, 2. ed., Rio de Janeiro, Editora Destaque, 1996, p. 134. No mesmo sentido: Humberto Theodoro Jr., Curso de direito processual civil, vol. II, op. cit., n. 575, p. 765. Contra, entendendo tratar-se de tutela de urgência: VENOSA, Silvio de *Salvo. Lei do Inquilinato Comentada*. Doutrina e Prática. 10. ed. São Paulo. Editora Atlas, 2010, p. 270.

30 • AÇÃO DE DESPEJO E TUTELA PROVISÓRIA | **493**

Há, também, importante precedente do Superior Tribunal de Justiça reconhecendo a natureza de tutela de evidência da liminar prevista no § 1º, do art. 59, da Lei 8.245/1991:

> "(...) Não se vislumbra, nas hipóteses do art. 59, § 1º, da Lei do Inquilinato, antecipação de tutela fundada no risco de infrutuosidade da ação de despejo, razão pela qual, com arrimo na doutrina, entende-se que os casos a que faz alusão o mencionado dispositivo 'são de tutela antecipada da 'evidência', porque neles se corporificam direitos líquidos e certos de o locador obter imediatamente a posse do imóvel locado' (...)".[9]

A definição da natureza jurídica da liminar ora analisada tem ao menos duas consequências práticas relevantes: uma quanto ao seu cabimento e outra de natureza procedimental.

Considerando-se a liminar prevista no art. 59, § 1º, da Lei 8.245/1991, uma espécie de tutela provisória satisfativa da evidência, nada mais será exigido do autor-locador da ação de despejo além da demonstração da hipótese fática descrita no dispositivo legal a ser utilizado para amparar sua pretensão de obtenção de tutela provisória. Até poderá haver, no caso concreto, um perigo do tempo, mas ele nunca será exigido como condição da concessão da liminar ora analisada. Afinal, como reiteradamente asseverado no presente texto, tutela da evidência não tem entre seus requisitos de concessão o *periculum in mora*.

Nesse sentido é preciosa a lição de Humberto Theodoro Jr.:

> "A liminar dação de despejo não depende, por isso, da comprovação dos requisitos do art. 300 do CPC. A Lei 8.245 subordina sua concessão à ocorrência de ação fundada numa das motivações enumeradas em seu art. 59, § 1º. Logo, não é o risco de perda da eficácia do processo principal que justifica a medida liminar. A medida é concedida apenas em razão da causa petendi de mérito, que a lei considera como suficientemente relevante para permitir medida satisfativa provisória antes do definitivo acertamento do litígio".[10]

Tratando-se de espécie de tutela da evidência, a liminar consagrada no art. 59, § 1º, da Lei de Locações só poderá ser requerida e concedida de forma incidental, ou seja, durante o processo de despejo.

Tutela provisória antecedente é aquela requerida de forma autônoma, sendo capaz de dar início ao processo que futura e eventualmente será convertido em processo principal. Significa que o autor elabora uma petição inicial exclusivamente com o pedido de tutela provisória, dando dessa forma início ao processo. Uma vez sendo concedida a tutela pleiteada, o autor terá um prazo legal para aditar/emendar sua petição inicial para a elaboração de seu pedido principal, qual seja, a obtenção do bem da vida que o direito material lhe proporciona.

Por outro lado, a tutela provisória incidental é aquela requerida num processo no qual já se encontra feito o pedido principal. É possível, e bastante comum na praxe forense, que numa mesma petição inicial o autor cumule seu pedido de tutela provisória e seu pedido de tutela principal, sendo nesse caso a tutela provisória incidental. Também poderá, a qualquer tempo do processo em que ainda haja interesse processual, requerer a tutela provisória durante o trâmite do processo no qual resta elaborado o pedido de tutela principal.

Nos termos do art. 294, parágrafo único, do CPC, a tutela provisória de urgência – cautelar ou antecipada – pode ser concedida em caráter antecedente ou incidental. Con-

---

9. STJ, 4ª Turma, REsp 1.207.161/AL, Rel. Min. Luis Felipe Salomão, 4ª Turma, j.08.02.2011, DJe 18.02.2011.
10. Cfr. *Curso de direito processual civil*, op. cit., v. II, n. 575, p. 765.

forme se deduz da literalidade da norma, a tutela da evidência não pode ser concedida de forma antecedente, opção legislativa que já tive oportunidade de criticar[11].

Ainda que não concorde com o acerto da opção legislativa, acredito que ela deva ser respeitada, de forma que a liminar ora analisada só deve ser admitida quando seu requerimento for efetivado de forma incidental no processo de despejo, tanto na própria petição inicial, como em momento procedimental posterior.

## 5.	NATUREZA DO ROL PREVISTO NO ART. 59, § 1º, DA LEI 8.245/1991

Há certa divergência doutrinária a respeito da taxatividade do rol previsto no art. 59, § 1º, da Lei 8.245/1991. Em outras palavras, é cabível a concessão de tutela provisória na demanda de despejo em outras hipóteses que não aquelas objetivamente consagradas no dispositivo legal?

Para parcela da doutrina, trata-se de rol taxativo, não admitindo sequer uma interpretação extensiva ou aplicação analógica para ampliar as hipóteses de cabimento da liminar ora analisada[12].

A melhor doutrina ruma, entretanto, em sentido contrário, indicando o cabimento de outras hipóteses de concessão da tutela provisória na ação de despejo além daquelas expressamente consagradas em lei.

Há um entendimento doutrinário que pode ser considerado mais restritivo. Para essa corrente, as previsões legais são taxativas quanto à possibilidade de concessão de tutela da evidência na ação de despejo, o que não impedirá a concessão de tutela de urgência nos termos da regra geral prevista no Código de Processo Civil que a disciplinar.

É esse o entendimento de Luiz Fux sobre o tema:

> "Observada a ressalva anterior de que fora desses casos a evidência, em princípio, não autoriza a tutela antecipada, mister assentar que há casos de direito em estado de periclitação que reclamam a tutela antecipada de segurança e que escapam à letra do art. 59 da lei".[13]

E passa a elencar de forma exemplificativa hipóteses que comportariam a concessão de tutela antecipada de urgência: (i) para retomada do imóvel para realização de reparações urgentes; (ii) despejo em caso de falta de pagamento; (iii) cessão da locação para a exploração de atividade nociva aos bons costumes ou que implique atividade nociva para o imóvel; (iv) rescisão da locação em caso de abandono do imóvel com imissão de posse deferida; (v) reocupação do imóvel.

Não tenho dúvida do acerto do posicionamento quanto à possiblidade de concessão de tutela de urgência além das hipóteses legais expressamente prevista, inclusive como já devidamente reconhecido pelo Superior Tribunal de Justiça[14]. Afinal, a tutela da evidência e da urgência sempre conviverem pacificamente, até por conta de seus diferentes requisitos.

11.	Daniel Amorim Assumpção Neves, *Manual de direito processual civil*, 13. ed., Salvador, Jus Podivm, 2021, n. 12.2.2, p. 496.

12.	José Antonio Lomonaco, Das ações de despejo e consignatórias no contexto da Lei de Locação, in: FARIAS, Cristiano Chaves de e DIDIER JR., Fredie (Coord.). *Procedimentos especiais* – legislação extravagante, São Paulo, Saraiva, 2003, p. 1.061.

13.	Cfr. Tutela *antecipada e locações*, op. cit., p. 134.

14.	STJ, 4ª Turma, REsp 1.207.161/AL, Rel. Min. Luis Felipe Salomão, 4ª Turma, j. 08.02.2011, DJe 18.02.2011.

Prefiro, entretanto, o entendimento doutrinário que vai além, apontando corretamente a possibilidade tanto de tutela de urgência como de tutela da evidência além do rol
legal do art. 59, § 1º, da Lei de Locações. Nesse sentido são preciosas as lições do saudoso
Sylvio Capanema de Souza:

> "A Lei do Inquilinato não afastou a incidência do Código de Processo Civil, aplicando-o, subsidiariamente,
> quando ela fosse omissa. Como se não bastasse, foi ela que desfraldou corajosamente a bandeira da efetivi-
> dade do processo, na obsessiva preocupação de acelerar a solução dos conflitos. Não teria nenhuma lógica
> que a Lei do Inquilinato rejeitasse um sistema superveniente, cujo objetivo precípuo é, justamente, abreviar
> o processo. Sempre entendemos que a Lei 8.245/1991 recepcionou a regra do art. 273, tornando possível a
> antecipação da tutela de mérito, desde que presentes os seus pressupostos. Pelo mesmo raciocínio acolhemos
> a tese da recepção da tutela provisória do Código de 2015. (...) Daí concluímos que se consolidará a tendência
> de se admitir, nas ações de despejo, a aplicação da tutela provisória, de urgência ou de evidência, tanto em
> caráter antecedente ou incidental, desde que presentes os seus pressupostos".[15]

Essa realmente parece a forma mais adequada de convivência, no tocante à possibilidade de concessão de tutela provisória, da Lei de Locações e do Código de Processo Civil.

6. CONCLUSÕES

A liminar prevista no art. 59, § 1º, da Lei 8.245/1991, é uma espécie de tutela provisória
satisfativa da evidência. Nos incisos do dispositivo legal há uma tipificação de hipóteses
que justificam a sua concessão, sendo que em nenhuma delas se exige a comprovação do
periculum in mora.

Essa tutela provisória da evidência prevista pela Lei de Locações convive com a tutela
de mesma natureza tipificada no art. 311 do CPC. Significa dizer que há treze e não nove
hipóteses para a concessão de tutela de evidência na ação de despejo: as nove previstas no
art. 59, § 1º da Lei de Locações e as quatro previstas no art. 311 do CPC.

Além da tutela da evidência, é cabível na ação de despejo a concessão de tutela provisória de urgência, tendo ela natureza cautelar ou antecipada, a depender do caso concreto.
Para sua concessão basta a demonstração do preenchimento dos requisitos previstos no
art. 300, *caput*, do CPC.

---

15. Cfr. *A Lei do Inquilinato comentada artigo por artigo*, 12. ed., Rio de Janeiro, Forense, 2021, p. 327-330.

31
DENÚNCIA VAZIA, MORA E AÇÃO DE DESPEJO

Nelson Nery Junior

Livre-Docente, Doutor e Mestre em Direito pela PUC-SP. Doutorado em Direito Processual Civil pela Friedrich-Alexander Universität Erlangen-Nürnberg. Professor Titular da Faculdade de Direito da Pontifícia Universidade Católica de São Paulo (PUC-SP). Ex-Professor Titular da Faculdade de Direito, História e Serviço Social da Universidade Estadual Paulista *"Julio de Mesquita Filho"* (UNESP). Membro da Academia Brasileira de Direito Civil, da Academia Paulista de Direito, da Academia Paulista de Letras Jurídicas, da União dos Juristas Católicos de São Paulo, da *Wissenschaftliche Vereinigung für Internationales Verfahrensrecht*, da *Deutsch-Brasilianische Juristenvereinigung*, da *Associazione Internazionale di Diritto Processuale*, da *Asociación Ibero-americana de Derecho Procesal*, do Instituto dos Advogados de São Paulo (IASP), do Instituto dos Advogados Brasileiros (IAB), Advogado, Fundador da Nery Sociedade de Advogados, Parecerista, Consultor Jurídico, Árbitro de diversas Câmaras de Arbitragem do Brasil e do Exterior.

Sumário: 1. Introdução. 2. Mora *ex re*: desnecessidade de interpelação ou de notificação premonitória. 3. Mora *ex persona*: necessidade de interpelação ou de notificação prévia. 4. Ação de despejo por denúncia vazia.

1. INTRODUÇÃO

Sylvio Capanema de Souza foi um *gentleman*. Jurista de primeira categoria, uma das maiores autoridades brasileiras especializadas em locação, coautor do anteprojeto que se converteu na Lei do Inquilinato vigente (L 8245/1991), confrade na Academia Brasileira de Direito Civil (presidida pelo querido colega Ricardo-César Pereira Lira), advogado, Desembargador do TJRJ, Professor Titular de Direito Civil da Faculdade Cândido Mendes, da Universidade Estácio de Sá, da Escola da Magistratura do Rio de Janeiro, autor de numerosos livros publicados merece a todos os títulos a homenagem que ora se lhe presta. Deixa verdadeiramente saudades para aqueles que o conheceram e com ele conviveram. Tive imensa honra de poder privar de sua amizade e de seu convívio no magistério universitário e na Academia Brasileira de Direito Civil. Fique em paz Capanema.

O sistema da Lei do Inquilinato – LI (L 8245/1991) permite a retomada do imóvel residencial pelo locador, quando houver contrato escrito com prazo de vigência igual ou superior a trinta meses. No caso de contrato verbal ou com prazo de vigência inferior a trinta meses, o sistema legal não autoriza o locador a mover ação de despejo por denúncia vazia, hipótese em que só pode retomar o imóvel por denúncia cheia, indicando como fundamento um dos motivos constantes da LI 47.

Analisamos neste estudo a ação de despejo por denúncia vazia (LI 46), decorrente de contrato escrito de locação, com prazo de vigência igual ou superior a trinta meses.

São levados em consideração aspectos da mora (*ex re* e *ex persona*), com a respectiva notificação/interpelação quando necessária, bem como as questões sobre legitimidade ativa e passiva e litisconsórcio para a ação de despejo. Não esgotamos o tema da ação de despejo, complexo e tormentoso, o que faremos em outra oportunidade. Agora nos dedicamos a homenagear Sylvio Capanema de Souza.

2. MORA *EX RE*: DESNECESSIDADE DE INTERPELAÇÃO OU DE NOTIFICAÇÃO PREMONITÓRIA

A retomada imotivada (denúncia vazia) do imóvel residencial locado, celebrado por contrato escrito, cujo prazo de duração seja de trinta meses ou mais, pode ser feita depois de encerrado o contrato de locação (*mora ex re*) ou, na locação verbal ou por prazo indeterminado, após notificação prévia (*mora ex persona*). Caso o contrato de locação residencial tenha prazo de vigência inferior a trinta meses, o sistema não admite a denúncia vazia, situação em que a pretensão de retomada tem de ser motivada (denúncia cheia), fundada numa das hipóteses descritas na LI 47.

> "*Mora é o descumprimento da prestação por culpa do devedor (mora* solvendi *ou mora* debitoris*) ou o seu não recebimento pelo credor (mora* accipiendi *ou mora* creditoris*), no tempo, lugar e forma convencionados*".[1] No conceito de mora não se encontra apenas o retardamento no cumprimento da prestação, mas também a imperfeição no cumprimento da obrigação – *violação positiva da obrigação*.[2]

A locação residencial por prazo determinado, desde que com duração de trinta meses ou mais, contém nele ínsita a cláusula da *mora ex re*, o que significa a constituição em mora do locatário para a devolução do imóvel ao locador, assim que expirado o prazo de duração previsto no contrato, independentemente de notificação ou de interpelação (LI 46 *caput*).

A mora *ex re* é a mora automática, isto é, a que ocorre pela própria coisa (*in re ipsa*), independentemente de notificação ou de interpelação. O próprio termo interpela para a constituição em mora (*dies interpellat pro homine*). Para que possa invocar-se a mora *ex re* é necessário que a obrigação seja positiva e líquida e que o termo de vencimento seja certo. Obrigação *positiva* é a de dar ou de fazer.[3] A obrigação *líquida* é certa quanto à sua existência e determinada quanto a seu conteúdo (CC/1916 1533). O conceito de liquidez pressupõe o de certeza. "*A certeza da obrigação significa não pairar dúvida quanto ao* an debeatur. *A liquidez da obrigação implica não haver dúvida relativamente ao* quantum debeatur".[4] Obrigação *a termo* é a que tem data fixada para seu cumprimento.

Nos contratos de locação residencial por tempo determinado, cujo prazo de vigência consta expressamente do contrato escrito existe obrigação positiva (devolução do imóvel) e líquida (certeza quanto ao *an debeatur*), bem como se trata de obrigação a termo (termo certo

---

1. Nelson Nery Junior e Rosa Maria de Andrade Nery. *Código Civil Comentado*, 13. ed., São Paulo: Ed. RT/Thomson Reuters, 2019, coment. 2 CC 394, p. 789. Em outras palavras, mora é a situação de atraso no cumprimento da obrigação, por dolo ou culpa do devedor que não satisfez oportunamente a prestação devida (*mora solvendi*), ou a impossibilidade ou culpa do credor ao não realizar o quanto necessário para o recebimento da prestação, proporcionando lesão no patrimônio do devedor (*mora accipiendi*) (José Ignácio Cano Martínez de Velasco. La mora, Madrid: Editorial *Revista de Derecho Privado*, 1978, Capítulo I, n. 8, p. 42).

2. Agostinho Neves de Arruda Alvim. *Da inexecução das obrigações e suas consequências*, 5. ed., São Paulo: Saraiva, 1980, p. 11. Trata-se da mora *lato sensu*, abarcando inclusive o cumprimento defeituoso do contrato que enseja a *exceptio non adimpleti contractus*, conforme já afirmamos alhures: Nelson Nery Junior e Rosa Maria de Andrade Nery. *Código Civil Comentado*, 13ª ed., São Paulo: Ed. RT/Thomson Reuters, 2019, coments. 5 a 7 CC 389, p. 777/778.

3. Clovis Bevilaqua. *Código Civil dos Estados Unidos do Brasil*, v. IV (*Arts. 863-1264*), 10. ed., São Paulo: Livraria Francisco Alves, 1955, coment. CC/1916 960, p. 95; Agostinho Neves de Arruda Alvim. *Da inexecução das obrigações e suas consequências*, 5ª ed., São Paulo: Saraiva, 1980, n. 91, p. 117.

4. Nelson Nery Junior e Rosa Maria de Andrade Nery. *Código Civil Comentado*, 13. ed., São Paulo: Ed. RT/Thomson Reuters, 2019, coment. 9 CC 397, p. 801.

31 • DENÚNCIA VAZIA, MORA E AÇÃO DE DESPEJO | **499**

para o término no contrato). Presentes, portanto, todos os elementos que podem caracterizar a *mora ex re*, caso a devolução do imóvel não se dê conforme previsto no contrato escrito.

Nesta hipótese o credor da prestação (locador) pode exigir a retomada imediatamente, porquanto constituído em mora o devedor, desde que não devolvido o imóvel após decorrido o prazo de vigência previsto no contrato. Essa pretensão de retomada, entretanto, deve ser exercida em até trinta dias do *dies ad quem* do prazo de encerramento do contrato. É o que expressamente consta da LI 46 *caput*.

A retomada, aqui, pode ser pleiteada em juízo independentemente de motivação (denúncia vazia), mas, como toda demanda judicial, deve ser fundada. O fundamento para a retomada é o encerramento do contrato de locação e a necessidade de o imóvel ser devolvido ao locador.

Prazo é o tempo que medeia entre o termo inicial e o termo final fixado para o cumprimento da obrigação. *Dies a quo* é o termo inicial do prazo; *dies ad quem* é o termo final do prazo. Em outras palavras, *"não se deve confundir termo e prazo: termo é o dia a quo e o dia ad quem; prazo é o tempo intercalado entre ambos"*.[5] A expressão "termo", no CC 397, significa "vencimento" da obrigação, quer seja à vista, quer a termo.[6] Termo pode ou não ser representado por um dia do calendário.[7] A razão de ser da interpelação para constituição em mora é o desconhecimento, por parte do devedor, do termo exato em que deve adimplir a obrigação. Quando a obrigação é a termo não há essa dúvida, motivo por que é despicienda a interpelação: a mora é *ex re*.

Há várias espécies de termo, sendo necessário examiná-las para dizer quais delas ensejam a aplicação do CC 397: "a) *incertus an, incertus quando, como, por exemplo, quando a nave 'Aurora', que partiu de Odessa, atracar em Livorno; b) certus an, incertus quando, como, por exemplo, quando Tício morrer; c) incertus an, certus quando, como, por exemplo, quando Tício completar 75 anos; d) certus an, certus quando, como, por exemplo, se se designa o último dia do ano corrente".*[8]

Oriunda do direito romano,[9-10] onde a doutrina divergia sobremodo a respeito de sua adoção ou não em face das fontes romanas, a mora *ex re* vigorou no direito reinol luso-bra-

---

5. Manuel Ignacio Carvalho de Mendonça. *Doutrina e prática das obrigações*, v. I (*Tratado geral dos direitos de crédito*), 4ª ed., (atualizada por José de Aguiar Dias), Rio de Janeiro: Forense, 1956, n. 253, p. 463-464.

6. Francisco Cavalcanti Pontes de Miranda. *Tratado de Direito Privado*, v. XXIII, 3. ed., São Paulo: Ed. RT, 1984, § 2802, p. 144.

7. Agostinho Neves de Arruda Alvim. *Da inexecução das obrigações e suas consequências*, 5. ed., São Paulo: Saraiva, 1980, n. 95, p. 120.

8. Giorgio Giorgi. *Teoria delle obbligazioni nel diritto moderno italiano*, v. II, 7. ed., Firenze: Fratelli Cammelli, 1907, n. 63, p. 101-102.

9. Dig. 22, I, 32: "Marcianus [libro IV. Regularum]. *Mora fieri intelligitur non ex re, sede ex persona, id est, si interpellatus opportuno loco non solverit; quod apud iudicem examinabitur*" (Albert Kriegel, Moritz Kriegel, Emil Herrmann e Eduard Osenbrüggen. *Corpus juris civilis recognoverunt Adnotationibusque, criticis, instructum*, t. I, Editio Stereotypa, Impressio Octava novis curis emendatior, Lipsiae [Leipzig]: Sumtibus Baumgaertneri, 1858, p. 359); Carl Eduard Otto, Bruno Schilling, Carl Friedrich Ferdinand Sintenis. *Das Corpus Juris Civilis in's Deutsche übersetzt von einem Vereine Rechtsgelehrter*, v. II, Leipzig: Verlag von Carl Focke, 1831, p. 610; Rolf Knütel, Berthold Kupisch, Hans Hermann Seiler e Okko Behrends (editores). *Corpus Iuris Civilis: Text und Übersetzung*, v. IV (*Digesten 21-27*), Heidelberg: C.F. Müller, 2005, p. 100-101.

   Dig. 50, XVII, 88: "Scaevola [libro V. Quaestionum] *Nulla intelligitur mora ibi fieri, ubi nulla petitio est* [O. B. II, 3, 88]" (Albert Kriegel, Moritz Kriegel, Emil Herrmann e Eduard Osenbrüggen. *Corpus juris civilis recognoverunt Adnotationibusque, criticis, instructum*, t. I, Editio Stereotypa, Impressio Octava novis curis emendatior, Lipsiae [Leipzig]: Sumtibus Baumgaertneri, 1858, p. 976); Carl Eduard Otto, Bruno Schilling, Carl Friedrich Ferdinand Sintenis. *Das Corpus Juris Civilis in's Deutsche übersetzt von einem Vereine Rechtsgelehrter*, v. IV, Leipzig: Verlag von Carl Focke, 1832, p. 1273).

10. Sobre mora *ex re* no direito romano ver: Anton Friederich Justus Thibaut. *Ueber die Regel 'dies interpellat pro homine'*, in "Archiv für die civilistische Praxis" (AcP), v. 16 (1833), Heidelberg: Verlag der akademischen Buchhandlung von J.C.B. Mohr, p. 182-198, *passim*. Ainda sobre a mora *ex re* no direito romano v. Bernard Windscheid. *Lehrbuch des Pandektenrechts*, v. II, 9. ed. (atualização e notas de Theodor Kipp), Frankfurt am Main: Literarische Anstalt Rütten &

sileiro pelo texto das Ordenações Filipinas, Livro IV, Título 50, § 1º [11] e chegou ao direito civil brasileiro pelo *Esboço* de Teixeira de Freitas (art. 1071),[12] Projeto Coelho Rodrigues de Código Civil (art. 1217)[13] e, finalmente, adotada como regra pelo CC/1916 960.[14]

É a *regra geral* sobre a mora no direito brasileiro das obrigações, defendida de forma veemente por Teixeira de Freitas.[15] A mora *ex persona* é a regra subsidiária.

Atualmente a mora *ex re* vem regulada no CC 397: "*O inadimplemento da obrigação, positiva e líquida, no seu termo, constitui de pleno direito em mora o devedor. Parágrafo único. Não havendo termo, a mora se constitui mediante interpelação judicial ou extrajudicial*". A mora *ex re*, como o próprio nome já diz, "*encontra-se na própria coisa (in re ipsa), independendo de notificação ou interpelação para constituir-se o devedor em mora. O só fato do inadimplemento constitui o devedor, automaticamente, em mora. Para tanto é preciso que a obrigação seja positiva, líquida e com termo certo de vencimento*".[16]

Loenig, 1906, § 278, p. 135 ss.; Christian Friedrich Mühlenbruch. *Doctrina Pandectarum (scholarum in usum)*, Editio nova, Bruxelles: apud Hauman, 1838, § 371, p. 357-358; Friedrich Mommsen. *Beiträge zum Obligationenrecht*, v. III (*Die Lehre von der 'Mora' nebst Beiträge zur Lehre von der 'Culpa'*), Braunschweig: Schwetschke; 1855, *passim*, especialmente §§ 4, 5 e 6, p. 25-55.

11. Ordenações Filipinas: "Livro IV, Título 50, § 1º: *E esta cousa assi emprestada deve tornar o devedor ao tempo e prazo, que lhe for posto, e não sendo declarado tempo, cada quez que o acredor lha pedir, e desse tempo fica constituído em mora. O qual se não deve entender logo, porque seria vão e frustratorio o beneficio, se logo se houvesse de pedir o que se empresta; polo que se darão ao devedor dez dias de spaço, como se dão ao que se obriga a pagar alguma cousa sem declaração de tempo, ou dilação, ou mais spaço, se ao Julgador parecer assi, segundo a qualidade das pessoas, tempo e lugar*" (*Ordenações e Leis do Reino de Portugal*, recopiladas per mandado DelRei D. Filippe o Primeiro, 9ª ed., feita sobre a primeira de Coimbra de 1789, confrontada e expurgada pela original de 1603, t, III, Coimbra: na Real Imprensa da Universidade, 1824, p. 87).

12. Esboço de Código Civil: "Art. 1071. *Se as obrigações forem positivas (Art. 872), o devedor ficará constituído em mora: 1º Havendo prazo designado para o pagamento, desde o dia em que o prazo se vencêr; uma vez que a divida não seja illíquida. 2º Não havendo prazo designado para o pagamento, desde o dia em que o devedor fôr demandado pelo credor, à contar da primeira citação para o fôro contencioso; uma vez que a divida também não seja illíquida*" (Augusto Teixeira de Freitas. *Código Civil – Esboço*, v. II, Rio de Janeiro: Typographia Universal de Laemmert, 1860, art. 1071, p. 489-490).

13. Projeto de Código Civil: "Art. 1217. *Na obrigação a prazo fixo o devedor fica constituído em mora desde a expiração delle. § 1º Si o devedor for a Fazenda Publica, terá um mez de favor para examinar os titulos do credor e providenciar sobre o pagamento, quando este for exigido administrativamente. § 2º Pela móra excedente a permittida no paragrapho anterior a Fazenda Publica ficará sujeita aos juros estipulados e, na falta destes, aos legaes, salvo seu direito regressivo contra seus agentes ou representantes responsáveis pela demora, que não for devida à falta de verba no respectivo orçamento. § 3º Ella não goza, porém, do mez de favor para demorar o pagamento dos vencimentos periódicos dos empregados legalmente nomeados e devidamente incluídos na folha competente*" (Antônio Coelho Rodrigues. *Projecto do Código Civil brasileiro precedido de um Projecto de Lei Preliminar*, Rio de Janeiro: Imprensa Nacional, 1893, art. 1127, p. 147).

14. CC/1916: "Art. 960. *O inadimplemento da obrigação, positiva e líquida, no seu termo, constitui, de pleno direito, em mora o devedor. Não havendo prazo assinado, começa desde a interpelação, notificação ou protesto*".

15. Comentando a mora *ex persona*, que afirmava ser a regra da doutrina e jurisprudência do direito brasileiro de então, que seguia o Código Napoleão, diz: "*mas eu vejo nisto uma corruptela, um triumpho da chicana dos devedores, um contrassenso, e uma injustiça. Por mais que este abuso esteja inveterado, não tememos affrontá-lo, nem perderemos o ensejo para propor a sua extirpação. A designação de um prazo no título creditório enuncia, para o bom sendo de todos os homens, a formal intenção do credor de receber o que se lhe deve no dia do vencimento do prazo. E se essa intenção se tem assim tão claramente manifestado, como se a póde recusar, como exigir ainda uma segunda e inútil manifestação de vontade pela formalidade de uma interpelação judicial? Poder-se-ia presumir ou suppôr, que o credor não considera o devedor em falta, ou que o devedor não retarda o pagamento; quando já se sabe que a divida devia ser paga em um dia marcado, e que houve portanto uma falta? É inexplicável que se exija uma interpellação judicial para o caso de não ter havido designação de prazo, e que se a exija do mesmo modo para o caso opposto em que as partes têm sido previdentes, e em que ninguem póde duvidar da sua intenção! De que serve então designar prazo para o pagamento? Não importará isto reduzir todas as obrigações à obrigações sem prazo? Não será prohibir indirectamente que haja estipulação de prazos?*" (Augusto Teixeira de Freitas. *Código Civil – Esboço*, v. II, Rio de Janeiro: Typographia Universal de Laemmert, 1860, art. 1071, p. 489-490).

16. Nelson Nery Junior e Rosa Maria de Andrade Nery. *Código Civil Comentado*, 13. ed., São Paulo: Ed. RT/Thomson Reuters, 2019, coment. 3 CC 397, p. 800. No mesmo sentido: Francisco Cavalcanti Pontes de Miranda. *Tratado de Direito Privado*, v. XXIII, 3. ed., São Paulo: Ed. RT, 1984, § 2802, p. 140.

A regra da *mora ex re*, prevista no CC 397, é adotada em muitos países, *v.g.*: Alemanha (BGB § 284, 2ª parte); Itália (CC ital. 1219); Portugal (CC port. 805º); França (CC fr. 1139); Suíça (CObr. suíço 102, 2ª parte); Argentina (CC/2014 886).

Desde que o contrato de locação tenha sido celebrado por escrito e com vigência igual ou superior a trinta meses, no direito locatício brasileiro vigente, segundo a Lei do Inquilinato – LI (L 8245/1991), a *mora ex re* decorre do texto do *caput* da LI 46: "Nas locações ajustadas por escrito e com prazo igual ou superior a trinta meses, a resolução do contrato ocorrerá findo o prazo estipulado, *independentemente de notificação ou aviso*" (grifamos).

3. MORA *EX PERSONA*: NECESSIDADE DE INTERPELAÇÃO OU DE NOTIFICAÇÃO PRÉVIA

A necessidade de interpelação se coloca na circunstância de a obrigação não ser positiva, ou de não ser líquida, ou, ainda, de não haver termo prefixado para seu cumprimento. Diz-se, aqui, que se trata de mora *ex persona* que, ao contrário da mora automática, ocorre somente depois de o devedor haver sido interpelado ou notificado pelo credor para cumprir a obrigação.

Atendendo aos fins sociais que a locação de imóveis residenciais, o texto normativo que tem como regra a mora *ex re* na locação, estabelece a exceção (*mora ex persona*), considerando presumivelmente (*presumptio iuris tantum*) prorrogada por prazo indeterminado a locação, quando o locatário continuar na posse do imóvel locado por mais de trinta dias sem oposição do locador.

Com efeito, diz a LI 46 § 1º que "*findo o prazo ajustado, se o locatário continuar na posse do imóvel alugado por mais de trinta dias sem oposição do locador, presumir-se-á prorrogada a locação por prazo indeterminado, mantidas as demais cláusulas e condições do contrato*". Continuando, determina o § 2º que "*ocorrendo a prorrogação, o locador poderá denunciar o contrato a qualquer tempo, concedido o prazo de trinta dias para desocupação*".

Sem oposição significa comportamento passivo do locador. Caso o locador promova ação de despejo, pratique qualquer ato ou exerça qualquer outra pretensão que denote oposição à permanência do locatário no imóvel,[17] essas circunstâncias fazem ruir a presunção relativa de prorrogação da locação ditada pela LI 46 § 1º e o contrato não poderá ser considerado prorrogado por prazo indeterminado.

Nos contratos celebrados por escrito e com prazo de vigência igual ou superior a 30 (trinta) meses, encerrada a locação a termo, isto é, com prazo de término do negócio jurídico fixado expressamente no instrumento de contrato, o locador pode ajuizar ação de despejo imediatamente, sem necessidade de interpelação, porquanto a simples retenção do imóvel, sem a respectiva devolução ao locador, configura mora do locatário e faz nascer para o locador o interesse processual no ajuizamento da ação na qual exerce a pretensão de retomada (despejo).[18] A retomada pode ser imotivada, vale dizer, por denúncia vazia ou oca.

---

17. "*A oposição do locador à continuação da locação pode ser engendrada através de notificação ou exercício do direito de ação*" (Luiz Fux. *Locações: processo e procedimentos, doutrina prática e jurisprudência*, 2. ed., Rio de Janeiro; Ed. Destaque, 1995, p. 149.

18. Neste sentido: Silvio de Salvo Venosa. *Lei do inquilinato comentada (doutrina e prática)*, 15ª ed., São Paulo: GEN/Atlas, 2020, coment. 2.1.2 LI 46, p. 179; Carlos Alberto de Sá Duarte. *Locação residencial e comercial: retomada motivada e imotivada*, in Francisco Antonio Casconi e José Roberto Neves Amorim (Coord.). *Locações: aspectos relevantes – aplicação do novo Código Civil*, São Paulo: Método, 2004, n. 4.4, p. 35.

Caso a locação tenha sido celebrada verbalmente ou com prazo de vigência inferior a trinta meses, a pretensão de retomada por meio de ação de despejo terá de ser exercida com fundamento em um dos motivos enumerados na LI 47, o que significa por *denúncia cheia*. A lei não permite, nesse caso – locação verbal ou com prazo de vigência inferior a trinta meses – a denúncia imotivada (*vazia*) como causa da ação de despejo para a retomada do imóvel. Há, aqui, restrição ao direito do locador.

Importante decisão foi tomada pelo Superior Tribunal de Justiça, com fundamento na sempre autorizada doutrina de nosso homenageado, *verbis*:

> *Denúncia vazia. Ação de despejo. Necessidade de notificação premonitória. LI 6º e 46 § 2º. A falta de notificação prévia para a ação de despejo faz com que o processo tenha de ser extinto sem resolução do mérito, por falta de interesse processual (CPC 485 VI).* "Recurso Especial. Locação residencial. Prequestionamento. Ausência. Ação de despejo. Denúncia vazia. Notificação premonitória. Ausência. Obrigatoriedade. Extinção, sem resolução do mérito. 1. Ação ajuizada em 11.4.2016. Recurso especial interposto em 23.5.2018 e atribuído a este gabinete em 31.11.2018. 2. O propósito recursal diz respeito à necessidade de notificação premonitória como pressuposto de constituição e desenvolvimento válido e regular do processo. 3. A ausência de decisão acerca dos dispositivos legais indicados como violados, não obstante a interposição de embargos de declaração, impede o conhecimento nessa parte do recurso especial. 4. Mesmo de forma indireta, o STJ já apontava para a obrigatoriedade da ocorrência da notificação premonitória, ao denominá-la de "necessária" ou mesmo de "obrigatória". 5. A necessidade de notificação premonitória, previamente ao ajuizamento da ação de despejo, encontra fundamentos em uma série de motivos práticos e sociais, e tem a finalidade precípua de reduzir os impactos negativos que necessariamente surgem com a efetivação do despejo. 6. "Caso a ação de despejo seja ajuizada sem a prévia notificação, deverá ser extinto o processo, sem a resolução do mérito, por falta de condição essencial ao seu normal desenvolvimento". 7. Recurso Especial parcialmente conhecido e, nessa parte, não provido".[19]

Continua o acórdão mencionado a fundamentar o porquê da necessidade da notificação prévia, acatando e citando expressamente lição de nosso homenageado Sylvio Capanema de Souza:

> *"No entanto, mesmo de forma indireta, a Quinta Turma do STJ já apontava para a obrigatoriedade da ocorrência da notificação premonitória, ao denominá-la de "necessária" ou mesmo de "obrigatória" nas ementas dos julgamentos mencionados acima. Da mesma forma, a doutrina especializada sobre o assunto também afirma que é obrigatória a ocorrência da notificação premonitória, para a hipótese de denúncia vazia de contrato com prazo indeterminado. Nesse sentido, ver Gildo dos Santos (Locação e despejo: comentários à Lei 8245/91, 6ª ed., São Paulo: RT, 2011) e Sílvio Venosa (Lei do Inquilinato Comentada, 13ª ed., São Paulo: Atlas, 2014). No entanto, é na lição de Sylvio Capanema de Souza em que esta questão é abordada de maneira mais contundente, ao afirmar a obrigatoriedade da notificação premonitória e apontar a consequência para a hipótese de ajuizamento de ação de despejo sem sua ocorrência, qual seja, sua extinção, sem resolução do mérito, in verbis: 'Caso a ação de despejo seja ajuizada sem a prévia notificação, deverá ser extinto o processo, sem a resolução do mérito, por falta de condição essencial ao seu normal desenvolvimento. A notificação dispensa solenidade especial, podendo se revestir de qualquer forma, desde que inequívoca. A finalidade da notificação premonitória é a de evitar que o locatário seja surpreendido pelo ajuizamento da ação de despejo, o que ainda lhe poderá acarretar o pagamento dos ônus sucumbenciais. Por outro lado, o aviso permitirá ao locatário preparar-se para a desocupação e obtenção de um novo imóvel onde possa se instalar. Reveste-se, portanto, a exigência de importante finalidade social, para não se agravar, ainda mais, o prejuízo que a mudança certamente causará ao locatário' (Sylvio Capanema de Souza. A Lei do Inquilinato Comentada, 9ª ed., Rio de Janeiro: GEN/Forense, 2014, p. 195)".[20]*

---

19. STJ, 3ª T., REsp 1812465-MG, rel. Min. Nancy Andrighi, j. 12.05.2020, v.u., DJUe 18.05.2020.
20. Voto da Min. Nancy Andrighi: STJ, 3ª T., REsp 1812465-MG, rel. Min. Nancy Andrighi, j. 12.05.2020, v.u., DJUe 18.05.2020. Na edição atualizada: Sylvio Capanema de Souza. *A Lei do Inquilinato Comentada: artigo por artigo*, 12. ed., Rio de Janeiro: GEN/Forense, 2021, p. 230.

31 • DENÚNCIA VAZIA, MORA E AÇÃO DE DESPEJO **503**

Um dos efeitos de direito material da citação válida, feita segundo as regras do processo civil, é a *constituição em mora* (CPC 240 *caput*).[21] Em situações normais a citação em ação judicial constitui o devedor em mora, razão pela qual os eventuais juros de mora são contados, nessa hipótese, a partir da citação.

Há casos, entretanto, que a mora já existe mesmo antes do ajuizamento da ação judicial, de sorte que o efeito material da citação aqui referido (constituição do devedor em mora) é inócuo. Por isso o CPC 240 *caput in fine* estipula, como exceção ao efeito da citação de constituição em mora, a preexistência da mora *ex re* (CC 397) e da incessibilidade do crédito penhorado, quando o credor já conhecer a penhora que recai sobre o crédito (CC 298).

Por isso o locador pode promover a ação de despejo, para retomada do imóvel locado, imediatamente após o término do prazo da locação, nas hipóteses descritas na LI 46 *caput*: a) contrato escrito de locação; b) prazo de vigência igual ou superior a trinta meses (prazo *determinado*); c) não devolução, pelo locatário, do imóvel locado após o findo o contrato. Neste caso, o locatário já está constituído em mora pelo próprio decurso do prazo do contrato (*dies interpellat pro homine*).

O efeito da citação válida, de constituição em mora do devedor, não se opera relativamente aos contratos de locação com prazo de vigência *indeterminado*.

Na hipótese de o locador, nos contratos de locação de imóvel residencial celebrados por escrito, com prazo de vigência de trinta meses ou mais, que tenham sido efetivamente cumpridos, não exercer o direito de retomada por denúncia vazia nos termos da LI 46 *caput*, isto é, dentro de até trinta dias do término do prazo certo do contrato, dá-se, *ex vi legis* por presunção relativa (*iuris tantum*), a *prorrogação automática* do contrato, que passará a ser regido por outro regime jurídico, vale dizer, prorroga-se por *prazo indeterminado*. É o que determina a LI 46 § 1º.

Por que presunção relativa? Porque a presunção de prorrogação automática por ser infirmada por outra prova como, por exemplo, a troca de correspondência entre as partes indicando clara– e indiscutivelmente a resolução do contrato de locação, nada obstante não tenha, ainda, havido o ajuizamento da ação de despejo por denúncia vazia.

Como a inércia do locador, fez o contrato ser prorrogado por prazo indeterminado, ainda é titular da pretensão de retomada por denúncia vazia, mas deve, primeiro, notificar o locatário sobre o fim do contrato e dar a ele o prazo de trinta dias para desocupação, conforme determina a LI 46 § 2º.

Essa *regra especial* da lei do inquilinato (LI 46 § 2º), não pode ser substituída pela *regra geral* da constituição em mora pela citação (CPC 240 *caput*) na ação de despejo.

Por isso é que, se ajuizada a ação de despejo por denúncia vazia sem a notificação/interpelação *prévia*, o autor-locador não tem interesse processual para receber sentença de mérito: o processo da ação de despejo deve ser extinto sem resolução do mérito (CPC 485 VI).

O interesse processual do autor, condição da ação de despejo por denúncia vazia, só se implementa se o locador tiver notificado *previamente* (notificação/interpelação premo-

---

21. CPC: "Art. 240. A citação válida, ainda quando ordenada por juiz incompetente, induz litispendência, torna litigiosa a coisa e *constitui em mora o devedor*, ressalvado o disposto nos arts. 397 e 298 da Lei 10406, de 10 de janeiro de 2002 (Código Civil)". (sem grifo no original) O CC 397 regula a mora *ex re* (automática); o CC 298 regula o crédito penhorado, que não mais pode ser cedido.

nitória) o locatário dando-lhe notícia da resolução do contrato prorrogado por prazo indeterminado, bem como assinando-lhe prazo de, pelo menos, trinta dias para a desocupação.

Essa notificação premonitória tem a finalidade, ainda, de constituir o locatário em mora, caso não desocupe o imóvel no prazo assinado na notificação. Só terá eficácia a notificação que contenha a) notícia da vontade do locador de resolver o contrato prorrogado por prazo indeterminado; b) prazo para que desocupe o imóvel, não inferior a trinta dias (LI 46 § 2º). Feita a notificação/interpelação premonitória de forma inadequada, imperfeita, incompleta, terá sido *inutiliter data*, imprestável para a constituição em mora. Por isso é que o locatário, na contestação da eventual ação de despejo por denúncia vazia, pode apontar a falta de interesse processual pela não constituição em mora, em razão da imperfeição da notificação prévia.

4. AÇÃO DE DESPEJO POR DENÚNCIA VAZIA

O locador pode retomar o imóvel deduzindo em juízo pretensão de despejo por denúncia imotivada (vazia), quando concorrerem os requisitos da LI 46 *caput*.

O requisito básico para a propositura da ação de despejo *in casu* é a mora do locatário. Conforme vimos acima, a mora pode ser a) *ex re*, ou automática, caso em que é dispensável a notificação premonitória, porquanto o devedor já está em mora desde que, terminado o contrato por prazo determinado (trinta meses ou mais) não devolveu o imóvel ao locador (LI 46 *caput*) ou b) *ex persona*, isto é, constituída por meio de notificação/interpelação *prévia* (LI 46 § 2º). Estando o devedor em mora – sempre previamente ao ajuizamento da ação – caracteriza-se o interesse processual, condição para que o autor possa receber sentença de mérito (CPC 485 VI).

Havendo mora do locatário, o locador pode mover a ação de despejo *a qualquer tempo*, pois fica a seu critério a época conveniente para exercer a pretensão de retomada por denúncia vazia, porquanto o exercício da ação de despejo neste caso não está subordinada a nenhum lapso temporal.[22] Não havendo prazo fixado em lei par o exercício da pretensão de retomada, não há que falar-se em decadência, circunstância em que o locador pode ajuizar a ação de despejo a qualquer tempo.[23]

Havendo mais de um locador, dá-se a hipótese de *litisconsórcio facultativo* entre eles, o que significa que qualquer um deles, sozinho, pode ser o autor da ação de despejo.

O litisconsórcio ativo entre os locadores é *facultativo* (CPC 113) conforme se pode dessumir da LI 2º,[24] que dá aos locadores o regime da solidariedade legal, conforme reconhece a doutrina de nosso homenageado,[25] facultatividade litisconsorcial essa igualmente atribuída pelo Código Civil (CC 1314).[26] No mesmo sentido é a jurisprudência do Superior Tribunal de Justiça, *verbis*:

---

22. STJ, 5ª T., REsp 276153-GO, rel. Min. Arnaldo Esteves Lima, j. 07.03.2006, v.u., DJU 1º .8.2006, p. 507; STJ. 5ª T., REsp 295145-SP, rel. Min. Felix Fischer, j. 15.02.2001, v.u., DJU 12.03.2001, p. 172.

23. STJ, 5ª T., REsp 137353-SP, rel. Min. Jorge Scartezzini, j. 21.09.1999, v.u., DJU 06.12.1999, p. 108 (decadência afastada).

24. LI: "Art. 2º *Havendo mais de um locador ou mais de um locatário, entende-se que são solidários se o contrário não se estipulou*".

25. Sylvio Capanema de Souza. *A lei do inquilinato comentada (artigo por artigo)*, 12. ed., Rio de Janeiro: GEN/Forense, 2021, coment. LI 2º, p. 33.

26. CC: "Art. 1314. *Cada condômino pode usar da coisa conforme sua destinação, sobre ela exercer todos os direitos compatíveis com a indivisão, reivindicá-la de terceiro, defender a sua posse e alhear a respectiva parte ideal, ou gravá-la*. Parágrafo único.

31 • DENÚNCIA VAZIA, MORA E AÇÃO DE DESPEJO

"Legitimidade ativa. Ação de despejo. Mais de um locador. Solidariedade entre eles (LI 2°). Litisconsórcio facultativo entre eles. LI 2°. CC 1314.

"Recurso Especial. Direito civil e processual civil. Ação de despejo. Locação não residencial. Término do contrato. Rescisão imotivada. Existência de colocadores. Litisconsórcio ativo necessário. Inexistente. Situações excepcionalíssimas. Ajuizamento do despejo. Trinta dias após termo final. Notificação prévia. Desnecessidade. 1. Ação ajuizada em 22.3.2016, recurso especial interposto em 3.7.2017 e atribuído a este gabinete em 23.3.2018. 2. O propósito recursal consiste em determinar se houve irregularidade no polo ativo da ação de despejo, em razão da ausência de todos os locadores, bem como se ocorreu, na hipótese, a prorrogação por prazo indeterminado do contrato de locação em discussão, por ausência de notificação extrajudicial nos 30 (trinta) dias seguintes ao término do prazo contratual. 3. O tema da admissibilidade ou não do litisconsórcio ativo necessário envolve limitação ao direito constitucional de agir, que se norteia pela liberdade de demandar, devendo-se admiti-lo apenas em situações excepcionais. 4. Na hipótese, não há razão para que se inclua entre essas situações excepcionais para a formação do litisconsórcio ativo necessário o pedido de despejo por encerramento do contrato de locação. 5. É permitido ao locador ajuizar diretamente a ação de despejo, prescindindo da notificação prévia, desde que o ajuizamento ocorra nos 30 (trinta) dias seguintes ao termo final do contrato. 6. Recurso Especial conhecido e desprovido".[27]

Mesmo quando houver pedidos cumulados, de despejo por denúncia vazia e de cobrança de alugueres atrasados, permitida a cumulação por expressa autorização da LI 62 I, ainda porque o rito da ação de despejo é comum ordinário (LI 59), autorizador de cumulação de pedidos em geral, o litisconsórcio entre locadores será facultativo.

Quando a ação não tiver por objeto a retomada, mas a *revisão do contrato de locação*, aí sim o litisconsórcio ativo (ou passivo) não será facultativo, mas *necessário* (CPC 114), pois em se tratando de ação constitutiva (alteração do direito material), todos os contratantes são partes necessárias na ação judicial, porque suas esferas jurídicas serão atingidas, reclamando seu ingresso na demanda para que possam defender-se. Nas pretensões que se exercem mediante ação constitutiva – como é o caso da ação de revisão contratual –, a solidariedade não é causa eficiente da formação facultativa do litisconsórcio: a natureza da relação jurídica impõe a necessariedade litisconsorcial.

Havendo litisconsórcio necessário entre os locadores, todos devem fazer parte da ação judicial em que se discute a *modificação do contrato* de locação. Caso um deles resista e não queira integrar a demanda, essa resistência o coloca em posição oposta à dos locadores que querem ajuizar a demanda, razão pela qual deve ser citado, como réu, para integrar a relação processual. O importante é que figure na demanda como parte. Citado, pode integrar o polo ativo ou permanecer no polo passivo.[28] A sentença e a coisa julgada o atingirão inexoravelmente.

Quanto aos locatários há, igualmente, pela lei o reconhecimento de solidariedade entre eles (LI 2° *in fine*), de sorte que as obrigações assumidas no contrato de locação são

---

Nenhum dos condôminos pode alterar a destinação da coisa comum, nem dar posse, uso ou gozo dela a estranhos, sem o consenso dos outros".

27. STJ, 3ª T., REsp 1737476-SP, rel. Min. Nancy Andrighi, j. 04.02.2020, v.u., DJUe 06.02.2020.

28. Sobre a citação de litisconsorte ativo necessário que se recusa a subscrever a petição inicial, v. Nelson Nery Junior e Rosa Maria de Andrade Nery. *Código de Processo Civil comentado*, 19. ed., São Paulo: Ed. RT/Thomson Reuters, 2020, coment. 5 CPC 114, p. 473. No mesmo sentido, pela citação do litisconsorte necessário ativo: Luiz Fux. *Locações: processo e procedimentos (doutrina, prática e jurisprudência)*, 2. ed., Rio de Janeiro: Editora Destaque, 1995, 149. *Aliter*, entendendo que se o litisconsorte necessário renitente não quiser figurar no polo ativo, o processo deve ser extinto sem resolução do mérito por falta de condição da ação (CPC 485 VI): Cândido Rangel Dinamarco. *Instituições de Direito Processual Civil*, v. I, 9. ed., São Paulo: Malheiros, 2017, n. 125, p. 357-358 e v. II, 8. ed., São Paulo: Malheiros, 2019, n. 671, p. 416-417. Afirmando não existir litisconsórcio ativo necessário: Fredie Didier Jr. *Curso de Direito Processual Civil*, v. I, Salvador: JusPodivm, 2010.

solidárias (CC 264). Havendo solidariedade entre os locatários, qualquer deles, sozinho, pode integrar a ação de despejo e, havendo litisconsórcio entre eles, será facultativo. Desse modo, o locador pode cobrar os alugueres de um só dos locatários e mover ação de despejo por denúncia vazia em face de apenas um deles.

Na hipótese de ser ajuizada ação de revisão contratual, todos os locatários deverão ser citados por conta do litisconsórcio necessário que haverá entre eles, dada a natureza da relação jurídica, pois a esfera jurídica de todos será atingida pela sentença, o que reclama suas presenças obrigatórias no processo. A necessariedade litisconsorcial entre os locatários, portanto, haverá somente no caso de pretensão que se exerce em juízo mediante ação de natureza constitutiva, como é o caso da revisão contratual.

Hipótese de litisconsórcio necessário ativo entre os locadores e passivo entre os locatários haverá no caso de ação de despejo por *denúncia cheia*. A retomada deverá ser precedida da rescisão contratual (ação desconstitutiva), pois o contrato está em vigor. A situação é diferente daquela verificada na retomada por denúncia vazia, onde a relação jurídica locatícia já se extinguiu; no despejo por denúncia motivada a relação locatícia está vigente e necessita ser rescindida para que possa haver o exame do pedido seguinte: o de retomada do imóvel pelo(s) locador(res). Por isso é que no despejo por denúncia cheia (LI 47) o litisconsórcio ativo entre locadores e o passivo entre locatários será *necessário* (CPC 114).

Mas, em se tratando de ação de despejo por denúncia vazia, repetimos mais uma vez, havendo litisconsórcio, ativo ou passivo, será sempre *facultativo* (CPC 113): o locador pode, sozinho, pedir a retomada em face de apenas um dos locatários, porquanto a sentença e a coisa julgada ocorrerão relativamente a todos os litisconsortes, ativos ou passivos, que se submeterão à *auctoritas rei iudicatae*. Expedido o mandado de despejo, todos os locatários serão obrigados e devolver o imóvel locado.

Quanto à pretensão de retomada, não se pode confundir motivação com fundamentação. Toda demanda judicial tem de ser fundamentada em razões de fato e de direito, ou seja, a ação judicial deve ter uma causa de pedir,[29] a fundamentação do pedido, que é elemento da ação. Sem o fundamento do pedido a ação não existe.

São três os elementos da ação (*partes, causa de pedir* e *pedido*), sem o quê a ação não está formada, não existe. Esses elementos se prestam a fazer com que a) a ação exista, que b) a petição inicial possa ser deduzida, c) para determinar-se a existência ou não de causa modificativa da competência relativa (conexão ou de continência) e d) para identificar as ações idênticas para fins de litispendência e de coisa julgada.

A petição inicial deve ser deduzida com os três elementos da ação, requisitos indispensáveis da exordial segundo o CPC 319 II, III e IV.

Para caracterizar-se a conexão deve haver comunhão de partes ou de causa de pedir (CPC 55). A continência vem descrita no CPC 56. Ocorrendo conexão ou continência, a competência relativa pode ser modificada (CPC 54).

A litispendência ocorre quando pender entre as mesmas partes *ação idêntica* à outra ainda em curso (CPC 337 § 3º), ao passo que a coisa julgada se verifica quando houve

---

29. *"Causa de pedir são os fundamentos de fato e de direito do pedido. É a razão pela qual se pede"* (Nelson Nery Junior e Rosa Maria de Andrade Nery. *Código de Processo Civil comentado*, 19ª ed., São Paulo: Ed. RT/Thomson Reuters, 2020, coment. 9 CPC 55, p. 253).

entre as mesmas partes ação idêntica a outra já julgada por sentença de mérito transitada em julgado (CPC 337 § 4º). O conceito de *ação idêntica*, necessário para averiguar-se a existência de litispendência ou de coisa julgada, é dado pelo CPC 337 § 2º: *"Uma ação é idêntica a outra quando possui as mesmas partes, a mesma causa de pedir e o mesmo pedido"*.[30]

Para o que nos interessa neste tópico do estudo, é requisito da petição inicial da ação de despejo e de qualquer ação o *fundamento* (CPC 319 III). Faltando o fundamento do pedido a petição inicial é inepta (CPC 330 I e § 1º I), circunstância que faz com que o juiz determine a intimação do autor a emendar a petição inicial (CPC 321 *caput*) para nela inserir o fundamento do pedido; não emendada ou emendada de forma irregular, o juiz indeferirá a petição inicial (CPC 321 par.ún. e 330 IV) por inépcia (CPC 330 I § 1º).

Na ação de despejo por denúncia vazia, o autor deverá indicar os fundamentos de fato e de direito do pedido. Como fundamentos de direito (causa de pedir *remota*): a) sou locador; b) o réu é o locatário; c) há entre nós contrato escrito de locação com prazo de vigência de trinta meses; d) a mora *ex re* do réu (extinção do contrato pelo decurso do prazo certo). Como fundamentos de fato (causa de pedir *próxima*): a) a locação está extinta pelo simples decurso do prazo (LI 46 *caput*) e o locatário ainda não devolveu o imóvel.[31]

Com isso queremos dizer que o *motivo* da retomada (direito material) não precisa ser indicado pelo autor da ação de despejo, porque se trata de denúncia imotivada (vazia) da locação; mas os fundamentos do pedido de despejo precisam ser indicados, sob pena de indeferimento da petição inicial (CPC 319, 321 e 330).

Caso a ação de despejo por denúncia imotivada seja fundada na LI 46 *caput*, cópia do instrumento escrito do contrato de locação é documento essencial à propositura da ação e deve ser juntado com a petição inicial (CPC 320). Não havendo a juntada do contrato com a petição inicial o juiz deverá intimar o autor para emendar a exordial (CPC 321 *caput*), sob pena de indeferimento da inicial (CPC 321 par.ún.). A essencialidade do documento para o deslinde da causa deve ser interpretada de forma restritiva, de sorte que somente o contrato escrito é, no caso, documento essencial.[32]

---

30. Quanto à causa de pedir (fundamentos) e ao pedido a identidade das ações ocorre somente quando houver coincidência das *causae petendi* próxima e remota e do pedido mediato (bem da vida) e imediato (sentença) (Nelson Nery Junior e Rosa Maria de Andrade Nery. *Código de Processo Civil Comentado*, 19ª ed., São Paulo: Ed. RT/Thomson Reuters, 2020, coment. 20 CPC 337, p. 956).

31. Ver os conceitos de causa de pedir *próxima* e *remota* em Nelson Nery Junior e Rosa Maria de Andrade Nery. *Código de Processo Civil Comentado*, 19ª ed., São Paulo: Ed. RT/Thomson Reuters, 2020, coments. 9 a 11, p. 253.

32. Nelson Nery Junior e Rosa Maria de Andrade Nery. *Código de Processo Civil Comentado*, 19ª ed., São Paulo: Ed. RT/Thomson Reuters, 2020, coment. 6 CPC 320, p. 910. *Contra*, entendendo que a essencialidade abrange todos os documentos hábeis a demonstrar os fatos constitutivos do direito do autor: Antonio Carlos Marcato (Coord.)-Cassio Scarpinella Bueno. *Código de Processo Civil Interpretado*, 3. ed., São Paulo: Atlas, 2008, coment. 1 CPC/1973 283, p. 869.

ANOTAÇÕES